汉代文化特色及形成

杨树增 著

人民出版社

责任编辑:陈寒节

责任校对:湖 催

图书在版编目(CIP)数据

汉代文化特色及形成/杨树增 著

—北京:人民出版社,2008.11

ISBN 978－7－01－007220－3

Ⅰ.汉… Ⅱ.杨… Ⅲ.文化史－研究－中国－汉代

Ⅳ.K234.03

中国版本图书馆 CIP 数据核(2008)第 120788 号

汉代文化特色及形成

HANDAI WENHUA TESE JI XINGCHENG

杨树增 著

人人士版社 出版发行

(100706 北京朝阳门内大街 166 号)

北京瑞古冠中印刷厂印刷 新华书店经销

2008 年 11 月第 1 版 2008 年 11 月北京第 1 次印刷

开本:710 毫米×1000 毫米 1/16 印张:60

字数:917 千字 印数:1－3000 册

ISBN 978－7－01－007220－3 定价:118.00 元

邮购地址:100706 北京朝阳门内大街 166 号

人民东方图书销售中心 电话:(010)65250042 65289539

序一

　　汉代主体文化产生于中华文化史上的重要阶段，其间范围广博，发展昌盛，承传悠久，影响深远。概括言之，汉代文学成就辉煌，其中散文特色鲜明，赋体风貌侈丽，诗歌新颖优秀，传记体式成熟，小说开始萌生；汉代史学著述丰盈，如《史记》、《汉书》、《汉纪》等，可说开始奠定了历代史籍的楷模；汉代哲学也颇发达，当年有诸子学说、黄老学派、伦理纲常议论，最终以儒学成为独尊的官方哲学。

　　汉代这些文化成果和特色的形成，基于华夏文化悠久的历史渊源，更源于汉代广博深沉的时代背景，梳理这些根因，阐述如许课题，需要开阔的视野，精湛的思路，勤奋的精力，搜索披览大量的典籍。当代文林中多年来缺少此类开拓创新，杨树增教授不辞辛劳，在学术阵地上勇于奋进，圆满完成了这一部成果辉煌的名作巨著。

　　《汉代文化特色及形成》这部学术专著，见解高明新颖，收集资料丰富，论述系统精湛，行文清晰爽畅，及时排印梓行，为文林专家和广大读者提供研究和了解汉代文化的精美专书，其浩瀚深邃的造诣让人钦佩景仰，可说为中华文化学术界做出了出色的贡献。

刘乃昌

2008 年 6 月

于山东大学文学院

序二

本世纪伊始,欣闻树增教授主持申报的国家社科基金课题《汉文化特色及形成》顺利通过评审,获准立项。在为他祝贺的同时,又有几分担心,因为这个课题覆盖面很大,涉及的问题甚多,实际操作过程中将遇到不少障碍。至于最终成果将以什么样的形态呈现,更是无法设想。今天,在《汉代文化特色及形成》这部煌煌巨著即将出版之际,有幸窥其全貌,才对树增教授的最初设想有了比较透彻的理解。浏览之后,收益良多,同时也有一些感想,特陈述于下,以与树增教授切磋共勉。

中国古代国家体制主要有两种形态,一种是分封制,一种是郡县制。周代是分封制的典型形态和最后阶段;郡县制则初创于秦,确立于汉,它所建立的是大一统的专制帝国。当前学界在研究和弘扬中国古代传统文化时,把主要精力集中在先秦时期,而对汉代则有所忽略。这种趋向固然有追本溯源方面的考虑,但也在一定程度上造成研究格局的失衡,中国现当代历史是在推翻大一统清王朝之后开始的,从这个意义上看,封建大一统文化与现当代文化的关联更为直接和密切,树增教授的选题,一方面是对当前学术研究薄弱环节的弥补和强化,同时为探讨中国现当代文化与中国传统文化的关联找到了一个重要的切入点,抓住了一个不容忽视的历史链条,它是承前启后的环节。

大一统封建社会体制的原型是秦朝初创的,这种体制的范型却是在汉代确立的。秦朝的文化选择是错误的,它不符合大一统封建体制的需要。大一统社会的文化原型无法在秦朝生成,汉代却具备了这种条件。汉代社会一方面是某些文化原型的生产期,另一方面又是某些文化范型的确立期。这部著作高屋建瓴，从多方面揭示出汉代主体文化生成原型、确立范型的特色。在文学、史学、哲学领域，都可以见到作者所揭示出的这类原型和范型。由于这部著作不是对汉代主体文化作一般性的描述，而是从文化原型、范型生成和确立的高度加以论述，从而深刻揭示出汉代主体文化对于后代大一统社会主体文化的开启作用。中国古代文化的奠基期是在先秦阶段，是对整个后代文化的奠基。汉代主体文化则是在此基础上对后代大一统文化进行引领。

从总体上看，汉代社会处于历史的上升期，同时又是中国古代历史上国力最强盛的时期之一。由此而来，汉代是人们充满自信、蓬勃向上的时期。在这种特殊的历史阶段，统一性和兼容性成为汉代主体文化的基本属性。这部著作虽然跨越文学、历史、哲学三个领域，但始终关注汉代文化兼容和统一的属性，使它成为贯穿全书的重要线索。书中涉及到的文化整合是多方面的，有的是学派之间、有的是地域之间、有的是民族之间、还有的是学科之间。即使在论述具体文体时，也把文化整合作为重要的理念，如对汉赋体制，就把它概括为诗歌散文等多种文体的融合，是南北文学融合的结晶。

这部著作体大思精，对许多问题都有自己独到的见解。关于文学自觉，书中从文学创作和文学批评两个方面论证，汉代文学是自觉创新的文学，得出的结论很有说服力。学术界关于文学自觉期的界定，多年来存在不少争议。树增教授的可贵之处在于他尊重历史实际，从客观存在的文学创作和文学批评的基本事实出发，找到文学自觉的充分证据，言之有理，持之有故。当然，文学的自觉是一个动态的发展过程，不是突然出现、一次完成的，而是经历多次的自觉。

树增教授对汉代主体文化有许多深入的思索，运用的是辩证思维。他指出汉代文人作品经常出现既有时代自豪感又有个人悲哀感叹的不和谐的音调，这是大一统社会普遍存在的现象，具有深入探讨的价值。圣主贤臣理想和悲士不遇的慨叹如此紧密地交织在一起，皇权专制和文人个体本位之间的协调与冲突，成为中国古代文学常见的景观。而在战国之前，却很少见到类似现象。书中这种类型的论述还有很多,既显示出汉代主体文化的基本属性,又对后代大一统封建社会具有普适性。

树增教授曾花费六年的精力,完成了国家社科基金课题《中国历史文学》(先秦两汉),这部力作又历时七年之久,在学术著作批量生产的今天显得弥足珍贵。如果追溯学术积累的历史,从攻读博士研究生算起,至今已有二十余年的时间。树增教授的博士论文以《史记》为研究对象,著有《史记艺术研究》,在史传文学领域的探索多有开拓和新见。走出校门之后,他又提出建立历史文学研究方向的设想。他还参加《先秦大文学史》、《两汉大文学史》的组织与撰写,用力颇多。他和赵敏俐教授合著的《二十世纪中国古典文学研究史》一书,使他对当代学术的审视居高临下。这部力作在学术前沿起步,有许多学术制高点,是他二十余年辛勤治学的结晶,也是迈向更广阔研究领域的新起点。

我和树增兄出自同门,当年都师从杨公骥先生。我和树增兄又是同龄,都值耳顺之年。在这部力作即将出版之际,祝树增兄学术之树的风采日增,也祝愿生命之树的活力日增。

李炳海

2008 年 6 月 9 日

于北京颐和山庄寓所

前　言

　　我国历史悠久，是世界上仅有的几个文明古国之一，又有着世界上绝无仅有的从未中断过的传统文化。从中国封建社会第一个盛世大汉帝国开始，我国就确立了不是以宗教信仰而是以伦理道德为核心为价值评判的中国传统文化体系，正是这种传统文化，造就了中华民族高尚的道德人格和仁爱大众、兼济天下的人生价值观，促进了居于世界前列的太平盛世的多次出现。令全世界人民仰慕的中国传统文化，本可成为我们后人复兴中华再创强国的历史经验、文化底蕴及心理素养。但近代以来，封建统治者的腐败，帝国主义的侵略，使我国沦为半封建半殖民地社会，一个东方文明大国变成了一穷二白的"东亚病夫"。帝国列强为了配合其对我国军事、经济等方面的侵略，否认我国古代文化曾为人类做出过巨大贡献，贬损我国无与伦比的古代文化的价值，极力挫伤甚至妄想泯灭中华民族的自信心。从精神上心理上征服一个民族，就是从否定这一民族的文化开始的。帝国列强的"精神侵略"，使我国一些人产生了民族自卑感，自我否定的言论时有泛起，贬低本民族及其文化，无条件地"疑古"，轻率地怀疑甚至否定中国悠久的文明。

　　新中国建立后，"中国人民从此站起来了"。但一度极左思潮泛滥，将人类创造的绝大部分文化成果视为"封、资、修的货色"而给予否定，中国传统文化作为"封建文化"同样属于全面否定之列，中国传统文化又一次遭到劫难。新时期改革开放之后，经过拨乱反正，人们进行了深刻的历史反思。当今，我国正以令世人瞩目的速度奔向社会主义小康社会，那些自卑自贱及粗暴否定一切的观点，失去了继续传播的社会依据，但百年来的旧意识影响仍然存在，不能正确地评价、甚至在不同程度上否定中国传统文化，就是明显的体现。不能正确地评价中国传统文化,就是不能正确地评价中华民族;否定中国传统文化,就是否认了中华民族本身,世界上还从来没有一个因漠视自己的传统文化从而弱化了民族意识的民族,有立于世界民族之林的能力。

汉代是我国第一个中央集权制封建社会的盛世,它当时不仅是世界范围内经济发展的中心,也是世界范围内文化高度发达的中心,它的文化对中国二千多年的中国传统文化起了主导与范式的作用。但是我们过去对它的文化认识评价得很不够,从中国中央集权制封建社会文化的奠基期起,我们对它的认识就产生了偏颇,必然影响到我们对整个中国传统文化的正确认识。对汉代文化的偏颇认识,著者过去也存在过,但经过二十多年对汉代文化的研究,有了一些新的认识,陆续出版了一些涉及汉代文化的学术著作,对汉代文化的新认识有过一些表述,自认为对汉代文化有了一个系统的了解,于是编撰了这本关于汉代文化的专著,通过实事求是地评价汉代的文学、史学、哲学,比较准确地认识其民族的与时代的特色及形成特色的历史的和现实的各种原因,客观地评价其价值及对中国乃至人类社会的发展所做出的巨大贡献,从而进一步正确地认识与评价中国传统文化。更希望通过本书,启迪读者积极吸收中国传统文化的精神动力,恢复乃至提高我们的民族自豪感与自信心,激励大家充满信心地去创建中国特色社会主义的盛世,使我国再一次地成为世界强国。

全书分绪论与正文五编,五编共三十四章一百零一节。

本书绪论部分阐述汉代文化的历史地位及本课题的研究目的与方法。

第一编对汉代文化的共同特色进行总体的论述。汉代文化是大一统文化,这个特色产生的前提是政治上的大一统。汉代文化的大一统特色与秦帝国的一统文化大不相同,它具有反暴政的特征,承接着曾一时中断的传统礼仪德治文化,形成了中华文化的共同体。汉代是我国第一个封建盛世,其文化体现出汉代人开拓进取的时代精神、民族自豪感,形成了特有的"大汉气象"。秦帝国虽创立中央集权制,但没有正确选择与集权制相适应的文化,汉代最终选择以儒家学说为核心的文化,顺应了历史的发展。汉代把儒学推崇到独尊的地步,本属子学的儒学变成了经学,并借鉴道家、阴阳五行家的思想资料,完成了它完整、系统的体系重构,成为治国的主导思想和教化的基本内容,观念形态的文化都打上经学的烙印。我国早期的主体文化互相交融混一,汉代的文史哲达到高度的完美结合,但也从此时起,文史哲开始趋向独立。汉代虽"独尊儒术",实际上儒学整合了众多学派的思想,才建立起新的体系。政治上的大一统,疆域的扩大,各地域的文化也加快了融合。一方面以儒学为代表的正统文化得到广泛传播,同时正统文化也吸纳了各地域文化的优长,又继承了三代以来的优秀文化传统,在此基础上开创出封建盛世的文化。汉代主体文化都想建立系统的体系,整体感悟、天人关系的探究,阴阳对立统一的思考,汉易象数之学的确立,都使当时的思维具有了辩证思辨的特征。

　　第二编阐述汉代文学特色,汉代文学总的特色可以概括为"自觉"创新。近世以来,人们把文学自觉的时代认定于魏晋,用"纯文学"作品的产生及自觉塑造典型艺术形象意识的确立为标准,来考察汉代文学,已经具备了这两个特征。汉代的散文以服务于社会现实为其显著特点,是社会生活的"晴雨表"。汉赋强调审美效果,"润色鸿业",由散体化向诗体化的回归,内容上由歌功颂德转向愤世嫉俗,这是时代生活变化使其然。汉诗在继承诗骚传统的基础上,创作出乐府诗、文人诗等新体诗,五言诗在西汉时期、文人七言诗在东汉时期,即完成了其基本的体制建设,为后来二千多年中国封建社会提供了新的基本的诗歌形式。汉代的传记文学,不仅为我国文学艺术园地增添了众多生动的历史人物形象,而且为我国文学艺术提供了一系列典型人物塑造的方法。在汉代,人们已经明确地把"小说"当作一种独立的文体,"百戏"中已有"科、白、唱"中国古代戏剧的三大要素,人们把文学创作视为一种重要的文化现象的意识更加明确。文学作品以及作家创作成为人们研究的对象。

　　第三编阐述汉代史学特色,汉代史学总的特色可以概括为"体例完备",代表这一时代史学最高水平的伟大成果便是《史记》。作者将纷繁复杂的历史现象进行归类排比,找到了本纪、年表、书、世家、列传的形式,开创了以人物为中心的纪传新体例。班固所撰的《汉书》是我国第一部纪、表、志、传体例完备的断代史,这种体例符合中国封建社会皇朝更替的周期性特点,其十志,对古今政治、经济、文化都作了详细记载,扩大了历史研究的领域,使书志体成为正史不可缺少的重要组成部分。荀悦的《汉纪》是我国第一部编年体断代史,它的产生，标志着我国编年体断代史从此诞生。过去研究汉史，对中国文献源流演变重视不够，汉代刘向、刘歆的《别录》、《七略》开创了中国目录学，班固的《汉书·艺文志》首创了专载图书目录的史书体例，二者共同标志着中国文献源流演变史研究的开始。

第四编阐述汉代哲学特色，汉代哲学主体上为"伦理道德"型哲学。汉初诸子学说复苏，以"黄老之学"为代表的自然哲学获得了快速的发展，这是因为它适应了当时社会的需要与社会的发展，它发展了我国古代唯物辩证法。武帝时，国势强盛，由尊崇黄老无为而治而转向尊崇儒学积极有为。以董仲舒为代表的公羊学家，根据先秦儒家的"天人合一"思想、法家的集权思想和阴阳家的"五德终始"说，把社会伦理规范解释为天的道德律令，建立了一套以"天人感应"说为基础，以"三纲五常"为核心的新的儒学思想体系，汉王朝把它作为正统思想，儒学于是由子学变为经学。西汉后期及东汉，经学逐渐与宣扬神鬼的谶纬合流，今文经学神学化，谶纬迷信泛滥，整个社会意识形态受到毒化。在这种情况下，涌现出王充这样杰出的思想家，他继承和发展了道家自然无为的理论，以"疾虚妄"的批判精神，对当时的今文经学及谶纬迷信进行了全面的批判。同时，社会批判思潮逐渐兴起，实际就是对传统儒家鼓吹的仁政与大同社会的呼唤。

第五编探讨汉代文化特色形成的原因，汉代文化特色的形成，有着深刻的历史原因，也与汉代大一统格局的变化有关。汉代文化是由历史悠久的华夏文化发展而来的，文化传统从未中断过。中国的社会发展较特殊，由于中国封建社会的"早熟"，使我们的古代文化与古希腊文化有着迥然不同的特点。具体表现为早期就丧失了丰富的神话遗产，没有成熟的史诗、戏剧、小说，诗歌短小抒情，但历史意识特强，史学著述很发达，哲理重于探讨社会人生，伦理道德色彩很浓。三代文化，尤其是"轴心时代"的春秋战国时期的文化，给汉代文化提供了珍贵的文化资源。中国古代社会商品经济不发达，长期没有专职文化人，中国文人的形成始于汉代，文人在大一统盛世有了新的价值观，直接影响着他们的精神生产。汉代文化最突出的特色是其统一性与综合性，处处体现着封建大一统意识，以儒学为主体，与各学派、各地域的文化进行了广泛而深入的融合。汉代对大一统文化的选择,适应了宗法政治需要,促进了以小农经济为主体的国家经济基础的巩固与发展。同时特殊的自然环境与各地域民族的迅速融合,也为汉代主体文化特色的形成,提供了自然条件与自然人文环境。

汉代主体文化具有整合的特点,需要我们从整体上把握它的特性。同时还需要对它们作精细的分类研究,从汉代主体文化的相互联系、对比中,进一步探讨它们的个性与共性特征。汉代主体文化特色是在其独特的发展过程中形成的,本书紧紧把握汉代主体文化的历史发展、演变过程,把握它们随着时代变化而呈现出来的特点,以此了解该时代主体文化的总体特征。从而在学术上得出了一些新的认识与结论,如提出"文学自觉始于汉"说,以纠正文学自觉始于魏晋的旧说,阐述汉代的小说、戏剧,也属开辟了汉代文学研究的新领域。把汉代哲学概括为自然、道德、宗教三大流派,也是一种新的提法,等等。汉代主体文化研究是一个较大系统的工程,著者想从中国文化发展的历史大背景来审视,从汉代文学、史学、哲学的发展过程及三者的联系中探求它们的特色,从决定于汉代意识形态的社会存在,寻求主体文化特色形成的种种原因,以此来确定汉代主体文化在中国文化中的影响和地位,发掘汉代主体文化对社会主义精神文明建设的价值。

就本书研究内容来看,并非是广义上的文化,仅限于文学、史学与哲学,在本书的论述中,多数情况下称研究的对象为"汉代主体文化"。有的专家称中华民族的主体文化应是儒家文化,对于汉代来说尤其如此。实际上这一看法与本书所指并不矛盾。说儒家文化是中华民族的主体文化,这是从文化的指导思想方面讲的,而说文学、史学、哲学是汉代乃至中华民族的主体文化,这是从文化形态方面讲的。人们认识社会的存在,往往以求其真善美为认识的终端。求其真,达到对存在的认知;求其善,达到对存在的评价;求其美,达到对存在的审美。反映其真,往往客观叙述其存在的状态及发展过程,其形式又往往体现为史学;反映其善,往往用抽象的概念与思辨去论述其存在的特点及发展规律,其形式又往往体现为哲学;反映其美,往往用感性的形象来展示其存在的生动形态及故事情节,其语言文字形式又往往体现为文学。文、史、哲是人类基本的精神产品,反映了人类基本的精神活动,把文、史、哲称之为主体文化,从主体上代表了一般人所认为的文化形态。如果说文、史、哲是汉代主体文化的形式,而儒家文化则是汉代主体文化的灵魂。"儒家文化的发展经历了如下的几个时代:先秦元典时代、两汉经学时代、隋唐道统复兴时代、宋明理学时代、明末清初实学时代、近代今文经学时代。"①在儒家文化发展过程中,汉代是其划时代的发展期,从汉代开始,儒家文化才成为中华传统文化的指导思想,也就是成为中华民族的主体文化。从汉代开始,中国古代的文学、史学、哲学,便深深地打上了儒学的烙印,这也成为汉代主体文化的一大特色。

　　研究四百多年的汉代文化,是一个复杂浩大的精神工程,由于著者学力有限,尽管花费了很大的精力与七八年的时间,但一些问题仍然觉得阐述得不够深透,评析不当甚至错误的认识肯定存在,敬请广大读者及方家不吝赐教。

著者

---

①　儒家经典编委会编:《儒家经典·前言·一脉相承的儒家文化》,上卷首页,团结出版社 1997年版。

目　录

第二编　"自觉"创新的文学

第四编　伦理为宗的哲学

第五编　汉代文化基本特色形成的原因

绪 论

一、研究汉代文化的目的

研究汉代文化,必须有明确的研究目的,清楚其研究的意义,其目的与意义主要取决于汉代文化的价值,而价值又主要取决于它独特的性质,即所谓的特色,而特色的形成又有着历史的与现实的深刻原因。

中国是一个有着悠久历史文明的古国,这是由我们的历史实际所证明的,也是为世界上绝大多数人所公认的。至少从四千多年前的夏朝开始,就有了标志着文明的国家机构与成文史。我国的奴隶社会没有实行大规模的奴隶劳动制,生产力比较低下,社会分工不细,城乡区别不大,商品经济很不发达,但由于社会形态"早熟",从三千多年前就较早地进入了封建社会。与之相适应,生产力虽不发达,但社会意识形态却是非常先进的,有着其他国家与民族仰慕的先进文化。毛泽东在《新民主主义论》中说道:"自周秦以来,中国是一个封建社会,其政治是封建的政治,其经济是封建的经济。而为这种政治和经济之反映的占统治地位的文化,则是封建的文化。"[①],毛泽东又把自周秦以来中国封建社会分为二种形态,即从周至秦的八百多年属诸侯割据称雄的封建社会,秦之后的二千多年则属君主专制的中央集权的封建社会,这是侧重于从政治上判断社会的性质。这一观点,与范文澜、翦伯赞等先生侧重于从经济上判断社会性质的观点是相辅相成的。翦伯赞先生认为中国社会从周发展至秦,"过去曾经支配中国历史八百余年的封建领主的贵族政治,从战国末叶

---

① 毛泽东:《新民主主义论》,《毛泽东选集》第二卷,人民出版社 1991 年第 2 版,第 664 页。

起,就已经随着土地所有的关系之改变,与都市经济的繁荣,开始发生动摇。而这到秦代,封建领主的贵族政治便最终地退去了中国的历史,代之而起的秦代政权,是新兴的商人地主的政权。"①根据中国古代社会形态的变化,我们大致可以把中国古代文化分为二大部分,一部分是原始社会和奴隶社会的文化,另一部分是封建社会的文化,代表中国古代文化成就的主要为中国封建社会文化。中国封建社会文化大致又可分二个发展期,第一个发展期是秦汉以前的西周至战国末,这是一个松散的统一或"诸侯割据称雄的封建国家",在这个封建领主专制的社会里,产生了《诗经》、《楚辞》等文学作品,《春秋》、《左传》等历史散文,《论语》、《老子》等诸子哲理散文,以它们构成了先秦的主体文化,为中国文化奠定了发展的基础。

社会发展至秦,由于中央集权制的确立,建立起适应新的生产方式的君主专制下的郡县制,土地实行私有与自由买卖。但秦帝国由于一味以暴力治国,激化国内阶级矛盾,导致它的速亡,在短短的十几年的专制时间内,根本无法建设起与其政治体制、经济体制相适应的文化体系,真正全面地确立封建地主中央集权制的任务历史地落在汉帝国肩上。汉帝国继承秦帝国开创的封建中央集权制,建立与完善了与此政治、经济相适应的文化体系,所以至汉代,中国封建中央集权制下的政治、经济、文化才进入了一个突飞猛进发展的时期,其所创造的物质和精神产品为世界瞩目,成为当时世界上政治、经济、文化最发达的国家之一,成为世界的文化中心之一,汉代文化成为中国中央集权制的封建社会文化的辉煌开端。

以上是我们从社会发展形态上来认识汉代文化的性质,另外,我们也可以从其称谓上来进一步认识它的性质。中国夏、商、周以来,文化的中心在黄河流域,形成了足以影响其他地域文化的示范性文化——中原文化,夏、商、周文化的发展,就是以中原文化为中心,不断向其周边地域(即所谓的蛮夷戎狄的"四夷"地区)传播、渗透,在传播、渗透中又不断地吸收、采纳四夷文化,而形成华夏文化。这一传播、渗透、吸收、采纳的过程是很缓慢又漫长的。汉代继

---

① 翦伯赞:《秦汉史》,北京大学出版社1983年版,第43页。

承了这一文化传统,在华夏文化的基础上形成了汉文化,这种称谓不仅仅表示着因汉代而产生的文化故以命名,更重要的表示着:它有别于以往华夏文化的传播、渗透、吸收、采纳的内容与方式,而以新的传播、渗透、吸收、采纳的内容与方式,形成了新的文化。汉文化仍以中原文化为中心,但这个中心文化的核心,已是以新儒学为指导的封建地主社会的意识形态。新儒学改变了以往儒学只是诸子百家中一家的地位,将改造了的儒学提升为全社会的指导思想,以新儒学为核心的汉代文化,依赖中央集权制下的大一统政治体制,以前所未有的速度在更为广大的地域进行着传播、渗透,同时也吸收、采纳着广大的其他地域的文化,它开创了中国文化的新纪元,确立了中华传统文化的基本范式,为今后中国文化的发展奠定了坚实的基础。

在中国历史发展的进程中,中国的封建社会曾多次出现过居于世界前列的盛世,创造出令全世界人民瞩目的中国传统文化,汉代以其宏伟的"大汉气象",拉开了中国中央集权制封建社会盛世的序幕,其文化也成为中国中央集权制封建社会文化的辉煌开端。但中国封建社会后期,由于统治阶级不断强化皇权,不断完善健全中国封建中央集权制,中国封建君主专制体制达到一个"超稳定"的状态,从而强有力地不断地扼杀着代表着新的社会的政治、经济乃至文化的萌芽,从元明之后,封建政治、经济体制乃至文化已长期滞后于形势发展,至近代时更远远落后于后起的外国资本主义国家,东方泱泱大国落伍了。延续了三千多年的封建体制,到十九世纪的中叶,由于外国列强军事上、政治上、经济上、文化上的野蛮侵略,其性质发生了重大变化。外国列强侵略中国,并不是想把中国变为一个资本主义国家,而是相反,竭力想把中国变成它们的半殖民地甚至殖民地。他们强行灌输的与殖民政策相配合的奴化文化,其核心就是极力否认我国古代文化曾为人类做出过巨大贡献,极力贬低我国古代文化无与伦比的价值,以此来泯灭中华民族的自信心,他们宣扬"西方文化中心论",企图从精神上、心理上征服我们中华民族。而当时国内的一些人想通过"学夷之长"以制夷,试图以大量引进的西方科学技术与学术思想,即所谓的新学来扭转亡国的危机,来创建一个带有科学、民主特色的新国家,于是提出"全盘西化"的口号。在这一思想指导下,自然对中国古代文化也采取了粗暴的全盘否定的态度,在这一点上竟与西方列强"异途而同归"。西方列强的"文化侵略"使一些人产生了民族自卑感,久而久之,甚至形成了一种具有一定影响力的意识。在文化学术上,表现为无条件地"疑古",否定中国悠久的文明;贬低中国传统文化的价值,否定中华文化对世界的巨大影响力,甚至将中国传统文化视为造成中国近代社会落后的根源。这些错误观点在十九世纪下半叶至二十世纪上半叶曾风行了近百年,二十世纪下半叶一度极左思潮泛滥,极左思潮不仅以"资、修"为由轻率地否定西方文化,对中国传统文化的否定更是达到登峰造极的程度,以一个"封"字的判定就将中国传统文化全面、彻底地否定了。

在贬抑中国传统文化的思潮中,就包含着贬低汉代文化,提出汉代文学远不如西方,特别是远不如古希腊文学成熟,没有史诗,没有戏剧,没有小说,整个文学成为经学的附庸,还处于一个"不自觉"的阶段;对于已为世界所公认的相当发达的汉代史学,认为还停留在史学的初级阶段,并主观地给汉代史著加上"多传说"、"有虚构"、"有不实难证处"等毫不负责的臆断之词;对于汉代哲学,以西方哲学的模式来对照,认为汉代哲学缺少逻辑,缺少论证,缺少思辨,只是陈腐的伦理说教,等等。对于持"全盘西化"论的人来说,一般是一个认识上的问题或学术研究上的问题,与西方列强的主张在性质上是完全不同的。如何正确认识与对待西方文化与中国传统文化,是一个比较复杂的问题,至今还不能说从理论上与实践上完全弄清楚了。所以近代以来,特别是从"五四"以来,过分估量西方文化价值与过分贬抑中国古代文化价值的影响仍然存在。不过,也应看到,"经过一个世纪的发展反思,大家渐渐意识到西方文化未必处处是,中国文化未必全然非。心态渐趋平和,自信复又萌生。我们必须走出西方文化神圣的阴影,重新评量中西文化的长短是非,这是中国学者当仁不让的重任。"①

汉代是我国第一个封建盛世,它当时不仅是世界范围内经济发展的中心,也是世界范围内文化高度发达的中心,但是我们过去对它认识评价得很不够。

---

① 葛志毅:《谭史斋论稿续编》,黑龙江人民出版社 2004 年版,第 7 页。

本书研究的目的就是想通过实事求是地评价汉代文化，通过对汉代文化特色及形成原因的探讨，重新认识汉代文化的真实面貌，正确认识中国第一个封建盛世文化鼎盛的状况，正确评估它在中国文化史上的地位及价值，从而对中国古代文化在世界文化中的地位及价值作进一步的思考，对中国古代文化在现代文化建设中的地位及价值也作进一步的思考，确信中华民族古老文化曾对人类作出巨大贡献，从而提高我们的民族自豪感与自信心，坚信在中国辉煌的古代文化的基础上建立起来的现代新文化必将更加辉煌，必将对人类作出更大的贡献。

二、关于汉代主体文化

要探讨汉代文化的特色及形成原因，首先要明确文化的内涵与外延。关于文化的定义实在太多了，有的学者统计有二百多种，实际上，如果按这种方法再细致区分统计，文化的定义何止二百？文化的内涵，随着解释的对象、范围、程度、场合等不同，就有不同的定义，就是解释的对象、范围、程度、场合等相同，但因每个人所处的国家、历史时期、居住地域等不同，也会对文化有不同的解释。文化只能是一个相对的概念，或如有人所称文化有多种定义，大致分广义的定义和狭义的定义。所谓广义上的文化，有人说：文化就是人文，也就是人化，凡是与人发生联系并有人的活动参与的现象都算文化。这样，文化便包罗万象了。与人发生联系并有人的活动参与的现象，最明显的要数人类创造的物质产品和精神产品，其次还有人类创造物质产品和精神产品的过程，以及在这创造过程中的心理活动，即人的参与的方式及所产生的心理现象。在此基础上，有人又把文化分成三个方面的现象：物化产品、生活方式、意识形态。或把它分成三种文化：物质文化、制度文化、精神文化，这是对文化的广义上的理解。①

---

① 关于文化的界说，可参见张岱年、方克立主编的《中国文化概论》中的《绪论》部分，北京师范大学出版社 1994 年版。

　　但是一般的人认为这种包罗万象的文化概念,它虽然有助于从宏观的角度对文化的普遍性进行研究,探讨文化的起源、演化、发展的一般规律,却很难去指导把文化作为具体对象求其特殊性的研究,而后者的研究却往往是我们现实所需要的。鉴于此,他们认为文化还是应该主要指意识形态,或换言之应该主要指精神产品。这就是所谓对文化的狭义上的理解。

　　以马克思主义考察人类发展的历史,就会发现如下的社会现象:首先是为了人类自身的生存和发展,人们必须进行物质生产,其结果是形成满足人们物质生活所需要的各种物质产品,及伴随而来的分配方式、交换方式及消费等经济现象。一定的物质生产,要求一定的生产关系与之相适应,并为之服务,于是相应地产生了国家机构、军队、政治团体及政策、法律与阶级、社会集团斗争等政治现象。毛泽东在其《新民主主义论》一文中说:"一定的文化是一定社会的政治和经济在观念形态上的反映。"①社会的存在决定人们的意识,现实存在的经济现象和政治现象,必然引起人们的某些精神活动,这是因为对于经济现象和政治现象,人们必然要以某些思维的方式去反映它,因而派生出各式的观念形态,或换句话说产生出种种意识形态来。如果人们以生动的形象去反映它,就形成我们所说的文学艺术;以概念与思辨去反映它,就形成我们所说的哲学;以叙述社会现象的过程去反映它,就形成我们所说的史学;以盲目的信仰与崇拜去反映它,就形成我们所说的宗教,等等。文学艺术、哲学、史学、宗教,这是人类主要的也是基本的精神产品,反映着人类主要的政治与经济现象,也反映着人类基本的精神活动,冯友兰先生也认为:"中国文化就是中国之历史、艺术、哲学……之总合体。"②本书把文学艺术、哲学、史学、宗教称之为主体文化,因为以它为主体而构成了一般人所认为的文化现象。

　　毛泽东把文化视为与经济、政治有联系又有区别的属于意识形态的东西,这种认识与中华民族传统的对文化的理解比较贴近。"文"与"化"用于一句之中,始见于《易·贲卦·象传》:"观乎天文,以察时变;观乎人文,以化成天

---

　　① 毛泽东:《新民主主义论》,《毛泽东选集》,人民出版社1964年版,第688页。
　　② 冯友兰:《三松堂学术文集》,北京大学出版社1984年版,第23页。

下。"了然于日月星辰的运行,便可知天道的变化;了然于社会人伦的关系,便可教化天下。"人文"与"化成"联用,含人伦教化之义。"文"与"化"合为一词使用,始于刘向的《说苑·指武》:"圣人之治天下也,先文德而后武力。凡武之兴,谓不服也;文化不改,然后加诛。"这里的"文化"相对"武力"而来,指以文教化,文化的基本概念在中国从此就算确定。教化当然包括教化的手段和教化的过程,但主要体现为用什么来教化,即主要体现为用以进行教化的那些意识形态方面的主要精神成果。正如孔颖达在《周易正义·上经随传》疏中说:"'观乎人文以化成天下'者,言圣人观察人文,则《诗》、《书》、《礼》、《乐》之谓,当法此教而'化成天下'也。"人类在意识形态方面创造的精神成果有许多方面,而文学艺术、史学、哲学、宗教等著作,构成了这些精神产品的主要部分。

作为文化的研究者,总是根据自己研究的目的,有针对性地把文化的研究限定在一定的层次和一定的范围。如限定研究对象概念的内涵、外延,限定研究对象存在与发展的时间与空间,从具体时代、具体地域的角度来揭示研究对象的形态及其特征、产生的原因与发展的机制,以及其超越具体时代、具体地域的承传与影响等,从而进一步理解和把握或地域的或民族的或人类的文化发展的普遍规律。本书所要研究的汉代文化,就是指汉代的主体文化,而且仅指从公元前 206 年汉高祖刘邦立国至公元 220 年魏文帝曹丕代汉期间,共四百多年的中国汉朝的以文学、史学和哲学为代表的汉代主体文化。在一般的情况下,本书所称的"汉代文化"或"汉文化"主要是指汉代的文学、史学和哲学,多数情况下也称汉代文化为汉代主体文化。

本书所以舍弃以美术、音乐、舞蹈为主要内容的艺术,是因作者学力与精力有限。舍弃宗教,是因汉代特殊的国情。中国虽然一直存在着宗教崇拜,如原始社会的图腾崇拜、自然崇拜及多神崇拜,及至建立国家体制后的夏、商、周三代,由远古原始宗教崇拜改变为大致统一的天帝崇拜、祖先崇拜,但从国家建立后,宗教崇拜一直为国家政权所掌控,宗教崇拜一直依附于皇权并为其所服务,中国历朝历代都没有出现过像西方中世纪那样的政教合一的现象。国家一方面利用宗教崇拜,一方面用理性来掌控甚至改造宗教崇拜,这在周代表现得尤为明显。春秋战国之际,就在印度佛教大兴之时,中国盛行的是诸子百家的哲理思潮,即使存在着尊天、祭祖、崇拜鬼神的宗教活动,也纳入了宗法制的礼乐观念之中,宗教崇拜观念日趋淡薄。

汉代是我国第一个封建盛世,汉代确立儒学为国家的指导思想,既符合封建大一统国家的要求,又顺应了历史发展的潮流。因为道家小国寡民的政治主张不符合封建大一统社会的模式,那么宗教虚幻的"天国"理想,更无法满足大一统社会的要求,只有儒家学说才是巩固中央集权制的封建大一统的精神支柱。儒家学说是以伦理道德为主体内容的哲理,对宗教迷信虽然没有采取公开批判否定的态度,但却对宗教迷信采用了存疑与回避。大家熟知孔子"不语怪、力、乱、神"(《论语·述而》),他的学生"季路问事鬼神。子曰:'未能事人,焉能事鬼?''敢问死。'曰:'未知生,焉知死?'"(《论语·先进》)儒家学说始终将人事放在第一位,以人为本,以人为中心,追求的是人的价值的实现,始终以个体人格的健全为其精神的追求,所以以伦理道德的自觉与高尚作为人格修养的目标,追求的是修养成为现实社会的贤人乃至圣人,而不是未来"彼岸"或"天国"的佛或仙。儒家学说重视道德教化,不同等级、不同身份的人都从个体人格修养出发,按照各自的道德标准去完善自己的人格,做到君惠、臣忠、父慈、子孝、兄友、弟恭、夫义、妇听,自然导致"父子有亲,君臣有义,夫妇有别,长幼有序,朋友有信。"(《孟子·滕文公上》)以君子人格的力量和协调而有序的人伦关系来调和社会各种矛盾,促进社会安定和谐,稳定社会秩序,使社会每个成员的认识统一,行动整齐,从而达到国家的统一,维持社会的长治久安。儒学不仅是社会教化的强大思想武器,也是强化大一统国家政权的强大思想武器。

西汉后期至东汉,儒学独尊的地位开始动摇、失落,佛教开始传入,本土的道教开始产生,但佛教、道教还属于初期传播阶段,影响力甚微,其对中国文化产生大的影响是从魏晋南北朝开始的。在汉代,对社会影响大的神学迷信是谶纬之说,谶纬之说属宗教迷信的性质,它是古代巫术、神仙方术在汉代的"变种"。谶纬之说的神学迷信及宗教崇拜在西汉末至东汉虽一度猖獗,但从汉代整个发展过程来看,儒学仍是社会的指导思想,也就是社会意识的主导思潮始终是哲学形态的儒学而不是神鬼迷信的宗教崇拜。汉代的神学迷信与宗教崇拜始终屈从于儒家经学,只有与经学结合才有其存在与发展的条件,不论宗教预言式的"谶记",还是以神学迷信解说儒家经典的"纬书",一般都要附会于儒家经典,以神学迷信的观点注释儒家经学为其存在的形式,以儒家经学为其谶纬神学的寄托载体。鉴于此,在阐述汉代哲学时要涉及以谶纬为标志的宗教神学的内容,所以不单列宗教专题来论述。

既然把文化主要理解为人类的精神产品,那么,考察精神生产领域的社会现象,必须坚持社会存在决定社会意识的唯物主义观点,必须在时代的一定的经济和政治的背景下,来理解和考察文化现象的产生、演变和发展。影响文化发展的最根本的因素是社会物质资料生产方式及其变化和发展,体现为社会经济、政治的变化和发展。真正了解文化,是不能脱离社会的政治经济状况的,不能就文化而谈文化,就精神而谈精神,否则,就偏离了唯物主义和历史唯物主义。

三、汉代文化在中国历史上的地位

汉朝是在秦帝国的基础上建立的。秦统一中国,标志着旧的封建领主制的时代结束。秦帝国对夏、商、周三代的经济、政治,特别是对春秋战国的经济、政治进行了总结,建立了新的统一的经济、政治、社会制度,但它却未能完成统一的社会文化的正确选择。而汉王朝不仅继承了秦帝国的政治、经济制度,而且以三代,尤其是周代文化为源头,以春秋战国以来多元整合的百家学说为主要资源,进行了新整合与新创造,进行了正确的文化选择。如果说在汉代之前,中国的文化属华夏文化,那么汉代所选择与确立的文化已经属于新的文化,这种新文化因"汉"而命名,叫作汉文化。这是中国文化发展史上的重大转化,汉代也成为中国文化重大的转型期。如果说秦帝国开创了一个中央集权的封建地主制的社会,那么汉帝国更多的贡献则在文化方面,是它开创了汉文化,从此,中华民族文化的基本框架已经形成。汉文化的确立,真正表明一个全方位的新的历史时代的开始,一个划时代的新文化的开始,汉王朝文化

在中国历史上有着特殊的地位,主要表现为:

(一)秦王朝结束了长期诸侯国纷争的局面,开创了中国以帝王为中心的封建地主阶级中央集权制度,然而秦帝国在建立千秋伟业的同时,犯下了一个致命的错误,即犯了历史经验主义的错误,仍以吞并六国时的武力政策来治理国家,来推行它的中央集权制度,结果搞得众叛亲离、怨声载道。当年秦面对分裂割据从而违背民心的六国诸侯时,它的统一举措是顺应历史也顺应民心的,它也就强大而无敌;当秦取得统治权,把大多数人民置于尖锐的对立面的位置时,统治者就由起初顺应历史潮流的英雄而变为背逆历史潮流的小丑,其灭亡只是个或迟或早的时间问题了。水可载舟,水亦可覆舟,暴秦果然寿命短暂,在农民大起义的浪潮中,寿终正寝。但是秦帝国所开创的封建地主阶级中央集权制度,却为立国四百多年的汉王朝所继承、发展和完善。汉王朝吸取强秦速亡的教训,以"武力"与"文化"兼施的方法,即礼法兼治,王霸并用,使中国封建地主阶级中央集权制度真正得以确立和巩固。汉代文化就是封建中央集权制度的集中体现,汉王朝选择了真正能与其政治、经济相协调、互相促进发展的优秀文化。

(二)秦帝国初步建立了中国封建中央集权君主制,如确立皇帝名号,设立以丞相为首的政府机构,建立以郡县制为基础的地方政权,拟定官吏选拔制度,等等。而汉王朝不仅继承了秦制,更使中央集权制的行政、吏制、律令等进一步规范化、体系化,体现出中国封建中央集权君主制国家制度的基本特征。中国古代封建社会的政治、经济、文化的制度从此大体上确定下来,并延续二千余年,基本适应中国二千多年的经济基础,证明它具有强大的生命力。汉王朝是中国封建地主阶级社会的第一个盛世,历史悠久,全面而充分地反映了中国封建社会发展的基本规律,其政治、经济模式与所取得的辉煌成就,成为后世封建统治者治理朝政的楷模。汉代的主体文化集中体现着汉代的政治、经济,为中国后来漫长的封建社会的发展提供了种种历史经验和历史借鉴,

(三)秦统一中国后,在春秋战国已经形成了比较稳定的民族多元体的前提下,实现了以华夏民族为主体的多民族高度统一。汉继秦,进一步确立了华夏民族在统一的多民族国家中的主体地位,由于汉朝对后世影响深远,乃至人

们将华夏族及与华夏族相融合的诸族改称为"汉人",汉民族的名称由此而产生,直延续至今。吕思勉先生曾说:"汉族之名,起于刘邦称帝之后。昔时民族国家,混而为一,人因以一朝之号,为我全族之名。自兹以还,虽朝屡改,而族名无改。"①随着汉代大一统的巩固与发展,原先分布于西至秦、东至齐、南至楚、北至燕赵的广大地区的各族,逐渐融合为一个整体的民族——汉民族。随着汉王朝疆域的扩大,北至大漠(蒙古高原),西至葱岭(帕米尔高原和昆仑山、喀喇昆仑山脉西部诸山的总称)和巴尔喀什湖(在今哈萨克斯坦东南部),东至朝鲜及渤海、东海,南至南海、交趾(今越南),如此辽阔的大地上,所有的民族,包括所谓的东夷、南蛮、西戎、北狄等都成为大汉的编户民,汉民族遍及汉朝所辖各地并与各地的少数民族相融合。以汉民族为主体的中华民族正式形成,汉代文化标志着以汉民族文化为主体的中华文化正式形成,汉民族及汉民族文化的形成,成为中国大一统局面始终得以巩固发展、中华文化始终没有中断的根本原因。

(四)秦帝国开创了大一统的政治格局,也统一规范了文字,却未能完成正确、统一的文化建设。汉王朝能继承发扬夏、商、周三代及秦的文明,并进行了空前统一的多民族文化的多元整合,形成新的汉代文化,这种新的汉代文化就是以儒家思想为核心的多民族统一的文化。这种新的汉代文化并不是春秋战国儒家学派思想的简单恢复,而是对以往长期积累的传统文化的总结、改造,又是对传统文化的推陈出新。这种新的汉代文化符合维持中国封建宗法社会秩序与血缘亲亲关系的需要,适应大一统中央集权政治制度的需要,顺应了中国历史发展的趋势,成为维护大一统、凝聚全民族的强大思想武器。这种新的汉代文化体现了当时领先世界的水平和气魄,它既有很强的开放性,善于融合一切外来文化;又具有很强的稳定性,能同化一切外来文化。如果说中国春秋战国时期的文化已经高度发达,可与当时西方文化的代表——古希腊文化相媲美,那么汉代文化更是先秦文化的总结与提高,足可与当时西方的先进文化——罗马文化并驾齐驱。汉代主体文化曾长时期地居于世界文化先列,

---

① 吕思勉:《先秦史》,上海古籍出版社1983年版,第22页。

对世界文化的影响也是巨大的。

总之，汉朝不仅是我国数千年统一的中华民族历史发展的奠基时期，也是我国数千年统一的中华文化发展的奠基时期，研究这个时期的主体文化，不仅正确地评定中国古代文化在世界文化史上的地位与作用，而且有助于我们深入了解我国封建文化发展的许多重大问题，进一步探索中国文化的民族特色、发展规律，无疑对建设中国未来现代化民族文化也具有重大的现实意义。

四、研究汉代文化的基本方法

对汉代文化的研究，首先要明确研究的对象，这个问题好像不是问题，哪里有不明确研究对象的研究呢？其实不然。长期以来学术界存在着这样一种方法，或称风气亦可，就是机械地套用西方文化的理论。西方的文化理论是对西方文化理性的认识，我们是可以借鉴和采纳其合理的、具有普遍意义的部分来研究中国文化的，然而完全套用西方文化理论来研究中国文化，不免将中国文化"西方化"，或"削足适履"，或"指鹿为马"，名义上研究的对象还是中国文化，实际上将中国文化按着西方的模式人为地"理念化"，与实际的中国文化已不相符，既不能面对"实事"，何能谈得上"求是"？所以研究中国文化，其对象必须是"讲自己的"，其方法必须是"自己讲的"，说到底，就是"实事求是"。张立文先生为其主编的《中国思想通史》（人民出版社 2004 年版）撰写的《总序》中讲：

> 像哲学、思想作为学科，中国本来没有，是近现代从西方引进的。西方外来的与中国本土的往往互不契合而有冲突，而成为"哲学在中国"，而不是"中国底哲学"；或"思想在中国"，而不是"中国底思想"。即使说中国各种学问中"可以西洋所谓哲学名之者，选出而叙述之"①，也可能由于"照着讲"者理解的毫厘之差，而谬以千里，而造成中国哲学合法性危机。中国思想、中国学术何尝不会出现像中国哲学那样的危机？

---

① 冯友兰：《中国哲学史》（上册），中华书局 1961 年版，第 1 页。（原注）

　　基于此,我们最近提出走出中国哲学的危机,超越合法性问题。我们主张中国哲学、思想、宗教、学术决不能照猫画虎式地"照着"西方讲,也不能秉承衣钵式地"接着"西方讲,而应该是智能创新式地"自己讲"①。讲述中国哲学、思想、宗教、学术自己对"话题本身"的重新发现,讲述中国哲学、思想、宗教、学术自己对时代冲突问题的艺术化解、讲述中国哲学、思想、宗教、学术自己对时代危机的义理解决,讲述中国哲学、思想、宗教、学术自己对道的赤诚追求等。

　　张立文先生虽讲的是哲学、思想研究界的情况,实际上这种情况在中国文学、史学等研究中也普遍存在着。这确实是中国学人面临的"尴尬",要解决研究中国文化基本方法的问题,必须首先从中国文化的实际出发,而不是从西方理论概念出发,必须从中国文化的历史传统及其民族特色出发,而不是根据西方文化的历史传统及其民族特色来"照猫画虎"。

　　依照西方学科分类的研究方法,对汉代文化的研究,目前国内一般仍沿袭着分割研究的方法,或侧重研究汉人的哲学思想;或侧重研究汉人的史学思想或重要史籍;或侧重于对汉代重要文学体裁与重要作家的研究,这实际是文化的某一专门学科的研究。也有一些综合各科的研究,其研究对象除文学、史学、哲学外,还包括政治、制度、教育、艺术、宗教、科技、风俗、军事、医学、天文、地理等等,所涉及的对象倒是很广泛,但往往由于著述者术业有专攻,加之学力与精力有限,独立对文化各种现象的阐述,可能达到比较全面而难以达到深透的程度。如果采取集体编撰,观点与风格又难达到完全的统一。笔者认为汉代主体文化继承了先秦文化的民族特点,既是先秦文化成果的汇集,又是因发展了先秦文化而成为中国封建中央集权制文化的开端,汉代的主体文化仍具有综合整一、融合贯通的特色,文学、史学、哲学等仍保持着非常密切的联

---

　　①　参见拙作:《中国哲学从"照着讲"、"接着讲"到"自己讲"》,载《中国人民大学学报》2000年第2期;《关于"儒家与宗教"的讨论》,载《中国哲学史》2002年第2期;《朱陆之辩序》彭永捷著,人民出版社2002年版;《中国哲学的创新与和合学使命》,载《中国人民大学学报》2003年第1期;《中国哲学的"自己讲"、"讲自己"——论走出中国哲学的危机和合法性问题》,载《中国人民大学学报》2003年第2期。(作者原注)

系,在互涵互动的发展中由表及里互相渗透,互相吮吸着各自所需的文化滋养。从汉代主体文化发展的实际出发,把文学、史学、哲学互相紧密地联系起来,进行整体的、全面的、成系统的研究,希望对这几方面及其之间的联系有新的阐述,或许是一种新的尝试。

汉代主体文化具有整合的特点,需要我们从整体上把握它的特性。但在研究过程中,除了对汉代主体文化共同特色的综合阐述外,还要从主观上把它按文学、史学、哲学几大类大体上分开,进一步论述他们各自的主要特色。如汉代的文学是由战国地域并峙的分散形态而演变为相容统一多元整合的形态,作家的创作意识及其审美追求已经达到自觉的程度,其代表文体首推汉大赋,代表作家就是司马相如,"苞括宇宙,总揽人物"的汉大赋,反映了汉朝大一统盛世的盛况和表达了中华民族的自豪感,同时也显示了高度的语言技巧与艺术水平;中国的史官设立最早,史学意识与史学著作异常发达,发展至汉代,史学体例由先秦以事为中心的编年体而发展为以人物为中心的纪传体,其代表作家为司马迁,他以"究天人之际,通古今之变,成一家之言"的文化巨人的气魄,把中国历史学真正变成为系统的科学,为大一统中央集权制下的汉朝人认识整个民族发展历史提供了理论根据,确立了中华民族多民族同源的历史意识;中华民族从很早就进入理性社会,他们崇尚哲学而不重宗教,汉代的哲学由春秋战国诸子学说争鸣,而过渡到"罢黜百家,独尊儒术",把传统的儒学改造成为"经学",其代表作家为董仲舒,他的《春秋繁露》表述了春秋大一统的思想,开以后数千年封建社会儒学正统思想的先声,等等。许多汉代著作,集文、史、哲于一身,它不仅仅是一个方面的代表性著作,这就需要从多个角度给予论述,要求我们对同一作品,能从不同角度阐述出不同的内容,找出它文、史、哲各方面的文化特色。

虽有分类的阐述,但不忘各类型文化之间密切的整合关系。这种"整合"不是"拼盘",而是有机的融合。文学、史学、哲学虽是考察的对象,但其出发点是从"文化"上着眼的,即从文、史、哲三方面去透析"文化特色"。在分类研究的基础上,才能沟通主体文化各个学科,在互相沟通中才能更好地进行综合性的研究,从汉代主体文化的三方面相互联系与作用中,探讨汉代主体文化的内部结构与汉代主体文化的整体特色。

在揭示汉代主体文化特色时,必须重视汉代主体文化的独特发展过程,之所以重视考察汉代主体文化独特的发展过程,是因为不了解主体文化的历史发展、演变过程,就很难了解该时代主体文化的面貌与特色。汉代文化同其他时代的文化一样,它的面貌与特色一直处于随着时代变化而变化的动态之中。秦帝国建立,结束了春秋战国长期混战分裂的局面,而汉帝国建立,又结束了秦帝国黑暗专制的时代。在汉武帝亲政前的汉帝国初期,废除了秦朝对文化的禁锢政策,被暴秦企图除灭的战国文化全面恢复,尤其是黄老道家无为的思想,因为更适合休养生息、安定统一的局面而得到广泛的传播。当然,恢复中更有全面的总结,在总结中又有新的创造。武帝时期,汉帝国空前统一强大,为适应强盛的封建大一统的需要,确立了以儒家思想为核心的封建正统文化,这种正统文化以春秋战国儒家学说为基础,又经过重大的改造,这种改造以适应大一统封建强国统治需要为前提,虽吸收了儒家之外其他学派的可用的文化,但目的是使新儒学能足以排斥各家,而成为文化中的"至尊"。武帝后期,国力有所削弱,社会矛盾加剧,后来虽有昭、宣的"中兴",但正统的儒学已不能解决日益加重的社会矛盾,于是西汉宣帝时的石渠阁会议、东汉章帝时的白虎观会议,将独尊的正统文化推向极端,使儒学经学化,王莽、刘秀诸统治者提倡谶纬,又使正统儒学神学化。经学使正统儒学变成政治的附庸,在学术上更加比附与烦琐;神学化使正统儒学变为迷信的帮衬,学术变为了虚枉与荒谬。儒学的经学化与神学化,与暴秦一任于法异曲同工,都靠愚民文化、专制文化来维持自己的统治。谶纬与神学的猖獗,为正统儒学的衰落、道教的兴起与佛教的传入,创造了条件。汉末建安时期,汉王朝名存实亡,豪强据兵争雄,历史好像又倒退到春秋战国时期,经学化与神学化了的儒学的负面影响暴露无遗,被压制已久的道、法诸家思想又开始活跃,此时期的文化主要表现为对社会现实的深刻批判与对恢复大一统的强烈渴求。在揭示汉代主体文化发展过程中,要紧扣主体文化诸要素的特色,以这些特色的产生、变化来展示文化的发展,所以有别于一般的"文化史",有时就不一定非以时间进展为顺序,不一定对方方面面的文化史实作具体的陈述,尽量不要成为汉代文学、史学、哲学

"三史"的汇编。

　　研究汉代主体文化形成的原因，必然要上溯夏、商、周三代及秦的文化，这是汉代主体文化产生的历史源头，尤其是春秋战国"轴心"时代的文化对汉代主体文化的影响，更为重大与直接。同时注意影响汉代主体文化特色产生及发展变化的现实社会背景，及在各种社会条件下汉代的政治格局变化，从汉代不同的历史发展阶段，来显示汉代主体文化在动态的变化中诸特色形成、发展的社会原因。同时，还要揭示汉代主体文化各要素之间的相互联系，探索汉代主体文化因互相影响而形成特色的种种原因，全面、准确地总结汉代主体文化鲜明的民族特色形成的条件。从而充分认识汉代主体文化作为华夏文化传统集大者和大一统封建文化楷模的历史意义，达到进一步认识具有中国特色社会主义文化的历史文化渊源的目的。这也许能为研究中国古代文化提供某些新的借鉴和方法，也许具有一定的创新意识与理论意义，对于开展中国传统文化教育具有一定的实用价值。

第一编

汉代文化特色综述

第一章 鲜明的封建
大一统特色

第一节 封建大一统文化产生的政治前提

　　大一统是指思想与法度的统一,大一统文化产生的政治前提就是政治上的大一统。汉代最鲜明的时代特征是封建政治大一统,而封建政治大一统的主要标志就是封建中央集权制的完善及其正统思想体系的确立。文化是政治经济的集中反映,所以汉代文化最重要的特色也就是大一统。

　　中国各民族融合的历史比较悠久,雏形的文化共同体形成的较早,所以早期的大一统观念也较早地随之而形成。远在四千多年前,我国就建立了第一个国家政权——夏王朝,它的建立标志着极其漫长的原始社会的基本结束,中国从此驶入具有国家形态的文明时代。到西周,国家政体进一步发展,政治文明的显著标志就是在夏、商的基础上,进一步强化了王权专制。突出了周天子的独尊地位,从经济上说,周天子拥有天下的土地,这就是所谓的"溥天之下,莫非王土",从政治上说,周天子是天下最高的领袖,统领天下所有的臣民,这就是所谓的"率土之滨,莫非王臣"。(《诗经·小雅·北山》)但是西周的政治结构是以血缘为纽带的,其国家体制是建立在宗法制的基础上的,形成了血缘——政治结构的体系。血缘宗法制就是嫡长子继承制和其他同母弟与庶兄弟的分封制,政治与经济权力的继承沿袭遵循父系单系的原则,并排斥女性,以确保政治经济的权力不致落入异姓手中。《诗经·大雅·板》:"大邦维屏,大宗维翰。"《礼仪·丧服》:"大宗者,尊之统也。"天子的嫡长子为宗族的大宗,有承袭天子的权力,其他子为小宗,只能分封为诸侯;诸侯王的嫡长子在侯国为大宗,有承袭侯王的权力,其他子为小宗,只能分封为卿、大夫;卿大夫的嫡长子在自己的采邑内为大宗,有承袭卿大夫的权力,而其他子则为小宗,只能成为士,这是最下层的贵族;士的嫡长子仍为士,而其他子则为庶人了。《左传·桓公二年》中说"天子建国,诸侯立家,卿置侧室,大夫有贰宗,士有隶子弟。"这种世卿世禄的继承制与分封制,造成不同等级的特权,层层特权具有相对的独立性,形成各政治力量的分散割据,构成一种松散的一统政治局面。

春秋战国时期,随着生产力的提高,土地私有化的迅猛发展,以分封制式的土地国有化的解体,这种松散的一统政治局面,终于被打破。周天子名存实亡,各诸侯国互相兼并争夺霸权。即使在这种"礼崩乐坏"、"天下大乱"的状态下,人们仍保持着大一统的观念,如当大国争霸时,往往打着"尊王攘夷"的旗号。而活跃于此时期政治舞台的诸子百家,尽管各持己见,但都主张大一统,如作为显学之一的儒学,打着恢复"周礼"的旗号,实际就是想恢复大一统,儒家学派的创始人孔子著《春秋》便是为此目的。正如司马迁所说:"夫《春秋》,上明三王之道,下辨人事之纪,别嫌疑,明是非,定犹豫,善善恶恶,贤贤贱不肖,存亡国,继绝世,补敝起废,王道之大者也。"(《史记·太史公自序》)董仲舒也说:《春秋》大一统者,天地之常经,古今之通谊(义)也。"(《汉书·董仲舒传》)作为为秦国提供治国方略的韩非、吕不韦,更是把实现大一统当作治国方略的重中之重。韩非主张:"权不欲见,素无为也。事在四方,要在中央。圣人执要,四方来效。"(《韩非子·扬权》)《吕氏春秋·审分览第五》中说:"王者执一,而为万物正。军必有将,所以一之也;国必有君,所以一之也;天下必有天子,所以一之也;天子必执一,所以抟之也。一则治,两则乱。"至于天下老百姓,更苦于战乱动荡,莫不盼望早日实现国家统一,过上太平日子。正如贾谊在其《新书·过秦论》中所说:"近古而无王者久矣。周室卑微,五霸既灭,令不行于天下,是以诸侯力正,强凌弱,众暴寡,兵革不休,士民罢弊。今秦南面而王天下,是上有天子也。即元元之民冀得安其性命,莫不虚心而仰上。"大一统顺应历史潮流,顺应人心所向,秦国之所以逐渐强大并最后吞并六国而统一天下,重要的原因之一,就是在统一天下之前,就初步改变了以宗法血缘关系任用官吏的传统,以"贤贤"取代"亲亲",建立了以丞相和将军为文武百官之长的中央集权的官僚机构,官僚机构只为秦王负责,最终的政治统治权则掌握在秦王的手中。

"秦始皇消灭六国之后,比较彻底地废除了西周的这种制度,汇总了战国时期各国进步制度的萌芽,创立了一套全新的国家制度,这就是中央集权制度。这套制度的基本组织结构是:一、皇帝为国家元首,拥有至高无上的、统治全国的权力。二、中央机构由三公、九卿两级组成。三公为皇帝的行政、军事助手,九卿则分工负责庶政;还有列位将军以掌征伐。三、地方行政为郡县两级制,由皇帝任命行政、军事长官。上述主要官吏的选任,不论亲疏,而要选贤任能。这些制度都与当时新确立的以地主土地所有制(即私有制)为基础的社会经济的状况及其发展的要求相适应,也与整个社会历史发展的总趋势相适应。"①秦帝国的大一统与西周的大一统有本质的区别,西周的大一统建立在分封制的基础上,周天子的权力与影响是有限的,而秦帝国的大一统,皇帝的权力是至高无上的,皇帝通过中央机构与郡县地方机构,将全国各级官员统领起来,从而他的命令能直接贯彻至每一个角落与每一个臣民。

这是一个全新的权力高度集中的制度,依靠这种制度,实现了国家政治的统一与各种制度的整齐划一。秦始皇统一全国前,"分为七国,田畴异亩,车涂异轨,律令异法,衣冠异制,言语异声,文字异形。"(许慎《说文解字叙》)秦始皇统一全国后,对此一一作了统一规定,对后世文化影响最大的,就是对文字的统一。中国的文字产生得很早,我们现在看到的殷商甲骨文,已经是比较成熟的文字了。到了西周,文字又有了很大的改进与发展。但是春秋战国五百多年来,诸侯各国各自为政,原有的文字在各地自行发展,至秦统一全国时,各地的文字有了很大的差异,这就极大地影响了全国文化的交流,影响了中央政权政策法令的推行,"秦始皇初兼天下,丞相李斯乃奏同之,罢其不与秦文合者。斯作《仓颉篇》。中车府令赵高作《爰历篇》。太史令胡母敬作《博学篇》,皆取史籀大篆,或颇省改,所谓小篆也。"(同上)周代文字称为大篆,笔画繁多,传说为太史籀所制,故又称籀文,李斯以秦国通行的文字为基础,又参照

---

①　张传玺主编:《中华文明史》(第二卷),北京大学出版社2006年版,第2—3页。

大篆,简省笔画,创制了一种新文字——小篆,又称秦篆。作为官方规范化文字,在全国颁布推行。与此同时,狱吏程邈根据民间流行的文字,潜心研究出笔画更为简省、书写更为方便的隶书,1975 年湖北云梦睡虎地出土了一批秦简,从秦简来看,秦的官方文书已使用了隶书,至西汉时,隶书已成为普遍通行的文字,进而又在此基础上产生了楷书。秦始皇统一文字,对国家政治大一统及后世文化的发展意义十分深远。

秦帝国实现了封建政治与经济的大一统,结束了长期以来诸侯割据的局面,建立了新的封建统一的各种制度,符合历史发展的要求,有利于社会经济的发展。但秦帝国在建设专制主义中央集权制时,过度地强化了皇权,片面地以法家的严刑酷法为指导思想,"以法为教","以吏为师",导致广大农民极度困苦,阶级矛盾激化,就连历来依附于统治阶级的知识阶层都因"焚书坑儒"而与专制政权离心离德甚至于严重对立,这些原因都促进了秦帝国的迅速灭亡。总的来说,秦帝国完成了封建政治与经济的大一统,本来为建立大一统文化提供了政治、经济的基础,但却没有完成与其政治经济相适应的大一统文化的选择,而封建大一统文化的真正建立,是由汉帝国来完成的。汉帝国不仅继承了秦大一统帝制,而且具备了产生大一统封建文化的政治前提。这就是政治上加强中央集权制,意识上以儒家思想为指导,形成既维护政治大一统又协调各阶级关系、使社会和谐稳定的政治局面。

第二节　汉代封建大一统文化的主要特征

秦王朝是最短命的帝国,秦始皇与秦二世在位前后不过十五年,但它的影响却是深远的,标志着一个新社会,即中国封建地主阶级社会的开始。秦始皇建立的封建大一统帝国,是中华民族第一个中央集权君主制国家,它结束了长达五百多年的诸侯分裂割据的混乱政治局面,开创了多民族空前统一的政治局面,并颁布了与这种大一统相适应的元首、行政、官吏、土地、交通、文字等一系列政令,为秦之后二千多年的中国封建社会提供了基本的国家制度。第一个受惠的就是汉王朝,班彪曾说:"昔周爵五等,诸侯从政,本根既微,枝叶强大,故其末流有从横之事,势数然也。汉承秦制,改立郡县,主有专己之威,臣无百年之柄。"(《后汉书·班彪传》)秦帝国废弃分封制,确立郡县制,强化君权,增强全国的凝聚力与向心力,巩固政治统一,促进社会的长治久安与经济的不断发展,这些都深得人心,为汉之后的封建社会所继承。但"汉承秦制"主要指汉代继承了秦帝国的大一统政体及维护此政体的方针政策,并非是"全盘秦化"。不仅如此,汉代还通过认真总结秦帝国的灭国历史教训,寻找其国祚短暂的原因,作为自己执政的借鉴,制定了一系列的改进政策,避免出现类似的失误,终于没有重蹈秦帝国速亡的覆辙,开创了中国封建中央集权制的第一个盛世。与这种政治相适应的汉代文化,其大一统的特征与秦帝国的文化大一统特征有着很大的不同,汉代文化大一统特征主要体现为:

(一)反对暴政的仁义特征

贾谊在《过秦论》中说:"秦以区区之地,至万乘之势,抑八州而朝同列,百有余年矣。然后以六合为家,崤函为宫。一夫作难而七庙隳,身死人手,为天下笑者,何也? 仁义不施,而攻守之势异也。"秦王朝之所以迅速灭国,就是犯了历史经验主义。他把吞并六国而行之有效的暴力手段仍然运用到统一天下后的治理国政上,导致秦王朝与全国的人民严重对立,最后被汹涌澎湃的农民起义浪潮所吞没。汉初的最高统治者刘邦深受秦王朝这种意识的影响,他认为汉王朝的天下是他"居马上而得之",言外之意,汉王朝的天下也可"马上治之",即用武力取天下,也以武力治天下。但是他的重臣陆贾反驳他说:"居马上得之,宁可以马上治之乎? 且汤、武逆取而以顺守之,文武并用,长久之术也。昔者吴王夫差、智伯极武而亡;秦任刑法不变,卒灭赵氏。乡使秦已并天下,行仁义,法先圣,陛下安得而有之?"(《史记·郦生陆贾列传》)陆贾是汉初首先进行历史反思纠正秦帝国错误路线的思想家与政治家。

陆贾认为秦帝国灭亡的根本原因就在于不行仁义而行暴政,他总结说:"秦始皇设刑罚,为车裂之诛,以敛奸邪,筑长城于戎境,以备胡、越,征大吞小,威震天下,将帅横行,以服外国,蒙恬讨乱于外,李斯治法于内,事逾烦天下逾乱,法逾滋而天下逾炽,兵马益设而敌人逾多。秦非不欲治也,然失之者,乃举措太众、刑罚太极故也。(《新语·无为》)又说:"秦以刑罚为巢,故有覆巢破卵之患。以赵高、李斯为杖,故有倾仆跌伤之过。"(《新语·辅政》)这与历史上的仁义圣王恰形成了鲜明的对比,"昔者,尧以仁义为巢,舜以稷、契为杖,故高而益安,动而益固。"(《新语·辅政》)针对秦帝国因暴而失国的惨痛教训,陆贾提出省刑罚行仁义的主张:

> 天地之性,万物之类,怀德者众归之,恃刑者民畏之,归之则充其侧,畏之则去其域。故设刑者不厌轻,为德者不厌重,行罚者不患薄,布赏者不患厚,所以亲近而致远也。(《新语·至德》)

> 夫人者,宽博浩大,恢廓密微,附远宁近,怀来万邦。故圣人怀仁仗义,分明纤微,忖度天地,危而不倾,佚而不乱者,仁义之所治也。行之于亲近而疏远悦,修之于闺门之内而名誉驰于外。故仁无隐而不著,无幽而不彰者。虞舜蒸蒸于父母,光耀于天地;伯夷、叔齐饿于首阳,功美垂于万代;太公自布衣升三公之位,累世享千乘之爵;知伯仗威任力,兼三晋而亡。……仁者道之纪,义者圣之学。学之者明,失之者昏,背之者亡。陈力就列,以义建功,师旅行阵,德仁为固,仗义而强,调气养性,仁者寿长,美才次德,义者行方。君子以义相褒,小人以利相欺,愚者以力相乱,贤者以义相治。《穀梁传》曰:"仁者以治亲,义者以利尊。万世不乱,仁义之所治也。"(《新语·道基》)

鉴于汉初承大乱之后,经济萧条、民生艰苦的实际,陆贾认为执政者实施仁义的具体体现,就是不要以急政繁令来扰民,要以无为而治来使民休养生息,要以道德教化作为实施仁义统治的途径:

> 是以君子之为治也,块然若无事,寂然若无声,官府若无吏,亭落若无民,闾里不讼于巷,老幼不愁于庭,近者无所议,远者无所听,邮无夜行之卒,乡无夜召之征,犬不夜吠,鸡不夜鸣,耆老甘味于堂,丁男耕耘于野,在朝者忠于君,在家者孝于亲;于是赏善罚恶而润色之,兴辟雍庠序而教诲之,然后贤愚异议,廉鄙异科,长幼异节,上下有差,强弱相扶,大小相怀,尊卑相承,雁行相随,不言而信,不怒而威,岂待坚甲利兵、深牢刻令、朝夕

切切而后行哉?(《新语·至德》)

继陆贾之后,另一位将仁义视为治国根本的思想家是贾谊。与陆贾的仁义思想相比,贾谊的仁义思想有着强烈的民本思想。他在《新书·大政上》中写到:

> 闻之于政也,民无不为本也。国以为本,君以为本,吏以为本。故国以民为安危,君以民为威侮,吏以民为贵贱。此之谓民无不为本也。……故自古至于今,与民为仇者,有迟有速,而民必胜之。……故夫为人臣者,以富乐民为功,以贫苦民为罪。故君以知贤为明,吏以爱民为忠。故臣忠则君明,此之谓圣王。……圣人也者,贤智之师也;仁义者,明君之性也。故尧、舜、禹、汤之治天下也,所谓明君也,士民乐之,皆即位百年然后崩,士民犹以为大数(速)也。桀、纣所谓暴乱之君也,士民苦之,皆即位数十年而灭,士民犹以为大久也。故夫诸侯者,士民皆爱之,则国必兴矣;士民皆苦之,则国必亡矣。故夫士民者,国家之所树而诸侯之本也,不可轻也。

以上文字阐述了贾谊如下思想:国家、君王、官吏都应以民为本,因为民众决定着国家的安危、君王的声誉、官吏的升黜,正因民众决定着一切,所以凡是与民为敌的人,尽管猖獗一时,但迟早必然会惨败,这是已为秦始皇所证实了的历史规律。历史上所有仁义明君是没有不重视民众的,而真正治国兴国者,无不"以富乐民为功",为政之道在于安民,安民之道在于富民。从陆贾提出的不扰民到贾谊提出的富民主张,可以看出汉代经济在不断恢复发展的趋势,惠民政策随时代的变化而有所变化。陆贾与贾谊仁义思想的不同,说明他们所处的时代不同,但他们的仁义思想都是为当时的治国政治服务的。

陆贾的仁义思想有道家无为思想的影响,贾谊的仁义思想有法家思想的影响,贾谊在文帝器重他的时期,曾欲"悉更秦法",建立一系列适应汉王朝政权建设的新制度。但由于他俩大倡仁义之说,主要提倡的是以仁义为理论核心的儒家思想,这就为汉代"独尊儒术"作了思想准备。从总体来说,汉代以强秦行暴而亡为前车之鉴,始终强调的是以仁义治国,其大一统文化都闪烁着仁义的光芒。

(二)承接着曾一时中断的传统礼仪德治文化

虽说"汉承秦制",汉朝的大一统中央集权制是继秦王朝的大一统中央集权制而来,但汉代传承的文化,却主要不是秦王朝的文化,而主要是被秦王朝一时中断了的传统的礼仪德治文化。这种礼仪德治文化远溯可到三代尤其是周代文化,近溯主要是春秋战国的邹鲁文化,即孔孟儒家文化。鲁国是周公的封地,当春秋战国之际,周文化衰落之时,鲁国却更多地保留了周文化,孔孟儒家文化就是周文化的继承与发展。

夏朝是我国第一个建立国家机构具有国家意义的王朝,其文化的主导思想如何,因历史资料奇缺,难以确知。不过《尚书·夏书·五子之歌》载有:"太康尸位,以逸豫灭厥德,黎民咸贰。""皇祖有训,民可近,不可下。民惟邦本,本固邦宁。"前则是说太康身居君位而不理政,贪图安逸享乐而丧失君王之德,臣民们对他都怀有二心。后则说夏的祖宗大禹留下遗训,告诫后人要重视民众,亲近而不可轻蔑民众,因为民众是国家的根本,根本牢固国家才能安宁。《左传·襄公二十六年》载:"故《夏书》曰:'与其杀不辜,宁失不经',惧失善也。"意思就是说与其误杀无辜,宁可对罪人失于刑罚,说到底就是怕伤害了好人。夏王朝是我国第一个奴隶社会,但也不乏重民、德治、宽刑的思想。

商朝初建,鉴于夏王朝苛刻虐民而亡的历史教训,强调宽以待民,以德行政,仲虺曾赞颂商王成汤说:"有夏昏德,民坠涂炭,天乃锡王勇智,表正万邦,缵禹旧服。"(《尚书·商书·仲虺之诰》)仲虺把夏王朝灭亡的原因归于夏王的昏乱败德,而成汤能像大禹那样成为各邦国的表率,就在于他能解救民众于水深火热之中。商汤以后的商王,大多尊鬼神尚刑罚,但统治阶级内部仍有坚持重民、德治、宽刑的开明人士。如商大臣伊尹,辅佐商汤灭夏桀,汤去世后,历佐卜丙、仲壬二王,仲壬死后,又佐汤的嫡长孙太甲。太甲做了商王之后,逐渐追求享乐,不理朝政,乱杀无辜,伊尹便把他囚禁于王都郊外的桐宫。太甲居桐宫三年思过,确有悔改自新之意,伊尹才把权利交还给他,并告诫他说:

　　呜呼!天难谌,命靡常。常厥德,保厥位。厥德匪常,九有以亡。夏王弗克庸德,慢神虐民。皇天弗保,监于万方,启迪有命,眷求一德,俾作

神主。惟尹躬暨汤，咸有一德，克享天心，受天明命，以有九有之师，爰革
夏正。非天私我有商，惟天佑于一德；非商求于下民，惟民归于一德。德
惟一，动罔不吉；德二三，动罔不凶。惟吉凶不僭，在人；惟天降灾祥，在
德。今嗣王新服厥命，惟新厥德。终始惟一，时乃日新。任官惟贤材，左
右惟其人。臣为上为德，为下为民。其难其慎，惟和惟一。德无常师，主
善为师。善无常主，协于克一。俾万姓咸曰："大哉！王言。"又曰："一
哉！王心。"克绥先王之禄，永底烝民之生。呜呼！七世之庙，可以观德。
万夫之长，可以观政。后非民罔使；民非后罔事。无自广以狭人，匹夫匹
妇，不获自尽，民主罔与成厥功。（《尚书·商书·咸有一德》）

伊尹反复强调的就是一个"德"字，国家的安定，靠德行而不靠天命。夏
桀亡国是因其不能修德，成汤拥有天下，是因为有纯一之德。担负天子使命的
君王，一定要不断地增强自己的德行，任用百官要德才兼备，这样才能助君行
德政，造福于民，下民只归附有德行的君王。商末，纣王残暴无道，他的叔父比
干因阻止其暴行而被剖心，他的庶兄微子启和朝中的父师、少师商议国事，指
责商纣"用沈酗于酒，用乱败厥德于下"（《尚书·商书·微子》），说明在商末
昏主统治的时代，统治阶级上层中仍有主张重民行德的人。

推翻商纣建立西周，周人的意识发生了显著的变化。武王伐纣，以少胜
多，商王的军队纷纷倒戈，以"方国"而胜"大邦"，决定战争的胜负，不在于兵
员的多少，全在于民心所向，"民之所欲，天必从之"（《左传·襄公三十一
年》），民心与天命是一致的，敬德保民正是最大的从天，因为"天亦哀于四方
民，其眷命用懋。王其疾敬德"。（《尚书·周书·召诰》）西周创立者及以后
的多数天子，认识到敬德保民对于夺取政权以及巩固政权的重大意义。《尚
书》中记载了武王对其弟封的多条训诫，如"惟乃丕显考文王，克明德慎罚；不
敢侮鳏寡，庸庸，祗祗，威威，显民。""今民将在祗遹乃文考，绍闻衣德言。往
敷求于殷先哲王用保乂民，汝丕远惟商耇成人，宅心知训。别求闻由古先哲王
用康保民。弘于天，若德裕乃身，不废在王命！"武王告诫其弟牢记文王的美
德，谨慎刑罚，不敢轻侮鳏寡孤独，任用贤能，尊重万民。又说：要透彻领悟文
王的遗教，听取殷遗民中有德人的意见，探求殷圣明先王的政教经验，来治理

臣民。要长久地寻找商族中德高望重者,了解他们心中所想,寻求古代所有圣明君王的德政,来保护民众的生活安宁。如果身上有了这种德行,王命就不会荒废了。周公在四方臣民大会上,将武王的这些训导作为告令来发布,这篇布告便是我们今天能看到的《周书·康诰》。说明周王朝已把"明德慎罚"、"敬德"、"保民",作为治国的主导思想。周王朝还采取种种措施来落实敬德保民的思想,他们给殷遗民以封地,还让殷王子去管辖自己的宗族,这与西方奴隶社会往往把被征服的民族或部族沦为奴隶是截然不同的。

在继承夏、商优秀文化传统的基础上,周代把敬德保民的思想发展为定型、成熟,它再不是个别人的意识,而是作为国家指导思想的形式而存在,并且把它上升为一种社会规范与道德规范,这就是与"法治"相对称的"礼治"的治国模式。

礼,依《说文解字》,最初的本义是指祭神的器物和仪式,至周代,礼的概念,除了祭神仪式外,还包括引申义,即社会规范、法则与道德规范等礼治的思想。而且礼治是礼的根本,而仪式只是礼的枝节,即便进行邦国宗庙祭祀等礼仪,其现实目的还在于调和上下关系,巩固以血缘关系为纽带的宗法制度。所以《史记·乐书》中讲:"是故先王之制礼乐也,非以极口腹耳目之欲也,将以教民平好恶而反人道之正也。"《尚书·周书·周官》载成王时,设"宗伯掌邦礼,治神人,和上下。"周武王灭商后,继续封商纣之子武庚为殷君,武庚作乱被平息后,成王又命纣王庶兄微子启代殷君,并作《微子之命》告诫微子崇德修礼宽民:

王若曰:"猷!殷王元子。惟稽古,崇德象贤。统承先王,修其礼物,作宾于王家,与国咸休,永世无穷。呜呼!乃祖成汤克齐圣广渊,皇天眷佑,诞受厥命。抚民以宽,除其邪虐,功加于时,德垂后裔。尔惟践修厥猷,旧有令闻,恪慎克孝,肃恭神人。予嘉乃德,曰笃不忘。上帝时歆,下民祗协,庸建尔于上公,尹兹东夏。钦哉!往敷乃训,慎乃服命,率由典常,以蕃王室。弘乃烈祖,律乃有民,永绥厥位,毗予一人。世世享德,万邦作式,俾我有周无斁。呜呼!往哉惟休,无替朕命。"

此处的"修其礼物",已包含着继承殷先王尤其是成汤美德的意思,礼与修身重民等治政措施联系起来。

《左传·昭公五年》载晋女叔齐论"礼",已将礼仪与礼区别开来,并认为仅仅讲究礼仪是不懂礼的真谛,礼的根本是治国之道:

> 公如晋,自郊劳至于赠贿,无失礼。晋侯谓女叔齐曰:"鲁侯不亦善于礼乎?"对曰:"鲁侯焉知礼?"公曰:"何为?自郊劳至于赠贿,礼无违者,何故不知?"对曰:"是仪也,不可谓礼。礼所以守其国,行其政令,无失其民者也。今政令在家,不能取也。有子家羁,弗能用也。奸大国之盟,陵虐小国。利人之难,不知其私。公室四分,民食于他。思莫在公,不图其终。为国君,难将及身,不恤其所。礼之本末,将于此乎在,而屑屑焉习仪以亟。言善于礼,不亦远乎?"

正因如此,才把礼视为国家首要的大事,"礼,经国家,定社稷,序民人,利后嗣者也。许无刑而伐之,服而舍之,度德而处之,量力而行之,相时而动,无累后人,可谓知礼矣。"(《春秋左传·隐公十一年》)周代高度重视礼,乃至其文化贯彻着礼的精神,有人甚至称周文化为礼文化。

春秋战国时期"礼崩乐坏",诸侯各国崇尚武力,互相兼并争霸,周代的礼治思想也受到多方面的挑战。如道家认为"夫礼者,忠信之薄而乱之首也"(《老子·三十八章》),不满封建等级的礼制对人生的束缚;墨家认为"繁饰礼乐以淫人,久丧伪哀以谩亲,立命缓贫而高浩居,倍本弃事而安怠傲,贪于饮食,惰于作务,陷于饥寒,危于冻馁,无以违之。"(《墨子·非儒下》)反对礼仪的繁文缛节、劳民伤财,体现了墨家节用的思想。

能坚持周代礼文化的是儒家学派。儒家学派的创始人孔子把礼视为道德的规范及经国治民的制度,强调为人处事不可违礼,他说:"非礼勿视,非礼勿听,非礼勿言,非礼勿动。"(《论语·颜渊》)遵礼的行为贯彻于生活的方方面面,如他解释对双亲的孝道说:"生,事之以礼;死,葬之以礼,祭之以礼。"他认为推行礼治是推行清明政治的根本:"道之以政,齐之以刑,民免而无耻。道之以德,齐之以礼,有耻且格。"认为改朝换代,就是对礼法制度的变革:"殷因于夏礼,所损益,可知也;周因于殷礼,所损益,可知也。其或继周者,虽百世,可知也。"(以上均引《论语·为政》)他十分推崇周礼,并以恢复周礼为己任,他说:"周监于二代,郁郁乎文哉!吾从周。"(《论语·八佾》)"克己复礼为仁。一日克己复礼,天下归仁焉。"(《论语·颜渊》)儒家对周文化的继承主要体现在对周代流传的文献典籍的整理上,经儒家整理的周代流传的《诗》、《书》、《礼》、《易》、《乐》、《春秋》诸经,后来成为儒家的经典,先秦文化的主要标志。儒家对周文化的发展,主要体现在在周代礼文化的基础上,构建了以"仁"为核心的儒家文化。

秦统一全国后,建立了专制主义中央集权的统治机构和制度,抛弃西周以来的礼治思想,采取了与其对立的极端法治思想,认为统一的法律与严厉的刑罚才是治国的根本。主张"以法为教"、"以吏为师"(《韩非子·五蠹》),并在法家严刑酷法学说的基础上,又吸收了战国阴阳家的终始五德说,以为秦得水德,水德主刑杀,更为其实行严酷刑罚的统治找到理论根据。秦王朝又接受并实行了李斯的建议:

请史官非秦记皆烧之。非博士官所职,天下敢有藏诗、书、百家语者,悉诣守、尉杂烧之。有敢偶语诗书者弃市。以古非今者族。吏见知不举者与同罪。令下三十日不烧,黥为城旦。所不去者,医药卜筮种树之书。若欲有学法令,以吏为师。(《史记·秦始皇本纪》)

秦王朝不仅焚烧天下图书,还坑杀了四百六十多名"入则心非,出则巷议"的儒生,中止了战国以来学术界百家争鸣的局面,一时中断了传统文化的传承,造成中国第一次文化大浩劫。

所幸运的是秦帝国国祚短暂,存留在人们脑海中的、任何烈火也无法烧掉的传统文化,还来不及遗忘与失传,就迎来了新的汉王朝。汉王朝继承的不是秦朝严酷的法治文化,而是被秦一时中断的传统的礼仪德治文化,特别是周代的礼文化及春秋战国儒家的德治文化。具体体现为:

首先,汉王朝虽提出"罢黜百家,独尊儒术",但并未采取像秦朝焚书那样的暴烈行为,焚烧"百家语",而是允许"百家"的著述存在,刘歆校书,写出《七略》，其中就有《诸子略》。之所以"罢黜百家"，完全是为了使儒家所继承的周代礼文化及由此而发展起来的仁义学说取得正统的地位。当然汉代所谓的"儒学"，已不是传统的孔孟儒学，它已经是经过以董仲舒为首的汉代思想家改造而成的新儒学，但本质上还是礼仪德治文化，只是吸收了阴阳家神化君权的学说，使新儒学神秘化与法律化。

其次，完善、制定新的礼仪制度。《史记·太史公自序》载："汉继五帝末流，接三代绝业。周道废，秦拨去古文，焚灭诗书，故明堂石室金匮玉版图籍散乱。于是汉兴，萧何次律令，韩信申军法，张苍为章程，叔孙通定礼仪，则文学彬彬稍进，诗书往往间出矣。"叔孙通定礼仪，是汉代文化继承、发展传统礼文化的标志之一。汉代礼仪制度内容繁多，有"六礼：冠、昏、丧、祭、乡、相见。七教：父子、兄弟、夫妇、君臣、长幼、朋友、宾客。八政：饮食、衣服、事为、异别、度、量、数、制。"（《礼记·王制》）这里面包括有婚丧嫁娶祭祀之礼，有君臣长幼男女宾朋人伦之礼，有起居饮食生活风俗之礼，等等。但其最重要的是君臣尊卑等级之礼，在这一点上，叔孙通甚至还采择了秦礼。秦代虽不实行礼治，但它在君臣尊卑的礼仪上，还是效仿了周朝及六国。《史记·礼书》载："至秦有天下，悉内六国礼仪，采择其善，虽不合圣制，其尊君抑臣，朝廷济济，依古以来。至于高祖，光有四海，叔孙通颇有所增益减损，大抵皆袭秦故。"《史记·刘敬叔孙通列传》载：

> 高帝悉去秦苛仪法，为简易。群臣饮酒争功，醉或妄呼，拔剑击柱，高帝患之。叔孙通知上益厌之也，说上曰："夫儒者难与进取，可与守成。臣愿征鲁诸生，与臣弟子共起朝仪。"高帝曰："得无难乎？"叔孙通曰："五帝异乐，三王不同礼。礼者，因时世人情为之节文者也。故夏、殷、周之礼所因损益可知者，谓不相复也。臣愿颇采古礼与秦仪杂就之。"……
>
> 汉七年，长乐宫成，诸侯群臣皆朝十月。仪：先平明，谒者治礼，引以次入殿门，廷中陈车骑步卒卫宫，设兵张旗志。传言"趋"。殿下郎中侠陛，陛数百人。功臣列侯诸将军军吏以次陈西方，东乡；文官丞相以下陈东方，西乡。大行设九宾，胪传。于是皇帝辇出房，百官执职传警，引诸侯王以下至吏六百石以次奉贺。自诸侯王以下莫不振恐肃敬。至礼毕，复

置法酒。诸侍坐殿上皆伏抑首,以尊卑次起上寿。觞九行,谒者言"罢酒"。御史执法举不如仪者辄引去。竟朝置酒,无敢喧哗失礼者。于是高帝曰:"吾乃今日知为皇帝之贵也。"

由此可以看出,汉代统治者之所以重视完善、制定礼仪制度,是因为它关系到人心的归依与大一统中央集权的巩固。

最后,在继承曾被秦一时中断的传统的礼仪德治文化的基础上,汉代礼仪德治思想又有新的发展,但这种新的礼仪德治思想的阐发,往往是通过阐释先秦儒家经典来实现的。其中对礼文化的阐释,主要体现在"三礼"中。"三礼"指《仪礼》、《周礼》、《礼记》三书,因东汉郑玄遍注群经兼注此三书,盛行于世,故有此称。

《仪礼》亦称《礼》或《礼经》或《士礼》,春秋战国时部分礼制资料的汇编,十七篇,经汉儒编定。《史记·儒林列传》载:"诸学者多言《礼》,而鲁高堂生最本。《礼》固自孔子时而其经不具,及至秦焚书,书散亡益多,于今独有《士礼》,高堂生能言之。"《汉书·艺文志》载:"汉兴,鲁高堂生传《士礼》十七篇。讫孝宣世,后仓最明。戴德、戴圣、庆普皆其弟子,三家立于学官。《礼古经》者,出于鲁淹中及孔氏,与十七篇文相似,多三十九篇。及《明堂阴阳》、《王史氏记》所见,多天子、诸侯、卿、大夫之制,虽不能备,犹愈仓等推《士礼》而致于天子之说。"《周礼》亦称《周官》或《周官经》,周王室官制及战国各国制度的汇编,学界多认为是战国时的作品。《汉书·艺文志》著录:"《周官经》六篇。(王莽时刘歆置博士。)"六篇分别是:《天官冢宰》、《地官司徒》、《春官宗伯》、《夏官司马》、《秋官司寇》、《冬官司空》,属古文经书。《礼记》又称《小戴礼记》或《小戴记》,是战国至西汉初儒家关于各种礼制的著述,西汉人戴德及其侄戴圣,采自旧籍,戴德编成八十五篇,称《大戴礼记》,戴圣编成四十九篇,称作《小戴礼记》,《小戴礼记》即今本《礼记》,有《曲礼》、《王制》、《月令》、《礼运》、《礼器》、《学记》、《乐记》、《祭法》、《中庸》、《儒行》、《大学》等篇,从篇目就可窥见这是一部全面阐述儒家关于礼仪、礼制、礼教、礼治的著述。如《礼记·曲礼上》中对"礼"的阐述:

夫礼者所以定亲疏,决嫌疑,别同异,明是非也。礼,不妄说人,不辞费。礼,不逾节,不侵侮,不好狎。修身践言,谓之善行。行修言道,礼之质也。礼闻取于人,不闻取人。礼闻来学,不闻往教。

道德仁义,非礼不成,教训正俗,非礼不备。分争辨讼,非礼不决。君臣上下父子兄弟,非礼不定。宦学事师,非礼不亲。班朝治军,莅官行法,非礼威严不行。祷祠祭祀,供给鬼神,非礼不诚不庄。是以君子恭敬撙节退让以明礼。

与周代礼的观念比,汉人对礼的认识显然更加深入,对礼的定义更加全面而明晰。"三礼"不仅使秦代中断一时的礼文化又在汉代接续起来,而且还发扬光大;扩而大之,汉代文化传承三代尤其是周代文化,不仅使古老而悠久的中华文化没有中断而一脉贯通,并且使这种文化具有了新时代大一统的特色。

(三)形成中华文化共同体

汉代文化大一统特征还表现在它明显地标志着中华文化共同体的形成与基本定型。所谓中华文化共同体,指这种文化为整个中华民族所认同,是整个中国不同类型文化与地域文化长期融合、整合的结果,是政治上经济上大一统鲜明、集中的反映,并为当代大一统政治与经济的发展提供精神动力,是一种带有规范化的文化,深刻影响甚至支配着后世文化发展的趋向。

中华文化共同体的形成,经过了漫长的孕育过程。在长达五百多年的春秋战国时期,由于诸侯割据自立,形成地域文化并峙,众家流派争鸣,在并峙中互相有融合,在争鸣中互相有吸收。至战国末期,列国争雄的局面逐渐向政治统一转化,加速了地域文化与诸子思想的融合,以适应全国大一统的到来。吕不韦主持编纂的《吕氏春秋》,就体现了这一点。《吕氏春秋》最大的特点就是能正确评价诸子百家,认为:"老聃贵柔,孔子贵仁,墨翟贵廉,关尹贵清,子列子贵虚,陈骈贵齐,阳生贵己,孙膑贵势,王廖贵先,兒良贵后。此十人者,皆天下之豪士也。"(《吕氏春秋·审分览·不二》)老子重柔弱,孔子重仁爱,墨翟重节俭,关尹重清静,列子重虚无,田骈重均齐,阳生重利己,孙膑重兵势,王廖重预谋,兒良重后发制人。各家皆有所长,在超越门户之见的基础上,才能博采众长,融合各家精华。才能兼容并蓄,综汇先秦文化,构建自己的理论体系。大体上来说,《吕氏春秋》在宇宙观与人生哲学方面,以道家的天道观为其主导思想;在伦理方面,以儒家的忠孝观为其主导思想;在政治方面,将儒家的教化与法家的法治结合起来,以教化为主,刑罚为辅。强调统一,实行君主专制,如主张"王者执一,而为万物正。军必有将,所以一之也;国必有君,所以一之也;天下必有天子,所以一之也;天子必执一,所以抟之也。一则治,两则乱。"(《吕氏春秋·审分览·执一》)《吕氏春秋》为即将实现大一统的秦帝国准备好了治国的指导思想。

秦帝国实现全国政治大一统,破天荒地建立起中央集权制,为确立中华文化共同体提供了政治保证。但秦帝国并没有采取集众家之长的统一文化,而是片面地采取了法家严刑酷法的主张,实行"焚书坑儒"式的文化专制,不仅没有建立起与其政治大一统相适应的大一统文化,而且短暂地中断了中华文化的传承。

代秦而兴起的汉王朝,为纠正秦帝国极端文化专制,首先对战国诸子之学给予宽松政策,提供了使其迅速恢复的政治环境,使战国后期已形成三大主潮的儒、道、法家文化继续发展,使在战国末已形成的各地域各类型文化逐渐合流的趋势继续进行,在与三代尤其是周文化、春秋战国文化接续起来的前提下,寻找着能适应汉代大一统政治格局的文化共同体。这种文化共同体的特征是:有利于维护与巩固政治的大一统,促进大一统政治格局的稳定、经济发展、人民安居乐业;由百家纷争逐渐走向统一,使文化共同体带有规范化制度化的性质,成为增强大一统下各阶层凝聚力、向心力的精神力量;确立以某一地域、某一类型文化为主体的多元整合的文化,对异己或另类的文化,采取限制其发展的政策,而不采取高压甚至残酷消灭的手段;能继承中国文化传统,因而受到中华民族主体的认可,而不是中断文化传统,成为无"根"无"脉"的文化;既以周代文化为其主要源头,其精神就应该是以民为本的"礼"或"仁",就应该由极端功利主义、极端专制主义的文化向道德伦理文化回归。

然而汉代确立中华文化共同体,也有一个曲折的过程。汉初,由于恢复已濒临绝境的经济,使国人得以休养生息,在儒、道、法三大思想主潮并行的情势下，统治阶级选择了鼓吹清静无为、无为而治的新道家——黄老道家的理论主张，黄老之学已非同于老庄之学，它名为尊崇黄帝、老子道德之术，实际是以老子之学为基础，吸纳融合了儒、法等家学说的"新学"，主张守道任法，无为而治。司马谈在《论六家之要指》中对此新学作了深刻阐述：

> 易大传："天下一致而百虑，同归而殊涂。"夫阴阳、儒、墨、名、法、道德，此务为治者也，直所从言之异路，有省不省耳。……道家使人精神专一，动合无形，赡足万物。其为术也，因阴阳之大顺，采儒墨之善，撮名法之要，与时迁移，应物变化，立俗施事，无所不宜，指约而易操，事少而功多。

司马谈虽极赞道家，但他并不排黜其他各家，他认为各家都为治理国家提供理论根据，只不过各家看问题的角度及阐述问题的方法不同，存在着好不好的问题，但本质是一致的。而看问题的角度及阐述问题的方法较好的，首选应是道家，之所以首选道家，是因为道家能广泛地吸收儒、墨、名、法、阴阳家之长，而避其短，能与时俱进，随形势的变化而变化，既简明扼要易于掌握，又揭示了万事万物的基本规律，以此作为指导思想，就会取得事少而功大的效果。司马谈所指的"道家"，显然已经是汉代的"黄老道家"了。

汉初选择黄老道家学说为文化主流，全是适应形势发展，为其政治、经济服务的，这不是寻求中华文化共同体的曲折，而是一个必经阶段，而且在这个阶段，已显示出各种不同类型文化的融合趋势，就连在汉初主张以儒家仁义之说治国的陆贾、贾谊，也在自己的仁政学说中融入了道家的无为与法家的法治思想，淮南王刘安为主持编纂的《淮南子》，更是融会百家之言，效仿《吕氏春秋》，欲以黄老道学为主体，为汉代大一统提供治国良策。

当历史发展至汉武帝时，国家的经济得到大发展，强大的国势促使王朝改变清静无为为大有作为，文化主体也势必发生重大变化，于是主张无为的黄老道学被主张积极有为的儒家学说所代替。有人说汉代选择儒家文化就是对黄老道学的一种否定，但是应看到：汉代的黄老之学，已经融合了各家思想的优长，促进了汉初社会安定与百姓的休养生息，创造了推行积极有为路线的政治、经济等社会条件,为汉武帝实行"罢黜百家,独尊儒术"奠定了基础,铺平了道路。

"要在一个幅员辽阔、人口众多的封建国家实现长治久安的大一统政治理想,必须建立以民为本,以伦理为中心,以纲常名教等级秩序为内容的法典化的封建意识形态。"①这一封建意识形态就是儒家学说。董仲舒虽向汉武帝提出"罢黜百家,独尊儒术"的建议,但他所谓的"儒术"已是融入阴阳、道、法等家思想而组成的"新儒学"。"罢黜百家,独尊儒术"的口号,实质是以儒学为主体而对众家学说的吸纳,在尊崇这种新儒学中确立其中华文化共同体的地位。

新儒学对不同类型文化进行的融合,实际也是对地域文化的融合。儒家文化源于周文化,而周文化又代表着中原文化。与周文化有所不同的主要是荆楚文化,因荆楚地区比中原地区开化晚一些,至春秋战国时期,还保留着原始氏族社会的许多风俗习惯,这是容易产生道家学说的环境,老庄道家学说也确实产生于此。原本反对礼文化的道家学说,在汉代经过儒道互补儒道互融,也带上礼的色彩,荆楚文化融入了中华文化共同体的系统中。

中国封建社会的发展实践告诉我们,要想使数千万甚至数亿极度分散的小生产者统一起来,具有对中央集权制及封建君王的向心力,除了在政治上建立健全中央集权制外,在思想信仰方面,除了尊崇儒学之外,别无选择。当然,儒学随着时代的变化而变化,但是汉代的儒学,标志着中华文化共同体的形成与基本定型,汉代真正开辟了封建社会大一统文化,确定了中国二千多年封建社会文化价值及发展的基本趋向,对中国文化建设做出了第一个封建盛世所应做出的贡献。

---

① 赵明、杨树增、曲德来主编:《两汉大文学史》,吉林大学出版社 1998 年版,第 20 页。

第二章 恢弘豪迈的大汉气象

汉代是我国第一个大一统中央集权制的封建社会盛世,确立了以汉民族为主体的多民族整合的大一统文化,这种文化承接了被秦一时中断的中国文化传统,结束了春秋战国各地域文化相对分裂并峙的局面,打破了秦帝国愚民式的文化专制,创造出一个既承接传统又充满创新精神的适应封建盛世时代要求的新文化。这种新文化赞颂了汉代封建盛世所取得的方方面面的辉煌成就,体现了人们普遍的开拓有为、昂扬奋进的时代精神,抒发了豪迈的时代自豪感与大汉民族唯我独尊的自信心,形成了文化史上仅有的"大汉气象"。汉代灿烂辉煌的文化,既是其文化承上启下继往开来的结果,也是其社会高度发达的物质文明、制度文明的真实反映。

第一节 盛世强大的国力

汉代承袭秦王朝封建中央集权制,改变了封建领主制社会的生产关系,确立了封建地主社会的经济,极大地提高了农民的生产积极性,为经济的快速发展提供了基本条件。但是,汉初面对的是经过战乱而经济凋敝的局面,作为统治者,首要的任务是稳定封建社会秩序,尽快恢复农业生产。所以不得不部分地保留着周王朝的分封残余,实行侯国与郡县并行制,在经济上基本采取了放任自然的不扰民的宽松政策,但也为了保护农民的生产积极性,采取了诸如减免田租徭赋、归还流民土地田宅、限制商人对农民的兼并、解放因贫穷而自卖为奴的人等举措。至惠帝、高后时,社会经济已有很大提高,至文帝、景帝时,全国户口大增,国家仓库中的钱粮储存丰盈,形成历史上有名的"文景之治",

至武帝时,推行"推恩令",彻底废除了分封制,消除了诸侯王对中央集权的威胁。在经济上,除继续执行文、景时的重农务本政策外,还运用强制手段维护了政府对某些重要商品的生产和销售的垄断权,致使国力更加强盛。史学家司马迁亲自见证了汉代经济逐渐复苏乃至到武帝初即位时所达到的空前繁荣:

> 汉兴,接秦之弊,丈夫从军旅,老弱转粮饷,作业剧而财匮,自天子不能具钧驷,而将相或乘牛车,齐民无藏盖。……至今上即位数岁,汉兴七十余年之间,国家无事,非遇水旱之灾,民则人给家足,都鄙廪庾皆满,而府库余货财。京师之钱累巨万,贯朽而不可校。太仓之粟陈陈相因,充溢露积于外,至腐败不可食。众庶街巷有马,阡陌之间成群,而乘字牝者傧而不得聚会。守闾阎者食粱肉,为吏者长子孙,居官者以为姓号。故人人自爱而重犯法,先行义而后绌耻辱焉。(《史记·平准书》)

在汉武帝的统治下,西汉开辟了一个前所未有的盛世,经济上的发达与国民的富庶,不仅在中国封建社会历史上罕有,在世界封建社会历史上也是罕见的。武帝后来"外事四夷之功,内盛耳目之好,征发烦数,百姓贫耗"(《汉书·刑法志》),特别是多次大规模对边境用兵,耗费了大量的财力、物力与人力,使国家长期积累的财富趋于枯竭。武帝临终前颁布轮台罪己诏,对自己的劳民伤财的做法有所悔悟。武帝之后的昭、宣二帝,执行的经济政策,就是向武帝前期正确路线的回归。当时"铁农具、牛耕的普遍使用,水利的发达,农业技术的进步,使西汉时的农业生产提高到一个新水平。昭帝、宣帝以后,没有大规模的战争,全国经济发展更为显著。据西汉末年的统计,当时全国有户一千二百二十多万,口五千九百五十多万(据郡国人口数核算,实得口五千七百四十余万);全国垦田数达到八百二十七万多顷。这就是西汉农业发展规模的一个约略的说明。"①

农业的发达,促进了商业、手工艺的发展,同时也促进了城市经济的繁荣,

---

① 中国大百科全书总编辑委员会《中国历史》编辑委员会秦汉史编写组:《秦汉史》,中国大百科全书出版社 1986 年版,第 21 页。

当时"燕之涿、蓟,赵之邯郸,魏之温轵,韩之荥阳,齐之临淄,楚之宛、陈,郑之阳翟,三川之二周,富冠海内,皆为天下名都"(《盐铁论·通有》),然而最繁荣富庶的城市还数长安,它有户八万余,人口二十四万六千,城围六十多里,有十二门、八街、九陌、九市、一百六十闾里,这个布局,基本上已为考古发掘所证实。班固在《西都赋》中所描绘的西汉京都长安的繁华,虽有夸饰,但主体上反映了当时的现实:

> 建金城而万雉,呀周池而成渊。披三条之广路,立十二之通门。内则街衢洞达,闾阎且千,九市开场,货别隧分。人不得顾,车不得旋。阗城溢郭,旁流百廛,红尘四合,烟云相连。于是既庶且富,娱乐无疆。都人士女,殊异乎五方;游士拟于公侯,列肆侈于姬姜。乡曲豪举,游侠之雄,节慕原尝,名亚春陵,连交合众,骋骛乎其中。

汉代全面推行封建地主中央集权制统辖下的土地私有制,极大地解放了生产力,农业生产力的提高拉动了整个封建社会经济的发展。但土地私有制也带来土地兼并的现象,使许多农民丧失土地而贫困破产,相对增加了广大农民的赋税负担,同时也增加了政府的开支,汉武帝时就需要支出巨大的费用来安置破产的流民。生产力的主要因素——生产者受到挫伤,必然造成经济的衰退甚至萧条。汉代统治者多次出台干预土地兼并的政策,就是为了使封建国家经济得以继续发展。总而言之,汉代是我国第一个确立与健全了封建地主社会生产方式的王朝,它创造了历朝历代都无法实现的经济财富,从而成为我国第一个封建盛世,在此基础上形成的文化,无疑带有鲜明的盛世特色。

中国幅员辽阔,地貌多变,气温与降雨量南北差距较大,形成不同的自然环境,直接影响了不同经济方式与民族的形成。大致说来,中原属农耕经济,中原以北属游牧经济,中原以南属山地农林经济。由于游牧经济常受到干旱风雪的威胁,所以常向农耕经济争夺生存空间,从夏、商、周三代以来,这种民族的矛盾就一直存在。

秦始皇统一中国后,为解除来自游牧民族匈奴的边患,一方面主动派兵出击匈奴,扩展北地疆域,更主要的是修筑万里长城,抵御北方匈奴的不断南下侵扰。汉初,也因国力有限,无力对匈奴作战,对匈奴采取忍让退避的政策,甚至采取"和亲"、"岁奉贡献"的办法,缓和矛盾,减少匈奴的骚扰与劫掠。而对亚热带闽越等山地的割据势力,则采取了安抚羁縻的政策,使之归顺。随着经济的恢复,军事力量渐强,文、景时期,已开始实施对匈奴作战的准备工作,如徙民实边、招募兵员、编制骑兵等。至武帝时,与匈奴决战的各种条件准备就绪,于是由卫青、霍去病等将领为统帅,发动了三次大的北伐,将匈奴击败,使其溃退于漠北,汉军收复了河套失地,打通了河西走廊,使西域三十六国成为内属汉朝的"属国"。"属国"也指汉朝管理少数民族事务的官署,设有都尉、丞、侯、千人等官,都尉秩比二千石,与西域最高军政长官西域都护同级,直属中央,其治民领兵的权力等同郡太守。西域因内属于汉,汉王朝便向西域派遣大量移民与戍卒,同时也带去了中原生产工具、农业水利技术及文化,使西域原有的游牧经济及文化生活发生了很大变化,同时也从西域传回胡瓜、胡麻、葡萄、良马、音乐等,大大丰富了内地人民的物质生活与精神生活,这从近数十年来出土的居延汉简中可以看到这方面的情况。

通过北伐匈奴南抚闽越诸国,汉朝的疆域比秦时还要辽阔。秦国的疆域东至于东海、南海、渤海的沿海及今朝鲜,西至陇山、川西高原和云贵高原,南至今越南东北和广东大陆,北至河套、阴山山脉和辽河下游流域。汉在秦疆土的基础上,北疆扩至大漠(蒙古高原),西界已达葱岭(帕米尔高原和昆仑山、喀喇昆仑山脉西部诸山的总称)和巴尔喀什湖(在今哈萨克斯坦东南部),南至南海、交趾(今越南),汉王朝成为当时世界上最强大而统一的国家,它奠定了以后历代中国封建国家疆域的基础。

汉帝国国力的强盛,除了经济、政治、军事方面强盛外,还应该包括确立了一个使千千万万个松散的小生产者具有强大凝聚力从而信仰一致的伦理道德学说,这就是儒家的学说。汉代为什么选择儒家思想作为全国人民的正统思想?这绝不是董仲舒或汉武帝个人的意志,而是由中国的国情所决定的,这种选择是历史发展的必然,代表着历史进步的趋向,因此成为汉代盛世的重要标志。

古代部族的形成,主要决定于血缘关系,而宗法制则源于氏族社会父系家长制公社成员间的亲族血缘关系。把血缘关系作为国家管理模式的原则,始于商朝而定型于周朝。其嫡长子继承法、分封制就是其集中体现。秦始皇统一中国后,废分封,立郡县,以命官代诸侯,以"贤贤"代"亲亲",对宗法制进行了一定程度的否定。但是封建大一统的秦帝国从根本上没有放弃宗法制,秦始皇制定的皇权继承仍遵循着严格的血缘宗法制,这一制度不仅为汉帝国所继承,甚至成为中国二千年来封建社会的立国大法。

汉代的血缘宗法观念不仅还有所保留,甚至比秦还要强烈,这是因为汉代继秦之后仍实行土地私有,又予民以休养生息与惠民政策,大量的自耕农涌现,个体家庭成为社会基本生产单位与社会基本细胞,"男耕女织"式的家庭小农自然经济成为社会生产的主体,血亲意识构成了社会意识的主体,社会伦理道德以家庭为中心来展开。社会的生产方式决定着社会的心理与意识,以家庭为单位的血缘社会结构,决定了血亲意识的观念深得人心,成为人们沟通感情的共同基础,维系社会生产秩序的精神支柱。汉代的统治者正是看到谁也无法改变的这特征,利用血亲家庭的观念来统辖臣民。由"齐家"而上升到"治国",使家国同构,家长制与君主制结合,父权与君权合一,构建起"家庭——家族——宗族——社会——国家"一致的政治模式。并引导人们建立与此政治模式相一致的价值观,即从家庭出发,而至国家,利益层层扩大的价值观,中国人常说"忠孝不能两全",其意就是在二者不可兼得的情况下,要舍弃家庭的小利益而顾全国家的大利益。

汉代确立儒术独尊地位,推行以三纲五常为核心的伦理道德,就是以家庭为出发点的。家庭伦理核心是孝,国家的伦理核心是忠,忠就是孝的提升。家长是家庭的"至尊",天子是所有家庭、国家大家庭的"至尊",家父又称家之君,国君又称国之父,孝敬于父母与忠诚于天子,孝亲与忠君是同一个道理。汉代确立了以孝忠为核心、以仁义礼智信为人生道德信条的伦理道德,汉代的各种类型的文化无不体现着这种伦理道德。如汉人认为:"诗者,……先王以是经夫妇,成孝敬,厚人伦,美教化,移风俗。"(《毛诗序》)"赋者,……或以抒下情而通讽喻,或以宣上德而尽忠孝,雍容揄扬,著于后嗣,抑亦雅颂之亚也。故孝成之世,论而录之。盖奏御者千有余篇,而后大汉之文章,炳焉与三代同风。"(班固《两都赋序》)在汉代,这种伦理道德比法律更重要,汉代的政治原则都是从伦理道德中引申出来的。以儒家伦理道德为特征的正统文化,适应时代的生产方式与生产关系,能为统治阶级与被统治阶级双向认可,确立了全社会的共同信仰,成为维护中央集权与君主专制制度的有力精神武器,成为汉代开创封建盛世的精神保证。

第二节　发扬蹈厉的时代精神

汉帝国续秦帝国大一统未竟之绪,开疆拓土,经略四夷,使西域三十六国成为属国,西南招抚了夜郎、滇、邛都诸国,南方使南越王赵佗臣服,在东北方朝鲜设立真番、临屯、玄菟、乐浪四郡。如此辽阔的区域,纳入汉王朝的版图,如此众多的民族或部族,如匈奴、乌桓、鲜卑、乌孙、羌、氐、蛮、越、南越、西南夷、夜郎、滇、哀牢、夫余、高丽等都成为中华民族大家庭中的成员。不仅汉朝疆域内的各民族之间实现了从未有过的经济、文化的联系与交流,而且由于疆域的开拓,打通了与世界他国交往的障碍,如通过西域,可达欧、非、西亚;通过朝鲜与渤海,可达日本;通过南越、南海,可达南亚。《太史公自序》中写道:"汉兴以来,至明天子,获符瑞,封禅,改正朔,易服色,受命于穆清,泽流罔极。海外殊俗,重译款塞,请来献见者,不可胜道。"国内各民族之间的交往,以及汉王朝与世界其他国家经济、文化的交流,使古老的中华民族见到与听到了前所未有见闻的异域的风俗情事,开拓了眼界,也使国内各民族及世界其他国家确认汉王朝是当时无与伦比的一流强国、世界文化的中心之一。汉王朝在各民族及世界其他国家中的尊崇地位,更增加了每个汉朝人的民族自豪感,使他们胸襟开阔,思想恢弘,有无限的时代责任感与历史责任感,有着开创伟大盛世的雄心壮志,就如董仲舒对汉武帝表白的那样:"今陛下并有天下,海内莫不率服,广览兼听,极群下之知,尽天下之美,至德昭然,施于方外。夜郎、康居,殊方万里,说德归谊,此太平之致也。……遍得天下之贤人,则三王之盛易为,而尧、舜之名可及也。"(《汉书·董仲舒传》)

如何以世界及历史主人翁的态度来把握世界的整体性与探索历史的贯通

性,尤其是探索整个中华民族历史发展的原因和规律,抒发汉代大一统时代的强烈感受,为大一统社会物质生活提供新的世界观,除了当时具有强烈民族自信心与自豪感的汉代人之外,恐怕其他后来者是难以感受到这种历史责任的紧迫感的。于是,贾谊、晁错、董仲舒等人用理论文章作了这方面需求的阐述,而以生动的历史人物传记形式来满足社会的这种需求,则是《史记》的应运而生。

"孔子删书,《尚书》起于尧,《史记》上限却起于黄帝,旨在说明三代帝王,列国世家,追祖溯源,皆本于黄帝,整个中华民族皆是黄帝子孙,就连周边匈奴、西域、西南夷等族都属黄帝支系。李景星《史记评议》中说:'太史公记史,始于五帝,重种族也。盖五帝始于黄帝,为我国种族之所自出。黄帝之子二十五人,后世或居中国,或居夷狄。'中华民族大一统观念实基于司马迁的《史记》,而这一伟大思想又成为《史记》传记中爱国思想的基础,正是这种指导思想,使司马迁在《史记》中建立了五帝、夏、商、周、秦、楚(项羽)、汉的正统序列,使得《史记》传记中各民族都有其一定地位。如《大宛列传》写新疆,四夷列传,即《匈奴列传》、《东越列传》、《南越列传》、《西南夷列传》,所记则包括了中国东西南北广大少数民族地区,司马迁把中国整个社会的发展,视为同一种族系统的发展,并且记叙了中华民族大家庭中各民族大融合的历史。"①中华民族多民族同源的观念在汉代明确并定型,这一观念正是大一统盛世的民族融合的社会现实给予的。

基于这一观念,司马迁在《史记》中颂扬了帝王君主的一统事业、中华民族的不断壮大与国内各民族不断的融合。以帝王为纪,用王朝嬗变和帝王兴替作为科分条析的大纲,有效地理清了中华民族不断发展、统一的历史脉络。国家统一的政体,各民族统一的信仰,各地区对最高政权的向心,都是国家经济、文化大发展的前提。司马迁从促进国家大一统的角度来评价人物的历史贡献,给予了那些维护、促进国家统一、民族融合的人物以热情的歌颂与赞扬。如他对秦始皇的暴政十分厌恶,但对其统一中国的伟大功绩却给予充分的肯

---

① 杨树增:《史记艺术研究》,学苑出版社 2004 年版,第 96－97 页。

定,他在《六国年表》中赞道:"秦取天下多暴,然世异变,成功大。"秦始皇统一中国的历史作用和社会效果,因称帝时间短,在其当政时并非显著,而到了汉时才充分地显示出来。司马迁肯定秦统一天下之功甚伟,是高于汉朝一般人的见识,这种远见卓识的主导思想便是大一统历史观。再如在《绛侯周勃世家》中赞曰:"绛侯周勃始为布衣时,鄙朴人也,才能不过凡庸。及从高祖定天下,在将相位,诸吕欲作乱,勃匡国家难,复之乎正。虽伊尹、周公,何以加哉!"在吕氏家族图谋篡国作乱,国家面临分裂动荡危难之际,周勃力挽狂澜,使国家又恢复大一统局面,司马迁把周勃比作商朝的伊尹、周代的周公,其崇敬之情可以想见。同时,司马迁也贬斥了那些企图破坏大一统的人,如指责刘濞、刘长、刘安、刘赐等人,不辅助汉天子反而图谋叛逆的藩国之臣,以邪恶不仁之心而危害国家统一;并十分赞同对他们的严厉惩治。司马迁对汉史的基本态度,就是肯定汉代的大一统,反对分裂。司马迁认为汉兴一统,完全是中华历史发展的必然,谁阻挡这一历史潮流,谁就是历史的罪人。

司马迁笔下多是"明主贤君忠臣死义之士"(《太史公自序》),详细叙述了他们各自建功立业的奋斗人生,他们的人生虽然坎坷曲折而具有辉煌的意义,他们性格各异,却都体现了不屈不挠蓬蓬勃勃的进取精神,他们共同的奋斗目标,就是为了实现一个大一统盛世。他们虽属不同历史时期的人物,但身上所体现出来的英雄气概,正透射着汉代盛世昂扬的精神风貌。而司马迁本身,敢于正视"自获麟以来四百有余岁,而诸侯相兼,史记放绝。"的现实(同上),敢于以孔子第二自居,继承自孔子著《春秋》以来无人再接续的著史伟业,同样体现了汉代盛世那种豪迈的气概。

汉代的文人,应繁荣昌盛的汉帝国的时代要求,把"润色鸿业"作为自己的写作目的,同样体现了无限自豪的时代精神。汉帝国显赫的盛世鸿业,不仅需要众多的文人来"润色",而且盛世鸿业造就了众多的润色鸿业的文人:

> 大汉初定,日不暇给。至于武、宣之世,乃崇礼官,考文章,内设金马石渠之署,外兴乐府协律之事,以兴废继绝,润色鸿业。是以众庶悦豫,福应尤盛,白麟、赤雁、芝房、宝鼎之歌,荐于郊庙。神雀、五凤、甘露、黄龙之瑞,以为年纪。故言语侍从之臣,若司马相如、虞丘寿王、东方朔、枚皋、王

褒、刘向之属,朝夕论思,日月献纳。而公卿大臣御史大夫倪宽、太常孔臧、太中大夫董仲舒、宗正刘德、太子太傅萧望之等,时时间作。(班固《两都赋序》)

在众多的润色鸿业的文人中,赋家以其气势磅礴、淋漓尽致的大赋,通过"宣汉"而体现出来的恢弘豪迈的时代精神特点,表现得尤为突出。汉大赋"宣汉"的内容方方面面,而主要的则表现为颂扬汉帝国中央集权的声威与汉帝国社会的繁荣昌盛。汉帝国在秦制的基础上,重建封建大一统帝国体制,并很快显示出其历史的进步性。但从汉代大一统确立时起,就存在着"内忧外患",国内诸侯势力对君位的觊觎与北方匈奴对边地的侵扰,都在威胁着中央集权制的正常生存与发展。汉代赋家往往从赞扬汉帝国战胜诸侯国势力与反击外族侵扰入手,即从既解除内忧又解除外患二方面,来显示汉帝国的不朽伟业与煊赫的声威。

司马相如,是西汉最杰出的赋家,其《子虚赋》与《上林赋》更是汉代大赋的代表作。此二赋以假设的楚国的子虚与齐国的乌有先生,互相夸耀本国疆域的广大、特产的富饶、诸侯王畋猎的侈靡排场,曲折地揭示了诸侯王僭越的野心。于是作者又以假设的亡是公代天子立言,对宣扬楚、齐侯国声势的子虚与乌有先生进行了驳斥:

> 亡是公听然而笑,曰:"楚则失矣,而齐亦未为得也。夫使诸侯纳贡者,非为财币,所以述职也。封疆画界者,非为守御,所以禁淫也。今齐列为东藩,而外私肃慎。捐国逾限,越海而田,其于义固未可也。且二君之论,不务明君臣之义,正诸侯之礼,徒事争于游戏之乐,苑囿之大,欲以奢侈相胜,荒淫相越。此不可以扬名发誉,而适足以贬君自损也。(《上林赋》)

亡是公以严厉的口吻,谴责诸侯内不守诸侯之礼,放纵越轨,外与异族私通,图谋不轨,阐明君臣的正确关系,以此来尊天子、抑诸侯。至于接下来亡是公描述天子上林苑的巨丽与天子游猎的壮观,则是为了以天子的威势,压倒诸侯国的嚣张气焰,同时也体现汉帝国宏大的气魄与富甲天下的国力,并非是宣扬天子淫逸奢侈。赋在结尾时又写道：

天子芒然而思，似若有亡，曰："嗟乎！此大奢侈。朕以览听余闲，无事弃日，顺天道以杀伐，时休息于此。恐后叶靡丽，遂往而不返，非所以为继嗣创业垂统也。"于是……登明堂，坐清庙。次群臣，奏得失。四海之内，靡不受获。于斯之时，天下大说，乡风而听，随流而化，卉然兴道而迁义，刑错而不用。德隆于三王，而功羡于五帝。若此，故猎乃可喜也。若夫终日驰骋，劳神苦形，罢车马之用，抏士卒之精，费府库之财，而无德厚之恩，务在独乐，不顾众庶。忘国家之政，贪雉兔之获，则仁者不由也。从此观之，齐楚之事，岂不哀哉！

大赋卒章显志，说明作者的本意在颂扬汉天子圣德。汉天子在上林苑游猎，是听政余暇，暂来此休息，而真正用心则在于明堂之上，勤理朝政，使万民受到恩泽。作者认为汉天子的仁德高于夏、商、周三代圣王，功勋超过伏羲、神农、黄帝、尧、舜五位明君，体现了对自己的帝国的无限自信与自豪。并谴责齐楚两国，不施仁政，不恤下民，地位卑微，却要享受天子的礼数，这注定要遭可悲的报应的。重申尊天子、抑诸侯，反对诸侯割据，维护中央集权大一统盛世的主题。

扬雄，也是西汉最杰出的赋家，他的《长杨赋》高度评价了汉高祖、汉文帝对开创汉帝国昌盛大业的丰功伟绩，意在启迪后人充分认识汉帝国一统江山来之不易，要励精图治，使大一统江山永固。大赋还特别歌颂了汉武帝以武力扫除外患、征服四夷、安定疆域、捍卫国家统一的千秋功业：

熏鬻作虐，东夷横畔，羌戎睚眦，闽越相乱。遐氓为之不安，中国蒙被其难。于是圣武勃怒，爰整其旅，乃命骠卫，汾沄沸渭，云合电发，猋腾波流，机骇蜂轶，疾如奔星，击如震霆。砰轒辒，破穹庐，脑沙幕，髓余吾。遂蹶乎王庭，驱橐驼，烧熐蠡，分剺单于，磔裂属国。夷阬谷，拔卤莽，刊山石，蹂尸舆厮，系累老弱。兖铤瘢耆，金镞淫夷者数十万人。皆稽颡树颔，扶服蛾伏，二十余年矣，尚不敢惕息。夫天兵四临，幽都先加，回戈邪指，南越相夷，靡节西征，羌僰东驰。是以遐方疏俗，殊邻绝党之域，自上仁所

不化,茂德所不绥,莫不蹻足抗首,请献厥珍。使海内澹然,永亡边城之
灾、金革之患。

汉朝建立以来,匈奴肆虐,东夷叛离,羌戎虎视眈眈,南方闽越作乱,边地
百姓不安,中原腹地也受祸患。武帝整顿军队,命霍去病与卫青率军出击,汉
军快速如流星,攻击如闪电。首先讨伐匈奴,转而南下征讨南越,派出使节,迫
使羌、僰部族东来朝贡汉中央。汉武帝依靠武力,回击外族侵扰,捍卫国家统
一,使海内安宁,消除了边患与战争。作者热情地歌颂了武帝的武功,以铁的
事实证实了武力对维护与巩固国家大一统的重要性,汉武帝的励精图治、雄才
大略,汉军的勇往直前、所向披靡,正体现着汉代人普遍的无往不胜的英雄气
概。

汉帝国开创中国封建地主社会第一个盛世,社会繁荣昌盛,更显示了中央
集权大一统的优越性。汉人抒发对盛世的感受,抒发作为盛世的见证者的开
阔豪迈的情怀,抒发作为中华民族成员的崇高自豪感,还往往通过描写巍峨的
宫殿、壮美的山河、丰富的物产或帝王将相的田猎游宴、属国朝臣的朝会等,赞
颂汉帝国的盛世气象,宣扬汉王朝的显赫声威,如班固的《西都赋》,写长安的
富庶、宫殿的豪华、田猎的壮观,以此来显示国势的强大。尤其对宫殿的描写,
突出其"体象乎天地,经纬乎阴阳,据坤灵之正位,仿太紫之圆方"的特点,正
合汉人以此宫室布局仿照天地象征皇权的意识,用以显示汉王朝万世兴隆不
衰的表征。在《东都赋》中还特别写到属国朝臣朝见天子、天子接纳各地所献
户籍、贡品的隆重仪式:

> 觐明堂,临辟雍,扬缉熙,宣皇风,登灵台,考休征。俯仰乎乾坤,参象
> 乎圣躬。目中夏而布德,瞰四裔而抗棱。西荡河源,东澹海漘,北动幽崖,
> 南耀朱垠。殊方别区,界绝而不邻,自孝武之所不征,孝宣之所未臣,莫不
> 陆詟水栗,奔走而来宾。遂绥哀牢,开永昌。春王三朝,会同汉京。是日
> 也,天子受四海之图籍,膺万国之贡珍。内抚诸夏,外绥百蛮。尔乃盛礼
> 兴乐,供帐置乎云龙之庭,陈百寮而赞群后,究皇仪而展帝容。于是庭实
> 千品,旨酒万钟,列金罍,班玉觞,嘉珍御,太牢飨。尔乃食举雍彻,太师奏

乐。陈金石,布丝竹,钟鼓铿鍧,管弦烨煜。抗五声,极六律,歌九功,舞八佾,韶武备,太古毕。四夷间奏,德广所及,僸佅兜离,罔不具集。万乐备,百礼暨,皇欢浃,群臣醉,降烟煴,调元气。然後撞钟告罢,百寮遂退。

《东都赋》同样是颂扬帝德,但其显示的东汉统治者的治国方略,与西汉统治者有所不同。班固认为光武帝刘秀远绍尧运,近继高祖绪业,使国家又归于统一的丰功伟绩,可与三皇五帝相比;重建君臣之义、人伦之序,功比伏羲;划分各州土地,繁殖财货,创制器具,功比轩辕;顺应民心,惩恶扬善,功比商汤周武;迁都洛阳,中兴汉业,功比盘庚;以隆盛的体制,建起都城,功比周成王;而克己复礼、躬自俭约,可比汉文帝;效法先王,封禅纪功,相似于汉武帝。总之,在东汉人的眼里,光武帝刘秀是集历代君王优秀品德于一身的英明圣主,虽带有神化的色彩,但表达的是东汉人对开国元首的崇拜与对重新统一的时代的热情赞颂。如果说刘秀是英明的开国之君,那么,班固认为明帝则是英明的守成之君。因为至明帝,政绩更突出,社会更和谐,礼仪气度更隆盛,只有这样的天子才配接受上面所描写的隆重朝礼。明帝并未采取穷兵黩武的政策,而是通过仁义威德之行,使四方来京朝觐,实现了多民族的团结统一,出现了武帝、宣帝时代从未有过的盛况。班固对光武帝、明帝的赞扬,不免夸大其词,但汉帝国重新恢复其帝业后各民族对中央的臣服与向心,各少数民族对东汉内地高度发达的物质文明与精神文明的钦慕,却是真实的写照。赋中处处流露着新世界开拓者的胜利情怀。

总之,汉代开创了一个伟大的盛世,作为反映这一盛世的各种观念形态的文化,都贯注着一种以"大汉气象"为标号的恢弘、自豪、博大、昂然向上的时代精神,唯有这种精神,才能反映出盛世的景象与汉人的气度来。

第三章 文化主流经学化

儒学在诸子蜂起、百家争鸣的战国时期就成为二大显学之一。所谓显学即指著名而有极大影响的学术及学派,《韩非子·显学》:"世之显学,儒、墨也。儒之所至,孔丘也。墨之所至,墨翟也。"《吕氏春秋·当染》也说:孔、墨"从属弥众,弟子弥丰,充满天下,……孔、墨之后学显于天下者众矣,不可胜数。"战国之后,墨学逐渐衰微,以致成为"绝学"。而儒学经过秦帝国的打压,至汉时,更显示出它的重要价值。于是,在汉武帝时代,把儒学奉为汉代的新显学,并把儒学经学化,把儒学在先秦时代的学派性质改变为规范化、制度化、法律化的性质,成为治国的主导,思想文化领域的正统,文化思潮的主流,汉代文化深深地打上了经学的烙印。

第一节 儒学经学化

儒学在战国时期成为显学,是因为它符合时代的要求,适应了时代的发展。战国时期是我国由封建领主制社会向封建地主制社会转型的末期,周代宗法制虽受到极大的冲击,但土地私有、个体劳作、家庭定居,使血缘宗法的意识仍然是构成当时社会意识的中心。儒家学派从家庭伦理出发,以人格完善为轴心,进而将家庭伦理扩大至整个社会,规定了社会每个成员的不同行为规范,为增强当时的宗法等级制下的家庭、家族乃至国家的凝聚力提供了最好的社会准则。儒家提出的君君、臣臣、父父、子子,即君惠、臣忠、父慈、子孝、兄友、弟悌的伦理原则,既是各类君子的做人原则,又是修身、齐家、治国、平天下的前提,儒家继承了周代重德尚礼的传统,建构了仁义礼智孝悌忠信等为内容的思想体系,强调修身为本,为政以德,以仁德礼教为施政方针,虽上下尊卑有别,但各守其本分,达到有序而和谐。儒家学说反映了封建地主社会的宗法本质,论证了它的合理性,是推动社会转型的强大精神武器,成为显学是历史的必然。

秦以武力统一中国,结束了战国诸侯纷争的局面,但大一统秦帝国的速亡,使人们认识到:治理国家,法家的法治不如儒家的德治,儒家的伦理道德比严刑峻法更为重要,因为施行仁政能得人心,施行暴政只能树敌。

汉初,由于经过反秦及楚汉战争,社会经济极度贫乏,亟待恢复渡过难关;人民生活极度贫苦,亟需休养生息,为扭转这一困难局面,统治者采取了无为而治的政策,崇尚了黄老道家学说。这种黄老之学也是针对秦帝国残酷虐民的弊端而兴起的,秦固然以武力得天下,然而很快又因暴政而失天下,历史的经验告诉人们:得天下可以"逆取",治天下却只能"顺守",推崇黄老之学,是汉初统治者在总结历史沉痛教训的基础上所作的正确的文化选择。这种黄老之学已不同于将"小国寡民"作为理想社会的先秦道家之学,它在道家的"无为"之中融入了法家的刑名法术之学与儒家的"仁义"、"仁政"之说,所以它有别于先秦道家消极的无为而成为积极的"无为而无不为"。从形式看,黄老之学以道家的学说为基础,提倡清静无为,然而这仅是一种"治术",采取与民休息、恢复生产的政策,目的是维护与巩固中央集权大一统政权,体现的是儒家宽厚济民的仁政思想。

汉初的"无为而无不为"政策受到了社会效益,造成了历史上有名的"文景之治"。至武帝时,七十多年的休养生息已使国力达到强盛的程度,"无为而无不为"的黄老之学已不能适应强盛国力的发展要求,历史地要求选择一种更为优越的指导思想以推动社会的发展。这种思想应该是:一、既继承传统又适应时代新发展,既能维护中央集权大一统又与秦帝国的暴力化治国思想有区别,既适应汉帝国封建宗法制又在社会上有极大影响力。二、能抑制诸侯势力膨胀、加强皇权统治。显然,黄老之学是不能胜任这一政治职能的,黄老之学之所以受到诸侯国的欢迎,就是因为中央采取清静无为的政策,正给诸侯国独断专行坐大势力,进而与中央分庭抗礼提供了条件。三、能在政治上加强一统、稳定社会秩序,扩张皇权;经济上增强国力,增加国库收入;军事上变被动防御为主动出击,消除与外域交往的阻碍。总之,是一种迅速强国的思想。适应这种要求的思想,除了主张积极有为、"助人君、顺阴阳、明教化"的儒学之外(《汉书·艺文志》),其他学派的学说都担负不起这一任务。统治者由崇尚无为的黄老之学而改变为崇尚有为的儒家之学,顺应了历史发展的潮流,同时强盛的国力为这种指导思想的转变提供了雄厚的物质基础。所以当时董仲舒明确提出:

> 《春秋》大一统者,天地之常经,古今之通谊也。今师异道,人异论,百家殊方,指意不同,是以上亡以持一统;法制数变,下不知所守。臣愚以为诸不在六艺之科孔子之术者,皆绝其道,勿使并进。邪辟之说灭息,然后统纪可一而法度可明,民知所从矣。(《汉书·董仲舒传》)

概括起来就是"罢黜百家,独尊儒术",这与汉武帝欲改变无为而为有为从而寻找理论支撑的意图不谋而合。于是汉武帝欣然接受董仲舒的建议,大张旗鼓地首先在思想文化领域进行"更化",把儒学提升为经学。

儒学在先秦时期,是百家中的一个学派,儒家学派的学说主张,属于"子学",它以孔子为宗,不依附任何权势,从这个角度讲,它又属于"私学"。儒家所宗奉的典籍在先秦时期被称为"经",主要指《诗》、《书》、《礼》、《乐》、《易》、《春秋》,《庄子·外篇·天运》载:"孔子谓老聃曰:'丘治《诗》、《书》、《礼》、《乐》、《易》、《春秋》六经,自以为久矣,孰知其故矣;……'老子曰:'幸矣子之不遇治世之君也!夫六经,先王之陈迹也,……'"先秦儒家的经还只是指经书,还不是指汉武帝时代所谓的那种经学,所以有人说"在汉武帝之前,有经而无经学"。① 何况在先秦时期称"经"的典籍,并非只有儒家典籍,如道家有《道德经》,墨家有《墨经》,法家有《法经》,从书籍的概念出发,先秦之后,还有《水经》、《茶经》等有关技艺的书。"经学"原本是指研究经书、为经书作训诂,或阐发经书中义理之学,若依此定义,研究、阐发儒学典籍的经学从

---

① 吴存浩、于云瀚:《中国文化史略》,河南文艺出版社 2004 年版,第 171 页。

子夏便开始了。子夏为孔子学生,孔子死后,众弟子散居四方,子夏讲学于魏,为魏文侯、李克、吴起师,相传他曾序《诗》传《易》。洪迈《容斋随笔》"续笔"卷十四"子夏经学"载:"孔子弟子,唯子夏于诸经独有书。虽传记杂言未可尽信,然要为与他人不同矣。"但我们一般所说的经学,是从汉武帝开始的,其标志就是从汉武帝开始,儒学这一"私学",变成了官学,汉武帝把儒学奉为封建大一统中央集权社会的正统思想,定为国家的政治、经济、文化生活遵循的准则,儒学由原来百家争鸣的性质变成法典式的性质。汉代的儒学一般都是通过阐释儒家经书来表达这种正统思想的,所以儒学由原来的百家中的一种"子学",而跃升为罢黜百家,定于一尊的"经学"。有的学者指出:

> 冯友兰先生在其三十年代初出版的二卷本《中国哲学史》中,曾将中国哲学史分为"子学时代"与"经学时代"两个时期,并认为:"自孔子至淮南王为子学时代,自董仲舒至康有为为经学时代。在经学时代中,诸哲学家无论有无新见,皆须依傍古代即子学时代哲学家之名,大部分依傍经学之名,以发布其所见。"冯友兰先生的这一观点,虽然在解放后因为种种原因而遭到了批判,就连冯先生本人也放弃了这一观点,但平心而论,冯先生的这一著名论断还是有很多可取之处的,其中最重要的一点就是,冯先生在此精辟地指出了儒家从先秦到西汉经历一个由子学到经学的演变过程。在先秦与汉初,儒学一直处于子学的地位上,但自董仲舒之后,儒学获得了独尊,并由子学一跃而成为经学。①

秦始皇虽"焚书坑儒",但其政府还设各家博士。汉武帝罢黜百家,独尊儒术后,废秦代所立的各家博士,只为儒家的经典《诗》、《书》、《易》、《礼》、《春秋》置博士,称五经博士②,五经博士皆属今文经学博士。武帝之后,经学博士官有所增加,如王莽新朝时又增立古文经学博士,东汉时,又增《孝经》、

---

① 史仲文、胡晓林主编百卷本:《中国全史》第五册,张国华著:《中国秦汉思想史》,人民出版社1994年版,第53页。

② 《庄子·天运》记载儒家经典有六部,即除了《诗》、《书》、《易》、《礼》、《春秋》五经外,还有《乐经》,但《乐经》至汉已不传,古文经学认为《乐经》因秦焚书而亡;今文经学认为"乐"本无经,"乐"之源在《诗》中,"乐"之用在《礼》中。

《论语》二经,皆置博士学官,但增加的博士仅限儒学,儒学居于众子学之上,成为独霸意识形态领域的经学。

"罢黜百家,独尊儒术"应该说也是一种文化专制,但它不同于秦帝国野蛮的文化专制。它虽提出罢黜百家,但不是剥夺百家之学的生存权,它只想排斥、压抑百家之学而让儒学居于垄断、正统、主导的地位,不仅允许诸子的经典充于秘府,而且在阐释儒学时还吸收、采纳其他诸子可利用的思想资源。汉代的经学,本质上是对先秦儒家学说的理论新阐释与新发展,经学与先秦儒学相比,已经有了质的变化。

第二节 经学系统化

先秦儒学演变为汉代经学,不仅以子学提升为官学为标志,更重要的标志是经学对传统儒学在思想方面有多方面的改造,在理论体系方面有突破性的重大建构。

传统儒学适应中国以血缘纽带维系社会的宗法制度,以人为核心,追求人的道德修养,强调不同等级的人所各自具有的一整套道德与社会"义务",在君臣、父子、夫妇等人伦关系的一系列等级原则下,"亲亲"、"尊尊",从而达到整个社会的和谐。在这种观念指导下,传统儒学鲜明地表现出其理论的重社会、重人伦、重民生、重人生的经世致用的特点,而忽视了其理论的整体结构与严密逻辑性。所以从中国哲学发展史来看,先秦传统儒家伦理性哲学,还不具备严格意义上的哲学思辨的整体结构,其理论还停留在"表象直观——生活经验"的基础上,其论述及目的还停留在"感知——实用"的层面上,也就是还停留在具体实用的"形而下"而非高度抽象的"形而上"的思维上。《周易·系辞上》中讲:"形而上者谓之道,形而下者谓之器。"北宋张载解释说:"形而上者是无形体者,故形而上者谓之道也;形而下者是有形体者,故形而下者谓之器。无形迹者即道也,如大德敦化是也;有形迹者即器也,见于事实即礼义也。"(《横渠易说·系辞上》)传统儒学基本摆脱了神学的控制,宗法伦理道德观念成为其主导意识形态,显示了它的理性特征。但是它局限于社会人伦道德、宗法义务的具体的"人道"方面的阐述,而忽视了对宇宙本体的抽象"天道"方面的认识与思考。汉代经学则是在不改变传统儒家文化的伦理性特征的基础上,以"天道"来推演"人道",来探索自然界与社会人伦的内在统一性,在宇宙本体论的统辖下来探讨社会变化的规律,在更高理论层次上进行哲理思辨,来解释现实社会、人际关系的奥秘。经学与传统儒学比较起来,它同样是为宗法制度服务的伦理性哲学,但它具有了一个传统儒学缺乏的系统、完整的哲学体系,而这一成系统的哲学体系的开创者,就是"汉代孔子"董仲舒。

董仲舒在建立成系统的经学理论体系过程中,充分吸收了道家与阴阳五行家的思想资源,他借鉴道家的"道",阴阳五行家的"天道",确立了宇宙本原与主宰——"天"在其宇宙系统及理论体系中的地位,这是他建立庞大宇宙观系统的关键,是其经学确立的本体与核心。

"天"在殷周时指上帝,是最高的人格神,是世界万事万物及人间众生的主宰。春秋时期,随着人在历史发展中决定性作用的不断显现,主宰一切的"天"及"天道"的观念受到怀疑,郑国子产认为"天道远,人道迩。"(《左传·昭公十八年》)老子甚至提出"天地不仁"(《老子·五章》),明确指出天地是没有感情没有意志的自然物。儒家创始人孔子"罕言天道",主要阐述的是"人道",其学生子贡说:"夫子之文章,可得而闻也;夫子之言性与天道,不可得而闻也。"(《论语·公冶长》)孔子有时提及到"道",指的多是人道,即行政或做人的最高准则,如他说:"宁武子,邦有道,则知;邦无道,则愚。其知可及也,其愚不可及也。"(《论语·公冶长》)"君子食无求饱,居无求安,敏于事而慎于言,就有道而正焉,可谓好学也已。"(《论语·学而》)又说:"君子学道则爱人。"(《论语·阳货》)他虽不敢公开背弃传统天及天命的观念,如他说:"获罪于天,无所祷也。"(《论语·八佾》)"知我者,其天乎!"(《论语·宪问》),"五十而知天命"(《论语·为政》),但他"不语怪、力、乱、神"(《论语·述而》),对天帝鬼神持置疑的态度,有时也把天解释成自然的天,如他说"巍巍乎,唯天为大"(《论语·泰伯》),"天何言哉?四时行焉,百物生焉,天何言焉?"(《论语·阳货》)孔子有时认为天为世界的主宰,有时又认为天就是自然,这种矛盾的世界观使他敬天而又回避谈天,当然不可能想到以天为核心来构建其儒学体系,也不可能确立以"天道"来推演"人道"的思维系统。

而与儒家理论与思辨都有所不同的道家,却非常注意对形而上的宇宙观的探讨,道家代表人物老子、庄子以"道"为其宇宙观的核心,也以"道"为核心建构起道家的理论思辨的体系。道家认为"道"是宇宙的本原与主宰,只有用"道"才可说明宇宙万物的生成、本质、构成与变化,《老子·四十二章》讲:"道生一,一生二,二生三,三生万物。"由于"道"是宇宙的本原,所以与此同义的还有"无",《老子·四十章》:"天下万物生于有,有生于无。"道家的"道"含义同于"无",但绝不是等同于"虚无"。"道"本身是自然的存在,由它而化生的万物及万物变化的过程也是自然而然的,道家的"无"是指无为而自然。天道无为,万物自然化生,就是道家"道"的本质内涵。所以《老子·二十五章》说:"有物混成,先天地生。寂兮寥兮,独立而不改,周行而不殆,可以为天下母,吾不知其名,字之曰道,强为之名曰大。大曰逝,逝曰远,远曰返。故道大,天大,地大,人亦大。域中有四大,而人居其一焉。人法地,地法天,天法道,道法自然。"在天地万物形成之前,存在着"道","道"是自然状态的实体存在,它无形、无名、无限,没有人格意志,没有喜怒哀乐,是超乎一切之上的超乎感觉经验的宇宙本体,先天地生的宇宙本原,"夫道,有情有信,无为无形;可传而不可受,可得而不可见;自本自根,未有天地,自古以固存;神鬼神帝,生天生地;在太极之先而不为高,在六极之下而不为深,先天地生而不为久,长于上古而不为老。"(《庄子·大宗师》)道家以"道"为核心的朴素的自然观,否定了传统具有人格、神秘的宇宙主宰天神的存在。道家以"道"作为宇宙的本原,从"道"出发来探讨宇宙万物的起源、本质及规律法则,"这种从形而上的总体宇宙的角度来论证、阐述人间秩序的方法,显然比孔子的那种单纯由'孝悌'而'仁义'、由'亲亲'而'尊尊',由伦理而政治、由近及远、由此及彼的形而下的主观类推方法,具有更强烈的理论色彩和更开阔的思维空间。"①同时,它也"突破了用具体事物来说明世界总根源的局限。老子以前,有些思想家以自然界中某些具体的事物来说明世界的构成。如《尚书》的作者认为水、火、木、

---

① 张国华:《中国秦汉思想史》,见《中国全史》第五卷,人民出版社1994年版,第99页。

金、土五种最基本的物质是构成世界的总根源,《易经》的作者则用天、地、水、火、风、雷、山、泽八种自然物来作为世界万物的起源,这些学说的可贵之处是从自然本身去说明世界的原因,试图从复杂多样的自然界中找出统一的物质基础,但它们都是用部分说明全体,用个别说明一般,用具体事物来代替先于天地万物而存在的天帝,在理论上难以作出有力的说明。而老子以'道'作为世界的总根源,这样既能说明世界的多样性(道生万物),又能说明世界的统一性(万物最终复归于道),这是老子高于前人的地方。"①以老子为代表的道家在中国历史上第一次对宇宙的本原问题进行了成系统的探讨,由形而上的宇宙本原、生成、结构与运动来推演、论证形而下的社会秩序,将自己的政治主张建立在以"道"为最高范畴的朴素唯物哲学体系上,从而建立起道家的宇宙观。

以老子为代表的先秦道家从形而上的宇宙发生论出发,来论证形而下的社会人间秩序,给汉初的黄老之学及儒家学派以极大的启发。如大致产生于战国末、编定于汉初的《易传·系辞传》就参照道家的"道"而提出"太极"这一哲学范畴,《系辞上传》中就主张:"易有太极,是生两仪,两仪生四象,四象生八卦。"对这一重要主张,后人有两种解释,一是认为讲的是筮法,即画卦的过程。一是认为讲的是世界观,即宇宙形成的过程。"就世界形成的过程说,太极为最高或最初的实体,两仪为阴阳或天地,四象为春夏秋冬四时,八卦为天、地、雷、风、水、火、山、泽八种自然现象。这种解释开始于汉易。"②而在《淮南子·天文训》中又参照"道"而提出"太昭"这一哲学范畴:

> 天地未形,冯冯翼翼,洞洞灟灟,故曰太昭。道始生虚廓,虚廓生宇宙,宇宙生气。气有涯垠,清阳者薄靡而为天,重浊者凝滞而为地。清妙之合专易,重浊之凝竭难,故天先成而地后定。天地之袭精为阴阳,阴阳之专精为四时,四时之散精为万物。

《淮南子》的作者认为在天地未形成之前,是一派混沌的景象,可称为"太昭",

---

① 蔡德贵、刘宗贤:《十大思想家》,上海古籍出版社1989年版,第5—6页。
② 朱伯崑主编:《易学基础教程》,九州出版社2003年版,第168页。

与《老子·二十五章》中所说的"有物混成"含义相近,其"太昭"与"道"同义,所以《淮南子》的作者又说:由道产生出虚廓,由虚廓产生出宇宙,由宇宙产生出元气,元气清轻部分升而形成天,重浊部分凝聚而为地,天地精气为阴阳,阴阳运转为四时,四时散发精气而成万物。不论《易传》所说的"太极",还是《淮南子》中所说的"太昭",以及老子之后,出现的"太初"、"太易"、"太始"、"太玄"等概念,基本上都没有超出道家"道"的哲学范畴。对道家的"道"有所新阐发的还有汉初的儒家思想家陆贾与贾谊,他们受当时盛行的"黄老之学"的影响,企图在阐述政治伦理的人道时引入形而上的天道理论。陆贾主张无为而治的仁义政治,他说:"《传》曰:'天生万物,以地养之,圣人成之。'功德参合,而道术生焉。"(《新语·道基》)主张圣人遵循的"道术",要与天地相参合,顺应自然规律,即主张无为而治,行其仁义,因为仁义本于天道又顺应天道。他又说:"天地生人也,以礼义之性;人能察己所以受命,则顺,顺之则谓道。"(王充《论衡·本性篇》引陆贾语)把儒家的礼义说成是人的天生本性,遵循礼义就是顺道,"道"与仁义成为同一概念。贾谊对"道"的理解与陆贾有相似之处,他说:

> 物所道始谓之道,所得以生谓之德。德之有也,以道为本,故曰"道者,德之本也"。德生物又养物,则物安利矣。安利物者,仁行也。仁行出于德,故曰"仁者,德之出也"。德生理,理立则有宜,适之谓义。义者,理也,故曰"义者,德之理也"。德生物,又养长之而弗离也,得以安利。德之遇物也忠厚,故曰"忠者,德之厚也"。德之忠厚也,信固而不易,此德之常也。故曰"信者,德之固也"。德生于道而有理,守理则合于道,与道理密而弗离也,故能畜物养物。物莫不仰恃德,此德之高,故曰"密者,德之高也"。道而勿失,则有道矣;得而守之,则有德矣;行有无休,则行成矣。故曰"道此之谓道,德此之谓德,行此之谓行"。(《新书·道德说》)

贾谊虽把"道"作为自己思想体系的最高范畴,但无形之"道"是不会产生有形之物的,要想生物还必须通过"德",世界万物及仁义忠厚等伦理道德皆出于德,都必须通过德才能体现出"道"的本性来。把"德"理解为从"道",便具有了事物本原的特性,其理解显然受到了道家理论的启发。《老子·五十一章》:

> 道生之,德畜之,物形之,势成之。是以万物莫不尊道而贵德。道之尊,德之贵,夫莫之命而常自然。故道生之,德畜之,长之育之,成之熟之,养之覆之。生而不有,为而不恃,长而不宰。是谓玄德。

《庄子·天地》篇也说:

> 泰初有无,无有无名;一之所起,有一而未形。物得以生,谓之德;未形者有分,且然无间,谓之命;留动而生物,物成生理,谓之形;形体保神,各有仪则,谓之性。性脩反德,德至同于初。同乃虚,虚乃大。合喙鸣;喙鸣合。与天地为合。其合缗缗,若愚若昏,是谓玄德,同于大顺。

汉初的儒家学者借用道家的"道"的概念,不过是想从形而上的哲学高度来论证儒家仁义合乎天道,最终还是把仁义道德视为自然界的最高准则,视为人类社会的最高行为规范。陆贾与贾谊比较起来,陆贾受黄老道家影响较重,其崇"道"的目的,是想使儒家的仁义教化服务于无为而治的仁政,而贾谊受儒、道、法多方面影响,其崇"道"的目的,是想把儒家的仁义教化引向礼治。尽管都借用了道家的"道",但都对道家的"道"有所曲解,都没有建立起自己系统、完整的哲学体系来。

从儒家立场出发,真正对旧有的儒家伦理哲学体系进行重构,使其形而下的政治、伦理主张找到一个形而上的宇宙本原、生成论的说明,建立起一个系统、完整的哲学体系,这一历史任务是由汉代儒学大师董仲舒完成的。董仲舒系统哲学体系的建立,当然利用与改造了道家、阴阳五行家甚至汉初黄老之学及儒家的思想资料,与陆贾、贾谊等汉初儒家所不同的是,他能在利用与改造前人思想资料,尤其是思维方法的基础上,建立起一个完全可以与道家分庭抗礼的由形而上的宇宙观来推演、论证形而下的社会伦理的哲学体系。

在董仲舒的宇宙系统论中,统辖其体系的是"天",像道家把"道"视为宇宙本原一样,董仲舒给予"天"以宇宙本原与主宰的意义。董仲舒并没有在旧有的宇宙系统外另设计一个完全崭新的宇宙系统,但他以"天"来代替道家的"道"在宇宙系统中的核心地位,并赋予"天"以人格化的神秘色彩,就使旧有的宇宙系统发生了质的变化,形成了与道家相抗衡的新的宇宙系统论。董仲舒的"天",是殷周"天命"、"天帝"观念的回复,他认为"天者,百神之君也,王者之所最尊也。"(《春秋繁露·郊义》)"天"是至高无上的神,它是宇宙万物的创造者与主宰者,宇宙万物的产生及变化,如天地的形成,日月星辰的运行,四季寒暑的交替等,都体现着它的意志、目的与感情。他曾说:

> 天高其位而下其施,藏其形而见其光,序列星而近至精,考阴阳而降霜露。高其位所以为尊也,下其施所以为仁也,藏其形所以为神也,见其光所以为明也,序列星所以相承也,近至精所以为刚也,考阴阳所以成岁也,降霜露所以生杀也。(《春秋繁露·天地之行》)

在董仲舒看来,天"高其位",是为了显其至尊的地位,"下其施",是为了行其仁德的意志……天的每一个表现都是有其明确目的的。天和人一样,又具有好仁恶恶之德与喜怒哀乐之情,他说:"喜怒之祸,哀乐之义,不独在人,亦在于天。"(《春秋繁露·天辨人在》)"天亦有喜怒之气,哀乐之心,与人相副,以类合之,天人一也。春,喜气也,故生;秋,怒气也,故杀;夏,乐气也,故养;冬,哀气也,故藏。四者天人同有之。"(《春秋繁露·阴阳义》)但是天不能如人那样以语言直接来表达它的好仁恶恶之德与喜怒哀乐之情,天"不言,使人发其意;弗为,使人行其中"(《春秋繁露·深察名号》),天意的表达,一是要靠它在人间的代理人——天子来实现的,他说:"唯天子受命于天,天下受命于天子。"(《汉书·董仲舒传》)二是靠阴阳的消长及五行的运转来体现的,他说:"天意难见也,其道难理。是故明阴阳入出实虚之处,所以观天之志,辨五行之本末顺逆,小大广狭,所以观天道也。"(《春秋繁露·天地阴阳》)但在现实中,有的天子好仁而符合"天意",有的天子却行恶而违背"天意",于是天就通过奇异的自然现象来表彰、告诫、惩罚自己在人间的代理人。对行仁德符合天意的天子,天便调和阴阳,使其风调雨顺,五谷丰登,天下太平,甚至出现嘉禾生、凤凰来、麒麟至等吉祥征兆。对行恶政不符合天意的天子,天便以灾异谴告他：

> 灾者天之谴也，异者天之威也。谴之而不知，乃畏之以威。《诗》云：
> "畏天之威"，殆此谓也。凡灾异之本，尽生于国家之失。国家之失，乃始
> 萌芽，而天出灾害以谴告之；谴告之而不知变，乃见怪异以惊骇之；惊骇之
> 尚不知畏恐，其殃咎乃至。以此见天意之仁而不欲害人也。谨按灾异以
> 见天意，天意有欲也，有不欲也。"（《春秋繁露·必仁且知》）

"天之谴"便是董仲舒"天人感应"的主要内容，天与人都有意志与感情，人的
行为能感动天，天也以吉祥或灾异的征兆奖惩警示人。

董仲舒认为天生万物，也创造出人，之所以在万物之中特别强调人，是因
为他建立以天为核心的宇宙观，目的还是为了论证、说明儒家的人伦关系社会
秩序，阐释形而下的人道才是其理论的最终归宿。人既是天的意志的体现者，
天与人又能互相感应，自然会推演出天会以自己的意志、结构与形象来塑造
人，人只是天的一个缩影与"副本"，人体的一切皆可与天数对应：

> 天地之符，阴阳之副，常设于身。身犹天也，数与之相参，故命与之相
> 连也。天以终岁之数成人之身，故小节三百六十六，副日数也；大节十二，
> 分副月数也。内有五脏，副五行数也。外有四肢，副四时数也。乍视乍
> 瞑，副昼夜也。乍刚乍柔，副冬夏也。乍哀乍乐，副阴阳也。心有计虑，副
> 度数也。行有伦理，副天地也。（《春秋繁露·人副天数》）

"人副天数"说为"天人感应"提供了理论依据，也为董仲舒提供了重要的思维
方式，即把自然现象赋予了社会伦理的属性，又为社会伦理、政治制度找到了
自然性质的根源，把自然事物的关系与社会关系加以比附，进行类比推理，自
然与人为相通，天与人统一，以天道释人道，在逻辑上顺利地构建了新的"天
人合一"的思想体系。

总之，"在董仲舒的儒教思想体系中，'天'是至高至上的神祇，又是其哲
学本体。具体而言，'天'具有以下特征：(1)天是主宰创造万事万物的至高无
上的人格神。(2)天有意识地干涉参与人类社会的一切事务。(3)天对人类
社会的干涉参与是基于儒教理念的。(4)天和儒教理念是一体化了的。(5)

所谓天道,天之意志是通过阴阳五行之气运行动作来表现的。"①董仲舒参照道家的思维方式,以"天"为宇宙的本原,又赋予"天"以神性和道德的属性,与以"道"为宇宙本原的道家宇宙观朴素唯物论的性质是完全不同的。

董仲舒以"天"为宇宙本原,与此内涵相近的还有"元"、"原"与"始",《春秋繁露·重政》:"《春秋》变一谓之元,元犹原也。……故元者为万物之本。"《春秋繁露·王道》:"《春秋》何贵乎元而言之? 元者,始也。言本正也。""元"、"原"与"始",既指天地万物的本原,那就是"天"的另外称呼,并不超越"天"而另有其他含义,正如道家的"无"与"道"的关系。董仲舒也常提及"道",如"道者,所由适于治之路也,仁义礼乐皆其具也","道之大原出于天,天不变,道也不变"。(《汉书·董仲舒传》)董仲舒所谓的"道",不再是道家所说的宇宙本原,而是由宇宙本原"天"按照自己的意志所创造出来的社会法则、人伦规范,包括道德、教化、政治、习俗等,是属于形而下的"治国之道"与"为人之道"。

如果说董仲舒主要借鉴了道家的思维方式,以"天"代"道",确立了以天为宇宙本原与主宰的宇宙观,那么构成此宇宙观的框架及模式,则更多地吸收了汉初"黄老之学"及战国以来就兴盛不衰的阴阳五行学说的思想资料。他认为"天"由十端所构成,这十端就是天地、阴阳、五行加上人,这就是著名的"天端"说:

> 何谓天之端? 曰天有十端,十端而止已。天为一端,地为一端,阴为一端,阳为一端,火为一端,金为一端,木为一端,水为一端,土为一端,人为一端,凡十端而毕,天之数也。(《春秋繁露·官制象天》)

这里出现了二个不同概念的"天","天有十端"与"天之数"中的"天",指宇宙本原与主宰的"天"。而"天为一端"的"天",即作为宇宙本原与主宰的"天"的一端的"天",则是与地相对而存在的"天",是宇宙本原与主宰"天"的一部分,这个作为一端的"天"含有更多的自然属性。同一个词存在着不同的二个

---

① 邓红:《董仲舒的春秋公羊学》,中国工人出版社 2001 年版,第 19 页。

概念,有违形式逻辑,这说明董仲舒在回复传统天命观的同时也受到道家观念的影响,对"天"有多重内涵的理解,显示了他观念中的矛盾性。天之十端之间又是一种什么关系呢? 董仲舒说:"天地之气,合而为一,分为阴阳,判为四时,列为五行。"(《春秋繁露·五行相生》)董仲舒认为主宰宇宙的人格神"天"首先创造出天与地,天与地原来都是气,天之气与地之气最初混合为一,混合之气经过分化就形成了天之气与地之气,天之气与地之气分离之后才具有了阴阳的属性。"阳,天气也,阴,地气也。"(《春秋繁露·人副天数》)但分离之后的阴阳二气又处于不断的交合运行中,在时间上的运行变化,就形成了四时(即四季):

> 天道大数,相反之物也,不得俱出,阴阳是也。春出阳而入阴,秋出阴而入阳,夏右阳而左阴,冬右阴而左阳。阴出则阳入,阳入则阴出。阴右则阳左,阴左则阳右。是故春俱南,秋俱北,而不同道。夏交于前,冬交于后,而不同理。并行而不相乱。(《春秋繁露·阴阳出入上下》)

阴阳二气在空间的运行变化中,就形成了世界万物,这几乎成为董仲舒前后人们普遍的一种认识,《黄帝内经·素问·阴阳应象大论》说:"阴阳者,天地之道也,万物之纲纪,变化之父母,生杀之本始,神明之府也。"北宋李觏说:"天降阳,地出阴,阴阳合而生五行。"(《删定易图序论一》)董仲舒也认为阴阳运行变化,产生世界万物,其中最基本的便是"五行"(火、金、木、水、土)与"人",也就是天之十端中的六端:

> 天有五行,一曰木,二曰火,三曰土,四曰金,五曰水,木,五行之始也;水,五行之终也;土,五行之中也。此其天次之序也。(《春秋繁露·五行之义》)
>
> 木生火,火生土,土生金,金生水。(《春秋繁露·五行对》)
>
> 为人者天也,人之人本于天,天亦人之曾祖父也。(《春秋繁露·为人者天》)
>
> 天地人,万物之本也。天生之,地养之,人成之。天生之以孝悌,地养之以衣食,人成之以礼乐。三者相为手足,合以成体,不可一无也。(《春

秋繁露·立元神》)

看来天之十端也不是平行的关系，而是有层次的，由天、地产生出阴阳，由阴阳而产生出五行与人，在十端之中，以天地人为本，在五行之中，也有一个"比相生"的次序。而这一切又构成了"天之数"，体现了主宰宇宙的那个至高无上的"天"的意志。"天端"说虽然因创始者主观的推演而逻辑不够严密，但毕竟构建出一个系统的宇宙图式，"照这个图式，宇宙是一个有机的结构；天与地是这个结构的轮廓；五行是这个结构的间架；阴阳是运行于这个间架中的两种势力。"①

董仲舒构建的这个宇宙系统，是传统儒家所不曾建立的，这个宇宙系统倒是与道家、阴阳五行家的宇宙系统有些相似，说明董仲舒确实吸收了道家、阴阳五行家的思维方式。但董仲舒借鉴道家、阴阳五行家的只是宇宙系统论的形式与框架，他利用这一形式与框架，阐发的仍是儒家的人伦道德，如他从阴阳关系推演出阳尊阴卑，借此来说明君尊臣卑，贵德贱刑等伦理；从四时变化中推演出天有意志与感情等；从五行的次序上推演出君臣父子夫妇等主次、等级的人伦关系，从而确立了"三纲"的原则；从人为天之副本引出"天人感应"论来。董仲舒利用道家、阴阳五行家的唯物论的思想资料，进行主观的类比，赋予儒家伦理"天"的神性，从本质上来说，不仅是对道家、阴阳五行家宇宙系统的一种曲解，同时也是对孔孟儒家"罕言天道"传统的一种背弃。但是他以"天"、天地、阴阳、四时、五行、人的天道框架，对传统儒学的体系及内容进行了重构，使重构后的新儒学也具有了形而上的思维特点，具有了同道家与阴阳五行家一样广阔的思维空间，具有了一种同道家与阴阳五行家那样从天道的高度来解释、论证形而下的人道的博大精深的理论体系，这个哲学体系，使儒家伦理学说更加完整与系统化，使儒家的伦理道德的阐发更具理论色彩，重构后的新儒学终于以自己的优势取代了盛兴一时的黄老之学而成为独尊的经学。

---

① 冯友兰:《中国哲学史新编》第三册,人民出版社 1985 年版,第 56 页。

第三节　经学成为治国的主导思想

汉武帝是历史上公认的一代雄主,在他统治的时期,开创了汉代鼎盛的局面,形成中国封建地主社会第一个盛世。汉武帝所展示的雄才大略,首先是从把儒学奉为经学开始的,然后把经学作为治国的指导思想,特别是以通经作为进选人才的标准,尊经、读经、治经遂成时代的风尚。经学大盛,促成国家鼎盛,汉代终于正确地选择到适应自己时代政治、经济的文化,也为中国后世封建社会确定了正统文化。《汉书·武帝纪》中称颂道:

> 汉承百王之弊,高祖拨乱反正,文、景务在养民,至于稽古礼文之事,犹多阙焉。孝武初立,卓然罢黜百家,表章六经。遂畴咨海内,举其俊茂,与之立功。兴太学,修郊祀,改正朔,定历数,协音律,作诗乐,建封禅,礼百神,绍周后,号令文章,焕焉可述。后嗣得遵洪业,而有三代之风。如武帝之雄材大略,不改文、景之恭俭以济斯民,虽《诗》、《书》所称,何有加焉!

汉武帝将儒学改变为经学,并非是简单的"罢黜百家,表章六经",而是在定儒学为独尊的基础上,对传统的儒学进行了重大的改革。

班固认为儒家是"助人君、顺阴阳、明教化者也。游文于六经之中,留意于仁义之际,祖述尧、舜,宪章文、武,宗师仲尼,以重其言,于道最为高。"(《汉书·艺文志》)司马谈认为儒家"以六艺为法。六艺经传以千万数,累世不能通其学,当年不能究其礼,故曰'博而寡要,劳而少功'。若夫列君臣父子之礼,序夫妇长幼之别,虽百家弗能易也。"(《史记·太史公自序》)儒家以孔子为宗,主张"仁义"、"礼乐"、"忠恕"与"中庸"之道,提倡"仁政"、"德治"和"王道",重视道德伦理教育和自我品德修养,基本不谈神鬼天道,孔子曾说:"务民之义,敬鬼神而远之,可谓知矣。"(《论语·雍也》)又说:"未能事人,焉能事鬼?"(《论语·先进》)唯物主义的特色是很鲜明的。至战国时,儒家内部形成八派,最有影响的则是孟子派与荀子派,各派虽都以儒家六部经典为法式,但传释的文本繁多,观念且有不一的地方,缺少系统性,使人穷尽一生都难精通。汉代经学大师董仲舒以儒家仁义为核心,杂以阴阳家的五行说,将天道与人事相比附,进出"天人相与"的理论,认为天有意志,天人相通,借天意使封建统治神圣化,将儒学改造成一个系统的经学体系。董仲舒的这个经学体系,"把这一切精致地纳入天——人阴阳五行宇宙图式中,使之更具神圣的威严和缜密的逻辑力量。他所谓的'天',不仅是单一的人格神、宇宙主宰,而且是一种既定的结构,它遵循一定的顺序,显示出一定的功能。宇宙万事万物,都被固定在天的结构的某个一定位置,在其功能影响下,依特定顺序流转变化,体现出严格的规律性。"①只有系统化的经学才能满足从政治上、经济上进一步强化中央集权制度的需要,才能实现封建大一统的思想统治。

司马谈说儒家"列君臣父子之礼,序夫妇长幼之别,虽百家弗能易也。"讲的是儒家主张君臣、父子、夫妇上下尊卑的支配与服从的关系,由此而扩大至社会所有的人群,每一个人都要依据自己的身份而尽自己的本分,这是基本的社会人伦纲常,人人遵循这一伦理道德,就能构成一个有等级有秩序统一和谐的社会。董仲舒虽未改变儒家的伦理道德原则,但他把君臣、父子、夫妇及一切人的伦理纲常,提升为由天意所决定。他认为天有阴阳,阳尊而阴卑,人伦既由天定,君臣、父子、夫妇的关系也按照阳尊阴卑的逻辑来安排,天道既然定阳尊阴卑、阳主阴从,因而人间也必然依天意而尊君卑臣、尊父卑子、尊夫卑妇,也就是臣从君、子从父、妇从夫,这就是著名的三纲:"君为臣纲,父为子纲,夫为妻纲。"(《礼纬·含文嘉》)董仲舒认为"王道之三纲,可求于天。"(《春秋繁露·基义》)这样就把封建社会最主要的三种伦理关系神学化神圣化了,从而使封建社会人与人之间的关系和应当遵守的行为准则天意化了。为了谐调人与人之间的关系,除强调天意之外,董仲舒还提出一系列伦理道德教条,以保证三纲的落实,他提出"夫仁、谊(义)、礼、知(智)、信五常之道,王者所当修饬也;五者修饬,故受天之晁,而享鬼神之灵,德施于方外,延及群生也。"(《汉书·董仲舒传》)五常,即人所应该具备的仁义礼智信五种常行之德,董仲舒以"三纲五常",构成了经学中伦理学说的完备体系,形成汉代人伦

---

① 冯天瑜、何晓明、周积明:《中华文化史》,上海人民出版社1990年版,第356页。

纲常的核心,也形成了汉代文化的精髓。

秦汉建立中央封建大一统,实行的是在皇帝统治下的官僚制度,选拔与任免官员,就成为治国的关键,因为官员的选拔与任免,直接关系到皇帝能否严格有效地控制中央及地方政权机构,从而实现有效地统治全国人民。秦帝国时期,选拔官员以通晓法令为标准,提升与罢免官员,以官员的功绩与才能为依据,这就是所谓的以吏为师、以法为教与量功授官。汉初,因侯国与郡县并存,选官除量功外,部分高官的子弟因恩荫也可得官。文帝时下诏求贤良方正能直言之士,广开言路,罗网人才。"武帝初即位,征天下举方正贤良文学材力之士,待以不次之位。四方士多上书言得失。"(《汉书·东方朔传》)贤良文学,指有德行才华之人。方正指品行正直不阿之人,二者都首先以德显。汉武帝还废除选官旧制,建立起以察举制为核心的多种选官制度。随着经学定于一尊,选官多以通晓经学为标准。还特别设立经学博士,终汉为止,历朝历代,经学博士官的数量有增无减。从武帝废除列侯拜相制后,汉丞相多由经师大儒来担任。如《汉书·儒林传》载:"及窦太后崩,武安君田蚡为丞相,黜黄老、刑名百家之言,延文学儒者以百数,而公孙弘以治《春秋》为丞相,封侯,天下学士靡然乡风矣。"武帝之后,通晓经学而封侯任相的更为普遍。在汉代察举科目中,举贤良方正是级别最高的,属于天子亲自取士的科目,举孝廉则是经常性的选士科目。各种察举取士都要求德才,而德行又是最看重的,而德行的标准则是儒学提倡的伦理道德,其具体的体现首先就是尊经、习经、信经。不仅如此,在数项察举科目中,还专设"明经"一科,专考经学,精通一门经学者,经过考试合格即可为官,当时有句俗话说:"遗子黄金满籝,不如一经。"(《汉书·韦贤传》)精通经学成为入仕做官的重要条件,实实在在地提高了经学的巨大功利价值,影响到整个社会尊经读经风气的形成,从而促成经学的昌盛。

儒学经学化,也为中央集权制度的建设提供了统一的思想指导。武帝时期,清静无为的黄老思想已不能满足大一统政治、经济快速发展的需要,新的历史形势与新的历史任务,呼唤新的治国思想的出现,这种新思想必须在儒家的大一统思想、仁义思想和君臣伦理观念的基础上,加以改造而形成,这便是经学。武帝继位后,即同意丞相卫绾建议,贬斥法、道、纵横家言论,任用儒生为官,只是喜好黄老思想的窦太后在世,不能畅快地奉行儒术。窦太后死后不久,武帝就召集各地贤良方正文学之士,亲自策问,在此次策问中,儒学大师董仲舒提出罢黜百家独尊儒术的建议,受到武帝的赏识,这一政策作为基本国策在全国推行,儒术于是成为经学,成为封建王朝的统治思想。所以清代经学家皮锡瑞认为:"经学至汉武始昌明,而汉武时之经学最纯正。"(《经学历史》)汉宣帝时,为进一步统一经学,诏萧望之、刘向、韦玄成等一大批儒生,在长安未央宫石渠阁讨论五经异同,这就是历史上有名的石渠阁会议。会议的讲论最后由宣帝亲自裁定,汇集奏议辑成《石渠议奏》,实际就是治国思想大纲。东汉章帝时,经今古文学派门户之见更深,对儒家经典解说不一,章帝仿宣帝作法,召集魏应、淳于恭、班固等儒生于洛阳白虎观,讨论五经异同,进一步明"三纲",正六纪,即端正对诸父、兄弟、族人、诸舅、师长、朋友的尊亲义序等各种关系,会议认为"王者,父天母地,为天之子也",把君为臣纲列于三纲之首。把"三纲六纪"所指的社会关系附会于自然秩序:"三纲法天、地、人,六纪法六合。"(《白虎通义·三纲六纪》)讨论由章帝作裁决,讨论结果由班固纂辑成《白虎通德论》,又称《白虎通义》,作为官方文书颁布,标志着东汉经学进一步神学化,并成为钦定的正式法典。由于经学成为汉代统治思想,官吏多以经学指导政事,如武帝时期的张汤、杜周,主张以《春秋》决狱,有的还以《尚书·禹贡》指导治河,以《尚书·洪范》观察时变,以《诗经》为谏书等,不一而足,经学真正成为立法、执法、理政的理论依据。

第四节 经学成为教化的根本

儒学成为经学,成为官学,成为治国的正统思想,更多地体现在文教政策上,尤其是对社会教化与教育影响更大。教化即政教风化、教育感化,把实施教化视为治国之本,从周代就具有了这种重要的意识。教化可以改变世风,止恶于萌芽之前,这是施行刑法所达不到的效果。《诗经·周南·关雎序》中说:"美教化,移风俗。"《礼记·经解》中说:"故礼之教化也微,其止邪也于未形。"《尚书·周书·周官第二十二》载:

王曰："若昔大猷,制治于未乱,保邦于未危。……立太师、太傅、太保,兹惟三公。论道经邦,燮理阴阳。官不必备,惟其人。少师、少傅、少保,曰三孤。贰公弘化,寅亮天地,弼予一人。冢宰掌邦治,统百官,均四海。司徒掌邦教,敷五典,扰兆民。宗伯掌邦礼,治神人,和上下。……

从成王的告诫中,我们可以看到周代统治者已经意识到教化的巨大作用:可以消除社会动乱于萌芽,安定邦国于危急之前,所以王朝所立诸官,都以弘扬教化为重任。

春秋战国因"礼崩乐坏"而乱,秦帝国因重刑轻教而亡,汉帝国认真总结历史经验,深知教化对于治国的重要性。治国固然不能没有刑法,但刑法只能作为教化的辅助与补充而存在,不能将刑法放在治国的首位,更不能仅靠刑法来维持政权,这是万万靠不住的,这已为亡秦所证实。董仲舒说:"圣人之道,不能独以威势成政,必有教化。故曰:先之以博爱,教以仁也;难得者,君子不贵,教以义也;虽天子必有尊也,教以孝也;必有先也,教以弟也。此威势之不足独恃,而教化之功不大乎?"(《春秋繁露·为人者天》)刘向也说"教化,所恃以为治也;刑法,所以助治也。"(《汉书·礼乐志》)董仲舒甚至把教化视为奉行天、地、人三道之中人道的根本:

明主贤君,必于其信,是故肃慎三本,郊祀致敬,共事祖祢,举显孝悌,表异孝行,所以奉天本也;秉耒躬耕,采桑亲蚕,垦草殖谷,开辟以足衣食,所以奉地本也;立辟雍庠序,修孝悌敬让,明以教化,感以礼乐,所以奉人本也;(《春秋繁露·卷六·立元神第十九》)

汉代的教化除了在社会上广泛宣传儒家的伦理道德外,加强各类、各级学校的经学教育是其实施教化的最重要的方面,通过灌输经学来培养封建社会所需要的人才。王夫之就把学校教育视为封建社会的重大政纲来看待,他说:"封建也,学校也,乡举里选也,三者相扶以行,孤行则踬矣。用今日之才,任今日之事,所损益,可知已。"(《读通鉴论·卷三》)汉代的受教育对象包括社会各阶层,高至君主及皇族,下及平民百姓。汉代设太子太傅、少傅,多选当世名儒来担任,向皇子传授其经学,经学成为最高统治者必备的基本素质。汉代武帝时,采纳董仲舒建议,在京都长安建太学,为全国最高教育机构,武帝所置的博士即为太学的教师,所教博士弟子即太学生,最初太学生不多,至东汉时最多达三万多人。太学以讲授经学为主,设置了《诗》、《书》、《易》、《礼》、《公羊》、《穀梁》、《左传》、《周官》、《尔雅》等经学课程。汉武帝还"令天下郡国皆立学校官"(《汉书·文翁传》),让地方学校担负对更多人的教化任务。古代的地方学校称"庠序",后亦泛称学校。"谨庠序之教,申之以孝弟之义。"(《孟子·梁惠王上》)"立大学以教于国,设庠序以化于邑。"(《汉书·董仲舒传》)汉代地方各类官办学校因所属级别不一,名称也不同。郡国一级叫"学",县、道、邑、侯国一级叫"校",乡一级叫"庠",乡以下一级叫"序"。各类学校不仅将经学作为主要课程,教师多由通经的学者担任,而且还设有专门的经师。《汉书·平帝纪》载:"立官稷及学官:郡国曰学,县、道、邑、侯国曰校,校、学置经师一人;乡曰庠,聚曰序,序、庠置《孝经》师一人。"汉代官方允许由学者自办"私学",私人收徒讲学,教学内容有较大的自主性,但"私学"也以读经为主,没被官方立有学官的古文经学,反在"私学"中得到讲习与传播。"私学"还应该包括蒙学,即儿童早期的启蒙教育,由家中长辈或聘请的家教来施教,除识字、写字、"习其句读"外,《论语》、《孝经》等经书也是必读之书,即使是识字与习字的教材,也无不渗透着经学的思想。

汉代教育之盛,在历史上是负有盛名的,学校成为灌输经学的主要场所,培养封建社会需要的人才,也成为从事礼教活动的中心,班固在《东都赋》中写道:"四海之内,学校如林,庠序盈门,献酬交错,俎豆莘莘,下舞上歌,蹈德咏仁。登降饫宴之礼既毕,因相与嗟叹玄德,谠言弘说,咸含和而吐气,颂曰:盛哉乎斯世!"学校所施行的教化,是为整个社会树立准则与典范,引导全民读经、尊经、守礼,《汉书·食货志上》载:

> 在野曰庐,在邑曰里。五家为邻,五邻为里,四里为族,五族为常,五常为州,五州为乡。乡,万二千五百户也。邻长位下士,自此以上,稍登一级,至乡而为卿也。于是里有序而乡有庠。序以明教,庠则行礼而视化焉。

学校所灌输的经学,不仅成为支配所有学子思想行为的基本准则,也影响着整个社会的移风易俗,从而也支配了整个社会的文化精神生活。

经学对社会文化精神生活的影响,随着经学本身的变化,也有所变化。汉代的"经学"是以研究先秦儒家经典、阐发先秦儒家经典中义理为其存在形式,但经秦"焚书"劫难后,至汉,先秦儒家传世的经典已不完整,又多通过宿儒收徒口耳相传,如传《诗》的有鲁(申公)、齐(辕固生)、韩(韩婴)三家;传《书》的先有济南伏生,后有欧阳氏、大夏侯(胜)、小夏侯(建)三家;传《礼》的有大戴(德)、小戴(圣)、庆普三家;传《易》的有施雠、孟喜、梁丘贺、京房四家;战国时治《春秋》的大师有公羊高与穀梁赤,撰成《公羊传》与《穀梁传》,《公羊传》在汉代经学中影响最大,汉景帝时,传《公羊传》的有公羊高的玄孙公羊寿与齐人胡母生,武帝时则为董仲舒,宣帝时有颜安乐、严彭祖二家,并立传《穀梁传》的瑕丘江公也为博士。汉代宿儒所传经书,用当时通行的隶书著于竹帛,称为今文经。汉武帝立五经博士,全是今文经学者,所谓的"独尊儒术",实际就是独尊今文经。

汉代出现的用秦之前古文字写的儒家经典,或出于孔子故宅的墙壁,或献书于民间,称为古文经。古文经中《易》有《费氏(直)易》,《书》有《古文尚书》,《诗》有《毛诗》,《礼》有《逸礼》和《周官》,《春秋》有《左氏春秋》(左传),因古文经未立学官,故只在民间私学中传播。至西汉哀帝时,刘歆提出为古文经立博士官,遭到今文经博士的坚决反对。王莽摄政,由于其托古改制需要利用古文经,同意刘歆立古文经博士,然至东汉时,古文经博士又被取消,今文经又独占了经学的正宗地位。但是古文经不仅没退出经学领域,而且传播越来越广泛,如东汉的著名学者贾逵、马融等人都精通古文经,贾逵在明帝时,利用统治上层尊信谶纬,与谶纬结合说《左传》,建议立博士学官。章帝时,与今文经学大师李育辩难,再一次挑起今古经之争,扩大了古文经学的影响。马融遍注《周易》、《尚书》、《毛诗》、《论语》、《孝经》等,因《左氏春秋》已有贾逵、郑众两家注,他作《三传异同说》,使古文经学达到成熟的程度。又与刘瓌辩论《公羊》与《左氏》的得失,大大提高了古文经学的地位。他的生徒多达千余人,郑玄、卢植就出其门下。

至东汉末,今古文经之争仍在进行,《公羊》大师何休,作《公羊墨守》、《左氏膏肓》、《穀梁废疾》,宣扬《公羊》大义,贬绌《左氏》、《穀梁》二传。更有《春秋公羊解诂》一书,花费十七年的时间写成,在董仲舒《春秋繁露》的基础上,进一步系统地阐发《春秋》中的"微言大义"。《春秋公羊解诂》为《公羊传》制定凡例,有"三科九旨"之说和"五始、七等、六辅、二类"之义,并提出历史进化的"三世"说。"三科九旨"是对《春秋》微言的概括,即《春秋》书法于三个阶段,内含九种旨意,作为评价、褒贬世事的标准。《公羊传》徐彦疏引何休《春秋文谥例》:"三科九旨者:新周、故宋,以《春秋》当新王,此一科三旨也";"所见异辞,所闻异辞,所传闻异辞,二科六旨也";"内其国而外诸夏,内诸夏而外夷狄,是三科九旨也"。"五始者,元年、春、王、正月、公即位是也;七等者,州、国、氏、人、名、字、子是也;六辅者,公辅天子、卿辅公、大夫辅卿、士辅大夫、京师辅君、诸夏辅京师是也;二类者,人事与灾异也。""三世"说即儒家公羊派以"据乱世"、"升平世"、"太平世"来阐释历史演变的学说,《春秋公羊传解诂》卷一中解释说:"于所传闻之世,见治起于衰乱之中,用心尚粗粝,故内其国而外诸夏,……于所闻之世,见治升平,内诸夏而外夷狄,……至所见之世,著治大平,夷狄进至于爵,天下远近小大若一。"何休将张三世、异内外与大一统思想结合起来,使公羊学更加系统化。

郑玄,与何休同为汉末经学大师,不过郑玄治经不主一家,他能突破师法家法的局限,冲破今古文经学派门户壁垒森严的传统,以古文经为基础,吸收今文经优长,兼采众家之说,遍注群经,自创一家之说。他的经学融合了今古文经学,使今古文经学之争趋于平和,二者并逐渐合流。当时学者正苦于今古文经学家法的繁琐,又见郑玄的学术博大精深,能调和今古文经学的对立,树起治经的新范例,便以其经学为宗,称其学为"郑学",郑玄成了汉代经学的集大成者。《后汉书》本传赞曰:

> 自秦焚《六经》,圣文埃灭。汉兴,诸儒颇修艺文;及东京,学者亦各名家。而守文之徒,滞固所禀,异端纷纭,互相诡激,遂令经有数家,家有数说,章句多者或乃百余万言,学徒劳而少功,后生疑而莫正。郑玄括囊

大典,网罗众家,删裁繁诬,刊改漏失,自是学者略知所归。王父豫章君每
考先儒经训,而长于玄,常以为仲尼之门不能过也。及传授生徒,并专以
郑氏家法云。

今古文经二学派最大的分歧在于对儒家经典认识上的不同,但说到底是
对封建政治的理解不同。古文经学派奉孔子为先师,认为"六经"是孔子整理
的古代史料,所以对经书的研究,以训解古文经籍为特征,偏重于字句、篇章、
中心含意及古代典章制度、人物事件等名物的训诂。今文经学派奉孔子为
"素王",认为孔子删定"六经",立万世不易之大法,为后世帝王特别是汉天子
提供治国之道,所以研究经书的重点是阐发经文中的"微言大义",从而为当
前封建大一统政治服务。今文经学派将孔子视为经学的始祖,实际开创今文
经学的是董仲舒,而集大成者则是何休,何休所著的《春秋公羊解诂》,是今文
经学家们议政的主要理论依据。

由董仲舒开创的今文经学,对先秦儒学作了巨大的改造。董仲舒以儒学
为基础,又采用了阴阳五行灾异说和刑名学说,建立起天人感应的神学体系,
以"三纲五常"来强化君权与大一统,把人间一切,包括社会秩序、人伦道德
等,都归于天意安排。这就为经学神学化、经学与迷信谶纬的结合开了先路。
所以章太炎指出:"燕齐怪迂之士兴于东海,说经者多以至道相揉。……伏生
开源,仲舒衍其流。……谶纬蜂起,怪说布彰,曾不须臾而巫蛊之祸作,则仲舒
为之前导也。"(《太炎文录初稿·别录》卷三)迷信谶纬随着大一统中央集权
的衰微而猖獗,其猖獗的标志就是对经学的神学化、宗教化的改造,用谶纬来
阐释经义,经学的内容便荒诞不经,经学的政治价值与学术价值就大大地打了
折扣,甚至成为谶纬的帮凶,一齐来毒化社会的精神文明。

儒学发展成为经学,这是汉代长期文化探索选择的结果,它标志着中国正
统思想的形成,也标志着中华民族文化核心的形成,经学虽奠定了中国二千多
年封建社会的意识形态的基本格局,但每个朝代,都根据统治的需要,对经学
作适当的改造,两汉经学、魏晋玄学、宋明理学,是中国文化发展史上的三个里
程碑,不管如何发展变化,统治阶级政治统治思想始终没有舍弃儒学。两汉的
经学也如此,随着大一统的兴衰,其内容也发生很大的变化,但经学作为大一

统制度合理的理论说明的职能始终没有变,作为对社会各阶级、各阶层的教化职能始终没有变,作为国家的指导思想的职能始终没有变,经学始终支配着整个社会的文化形态。

第四章 文化的综合与整合

　　中国先秦的文学、史学和哲学具有综合混一的特点,至汉代,文、史、哲仍保留着这一特点,《史记》的产生,标志着这种综合的特点达到异常成熟的程度,甚至可以说其综合的完美高度,像一座巍峨的高峰,令后人只能瞻仰而无法逾越。《史记》之后,文、史、哲渐趋分流,主体文化的主要类型开始独立定型。在同一类型的文化领域,也进行着多种综合,如汉代新兴的赋体文学,则是在《诗经》、《楚辞》及散文综合基础上创新的产物。汉大赋兴盛之后,赋体文学开始向诗化、散文化两极发展,但并不是向源头的回归,而是赋体文学领域的一次分流。

　　战国末期,主体文化已加快了多元整合与多方融合的步伐,百家之学经过争鸣,大同小异者逐渐合并,能吸收融入他家之长的,已形成"显学"或有较大影响的学派。长期并峙的地域文化,也加快交融统一。秦帝国的建立本为主体文化的整合创造了政治、物质的条件,但秦帝国却以中央集权专制的力量,强行禁止这种主体文化的整合,只以法家的刑罚思想为本,"以法为教","以吏为师",严厉打击排斥与此不同的所有学说,使诸子之学几乎濒临窒息的绝境。汉初又恢复了战国末主体文化多元整合与多方融合的状态,主要表现为以儒、道、法为主的诸家整合与以中原北方文化与荆楚南方文化为主的多地域文化的融合,尽管汉初崇尚黄老,武帝之后的长期的独尊儒术,但并没有严重影响主体文化的这种综合与融合。

第一节 多种类型文化的综合

原始社会的文化形态比较单一，原始神话和远古歌谣就是当时人们最原始的意识形态，歌谣作为一种比较单纯的文学形态，自有它独自发展的规律，姑且不论。作为原始神话，它是远古人用来反映了自己的生活、思想感情及对世界的起源、自然现象及社会现象理解的"百科全书"。远古人认识主、客观世界，往往要借助生动的形象与幼稚的想象和幻想，而形象与想象本来就是文学的基本要素。远古时期生产力水平低下，限制了人们的认识水平，不能科学地解释世界的种种变化，但在他们"非客观"的认识背后却包含着那个时代的种种真实历史，神话也蕴含着史学的基本因子。远古人在"讲故事"的形式下表达着对宇宙万事万物存在方式及运行规律的认识，其朴素的思维就是其哲学观的体现。神话尽管形式单一，内容多属"虚枉"，但它就是原始社会的主体文化，一种文、史、哲多元综合的文化。

神话作为原始的文化形态，对后世的文化发展具有深远的影响作用。古希腊人以神话为主要题材，将祖先颂歌、英雄歌谣和抒情牧歌加工发展，形成了鸿篇巨制的史诗，其代表作品就是《荷马史诗》。又以神话为丰富题材，进一步吸收史诗的艺术营养，在颂歌、合唱、民间滑稽戏的基础上进一步演化形成希腊的悲、喜剧。以至后来产生的小说，也无不受到神话的重要影响。希腊古代文化的发展是以其开发神话为前提的。

但是中国古代是一个特例，它在生产力还不发达、社会分工还不细化的情况下，进入封建领主社会，即进入意识形态比较理性的社会。与希腊充分开发利用神话相反，中国从周朝开始，就对古老的华夏神话采取了冷落甚至摒弃的态度，致使大量的古老神话因此而失传。在此基础上，大力发展起历史著作来。中国记史，历史悠久，大致从文字产生便开始了。史官也设置得较早，大部分典籍是由史官完成的，所以但凡是文字记载，都带着"史"的特点。现在我们能看到的最早文字记录——甲骨卜辞，本来属于占卜类文字，但它仍在形式上体现为以时系事的"史"的特点。

现在传世的中国最早的文字记录,都从实用出发,把真实、准确作为书写制作的标准和原则。不论殷墟的甲骨卜辞、商代的铜器铭文以及《尚书》中的夏、商典谟,虽然有迷信神鬼的意识,但本意是主要通过"记事",对社会现象做直观的反映,语言朴实,表述比较确切,表现出"史"的真朴的特征。到了西周,史官所制的簿录、文书、文献,在内容上贯彻"礼"的精神是其一大特征,它们把"礼"作为记"史"的指导思想与灵魂,在真实、准确的基础上又提出了伦理道德的标准——善德,即强调史籍要贯彻封建礼法道德。不论西周铜器铭文中对分封、赏赐的颂扬,还是《尚书·周书》中周公连篇累牍的说教劝善,都体现了这一点。由于重于说教,记言体此时更为成熟了。从记事的角度讲,具有史学的特点;从扬善的角度讲,具有哲学的特点,从直观、形象地记事、颂德的角度讲,又具有文学的特点,所以周代流传下来的"六经"既是史学典籍,又是文学典籍,又是哲学典籍。但形式上又往往体现为"史",所以有人称"六经皆史",史著又取代了神话,成为多元文化的综合体。

历史发展至春秋战国,进入我国重大的社会转型期,社会大动荡,阶级大分化,社会意识形态发生了巨大变化,文化类型也随之发生了变化。首先是以"百国春秋"的形式打破了周天子宫廷王官对记史的垄断,由单一的天子王官记史发展到多元的诸侯国史官记史,史籍由简单的文书、文献向正式史书方向发展。其次是出现了私人著史——孔子编著《春秋》,左丘明编著《左氏春秋》(即《左传》),其后有《战国策》等,新的史著主要以编年的形式,将记言、记事体互相渗透、互相综合,在求真实、讲礼法的基础上注重表述的文采,仍具有多元综合的特点,汉代人仍把孔子的《春秋》、左丘明的《左传》与古代"五经"相提并论,既把它们当史书看,又把它们当阐扬儒家思想的经书看,而实际上,《春秋》与《左传》的综合特点,主要体现在史学与文学结合上,尤其是《左传》。哲学在此时,开始从"史"的母体中独立出来,主要体现为诸子哲理散文的兴起,春秋战国时期的人们找到了一种表述哲理的好形式,但诸子哲理散文仍具有多元综合的特点,它仍有"史"的特点,当然特别突出的是哲学与文学的综合了。

汉代的主体文化仍带有多元文化综合的特点,其最鲜明的标志当推司马迁的巨著《史记》,这是一部集文学、史学、哲学、经济、政治、军事、教育、艺术、天文、民俗、民族等多种文化类型于一体的"百科全书",尤其是其文学与史学的高度完美结合,集中反映了汉代文化的综合特色。

"究天人之际,通古今之变,成一家之言"是司马迁写作《史记》的宗旨与目的,通过展现中华民族的发展过程,求得社会发展的客观规律。在对先秦史传形式吸收、改造的基础上,在对中国历史社会变革特点的深刻认识和全面把握中,它找到了本纪、书、表、世家、列传的形式,首创了以人物为中心的传记新体制,代替了以往史著单纯地以事为纲的旧体制,这种分门别类又互相配合地记述历史的形式,标志着中国结构严密、成系统的历史学从此诞生。《史记》开创了纪传体通史体例,基本确定了我国后世正史纪传的体例。班固《汉书》易通史为断代,之后,各朝都有断代史,都以《汉书》为典范,实际最终都取法于《史记》,《史记》是我国正史之宗。赵翼在《廿二史札记》卷一中说:"司马迁参酌古今,发凡起例,创为全史。……自此例一定,历代作史者遂不能出其范围,信史家之极则也。"

《史记》同时也是一部划时代的文学巨著,从《史记》问世后,中国才算真正具有了传记文学。这种传记新体制以人物形象来反映中国历史的演变,在塑造人物形象方面表现出丰富的创造性。《史记》的传记人物在基本符合历史真实的基础上,作者为了有力地突出了人物形象的本质特征和作者的思想倾向,进行了适当的夸张和虚构,使历史人物典型化,更加增强了艺术的感人魅力。作者还创造和运用了各种有效的艺术技巧与方法,把人物性格刻画得饱满丰厚,把感情揭示得淋漓尽致,把社会生活环境描述得逼真具体。如注重故事情节,以人物的行动带动情节的发展,情节脉络清楚,环环相扣,以某人物生平为主线,用奇妙的穿插,不断地转换人物和场景,使情节跌宕曲折,关合自然,错综交织成庞大的传记结构。传记往往首尾相顾,卒章显志,以"太史公曰"来作结,记叙中有序、有论、有赞,散行中偶尔杂有排偶甚至韵文。重在以简洁明快的笔触描写人物一系列事件,使人物性格在这些事件中逐步展示。人物肖像描写一般只是以简洁的线条白描勾勒,没有西方文学那种冗长的静态描述,但简洁的刻画,便能使传记人物气韵生动,形神兼备。作者对艺术技巧运用得比较娴熟和得心应手,达到了一种比较自由的艺术高度。如能突破编年、记言等体例的限制,从多方面、多层次来展示社会生活,比较熟练地通过社会背景、场面气氛、人物之间社会关系、人物自身的语言、表情、行为、姿态等来表现人物形象。还能根据需要灵活运用各种艺术手法,表现不同的人物形象采取不同的艺术技巧,不拘于常法。就是同一人物在不同时期、不同场合的描述,艺术方法也常有变化,创作方法、艺术思维、形象刻画、语言表达等方面都随着传记人物的变化而各有独到之处。《史记》既可以塑造一系列历史人物形象,又可以表现中国历史演变的过程,还可以表达作者的思想感情。在文学方面,不仅为我国开创了传记文学体例,更重要的是在中国文学发展史上第一次比较自觉、完整地运用典型化艺术方法塑造了各种典型性人物,为我国文学提供了塑造典型人物形象的成功创作经验,把中国散体的叙事写人文学推向一个新高峰。《史记》是文学、史学、哲学、经济、政治、军事、民俗、民族等多种文化综合的结果,尤其标示着文学与史学高度完美综合的极致,同时也自然标示着继这一多种文化综合高峰之后,多种文化由综合开始向各自独立定型的方向发展。

汉赋,这是汉代文学代表性的新型文体,它是多种类型文学整合的结果。班固在《两都赋·序》中说:"赋者,古诗之流也。"认为诗是赋的原体,赋是诗的发展,强调了赋与《诗经》的源流关系。一般人看重赋继承了《诗经》六义中"赋"的表现手法,即在赋中表现出"铺陈"的特点,即对事物进行铺张扬厉地全面细致的描写。其实,赋对《诗经》的继承是全面的,既有表现手法,又有思想内容,也就是说对《诗经》六义皆有所取。特别是继承了《诗经》的"雅颂"精神,并发扬光大,才使赋担负起润色鸿业的时代重任。刘勰在《文心雕龙·诠赋》中说:"赋也者,受命于诗人,拓宇于楚辞。"认为赋脱胎于《诗经》,而在《楚辞》广袤的土地上深深扎根并枝叶繁茂,"楚辞中丰富的想象,绚烂的文采,奇巧的构思,奔放的风格,给赋注入了新鲜的血液和生机,并使赋最终形成了一个定型的文学样式。"①汉赋同时也接受了散文多方面的影响。如《孟

① 迟文浚、许志刚、宋绪连主编:《历代赋辞典》,辽宁人民出版社1992年版,第2页。

子》、《庄子》问答式的篇章结构,给汉赋提供了布局谋篇的格式,在主客问答中极度地铺张夸诞,淋漓尽致地阐述作者的主张、抒发作者的情怀,形成汉赋"遂客主以首引,极声貌以穷文"的特点(《文心雕龙·诠赋》),纵横家比春秋"行人"辞令还"变本加厉"的语言,也极大地影响了汉赋,章学诚在《文史通义·诗教上》中说:

> 战国者,纵横之世也。纵横之学,本于古者行人之官。观春秋之辞命,列国大夫,聘问诸侯,出使专对,盖欲文其言以达旨而已。至战国而抵掌揣摩,腾说以取富贵,其辞敷张而扬厉,变其本而加恢奇焉,不可谓非行人辞命之极也。……京都诸赋,苏、张纵横六国,侈陈形势之遗也。《上林》、《羽猎》,安陵之从田,龙阳之同钓也。《客难》、《解嘲》,屈原之《渔父》、《卜居》,庄周之惠施问难也。韩非《储说》,比事徵偶,《连珠》之所肇也。(前人已有言及之者。)而或以为始于傅毅之徒,(傅玄之言。)非其质矣。孟子问齐王之大欲,历举轻暖肥甘,声音采色,《七林》之所启也;而或以为创之枚乘,忘其祖矣。

刘师培也认为赋是各种文学体裁的综合,正因是一种综合体,以至其体涵混多种文体的特征,他说:

> 赋体既淆,斯包函愈广;故《六经》之体,罔不相兼。贾生《鹏赋》,旨贯天人,入神致用,其言中,其事隐,撷道家之菁英,约儒家之正谊,其原出于《易经》;及孟坚、平子为之,《幽通》、《思玄》,析理精微,精义曲隐,其道杳冥而有常,则《系辞》之遗义也。班固《两都》,诵德铭勋,从雍揄扬,事核理举,颂扬休明,远则相如之《封禅》,(相如《封禅文》亦近赋体,杨雄《剧秦》、班固《典引》皆属此体。)近师子云之《羽猎》,其原出于《书经》,……相如《上林》,枚乘《七发》,聚事征材,恢廓声势,谲而不觚,肆而不衍,其为文也,纵而复反,放佚浮宕,而归于大常,其原出于《春秋》;……及孔臧、司马迁为之,章约句制,切墨中绳,排奡以立体,艰深以隐词,亦古

典之遗型也。①

第二节 主体文化的渐趋独立

继《史记》之后,汉代还有断代纪传体史著《汉书》、《东观汉记》及编年体史著《汉纪》等,体例上虽有所创新,但在文学性上就比不上《史记》了。后来的正史作者不是都缺乏超越《史记》的雄心壮志,无奈由于种种局限,面对《史记》这座文学与史学完美结合的高峰,只能可望而不可及。汉后各朝正史虽沿袭《史记》纪传体,虽然有的正史也有个别生动的传记篇章,但总的说来,文学性却比《史记》甚至比《汉书》逊色多了,《史记》之后,从《汉书》开始,中国正史的文学色彩日趋黯淡,逐渐向"纯史学"的方向发展。汉代的史学既达到史学与文学的高度结合,也开了史学开始摆脱文学渐趋独立的先河。

造成这一重大的中国文化现象,也不仅仅缘于司马迁超群的艺术才思,令后人难以为继,从《史记》之后,正史的编撰受到了当朝封建统治阶级的严格控制,统治阶级为了利用正史来宣扬封建正统观念,在史著中增强了伦理色彩与实用功能,削弱了对现实的批判精神与史家的艺术创新精神,从而也削弱了对史书中的人物个性的刻画。另一个重要原因就是随着史学的不断发展,新的史学意识及著史原则的萌生,文史分野日益成为必然趋势。班固著《汉书》,其史学思想深受其父班彪的影响,班彪是东汉著名的史学家,著有《史记后传》百余篇,并对他之前的史著,尤其是《史记》的写作得失写过一篇评论:

孝武之世,太史令司马迁采《左氏》、《国语》,删《世本》、《战国策》,据楚、汉列国时事,上自黄帝,下讫获麟,作本纪、世家、列传、书、表百三十篇,而十篇缺焉。迁之所记,从汉元至武以绝,则其功也。至于采经摭传,分散百家之事,甚多疏略,不如其本,务欲以多闻广载为功,论议浅而不笃。其论术学,则崇黄老而薄《五经》;序货殖,则轻仁义而羞贫穷;道游

---

① 刘师培《论文杂记·二一》,见《中国中古文学史·论文杂记》,人民文学出版社 1959 年版,第137 页。

侠,则贱守节而贵俗功:此其大敝伤道,所以遇极刑之咎也。然善述序事理,辩而不华,质而不野,文质相称,盖良史之才也。诚令迁依《五经》之法言,同圣人之是非,意亦庶几矣。

　　夫百家之书,犹可法也。若《左氏》、《国语》、《世本》、《战国策》、《楚汉春秋》、《太史公书》,今之所以知古,后之所由观前,圣人之耳目也。司马迁序帝王则曰本纪,公侯传国则曰世家,卿士特起则曰列传。又进项羽、陈涉而黜淮南、衡山,细意委曲,条例不经。若迁之著作,采获古今,贯穿经传,至广博也。一人之精,文重思烦,故其书刊落不尽,尚有盈辞,多不齐一。若序司马相如,举郡县,著其字,至萧、曹、陈平之属,及董仲舒并时之人,不记其字,或县而不郡者,盖不暇也。今此后篇,慎核其事,整齐其文,不为世家,惟纪、传而已。传曰:"杀史见极,平易正直,《春秋》之义也。"(《后汉书·班彪列传》)

班彪评论前史,表现了他的正统的儒家立场与观点,但他对史著体例的改进及提倡著史的谨慎态度,还是值得重视的。这篇史论可算是我国第一个史学史的提纲,也代表着东汉人著史的新观念,他的《史记后传》的写作,便遵循着自己的著史原则,并直接影响了班固著《汉书》,对后世史学家著史也有深远的影响。

　　班固的《汉书》写作体例,基本依从班彪的史学思想与原则,从《汉书》开始就出现了向文学方面偏离而向史学方面靠拢的倾向。司马迁努力使文史完美结合,在二者不可兼得时,有不惜以文害史之处。而班固不强求文史完全合一,在二者不可兼顾时,宁可舍文而求史。从文学角度看,《汉书》不如《史记》,从史学角度来看,《汉书》则对《史记》的体例有所发展。《汉书》史学特点的增强,而文学特点的削弱,正是文史由合趋向分的开始。随着时代的发展,正史逐渐与文学分离,向"纯史学"方面发展,从史学发展的意义上来说,这是一种进步,刘知几在《史通》一书中主张文史易辙,反对以文笔来写史,正反映了中国文史分野的发展趋势。

　　《史记》之后,文史开始各行其道,正史的文学性日趋淡薄,史学性逐渐加强。当然,也有另外一些"史著",它们却向着相反的方向发展,即削弱的不是文学性,而是史学性,它们更多地继承了《史记》传记文学的文学特征,在史学与文学结合的领域中又开辟出一块新的天地,这些"史著"就是汉代的杂史杂传。其代表作有袁康、吴平的《越绝书》、赵晔的《吴越春秋》等。

杂史杂传并不源于正史,也就是说并不源于汉代传记文学。远在先秦,就已产生了杂史杂传类作品,如《穆天子传》、《晏子春秋》等,就在《史记》创作的前期,同时就存在着杂史杂传的创作,如《燕丹子》等,但自从《史记》产生之后,确实又为以后的杂史杂传提供了一系列新的艺术创作经验,大大推动了汉代杂史杂传的发展。当正史文学特征从《汉书》开始日趋衰微时,杂史杂传却保持了汉代历史文学的文学特点,并以自己独特的艺术风采,放射出了耀眼的文学光泽。

杂史杂传的目的不在于修史,而是借助"史"的形式,以异闻逸事来炫耀新奇。汉代的杂史杂传由于淡化了纪实性而增强了虚构与夸饰,从而使其更近于小说而远离了"史",其曲折的故事、奇特的想象、浓郁的抒情,直接孕育了魏晋南北朝的志人、志怪。与汉代传记文学比较起来,汉代杂史杂传对魏晋南北朝志怪及唐代神异传奇小说的影响更为直接一些,可以说,汉代杂史杂传是历史文学向小说过渡的桥梁,中国小说的母体既是文史结合的历史文学,那么中国小说从其产生时就带有"史"的"胎记",就是很自然的现象了。

汉代主体文化既是各种类型文化的高度综合,又是各种类型文化走向独立定型的开始。由传记体文学与纪传体史学高度综合,开始向"纯史学"的正史与"纯文学"的小说二个方面过渡,固然是突出的例证,而汉代其他散文由综合形态向各种类型的文体渐趋独立定型的转化倾向,也体现着各种类型文化由综合开始走向独立定型。汉初的政论散文,直接继承的是先秦诸子散文的传统,体现的是文学与哲学的完美综合。但是越到后来,偏重文学性的散文与偏重哲理性的散文,各自的特点越来越鲜明。司马迁的《报任安书》、杨恽的《报孙会宗书》,抒写心中牢骚不平,偏重抒情。东汉马第伯的《封禅仪记》,主要描写泰山的奇景壮观,偏重写景,偏重抒情写景的散文都向"纯文学"靠拢。而董仲舒的《春秋繁露》、扬雄的《法言》、王充的《论衡》等,体大思精,主要阐述作者的政治观与哲学观,变为较单纯的论经说道的哲学著作。而马融、何休、郑玄的诸经笺注,训诂严谨,考辨精审,标志着我国说明文已成熟。正由于各类文体渐趋独立定型,在马融、何休、郑玄之前的刘向、刘歆,在整理国家收藏的上万卷图书时,已经能把图书按六略三十八种来分类整理。六略分"六艺"、"诸子"、"诗赋"、"兵书"、"数术"、"方技",这是从大类上分,三十八种是六略内小类的总数。"六艺略"含易、书、诗、礼、乐、春秋、论语、孝经、小学九种;"诸子略"含儒、道、阴阳、法、名、墨、纵横、杂、农、小说十种;"诗赋略"含屈原赋之属、陆贾赋之属、孙卿赋之属、杂赋、歌诗五种;"兵书略"含兵权谋、兵形势、兵阴阳、兵技巧四种;"数术略"含天文、历谱、五行、蓍龟、杂占、形法六种;"方技略"含医经、经方、房中、神仙四种。《国语》、《世本》、《战国策》、《楚汉春秋》、《太史公》(《史记》)、《汉大年纪》等史书,归于"春秋"小类中,其图书的分类与后世的分类法有很大不同,分类的称谓也不同,特别是把史书归于"经类",虽说视史书如"经",对史书高度重视,但毕竟史类不属于经类。尽管如此,他们已经初步把文学、史学、哲学区别开来,刘向父子对图书的分类,也说明汉代主体文化由原来的综合形态逐渐向各自独立的方向发展的趋向。

第三节　不同流派文化的整合

在汉代,与文、史、哲由高度综合逐渐分流独立不同,各学派与各地域的多元文化却加快了整合与融合的步伐,当然,这种整合与融合常伴随着多元文化的冲突与斗争,但整合与融合始终是文化的主流,在整合与融合中汉代文化逐渐走向统一。

在春秋战国涌现出来的诸子百家,经过长期的争鸣,在互绌中互补,在互相争辩中又互相吸收,谁善于取他人之长补自己之短,善于整合众家的优点来充实自己,谁就有生存发展的条件。至战国后期,原来的"百家"只剩下儒、道、法三家成为主要影响文化发展的学派,而这三家之间的互相融合仍在进行。如战国后期儒家最著名的代表人物荀子,对道、墨、法、名诸家,甚至于儒家的思孟学派都有批判,著有《非十二子》。同时他的儒学思想中也吸纳了法、道、墨家的思想,如主张礼法兼治,王霸并用,曾说:"礼义者,治之始也"(《荀子·王制》),"法者,治之端也"(《荀子·君道》),"隆礼尊贤而王,重法爱民而霸。"(《荀子·强国》)他肯定道家自然观,认为自然运行是不以人的意志为转移的客观存在:"天行有常,不为尧存,不为桀亡。应之以治则吉,应之以乱则凶。"(《荀子·天论》)经济上,在参照墨家的节用主张基础上,提出自己的"节用"观:"强本而节用,则天不能贫"(同上),"足国之道,节用裕民而善藏其余。"(《荀子·富国》)集法家思想之大成的韩非,与荀子有师承关系,他的法家思想中融合着道、儒的思想,《韩非子》中有《解老》、《喻老》篇,对道家的思想有多方面的肯定,并在《韩非子·难三》中赞扬老子的理论:"老子曰:'以智治国,国之贼也。'其子产之谓矣。"著名的齐国"稷下学宫",汇集了道、法、儒、名、阴阳等百家之学的人物,荀子曾"三为祭酒",稷下学者所产生的一系列学术著作,形成主要的理论倾向,就是以黄老道学为主,同时又融合了各家的思想。稍晚出现的《吕氏春秋》,"以无为为纲纪"(东汉高诱序),网罗百家思想,表现出其全面整合各家思想的"杂家"特点,欲为即将建立的大一统封建帝国提供系统的理论指导。可惜秦帝国没有顺应文化大整合的历史潮流,并用暴力一时中断了这种文化的整合,除了法家思想之外,对其他各家思想采取了残酷的取缔政策,这一错误的文化选择,也是其迅速覆灭的重要原因之一。

汉代吸取了秦帝国以暴灭国的历史教训,对各家思想采取了宽容自由的政策,所以汉初,原被秦帝国几乎窒息的诸子思想又恢复兴旺起来。汉初的统治阶级根据当时恢复社会经济的需求,在道、法、儒三大思想主潮中,选择了以道家学说为主体的黄老之学,以无为而治来恢复经济与安定社会,并取得了预期的社会效果。《汉书·高后纪赞》曰:"孝惠、高后之时,海内得离战国之苦,君臣俱欲无为,故惠帝拱己,高后女主制政,不出房闼,而天下晏然,刑罚罕用,民务稼穑,衣食滋殖。"《汉书·景帝纪赞》曰:"孔子称'斯民,三代之所以直道而行也',信哉!周、秦之敝,罔密文峻,而奸轨不胜。汉兴,扫除烦苛,与民休息。至于孝文,加之以恭俭,孝景遵业,五六十载之间,至于移风易俗,黎民醇厚。周云成、康,汉言文、景,美矣!"汉初实行的黄老之学,本身就是以道家学说为主,又融合了儒家、法家等多家学说,在融合众家之说的基础上并有所创新。后出的巨著《淮南子》(亦称《淮南鸿烈》)及司马谈的《论六家之要指》,体现了黄老之学的融合各家学说的特点。高诱在《淮南鸿烈解序》中指出:

> 淮南王名安,……于是遂与苏飞、李尚、左吴、田由、雷被、毛技、伍被、晋昌等八人及诸儒大山、小山之徒,共讲论道德,总统仁义,而著此书。其旨近老子淡泊无为蹈虚守静,出入经道。言其大也,则焘天载地;说其细也,则沦于无垠。及古今治乱存亡祸福,世间诡异瑰奇之事。其义著,其文富,物事之类无所不载,然其大较归之于道。号曰《鸿烈》,鸿,大也。烈,明也。以为大明道之言也,故夫学者不论《淮南》,则不知大道之深也,是以先贤通儒述作之士,莫不援采以验经传。

作者在《淮南子·要略》中也自称此书"观天地之象,通古今之事,权事而立制,度形而施宜,原道之心,合三王之风,以储与扈冶。玄眇之中,精摇靡览,弃其畛挈,斟其淑静,以统天下,理万物,应变化,通殊类,非循一迹之路,守一隅之指,拘系牵连之物,而不与世推移也。"《淮南子》以道家思想为主,糅合了儒、法、阴阳等家的思想,才建立起弥纶天地、涵盖古今、气势恢弘的体例,对汉初的文化主潮作了全面的概括。

由"文景之治"进入武帝时代,社会形势发生了重大的变化,强盛的国势,促使统治阶级由无为而治转入奋发有为,对外要变消极防御外寇为积极反击,对内要变限制诸侯势力为彻底消除割据隐患,以有为为特征的儒学取代无为为特征的黄老之学,这是时代对文化的又一次正确选择。汉武帝推行"罢黜百家,独尊儒术",目的只是确立儒学在整个文化中的主导地位,并不是取缔百家,独行儒学。事实上也如此,汉王朝提出"罢黜百家,独尊儒术"后,各家学说仍在传播,如著名的道学家严遵(约前73—后17,字君平)以占卜为业,兼授《老子》、《庄子》,尤精《易经》,著《老子指归》,对老子的"道生万物"、"天道自然无为"等问题,进行了深入的阐释,提出了自己的许多新见识,发展了道家的学说。东汉的王充,"受业太学,师事扶风班彪。好博览而不守章句。家贫无书,常游洛阳市肆,阅所卖书,一见辄能诵忆,遂博通众流百家之言。"

（《后汉书·王充王符仲长统列传》）他的《论衡》更是融通百家之学而成,尤其是黄老之学,他自谓"从道不随事,虽违儒家之说,合黄、老之义也。"（《论衡·自然》）

至于法家思想,一直就没有被汉朝统治者所放弃,汉宣帝就曾说:"汉家自有制度,本以霸王道杂之,奈何纯任德教,用周政乎! 且俗儒不达时宜,好是古非今,使人眩于名实,不知所守,何足委任?"（《汉书·元帝纪》）宣帝任用官吏也是不拘一学一派,《汉书·宣帝纪赞》曰:"孝先之治,信赏必罚,综核名实,政事、文学、法理之士咸精其能,至于技巧、工匠、器械,自元、成间鲜能及之,亦足以知吏称其职,民安其业也。"文学之士即指奉行儒家学说的人士。《韩非子·六反》:"学道立方,离法之民也,而世尊之曰文学之士。"法理之士即法士,指崇尚礼法的人士。《荀子·劝学》:"故隆礼,虽未明,法士也。"《东观汉记·张禹传》:"明帝以其明达法理,有张释之风,超迁非次,拜廷尉。"

董仲舒虽提出"抑黜百家"（《汉书·董仲舒传》）,然而他所建立的新儒学,却也融合了百家中的道、法、阴阳五行等多家的思想。他把儒学与阴阳家的阴阳五行思想融合起来,对自然与人事作各种牵强比附,建立起天为主宰、"天人感应"的思想体系。对道家的思想也有吸收。道家学说的核心就是"道",认为道是先于天地而生的宇宙本原,《老子·二十五章》:"有物混成,先天地生,寂兮寥兮,独立而不改,周行而不殆,可以为天下母,吾不知其名,字之曰道。"《易经·系辞》认为事物的对立统一即为"道":"一阴一阳之谓道。"韩非吸收道家的思想而又有改进,认为道是自然的总规律,事物之理的总依据。他说:"道者,万物之所然也,万理之所稽也。理者,成物之文也;道者,万物之所以成也。故曰:'道,理之者也。'"（《韩非子·解老》）董仲舒采纳众家之说,也把"道"视为至高无上,不过,他又把"道"改造成封建伦理道德纲常。提出"道者,所由适于治之路也,仁义礼乐皆其具也。故圣王已没,而子孙长久安宁数百岁,此皆礼乐教化之功也。""道之大原出于天,天不变,道亦不变,是以禹继舜,舜继尧,三圣相受而守一道,亡救弊之政也,故不言其所损益也。由是观之,继治世者其道同,继乱世者其道变。"（《汉书·董仲舒传》）董仲舒认为变道者为乱世,乱世体现为行弊政,弊政又体现为废弃教化而滥施严刑峻法。所以他提出"更化"的观点,主张彻底废除秦王朝专任刑罚而缺少礼乐教化的"弊政",改用三纲五常的封建伦理道德来推行德政。董仲舒虽然提倡德教,但认为刑罚也不能缺少,应德刑并用,才是圣人治世之道,只不过德教与刑罚有个主次、多少的区别。他说:"刑者,德之辅"(《春秋繁露·天辨》),"天出阳为暖以生之,地出阴为清以成之,不暖不生,不清不成,然而计其多少之分,则暖暑居百而清寒居一,德教之与刑罚犹此也。故圣人多其爱而少其严,厚其德而简其刑,以此配天。"(《春秋繁露·基义》)德教本儒学的核心内容,刑罚本法家之学的核心内容,董仲舒能把二者与阴阳五行学说结合起来进行阐述,成为他的系统思想体系的有机部分:

> 阳为德,阴为刑,刑反德而顺于德,亦权之类也,虽曰权,皆在权成。是故阳行于顺,阴行于逆;逆行而顺,顺行而逆者,阴也。是故天以阴为权,以阳为经;阳出而南,阴出而北;经用于盛,权用于末;以此见天之显经隐权,前德而后刑也。故曰:阳,天之德,阴,天之刑也,阳气暖而阴气寒,阳气予而阴气夺,阳气仁而阴气戾,阳气宽而阴气急,阳气爱而阴气恶,阳气生而阴气杀。是故阳常居实位而行于盛,阴常居空位而行于末,天之好仁而近,恶戾之变而远,大德而小刑之意也,先经而后权,贵阳而贱阴也。
>
> (《春秋繁露·阳尊阴卑》)

董仲舒整合各家思想,在整合中又有自己新的创造,建立起一个为大一统中央集权制服务的新儒学,既是儒学发展史上的一个重要里程碑,也是各学派思想文化整合的成功范例,为今后二千多年的中国封建王朝的文化奠定了基础。

第四节 不同地域文化的整合

在不同学派文化加快整合的同时,汉代不同地域的文化也加快了整合的步伐。汉代文化是在传统的华夏文化的基础上,进一步整合大汉疆域各地域的文化,因而变华夏文化为汉文化——适应封建大一统的多民族多元又统一的新型文化。

　　中华民族是一个多民族的共同体,各民族所居住的辽阔的神州大地,有许许多多具有特色的文化区,从很早以前,就形成多元而又有统一性的地域文化,这些地域文化有三个鲜明的特点:一是这些地域各自具有独立性,所以其文化也表现出各自不同的地方特色。二是这些不同的地域与周围的地域经常进行着政治、经济、文化的各种往来,甚至部分人员因婚姻、战争或其他原因,迁入其他地域,形成本地域文化不断地与其他地域的文化互相融合。三是在政治、经济发展的中心地区,很早就形成一个先进的文化体系,令其他地域文化学习与模仿,具有一种示范性,这就是古老的华夏文化。华夏文化起源是很早的,大约从公元前2070年夏王朝建立时,华夏文化就已处于它的漫长发展过程的发轫期,至商周,"商周王朝的统治区域是很辽阔的,在王畿外有诸侯,其周围还附属的大小方国。中原文化经常与周围地区的文化交流融汇,彼此互相影响、互相沟通。……统一性和地域性是一对矛盾。我国的古代文化是居住在中国广大领土上各个民族共同创造的,不同地区、不同部族的人民,其文化处于不停顿的交融过程之中,所以既有显著的地方特色,又有广泛的统一基础。"①

　　华夏文化诞生于夏、商、周三代王畿一带,也就是黄河流域的中原地带,所以有人又称这种文化为中原文化或中国文化。由于这一地域有较先进的社会制度与较发达的生产力,在此基础上产生的文化也较其他地域的文化要先进。当时在中原文化区四周,还有被人称为蛮夷戎狄的诸族文化区,中原文化的先进性主要体现在它属于农耕文化,从周代开始至秦帝国建立前,它又属于封建领主社会的文化,而其他地域的文化主要属游牧文化、山地林耕文化,奴隶社会色彩残存较重。中原文化所具备的先进性,使它对其他地域的文化有一种吸引力、号召力与凝聚力,而中原文化在与其他地域文化的交流中,也在不断地吸收着对方的优长,努力使自己成为全国性的统一的文化。正因为地域文化存在着差别,中原文化成为地域文化的中心,所以古来就存在着"夷夏之辨",孔子曾说"夷狄之有君,不如诸夏之亡也。"(《论语·八佾》)《论语注疏》

　　①　李学勤:《李学勤集》,黑龙江教育出版社1989年版,第36－37页。

正义曰:"此章言中国礼义之盛,而夷狄无也。举夷狄,则戎蛮可知。诸夏,中国也。亡,无也。言夷狄虽有君长而无礼义,中国虽偶无君,若周、召共和之年,而礼义不废,故曰:'夷狄之有君,不如诸夏之亡也。'"至汉代,这种地域文化的差别仍然存在,《汉书·匈奴传》载:

> 故先王度土,中立封畿,分九州,列五服,物土贡,制外内,或修刑政,或昭文德,远近之势异也,是以《春秋》内诸夏而外夷狄。夷狄之人贪而好利,被发左衽,人而兽心,其与中国殊章服,异习俗,饮食不同,言语不通,辟居北垂寒露之野,逐草随畜,射猎为生,隔以山谷,雍以沙幕,天地所以绝外内也。是故圣王禽兽畜之,不与约誓,不就攻伐;约之则费赂而见欺,攻之则劳师而招寇。其地不可耕而食也,其民不可臣而畜也,是以外而不内,疏而不戚,政教不及其人,正朔不加其国;来则惩而御之,去则备而守之。其慕义而贡献,则接之以礼让,羁縻不绝,使曲在彼,盖圣王制御蛮夷之常道也。

孔子与班固在地域文化的比较中,有尊夏卑夷的倾向,但也说明夏夷文化确实存在着先进与落后的巨大反差。汉代地域文化的整合,主要体现为华夏文化对其他地域文化的影响与吸收,从而建立能反映整个封建社会政治、经济的主体性文化——汉文化。华夏文化本身就是一种全国地域文化整合的结果,而汉文化的诞生,标志着在华夏文化基础上更进一步的全国性地域文化的大整合。

汉文化远溯三代文化之源,近接春秋战国文化之流。春秋战国不仅百家争鸣、学派林立,而且地域文化也长期并峙,各具特色。当时存在着四个最具鲜明地域特色的文化:

一是邹鲁文化,鲁国是周公的封地,邹地离鲁不远,春秋时称邾国,战国时为驺,汉置驺县,属鲁国。周公"制礼作乐",是周朝典章制度的总设计师,实际来鲁的侯王是周公儿子伯禽,伯禽把周朝的礼乐制度完整地搬到鲁国。至春秋时期,天下大乱、"礼崩乐坏",以周礼为特征的华夏传统文化在这一地区仍保存得较完整,连道家代表人物庄子也承认《诗》、《书》、《礼》、《乐》者,邹鲁之士、搢绅先生多能明之"(《庄子·天下》),说明华夏文化的中心已由周王畿地区移到鲁国。《左传·昭公二年》记载晋国大臣韩起来鲁国参观典籍,见到《易象》与《鲁春秋》,感慨地说:"周礼尽在鲁矣。吾乃今知周公之德与周之所以为王也。"后又在鲁地出现了孔子与邹地出现了孟子,这两位儒学代表人物,把华夏文化进一步发扬光大,中国从此形成极有影响的儒家文化。

二是荆楚文化,也称楚文化,是产生于长江中游一带的古老文化,"楚文化的主源可推到祝融,楚文化的干流是华夏文化,楚文化的支流是蛮夷文化,三者交汇合流,就成了楚文化了。"[①]与邹鲁文化比,楚文化保留了当地较多的巫文化特点。但到春秋战国时,楚文化与邹鲁文化的融合更加频繁,在楚文化的环境中,产生了道家代表人物老子与庄子,道家学说成为楚文化的显著特点。

三是秦晋文化,属于黄河流域中原文化圈,春秋战国时期,依靠改革,秦、晋(后来分成韩、魏、赵三国)成为强国,秦国大胆使用商鞅、范雎、李斯等法理之士,李悝、申不害、慎到等一大批法家人物就生于或活动于三晋大地,秦晋文化打着深深的法家思想的烙印。

四是燕齐文化,燕国,地接北方草原牧区,受游牧文化影响较大,故多游侠壮士,民风慷慨任侠,战国时苏秦事燕,邹衍曾为燕昭王师,所以燕文化中纵横家、阴阳家的思想更为显著。齐是姜太公吕尚的封地,他"修政,因其俗,简其礼,通商工之业,便鱼盐之利"(《史记·齐太公世家》),依据本国习俗变通周礼,较灵活的政治、经济、文化政策,对后世齐国统治者影响很大,战国时期,学派林立,齐国独能兼容百家,在稷下学宫聚集了儒、道、法、墨、名、阴阳、纵横等不同派别的学者,齐文化体现出众家整合的特点。

除这四个地域文化外,还有长江上游的巴蜀文化,地处西南边陲的西南夷文化,地处黄河以北的辽文化,地处东南的吴越文化,地处五岭以南的岭南文化,以及后来成为大汉属国的西域文化等等,都有各自不同的特点。

五百多年来的春秋战国,虽然各地域的文化在不断地整合,但由于诸侯国

---

① 张正明:《楚文化史》,上海人民出版社 1987 年版,第 26 页。

之间长期对峙,各地域的文化个性特征也更加鲜明了。汉代大一统帝国建立,为建立适应巩固与发展中央集权制度的大一统文化,以前所未有的规模与速度加快了各地域文化的整合。

文化整合有一个特点,就是以某一地域的文化为主干而对众地域文化进行合理吸收,从而形成主体性文化或中心性文化。夏、商、周三代所形成的华夏文化,就是以中原文化为主干的各地域文化整合的结果。秦帝国以秦晋法术文化为政治指导,由于一任于法,对其他文化不是采取整合而是采取排斥与取缔的态度,导致它政治上恃强施暴而最后亡国。汉代文化保持了传统文化整合的特点,汉初以黄老之学为主干,黄老之学虽初为齐国稷下学宫的学者所奉行,但已显示出荆楚道家文化的影响力,黄老之学就是以道家学说为主干,兼容法家、儒家等众家文化的整合体。武帝时以邹鲁盛行的儒学为主干,名义上是"罢黜百家,独尊儒术",实际上是以儒学为主干兼采道、法、阴阳等他家之学,作为自己的政治指导,中国从此便开始了以儒学为主干的对众学的长期采纳整合。这种整合,体现了汉文化的最大特点,这种整合,使华夏文化转化为汉文化,这种整合,使封建社会的中华文化最终定型,儒学成为封建社会中华文化的核心。汉代在以儒学为主干的对众学的整合过程中,相对应的是整个国家各地域文化的大整合(且不谈与域外文化的交流与吸取),在全国性地域文化大整合中,特别重要的是以齐鲁为代表的中原文化与以荆楚为代表的南方文化的整合。

汉初的主导文化为黄老之学,而黄老之学的思想之源在荆楚文化。以齐鲁为代表的中原文化,以儒学思想文化为主干,是华夏文化的继承与发展,在春秋战国成为显学,在武帝及其之后,一直居于汉代文化的主导地位。不论是奉行黄老之学还是奉行儒学,都需要进行文化整合,汉代文化的最大整合主要体现为儒道互补、儒道互融,也就等于最大的融合在于中原文化与荆楚文化的融合。关于在思想领域内的儒道互补、儒道互融,已经讲了不少,这里想以文学领域的整合为例,来说明南北两大地域文化的整合。

荆楚文化发祥于江汉地区,具有中原文化与南方蛮夷文化交融的特点,由于社会制度、经济生产相对落后于中原,社会风俗习惯浓厚地保留着氏族社会的许多特点,文化多受巫文化的影响,而缺少就像中原文化中"礼"的控制。不受礼法束缚的超然态度,奇特的想象力,浓烈的浪漫主义情调,荆楚文学中的这些特点,正体现着文学中所保留着的艺术的原始活力。战国时期,带有艺术原始活力的荆楚文学加速了与带有鲜明理性特色的中原文化的交融,正是南北文化的合流,才产生了中国文学史上第一个伟大诗人屈原。郭杰认为王逸在《楚辞章句·序》中对屈原的评价颇具见识,因为他抓住了二个重要的"关系":"一是着眼于屈原与儒家思想为核心的北方中原文化的关系;二是着眼于屈原与巫教风俗为标志的南方荆楚文化的关系。"①已故著名学者公木也指出:

> 屈原生于战国后期,"诸侯异政"的局面,行近结束,天下归一已成为大势所趋;"百家异说"的风气,还很活跃,理性主义作为一个总的倾向和思潮已深入人心;而独立于荆楚之间,巫风犹盛,原始宗教观念传统还具有活力。这就使着生于斯长于斯的诗人屈原得以把最高的儒家理性精神显象于本能冲动或迷狂信仰的巫术感性形式中,楚骚的冠绝古今,正以其把最为生动鲜艳,只有在原始神话中才能出现的那种无羁而多义的浪漫想象,与最为炽热深沉,只有在理性觉醒时刻才能达到个体人格和情操,最完满地熔化成了有机整体。这就是为什么屈原不仅仅是表征着时尚兴盛的荆楚巫风的楚国诗人,而更尤其是高扬着已臻成熟的华夏文化的中国诗人。②

在汉代,楚文化与中原文化的整合,规模更大范围更广。楚汉相争时,楚歌已为广大地域的人所耳熟能详,并广泛地互相教唱,《史记·高祖本纪》载:"项羽卒闻汉军之楚歌,以为汉尽得楚地,项羽乃败而走,是以兵大败。"汉初,由于统治上层有许多人就来自楚地,楚歌、楚舞竟进入宫廷,上层统治者"为楚歌"、"作楚舞",蔚然成风,《史记·留侯世家》载:"戚夫人泣,上曰:'为我楚舞,我为若楚歌。'"汉代五、七言诗就是在代表中原文化的《诗经》与代表荆

---

① 郭杰:《屈原新论》(增订本),吉林大学出版社 2006 年版,第 3 页。
② 公木:《序》,见郭杰《屈原新论》(增订本),吉林大学出版社 2006 年版,第 1 页。

楚文化的《楚辞》相整合的基础上,不断创造出来的。

标志着大汉帝国文学鲜明特征的汉大赋,更是中原文化与荆楚文化整合的结晶。刘勰在《文心雕龙·诠赋》中说:"赋也者,受命于诗人,拓宇于楚辞。"他看到了赋发展演变过程中的特点:当赋还在发展雏形时,它还属诗的"附庸",还主要体现着"诗六义"中"赋"的特征,随着赋的发展演变,赋不断地吸收着楚辞的特点,在楚辞的疆域内不断地拓展着自己的领域。至汉初,大赋基本成型、定型,从它定型就具备着主要体现着北方诗歌特征的《诗经》与主要体现着南方诗歌特征的《楚辞》的双重特点。在吸取《诗经》特点方面,主要表现为在继承《诗经》兴、观、群、怨的社会功能基础上,确立了自己歌颂与讽喻的两大特征。班固就认为汉赋继承了《诗经》中雅诗与颂诗中的"美刺"精神,他说:"赋者,古诗之流也,……或以抒下情而通讽谕,或以宣上德而尽忠孝,雍容揄扬,著于后嗣,抑亦雅、颂之亚也。"(《两都赋·序》)由于西汉有较长的太平盛世,汉赋中自然出现歌颂多而讽喻少的现象,被后人视为"劝百讽一",或纯为"歌功颂德"或"润色鸿业"之作。

在吸取《楚辞》特点方面,汉赋主要表现在继承《楚辞》瑰丽言辞与浪漫主义的虚构夸张,进而形成自己铺采摛文、驰骋神思、敷演无方的特征。甚至《楚辞》各篇的风格、意蕴、体式等对汉赋都有明显的影响,刘师培在《论文杂记》中指出:

秦、汉之世,赋体渐兴,(《荀子》已有《蚕赋》。)溯其渊源,亦为《楚词》之别派:忧深虑远,《幽通》、《思元》,出于《骚经》者也;《甘泉》、《藉田》,愉容典则,出于《东皇》、《司命》者也;《洛神》、《长门》,其音哀思,出于《湘君》、《湘夫人》者也;《感旧》、《叹逝》,悲怨凄凉,出于《山鬼》、《国殇》者也;《西征》、《北征》,叙事记游,出于《涉江》、《远游》者也;《鹏鸟》、《鹦鹉》,生叹不辰,出于《怀沙》者也;《哀江南赋》,眷怀旧都,出于《哀郢》者也;推之《枯树》出于《橘颂》,《闲居》出于《卜居》,《七发》乃《九辨》之遗,《解嘲》即《渔父》之意;渊源所自,岂可诬乎?①

刘师培所列赋作,除有潘岳、陆机、庾信的外,绝大部分为汉赋,这里有班固的《幽通赋》,张衡的《思玄赋》(刘师培误作《思元》),扬雄的《甘泉赋》、《解嘲赋》,曹植的《洛神赋》、《闲居赋》(潘岳也有《闲居赋》),司马相如的《长门赋》,傅毅的《西征颂》(崔骃有《大将军西征赋》、潘岳有《西征赋》),班彪的《北征赋》,贾谊的《鵩鸟赋》,祢衡的《鹦鹉赋》,枚乘的《七发》,将汉赋与《楚辞》的渊源关系表述得十分细致而深刻。

　　汉赋也从道家庄子、列子,纵横家苏秦、张仪的文章中,学到了虚构主客互相问答的形式,磅礴凌厉的气势,雄肆奇特的夸饰,委婉辛辣的讽刺,敷张扬厉的铺陈,剥肤及髓的辩驳。章学诚说:"古之赋家者流,……假设问对,《庄》、《列》寓言之遗也。恢廓声势,苏、张纵横之体也。"(《校雠通义·汉志诗赋》)汉赋也吸收了散文、民间文艺的诸多特点,它"吸收了《诗经》的句法和美刺精神,吸收了先秦散文布局谋篇的方法和繁词华句,吸收了隐语的遁词隐意、谲譬指事的描写方法,并接受了民间文艺影响而产生的一种新文体。就文体特征上说,赋既不同于《诗经》,也不同于先秦散文,也不同于隐语和楚地民间文艺。它是经过融铸变化的新东西,各种文学影响在赋中留下了自己的痕迹,但赋却与任何一种以前的文学形式不同。……由于来源的多元性,赋在形式上也是多样的。"②

　　汉赋既是各种形态的文学的整合结果,也是各个地域文化整合的结果,它代表了汉代文学的特征,也代表了汉代文化是由各地域文化整合而形成的特点。

　　"总之,汉代是一个文化整合、汇通的伟大时代,这个时代在整合百家思想上确立了儒道互绌与互补的格局;在汇通地域文化上完成了由'江河汇流'而实现的中原理性精神与南方神话艺术传统的比翼双飞。儒与道,'江与河'

　　①　刘师培:《论文杂记·四》,见《中国中古文学史·论文杂记》,人民文学出版社1959年版,第111页。
　　②　曲德来:《汉赋综论》,辽宁人民出版社1993年版,第43-44页。

（即南北），理性与艺术，历史与神话，它们从不同的层面或侧面体现了汉代所形成的多元整合的文化机制。在这种文化机制中，代表北方文化的儒家思想与代表南方文化的道家思想的相绌与互补，深入到文化艺术的各个方面，不仅两汉时代各时期学术思想的发展体现了儒、道绌补的主潮，而且文学与艺术，诗歌与绘画，也都在与儒、道相关的北方理性精神与南方神话艺术传统的整合中发展，……战国时代打破了古代文化的沉寂，思想上进入了一个'冲突期'，两汉时代则在文化上进入了'融合期'，经过战国到秦汉的冲突、融合，中华民族多元文化真正完成了整合。两汉时代多元整合的大一统文化，不仅显示了有容乃大的民族精神，同时体现了中国文化价值的基本取向。"①

---

① 赵明、杨树增、曲德来主编：《两汉大文学史》，吉林大学出版社 1998 年版，第 24 – 25 页。

第五章 开放与创新

汉代文化在中国文化发展史上具有特殊的意义,是它将中国古老的华夏文化转化为汉文化,成为中华民族的多元性与统一性相结合的大一统文化,在此基础上形成了中华民族基本的民族精神、思维方式及行为方式,从而也形成了中华民族的基本标志。汉代文化之所以具备这样伟大的功能,主要靠它的恢弘阔大的开放眼量与敢为天下先的创新胆识。开放,这是从空间方面而言,不仅使自己的文化向更辽阔的外界传播开来,而且还要积极地吸纳外界的各种文化。创新,这是从时间方面而言,不仅使自己的文化尽量地继承以往的历史文化遗产,而且还要创造出适应当前启迪后世的前所未有的新文化。由于汉代文化具备开放与创新这两方面的重要机制,所以才完成了中华文化的重大转型,以新的文化体系,为中华民族文化的继续发展奠定了基础。

第一节 汉文化的传播与吸纳

汉文化是在华夏文化的基础上发展起来的,华夏文化是以中原文化为中心整合其他地域文化而形成的,汉文化继承了这一传统,仍以中原文化为中心,与更广大的地域文化相整合。由于文化中心始终如一,中国文化就具有一种稳定性,这种一以贯之的在稳定中持续发展的民族文化,经过长期的积累,形成强大的传统力量,具有极强的应变能力、再生能力与融合其他地域文化的同化能力,总之一句话,具有极强的生命力。世界上有四大文明古国,都有过辉煌的古代文明、灿烂的古代文化,但其他的文明古国,由于异族的入侵或迁入,受到异族文化的挑战与冲击,其文化便不能延续而中断了。唯独一脉相承的华夏文化与汉文化,却是人类历史上唯一没有中断的文化。在中国历史上,有过少数民族入主中原,建立起少数民族统治的政权,少数民族初期也想用自己地域的文化取代汉文化,然而最终的结果仍是选择汉文化为正统文化,这是不以人的意志为转移的客观规律,因为汉文化具有强大的生命力,它的强大生命力又归根到底是由它的先进性所决定的,而它的先进性就是由于能积极地开放,吸纳外界的各种文化,并能在继承以往的文化遗产基础上积极创新而获得的。

汉文化是开放性的文化,它的开放面向二个方面,一是向国内落后地区的文化传播与渗透,一是向域外其他国家的文化传播与交流。在传播、渗透、交流中同时进行着吸纳与整合,以地域文化与域外文化充实着自己,改造着自己,使自己获得新的生命活力。

向国内落后地区的文化传播与渗透,从华夏文化初成时就开始了,由于各地域文化发展的不平衡,中原文化古来一直处于先进地位,具有极强的示范性,所以文化传播与渗透往往表现为先进的中原文化对落后地区文化的影响与改造。王夫之在《读通鉴论·卷三》中说:

> 中国之形,北阻沙漠,西北界河、湟,西隔大山,南穷炎海,自合浦而北至于碣石,皆海之所环也。形势合,则风气相为嘘吸;风气相为嘘吸,则人之生质相为侪类;生质相为侪类,则性情相属而感以必通。南越固海内之壤也。五岭者,培塿高下之恒也,未能逾夫大行、觳函、剑阁、龟厄之险也。若夫东瓯之接吴、会,闽、越之连余干,尤股掌之相属也。其民鸡犬相闻,田畴相入,市买相易,昏姻相通,而画之以为化外,则生类之性睽,而天地之气阅矣。孟子曰:"吾闻用夏变夷者。"

汉代对落后地区的文化传播与渗透,也基本遵循了这一原则。中国的文化发展至汉代,一些原属落后地域性的文化已融入汉文化体系,所谓落后地区的文化,主要指当时的匈奴文化、乌桓、鲜卑文化、百越、蛮族文化、西南夷文化与羌、氐族文化。汉王朝从大一统政治、经济需要出发,对这些地区采取了经济交换、政治安抚、统治上层的联姻和亲,甚至通过战争等诸多举措,不论是和平的交往,还是残酷的战争方式,最终的客观结果造成了内地与这些地区的经济交往、文化的融合,促进了双方的互相发展;造成了汉王朝所尊崇的儒学在边远地区的广泛传播,儒家经书同样成为边远地区教化的范本。《读通鉴论·卷三》描述说:"武帝平瓯、闽,开南越,于今为文教之郡邑。"汉王朝对落后地区的文化传播与渗透,使汉文化在边远地区逐渐推广,为多民族大一统帝制的确立奠定了思想文化基础。当然,在向落后地区传播文化的同时,也向这些地区传入了先进的礼仪制度、先进的农业及手工业生产技术、各种内地的物产,影响了这些地区经济、政治、文化的发展。同时也把这些地区特有的物质文明与精神文明加以吸收,充实、改变着汉代的经济、政治与文化。

这里特别提一下汉与西域的文化交流。汉代所谓的西域,指玉门关和阳关以西即今新疆乃至更远的地方。在今新疆一带分布着大小不等的三十六国,西汉初年,匈奴征服了这些国家,置"僮仆都尉",匈奴残暴的民族压迫,激起西域诸国的不满,汉武帝为了联络西域国共同对付匈奴,派遣张骞出使西域。张骞在西域长达十几年,中途还被匈奴长期扣留,历尽各种艰难,传播了汉王朝的声威,了解了匈奴和西域的地理、民俗、经济、军事、物产等情况,司马迁在《史记·大宛列传》中称张骞的出使西域为"凿空",意思是从张骞开始,开通了西域之道,西域从此与内地联为一体。张骞回国后,汉王朝根据他的报告,派军击败了匈奴,打通了通往西域的道路,张骞再次出使西域,西域同内地的经济、文化交往日益密切。汉宣帝时,汉在西域设立都护府,西域诸国与汉朝的臣属关系从此完全确定,西域正式纳入汉帝国版图,这在中国历史上具有非常深远的意义,作为华夏文化,或称汉文化也可,第一次传播到遥远的西域,大大改变了西域文化的格局,促进了西域经济、政治、文化的发展,同时西域的音乐、舞蹈及农牧特产也传入内地,大大促进了汉代经济、文化的发展,华夏文化、汉文化获得了更大的发展空间。

当时汉人的概念中,西域还包括与今新疆相邻的中亚、西亚诸国,甚至还包括今印度。和这些国家的来往,主要靠的是陆地丝绸之路与海上丝绸之路。陆地丝绸之路东起长安,西行上陇坂,经过河西走廊,出玉门关或阳关,分为南、北二道,《汉书·西域传》载:"自玉门、阳关出西域,有两道:从鄯善傍南山北波河,西行至莎车,为南道;南道西逾葱岭,则出大月氏、安息,自车师前王庭随北山波河,西行至疏勒,为北道;北道西逾葱岭,则出大宛、康居、奄蔡、焉耆。西域诸国大率土著,有城郭田畜,与匈奴乌孙异俗。"葱岭,旧对帕米尔高原和昆仑山、喀喇昆仑山脉西部诸山的总称。大月氏,今阿富汗东北部一带。安息,今伊朗。大宛,今中亚费尔干纳盆地。康居,今哈萨克斯坦境内的巴尔喀什湖与咸海之间。奄蔡,今哈萨克斯坦与乌兹别克斯坦之间的咸海北。焉耆,今仍属新疆。经安息,则西通犁轩(即大秦,今罗马)经大月氏则南入身毒(今印度,东汉人称为天竺)。

海上丝绸之路,指由汉王朝多处口岸通向南海、南洋、印度洋的航海路线。这条海上丝绸之路在汉时已开通,《汉书·地理志下》载:

> 自日南障塞、徐闻、合浦船行可五月,有都元国,又船行可四月,有邑卢没国;又船行可二十余日,有谌离国;步行可十余日,有夫甘都卢国。自夫甘都卢国船行可二月余,有黄支国,民俗略与珠厓相类。其州广大,户口多,多异物,自武帝以来皆献见。有译长,属黄门,与应募者俱入海市明珠、璧流离、奇石异物,赍黄金,杂缯而往。所至国皆禀食为耦,蛮夷贾船,转送致之。亦利交易,剽杀人。又苦逢风波溺死,不者数年来还。大珠至围二寸以下。平帝元始中,王莽辅政,欲耀威德,厚遗黄支王,令遣使献生犀牛。自黄支船行可八月,到皮宗;船行可二月,到日南、象林界云。黄支之南,有已程不国,汉之译使自此还矣。

日南障塞,即日南边塞,属汉,今为越南岘港。都元国,今越南南圻一带。邑卢没国,今泰国华富里。谌离国,指暹罗古都佛统。夫甘都卢国,今缅甸蒲甘地区,与下缅甸直来人居地,包括萨尔温江入海处和仰光一带。已程不国,今斯里兰卡。皮宗,今印尼苏门答腊岛西北部一带。班固所说的黄支国,在今印度东岸建志补罗,出海口为马德拉斯。通过海上丝绸之路亦可达大秦(罗马帝国)。海上丝绸之路又沟通了汉王朝与东南亚、印度的交往。

陆地丝绸之路与海上丝绸之路因有大量的纺织品从汉帝国输往世界各国,故有此称,然而汉帝国向中亚、西亚、东南亚、印度输入的物品丰富得很,而且还有先进的生产技术和优秀的汉文化。西域与南洋各国,也不仅仅向汉输入"珍奇异物",他们各具特色的民族文化也不断地传入汉国。在众多的国家之中,印度文化的传入尤为显著。印度是古代亚洲古老文明发祥地之一,盛行的宗教为佛教,汉人称之为"浮屠"或"浮图",由释迦牟尼在公元前六至五世纪创立,故又简称释教。佛教初经西域传入大汉,哀帝元寿元年(公元前2年),长安博士弟子景卢从大月氏王的使者伊存,听他口授佛经,这是佛教传播于汉的开始。东汉时,佛教已引起汉王朝统治上层的高度重视,《后汉书·西域传》载:

> 世传明帝梦见金人,长大,顶有光明,以问群臣。或曰:"西方有神,名曰佛,其形长丈六尺而黄金色。"帝于是遣使天竺,问佛道法,遂于中国图画形象焉。楚王英始信其术,中国因此颇有奉其道者。后桓帝好神,数祀浮图、老子,百姓稍有奉者,后遂转盛。

汉明帝派遣蔡愔、秦景等十八人到印度求佛经,至大月氏,遇迦叶摩腾、竺法兰两位法师,迎他们回洛阳,在洛阳修建了中国第一个佛教寺院白马寺,这是以国家的名义迎佛入中土的开始。明帝的兄弟楚王刘英正式供奉佛陀,"学为浮屠斋戒祭祀","尚浮屠之仁祠"。(《后汉书·光武十王列传》)桓帝还在"宫中立黄、老、浮屠之祠"。(《后汉书·郎颛襄楷列传》)东汉末,佛教已在民间广泛传播,《后汉书·刘虞公孙瓒陶谦列传》载:

> 初,同郡人笮融,聚众数百,往依于谦,谦使督广陵、下邳、彭城运粮。遂断三郡委输,大起浮屠寺。上累金盘,下为重楼,又堂阁周回,可容三千许人,作黄金涂像,衣以锦彩。每浴佛,辄多设饮饭,布席于路,其有就食及观者且万余人。

汉王朝不仅加速了境内各地域文化的交流与融合,而且开通陆地丝绸之路与海上丝绸之路,把开拓的眼光扩大至世界范围,要与世界各国进行交流与融合。它积极地引进而不是排斥他国的文化,尤其是主动引进印度的佛教,这种有容乃大的开放精神,只有汉文化才具备这种态度与气魄。因为它具有强大的生命力,大胆开放,吸纳外来文化,只能为自己的文化增添新的生命活力,而不会是被外来文化所替代。

第二节 汉文化的继承与创新

文化上的开放,是一个民族文化具有强大生命力的表现,文化传播与文化吸纳是双向交流的,在传播中,同时又可以吸收不同地域、不同民族、不同国家的优秀文化,如吸纳百川汇成大海一样,开放使原有的民族文化融入了更多的"新鲜血液",开放是使民族文化更加丰富多彩更加充满活力之所在。而在继承基础上的创新,更是文化不断发展最后走向辉煌的强大动力。没有对前人传统的突破的勇气,没有敢于开拓创新精神,没有自己新的建树,就等于丧失了文化发展的生命力。推陈出新,超越前人,是一个民族文化兴旺发达的关键。

秦汉中央集权大一统社会的建立,本身就是破天荒的伟大创举,在如此伟大的除旧布新的变革时代中,秦汉时代的人们比以往任何时代的人们更具强烈的创新意识。秦统一天下后,众臣们都认为秦始皇开拓之功高于五帝:"昔者五帝地方千里,其外侯服夷服,诸侯或朝或否,天子不能制。今陛下兴义兵,诛残贼,平定天下,海内为郡县,法令由一统,自上古以来未尝有,五帝所不及。"并立石刻,颂扬说:"普天之下,抟心揖志。器械一量,同书文字。……黔首安宁,不用兵革。六亲相保,终无寇贼。欢欣奉教,尽知法式。六合之内,皇帝之土。西涉流沙,南尽北户。东有东海,北过大夏。人迹所至,无不臣者。功盖五帝,泽及牛马。"(均见《史记·秦始皇本纪》)秦始皇的手下自然对皇上唯恐赞颂不及,但秦始皇确实也是一位大有作为、开创新时代的千古一帝。他废封建立郡县,建立起一套全新的适应大一统需要的国家权力机构,制定了一系列适应大一统需要的新制度,如法律、兵制、及统一文字、货币、度量衡等,以亘古未有的勇气与胆识,创立了大一统封建政治、经济的体制,成为二千多年中国历代封建社会遵循的模式。秦始皇志在超越五帝,开创千古未有的新事业,建立不世之功的精神,直接影响了秦汉二代的人们。

汉武帝就是在这种精神哺育下成长起来的一位很有作为的封建政治家。

当能控制他的窦太后一死,他便迫不及待地提擢重用主张积极有为的儒生,委以大任。并令公卿、郡国举茂才、贤良方正、文学等,依靠这些人才来推行政治、经济、军事、文化上的一系列新举措,改革旧制度,立志要开创出一个前所未有的"盛世"。其开拓创新、好大喜功的精神,与秦始皇相仿佛。如他下诏说:

> 朕闻昔在唐、虞,画像而民不犯,日月所烛,莫不率俾。周之成、康,刑错不用,德及鸟兽,教通四海,海外肃慎,北发渠搜,氐羌徕服;星辰不孛,日月不蚀,山陵不崩,川谷不塞;麟、凤在郊薮,河、洛出图书。呜乎,何施而臻此与! 今朕获奉宗庙,夙兴以求,夜寐以思,若涉渊水,未知所济。猗与伟与! 何行而可以章先帝之洪业休德,上参尧、舜,下配三王! (《汉书·武帝纪》)

语虽谦和,然"上参尧、舜,下配三王"的雄心壮志昭然可见。汉武帝不满足于守成,他要改变前辈的无为政策为积极有为,他要既承秦制又要避免秦政的弊端,创立一个远比秦始皇所开创的事业更为伟大的事业,即创建中国封建社会第一个盛世。元封元年(前110),他举行封禅大典,太初元年(前104)他颁令改制,改汉得土德,礼服旌旗尚黄色,数用五,定官名,协韵律,废止传统的《颛顼历》,采用新制定的《太初历》,以正月为岁首,一切表明汉武帝也想开创一个前所未有的新时代。在武帝意识中,天下没有不可为之事,没有不可立之功,而事实上,汉武帝一系列的改革开拓,基本上达到了自己的预想目的。他因事业的成功而有一种难以遏止的必胜信念,而充满豪情的自信又推动了他的新开拓,汉武帝生气勃勃的开拓创新精神是汉代人精神面貌的写照。

　　比较起来,汉武帝在政治上、经济上的开创之功并没有超过秦始皇,尽管他建立了一个远比秦帝国强大的汉帝国。然而他在创立适应大一统的封建文化方面,是包括秦始皇在内的任何前人都无法与其比拟的。从这个角度讲,他也可以被称之为"一位大有作为、开创新时代的千古一帝"。是他以皇帝的权威,确立了儒家学说在大一统文化中的核心地位,确定了封建大一统文化的基本性质与价值取向。班固赞颂道:

汉承百王之弊,高祖拨乱反正,文、景务在养民,至于稽古礼文之事,犹多阙焉。孝武初立,卓然罢黜百家,表章六经。遂畴咨海内,举其俊茂,与之立功。兴太学,修郊祀,改正朔,定历数,协音律,作诗乐,建封禅,礼百神,绍周后,号令文章,焕焉可述。后嗣得遵洪业,而有三代之风。如武帝之雄材大略,不改文、景之恭俭以济斯民,虽《诗》、《书》所称,何有加焉!(《汉书·武帝纪》)

汉武帝开拓创新的精神,是时代的产物,同时也影响着当代甚至后世的人们,人们虽然出身各异,经历不同,又各有所从事的事业,或政治或经济或军事或学术或技艺,等等,但奋发有为、建功立业成为每个人的共同人生追求,大家都想在自己的事业上卓有建树,甚至把有无功成名就作为衡量一个人生命价值的标准。司马迁说:"人固有一死,或重于泰山,或轻于鸿毛,用之所趋异也。"(《报任安书》)他的话道出了那个时代进取的人们的心声。司马迁本人,所念念不忘的就是"恨私心有所不尽,鄙陋没世而文采不表于后世也"。(同上)一个人来到世上毫无建树,活着就毫无意义。有这样一个大有作为的时代气氛的熏陶,在这个充满创新精神的时代感召下,汉代可谓奇才济济,英雄辈出。正如班固在《汉书·公孙弘卜式儿宽传》赞中所说:

汉兴六十余载,海内艾安,府库充实,而四夷未宾,制度多阙。上方欲用文武,求之如弗及,始以蒲轮迎枚生,见主父而叹息。群士慕向,异人并出。卜式拔于刍牧,弘羊擢于贾竖,卫青奋于奴仆,日磾出于降虏,斯亦曩时版筑饭牛之朋已。汉之得人,于兹为盛,儒雅则公孙弘、董仲舒、儿宽,笃行则石建、石庆,质直则汲黯、卜式,推贤则韩安国、郑当时,定令则赵禹、张汤,文章则司马迁、相如,滑稽则东方朔、枚皋,应对则严助、朱买臣,历数则唐都、洛下闳,协律则李延年,运筹则桑弘羊,奉使则张骞、苏武,将率则卫青、霍去病,受遗则霍光、金日磾,其余不可胜纪。是以兴造功业,制度遗文,后世莫及。孝宣承统,纂修洪业,亦讲论六艺,招选茂异,而萧望之、梁丘贺、夏侯胜、韦玄成、严彭祖、尹更始以儒术进,刘向、王褒以文章显,将相则张安世、赵充国、魏相、丙吉、于定国、杜延年,治民则黄霸、王

成、龚遂、郑弘、召信臣、韩延寿、尹翁归、赵广汉、严延年、张敞之属,皆有
功迹见述于世。参其名臣,亦其次也。

在这些杰出的人才中,那些具体从事文化事业的人,则以自己的创新意识与创
作实践,更具体而充分地体现了汉代超越前人的伟大创新精神。

如司马迁以孔子的继承人自负,大胆地担负起孔子之后中断了的著史事
业,决心写出第二部《春秋》,即《史记》来,于是他"罔罗天下放失旧闻,王迹所
兴,原始察终,见盛观衰,论考之行事,略推三代,录秦汉,上记轩辕,下至于兹,
著十二本纪,既科条之矣。并时异世,年差不明,作十表。礼乐损益,律历改
易,兵权山川鬼神,天人之际,承敝通变,作八书。二十八宿环北辰,三十辐共
一毂,运行无穷,辅拂股肱之臣配焉,忠信行道,以奉主上,作三十世家。扶义
俶傥,不令己失时,立功名于天下,作七十列传。凡百三十篇,五十二万六千五
百字,为太史公书。序略,以拾遗补艺,成一家之言,厥协六经异传,整齐百家
杂语,藏之名山,副在京师,俟后世圣人君子。"(《史记·太史公自序》)以雄视
百代,探索宇宙奥秘,梳理古今发展规律的博大学术襟怀,开创了中国封建社
会史学及文学的第一个"盛世","使百代而下,史官不能易其法,学者不能舍
其书"(郑樵《通志·叙》),千百年来无出其右者。

比司马迁晚生一个半世纪的班固,看到了中国历史上第一个强大的封建
地主阶级中央集权制国家西汉走完了它230多年完整的历程,在他看来,这是
一个得天统、承尧运、功高德厚的伟大时代,继续用补续《史记》的方式,已经
不足以表彰汉家的功业。而且当他用新的封建正统思想来衡量《史记》时,就
发现《史记》存在着严重的"弊端",这就是:"是非颇缪于圣人,论大道则先黄、
老而后六经,序游侠则退处士而进奸雄,述货殖则崇势利而羞贱贫"(《汉书·
司马迁传》),"至于采经撷传,分散百家之事,甚多疏略,不如其本,务欲以多
闻广载为功,论议浅而不笃。"(范晔《后汉书·班彪列传》)针对《史记》的"缺
点",以超越司马迁纪传体通史的雄心,班固决心要编撰一部纪、表、志、传起
讫完具的断代体汉史,这在当时是具有史学创新意义的伟业。班固没有开创
纪传体之功,但他却以断代史的开创者而自居,他要以断代史之长来补《史
记》通史之短,要以在断代史的某些方面的成就来表达自己在史学领域有所

进取与建树的意图。

汉代自信为孔子继承者的还有董仲舒。汉武帝时,汉帝国发展到鼎盛阶段,历史必然要求除旧布新,来适应这一时代的巨变。董仲舒顺应了历史发展的潮流,大胆提出"更化"的主张,他说:"今汉继秦之后,如朽木、粪墙矣,虽欲善治之,亡可奈何。法出而奸生,令下而诈起,如以汤止沸,抱薪救火,愈甚亡益也。窃譬之琴瑟不调,甚者必解而更张之,乃可鼓也;为政而不行,甚者必变而更化之,乃可理也。当更张而不更张,虽有良工不能善调也;当更化而不更化,虽有大贤不能善治也。故汉得天下以来,常欲善治而至今不可善治者,失之于当更化而不更化也。"(《汉书·董仲舒传》)董仲舒"更化"思想的核心,不仅要废除暴秦的严刑峻法,更要结束汉初无为的时代,他要建立一种新的思想体系,来适应盛世的要求,这套思想体系就是以《春秋》公羊学大一统观为核心的封建政治学说,董仲舒为巩固大一统的封建集权统治提供了系统的思想理论,其对社会的巨大的贡献,在西汉时就有人给予了高度的评价,刘向称:"董仲舒有王佐之材,虽伊、吕亡以加,管、晏之属,伯者之佐,殆不及也。"(《汉书·董仲舒传》)

董仲舒所创立的新儒学,至西汉末期,经过长期的经学化与谶纬化,内容变得空疏而荒诞,生活于当时的大学问家扬雄,"见诸子各以其知舛驰,大氐诋訾圣人,即为怪迂。析辩诡辞,以挠世事,虽小辩,终破大道而或众,使溺于所闻而不自知其非也。""及莽篡位,谈说之士用符命称功德获封爵者甚众",于是他以大无畏的反潮流的勇气,奋力扭转这种强大的颓势与世风,真有"障百川而东之,回狂澜于既倒"的气概。(韩愈《进学解》)他的具体做法就是系统地重新创制儒家的文化体系,来抗衡谶纬化的经学,他"以为经莫大于《易》,故作《太玄》;传莫大于《论语》,作《法言》;史篇莫善于《仓颉》,作《训纂》;箴莫善于《虞箴》,作《州箴》;赋莫深于《离骚》,反而广之;辞莫丽于相如,作四赋;皆斟酌其本,相与放依而驰骋云。"汉人治学,常以释经来表述自己的观点,这已形成一个传统,独有扬雄敢于置原有的经典而不顾,另起炉灶,另搞一套,确实是"冒天下之大不韪",当时"诸儒或讥以为雄非圣人而作经,犹春秋吴楚之君僭号称王,盖诛绝之罪也"。"唯刘歆及范逡敬焉,而桓谭以为绝伦"。刘歆是古文经学的代表,桓谭是反谶纬的勇士,他们敬重、称赞扬雄,说明扬雄的著作具有鲜明的反对经学神秘化的特点。班固说扬雄"好古而乐道,其意欲求文章成名于后世"(以上所引均见《汉书·扬雄传》),实在是轻描淡写了,在谶风漫天的年代,扬雄是一位敢于力挽狂澜的思想家。

在反谶纬迷信的斗争中,王充是个汉代最卓越的思想家,他之所以卓越,是因他能跳出经学的圈子,以唯物主义的元气自然论给谶纬迷信以致命一击。在儒学作为国家正统思想的当时,王充竟敢公开宣布自己的著作"虽违儒家之说,合黄老之义"(《论衡·自然》),实是难能可贵。他著有《论衡》、《政务》等书,其中《论衡·对作》篇阐明了著书的宗旨:

> 是故《论衡》之造也,起众书并失实,虚妄之言胜真美也。故虚妄之语不黜,则华文不见息;华文放流,则实事不见用。故《论衡》者,所以铨轻重之言,立真伪之平,非苟调文饰辞,为奇伟之观也。其本皆起人间有非,故尽思极心,以讥世俗。……故为《论衡》。文露而旨直,辞奸而情实。其《政务》言治民之道。《论衡》诸篇,实俗间之凡人所能见,与彼作者无以异也。若夫九《虚》、三《增》、《论死》、《订鬼》,世俗所久惑,人所不能觉也。人君遭弊,改教于上;人臣愚惑,作论于下。下实得,则上教从矣。冀悟迷惑之心,使知虚实之分。实虚之分定,而华伪之文灭。华伪之文灭,则纯诚之化日以孳矣。

王充的著作贯彻着朴素的唯物主义思想与实事求是的精神,不仅对当时的"天人感应"、谶纬迷信给予了彻底的批判,并且对孔子、孟子和儒家经典也敢提出怀疑与批判,在"圣人"与"圣贤言行"面前,敢于提出有效、有验、问难、存真的原则,如他提出:"凡学问之法,不为无才,难于距师,核道实义,证定是非也。问难之道,非必对圣人及生时也。世之解说说人者,非必须圣人教告,乃敢言也。苟有不晓解之问,追难孔子,何伤于义?诚有传圣业之知,伐孔子之说,何逆于理?"(《论衡·问孔》)反对俗儒把孔子、孟子及孔孟之道神圣化、偶像化,这种反传统的开创新学的精神,使他在汉代哲学领域高举起了鲜明的唯物主义的大旗。

破旧学立新学是一种创新,融汇各学也是一种创新,这种创新特点鲜明地体现在郑玄身上。郑玄曾入太学学今文《易》和公羊学,又从张恭祖、马融学《古文尚书》、《周礼》、《左传》等古文经,在精研今古文经学的基础上,以古文经为主,吸收今文经学,兼采众家之说,遍注群经,化不同为同,融合众家成一家,新创集汉代经学之大成的"郑学"。《后汉书》郑玄传《论》曰:

> 自秦焚《六经》,圣文埃灭。汉兴,诸儒颇修艺文;及东京,学者亦各名家。而守文之徒,滞固所禀,异端纷纭,互相诡激,遂令经有数家,家有数说,章句多者或乃百余万言,学徒劳而少功,后生疑而莫正。郑玄括囊大典,网罗众家,删裁繁诬,刊改漏失,自是学者略知所归。

"郑学"基本结束了长期以来古文经学派与今文经学派之争,使学经者有所归依,后世倡导的"汉学",实以"郑学"为宗,"郑学"对经学的发展做出了巨大的贡献。

在文学领域,更是创新的硕果累累,汉代政论文、传记文、五、七言诗、辞赋、雏形的戏剧与小说,都是汉人创新的结果。以最能代表汉文学特征的汉大赋为例,它以宏大的结构,磅礴的气势,驰骋的文采,恣肆的笔调,铺排的辞藻,描写了汉帝国的壮丽山河,繁华的城市、豪华的宫殿,隆重的祭祀,壮观的巡游,紧张的射猎,热闹的饮宴,高超的演艺,等等,汉代社会的方方面面无所不有地展示出来,汉大赋这种艺术功能,是除了史著之外的其他任何文学形式都无法胜任的。汉大赋就是在以往诗歌、楚辞、散文的基础上,进行整合而创制出来的新的文学样式。

提到汉大赋自然会想到它的代表人物司马相如。司马相如也是一位雄心勃勃志在建功立业的豪杰,《史记·司马相如列传》载:"司马相如者,蜀郡成都人也,字长卿。少时好读书,学击剑,故其亲名之曰犬子。相如既学,慕蔺相如之为人,更名相如。"蔺相如者,战国时赵国的大臣,敢于向强秦抗争,使"完璧归赵",维护了赵国的尊严。司马相如钦慕蔺相如的为人,可见他心存欲干一番惊天动地大事业的志向,然而他生于治世而非乱世,只好把自己的志向转向辞赋事业。正因为他心存大志,具有经天纬地的胸襟,才提出如此的作赋之法:"合纂组以成文,列锦绣而为质,一经一纬,一宫一商,此赋之迹也。赋家之心,苞括宇宙,总览人物,斯乃得之于内,不可得而传。"(葛洪《西京杂记》卷二引)赋体由文、质二部分组成,司马相如强调至极的铺陈,华丽的文辞,固然有唯美的倾向,但这与国家繁荣昌盛、欣欣向荣的气象与作者歌功颂德的"宣汉"意图是一致的。至于所谓的"赋家之心,苞括宇宙,总览人物",则是道出汉代赋家在大有作为的时代精神影响下的艺术审美的追求。这就是以博大为美,在艺术天地里要征服一切、占有一切、创造一切,对世界万事万物给予整体把握,对历史古今的人物给予通盘总览,从而构成汉大赋特有的雄浑气象与雄浑的艺术美,更好地反映大汉帝国赫赫声威与开创新时代的宏大气魄。司马相如以宏阔的艺术视野,充沛的艺术创造力,完成了汉大赋典型体式的定型,并创作出《子虚》、《上林》、《大人》、《长门》、《哀二世》等一系列大赋的艺术范式,成为汉赋形成、发展史上最有贡献的人物。

　　贾谊,也是西汉辞赋家,他年轻有为,乃命世之才。其《过秦论》、《治安策》,是西汉政论文中的鸿篇巨制,表明他将古来历史变化的规律与当今盛衰兴亡的大势已了然于胸,他要做一名扶危定倾的"帝王师"。他的《吊屈原赋》与《鵩鸟赋》,倾诉了自己才不得用、志不得伸的怨恨,文思畅达,自成一家,在赋史上占有重要地位,既有对楚辞的吸收,又有对楚辞的突破,是新创的骚体赋与哲理赋。然而在扬雄眼中,"如孔氏之门用赋也,则贾谊升堂,相如入室矣。"(《法言·吾子》)认为贾谊的赋已具辞赋大义,而司马相如的赋则更深入到细密精深的程度,就如自外而入,先入室再登堂,堂奥才是幽深之处。确实,在汉代文学各种体裁的创新中,赋的创新力度可谓大矣;在汉代众赋家中,旗手与巨匠的美誉非司马相如莫属。扬雄本也是一位汉代的大赋家,其《甘泉》、《河东》、《羽猎》、《长杨》,铺写天子的祭祀、田猎及苑囿,构思辞藻,亦壮阔华丽,与司马相如赋作相类,然晚年认为"辞胜事则赋",大赋虚饰之辞过多,欲讽反劝,与世无补,不过是"童子雕虫篆刻","壮夫不为",(《法言·吾子》),扬雄对赋的评价,也关系到对司马相如的评价,对后世涉及赋的评价影响很大,这种影响至今还存在。相比之下,《史记·司马相如列传》的赞文对司马相如的评价比较客观、公允:

《春秋》推见至隐,《易》本隐之以显,《大雅》言王公大人而德逮黎
庶,《小雅》讥小己之得失,其流及上。所以言虽外殊,其合德一也。相如
虽多虚辞滥说,然其要归引之节俭,此与《诗》之风谏何异? 杨雄以为靡
丽之赋,劝百风一,犹驰骋郑卫之声,曲终而奏雅,不已亏乎?

这段文字,从"杨雄"以下二十八字为后人所加①,但所加文字与司马迁的文意
是相同的,整段文字阐述道:《春秋》由人事推求天道以至隐约,《易经》原本阴
阳之说隐微,但推求人事反而明显。《大雅》由歌颂君王贵族之德而影响平
民,《小雅》由诗人一己的得失感慨指责时弊,向上反映民间的说法。言辞及
表现形式不同,但在宣扬道义上却是一致的。相如的赋虽多虚饰夸张之辞,但
其要领归结为引导节俭,这与《诗经》的讽谏有什么不同? 扬雄所指责的那
些,不是太冤屈了相如的初衷了吗? 表层虽是评价司马相如,深层却隐含着一
个重大观点:汉大赋本质上与儒家的经典相同,不可因为它靡丽的文辞、过度
的夸饰而忽视了它应有的价值。既如此,我们便可正确估量汉代赋家的重大
创新价值了。

　　同大汉帝国在政治上开拓疆域、经略四夷一样,汉文化也处处洋溢着一种
进取、开拓、创新的时代精神,不仅仅体现在主体文化方面。如刘向、刘歆父
子,阅览天下艺文之书,作《别录》、《七略》,开创了中国目录学;落下闳等人创
制《太初历》,废止传统的《颛顼历》,为刘歆作更精密的《三统历》奠定了基
础;贾逵、张衡等人提出"浑天说",张衡还造出"浑天仪"、"候风地动仪",其
天文学水平,在当时居世界前列;西汉时已有《黄帝内经》,东汉时张仲景又著
成《伤寒杂病论》,其医学水平在当时也是世界第一,等等,不胜枚举。总之,
汉代特有的创新精神,促使它创造了举世瞩目的物质文明与精神文明,今日我

---

　　① 司马迁为汉武帝时代的人,约生于公元前145年,卒于约公元前90年后不久。扬雄为成帝、
新莽时人,司马迁不可能知扬雄之事。易孟醇先生考证说:"扬雄(前53-18)主要仕于成帝年间(前
32-前7),少迁几十岁,司马迁怎能引用扬雄的话来论赞司马相如呢? 查此五句乃《汉书》中班赞语,
只不过'杨'作'扬','亏'作'戏'。这是后人把班赞窜乱于司马赞语中了。"(《史记版本考索》,载于
《出版工作》1987年第1、2、3期)

们看到的汉代文化典籍,无不充溢着昂扬进取的时代气息,这种创新的精神并早已化于我们中华民族的性格与心理之中,构成了我们民族精神的重要部分。

第六章 系统的辩证思维

不论哲学还是史学或文学,汉代的主体文化普遍带有这样一个特点:都想从整体上建立系统的体系,全面地探讨宇宙、社会、人伦情感的真谛,从根本上给予大一统封建社会以合理的说明或全面的赞颂,并给予大一统封建社会的巩固与发展以理论的支撑或精神上的激励。"究天人之际,通古今之变,成一家之言",就是对这一特点所作的简洁明了的阐释,这不仅仅是司马迁个人写作《史记》的宗旨,也传达了整个汉代人的心声,显示了汉代人普遍的豪迈的开拓探索气魄,也表露了汉代人普遍的所习惯的系统思维。

第一节 传统的宏观思维

人们思想体系中最大的系统,莫过于宇宙观,宇宙观即世界观。清黄宗羲《寒村诗稿序》解释说:"上天下地曰宇,古往今來曰宙。"宇宙观是人们对无限的空间与无限的时间的整体认识,是人们对世界总的根本的宏观思辨。先秦以来,用普遍联系、互相制约的观点认识世界,把世界视为一个有机的整体,已经形成一种习惯性的思维方式,尽管对世界的形成、发展各有各的解释与解说体系。除了传统的宗教迷信的宇宙观外,还有《易经》及阴阳家对宇宙的看法,但有较大影响的宇宙观为二家,一是以天道为核心的道家形而上的宇宙观,一是以人道为核心的儒家形而下的宇宙观。"形而上者是无形体者,故形而上者谓之道也;形而下者是有形体者,故形而下者谓之器。无形迹者即道也,如大德敦化是也;有形迹者即器也,见于事实即礼义是也。"(张载《横渠易说·系辞上》)无论何种宇宙观,也无论它们之间有何分歧,它们有一点是一致的,这就是它们都离不开对于认识客体与认识主体,即天与人之间关系的阐述。

从远古、夏、商以来,传统的"天"是指有意志、有人格的世界最高主宰,如《尚书·虞书·益稷》中说:"天叙有典,敕我五典五惇哉! 天秩有礼,自我五礼有庸哉! 同寅协恭和衷哉! 天命有德,五服五章哉! 天讨有罪,五刑五用哉!"《诗经·玄鸟》:"天命玄鸟,降而生商。"周代《大盂鼎》刻有:"丕显文王,受天有(佑)大命。"这种天决定、支配人的意识直到春秋时,影响还很大,"是故子墨子言曰:戒之慎之,必为天之所欲,而去天之所恶。曰:天之所欲者何也? 所恶者何也? 天欲义而恶其不义者也。……是故古者圣人明以此说人,曰:'天子有善,天能赏之。天子有过,天能罚之。'天子赏罚不当,听狱不中,天下疾病祸福,霜露不时。"(《墨子·天志下》)

后人研究《易经》,以为其作者把"太始"视为万物形成时的最初状态,《易·系辞上》:"乾知太始,坤作成物。"韩康伯疏:"乾知太始者,以乾是天阳之气,万物皆始在于气,故云知其太始也。"有时还认为《易经》的作者把"太极"视为万物形成时的最初状态,《易·系辞上》:"《易》有太极,是生两仪。"《周易乾凿度》:"《易》始于太极,太极为而为二,故生天地。"南宋俞琰《俞氏易集说》:"仪也者,一阳一阴对立之状也。"看来,"太始"与"太极"同意,"两仪"与"天地"及"阴阳"同意。《易经》体例及内容的表述,由两种基本符号阳爻与阴爻组合来完成,阴爻与阳爻的含义就是一阴一阳,由阴阳变化再构成宇宙物质世界的八种基本成分,其八卦就代表着这八种基本成分,分别是:乾卦代表天,坤卦代表地,震卦代表雷,巽卦代表风,坎卦代表水,离卦代表火,艮卦代表山,兑卦代表泽。八种基本物质成分再相互作用衍生出万物。万物之中,人是非常重要的,《易·系辞下》:"《易》之为书也,广大悉备,有天道焉,有人道焉,有地道焉。"《易·说卦》:"立天之道曰阴与阳,立地之道曰柔与刚,立人之道曰仁与义,兼三才而两之。"天、地、人所谓的"三才",成为《易经》作者最关注的"道",而对以三才为重点的宇宙生成、变化的总体看法,《易经》的作者是用八卦重叠、卦爻交错来表述的。

阴阳家的代表人物是战国时期的邹衍(亦作驺衍),《汉书·艺文志》著录

其有《邹子》与《邹子终始》二部著作,《史记》本传还说有《大圣》一部,但都亡佚。《史记·孟子荀卿列传》载:

> 驺衍睹有国者益淫侈,不能尚德,若大雅整之于身,施及黎庶矣。乃深观阴阳消息而作怪迂之变,《终始》、《大圣》之篇十余万言。其语闳大不经,必先验小物,推而大之,至于无垠。先序今以上至黄帝,学者所共术,大并世盛衰,因载其禨祥度制,推而远之,至天地未生,窈冥不可考而原也。先列中国名山大川,通谷禽兽,水土所殖,物类所珍,因而推之,及海外人之所不能睹。称引天地剖判以来,五德转移,治各有宜,而符应若兹。

根据司马迁所述,我们知道邹衍从观察阴阳天地开始,然后推广于无边无际。从现在上溯至黄帝,一直到天地未形成的时代。从中国的大山大河,推论到远方异域。引述从天地分开以来,五行相生相克,终而复始地循环周转,天命与人事互相感应。邹衍由"小物"而推衍"无垠","先序今"而至于"窈冥",从空间和时间上探索宇宙的观点由此可以看出。

道家对传统天的神意概念的否定比儒家坚决,他们认为"无为为之之谓天"(《庄子·天地》),天是自然的无意志的物质性的天空,或天是人以外的自然界,而"道"才是先天地生的宇宙本原:"有物混成,先天地生,寂兮寥兮! 独立而不改,周行而不殆,可以为天下母,吾不知其名,字之曰道,强为之名曰大。大曰逝,逝曰远,远曰反,故道大,天大,地大,王亦大,域中有四大,而王居其一焉。人法地,地法天,天法道,道法自然。"(《老子·二十五章》)"道"自然而然没有意志与人格,那么由"道"而生的天,就更没有意志与人格这个属性了。《老子·四十二章》又说:"道生一,一生二,二生三,三生万物。""道"是道家的最高哲学范畴,是宇宙万事万物运动变化的根源,道是没有主观意志也不含神秘鬼神意义的自然。由它产生的"一",就是宇宙初开时的"混沌"状态,由它分出的"二",就是天地,天地间有阴阳二气,阴阳二气互相作用,形成"三",即"和","和"是阴阳程度不同的统一,体现出来就是形形色色的万事万物,也等于说是"三生万物"。《淮南子》解释说:"道始于一,一而不生,故分而为阴阳,阴阳合和而万物生。故曰:'一生二,二生三,三生万物。'"(《天文训》)"天地之气,莫大于和。和者,阴阳调、日夜分而生物。"(《氾论训》)于是道家就形成了比儒家形而下宇宙观更具系统性、理论性及更开阔的思维空间的宇宙观,其框架就是"道——混沌——天地(阴阳)——和——万物"。天地生万物,万物人最贵,上至天道,下至人道,一切归于自然,道家建立起自己的自然宇宙观。

儒家的创始人孔子将自己的理论基点放在宣扬仁义的"人道"上,但也不能舍弃对天的考虑,他并不公开否认所谓世界主宰的天及代表天意的"天命"、"天道",如孔子曾说:"君子有三畏:畏天命,畏大人,畏圣人之言。"(《论语·季氏》)"不怨天,不尤人,下学而上达。知我者其天乎!"(《论语·宪问》)但孔子对有意志的"天"持有怀疑的态度,以求实的精神,他承认自己说不清"天",所以常常对"天"避而不谈,津津乐道于"人道",正如他的学生子贡说:"夫子之文章,可得而闻也;夫子之言性与天道,不可得而闻也。"(《论语·公冶长》)孔子有时讲"天",还指自然的天,如他说:"天何言哉?四时行焉,百物生焉,天何言哉?"(《论语·阳货》)孟子也说:"天时不如地利,地利不如人和。"(《孟子·公孙丑下》)这里所说的"天时",指宜于做某事的自然气候条件,并非指神意性的天道或天命。在"天时"与"人和"之间,儒家更重视的是"人和",也就是更重视的是人,重视的是人的社会政治伦理。其宇宙观的特点即是重人事而轻鬼神。但正因为儒家对鬼神是回避而不是否定,所以在天与人关系的问题上,对天仍保留着传统意识的一些影响。如《孟子·尽心上》中说:"尽其心者,知其性也。知其性,则知天矣,存其心,养其性,所以事天也。"认为人守住自己善的本性,就能知道天意,就可事奉天了。这就是性天相同、天人合一,这里的"天"又带上有意志、有人格的神秘色彩。

战国末期的儒学大师荀子,批判地总结了先秦诸子的学术思想,对天道与人事作了新的阐释。他认为"道者,非天之道,非地之道,人之所以道也。"(《荀子·儒效》)借用道家的"道",强调的仍是儒家一贯所重视的人事。天只是自然运行的客观存在或客观规律,天与人之间,各行其"道",天有天的运行规律,不为人事所左右;人有人的生老病死,人世间有人世间的兴衰治乱,亦

不受天的控制,所以人也不必对天顶礼膜拜,他说:

> 天行有常,不为尧存,不为桀亡。应之以治则吉,应之以乱则凶。强本而节用,则天不能贫,养备而动时,则天不能病;修道而不贰,则天不能祸。故水旱不能使之饥渴,寒暑不能使之疾,祆怪不能使之凶。本荒而用侈,则天不能使之富;养略而动罕,则天不能使之全;倍道而妄行,则天不能使之吉。故水旱未至而饥,寒暑未薄而疾,祆怪未至而凶。受时与治世同,而殃祸与治世异,不可以怨天,其道然也。故明于天人之分,则可谓至人矣。……天有其时,地有其财,人有其治,夫是之谓能参。舍其所以参而愿其所参,则惑矣。列星随旋,日月递照,四时代御,阴阳大化,风雨博施,万物各得其和以生,各得其养以成,不见其事而见其功,夫是之谓神。皆知其所以成,莫知其无形,夫是之谓天。(《荀子·天论》)

这就是荀子的"明于天人之分"说。在天人之间,既有联系又有区别,二者之间,荀子更强调以人为本,他又说:"大天而思之,孰与物畜而制之?从天而颂之,孰与制天命而用之?望时而待之,孰与应时而使之?因物而多之,孰与骋能而化之?思物而物之,孰与理物而勿失之也?愿于物之所以生,孰与有物之所以成?故错人而思天,则失万物之情。"(《荀子·天论》)主张"制天命",对于传统意识来说,简直就是石破天惊之语。处理天人关系,落脚点放在了人对自然规律的能动适应、遵循以至利用上,这种人能胜天的思想,把儒家天人关系的宇宙观定格到了最先进的高度。

儒家专注于形而下的伦理、政治,在理论思维空间上有狭隘的一面,孟子、荀子对天人关系的论述,就是想吸收道家的一些理论思维来弥补这一缺陷,而对道家思想吸收更为明显的则是《易传》。《易传》就是对《易经》的注解、阐发。共有十篇,传说为孔子所作,实非出自一时一人之手,大约完成于战国汉初。它认为"二气感应以相与,……天地感而万物化生"(《咸象》),主张世界万物皆为阴阳相互作用的产物。又提出"天地革而四时成,汤武革命顺乎天而应乎人"(《革象》),天与四时变化一样,成了自然的循环。又说"生生之谓易"(《系辞上》),"穷则变,变则通,通则久"(《系辞下》),将事物的发展变化视作事物的基本规律,并重视事物对立面的相互转化,等等。正如陈鼓应先生指出:"儒家的伦教观,固然是它的一个重要组成部分,但是从哲学体系的形成的构架而论,它的天道观,它的由天道推演人道的思维模式,它的循环论,它的事物矛盾对立发展变化的辩证思想——这些《易传》哲学思想中的重要结构,多来自道家老子。"①

第二节　汉代天人关系的思辨

至西汉初,黄老之学以"道"作为宇宙的本原,对世界的存在作了具有唯物主义倾向的解释。黄老之学认为"道"是一种原初物质状态的混沌之气,它是宇宙发生的根源,也是宇宙万物发展的普遍原则,这个原则就是自然。天只是自然而然的四季循环,天不依人的意志为转移,人只能顺其自然的天道而行事,这就是所谓的顺天合人,循道应理。天与人都合乎于自然,自然的意识体现在社会实践上,便表现为无为而治。王充说:"黄、老之操,身中恬澹,其治无为。正身共己,而阴阳自和,无心于为而物自化,无意于生而物自成。"(《论衡·自然》)

《淮南子》作为汉初黄老思想的集大成,也把"道"作为自己宇宙观的最高范畴,其《原道训》说:"夫道者,覆天载地,廓四方,柝八极,高不可际,深不可测,包裹天地禀授无形。"道是一种无形的无限的存在。其《天文训》又说:"天地未形,冯冯翼翼,洞洞灟灟,故曰太始。太始生虚廓,虚廓生宇宙,宇宙生元气,元气有涯垠,清阳者薄靡而为天,重浊者凝滞而为地。清妙之合专易,重浊之凝竭难。故天先成而地后定,天地之袭精为阴阳,阴阳之专精为四时,四时之散精为万物。"与先秦道家不同的是:道家所说的"混沌",在这里变成"虚廓"、"宇宙"与"元气",而且在阴阳与万物间加入"四时",形成了"太始(道)——虚廓——宇宙——元气——四时——万物"的宇宙系统。《淮南子》的宇宙生成说本属自然的唯物的性质,然在论述天与人的关系上,有时又倒退

---

① 　陈鼓应:《〈易传·系辞〉所受老子思想的影响》,载《哲学研究》1989 年第 1 期。

到传统的旧意识中,即"天"是有意志、有感情、有人格的最高主宰,人之情与天之道是互相沟通的,书中说:"天之偏气,怒者为风;地之含气,和者为雨,阴阳相薄,感而为雷,激而为霆,乱而为雾。阳气胜则散而为雨露,阴气盛则凝而为霜雪。……人主之情,上通于天,故诛暴则多飘风,枉法令则多虫螟,杀不辜则国赤地,令不收则多淫雨。"(同上)同一篇中的文章,前后观点互相矛盾,显然是黄老道家思想又生硬地糅合了先秦阴阳家的学说。不论是带有神意观的还是带有唯物主义倾向的宇宙观,要想系统地建立自己的理论体系,都避不开天与人的关系的阐述,《淮南子》就是如此。其《要略》篇说:"《齐俗》者,所以一群生之短修,同九夷之风气,通古今之论,贯万物之理,财制礼义之宜,擘画人事之终始者也。"就是说《淮南子》的《齐俗》篇,是用来统一万物长短,整齐九夷风气,通达古今的论说,贯通万物的道理,裁定礼义的适度,规划人事的终始。实际上,《淮南子》整部书何尝不是这样呢?"刘氏之书,观天地之象,通古今之事,权事而立制,度形而施宜,原道之心,合三王之风,以储与扈冶。玄眇之中,精摇靡览,弃其畛挈,斟其淑静,以统天下,理万物,应变化,通殊类,非循一迹之路,守一隅之指,拘系牵连之物,而不与世推移也。"(《淮南子·要略》)

董仲舒为汉代大一统提供理论支持,也首先是从阐述他的宇宙观开始的。董仲舒博览群书,以儒家学说为基础,但没有采取儒家重人事轻鬼神的思维方法;他吸收了道、法、阴阳诸家的天地、阴阳、四时、五行的思想,用道、法、阴阳等家的思维方法来完成儒家思想体系的改造,运用神秘的"天道"来论证"人道",理论的归宿仍是人事。总之,董仲舒既有综合又有创新,他以"天"为宇宙的本原,这个"天"指创造并主宰万物、有意志、人格化的"天",在这个创造并主宰万物、有意志、人格化的"天"之下,或说由这个"天"又生化出一个与地相对的自然之天,这是与道家的"道"及黄老之学的"元气"说根本不同的宇宙本原说。他又参考道家宇宙观及阴阳五行说组织其理论框架,改"一"或"混沌"为"元",这是附会《春秋》公羊学中关于"元年"的解释而作的改动。"《春秋》变一谓之元,元犹原也,其义以随天地终始也,故人惟有终始也,而生不必应四时之变,故元者,为万物之本。"(《春秋繁露·重政》)从而建立起他的以神学目的论为核心的宇宙观。这个宇宙观的模式就是"天(神意)——元(天地)——阴阳——四时——五行——万物"。从本质上说,与黄老道家的自然宇宙观格格不入,就是与传统的儒家观点相比,也有很大的出入,甚至从一定意义上可以说是对儒家重人事轻鬼神的宇宙观基本观点的背叛。但它的内容不仅对后世影响很大,而且它的恢弘、庞大、系统的理论体系,对后世也有很大的影响,这是不容置疑的现实。

董仲舒的宇宙系统可概括为一个字:天。天是由阴阳五行及天、地、人"十端"构成,这十端与所对应的万物变化之数,都为"天之数",天之数就像一个巨大的网络,构成了董仲舒包罗万象的宇宙系统,《春秋繁露·官制》说:

> 天有十端,十端而止已,天为一端,地为一端,阴为一端,阳为一端,火为一端,金为一端,木为一端,水为一端,土为一端,人为一端,凡十端而毕,天之数也。天数毕于十,王者受十端于天,而一条之率,每条一端以十二时,如天之每终一岁以十二月也,十者,天之数也,十二者,岁之度也,用岁之度,条天之数,十二而天数毕,是故终十岁而用百二十月,条十端亦用百二十臣,以率被之,皆合于天,其率三臣而成一慎,故八十一元士为二十七慎,以持二十七大夫,二十七大夫为九慎,以持九卿,九卿为三慎,以持三公,三公为一慎,以持天子,天子积四十慎,以为四选,选一慎三臣,皆天数也。是故以四选率之,则选三十人,三四十二,百二十人,亦天数也;以十端四选,十端积四十慎,慎三臣,三四十二,百二十人,亦天数也;以三公之劳率之,则公四十人,三四十二,百二十人,亦天数也。故散而名之,为百二十臣,选而宾之,为十二长,所以名之虽多,莫若谓之四选十二长,然而分别率之,皆有所合,无不中天数者也。求天数之微,莫若于人,人之身有四肢,每肢有三节,三四十二,十二节相持,而形体立矣;天有四时,每一时有三月,三四十二,十二月相受,而岁数终矣;官有四选,每一选有三人,三四十二,十二臣相参,而事治行矣;以此见天之数,人之形,官之制,相参相得也,人之与天多此类者,而皆微忽,不可不察也。

不仅人副天数,而且官副天数,岁副天数,一切都副天数,一切都是十端运行变化的体现,而十端最终又是天的意志的体现。在所有的天数中,天与人的关系至关重要,由于人是由天以自己的模型来塑造的,人与天同类,自然也就互为沟通了。"为人者天。人之为人,本于天,……天之副在乎人,人之情性有由天者矣。"(《春秋繁露·为人者天》)由此而逻辑性地引出著名的"天人感应说",天塑造人,更为众人塑造了天在人间的代理人——天子,天子的君权自然也是天所授予的,天就是通过天子来实现主宰、支配人间的,这就形成了天——天子——臣民的统属体系。天对人间的有效支配,主要通过监督它的代理人天子来实现的,天子顺从天意实行善政或违背天意实施恶行,天都能感应到,对于行天意者,天会降麒麟、凤凰、嘉禾、甘霖等"祥瑞"来表示褒奖;如果违背天意,就会以山崩地裂、旱涝灾害、日蚀月蚀等异常来进行谴告。如果对天的谴告仍置若罔闻,一意孤行,天就会降灭顶之灾,取消那些严重违背天意的代理人的资格,这就是人道可以参天,阴阳变异自然运行都赋予了道德属性,成了传达天意的"指令"。《春秋繁露·必仁且知》篇这样阐述:"凡灾异之本,尽生于国家之失,国家之失,乃始萌芽,而天出灾害以谴告之;谴告之而不知变,乃见怪异以惊骇之;惊骇之尚不知畏恐,其殃咎乃至。"《春秋繁露·尧舜不擅移汤武不专杀》又说:"天之生民,非为王也;而天立王,以为民也。故其德足以安乐民者,天予之,其恶足以贼害民者,天夺之。……故夏无道而殷伐之,殷无道而周伐之,周无道而秦伐之,秦无道而汉伐之,有道伐无道,此天理也。"

董仲舒的天谴说,是为了防止君权滥用,统治者不行仁政,无视民众的生存要求,施行苛政,从而激化阶级矛盾,不利于中央集权制的巩固、发展,严重的甚至于还会导致王朝的覆灭。重视人民的力量,关心人民的安乐,把人民视作社稷的根本,体现了传统儒家的民本、仁政思想。但是从本质上讲,董仲舒的天人感应说,主要用意在于神化君权、强化君权,《春秋繁露·玉杯》中讲:"《春秋》之法:以人随君,以君随天。曰:缘民臣之心,不可一日无君,……故屈民而伸君,屈君而伸天,《春秋》之大义也。"董仲舒借天来神化君权也限制君权,借天来统治人民又给予人民一定生存利益的保护,把人间的阶级关系纳入了他的天的系统之中,"天人之际,合而为一"(《春秋繁露·深察名号》),

创立了新的天人合一的思想体系,构成了他的宇宙观的主体部分。

在汉代,不论何种宇宙观,都避不开天与人的关系的阐述,如要"成一家之言"的司马迁,也是从"究天人之际"发其端,以"通古今之变"成其事,注意探求天道与人事关系的奥秘与历史兴亡盛衰变化的规律。他受董仲舒"三统论"的影响,也讲历史循环,如《史记·高祖本纪》赞云:"夏之政忠,忠之敝,小人以野,故殷人承之以敬。敬之敝,小人以鬼,故周人承之以文。文之敝,小人以僿,故救僿莫若以忠。三王之道若循环,终而复始。周、秦之间,可谓文敝矣。秦政不改,反酷刑法,岂不缪乎?故汉兴,承敝易变,使人不倦,得天统矣。"但司马迁的历史循环论与董仲舒的历史循环论有本质的区别,区别就在于董仲舒主张历史以天意循环,而司马迁主张历史依客观规律而自然地循环,他所谓的汉"得天统",并非是汉得天命,而是汉王朝在承接秦帝国的弊政前提下,能改变前朝的弊端,与民休息,使天下人不至于倦怠,合乎历史发展的潮流。"得天统"就是得民心,给"天统"赋予了新的解释。司马迁深信其父司马谈《论六家之要指》中阐述的道理,只承认与人体共存亡的人的精神、精气,而不承认有独立于人体之外有意志的"神"的存在,从而指出如果相信了阴阳家所宣扬的神秘的"天",就会"使人拘而多畏"。司马迁不相信天意,他在《项羽本纪》中记叙项羽兵败后,把自己的覆灭归之于"天之亡我",司马迁赞中批判项羽道:"卒亡其国,身死东城,尚不觉寤而不自责,过矣。乃引'天亡我,非用兵之罪也',岂不谬哉!"司马迁认为项羽失败根源在于其人,把失败归于天意是荒谬的。司马迁不相信天意或天命,更不相信天人感应之说,认为以天象的变异,来牵强附会地解释人事是靠不住的。他在《天官书》中对此作了深刻的阐述:

　　自初生民以来,世主曷尝不历日月星辰?及至五家、三代,绍而明之,内冠带,外夷狄,分中国为十有二州,仰则观象于天,俯则法类于地。天则有日月,地则有阴阳。天有五星,地有五行。天则有列宿,地则有州域。三光者,阴阳之精,气本在地,而圣人统理之。

　　幽、厉以往,尚矣。所见天变,皆国殊窟穴,家占物怪,以合时应,其文图籍禨祥不法。是以孔子论六经,纪异而说不书。至天道命,不传;传其人,不待告;告非其人,虽言不著。

司马迁说:从远古以来,直至五帝、三王,无不观天象定历法、察地理定州界,天上有日月,地上有阴阳,天上有五大星辰,地上有金木水火土五大元素,天上有天区,地上有疆界,日、月、星辰是阴阳结合的精气,这种精气来源于大地,由圣人来统一调理。周厉王、周幽王以来,所出现的天象变异,由于所取应验各有标准,文献上所记占候吉凶方法不一,不足为法。因此孔子整理古籍,记载怪异之事而不附以吉凶鬼神之类的解说,至于天道、天命的事,是不传授的,也是说不清的。司马迁在这里对天作了唯物主义的解释,并借孔子"不语怪、力、乱、神"来批判天人感应的观点,对神秘的天道、天命进行了大胆的否定。

司马迁不迷信天人感应那一套荒诞无稽的妄说,他以大无畏的精神,重新"究天人之际,通古今之变",他"网罗天下放失旧闻,王迹所兴,原始察终,见盛观衰,论考之行事"(《太史公自序》),发现历史变化有一定的周期性,考察这些周期内帝业的成败世道的兴衰过程及变化原因,然后才知天道与人事之间的相互关系。《天官书》中说:"夫天运,三十岁一小变,百年中变,五百载大变;三大变一纪,三纪而大备:此其大数也。为国者必贵三五。上下各千岁,然后天人之际续备。"日月星辰的运行、异常天象的变化及地上人类社会历史的变化,虽有一定周期,但司马迁看到人类历史变动的原动力在人而不在天。他所指的"天"是自然天道,即客观自然规律而不是神秘不可测的天命。人在一定客观历史条件下进行着改变历史的活动,人受到客观规律的制约,然而历史活动者终归是人,"天人之际"中人是起主导作用的。汉反秦灭楚立新朝,既合三十年小变,又合五百年大变,然而考察这巨大的变化,不是天道使之然,而全是人事之所为。司马迁在《高祖本纪》中记刘邦君臣讨论汉为何能得天下,作者借用刘邦之言:"夫运筹策帷帐之中,决胜于千里之外,吾不如子房;镇国家,抚百姓,给馈饷,不绝粮道,吾不如萧何;连百万之军,战必胜,攻必取,吾不如韩信。此三者,皆人杰也,吾能用之,此吾所以取天下也。"说明历史的变化,朝代的更替,皆在于人而不在于天。

在探索天与人的关系上,司马迁批判了神意决定论,代之以人为决定性因素。在探索历史发展演变上,司马迁批判了天人感应、谴告说,代之以

"忠"——"敬"——"文"三种朝代周而复始循环论,这种循环不是由天命所定,而是由人推动而成。这种历史循环的观点虽不甚科学,但它毕竟以人为中心、以人为纲,并以此原则来建构巨著《史记》。司马迁"略推三代,录秦、汉,上记轩辕,下至于兹,著十二本纪,既科条之矣。并时异世,年差不明,作十表。礼乐损益,律历改易,兵权、山川、鬼神,天人之际,承敝通变,作八书。二十八宿环北辰,三十辐共一毂,运行无穷,辅拂股肱之臣配焉,忠信行道,以奉主上,作三十世家。扶义俶傥,不令己失时,立功名于天下,作七十列传。"(《史记·太史公自序》)所谓《史记》五体,讲的全是人事而非天道。"本纪"记帝王类人物,因涉及的全是国家重大事件,所以是全书的纲领;"表"以简洁方式排列世系、人物和史事,脉络清晰;"书"记礼乐制度、天文兵律、地理祭祀、水利通商等各种人事;"世家"记王侯将相类人物;"列传"记社会各阶层代表人物。五体都因"人"而相辅相成、融为有机整体。顾颉刚先生在《史记》校点本序中说:

> 窃谓《史记》一书,"厥协六经异传,整齐百家杂语",实为吾国史事第一次有系统之整理,司马迁既自道之矣。后世史家或仰兹高荫,或化厥成规,支流纵极彩颐,导源则靡不于此。是书固亦有其甚多之漏误在,然其误后人可得而正,其漏后人可得而补。独其创定义例,兼包巨细,会合天人,贯穿今古,奠史学万祀之基,炜然有其永存之辉光,自古迄今,未有能与之抗颜而行者也。①

司马迁从史学的角度,以人为中心,建立起自己的宇宙观;董仲舒从哲学的角度,以天为中心,建立起自己的宇宙观,两人宇宙观的中心不同,但两人都以天人关系来建构自己的学说体系却是一致的。从天与人的关系来宏观看世界的思维方式,影响了汉代人的思辨方式,也影响了汉代文化的特点。

如东汉王充,他既不以天也不以人,而是以"气"作为宇宙的本原,实际上是以气代天,把天说成是气的自然化成,他说:"天地,含气之自然也"(《论衡

---

① 转引自韩兆琦:《史记》评注本(下册),岳麓书社 2004 年版,第 1837 页。

·谈天》),"万物自生,皆禀元气"(《论衡·言毒》),发展了黄老之学天道自然无为的观点,改造了黄老学派神秘的"精气"论,提出元气自然论,并以此为基点,建构成自己的巨著《论衡》。他自己曾多次阐明著此书的目的:"《论衡》篇以十数,亦一言也,曰:疾虚妄。"(《论衡·佚文》)"是故《论衡》之造也,起众书并失实,虚妄之言胜真美也。故虚妄之语不黜,则华文不见息;华文放流,则实事不见用。故《论衡》者,所以铨轻重之言,立真伪之平,非苟调文饰辞,为奇伟之观也。……冀悟迷惑之心,使知虚实之分。实虚之分定,而华伪之文灭。华伪之文灭,则纯诚之化日以孳矣。""今《论衡》就世俗之书,订其真伪,辩其实虚"(《论衡·对作》)王充以唯气论来解释世界物质的统一性,万物都是由气组成,天地星辰都是气的运动形态,对天人感应的神学目的论给予了彻底的批判,揭穿了天命、天意、天谴等一系列的虚妄,对迷信的谶纬之学更是致命的打击,以朴素唯物主义思想和追求实事求是的精神,树起了汉代无神论的鲜明旗帜。

汉代哲学、史学中的宏观、系统的思维,对当时的文学创作也有影响。如《西京杂记》卷二载司马相如言:"赋家之心,苞括宇宙,总览人物。"赋家代表人物司马相如强调赋家要有宏阔的视野,天地人间,无所不容,把握大千世界,关注芸芸众生,才能思绪驰骋于万里之远千年之遥,赋作才能有博大的构思。汉大赋这种以大为美的审美情趣,既反映了大一统盛世开阔了赋家的眼界与心胸,给了他们探索世界奥秘的勇气与信心,也反映了赋家的构思受到古今天人关系宏观思维的影响。

总之,汉代人把天人关系作为自己认识世界的基本点,也当作自己的基本思维模式,反映在文化上,就体现在习惯于以整体上把握世界的系统论思想,对所研究的对象进行宏观的思辨,其理论框架与著述结构习惯于整体的归纳,这一思维特点,也一直影响着后世文化的发展。

第三节 对立统一的思维

中国传统的对立统一的辩证思维,是以阴阳对立统一来阐述的。阴阳本义是指日照的向背,向日为阳,背日为阴。《说文通训定声》解释说:"阴者见云不见日,阳者云开而见日。"由此而引申出日月运行,"阴阳相照相盖相治,四时相代相生相杀"(《庄子·则阳》),最后定格于物质性的气,"天地者,形之大者也,阴阳者,气之大者也。"(同上)《国语·周语下》:"气无滞阴,亦无散阳,阴阳序次,风雨时至,嘉生繁祉,人民和利,物备而乐成,上下不罢,故曰乐正。"不论是道家还是阴阳家,阴阳二气都是构成其宇宙观的重要环节,阴阳的相互作用,才形成世界万物及万物的运动。《老子·四十二章》说:"万物负阴而抱阳。"《史记·孟子荀卿列传》载邹衍"乃深观阴阳消息而作怪迂之变",《管子·乘马》说:"春秋冬夏,阴阳之推移也;时之短长,阴阳之利用也;日夜之易,阴阳之化也。"

　　阴阳对立统一观念的形成,可以追溯得很久远,从古代流传下来的典籍来看,《易经》中大量地蕴含着这种辩证思维。首先,《易经》的形成基础就在于阴阳,构成《易经》卦象的符号就是阳爻与阴爻的不同配合。其次,《易经》的内容就是通过卦爻表现出来的。在《易经》里,阴阳的概念已指为一切事物矛盾对立统一的双方,如强与弱、损与益、利与害等等,其阴阳对立统一概念已含有三层涵义,即阴阳对立、阴阳转化、阴阳统一。如阴爻与阳爻是相互对立的,但又是不可分割的,不可一方独立存在,必须相反相成。对立双方相互补充、配合、相交,才能成就万物,八卦及六十四重卦都是成对应的,乾与坤对,泰与否对,既济与未济对,等等。阴阳在对立中,又依据一定的条件在互相转化,所谓的"否极泰来"、"先否后喜"等,就是表示物极必反,阴阳性质的相互转换。所以《易·系辞上》说:"一阴一阳之谓道",又说:"生生之谓易。"韩康伯注:"阴阳转易,以成化生。"阴阳相互作用、互相转化是宇宙的根本规律。

　　能大力继承并发展前人朴素辩证法思想的是道家,道家代表人物老子,以"道"代替传统神意的"天",从根本上提高了哲学的思辨层次。他提出的"道生一,一生二,二生三,三生万物"(《老子·四十二章》),其中的"二",就指的是阴阳。"万物负阴而抱阳"(同上),就是指万物都是阴阳结合的产物。老子看到事物矛盾双方的对立统一,他从现实中归纳出一系列矛盾对立的双方,如有无、难易、长短、高下、前后、生死、美恶、刚柔、祸福、荣辱,等等。它们既对立,又互相依存,如他说:"天下皆知美之为美,斯恶已;皆知善之为善,斯不善已。故有无相生,难易相成,长短相形,高下相倾,音声相和,前后相随。"(《二章》)天下都知美,恶也就清楚了;都知道善,不善的也就清楚了,对立的双方都不是孤立的,都以对方的存在为自己存在的条件,这就是对立面的统一。老子也清楚矛盾对立面不仅相互依存,而且都朝着自己的相反的方面转化,如"祸兮福之所倚,福兮祸之所伏"(《五十八章》),"物壮则老"(《五十五章》),从而提出"反者道之动,弱者道之用"(《四十章》)的命题,认为"道"总是向相反的方向运动,概括了"物极必反"的事物发展特点。

儒家代表人物孔子也具有矛盾对立统一的思辨,但他的这种思想的表述与道家的表述是不一样的。孔子在天是神意之天与自然之天间,认识是自相矛盾的,因而他避开了天及阴阳的形而上的思辨,建立了自己形而下的辩证思维体系,这个体系就是"中庸"方法论。孔子说:"中庸之为德也,其至矣乎!"(《论语·雍也》)这里的"德"并非指伦理道德,而是指观察、处理问题的辩证原则与方法。中,含有中正、中和、不偏不倚、无过无不及等义,庸,含有平常、常道、用等义。孔子把道家的阴阳矛盾统一的两端,改变为"过"与"不及"(《论语·先进》),而"和"正是"过"与"不及"的统一,也就是"中"。在孔子看来,任何事物都存在着"过"与"不及"两种倾向,要处理好事情,必须把握住"中"这个度,把握住了"中",也就等于把握住了事物的本质,不至于产生片面和偏激。孔子的中庸思想常运用于对政治伦理是非的分辨与处理上,如他说:"君子惠而不费,劳而不怨,欲而不贪,泰而不骄,威而不猛。"(《论语·尧曰》)这是"执中"而防止"过",所谓的"不费"、"不怨"、"不贪"、"不骄"、"不猛",就是"不过"。再如孔子说:"学而不思,则罔;思而不学,则殆。"(《论语·为政》)这是"执中"而防止"不及","罔"与"殆"都是"不及"的结果。孔子又说:"好仁不好学,其蔽也愚;好知不好学,其蔽也荡;好信不好学,其蔽也贼;好直不好学,其蔽也绞;好勇不好学,其蔽也乱;好刚不好学,其蔽也狂。"(《论语·阳货》)这就是说,即使"中",也不是固定不变的,要使它永远保持"中",就要采取不让它向"过"及"不及"转变的措施。"好仁"、"好知"、"好信""好直"、"好勇"、"好刚"都是优秀品质,但又容易向其反面转化,防止其转化的办法就是在它的基础上加以"好学"。

孔子中庸思想体现为"执其两端,用其中"(《礼记·中庸》),这个"中"不是理想中的"中",而是把握现实中具体事物的矛盾两端而"用其中",也就是在这两端之间,审时度势,找到最佳的"度"。如果两端是对立的,就要求得二者之间一种相对的平衡,如孔子说:"质胜文则野,文胜质则史。文质彬彬,然后君子。"(《论语·雍也》)二者的平衡就是二者的结合,你中有我,我中有你。如果两端皆为利,则优中选优,取大利而舍小利,孔子说:"无欲速,无见小利。欲速则不达,见小利则大事不成。"(《论语·子路》)这就叫做衡量二利取其重,这个"利"或"优"既不是"不及",又不是"过",恰到好处。具体针对此段话,则舍"欲速"而取符合实际的能达之"速",舍"小利"而求成大事之"利"。如果两端皆为害,二者必择其一的话,则衡量二害取其轻,这也叫做"执中"。如孔子说:"礼,与其奢也,宁俭;丧,与其易也,宁戚。"(《论语·八佾》)因为"奢则不孙,俭则固。与其不孙也,宁固。"(《论语·述而》)孔子还说:"和而不同"(《论语·子路》),说明"执中"并非是折中,和是有原则性的,同才是无原则的调和,"和而不同"本身就体现着中庸思维,即坚持协调原则而防止无原则的附和。孔子的中庸思想强调执中,强调矛盾双方协调、平衡,对后世人们的思维影响很大,求平稳、和谐、稳定、和平,几乎成为中华民族思维的一个特点。

与先秦道家的辩证思维不同,汉代道家(实际是指黄老道家)的辩证思维既继承了先秦道家的辩证思想,又糅合了先秦儒家的辩证思想;同样,汉代儒家的辩证思维既继承了先秦儒家的辩证思想,又糅合了先秦道家的辩证思想。

汉代道家已不同于先秦道家,对汉代道家的思维特点,司马谈在《论六家之要指》中作了高度的概括:

> 其为术也,因阴阳之大顺,采儒墨之善,撮名法之要,与时迁移,应物变化,立俗施事,无所不宜,指约而易操,事少而功多。……其术以虚无为本,以因循为用。无成势,无常形,故能究万物之情。不为物先,不为物后,故能为万物主。有法无法,因时为业;有度无度,因物与合。故曰"圣人不朽,时变是守"。虚者道之常也,因者君之纲也。

道家同儒、墨、名、法、阴阳诸家是不同的学派,可谓"道不同不相为谋",在汉之前,还是"老子者则绌儒学,儒学亦绌老子。"(《史记·老子韩非列传》)到汉初,司马谈公然提出道家要顺应新时代的变化,必须依据阴阳家关于四时运行顺序之说,吸收儒、墨关于礼仪之说的精华,提取名家法家名分之说的精要。以虚无为理论基础,遵循自然规律为实践原则。承认事物没有一成不变之势,没有长存不变之形,弄清"万物之情",才能"为万物主",而不被物所牵。有法而不任法以为不变之法,顺应时势成其业;有度而不恃度以为不变之度,根据万物之形各成其度与之相合。圣人事业永存,就在于顺应时势的变化,虚无是其永恒的规律,顺天应人是其治世的纲领。掌握外物的势、形、法、度的变化,"因时为业","因物与合",采取顺应变化的对策,汉代道家的高超统治之术,充满了辩证的哲理。

司马谈的道家思想,借鉴于战国后期及汉初的黄老之学。黄老之学的经典是《黄帝书》与《老子》,《黄帝书》在东汉时已亡佚,1973 年长沙马王堆三号墓出土的四篇(包括《经法》、《十大经》、《称》、《道》)《黄老帛书》,正是亡佚的《黄帝书》的重要部分。在这四篇佚书中,主要的内容与司马谈所论正相契合。在《黄老帛书》中,作者提出了一系列的充满辩证因素的思想。如果说汉代黄老道家的辩证思维主要继承的是先秦道家的辩证思维,那么汉代的辩证思维则主要源于汉初的黄老道家。

《黄老帛书》的作者认为"凡论必以阴阳大义"(《称》),然而在论述其辩证思想时,更多地使用了自己从"阴阳二气"对立统一的特点推衍出的许多新词汇。

作者特别强调抓住和掌握万事万物的根本,即认识与掌握客观事物时要牢牢地把握住它的普遍规律,抓住了普遍规律则天道、自然、社会的奥秘便了然于胸。《经法·道法》中讲:"故执道者之观于天下也,必审观事之所始起,审其形名。形名已定,逆顺有位,死生有分;存亡兴坏有处。然后参之于天地之恒道,乃定祸福死生存亡兴坏之所在。是故万举不失理,论天下而无遗策。""执道"就是"顺天应人",《十大经》中讲"顺天者昌,逆天者亡"(《姓争》），"圣人举事也，合于天地，顺于民，祥于鬼神，使民同利，万夫赖之，所谓义也。""执道"近于《老子》的"抱一"，《老子·二十二章》："圣人抱一为天下式。""一"即"道"，《十大经·成法》也认为"'一'者，道其本也。……'一'之解，察于天地；'一'之理，施于四海。"汉代黄老道家理解的这个"道"，是客观的不以人的意志为转移的自然规律："道之行也，由不得已。"（《十大经·本伐》），这个"道"遵循的事物基本法则就是物极必反："极而反，盛而衰，天地之道也，人之理也。"（《经法·四度》）"执道"首先就体现为牢牢把握住这两大基本规律。顺应自然又积极有为，从根本上把握事物整个发展过程及矛盾双方转化情况，利用矛盾双方彼此条件的转换及力量的消长，促进事物转化，使矛盾从不平衡达到平衡。《经法·道法》说："绝而复属，亡而复存，孰知其神？死而复生，以祸为福，孰知其极？反索之无形，故知祸福之所从生，应化之道，平衡而止。"在强调发挥主观能动性与改造客观世界方面，传统的道家显然与汉代道家是有差距的。

凡事物必有其名称与概念，故"审察名理终始者，是谓究理"。"天下有事，必审其名"（《经法·名理》）。凡事物皆有其事理物性，即事物内在的条理与原则，这个条理与原则，就是所谓的"理"，"物各合于道者，谓之理；理之所在，谓之顺。物有不合于道者，谓之失理；失理之所在，谓之逆。"（《经法·论》）"循名究理之所之"（《经法·名理》），就是要正确分辨万事万物的名称概念及其事物复杂的顺逆关系。如"君臣易位谓之逆，贤不肖并立谓之乱，动静不时谓之逆，生杀不当谓之暴。逆则失本，乱则失职，逆则失天，[暴]则失人。……天道不远，入与处，出与反。君臣当位谓之静，贤不肖当位谓之正，动静参于天谓之文，诛□时当谓之武。静则安，正则治，文则明，武则强。安则得本，治则得人，明则得天，强则威行。"（《经法·四度》）"是故天下有事，无不自为形名声号矣，形名已立，声号已建，则无所逃迹匿正矣。"（《经法·道法》）正确认识客观事物，使其名称与概念符合它的本质，这是头等重要的大事。其次，对客观事物有了正确的认识，还须把正确认识运用到实践中去，《经法·论》中讲到要"审三名"、"执六柄"、"察逆顺"、"知虚实"，其中"六柄"即指"观"、"论"、"动"、"转"、"变"、"化"："观则知死生之国，论则知存亡兴坏之所在,动则能破强兴弱,转则不失韪非之□,变则伐死养生,化则能明德除害。"其中的"观"与"论",还属认识过程,而其余则已属于把正确认识付诸于实践了。名理统一,声号调和,明辨是非,这是"究理"的目的,也是"执道"的具体表现,"唯执道者能虚静公正,……乃得名理之诚。"(《经法·名理》)

《黄老帛书》的作者还强调行事合乎时宜,善于把握事物发展变化的关键时机,从而使自然发展规律向着有利于人的一方转化。《十大经·姓争》中说:"明明至微,时反以为几。天道环[周],于人反为之客。静作得时,天地与之。争不衰,时静不静,国家不定。可作不作,天稽环周,人反为之[客]。静作得时,天地与之;静作失时,天地夺之。"事物在发展中,转机是其发展的关键阶段。事物发展的自然规律明显地存在,而事物发展过程中的转机却微妙不易把握。如果"得时",即把握住了转化的时机,人就有了主动权,自然规律就被人认识并被人利用而成了"客体";反之,如果"失时",人就处处被动,反成了被支配的"客体"。如最明显的"得时",是农业生产严格按合宜时节进行,官府使民也选择不影响生产的合宜时间。把握合适的时机就是"顺",合天道。违背合适的时机,就是"逆",不合天道,"不顺四时之度而民疾"(《经法·论》),"人之本在地,地之本在宜,宜之生在时,时之用在民,……知地宜,须时而树。"(《经法·君正》)"动静不时,种树失地之宜,则天地之道逆矣。"(《经法·论》)当然,农时不可延误,这个道理是显而易见的,《黄老帛书》主要论述的还是如何把握政治时机,这种掌握事物发展变化关键的方法,与儒家的"时中"思想很相似。《象传》解释《易·蒙卦》说:"蒙,亨,以亨行,时中也。"唐孔颖达疏:"言居蒙之时,人皆愿亨,若以亨道行之,于时则得中也。故云时中也。"(《周易注疏》)《礼记·中庸》:"君子之中庸也,君子而时中。"孔颖达疏:"言君子之为中庸容貌,为君子心行而时节其中,谓喜怒不过节也。"(《礼记注疏》)时中、中庸,儒家指立身行事,应合乎时宜,把握一定的"度",使自己的认识与行为合乎礼义标准而无过无不及。"得时"也含此意,但更多指把握时机,不可因"失时"而沦于被动甚至反遭其殃的地步,这就是"时若可行,亟应勿言。"(《称》)"当天时,与之皆断。当断不断,反受其乱。"(《十大经·观》)

《黄老帛书》的作者还强调把握住天地万物固定的永恒规律,这个永恒的规律由于针对的对象不同,作者分别称之为"常"、"数"、"道"、"度"等。"日信出信入,南北有极,[度之稽也,月信生信]死,进退有常,数之稽也。列星有数,而不失其行,信之稽也。"(《经法·论》)这是讲日、月、星辰各有其序行,其运动也根据自身的规律进行,都有一定的"常"、"数",不可违背,这就是规律性。"应化之道,平衡而止。轻重不称,是谓失道。天地有恒常,万民有恒事,贵贱有恒位,畜臣有恒道,使民有恒度。天地之恒常,四时、晦明、生杀、柔刚。万民之恒事,男农、女工。贵贱之恒位,贤不肖不相放。畜臣之恒道,任能毋过其所长。使民之恒度,去私而立公。变恒过度,以奇相御。"(《经法·道法》)保持"恒常"、"恒事"、"恒位"、"恒道",实际就是守住不要使永恒规律遭到破坏的那个"恒度"。如年有四季,月有盈亏,春秋草木旺盛,秋冬草木衰落,人只能适应时节变化而不能背逆时节;百姓男耕女织是其业,不能夺其职乱其事;重任贤能贬抑小人,是治国理政的关键,不能贤佞并立、贤佞不分;培养臣子,用其长但不能苛求他做力所不及之事;使役百姓,要多从利于国家的角度出发,不要乘机假公济私。以上所述都属常理常规,都有它的内涵外延,违背它,就是"过度",就是"变恒",就要采用各种措施来加以纠正。

这种"守恒"的思想,并不是固守不变的思想,在永恒的规律之下,也有变通的时候,在事物发展的不同阶段,所关注的倾向性也有不同。如《黄老帛书》的作者从总体上认为:"文则明,武则强。……明则得天,强则威行。参于天地,合于民心,文武并立,命之曰上同。"(《经法·四度》)道德教化与暴力刑罚是对立的,二者又是大一统所不可缺一的。作者还认为:"天德皇皇,非刑不行,穆穆天刑,非德必倾。刑德相养,逆顺乃成。刑晦而德明,刑阴而德阳,刑微而德彰。其明者以为法,而微道是行。"(《十大经·姓争》)依古代阴阳刑德学说,刑为阴,属于武,德为阳,属于文,虽"刑德相养"、"文武并立",阴阳相济,相反相成。但还须隐阴而彰阳,虽然刑德配合、文武兼顾,但还须隐刑显德,讳武颂文。这是一般的治国之策。但也有特殊的情况,如推翻旧政权建立新政权时,就与平常不一样了。这就需要"因天时,伐天毁,谓之武。武刃而以文随其后,则有成功矣。"(《经法·四度》)夺取政权主要靠武力而不是主要靠教化,因为面临的将要灭亡的事物,必须要靠暴力来摧毁,此时强调武力、重视武力,把武力放在首位,就是依顺了客观规律。

西汉的黄老道家学派的辩证思维对汉代文人影响很大,《淮南子》吸收黄老之学,构成自己理论的主体,董仲舒也采取了黄老部分辩证思维,来构建自己以"天人感应"、"三纲五常"为中心的系统神学目的论,王充更是在儒学成为"独尊"的情势下,全力批判董仲舒的"天人感应"说,多次表示赞同黄老之学:如《论衡·谴告》说:"夫天道,自然也,无为。如谴告人,是有为,非自然也。黄、老之家,论说天道,得其实矣。"《论衡·自然》说:"贤之纯者,黄、老是也。黄者,黄帝也;老者,老子也。黄、老之操,身中恬澹,其治无为。正身共己,而阴阳自和,无心于为而物自化,无意于生而物自成。"他还自称自己的著作"从道不随事,虽违儒家之说,合黄、老之义也"。(同上)所谓的"从道不随事",就是遵从自然的辩证的道理,不随从董仲舒鼓吹的谴告之类的天人感应说,公开批判儒家之说,赞同黄老思想的精义。他的《论衡》一书,充分吸收了西汉黄老思想,建立起自己的元气自然论的宇宙观和认识论,并大大地发展了西汉的唯物辩证法,运用朴素的唯物辩证法的犀利武器批判了天人感应说与谶纬迷信,章炳麟赞其"正虚妄,审乡背。怀疑之论,分析百端。有所发摘,不避上圣。汉得一人焉,足以振耻,至于今鲜有能逮者也。"(《检论·学变》)

西汉黄老之学影响是很广泛的,如汉代人把它的一系列发展了传统儒家中庸思想的观点,作为把握各种文化典籍精义的有效方法。如《礼记·经解》载:

> 其为人也温柔敦厚,《诗》教也;疏通知远,《书》教也;广博易良,《乐》教也;洁静精微,《易》教也;恭俭庄敬,《礼》教也;属辞比事,《春秋》教也。故《诗》之失,愚;《书》之失,诬;《乐》之失,奢;《易》之失,贼;《礼》之失,烦;《春秋》之失,乱。其为人也,温柔敦厚而不愚,则深于《诗》者也。疏通知远而不诬,则深于《书》者也。广博易良而不奢,则深于《乐》者也。洁静精微而不贼,则深于《易》者也。恭俭庄敬而不烦,则深于《礼》者也。属辞比事而不乱,则深于《春秋》者也。

作者认为进行中国的古代文化典籍的教化,同时存在着优长与不足。使人温和而宽厚,得力于《诗经》的教化;使人疏达而博古通今,得力于《尚书》的教化;使人爽朗而平和,得力于《乐经》的教化;使人清静而细心,得力于《易经》的教化;使人谦逊而庄重,得力于《礼经》的教化;使人善于修辞而排比史事,得力于《春秋》的教化。然而,如果把握不住这些经典的精义,学《诗经》则容易导致缺少理性;学《尚书》则容易导致言过其实;学《乐经》则容易导致铺张浪费;学《易经》则容易导致陷入迷信;学《礼经》则容易导致繁文缛节的烦琐;学《春秋》则容易导致以文乱法。而真正得到这些经典的精义,必须"叩其两端",即学《诗经》,既温和宽厚又不缺乏理性;学《尚书》,既博古通今又不言过其实;学《乐经》,既爽朗平和又不铺张浪费;学《易经》,既清静细心又不迷信;学《礼经》,既谦逊庄重又不失之烦琐;学《春秋》,既善用文辞排比史实又不失大体;这既是这些经典的精髓,又是把握经典精义的标准,在把握中有个对立双方兼顾统一的问题,有个无过无不及的问题。

汉代伦理思想、文学艺术理论及文学艺术创作,均受到先秦道家及汉代黄老之学的深刻影响,其最突出的表现是提出了"中和"的伦理原则与审美观。《礼记·中庸》:"喜怒哀乐之未发,谓之中;发而皆中节,谓之和;中也者,天下之大本也;和也者,天下之达道也。致中和,天地位焉,万物育焉。"唐孔颖达疏:

"名曰《中庸》者,以其记中和之为用也。庸,用也。……""喜怒哀乐之未发谓之中"者,言喜怒哀乐缘事而生,未发之时,澹然虚静,心无所虑而当于理,故"谓之中"。"发而皆中节谓之和"者,不能寂静而有喜怒哀乐之情,虽复动发,皆中节限,犹如盐梅相得,性行和谐,故云"谓之和"。"中也者,天下之大本也"者,言情欲未发,是人性初本,故曰"天下之大本也"。"和也者,天下之达道也"者,言情欲虽发而能和合,道理可通达流行,故曰"天下之达道也"。"致中和,天地位焉,万物育焉",致,至也。位,正也。育,生长也。言人君所能至极中和,使阴阳不错,则天地得其正位焉。生成得理,故万物其养育焉。(《礼记正义》)

"中和"概括了中庸之道的主要内涵。"致中和",则天地万物均能各得其所,人的各种情感及文学艺术创作就会达到和谐的境界。《礼记》的"中和"思想在班固的《汉书·礼乐志》中得到进一步的发挥:

> 人函天、地、阴、阳之气,有喜、怒、哀、乐之情。天禀其性而不能节也,圣人能为之节而不能绝也,故象天、地而制礼、乐,所以通神明,立人伦,正情性,节万事者也。……夫民有血、气、心、知之性,而无哀、乐、喜、怒之常,应感而动,然后心术形焉。是以纤微憔瘁之音作,而民思忧;阐谐嫚易之音作,而民康乐;粗厉猛奋之音作,而民刚毅;廉直正诚之音作,而民肃敬;宽裕和顺之音作,而民慈爱;流辟邪散之音作,而民淫乱。先王耻其乱也,故制雅颂之声,本之情性,稽之度数,制之礼仪,合生气之和,导五常之行,使之阳而不散,阴而不集,刚气不怒,柔气不慑,四畅交于中,而发作于外,皆安其位而不相夺,足以感动人之善心也,不使邪气得接焉,是先王立乐之方也。

班固所阐释的"中和"之道,加入了阴阳、五常等概念,显然受到董仲舒思想的影响。既把中庸、中和视为至德,汉代人评价主体文化也常以此为标准,如刘安评价《离骚》:

> 淮南王安叙《离骚传》,以《国风》好色而不淫,《小雅》怨悱而不乱,若《离骚》者,可谓兼之。蝉蜕污秽之中,浮游尘埃之外,皭然泥而不滓。推此志,虽与日月争光可也。(班固《离骚序》)

刘安认为"《国风》好色而不淫,《小雅》怨悱而不乱"已合于中和,然而《离骚》又兼有《国风》与《小雅》的特点,可谓达到中和的极致,难怪他给予《离骚》"与日月争光"的高度评价。刘安虽评价的是《离骚》,实际上提出的是评价诗歌的最高标准。再如班彪评价《史记》:

> 善述序事理,辩而不华,质而不野,文质相称,盖良史之才也。(《后汉书·班彪列传》)

班彪认为司马迁著《史记》,善于论述而不浮华,质朴而不鄙俗,内容与形式相

统一,所以司马迁才称得上"良史之才"。这里虽是评价司马迁,而也可认作
是阐述了作史的标准。再如司马相如评价赋作:

> 合纂组以成文,列锦绣而为质,一经一纬,一宫一商,此赋之迹也。赋
> 家之心,苞括宇宙,总览人物,斯乃得之于内,不可得而传。

司马相如认为赋作的文辞虽美如绶带与锦绣,但同样文质兼备,就像有经有纬
才能形成编织,有宫有商才能形成乐曲,有文有质才能组成赋作,所谓"赋之
迹",就是赋体的构成或外在表现。而内在的精神活动,则是"赋家之心",作
为一个赋家其艺术思维的时间与空间是无限的,大到宇宙世界,多至古今人
物,小到细小之物,少至幽微之思。刘熙载《艺概·赋概》说:"赋家之心,其小
无内,其大无垠。"清人程廷祚认为司马相如的"'心'、'迹'之论,赋家之准绳
也"。(《骚赋论·中》)

继承先秦思维的传统,汉代的思维更加系统与富有辩证性,人们习惯于从
整体上进行思考,用归纳、推类的方法,从万物中归纳出道、天地、阴阳、四时、
五行、男女等,形成层层衍生、互有联系的宇宙观。又在人事方面与阴阳对应
出刑德、文武、祸福、文质、顺逆等,都属对立统一的关系,都相辅相成地统一于
大系统之中。对这些人事正确把握的原则,就是如何找到它们对立统一的平
衡点,"得时"、"守恒"、"中和"等就成了理想的追求,所以求平衡、求和谐、求
统一,成了汉代思维的一大特点。由于认识事物习惯从事物的整体出发,认识
上强调直观、整体感悟,虽有利于对事物进行整体把握,易于形成宏观的文化
体系,但缺乏对事物各个组成部分作精细的逻辑分析,宏大系统也就缺乏精密
性,易于掺杂主观的甚至神秘的意识。

第四节 汉易中思维方式的价值

汉代的儒学通常是通过诠释儒家经典而形成与发展起来的,上古三代的
儒家经典是《六经》,六经之中最古老的就是《易经》,所以称其为《六经》之
首。《易经》是一部占筮的书,可能初成于殷周之际,盛行于西周,书中主要是

周代筮官占卜自然变化与社会、人事吉凶时所作的记录或总结,因此又称其为《周易》。《易经》与其他五经很大的不同,在于它不仅有文辞,而且有显示象与数的卦与爻,也就是它是由卦爻象与卦爻辞二大部分组成的。在《易经》中,以"一"表示为阳爻,以"— —"表示为阴爻,三爻组成一卦象,不同的三个爻共组成八个卦象。这八个卦象(也称卦画或卦形)的卦名分别为:乾、坤、震、巽、坎、离、艮、兑。每一卦象有一基本象征意义,分别是:乾象征天,坤象征地,震象征雷,巽象征风,坎象征水,离象征火,艮象征山,兑象征泽。八卦又称经卦,经卦两两重迭构成六十四重卦,每重卦有六个爻,六十四重卦共有三百八十四爻,《易经》就是以这六十四重卦为篇目构成的。在卦象与爻位下系以解说之辞,这就是卦辞与爻辞,以文辞"九"表示阳爻,以"六"表示阴爻。卦形变化组合,本不能显示世界事物的变化及性质,也就是说卦爻象和卦爻辞之间本来不存在必然联系,但以代表"阴"的阴爻与代表"阳"的阳爻所组成的众多的卦形,为筮人用阴阳对立统一的观点说明天、地、人提供了想象、推测的一定"依据"。中国古代阴阳对立统一并在一定条件下互相转化的理论,基本上揭示了事物对立统一的基本规律,因而《易经》的卦爻辞中含有深刻的辩证哲理。可以说:它在神秘形式下隐含着弥纶天地的人类智慧,在阴阳变易中阐释出大千世界的基本法则。筮人根据卦形的不同排列,要领悟出世上事物的变化来,这也显示出筮人的高度想象力与抽象思维能力,创造了由感性直观的形象中抽象概括普遍规律的思维与表达的方式。其思维具有有规律的逻辑推演性质,然而其表述却具有实证性,因为其卦辞、爻辞一般都采自古代历史传说、民间歌谣、日常生活现象,有直观思维的形象。

《易经》虽包含着生活的智慧和理性的思维,但在西周却只用来指导占卜,从春秋时期开始,人们以儒家思想杂以阴阳家和道家的思想,侧重从义理方面对《易经》进行阐释,当然也存在着从卦象的表征意义,或从阴阳奇偶之数、蓍草数目、九六之数等角度出发来诠释《易经》的现象,但都没有形成系统的诠释体系。这个时期出现了大量解释《易经》的传文,人们称其为《易传》,《易传》共有七种十篇:《彖》上下篇、《象》上下篇、《系辞》上下篇、《文言》、《说卦》、《序卦》、《杂卦》各一篇,自汉代起称其为"十翼",含辅助理解《易经》之意,《周易》自然包含了《经》、《传》二部分。从汉代开始,随着经学正统地位的确立,五经博士的设置,对《周易》的研究就成为一门专门的学问,产生了对中国二千年来思想史与哲学史都有影响的"易学",汉代是易学的开始,《易传》为汉易奠定了基础,而汉易又为历代的易学开了先路。

汉易不仅限于儒家,还有黄老道家及其他流派的思想家,大致划分起来,汉易可分为两大流派:象数派与义理派。象数学派着重从阴阳奇偶之数和卦爻象及八卦所象征的物象来解说《周易》的经、传文,其主要的理论卦气说,出于西汉的孟喜、焦延寿(即焦赣)、京房诸人,此说以《易》卦与四时气候相配,来解释《周易》的原理,解释阴阳灾变和占验吉凶。至东汉末的虞翻将八卦与天干、五行、方位相配合,推论象数,将象数学发展到了极致。这一学派因其立于学官,又治今文《易》,故属今文经学与官方易学系统。义理学派则指研究阐释经义名理的学派,在汉易方面,这一派则从卦名的含义及卦象的象征意义来阐释《周易》经、传文,注重阐发卦爻象和卦爻辞中的义理,他们不讲卦气说与阴阳灾变,因未立学官,又习古文《易》,故属古文经学与民间易学系统,代表人物有费直等人。义理派只是为了借《周易》的卦象来阐释义理,用不着建立新的逻辑框架与体例,沿用的是《周易》经传已有的卦体、爻位等体例。而"象数派追求的是一种对外在的必然即'天命'的把握,即通过《易》的周延的内在联系,逻辑地显示人世将发生的一切。"[①]

不过,象数学派虽重阴阳术数,注重逻辑推演,但其目的还在于以卦象明天道,以天道而指导人事。郭彧先生说:

以今天存留的京房诸书"明灾异"的片言与《开元占经》所引焦延寿"长于灾变"的内容相较,可见京房说阴阳灾异是"青出于蓝而胜于蓝"。焦延寿从孟喜问《易》,而孟喜得《易》家候阴阳灾变书。从"皆曰非古法"说中可知,当时的《易》孟氏学和京氏学,皆是西汉初中期兴起的以《书》、《春秋》、《周易》说天道与人事学风的产物。以经学明阴阳灾异而"神道设教",则是西汉经学的共同特点,不同的只是有人利用《春秋》、

---

① 崔大华:《儒学引论》,人民出版社 2001 年版,第 223 页。

《尚书》设教,又有人利用《周易》设教而已。总是"每有灾异,辄传经术,言得失"(语见《汉书·平当传》)。如董仲舒、韩婴、夏侯始昌、眭弘等就是以《春秋》察变"说灾异"的高手,以《洪范传》察变"说灾异"的高手有夏侯胜、翼奉、李寻、谷永等人,以《周易》察变"言灾异"的人有孟喜、焦赣、京房、段嘉、姚平、乘弘、周敞等。

《春秋》是由显而入微(以人事而及于天道),《周易》则是由微而微显(以天道而及于人事)。孟喜、焦延寿、京房以《易》明阴阳灾变之学,与董仲舒《春秋繁露》的明阴阳灾变有"异曲同工"的作用。①

义理学派并非排斥象数,象数学派也并非排斥义理,其分歧的焦点在于如何对待象数这一形式与义理这一内容。本来《周易》的形式就是象数,它被阐释出的内容就是义理,义理学派把内容放在首位,使象数服从于义理,将《周易》解释成一部宣扬义理的哲学著作。而象数学派则把形式放在首位,把象数奉为令人崇拜的神圣体系,借此来勾通神人预测吉凶,虽也借助象数来表现义理,但大大地恢复和发展了《周易》宗教巫术的占筮特点。然而汉代的象数之学之所以成为汉易的主流,其根本原因还不在于它以阴阳奇偶之数、卦气说等阐明阴阳灾异,它尊崇的道义仍与义理学派一样,和汉代思想文化发展的主流息息相通,体现了儒家的文化价值。根本的原因在于:它对《周易》原有的体例进行了重大的改革,吸收阴阳五行学说及天文律历方面的自然科学成果,努力建立新的诠释体系,这种体系将象数有规律地排列与变化,表现出比较严密的内在联系性,有利于对万事万物的吉凶及发展趋向靠逻辑自然地推演出来。在解释《周易》时,给人们提供了一个完整的世界图式,使宇宙万种事象包括复杂的人事在内都纳入这一世界图式之中,并给以形而上的阐明,从而使象数学派的学说形成了一套具有辩证法的哲学体系,它的最大价值主要就体现在思维方式上。

皮锡瑞在《经学通论》中把义理派的不言阴阳术数之说称作《易》之"正传",把象数派的阴阳灾变之说称为《易》之"别传"。余敦康先生指出:

---

① 郭彧:《京氏易传导读》,齐鲁书社 2002 年版,第 8－9 页。

就易学本身而论,以阴阳灾变为说的《易》之别传不始于汉初,而始于宣、元之际的孟喜、京房。孟喜之学出于丁宽之门人田王孙。王孙授施雠、孟喜、梁丘贺。《汉书·儒林传》说:"喜好自称誉,得《易》家候阴阳灾变书,诈言师田生且死时枕喜膝,独传喜,诸儒以此耀之。同门梁丘贺疏通证明之,曰:田生绝于施雠手中,时喜归东海,安得此事?""京房受《易》梁人焦延寿。延寿云尝从孟喜问《易》。会喜死,房以为延寿《易》即孟氏学,翟牧、白生(孟喜门人)不肯,皆曰非也。"这段史料说明,孟喜首改师法,援引阴阳灾变之说入《易》,受到同门梁丘贺、施雠的激烈反对,京房的易学托于孟喜,又不为孟喜的门人所认可。由此可见,易学在汉代的演变,直到宣、元之际才分化成义理派与象数派两种互相攻驳的倾向。象数派的倾向离开了《易》之正传,标新立异,特论巧慧,《易》家不能难,虽然暂时居于劣势,却是一股新生的力量,很快就蔚为大观,独立成派,在哀、平之际发展成《易纬》那种庞大完整的体系,东汉时期的郑玄、荀爽、虞翻等人又从而推波助澜,使象数派的易学取得了压倒的优势,成为整个汉易的代名词。①

以卦气说解释《周易》,是汉易象数之学的一大特征。这不能不首先提到汉宣帝时的经学博士孟喜。孟喜,字长卿,东海兰陵(今山东苍山兰陵镇)人,《汉书·艺文志》载有《孟氏京房》十一篇,《灾异孟氏京房》六十六篇,已佚,唐代僧一行提到孟喜还著有《孟氏章句》,也早失传,但从一行的《卦议》中可知孟喜确是卦气说的倡导者:"十二月卦出于《孟氏章句》,其说《易》本于气,而后以人事明之。"(见《新唐书》卷二十七上)

所谓卦气说,就是以六十四卦分配气候,然后以此说来释《易》。《易传》中的《说卦》已将坎、震、离、兑四卦与四方、四时相配,提供了一个时空框架,在此基础上,孟喜以坎、震、离、兑为四正卦,进一步将之与一年二十四节气相配,每一卦主管二十四节气中的六个节气,每一卦中的一个爻恰主管一个节

---

① 余敦康:《汉宋易学解读》,华夏出版社 2006 年版,第 9 页。

气,并利用四正卦的阴阳奇偶的象数变化来解释一年之中节气变化的规律。与四正卦主一年四季二十四节气类似,孟喜还创建了十二月卦,因为主要体现十二月中阴阳二气的此消彼息,所以又称为十二消息卦。除去四正卦外,其余六十卦分配于十二月之中,每月分得五卦,每卦主管六日七分,六十卦恰又主管三百六十五日,并配入七十二候。又将六十卦按辟(君)、公、侯、卿、大夫五等爵位分为五组,每组十二个卦,其中辟组即十二辟卦分别为:复卦、临卦、泰卦、大壮卦、夬卦、乾卦、姤卦、遁卦、否卦、观卦、剥卦、坤卦,它们分别代表从十一月始至十月终一年十二个月节气中的中气,即处于每月中间的节气,它们分别是:十一月冬至(冬)、十二月大寒(冬)、正月雨水(春)、二月春分(春)、三月谷雨(春)、四月小满(夏)、五月夏至(夏)、六月大暑(夏)、七月处暑(秋)、八月秋分(秋)、九月霜降(秋)、十月小雪(冬),它们已经象征了一年四季节气的变化。只要我们观察一下十二辟卦的卦象,就会发现从复卦到乾卦,卦象自下而上以一阳爻之数逐渐增加,这就是阳息阴消的渐变过程;反之,从姤卦开始到坤卦,卦象自下而上以一阴爻之数逐渐增加,这就是阴息阳消的渐变过程。阴阳爻的消长变化,即阳进阴退与阴进阳退,正好说明阴阳二气的消长变化。一年的阴阳变化之所以以十月为终,是因为十月为纯阴,故坤卦主之。十月之后,阳气逐渐上升,阴气逐渐消退,至四月,发展成为纯阳,故乾卦主之。五月之后,阴气逐渐上升而阳气却逐渐消退,至十月又回复至纯阴,一年十二月就是如此循环往复,阴极而阳起,阳极而阴起,体现了物极必反的规律。孟喜的卦气说并非是要说明气象历法的变化规律,而是利用气象历法的知识,重构《周易》的理论结构,以阴阳二气的变化比附人事,来占验灾异,其理论基础还没有超出天人感应说。但它利用《周易》的象数模式,把自己的阴阳灾异说阐发得比董仲舒的天人感应说更具逻辑性。

孟喜吸收了道家和阴阳家所倡导的阴阳学说,运用排列年、月、日、节气的历法知识,创立卦气说,以此来解释《周易》并说明阴阳灾变现象,使传统的释《易》来了一个新变。而孟喜的弟子焦延寿则多受世传周文王创重卦的启发,著成《焦氏易林》一书,以"之卦"的形式,变《易经》450 条卦爻辞为《焦氏易林》的 4096 条卦变辞。如《易经》的《蒙》卦,它有卦辞一条,爻辞六条,而《焦

氏易林》中的《蒙》卦,除去它自身《蒙》卦的一条卦变辞外,还有六十三个卦
变,它们是:《蒙》之《乾》、《蒙》之《坤》、《蒙》之《屯》、《蒙》之《需》、《蒙》之
《讼》……一直到《蒙》之《未济》,每个卦变后附有四言诗(极个别的有三言
诗)的卦变文辞。这样,等于极大地扩大了原有的卦爻辞的数量,从而极大地
丰富了释《易》的内容,成为更新更庞大的一个释《易》体系。当前流行的《焦
氏易林》较好的版本,有常秉义点校的尚秉和注本,常秉义在此《焦氏易林注》
中附有《导言》,其中说:

> 周、孔之际,六十四卦每卦六爻,加上《乾》、《坤》用九、用六,不过三
> 百八十六条爻象之辞,加上六十四卦辞,也仅有四百五十条。换言之,当
> 时卦变之法,一卦六变,合之三百八十四变,以应闰年朔望之全数。而到
> 了焦延寿时代,一卦六十四变,六十四卦四千零九十六变。当一卦变成另
> 一卦曰"之",每次卦变配一条文辞以示变化状态及其结论,于是形成四
> 千零九十六条文辞,亦即卦变之辞。其实,六十四卦每一卦中,都包含六
> 十四卦的全部信息,所以,在每一别卦中,不论一个爻变,或二个爻变、三
> 个爻变、四个爻变、五个爻变和六个爻变,共变出六十三卦,加上自身本
> 卦,合之六十四卦。不论几爻变,无非是阴爻变阳爻,阳爻变阴爻。由于
> 阴阳爻象的变化,导致内(下)卦象与外(上)卦象以及"互体"卦象的变
> 化,通过卦象意蕴及其不断迁变的新的卦象意蕴而征引出既抽象又具体、
> 既规范又离奇的万象征候信息过程流中的变化节点。这些卦变特点,从
> 内外、上下卦(八经卦)卦象变化,人们往往易于领会,而对于"互体"卦象
> (尚有反象、伏象、半象等等)的千变万化却不易把握。①

所谓"互体"卦象,就是指在一重卦中,本可分作上、下两个经卦,但两个经卦
合成一重卦后,形成六个不同称呼的爻,自下而上称为初爻、二爻、三爻、四爻、
五爻与上爻,如果把二爻、三爻与四爻以及三爻、四爻与五爻重新组合,就会形
成两个新的经卦。在一个重卦中,除原有的上、下两个经卦外,还能分析出两

---

①　焦延寿著、尚秉和注、常秉义点校:《焦氏易林注》(上),光明日报出版社 2006 年版,第 9 – 10
页。

个新的经卦卦象,古人就把这新卦象称为"互体"卦象。至于反象、伏象、半象等,那是"互体"的特殊卦象,不论从重卦中再细分析出新的经卦象,还是以"之卦"的形式,变相地将重卦再重叠,形成新的卦变,都是为了通过开掘卦象的内涵,进一步扩大释易的信息量,以适应易能弥纶天地万物之道的性能。

如果说焦延寿多受世传周文王创重卦的启发,创庞大的卦变体系,那么后来的扬雄则仿《易经》的体系,著成《太玄》一书,也创庞大的释易体系。《汉书》本传称扬雄"好古而乐道,其意欲求文章成名于后世,以为经莫大于易,故作《太玄》。"《汉书》本传又说他:"撷之以三策,开之以休咎,絣之以象类,播之以人事,文之以五行,拟之以道德仁义礼知,无主无名,要合五经。"《太玄》一书以"玄"为中心,在《太玄·摛》中提出"玄者,幽摛万类而不见形者也",主张从玄中分化出阴阳,这就是他所说的"摛措阴阳而发气",阴阳二气互动而生天地万物。他揉合儒、道、阴阳家思想来释易,提出"贵其有循而体自然"的观点。《太玄》模仿《易经》中阴阳爻的符号,再创"━ ━ ━"这一符号,全书的符号分别由"━"、"━ ━"、"━ ━ ━"三种基本符号按四重构成,共创八十一个符号,叫做"八十一首",每首相当《易经》中的一卦,每首分九赞,相当于易卦的爻,共有七百二十九赞,其结构自上而下称为一玄三方九州二十七部八十一家七百二十九赞。扬雄"他将八十一首仿《彖传》作《玄首》、分配于一年四时之中,用以表示阴阳二气消长运行、万物兴衰成亡的过程。并将阴阳五行,四方四时,日月星辰,风雨物候,山川草木,人体结构,心理性情以及人类的生产、生活活动都纳入其中,构成了一个贯通天人的自然哲学系统,从而对西汉以来的易学作了一次总结,为卦气说和象数之学提供了哲学根据。"①除《太玄》之外,扬雄还模仿《易传》作了十一篇文字来解释《太玄》,分别是:仿《彖传》作《玄首》、仿《象传》作《玄测》、仿《序卦》作《玄冲》、仿《杂卦》作《玄错》、仿《文言》作《玄文》、仿《系辞传》作《玄摛》、《玄莹》、《玄掜》、《玄图》、《玄告》,仿《说卦》作《玄数》,运用了浑天说与当时《太初历》的知识,使七百二十九赞与一年三百六十五又四分之一天数相应,以仿易为切入,希冀构建一个囊

---

① 朱伯崑主编:《易学基础教程》,九州出版社 2003 年版,第 133 页。

括一切又充满辩证统一的自然哲学体系,给世界一个有序的图式说明。

汉易发展到京房,他继承与发展了孟喜的卦气说,建立健全了象数之学的体系,从而成为了汉易的代表,他是西汉今文易学"京氏学"的开创者,也是西汉象数学派——孟京易学的核心人物。京房(公元前77—前37年),字君明,东郡顿丘(今河南清丰西南)人,原本姓李,推律自定为京氏。初学易于孟喜的门人焦延寿,元帝时为博士,以灾异推论时政得失,曾弹劾权贵石显等人专权,被权奸所杀害,年仅四十一岁。其著述今仅见《京氏易传》三卷,《四库全书总目提要》说:"今惟《易传》存,考《汉志》作十一篇,《文献通考》作四卷,均与此本不同。"又见《搜神记》等书引京房《易传》,虽亦言灾异,但文不见于现传《易传》,疑为另书,由此可见京房易学著述之丰。

京房在易学上的贡献主要是改造和发展了孟喜的卦气说,以乾、坤为根本,统辖新排列的六十四卦,并引入阴阳五行说范畴,形成了一个新的象数学解易体系。孟喜创卦气说,以卦象解释一年四时节气的变化,借此推演万事万物的变化。他以六十卦(除去四正卦)配十二月、七十二候,以十二辟卦配一年十二个月中节气中的中气,以四正卦的二十四爻配二十四节气。京房在孟喜学说的基础上,又以六子卦的上下经卦配二十四节气,每一经卦主二个节气,这六子卦就是坎、离、震、兑四正卦再加上巽、艮两卦(六子卦是因与乾、坤父母卦相对而言的)。除此之外,又以六十四卦配一年的日数,这比孟喜卦气说以卦仅配一年的月数更加细化了。一年有三百六十五又四分之一日,六十四卦总共有三百八十四个爻,如何相配?京房选出数个卦来,让它们的爻少分担一些时日,这当然具有主观随意性,但毕竟把这个问题解决了。如果说孟喜的十二消息卦,反映的就是阴阳消长变化的过程,以阳阳变易的观念解释《周易》,而到了京房则更明确地提出阴阳二气说,通过阴阳二气的升降交流,来解说一年四季节气变化,大大充实了原有的卦气说。并阐发了阴阳转化、物极必反的观念,如他在复卦中有释词曰:"阴极则反,阳道行也。"在泰卦中说:"阳道浸长不可极,极则否成。"在大壮卦中说:"壮不可极,极则败。物不可极,极则反。"(均引自《京氏易卷》卷中)

为了更好地说明新的卦气说,京房对六十四卦进行了新的排列,从而在此基础上建构了一个逻辑严密的六十四卦的新组合图——八宫卦。他以八经卦的重卦乾、震、坎、艮、坤、巽、离、兑为序,称为八宫,或称为八纯、上世,每一宫又率七卦,组成一组,这七卦分别称为一世、二世、三世、四世、五世、游魂、归魂。六十四卦可组成八组,排列成纵横行,都有八个卦,形成方方正正的八宫卦。如乾卦为上世卦,其后率姤卦(一世)、遁卦(二世)、否卦(三世)、观卦(四世)、剥卦(五世)、晋卦(游魂)、大有卦(归魂)。从卦象上看,以上世卦为基准(故八个上世卦又称为八纯),一世卦象变化初爻(如姤卦在上世卦乾卦象六个阳爻的基础上,变初爻阳爻为阴爻,和上世卦乾卦比起来,有一爻即初爻发生变化),初、二两爻都变化者为二世,初、二、三爻都变化者为三世。初爻至四爻都变化者为四世,初爻至五爻都变化者为五世;变至五世然后再返回变四爻,成为游魂卦,如游魂卦晋卦它的卦象是初、二、三爻为阴爻,四爻为阳爻,五爻为阴爻,上爻为阳爻,它的卦象是由五世卦剥卦(初爻至五爻皆为阴爻,上爻为阳爻)的第四爻(阴爻)变为阳爻而形成的。接着再变四爻以下三爻(即初、二、三爻),回复成本宫卦的下卦,则称归魂卦。故归魂卦大有卦的下卦是个乾经卦,整个卦象除五爻为阴爻外,其他爻皆为阳爻。以乾本宫卦为例,其他宫卦变化莫不如此。从乾卦到归妹卦,组成了一个六十四卦所有象数有内在联系有规则有序的组合体。京房没有创造新的卦象,他只是有规则、有序地对六十四卦进行新的排列,组成了八宫卦的阴阳消息递变的严密逻辑框架。京房的八宫卦的建构有其“理论”依据,《易传·说卦》中说:“乾,天也,故称乎父;坤,地也,故称乎母;震一索而得男,故谓之长男;巽一索而得女,故谓之长女;坎再索而得男,故谓之中男;离再索而得女,故谓之中女;艮三索而得男,故谓之少男;兑三索而得女,故谓之少女。”以父统三男,以母统三女,排列成次序,则是为乾、震、坎、艮、坤、巽、离、兑八宫,各纯卦之卦名也为宫名。八纯卦所率的其余五十六卦,其卦象恰是八纯卦有规律变化的结果。为何给它们以“某世”、“游魂”、“归魂”的称呼呢?“孔子云:易有四易,一世、二世为地易,三世、四世为人易,五世、六世为天易,游魂、归魂为鬼易。”(引自《京房易传》卷下)即使孔子真有过此话,仍遵循着传统的从一卦之卦体分成上、中、下三部分从而引出天、地、人的“三才”论,而京房只是借用这些名称,把一卦之卦体显示天、地、人、鬼的易变扩大至八宫卦,极大地扩大了解释天、地、人、鬼的易变范围。

八宫卦组成后,京房又将八宫卦配天干、地支、五星及五行,进一步深化卦象变化及阴阳消长的理论。古人分十天干为阴阳两部分,以甲、丙、戊、庚、壬为阳干,以乙、丁、己、辛、癸为阴干;分十二地支为阴阳两部分,以子、寅、辰、午、申、戌为阳支,以丑、卯、巳、未、酉、亥为阴支。八宫卦配以十天干,以十天干的甲、乙、壬、癸配父母卦的内外卦,六子卦分别配丙、丁、戊、己、庚、辛,配就是"纳",即乾卦纳甲、壬,坤卦纳乙、癸,艮卦纳丙,兑卦纳丁,坎卦纳戊,离卦纳己,震卦纳庚,巽卦纳辛,后六者六子卦恰是以少男、少女、中男、中女、长男、长女卦顺序排列。所纳十干以甲为首,故称此说为"纳甲说"。又将八宫卦的各爻配以十二地支,以子、寅、辰、午、申、戌六奇位支(阳支)配入阳卦六爻,以丑、卯、巳、未、酉、亥六偶位支(阴支)配入阴卦六爻,把乾坤二卦的六爻配十二地支、十二月,可得如下图表:

月份	十一月	十二月	正月	二月	三月	四月	五月	六月	七月	八月	九月	十月
地支	子	丑	寅	卯	辰	巳	午	未	申	酉	戌	亥
爻数	乾初九	坤六四	乾九二	坤六三	乾九三	坤六二	乾九四	坤初六	乾九五	坤上六	乾上九	坤六五

如果把此表变作圆形图,内环为月份,二环为地支,三环为爻数,就成十二爻辰图,郑玄后来作"十二爻辰图",其源就本于此。有的还在月份与地支间再加入十二律,就更加复杂。

以五行观念引入易学,在《易传》中就有体现,但京房将五行配入八宫卦及卦中各爻,创"五行爻位说",是一大发明。如乾卦配金,坤卦配土,震卦配木,巽卦配木,坎卦配水,离卦配火,艮卦配土,兑卦配金,乾卦的初爻配水,二爻配木,三爻配土,四爻配火,五爻配金,上爻配土。其他各卦皆类此配入五行,至此易学中的五行说才形成了体系。总之,京房以八宫卦的形式,组建了一个有各种内在联系、有严密逻辑、有完整系统的六十四卦新框架,运用天文、历法、律法、阴阳对立转化、五行相生相克诸说,构建起一个新的易学体系,正如京房所说:"夫易者象也,爻者效也。圣人所以仰观俯察,象天地日月星辰草木万物,顺之则和,逆之则乱。夫细不可穷,深不可及,故揲蓍布爻用之于下筮。分六十四卦,配三百六十四爻,序一万一千五百二十策,定天地万物之情状。"又说:"八八六十四卦,分六十四卦配三百八十四爻,成万一千五百二十策,定气候二十四,考五行于运命,人事天道、日月星辰局于指掌,吉凶见乎其位,《系》云'吉凶悔吝生乎动'。"(《京房易传》卷下)京房的易学体系,引进与注入了各种思想观念与系统的自然知识,大大地扩大了《周易》的取象范围,因此它成为了汉易的代表。

西汉末年,纬书大兴,关于《易纬》,当时就有《稽览图》、《乾凿度》、《坤灵图》、《通卦验》、《是类谋》、《辨终备》等(见《后汉书·樊英传》注),《易纬》又提出太极元气说、九宫说、八卦方位说及八卦之名源于古文字说等,又发展了孟京的易学,使卦气说和象数之学进一步理论化、系统化与神学化。至东汉末年,虞翻又将孟京的卦气说改变为卦变说,所谓卦变,是指乾坤父母卦变为六子卦和十二消息卦变为杂卦。他以乾坤二卦为基础,乾卦二、五爻与坤卦二、五爻互换,则形成新的二卦:坎卦与离卦,坎、离二卦象中又包含着其他四经卦,坎卦象中,二至四爻为震卦,三至五爻为艮卦。离卦象中,二至四爻为巽卦,三至五爻为兑卦。二至四爻与三至五爻各形成的卦象,称为互体卦,乾、坤二卦通过互换爻已变为六子卦。乾、坤两卦互相推移,又可以变出十二消息卦,十二消息卦又通过本卦中某阴爻或阳爻的依次变动,分别变出其他杂卦,如复卦,初爻为阳,其余皆为阴,当它依次变换二、三、四、五、上爻后,分别形成师卦、谦卦、豫卦、比卦、剥卦,如此变换,乾、坤二卦就可推衍出全部六十四卦。除卦变说外,虞翻还提出旁通说,所谓旁通,是指六个爻都相反的两个卦,卦象虽相反,其意却可相通,可用旁通方式来互相解释两卦。

京房以五行解释八卦爻位,郑玄则以五行来解释《系辞》中的天地之数与大衍之数,提出五行生成说。根据郑玄对"数"的诠释,所谓天地之数就是五行之数,天地之数各有五个,按水、火、木、金、土的顺序分别配天地之数的前五个数,即一、二、三、四、五,称其为"五行生数";分别配以天地之数的后五个数,即六、七、八、九、十,称其为"五行成数"。根据奇偶、阴阳相配的观念,生数与成数须相配合,即地六配天一,天七配地二,地八配天三,天九配地四,地十配天五,五行的生数、成数再配以北、南、东、西、中五个方位(土配中,居中央)。体现了《易传·系辞》中所说的"五位相得而各有合"的意思。郑玄说:

> 天地之气各有五,……天一生水于北,地二生火于南,天三生木于东,地四生金于西,天五生土于中。阳无偶、阴无配未得相成。地六成水于北,与天一并。天七成火于南,与地二并。地八成木于东,与天三并。天九成金于西,与地四并。地十成土于中,与天五并也。(《礼记注疏·卷十四·月令》)

这样,阴阳五行、四时四方及天地万物衍生的观念就借此表述出来。所谓"大衍之数",就是天地之数,天地之数即五行之气各相并之数,也就是每行之"生"与"成"二气合并为五行之一气,总数为五十五,然大衍之数五十,如何吻合呢? 郑玄解释说:"大衍之数五十有五,五行各气并,气并而减五,惟有五十。以五十之数不可以为七八九六卜筮之占以用之,故更减其一,故四十有九也。"(同上)这也就是对"大衍之数五十,其用四十九"的解释。郑玄对《易传》中出现的数的诠释,是以五行为基础,以阴阳奇偶之数,推衍五行之气的生数与成数,从而形成万物生成的法则,理论角度与方法比较新颖,构成了一个囊括宇宙一切的时空理论框架,被称为五行生成说,从京房到郑玄,易学中的五行学说完成了它的演变与确立的过程。

　　汉代的象数之学并不能说明自然灾变人事祸福,然而它以象数释易,建立起系统完整的世界图式,其阴阳消长转化充满了辩证法则,具有重要的哲学意义。不过越到后来,象数派越花样翻新,使象数之学越来越繁杂而难以操作,汉代象数之学在易学中的主流地位终被魏晋以王弼、韩康伯为代表的义理学派所取代,这完全是物极必反的规律使之然,是汉代象数学派自己走向其反面的结果。

第二编

"自觉"创新的文学

第一章 汉代文学特色总述

公元前 221 年,地处西北边陲的诸侯国秦国吞并了其他诸侯国,结束了自春秋战国以来长期的诸侯混战局面,统一了全国,建立起中国历史上第一个幅员辽阔的中央集权制的封建大帝国。为了进一步巩固大一统政权,树立皇权的绝对权威,秦始皇在全国推行郡县制,取消了与皇权专制、国家统一不相容的封国建藩制,统一了全国的法令、吏制、兵制、货币、度量衡、公路交通、文字,实行了户籍制,把一切权力都集中在皇帝手中,极大地促进了国家的统一与强有力的管理。

然而,秦王朝一系列的大一统举措是在强权暴政基础上推行的。在统一全国前,秦帝国依靠自己强大的军事力量,对六国旧贵族势力的打击是比较彻底的,但是在统一全国后,仍推行强权政治,对国内人民进行残酷的政治压迫与经济剥削,繁重的劳役与兵役,使老百姓连气也喘不过来。当时全国人口才二千多万,而服兵役的就有二百多万,壮年男子每三人中就有一人服兵役,这还不算遣调大批劳力去修长城、筑宫殿。名目繁多的赋税,使人民苦不堪言,人民生活于水深火热之中,社会生产力遭到巨大的破坏,大大地动摇了秦帝国的统治基础。秦始皇在思想文化领域,为了消除一切反抗意识,同样实行了严刑峻法。秦法规定:"史官非秦记皆烧之。非博士官所职,天下敢有藏《诗》、《书》、百家语者,悉诣守、尉杂烧之。有敢偶语《诗》、《书》者弃市,以古非今者族。"(《史记·秦始皇本纪》)不久,果然付诸实施,使绝大部分民间藏书毁于一炬,在咸阳坑杀了四百六十多名儒生,对不同政见者进行了血腥镇压,这就是历史上有名的"焚书坑儒"。"焚书坑儒"是中国历史上第一次文化大浩劫,其结果使中国久传的古代文献大量销毁失传,使传统文化的传授,遭受到极大的破坏,同时也造成秦代文学的极度萧条与冷落。

在中国文学史上,李斯是秦代唯一有影响的作家。李斯的代表作是《谏逐客书》,这是公元前237年秦未统一中国时,李斯作为当时秦国一名客卿写给秦王的一篇书信,信中劝说秦王取消驱逐客卿的命令。文章说理透辟,气势奔放,擅长铺陈排比,既存战国策士纵横捭阖的遗风,又开汉代辞赋铺张扬厉的先声,李兆洛《骈体文钞》中称李斯这篇文章为"骈体初祖"。严格说来,这篇文章还不属秦帝国时的文学作品,而是属于战国末期的文学作品,秦王朝时期确实没有什么好文章可言。秦始皇称帝后,常巡游各地,命御用文人撰文刻碑以记其事以颂其功,如泰山、琅玡台、会稽山等地的刻石文,都是歌功颂德的应制之作,没有多少文学价值,只是四言韵文的形式,有高度的语言概括能力,对汉初的文风及后代碑文的写作还是有一定影响的,鲁迅在《汉文学史纲要》中称赞秦石刻文"质而能壮,实汉晋碑铭所从出也。"①秦帝国时的诗坛,也是一派荒芜,在秦始皇极度恐怖的高压下,诗人们个个噤若寒蝉,只有民间仍利用歌谣来表达对暴政的不满与反抗,如有讽刺秦始皇选美的《琴引》,有控诉修筑长城给人民带来灾难的民谣,只可惜那时的歌谣流传下来的极少。秦始皇开创了中国大一统的封建中央集权制,但他并没有开创中国大一统的封建社会的新文学,而中国大一统的封建社会的新文学,是由汉帝国所开创的,这是汉代对中国文学乃至世界文学所做出的伟大贡献。

繁荣昌盛的汉代文学,不能与秦王朝这个特殊时代的文学作比较,这样比就失去了意义。汉王朝的中央集权制是继承秦制而来的,而汉代文化却是主要继承春秋战国的文化而发展起来的。要作比较,就要把它与三代以来,特别是春秋战国时期的文学比,这才能看出它在继承基础上的发展与创新的部分,这就是汉代文学的新特色。这些新特色标志着汉代文学以其辉煌的创新成就,使汉代文学跨入了一个"自觉"的时代,创新与"自觉",这是汉代文学特色的核心。

---

①　鲁迅:《汉文学史纲要》,《鲁迅全集》第九卷,人民文学出版社1982年版,第382页。

第一节 文学的"自觉"始于汉

传统文化是整个国家与民族的精神基础,一个没有悠久、厚实传统文化的民族,很难谈得上具备自己的独特鲜明的民族精神。如果对自己民族传统文化不了解,甚至误解,就等于忽视或削弱了国家与民族的精神基础,如果否定民族传统文化,就等于失去了民族精神,也就从根本上否定了这个民族。在中国文化发展史中,这种不了解、误解甚至轻易否定传统文化的现象时有发生,极有影响的"魏晋文学自觉说"就是其中的一例,它没有真实地反映中国古代文学的实际,大大地贬低了开创一个新时代的汉代文学的价值及影响,学术界长期以来,被"魏晋文学自觉说"所困惑,而不能正确地评价中国先秦两汉文学。

"魏晋文学自觉说",始见于1920年日本人铃木虎雄在日本《艺文》杂志上发表的《魏晋南北朝时代的文学论》一文,铃木虎雄认为:"魏的时代是中国文学的自觉时代",原因是:"自孔子以来直至汉末,基本上没有离开道德论的文学观,并且在这一段时期内进而形成只以对道德思想鼓吹为手段来看文学的存在价值的倾向。"而魏的时代,在铃木虎雄看来,自然是进入了从文学自身看其存在价值的时代,因为"魏之三祖即武帝(曹操)、文帝(曹丕)、明帝(曹叡),都是作为文学家而同时以统治者的权力来推扩、保护文学者。建安、黄初之时,文学郁然兴起,是不能不主要归为彼等之力的。而有关文学的议论,亦自曹丕及其弟曹植始"。然而在中国,这种文学观的影响,还是从鲁迅倡导此说开始的。1927年9月,鲁迅在广州一次学术演讲会上,作了题为《魏晋风度及文章与药及酒之关系》的演说,后人将其收入《鲁迅全集》第三卷中,正是在这篇著名演讲中,鲁迅先生继铃木虎雄之后又一次提出了"魏晋文学自觉说"来,他说:

> 丕著有《典论》,现已失散无全本,那里面说:"诗赋欲丽","文以气为

主"。《典论》的零零碎碎，在唐宋类书中；一篇整的《论文》，在《文选》①中可以看见。

后来有一般人很不以他的见解为然。他说诗赋不必寓教训，反对当时那些寓训勉于诗赋的见解，用近代的文学眼光看来，曹丕的一个时代可说是"文学的自觉时代"，或如近代所说是为艺术而艺术②（ArtforArt'sSaKe）的一派。③

由于鲁迅先生在中国现代文学中的崇高地位及对中国古代文学研究的杰出贡献，此说一出，几乎成为国内外中国古代文学研究中的一个重要定论，长期以来，都把"魏晋文学自觉说"作为研究中国古代文学的一个基本前提。许多学者都把曹丕的时代当作中国文学从不自觉转入自觉的分界。也就是说，曹丕以前的文学只是为了宣扬伦理、"寓教训"、"寓训勉"，而不是"为艺术而艺术"。什么是"为艺术而艺术"？大概就是指人们所谓的"纯艺术"，对文学而言就是指"纯文学"，这种纯文学是以艺术审美价值为主要追求目的，而不是以思想认识价值为主要追求目的，实际上是一种不正确的、片面的文学价值观。正如李泽厚在其《美的历程》一书中解释说："鲁迅说：'曹丕的一个时代可说是文学的自觉时代，或如近代所说，是为艺术而艺术的一派。'（《而已集·魏晋风度及药与酒的关系》）'为艺术而艺术'是相对于西汉文艺'助人伦，成教化'的功利艺术而言。"④对"魏晋文学自觉说"，近来文学研究界也有详细的阐述，如袁行霈先生主编的《中国文学史》，第二卷《绪论》专门论及了"文学自觉的标志"，文中说道：

文学的自觉是一个相当漫长的过程，它贯穿于整个魏晋南北朝，是经

---

① 《文选》南朝梁昭明太子萧统编选。内选秦汉至齐梁间的诗文，共三十卷，是我国最早的一部诗文总集。唐代李善为之作注，分为六十卷。曹丕《典论·论文》，见该书第五十二卷。（原书所附注）

② "为艺术而艺术"十九世纪法国作家戈蒂叶（T·Gautier）提出的一种资产阶级文艺观点（见小说《莫班小姐》序）。它认为艺术可以超越一切功利而存在，创作的目的就在于艺术作品的本身，与社会政治无关。（原书所附注）

③ 鲁迅《魏晋风度及文章与药及酒之关系》，《鲁迅全集》第3卷，人民文学出版社1981年版，第504页。

④ 李泽厚：《美的历程》，文物出版社1981年版，第95－96页。

过大约三百年才实现的。所谓文学的自觉有三个标志:第一,文学从广义的学术中分化出来,成为独立的一个门类。……第二,对文学的各种体裁有了比较细致的区分,更重要的是对各种体裁的体制和风格特点有了比较明确的认识。……第三,对文学的审美特性有了自觉的追求。文学之所以成为文学,离不开审美的特性。所谓文学的自觉,最重要的或者说最终还是表现在对审美特性的自觉追求上。①

把"为艺术而艺术"作为"文学自觉"的标志,显然是不合适的。艺术本原于社会生活,社会生活给它提供创作的源泉及契机,使它成为一种新的精神产品,然后再回到社会生活之中去,发挥它的认识价值与审美价值,这才算完成了艺术的运动历程,这就是文学的本质。严格意义上讲,文学的本质决定世上的文学绝没有只为艺术而艺术的"纯文学",即使打着"为艺术而艺术"的旗号的作家,也绝对创作不出"纯艺术"的作品来,因为世上还没有只有艺术形式而无内容的文学作品。所以后来论证"魏晋文学自觉"的人,有意回避这一标志,就是李泽厚继续坚持这一标志,也要作一番解释:"'为艺术而艺术'是相对于西汉文艺'助人伦,成教化'的功利艺术而言。"把"助人伦,成教化"作为创作主要目的,其典型莫过于儒家经典吧,然而儒家的创始人孔子却主张:"《志》有之:'言以足志,文以足言。'不言,谁知其志? 言之无文,行而不远。晋为伯,郑入陈,非文辞不为功,慎辞哉!"(《左传·襄公二十五年》)"文",在这里就是指"文采",也就是指"艺术"。孔子并没有把"功利"与艺术对立起来,相反,不仅不对立,而且认为借助有文采的言论,才能更有效地实现功利目的,才能将言论传播久远,所以对言辞的修饰不能不谨慎。文学艺术既是精神产品,它就具有一定的社会功能,生产与消费这种产品的人都具有一定的功利目的,不能说追求作品具有"助人伦,成教化"的作用,便一定忽视艺术,与"文学自觉意识"完全对立。再说,所谓"助人伦,成教化"的"功利艺术",在中国封建社会的各个朝代中都一直占据着艺术的主体地位,不独西汉,魏晋南北朝又何尝不如此? 所谓"三圣"、"三玄"、"三教",那一种能舍弃儒家、儒家著作

_____

① 袁行霈主编:《中国文学史》第二卷,高等教育出版社1999年8月版,第4-5页。

与儒学？所谓"名教本于自然"的"正始名士"，和"越名教而任自然"的"竹林七贤"，表面上远避现实而追求无拘无束的艺术陶醉，其骨子里却都是对国计民生的忧虑，他们何尝没有"功利"？怎么能以"功利艺术"这一标准来判断汉代是文学不自觉的时代，而魏晋南北朝则是文学自觉的时代？

　　有人可能会说我对"为艺术而艺术"有误解，或者说我在咬文嚼字，他们会说：所谓的"为艺术而艺术"不是你所理解的那个样子，"为艺术而艺术"并非是仅要艺术形式而不要思想内容，也并非没有一点功利的要求，它只是把艺术审美放在第一位，而不是把社会功利放在第一位，这种艺术，只是为了抒发作者的性灵，展示作者的文采，并不考虑"助人伦，成教化"。如六朝的骈文，它在句法上讲求骈俪对偶，声律上平仄配合，音节上回环往复，辞藻铺排敷设，大量引用典事，追求的就是艺术形式的华美。且不说六朝骈文也有既重视艺术又重视内容的作品，也不说那些一心在追求艺术形式华美的作品，正是反映了贵族崇尚浮华的生活情趣与艺术趣味，或反映了逃避残酷斗争的谈玄之士，追求精神解脱、希望在淳朴大自然中和自己的文采驰骋中，安息痛苦的心灵，求得一种精神寄托。仅从主要追求艺术形式华美这点看，或者说从"为艺术而艺术"这点看，也不是始于魏晋南北朝。大家知道，汉大赋向来被人视为汉代文学的代表，汉大赋主要宣扬汉代大一统帝业的功德，具有鲜明的娱乐功能，在艺术上铺采摛文，即以华丽的辞藻，铺陈夸饰的手法，以恢弘靡丽铺张扬厉的文风，多角度、全方位地写景状物，修饰夸张穷极声貌之能事，铺陈文辞曲尽万物之形态。汉大赋的代表作家，当推司马相如与扬雄，鲁迅在其《汉文学史纲要》中这样评价司马相如的赋："相如独变其体，益以玮奇之意，饰以绮丽之辞"①，《汉书·扬雄传》载："蜀有司马相如，作赋甚弘丽温雅，雄心壮之，每作赋，常拟之以为式。"司马相如以绮丽之辞一改楚辞旧体，扬雄更以模拟司马相如的艺术形式作为自己的创作目的，明显看出汉人倾全力追求艺术美的意识，六朝骈文注重艺术形式美，其源头还在于汉大赋。如果真有"为艺术而艺术"的文学作品，那么汉大赋正符合这一标准。在此以前的很长时期里，文

----

　　① 　鲁迅：《汉文学史纲要》，《鲁迅全集》第九卷，人民文学出版社1982年版，第417页。

学界不是有人就认为"汉大赋是唯美主义文学","汉大赋有着严重的形式主义倾向"吗？如果以"为艺术而艺术"为标准，来判断文学自觉与否，那么，这种文学自觉恰始自于汉代，特别是始于汉大赋，而不是始自于魏晋南北朝。

　　不同的人对"文学自觉"的内涵有不同的理解，但既然铃木虎雄、鲁迅已提出"文学自觉"的标准，一些学者就以此标准来重新衡量中国古代文学。然而其结论却是：中国文学自觉的时代不是始于魏晋或魏晋南北朝，而是始于汉代。从二十世纪八十年代以来，一些学者从研究汉赋入手，进而提出中国文学的自觉应从汉代开始的观点。如龚克昌有《汉赋——文学自觉时代的起点》一文，郭芳有《文学从这里开始走向自觉——试论汉大赋的意义》一文，李炳海著《黄钟大吕之音——古代辞赋的文本阐释》一书，书中指出："辞赋的出现在中国文学史上是一场变革，这不仅因为它是一种新的文学尝试，更重要的它是文学独立和自觉的标志。"①也有的学者发表了从其他角度，诸如文学观念的演变、文学创作的繁荣、各种文体的成熟、专业文人队伍的形成、文学理论批评的发展等，进一步说明文学自觉始于汉的文章，如张少康的《论文学的独立和自觉非自魏晋始》、詹福瑞的《从汉代人对屈原的批评看汉代文学的自觉》等。其中赵敏俐先生撰文阐述道：

　　　　如果进入现代学术界关于"文学自觉"的讨论范围的话，在以上两种观点中，我本人是赞成"汉代文学自觉说"的，之所以如此，是因为即便按袁行霈先生所说的三个标志来衡量，凡是"魏晋文学自觉说"所提出的诸多理论和事实佐证，在汉代我们都可以找到明显的存在。……

　　　　首先，汉代的文学已经"从广义的学术中分化出来，成为独立的一个门类"，班固在《汉书·艺文志》中把诗赋单列一类，就是一个明显的证据。而由刘向所编辑的楚辞，所收只限于屈原作品和汉人摹仿《离骚》、《九章》之作，这不仅是一种内容上的分类，同时也是一种形式上的分类。可见，汉人已经把诗赋从广义的学术中分开，已经认为它们是一个独立的门类，同时也说明当时人对于文体的区分已经非常细致。

───────────

① 李炳海：《黄钟大吕之音——古代辞赋的文本阐释》，吉林人民出版社2001年版，第13页。

　　其次,汉人不仅"对文学的各种体裁有了比较细致的区分,更重要的是对各种体裁的体制和风格特点有了比较明确的认识"。在这方面,扬雄就是一个明显的例子。班固在《扬雄传赞》中说:"(扬雄)实好古而乐道,其意欲求文章成名于后世。以为经莫大于《易》,故作《太玄》;传莫大于《论语》,作《法言》;史篇莫善于《仓颉》,作《训纂》;箴莫善于《虞箴》,作《州箴》;赋莫深于《离骚》,反而广之;辞莫丽于相如,作四赋:皆斟酌其本,相与仿依而驰骋云。"可见,扬雄对于"易"、"传"、"史"、"箴"、"赋"等文体及其特点有了明确的认识,并有意识地去进行仿作。……同时,从《后汉书·文苑列传》可知,汉代文人使用的文体不仅有诗与赋,还有书、铭、诔、吊、赞、颂、连珠、碑、策、箴、论、笺、奏、令、檄、谒文等等多种,每种都有明确的记载。以上事例完全可以说明,汉人不仅"对文学的各种体裁有了比较细致的区分,更重要的是对各种体裁的体制和风格特点有了比较明确的认识"。特别值得注意的是,在汉末蔡邕的《独断》里,不仅把天子号令群臣与群臣上奏天子之文各分为"策书"、"制书"、"诏书"、"戒书"和"章"、"奏"、"表"、"驳"四类,而且对上述文体的性质以及基本写作要求都做了细致的说明。可见,曹丕在《典论·论文》中所说的"盖奏议宜雅,书论宜理,铭诔尚实,诗赋欲丽",并不是他的提倡和发明,不过是对汉人各种文章体裁风格与创作实践认识的一般性的简要总结而已。

　　其三,汉人已经"对文学的审美特性有了自觉的追求"。这一点,除了大家所熟知的司马相如关于作赋的论述外,其他赋家的创作也莫不如是,如扬雄在《解嘲》中自言"雄以为赋者,将以风也,必推类而言,极丽靡之辞,闳侈巨衍,竞于使人不能加也。"史称张衡作《二京赋》就是"精思傅会,十年乃成",这两人作赋时所投入的精力如此之大,如果没有对文学的审美特性的自觉追求,那是不可想象的。可见,即便是以袁行霈先生关于文学自觉说的三个标志来衡量,汉代文学也已经完全达到"自觉"了。结合龚克昌诸位先生的论述,我认为,如果说中国文学有一个自觉时代的起点,这个起点也应该是在汉代,而不应该是在魏晋。①

　　袁行霈先生所列的三个标志中,他特别重视与强调的是第三个标志:"文学之所以成为文学,离不开审美的特性。所谓文学的自觉,最重要的或者说最终还是表现在对审美特性的自觉追求上。"的确,这是判断"文学自觉"的最重要的标志。赵敏俐先生列举了汉代赋家具有对文学的审美特性的自觉追求,我这里想提及一下司马迁,补充说明这一问题。司马迁的《史记》,以历史人物为中心,如何将这些历史人物形象地再现出来,并在这些再现的历史人物身上寄寓着作者的人生体验和强烈的是非感、身世感,使这些历史人物形象具有震撼人们心灵的艺术魅力? 司马迁对此进行了反复的推敲和精心的策划,当将丰富的素材进行整理时,保留那些易于突出人物性格的素材,哪怕是琐细的生活细节,舍弃那些无助于突出人物性格的素材,哪怕是重大的历史事件,人物素材的取舍是围绕着塑造人物性格来进行的。再加上了自己的想象与合理虚构,给予艺术加工,使所有的材料熔铸成一个有机的艺术整体时,这便是自觉的艺术思维了。司马迁艺术构思的目的,就是使历史人物形象成为艺术的典型形象,为此,他运用了多种艺术方法,其中的"互见法"最有代表性。每一个历史人物,他的一生经历是很丰富的,他的思想、性格也是很复杂的,为了在人物本传中集中表现出人物的主要特征,形成一个性格鲜明的艺术典型,司马迁就将与人物主要特征不统一、不和谐的方面,分散于其他人物的传记之中,这就是本传晦之他传发之的"互见法"。"互见法"的使用,说明司马迁已具有了塑造艺术典型人物的自觉意识。《史记》中众多典型人物形象创作的成功,不仅为我国文学写人艺术提供了丰富的艺术技巧,也标志着中国文学艺术典型人物塑造方法的成熟。《史记》塑造人物形象的高度艺术性达到了时代的最高水平,它代表了汉代文学的成就与水平,足可以标志着"文学自觉"时代的到来。

　　除了袁行霈先生提出的三条标志外,文学专业文人在汉代的出现与文学创作队伍在汉代的形成,也是汉代"文学自觉"的重要标志。

---

①　赵敏俐:《"魏晋文学自觉说"反思》,《中国社会科学》(京)2005 年 2 期。

　　莫说中国的文学专业文人,就是中国文人的形成,比较起古希腊来,要晚得多,它的产生经过了一个漫长的历史时期,从严格意义上说,中国文人是在封建大一统的汉帝国时期形成的。汉代之前,中国古代社会虽然早熟,但社会生产力低下,社会分工程度也低下,城市不发达,城市经济远不如希腊。希腊城邦制下的城市,社会分工细,商品经济比较发达,由于城市及市场的需要,出现了专业的学者、诗人、艺术家、演员,他们可以毕一生精力去研究哲学,或从事建筑术、雕刻、绘画等艺术,或创作咏史诗和悲喜剧。他们中的不少人还远涉埃及、巴比伦、波斯等地,进行游学,进行文化交流,从而大大扩大了他们的知识领域。他们所从事的文化事业,多受市场需要的支配,而少受上层统治者的控制,古希腊不仅较早地产生了专业文人,在某种程度上讲,古希腊的文人也较早地实现了相对独立的文化人格,具备了文学的自觉意识。而在中国,汉之前只有史官算得上是个专业"文化人",他的身份属于"王官"的一种。他们受到官方的严格控制,所从事的文化事业除了参与祭祀、制定国家法令制度等外,还承担着"记史"的任务,而这种"记史",只不过是履行着简单的"记言"、"记事"的官方"秘书"的职能。由于这种传统,在以后的中国漫长封建社会里,纯粹的从事各种文化专业的专职人员是微乎其微的,但这种纯粹的从事文学创作的文化专职人员毕竟在大一统盛世的汉代产生了。

　　汉代文人由春秋战国时期的士阶层演化而来,而春秋战国士阶层的兴起,又以周朝王官的沦落为前提。春秋以前,典册集中在王宫,文化掌握在贵族的"王官"手里。春秋时期,周王室日趋衰弱,到了春秋末期,周天子名存实亡,王室贫弱到了无力维持众王官俸禄开销的地步,于是王官陆续分散到了诸侯国,昔日显赫的王官的社会地位就降到了原来卿大夫下层——"士"的社会阶层水平。王官的沦落,士阶层的崛起,周王朝文化典籍由王室下移至诸侯国,造成了王官文化向士文化的转移。士阶层的队伍在动荡社会环境下不断扩大,不仅越来越多的沦落的王官加入了士的队伍,而且还有越来越多的卿大夫在兼并之中没落而降为士,还有不少有文化素养的庶人上升为士。这些士人大多数受过礼、乐、射、御、书、数六艺教育,而在春秋战国,诸侯国为了争霸事业,需要大量的这方面的人才,士的社会作用受到了争霸诸侯的高度重视,诸侯养士用士一时蔚然成风。

当时的士找到了充分施展自己才能的舞台,成为了一个相对独立的阶层,成为了社会最活跃的政治力量。士阶层因思想观点不同,又分成许多派别,这些派别之间既有对立斗争,又互相渗透、融合。至战国末,极有影响的有儒、道、法、墨诸家,特别是儒家,在当时就成为了一种显学。

公元前 221 年,秦始皇完成了统一伟业,大一统制度本为文人的产生创造了条件,然而,秦王朝一系列措施的实施是以法家严刑峻法的思想为指导的,完全建立在强权暴政的基础之上,一方面对广大农民实施非常残酷的兵役、劳役以及繁多的赋税,使农民难忍其苦。一方面对士阶层实施思想严控的政策,强行推行"以法为教"、"以吏为师",甚至采取愚民政策,以此消除一切反抗意识。秦始皇"怀贪鄙之心,行自奋之智,不信功臣,不亲士民,废王道,立私权,禁文书而酷刑法,先诈力而后仁义,以暴虐为天下始。"(《史记·秦始皇本纪》)秦始皇行事皆决之于酷法的做法,首先遭到奉行仁义之说的儒家学派的反对,秦始皇于是血腥镇压不同政见者,"焚书坑儒"不仅仅是杀害了四百多名儒生,而是从整体上严重地摧残了士阶层,延缓了中国文人在封建中央集权制条件下的形成。

汉王朝建立。一方面继承秦的大一统帝制,另一方面也积极吸取强秦速亡的历史教训,开始探求适合于大一统帝制得以巩固的思想文化体系。至文、景时期,挟书令已废,儒家的典籍开始为世人传授,士阶层又受到社会的一定关注。首先是诸侯王爱招四方游士为门客,吴王刘濞、梁孝王刘武、淮南王刘安等,在他们身边,都有专以辞赋为业的文士。如梁孝王刘武在今天河南开封东南一带辟地筑园,在此招揽四方英杰,广为养士,梁园一时人才济济。以辞赋见长的有司马相如、严忌、邹阳、枚乘等,他们组成了梁园文学集团,他们的辞赋点缀着梁孝王的雍容典雅的诗酒生活,而客观上,使梁国成为当时的文学中心。当士阶层中出现了以从事文化为其专门职业的群体时,就标志着中国文人已经诞生。当文学专业文人具有了一定的联系,形成了一定的团体,就标志着中国文学创作队伍的正式形成。

经过盛誉一时的"文景之治",到汉武帝时,政治、经济、文化空前繁荣,汉帝国发展到了鼎盛时期,武帝为了"润色鸿业",大力提倡写赋,把原为诸侯国的有名文士逐渐吸收到中央来。如当时枚乘虽已年老,但武帝仍用"安车蒲轮"去征召他,枚乘可惜死于道上,武帝又诏其子枚皋"因赋殿上"。再如司马相如原来也在梁国,武帝知道司马相如的消息后,立即把他召进宫。武帝揽士写赋,一时在他身旁形成了一个优秀的赋家群体。这说明汉代文学的中心与文人创作集团已由地方转向中央。

随着汉代文人阶层的形成与发展,文人创作的自觉意识也在不断地明确,这也是"文学自觉"的一个重要标志。

对于文学的写作动机,前人有过论述,但真正给予明确的概括和总结,还是从汉代开始的。这也是汉代文人对文学创作传统及其自身文学创作价值认识的一次质的飞跃。如司马迁在《史记·屈原列传》中这样说:

> 屈平疾王听之不聪也,谗谄之蔽明也,邪曲之害公也,方正之不容也,故忧愁幽思而作《离骚》。离骚者,犹离忧也。夫天者,人之始也;父母者,人之本也。人穷则反本,故劳苦倦极,未尝不呼天也;疾痛惨怛,未尝不呼父母也。屈平正道直行,竭忠尽智以事其君,谗人间之,可谓穷矣。信而见疑,忠而被谤,能无怨乎?屈平之作《离骚》,盖自怨生也。

司马迁把屈原作《离骚》的动机归结为一个"怨"字。在日常生活中,当一个人劳累困倦到了极度时,或者痛苦熬煎达到无法忍受时,会情不自禁地高呼天地父母,不呼不快。仅为了个人的劳苦痛痒尚且如此,何况屈原为国家竭忠尽智,反遭奸佞诬陷,有才不能施展,有志不能实现,人格被污辱,理想遭毁灭。心灵的创伤可谓深矣,仕途阻塞可谓穷矣,政治黑暗可谓痛矣,国家混乱可谓危矣,如此大的伤痛,如此深的哀愁,屈原心里能不产生怨恨?于是,无限的怨愤自然化作了一部感天地、泣鬼神的传世之作——《离骚》。司马迁从屈原的身上看到了文人创作的动机,也看清了文学的本质特征及其基本的运动发展轨迹。

中国文人常因坚持美好的人生追求、高尚的人格,忧国忧民、正直无邪,而导致"穷",由穷必然产生"怨",由怨而引起诉诸诗文,这是中国古代从事创作

的文人共同的特点,不独屈原一人。司马迁在《史记·太史公自序》中还说:

> 昔西伯拘羑里,演《周易》;孔子厄陈蔡,作《春秋》;屈原放逐,著《离
> 骚》;左丘失明,厥有《国语》;孙子膑脚,而论兵法;不韦迁蜀,世传《吕
> 览》;韩非囚秦,《说难》、《孤愤》;《诗》三百篇,大抵贤圣发愤之所为作
> 也。此人皆意有所郁结,不得通其道也,故述往事,思来者。

司马迁在揭示文学创作动机的时候,自然有着自己的切身体验,遭宫刑后的司马迁已把创作视为实现自己人生价值的唯一途径,他在《报任安书》中说:

> 仆虽怯懦,欲苟活,亦颇识去就之分矣,何至自沉溺缧绁之辱哉! 且
> 夫臧获婢妾,由能引决,况仆之不得已乎? 所以隐忍苟活,幽于粪土之中
> 而不辞者,恨私心有所不尽,鄙陋没世而文采不表于后世者也。……仆诚
> 以著此书,藏诸名山,传之其人,通邑大都,则仆偿前辱之责,虽万被戮,岂
> 有悔哉!

如果不认识文学存在的价值,如果没有自觉的创作意识,哪有如此强烈的创作欲望? 如果说"文学自觉"的意识从屈原著《离骚》为初显端倪,那么,到了汉代,这种自觉的意识已经深入人心,以司马迁为代表的汉代作家,对这种"文学自觉"的意识作了深刻的理论阐述。如果说帝王或诸侯身边的文学侍臣,以从事诗赋为其专门职业,那么那些"恨私心有所不尽,鄙陋没世而文采不表于后世"的文人,更是把创作、著述作为自己的生活目的与人生理想来追求。司马迁受到宫刑后,蒙受奇耻大辱,本可以一死而解脱,但他隐忍苟活,就是以超乎常人的毅力为写作《史记》而活着。王充罢职家居,谢绝庆喜吊唁之类的相邀,断绝与迂腐儒生的往来,闭门深思,一心完成他的《论衡》。王符一生好学而不仕,隐居著书,因不欲显耀其名,所以为其著作取名为《潜夫论》,创作自觉达到不为扬名的地步,创作的动机又有新的提升。

汉代文学的自觉,还表现在对文学社会功能及作家社会地位的重视上。持"魏晋文学自觉"说的人,常以曹丕在《典论·论文》中说过"盖文章,经国之大业,不朽之盛事。年寿有时而尽,荣乐止乎其身,二者必至之常期,未若文章之无穷"的话,来证明从魏晋时才极其重视文学的社会功能及其价值。其实,

对著书立说的作用及价值,是在汉之前就已认识到。《左传·襄公二十四年》载鲁国大夫叔孙豹的话:"太上有立德,其次有立功,其次有立言,虽久不废,此之谓不朽。"立德谓树立德行,立功谓建立事功,立言谓著书立说,此三者皆不随人之死亡而消失,对后世百代有影响,所以称为"三不朽事业"。文章属于立言的范围,曹丕说它是不朽之盛事,与叔孙豹所言并没有多大的区别。对文学价值的认识,汉代人又有超过春秋战国时人的地方,《诗大序》就指出"故正得失,动天地,感鬼神,莫近于诗。先王以是经夫妇,成孝敬,厚人伦,美教化,移风俗",把文学视为治国安邦的重要手段。司马谈更是将论著视为立国扶危的壮举:"夫天下称诵周公,言其能论歌文武之德,宣周邵之风,达太王、王季之思虑,爰及公刘,以尊后稷也。幽厉之后,王道缺,礼乐衰,孔子修旧起废,论《诗》、《书》,作《春秋》,则学者至今则之。"(《史记·太史公自序》)司马迁则将著书立说与改天换地的大革命相提并论:"桀、纣失其道而汤、武作,周失其道而《春秋》作。秦失其政,而陈涉发迹,诸侯作难,风起云蒸,卒亡秦族。"(同上)持"魏晋文学自觉"说的人可能会反驳说:你所举的司马氏父子的例子,皆指他们重视经学的作用,而不是指文学。其实不然,春秋战国至汉的文人,所讲的立言,是指包括文学创作在内的所有著述,就连曹丕还不是如此吗?他所讲的"文章",也并非仅指文学作品,在说完"未若文章之无穷"的话后,紧接着就是:"是以古之作者,寄身于翰墨,见意于篇籍,不假良史之辞,不托飞驰之势,而声名自传于后。故西伯幽而演《易》,周旦显而制《礼》,不以隐约而弗务,不以康乐而加思。"文王的《易》,周公的《礼》,皆为传世经学之文,曹丕的认识并没有高出汉人的水平。

汉人对文学社会功能的高度重视,对文学作品的创作者——文学作家的社会地位也相应地给予重视。这种重视来自二个方面:一是来自社会,主要是指社会统治者,不论是诸侯王待辞赋名世者为上宾,还是汉皇广招辞赋家,给予重用,都是因为重视文学社会功能的结果,看到了文学家的社会作用。另一方面是来自文学家自身,是文学家对自己事业的正确认定。司马迁在《报任安书》中讲到:"古者富贵而名摩灭,不可胜记,唯俶傥非常之人称焉。盖西伯拘而演《周易》……"从事"三不朽"事业的人皆为"俶傥非常之人",这里司马迁更强调的是"立言"者,有财的富者与有权的贵者,都不能做到死后而传名,唯有作家的名声与其作品共存而不朽。基于对作家社会地位的重视,司马迁才在《史记》中为屈原、贾谊、司马相如等文学家立传,并给予热情的颂扬,如赞颂屈原:

> 其文约,其辞微,其志洁,其行廉,其称文小而其指极大,举类迩而见义远。其志洁,故其称物芳。其行廉,故死而不容自疏。濯淖污泥之中,蝉蜕于浊秽,以浮游尘埃之外,不获世之滋垢,皭然泥而不滓者也。推此志也,虽与日月争光可也。

此段赞语虽来自刘安的《离骚传》,但司马迁引用它,说明也道出了自己的心声。把屈原的作品及作品所反映出的人格、志节,与日月的光辉相比,如此崇高的评价,在《史记》所有的人物评价中是罕见的,由此可见作为中国文人的先驱者屈原在司马迁心中占据着何等的地位! 司马迁对文学家高度重视的意识在很大程度上反映了当时社会的意识,这一意识也为班固所接受。班固在其《汉书》中,也为许多文学家立传,如有枚乘、严忌、邹阳、东方朔、司马迁、扬雄等人,并在《汉书·艺文志》中列出小说家、歌诗家、诗赋家及其作品,说明文学家在所有的文人阶层中,已成为一支重要而独立的部分,在当时社会中具有了自己的重要地位。

汉代"文学的自觉",还表现在文学体裁有了重大的发展。现在世界各国基本上都认可文学体裁分四大类型:诗歌、散文、小说、戏剧。长期以来,学术界普遍认为,汉代以赋称或以文称,并没有小说与戏剧,中国的小说与戏剧的产生是很晚的事。其实不然,汉代不仅将小说视为一种独立的文体,《汉书·艺文志》中诸子类又增列了"小说家",表示对小说的高度重视。而且汉代的传记作品就有了小说的因素,汉代的杂史杂传具有了更多的小说特点,汉代的杂史杂传,如《燕丹子》、《吴越春秋》、《越绝书》等,虽然使用的还是史的形式,书中也采用了一些史料,但它并不是为了写史,而是以奇人奇事,来吸引人,以期收到与后世小说一样的效果。所以它不仅不排斥社会上流传的神话传说,还特别喜欢搜集街谈巷议、奇闻逸事、虚枉怪诞之说,在此基础上,又增添了作者的想象与虚构,这些特征,正是小说的主要特征,所以给后世中国古典小说的发展提供了丰富的艺术营养。从具备了小说基本特征这点讲,说小说兴起于汉是不为过的。汉代有"百戏",这是大家公认的,但说汉代有戏剧文学,更为一些人所不能接受,但汉代《公莫舞》辞句的破译①,说明汉代"百戏"中已具备有角色、有情节、有"科白唱"的歌舞剧,尽管剧情比较简单,无法与古希腊的悲喜剧相比,但有了戏剧演出"底本"的全部特征,它应是中国戏剧的雏形,是中国戏剧文学的开始。诗歌与散文的形式,在汉之前就老早地存在,但以《史记》与汉代政论文为代表的汉代散文,是先秦史传散文与诸子散文传统的继承与发展,是继先秦史传散文与诸子散文之后,中国散文发展的又一座高峰,汉代散文所形成的古文传统,一直影响着中国古代散文的发展。汉代的诗歌,继先秦《诗经》、《楚辞》之后,创立了五、七言诗体,而五、七言诗体正是中国封建社会主要的诗体。可以说,从汉代开始,就具备了诗歌、散文、小说、戏剧四大类型的文学体裁,标志着汉代文学的高度发达,这也是"文学自觉"所造成的。关于这一点,后面将要深论,这里就不再赘述。

总之,不论从那方面来说,都可证明:中国文学"自觉"的时代始于汉代,汉代文学具有"自觉"的特征。

第二节 超迈往古的汉代文学

西汉初年,刚刚夺得政权的西汉王朝的统治者,针对战后民生凋敝的现实,采取了"休养生息"的政策,力求稳定社会秩序,彻底改变了秦朝一切都任于苛法的做法,道家无为的思想居于主导地位,它适应了战后恢复和发展经济的需要。但汉高祖刘邦没有下令废除秦朝挟书令,本人又轻视儒士,文学事业的复苏仍很缓慢。刘邦时代的诗歌,主要是继承楚辞余绪所作的楚声短歌,如楚霸王项羽的《垓下歌》、汉高祖刘邦的《大风歌》、《鸿鹄歌》等,高祖姬唐山

---

① 参见杨公骥:《西汉歌舞剧巾舞〈公莫舞〉的句读和研究》,《杨公骥文集》,东北师范大学出版社1998年版,第212－228页。

夫人的《安世房中歌》篇幅较长，但也属于楚歌。《汉书·礼乐志》载"《房中祠乐》，高祖唐山夫人所作也。周有《房中乐》，至秦名曰《寿人》。凡乐，乐其所生，礼不忘本。高祖乐楚声，故《房中乐》，楚声也。孝惠二年，使乐府令夏侯宽备其箫管，更名曰《安世乐》。"以刘邦为首的统治者非常重视秦王朝覆灭的历史教训，一些士人也能继承先秦诸子关心国家兴亡、政事得失的优良传统，这就促进了汉初政论散文的发展。如陆贾的《新语》，就集中地探讨了新形势下的新的治国方法。

文、景时期，挟书令已废除，儒家的典籍开始为世人所传授，如传授《诗》三百篇，当时有影响的是鲁人申培公开创的"鲁诗学"，燕人韩婴开创的"韩诗学"与齐人辕固生开创的"齐诗学"，号称今文"三家诗"，都立了学官，置博士弟子。后又有毛公所传诗，号古文《诗经》，当时未立学官，开今、古文经学之争的肇端。社会上出现了由黄老无为思想向儒家积极有为思想转变的趋势，贾谊的《陈政事疏》、《过秦论》和晁错的《论贵粟疏》等文章，深刻地总结秦帝国速亡的沉痛历史教训，阐述新朝治理的种种措施，体现了一种奋发有为的时代精神，其新的视野与精神面貌是先秦诸子所不具备的。

经过盛誉一时的"文景之治"，到了汉武帝执政时期，社会的政治、经济、军事达到空前的繁荣强盛，汉帝国发展到了它的鼎盛时期，黄老道家的无为思想已不能适应社会的需要和发展，必须采取积极有为的指导思想，采取创新进取的态度，来顺应历史的潮流，与政治、经济、军事的重大变化相适应，文学也出现了重大变化，并在这一时期达到了高度发达的程度。

汉代的赋体，是汉代文学的重要标志。赋从战国荀子、宋玉等人手中产生以来，逐渐成为一种散、韵并用与体物写志的文体。汉初的赋作直接继承战国后期的骚体赋，如贾谊的《鵩鸟赋》、《吊屈原赋》等，属于抒情言志之作，保留着许多楚辞的特点。文、景时期，不少诸侯王喜爱招揽四方游士为门客，如吴王刘濞、梁孝王刘武、淮南王刘安等，他们的身边都有以辞赋见长的文士。他们的辞赋广征博引、铺张排比，有战国纵横家能言善辩的特点，其中枚乘的《七发》，描写生动，富于铺陈，多用夸张、层层渲染的手法，句式骈散相间，结构宏大，已和骚体赋有了明显的区别，标志着汉大赋的正式形成。武帝即位，为了"润色鸿业",大力提倡写赋,把原属诸侯国的有名文士逐渐吸收到中央来,很快就形成了一个优秀的赋家群体,最著名的当然还要数司马相如,他的赋作词藻华丽,气势恢弘,反映了大一统汉朝疆域辽阔、物产殷充,歌颂了汉皇的显赫声威,抒发了汉民族的无比自豪感,代表了汉大赋的最高成就。鲁迅在《汉文学史纲要》中称赞司马相如"不师故辙,自摅妙才,广博闳丽,卓绝汉代"。①汉大赋应大一统盛世而产生,适应了统治上层政治与娱乐的需要,得到了最高统治者的大力倡导与扶持。作为新的文学样式,在优越的文化政策下得以迅猛发展,大赋也以自己卓越的艺术成就代表了当时的文学水平,表现出辞赋作家对艺术美的自觉追求。

散文是一种古老的文体,汉代散文在先秦诸子散文的基础上又有长足的发展。散文历来是政治思想变化的"晴雨表",而汉代的散文对反映政治思想斗争最为敏感。淮南王刘安招集门客著《淮南鸿烈》(即《淮南子》)时,黄老道家思想在社会上还有一定的势力,自从汉武帝"罢黜百家,独尊儒术"后,儒家思想就成为社会的正统思想。今文经学大师董仲舒用散文的形式系统地阐述了"天人感应"的新的儒家学说。而各个阶段的政论散文,则及时地反映了当时社会的矛盾和斗争。汉代政论散文及哲理散文虽为散文的主体,但抒情性散文及描写性散文已有长足发展,这与先秦散文相比较,其特点是很鲜明的,如邹阳的《狱中上梁王书》、司马迁的《报任安书》等书信体,抒写作者冤屈和愤懑,其情感人肺腑;而东汉的马第伯一篇《封禅仪记》,把泰山的奇险与雄伟生动地描述出来,标志着汉代的散文也如赋一样,出现了以追求艺术美为主的意识。

空前昌盛的大一统,把总结中华民族发展史的任务提到日程上来,伟大的史学家、文学家、思想家司马迁勇敢地承担起这一历史重任,他在继承先秦历史散文优秀传统的基础上,开拓创新,著成鸿篇巨制的《史记》。《史记》以人物为中心,生动而翔实地记载了自黄帝以来至汉武帝时中国历史上各种各样的人物,这些人物刻画得有血有肉,具有典型化特点;历史事件叙述得绘声绘

---

① 鲁迅:《汉文学史纲要》,《鲁迅全集》第九卷,人民文学出版社1982年版,第418页。

色,具有故事化特点;人物对话口吻毕肖,具有个性化特点;行文中寓有作者鲜明的爱憎感情,创立了中国传记体文学。《史记》不仅代表了汉代散文的最高成就,而且作者以自觉塑造典型人物形象的创作意识,把中国文学推向了一个新时代。

汉初,骚体的"楚声"、四言体诗、杂言体诗占据着诗坛的重要位置。汉武帝时,扩大了乐府机关的规模与职能,广泛向民间征集歌谣,经过加工配乐,成为乐府诗。这些汉乐府诗歌大部分是"感于哀乐,缘事而发"的作品,继承了《诗经》现实主义传统,广泛地反映了汉代的现实社会生活,代表了汉代诗歌的最高成就。乐府诗在艺术形式上突破了《诗经》四言与骚体诗的格式,句式灵活多变,以五言为主,辅以杂言,并逐渐趋向一种五言新体。过去学术界认为五言诗产生于东汉,其实秦时的《筑长城歌》与西汉时的《长安歌》、《成帝时谣》已是五言民歌,虞姬的《和项王歌》、班婕妤《怨歌行》已是成熟的五言诗了,说明五言诗在西汉已经产生。汉乐府诗、五言诗为后来文人诗歌的创作提供了新的艺术手法与艺术形式。

东汉是中国古代小说观念形成的时期。桓谭在其《新论》中论述了小说的内容、形体、表现方式、社会作用,把小说当作一种独立的文学体裁来看待。稍后的班固在《汉书·艺文志》中,又把小说家立于诸子之列,给小说作家应有的社会地位。从此,汉代小说便有了长足的发展。汉代小说可分两大类:一为子史故事类小说,一为神怪故事类小说,前者的代表作有《列女传》、《说苑》、《吴越春秋》、《燕丹子》、《西京杂记》等,后者的代表作有《神异记》、《洞冥记》、《列仙传》、《汉武故事》、《蜀王本纪》等,汉代小说多属东汉时期的作品。

东汉的历史文学没有西汉那般辉煌,班彪等人续补《史记》,已属狗尾续貂,而另创断代纪传体的是班固,班固《汉书》的文学性虽不及《史记》,但也是中国优秀的传记文学巨著。班固、刘珍、崔寔、蔡邕等人共同完成的《东观汉记》,在当时颇有影响,其中的帝纪部分神秘色彩最浓,正反映了东汉谶纬迷信盛行的现实。荀悦的《汉纪》,创立了新的编年体的格式,辞约事详,也有一定的文学特色,直接启迪了后来司马光《资治通鉴》的写作。从《汉书》与《吴越春秋》可以看出,《史记》已达文学与史学完美结合的高峰,自此之后,文学与史学便逐渐分道扬镳各行其道,一部分偏重文学,向小说靠拢,一部分偏重史学,向"正史"靠拢。

在乐府诗、五言民歌的影响下,东汉的文人五言诗开始成熟。文人五言诗在乐府诗、五言民歌的艺术基础上,更加注意词句的雕琢加工,叙事一般比较曲折委婉,而且加长了篇幅。汉之前,中国的诗歌偏重于抒情,在抒情方面已积累了许多创作经验,班固的《咏史诗》是现存最早的文人五言叙事诗,由于"首创难工",艺术上还显得有些稚拙,而艺术上成熟的文人五言诗的代表作《古诗十九首》,它基本产生于东汉后期,反映了那个动乱年代文人士大夫游宦艰辛、离乡思妇、哀叹人生易老、渴求早获功名与及时行乐等思想感情,基调是感伤和颓废的,但语言朴实,意境隽永,开创了我国文人抒情诗的新风格,并以高度的艺术造诣,奠定了后世文人五言诗的基础。

历来被正统文学所轻视的民间谣谚,一直是最能直接、迅速反映时代风云变幻的艺术形式。汉代的民间谣谚,短小精悍,语言明快幽默。它来自民间,及时地反映了民众的呼声与愿望。从汉初讽刺诸侯王骄横跋扈的儿歌,到汉末抨击外戚专权、歌颂正直党人的太学歌谣,可以看出民谣歌谚确实是文学领域的"轻骑兵",是广大人民群众投向黑暗统治的"匕首"与"投枪"。

从东汉后期开始,散体大赋逐渐衰微,辞赋开始向诗歌化的方向倾斜,出现了抒情小赋,如张衡的《归田赋》、蔡邕的《述行赋》、赵壹的《刺世疾邪赋》等,这些新赋体摆脱了大赋铺张刻板格式的束缚,采用了许多诗歌的手法,来咏物抒怀,揭露与控诉不公平的世道,为魏晋抒情赋的繁荣准备了条件。

汉代初还没有文学批评的专著,西汉末扬雄悔作"雕虫篆刻"式的散体大赋,反对重形式之"文",提倡重内容之"学"。据传东汉卫宏作《毛诗序》,是我国诗论的第一篇专门著述,强调诗歌与政治教化的关系,对《诗经》的形式和表现方法作了比较准确的概括。东汉杰出的唯物主义者王充著有旨在反对谶纬迷信的《论衡》,也有鲜明的进步文艺观点,要求文学真实地反映现实,对虚妄的文风进行了深刻的批判。汉代末,曹丕撰成《典论》五卷,标志着我国文学批评专著的诞生,它通过对各种文体特点的总结及对建安时期著名作家创作的评价,提出了一系列的文学批评主张,直接影响到后世的文学批评。

汉代的角抵戏、歌舞剧是我国戏剧的雏形,如角抵戏《东海黄公》、歌舞剧巾舞《公莫舞》,标志着中国戏剧发轫期已经到来。角抵戏不但有角技、眩变、假面,还敷衍仙怪故事,具有简单的戏剧情节。歌舞剧既有舞蹈又有歌辞与独白,具备了我国古代戏剧"科白唱"三大要素,具有简单的戏剧故事,这些都说明我国的戏剧至少产生于汉代。

汉代文学是大一统封建盛世的精神产物,又是先秦文学继承与发展的结果,有历史的传承,也有时代的创新。不仅产生了一些新的文学样式,如大赋、抒情小赋、戏剧、小说,而且旧的文学样式,如诗歌、散文,也有许多重大的发展,文学批评也开始起步。汉代文学发展历程与自身的特点,已经明显地显示出中华民族文学的特色,它与西方文学在内容与形式上都有明显的差异,正是汉代文学的这种民族特色,才确定了中国后世文学的特点及发展趋向,才决定了中华文学在世界文学史上应有的重要地位。

第二章 汉代散文：大一统
兴衰的"晴雨表"

先秦两汉的散文是中国文学的瑰宝,它彪炳文坛成楷模,流传千载为典范,历来被人视为我们中华"文章之大宗"。如果说以先秦诸子散文和先秦史传散文为代表的先秦散文构成了我国古代散文发展的第一个高峰,那么在继承先秦散文优秀传统的基础上而发展起来的汉代散文,又有多方面的创新和发展,它又开辟了我国古代散文的新纪元,形成了中国古代散文发展的第二个高峰,在中国文学史上具有重要的意义。

汉代散文一方面以继承先秦优秀文化遗产、吸收当代文化精华为条件,另一方面又主要以反映汉代社会生活为前提。先秦与当代优秀文化为汉代散文提供了丰富的精神资源,而汉代社会生活,特别是汉代大一统的政治生活,直接影响与制约着汉代散文的形成与发展。随着汉代大一统政治格局的发展演变,汉代散文的内容呈现出明显的阶段性变化,据此,我们将汉代散文的发展划分为三个时期,这三个时期的散文分别真实地反映出汉代大一统政体确立与兴盛、僵化与腐朽、衰微与崩溃的历史演变过程。

第一节 西汉初中期的散文

这个时期从公元前206年汉高祖刘邦元年至公元前49年西汉宣帝死为止,经历了汉高祖、惠帝、吕后、文帝、景帝、武帝、昭帝、宣帝诸朝,共158年。这个时期又可分为二个阶段:由汉帝国确立到汉武帝即位时的阶段,即西汉初期;由汉武帝即位后到汉宣帝去世的阶段,即西汉中期。

秦始皇吞并六国,完成了统一大业,然而,由于缺乏治理大一统国家的经验,对人民施以暴政而不施仁政,在政治上表现为以严刑酷法维护皇权,在经济上表现为以苛税苦役盘剥人民,在文化上则表现为以禁锢思想推行愚化式的文化专制。秦王朝的文化专制使战国以来百家争鸣的风气戛然而止,形成了"万马齐喑"的窒息局面,造成秦代文学在中国历史上少有的萧条与冷落。只有那些在峄山、泰山、琅琊台、之罘、碣石、会稽山等地的刻石记文,写着歌颂君主极端专制的应制谀辞,才代表着秦王朝散文乃至文学的本色。除了碑铭之外,秦帝国的散文确实不能给汉代散文提供任何有价值的借鉴。

汉王朝是继秦王朝之后又一个强大的大一统封建帝国。虽说"汉承秦制",汉王朝仍是一个封建地主中央集权制、君主高度专制的政权,但在建设、巩固大一统帝制方面又进行了一系列的改革。首先,它吸取了秦帝国积几世惨淡经营成霸强却因滥施暴政而在农民起义者面前顷刻覆灭的历史教训,废除了秦帝国许多政治的、经济的、文化的极端专制政策。有的秦律虽未能及时下令废除,实际上已不实行,如秦的挟书律至惠帝时才明令废止,但实际上从汉初开始便不实行这条律法。其次,由于秦末连年战争,天下疲弊,疮痍满目,社会经济极度凋敝,开国初连皇帝的乘舆都配不上清一色的四匹马,将相们出门只好坐牛车,老百姓的贫穷就可想而知了,经济困难严重地威胁着汉帝国的生存。国家当务之急是保持社会稳定,实行休养生息的政策,尽快渡过经济难关,所以不得不在政治、经济、文化上采取宽松的政策。从汉初到武帝即位前,汉朝统治者自然把主张清静无为的黄老道家思想作为自己的政治主导思想。然而虽崇尚黄老,却不重蹈秦帝国崇尚一尊、禁锢思想的覆辙,对诸子学说采取了兼容并蓄的政策。最能代表这一思想倾向的是司马谈的《论六家之要指》,这篇文章认为阴阳、儒、墨、名、法、道德诸家,主张不同,但目的都是为了治世,这就是文章开头就强调的"天下一致而百虑,同归而殊途。"六家所论,各有长短,比较起来,道家最优,因为它"因阴阳之大顺,采儒墨之善,撮名法之要,与时迁徙,应物变化,立俗施事,无所不宜,指约而易操,事少而功多。"这篇文章对先秦诸子作了比较准确的评价,主张建立以道家思想为主,兼取他家之长的新思想。司马谈的思想虽不曾被汉王朝正式奉为明确的统治思想,但它反映了当时的思想实际,不仅中央上层信奉黄老道学,如窦太后、曹参等人,就连地方藩王也尊崇黄老,如淮南王刘安等人。总之,当秦王朝文化专制的桎梏一旦打破,新的文化专制还未能建立之际,被窒息一时的诸子之学,又迅速得到恢复和发展。

汉初诸子学说得以恢复,还有二个重要原因:一是表面上秦王朝把中国文化摧残殆尽,实际上中国文化的文脉基本未断,秦始皇可以焚诗书,然而泯灭不了活在人民心中的中国文化。再则秦王朝帝祚短促,虽然坑杀了几百儒士,但作为中国文化的传人——士阶层,并未消亡,有许多在秦焚书前就已满腹经纶的学者还活到了汉初,他们对恢复诸子之学起着至关重要的作用。中国文化在秦代遭到严重破坏,但中国文化的根还在,就如枯木逢春,在汉初宽松政策的气候下,又迅速地重新萌发生长起来。二是汉初分封了一批异姓诸侯王,后来又以皇室子弟取代这些异姓诸侯王成为新藩王,诸侯藩国为了扩大自己的势力,追慕战国时期诸侯广为养士的风气,招揽各方面英杰,客观上也促成了汉初各派学说活跃,特别是助长了纵横之风的盛行。

为什么汉初人们要崇尚黄老之学?盛行纵横之风?除了政治上需要外,还有一个历史文化传承的关系。在秦王朝文化专制期间,独行法家之学,对战国时成为显学的儒学打击得最重,而道家的无为与法家刑名法术之学本互为表里,因此对道家的态度较为宽容,《汉书·艺文志》列道家著作993篇,其数量除小说家外,为诸子之最,且大多数是秦王朝以前的作品,这就很能说明这一问题。当秦朝文化禁锢刚一打开,未经重创的黄老之学自然最先得以迅速恢复、发展,并成为社会的主导思想。而盛行于战国末期的纵横之学,虽在秦朝时被一时中断,但在楚汉相争之际,蒯通、郦食其等人就已持纵横之学到处游说。汉初离战国末仅有几十年的时间,所以战国纵横之风也恢复得较早。《汉书·艺文志》载录汉时纵横家的著作有:《蒯子》五篇、《邹阳》七篇、《主父偃》二十八篇、《徐乐》一篇、《庄安》一篇、《待诏金马聊苍》三篇,纵横之学盛行由此可见一斑。不仅汉初的文章多受纵横家的影响,而且朝臣们在朝堂上奏对也常用纵横家的思想及言辞,这种风气甚至延至武帝时。武帝时会稽吴人严助,好纵横之学,武帝下令"郡举贤良,对策百余人,武帝善助对,由是独擢助为中大夫。"后丞相卫绾上奏请罢申不害、商鞅、韩非、苏秦、张仪之言,武帝才令严助"具以《春秋》对,毋以苏秦纵横"。(《汉书·严助传》)

就如汉朝的大一统格局是在继承秦王朝政体的基础上建立起来的,但绝不是秦帝国体制的简单翻版,西汉初、中期的文章带有战国散文的风格,但绝不是先秦散文的简单重复。与先秦散文相比,从作者到内容再到形式都发生了巨大的变化。散文的作者,主体上已不是战国时那种到处游说的学者、策士,第一次出现了在中央供职的朝廷作家,就是那些在藩国做文学侍从的作家,也不再以从事纵横活动为职业。散文的内容,已不像战国散文主要探讨未来社会的建设方案,而是主要阐述重建大一统强国的种种措施。散文的形式,已不是先秦时期那种诸子哲理散文与史传散文,而是在此基础上,主要发展为政论散文和传记散文。

汉初,鉴于秦王朝速亡的沉痛教训,文章的内容主要集中在总结历史上国家政治成败得失的经验教训上,陆贾的《新语》首倡其风。陆贾曾以门客的身份随从刘邦起事,汉朝建立后,常伴在汉高祖身边出谋划策,言必引《诗》据《书》,这使得小吏出身没有多少文化而得天下的汉高祖刘邦听了很不自在,以为故意在他面前卖弄玄虚,就生气地骂道:"乃公居马上而得之,安事《诗》、《书》!"陆贾反驳说:"居马上得之,宁可以马上治之乎?且汤武逆取而以顺守之,文武并用,长久之术也。昔者吴王夫差、智伯极武而亡;秦任刑法不变,卒灭赵氏。乡使秦已并天下,行仁义,法先圣,陛下安得而有之?"刘邦听了觉得句句在理,反感到自己作为天子却不懂治天下之道而愧疚,便吩咐陆贾:"试为我著秦所以失天下,吾所以得之者何,及古成败之国。"(《史记·郦生陆贾列传》)陆贾主张治国以儒学为主而辅以黄老无为的思想,先后给刘邦写出《道基》、《术事》、《辅政》、《无为》等十二篇奏疏,每奏一篇,刘邦与朝臣们都大为赞赏,把陆贾的奏疏合称为《新语》。《新语》通过古来国家兴亡的史实,阐述政权建设成败的历史经验教训,论证当朝应奉行的治国之道。如在《无为》篇中强调帝王推行教化的重要性:"夫法令者,所以诛恶,非所以劝善。故曾闵之孝,夷齐之廉,岂畏死而为之哉?教化之所致也。故曰,尧舜之民,可比屋而封;桀纣之民,可比屋而诛者,教化使然也。"这里所论法治诛恶、德治劝善,各自具有不同功能,主张执法与教化二者兼施而不可偏废。分析深刻,论证精辟。西汉初立,《新语》就为新的大一统帝国规划立国大法。自此之后一个很长的时期,如何借鉴古代,特别是秦王朝的政治得失,如何加强新王朝的政治统治,一直是散文的一个重要主题。

《新语》稍后,有贾山的《至言》。贾山初为颖阴侯灌婴的门客,后多次向文帝上书,剖析古今治乱兴衰的道理,《至言》只不过是存留下来其中之一。《至言》认为秦朝灭亡主要原因有二:繁赋重役,使天下人忍无可忍;严刑酷法,使天下人敢怒不敢言。由于"天下莫敢告",故秦始皇处于天怒人怨的危机之中而不自知。官逼民反,这是一个显而易见的历史现象,而言路堵塞导致亡国,却往往又为新的执政者所忽略。《至言》借秦亡之事,言治乱之道,强调治国的根本,在于纳谏用贤,广开言路,立论新颖,而且有现实的针对性,在汉代散文中独树一帜。

汉初最有影响的朝廷散文作家是贾谊(前 200 – 前 168)和晁错(前 200? – 前 154)。贾谊曾得文帝赏识与器重,他的政论散文有《论积贮疏》、《谏立淮南诸子疏》、《谏铸钱疏》等,其中《过秦论》和《陈政事疏》堪称汉代散文中脍炙人口的名篇。尤其是《过秦论》,是历代公认的文章经典①,它全面地总结了秦朝兴亡的历史教训:人心向背决定着国家的命运,施行"仁政"是统治者立于不败的根本措施。文章笔锋犀利,言辞激切,感情倾诉得淋漓酣畅,铺陈、排比、夸张、渲染等手法的运用,使文势更加纵横驰骋,有战国纵横家的遗风。如写秦国兴盛时,"有席卷天下、包举宇内、囊括四海之意,并吞八荒之心。"东方六国,"尝以十倍之地、百万之众,叩关而攻秦,秦人开关延敌,……秦有余力而制其敝,追亡逐北,伏尸百万,流血漂橹。"表现出秦国何等强大的气势!然而陈涉"率罢散之卒,将数百之众,转而攻秦。斩木为兵,揭竿为旗,天下云集响应,赢粮而影从。山东豪俊,遂并起而亡秦族矣。"秦国盛衰对比有多么得强烈、明显!从秦国的兴亡自然引出如下结论:

> 然秦以区区之地,千乘之权,招八州而朝同列,百有余年矣。然后以

---

① 参见吴承学:《〈过秦论〉:一个文学经典的形成》,《文学评论》(京)2005 年 3 期。

六合为家,殽函为宫,一夫作难而七庙堕,身死人手,为天下笑者,何也?仁义不施而攻守之势异也。

春秋战国以来,兵革不休,士民疲敝,人民盼望统一安定如嗷嗷待哺的饥婴,秦并六国统一天下,正是顺应民心的大仁大义,故无往而不胜。然而秦取天下后,赋敛无度,民不聊生,民危则天下危,暴秦速亡应在情理之中。文章从而又得出"牧民之道,务在安之而已"的颠扑不破的结论。《过秦论》擅名当时,影响后世,晋代左思在《咏史》诗中写道:"著论准《过秦》,作赋似《子虚》。"足见《过秦论》在后人心目中的崇高地位。

《陈政事疏》又称《治安策》,洋洋数千言,已从总结秦国败亡教训的基础上,进而提升到批评时弊,探讨当代长治久安之策。作者透过汉初太平景象,洞察到社会潜伏的种种危机,如当时藩国日益壮大,其趋势必然是"亲者或亡分地以安天下,疏者或制大权以逼天子",疏者必危,亲者必乱,对中央集权构成严重威胁,作者疾呼中央政府对诸侯王采取果断措施:"欲天下之治安,莫若众建诸侯而少其力。力少则易使以义,国小则亡邪心。"贾谊分析天下大势,气势磅礴;设计治安大计,高瞻远瞩。刘向称赞道:"贾谊言三代与秦治乱之意,其论甚美,通达国体,虽古之伊、管,未能过也。"(《汉书·贾谊传》)

晁错是西汉杰出的政治家,初为太子家令,太子即位为景帝,任用晁错为御使大夫,时人誉称"智囊"。他的政论散文以《论贵粟疏》、《守边劝农疏》、《言兵事疏》最著名,主张削弱诸侯势力,加强中央集权;重农抑商,轻敛薄赋,发展农业;徙民实边,抵御匈奴侵扰,观点与贾谊相似。文章结构严整,论辩有力,分析深刻,切中要害。如《论贵粟疏》有分析社会动乱原因一段:"民贫则奸邪生,贫生于不足,不足生于不农,不农则不地著,不地著则离乡轻家,民如鸟兽。虽有高城深池,严法重刑,犹不能禁也。"言辞质朴而犀利,简洁而明快。与贾谊的散文比,晁错文采稍逊于贾谊而深切实用又过之。[1] 鲁迅先生对贾谊、晁错评价甚高,在《汉文学史纲要·第七篇·贾谊与晁错》中称二人

---

[1] 参见刘玉玺:《试比较晁错与贾谊的政论散文之异同》,《南都学坛》1998 年 4 期。

的散文"皆为西汉鸿文,沾溉后人,其泽甚远。"①

汉初最有代表性的藩国散文作家当数枚乘(? -前140)和邹阳。汉初实行"休养生息"的政策,到文、景二代,又采取一系列措施,使社会经济得到了显著发展,历来被视为封建社会的盛世,史称"文景之治"。然而盛世也潜伏着严重的危机,这就是藩国已蓄成尾大不掉之势,显露出种种谋反的迹象。当初刘邦开国,把分封诸侯当作巩固大一统措施之一,结果适得其反,反倒形成威胁中央政权的最大隐患,至文景时期,中央与藩国的生死决斗不可避免,这也是贾谊、晁错等人所焦虑的国家最棘手的问题,文景盛世却也是面临着大一统政权生死存亡的问题。作为藩国的文人,他们虽然是诸侯王招致门下为其政治服务的"四方游士",虽然他们身上残留着战国纵横家的习气,特别是文章有战国纵横家的流风余韵,但他们已不是战国时的谋臣策士,他们已不盲目地"各为其主",他们能自觉遵循一条基本原则,即维护国家的统一。这种意识来自对春秋战国以来历史的总结,来自对大一统优越体制的深刻认知。

枚乘初为吴王刘濞郎中,因觉刘濞有谋反之意,便写了《谏吴王书》,希望吴王幡然改图。文章隐约婉转,长喻远譬,把谋反之害与悔改之易写得曲尽其意。如书中写道:"夫以一缕之任系千钧之重,上悬无极之高,下垂不测之渊,虽甚愚之人犹知哀其将绝也。马方骇,鼓而惊之;系方绝,又重镇之。系绝于天,不可复结;坠于深渊,难以复出。其出不出,间不容发。能听忠臣之言,百举必脱。必若所欲为,危于累卵,难于上天;变所欲为,易于反掌,安于泰山。"谏书比喻贴切,形象生动,辞虽含蓄而旨意鲜明,骈散句式错落有致,已溶辞赋的特点于散文中,极有感染力。然而吴王不纳忠言,枚乘只好离吴投奔梁孝王。吴王反,枚乘又有《重谏吴王书》,再次陈述利弊,情真语切,既为吴王处境着想,又维护汉室安定,体现了汉代藩国文学侍从的时代新特征。

邹阳早年与枚乘、庄忌等人都为吴王刘濞文学侍从,他与枚乘一样,也是一个很有时代责任感的人,《汉书》本传载:"吴王以太子事怨望,称疾不朝,阴有邪谋,阳奏书谏。"写了《上吴王书》。吴王不听劝阻,邹阳便与枚乘、庄忌离

---

① 鲁迅:《汉文学史纲要》,《鲁迅全集》第九卷,人民文学出版社1982年版,第391页。

吴投靠梁孝王。邹阳生性耿直,在梁孝王处受到羊胜、公孙诡的谗毁,梁孝王一时听信谗言,将邹阳下狱,准备处死。邹阳不甘束手待毙,写了《狱中上梁王书》,书中慷慨陈述自己对梁孝王的拳拳忠心,极力申诉遭谗的冤屈。其文紧紧把握问题关键,博引史实,善用谚语、典故,常以正反对比来剖析事理,词多偶俪,句多排比铺张,雄辩有力,感人肺腑,颇有战国游士纵横善辩之风,是汉代书信体散文中少有的佳品。

　　除个人著述外,藩国还出现了一部集体编著的体大思精的巨制——《淮南子》,《淮南子》亦称《淮南鸿烈》,由淮南王刘安及其门客苏飞、李尚、左吴、田由等人合著。此书后来多有散佚,今只流传《原道训》、《俶真训》、《天文训》等21篇。书中杂采先秦诸家史料,以道家思想为主,也杂有儒、法、阴阳等各家思想,内容广泛,涉及政治、哲学、伦理、风俗、法制、兵略等各个方面。成书约在武帝即位后,仍体现着汉初的主导思想和文风,客观上起到了抵制"独尊儒术"的作用。在《淮南子》之前,便有一部杂家巨著《吕氏春秋》,这部书成于秦帝国建立前,当时迅猛发展的形势,向人们提出一个重大的理论问题:这就是以什么样的思想来治理即将到来的大一统局面。《吕氏春秋》企图吸取战国时期各国有益的执政经验,采纳百家争鸣中各种正确的意见,来形成自己新的治国纲领。《淮南子》怀着同样的政治目的,它推崇道家又兼容百家思想,带有综合各派思想的倾向,它认为:"夫道者,覆天载地,廓四方,柝八极。"(《淮南子·原道训》)世界的最终本体就是道,因此,"逮至当今之时,天子在上位,持以道德,辅以仁义,近者献其智,远者怀其德,拱揖指麾而四海宾服。"(《淮南子·览冥训》)为汉天子提出了"持以道德,辅以仁义"的治理天下的基本原则。《淮南子》文辞铺张,想象丰富,气势雄健,富有浪漫色彩,善用神话传说和寓言故事来论证说理,书中保存了许多中国古代珍贵的神话,如《共工怒触不周山》、《女娲补天》、《后羿射日》等。清代刘熙载在《艺概》卷一《文概》中评价说:"《淮南子》连类喻义,本诸《易》与《庄子》,而奇伟宏富,又能自用其才,虽使与先秦诸子同时,亦足成一家之作。"

　　到武帝时期,已经彻底消除了诸侯王分裂国家的隐患,国家空前统一,经济发达,当时的西汉成为世界上最强盛的国家。经济基础的巨大变化,必然引起意识形态上层建筑的变化，为了适应新的大一统的需要，统治者要寻找新的治国方略，于是一改过去黄老的"无为"而主张儒家的"有为"，在政体上实行以酷吏为治的同时，在思想文化上实行"罢黜百家，独尊儒术"，当然，这种文化专制与秦帝国式的野蛮文化专制还是有区别的。

先秦诸子思想本来是一个开放、争鸣型的思想体系，各派思想家基于社会的责任心，以独立的态度总结过去，展望未来，很少有屈从于权势的现象。然而从建立大一统中央集权制后，统治者一般都想把政治的统一建立在先秦某一思想体系的理论基础上，秦始皇一任于法家，汉武帝独尊儒术，就是如此。把先秦某一思想正统化、神圣化，原先解放人们思想的思想，就被改造成束缚人们思想的思想，原先开放的体系就被改造成封闭的体系，原先生气勃勃的思想就被改造成僵化的思想。武帝时期统治思想虽然发生了巨大变化，但实际上只做到了"尊儒术"，还未达到"独"的地步，也就是说各种思想还并存着，真正"罢黜百家"，把儒学当作"经学"而神圣化，是在宣帝死后。不过，武帝时期的文章还是发生了显著的变化。

首先体现这种变化的是董仲舒（前179－前104）。董仲舒是西汉著名的思想家，著作颇丰，代表性著述是《春秋繁露》和《汉书》本传中存有的《举贤良对策》。在武帝时期政治上高度统一、经济上高度发达的历史条件下，董仲舒以儒学为中心，融合阴阳五行学及其他各家学说，创造了适应统治者需要的今文经学。他的学说贯彻《春秋》公羊派大一统的观点，主张加强汉朝统一局面，大讲神权、君权、父权、夫权，其中心是"天人感应"说，既神化君权，又以天之"灾异"限制君权的滥用。《春秋繁露·玉杯》篇说："《春秋》之法，以人随君，以君随天。曰：缘民臣之心不可一日无君，一日不可无君，而犹三年称子者，为君心之未当立也。此非以人随君邪？孝子之心，三年不当，三年不当而逾年即位者，与天数俱终始也。此非以君随天邪？故屈民而伸君，屈君而伸天，《春秋》之大义也。"董仲舒的文章从容不迫，温文尔雅，典雅醇厚，深奥宏博，一改汉初贾谊、晁错、邹阳、枚乘那种纵横驰骋、磅礴激切的风尚，开西汉中期散文新风气。刘熙载《艺概》卷一《文概》中说："汉家文章，周、秦并法，唯董仲舒一路无秦气"，"乃汉文本色"。

　　鲁迅先生在《从帮忙到扯淡》一文中曾说："中国的开国的雄主,是把'帮忙'和'帮闲'分开来的,前者参与国家大事,作为重臣,后者却不过叫他献诗作赋,'俳优蓄之',只在弄臣之例。"①如果说董仲舒是为盛汉大一统提供正统思想的"帮忙"重臣的代表,那么,司马相如(前179－前118)则是为盛汉大一统唱赞歌的"帮闲"弄臣的代表。司马相如以辞赋名世,他的宏大赋体彻底改变了以往骚赋的体制,使枚乘《七发》所开创的散体化、以铺张为能事的新赋体进一步发扬光大,真正成为"润色鸿业"的工具。其散文同其辞赋一样,旨在歌功颂德,粉饰太平,虽是"帮闲",却也是盛世政治所需要的。司马相如的散文有《谕巴蜀檄》、《难蜀父老》、《谏猎疏》、《封禅文》等,或宣扬汉朝声威,或向汉皇表示忠诚,或对朝廷的失误委婉讽谏。文章辞藻华茂,辞情婉转,气势雄壮奇伟,纵横自如,大量运用排比对偶句式,极尽夸饰炫耀之能事,具有辞赋的特点,从不同侧面反映了统一的汉帝国至武帝时空前强盛的社会现实,体现了当时人们那种豪迈自信的气魄和发扬蹈厉的精神。

　　强盛的国势,使每个人都胸襟开阔,思想宏远,充满民族自豪感,这是一个呼唤历史巨人的时代,司马迁(约前145－约前90)就是在这伟大时代应运而生的文化巨人。他尊崇儒家,但不囿于一家一派之见,立于时代认识的高峰来自觉地承担历史使命,以历史主人翁的态度来总结中国以往的历史,探索民族盛衰、国家兴亡的规律,抒发对汉代大一统时代的强烈感受。司马迁在先秦史传的基础上,创造了一种表述纷繁历史现象的新形式,就是将历史现象的发展过程分门别类地加以归纳,其中对历史人物作分类排比,是展示人类社会历史发展的主要线索,这就是人们常说的人物传记的新体例。以这种新体例写成的《史记》,开创了我国纪传体史学,也开创了我国传记体文学,它代表了汉代散文的最高水平。《史记》的人物传记,以生动鲜明的人物个性来充分体现其社会关系与时代特征,既揭示了历史发展的趋势,又使历史人物形象化。如《项羽本纪》一篇,尽显秦汉之际天下风起云涌的大势,各路义军反秦始终本

――――――――

　　① 鲁迅:《从帮忙到扯淡》,《且介亭杂文二集》,《鲁迅全集》第六卷,人民文学出版社1973年版,第340页。

末,历历在目,千载后读了如昨日之事,而项羽这位既怀仁义柔情又叱咤风云千人皆废的英雄形象,更是震慑人心。司马迁在历史真实的基础上进行了必要的情节、细节、人物语言等方面的合理想象与虚构,在历史事实的描述中渗透或抒发了强烈的感情。《史记》结构宏大雄伟,有包罗古今、总揽宇宙之势,气势豪迈雄浑,有褒贬百代的胆识与气魄,题材多是惊天动地的奇人奇事,感情深切,寓意深刻,语言简洁明快,笔力刚健淳朴,富有表现力,描摹人物能穷形尽相而传神。司马迁在散文上的贡献并不是仅仅创造了传记体,重要的是为中国散文提供了塑造典型人物形象的一系列成功经验。由于后面有专题阐述,此处就不再赘述。

　　大一统盛世中,也有文人的悲哀。汉距春秋战国不远,昔日文人被社会普遍尊重的风尚还记忆犹新,得士者得天下是当时全社会的共识,当时的文人奋其志,展其才,容易实现个人的人生价值。但在君主专制的皇权社会中,暴秦就不用说了,就是盛汉,文人已由从前全社会关注的重要社会力量,变为皇权政治的驯服工具。文人的历史责任被剥夺了,社会的自豪感失落了,个性被压抑了,才能被埋没了,特别是那些杰出的文人,更感到自己独立的人格被皇权无情地扼杀。"武帝时文人,赋莫若司马相如,文莫若司马迁,而一则寥寂,一则被刑。盖雄于文者,常桀骜不欲迎雄主之意,故遇合常不及凡文人。"①就连为皇权统治的永恒性制造理论根据的董仲舒,其处境与待遇也好不了多少,他因撰《灾异之记》,差点被治死罪,因惧宦海风波,晚年称病辞官。董仲舒有《士不遇赋》,后司马迁又作《悲士不遇赋》,这不是文字模仿,而是文人盛世不遇牢骚的必然流露,司马迁的《报任安书》更是字字血泪,控诉了皇权专制对自己的迫害。其外孙杨恽的《报孙会宗书》,抒写心中牢骚不平,情辞愤激,感人肺腑,宛然有《报任安书》的风致。所以在这一时期内,散文中响彻了"士不遇"的主题。

　　这类作品值得一提的还有东方朔(前154-前93)的《答客难》。东方朔博学卓识,言辞敏捷,常以幽默调笑的方式,求得切谏的效果,如此奇才,武帝

①　鲁迅:《汉文学史纲要》,《鲁迅全集》第九卷,人民文学出版社1982年版,第416页。

视如俳优,政治上始终得不到重用。他表面诙谐旷达,内心却郁郁不平,其《答客难》带有辞赋的特点,以主客问答的方式,揭示了这样一个现实:同样的人才,此时尊之,彼时卑之,完全因人主好恶而异。"夫苏秦张仪之时,周室大坏,诸侯不朝,力政争权……得士者强,失士者亡,故说得行焉,身处尊位。"用人才才会尊重人才。"今则不然。圣帝流德,天下震慑,诸侯宾服……动发举事,犹运之掌。贤与不肖,何以异哉?"不用人才必然糟践人才,才会出现"尊之则为将,卑之则为虏;抗之则在青云之上,抑之则在深渊之下;用之则为虎,不用则为鼠"的贤愚不分的荒唐现象。文章反映了皇权专制下君主个人随意抑扬人才、决定文人进退出处的现实,揭露了皇权专制不尊重人才、埋没人才、摧残人才的事实,抒发了作者怀才不遇的苦闷。本文上承宋玉《对楚王问》之体而又有所发展,其"设客难己"、反话正说的形式,直接影响了后来扬雄《解嘲》、班固《答宾戏》、崔骃《达旨》、张衡《应间》和蔡邕《释诲》的写作,形成一种特殊格式,《文选》称之为"设论",并以此类名而标出。

汉代中期还产生了一部具有文学特色的经济史料——《盐铁论》。这部书大约是在汉宣帝本始四年(前70),由庐江太守丞桓宽根据汉昭帝始元六年(前81)御史大夫桑弘羊与贤良、文学就盐铁、酒类政策的辩论记录,整理编次成的。全书六十篇,结构严整,体例统一,以对话体的形式客观地记录了御史大夫及其僚属与贤良、文学的互相诘难,不仅显示了双方针锋相对的观点,而且在唇枪舌剑中展示了双方的感情与风采,二种不同类型的人物形象,形成鲜明的对比。作品中的人物善于持论,语言简洁明快,切中要害。行文气势磅礴,层层铺陈渲染,引类譬喻,句式多排比对偶,整齐而有变化,在西汉的政论散文中,也是独具一格的。

第二节 西汉后期至东汉前期的散文

这个时期从公元前48年元帝即位起至公元88年东汉章帝去世止,经历了元帝、成帝、哀帝、平帝、汉孺子婴、新朝王莽、光武帝、明帝、章帝诸朝,共136年。这个时期又可分为二个阶段:由元帝即位到王莽新朝灭亡的阶段,即西汉后期；由东汉建立到章帝去世的阶段，即东汉前期。

汉武帝时国势虽然发展至极盛，但土地兼并日益严重，武帝又好大喜功，内兴功利，外事四夷，耗尽文、景以来的积蓄，武帝晚年才对自己的伤民靡费的政策有所悔改。昭、宣帝时继续实行武帝晚年"与民休息"的政策，社会经济得到一定的恢复和发展，宣帝还因此而被称为"中兴之主"。但从元帝开始，大一统政权日益削弱，政治越来越腐败，中央权力逐渐落到外戚、宦官手中，公元 8 年，外戚王莽终于废汉自立为帝，定国号为"新"。王莽本想以托古改制来挽救西汉末年以来的社会危机，结果反而使各种矛盾进一步激化，引起社会更大的混乱，导致绿林、赤眉农民大起义。公元 25 年，刘秀利用农民起义的力量，重建汉政权，改国都为洛阳，史称东汉，汉朝大一统重新得到恢复。东汉初期采取了一些缓和阶级矛盾的措施，促进了经济的发展，稳定了社会秩序，加强了中央集权制，封建汉帝国再一次出现中兴的局面。

西汉王朝由盛而衰直至消亡，东汉由恢复汉统到呈现中兴气象，二者格局有着明显的不同，为什么在谈及散文时要把它们划在同一个时期呢？这是因为西汉后期存在的由土地兼并带来的阶级矛盾和由外戚、宦官干政带来的政治危机，到东汉前期虽然得到缓解，但并没有根除，仍是破坏大一统的最大隐患。更重要的是这二个历史阶段所奉行的主导思想有相似之处。武帝时，董仲舒倡导的公羊学即今文经学得到统治者的推重，但实际上并没有达到完全"独尊"的程度，统治者本身实行的还是王霸杂用的政治，学术上也还是各家观点并存。真正重用儒生，是从元帝即位之后，元帝、成帝期间，任命为丞相的都是社会名儒，公卿也都是靠经术选取的。这时儒者的言论多引经据典，宣扬天人感应和阴阳异变，哀帝、平帝之际，迷信的谶纬之学盛行，今文经学与谶纬结合，迷信化的经学成了判断是非的标准，自然灾异成了处理朝政大事的依据。王莽为了篡权代汉，伪造符命，将谶纬这一套作为自己改朝换代的根据。刘秀复汉称帝，也利用谶纬之说，取得政权后，还"宣布图谶于天下"，谶纬之学成了凌驾于经书之上的官学。章帝时召集儒士讨论五经异同，由班固写成《白虎通德论》，使经学进一步谶纬化。从西汉元帝至东汉章帝，神学烟雾笼罩整个朝野，皇权要靠文化专制、要靠迷信思想体系来维持，说明政治危机四伏,大一统的体制已经陈腐、僵化。在这种政治气候下,经学教条与神学迷信充斥各类文章之中,就不是什么奇怪的现象了。这些文章不仅内容荒诞不经,而且也没有什么文采,值得称道的倒是那些反对迷信的文章。

西汉后期,腐朽的今文经学束缚了作家的思想,这一阶段的散文成就远不如西汉前期高。在今文经学、谶纬学泛滥的年代,盛行的当然是那些充满神学迷信说教的散文,一大批文人,如翼奉、京房、谷永等人,勤于经术,以善讲灾异为能。如谷永有《日食对》、《星陨对》、《灾异对》等文,都是很有代表性的以灾异现象抨击时弊的文章。《灾异对》中讲:"王者躬行道德,承顺天地。博爱仁恕,恩及行苇。藉税取民,不过常法。宫室车服,不逾制度。事节财足,黎庶和睦。则卦气理效,五徵时序。百姓寿考,庶草蕃滋。符瑞并降,以昭保右。失道妄行,逆天暴物。穷奢极欲,湛湎荒淫。妇言是从,诛逐仁贤。离逖骨肉,群小用事。峻刑重赋,百姓愁怨。则卦气悖乱,咎徵著邮。上天震怒,灾异屡降。日月薄蚀,五星失行。山崩川溃,水泉踊出。妖孽并见,荸星耀光。"文中反映出一些西汉末世政治黑暗、民不聊生的现实,但将儒家仁政爱民的观念穿凿附会于灾异,实在是荒谬,艺术上也无创新之处,浓重的神学气已改变了先秦以来散文的优秀传统。

在儒学向神学发展的西汉后期,出现了图书搜集、整理的热潮。成帝时命陈农访求天下遗书,命刘向(前77-前6)总校诸书。刘向博物洽闻,通达古今,校阅群书所写的一些序录,多有文采,引证详备,分析深刻,或以古鉴今,或借灾异现象讽喻时政。其奏议,辞浅理畅,意味深沉醇厚,流露出作者强烈的匡救时弊的热情。如成帝要耗巨资重筑延陵,刘向上《谏营延陵过侈疏》,劝谏成帝体恤民瘼,不可过分奢侈营建陵墓而给人民、国家带来严重危害。文中旁征博引,曲折尽致,如为说明厚葬的危害,列举了历史上一系列的圣王贤臣薄葬与暴君昏主厚葬的事例,最后得出无可辩驳的结论:"是故德弥厚者葬弥薄,知愈深者葬愈微。无德寡知,其葬愈厚,丘陇弥高,宫庙甚丽,发掘必速。由是观之,明暗之效,葬之吉凶,昭然可见矣。"援引典事,从容反复,卒章见志,结论简捷有力,明散文家茅坤称此奏议为"西京第一奏疏"。不过刘向的奏议也常以古来符瑞灾异来解释当前社会现象,说明他没有摆脱那个时代迷信神学的影响。刘向又分类纂辑古代轶闻逸事,编成《说苑》、《新序》、《列女传》等,人物形象生动,意味深长,对魏晋小说的产生颇有影响。

刘向的小儿子刘歆(约前53－后23)与父同受诏校书,撰成《七略》,为我国第一部图书分类目录,开创了我国的图书目录学。他生活在谶纬迷信盛行的时代,却闭口不谈阴阳怪异。刘歆在校书时,发现了从民间征集到的用古文写成的《尚书》、《诗经》等先秦经籍,他要求把这些古文经书立于学官,意在与迷信化了的今文经学分庭抗礼。这种要求自然遭到今文经博士的反对,双方进行了激烈的辩论,从此,经学中出现了明显的今、古文两个流派,刘歆成为古文经学派的开创者。古文经学解释经义,重在训诂,探索经义本义,反对今文经学用谶纬迷信来发挥经义。刘歆的散文纵横凌厉,大有西汉前期散文的风气,如他的代表作《移书让太常博士》,反驳今文博士对古文经的指责,揭露今文学派因陋就寡,抨击今文学派自私腐朽,笔锋犀利,义正辞严,具有文风复古的倾向。

与刘歆同时的扬雄(前53－后18),与刘歆一起都曾仕于王莽新朝,他也不满符命谶纬之说,热衷于古文经学。扬雄本是出名的辞赋家,其《甘泉赋》、《河东赋》《羽猎赋》、《长杨赋》闻名遐迩,后来认为辞赋无补于世道,于是专心于文。"以为经莫大于《易》,故作《太玄》;传莫大于《论语》,作《法言》;史篇莫善于《仓颉》,作《训纂》;箴莫善于《虞箴》,作《州箴》。"(《汉书·扬雄传》)虽说重于模拟,缺少创新,但扬雄不为经书作注,竟敢模仿经书"另搞一套",确实具有"反潮流"的勇气。扬雄的思想既有传统儒家经世明道的成分,又有道家淡泊自守的成分①,他不慕荣华富贵,不畏权势与时尚的压力,对谶纬迷信的批判态度比刘歆还要坚决,其文章言辞尽管隐晦艰深,但在神学迷信空气到处弥漫的情况下,他的批判确有摧陷廓清的威力。

西汉后期以奏议而擅名的散文家有杜邺、贡禹、鲍宣。哀帝元寿元年(前2)春,继地震之后又发生日蚀,宫廷上下一片惶恐。杜邺进《元寿元年举方正直言对》,以历史上的灾祸为佐证,力陈当朝外戚擅权的危害,对皇上提出了

---

① 参见许总:《论扬雄与东汉文学思潮》,《中国社会科学》1988年1期。

改过自新、匡救时弊的期盼，对策起到一定效果，杜邺的善为议对誉满朝野。

贡禹，在元帝时为谏大夫，他的奏疏现仅存五、六篇，其《奏宜放古自节》一篇，反对朝廷大小官吏奢侈腐化，呼吁减轻人民的重负，提倡吏治中的廉政之风。这些主张虽扭转不了汉王朝每况愈下的颓势，但那些反腐倡廉的言论对后人是有启示意义的。

鲍宣，哀帝时为谏大夫，其奏议的内容与风格与贡禹大致相近。如建平四年（前3），哀帝祖母傅太后大封傅氏家族，又免了几位持反对意见的重臣的官职，鲍宣虽官卑人微，却敢呈递《上书谏哀帝》的谏书，猛烈抨击外戚专权，本奏议实话实说，多方论证。如把百姓悲苦情状概括为"七亡"、"七死"，矛头直指戕害百姓的贪官污吏。作者善恶分明，褒贤伐奸。无论奸佞还是贤能，都敢直呼其名，毫无顾忌。班固在《汉书·鲍宣传》中称其"常上书谏争，其言少文多实。""少文多实"不仅恰当地评价了鲍宣文章的特点，也概括了这个阶段奏议文章的特色。

东汉前期，国家又归统一，政局比较稳定。东汉名义上恢复西汉刘氏正统，但在思想方面没有改变王莽谶纬迷信那一套，并变本加厉，取消了王莽新朝设立的古文经博士，使神学化了的儒学和迷信谶纬更加正统化。但这一阶段的散文成就倒比西汉后期要高，其主要标志是：继《史记》之后，又产生了一部中国杰出的传记文学作品——《汉书》，还产生了坚决批判神学迷信的巨著——《论衡》。司马迁著《史记》，所记大致止于武帝太初年间，为表述太初以后汉朝的事功，西汉后期、东汉初就有人接着《史记》来续写汉史，如刘向、冯商、扬雄、班彪等。班彪（3－54）对《史记》深有研究，并提出了一些可行的改进修史的方法，但班彪神学化的儒学偏见严重，今存《王命论》一文，便是一篇以宣扬汉承天运为宗旨的文章，这种思想也影响了他的史学观点。如同司马谈给予司马迁以极大影响一样，班彪的思想及著述对其子班固（32－92）著《汉书》有至关重要的影响作用。班彪著有《史记后传》，原书已佚，一部分已被《汉书》所吸收，如韦贤、翟方进、元后三传赞，都有"司徒掾班彪曰"，分明是《史记后传》的原文，人物传记写得也算精彩。

班彪等人都是缀集史实来续补《史记》，谁也没有想到要撰写一部完备的西汉史。到了班固的时候，他远受三代典籍与《史记》的启示，近参班彪等人续补的汉史，历经二十多年，"究西都之首末，穷刘氏之废兴，包举一代，撰成一书，言皆精练，事甚该密，故学者寻讨，易为其功，自尔迄今，无改斯道。"（刘知几《史通·六家》）这部书就是我国第一部纪传体断代史——《汉书》。《汉书》的体例主要依仿《史记》，略有变更，它的资料详实，慎核整齐，叙事详明，言辞典雅，有散文骈化的特点，成为我国后世纪传体断代史的权舆，在中国散文史上有巨大的贡献。《汉书》传记文学性总的来说不如《史记》，但它是继《史记》之后最杰出的传记文学作品，有些人物传记写得也相当精彩。由于班固受正统儒学影响较深，影响了他在《汉书》中对历史人物与历史事件的正确评价。不过与他在明帝时和他人合撰的《世祖本纪》，他本人又撰写的东汉开国功臣等传记，章帝时撰写的《白虎通德论》等相比，《汉书》御用味道少多了。班固前期的散文是典型的遵命之作，受诏神化汉皇、神化儒家经典。而《汉书》虽说缺乏司马迁《史记》中那种深刻的史识和批判精神，但在一些人物传记中，也暴露了统治阶级荒淫无耻、腐败昏庸的罪行，如《外戚传》。特别是塑造了许多爱国英雄形象，歌颂了他们高尚的爱国精神与民族气节，如《苏武传》，生动地记叙了苏武出使匈奴被扣留十九年而宁死不降的事迹，塑造了一个富贵不能淫、贫贱不能移、威武不能屈的民族英雄形象，其传神笔力并不在司马迁之下。

就在东汉前期谶纬迷信猖獗之时，涌现了一批坚决抵制这股强大时代逆流的思想精英，桓谭（约前30－约后41）是当之无愧的先驱者。他敢于冒着生命危险在"宣布图谶于天下"的光武帝面前公开表示"臣不读谶"，并上《抑谶重赏疏》，言图谶之害，足见他反对图谶迷信是何等的坚决。他所著的《新论》，共计29篇，此书早佚，今存系后人辑本。桓谭以古代朴素唯物主义为思想武器，直接向谶纬发难。图谶之说附会于《河图》、《洛书》，桓谭认为图、书之事本不可知，后人又依托孔子，更是虚妄。自然灾异是天下常发生的自然现象，与人事何干？桓谭的《新论》说理透辟，情理兼备，既振聋发聩，又富有艺术感染力，备受王充的推崇，称其《新论》"论世间事，辩照然否，虚亡之言，伪饰之辞，莫不证定。"（王充《论衡·超奇》）

王充(27－约97)是东汉最杰出的唯物主义思想家,他的《论衡》代表了东汉前期政论文的最高成就。王充虽曾师从班彪,但他并没有传承班彪的儒家思想体系,而是推崇道家唯物主义观点,历时三十多年,撰成巨著《论衡》,共三十卷,自认为"虽违儒家之说,合黄、老之义也。"(《论衡·自然》)以新的朴素唯物主义元气自然论,系统地批判了世俗鬼神迷信、祸福报应等神学迷信观点,从根本上抨击了"天人感应"与谶纬之说,其学说在相当长的中国封建社会中被视为异端。王充注重文章的实用功能,要求著文能起"劝善惩恶"、"匡济薄俗"的作用,他在《自纪》篇中说:"为世用者,百篇无害;不为用者,一章无补。"从文章用于世出发,他又主张文章内容和形式相统一,反对言过其实、雕文饰辞。同时要求语言通俗易懂,他在《自纪》篇中还说:"口则务在明言,笔则务在露文。高士之文雅,言无不可晓,指无不可睹。观读之者,晓然若盲之开目,聆然若聋之通耳。"所以《论衡》篇篇有针对性,有战斗力,内容上可谓"离经叛道";句句明畅易晓,多用俗语与白话,文风上可谓属于"通俗派",开东汉散文一代新风气。如《问孔》篇讲:

> 世儒学者,好信师而是古,以为贤圣所言皆无非,专精讲习,不知难问。夫贤圣下笔造文,用意详审,尚未可谓尽得实;况仓卒吐言,安能皆是? 不能皆是,时人不知难;或是,而意沉难见,时人不知问。案贤圣之言,上下多相违;其文,前后多相伐者,世之学者不能知也。论者皆云:"孔门之徒,七十子之才,胜今之儒。"此言妄也。彼见孔子为师,圣人传道必授异才,故谓之殊。夫古人之才,今人之才也,今谓之英杰,古以为圣神,故谓七十子历世希有。使当今有孔子之师,则斯世学者,皆颜、闵之徒也;使无孔子,则七十子之徒,今之儒生也。

发论大胆,明白如话,都是前人少有的。刘熙载在《艺概·文概》中说:"王充《论衡》独抒己见,思力绝人,虽时有激而近僻者,然不掩其卓诣。"

西汉前期一些文人的奏疏书表,特别是奏疏,写得很有气势,客观地表达了在崭新的大一统格局下,西汉人雄心勃勃的志向和唯我独尊的自豪。相比之下,东汉前期一些文人的奏疏书表,特别是书表写得哀怨悲慨,真切地表达了东汉前期人们在神化了的皇权专制重压下,种种精神苦闷与无奈。如马援(前14－后49),东汉初期的名将,其著名的散文是《诫兄子严、敦书》,在此书信中,他谆谆教诲子辈谨慎言谈,特别是要闭口不言他人之过。信中说:"吾欲汝曹闻人过失,如闻父母之名,耳可得闻,口不可得言也。好论议人长短,妄是非正法,此吾所大恶也,宁死不愿闻子孙有此行也。"此论本是压抑良知、泯灭是非之举,却被一些人视为处世箴言。可见在皇权专制的社会里,本无是非可辨。仕途中更是险象丛生,口祸频仍,要想明哲保身不受他人谗害,就得首先对他人之过,视而不见,知而不言。马援讲的虽不在理,但都是肺腑之言,人生痛切的体验。

再如冯衍,有奇才,然一生坎坷不平,光武帝时仅为曲阳令。光武帝建武末年,他作《上疏自陈》,恳求光武帝能力排众谗,公正对待人才,使能者见用。表达了自己对贤愚不分、赏罚不公的现实的愤慨。如他在文中写道:"臣衍自惟微贱之臣,上无无知之荐,下无冯唐之说,乏董生之才,寡李广之势,而欲免谗口,济怨嫌,岂不难哉!"(《后汉书·冯衍传》)自古贤能难免谗毁,已显达者尚且在所难免,何论位卑贫贱者!文中不平之愤,牢骚之气,与司马迁的《报任安书》、杨恽的《报孙会宗书》一脉相承。冯衍现存文十多篇,明人辑有《冯曲阳集》,集中有《与妇弟任武达书》,历数家中妒妇之酷,其情可悯。冯衍本已仕途失意,家庭生活再不遂心,真可谓内外交困、身心交瘁,此书信充满忍无可忍的愤激、烦恼之情,在汉人的家信中别具一格。

东汉初朱浮的《与彭宠书》也很有影响,以致后来被选入《文选》。朱浮在光武帝时曾任幽州牧,与渔阳太守彭宠有矛盾,彭宠举兵攻朱浮,朱浮便以《与彭宠书》来谴责他,此书信言词激烈,一气贯下,冷嘲热讽,锋芒咄咄逼人,且多有传世警句,如"智者顺时而谋,愚者逆理而动。""捧土以塞孟津,多见其不知量也。""无为亲厚者所痛,而为见仇者所快。"等等。

东汉一朝能文的家族,以班氏为最,班彪、班固文名天下皆知,班固弟班超,后虽投笔从戎,但其文采不逊当时有名的文士,他有《西域诸国》多卷,晚年所作《上书求代》,更为人传诵。无独有偶,与班氏齐名的,还有以崔骃、崔瑗、崔寔为代表的崔氏家族。崔瑗是崔骃之子,崔寔是崔骃之孙。崔骃之父崔篆也有文名,著有《慰志赋》,光武帝建武初,举贤良,辞归不仕。崔骃受其父辈影响,他博学多才,与著有《春秋左氏传解诂》、《国语解诂》的古文经学家、贾谊九世孙贾逵为一时之选。章帝时,班固撰成《汉书》与《白虎通德论》,傅毅撰成十篇《显宗颂》,一时名冠天下,《后汉书》称崔骃与班、傅"同时齐名"。然而崔骃又与班、傅有所不同,他淡泊名利,不愿出仕,为此受到一些人的讥讽,他于是模仿扬雄《解嘲》作《达旨》,以回敬世俗偏见。章帝死后,窦宪执政,崔骃见窦宪擅权骄姿,于是写了《献书诫窦宪》,列举前朝外戚干政引起的惨祸,劝告窦宪引以为戒,辞情恳切,直言不讳,如信中讲:"故君子福大而愈惧,爵隆而益恭。远察近览,俯仰有则,铭诸几杖,刻诸盘杆。矜矜业业,无殆无荒。"可惜窦宪对逆耳良言置若罔闻,凡是擅权者,有几个不是"福大"、"爵隆"后而忘乎所以、飞扬跋扈的呢?

这个时期的散文中,值得一提的还有马第伯的《封禅仪记》。建武三十二年(56),光武帝刘秀封泰山,马第伯作为随员相从,写下了这篇封禅记文。此篇记文不同以往封禅记,说它是一篇山水游记更合适。记文主要描述泰山的奇景壮观,在此之前,还未曾有过如此的以描写自然风光为重点的记文,在汉代散文中,也可谓独树一帜,直接影响了后代山水游记的写作。

第三节 东汉中后期的散文

这个时期从公元89年和帝即位起到220年曹丕代汉止,经历了和帝、殇帝、安帝、顺帝、冲帝、质帝、桓帝、灵帝、少帝、献帝诸朝,共132年。这个时期又可分为二个阶段,即由和帝即位到189年董卓入京的阶段,和董卓逼献帝迁都长安到东汉灭亡的阶段,我们把它们简称之为东汉中期与东汉后期。

东汉前期,作为社会指导思想的经学继西汉末期进一步神学迷信化,使原本生气勃勃的大一统体制日趋僵化,给社会潜伏下了重重危机。但东汉前期,凭着统一稳定的局面,还维持着强盛的国势,东汉仍是东方文明的中心,当时,世界上的强国只有罗马帝国才有资格与东汉相提并论。但是从和帝之后,王朝日益腐败、政局动荡不已,国势渐趋贫弱,直至大一统的东汉王国不可挽回地崩溃、灭亡。

东汉社会的衰落，是从统治阶级上层腐败开始的。和帝登基，太后临朝，外戚专断，从此外戚总设法立小孩子做皇帝，便于操纵。而小皇帝一旦成人懂事，往往不甘心做傀儡式的儿皇帝，于是只好依靠身边的宦官，来剪灭外戚势力，争夺皇权。直至东汉亡，国家一直处于外戚、宦官交替专权的局面之中。不论哪方得势，都同样地揽权敛财、祸国殃民，特别是从桓帝以后，宦官长期专权，其贪婪、凶残比外戚势力更有过之。他们竭泽而渔，拼命搜刮民脂民膏，广大劳动人民挣扎在死亡线上，国库成了宦官的私家金柜，国家贫弱到了难以支付一般官吏俸禄的程度。东汉后期，国家公然标价卖官鬻爵，政治黑暗腐败达到登峰造极的地步。

东汉中期，朝官多系外戚党徒、宦官亲信，文人入仕的正途被堵塞。社会的黑暗混乱，外戚、宦官的腐败堕落，文人遭遇的社会压抑，引起文人意识的巨大变化。经学的"独尊"与谶纬的权威，在他们心中坍塌了，他们揭露统治者腐败堕落与倾诉自己心灵痛苦的文章，赢得了社会广泛的支持与同情。有些文人还与一些正直的官僚联合起来，大胆地评议朝政，抨击时弊，臧否人物，因此统治集团把他们视为自己主要的政敌，先后制造两次"党锢"事件，进行了残酷的迫害。然而政治的黑暗，血腥的镇压，只能引起更大的反抗，引发社会更大的混乱，184年，终于爆发了黄巾农民大起义，直接威胁着东汉的政权。189年灵帝死少帝即位，何太后临朝，外戚何进召拥兵自重的并州牧董卓入京，给了董卓擅政的机会。随之又有人兴兵讨董，从此，东汉大一统格局名存实亡，开始了长达30年的军阀分裂割据的局面，黑暗、动荡的社会，使散文有了新的变化。

东汉中期出了一名著名的文学家和科学家张衡（78－139），张衡字平子，安帝时任过太史令，顺帝时制成候风地动仪，晚年出为河间相。他在文学上的成就主要表现在辞赋方面，主要作品有《二京赋》、《思玄赋》、《归田赋》等，曾拟扬雄《解嘲》作《应间》，表达了正直文人士大夫不肯阿世求荣的高洁志向。其《同声歌》与《四愁诗》是中国五、七言诗创始时期的重要作品。他的奏疏，以唯物论的观点，揭露了谶纬迷信的虚妄。如他的《请禁绝图谶疏》，用事实证明谶纬是骗人的伪书,提出"宜收藏图谶,一禁绝之,则朱紫无所眩,典籍无瑕玷矣。"在统治者把图谶视为维持统治的精神法宝的形势下,张衡毅然决然地要求禁绝流行图谶,这需要多大的勇气与魄力! 这种勇气与魄力无疑来自他科学的态度与科学的认识。他的好友崔瑗在《河间相张平子碑》中称赞他:"数术穷天地,制作侔造化,瑰辞丽说,高才伟艺,磊落焕炳,与神合契。"确实,既通自然科学又通人文科学的全才,在世界史上能有几人? 而能使自然科学与人文科学互融并用者,更是罕见。

最能代表东汉中期社会批判思潮的当数王符。王符大约生于章、和帝朝,卒于桓、灵二帝之际,《后汉书》本传称他"少好学,有志操,与马融、窦章、张衡、崔瑗等友善。……而符独耿介不同于俗,以此遂不得升进。志意蕴愤,乃隐居著书三十余篇,以讥当时失得。不欲章显其名,故号曰《潜夫论》。"王符的思想观点受王充影响较深,也反对谶纬,怀疑天命,但三十六篇的《潜夫论》重点不在于对经学与迷信的批判,而在于对东汉社会政治的批判,这是与王充所不同的地方。东汉中期之后朝政黑暗腐败,统治阶级贪婪、残暴,使社会风气败坏,社会各种矛盾激化,造成了动荡混乱、民不聊生的社会局面,《潜夫论》对当时社会的弊政陋俗进行了广泛而尖锐的揭露。《潜夫论》批判最多的是腐败吏制,作者把社会祸乱的根源归之于朝政的弃贤任佞,如在《贤难》篇中指出:"世之所以不治者,由贤难也。所谓贤难者,非直体聪明服德义之谓也。此则求贤之难得尔,非贤者之所难也。故所谓贤难者,乃将言乎循善则见妒,行贤则见嫉,而必遇患难者也。……今世主之于士也,目见贤则不敢用,耳闻贤则恨不及。……夫众小朋党而固位,谗妒群吠啮贤,为祸败也岂希? 三代之以覆,列国之以灭,后人犹不能革,此万官所以屡失守,而天命数靡常者也。"文章有赋体特点,善于铺陈,多用排偶。语言朴实明畅,笔锋凌厉,批判深刻。

在东汉中期社会日趋衰微的情况下,王符把治理乱世的希望寄托在明君选贤任能上,当然是一种天真的幻想,因此当今有些学者对王符的社会批判评价不高。但是如果历史主义地看问题,我们还能要求一个汉代的知识分子对当时社会政治做怎样深刻的批判呢? 能提出贤才治国的主张,已经代表了当时广大人民的愿望。

《潜夫论》是一位在野文人所发表的政见,而这个时期社会批判文章的作者,更多的却是那些政事的参与者,当时形成了由一大批正直文人官僚组成的社会批判思潮的群体,由于他们对上层统治者的腐败有近距离的观察,所以批判的锋芒有时显得更加深刻、犀利。他们互相激励,互相声援,危言深论,形成了强大的社会舆论。

官至尚书的崔寔(?－约170),著有《政论》,就是针对当时"政令垢玩,上下怠懈,风俗凋敝,人庶巧伪"的社会现状,来探讨朝政的得失,来寻求"济时拯世之术"。崔寔在《政论》中认为"今既不能纯法八代,故宜参以霸政,则宜重赏深罚以御之,明著法术以检之。"以"重赏深罚"的法术,矫东汉的时弊,明确地表示崇尚法家思想,说明儒家思想的统治地位已经动摇。崔寔在桓帝初为郎,后为大将军梁冀司马,梁冀被诛,受牵连免官,被禁锢数年,又由黄琼举荐任辽东太守,官至尚书,因为世道黑暗混乱,常称病不理事。表面看好似避祸逃避现实,然而在《政论》中,我们处处都能感受到他对国家衰微的忧患和一心想挽救颓势的热忱。

和崔寔的《政论》比起来,那些深受迫害的党人首领的文章,不仅也有对东汉王朝分崩离析局面的担忧,更多的是对执政者的不满。如太尉陈蕃(?－168)有《谏封赏内宠疏》,直言皇上"左右以无功传赏,授位不料其任,裂土莫纪其功",痛斥吏制腐败。司隶校尉李膺等人在党锢之祸中被诬收监,陈蕃上《理李膺等疏》营救,疏文把当今皇帝视为桀纣之辈、亡国之主,痛斥他残害忠良以威慑天下人的险恶用心,疏中说:"臣闻贤明之君,委心辅佐;亡国之主,讳闻直辞。故汤、武虽圣,而兴于伊、吕;桀、纣迷惑,亡在失人。……伏见前司隶校尉李膺、太仆杜密、太尉掾范滂等,正身无玷,死心社稷,以忠忤旨,横加考案,或禁锢闭隔,或死徙非所。杜塞天下之口,聋盲一世之人,与秦焚书坑儒何以为异?"这那里是一篇奏疏,简直就是一篇声讨暴君的檄文。如此敢触龙鳞的文章,真是罕见!作者置生死于度外,愤切直言,痛快淋漓,一改以往奏疏恭谨谦和的文风。从中可以看到此时期政治矛盾的激化与"党人"力挽狂澜的英勇献身精神。

"嫉俗"历来是"愤世"的补充,在大胆指评弊政的同时,东汉中期又产生了一种臧否人物的"清议"风气,他们通过品评具体人物,蔑视权贵,谴责见利忘义之徒;砥砺名节,赞扬舍生取义之士,曲折地表达了对黑暗腐败政治的不满与对清明政治的向往。如朱穆(100 - 163),是个不畏宦官集团、敢于严惩贪官豪强的正直官僚,他有一篇《与刘伯宗绝交书》,揭露了刘伯宗在得势前的假谦恭,斥责他得宠忘故、富贵骄奢的人品,表现了自己鄙视权贵的高蹈雅洁之志。李固(95 - 148),也是一位敢说敢道、敢于公开反对外戚宦官两大集团的正直官僚,他的《遗黄琼书》公然指名道姓评议当时被朝廷征召的几位"名士",对欺世盗名之徒进行了鞭挞:"自顷征聘之士胡元安、薛孟尝、朱仲昭、顾季鸿等,其功业皆无所采,是故俗论皆言处士纯盗虚声。"书中还有"峣峣者易缺,皦皦者易污。《阳春》之曲,和者必寡;盛名之下,其实难副"等句,由于对人才名实关系的评骘深刻精到,所以颇为后世所传诵。

东汉中期社会批判文章,阐述治乱兴衰之理,纵横驰骋于古今,见识深刻;揭露现实弊端,不论汉皇权臣豪族,都无所顾忌。愤激的感情,犀利的言辞,体现了汉代醇厚文风的新变,显示出向魏晋清峻通脱文风转换的特征。

东汉中后期还产生了一批学术性著作,著名的作家有马融、许慎、郑玄、蔡邕、应劭等人,最有影响的当数著名经学家郑玄(127 - 200)。郑玄早年曾入太学博读群经,后又从经学家马融专攻古文经学,学成后聚徒讲学,门徒多至数百千人。党锢事件中被禁,于是潜心遍注群经,其中以《毛诗笺》、《三礼注》最有影响,除笺注之作外,还有《天文七政论》、《六艺论》、《毛诗谱》、《驳许慎五经异义》等,著述宏富。郑玄以古文经学为主,兼采今文经学,取宏用精,终成汉代经学的集大成者,世称其学说为"郑学"。东汉中后期的学术型文章,从容不迫、严谨精审,却也不是远离社会现实的"纯学术研究",就如"郑学",它配合了社会批判的思潮,起到了抑制今文经和谶纬发展的作用,对后世研究我国古代文化遗产也有很重要的指导意义。

东汉后期,各地豪强据兵争雄,兵连祸结,战乱耗尽了汉王朝长期的经济积蓄,给人民带来了巨大的灾难,曹操写有《蒿里行》一诗,中有"白骨露于野,千里无鸡鸣"句,真实地概括了当时的社会现实。与经济凋敝、生灵涂炭的惨象相反,思想文化方面却呈现出勃勃生机。其特征是统治了二、三百年的正统经学被怀疑、被冷落,适应社会急剧变化的新思想、新文化迅速崛起,包括压抑已久的道家、法家等学派的思想及新近传入的佛教学说,也得到了广泛传播,这个时期的散文,不仅反映了动荡不安的社会现实,也反映了社会意识形态的剧烈变化。

东汉后期最著名的社会批判家当数仲长统(180 – 220),其代表作就是十余万字的《昌言》。书中对汉末的黑暗现实作了深刻的揭露,特别是对阶级对立、贫富悬殊作了生动的描述。如王公贵族乱国害民,无恶不作:

> 汉之初兴,分王子弟,委之以士民之命,假之以杀生之权。于是骄逸自恣,志意无厌。鱼肉百姓,以盈其欲;报蒸骨血,以快其情。上有篡叛不轨之奸,下有暴乱残贼之害。虽籍亲属之恩,盖源流形势使之然也。降爵削土,稍稍割夺,卒至于坐食奉禄而已。然其侉秽之行,淫昏之罪,犹尚多焉。(《损益》篇)

富豪人家富敌公侯,过着骄奢淫逸的生活:

> 豪人之室,连栋数百,膏田满野,奴婢千群,徒附万计。船车贾贩,周于四方;废居积贮,满于都城。琦赂宝货,巨室不能容;马牛羊豕,山谷不能受。妖童美妾,填乎绮室;倡讴妓乐,列乎深堂。宾客待见而不敢去,车骑交错而不敢进。三牲之肉,臭而不可食;清醇之酎,败而不可饮。睇盼则人从其目之所视,喜怒则人随其心之所虑。此皆公侯之广乐,君长之厚实也。(《理乱》篇)

而广大人民却挣扎于死亡线上:

> 盗贼凶荒,九州代作,饥馑暴至,军旅卒发,横税弱人,割夺吏禄,所恃者寡,所取者猥,万里悬乏,首尾不救,徭役并起,农桑失业,兆民呼嗟于昊天,贫穷转死于沟壑矣。(《损益》篇)

历史到了最黑暗的时代,仲长统笔下点点滴滴都是血泪,字字句句都是控诉。《昌言》中也有对儒家传统思想不满、反对谶纬迷信、崇尚道家思想的文

字,如"思老氏之玄虚,呼吸精和,求至人之仿佛。与达者数子,论道讲书,俯
仰二仪,错综人物。弹《南风》之雅操,发清商之妙曲。消遥一世之上,睥睨天
地之间。不受当时之责,永保性命之期。如是,则可以陵霄汉,出宇宙之外矣。
岂羡夫入帝王之门哉!"(《后汉书·仲长统列传》)寥寥数语,就表达了作者对
扼杀、压抑人性的黑暗现实的愤慨与对精神自由的无限向往。《昌言》敢怒敢
骂,慷慨激越,充满批判与求真的精神。语言质朴,善于铺陈,已显露出在散文
中重视运用骈偶的倾向。

刘熙载在《艺概》卷一《文概》中指出:"王充、王符、仲长统三家文,皆东京
之矫矫者。"确实,王充、王符、仲长统在东汉社会批判家中皆为翘然出众者,
不过,由于他们所处的历史时期不同,他们批判的锋芒也各有侧重。王充生活
于东汉前期,时谶纬迷信盛行,王充的《论衡》批判的对象主要是神学迷信。
王符生活于东汉中期,时社会极度黑暗混乱,王符的《潜夫论》抨击的主要对
象是专权的外戚、宦官集团。仲长统生活于东汉后期,时东汉王朝名存实亡,
大一统局面已分崩离析,仲长统的《昌言》,更多的是对整个汉代的兴衰史做
全面的反思与评判。此三人各自代表了东汉三个不同时期社会批判思潮的方
向,他们的著述也代表了东汉三个不同时期社会批判散文的最高成就,特别是
仲长统的著述,其批判更富有历史的总结性。

东汉后期实际就是汉献帝刘协在位的三十年,这三十年中,五改年号,
"建安"时期最长,达二十四年之久,所以习惯称东汉后期的文学为建安文学。
东汉后期,天下分裂,祸乱相继,汉皇徒有虚名,大一统格局已被豪强割据所代
替,然而文学却呈现出繁荣发展的景象,当时俊才云蒸,作家辈出,除仲长统
外,其余杰出的散文作家当数"三曹七子"。"三曹"指曹操和他的儿子曹丕、
曹植,"七子"亦称"建安七子",指孔融、陈琳、王粲、徐干、阮瑀、应场和刘桢。
此七人都曾在魏都城邺中居住,又称"邺中七子"。"七子"的政治态度及创作
情况各有不同,因曹丕在《典论·论文》中将他们并举而得名。"七子"之外,
张升、赵壹、祢衡、刘梁、边让、繁钦、杨修、吴质等,也都是以文名世之人。

"三曹七子"中,曹操(155-220)影响最大,因为他不仅是东汉末杰出的
文学家,也是杰出的政治家与军事家,对建安散文风格的形成,极有号召力与

推动力。他生活于国家分裂、社会动荡的年代里,对动乱的现实、人民的苦难与愿望有深切的感受,他又有消除动乱、重新统一天下的雄心,加上他深厚的文学素养,所以他的文章内容深刻,气魄恢弘,放达无羁,处处洋溢着豪迈的进取精神。曹操的文章主要是给下属的命令、书信与给皇帝的表章,以质朴刚健的语言直抒胸臆,大胆直率,气势磅礴。如他发布了《求贤令》、《论吏士行能令》、《选军中典狱令》等法令,反复申诉自己"唯才是举"的用人主张,在《敕有司取士勿废偏短令》中强调人各有长短,不可求全责备,不能因其有偏短之处而废弃人才。在《举贤勿拘品行令》中甚至有这样的文字:"负污辱之名,见笑之行,或不仁不孝而有治国用兵之术,其各举所知,勿有所遗。"这样的主张真是惊世骇俗,不仅否定了汉代举孝廉的选才标准,而且对传统的人才观提出严重的挑战,表现出曹操非凡的胆识与气度。

曹操的令、表、书,一般都篇幅短小,唯一超过千字的文章就是那篇有名的《让县自明本志令》,文章回顾了自己初期的志向与抱负,记叙了从董卓之乱后自己的政治、军事生涯,概括地评价了自己的历史功绩,披肝沥胆,毫无矫饰,让人们清楚地看到这位乱世英雄的内心世界及其成长的过程。这篇令文并非是单纯的回忆性质的文章,它的回顾旨在说明自己的权力与政治作用是经过长期的历史风雨自然形成的,不是哪个人可以随便动摇的。文章接着就对怀疑他图谋篡位的种种议论进行批驳。面对种种猜测议论,政治迂腐者很可能仅为了获得个人一时虚名,把兵权一交了之,以证实自己无篡汉野心。但曹操从国家与自身长远安危考虑,他绝不放弃手中的权力,文章说:"然欲孤便尔委捐所典兵众,以还执事,归就武平侯国,实不可也。何者?诚恐已离兵为人所祸也,既为子孙计,又已败则国家倾危,是以不得慕虚名而处实祸,此所不得为也。"曹操把交出兵权后的后果看得清清楚楚,所以理直气壮,坦诚相告,不是被动的辩白,而是居高临下地警告训斥妄图动摇他地位的人。曹操的散文,感情真挚充沛,直言不讳,文字简约严明,挥洒自如,不受传统思想和形式体制的约束,很有创新性,表现出一种清峻、通脱的风格,这也代表了汉末魏初文章的特色。曹操的文章一改汉代旧传统,开魏晋一代新风气,鲁迅先生在

《魏晋风骨及文章与药及酒之关系》一文中称曹操"是一个改造文章的祖师"①,实为确论。②

曹丕(187－226)的文学成就不及曹操、曹植,但在文学史上有其重要的地位。他早在代汉称帝前,就大力倡导文学,与著名文人相来往,成为当时文坛的领袖人物。他的散文以书信为显著,如其《与朝歌令吴质书》、《又与吴质书》,叙友情,悼亡友,情真意切,凄楚哀痛,文笔清新流畅,有浓厚的抒情味,对后世短篇抒情散文的写作有一定影响。曹丕在文学理论上的建树又是曹操、曹植所不及的。他的《典论·论文》是我国较早的文学批评专著,它条分缕析,逻辑性强,直述己意,绝少引经据典,显示了建安时期论说文的特点。主要阐述了文学的价值和作用,文章的体裁和特征,作家的气质才性和作品风格的关系,文学批评应持的正确态度。第一次把文学提高到"经国之大业,不朽之盛事"的地位,开创了文学批评的新风气,在我国文学批评史上有奠基的作用。

曹植(192－232)是建安时期最杰出的作家,他的辞赋和诗歌成就代表了当时最高的水平。他的优秀散文集中于书、表方面,虽简约深致不及其父,但也才思奔涌,自然流畅,感情激越,艺术水平高于其他建安文人。如《与杨德祖书》,专议文学,流露出高度的自信与自负,《求自试表》,奋然请缨效命,充满志不得伸、才不得用的怨愤。慷慨悲壮,字里行间充溢着抑郁不平之气。曹植的书、表多用排比对偶,具有辞赋的特点,明显地表现出与曹操书、表的不同。

"建安七子"及其作品是分裂动荡时代的产物,作家处于社会重大变革时期,又逢社会思想解放的大潮,作家个性得到充分的展示,其作品表现出明显的"慷慨任气"的时代特征。刘勰在《文心雕龙·时序》中指出:"自献帝播迁,文学蓬转,……观其时文,雅好慷慨,良由世积乱离,风衰俗怨,并志深而笔长,

---

① 鲁迅:《魏晋风度及文章与药及酒之关系》,《鲁迅全集》第三卷,人民文学出版社 1982 年版,第 503 页。

② 对曹操的评价,还可参见徐公持的《曹操评传》,收入《中国历代著名文学家评传》第一卷,山东教育出版社 1983 年版。

故梗概而多气也。""七子"中,年辈最长的是孔融(153－208),他生性刚直不阿,政治态度也与其他六人不同,不仅不依附于曹操,而且常以诡词嘲讽曹操专权,终为曹操记恨杀害。他的文章也恃才负气,敢怒敢骂,以气盛见长,如《论盛孝章书》和《荐祢衡表》,极力称赞盛孝章与祢衡器量雅伟,词情恳切,慷慨有英伟豪杰之气,也折射出作者尚气刚傲的性格特征。"七子"中,王粲(177－217)的文学成就最高,他尤擅长诗赋,代表作为《七哀诗》与《登楼赋》,刘勰在《文心雕龙·才略》中称他为"七子之冠冕"。其散文有《为刘荆州与袁尚书》、《爵论》、《安身论》、《荆州文学记官志》等,也才思敏捷,文章清峻通脱。"七子"中的陈琳(？－217)以书檄出名,最有影响的是《为袁绍檄豫州》,这篇檄文历数曹操的罪恶,颂扬袁绍的功德,铺陈夸饰,以富丽见长。袁绍死后,陈琳归附曹操,又以同样的笔法写了《檄吴将校部曲》,盛赞曹操,痛斥孙权,御用文人之无行,由此可见一斑。

　　善写书檄文表的,还有阮瑀(165－212),他曾在马上为曹操草拟书信稿,书成后竟使曹操不能增删一字。其代表作有《为曹公作书与孙权》、《文质论》,文采优美堪与陈琳相比,曹丕在《典论·论文》中评价说:"琳、瑀之章表书记,今之隽也"。"七子"其余三人,徐干(170－217)著有《中论》二十余篇,辞义典雅,成一家之言。刘桢(？－217)字公干,著有《谏平原侯植书》、《答魏太子书》等,刘勰在《文心雕龙·书记》中称道说:"公干笺记,丽而规益"。应玚(？－217)字德琏,传世之作不多,散文有《报庞惠公书》、《奕势》等,与陈琳、徐干、刘桢同时死于瘟疫,曹丕《又与吴质书》中说:"德琏常斐然有述作之意,其才学足以著书,美志不遂,良可痛惜。"总之,诚如曹丕在《典论·论文》所说:"斯七子者,于学无所遗,于辞无所假,咸以自骋骥騄于千里,仰齐足而并驰。"

　　以仲长统及"三曹七子"为代表的建安文学,使汉末文坛一时呈现出"彬彬之盛"的局面,为汉代文学画上了辉煌而圆满的句号。

第三章　汉赋:"润色鸿业"
的盛世之音

　　在中国文学的样式中,没有任何一种文学样式能像赋体文学那样最能代表汉代文学的风貌。这不仅是因为赋体文学成熟于汉代,充分显示了这种文体的特征,体现了汉代文学的极大的创造性,而且还因为赋体文学在内容上"苞括宇宙,总揽人物"(葛洪《西京杂记》卷二),全面、真实地反映了汉代的强盛与大一统时代的精神面貌,在艺术上铺采摛文、侈丽闳衍,显示了汉代"文学自觉"意识的成熟。①　王国维在其《宋元戏曲考·序》中说:"凡一代有一代之文学,楚之骚,汉之赋,六朝之骈语,唐之诗,宋之词,元之曲,皆所谓一代之文学,而后世莫能继焉者也。"赋体文学代表了汉代文学的高度发达,在中国文学发展史上写下了光辉的一页。

第一节　多种文体交融的产物

　　战国后期的荀子,著有《赋篇》,包括《礼》、《知》、《云》、《蚕》、《箴》诸篇,他是中国文学史上第一个以赋来命名自己文体的人,是他第一次将"赋"这个动词(或《诗经》六义中的"赋"意,或"赋诗言志"中的"赋"意)引申出名词的意义,并以此作为一种新文体的名称。刘勰在其《文心雕龙·诠赋》中将荀子列为十大辞赋家之首,在赋体发展史上,荀子有伟大的开创之功,其《赋篇》是

---

　　①　参见龚克昌:《汉赋——文学自觉时代的起点》,《汉赋研究》,山东文艺出版社1990年版,第335－350页。

带着自己鲜明的特征而问世的,且看其《礼》篇:

> "爰有大物,非丝非帛,文理成章;非日非月,为天下明。生者以寿,死者以葬。城郭以固,三军以强。粹而王,驳而伯,无一焉而亡。臣愚不识,敢请于王。"
>
> 王曰:"此夫文而不采者与?简然易知而致有理者与?君子所敬而小人所不者与?性不得而若禽兽,性得之则甚雅似者与?匹夫隆之则为圣人,诸侯隆之则一四海者与?致明而约,甚顺而体,请归之礼。"

本篇采用臣问王答的结构,以隐语(今谓之谜语)的形式,用比衬、铺陈的手法多方面地刻画、描述了"礼"。"臣问"的基本句式是二节拍的押韵的四言句,显然继承了《诗经》的语言形式,班固在《两都赋序》中说:"赋者,古诗之流也。"刘勰在《文心雕龙·诠赋》中说:"赋自诗出。"都认为赋这种文体是由诗演变来的。"王答"部分也注意用韵,但其基本句式则近于散文,至少吸收了散文的许多语言特点。问语从各个方面描绘谜面,答语则根据谜面进行层层分析。问语答语都吸收了先秦散文繁辞丽句与大量铺陈的特点,客主问答的结构也效仿于《孟子》等先秦散文主客问答的方式。铺陈本来就是"诗"的一种表现手法,即所谓的《诗经》"六义"之一的"赋",至战国诸子,尤其是以口舌游说于诸侯的纵横家,更把这种铺陈手法发展到极致。他们在回答诸侯王疑问时,往往"文胜言庞"、"敷张扬厉"、"夸大其词",刘勰的《文心雕龙·诠赋》篇认为"遂客主以首引,极声貌以穷文"是赋的特点之一,正是看到了赋体吸收散文体的这一特点。荀子的赋从文体的角度讲,既有诗的特点,又有散文的特点,是诗的散文化或散文的诗化。但它既不是以往可歌的"诗",又不是以往可读的散文,如果非作细致比较的话,那么它更近于可吟的楚辞。

楚辞在楚民歌的基础上,经屈原等诗人加工创制,已是充分吸收了以《诗经》为代表的北方诗歌特色,而形成的一种新体诗。楚辞句法灵活,句式加长,篇幅增多,音节纡徐舒缓,吸纳了散文的优长,宜于描写丰富的内容;想象奇妙,比喻生动,吸收了先秦诸子特别是纵横家丰赡华丽辞藻的特点,宜于表现复杂的感情。楚辞形体的创立,早于赋体,但是其体名的确立却晚于赋,今所见其名称最早出自《史记·张汤列传》,由于楚辞与赋有许多共同之处,因此人们往往将它们并称为辞赋,或者把以屈原《离骚》为代表的楚辞作品也称作赋,甚至后世有的作者还把自己的赋称作"辞",如陶渊明有《归去来兮辞》,这正好说明楚辞是赋的近源,楚辞为赋的形成奠定了基础。

《楚辞》已是在《诗经》的基础上又吸收散文特点而形成的一种新体诗,不适于歌而适于诵的散句增多,而荀子的赋则在《楚辞》的基础上进一步散文化,致使赋偏离诗更远了一些,远到完全只能诵而不能歌的程度,它也称得上是新创的诗体。班固《汉书·艺文志》中说:"传曰:'不歌而诵谓之赋'。"这里所说的"传"大概是指刘向的《别录》。以"歌"与"诵"来区分诗与赋,从乐调及句式的角度抓住了赋的一个特征。而荀赋又发展了《楚辞》重藻饰、多散句特点,以侈丽闳衍之词作了多方面的描述、铺陈与阐释,刘勰在《文心雕龙·诠赋》中说:"然赋也者,受命于诗人,拓宇于楚辞",强调的是辞赋同源而分流,其源头都是诗,其分流较早表现在楚辞上,后来赋又在楚辞的基础上发展起来,在楚辞的基础上又开辟出自己新的疆域,也就是说再一次地分流。刘勰论述赋的产生及发展演变,还是比较客观精当的。

荀子《赋篇》的出现,标志着中国赋体的确立,这不仅因为"赋"第一次成为一种文体的名称,而且还因为荀子的《赋篇》已经具备了后世赋体的最基本的特征,为后世赋体的创作奠定了基础。

与荀子同时代的宋玉,据传有《风赋》、《神女赋》、《高唐赋》、《登徒子好色赋》、《钓赋》等作,这些赋作大多采用了主客对话、伸主抑客的形式,以华丽的辞藻,铺张排比,描摹细腻,言情述志,寓意在于讽谏,表现出赋体的相当成熟。刘勰《文心雕龙·诠赋》中说:"荀况《礼》、《智》,宋玉《风》、《钓》,爰锡名号,与诗划境。"但是那些署名宋玉的赋作是否真的出自宋玉之手,后人争议颇多,在《楚辞》、《文选》、《古文苑》中收入的宋玉作品中,《九辩》篇是后人所公认的确为宋玉所作的作品。仅从《九辩》来看,宋玉对赋的形成也有着开创的功绩。

《九辩》,相传原是夏朝的古曲名,指由九个乐章组成的乐曲,王夫之《楚辞通释》中说:"辩,犹遍也,一阕谓之一遍。"宋玉的《九辩》同屈原的《九歌》

一样,都是借古乐章来名篇,来自述身世遭遇,其中一段以秋景来衬托哀怨愁苦,写得十分精彩:

> 悲哉秋之为气也！萧瑟兮草木摇落而变衰。憭慄兮若在远行,登山临水兮送将归。泬寥兮天高而气清,寂寥兮收潦而水清。憯凄增欷兮薄寒之中人,怆恍懭悢兮去故而就新,坎廪兮贫士失职而志不平。……

此篇《九辩》模仿可诵可吟的屈原骚体句式,多方面地陈述秋景、秋色、秋声、秋容,层层渲染悲秋之情,与其《风赋》、《神女赋》、《高唐赋》的写作特征基本相同。可见有些作品虽不以赋名篇,但与赋没有多大差别。如屈原《九歌》、宋玉《九辩》之后,刘向有《九叹》、王逸有《九思》等,屈原《橘颂》之后,王褒有《碧鸡颂》、傅毅有《窦将军北征颂》等,枚乘《七发》之后,东方朔有《七谏》、傅毅有《七激》等。此外,还有一些篇名不标"赋",如枚乘的《忘忧馆柳》、淮南小山的《招隐士》、扬雄的《解嘲》等,虽不以赋名篇,但也都属赋体。

荀子的《赋篇》与宋玉诸赋的产生并不是偶然的孤立现象。荀子生活在北方,它的《赋篇》既继承了《诗经》的形式与传统,又吸收了《楚辞》文采绚烂、富于抒情的特点;宋玉是楚国人,深受楚文化的熏陶,他在接受楚国民歌、特别是《楚辞》传统的基础上,也受到北方文化的影响。荀子的《赋篇》与宋玉诸赋是《诗经》、《楚辞》、散文、民歌等多种文学体裁互相影响、综合的结果,更是以黄河文化为代表的中国北方文化和以长江文化为代表的中国南方文化长期交流、渗透、融合的结果。战国末期,中国大一统已成为不可阻挡的历史潮流,赋体的产生正是这种历史潮流在文学上的体现。当然,中国真正实现巩固的大一统局面,是在汉代建立之后,汉代为中华各地域文化的大融合提供了物质的和政治的坚实基础,赋体在汉代全面成熟也是必然的事了。

荀子的《赋篇》与宋玉的诸赋都属中国赋体发展初期的作品,细分析二者的作品,也有一定的区别,这种区别从句式结构上看,荀子的赋多吸取了《诗经》四言句式,而宋玉的赋则多吸取了屈原以六言为主、又往往衬入语助词"兮"的骚体句式。汉初的赋大致就依傍着这二种赋体而写作。

贾谊是汉初最早继承诗骚传统写作四言体赋与骚体赋的重要作家。贾谊

(前200－前168),洛阳人,从小就博览群书,学通百家,十八岁时即以一手绝妙文章闻名遐迩,二十多岁便由河南郡守举荐给文帝。贾谊很有治理政事的才干,他为文帝设计了许多兴利除弊、改革政治的方案,深得文帝的赏识与器重。然而木秀于林,风必摧之,贾谊出众的才华,招致妒贤嫉能的旧臣的诋毁与排挤,不久,他被贬为长沙王太傅。贾谊空有一腔报国热情,才能不得施展,反而遭谗罹诟,他内心非常郁闷,对屈原的人生及作品有了更深的理解。当他经过湘水时,感慨万端,写下了《吊屈原赋》以寄怀,其中写道:

> 侧闻屈原兮,自沉汨罗。造托湘流兮,敬吊先生。遭世罔极兮,乃陨厥身。呜呼哀哉,逢时不祥!鸾凤伏窜兮,鸱枭翱翔。阘茸尊显兮,谗谀得志。贤圣逆曳兮,方正倒植。世谓伯夷贪兮,谓盗跖廉;莫邪为钝兮,铅刀为铦。于嗟默默兮,生之无故!斡弃周鼎兮宝康瓠,腾驾罢牛兮骖蹇驴,骥垂两耳兮服盐车。章甫荐履兮,渐不可久;嗟苦先生兮,独离此咎!讯曰:已矣!国其莫我知,独壹郁兮其谁语?凤漂漂其高逝兮,夫固自缩而远去。……凤凰翔千仞之上兮,览德辉而下之;见细德之险征兮,摇增翮逝而去之。彼寻常之污渎兮,岂能容吞舟之鱼?横江湖之鳣鲟兮,固将制于蝼蚁。

作者怀着无比沉痛的心情控诉了屈原所处的那个黑白颠倒的社会。在这个令人窒息的社会里,贤能之人遭受迫害,奸佞却飞黄腾达。作者虽是悲慨屈原遭遇的不幸,实际也在感伤自己坎坷的命运,属于托古讽今之作。在抒情言志方面,大量使用了比喻和对比的手法,比喻事体生动,对比形象鲜明,寓意深刻,深得屈原《离骚》神韵,与荀子《赋篇》层层"直指"有很大不同。在语言句法上,也多模仿句法灵活的楚辞句式,句中多带"兮"字,这种格体显然多承宋玉辞赋的特点,所以人们习惯称这种赋体为骚体赋。

贾谊在长沙做太傅,一直郁闷难遣,在任第三年的一天,有一只猫头鹰飞入住宅,当地人认为此种现象不是吉兆,这更触动了他自伤的情绪。于是缘事而发,写了《鵩鸟赋》,假托鵩鸟,流露了自己齐生死、等祸福、遗物忘我的老庄思想,在顺天委运的背后,仍可感到其抑郁不平的愤世之情。如下列文字:

鹏乃叹息,举首奋翼,口不能言,请对以臆。万物变化兮,固无休息。翰流而迁兮,或推而还。形气转续兮,变化而蟺。汩穆无穷兮,胡可胜言。祸兮福所倚,福兮祸所伏。忧喜聚门兮,吉凶同域。彼吴强大兮,夫差以败;越栖会稽兮,勾践霸世。斯游遂成兮,卒被五刑。傅说胥靡兮,乃相武丁。夫祸之与福兮,何异纠纆?命不可说兮,谁知其极? ……小人自私兮,贱彼贵我。达人大观兮,物无不可。贪夫徇财兮,烈士徇名。夸者死权兮,品庶每生。怵迫之徒兮,或趋西东。大人不曲兮,意变齐同。愚士系俗兮,窘若囚拘。至人遗物兮,独与道俱。众心惑惑兮,好恶积亿。真人恬漠兮,独与道息。释智遗形兮,超然自丧。寥廓忽荒兮,与道翱翔。

文字所表达的主旨,实际上是作者对人生的思索。作者认为:人世间祸福无常,人是不能知道命运变化的。在命运面前,人们的追求不一样,其人生的轨迹可能就不一样,只有淡泊无欲、超然忘我的"真人",才能与道同在,"与道翱翔",在绝对精神中获得人生解脱。贾谊从得意到失意的人生经历变化,引起他的思想由积极入世转入到消极出世。

这篇《鹏鸟赋》乍看起来好像是咏物之作,仔细读来,才知是作者因物寄兴,主要在于抒发感愤,当然伴随着还有富有哲理的议论,很有新意,别具一格。在形式上,仍采用主客问答的形式,其句式以四言为主,如果去掉语助词"兮"字,四言句式的比重会更大,风格与荀子《赋篇》接近,与其《吊屈原赋》式的骚体赋有一定区别,它更多地吸收了《诗经》的语言特点,所以前人称其《鹏鸟赋》为四言诗体赋。

如果说荀子开创了四言诗体赋,宋玉第一个给骚体赋冠以"赋"名,那么,是贾谊首先将这二种赋体推向全面成熟。荀子与宋玉对赋体的建立有开创之功,但"首创难工",他们的赋作在思想内容与形式的完美结合上,都无法与贾谊的赋作相比。贾谊虽英年早逝,但其在赋史上有很重要的地位与很大的影响,他的赋作在当时便被视为楷模,后世更是把他的赋作作为权衡其他人赋作优劣高下的标准。朱熹在《楚辞辩证》中称赞道:"自原之后,作者继起,独贾生以命世英杰之才俯就骚律,所出之篇,非一时诸人所及。"四言诗体赋与骚体赋全面成熟于西汉初,这二种赋体一经确立,后来者争相模仿继作。贾谊之后,汉代涌现了不少四言诗体赋,如刘安有《屏风赋》、司马迁有《悲士不遇赋》、扬雄有《逐贫赋》、马融有《围棋赋》、赵壹有《穷鸟赋》、蔡邕有《青衣赋》等。而作骚体赋的就更多了,如淮南小山有《招隐士》、严忌有《哀时命》、东方朔有《七谏》、刘歆有《遂初赋》、扬雄有《反离骚》、冯衍有《显志赋》、张衡有《思玄赋》、王褒有《九怀》、刘向有《九叹》、王逸有《九思》等。四言诗体赋与骚体赋从产生后,至汉末,其创作从未中断过,它们虽然代表不了汉赋的水平与特征,但对汉代散体大赋的产生与发展起了巨大的推动作用。

第二节 歌颂大一统的鸿笔丽辞

四言诗体赋和骚体赋产生于战国末期,贾谊等人使它更为成熟,但这还说明不了汉代人的创新精神,那么真正代表汉代人在赋体上的创造力,能体现汉代赋体形式独自特征的是汉代散体大赋,通称汉大赋,汉大赋的首创之作应推枚乘的《七发》。

枚乘(?-前140)字叔,淮阴(今属江苏)人,生活于文、景二帝时代。他以辞赋著称,长期为侯国上宾,先作吴王刘濞门客,刘濞欲谋叛乱,他上书谏阻,吴王不听,于是投奔到梁孝王门下。吴楚等七国反叛后,枚乘又上书劝谏吴王,吴王仍不予理睬,结果叛军战败,吴王被擒灭,而枚乘却因此名声大振,被景帝任命为弘农都尉。从枚乘前后二次冒着生命危险劝谏吴王来看,枚乘是一个有着清醒政治头脑的作家,把握了这一点,有助于理解其名赋《七发》。

《七发》开篇就讲楚太子有病,吴客闻知前往问候,他深知太子的病因:放纵嗜欲,享乐无度,导致"肤色靡曼,四肢委随,筋骨挺解,血脉淫濯,手足堕窳"。针对太子的病症,吴客给太子开出七个"药方",即以"七事"来启发太子。吴客先陈述音乐的动听、饮食的美味、车马的豪华、巡游的娱乐,欲抑先纵,让太子自己判断,自己否定。以上的享乐生活太子曾孜孜乐之,正因此而精疲力竭、病疴缠身,太子现受病痛折磨,对此等享乐已难再以承受。吴客于是又述畋猎的惊心动魄、观涛的雄伟壮观,以自然景观来开阔太子的心胸。太子虽称善,然已力不从心,不能为之。实际上这是一种过渡,吴客清楚太子奄奄一息的病体缘于腐化淫逸的生活方式,腐化淫逸的生活方式又源于腐朽享乐的思想,所以体病缘于心病,心病非药石针灸所能治,心病还需正确思想来除根。经过逐层诱导,吴客自然而然地亮出最后一种"药方"——"要言妙道"。遵从圣贤的"要言妙道",才会使太子从自戕的深渊中解脱出来,才能使太子具有生命的活力与健康的心身。难怪太子听后竟"据几而起","涩然汗出,霍然病已"。

与以往的四言诗体赋、骚体赋相比,《七发》在表现方式上有如下的创新:一是增多了长短不齐的散文化句式,减少了骚体赋"兮"字句,而且韵、散互相配合,安排得当。二是改进了旧有的主客问答的方式。在此之前,屈原《渔父》中的作者与渔父的问答,荀子《赋篇》中的臣与王的问答,贾谊《鵩鸟赋》中的作者与鵩鸟的问答,已开主客问答的先例,但枚乘《七发》对此方式有重大的发展,如果说荀子的《赋篇》还嫌体小事单,那么枚乘的《七发》已体大事丰,具备了"大赋"的格式;如果说贾谊《鵩鸟赋》的问答还嫌简单,那么枚乘《七发》的问答已比较复杂,问答式已具故事的性质。《七发》开头的序言,以引子的形式交代写作缘起,引出主客的对话,开"客主以首引"的大赋通式。中间六段为赋的主体,通过一问一答,环环相扣,将要阐述的道理和观点逐层展开。最后卒章显志的尾声,照应开头,点出"要言妙道"的作用,形成一个宏阔而完整的结构,具备了典型的汉代大赋的鲜明特点,在此之前还没有这类的体式。

《七发》在写作上铺陈夸张,运用一系列比喻和排比来层层铺叙描写,渲染、说明同一个事物或道理,如腐化糜烂生活对膏粱纨绔子弟毒害的一段描述:

> 今夫贵人之子,必宫居而闺处,内有保母,外有傅父,欲交无所。饮食则温淳甘脆,脭醲肥厚。衣裳则杂遝曼暖,燀烁热暑。虽有金石之坚,犹将销铄而挺解也,况其在筋骨之间乎哉?故曰:纵耳目之欲,恣支体之安者,伤血脉之和。且夫出舆入辇,命曰蹷痿之机。洞房清宫,命曰寒热之媒。皓齿蛾眉,命曰伐性之斧。甘脆肥脓,命曰腐肠之药。……

《七发》还注意以绚丽的辞采对景物进行精细的刻画和描绘,这同铺陈夸

张一样是赋的基本特征,如描写江涛的一段:

> 其始起也,洪淋淋焉,若白鹭之下翔。其少进也,浩浩溰溰,如素车白
> 马惟盖之张。其波涌而云乱,扰扰焉如三军之腾装。其旁作而奔起也,飘
> 飘焉如轻车之勒兵。六驾蛟龙,附从太白。纯驰浩霓,前后骆驿,颙颙卬
> 卬,椐椐强强,莘莘将将。壁垒重坚,沓杂似军行。訇隐匈磕,轧盘涌裔,
> 原不可当。观其两旁,则滂渤怫郁,暗漠感突,上击下津。有似勇壮之卒,
> 突怒而无畏,蹈壁冲津。穷曲随隈,逾岸出追,遇者死,当者坏。

运用精妙的比喻,把江涛不同阶段的不同气势具体、生动、形象地描绘出来,读
之如身临其境,令人荡胸涤臆,具有强烈的艺术感染力。

刘勰在《文心雕龙·诠赋》中说:"赋者,铺也,铺彩摛文","铺"、"摛"都
含铺张、铺排的意思。铺彩摛文有两方面的含意,一方面是"纵横捭阖",一方
面是"文辞丽雅",前者是气势的铺张,后者是文采的铺张。《七发》就具这种
逞谈辩、摛文采的特点。《七发》中的"客",是位巧言善辩之士,辞令夸饰,声
势恢廓,颇有先秦纵横家的风度。《七发》中所描写的对象为千姿百态的天地
间万物,作者运用色彩缤纷的辞藻,譬物连类,竭尽铺叙之能事,构成无比瑰丽
的境界,具有"讳譁谲诳"、"博大雄奇"的美学特征。《七发》铺陈辞藻,咏物
说理,针对统治者的极端荒淫奢侈,提出尖锐批评,主旨在于劝诫奢淫,倡导遵
守要言妙道,思想鲜明,很有讽喻性,与日后劝百讽一、以颂扬为主的汉大赋相
比,其讽喻性明显得要强。《七发》可谓汉大赋肇始之作,它形成了汉大赋内
容上形式上审美上的基本特点,确定了汉大赋发展的趋向,其"主客问答"的
体式和敷陈七事以进言的写法,被后人视为一种定型化的格式,称作"七体"
或"七林"、"七",引起后人的竞相仿作。晋傅玄在《七模序》中说:"昔枚乘作
《七发》,而属文之士若傅毅、刘广、崔骃、李尤、桓麟、崔琦、刘梁、桓彬之徒,承
其流而作之者纷焉。《七激》、《七兴》、《七依》、《七说》、《七蠲》、《七举》之
篇。于通儒大才,马季长、张平子,亦引其源而广之,马作《七广》,张造《七辩》
……"枚乘作的《七发》是由四言诗体赋与骚体赋演化形成汉大赋的第一个里
程碑。

从汉武帝开始,汉赋的发展进入到一个全盛的时期,或者也可以称作是进入到汉大赋鼎盛的时期。经过几十年来的休养生息,汉代经济上国力充实,思想上确立了儒家思想的独尊地位,政治上空前的统一强盛,对外拓疆通商,成为亚洲的中心,整个社会都充满了勃勃生机,整个民族都怀有无比自豪的情绪,一切都在要求文学来反映这个时代的巨大变化,社会的需要推动了赋体的大发展,因为赋体最能适应反映伟大盛世的要求。汉赋的空前兴盛,也与统治者的倡导奖掖有关。武帝即位前,因文、景二帝不好辞赋,著名赋家集中于藩国,其中吴王刘濞、梁孝王刘武和淮南王刘安处居多,如邹阳、严(庄)忌、枚乘、羊胜、公孙诡、公孙乘、路乔如等。汉武帝刘彻与文、景二帝不同,他自幼喜爱辞赋,当太子时就知道了枚乘的赋名,并心仪其人,刚即位就派出安车蒲轮去征召枚乘,可惜枚乘此时年事已高,病死于征召的途中。武帝又召枚乘之子枚皋"因赋殿上",将他留在身边,让他随时献赋。

汉武帝刘彻具有雄才大略,他把倡导辞赋与治国安邦联系起来,因此一方面鼓励辞赋创作,一方面又招揽作家,下诏招延四方文学辩士于中央,据《汉书·严助传》载,当时严助、朱买臣、吾丘寿王、司马相如、主父偃、徐乐、严安、东方朔、膠仑、终军、严葱奇等,待诏于金马门,以赋作为代表的文学中心随之由藩国移到汉朝宫廷来。赋家们对武帝征召趋之若鹜,献赋还能得到统治者的奖赐,于是赋作数量空前增多,《汉书·艺文志》记载西汉有赋约千篇,十之八、九为西汉中后期所作,而其中武帝时期的作品又占一半以上,说明武帝时期赋的创作空前兴盛。

汉武帝时期最著名的赋家是司马相如,他集以往辞赋各体之大成,并创造了一系列的大赋艺术范型,最后完成了汉大赋典型体式的定型,他的代表作《子虚赋》、《上林赋》标志着汉大赋的完全成熟,他也成了汉大赋的代表作家,向来被称为汉赋的第一大家。

司马相如(前179-前117),成都人,小名犬子,后因仰慕蔺相如的声名和为人,遂改称相如,于此可见司马相如的志向。他自幼喜欢读书击剑,以善辞赋而驰名。《汉书·艺文志》中说他著赋二十九篇,今日能见到的有《天子游猎赋》、《大人赋》、《哀二世赋》、《长门赋》和《美人赋》,其中《天子游猎赋》

至萧统的《文选》收录时，又分为《子虚赋》和《上林赋》二篇。据《史记》本传记载，司马相如在景帝时为武骑常侍，因景帝不好辞赋，他的才学也不被重视，只好离京去梁，与枚乘，邹阳诸人同为梁孝王的文学侍从，其《子虚赋》便是他游宦梁国时所作。武帝即位后，有次读到《子虚赋》，大加赞赏，感叹道："朕独不得与此人同时哉！"恰好司马相如的同乡杨得意是宫中的狗监，把司马相如的情况告诉了武帝，由此司马相如得以被召见，司马相如向武帝又献上《上林赋》。

今读《子虚赋》和《上林赋》二篇，文意贯通，浑然一体，有的学者认为二赋当一时之作，也有的学者认为今见的《子虚赋》已是武帝时期的改本。无论如何，这两篇赋作是汉大赋的顶峰之作，代表着散体大赋的最高艺术成就。赋中假托楚国子虚和齐国乌有先生互相夸耀，来铺陈诸侯国的富有和奢华，于是乎亡是公以天子上林苑的壮观及天子游猎的盛举，来压抑齐楚，批评诸侯之事不足道，讴歌与赞美了汉王朝大一统的中央皇权无可比拟的气魄和声威。最后又写天子幡然醒悟，提出在"明君臣之义、正诸侯之礼"的前提下，崇尚节俭，点明全赋的主旨。二赋在某种程度上暴露、批评以皇帝为首的封建统治者穷奢极侈的腐化享乐，有一定的时代意义。但由于过分铺陈侯王与帝王的淫逸豪奢，冲淡了讽谏的主题，形成汉大赋"劝百而讽一"的弊端。不过，我们还需多以历史主义的角度看问题，《子虚赋》和《上林赋》，通过楚、齐诸侯及汉天子的互相"比阔"，宣扬了大一统汉朝帝国强盛的国威，歌颂了汉朝帝王的至高尊严，客观上反映了当时大一统社会物质与文化所取得的巨大成就，反映了大一统封建帝制在当时的勃勃生机，满足了大一统社会在精神领域肯定自己民族伟大创造力的要求，表现了当时大一统条件下每个社会成员自信、自豪的时代感。"在汉代，统一事业是符合历史发展趋势的事业，汉赋中对这个事业进行了热情的歌颂，表明了赋家维护统一，期望国家强盛的强烈愿望，有力地推动了统一事业的发展和巩固，这是应予以充分肯定的。"①

《子虚》、《上林》二赋，气势雄伟宏阔，描写齐王畋猎已惊天动地，结果楚

---

① 曲德来：《汉赋综论》，辽宁人民出版社1993年版，第131页。

王的畋猎声势比齐王更浩大,当亡是公叙述完天子的畋猎与游娱,才知齐、楚二王的畋猎活动不过是为天子的畋猎与游娱做个铺衬,比起天子来,齐、楚该是"小巫见大巫"。作者借铺陈齐王、楚王、汉天子的游猎活动,来展现诸侯国与汉中央的疆域与实力,特别是汉天子的"鸿业"。作者以"苞括宇宙"的胸襟,尽现天地万物奇观,行文中充溢着势不可挡的刚健气势,体现了作者胸怀天下、囊括一切的时代精神。在二赋之中,汉天子的"鸿业",是通过多角度、全方位的景物描绘来"润色"的。无论是齐王率领战车千乘、骑兵万名在海边捕兽的场景,还是楚王统率壮士在云梦游猎的场面,还是天子在上林苑畋猎游娱的盛况,作者都要尽力修饰夸张,层层铺陈,以求所描摹的景物能穷形尽象,尽量展示汉帝国的强盛富有,从而突出体现了汉大赋铺张扬厉的特点。

为了达到铺陈的极致,作者甚至于不受现实的局限,突破时空的束缚,进行大胆新奇的想象和夸张,真是"笼天地于形内,挫万物于笔端",体现了汉大赋作家"苞括宇宙,总览人物"的时代精神。如写上林苑,写其地理位置,写其河流,写其高山,写其离宫别馆,写其植物水产,……面面俱到,极尽铺叙之能事,出人意料的夸张,富有浪漫主义色彩的虚构,使所描绘的景物光怪陆离、奇特异常。如描写天子游猎之后宴乐一段:

> 于是乎游戏懈怠,置酒乎颢天之台,张乐乎胶葛之寓;撞千石之钟,立万石之虡;建翠华之旗,树灵鼍之鼓。奏陶唐氏之舞,听葛天氏之歌;千人唱,万人和;山陵为之震动,川谷为之荡波;巴渝宋蔡,淮南干遮,文成颠歌。族居递奏,金鼓迭起,铿锵闛鞈,洞心骇耳。荆吴郑卫之声,韶濩武象之乐,阴淫案衍之音;鄢郢缤纷,激楚结风;俳优侏儒,狄鞮之倡,所以娱耳目、乐心意者,丽靡烂漫于前。靡曼美色,若夫青琴、宓妃之徒,绝殊离俗,妖冶娴都;靓妆刻饰,便嬛绰约,柔桡嫚嫚,妩媚孅弱。曳独茧之褕袘,眇阎易以卹削,便姗嫳屑,与俗殊服,芬芳沤郁,酷烈淑郁;皓齿粲烂,宜笑的皪;长眉连娟,微睇绵藐,色授魂与,心愉于侧。

置宴设乐,场面壮观,各种美妙的音乐,惊心动魄;众多女子的丽质美色,令人心荡神怡。千石重的钟,万石重的钟架,人间那里见过? 青琴、宓妃之美,只有神话中才有。作者正是以这种虚实参错的赋家之笔,来渲染气氛,夸张声势。

《子虚》、《上林》二赋视角的宏阔,作者审美意识上对"博大"的追求,对事物的层层铺叙,加之充满浪漫主义的想象,决定了与之相适应的赋体形式必然是结构宏大、语言更加散文化,正因具有这一特点,人们又称这种赋为散体大赋。《子虚》、《上林》二赋虽为汉代散体大赋的典型之作,但它在词句上更多用排比,注意音韵的和谐和句式的对偶,句式以四六言为主,又长短错落有致,选韵自由,比贾谊、枚乘的赋体更加完整、成熟,为汉赋建立了固定的体式,成为两汉赋家效法的楷模。鲁迅在《汉文学史纲要》中对司马相如评价很高,他说:"盖汉兴好楚声,……而相如独变其体,益以玮奇之意,饰以绮丽之辞,句之短长,亦不拘成法,与当时甚不同。"又赞相如:"不师故辙,自摅妙才,广博宏丽,卓绝汉代。"①司马相如的《子虚》、《上林》二赋中,写游猎活动,用了那么多的文字,过分雕琢。有些字词过分冷辟,有意堆砌词藻,致使文以害意,反而使内容显得有些空洞。分段铺写,多以"于是"联结,变化不多,有些呆板,这些不足,对后来汉赋的创作也有一定的消极影响。

《子虚》、《上林》二赋之后,散体大赋成为最能润色大一统帝王鸿业的文学体裁,大赋创作盛极一时,西汉时期的著名大赋作家有吾丘寿王、东方朔、枚皋、王褒、扬雄等。东汉建国后,社会经济得以恢复,社会相对稳定,汉帝国声威重振,在这样的社会背景下,所以直至东汉中叶,散体大赋仍居赋坛的主导地位,著名赋家有班彪、班固、傅毅、崔骃、马融、张衡等。其中特别要提及的是以下几位:

王褒字子渊,蜀资中(今四川资阳)人,汉宣帝时为谏大夫,以辞赋著称,著有《洞箫赋》、《九怀》、《甘泉宫赋》、《圣主得贤臣赋》等,其中《洞箫赋》是汉赋中第一篇出色的音乐赋或咏物赋。早在枚乘的《七发》中,就有描写音乐的段落,但是用整篇来写音乐,对一种乐器的制成与声响,以及吹奏者的禀性与赏乐者的感受作具体细致的摹写,还是从《洞箫赋》开始的。《洞箫赋》文辞优美,刻画入微,是一篇驱驰辞藻、穷尽声貌的咏物大赋。在此之前,诗少咏物篇

---

① 鲁迅:《汉文学史纲要》,《鲁迅全集》第九卷,人民文学出版社 1982 年版,第 417—418 页。

什,楚辞中屈原的《橘颂》为咏物首篇,之后,荀子《赋篇》的《蚕》、《云》篇,贾谊的《鵩鸟赋》等,虽题为咏物,但或实系隐语,对物缺乏精细的形象描绘;或借物而说理,难以形成真正的咏物大赋。《洞箫》一赋则真正把一事物作为审美的对象,给予全面细致的描绘,完成了汉赋中咏物一体,体现了汉赋“体物而浏亮”的特点,王褒自然成为咏物大赋的开创者,在汉赋发展史上占据着重要的位置。

与司马相如同乡的扬雄(前53 – 18)字子云,和司马相如一样也是为人口吃而善著文,他在汉赋史上的地位仅次于司马相如。但是由于扬雄和司马相如所处的时代不一样,其经历以及赋作的内容风格也有很大不同。扬雄生活在成、哀、平三帝的西汉后期,朝廷的腐败,国势的衰微,使他失去了司马相如那样的政治激情。形成了他不汲汲于富贵、甘于贫贱寂寞的人生态度,所以在他的作品中,不像司马相如那样投合帝王之意,以炫才颂扬为能事。扬雄一生治学勤奋,著述颇丰,其赋作很多,有名的四大赋是:《甘泉赋》、《河东赋》、《羽猎赋》、《长杨赋》。此四赋是模仿司马相如的《子虚》、《上林》等大赋而作,但由于扬雄才高学博,虽在形体上模拟,但常有自己的新意。在与司马相如相似的宏大结构上又有更清晰的层次条理,在与司马相如相似的罗列铺陈中又多对事物特征的刻画,在与司马相如相似的弘词丽句中又有明显的规讽寓意。扬雄的贡献还体现在他对赋的认识上,《汉书·艺文志》载:“汉兴,枚乘、司马相如、下及扬子云,竞为侈丽闳衍之词,没其风谏之义,是以扬子悔之。”扬雄“悔之”的表现,主要就是他在其《法言·吾子》中说的那二句话:他认为赋是“童子雕虫篆刻”,“壮夫不为也”。现在一些人据此认为扬雄否定赋的体式,这就大大曲解了扬雄的本意。扬雄还在同篇中说过:“诗人之赋丽以则,辞人之赋丽以淫。”他反对的是片面追求辞采绚丽而缺少讽谏精神的“辞人之赋”,并不是否定一切赋作。他强调赋体创作的讽谏作用,反对徒尚彩藻形式,还是有积极意义的。

扬雄的大赋作于其早年,晚年逢王莽新朝,转而研究哲学。扬雄死后不久,赤眉、铜马起义,天下大乱,汉赋创作一时相对地陷入沉寂,这时期值得提及的赋家是班彪。班彪(3 – 54)字叔皮,扶风安陵(今陕西咸阳市东北)人,生逢王莽败亡与东汉光武帝初兴。他为人才高好述作,潜心于史籍研究,赋作流传至今的有《北征赋》、《览海赋》、《冀州赋》、《悼骚赋》等,其中《北征赋》是班彪避乱时所作,赋中记述了他从长安出发抵达天水的旅途经历。赋由时乱写起,由旅途所经历、所见闻而兴发感慨,吊古伤今,文虽波澜起伏,处处与时乱相扣,抒情性强,具有感人的艺术效果。以行踪而兴感的辞赋作品,较早见于屈原的《涉江》、《哀郢》,西汉末期刘歆的《遂初赋》进一步拓展了这种表现形式的内涵,班彪在写法上虽模仿刘歆,又有不少创新,使"纪行"形成独特风格,成为汉赋中的新体,真正开汉代纪行赋的先河。后来班昭作《东征赋》,蔡邕作《述行赋》,都受到班彪《北征赋》的影响。

如果说班彪的《北征赋》开汉大赋纪行体先河,而他的儿子班固(32－92)的《两都赋》则开了汉大赋的京都体先河。以描写京都为题材的鸿篇巨制占据赋坛突出地位,是东汉赋坛的一种新变化,如杜笃的《论都赋》、班固的《两都赋》、张衡的《两京赋》等,在一批京都大赋中,班固的《两都赋》不仅最为杰出,而且具有奠基意义。班固的赋作还有《幽通赋》、《答宾戏》、《竹扇赋》等。在此之前,司马相如的《子虚》、《上林》、扬雄的《甘泉》、《羽猎》诸赋,虽都有城市生活的描写,但只限于片段,整体上还属于苑猎大赋。扬雄虽有《蜀都赋》,但主要在于写物。而《两都赋》却是汉赋中第一篇专门以城市及城市中的人作为描写对象的赋作。《两都赋》在萧统的《文选》中又分成《两都赋序》、《西都赋》、《东都赋》三篇。《序》阐述作赋的意图。《西都赋》述西都宾"摅怀旧之蓄念,发思古之幽情",以炫耀的口气,极赞西都长安昔日的奢丽豪华。《东都赋》则借东都主人之口,批评了西都的奢侈逾制,显示了东都美好的法度,赞扬了东汉统治者的治国方略。《两都赋》虽对西都长安、东都洛阳的繁华作了比司马相如《子虚》、《上林》二赋还要精彩的铺陈描写,但主题是抑奢扬俭,而且增强了说理,所以更多了讽谏意义。

汉代散体大赋结构宏大,内容丰富,特别是写辽阔的疆域、壮美的山河、丰富的物产、繁华的都市、华丽的宫室、高度发达的人文景观等等,多方铺陈,绘声绘色,到了无以复加的地步。它体现了赋家"以大为美"的审美意识,而这种意识全来自汉帝国的强大国势,来自当时人民在各个领域的开拓创新,来自封建大一统体制的无比优越。汉大赋铺张词藻,过分地追求艺术形式,固然有其弊端,但也说明"文学自觉"意识在形成,汉人以汉大赋的形式对"纯文学"的创制作了大胆的尝试。

第三节 赋由散体化向诗体化的回归

从班固《汉书·艺文志》开始,人们就对汉赋尝试着进行分类,越到后来越分得细,反而使各类型汉赋互相交叉重叠,不得要领,模糊了它们之间的界限。《两汉大文学史》对汉赋的分类有自己的看法,本书认为:"从内容上可以将汉赋分为四大类:抒情赋、咏物赋、叙事赋、说理赋。这是就赋作的主要内容讲的,事实上,每篇赋都不可能是单一的内容。按照构成赋体形式的语言结构,我们可以将汉赋分为三大类:散体赋、骚体赋、四言赋。所谓散体赋是指韵散相间,韵文部分是四、六言句式的赋;骚体赋是指模仿屈原赋而以六言为主,句中带兮字的赋;四言赋则是以四言句式构成的赋。"①赋的分类,全看我们分类者的立脚点与观察角度。比如,汉赋在形成过程中,深受《诗经》、《楚辞》和先秦散文的影响,吸收了它们各自的特点。如果赋中《诗经》、《楚辞》的特点多一些,这种赋还可以称作诗体赋,骚体赋、四言赋;如果赋中先秦散文的特点多一些,这种赋还可以称作散体赋,散体大赋便是如此。除此之外,我们还把主客问答、体物写志、铺采摛文、劝百讽一等也视为散体大赋的特征或格式。

侧重抒情的小赋早在西汉时就有,但终未形成重大影响。东汉中叶后,大一统政体更加僵化、腐化,社会危机四伏,朝政中外戚、宦官交替专权,经学神化,谶纬猖獗,残酷的"党锢之祸"给每个正直文人的心灵留下隐痛,太平盛世已成过去,文人已无"润色鸿业"的依据与热情,转而以小赋来倾诉自己对黑暗现实的愤懑,作品有较多的批判现实内容。于是占据赋坛主导地位的散体大赋开始衰落,赋体开始向诗化方向转化,抒情小赋成为赋体创作的主流。本来散体赋、骚体赋、四言赋都可以咏物、叙事、说理和抒情,怎么要单标出个

---

① 赵明、杨树增、曲德来主编:《两汉大文学史》,吉林大学出版社 1998 年版,第 95 页。

"抒情小赋"？这里所谓的"抒情小赋"本是相对咏物大赋而言的,咏物赋是以摹写事物为主的体式,大赋是鸿篇巨制的体式,散体大赋具备了这些特征,所以有人又称散体大赋为体物大赋。抒情小赋体制短小,不像散体大赋那样体制宏大,故称"小赋",这点不难理解。因为内容是决定形式的前提,抒发个人一时情怀,不需要像歌颂太平盛世那样的鸿篇巨制。中国诗歌从《诗经》始,就形成了抒情的传统,诗与赋的区别,不仅在于韵、散句式的多少上,也表现在抒情成分的轻重上,赋体加强咏物、叙事、说理而弱化抒情,至散体大赋而达到极限。抒情小赋正是"反其道而行之",大大强化赋中的抒情成分,故称"抒情小赋"。东汉中叶以后的抒情小赋与西汉时的骚体赋、四言诗体赋相比,虽然很相近,甚至于有些人把抒情小赋也视为骚体赋或四言诗体赋,但细比较,也有区别。一是抒情小赋比骚体赋、四言诗体赋更具抒情意味,二是抒情小赋的格式上不拘主客问答、句中不必非带兮字等,形式灵活自由,感情真挚,直抒胸臆,相比之下更近于抒情诗歌。

代表汉赋由散体化向诗体化转化的作家,应首推张衡。张衡(78－139)字平子,南阳郡西鄂(今河南南阳石桥镇)人,博学多才,淡泊名利,人品高尚,提倡科学,反对当时猖獗的迷信风气,33岁才出仕,历任太史令、河间相等职。他不仅是东汉中叶伟大的科学家、文学家,也是中国史乃至世界史上少有的集科学家与文学家于一身的巨人。张衡早年的代表赋作是《二京赋》和《南都赋》,特别是《二京赋》,虽模仿班固《两都赋》主客问答的写法,由描写西京长安的《西京赋》与描写东京洛阳的《东京赋》构成,但花费了作者十多年的精心构思,在描写世俗生活方面比《两都赋》更加丰富多彩,对统治者的腐朽生活揭露得也较《两都赋》深刻具体,已经看出他把笔锋向现实生活大面积转移的端倪。张衡晚年,受奸佞排挤,离京出任河间相。河间王刘政向有横行不洁的恶名,张衡虽有安邦济民的志向与才干,却无法施展,心情郁闷,在任上著有《四愁诗》、《髑髅赋》、《归田赋》等,来抒写自己的感时伤怀。特别是《归田赋》,以辞官归隐来宣泄自己对丑恶、污浊官场的憎恶与绝决,表达了自己对怡然自得的田园生活的向往之情。这是我国文学史上第一篇完整的以描述田园隐居乐趣为主题的赋作,开了东汉抒情小赋的先河,标志着汉赋的新变。体现了作者对汉赋的巨大贡献。全赋如下：

> 游都邑以永久，无明略以佐时。徒临川以羡鱼，俟河清乎未期。感蔡
> 子之慷慨，从唐生以决疑。谅天道之微昧，追渔夫以同嬉。超埃尘以遐
> 逝，与世事乎长辞。于是仲春令月，时和气清，原隰郁茂，百草滋荣。王雎
> 鼓翼。鸧鹒哀鸣。交颈颉颃，关关嘤嘤。于焉逍遥，聊以娱情。尔乃龙吟
> 方泽，虎啸山丘。仰飞纤缴，俯钓长流。触矢而毙，贪饵吞钩。落云间之
> 逸禽，悬渊沉之鲿鲤。于时曜灵俄景，系以望舒。极般游之至乐，虽日夕
> 而忘劬。感老氏之遗诫，将回驾乎蓬庐。弹五弦之妙指，咏周孔之图书。
> 挥翰墨以奋藻，陈三皇之轨模。苟纵心于物外，安知荣辱之所如。

张衡的这篇小赋一改大赋主客问答的形式，不再铺排夸张、堆砌词藻，而代之
以直接抒写怀抱、流露情趣。在抒发胸臆上，与西汉那些偏重抒情的骚体赋，
如贾谊的《吊屈原赋》、庄忌的《哀时命》等相比，又有不同，它已不注重以物象
为象征，表达一种意象，而是或直接抒情，或描写一种意境，使意境成为感情抒
发的依托物，这种表现方法已显示了向诗歌的倾斜。总之，《归田赋》突破了
汉代散体大赋"劝百讽一"的歌功颂德传统和板滞浮夸的体式，以短小自如的
形式，直接抒写自己真实的性情，这种新的内容与形式，对后世影响很大。在
他之后的汉末，产生了不少伤时感怀、愤世嫉俗的抒情小赋，充分显示了这种
赋体的勃勃生机，到魏晋，抒情小赋已蔚为大观，一跃成为赋体文学的主要形
式。

汉末赋家有蔡邕、赵壹、祢衡、王粲等人，也多以善写抒情小赋而著名。

蔡邕（132－192）字伯喈，陈留圉（今河南杞县）人，好辞章，懂天文数术，
善音律。桓帝延熹二年（159），他被强征赴京鼓琴，心中对此愤慨不平，从陈
留行至偃师，称病而返。行途中，他亲见灾民冻饿悲情，亲闻朝中正直"党人"
被迫害惨状，于是，他受班彪《北征赋》启发，采用张衡《归田赋》式的笔法，结
合所经山川城邑的历史故实，写成《述行赋》，以借古伤今，对当今朝政的腐败
抒发一腔怨愤。全篇情辞痛切，具有深重的历史感和强烈的现实感，是汉末抒
情小赋的名篇。

赵壹字元叔，东汉末汉阳郡西县（今甘肃天水）人，生卒年不详，生当与蔡邕同时的宦官专政时代。他为人耿直，不满世俗，屡遭权势迫害，几乎被处死，但他仍不畏惧，具有汉末"党人"般的铮铮骨气，显示了威武不屈的性格。在赋体创作上他同样具有卓尔不群的个性特征，风格泼辣，语言犀利，显然是他刚正不阿的品性与毫不向恶势力妥协的思想的产物，其代表作为《刺世嫉邪赋》和《穷鸟赋》。《穷鸟赋》是一首四言诗式的抒情小赋，以"穷鸟"自喻，曲折地反映了黑暗政治对自己的种种迫害。他的《刺世嫉邪赋》更像黄钟雷鸣，发出"刺世"的最强音。在此赋中对当今社会执政者表示了彻底的否定与决裂："宁饥寒于尧舜之荒岁兮，不饱暖于当今之丰年。乘理虽死而非亡，违义虽生而非存。"在整个古代封建社会里，很少有像赵壹这样对现实作如此大胆、深刻、犀利的揭露与批判，笔锋凌厉，措辞尖刻，意气风发，痛快淋漓，使抒情小赋别开生面。

汉末建安时期，农民纷纷起义，军阀割据一方，东汉王朝名存实亡。社会动乱，百姓流离失所，人民渴望国家统一，在这样的时代背景下，赋体创作在题材、体式和风格方面又有新的变化。赋的题材更为广阔而且更加贴近生活，体式更为短小精悍，借咏物抒情与借观景而抒情的小赋迅速发展，语言上更加注意骈偶，赋的抒情化特征更加明显。祢衡、王粲等人的赋作显示了这种变化。

祢衡（173－217）字正平，平原般（今山东临邑东北）人，曾被曹操征召为鼓吏，却敢于大庭广众侮慢曹操，可见其刚傲尚气的为人。他著有《鹦鹉赋》，名为咏物，实为抒情之作，全篇都是寄托，以鹦鹉被捕被作为献物为托意，抒写了自己被困受辱的处境，表达了深埋内心的忧愤。

王粲（177－217）字仲宣，山阳高平（今山东邹城市）人，擅长辞赋，为"建安七子"之一，在七子中成就突出，与曹植并称为"曹王"。王粲的抒情小赋反映的是汉末动荡社会所带来的离乱苦难与精神苦闷，语言刚健，词气慷慨，很具时代特征。其代表作《登楼赋》，抒写他在登临荆州当阳楼时观景所感，表达了自己怀乡之情与壮志难酬的感慨。此赋寓情于景，情景交融相生，代表了建安时期抒情小赋的最高成就。

第四章 汉诗:诗史上革故鼎新的标志

汉赋尽管吸收了散文体的许多特点,但因其讲究韵脚,理应属于韵文体,或换句话说理应属于诗歌。但汉代人所说的诗歌只指可以歌唱的"歌诗",而不指只能吟诵不能歌唱的汉赋。"由于诗不但可以歌唱,也可以吟诵或诵读,并由诗的诵读逐渐演变成一种以'不歌而诵'为特征的文体——赋,于是,'歌诗'在汉代就由先秦的演唱诗歌的意义转化为一个名词,专指那些可以演唱的诗,并成为汉人常用的一个概念。"①本书采用汉人诗歌的概念,并不包含赋。这不仅是因为汉赋具有"不歌而诵"的特点,还因为汉赋是汉代文学的显著标志,单独阐述汉赋便于揭示它对于汉代文学的特殊意义。

也许因为汉赋成就辉煌,其夺目的光芒掩盖了诗歌的光泽,人们长期以来忽视了汉代诗歌的重大成就及其在中国诗歌史上的重要意义。比如一些学者谈及中古诗歌史时,往往把魏晋诗歌作为其伟大的开端,在谈及中国诗歌史时,把唐诗宋词元曲视为中国诗歌发展的几个对峙的巅峰,往往淡忘了汉诗承前启后的历史意义。更有甚者,仅据现存汉诗数量不多,而认为汉代是诗歌"消歇"、"落寞"的时代。判断一个时代诗歌创作繁荣与否,不能仅凭现存的诗歌数量,而应该依据该时代的诗歌创作实际。我们现在能见到可以证实的西周至春秋中叶的诗歌仅为《诗经》305 首诗(这还不算这 305 首诗中实际还有商代甚至夏代的作品),但从没有人会因此而说西周至春秋中叶是诗歌"消

---

① 　赵敏俐、吴相洲、刘怀荣、钟涛、方铭、沈松勤、陶允冀著:《中国古代歌诗研究——从〈诗经〉到元曲的艺术生产史》,北京大学出版社 2005 年版,第 43 页。

歌"、"落寞"的时代,也从没有人会相信西周至春秋中叶只创作了三百多首诗。现存的汉诗,仅是汉代诗歌的很少一部分。据逯钦立《先秦汉魏晋南北朝诗》所辑,今存汉诗总计 638 首,这远不能反映汉诗的实际数量,汉代以诗名世的人很多,仅他们创作的诗歌,其数量估计就相当可观,如据《后汉书·文苑传》载,王逸在东汉诗人中还不算翘秀,然仅他就"作汉诗百二十三篇"。可见,失传的以及动乱毁掉的汉诗多得很,远不止就这么六百多首。即使如此,现存汉诗的数量仍比现存西周至春秋中叶诗歌的数量要多,然从未有人认为西周至春秋中叶是诗歌"消歇"、"落寞"的时代,怎么能单单仅凭现存诗的数量认为汉代是诗歌"消歇"、"落寞"的时代呢?

再者说,我们看问题重在看其"质",只有"质"才能说明问题的性质。汉诗一方面继承了《诗经》、《楚辞》的优秀传统,一方面创造出乐府诗、文人诗等新体诗,完成了五言诗、七言诗的体制建设,为后来二千多年中国封建社会提供了新的基本的诗歌形式,为魏晋六朝乃至唐、宋、元诸朝诗歌的繁荣奠定了基础。汉诗标志着中国诗歌史上的巨变,它继往开来,开创了中国诗歌的新纪元。

现在研究汉诗有一定难度,其"难"还不在于现存汉诗数量不多,而难在现存的汉诗多是无主名的作品,很难确定它的创作时间,有的作品甚至至今无法估定其大致创作年代,不像唐诗宋词那样几乎每一作品都有明晰的史的界限,这种现象给阐述汉诗的发展过程带来了困难。不过遵循"具体问题具体分析"的原则,对汉诗发展过程仍有归纳的方法。"从大的方面讲,可歌可唱是汉诗最主要的特征,也是我们从宏观上把握汉诗创作的要点;但是若从中国诗歌发展和文体角度考虑,我们则应该在'歌诗'这一总特征下把汉诗再分为诗骚体、乐府诗和文人五言诗三类,在歌诗的总特征下把握这三类诗歌既包容于一体又各有区别的互涵互动的发展过程,是我们研究汉诗的重要基础。"①我们以诗体的发展为经,以社会生活变化为纬,还是可以看出汉诗的嬗变轨迹。我们把汉诗的发展大致划分为二个阶段:一是诗骚体余绪与乐府诗兴盛

① 赵明、杨树增、曲德来主编:《两汉大文学史》,吉林大学出版社 1998 年版,第 267 页。

的阶段。西汉初诗骚体还在沿用,在武帝盛世时乐府诗达到兴盛,乐府诗高度成熟则在东汉时期。二是文人五、七言诗的产生与发展阶段。文人五言诗与七言诗产生在西汉时期,文人五言诗的繁荣与文人七言诗的基本形成则在东汉时期,特别是在东汉末的建安时期。

第一节 诗骚体的余绪

从汉初高祖刘邦立国到武帝刘彻执政,是汉帝国恢复大一统并逐步走向繁荣的年代。这个时期,经济上,采取休养生息的政策,国势日益强盛;文化上,废除秦帝国的黑暗专制,被秦帝国窒息一时的春秋战国以来的各种思想文化又活跃起来。这个时期,新的歌诗已经萌生,但人们创作诗歌的主要样式,还是习惯于《诗经》式的四言体和《离骚》式的楚辞体。这说明文体的演变是一个渐进的漫长过程,即使新文体产生后,旧文体也会与新文体长期共存,旧文体只会逐渐走向衰落,决不会因为新文体的产生而立即消亡。

现存这个时期的楚辞体诗歌,多为短歌,所以有人又称其为"楚声短歌",作者又多为汉初帝王、后妃、诸侯王等新兴地主阶级集团上层人物,著名的作品有刘邦的《大风歌》、戚夫人的《春歌》、赵王刘友的《幽歌》等,稍后有刘彻的《秋风辞》、《瓠子歌》、《李夫人歌》、江都王刘建女儿刘细君的《悲愁歌》(刘细君是第一位嫁于外邦的汉室公主,她嫁于西域乌孙,称"乌孙公主",故此诗又称《乌孙公主歌》)等。这些"贵族诗"已不像先秦贵族诗那样庄重典雅,而是语言浅显,感情真挚,直叙其事,直抒胸臆。虽然继承了以《离骚》为代表的楚辞体诗歌的体式,但也包含有五言、七言新诗体的成长因素。

汉高祖、吕后朝的楚辞体诗歌主要反映的是统治者内部的政治斗争,展示了统治者内部政治斗争的残酷激烈,抒发了作者在政治斗争中的忧虑、恐惧、愤恨、悲伤等感情。如汉高祖刘邦的《大风歌》,始见于《史记·高祖本纪》,此诗作于公元前195年,这年刘邦打败了反叛的淮南王英布,在得胜返回长安的途中,回了一趟故乡沛县,他大摆宴席,宴请父老乡亲,酒酣情浓,诗兴大发,即兴吟唱道:

　　　　大风起兮云飞扬,威加海内兮归故乡。安得猛士兮守四方!

　　李善《文选注》中解释说:"风起云飞,以喻群雄竞逐,而天下乱也。威加海内,言已静也。夫安不忘危,故思猛士以镇之。"宋代葛立方《韵语阳秋》卷一九评述:"高祖《大风》之歌,虽止于二十三字,而志气慷慨,规模宏远,凛凛乎已有四百年基业之气。"确实,《大风歌》唱出了在群雄角逐的动乱年代刘邦运筹帷幄、夺取天下的豪迈之情,也唱出了天下一统后刘邦衣锦荣归、至尊显贵的喜悦之情。然而刘邦早已不是当年当亭长的那个刘邦,此刻他想得更多的是其江山如何长久保持? 他想到那些同他一齐开创江山的老臣宿将,如今与他存有异心,其中有的虽被他除灭,但朝中能征善战的与值得信赖的还有几个? 有谁来守住这来之不易的江山? 刘邦内心充满了孤寂与忧虑,难怪他把《大风歌》唱了一遍又一遍,情到深处,还不禁流下泪来。

　　戚夫人的《春歌》又称《戚夫人歌》、《永巷歌》,始见于《汉书·外戚传》。戚夫人是高祖刘邦最宠爱的妃子,生子如意,曾欲与吕后的生子争立太子。刘邦病死后,吕后生子刘盈继位为汉惠帝,皇权实际操在吕后手中,吕后迫不及待地向戚夫人报复了,剃了戚夫人的头发,给戚夫人颈上戴上铁箍,身上穿上囚衣,囚禁于永巷中,命她日日春米。戚夫人悲伤自己的不幸遭遇,深知吕后为人心狠手辣,自己孤苦无援,已陷待毙之境,绝望之中更加怀念远在千里做赵王的儿子如意,于是作此歌曰:

　　　　子为王,母为虏。终日春薄暮,常与死为伍。相隔三千里,当谁使告汝?

歌辞悲哀凄切,这是身陷绝境的母亲对儿子的呼唤,抒发了宫廷内部被倾轧被迫害者的悲愤。正因如此,惹下更大的灾祸,吕后闻听此歌后,鸩杀了赵王如意,挖掉戚夫人的双眼,用药熏聋她的双耳,给她吃了哑药,并斩断她的手脚,把她投入猪圈之中,称之为"人彘",帝王宫闱权势斗争的残酷令人发指。《春歌》是戚夫人春米时脱口而出的,感情哀怨愤激,语言浅白如话,具有真切感人的民歌风格。本歌采用了三、五言句式,又以五言句式为主,虽不是纯粹的

五言诗,但大体上近于五言形式。赵王刘友的《幽歌》也抒写遭吕后残酷迫害的悲愤怨恨,用的却是典型的骚体:

> 诸吕用事兮刘氏微,迫胁王侯兮强授我妃。我妃既妒兮诬我以恶。
> 谗女乱国兮上曾不寤。我无忠臣兮何故弃国,自快中野兮苍天与直。于
> 嗟不可悔兮宁早自贼,为王饿死兮谁者怜之?吕氏绝理兮托天报仇。

与《春歌》格式迥然不同。《春歌》虽属楚声短歌,更近于当时的 "俚歌俗曲",这可与汉初的《薤露》、《蒿里》、《平城歌》、《民为淮南厉王歌》等歌谣相比较便可清楚。

崔豹《古今注》说:"《薤露》、《蒿里》,并丧歌也,本出田横门人。横自杀,门人伤之,为作悲歌,言人命奄息,如薤露易晞灭也,亦谓人死魂魄归乎蒿里。"刘邦初定天下,田横誓不称臣,汉高祖刘邦五年(前 202)田横以自杀拒绝刘邦征召,田横部下闻田横死讯,也全部自杀。时人以《薤露》、《蒿里》二歌相哀悼,当可信。《薤露》一歌曰:"薤上露,何易晞?露晞明朝更复落。人死一去何时归?"《蒿里》一歌曰:"蒿里谁家地?聚敛魂魄无贤愚。鬼伯一何相催促,人命不得少踟蹰。"此二挽歌,具有三、五、七言句式,又以七言为多,近于七言诗。据《汉书·匈奴传》载,汉高祖七年(前 200)韩王信逃入匈奴,与匈奴扰汉,高祖亲率大军击匈奴,至平城(今山西大同东北),被匈奴围于平城东的白登山上七日,后用陈平计才得解脱,于是便有《平城歌》流传,其辞曰:"平城之下亦诚苦,七日不食,不能彀弩。"《民为淮南厉王歌》是流传于文帝时代的民谣,又称《淮南王歌》。据《史记·淮南厉王传》载,淮南王刘长是刘邦最小的儿子,与文帝刘恒有兄弟同胞情。刘长目无法纪,觊觎皇权,种种越轨行为早已构成重罪。文帝不忍将之绳之以法,只削去他的王爵,发配到四川严道县邛邮安置,刘长不愿耐受此辱,在前往四川的途中绝食自尽了。老百姓对汉家皇室富有天下而兄弟之间仍骨肉相残的现实很不理解,于是编歌唱道:"一尺布,尚可缝,一斗粟,尚可舂,兄弟二人不相容。"《平城歌》、《民为淮南厉王歌》属三言、四言、七言杂言体,与刘邦的《大风歌》又有不同,有如《诗经》中 "变风" 之作一样,这些歌谣当是楚声短歌的 "变风" 之作,它显然吸收了除了

楚地之外其他地域歌谣的特点。与《春歌》一样,这些歌谣也显示了旧体歌诗的新变,反映了五言、七言新诗体酝酿萌生的现实。

西汉前期,人们除了习惯采用《离骚》式的楚辞体外,还继续用《诗经》式的四言体来创作,著名的四言诗有《四皓歌》、刘邦的《鸿鹄歌》、城阳王刘章的《耕田歌》、汉高祖唐山夫人的《安世房中歌》、韦孟的《讽谏诗》、《在邹诗》等。韦孟六世孙韦玄成也是著名的四言诗诗人,他著有《自劾诗》与《戒子孙诗》,不过他已属西汉后期的人了。

《鸿鹄歌》始见于《史记·留侯世家》。据《史记》载,刘邦早有废太子刘盈立戚夫人儿子如意的打算,公元前195年,刘邦伤病日重,废立之心更为迫切。但吕后串通重臣张良,请商山四皓辅佐刘盈,百般阻挠刘邦的废立计划。刘邦无奈,于是为戚夫人唱了这曲《鸿鹄歌》:

> 鸿鹄高飞,一举千里。羽翮已就,横绝四海。横绝四海,当可奈何?
> 虽有矰缴,尚安所施?

全诗风格古朴,意绪低婉,比喻形象,大气磅礴中隐含着一种无可奈何的凄凉孤独感,与其《大风歌》相似,气度浩大宏阔,却倾诉的是自己的内心矛盾。不过二者也有不同,清代贺裳《载酒园诗话》评价二诗曰:"《大风歌》冲口而出,卓伟不群。即《鸿鹄》酸楚之音,犹有笼罩一世之气。"从形式上讲,《大风歌》多骚体诗的特点,《鸿鹄歌》却多继承了《诗经》四言体的传统,这二首诗都是汉初诗歌的重要作品。

《安世房中歌》是汉高祖后妃唐山夫人所作,夫人大约在汉高祖在位时在世,因高祖为楚人,喜欢楚声楚乐,唐山夫人所作《安世房中歌》也用的是楚声楚乐。《房中歌》在周代已有,"房"是指古代宗庙中陈列神主之所,不是指闺房。古代帝王举行祭礼,当祭祀神主、祭祀祖宗时要演奏《房中歌》,所以《房中歌》和《诗经》里的"颂"一样都是颂祝乐歌,秦时改称《寿人歌》,魏时叫它《正世歌》,晋代才又把它称作《房中歌》。唐山夫人所作《安世房中歌》,是借用周代"房中"之名,以楚声制作宗庙乐歌,原名《房中祠乐》,惠帝时改称《安世歌》,《汉书·礼乐志》题为《安世房中歌》。本分十七章,但各书所载章数及分章段落都有很大分歧,各章标题也大都失传。全篇主要讲孝备、德昭、福长、君明、臣归、民康,体现汉高祖刘邦功满孝备、四方归心、恩泽万世,纯粹是歌功颂德、誉美时政的文字。但此乐歌是汉代立国时比较早而且保存较完整的郊庙乐歌,对当时彰功德、行教化、确立新王朝礼乐制度有重要意义,对于今天研究汉初礼乐制度及雅乐也是难得的重要的资料。此歌辞古奥且较长,仅录首章以示:

> 大孝备矣,休德昭清。高张四县,乐充宫庭。芬树羽林,云景杳冥。
> 金支秀华,庶旄翠旌。

《安世房中歌》有四言句,也有三言句,甚至还有个别七言句,如"大海荡荡水所归,高贤愉愉民所怀",但主体是四言句式,赵敏俐先生认为:"《安世房中歌》本楚声,其三言句式乃是班固把两个三言中间的'兮'字删掉的结果。《汉书》中所载的《郊祀歌》和《安世房中歌》没有一个'兮'字句,而《史记》的《天马歌》却有,正好证明了班固删掉了'兮'字。"①《安世房中歌》主体是四言诗,语言整饬典雅,风格雍容平和,是继承《诗经》中商周雅颂特征的余绪。陈本礼《汉诗统笺》引刘元城语,说《安世房中歌》"格韵高严,规模简古,骎骎乎商周之颂。"当然,《安世房中歌》极尽铺排、多方设喻的特点,也吸收了骚体诗的艺术表现手法。

汉初,诗歌格式开始变化,人们吸收《诗经》四言体、骚体和民间歌谣的特点,尝试着使用杂言体或大致上的四言体、五言体,纯粹的四言体并不多,而韦孟却是一个专门坚持使用四言又特别擅长此体的诗人,他的四言诗似乎也属汉初最早的文人创作的四言诗。所以刘勰在《文心雕龙·明诗》篇中说:"汉初四言,韦孟首倡。"

韦孟是楚彭城(今江苏徐州)人,大约自秦始皇中期到汉景帝初年在世,在孝惠、文、景时,先后给楚元王刘交及其儿子刘郢和其孙子刘戊做老师,楚元王孙戊荒淫无道,他以《讽谏诗》来规谏:

---

① 赵敏俐:《汉代诗歌史论》,吉林教育出版社1995年版,第52页。

　　肃肃我祖,国自豕韦。……嗟嗟我王,曷不此思? 非思非鉴,嗣其罔
则。弥弥其失,岌岌其国。致冰匪霜,致坠靡嫚。瞻惟我王,昔靡不练。
兴国救颠,孰违悔过? 追思黄发,秦缪以霸。岁月其徂,年其逮耆。于昔
君子,庶显于后。我王如何? 曾不斯览。黄发不近,胡不时鉴?

　　《讽谏诗》先叙作者自己家世的兴衰,告诫刘戊:世道常有变迁,君王侯相的地
位也非一成不变,以身说法,使刘戊自省。再过渡到刘戊的家世,说刘戊理应
洁身自好,劝其小心谨慎继承好祖业。接着直言批评了刘戊纵情逸乐,有辱祖
上。最后提出种种殷切希望。刘熙载在《艺概》卷二中说:“质而文,直而婉,
雅之善也。汉诗风与颂多,而雅少。雅之义,非韦傅《讽谏》,其孰存之?”可惜
韦孟苦口婆心的劝谏,刘戊只当耳边风,照样一如既往地放荡不羁,韦孟只好
辞职移居邹地。韦孟归隐后,常在梦中梦到自己在王庭上争谏,醒后觉得有负
朝廷重托与为傅职责,于是又写了《在邹诗》。一边叙述自己的愧疚,一边旁
敲侧击涉及仁义,希望刘戊见到后能有领悟,可谓用心良苦。此首《在邹诗》
也是纯四言体,与其《讽谏诗》相比,一则主要讽谏,一则主要述志,所以《在邹
诗》更为委婉,娓娓道来。后人并不把此二诗当作讽喻诗与述志诗来看,二诗
组合起来,就是叙先祖、述身世的自叙诗。它叙事清楚,辅以说理,篇幅较长,
对汉代长篇叙事诗的产生有一定影响,成为汉代四言诗的典范。

　　在汉代还有一部大型的四言诗集——《焦氏易林》,为西汉昭、宣、元、成
间梁人焦延寿所作,共有诗4096首,除10余首为三言诗外,其余都为四言诗。
因它采用了卜辞的形式,故向来不为文学研究界所普遍重视。但这些作为解
释卦象的卜辞,却内容异常丰富,以哲理诗、寓言诗、叙事诗为最多,有的言浅
意深,包含着深刻的哲理,饶有趣味,如《师》之《履》:“义不胜情,以欲自营。
见利危躬,灭君令名。”极简洁地阐明了义与利、欲与名的关系。如果为了私
利而不顾道义,个人的欲望得到了,然而名声却也随之毁掉了,极简明地宣扬
了正人君子的得失观与价值观。有的托物寓意,借自然物而说人事,如《无
妄》之《明夷》:“千雀万鸠,与鹞为仇,威势不敌,虽众无益,为鹰所击。”借鸟儿
世界弱肉强食,比喻人间统治者欺凌百姓,“千雀万鸠”不敌数个“鹞”、“鹰”,
因为“鹞”、“鹰”有锋利的爪喙;千万百姓受少数统治者欺压,是因为统治者手

中掌权有威势,对不平社会统治者与被统治者的关系揭露得多么深刻! 有的直接表达作者对生活的感受,如《屯》之《巽》:"久客无依,思归故乡。霖雨盛溢,道未得通。"把游子久居客乡,举目无亲,无依无靠,倍思故里而道路阻塞不得归的感情,倾诉得淋漓尽致。有的是化用典籍诗文大意,如《比》之《复》:"伯去我东,发栉如蓬。展转空床,内怀忧伤。"依据是《诗经·卫风·伯兮》:"自伯之东,首如飞蓬。岂无膏沐? 谁适为容……"有的是对汉前历史及西汉的社会现实的精练概括,如《讼》之《同人》及《小畜》之《坤》都有这样的卦辞::"子鉏执麟,春秋作经。元圣将终,尼父悲心。"讲的是春秋时期鲁哀公十四年春,叔孙氏的驾车人子鉏商猎获一只麒麟,孔子看后,认为很不吉利,预感到自己将死,异常伤心,于是其作《春秋》至此而辍笔。《春秋·哀公十四年》:"十有四年春,西狩获麟。",《左传·哀公十四年》:"十四年春,西狩于大野,叔孙氏之车子鉏商获麟。以为不祥,以赐虞人。仲尼观之,曰:'麟也,'然后取之。"杜预注:"麟者仁兽,圣王之嘉瑞也。时无明王出而遇获,仲尼伤周道之不兴,感嘉瑞之无应,故因《鲁春秋》而修中兴之教。绝笔于'获麟'之一句,所感而作,固所以为终也。"再如《屯》之《屯》:"兵征大宛,北出玉关。与胡寇战。平城道西,七日绝粮,身几不全。"讲的是汉武帝太初年间派贰师将军李广利北出玉门关征伐西域大宛国的战事,以及汉高祖七年刘邦率军迎战匈奴大军,被围困于平城白登山七日之久,差点被俘,后用陈平计,始得突围。《史记·大宛列传》:"太初元年,……贰师将军西过盐水,……人少,不足以拔宛。……于是贰师后复行,兵多,而所至小国莫不迎,出食给军。至仑头,仑头不下,攻数日,屠之。自此而西,平行至宛城,……与盟而罢兵。"《史记·高祖本纪》:"七年,匈奴攻韩王信马邑,信因与谋反太原。白土曼丘臣、王黄立故赵将赵利为王以反。高祖自往击之。会天寒,士卒堕指者什二三,遂至平城。匈奴围我平城,七日而后罢去。"

《焦氏易林》文字简洁,言简意赅,言多俚谚俗语,然而意境高远,意旨深刻。多以生活中常见的自然现象,引出其中所蕴含的能启迪社会人生的至理。隐括前人诗文,自然明了,语如己出,明代杨慎评价道:

　　《焦氏易林》,西京文辞也,辞皆古韵,与《毛诗》、《楚辞》叶音相合,或似诗,或似乐府童谣,观者但以占卜书观之,过矣! 如"夹河为婚,期至无船,摇心失望,不见所欢"……其辞古雅,魏晋以后,诗人莫及。又如"忧思约带",即《古诗》"去家日以远,衣带日以缓"也,而以四字尽之。如"簪短带长"尤为奥妙,"簪短",即《毛诗》"首如飞蓬"也;"带长",则"衣带日以缓"也,两诗意以四字尽之。"解我胸春"即《毛诗》"忧心如捣"也,影略用之,最为玄妙。且其辞,古之文人亦多用之,"六目瞍瞍",韩文祖之曰:"万目瞍瞍";"九雁列阵",王勃《滕王阁序》用之;"酒为欢伯"、"白云如带"、"穴蚁封户"、"天将大雨",唐诗多用之。……此皆有裨于经史,又不但为修辞之助而已。(《升庵集》卷五三)

对于《焦氏易林》的四言诗,随着汉诗研究领域的扩大,逐渐被人们所重视,钱钟书先生将《焦氏易林》与《诗经》并列,陈良运先生二十一世纪初出版了《焦氏易林诗学阐释》,称《焦氏易林》是中国文学史上第一部篇幅浩大的个人诗集,其作者是继屈原之后,中国诗史上第二位"有名"的重要诗人,其诗是不应忘却的"汉诗一派"。

第二节 乐府诗的兴盛

汉武帝时期及西汉后期,骚体与四言体仍在使用,但兴盛的已是乐府诗。实际上,西汉前期的骚体、四言体和乐府诗也没有明显的界限,如果把"乐府诗"理解为可歌可唱的歌诗,那么许多西汉前期的骚体诗与四言体诗也应属于"乐府诗",事实上,宋代郭茂倩编《乐府诗集》时,就把许多西汉前期的骚体诗与四言体诗也按乐府诗收辑进去。

乐府诗本是乐府搜集和制作的配乐歌唱的曲辞,当时称"歌诗",到了六朝时才称乐府诗。我国是一个非常重视礼乐的国家,夏、商、周三代至秦都有乐官。据《汉书·百官公卿表》记载,秦代乐官有"奉常"、"少府"二署。"奉常"有属官"太乐","少府"有属官"乐府"。1977年,陕西临潼秦始皇墓附近出土一编钟,上刻秦篆"乐府"二字,证明《汉书》所记无误。汉承秦制,音乐机关也从秦代沿承下来,惠帝时就设了"乐府令"。人们之所以特别强调武帝时的乐府,是因为武帝时代,汉帝国已十分强盛,出于新的制礼作乐的需要,武帝时期的乐府在规模与职能上同以前的乐府比,有了很大的变化。一是乐府机构庞大,谱写新声曲辞、教习歌舞、宗庙祭祀等从业人员众多。[1] 二是乐府负责大规模地采集民歌,据《汉书·艺文志》载:"自孝武立乐府而采歌谣,于是有赵、代之讴,秦、楚之风,皆感于哀乐,缘事而发,亦可以观风俗知薄厚云。"采诗的范围几乎遍及全国。只有加强乐府的职能,才能和帝国的强盛相一致,才能满足帝国张扬国威的需要,这种风气直至东汉仍传承不息。

两汉乐府诗今存不足百篇,大部分保存在郭茂倩的《乐府诗集》中。《乐府诗集》所收作品以汉魏至隋唐的乐府诗为主,郭茂倩将这些乐府诗分为十二类,汉乐府诗主要收在其中的《郊庙歌辞》、《鼓吹曲辞》、《相和歌辞》与《杂曲歌辞》中。这里我们只列示一下这四类中有较大影响的汉乐府诗:在《郊庙歌辞》中收有《安世房中歌》、《郊祀歌》十九首(章)。《鼓吹曲辞》收有《铙歌》十八首(曲)。《相和歌辞》收有《箜篌引》(又称《公无渡河》)、《江南》、《薤露》、《蒿里》、《鸡鸣》、《乌生八九子》、《平林东》、《陌上桑》、《长歌行》、《猛虎行》、《从军行》、《豫章行》、《董逃行》、《相逢行》、《长安有狭斜行》、《塘上行》、《秋胡行》、《陇西行》、《步出夏门行》、《西门行》、《东门行》、《饮马长城窟行》、《上留田行》、《妇病行》、《孤儿行》、《雁门太守行》、《艳歌行》、《蜀道难》、《白头吟》。《杂曲歌辞》收有《蜨蝶行》、《伤歌行》、《悲歌行》、《枯鱼过河泣》、《长相思》、《行路难》、《羽林郎》、《董娇饶》、《孔雀东南飞》。

当然,其他类中也有汉乐府诗,如《杂歌谣辞》收有《春歌》、《秋风辞》、《李夫人歌》、《李延年歌》、《黄鹄歌》、《五噫歌》、《淮南王歌》、《城中谣》、《桓灵时童谣》。《琴曲歌辞》收有《四皓歌》、《大风歌》、《胡笳十八拍》。《横吹曲辞》收有《十五从军行》等,也有个别今能见到的汉乐府诗还未辑入《乐府诗

---

[1] 1969 年在山东济南市郊无影山出土一西汉彩绘杂技乐舞俑群,座长 67 厘米,宽 47.5 厘米,陶俑最高者 22.7 厘米。在长方形的陶盘上共有 21 个陶俑,其中 7 人组成伴奏乐队,有的吹笙,有的鼓瑟,有的击鼓,有的敲钟,有的击磬。7 人在表演,两女子相向起舞,两人倒立,一人翻筋斗,一人表演柔术,一人似为指挥。还有 7 人,分站两侧作观赏。场面真实生动,西汉歌舞作乐之盛由此可以想见。此俑群现为济南博物馆所藏。

集》,如《上山采蘼芜》。从上面所示作品,可知汉乐府诗的作者非常广泛,包括了汉代各阶级各阶层,所反映的汉代社会生活全面、丰富而五彩缤纷。也可看出所收汉乐府诗,以汉武帝时期居多,其次为东汉后期。乐府采集的民歌,只是乐府诗的一部分。

郭茂倩对乐府诗分类,基本以乐曲为标准,如《郊庙歌辞》是帝王祭祀天地神祇和祖先的乐章,使用的是传统的"雅乐"。《鼓吹曲辞》使用的是鼓吹乐,特别是吸收了北方民族的"新声"。《相和歌辞》的名称大约取自丝竹相和而歌之意,基本来自民间"俗乐"。《杂曲歌辞》则使用的是杂牌曲子。新中国建国后,有人从作者及内容的角度来分类,大部分将乐府诗分为二大类:汉乐府民歌与贵族、文人乐府诗,由于将前者视为乐府诗的精华,将后者视为乐府诗的糟粕,所以谈论汉乐府诗只提及汉乐府民歌,久而久之汉乐府诗的概念便被"汉乐府民歌"取代了,这实际上是对汉乐府其他诗的粗暴否定,是一种庸俗社会学思想在汉诗研究上的表现。

二十世纪末,汉诗研究专家赵敏俐先生著有二本很有影响的著作——文津出版社(台)1993 年出版的《两汉诗歌研究》和吉林教育出版社 1995 年出版的《汉代诗歌史论》,在此二书中他把汉乐府诗分为五类:一、皇帝贵族及王室近臣宫妾等所作歌诗;二、宗庙祭祀歌诗;三、帝王出行巡狩和军旅歌诗;四、歌舞艺人和一般文人所作歌诗;五、各地方歌诗。研究汉乐府诗应该对各类的汉乐府诗作全面的研究,不能以"民歌"这个部分来代替乐府诗的全部。以往各种研究汉乐府诗的著述对汉乐府民歌都有详尽论述,如强调汉乐府民歌"感于哀乐,缘事而发"的现实主义精神,强调汉乐府民歌"叙事"的艺术特征,强调汉乐府民歌对新诗体形成的贡献,甚至对汉乐府民歌中成就比较高的长篇叙事诗《孔雀东南飞》、《陌上桑》、《羽林郎》等都有精细分析,鉴于此种状况,笔者这里只想对武帝时期的《郊祀歌》及现在基本可以断定的西汉歌诗《铙歌》多做点阐述,由此可见汉乐府诗的兴盛。

《郊祀歌》属《郊庙歌辞》,汉武帝时作,歌辞中有大文豪司马相如的作品,当时极有盛名的音乐家李延年为之配乐,共十九章:《练时日》、《帝临》、《青阳》、《朱明》、《西颢》、《玄冥》、《惟泰元》、《天地》、《日出入》、《天马》、《天门》、《景星》、《齐房》、《后皇》、《华烨烨》、《五神》、《朝陇首》、《象载瑜》、《赤蛟》,诗的题目全取其首句的前几字。

长期以来,因《郊祀歌》为汉代宗庙祭祀的歌诗,一些人就把它当作封建社会的文化糟粕来看待,今天我们站在历史主义的立场上来看,过去的认识有偏见,《郊祀歌》虽是专用于郊祀仪式中的歌曲,但有一定的历史认识价值,它借赞美天地神祇、歌咏神灵祥瑞,歌颂了汉武帝的功德,颂扬了汉帝国的强盛,体现了汉代人封建大一统的观念。《郊祀歌》的重要价值更体现在其艺术成就上。"多年来,由于人们一直把《郊祀歌》十九章当作封建时代的糟粕之作,对它的艺术成就也就缺乏分析。实际上,十九章在中国诗歌的语言艺术发展上也值得重视,……这主要表现在诗歌形式的选择和创造上。汉以前,中国诗歌的主要样式,一是以《诗经》为主的四言体,一是以楚辞为主的楚辞体。至于五、七言体,在先秦刚刚显示出萌芽形态。《郊祀歌》十九章的可贵之处,就在于创造中不墨守成规,能够根据所祀之神的不同身份,祀神诗的不同内容,合理地使用并发展了这些艺术形式。"①

武帝时把立乐府、定郊祀之礼当作国家政治的头等大事,所以制作《郊祀歌》,必然配置当时有名的作家和音乐家,《郊祀歌》各首在选择诗体、推敲字句、运用表现手法上,都显示出相当的艺术功力,特别是在诗的体式上,既对传统的楚辞体和《诗经》体有所继承,又有自己的创新,为汉代五言、七言诗的产生开辟了道路。

在《郊祀歌》十九章中,《帝临》、《青阳》、《朱明》、《西颢》、《玄冥》、《惟泰元》、《齐房》、《后皇》八首采用的仍是《诗经》四言体的格式,如《帝临》:

> 帝临中坛,四方承宇。绳绳意变,备得其所。清和六合,制数以五。
> 海内安宁,兴文偃武。后土富媪,昭明三光。穆穆优游,嘉服上黄。

通篇四言句式,与《诗经》雅颂比,少了虚词,与《诗经》的风诗比,它完全舍弃了重章叠句的形式,形式的庄重,使作者更注意词语的典雅,语言更加追求精

---

① 赵敏俐:《汉〈郊祀歌〉十九章研究》,日本:《广岛大学人文科学研究》,2002 年第 1 卷第 1 期。

炼整饬,有的词语极富表现力,甚至成为后世沿用的成语。

《郊祀歌》十九章中,《练时日》、《天马》、《华烨烨》、《五神》、《朝陇首》、《象载瑜》、《赤蛟》七首,全是三言句式,实际上是楚辞体。如《天马》中一段:

> 天马徕,从西极。涉流沙,九夷服。天马徕,出泉水。虎脊两,化若鬼。天马徕,历无草。径千里,循东道。天马徕,执徐时。将摇举,谁与期? 天马徕,开远门。竦予身,逝昆仑。天马徕,龙之媒。游阊阖,观玉台。

此诗颂扬西域汗血马,每四句都以“天马徕”领起,具有回环反复的咏叹韵味。有的学者认为急迫、短促的三言句不适宜表达祭神内容,这七首三言诗是由班固删掉句中的“兮”字造成的,因为《天马》诗在《史记》中不是如此,甚至在《水经注》、《太平御览》等书中还保留着“兮”字,显然模仿了楚辞体的形式。再如《练时日》,使用了大量的排比句,铺陈描写祭神过程,与《楚辞·九歌》相似,沈德潜在《古诗源》卷三中评说道:“古色奇响,幽气灵光,奕奕纸上。屈子《九歌》后,另开面目。”说明《郊祀歌》中的那些楚辞体也有创新的地方。

《郊祀歌》在诗体上最有创新的是那些杂言体,这些诗包括:《天地》、《日出入》、《天门》、《景星》,共四首。如《日出入》:

> 日出入安穷,时世不与人同。故春非我春,夏非我夏,秋非我秋,冬非我冬。泊如四海之池,遍观是耶谓何。吾知所乐,独乐六龙。六龙之调,使我心若。訾黄其何不徕下?

诗中有四言、五言、六言、七言句,《天门》、《天地》还间有三言句,《景星》以七言句居多。这些参差错落的句式,突破了传统的骚体与四言体,显示了诗歌由传统的体式向新体式的过渡。《郊祀歌》中有的诗采用传统体式,并不意味着墨守成规,采用何种体式,完全依据祭祀的内容而定,当然,传统体式的影响力在当时是很大的,但《郊祀歌》的可贵之处在于在继承旧体式中又有一定的创新。

如果说《郊祀歌》十九章是属于雅乐的歌诗,那么《铙歌》十八曲则属于一组统一于鼓吹俗乐之下的歌诗,其产生的年代大约在西汉武帝与宣帝间,无论其思想内容还是艺术形式,都是西汉乐府诗中的优秀代表。《古今乐录》曰:"汉鼓吹铙歌十八曲,字多讹误。一曰《朱鹭》,二曰《思悲翁》,三曰《艾如张》,四曰《上之回》,五曰《拥(雍)离》,六曰《战城南》,七曰《巫山高》,八曰《上陵》,九曰《将进酒》,十曰《君马黄》,十一曰《芳树》,十二曰《有所思》,十三曰《雉子斑》,十四曰《圣人出》,十五曰《上邪》,十六曰《临高台》,十七曰《远如期》,十八曰《石留》。又有《务成》、《玄云》、《黄爵》、《钓竿》,亦汉曲也,其辞亡。或云汉铙歌二十一,无《钓竿》。《拥离》亦曰《翁离》。"姚小鸥先生把《铙歌》十八曲诸篇文本分为三大类:一是典型的汉魏六朝歌诗曲唱文本,"声辞杂写",难以通读;二是篇中"辞、声"并未全部分清的文本,可大体读通;三是接近通常所见的乐府歌诗文本,易读易识。[①]《铙歌》中有些诗篇的文字确实难于解读,旨意不易理解。尽管如此,汉代社会丰富多彩的生活侧面在《铙歌》十八曲中还是生动、鲜明地展示出来。如《思悲翁》,描写丈夫被掠,妻儿老小流离失所的惨境,控诉了侵害弱小的罪孽。《战城南》,假托战死者自诉,描写了战场的恐怖凄凉,读来倍感痛切与悲壮。《上之回》,写武帝巡幸,赞美其靖边拓疆、臣服外夷的武功。《巫山高》,以巫山高、淮水深,渲染路途险阻,抒写有家难归的伤痛。《将进酒》,写饮酒赋诗娱乐,抒豪放情怀。《有所思》,抒写女主人公欲与负心恋人决绝时的种种复杂情感,反映出西汉妇女的恋爱观。《雉子斑》,写雉子被"王孙"捕捉,母雉与子生离死别,是一首寄托人事的寓言诗。《上邪》,连用五种世界上绝对不可能发生的事为誓证,表达忠贞不渝的爱,反映出主人公的纯洁心志。等等。

《铙歌》采用的是杂言体形式,如《上邪》:

　　上邪!我欲与君相知,长命无绝衰。山无陵,江水为竭,冬雷震震,夏雨雪,天地合,乃敢与君绝!

短短的一首诗中,竟使用了二言、三言、四言、五言、六言多种句式。有的诗以五言句式居多,如《上陵》:

---

① 姚小鸥:《〈汉鼓吹铙歌十八曲〉的文本类型与解读方法》,《复旦学报》:社科版(沪)2005 年 1 期

> 上陵何美美,下津风以寒。问客从何来?言从水中央。桂树为君船,青丝为君笮,木兰为君棹,黄金错其间。沧海之雀赤翅鸿,白雁随。山林乍开乍合,曾不知日月明。醴泉之水,光泽何蔚蔚!芝为车,龙为马,览遨游,四海外。甘露初二年,芝生铜池中。仙人下来饮,延寿千万岁。

有的诗七言句在全诗中占了很大的比重,如《临高台》:

> 临高台以轩。下有清水清且寒,江有香草目以兰,黄鹄高飞离哉翻。关弓射鹄。令我主寿万年。收中吾。

篇末三字,义难详,可能是曲调的声辞搀入进歌辞中,若如此,此诗七言句的比例就更大了。《铙歌》十八曲完全摒弃了诗骚旧体式,采用了杂言体,这在汉诗的发展中具有重大的意义。它首先标志着一种新诗体——杂言体诗的成熟。萧涤非先生在《汉魏六朝乐府文学史》中曾说:"吾国诗歌之有杂言,当断自汉《铙歌》始。以十八曲者无一而非长短句,其格调实为前此诗歌之所未有也。《诗经》中虽间有其体,然以较《铙歌》之变化无常,不可方物,乃如小巫之见大巫焉。此当由于《铙歌》为北狄西域之新声,故与当时楚声之《安世》、《郊祀》二歌全然异其面目。而音乐对于诗歌之影响,亦即此可见。"①以《铙歌》为标志的杂言体诗的成熟,说明我国又有了一种新诗体,并将成为我国诗歌史上一种重要的传统形式,必将大大丰富中国诗歌的艺术形式。

其次,这种杂言体对传统的诗骚体是一种巨大的冲击,使汉代诗歌的语言节奏韵律发生了巨大的变化。《铙歌》杂言体的产生,主要是由其反映的丰富多彩的社会生活、复杂细腻的人物情感所决定的。另一方面,受到了西域胡乐新声的影响。西域的胡乐新声不同于传统的雅乐,采用胡乐新声本身就是摆脱了传统雅乐的束缚,与胡乐新声相适应的语言形式必然与传统的诗骚体有很大区别,《铙歌》杂言体体现了汉人在诗歌语言艺术形式上巨大的引进与变革。这种引进与变革成为中国诗歌新的发展动力,这种诸体兼备的特点,成为我国各种新体式诗歌产生的"母体"。可以说,从《铙歌》开始,四言体句式的

---

① 萧涤非:《汉魏六朝乐府文学史》,人民文学出版社 1984 年版,第 52 - 53 页。

诗歌逐渐减少,诗中的五言、七言句式逐渐增多。如武帝时李延年的《北方有佳人》基本是五言体,而成帝时的歌谣《邪径败良田》、《长安为尹赏歌》便是通篇的五言体了,至于东汉的五言体诗就更多了。汉武帝刘彻的《秋风辞》大体上已算七言诗了,《东方朔别传》载:汉武帝元封三年,汉武帝在柏梁殿与群臣的联句,通体都是七言,顾炎武《日知录》卷二一认为是后人拟作,但证据不足。即使如此,在民间歌谣及铜镜铭文中已有七言诗,说明七言诗在西汉已经存在,至东汉终于出现了通体的文人七言诗。总而言之,汉乐府杂言体是由楚辞体和《诗经》四言体向五、七言诗过渡的重要桥梁,是五、七言诗歌产生的重要源头之一。

最后,以《铙歌》为代表的西汉乐府诗为东汉诗的繁荣奠定了基础。西汉乐府诗虽有开创奠基的意义,但从数量上看,还不及东汉乐府诗,而且东汉乐府诗的艺术水平也高于西汉乐府诗,东汉乐府诗才代表着汉乐府诗的最高成就。东汉乐府诗主要包括乐府民歌与文人乐府诗。侧重于叙事的乐府民歌有《东门行》、《陌上桑》、《十五从军征》、《相逢行》、《陇西行》、《妇病行》、《孤儿行》、《艳歌行》、《白头吟》、《上山采蘼芜》、《上留田行》、《孔雀东南飞》等。侧重于抒情的乐府民歌有《艳歌·今日乐相乐》、《古歌·上金殿》、《长歌行·青青园中葵》、《西门行》、《怨诗行》、《乌生八九子》、《豫章行》、《善哉行》、《王子乔》、《长歌行·仙人骑白鹿》、《董逃行》、《悲歌》、《离歌》、《猛虎行》、《古歌·秋风萧萧愁杀人》、《鸡鸣歌》、《艳歌何尝行》等。文人乐府诗有署名的与未知名的,署名的有马援的《武溪深行》、张衡的《同声歌》、蔡邕的《饮马长城窟行》、辛延年的《羽林郎》、宋子侯的《董娇饶》等,未署名的有大曲《满歌行》、《君子行》、《折杨柳行》等,现被称为文人《古诗十九首》的诗歌,从广义上讲,也属未署名的文人乐府歌诗。东汉乐府诗已经出现了成熟的文人五言体与纯粹的文人七言体,如《古诗十九首》与张衡的《四愁诗》。东汉乐府诗标志着我国叙事诗的成熟,涌现了一批优秀的长篇叙事诗,如《孔雀东南飞》、《羽林郎》、《董娇饶》等,因此有人把汉乐府诗歌的最大特点概括为"叙事性"。实际上,汉乐府诗歌的"抒情性",也是后世抒情诗的学习楷模,不可因为强调一个方面而忽视了另一个方面。

汉乐府诗歌作为一种新的诗体,明显的是对传统的旧诗体体式的变革,实际上在审美观、文风、艺术表现手法等多方面都有新的建树,如它广泛、深刻地反映社会现实,现实主义与浪漫主义结合得比较完美,感情真挚坦率、笔调清新自然,语言质朴活泼、富有生活气息与哲理蕴涵,人物性格鲜明,故事情节生动等等。明代胡应麟在其《诗薮》中赞誉道:"汉乐府歌谣,采摭闾阎,非由润色,然而质而不俚,浅而能深,近而能远,天下至文,靡以过之。"汉乐府诗是中国诗歌的一座高峰,而其辉煌的起点就是武帝时期乐府的设立与乐府诗的创作改制及收集。

第三节 文人五、七言诗的产生与发展

汉代文人诗属于歌诗,大部分也属于乐府诗,为什么现在要从乐府诗中把文人诗抽出来单讲呢? 何况乐府诗中哪些诗属于文人诗,有的好判断,有的确实不好判断。例如有些无主名的诗,创作者是文人还是非文人? 还需作一番考辨。最难判断的是有的作品可能最初收集自民间,后来又经过乐府文人的修饰润色,这就更不好确定它是文人诗或民间诗了。但是现在单列"文人诗"来讲,还是有其意义的。

首先,汉代文人诗虽不好判断确定,但文人诗的存在却是客观的。要讲"文人诗",必须先准确理解"文人"这一含义。"文人"是社会文明的产物,最初指先祖有文德者。《尚书·文侯之命》:"汝肇刑文武,用会绍乃辟,追孝于前文人。"孔安国传:"言汝今始法文武之道矣。当用是道合会继汝君以善,使追孝于前文德之人。"后引申为知书能文的人,或指社会中那些有一定文化知识教养并从事文化事业的人。汉代傅毅《舞赋》:"文人不能怀其藻兮,武毅不能隐其刚。"从文学的角度看,文人应该指那些有一定文化知识教养并创作了文学作品的人。随着时代的不同,从事文学事业的"文人"所指的对象也有所变化。在西周宗法制的社会里,维持整个社会秩序的政治制度是以"尊尊"、"亲亲"为宗旨的分封制,社会的统治者是大大小小的有宗族血缘关系的贵族,他们既垄断着政治统治权,又垄断着文化教育权,只有他们才有受教育的

权力,所以那时的"文人"仅为那些有一定文化知识教养并从事一定文学创作的王公贵族。春秋战国时,随着封建领主宗法制的衰弱,新兴地主阶级的兴起,文化教育的垄断被打破,社会涌现了一批没有宗族血缘关系又没有宗法特权却有一定文化知识教养的人——"士"阶层,一部分"士"便以自己的精神创作活跃在包括文学在内的意识形态领域。秦汉封建地主中央集权制的建立,废除了宗法制下的"世卿"、"世袭"制,建立了新的吏制,从而形成一个特殊的"官僚"政教体系与阶层,这个"官僚"阶层大部分来自中小地主阶级中有一定文化知识教养的人群,他们基本上以自己的文化知识来作为参与政治的资本,与以往以血缘为资本参与政治的贵族截然不同,他们中的一部分人在从政之余从事一些文学创作,我们就把他们称之为新型的"文人"。当然也有一些人间断性地从政或长期不能为宦,属于"在野"一派,有更多的时间与精力去从事文学创作,但其掌握文化知识的初衷,仍是为了从政,最终也是这种"官僚"的政教体系的产物。新型"文人"的出现,是封建地主制社会的独特社会现象,它伴随着中国封建地主制社会存在了二千多年,然而其产生并定型化却始于汉代,这是值得我们注意的一种社会现象。由他们创作的诗歌,为中国诗歌带来新气象,也是我们值得关注的一种文学现象。汉代文人诗,由于其创作者以新的独特的身份出现,必然在其作品中表现出新的独特的生活经历、生活感受、思想感情,与所反映的内容相适应的艺术形式必然也与民间歌诗有所不同。

其次,汉代文人诗歌标志着汉诗发展到一个新水平。诗歌以作者分类,最基本的可以分为二类:即民间诗歌与文人诗歌。民间诗歌指那些不署名的劳动人民创作的诗歌。在不公平的私有制社会里,劳动人民是"饥者"、"劳者",他们用诗来"歌其食"、"歌其事",丝毫没有考虑用诗歌来谋生或扬名,他们的诗歌不但无主名,而且往往又是互相传唱集体修饰、创作的成果。文人诗歌则有不少是署名的,即使那些无主名的文人诗,其创作者与"饥者"、"劳者"的劳动人民有一定区别。他们最多是仕途的失败者、情场的失恋者,他们用诗歌来倾诉自己的困顿落魄,由于他们具有一定的文化教养,他们的诗歌一般是定型的,用不着集体再去进行润色。从诗歌发展的趋向来看,随着社会文明程度的提高,诗歌的主体逐渐由民间诗歌转移为文人诗歌,汉乐府诗歌的发展就证明了这一点。西汉时期的乐府诗歌还是以乐府民歌为其特征的,《铙歌》在西汉乐府诗歌中的地位是很好的说明。而东汉的文人诗与乐府民歌比,则更能代表汉代诗歌的水平。

汉代文人诗主要指汉代文人五言诗。要说五言诗,其雏形在《诗经》中就可找到,刘勰《文心雕龙·明诗》中说:"五言见于周代,《行露》之章是也。"《召南·行露》中,五言句式就占据了一半,其诗曰:

> 厌浥行露,岂不夙夜?谓行多露。谁谓雀无角?何以穿我屋?谁谓
> 女无家?何以速我狱?虽速我狱,室家不足!谁谓鼠无牙?何以穿我墉?
> 谁谓女无家?何以速我讼?虽速我讼,亦不女从!

实际上,有五言句式的诗,在《诗经》中何止《行露》篇,《周颂》中的《清庙》、《维天之命》,《商颂》中的《玄鸟》、《长发》,《小雅·北山》、《大雅·绵》中都有五言句式。据杨公骥《商颂考》、公木与郭杰《周族史诗研究》考证,《商颂·玄鸟》、《大雅·绵》等诗,应产生于商代甚至更早,不可能为周诗,由此看来诗歌五言句式的开始使用还远于周代。而《左传》定公十四年记载的宋国乡人歌谣:"既定尔娄猪,盍归吾艾豭?"则是纯粹的五言句,尽管它只有二句,但是它是一首还算完整的五言诗,说明五言诗在我国的春秋时期民间已偶一为之。随着时间的推移,诗中五言句式逐渐增多。如《孟子·离娄》篇中记载的《孺子歌》,《国语·晋语二》中的《暇豫歌》,《楚辞》中的《渔夫歌》等,就具备了更多的五言诗的特点,到秦始皇时,有民歌曰:

> 生男慎勿举,生女哺用脯。不见长城下,尸骸相支柱。

这已经是成熟的五言诗了。从现存资料看,如果说五言诗的成型,应该从此诗开始算起,尽管它是一首民间歌谣。有人把西汉成帝时的歌谣《邪径败良田》、《长安为尹赏歌》,看作是五言诗的滥觞,无疑忽视了秦始皇时这首歌谣的存在。

成熟的五言诗,最早产生于民间,五言民间歌谣为文人五言诗的创作提供了创作模式与创作经验。但是对于汉代文人五言诗产生的问题,学术界一直

存在着争议。《古诗十九首》是汉代文人五言诗的典范之作,南朝陈徐陵在《玉台新咏》中,将《古诗十九首》中的《西北有高楼》等八首列于枚乘名下,意味着汉代文人五言诗至晚产生于枚乘之手。而南朝梁钟嵘在《诗品》中则把完成五言诗的定型归功于李陵、苏武。他说:"逮汉李陵,始著五言之目矣。"然而对此二说,有人持怀疑态度。唐李善在《文选注》中说:"五言,并云古诗,盖不知作者,或云枚乘,疑不能明也。"刘勰在《文心雕龙·明诗》中说:"至成帝品录,三百余篇,朝章国采,亦云周备。而辞人遗翰,莫见五言,所以李陵、班婕妤见疑于后代也。"颜延年在《庭诰》中也说:"逮李陵众作,总杂不类,元是假托,非尽陵制。"对枚乘、李陵等人作五言诗,上述诸位仅仅取存疑态度,并未下结论说枚乘、李陵等人所作五言诗系后人伪造。然而后来许多人将他们的怀疑认作结论,"李陵等人诗系伪作",竟然几乎成为近代以来学术界的一种定论。我们姑且不论枚乘、李陵。其实,早于他们就有文人五言诗的存在。据《史记·项羽本纪》的《正义》引《楚汉春秋》,中有虞姬的《和项王歌》:

> 汉兵已略地,四方楚歌声。大王意气尽,贱妾何乐生?

《正义》又引《括地志》云:"虞姬墓在濠州定远县东六十里。长老传云项羽美人冢也。"虞姬虽非是以才学供职的"士"或"官僚",但她属于有一定文化素养并以自己的才色事王的妃姬,根据我们对"文人"的理解,这首《和项王歌》应该属于文人五言诗。有人认为虞姬的《和项王歌》是在项羽穷途末路之时,独对项羽所唱的歌辞,除了项羽,谁听过谁记过? 纯为后人冒名所作。就依这一判断,那造伪的人也只能是《楚汉春秋》的作者。《楚汉春秋》的作者是陆贾,他曾以门客的身份随刘邦起事,是汉初有名的政论家,即使是他伪造了《和项王歌》,同样还是说明汉初就出现了文人五言诗。黄侃先生曾在《诗品讲疏》中以汉太初改历之前的节气历法为据,验证《古诗十九首》中的《明月皎夜光》、《凛凛岁云暮》,当为汉初或武帝太初改历前的作品,黄侃先生的考证是令人信服的,这是汉初就出现了文人五言诗的又一佐证。

　　还有一个例证就是班婕妤的《团扇歌》。班婕妤大约生于西汉元帝初元元年(前48),卒于西汉哀帝建平元年(前6),成帝时入宫,婕妤是其后妃的位名,她是东汉大史学家班固的姑姑,是西汉杰出的女文学家。据《玉台新咏》序载,班婕妤因成帝宠爱赵飞燕姐妹而受到冷落,自请到长信宫供奉太后,乃作怨诗一首以自伤,此诗就是《团扇歌》:

> 新裂齐纨素,鲜洁如霜雪。裁为合欢扇,团团似明月。出入君怀袖,
> 动摇微风发。常恐秋节至,凉飙夺炎热。弃捐箧笥中,恩情中道绝。

有人怀疑此诗为后人托名班婕妤所作,也即非西汉时的作品。萧涤非先生在其《汉魏六朝乐府文学史》中认为此诗确为班婕妤所作,理由是:第一,以时代论,有产生此种作品的可能。第二,文如其人,诗中所言,非如班婕妤此类的人不能道。第三,有历史根据。曹植有《班婕妤赞》,其中云"有德有言,实为班婕。"①傅玄《班婕妤画赞》也说:"斌斌婕妤,履正修文。"陆机有《婕妤怨》,其中云:"寄情在玉阶,托意惟纨扇。"都可证《团扇歌》为班婕妤所作,而疑非班婕妤所作者,却缺乏确证。

我们现在能见到的西汉文人五言诗确实太少了,但并不能以此说明西汉文人五言诗的创作实际。《古诗十九首》最早为南朝梁萧统编的《文选》所辑,由于不能确定其作者,所以标为"古诗",类似这种"古诗",在梁代时还尚存59首,萧统只选其一部分辑录于《文选》,至于汉代文人五言诗在梁代之前的几次社会动乱中毁灭、失传了多少,现在只能作推想了,很可能有西汉的文人五言诗在其中。

在汉之前,已有许多以五言为主体的歌谣,甚至还出现了纯粹的五言歌谣,这是谁也难以否定的事实。西汉时,五言歌谣与五言乐府民歌逐渐增多,文人受这种世风的影响,也以五言的形式创作诗歌是自然而然的事情,如果不是这样,才违背文学创作规律,使人不可理解呢! 所以对李陵、苏武、枚乘、班婕妤的五言诗要持谨慎态度,不可在没有充分证据的前提下,就轻易地加以否定。

许多人认为文人五言诗是在东汉产生的,理由是文人五言诗的诗体演化

---

① 参见萧涤非:《汉魏六朝乐府文学史》,人民文学出版社1984年版,第15—24页。

要有一个过程,班固"质木无文"的《咏史诗》应是汉代文人五言诗的开始,在此之前,是不可能有成熟的文人五言诗的。① 要探讨这一问题,还须看一下班固的《咏史诗》:

> 三王德弥薄,惟后用肉刑。太仓令有罪,就逮长安城。自恨身无子,困急独茕茕。小女痛父言,死者不可生。上书诣阙下,思古歌《鸡鸣》。忧心摧折裂,晨风扬激声。圣汉孝文帝,恻然感至情。百男何愦愦,不如一缇萦。

这首五言诗以述缇萦救父的史实,歌颂小女子缇萦的孝行,揭露狱吏的残暴,语言质朴平实,似有感慨与寄托。钟嵘在《诗品》中评此诗为"质木无文",这只能代表钟嵘个人对《咏史诗》的看法,并不能引出汉代文人五言诗是从班固《咏史诗》为开端的结论,也不能证明班固写《咏史诗》时,标志着汉代文人五言诗才处于"质木无文"的初始阶段。

实际上,用"质木无文"来概括《咏史诗》的特征不免以偏概全,就是《咏史诗》"质木无文",那也是钟嵘与《古诗十九首》这样的抒情诗相比较而言的。中国的诗歌早已形成了抒情的传统,创造了许多卓有成效的抒情的艺术手法。相比较,中国的叙事诗成熟的较晚,以比较单一的叙述手法所写的叙事诗,在艺术性上确实与抒情诗有一定差距,《咏史诗》缺少文采,在很大程度上与所采取的叙事诗体有关。即使如此,班固的《咏史诗》还是借鉴、吸取了以往民间的五言歌谣、文人五言诗的创作手法与经验。五言诗的发展到班固的《咏史诗》时,已经经历了至少二百多年的时间,至于文人五言诗的发展到班固写《咏史诗》时,经历的时间也相当长了。班固的《咏史诗》不是汉代文人五言诗的开端,但它却是一首比较早的文人叙事五言诗,用五言诗的形式来表现一段

---

① 关于汉代文人五言诗的产生,学术界有多种说法,最有影响的是始于东汉班固说。陆侃如《乐府的影响》、罗根泽《乐府文学史》都持这一观点。此观点影响到建国后几部著名的文学史,都认为班固的《咏史》诗是现存最早的文人五言诗。如游国恩等主编的《中国文学史》(人民文学出版社1963年版)第209页中说:"现存有主名的东汉文人五言诗,数量虽然不多,但大体上可以看出文人五言诗的形成和发展过程。从文献记载看,东汉时代的早期作家班固写的一首《咏史》诗,……虽'有感叹之辞',但'质木无文',缺乏形象性。说明文人初学五言新体诗,机巧还很不成熟。"

完整的史实,体现了班固在诗歌上的一种创新,对后来如《陌上桑》、《羽林郎》、《董娇饶》、《孔雀东南飞》这样高度成熟的或五言乐府民歌或文人五言诗,都有重要的影响,由此看来,民间歌谣和文人诗歌是互相渗透、互相影响、互相促进的。

从现有资料看,汉代的文人五言诗主要有:《古诗十九首》(《行行重行行》等)、古诗九首(《步出城东门》等)、李陵录别诗二十一首(《良时不再至》等)。《古诗十九首》尽管存在着具体作者、具体创作时间上的争议,但全属于汉代文人所作这一点却是历来公认的。对李陵录别诗和古诗九首的认识歧义较多,主要集中在真与伪和乐府民歌与文人诗作的分辨上。此外,东汉张衡的《同声歌》、郦炎的《见志诗》、秦嘉的《赠妇诗》、赵壹的《刺世嫉邪诗》、蔡邕的《翠鸟》等,既为署名之作,又有充分的实证,是不容怀疑的文人五言诗。辛延年的《羽林郎》、宋子侯的《董娇饶》等,也可归入乐府诗,同时也可视作文人五言诗。

赵敏俐先生参考李炳海《〈古诗十九首〉写作年代考》(载《东北师大学报》1987 年第 1 期)、张茹倩、张启成《〈古诗十九首〉创作时代新探》(载《贵州民族学院学报》1990 年第 4 期)二文,经过自己的周密考辨,在其《汉代诗歌史论》中得出这样一个结论:"文人五言诗在西汉已经开始创作,并且产生了个别优秀的作品,至东汉初年以后,文人五言诗已经达到成熟并且出现了创作腾涌的局面。代表汉代文人五言诗最高艺术成就的《古诗十九首》,有个别诗篇可能出自西汉,个别诗篇可能产生在东汉末年,其中大部分诗篇则是东汉初年到东汉中期以前的产物。"①总之,文人五言诗产生于西汉,它的兴盛、发展在东汉时期。现存的汉代文人五言诗主要为东汉时期的作品,代表文人五言诗最高成就的作品也多集中于东汉。

文人五言诗与汉赋相比,在形式上,由于五言诗体式短小,所以重于"抒情"而不重于"体物"。在内容上,由于文人五言诗主体部分产生于东汉时期,与汉赋特别是武帝、宣帝汉盛世的赋作相比,更有着迥然不同的特点。汉代文

---

① 赵敏俐:《汉代诗歌史论》,吉林教育出版社 1995 年版,第 244 – 245 页。

人五言诗已不像汉赋那样把都城、宫宇、田苑和统治者穷奢极欲的生活作为主要描写对象,而主要是以抒发文人的内心世界和情感为特征。

汉代文人主要是由出身于中下层地主阶级的知识分子所组成,他们背井离乡,游学求仕,汲汲追求于功名利禄,渴望跻身于上流社会。其结果,多数人不是科试无名,就是官场失落。对理想失望的悲叹,对人生短促的伤感,更感人生险恶,仕途坎坷。孤寂无援,怀才不遇,成为他们诗歌的主旋律,充满苦闷彷徨、消极低沉的情绪,汉大赋中那种豪迈奋发的民族自豪情感已荡然无存。如《古诗十九首》中的《明月皎夜光》:

> 明月皎夜光,促织鸣东壁。玉衡指孟冬,众星何历历。白露沾野草,时节忽复易。秋蝉鸣树间,玄鸟逝安适? 昔我同门友,高举振六翮。不念携手好,弃我如遗迹。南箕北有斗,牵牛不负轭。良无盘石固,虚名复何益?

夜深人静之时,诗人耳闻促织悲鸣,眼望满天星斗,萧瑟的秋景勾起他孤苦索寞的心情,想到自己被飞黄腾达的"同门友"欺骗、抛弃的经过,心中顿生无限世态炎凉之感,此诗即为诗人失意之慨。清方廷珪在《文选集成》中说:"此刺富贵之士,忘贫贱旧交而作。"类似这种描写世态炎凉、困顿落魄的文人诗,还有《古诗十九首》中的《今日良宴会》、《青青陵上柏》,古诗中的《桔柚垂华实》,郦炎的《见志诗》等。

描写夫妻、亲友之间离别相思之苦,表达对温馨家庭的眷念,对爱情、亲情、友情的珍惜之情,是汉代文人五言诗的重要内容,如秦嘉有《赠妇诗》三首,今只录其一:

> 人生譬朝露,居世多屯蹇。忧艰常早至,欢会常苦晚。念当奉时役,去尔日遥远。遣车迎子还,空往复空返。省书情凄怆,临食不能饭。独坐空房中,谁与相劝勉? 长夜不能眠,伏枕独展转。忧来如循环,匪席不可卷。

秦嘉字士会,初为东汉桓帝时陇西郡(今甘肃临洮南)的掾史,后为郡上计吏,当入京洛阳呈送计簿,其妻徐淑有病在娘家治养,仓促不能与妻面别,因而写下三首《赠妇诗》以表眷念之情。秦嘉入京后,留京任黄门郎,秦、徐夫妇二人互寄诗书,聊慰相思之苦,现存徐淑的《答秦嘉诗》,也为五言诗。钟嵘《诗品》卷中评价秦、徐二人赠答诗曰:"夫妻事既可伤,文亦凄怨。为五言者,不过数家,而妇人居二,徐淑叙别之作,亚于《团扇》矣。"虽把徐淑的《答秦嘉诗》列于班婕妤的《团扇》之后,也是给予了极高的赞誉。类似这种描写羁旅怀亲、两地相思、孤苦独处、生离死别的文人诗,还有《古诗十九首》中的《行行重行行》、《青青河畔草》、《西北有高楼》、《迢迢牵牛星》、《涉江采芙蓉》、《冉冉孤生竹》、《庭中有奇树》、《凛凛岁云暮》、《孟冬寒气至》、《客从远方来》、《明月何皎皎》,古诗中的《兰若生春阳》、《穆穆清风至》、《新树兰蕙葩》、《悲与亲友别》,李陵录别诗中的《有鸟西南飞》、《晨风鸣北林》、《结发为夫妻》、《黄鹄一远别》、《良时不再至》、《携手上河梁》、《嘉会难再至》、《骨肉缘枝叶》、《陟彼南山隅》、《双凫俱北飞》,等等。

见日月如梭,叹寿命短促,感人生无常,或不甘虚度年华,早取荣禄,或萌生及时行乐之想,尽情享受人生,这也是汉代文人五言诗的一个重要内容。如《回车驾言迈》:

> 回车驾言迈,悠悠涉长道。四顾何茫茫,东风摇百草。所遇无故物,焉得不速老? 盛衰各有时,立身苦不早。人生非金石,岂能长寿考? 奄忽随物化,荣名以为宝。

回车远行,路途遥远,旷野百草萋萋,遂感旧貌已换新颜,草木如此,人何能不随岁月而匆匆向老? 草木犹能秋枯春生,人之青春却一去不复返,人生苦短,何不抓紧时机立身显荣? 人之寿命非金石永固,迟早要归于尘土,还是尽量留点美名让人们有所怀念吧! 吴淇在《选诗定论》中评说道:"宋玉悲秋,秋固悲也,此诗反将一片艳阳天气,写得衰飒如秋,其力真堪与造物争衡,焉得不移人之情?"借春景而道人生感悟,景、情、理相融合,极具哲理意味。类似这种感光阴易逝,人生易老,从而抒发生命意识或世俗追求的文人诗,还有《古诗十九首》中的《东城高且长》、《驱车上东门》、《生年不满百》、《去者日以疏》等,古诗、李陵录别诗、宋子侯《董娇饶》、秦嘉《赠妇诗》中也有反映类似情怀的诗句。

　　文人五言诗中还有一些诗反映了社会的黑暗,诸如吏制腐败,任人唯亲,贤能受压,奸佞横行,等等。这类诗虽然所占比重不大,但具有强烈的现实批判性。如赵壹的《刺世嫉邪赋·秦客诗、鲁生歌》:

　　　　河清不可俟,人命不可延。顺风激靡草,富贵者称贤。文籍虽满腹,不如一囊钱。伊优北堂上,抗脏倚门边。

　　　　势家多所宜,咳唾自成珠。被褐怀金玉,兰蕙化为刍。贤者虽独悟,所困在群愚。且各守尔分,勿复空驰驱。哀哉复哀哉,此是命矣夫!

此二诗附于《刺世嫉邪赋》末,假托"秦客"为诗,"鲁生"作歌,体现了赵壹对黑暗专制社会的深刻认识与深刻的批判,作者对所处的社会已经不抱任何幻想,因为种种腐败现象使他完全绝望。诸如世风败坏,贤愚不分;知识无用,阿谀逢迎得势;有权势即有理,人才被随意糟蹋。作者虽把一切归之于命,实际是对现实社会的彻底否定,诗情之激愤与其赋文是一致的。还有一些文人五言诗,借个人的不遇或穷困,揭露社会种种黑暗现象与不合理的制度,倾诉在不公平社会中引起的种种悲伤痛苦,对丑恶世态虚伪人情表示了种种不满,如《古诗十九首》中的《明月皎夜光》,古诗中的《上山采蘼芜》、《十五从军征》,李陵录别诗中的《烁烁三星列》、《钟子歌南音》、《童童孤生柳》、《岩岩钟山首》、《远送新行客》,郦炎的《见志诗》,辛延年的《羽林郎》等。

　　正当文人五言诗在东汉中期已达相当成熟时,文人的七言诗也随之产生了。传统的说法是:中国七言诗体的正式形成,始于曹丕的《燕歌行》,如刘大杰在《中国文学发展史》、萧涤非在《汉魏六朝乐府文学史》中主张的那样。他们虽强调了《燕歌行》为"完整的七言体"或"纯粹之七言诗体",但什么是"完整"与"纯粹"的呢?并没有给出一个公认的标准。我认为"七言体"就是每句七个字的诗,这个标准西汉时的司马相如《琴歌》二首已经达到:

　　　　凤兮凤兮归故乡,遨游四海求其皇。时未遇兮无所将,何悟今兮升斯堂!有艳淑女在闺房,室迩人遐毒我肠。何缘交颈为鸳鸯,胡颉颃兮共翱翔。

皇兮皇兮从我栖,得托孳尾永为妃。交情通意心和谐,中夜相从知者谁? 双翼俱起翻高飞,无感我思使余悲。

但此《琴歌》不载于《史记》、《汉书》,始见于《玉台新咏》,故有人疑为后人假托司马相如之作。即便存疑,然东汉张衡的《四愁诗》已为“纯粹之七言诗体”,其诗四首,格式一致,今录其二首如下:

我所思兮在太山,欲往从之梁父艰。侧身东望涕沾翰。美人赠我金错刀,何以报之英琼瑶。路远莫致倚逍遥,何为怀忧心烦劳。

我所思兮在桂林,欲往从之湘水深,侧身南望涕沾襟。美人赠我金琅玕,何以报之双玉盘。路远莫致倚惆怅,何为怀忧心烦伤。

张衡心怀治国平天下的大志,欲以自己的才干报效国家,然而正值皇帝昏庸,阉宦弄权,伟大抱负难以实现,于是他仿效《诗经》民歌体与屈原《离骚》体写此《四愁诗》,以美人喻理想,抒发自己抑郁不得志的情怀。全诗四章,每章七句,为完整的七言诗。但与以后成熟的文人七言诗仍有区别,这还不仅因为每首的句数为单数而非偶数,还因为它仍保留着《诗经》民歌体重叠式章法及楚辞体的一些特征,每章第一句都有一个“兮”字。尽管如此,有人认为它还是首创的文人七言诗。许学夷在《诗源辨体》卷二中说:“张衡乐府七言《四愁诗》兼风、骚,而其体浑沦,其语隐约,有天成之妙,当为七言之祖,下流至曹子桓《燕歌行》。”

杂有七言句式的诗在《诗经》中就可寻到,如《大雅·召旻》就有“维昔之富不如时,维今之疚不如兹”的七言句。《楚辞》中就更多了,如下引《离骚》中一节竟全为七言:“民好恶其不同兮,惟此党人其独异。户服艾以盈要兮,谓幽兰其不可佩。”《吴越春秋·勾践伐吴外传第十》所载春秋时越人的《河梁歌》:“渡河梁兮渡河梁,举兵所伐攻秦王。孟冬十月多雪霜,隆寒道路诚难当。阵兵未济秦师降,诸侯怖惧皆恐惶。声传海内威远邦,称霸穆桓齐楚庄。天下安宁寿考长。悲去归兮何无梁。”整篇七言。此外,宁戚的《饭牛歌》、项羽的《垓下歌》、刘邦的《大风歌》,汉武帝刘彻的《秋风辞》等,这些有主名的诗歌,也可为七言诗的滥觞。”“七言”在汉代已指七言诗了。《汉书·东方朔传》:"朔之文辞,此二篇最善。其余有《封泰山》……八言、七言上下,《从公孙弘借车》,凡向所录朔书具是矣。"颜师古注引晋灼曰:"八言、七言诗,各有上下篇。"《艺文类聚》卷五六称:"汉孝武皇帝元封三年,作柏梁台,诏群臣二千石,有能为七言者,乃得上坐。"其诗武帝赋首句:"日月星辰和四时",以下每人一句,如梁孝王刘武赋:"骖驾驷马从梁来",大司马赋:"郡国士马羽林材",丞相石庆赋:"总领天下诚难治"。诸如此类,共联二十六句,名为《柏梁诗》,后人称为"柏梁体",故宋严羽《沧浪诗话·诗体》载曰:"七言起于汉武柏梁。"但顾炎武以《史记》、《汉书》记载为据,称《柏梁诗》的年代与官名多与此二书相乖舛,在《日知录》卷二一中认为《柏梁诗》为后人拟作,现代学者亦多持此说。近人丁福保、陈直、逯钦立、余冠英等人皆以为其诗不伪,今人王晖有《柏梁台诗真伪考辨》一文,认为"从柏梁台诗的用韵字、诗句排序看,柏梁台诗可以肯定是西汉时代的作品;从柏梁台诗诗句所附的官职、作者及诗句内容等情况来看,柏梁台诗就是汉武帝时代所作,绝非伪作。柏梁台诗不仅是我国最早同时也是很完整的一首七言古诗,而且也是联句诗体的鼻祖。"①费振刚先生撰词条《柏梁体》,其中说道:"《艺文类聚》于《柏梁诗》后,录宋孝武帝《华林都亭曲水联效柏梁体》、梁武帝《清暑殿联句柏梁体》、梁元帝《宴清言殿作柏梁体》三首,均为各诗的作者倡首句,以下则是其臣下接续,虽长短不同,而其体式全同《柏梁诗》,再参照南朝梁刘勰《文心雕龙·明诗》'孝武爱文,柏梁列韵'的议论,可见南北朝时人不仅确认《柏梁诗》为汉武帝时所作,而且竞相仿效。后人遂称此种诗体为柏梁体。清赵翼《陔馀丛考·柏梁体》:'汉武宴柏梁台赋诗,人各一句,句皆用韵,后人遂以每句用韵者为柏梁体。然《柏梁》以前如汉高《大风歌》、荆卿《易水歌》……可见此体已久有之,不自《柏梁》始也。但联句之每句用韵者,乃为柏梁体也。'"②柏梁体就是每句押韵的七言古诗。李善《文选注》中保存有刘向的残诗六句:"揭来归耕永自疏。结构野草起室庐。宴处从容观诗书。博学多识与凡殊。时将昏暮白日午。山鸟

① 王晖:《柏梁台诗真伪考辨》,《文学遗产》(京)2006 年第 1 期。
② 傅璇琮、许逸民、王学泰、董乃斌、吴小林主编:《中国诗学大辞典》,浙江教育出版社 1999 年版,第 675 页。

群鸣动我怀。"前面五句同韵,句句押韵,应属仿柏梁体而作,后一句则可能出于另一篇中的残句。说明在西汉时,七言的柏梁体诗就很流行。

还有出土或流传于今的汉代铜镜的铭文,大部分是以诗的形式出现,铜镜铭文有五言、六言、七言等体,值得注意的是七言诗式的铭文,有的已不带"兮"字,如山东邹城北郊铁山公园汉墓出土的二件新莽时期的四神规矩纹镜,其一镜的铭文是:"尚方治镜佳且好,苍龙白虎辟除道,上有仙人不知老,渴饮玉泉饥食枣,寿如金石之国保。"另一镜的铭文是:"作佳镜哉真大好,上有仙人不知老,渴饮玉泉饥食枣,浮游天下敖四海。"①二镜中有重复、相似的诗句,说明在制镜行业流传着许多可供铜镜铭文使用的七言诗,制镜艺人在使用这些流传的七言诗时,还加进了自己的修饰与再创作。再如广西钟山县公安镇里太村出土的东汉李氏镜铭文为:"李氏作镜四夷服,多贺国家人民息。胡虏殄灭天下复,风雨时节五谷熟。长保二亲得天力,传告后世乐无极。大吉。"青盖镜铭文是:"青盖作镜真大好,上有仙人不知老。汤饮玉帛饥食枣,浮游名山采芝草,长保二亲国之保。"②两汉之际山东邹城出土的铜镜铭文与东汉广西钟山出土的铜镜铭文,也有相同、相似的诗句,进一步证实我们上面的推断:制镜艺人间流传着适于作铭文的七言诗。李氏镜铭文,在七言诗后,又多二字:"大吉",那可能是镜面还有二个字的空,需要用"大吉"来填满,并不影响前面七言诗的完整结构。上举铜镜铭文,语言朴实,极似民歌,由此也可推想到汉代民歌中七言体的发展状态。"汉代金文中文学意味比较浓厚的是铜镜铭文。汉初的某些'淮式镜'镜铭,常有'脩相思,毋相忘'之语。③ 有趣的是,有一些西汉七言镜铭往往说'七言之纪从镜始',这对研究'七言诗'

---

① 参见胡新立:《山东邹城古代铜镜选粹》,《文物》1988 年第 2 期。

② 参见《钟山县出土东汉、唐、宋铜镜》,《文物》1988 年第 7 期。

③ "脩相思"即"长相思"。不作"长相思",是为了避淮南王刘长的讳。参见高去寻《评〈汉以前的古镜之研究〉并论"淮式"之时代问题》,载《六同别录》中,中央研究院历史语言研究所 1945 年版。其实此点王献唐早在 1939 年就已指出,惜其说直至所著载于《那罗延室稽古文字》出版后方为人知。参见王献唐《汉脩毋相忘镜考记》,《那罗延室稽古文字》,齐鲁书社 1985 年版。(引文原注)

的起源有一定帮助。"①事实证明,从西汉开始就有了七言诗。东汉张衡能创制文人诗七言体格,绝非偶然、凭空而作,不仅有《诗经》、《楚辞》七言句式的启发,更重要的是受民间七言歌谣、柏梁体诗、铜镜七言铭文的影响②,文人七言句式的诗歌是由多方面影响而发展的必然结果。

文人七言诗的重大发展或繁荣兴旺,在汉末的建安时期与魏初。曹丕的《燕歌行》二首,标志着文人七言诗已经成熟,今仅录第一首如下:

> 秋风萧瑟天气凉,草木摇落露为霜。群燕辞归雁南翔,念君客游思断肠。慊慊思归恋故乡,君何淹留寄他方?贱妾茕茕守空房,忧来思君不敢忘,不觉泪下沾衣裳。援琴鸣弦发清商,短歌微吟不能长。明月皎皎照我床,星汉西流夜未央。牵牛织女遥相望,尔独何辜限河梁?

这首诗用乐府旧题,可属乐府诗,句数也为奇数,但它已经完全摆脱了诗、骚体的束缚,给人以耳目一新的感觉。诗中情景交融,格调凄婉动人,是一首成熟的文人七言诗,与张衡的《四愁诗》一样,在中国文学史上有重要的地位。如果说班婕妤的《团扇歌》是一首自悼的五言闺怨诗,那么曹丕的《燕歌行》则是中国文学史上第一首代女性抒情的七言闺怨诗,曹丕的《燕歌行》对于后世闺怨诗与代言体叙事诗的发展肯定有重大的影响。可以这么说,如果没有汉代文人七言诗的产生与发展,就不会有六朝以来七言诗的繁荣,唐人也不会把七言诗推向极致。

建安时期是一个"五言腾踊"的时代,不论在内容上还是在形式上都有重大的发展,标志着五言诗正式登上了文坛的显赫地位,成为中国古代诗歌的一种主要体式。此前的文人五言诗多为抒发个人的精神苦闷与世俗追求,虽委

---

① 赵敏俐、谭家健主编:《中国古代文学通论》(先秦两汉卷),辽宁人民出版社 2005 年版,第 408 页。

② 关于汉代铜镜铭文可证七言诗在汉代已产生,可参见胡淑芳《汉代铜镜铭文中的七言诗》一文(《湖北大学学报》2005 年第 3 期),文章以为汉代铜镜铭文中存在着不少七言诗,不少诗歌句句押韵,其结构形式已相对固定,由此可以初步判定东汉以前七言诗已基本形成。还可参见陈直《汉镜铭文学上潜在的遗产》(《文史哲》1957 年第 4 期)和陈直《文物考古论丛》,天津古籍出版社 1988 年版,第 92 – 98 页。

婉蕴藉,纯朴清丽,但格调低沉,感伤颓唐。而建安文人五言诗或反映社会的动乱和民众的苦难,或抒发作者统一天下的政治理想和建功立业的进取精神,都表现出慷慨激昂、刚健清新的特征。在艺术上,建安文人五言诗多袭用乐府旧题,继承了乐府民歌的现实主义表现手法,但比质实朴素的乐府民歌更讲究词采的绮丽,描写的题材更加扩大,形式更加自由,有的作品已不入乐。以五言诗为主的建安文人诗展现出一种崭新的风貌,有人称这种诗歌体式为“建安体”,称这种慷慨清新的风格为“建安风骨”,代表作家为“三曹”、“建安七子”和蔡琰。

“三曹”是曹操、曹丕、曹植父子三人的合称。曹操(155－220)字孟德,小名阿瞒,沛国谯县(今安徽亳州)人,建安十三年(208)为汉丞相,死后被曹丕追尊为魏武帝。曹丕(187－226),字子桓,曹操次子,曹操死袭位为魏王,不久代汉称帝,为魏文帝。曹植(192－232)字子建,曹操第三子,封陈王,谥思,世称陈思王。“三曹”在建安动乱的年代,凭借显赫的政治地位与杰出的文学才能,自然取得建安文坛领袖的地位。刘勰在《文心雕龙·时序》中说:“自献帝播迁,文学蓬转,建安之末,区宇方辑。魏武以相王之尊,雅爱诗章;文帝以副君之重,妙善辞赋;陈思以公子之尊,下笔琳琅。并体貌英逸,故俊才云蒸。”“三曹”的诗歌各有特色,陈祚明《采菽堂古诗选》说:“子建既擅凌厉之才,兼饶藻组之学,故风雅独绝。不甚法孟德之健笔,而穷态极变,魄力厚于子桓。要之,三曹固各成绝技,使后人攀仰莫及。”“三曹”之中,曹植的文学成就最高。曹植在诗歌、辞赋、散文方面都有建树,尤其长于五言诗,其《吁嗟篇》、《箜篌引》、《野田黄雀行》、《名都篇》、《白马篇》、《赠徐幹》等诗,抒写抱负不能施展的苦闷,表达对自由的渴望,揭露统治者为了权势而骨肉相残的险恶,感情真切,寓意深刻,注重艺术锤炼,词藻华美,开始有意讲究对偶。格调高雅,善用警句振起全篇,豪迈沉郁,刚有其父的雄浑老劲,柔有其兄的清丽婉约,刚柔相济,情辞并茂,真可谓集东汉文人五言诗之大成。钟嵘在《诗品》中把曹植的诗列为上品,并说他的诗“其源出于《国风》,骨气奇高,词采华茂,情兼雅怨,体备文质,粲溢今古,卓尔不群。”(《诗品·上卷·魏陈思王植》)给予曹植的诗以很高的评价。

曹丕、曹植虽为跨汉、魏二朝的人,但其文学创作主要集中于汉末建安时期,而曹操则完全属于汉人,在文学上,是形成建安一代诗风的先驱者。曹操的诗歌都属拟乐府诗,五言如《薤露行》、《蒿里行》、《苦寒行》、《却东西门行》等,反映社会离乱与人民的苦难,抒发自己救世济民的政治怀抱,气魄雄伟,慷慨悲凉,如《蒿里行》:

> 关东有义士,兴兵讨群凶。初期会孟津,乃心在咸阳。军合力不齐,踌躇而雁行。势利使人争,嗣还自相戕。淮南弟称号,刻玺于北方。铠甲生虮虱,万姓以死亡。白骨露于野,千里无鸡鸣。生民百遗一,念之断人肠。

此诗写汉末军阀之间因争权夺利而互相混战,兵连祸结使民不聊生、尸骨遍野,面对满目疮痍的凄惨景象,作者悲痛得肝肠欲断,于是直抒胸臆,发出了感时悯世的浩叹。全诗率真通脱,感情愤激悲怆,格调沉郁顿挫,气势豪壮高亢,代表了那个时代诗歌的鲜明特点。曹操取其乐府旧体式,推陈出新,一变而成文人五言诗,是汉代诗歌的一大变化,其在艺术上的一系列大胆探索,也促进了五言诗的更加成熟。另外,曹操在四言体衰落的情势下,仍能以旧形式写反映新时代生活的内容,如脍炙人口的《短歌行》、《步出夏门行》等,使古老的四言体又焕发出新的生命力。

"建安七子"指孔融、陈琳、王粲、徐幹、阮瑀、应场、刘桢,七位建安时期文坛上的重要作家。他们都生活于建安时代,亲眼目睹汉末的社会动乱,有的还有过困苦流离的生活经历,在他们的诗中不同程度地反映了动乱社会的现实,表达了自己渴求统一并能建功立业的心志。艺术上刚健清新,梗概多气,与"三曹"有共同的特点。"建安七子"中文学成就最高的是王粲。王粲(177—217)字仲宣,其诗境界阔大,感情真挚,多有悲凉愀怆之语。有《七哀诗》三首,今录其第一首如下:

> 西京乱无象,豺虎方遘患。复弃中国去,委身适荆蛮。亲戚对我悲,朋友相追攀。出门无所见,白骨蔽平原。路有饥妇人,抱子弃草间。顾闻号泣声,挥涕独不还。"未知身死处,何能两相完?"驱马弃之去,不忍听

此言。南登霸陵岸,回首望长安。悟彼《下泉》人,喟然伤心肝。

这首诗约作于献帝初平三年(192),时作者为避战乱离长安赴荆州,途中见到种种悲惨景象,尤其是饥妇遗弃亲生子的场面更让他惨不忍睹,他以极其沉痛哀伤的心情,写下了这些令人揪心落泪的真实情景,并抒写了自己悲痛欲绝的哀愁,是建安文人诗歌中感时伤乱的名作。刘勰《文心雕龙·才略》篇评价说:"仲宣溢才,捷而能密,文多兼善,辞少瑕累,摘其诗赋,则七子之冠冕乎!"方东树在《昭昧詹言》卷二中也说王粲诗赋"苍凉悲慨,才力豪健,陈思而下,一人而已。"以王粲为代表的"建安七子",他们的诗歌创作,哀伤世乱民苦,抒写自己壮志未酬的苦闷,发扬光大了曹操乐府诗那种伤时悯人的慷慨悲凉的风格,又以众人多样的艺术探索,使"建安风骨"这一时代文学特征更加丰富、充实。

"三曹"以其卓越的文学才能与特殊的政治地位成为建安文学的领袖,"建安七子"以共同的创作倾向组成建安时期极具影响力的文学团体,而这个团体又集合在领袖的旗帜之下,共同领导了时代文学的潮流,这种现象不仅在中国文学史上是罕见的,就是在世界文学史上也是罕见的。

汉代叙事内容丰富、艺术技巧成熟、成就高的叙事诗,都属五言诗,而且都产生于建安时期,其代表作就是无名氏的《孔雀东南飞》(又称《古诗为焦仲卿妻作》)和蔡琰的《悲愤诗》,《孔雀东南飞》前节已提及,而蔡琰的《悲愤诗》不仅代表了汉代叙事诗的最高水平,而且是我国诗史上文人创作的第一首自传体的五言长篇叙事诗,在中国诗歌发展史上也有重要的地位。

《悲愤诗》的作者蔡琰(177 - ?)字文姬,(一作昭姬),陈留圉(今河南杞县南)人,是东汉著名文学家、音乐家蔡邕的女儿。蔡琰博学多才,尤在文学与音乐方面造诣最深,可惜生于乱世,不得施展其才华。她从小随同父亲流亡,父亡前夕不满十六岁便嫁于人,不久因夫亡无子而还娘家。献帝兴平(194 - 195)间为乱军所虏,后流落南匈奴成为南匈奴左贤王妻,居匈奴十二年,生二子。蔡琰父亲蔡邕曾是曹操的朋友,曹操念蔡邕无后,于建安十三年(208)以金璧将她赎回,归汉后再嫁于屯田都尉董祀。

《后汉书·董祀妻传》说蔡琰"感伤乱离,追怀悲愤,作诗二章"。今存《悲愤诗》二首,一为五言体,一为骚体,此外,还有一首琴曲歌辞《胡笳十八拍》。五言体《悲愤诗》确为蔡琰所作,骚体《悲愤诗》与《胡笳十八拍》有人疑为他人伪托而作。五言体《悲愤诗》共 108 句,540 个字,真实而生动地叙述了作者被掳掠至赎回的全过程,时间跨度十几年。其间有对东汉末军阀混战、匈奴侵扰、社会大浩劫、人民遭涂炭的描写,是汉末社会动乱与广大人民罹难的真实记录。有对自己身陷异域怀国之思的抒写,以及对喜闻归讯与难离难舍亲子的矛盾心理的刻画,还有对归国后自感鄙贱常患被人抛弃的描述,这位饱经忧患的封建女性,心中存有一种永远抹不去的精神创伤与痛苦。《悲愤诗》是作者苦难经历的真实再现,字字以作者的血泪写就,句句是一位深受迫害者对悲剧制造者的声讨与控诉,她的悲愤具有社会普遍的典型意义,因此《悲愤诗》具有史诗的性质。

此诗剪裁得当,高度概括史实,又选用典型的事例,以逼真的细节,反映那个怵目惊心的苦难、动荡的岁月,如第一大段:

> 汉季失权柄,董卓乱天常。志欲图篡弑,先害诸贤良。逼迫迁旧邦,拥主以自强。海内兴义师,欲共讨不祥。卓众来东下,金甲耀日光。平土人脆弱,来兵皆胡羌。猎野围城邑,所向悉破亡。斩截无孑遗,尸骸相撑拒。马边悬男头,马后载妇女。长驱西入关,迥路险且阻。还顾邈冥冥,肝脾为烂腐。所略有万计,不得令屯聚。或有骨肉俱,欲言不敢语。失意几微间,辄言"毙降虏!要当以亭刃,我曹不活汝!"岂复惜性命,不堪其詈骂。或便加棰杖,毒痛参并下。旦则号泣行,夜则悲吟坐,欲死不能得,欲生无一可。彼苍者何辜?乃遭此厄祸!

诗中所描写的乱军野蛮屠杀与疯狂掠夺的场面,人民蒙难的惨绝人寰的惨象,生动地概括了董卓之乱后中国大地动乱的情况,其真实性均有史实记载可证,非亲身经历动乱苦难的是道不出如此切肤之痛的悲愤来。吴闿生在《古今诗苑》中说:"吾以谓(《悲愤诗》)绝非伪者,因其为文姬肺腑中言,非他人所能代也。"沈德潜在《古诗源》卷三中也说《悲愤诗》感人"由情真,亦由情深也。"此诗虽为叙事,但以感情真挚见长,以下二大段尤为明显,不论写母子骨肉分离的悲痛,还是写归国后见家乡破落的感伤,都沉痛酸楚。强烈的抒情性是《悲愤诗》的显著特点,不仅抒发了作者悲愤难抑的感情,也使所叙史实蕴有深广的涵义,使这首史诗更具悲剧色彩。蔡琰吸收了汉乐府民歌叙事诗的叙事技法,又揉进了文人抒情诗的特点,使《悲愤诗》在建安文人诗中独树一帜,为东汉文人叙事诗之冠。

建安文人诗是在大一统体制全面崩溃、国家与民族处于二十多年的动乱劫难中产生的,与汉帝国社会的衰亡败落惨景恰相反,建安文人诗在社会混乱动荡之中呈现出一派繁荣的景象。建安文人诗彻底摆脱了铺采摛文、劝百讽一的汉大赋传统,也不再像东汉前、中期文人诗注重抒发文人的世俗情怀和张扬文人的个体生命意识,而是将自己的创作视域置于充满腥风血雨的现实社会之中。他们的诗歌题材多样,有咏怀诗、伤时诗、状景诗、咏物诗、咏史诗、游仙诗、宴乐诗、感遇诗等等,而主要的还是通过痛叙个人的不幸遭际,描述自己所见所闻的人生与社会惨象,来抒写整个民族的悲惨劫难。在人生忧患与社会忧患的双重忧患意识下,使《诗经》和乐府诗的现实主义传统在文人诗中更加发扬光大。建安文人诗是继《诗经》、楚辞、乐府诗之后的现实主义诗歌创作的又一高峰。

以五言诗为主要形式的建安文人诗,为汉代诗歌展现了一种前所未有的新气象。建安文人不仅使五言诗更加成熟,还使七言诗体式基本成型,使过去不被文人重视而常不署名的乐府诗提升为文人作品,使传统的四言体与骚体焕发出新的生命力,并以“辞采华茂”的艺术风范与“慷慨悲凉”的主体风格,把中国诗歌推向一个新的阶段。它上承“汉音”下启“魏响”,完成了中古诗歌的重大转型,对后世中国诗歌的发展做出了极其重大的贡献。

第五章 汉代传记:中国历史文学之巅

第一节 传记文学的兴起

我们中国是世界上仅有的几个文明古国中的一个,有着自己独特的文化发展的历史,中国文化总的特质表现为:传统悠久,积累深厚,每一历史时期都呈现出鲜明的民族特性。

当中国从秦汉进入封建地主制社会之后,西周的宗法制得到了重新改造,赋予宗法制以新的道德、伦理的解释,使之适应中国封建社会新的生产力的发展,而成为新的封建宗法制,宗法制于是上升到了高度发展与完善的程度。在这种新的生产关系下,大一统的中央集权制的封建国家社会结构得到了长期的维护与强化,封建中央集权制下的多民族进行了大规模的融合,中国的封建制度得以长期处于一个相对稳定的状态,封建制度得到了充分的发展,从世界范围来讲,中国的封建社会具有鲜明的典型性。

作为受中国社会历史发展制约的中国传统文化,其起源虽然很早,然而其重要发展阶段却是在中国的封建社会。从有成文记载这一角度看,中国文化发展的历史,以在封建社会内最为漫长,可以说,中国有成文的历史,绝大部分写的是封建社会的历史,其最重要而且最显著的文化现象是:中国传统的文、史、哲的高峰都出现在封建社会,即在中国封建领主制转向封建地主制的"转型期"——春秋战国时期出现了哲学高峰,在中国封建地主制的巩固时期——两汉时期出现了史学高峰,在中国封建地主制鼎盛时期——唐宋时期出现了"纯文学"的高峰。

中国传统哲学高峰的出现,是中华民族聪明智慧的高度体现,证明中华民族抽象思维达到了一个历史高水平。在中国传统哲学高峰期中所涌现出来的儒、道、法、墨、名、阴阳诸家学派,以其各自思想的精华,共同构成了中国早期封建社会"转型期"的社会意识形态,这种意识形态以理性的哲学形态取代了长期以来天命神学和祖宗崇拜的思想统治,把民族的理性认识水平提高到前所未有的高度。这些哲学思想比较完整地继承了以往古代文化的传统,又历史地成为"转型期"中国传统文化的代表,并逐渐凝结成为中华民族精神与民族心理的基本素质,而成为后世中国传统文化发展的主导思想。

诸子学说开创了一个理性自觉的时代,标志着中华民族自我意识的觉醒,形成了我国传统哲学的高峰,对后来中国社会及文化的发展有着巨大的推动作用。诸子哲学思想的巨大推动作用首先体现在:它以不同于以往任何宗教神学的意识形态,积极促成了秦汉封建地主中央集权制的确立,并为历史学家提供了先进的世界观与方法论,推动了汉代史学的高度发展。如果说在中国传统哲学高峰的时代,中国灿烂的文化主要体现在诸子关于人类与自然、社会与思维关系的哲理思辨上。那么,在中国传统史学高峰的时代,中国灿烂的文化主要体现在史学家对中华民族发展过程的形象叙述上。这种叙述为大一统封建地主中央集权制下的汉代人认识整个民族所创造的历史以及把握未来提供了思想武器。历史学只有获得民族自我觉醒的意识,具有先进的历史哲学观,才会可能有民族发展的理性总结,历史学家才能站在理性的高度,以唯物主义的自然观来"究天人之际",以先进的历史观来"通古今之变",以揭示人类发展过程及其内在规律而"成一家之言",把历史学真正变为科学。①

汉代史学家继承了道家唯物主义自然观,同时也吸收了阴阳家阴阳五行说的"合理的内核",摒弃了其严重的迷信部分,发展了其唯物主义因素,从而把汉代历史学建立在唯物主义自然观的基础之上。同时,也充分地吸收了儒家重视人的进取、有为的思想。儒家是诸子百家中最有影响的一个学派,其理论最显著的特点就是尽可能地用人事来说明社会历史,而避免使用"天道"来

① 参见杨树增:《中国历史文学》(先秦两汉),远方出版社 2003 年版,第 271－280 页。

解释人事。仁,是儒家最高的伦理原则,也是儒家历史观的最高原则。孔子的"仁"学,主张爱惜人力,尊重人格,肯定人的社会历史作用,给予人以一个比较适当的社会地位。到了孟子,又把孔子的"仁"学思想发展为更加系统的"仁政"学说,孟子主张所有统治者都应实行仁政,乐民之所乐,忧民之所忧,执政着眼于争取民心,政治上就会达到"人和",这是富国强兵的决定因素,同时也是一条客观的历史发展基本规律。后来的荀子在《荀子·王制》中更明确地指出:"君者,舟也;庶人者,水也。水则载舟,水则覆舟。"劳动人民的向背最终决定着国家生死存亡的命运。

汉代史学家的代表人物司马迁深受儒学尊重人、理解人、爱惜人的伦理情感的感染,儒家的"仁"学观点给他进步的历史观奠定了思想基础。司马迁历史观的核心就是认为决定人类命运的是人类自身,是人创造了社会历史。他在《史记》中热情地赞扬那些在政治、军事、经济、文化、科技等方面谱写一代历史新篇章的民族精英,讴歌那些极大推动社会历史发展的代表人物。司马迁认为影响历史发展的是人本身,人事的成败只有到人的方面去找原因,与所谓的"天"是没有关系的。如项羽兵败,项羽自认为是"此天之亡我,非战之罪也。"司马迁在《史记·项羽本纪》论赞中批判说:"自矜功伐,奋其私智而不师古,谓霸王之业,欲以力征营天下,……过矣。乃引'天亡我,非用兵之罪也',岂不谬哉!"

正因为司马迁紧紧抓住人是历史创造者这一根本,才在自己的著作中着力叙述历史发展中人的历史作用,着力叙述社会中人与人之间复杂的种种关系,着力叙述人物之间的斗争及其不断发展的过程,从而发现与揭示这个历史过程的本质规律,有了这样的指导思想,创立人物传记的体例就是很自然的事了。

《史记》以人物为中心,确立了人类共同创造历史的主题,首创了以人物纪传为主体的史学体例,突出了人的主体能力对历史的推动作用,其史学观点、治史方法、记载内容、对历史事件的评论、对史料的选择、对人物的刻画、对史实的叙述等等,都有着开创的意义,在以后漫长的封建社会中,治史者基本不能越出它的规范。《史记》问世后,汉代三百年内依其体例著史者不绝如缕,不仅纪传体成为汉代史著的基本形式,而且汉代史学家治史的主导思想也深受司马迁进步的社会历史观的影响,这一点,就连东汉末编年史《汉纪》的作者荀悦也不例外。

中国传统史学在汉代形成高峰,其重要的、显著的标志就是在汉代产生了灿烂辉煌的历史著作——《史记》。《史记》的作者司马迁充分地吸收了前人文化遗产的精神营养,形成了自己对历史的新认识,代表着整个民族,对自己民族的发展全过程做出了全新的描述和评价。《史记》中所具备的进步历史观、科学的叙史方法以及崭新的纪传体例,宣告了中国科学的历史学由萌芽期转入形成期。

中国传统文化的发展初期有一个显著的特点,即传统文化的各种形态彼此紧密联系,相互涵溶。最明显的例证就是文、史、哲混为一体而互相包融。哲学家虽然侧重于追求善,史学家虽然侧重于追求真,文学家虽然侧重于追求美,但共同的真善美统一的审美要求,使他们各有侧重而又互相结合。例如庄周的著述是艺术化或诗化的哲理,因而可以认定他是一位文学化的哲学家;司马迁叙述历史,带着个人强烈的主观感情,所叙述的历史人物,有着鲜明的艺术形象,因而可以认定他是一位文学化的史学家。从文学角度看,说庄周与司马迁同时也是伟大的文学家,这是恰如其分的。

中国传统的哲学与史学都能将形象性与逻辑性比较完美地结合,中国传统的哲学需要文学,中国传统的史学也需要文学。司马迁开创的纪传体史学是以历史人物为中心,又以历史人物为编撰体例的。这些历史人物的素材虽由作者取之于以往的文字记载与当时的口头传说,但又都经过作者个人的理解,然后才将他们艺术地再现出来。在这些再现的历史人们身上已经附着了作者的人生体验和强烈的是非感、身世感,在叙述这些历史人物的不同命运中,已经寄寓了作者的人生价值观和鲜明的爱憎,使这些历史人物形象具有了震撼人们心灵的艺术魅力。从以上几个方面看,《史记》这部纪传体史著同时又是一部文学著作,一部地地道道的历史文学著作,也就是我们常说的传记文学。司马迁使用文学的笔调来写历史,开创了传记文学,后来的封建社会代代都有传记文学的向慕者与继承者,但整体上没有人能够超过司马迁,《史记》

传记文学所达到的艺术高度,可以说是前无古人,后无来者,《史记》是一座令后人难以超越、永远值得仰止的历史文学高峰。

《史记》传记文学的成就对于我国文学发展具有重大意义。《史记》传记文学不仅为我国文学艺术园地增添了上起远古下至汉武帝时期历史长河中的重要历史人物形象,而且为我国文学艺术提供了丰富的艺术技巧,标志着中国文学艺术典型人物塑造方法的成熟。《史记》塑造人物形象的高度艺术性达到了时代的最高水平,不仅先秦史传文学,就是《史记》以前的诗歌文赋之类的文学作品的人物形象塑造,与之相比,也轩轾自见。《史记》对先秦史传文学的发展意义远不能以开创了传记体例来概括,可以这么说,《史记》继承、发展了民族文化中的艺术精华,宣告了中国传记文学从此而诞生,它自觉地塑造了一系列的典型人物形象,并在创作实践中获得了一系列的塑造典型人物形象的成功经验,它代表了汉代文学的成就与水平,创造性地开辟了中国文学的一个新时代,在中国文化发展史上树立起一座令人景仰的丰碑。

第二节　历史实录与艺术创作的统一

《史记》的作者司马迁(前145 - 前90?)一生紧紧与《史记》相联系,他为《史记》而生,为《史记》而活,当他悄然离开人间,留下的却是璨若明星的一部巨著,那里有他全部的智慧、卓识、希望、幽愤……字字都凝着他的血泪,《史记》中传记人物的鲜活形象永远活在我们的精神世界里。

《史记》传记所描写的是中国社会的历史人物,这些人物都是以往真实存在过的,《史记》传记文学的基本要求,就是如何将这些历史人物真实地形象地表现出来。历史的真实性要求作者必须尊重历史的真实,艺术的形象性又要求作者必须使人物达到艺术的典型化,历史真实与艺术典型化的统一,也就是历史实录与艺术创作的统一,是司马迁传记创作的基本原则。

中国史学界向以实录为记史的最高原则,孔子曾夸晋太史董狐为"古之良史也,书法不隐"(《五礼通考》),称赞他敢于舍身秉笔直书。司马迁自然继承了这一优良传统,他的《史记》也被后人称为实录。班固从正统儒家立场上看问题,对司马迁的历史观有不少贬抑,但他不得不承认《史记》是一部实录之作,他在《汉书·司马迁传》中说:"然自刘向、扬雄博及群书,皆称迁有良史之才,服其善序事理,辨而不华,质而不俚,其文直,其事核,不虚美,不隐恶,故谓之实录。"唐人张守节在《史记正义·序》中也说:

> 《史记》者,汉太史公司马迁作。迁生龙门,耕牧河山之阳,南游江淮,讲学齐、鲁之郡,绍太史,继《春秋》,括文鲁史而包《左氏》、《国语》,采《世本》、《战国策》而摭《楚汉春秋》,贯紬经传,旁搜史子,上起轩辕,下既天汉。作十二本纪,帝王兴废悉详;三十世家,君国存亡毕著;八书,赞阴阳礼乐;十表,定代系年封;七十列传,忠臣孝子之诚备矣。笔削冠于史籍,题目足以经邦。裴骃服其善序事理,辨而不华,质而不俚,其文直,其事核,不虚美,不隐恶,故谓之实录。

实录不等于不需要文采,《左传·襄公二十五年》引孔子的话:"志有之,言以足志,文以足言,不言谁知其志? 言之无文,行而不远。"章学诚也说:"夫史所载者事也,事必藉文而传,故良史莫不工文。……史之赖于文也,犹衣之需乎采,食之需乎味也。"(《文史通义·史德》)《史记》传记所描写的是中国社会的历史人物,这些人物都是以往真实存在过的,传统的实录精神要求作者必须将这些历史人物真实地表现出来。《史记》传记人物又是以其性格特征来表现的,要求作者对人物性格作生动的描述。实录要求作者必须尊重历史的真实,写出历史的真实性,人物的生动性格特征又要求作者进行一定的典型化创作,使历史真实与艺术典型化高度统一。

历史的真实和艺术典型化是可以达到尽可能统一的,换句话说,是可以使传记人物既有历史的真实性,又有文学的典型性,《史记》传记人物描写的成功证明了这一点。当然这种统一的工作做起来是很难的,应该承认《史记》传记在这方面也并非是完美无缺的,有时为了突出人物的性格特征,而羼入一些非信史的成分,增添了作者的想象和虚构。这方面清代梁玉绳在其《史记志疑》中提出了不少质疑。也有时为信史性而削弱了人物典型化塑造,然而从总体上来说,《史记》传记还是成功地以典型化的人物形象向后世展示了中国古代几千年社会发展的真实面貌。但有人说:"司马迁天生是一个文章家,他做一篇列传,只是做一篇文章,而没有想做信史。他喜欢网罗旧闻而不擅于考订,所以《史记》里的记事十之二三是不可尽信的。"①说司马迁"没有想做信史",这是荒唐的,说"《史记》里的记事十之二三是不可尽信的",也不符合事实。《史记》记叙历史事件的主要经过,基本符合历史事件的真实,描写历史人物的主要特征及经历,也基本符合历史人物的真实,不能因为《史记》记事写人在某些情节、细节上有作者的艺术创作,就轻易地否定它的实录精神。

史家写史,当然应该忠实于历史真实,但此话说起来容易,做起来就难了,因为有种种主、客观原因所限制。一是史家有主观认识的局限,有时缺乏辨别真假历史现象的能力。二是有客观社会条件的限制,尤其是在政治黑暗的社会里,追求历史真实会为当朝统治者所不容。司马迁所处的汉武帝时代,虽无前朝秦帝国的"焚书令",也无后世诸如清代那种"文字狱",但也是酷吏横行,如若讲真话,往往遭致严刑苛法的处置,司马迁有过惨痛的教训。但是司马迁为了写出一部实录性的信史来,他一方面克服主观偏见,客观公允地认识、叙述、评价历史人物,另一方面决不苟安偷生去迎合当代掌权者,对历史真实不负责任或有意歪曲。他作《史记》要"俟后世圣人君子"(《史记·太史公自序》),见志于后世百代。他清楚对历史失真的反映,只能给人以历史假象,"空言"尚"不如见之于行事之深切著明也"(《史记·太史公自序》),更何况谎言? 只有书写真实才能完成"究"、"通"中国历史社会变革的任务,只有书写真实才能客观地揭示历史,而不是对历史进行伪饰,这些著史原则已在《史记·太史公自序》中讲得明明白白。

司马迁用较之他以前任何一位中国史学家都难具备的客观性与严肃性来对待所有的历史人物,对他们的生命过程作了深刻而无情的真实剖析与描写。首先是那些被社会奉为偶像、凡人不可冒犯的帝王,在司马迁的笔下都被抹去了神圣的光泽,还之以凡人甚至恶棍无赖的真面貌。《史记》传记一般多从人物社会政治活动着眼,很少揭人隐私,但对帝王之淫乱却给予无情揭示,因为

---

① 唐兰:《老子时代新考》,《古史辨》第六册,开明书店 1938 年初版,第 603 页。

帝王生活的淫乱必然要与他政治上的腐败相联系。如《殷本纪》写帝纣"以酒为池,悬肉为林,使男女裸相逐其间,为长夜之饮"。司马迁的笔锋甚至不避汉朝的开国皇帝,《张丞相列传》写刘邦好色无耻:"昌尝燕时入奏事,高帝方拥戚姬,昌还走,高帝逐得,骑周昌项,问曰:'我何如主也?'昌仰曰:'陛下即桀、纣之主也。'"司马迁在揭示历史真实方面确实要比《春秋》、《左传》作者大胆得多。在《史记·晋世家》中司马迁写道:"冬,晋侯会诸侯于温,欲率之朝周,力未能,恐其有畔者,乃使人言周襄王狩于河阳。壬申,遂率诸侯朝王于践土。孔子读史记至文公,曰:'诸侯无召王'。'王狩河阳'者,《春秋》讳之也。"孔子是司马迁最崇拜的人,但还是不满意孔子作《春秋》隐讳周天子屈从晋文公召唤一事,在此特意点明。司马迁忠实于历史真实,他是不会像孔子那样为"圣者"、"尊者"讳之的。梁启超在《中国历史研究法》中指出:"孔子作《春秋》,时或为目的而牺牲事实,其怀抱深远之目的,而又忠勤于事实者,唯迁为兼之。"①汉武帝是当今皇帝,司马迁作《今上本纪》记其所为,"汉武帝闻其述《史记》,取孝景及己本纪览之,于是大怒,削而投之。"(陈寿《三国志·魏志卷十三·王肃传》)由武帝的"大怒",我们完全可以想象到司马迁在纪中对武帝及景帝揭露、批判的程度。《今上本纪》这篇敢于逆鳞的文字虽早已不复存在,但我们从《封禅书》所载武帝迷信、荒唐举止以及其他传记对武帝宠臣们的贪纵无耻、阴险歹毒的揭示中,仍可看到武帝真实的另一面。同时,也可看到作者为写真实而置生死于度外的大无畏求实精神。司马迁是否因为撰述武帝及景帝本纪而遭迫害致死,至今还难有定论,在《太史公自序》末,有南朝宋裴骃《集解》案:"卫宏《汉书旧仪注》曰:'司马迁作《景帝本纪》,极言其短及武帝过。武帝怒而削去之。后坐举李陵,陵降匈奴,故下迁蚕室。有怨言,下狱死。'"卫宏是东汉前期人,他的话有很大的可信度。至少,司马迁因直言李陵功过而获罪下蚕室,这是确凿无疑的历史事实。对此,班固还有惋惜之意,他在《汉书·司马迁传》中说:"乌呼!以迁之博物洽闻,而不能以知自全,既陷极刑,幽而发愤,书亦信矣。迹其所以自伤悼,《小雅》巷伯之伦。夫唯

---

① 梁启超:《中国历史研究法》,东方出版社1996年版,第18页。

《大雅》'既明且哲,能保其身',难矣哉!"司马迁敢于直言的精神同样体现在他的著述中,司马迁敢于以犀利的笔锋对至高无上的帝王们进行无情揭露,其他权贵就更不在话下了,他的批判锋芒指向了所有的暴君奸臣。司马迁的实录精神不仅引起当朝柄权者的嫉恨,也为后世一些专权者所切齿,据《后汉书·蔡邕传》载,王允就曾说:"昔武帝不杀司马迁,使作谤书,流于后世。"这也从反面说明司马迁为反映历史真实而不惜献身的气魄与胆量是多么的难能可贵。

《史记》的实录还包括认识历史事件的客观性与反映历史事件的准确性。《史记》写的是中华民族三千年的历史,真是网罗天下图书资料也不为多,即使如此,有的历史时代的情况还缺乏足够的文献资料以证实。司马迁遵循的是"君子于其所不知,盖阙如也"的古训,不因文献缺乏而凭空杜撰,对于互相抵牾的文献资料,他能识别真伪,然后去伪存真,去粗取精,实在把握不准的,只好采取"疑者存疑"的原则。《史记》中许多曾被人质疑的地方,随着出土文物的面世,而得到确认。今人陈直在《史记新证》中指出:

> 太史公作《殷本纪》,合于殷墟甲骨文者,有百分之七十。推之《夏本纪》,虽无实物可证,亦必然有其正确性。如《楚世家》之楚侯逆、楚王颜,皆与传世铜器铭文相符合,尤见其记载之正确性。又如寿县蔡侯墓近出铜器群,倘无《蔡世家》,则蔡侯后期世系,即无从参考。更如《汉兴将相大事年表》,所记立大市、立谷口邑、立阳陵邑等,皆不见于《汉书》,反与出土古物,若合符节。①

司马迁为著《史记》收集了多少文献资料?除在《史记》中注明的之外,肯定还有许多未注明的,在这些文献资料中,肯定有那些迷信、虚妄与托古改制伪饰历史的文献资料混杂其间。特别是汉前史对于司马迁来说,是个没有经历过的陌生的过去,司马迁能在黑沉沉的历史迷雾中看到历史的真相,主要凭其实录精神,使他能正确地分析判断历史是非,尽责尽力地采集历史生活中的

---

① 陈直:《自序》,《史记新证》,天津人民出版社 1979 年版,第 3 页。

真实,纠正史料中的不实之处。如在《刺客列传》中说:"世言荆轲,其称太子丹之命,天雨粟马生角也,太过。又言荆轲伤秦王,皆非也。始公孙季功董生与夏无且游,具知其事,为余道之如是。"司马迁之所以宁可相信个别人传说,不相信"世言",是因为有自己的是非判断力。司马迁记事,尽量对事物的描述达到准确如实,如《秦始皇本纪》中记载:

> 始皇初即位,穿治郦山,及并天下,天下徒送诣七十余万人,穿三泉,下铜而致椁,宫观百官奇器珍怪,徙藏满之。令匠作机弩矢,有所穿近者辄射之。以水银为百川江河大海,机相灌输,上具天文,下具地理。以人鱼膏为烛,度不灭者久之。二世曰:"先帝后宫非有子者,出焉不宜。"皆令从死,死者甚众。葬既已下,或言工匠为机,藏皆知之,藏重即泄。大事毕,已藏,闭中羡,下外羡门,尽闭工匠藏者,无复出者,树草木以象山。

《史记》面世后,有不少的人对这段记述持怀疑的态度,他们认为:秦二世为了防止泄露而不惜葬送众多生命的绝密之事,必不被外人所知,更不能记入典册,司马迁从何得知? 怕是臆造之辞吧。社会主义新中国建立后,陕西省秦始皇陵考古队经过勘探,用仪器在秦始皇陵周围测到陵墓地宫中心弥漫着水银气体,首先证明了《秦始皇本纪》中的"以水银为百川江河大海"的记载是准确的。2003年11月27日在北京召开的秦始皇陵考古遥感与地球物理技术成果验收会上,秦始皇陵考古队专家介绍,他们用遥感和物探的方法探测到秦始皇地宫距地面有35米深,如此的深度,很可能要穿过不少地下渗水层,从而证实了《秦始皇本纪》所记"穿三泉"是可信的。考古队又测得地宫东西长170米,南北宽145米,墓室在地宫中央,高15米,①如此宽敞的地宫,才能容得下"宫观百官奇器珍怪"。从地宫周围已出土的令世人叹为观止的兵马俑,便可猜想到秦始皇地宫的更壮观更奢华,从而也能推想到司马迁也会持同样求实的态度,真实地记载其他方面的情况。

历史反映得准确与否,不仅在于作者是否具有坚持真理的勇气,还在于作

———
① 参见《新京报》网络版2003年11月28日消息报道。

者对历史认识的准确程度。司马迁著述《史记》的时候,正是罢黜百家、独尊儒术、天人感应神学猖獗的时期,大一统的封建社会要求每一个人的思想感情都统一在儒学思想体系之中,否则便是离经叛道。但司马迁独能尊重历史事实而不慑于巨大的社会思潮,他服从于真理而不求合于经典,在他的《史记》中,不仅为被罢黜的"百家"流派人物立传,而且在传中对他们有不少褒扬之处,对独尊的儒家一派人物也不全是溢美之词,甚至于有时还有贬损之语,对中国历史人物有自己独特的评价。

正因如此,司马迁遭致一些儒家学者的责难,如扬雄批评司马迁"不与圣人同是非,颇谬于经。"(《汉书·扬雄传》)班彪指责司马迁"分散百家之事,甚多疏略,不如其本,务欲以多闻广载其功,议论浅而不笃。其论术学,则崇黄、老而薄《五经》;序货殖,则轻仁义而羞贫穷;道游侠,则贱守节而贵俗功;此其大敝伤道,所以遇极刑之咎也。"(范晔《后汉书·班彪列传》)班固与其父如出一辙,在《汉书·司马迁传》中也认为司马迁"论大道则先黄老而后六经,序游侠则退处士而进奸雄,述货殖则崇势利而羞贱贫。"此论一出,许多人就以此为《史记》之"弊",至少认为司马迁言有偏激,如宋人晁公武《郡斋读书志》卷二上说:"班固尝讥迁论大道则先黄老而后六经,序游侠则退处士而进奸雄,述货殖则崇势利而羞贱贫,后世爱迁者以此论为不然,谓迁特感当世之所失,愤其身之所遭,寓之于书,有所激而为此言耳,非其心所谓诚然也。"然而,历史上赞同司马迁求实精神的也大有人在,如晋人葛洪在《抱朴子·内篇十篇》中说:

> 班固以史迁先黄老而后六经,以迁为谬。夫迁之洽闻,旁综幽隐,沙汰事物之臧否,核实古人之邪正。其评论也,实原本于自然;其褒贬也,皆准的乎至理。不虚美,不隐恶,不雷同以偶俗。刘向命世通人,谓为实录,而班固之所论,未可据也。

班彪、班固所讲的话,也并非空言,只是立场不同,认识问题的角度不同,其结论也迥然不同。从僵化的儒家立场上看,司马迁就是"论大道则先黄老而后六经,序游侠则退处士而进奸雄,述货殖则崇势利而羞贱贫。"若站在众家之上来看，则是司马迁对黄老、六经、"处士"、"奸雄"、"势利"、"贱贫"都作了客观的评价，并不存在什么"先"与"后"、"退"与"进"、"崇"与"羞"的问题，这正是司马迁认识高于一般人的地方。司马迁在《史记》中大胆地写下了自己的"一家之言"，这种"一家之言"反映了历史的真实。

《史记》传记虽然以历史真人真事为题材，但对历史人物并非是凡事必书或有闻必录。传记人物看上去好像是生活本身那样鲜活，但这绝不是对历史生活及历史人物的机械摹写。《史记》的传记人物形象有异于一般文学作品人物形象的塑造，它不能脱离历史的真实；但它也不同于如同文书档案中人物履历一类的资料，《史记》的传记人物既是历史的一面镜子，又有活生生的、鲜明的人物性格特征，达到了实录与创作的高度统一，也就是达到了历史的真实与艺术典型化的高度统一。

司马谈曾以不能论载"明主贤君忠臣死义之士"饮恨而死，司马迁继承父志，曾在《太史公自序》中表示："贤者记其治，不贤者彰其事。"实际上历史上的贤者并非《史记》传记所能一一列举，不贤者也并非《史记》传记所能一一包容，在作者思想感情的支配下，或记之或弃之，对立传的人有严格的选择。具体到每一个要为之立传的人物，其一生的言语和行动也有一个选择、提炼的加工过程。《史记》传记对人物素材的选择、提炼主要是从人物的特征出发，而不是主要从历史现象出发，这就要舍去那些从历史学角度看有时认为是重要的而从表现人物性格特征来说是非典型的东西。如李广身经七十余次战争，作者只写其战败的几次，七十余战每一战对汉代历史都有一定意义，作者却舍去大部分战役而去写李广射虎之事："广出猎，见草中石，以为虎而射之，中石没镞。视之石也。因复更射之，终不能复入石矣。广所居郡闻有虎，尝自射之，及居右北平，射虎，虎腾伤广，广亦竟射杀之。"李广射虎，并不能说明任何历史问题，但却突出了李广有臂力善射的特点，进一步显示了李广的性格特征。

为了突出人物的某种性格特征，有时还有意隐掉或略述重大事件，反去细腻地刻画某些生活琐事，如《万石张叔列传》中写万石君的长子石建与四子石庆谨慎奉上：

　　建为郎中令,书奏事,事下,建读之,曰:"误书!'马'字与尾当五,今乃四,不足一,上谴死矣!"甚惶恐。其为谨慎,虽他皆如是。

　　万石君少子庆为太仆,御出,上问车中几马,庆以策数马毕,举手曰:"六马。"庆于诸子中最为简易矣,然犹如此。

可能是写得草了一些,文件上的"马"字少了一个点,这有什么大不了得? 况且文件已批复下来,石建发现了就诚惶诚恐,竟想到可能被治死罪。石庆为皇帝驾车,还不知套了几匹马? 当皇帝问起来,还要用鞭子逐一清点,举手回答,故作认真之态。"马"字少一点,举鞭数驾马,何其小的生活细节,就是这些生活细节,写出石奋一家谨小慎微的特征。再如《陈丞相世家》写陈平"其后常以护军中尉从攻陈豨及黥布。凡六出奇计,辄益邑,凡六益封。"这"六出奇计"与"六益封"包含有多少重大内容的事件,作者却用这几个字淡淡带过。而写陈平娶张氏女的生活细事,却不惜笔墨,突出了陈平家贫而志伟的特征:

　　及平长,可娶妻,富人莫肯与者,贫者平亦耻之。久之,户牖富人有张负,张负女孙五嫁而夫辄死,人莫敢娶。平欲得之。邑中有丧,平贫,侍丧,以先往后罢为助。张负既见之丧所,独视伟平,平亦以故后去。负随平至其家,家乃负郭穷巷,以弊席为门,然门外多有长者车辙。张负归,谓其子仲曰:"吾欲以女孙予陈平。"张仲曰:"平贫不事事,一县中尽笑其所为,独奈何予女乎?"负曰:"人固有好美如陈平而长贫贱者乎?"卒与女。为平贫,乃假货币以聘,予酒肉之资以内妇。负诫其孙曰:"毋以贫故,事人不谨。事兄伯如事父,事嫂如母。"平既娶张氏女,赍用益饶,游道日广。

　　以往的历史资料,对司马迁来说还是一种自然形态式的东西,围绕着突出人物性格特征这一中心,他要进行精心的选择、提炼、集中和概括,使人物特征更集中更豁亮,也就使传记人物比历史原型人物更形象,更能反映人物的真实本质特征。选择、提炼、集中和概括历史资料,是使历史实录与艺术创作达到有机统一的一种重要方法。

实录与创作有机统一的另一种重要方法，就是在历史真实的描绘中渗透了作者的真挚的感情和独特的见识。清人顾炎武在《日知录》卷二六中说："古人作史，有不待论断而于序事之中即见其指者，惟太史公能之。《平准书》末载卜式语，《王翦传》末载客语，《荆轲传》末载鲁句践语，《晁错传》末载邓公与景帝语，《武安侯田蚡传》末载武帝语，皆史家于序事中寓论断法也。"刘熙载在《艺概·文概》中也说："太史公寓主意于客位，允称微妙。"《史记》传记有强烈的抒情与议论色彩，往往将作者主观感情与认识寓于客观的描绘之中，如《淮阴侯列传》中写"信知汉王畏其能，常称病不朝从"，功高震主，暗示了这才是汉高祖除掉韩信的根本原因。传中写韩信被擒，斩首时叹息道："吾悔不用蒯通之计，乃为儿女子所诈，岂非天哉！"已寓韩信终无反叛之意。关于这一点，许多人已意识到，清人梁玉绳在《史记志疑》卷三二中说：

> 信之死冤矣！前贤皆极辨其无反状，大抵出于告变者之诬词及吕后与相国文致之耳。史公依汉廷狱案叙入传中，而其冤自见。一饭千金，弗忘漂母；解衣推食，宁负高皇？不听涉、通于拥兵王齐之日，必不妄动于淮阴家居之时；不思结连布、越大国之王，必不轻约边远无能之将。宾客多，与称病之人何涉？左右辟，则絮手之语谁闻？上谒入贺，谋逆者未必坦率如斯；家臣徒奴，善将者亦复部署有几。是知高祖畏恶其能，非一朝夕。胎祸于蹑足附耳，露疑于夺符袭军，故禽缚不已，族诛始快。从豨军来，见信死，且喜且怜，亦谅其无辜受戮，为可悯也。独怪萧何初以国士荐而无片语申救，又诈而绐之，毋乃与留侯劝封雍齿异乎！

《淮阴侯列传》所列的淮阴侯罪状，是作者出于无奈，而细读其所叙事实，才知事实的结论与所列罪名完全相反，这完全是一篇鸣冤叫屈的翻案文章，通过为韩信的鸣不平，也倾诉了作者心中无限的委屈与愤恨。

司马迁往往将主观感情寓于客观的描绘之中，人物形象寓有自己的好恶之情和浓厚的身世之感。当年汉武帝主动向司马迁问询李陵降事，司马迁出于公正，怀着对汉帝的拳拳之忠，直言李陵的功过，不想几句真话就遭来横祸，司马迁在《太史公自序》中悲愤地喟叹："是余之罪也夫！是余之罪也夫！身毁不用矣！"表面上责己，实际上谴责汉武帝专横狠毒，听不进一点不同的声音。司马迁自身的遭遇，使他与历史上蒙受冤屈的人物从精神上联系起来，对他们的悲惨命运有了真切的体会。当司马迁提笔写《伯夷列传》时，写到伯夷、叔齐行仁义而结局悲惨时，自然联想到自身，又一次激发了他对不公世道的愤慨感情，他于是在伯夷、叔齐这二个人物身上倾注了自己全部的同情与爱怜，他也借对伯夷、叔齐等人遭遇的惋惜与悲伤中，向不公平的社会公开提出控诉："或曰：'天道无亲，常与善人。'若伯夷、叔齐，可谓善人者非邪？积仁洁行如此而饿死！……余甚惑焉，傥所谓天道，是邪？非邪？"颇有点借题发挥的味道。《史记》每一个人物都是客观历史真实与作者主观感情的统一，每一个人物的身上，都折射着司马迁思想和感情的光泽，作者在对客观的历史人物的描绘中，渗透了自己的感情，加进了自己的评价，这不仅不会使人物特征失真，反而更加增强了人物的感情色彩，从而也就增强了历史真实感。

要使实录与创作达到有机统一，还需要作者在历史真实的基础上进行必要的、合理的想象与虚构。《史记》不是单纯的历史材料的编次，在汇集资料的基础上，有作者依托历史而进行的合理的想象与虚构。司马迁的合理的想象与虚构有时也会与历史实际有出入，但从本质上来说，这些合理的想象与虚构不仅不违背历史真实，而且更加突出了历史真实。历史现象本来有二重性：具有真象与假象，所谓的历史真实都是后人对二重性的分析与理解，然后去伪存真。司马迁首先对历史进行了认真的分析理解，以自己的理解来再现历史时，加入了自己合理的想象与虚构。他的合理的想象与虚构不等于制造历史假象，它表面上是虚设的，本质上却是真实的。对于《史记》人物传记来说，没有合理的想象与虚构是无法实现其自身经历叙述的。合理的想象与虚构是《史记》传记实现其实录与创作，也就是历史真实与艺术典型化相统一的重要方法与手段，也是《史记》成为历史与文学高度统一的巨著的重要原因之一。如关于廉颇的事迹，《战国策》记载很略，还没有提及蔺相如，在《史记》中，蔺相如不仅与廉颇合传，而且是作者精心刻画的人物，有了蔺相如这个人物，"完璧归赵"、"渑池之会"、"负荆请罪"三大事件的情节才描述得有声有色。如渑池之会，本应记秦王与赵王谈判会晤，传中却全力对蔺相如的大智大勇进行细腻刻画。李晚芳在《读史管见》卷二《廉蔺列传》中说："篇中写相如智勇，……观其写持璧睨柱处，须眉毕动；进缻叱左右处，声色如生。奇事偏得奇文以传之，遂成一段奇话。"以奇文传奇事而成奇话，少不了合理的想象与虚构。

证明《史记》人物传中有作者的虚构，更有力的是《史记》中几处同叙一事，而却存在情节差异的现象。如都写东城之战、项羽之死，在《项羽本纪》与《樊郦滕灌列传》中就有不同处。在《项羽本纪》中写项羽"至东城，乃有二十八骑"，项羽还"分其骑以为四队，四向……令四面骑驰下"。写项羽临死时仍保持骁勇仗义的风度："独籍所杀汉兵数百人，项王身亦被十余创。顾见汉骑司马吕马童，曰：'若非吾故人乎？'马童面之，指王翳曰：'此项王也。'项王乃曰：'吾闻汉购我头千金，邑万户，吾为若德。'乃自刎而死。"把项羽的豪壮、英勇、任侠写得活灵活现。而《樊郦滕灌列传》中写道："项籍败垓下去也，婴以御史大夫受诏将车骑别追项籍至东城，破之，所将卒五人共斩项籍，皆赐爵列侯，降左右司马各一人，卒万二千人，尽得其军将吏"。两处所写并非是详尽与简略的区别，比较起来，《樊郦滕灌列传》所记，更近于史实。项羽陷入重重包围，任凭他超人的神勇也难杀出一条突围的血路，在殊死搏斗中，他那里还会从容地与要擒拿他的故人对话？即使对话，司马迁又从何而知？又怎知对话时的情节与细节，除了作者的想象与虚构，不会把那种情景描绘得历历如睹。同一事在不同传中大体上没有大的出入，但在细节乃至某些情节上有不同的写法，可以看出作者随着对不同人物的叙述，需要想象、虚构出显示不同人物特征的细节乃至某些情节，其对同一事的感情也在起着变化，随着感情的变化而驰骋着不同的想象力，以致虽写同一事，在不同的人物传中就想象、虚构出不同的细节乃至某些略有不同的情节。

《史记》同一人物的语言在不同传记中有所变更的例子不少，如樊哙在鸿门宴上的一番话在本传与《项羽本纪》中就有些不同，在《项羽本纪》中樊哙言："臣死且不避，卮酒安足辞！夫秦王有虎狼之心，杀人如不能举，刑人如恐不胜，天下皆叛之。怀王与诸将约曰'先破秦入咸阳者王之'。今沛公先破秦入咸阳，豪毛不敢有所近，封闭宫室，还军霸上，以待大王来。故遣将守关者，备他盗出入与非常也。劳苦而功高如此，未有封侯之赏，而听细说，欲诛有功之人。此亡秦之续耳,窃为大王不取也。"而在本传中却变成:"臣死且不辞,岂特卮酒乎!且沛公先入定咸阳,暴师霸上,以待大王。大王今日至,听小人之言,与沛公有隙,臣恐天下解,心疑大王也。"这参差不同的语言是作者对传记人物语言进行艺术加工的佐证,进一步证明《史记》传记人物的语言许多是由作者虚构设计出来的。有些人物的语言就是采自于史料,也经过司马迁的增损与艺术加工。《史记》人物的语言不少是作者根据人物的性格特征、经历、运用语言的习惯、具体环境条件和心理情绪等因素而精心虚构设计的。作者对人物语言的设计成功,完全是由于对人物的透彻理解,作者对人物语言的主观控制正体现在让所塑造的人物按各自的性格去说自己应该说的"话"。

情节与细节完全是为显示人物性格特征而展开的,当司马迁集中描绘在某事件中值得敬仰的人物时,在他的心灵中,这个人物的弱点及不足便暂时忘却,只剩下其优点与长处,在一定环境氛围下所发生的某些情节、细节也是紧紧与人物性格特征相联系的。当描绘在同事件中令人鄙夷的人物时,这个人物的优点与长处也会暂时忘却,而只剩下令人可恶的地方,在一定的事件背景出现的某些情节、细节也紧紧与人物性格特征相联系。

由于司马迁沉浸在对事件的描述之中,他的精神世界已置于往昔的历史环境之中,他为历史人物的性格、角色、感情所感动,好像自己已经置于历史人物之中,和历史人物直接进行精神交流。他细心揣摩并晓得了每一个历史人物在事件中,他可能或应当看到什么,他应该或必然要想到什么,在那个背景下他只能说些什么或做些什么。司马迁为人物的言行增添了许多想象与虚构,但这些想象与虚构都是作者准确地揣测人物真实的心理而创作出来的,他要为传中人转述当时的见闻与言语。钱钟书在《管锥编》第一册中说:

> 上古既无录音之具,又乏速记之方,驷不及舌,而何其口角亲切,如聆謦欬欤?或为密勿之谈,或乃心口相语,属垣烛隐,何所据依……
>
> 然其颇悟正史稗史之意匠经营,同贯共规,泯町畦而通骑驿,则亦何可厚非哉。史家追叙真人实事,每须遥体人情,悬想事势,设身局中,潜心腔内,忖之度之,以揣以摩,庶几入情合理,盖与小说、院本之臆造人物,虚

构境地,不尽同而可相通。①

世上之事,非当事人谁能详知其事? 尽知其言? 而当事人又有几个能详载其事,尽记其言? 就是记录发达的今日,也不可能提供事件的各个方面的细节及言谈记载,更何况那些无人知晓的秘言秘事。史书中有虚构,史家运用虚构,是不可避免的事,何况司马迁的人物传,叙其事如发生在作者的目前,记其言如响彻在作者的耳边,作者向我们描述得又真真切切,如没有作者巧妙的想象与虚构,那里能达到这样的效果?

司马迁的想象与虚构并非凭空而来,他一方面分析研究了有关历史人物和事件,掌握了特定历史时代的社会生活特点,另一方面又了解和熟悉自己时代的社会各阶层人物的生活,获取了大量的感性体验,所以这种想象与虚构的根深深扎在真实的土壤中,即产生在生活真实与客观生活逻辑发展的基础上,它与生活本质的真实是一致的。这种想象与虚构不仅可以补充传记人物人生链环中的不足,或补充历史文献没有提供的某些环节,而且常常以非常生动的生活现象来充分表现人物的某种特征,这种想象与虚构已成一种创作典型化的方法。这种想象与虚构从形式上看是作者创作出来的,实质是以理度真,以情揆真。想象与虚构虽无历史资料可佐证,但如果让人们去想象、揣度,也会认为历史就该如此,情理之真与想象虚构达到本质上的一致。《史记》传记以虚饰实,以虚补真的想象与虚构不仅不会影响史实的真实性,而且比原史实更能揭示历史的本质,甚至人们更相信这种虚构,因为它更感人,更具"可信性"。例如《项羽本纪》中详细地写了垓下楚军被围困时,项羽穷途末路的情景,钱钟书《管锥编》评论这段时说:

"项王乃悲歌慷慨。……美人和之。"按周亮工《尺牍新钞》三集卷二释道盛《与某》:"余独谓垓下是何等时? 虞姬死而子弟散,匹马逃亡,身迷大泽,亦何暇更作歌诗? 即有作,亦谁闻之而谁记之欤? 吾谓此数语者,无论事之有无,应是太史公'笔补造化',代为传神。"语虽过当,而引

① 钱钟书:《管锥编》(第一册),中华书局1979年版,第164—166页。

李贺"笔补造化"句,则颇窥"伟其事"、"详其迹"(《文心雕龙·史传》)之理,故取之。[①]

项王军壁垓下,夜起闻四面皆楚歌,无奈何愁饮帐中,想到即将与宠姬、爱马永别,悔恨、悲愤至极,于是高亢绝命之歌。帐中唱歌者只有项羽,听歌者只有虞姬,既无其他见证人,又无一名笔录者,有谁知此事? 然而百年后经司马迁这么一写,曾称雄一时的英雄竟托足无门,有泪无处挥洒之痛情,昔日霸王别姬的情景,就如展现在我们面前的一场活剧。没有作者虚构出许多情节和人物语言,那能具有这般凄楚感人的魅力?

司马迁的想象与虚构主要运用于《史记》人物传记中,其想象与虚构又有着自己的鲜明特点。和先秦《左传》、《国语》、《战国策》等史著相比,其想象和虚构运用得更为广泛、设计得更为细密。先秦史著中的想象与虚构是逐渐发展起来的,孔子著《春秋》时,排比史料,莫不逐字逐句逐事慎重对待,主张"君子于其所不知,盖阙如也。"(《论语·子路》)因此《春秋》只能成为一部极简略的"大事记"式的史书,没有生动、曲折的事件经过的叙述,也就没有引人入胜的效果。《春秋》之后的史著,如《左传》、《国语》、《战国策》等在记载历史大事件上仍遵循这一古训,然而在一些细节以至一些情节上,虽有不知,已不"阙"了,而是以虚构来补之。至《史记》,更把想象与虚构当成实录的一种重要补充,当作一种创作典型化的方法了。如《史记·孔子世家》载定公十年春鲁定公与齐景公的夹谷之会,就与《左传》所载不同。《左传》有如下记载:

> 十年春,及齐平。
>
> 夏,公会齐侯于祝其,实夹谷。孔丘相。犁弥言于齐侯曰:"孔丘知礼而无勇,若使莱人以兵劫鲁侯,必得志焉。"齐侯从之。孔丘以公退,曰:"士兵之! 两君合好,而裔夷之俘以兵乱之,非齐君所以命诸侯也。裔不谋夏,夷不乱华,俘不干盟,兵不逼好,于神为不祥,于德为愆义,于人为失礼,君必不然。"齐侯闻之,遽辟之。

---

① 钱钟书:《管锥编》(第一册),中华书局1979年版,第278页。

将盟，齐人加于载书曰："齐师出竟，而不以甲车三百乘从我者，有如此盟。"孔丘使兹无还揖对，曰："而不反我汶阳之田，吾以共命者，亦如之。"

齐侯将享公，孔丘谓梁丘据曰："齐、鲁之故，吾子何不闻焉？事既成矣，而又享之，是勤执事也。且牺、象不出门，嘉乐不野合。飨而既具，是弃礼也。若其不具，用秕稗也。用秕稗，君辱，弃礼，名恶，子盍图之？夫享，所以昭德也。不昭，不如其已也。"乃不果享。

齐人来归郓、讙、龟阴之田。

《史记》记载有所不同：

定公十年春，及齐平。夏，……会齐侯夹谷，为坛位，土阶三等，以会遇之礼相见，揖让而登。献酬之礼毕，齐有司趋而进曰："请奏四方之乐。"景公曰："诺。"于是旍旄羽被矛戟剑拨鼓噪而至。孔子趋而进，历阶而登，不尽一等，举袂而言曰："吾两君为好会，夷狄之乐何为于此！请命有司！"有司却之，不去，则左右视晏子与景公。景公心怍，麾而去之。有顷，齐有司趋而进曰："请奏宫中之乐。"景公曰："诺。"优倡侏儒为戏而前。孔子趋而进，历阶而登，不尽一等，曰："匹夫而荧惑诸侯者罪当诛！请命有司！"有司加法焉，手足异处，景公惧而动，知义不若，归而大恐，……于是齐侯乃归所侵鲁之郓、汶阳、龟阴之田以谢过。

《左传》载孔子在夹谷齐鲁会盟时所讲的话，既不见于《春秋》，也不见于《论语》，很难说没有作者的想象与虚构。但江永《乡党图考》说："夹谷事以《左氏》为信，《穀梁》、《史记》、《家语》皆有斩侏儒事，后儒伪造也。"张文虎在《螺江日记续编》中说："夹谷之会，《史记·孔子世家》又添出晏子一人，实属诬图。"如果"夹谷事以《左氏》为信"，如果只从历史信实性出发，以考据家的眼光看，《史记·孔子世家》中的夹谷之会就有不少"伪造"了，再以此态度去看整个《史记》人物传记，"诬图"的还真不少。就像刘勰在《文心雕龙·史传》中批评司马迁的那样："爱奇反经之尤"，并又说："然俗皆爱奇，莫顾实理，传闻而欲伟其事，录远而欲详其迹。于是弃同即异，穿凿傍说，旧史所无，我书

则传,此讹滥之本源,而述远之巨蠹也。"但是如果用司马迁创造纪传的目的
来看,有夸大传说事迹、虚构远古详情细节,异于其他各书而留心于好奇的倾
向,这又是极自然的事。清代袁枚在《随园随笔·诸史类·史迁叙事意在言
外》中说:"史迁叙事,有明知其不确,而贪所闻新异,以助己之文章,则通篇以
幻忽之语序之,使人得其意于言外,读史者不可不识也。"《史记》运用想象与
虚构比先秦史著更多,描述更精细,使《史记》人物性格特征特别鲜明,更好地
完成了以人物为中心的著史目的。

　　然而,《史记》人物传记毕竟以史实为本,和野史杂传的想象与虚构有很
大的区别。司马迁的想象与虚构只是在实录基础上的一种"以虚补真",司马
迁潜心的遐想与揣摩,是为了修饰、补充史实,以自己的虚构来代替无从知道
的真实。《史记》有时也将传说、神话当作史料记载下来,如《周本纪》中有承
袭《诗经·大雅·生民》篇姜嫄生后稷的记叙,充满了神话色彩。《高祖本纪》
写刘媪与神龙交而生高祖,高祖斩蛇,老妪夜哭,谓赤帝斩白帝等等,但明显地
看出作者对这些传说、神话,采取的是"姑且存之"、"以疑存疑"的态度,记载
这些传说、神话存在的本身,从某种意义上说就是一种实录,它并不损害《史
记》的实录性质。对传说、神话的态度尚且如此,更何况那些合理的逼真的想
象与虚构? 而野史杂传的虚构却不仅仅是为了"以虚补真",而重要的是借史
的形式来幻化、升华现实。野史杂传的目的不在于修史,而是借助于"史"的
形式,以异闻逸事来炫耀新奇。于是野史杂传就自然出现了"虚实相生"、"寓
虚于实"的虚构形式。如较为可信的汉代人的《燕丹子》、东汉赵晔的《吴越春
秋》和袁康、吴平的《越绝书》等,这些野史杂传吸收了许多异闻、民间传说,带
有浓厚的神话传说色彩,其中有史实的附会,有传说的夸张,有情节的铺写,人
物刻画有更多的传奇性虚构。野史杂传借用历史的某些事实而任着作者去想
象和虚构,不仅细节虚构得多,主要情节也虚构得多。清人金丰在《新镌精忠
演义说本岳王全传序》中说:"从来创说者,不宜尽出于虚,而亦不必尽由于
实。苟事事皆虚,则过于妄诞,而无以服考古之心;事事皆实,则失于平庸,而
无以动一时之听。"野史杂传虽有明确时代与时间,但事事不必能考实,虽然
人名有据,但其不少行迹属于虚构,真人有假事,真时有假境,已经和历史演义

小说的虚构差不多了。

《史记》人物传记中的想象与虚构与小说比，其特点更明显，金圣叹曾用《水浒》与《史记》作比较，在《读第五才子书法》中认为"《史记》是以文运事，《水浒》是因文生事。以文运事，是先有事生成如此如此，却要算计出一篇文字来，虽是史公高才，也毕竟是吃苦事，因为生事即不然，只是顺着笔性去，削高补低都由我。"金圣叹又说："是故马迁之为文也，吾见其有事之巨者，而戁栝焉；又见其有事之细者，而张皇焉；或见其有事之阙者，而附会焉；又见其有事之全者，而轶去焉，无非为文计，不为事计也。"这里已将《史记》人物传记的想象与虚构特点与小说的虚构特点作了明确划分。《史记》传记的想象与虚构是在历史事实基础上展开的，不仅能体现生活的必然、可能，而且有利于突出历史的真实，既有补充历史真实的效果又有巨大的感人魅力。而小说则是在不违背生活发展逻辑原则下进行的，只要不违背生活的必然性、可能性便具有了合理性，就不是虚妄的东西。《史记》传记在总体上是"以文运事"，即为了更好地记叙史实而作一些小情节、小细节的虚构，虽在个别地方也有"因文生事"的现象，但毕竟是个别现象。

第三节　自觉塑造典型人物形象

《史记》传记文学的创作是自觉的有目的的艺术活动，通过历史人物形象来表现作者对历史生活的认识和思想感情，也就是表现《史记》传记的主题，这是《史记》传记文学的主脑与统帅，传记的材料选择及经营布局都要为充分揭示传记的主旨而服务。

从《史记》传记的整体上来看，作者的主旨是要"究天人之际，通古今之变"，通过传记要表现中国历史社会的变革及作者对变革的认识。因此对历史人物，一般注重的是揭示其在社会变革中的作用，这就决定了对历史人物材料的选取，多是人物参与社会重大变革的举止言谈，即使选入一些小事小情，也从属于社会斗争，从另一侧面表现社会重大事变的预兆。如章学诚在《文史通义·卷五·内篇五》中说："陈平佐汉，志见社肉；李斯亡秦，兆端厕鼠，推微知著,固相士之玄机;搜间传神,亦文家之妙用也。"《史记》传记人物多数处于紧张、激烈的社会斗争气氛下,攻讦、政变、战争,处处勾心斗角、剑拔弩张、血雨腥风,各种复杂而惊心动魄的社会斗争关系的展示,成了《史记》传记最精彩的题材。

具体到每一个传记人物,作者的主旨是要表现这个人物在历史社会变革中的角色,这就需要从众多的材料中,选取那些最能表现其历史角色特征的素材,而剔除那些非特征的材料,使材料的内容与人物的角色特征趋于一致,这样,人物传记的主旨明确了,历史角色的形象也鲜明了。

某一人物传记的主旨是《史记》传记整体主旨的一部分,《史记》传记整体主旨使其所有的人物传记具有了统一性与联系性,每篇人物传记的主旨统一在《史记》传记整体主旨下,都又对本传记的材料与格局有统摄作用。明确的主旨使传记内容丰富而不松散,富于变化而有条不紊。

《史记》传记描写的主体还是以往历史上的人物和事件,它的选材就必然有别于一般描写现实生活的文学作品创作的选材。司马迁带着自己的目光和感情,主要在浩瀚的史料汪洋大海中,精心选择最适合表现人物形象特征和自己创作主旨的材料。司马迁对历史资料博采精取,涉猎资料十分广博,他在《太史公自序》中曾说:"天下遗文古事靡不毕集太史公,太史公仍父子相续纂其职。"载于《史记》之中仅注明的书籍就有 102 种之多。司马迁对待广博的资料有一条原则:那就是综合、贯通、熔铸、选择、取舍、组织。首先,司马迁对所有的资料都要进行甄别,对于神异古怪、空、虚、非、过等荒诞不实的史料,都予以考辨,决不轻易使用。如豫让拔剑击赵襄子的衣服,《国语》载:"衣尽出血,襄子回车,车轮未周而亡",司马迁在《刺客列传》中没有采录《国语》此说。司马迁在《大宛列传》中说:"至《禹本纪》、《山海经》所有怪物,余不敢言之也。"在《刺客列传》中说:"其称太子丹之命,'天雨粟,马生角'也,太过。又言荆轲伤秦王,皆非也。"《史记》传记中有时故意收录一些荒诞传说,往往字里行间充满讥刺嘲讽,意在描写传中人物因某种政治需要而和迷信、荒诞相联系的历史真实。如《高祖本纪》中写有:

秦始皇帝常曰"东南有天子气",于是因东游以厌之。高祖即自疑,亡匿,隐于芒、砀山泽岩石之间。吕后与人俱求,常得之。高祖怪问之。
吕后曰:"季所居上常有云气,故从往常得季。"高祖心喜。沛中子弟或闻
之,多欲附者矣。

刘邦所居之处常有云气,意为刘邦乃为龙身所致。司马迁写其事并非相
信其真有,而是暗讽吕后为了抬高刘邦身价以迷信惑众。这荒诞本身也是一
种现实,记述盘绕刘邦身旁的祥云瑞气一事,不仅不妨碍传记的真实性,相反,
更使人窥见历史的另一真实——即历史人物利用鬼神的历史真实。

《史记》传记选材从主旨出发,从突出人物性格特征出发,足以突出人物
主要性格特征的事虽小必详叙,反之不足以突出人物主要性格特征的事虽大
却粗略概括。人物在主要性格特征支配下还呈现出性格的丰富性和复杂性,
所以司马迁注意把每一个人物都作为一个丰富的精神世界去认识,注意从不
同侧面去表现这个人物的内在本质。有时汇集了表面看好像是不相协调的素
材,正是这些矛盾的不同方面融于人物一身,才使人物全面地反映了人生的矛
盾过程,才使人感到传记人物是生活在复杂矛盾世界之中血肉丰满的人。这
样既突出了人物的精神实质,又表现了人物在各种境况下性格的发展变化,表
现了人物精神的丰富性。从后来的史学角度来看,这种选材法是不足取的,然
而正是选材注重从人物性格特征出发,才大大增强了传记人物的性格特征的
表现力,使传记人物更具艺术形象性。

在司马迁开始思索人物传记主旨如何表达,有关材料如何择取,人物形象
如何表现时,就有一定的组织规模,包含着这样那样的结构思维活动。当他反
复推敲和精心策划,将丰富的题材进行整理排列,把所有的材料熔铸成一个有
机的艺术整体时,便是自觉的结构思维了。《史记》传记主旨的表现是通过传
记人物命运的展示而实现的,因此,展示人物命运的发展过程,成了《史记》最
恰当的结构形式。每一个历史人物,他的一生经历是很丰富的,他的思想、性
格也是很复杂的,为了在人物传记中集中表现一定主旨和人物的主要特征,又
不违背历史之真,司马迁就将与一定主旨、人物主要性格特征不统一、不和谐
的方面,分散于其他人物的传记之中,或为了达到一定的隐讳目的,也用此法,

将隐讳部分散于他人传中,这就是本传晦之他传发之的"互见法"。①　本传见人物的主要性格特征,全书的整体传记才见此人物的全貌,正述在本传,补充在他传,各传互为补相表里,各传互有联系。"互见法"的使用,说明塑造典型人物形象已经成为司马迁的自觉创作意识。

《史记》传记结构围绕着主旨、人物的性格特征来安排,这样的内在关系,决定了《史记》传记结构的基本脉络,这种脉络就是人物命运特征的发展轨迹,它把人物传记中的零散材料联结成一个有机的整体。整个传记是人物命运的始终记叙,人物命运特征是贯通全部传记的线索。以人物命运特征发展为线索,《史记》传记结构的脉络出现了以下三种形式:一是以某一人物的命运为主线,而其他与此命运相关的人只作为陪衬与烘托,而将这一人物的性格特征鲜明地显示出来。二是以两种命运发展为线索,这两种命运特征具有互相照应的关系,这种照应又可分作两种形式:对称和对比。对称是两种命运特征处于对应状态,共同具有某种相似的特征。对比是两种命运特征处于对立状态,各自具有对方某种相反的特征。对称或对比可以把两种命运组织在一个复杂的整体结构之中。三是以一人命运发展为经线,数人命运特征发展为纬线的纵横交叉。经者为主角,纬者为配角,纬线上的人物有力地衬托着经线上的人物。也有时忽而主忽而客,竟主客难辨,纵横穿插,变化之妙,无辙可寻。《史记》传记结构虽呈现出复杂多变的形态,但总有人物命运特征的线索在紧紧蝉联,只要剖析传记人物命运特征的发展以及各种命运之间的相互关系的分合联络,便能理清它的结构脉络。

司马迁以新的先进世界观"究天人之际,通古今之变,成一家之言"。在"究"中,他肯定了"天人之际"中人的主导地位,在"通"中他看到了"古今之变"中人的决定性作用,在"成"中,他找到了以人为中心的纪传体形式。人在《史记》中占据着明确的中心位置,人物形象体现了《史记》传记的艺术本质,是《史记》艺术价值之所在。根据人物在社会关系中的地位及作用,《史记》把

---

①　关于"互见法",可参见肖黎、张大可《论史记的互见法》,《社会科学辑刊》1983 年 3 期。孙秋克《史记互见法浅议》,《江淮论坛》1983 年 1 期。刘松来《史记互见法初探》,《江西师大学报》1984 年 4 期。

人物分别列入《本纪》、《世家》、《列传》三个不同层次之中。大致上,《本纪》是帝王一类人物的传记,《世家》是诸侯一类人物的传记,《列传》是公卿将帅一类人物的传记,但司马迁安排人物本不从名分出发,而是从人物的实际社会关系、社会作用出发,这正是他自己的体例,如项羽无帝号而列《本纪》,孔子属布衣而进《世家》,扁鹊一医师而入《列传》。《史记》中的人物是一批站在时代激流前面勇于进取的人,一般又有曲折、坎坷的经历,都具备刚毅不挠、奋发直前的气概与精神。他们是积极有为、不甘沉沦的人,他们不惜以生命执著地追求着理想,努力实现自己的人生价值,具有活着为了举事成名,或为国捐躯或为义献身的人生观。这些人所具备的巨大历史创造力,坚韧不拔的意志,高尚的品质情操,充分体现着中华民族的优秀特征,代表着比较广泛的社会关系。

司马迁择取人物的视野,从纵的方面来说,是中国整个历史发展过程,从横的方面来说,是中国全社会范围,在择取人物时,有意照顾到了各类人物的典型。司马迁在《太史公自序》中说自己所欲论载的是"明主贤君忠臣死义之士",明确指出《史记》入选的人物包括社会上下各阶层。司马迁努力以众多的各方面的人物来表现大变革社会的每个角落、社会关系的方方面面,来实现其全面反映历史生活的目的。在中国文学发展史上,《史记》传记文学第一次包容了如此众多、代表性如此广泛的人物形象,人物的代表性广泛到几乎覆盖全社会的每个阶层。

司马迁在中国三千多年的历史长河中,披沙拣金精选出一批卓异特行、超群不凡的人物,从这些人物身上我们看到了古老的中国历史演变的过程与演变特征。他们是一个个在风云变幻的时代纵横驰骋的英雄,他们或直接或间接都与社会重大斗争相联系,在政治、军事、经济、思想、科技、文化诸方面创造了惊天动地的功业,人物性格特征一般是紧张、猛烈、豪放、粗犷的,敢于正视带血的人生,敢于抗争在大较量的生死线上,体现了变革时代的普遍特征。

司马迁第一次以传记的形式来表现人物形象,人物形象对历史社会生活的本质有深刻的揭示与概括,充分地体现出人物的社会关系、时代生活特征的普遍性和历史发展的趋向性,否则就不会那样强烈地引起全社会读者的共鸣,更谈不上具有高度的艺术性。试以《陈涉世家》为例来说明:陈胜是我国第一个伟大的农民起义领袖,陈胜起义对汉代人影响很大,但真正能正确评价陈胜的还是司马迁。当中国第一次农民起义出现后,司马迁就十分敏感地抓住了人物身上具有的全部普遍意义的东西,第一次对我国古代农民战争作了生动记载,描写了陈胜这个前所未有的农民起义领袖的光辉形象,显示了中国农民起义推动历史前进的伟大功勋。陈胜起义,为我国第一个强盛的封建地主王朝——大汉封建帝国的建立创造了前提条件,起义的过程,也显示了中国封建农民起义失败的某种历史必然性,而后一点往往为一些现代人所忽视。他们在"农民运动天然合理"观念的影响下,只看到司马迁对陈胜历史首创精神的肯定与歌颂,而没有客观地正视司马迁对陈胜农民起义种种固有弱点的真实描述,没有全面地认识司马迁对陈胜农民起义全部实质的揭示。

《陈涉世家》首先向我们清楚地展示了陈胜起义的具体背景:"二世元年七月,发闾左适戍渔阳,九百人屯大泽乡。陈胜、吴广皆次当行,为屯长。会天下雨,道不通,度已失期,失期,法皆斩"。陈胜等人眼下除造反而无其他生路可走,且"天下苦秦久矣",造反有可乘之势,举事便有侥幸成功之望,即使不能成功,也不过一样地掉脑袋罢了。于是陈胜领头揭竿而起。起义既不是自觉的革命行动,又无明确的纲领宗旨,若说有指导思想,也不过是打江山坐江山之类的个人封建功名思想。所以陈胜在号召起义时只能说出这样的话:"且壮士不死即已,死即举大名耳,王侯将相宁有种乎?"起义为了"举大名",为了取代那些旧日的王侯将相,深刻地表现了农民意识中的私有性与狭隘性。封建社会农民的个体私有与落后的生产方式,决定了他们的意识不能突破封建的传统意识,他们只有夺取统治者帝位的思想,而没有改变社会制度的意识,他们的起义只能部分地改良社会,而不能彻底改变社会。封建传统意识也决定了陈胜起义时必然借助中国强大的封建迷信与正统观念,他们置书于鱼腹,学狐鸣于草丛庙祠侧,"诈称公子扶苏、项燕,从民欲",然后才自立大楚,努力给自己的起义也披上"天授"、"天意"的正统外衣。

封建农民起义既无明确的纲领,也无统一意志与严格的组织纪律,陈胜起义初一呼百应,不免鱼龙混杂,一些谋私分子纷纷混入领导层。待起义事业有了发展,内部便开始争权夺利、互相残杀、搞分裂,如"武臣到邯郸,自立为赵王","韩广"乃自立为燕王",秦嘉"自立为大司马"等。同时,农民起义的领袖,包括陈胜在内便开始严重脱离群众搞腐化。陈胜这位当年朴实的雇工,曾在田垄上对伙伴们说:"苟富贵,无相忘。"可是在他为王仅仅半年之后,便身居深宫,作威作福,当他的雇工伙伴仅仅道出他们当年同耕的实情,陈胜便对昔日的伙伴一反常态:"客出入愈益发舒,言陈王故情。或说陈王曰:'客愚无知,颛妄言,轻威。'陈王斩之。诸陈王故人皆自引去,由是无亲陈王者……此其所以败也。"司马迁沉痛地写了陈胜前后的巨大变化,揭示了这位农民起义领袖后来脱离农民,并与农民又开始了新的对立阶级关系的现实。陈胜之后,中国有张角、黄巢、李自成、洪秀全等人领导的农民大起义,陈胜这个人物形象所体现的中国农民起义者的普遍特性又为后来历代农民起义所证实。中国封建农民起义领袖容易发动中国农民起义,这是因为农民已被统治者逼到忍无可忍的地步,像一堆干柴,只需一颗火星,便可变成冲天的烈焰。中国封建农民起义领袖也容易直接导致农民起义力量的分解与消亡,因为中国封建农民起义领袖的帝王思想,使他大权独揽,滥用职权。起义即使成功,政权的性质在他们手中也最容易迅速地变为新的封建帝王专制。早在二千多年前,司马迁就以陈胜这一人物形象揭示了中国农民起义的许多普遍特性,但直到现在仍有一些文史学家脱离历史现实,主观地把封建农民起义歌颂得如同无产阶级革命一样,把中国封建农民起义领袖描述得与无产阶级革命领袖差不多。比起他们来,司马迁对农民起义的本质特征揭示得要真实得多、深刻得多。

金圣叹《读第六才子书西厢记法》中说:"世界妙文,原是天下万世人人心里公共之宝。"《史记》传记便是世界妙文,读之令人惊讶,所写的人物似人人所曾相识的人物,所表达的感情似人人心中所曾体验过的感情,它所反映的思想感情深入到了社会的各个阶层,尤其是深刻地反映了人民大众的思想感情。它有对被迫害者、被侮辱者的怜悯与同情;对民族和祖国命运的关注与热爱;对正义公平的向往与追求;对专制残暴的愤恨与反抗等,这些属于社会大多数人共同的思想感情。人民的感情与愿望体现着历史发展的基本趋势,对人民创造历史的思想感情的深刻揭示,是《史记》传记人物形象深刻性的重要方面,它给了人物以深刻不朽的灵魂,使这些人物形象在历史画卷中永远闪耀着光彩。

《史记》人物形象反映了历史社会关系及历史生活特征的普遍性,每一个人物又是不可混同于别的人物的独特的形象,正如泷川资言《史记会注考证》引斋藤正谦赞《史记》语:"同叙智者,子房有子房风姿,陈平有陈平风姿;同叙勇者,廉颇有廉颇面目,樊哙有樊哙面目;同叙刺客,豫让之与专诸,聂政之与荆轲,才出一语,乃觉口气各不同。"《史记》传记其他人物形象也无不各具神态,具有生动、鲜明的独特个性。尤其是那些帝王人物,作者剥去了他们神圣的外装,或写他们奋发向上、兴国强邦,或写他们昏庸无能、误国灭族,或写他们残酷、虚伪,或写他们荒淫狂诞,还帝王以活生生的凡人特性,也还帝王自己的独特个性。《史记》传记人物是活灵活现的典型形象,他们真实、可信、感人,不论时隔多久,只要一翻开《史记》,那些传记人物的音容笑貌就马上会在读者面前展现,如同我们现实生活中常见到的人物一样熟悉与清晰。清人熊士鹏在《鹄山小隐文集》卷二《释言》中也讲到自己读《史记》人物传记的体会:

> 余每读其列传,观其传一人,写一事,自公卿大夫,以及儒侠医卜佞幸之类,其美恶谲正喜怒笑哭爱恶之情,跃跃楮墨间,如化工因物付物,而无不曲肖。读《屈原传》,则见其哀郢怀沙过湘投书之状;读《庄周》、《鲁仲连传》,则见其洸洋俶傥之状;读《韩信》、《李广传》,则见其拔帜射雕之状;读《游侠》、《刺客传》,则见其喜剑好博倚柱箕踞之状;读《酷吏》、《滑稽传》,则见其鹰击毛挚摇头大笑之状;读《原》、《陵》、《春》、《孟》四君传,则见其弹铗负辅执辔蹑珠之状。余不暇枚举,然若此者何哉?盖各因其人之行事而添颊上三毫也。

在《史记》众多人物中,项羽就是一个个性异常生动的人物。在《项羽本纪》中,一开始便简要介绍了项羽出身于世代楚将家庭及父亲被秦所戮之事,项羽叔父项梁担负起哺育项羽的责任,家仇及家教对项羽性格以至事业都有影响。"项籍少时,学书不成,去学剑,又不成,项梁怒之。籍曰:'书足以记名姓而已。剑一人敌,不足学,学万人敌。'于是项梁乃教籍兵法,籍大喜,略知其意,又不肯竟学。"项羽以为学剑不足敌万人,足见其志向不寻常。学兵法又不肯深研,见其志向宏远而性格粗疏浮躁,作者选择项羽少年时的这些"琐事"来写,为其将后反秦及楚汉相争中欠精细多轻率而做张本。司马迁善于以看似平凡实是最有典型意义的行为与语言来表现人物的独特个性。《项羽本纪》中有这么一段:"秦始皇帝游会稽,渡浙江,梁与籍俱观。籍曰:'彼可取而代也。'梁掩其口,曰:'毋妄言,族矣!'梁以此奇籍。"两人不同的话语,项梁一个掩口动作,就将这一老一少不同阅历、不同性格表现得淋漓尽致,真实地展示了两人的内心世界。项羽勃勃的野心和初生牛犊般的冒失,已暗示了他惊天动地的一生;项梁为人久经世故,含而不露,虽惊恐项羽莽撞,又赏识项羽的抱负,又怕又喜中表现了将门贵族的志向与复杂感情。

由于项羽从小就有非凡志向,又受到贵族将领兵法的指教,所以有胆有识,当陈胜刚揭竿而起,他便与其叔父即刻响应,以狡诈、突袭的手段,夺得了当地(吴中)的兵权,在以后的反秦的过程中,更进一步表现了他非凡的毅力和军事指挥才能。当他被楚怀王任命为次将军,协助上将军宋义攻秦救赵时,宋义畏敌不前,于是"项羽晨朝上将军宋义,即其帐中斩宋义头,出令军中曰:'宋义与齐谋反楚,楚王阴令羽诛之。'当是时,诸将皆慑服,莫敢枝梧。"这一惊心动魄的举措,显示了项羽力挽狂澜的智勇和敢于驾驭局势的气概。项羽敢于进击和宋义畏缩不前的冲突,项羽率领的楚军破釜沉舟、决一死战与诸侯各军隔垒观望的对比,更显示出项羽过人的胆略,这和他一贯表现的强悍勇猛性格是一致的。当项氏叔侄起事时,项羽只身一人入会稽守府,"所击杀数十百人,一府中皆慑服,莫敢起"。待到后来的东城之战,项羽"乃有二十八骑",他仍从容布阵,"大呼驰下,汉军皆披靡","是时,赤泉侯为骑将,追项王,项王瞋目而叱之,赤泉侯人马俱惊,辟易数里。"司马迁抓住项羽个性中最突出的强悍神勇的特点着力刻画,使这位暗噁叱咤、千人皆废的反秦英雄形象异常鲜明。

项羽不仅无比神勇,而且还具备贵族将门的气度与"美德",项羽重"仁义",讲"诚信",爱豪杰,为人直爽、厚道、义气,如"大司马咎者,故蕲狱掾,长史欣亦故栎阳狱吏,两人尝有德于项梁,是以项王信任之。"因为别人曾对其叔父友善,项羽便因报恩而委以重任。再如鸿门宴上,"范增数目项王,举所佩玉玦以示之者三,项王默然不应",项羽为刘邦俯首称臣的假象所迷惑,自感谋害刘邦理亏,对范增的加害暗示置若罔闻。在多次战争中项羽没有使过诈术,始终保持着贵族应有的道德和人格。当项羽被围垓下,听四面楚歌,始大惊,继之惆怅,于是慷慨悲歌:"力拔山兮气盖世,时不利兮骓不逝。骓不逝兮可奈何,虞兮虞兮奈若何!"与其说痛惜自己英雄穷途末路,还不如说对自己的爱姬与骏马更怀恋恋不舍之情,表现了深厚诚挚的人情。当垓下突围退到乌江时,项羽因虑愧见江东父老而不肯东渡,自刎前还将自己的头颅赠送给故人使他得以封侯,这一笔最有力,表现了项羽不苟活、不偷生,慷慨豪爽的英雄本色。宋代女作家李清照曾写诗赞道:"生当作人杰,死亦为鬼雄。至今思项羽,不肯过江东。"(《夏日绝句》)项羽所崇尚的是力抵万夫的刚烈与武勇,那是贵族将门历来所提倡的气质与品行。鸿门宴上,樊哙擅自闯进宴帐,项羽非但不指责,因见其"头发上指,目眦尽裂",具有凌厉不可冒犯的气势,而赞之曰:"壮士",赐予斗卮酒与生彘肩。见其"拔剑切而啖之",又赞曰"壮士",爱英雄豪杰到了不分敌我的地步。当樊哙义正辞严当面申斥项羽,说他的所作所为是"亡秦之续耳",项羽竟然"未有以应",这恐怕是其一生中少有的,这与烹杀说他是"楚人沐猴而冠耳"话的人的暴烈行为形成鲜明对比。由爱慕英雄气质,引起内心深处的反躬自责。项羽对樊哙当众的指责竟给以容忍,只好"顾左右而言他",只搪塞地说了一个字:"坐",欲以一个"坐"字来掩饰自己的内疚与羞愧,映衬出了这位愚蠢将军对公理心折、忠实厚道的性格。

项羽还有着浓厚的宗法观、本土观与刚愎易折的特征。项氏起兵时所依靠的社会力量就与陈胜、刘邦不同。陈胜号召的是发自闾左的戍卒,刘邦依靠的是逃亡役徒,而"梁乃召故所知豪吏"。在宗法观方面,项羽完全和其叔父项梁是一致的,范增主张立楚之后为帝,也是投其项氏贵族宗法观念之所好。项氏起兵时"得精兵八千人",以后"以八千人渡江而西",到项羽乌江自刎时仍念念不忘"江东子弟八千人",表现了项羽多么狭隘的本土地方观念。他所爱的是"江东父兄",他所依靠的是"子弟八千人",他所依恋的是楚地,离开楚地便屠城郭坑降卒，如"西屠咸阳，杀秦降王子婴，烧秦宫室，火三月不灭，收其货宝妇女而东"，与战国时诸侯掠夺战无异，使天下人多怨，百姓不亲附。他不听别人关于占据富秦而霸天下的建议，"心怀思欲东归，曰：'富贵不归故乡，如衣绣夜行，谁知之者！'"显示了土豪贵族眼光短浅的本土观念的本质特征。项羽用人，也根据宗法等级原则，所封侯王将相几乎都是贵族，而出身贫贱的大军事家韩信却只被任作"执戟郎中"。灭秦后，项羽的势力已达到"政由己出"的地步，但他把轰轰烈烈的反秦人民战争看作是六国对秦复仇的战争，无统一天下的大志，只希望做一名战国式的霸主，自号为"西楚霸王"，分天下，立诸侯，逆历史潮流而动，将自己置于历史发展的对立面，走上自毁之路，从此开始了败亡的悲剧命运。从军事强弱转折来看，好像"鸿门宴"是其分界线，实际上，从项羽一开始起兵，就不可避免地具备了失败的必然因素。

　　项羽有着一般贵族的特征，又有自己独具的特点，他个人的特点不同于项梁，也不同于其他贵族，因为他不仅具有一般贵族的地位、教养和生活环境，而且有只属于自己的独特经历，在贵族的共性中又处处显示着独特的个性。鸿门宴是楚汉相争的序幕，也是项羽命运转折的开始。当他得知沛公刘邦已破咸阳，"大怒曰：'旦日飨士卒，为击破沛公军！'"目空一切，骄横气盛。"范增说项羽曰：'沛公……其志不在小，吾令人望其气，皆为龙虎，成五采，此天子气也，急击勿失！'"范增的深谋远虑，更衬出项羽匹夫勇悍的特点。项羽初听沛公左司马曹无伤报告时，显得多么暴躁，恨不能马上将刘邦碎尸万段，但当沛公假意谢罪于鸿门宴上，项羽又是多么刚愎自用、洋洋得意。巧言使其喜形于色，奉承使其迷惑软化，小利使其神迷智昏，在觥筹交错中看不到背后的刀光剑影，一个十足的骄傲将军的形象，自身潜伏着自毁的因子，别人无法战胜他，他却将自己置于了败地。垓下突围、东城之战，项羽虽仍保持一贯的豪气与魄力，但胸无良谋，不能以退为进，以柔克刚，突出地暴露了他的自暴自弃的性格。在豪气与魄力方面，项梁与范增不及他，但在老练沉稳方面他不及项梁，在运筹计谋方面他又不及范增。

　　司马迁在为项羽立传时，紧紧抓住以上生动的个性特点，塑造出了项羽这样一位狂飙式的英雄形象，清代李晚芳在《读史管见》卷一《项羽本纪》条中说：

> 羽之神勇，千古无二；太史公以神勇之笔，写神勇之人，亦千古无二，迄今正襟读之，犹觉喑噁叱咤之雄，纵横驰骋于数页之间，驱数百万甲兵，如大风卷箨，奇观也。

> 当是时，秦纲懈而维弛，天下叛之，英雄杂沓并起，千头万绪，棼如乱丝，太史以一笔写之，或插序，或陪序，或带序，或附序，无不丝丝入扣，节节归根，步骤井然不乱，后之作史者，谁有此笔力？

项羽由萌生取天下之大志，至天下大乱而乘势崛起，由力量微弱而至号令天下，又由极盛而至身亡国灭。事业兴衰成败的过程，处处关联着他的个性特征，他的个性写得越生动，其人生经历就越感人。

项羽仅是《史记》传记人物之一，其他传记人物也无不各具神态，具有生动、鲜明的独特个性。这种生动的个性特征，其感人的力量超越了历史时空，不论时隔多久，只要一翻开《史记》，那些传记人物带着他们特有的音容笑貌就向我们走来，有的像我们的亲人，有的像我们的朋友，有的如同我们现实生活中常见到的人物那样熟悉，他们生动的形象在我们的脑海里竟是那样的鲜活！

《史记》的人物形象都是在历史真人基础上艺术加工而成的，这一点决定了《史记》人物形象刻画的基本特征。司马迁不能虚构人物的主要性格特征，不能虚构人物主要的事件与生活环境，更不能去虚构人物的内心活动，只能比较客观地从人物经历中所表现出来的各个方面去把握人物的性格特征，从而去揭示人物的全部底蕴。人物的社会行为是内心世界的外在表现，通过外观而见内心世界是《史记》刻画人物形象的基本方法。这种方法注重人物的客观行动、言谈、外露的表情、直观的外貌等方面的刻画，透过这些外观表层而领会人物的性格特征，是一种全方位的"外视"写法，人物的心理活动对于《史记》艺术似乎成了一种非客观、无重要意义的东西。

除"外视法"外，《史记》刻画人物形象还辅以"衬托法"，即以彼人物的形象来见此人物的形象。衬托法有反衬与正衬两种，用互相不同甚至相反性格特征的人物去衬托可谓反衬,如绿叶衬红花;用相近或相似性格特征的人物去衬托可谓正衬,如众星拱月。衬托与对比、对称有相似处,但却不等同。对比、对称是双方比较,使得两者相得益彰,衬托却是一主一宾,以宾衬主,宾体的描写是为了说明、补充、烘托主体,使主体更突出、鲜明。还有一种写法既非正衬也非反衬,而是借其他人物形象来充实重点人物形象。如《刺客列传》中叙述聂政自杀后其姐聂荣冒死认尸,荆轲死后高渐离复仇等,聂政、荆轲的亲友尚如此,可以更深一层想见聂政、荆轲的性格特征。另外通过他人评价来表现人物,也是一种用他人来充实人物性格特征的重要方法,如汉文帝评李广:"惜乎,子不遇时!如令子当高帝时,万户侯岂足道哉!"寥寥数语,点出了李广英雄无用武之地的特点,同时也显示出李广善战无赏的"不遇时"的现实。

《史记》人物性格刻画的基本方法决定了它的基本写作特点。首先是人物性格刻画中具有戏剧特点。《史记》传记人物的形象主要靠人物自身的行为、语言、表情以及社会关系的展示来表现,给人一种实在的、直观的印象,直观性是戏剧独具的艺术特点,这个特点在《史记》中是很突出的。《史记》对于人物的心理不作剖析,对背景不作细致的描述,而是让传记人物各自以独特的角色,自己在"历史舞台"上展现自己的性格特征。人物的行动与语言成了最精彩、最能表现人物形象的手段,表现出浓厚的戏剧色彩。其次是人物性格刻画中具有"白描"的特点。在《史记》人物传记中,不存在叙述人的长篇描写,没有人物的心理剖析,也没有过长的人物对话,写人物行为、语言、相貌、表情、背景,用的是简略而又质朴的语言,寥寥几笔,却紧扣在人物性格特征上,笔墨简练,而形象异常丰满。

司马迁注重择取重大的社会矛盾、斗争的事件来构成《史记》的基本情节,人物的性格特征往往在这种条件下才显得深厚、清晰而有光彩,充分显示出历史时代"弄潮儿"和其他各种历史角色的鲜明性格特征。当然,《史记》传记也不是没有日常平凡事件的描写,如刘邦相面、张良圯上受书、张汤审鼠,陈平娶张氏女等,但这些细事的记叙是为了使人物在重大事件中表现出来的性格特征更自然、更丰满、更突出。司马迁注意人物在重大事件中行为的因果性,因而传记中的情节一般具有开端、发展、高潮、结尾的发展全过程。《史记》传记情节是为显示人物性格特征而服务的,只要是能充分反映人物性格特征的情节,就充分展开描写。如《韩长孺列传》写韩安国入狱一节,既没写韩安国因何犯罪及犯罪经过,又没写韩安国狱中的主要生活,只写韩安国与狱吏田甲的一段对话及韩安国出狱后对田甲的态度:

> 其后安国坐法抵罪,蒙狱吏田甲辱安国。安国曰:"死灰独不复然乎?"田甲曰:"然即溺之。"居无何,梁内史缺,汉使使者拜安国为梁内史,起徒中为二千石。田甲亡走。安国曰:"甲不就官,我灭而宗。"甲因肉袒谢。安国笑曰:"可溺矣!公等足与治乎?"卒善遇之。

在韩安国入狱及出狱的全部事件中,唯有这段情节能充分显示韩安国的识量宏远,司马迁便抓住尽力摹写,充分发挥情节展示人物性格特征的重大作用。如若不能充分展示人物性格特征,即使是重大战争,也以淡淡几笔带过。

《史记》传记的情节不追求违背客观规律的巧合,也不故作惊人之笔,它不像后世小说那样在情节的发展中有意将某"结"埋伏了,却故意迟迟不解,目的是作为悬念来紧扣读者心弦。《史记》传记反而却是常用一些微妙的细节将后面重大情节发展的趋势预示出来,情节安排极其自然、了无凿痕。《史记》传记的情节虽受客观规律的支配,但并不妨碍作者进行艺术安排,为了更好地塑造人物形象,司马迁对情节的安排是颇费匠心的。

《史记》传记情节的安排有两大鲜明的特征:"奇"和"曲"。《史记》的"奇",就是指取材不凡庸,故事情节有新奇性;《史记》的"曲",就是指描写不简直,行文有变化。《史记》传记中的人物都是非凡人物;他们超群绝伦的曲折经历,尖锐复杂的社会关系,惊心动魄的各种斗争,全是构成情节"奇"的基础,司马迁爱好情节惊险、奇异,正是为了更好地表现传中的奇人奇事以及自己的奇特感情。《史记》传记情节之奇,不是荒诞之怪奇,也不是故弄玄虚之假奇,而是一种对情节的艺术典型化。那些奇异情节,常超乎于一般人之意料,而又不越常理常情。紧张、奇特、惊险的情节,不仅使《史记》更好地展示了人物在事件矛盾冲突过程中呈现的特异性格,而且引起读者的高度关注,使其心灵撼动异常,这也是《史记》情节艺术魅力特强的原因之一。司马迁行文讲究虚实相参、笔法多变,传记情节发展讲究急徐有致,疏密相间,正反相成,相映成趣,疏略处能总其大概,细密处曲尽吞吐之妙。如项羽垓下被围,在激烈的矛盾冲突推进中,又插入项羽夜闻楚歌,自作诗慷慨悲歌,美人虞姬唱和,左右随从涕泣的平缓小插曲,淡处着笔,虚处传神,都恰到好处地表现了人物的性格特征。为了更好地达到情节"奇"与"曲"的艺术效果,司马迁常用人物的奇闻轶事和虚构细节来充实情节,传中人物形象便活脱脱显现出,几乎达到伸手可触的地步。

司马迁善于选用典型细节来增强整个情节的真实感,在细小的情事上窥见人物内心的复杂世界。《战国策·秦策》与《史记·苏秦列传》都载有苏秦为六国相,衣锦还乡,与曾慢待过他的嫂子的一段对话,在这段情节中,司马迁又增加了苏秦冷笑,其嫂以面掩地而谢的细节,人物形象顿觉神采飞动,一个踌躇满志的政客,一个敬畏权贵的市井小民,他们的形象已呼之即出。

《史记》传记人物都有自己独特的个性与感情,同时他们又都是作者的感情所强化的艺术形象,在他们的形象之中,交织着作者的人生经验,寄托着作者的审美理想,饱含着作者深厚的爱憎感情和作者浓厚的身世之感。《史记》传记每一个人物形象,都折射着司马迁思想和感情的光泽,每一个人物形象都是客观历史真实与作者主观感情的统一。司马迁将自己的主观感情贯注于《史记》人物的塑造之中时,他采用了三种形式:一是将感情寓于人物的叙述描写之中,二是感情在语调上自然流露,三是直接对人物表达感情或借用传中其他人物来抒发感情。作者主观感情在传记人物身上得到反映,使得《史记》传记人物形象具备了强烈的抒情色彩,极大地触发读者内蕴的情感。茅坤在《史记钞》中说:"读游侠传即欲轻生,读屈原贾谊传即欲流涕,读庄周鲁仲连传即欲遗世,读李广传即欲立斗,读石建传即欲俯躬,读信陵平原君传即欲好士。"《史记》人物形象浓厚的抒情性常使读者感情上产生强烈的共鸣,这也是《史记》传记人物性格刻画异常深刻的一个重要方面。司马迁尤其善写悲剧性人物,这些悲剧性人物身上都寄托着司马迁悲剧性的身世感,司马迁借他人之杯酒,浇自己心中不平之垒块,晚清刘鹗在《老残游记·自序》中说:"《离骚》为屈大夫之哭泣,……《史记》为太史公之哭泣。"司马迁怀着不幸遭遇的深切感受来刻画历史上的悲剧人物,使悲剧性命运人物的悲剧色彩更加浓烈,他第一次在我国文学史上创造了众多的悲剧人物与悲剧性格,把我国悲剧艺术创作提高到一个成熟的高度。

将历史人物写成艺术典型人物,不仅要求有自觉塑造典型人物形象的新意识,有相应的塑造典型人物形象的新形式与新手段,还要求具有相应的塑造典型人物形象的新语言。司马迁不愧是汉代伟大的语言艺术家,他对古奥的传统书面语进行了改造,对当时社会上流传的口语进行了合理吸收,创造了通俗易懂、生动活泼又富有表现力的新的书面语,用这种具有新规范的文言来塑造典型人物形象,果然效果显著,真正构成自己的"一家之言"。《史记》传记有抒情、有议论、有叙述,但主要的方法是通过叙述来写人记事,主要记叙传记人物的言行,让人物以实际行为来表现自己,叙述人的语言常起介绍、连贯人物和事件的作用。《史记》传记的叙述有直叙和婉叙两种形式,也称直笔和曲笔。直笔是直截了当的记叙,对记叙的人物、事件给以明确的揭示;曲笔是对记叙的人物、事件给以含蓄的暗示。曲笔的运用,是司马迁经过一番痛苦经历之后,认真反思才摸索到的一种语言表达形式。司马迁曾在《太史公自序》中说:"于是论次其文,七年而太史公遭李陵之祸,幽于缧绁。乃喟然而叹曰:'是余之罪也夫!是余之罪也夫!身毁不用矣!'退而深惟曰:'夫《诗》、《书》隐约者,欲遂其志之思也。'"司马迁劫后余生,才意识到只有采取意隐文约的形式,才能表达对汉朝历史的真实认识与感受。同汉代甚至后世的文人学士相比,司马迁书写历史的笔法可谓"直"了,但他本人写的汉史同他所写的汉代以前的历史相比,就明显看出了文笔"曲"的特点,贬损当世所使用的语言明显地语意隐约了,语气委婉曲折了。曲笔是一种迂回曲折地表现历史真实的艺术语言,它更多地体现了《史记》语言的艺术特征。

司马迁很注意吸收众家语言之优长,从《史记》语言的纵横恣肆上,明显看出对战国策士论辩语言特点的吸收。《史记》广泛援引古籍诗文、民间流传的俚语俗谚,而且善于化用,别人的语言一经司马迁化用,便焕然一新,推出新意,熔铸成为具有自己特色的新语言。《史记》遣词用句精炼而能达意遗情,叙事明白,论理周全,少量的言词包含着丰富的内容。《史记》文辞精约,但不一味求简,比起《汉书》来,《汉书》文字整饬、谨严,然缺少《史记》那种微情妙旨、朗朗顺口的声调和纵横不羁的语言气势。

以塑造典型人物形象为中心的《史记》传记艺术,所造成的高妙艺术境界,是一个呈现在读者面前景真、事实、情笃、意切、出神入化的艺术天地,从题材处理、体裁驾驭、形象塑造和语言的运用等方面都可以看出司马迁特有的艺术个性,这便是《史记》传记的艺术风格。《史记》传记的主题和题材、情节和表现手法等,都可以转换于他人手中,但唯独《史记》传记的艺术风格是只能属于司马迁自己的,它是司马迁诚于内形于外的精神个性在传记中的表现。清代王治皞在《史记榷参》中说:"太史公变《左氏》之体而饧其气,雄深雅健,自成一家之言也。"雄深雅健,是一种刚柔并济而又偏重于刚的艺术风格,它比较准确地概括了《史记》的艺术风格。①

《史记》艺术风格中的"雄"表现是多方面的。从传记形式结构上看,它宏大雄伟。有包罗古今、总揽宇宙之势。从写作的气质上看,它豪迈雄浑,有褒贬百代、气吞山河的气魄与胆识。从传记的题材上看,它雄阔奇特,凡是在中国大地上曾发生过的重大历史现象都无所不容,描写社会人物之众多,反映社会事件之奇特,都是前所未有的。《史记》艺术风格中的"深",主要是指深切的感情、深刻的寓意、深妙的传神笔法、深沉的文章气势。《史记》传记风格中的"雅"主要指言雅,也就是指传记运用的语言是简练、通俗、朴实的规范语言,这与后世封建文人要求典雅、不放纵、适合士大夫口味的"雅词"语言又是不同的。言雅的表现可以简括为以下三个方面:首先是简洁明快,其次是真挚淳厚,最后是平淡朴素。言辞有时虽偏激,但不背常理、不越常情,以真作骨,意畅语淳,文少不觉陋,文多不觉繁,挥洒自如,吞吐皆为"雅训"之言。《史记》传记风格中的"健",就是指笔法遒逸而富于表现力。司马迁行文只求刻画人物达到形神兼备,不求合于陈规俗套,或国家大事,或生活琐细,皆可拈来入传,或喜或悲或嘲或讽,皆可成文章。或议论或叙述,或描写或抒情,笔法变化无穷而一样力厚味腴,行文奇诡恣肆,深得庄周文章风格之旨。形式上见

① 参见杨树增:《史记艺术研究》,学苑出版社 2004 年版,第 337—382 页。

"奇",内容上传"神",灵活变化而文理自然。

空前统一、强盛的西汉王朝国势,蓬勃向上的时代精神,高瞻远瞩的思想认识,使司马迁以从未有过的历史主人翁姿态来俯视百代,以哲人的眼光来审视自生民以来的中国历史,于是其《史记》艺术风格呈现一种特有的"雄"的特征。在真实地反映历史时,悲壮、激烈、残酷的斗争现实,严肃深刻的历史思考,作者不幸遭遇,促使他对历史社会有了更深切的体会,从而使《史记》的艺术风格又呈现出一种特有的"深"。"雄"多从宏观上着眼,偏重于规模结构等形式,"深"多从微观上作分析,偏重于形象、感情等内容。这种艺术特点又要求语言的纯精、通俗而富于表现力,即具有"雅"与"健"的特点。"雄深雅健"概括了《史记》艺术风貌的基调,形成了《史记》艺术独特的、强烈的、完美的主导风格。

第四节　堪与《史记》比肩的传记文学巨著——《汉书》

司马迁不循《左传》编年体而创纪传体,以五十多万言来记述中国三千多年的事,其识力与笔力,卓绝千古,雄深雅健,自成一家。书成之后,西汉、东汉都有人来仿效,著述不少,而能与《史记》相提并论的只有班固(32－92)的《汉书》。

《汉书》是我国第一部纪、表、志、传体例完备的断代史,成为我国后代纪传体断代史的权舆与准绳。《汉书》纪、传的文学性总体上不如《史记》,但它是继《史记》之后最杰出的传记文学作品,在文学史上的地位与影响仅次于《史记》。但主题确立、题材选择、结构安排、人物刻画、字句驱遣,也有自己的特色,有些地方甚至不比《史记》差,①同《史记》一样,也是后世传记文学的典

---

① 韩兆琦在《史记通论》(广西师范大学出版社 1996 年版)中的《史记与汉书》一节中认为《汉书》有六点优于《史记》处:一是体例更为严整统一。二是记载汉代典章制度更为详细具体。三是多收经世之文。四是补充了许多重要史实。五是纠正了司马迁的一些偏颇之见。六是文字更简洁整饬,叙事更明晰。

范。

司马迁评价历史人物注重其历史作用,而班固相对地多以尊儒与等级名分来定论。如司马迁进项羽于本纪,列陈胜于世家,而《汉书》的《古今人表》却把项羽、陈胜列入第六等,并把项羽降于《列传》。《史记》、《汉书》都有《游侠列传》,司马迁对布衣之侠多同情与赞颂,而班固对游侠多指责,篇名相同,取材相同,然而司马迁与班固对农民起义领袖与下层游侠的态度竟如此不同,说明封建正统思想对班固有深刻的影响。但是班固从封建大一统观念出发,在《汉书》中歌颂了汉代一批忠于国家、抵御外侮、保持民族气节的爱国英雄,同时鞭挞了苟且偷生、叛国投敌的民族败类,而这方面的内容恰是《史记》有所逊色的。不仅如此,司马迁有时在人物传记中还流露出个人偏激的情绪,如对李陵的投降变节指责不够,对汉武帝心腹之人卫青、霍去病等人讥刺过多等。《汉书》卫青、霍去病本传中的卫、霍二人,具有"匈奴不灭,无以家为"的雄心壮志,他们多次领兵大败犯边的匈奴,保卫了汉朝的北疆,解除了外患,打开了通往西域的道路,为汉王朝的巩固、强盛建立了丰功伟绩。描写具有御侮爱国精神英雄人物事迹,歌颂中华民族一脉相承的爱国精神的,还有张骞、赵充国、辛庆忌、李广、苏建、冯奉世等传。尤其是著名的《苏武传》,记叙了苏武出使匈奴被扣留19年而宁死不降的事迹,歌颂了他坚贞不屈的民族气节和高尚的爱国品质,塑造了一个富贵不能淫、贫贱不能移、威武不能屈、艰苦卓绝、视死如归的英雄形象。李景星在《汉书评议》中说:"苏武事虽附其父传后,班氏却用全力叙述,其传神处并不在太史公下。"如传中记苏武刚被匈奴扣留,匈奴派汉朝叛徒卫律对苏武以利诱之,以害胁之,苏武丝毫不为所动,大义凛然斥责卫律道:

女为人臣子,不顾恩义,畔主背亲,为降虏于蛮夷,何以女为见!且单于信女,使决人死生,不平心持正,反欲斗两主,观祸败。南越杀汉使者,屠为九郡;宛王杀汉使者,头悬北阙;朝鲜杀汉使者,即时诛灭。独匈奴未耳!若知我不降明,欲令两国相攻,匈奴之祸,从我始矣!

凌约言在《汉书评林》中评说道:"武骂律数语,迄今读之犹凛凛有生气。"李陵

劝降一段写得更为精彩,催人泪下:

> 久之,单于使陵至海上,为武置酒设乐。因谓武曰:"单于闻陵与子卿素厚,故使陵来说足下,虚心欲相待。终不得归汉,空自苦亡人之地,信义安所见乎?前长君为奉车,从至雍棫阳宫,扶辇下除,触柱折辕,劾大不敬,伏剑自刎,赐钱二百万以葬。孺卿从祠河东后土,宦骑与黄门驸马争船,推堕驸马河中溺死,宦骑亡,诏使孺卿逐捕,不得,惶恐饮药而死。来时,大夫人已不幸,陵送葬至阳陵。子卿妇年少,闻已更嫁矣。独有女弟二人,两女一男,今复十余年,存亡不可知。人生如朝露,何久自苦如此!陵始降时,忽忽如狂,自痛负汉,加以老母系保宫,子卿不欲降,何以过陵?且陛下春秋高,法令亡常,大臣亡罪夷灭者数十家,安危不可知,子卿尚复谁为乎?愿听陵计,勿复有云。"武曰:"武父子亡功德,皆为陛下所成就,位列将,爵通侯,兄弟亲近,常愿肝脑涂地。今得杀身自效,虽蒙斧钺汤镬,诚甘乐之。臣事君,犹子事父也,子为父死,亡所恨,愿勿复再言!"陵与武饮数日,复曰:"子卿壹听陵言。"武曰:"自分已死久矣!王必欲降武,请毕今日之欢,效死于前!"陵见其至诚,喟然叹曰:"嗟乎,义士!陵与卫律之罪,上通于天!"因泣下沾襟,与武决去。

在李陵劝降前,叛汉降敌的卫律已对苏武以杀头威逼过,以封官利诱过,但丝毫不为苏武所惧所动。在黔驴技穷的情况下,匈奴使出最后一招,利用李陵与苏武往昔的旧情,让李陵出面劝降。李陵推己及人,从苏武切身利益出发,先叙说苏武骨肉至亲在汉冤死的遭遇,当今皇帝汉武帝刻薄少恩、喜怒无常、朝令夕改,启发苏武不值得为之效忠。又叙说苏武母死妻离子散,家既不存,无须有归去的牵挂,企图打消苏武归国返家的念头。又以岁月易逝,人生苦短,诱导苏武早作决断,没必要长久苦过囚徒的生活。与卫律的劝降不同,李陵确实从苏武个人的角度出发来晓以利害,句句动之以情,因而比卫律更有"劝力",更容易摧毁一个求生、念亲、重私情者的意志。但苏武以国家利益为至上,不计个人私情与恩怨,具有舍生取义的高尚气节,不为李陵故友这番"肺腑之言"所打动。针对李陵挑拨自己怨恨汉皇的说法,苏武相反大赞汉皇的恩惠,对李陵的降敌理由进行了义正词严的驳斥,特别是直呼李陵为"王",即李陵投敌而被匈奴所封的右校王,仅此一称呼,就表明苏武对李陵的鄙夷、憎恶态度。李陵在苏武的心目中,已不再是至交的故友,而是叛国投敌之人,其喋喋不休的"推心置腹",使苏武感到更加恶心。在苏武宁死不降的态度面前,反倒是李陵被苏武为国家与民族利益甘愿赴汤蹈火、肝脑涂地的精神所感动,不禁自惭形秽而无地自容。班固为中国传记文学增添了一位气宇轩昂、英气勃勃、光彩照人的爱国英雄形象。

总的说来,《汉书》传记不及《史记》传记生动感人,但叙事详赡却胜于《史记》。《史记》以五十多万字记二三千年之事,《汉书》以八十多万字记二百多年之事,《汉书》材料的详备可想而知。班固写《汉书》,不仅有《史记》、《史记后传》及刘向、扬雄诸人的续补做基础,而且又利用"典校秘书"、"读书禁中"等条件,既采集典籍诏令、文章诗赋,又旁贯琐事异闻,获得了大量的资料。对繁杂的资料,班固又进行了严格的鉴别与审核,如东方朔是个传奇人物,后世好事者,多"取奇言怪语附著之朔",班固著《东方朔传》,首先对有关东方朔的各种资料进行真伪甄别,传中指出:"凡刘向所录朔书,具是矣。世所传他事,皆非也。"班固选择材料的标准是真实可信与"切于世用",围绕传记的主题来提炼素材,如霍光秉政二十余年,作者只选取了受武帝遗诏辅佐昭帝、迎立与废除昌邑王、立刘询为宣帝诸事,来刻画这位忠于汉室、权倾朝野的重臣形象。

《汉书》不像《史记》那样绘声绘色地描写事件、渲染气氛,但它也善于用简练、准确的白描手法,通过一系列生动情节、人物对话以及生活琐事的叙述,来刻画人物性格。如《张禹传》中记述张禹接待二位志趣不同的弟子:

> 禹成就弟子尤著者:淮阳彭宣至大司空;沛郡戴崇至少府九卿。宣为人恭俭有法度,而崇恺悌多智。二人异行,禹心亲爱崇,敬宣而疏之。崇每候禹,常责师宜置酒设乐,与弟子相娱。禹将崇入后堂饮食,妇女相对,优人管弦铿锵,极乐,昏夜乃罢。而宣之来也,禹见之于便坐,讲论经义,日宴,赐食,不过一肉,卮酒相对,宣未尝得至后堂。

张禹深知彭宣、戴崇二位弟子的性格,所以对戴崇以享乐淫佚来款待,使其感到亲密无间;对彭宣饰以道貌岸然,俨然为君子之交,使其产生敬重之情,各自投其所好又都博得弟子的好感,手段何等狡狯! 以日常生活细事,把一个披着经术大师外衣的伪君子形象刻画得活灵活现。

《汉书》传记主题鲜明,布局严密,承转变化有方。如《晁错传》的文字比《史记》原文增加了好几倍,等于进行了重写。它以歌颂晁错为了国家不避杀身灭族之祸的精神为主题来统摄全文,这与《史记》原传指责晁错"变古乱常"有很大的不同,这从二书的赞文中看得最清楚。《史记》的赞文是:

> 晁错为家令时,数言事不用。后擅权,多所变更。诸侯发难,不急匡救,欲报私仇,反以亡躯。语曰:"变古乱常,不死则亡",岂错等谓邪!

《汉书》的赞文是:

> 晁错锐于为国远虑,而不见身害;其父睹之,经于沟渎,亡益救败,不如赵母指括,以全其宗,悲夫! 错虽不终,世哀其忠,故论其施行之语著于篇。

两相比较,各自的思想与感情倾向是很鲜明的,《汉书》的赞文之所以比《史记》的赞文要好,不仅是因为班固对晁错的评价比司马迁要客观、公允、准确,而且还因为班固赞文的评价与传文的事迹是统一的。《汉书》晁错传文共分三大部分:第一部分主要写晁错任内史前的事迹。晁错主张削弱诸侯、更定法令,为申屠嘉、爰盎谋害埋下伏笔。传中插入大量晁错关于用兵为政的策论,表现了晁错杰出的治国才能。第二部分写晁错升迁为御史大夫,因规划削藩策略,终被爰盎、青翟等陷害而死。传中有晁错与其父亲关于社稷、家族先顾那一头的争论,有晁错称赞"盎策之善"与爰盎欲置晁于死地的鲜明对比,突出地表现了晁错为了国家而不计自身利益、个人怨仇的高贵品质。最后一部分借邓公之口,赞扬晁错忠于国家,哀叹其无罪被害,对他的历史功绩作了客观评价。全传以削藩事件发生的先后顺序为线索依次描述,主线突出,脉络分明,叙事与策论相配合,使整篇结构做到了疏密相间而首尾完整。

《汉书》传记以详赡见长,但语言却简明规范,将《史记》原文与《汉书》改写过的文字进行比较,就更能看出这一特点。仍以晁错传为例,《史记》中写道：

> 错所更令三十章，诸侯皆喧哗疾晁错。错父闻之，从颍川来，谓错曰：
> "上初即位，公为政用事，侵削诸侯，别疏人骨肉，人口议多怨公者，何
> 也？"晁错曰："固也。不如此，天子不尊，宗庙不安。"错父曰："刘氏安矣，
> 而晁氏危矣，吾去公归矣！"遂饮药死，曰："吾不忍见祸及吾身。"

《汉书》改为：

> 错所更令三十章，诸侯欢哗。错父闻之，从颍川来，谓错曰："上初即
> 位，公为政用事，侵削诸侯，疏人骨肉，口让多怨，公何为也？"错曰："固
> 也。不如此，天子不尊，宗庙不安。"父曰："刘氏安矣，而晁氏危，吾去公
> 归矣！"遂饮药死，曰："吾不忍见祸逮身！"

班固省文简字，有的地方失去了《史记》那种口语神情，生动性变弱。有的地方却也改得既精炼又明确，所以不能一概而论。范晔在《后汉书·班固传》中说："迁文直而事核，固文赡而事详。若固之序事，不激诡，不抑抗，赡而不秽，详而有体，使读之者娓娓而不厌，信哉其能成名也。"比较准确地说明了《汉书》的语言风格特征。《汉书》内容上详赡雅正，语言上整饬简练，对后世散文的影响是深远的。

《汉书》语言的另一个特点就是富丽典雅，趋于骈化，这是由于受当时赋体创作影响所致。如《史记·屈原贾生列传》中写贾谊生平的一段文字：

> 贾生既辞往行，闻长沙卑湿，自以寿不得长，又以谪去，意不自得。及
> 渡湘水，为赋以吊屈原。其辞曰……贾生为长沙王太傅三年，有鸮飞入贾
> 生舍，止于坐隅。楚人命鸮曰"服"。贾生既以谪居长沙，长沙卑湿，自以
> 为寿不得长，伤悼之，乃为赋以自广。

《汉书·贾谊传》把这一段改为：

> 谊既以谪去，意不自得，及渡湘水，为赋以吊屈原。屈原，楚贤臣也，
> 被谗放逐，作《离骚赋》，其终篇曰："已矣！国亡人，莫我知也。"遂自投江
> 而死。谊追伤之，因以自谕。其辞曰……谊为长沙傅三年，有服飞入谊

舍,止于坐隅。服似鸮,不祥鸟也。谊既以居长沙,长沙卑湿,谊自伤悼,以为寿不得长,乃为赋以自广。

《史记》的文字虽简短,但却有重复,"长沙卑湿,自以为寿不得长"句,二次出现。《汉书》文字虽加长,但无重复的句意,文意丰富而有文采。特别是改《史记》中"为赋以吊屈原"、"有鸮飞入贾生舍,止于坐隅"、"长沙卑湿,自以为寿不得长"句,为"谊追伤之,因以自谕"、"有服飞入谊舍,止于坐隅"、"长沙卑湿,谊自伤悼,以为寿不得长",显然有意使原来散化的语句骈俪化。班固本人当时还以辞赋名震天下,所以在《汉书》人物传中,或自觉或不自觉地引入辞赋写法,人物传中也多采用华美辞藻,行文喜用古字古义,又喜整饬、铺张,显示出东汉散文骈化的倾向,这种倾向对魏、晋、六朝散文骈俪化的形成有一定的影响。

汉代还有一部著名的纪传体著述——《东观汉记》,其最大的特点是"御用"性强,作者借为人物立传,来神化汉皇,歌颂帝德,宣扬正统,贬黜"异端",表彰"节义",称述"贞烈",其文学价值无法与《史记》、《汉书》相比,故略而不论。

以《史记》、《汉书》为代表的汉代传记文学,是中国历史文学的典范,在中国长篇小说还未成熟以前,它是中国文学中唯一体制宏大、完整统一的叙事文学作品。先秦史传文学虽是叙事文学的主要渊源,但它仅是历史文学的初级形态,其叙事的文学手段还不十分成熟,历史文学作品能达到叙事艺术最高峰的还是汉代的《史记》,它之后的《汉书》仍能基本继承它的优秀艺术传统。《史记》不仅为我国开创了传记文学体例,更重要的是在中国文学发展史上第一次比较自觉、比较完整地运用典型化艺术方法塑造了各种典型性人物,把中国散体的叙事写人文学推向一个新高峰。它生动地展示了众多的中国历史人物形象,形象地再现了已逝去的中国几千年社会生活画面,深切地表达了古老的中华民族深邃的思想感情,充分地显示了历史文学独特的艺术形式与艺术手段,这些成就极大地促进了中华民族精神的进一步形成与中国文学的深入发展,《汉书》就是首先受其沾溉而形成的新的精神成果。

第六章 汉代小说与戏剧：
中国文学新葩

　　学术界有一种传统的观念：认为中国古代小说的初步形成期在魏晋南北朝，其显著标志就是东晋初年干宝所撰的志怪小说《搜神记》。[①] 有的学者还把中国小说的产生推至唐代，或认为中国小说文体的独立并不在魏晋南北朝，从而中国小说的产生应晚于南北朝。[②] 至于中国古代戏剧，则认为形成得更晚，具有文学性质的戏剧（即有唱词、有故事情节的戏剧）是从宋杂剧、金院本开始的，最多延伸至唐代的"参军戏"，这已成一种定论，几乎所有的古代戏剧研究著述都持这一传统的看法。但细考查汉代的文化情况，就可发现：在汉代，人们已经明确地把"小说"当作一种独立的文体，这种文体已经具备了后世小说的基本特质。汉代的"百戏"，不仅有"科"——即舞蹈和表演，而且有"唱"——即合乐的唱词，有"白"——即不需配乐的人物道白，而中国古代戏

---

　　① 二十世纪很有影响的游国恩等人主编的《中国文学史》（人民文学出版社 1963 年版），在其第一册第 301 页中认为："魏晋南北朝的志怪小说大都采用非现实的故事题材，显示出浓厚的浪漫主义色彩。""处于小说发展初期的志怪小说，在艺术形式方面，一般还只是粗陈梗概。然而也有一些结构较完整，描写较细致生动，粗具短篇小说规模的作品，……在古代小说形成的初期已能达到这样的水平，是非常可喜的。"张稔穰《中国古代小说艺术教程》（山东教育出版社 1991 年版）第 15 页中也说："中国古代最初的堪称小说的作品是魏晋时的志怪小说，它的远源是上古神话传说，它的生活土壤是历代迷信风气中流传下来的各种迷信故事，它也无疑受到了诸子寓言等一切有形象、有虚构的作品的影响，而它的文学母胎则是史传文学。这就是我们对中国古代小说起源的初步认识。"
　　② 郑振铎在《插图本中国文学史》（作家出版社 1957 年版）第一册第 223 页中说："在唐以前，我们可以说是没有小说的。"董乃斌在其《中国古典小说的文体独立》（中国社会科学出版社 1994 年版）第 164 页中说："从历史的进程来看，志人志怪小说及其托体于其中的野史笔记，是小说文体在获得独立前最后的发展阶段，曾给小说文体的独立以最后的推动力。"

剧始终保持着这三大要素,没有什么新要素的增加。总之,中国古代小说与戏剧的基本艺术形式在汉代已初步形成,人们对这两个新的文学体裁已有了明确的共识。我国古代小说、戏剧的初步形成期确实比古希腊要晚,但也不是晚得太久,这绝不是我们的主观愿望,而是中国文学发展的现实,中国古代小说、戏剧的初步形成期在汉代。①

第一节　小说的兴起与汉人的小说观念

中国古代小说从孕育、演化到形成一种独立的文学体裁,经过了一个相当长的过程,先秦时期可以说是中国古代小说的孕育时期,这个时期的某些小说因素还蕴含在其他文体之中,从先秦史传著作、诸子杂说、地理博物志,甚至卜筮一类的书中,都可以找到一些生动的故事情节的描写和形象化的人物特征的刻画,都可以从中感觉到著述者丰富奇特的想象力,这些描写与刻画,虽然多是短小的片断,但已具有小说的许多重要因素,但此时小说还没有自己独立的表现形式。

至汉代,偏重于通过描写故事、刻画人物形象来反映社会生活和作者思想感情的文学样式的作品逐渐增多,并形成一种新的重要的文化现象,首先引起大一统封建文化的代表人物——封建正统的史学家的重视,他们不得不以不同于以往的新的态度来审视这一文化现象,第一次客观地给小说在文坛上以独立的地位,把小说家第一次列于诸子之林。

第一次出现"小说"的字样,是在《庄子》的《外物》篇里。篇中写任公子以特大的鱼竿在东海钓上一条可使浙江东苍梧北所有人饱食的特大的鱼,那些才识浅薄只喜欢评说的人,争相效仿,但不过在小河小沟边钓些小鱼罢了。庄子接着说:"饰小说以干县令,其于大达亦远矣。是以未尝闻任氏之风俗,其不可与经于世亦远矣。"意思是说:有些人把浅薄的见识说得天花乱坠,企

---

① 有关中国古代小说、戏剧孕育、形成于汉代的更详阐述,可参见赵明、杨树增、曲德来主编的《两汉大文学史》中第四编《小说的兴起与戏剧的发轫》,吉林大学出版社1998年版。

图以此博得高名美誉,实际上,这样做反而离明理博学更远了。所以未曾了解任氏大志大度的风尚,想治理世道,那是差得很远哩!庄子所谓的"小说",是个修饰性的合成词,前面的"小"指琐屑、浅薄,后面的"说"指言谈、议论,其含义与《论语·子张》篇中的"小道"以及《荀子·正名》篇中的"小家珍说"差不多,大致就指那些无关大道的浅陋技艺或浅薄言辞。可见,先秦时期的"小说"还不是文体的专用名词。

中国文学发展到汉代,小说因素全面发展,小说兴起的势头已蔚为大观,成为一种重要的文化现象,汉人对小说的认识有了质的飞跃。桓谭(约前20－后56)《新论》中:"若其小说家,合丛残小语,近取譬论,以作短书,治身理家,有可观之辞。"桓谭所说的"小说",已是指一种新的文学样式了,尽管这种样式还带着初步形成期的特征,如它的形式是"丛残小语"式的"短书",即非鸿篇巨制的零篇散简。表现手法采用的是"近取譬论",即采用善于譬喻某种道理的寓言、传说、故事等。桓谭不同意孔子弟子子夏"小道"会"致远恐泥,是以君子不为也"的看法,也不同意庄子"饰小说""其于大达亦远矣"的观点,明确提出"小说"不仅"有可观之辞",而且能"治身理家",对小说的社会功能作了充分的肯定,并第一次将编撰小说的人称之为"小说家,"极大地提高了小说和小说作者的地位。桓谭的认识反映了中国古代小说在汉代独立形成的现实。

桓谭之后,对小说概念作进一步阐述的是班固,他在《汉书·艺文志》中说:

> 小说家者流,盖出于稗官,街谈巷语,道听途说者之所造也。孔子曰:"虽小道,必有可观者焉,致远恐泥,是以君子弗为也。"然也弗灭也。闾里小知者之所及,亦使缀而不忘,如或一言可采,此亦刍荛狂夫之议也。

班固首先肯定有一个文化派别——小说家的存在,追溯其源,可远及周代的"稗官",尽管"君子"对这一文化派别不屑关注,然而它本身却顽强生存发展而"弗灭",并不断扩大自己的影响,乃至正统儒学思想严重的班固也不得不把小说家与极有影响的儒、道、法等诸家相提并论。继桓谭之后,班固又进一步为小说确立名目,给小说一个比较明确的文体概念的解释。班固比较客观地指出小说创作主体"盖出于稗官",即出自于闾里乡间的小官,而最初还是出自民间"刍荛狂夫之议",正确解释了小说家及小说的来源,也指出了小说以"街谈巷语,道听途说"的方式来流传。比起桓谭来,班固对小说的认识在某些方面作了新的补充,但在小说社会功能方面,还没有桓谭认识得深刻。不过,班固为当时已形成的一种文化现象——小说的兴起,以及小说家的形成,正式赋予了名副其实的名号,并把这种文化现象正式载入国家正史之中,从而确认了小说及小说家的地位。当然,"小说"及"小说家"的名称及概念并不是班固的创造发明,班固把"小说"及"小说家"载入史册也不是他个人的胆识,这是汉代小说发展的结果,是汉代许多学者,包括桓谭、刘向、刘歆诸人,对汉代丰富的书籍整理、分类、研究的结果,《汉书·艺文志》就是根据刘向父子的《七略》编成的,《汉书·艺文志》中对小说的看法不过反映了汉代文化群体的一种共识。

小说观念的形成,是以小说文体的形成为前提的。桓谭提出小说概念时,汉人已经创作了不少小说了,这可以从班固《汉书·艺文志》所载录的小说书目得到证实。《汉书·艺文志》所录的小说是我国小说的最早记录,其书目是:

《伊尹说》二十七篇(其语浅薄,似依托也);《鬻子说》十九篇(后世所加);《周考》七十六篇(考周事也);《青史子》五十七篇(古史官记事也);《师旷》六篇(见《春秋》,其言浅薄,本与此同,似因托也);《务成子》十一篇(称"尧问",非古语);《宋子》十八篇(孙卿道:"《宋子》,其言黄老意");《天乙》三篇(天乙谓汤,其言非殷时,皆依托也);《黄帝说》四十篇(迂诞依托);《封禅方说》十八篇(武帝时);《待诏臣饶心术》二十五篇(武帝时);《待诏臣安成未央术》一篇;《臣寿周纪》七篇(项国圉人,宣帝时);《虞初周说》九百四十三篇(河南人,武帝时以方士侍郎,号黄车使者);《百家》百三十九卷。

共列小说十五家,一千三百八十篇。在这十五家小说中,仅班固注明汉武帝、汉宣帝时的作品就有四家，而这四家的篇数多达近千篇，占了所列小说篇数的绝对多数。这四家中，《封禅方说》已佚。封禅是帝王祭天地的典礼，《史记》中有《封禅书》。《待诏臣饶心术》也已佚。待诏，官名，西汉时为侍从，充当帝王顾问。《臣寿周纪》也已佚。班固注："项国圉人，宣帝时。"项国，西汉侯国名，治所在今河南项城。圉人，即牧马人，说明此书为汉宣帝时一位牧马人所作。《虞初周说》原书已佚。作者虞初是河南郡洛阳人，汉武帝时为方士侍郎，号黄车使者。据《汉书·郊祀志》载，汉武帝曾命虞初用方祠诅咒匈奴、大宛。虞初以《周书》为本，故其书名为《虞初周说》。除上述四家外，《待诏臣安成未央术》与《百家》二种依排列顺序也应属汉人之作，另据《待诏臣饶心术》一书标题来看，《待诏臣安成未央术》也似西汉时作品，据说未央术是一种房中术，讲究养生延寿之道。至于那些"依托"古人者，很难说就没有汉人的作品。

从班固所列书目可以看出，小说家的作品内容丰富多彩，题材广泛，有的偏于记实，有的"迂诞"多虚构，有政事的问答、哲理的阐发、逸闻的记述等等。从这些书目中，可以发现一个值得注意的重要现象，即这些小说除了习惯以"子"、"纪"等子、史类文体的称呼命名外，还多了一个新的名号——"说"。所列书目中冠以"说"的竟然居多，共计有五种：《伊尹说》、《鬻子说》、《黄帝说》、《封禅方说》、《虞初周说》，其中二种班固注明出于武帝时，三种注为"依托"或"后世所加"，说明"说"在武帝时已经成为一种文体样式的名号，并引起世人的关注。

汉人借鉴了古人叙事性文体的各种篇目，其中也有含"说"的篇目，如《韩非子》有"储说"、"说林"诸篇，经过对语义的精心选择，才给具有更多小说因素的文章以"说"的称号，这种以"说"冠名的小说，汉后仍无断绝，如六朝刘义庆的《世说》、沈约的《俗说》等。这里特别要提一下《虞初周说》，此书虽已佚，但从《汉书·艺文志》记载中，可知它篇幅浩繁，影响深远。虞初是汉武帝时的一名方士，推想其《虞初周说》主体上应是道家、神仙家一类的神怪故事，朱右曾《逸周书集训校释》收有疑为《虞初周说》三段佚文：

　　芥山，神蓐收居之。是山也，西望日之所入，其气圆，神经光之所司

也。(《太平御览》三)

　　天狗所止地尽倾,余光烛天为流星,长十数丈,其疾如风,其声如雷,其光如电。(《山海经》注十六)

　　穆王田,有黑鸟若鸠,翩飞而跱于衡,御者毙之以策,马佚,不克止之,踬于乘,伤帝左股。(《文选》李善注十四)

由此看来,《虞初周说》里面会有不少类似《山海经》中那样的奇闻异谈,所以才开魏晋六朝志怪小说的先河。张衡很看重《虞初周说》,他在《西京赋》中说:"匪唯玩好,乃有秘书,小说九百,本自虞初。"《四库全书总目》小说类序称:"小说兴于武帝时矣。"说明以《虞初周说》为代表的汉武帝时期的小说已勃然兴起。在《虞初周说》的影响下,才有了无名氏编辑的唐人小说集《虞初志》,有了汤显祖编辑并评点的《续虞初志》,有了清初张潮编辑的《虞初新志》,后人以虞初为书名,虞初真的好像成了小说的代名词,后世有人便把虞初视为小说之祖。

　　班固在《汉书·艺文志》中为小说立名号,并不是他个人刻意制造架空之说,而是在此前已有刘向父子、桓谭等人,借用庄子"小说"一词,来称呼一种新的文体。而更重要的是,在此之前,汉代已有"说"体或类似"说"体文章兴起的现实,给小说类的作品定名分已是一种文学发展的必然。

　　除《汉书·艺文志》所列汉代小说书目外,汉代还有许多有影响的且流传至今的小说,如《列女传》、《说苑》、《吴越春秋》、《燕丹子》、《列仙传》、《神异传》、《洞冥记》、《汉武帝故事》、《蜀王本纪》等,这些小说有的是班固之前西汉与东汉初的作品,有的还是班固以后东汉中、后期的作品。从这些作品的题目看来,判断小说的性质在于它的内容而不在于它的名号,汉代不以"说"来冠名而内容近于"说"体的仍为数不少,那些冠以"子"、"传"、"记"等字眼的,显示出小说从子、史类文体中分离时留下的痕迹。

　　中国古代小说虽在汉代蓬勃兴起,但它还借用着其他多种文体的"外衣",或者说它还需要借用其他文体的形式来表现自己的内容。汉代小说主要借用哪些文体的形式呢? 一是子书的形式。子书是指诸子百家哲理类著作,子书虽然以宣扬自己的思想认识为宗旨,但在表述思想时往往采用想象、虚构,以具体的生动故事阐释抽象的哲理,因而子书都程度不同地存有小说的因素,有的子书的片段就是小说的雏形。小说因素存于子书文体的这一现实的存在,为小说利用子书题目及其形式提供了可能。

史书对小说的影响比子书还要大,因为"我国古代的叙事文学,最早成熟的不是属于文学系统的各种叙事性体裁,而是本来不属于文学的历史著作","孕育魏晋志怪小说的母体则是史传文学。"①汉代及之前的史学家们在记载历史人物时,注重描写、刻画人物的特征,使历史人物形象化;在叙述历史事件时常以情节的曲折奇特而引人入胜,使历史事件的叙述故事化;不论叙述历史事件还是评价历史人物,又时常含作者的褒贬感情,使历史叙述与评论抒情化;在语言运用上,讲究节奏、情韵,使表述语言声情化;在历史资料无法提供更详细的细节与人物语言的前提下,充分发挥了作者的想象力,进行必要的虚构,使历史著述有了艺术的创作性。这些特点又都是小说构成的重要因素,可以说,小说的基本表现方式与手法,在《左传》《史记》中全能找到。中国古代史籍中存在着大量的小说因素或小说雏形,在长期以经史为正统文化的社会里,小说家更有意采用史著的形式,来为小说求生存发展,来争取"正统"地位。从汉代以来,就有人把小说视为"杂史"、"外传"、"偏记"等,习惯把自己的虚构依托于史,把自己的小说创作标榜为"实录",把自己的小说像史著篇目那样冠以"传"、"志"、"记"等,可见史书对小说的深远影响。

神话、传说与小说的关系就更密切了,一般说神话、传说早于子书与史书,神话、传说在对自然现象和社会现象作描述与解释时,往往把自然物人格化,借助想象、幻想及夸张,使人或神具有奇才异能,而丰富的想象力正是小说的主要特征。最初,神话、传说主要在史籍中积存着,后来史籍中的神话、传说以"虚枉"、"怪诞"逐渐被改造、剔除。尽管如此,中国的神话、传说并没有因此而自动消失,它的一部分在杂史类书籍中仍然显示着它的勃勃生机。另外,从战国后期,神仙方术在各地畅行起来。至秦,始皇帝对神仙方术达到痴迷的程度,上行下效,社会上的神仙方术之风于是甚嚣尘上。入汉,历代统治者几乎

---

① 张稔穰:《中国古代小说艺术教程》,山东教育出版社1991年版,第14页。

都乐此不疲,特别是汉武帝,比秦始皇更有过之而无不及,更倾心于得道求仙、长生不老之术,于是在原有的崇尚神仙方术的基础上,方士的炼丹术,巫觋的巫术,阴阳家的五行学说进一步融合。西汉后期到东汉,迷信与谶纬又盛行,从而形成神仙学的新热潮,一些文人也受此世风影响,企图从虚幻的神仙境界中寻求心灵的寄托,于是一些专门描写神奇怪异题材的著作随之产生了。

从形式上看,汉代小说主要还附在子、史、神话、传说的形态中而没有完全从这些形态中分离独立出来,或者说还在借用子、史、神话、传说的形式,所以总观汉代小说,可以分成两大类:子史故事类小说和神怪故事类小说。前者如《列女传》、《说苑》、《新序》、《风俗通义》、《西京杂记》、《韩诗外传》、《越绝书》、《吴越春秋》、《燕丹子》、《飞燕外传》等,以子、史的形式出现,内容上侧重反映历史与现实的真实,艺术上以现实主义表现手法为主,但也不排除一定的夸张、想象甚至神魔怪异的成分。后者如《列仙传》、《神异经》、《洞冥记》、《十洲记》、《括地图》、《汉武故事》、《汉武内传》、《蜀王本纪》、《徐偃王志》、《神仙传》、《异闻记》等,以神话、传说的形式出现,以浪漫主义手法见长,体现人们对美好理想的追求与对未来的幻想,但也有现实生活细节的真实描写。在汉代子史故事类小说和神怪故事类小说的基础上,才会有魏晋南北朝志人小说与志怪小说的问世,汉代小说奠定了中国古代小说世俗与神怪的两大流向,汉之后小说的形态完全是小说自身发展规律的一种必然反映。

第二节 汉代子史故事类小说

汉代子史故事类小说,又可细分为"子"与"史"两类。"子"类指多有先秦诸子著述特点的叙事说理类小说。先秦诸子的著作,意在说理,然而他们往往多以故事、寓言或形容、比喻来阐述、显示道理,这样,先秦诸子的文章便具有了叙事性,有了形象性,从而也具有了文学性。汉代的叙事说理类小说也是以阐明道理为目的的,也采用了叙事和议论相结合的形式,一般是先叙事后简要议论,即使缺少议论文字,其所叙之事也鲜明地寓含着某一哲理。汉代的叙事说理类小说明显地继承了先秦"子"书的特点。"史"类指多有史传著述特点的野史叙事类小说。这类小说题材取自于史料，但目的并不在写史，所以也不局限于史实的确凿，往往更倾心于逸闻传说，所以带有"野史"的特征，与"正史"有本质的区别。书中的逸闻传说可能有神奇怪异的故事，作者的虚构想象也极度夸饰，但又与神怪类故事小说有区别。野史叙事类小说主要受史传的影响，它的虚构是为了情节的曲折，人物形象的鲜明。而神怪类故事小说主要受神话传说的影响，尽管它有时也依托于历史，它的虚构是为了使神话传说更加神奇怪异。

说起汉代的"子"类故事小说，当然以《韩诗外传》为先。汉初传授解释《诗经》的有鲁、齐、韩、毛四家，"韩"家指"韩诗学"派，其开创者为韩婴。韩婴燕(治所在今北京西南)人，文帝时任博士，景帝时为常山王刘舜太傅，著有《韩诗内传》四卷和《韩诗外传》六卷，《韩诗内传》可能是解释《诗经》的著述，早已佚失，《韩诗外传》并不是以解释《诗经》为宗旨，而是一部汇集古代故事与诗说的书，先讲一个历史故事，发一番议论，然后引《诗经》诗句为证。除韩诗内、外传外，还有韩婴后传者的《诗故》三十六卷，到南宋时，只存有《韩诗外传》。《韩诗外传》杂引古事古语来与《诗经》相印证，所引诗句往往断章取义，主要目的还是通过人物的对话和故事这个主体来宣扬儒家的政治思想与社会道德伦理观念，以达到扬善劝恶的教化功能。在发挥经义、阐明道理中，为我们留下了许多历史故事和历史人物形象。

《韩诗外传》的人物形象，最具人格魅力的是那些节臣义士、贤妻良母，通过他们的嘉言懿行，体现了儒家的人生价值观。如"田母责子还金"一则：

> 田子为相，三年归休，得百金镒奉其母。母曰："子安得此金?"对曰："所受俸禄也。"母曰："为相三年不食乎? 治官如此，非吾所欲也。孝子之事亲也，尽力致诚，不义之物，不入于馆。为人臣不忠，是为人子不孝也。子其去之!"田子愧惭走出，造朝还金，退请就狱。王贤其母，说其义，即舍田子罪，令复为相，以金赐其母。诗曰："宜尔子孙承承兮。"言贤母使子贤也。

这则讲的是母亲教育儿子为官清廉莫贪的故事，在母亲的眼里，儿子若有贪污行为,便是最大的不忠不孝,那怕被法惩办,也要去自首投案。作为一位母亲,不光哺育了儿子的生命,更要呵护儿子的政治与道德生命,为了拯救儿子的灵魂,断然采取看似无情的举措,那至爱的母子深情就蕴含在最严厉的责备中。《韩诗外传》的故事篇幅虽短,但为了以人物性格中的某一侧面或某一点,体现某一道德伦理,从而为修身、从政提供历史借鉴,于是作者就集中笔墨对人物性格中的某一侧面或某一点进行着力的刻画,集中地显示人物鲜明的个性特征,这种手法对后来的笔记体志人小说有一定的影响。

汉代"子"类故事小说的作家,最有影响的是西汉经学家、目录学家、文学家刘向(约前77-前6)。刘向本名更生,字子政,是汉高祖刘邦同父异母少弟楚元王刘交的四世孙,曾任谏大夫、宗正、光禄大夫、中垒校尉等。刘向治经,以经为武器,进行讽谏,如他治《春秋穀梁传》,集录成《洪范五行传论》等,以阴阳灾异附会时政,暗示宦官、外戚专权的危害。他奉命校阅皇室藏书,每校完一册,都归纳其意旨纲要,指出其讹谬之处,做出叙录,然后再分类著录,称为《别录》,是我国最早的目录学著作。他引用先秦经传子史诸书中的前人轶事、民间故事、传说寓言等,有些还加以剪裁加工,编著成《列女传》、《新序》、《说苑》,成为汉代子类小说的重要作品。

刘向编著《列女传》,不是一般的辑录古来"贤妃贞妇"的事迹,表彰她们的贤惠贞操,更不是为了提高整个妇女在社会中的地位,而是怀着明确的讽谏目的,借古讽今。他选取儒家典籍及民间传闻中关于贤妃贞妇事迹104则,分为母仪、贤明、仁智、贞顺、节义、辩通、孽嬖七类,共成书七卷,想通过历史上正、反不同的妇女形象,特别是那些祸乱国家的后妃形象,让当朝皇帝汉成帝引起警惕。历史上因为过分宠信后妃而导致外戚专权,最终酿成国破家亡的悲惨结局的现象比比皆是,成帝一朝的情况又何其相似!同时,刘向还想通过《列女传》来宣扬封建礼教,用礼教纲常来规范妇女的言行,达到维护封建秩序、廓清世风的目的。正因《列女传》有这一作用,所以受到后世历朝封建统治者的青睐,都把它作为教育女子修德的必读教材,说明此书封建说教意味浓厚。但是从文学角度看,它塑造了众多的中国古代妇女的形象,特别是那些具有高尚道德品质、聪明贤惠的女性形象,不仅在汉代文学园地,而且在整个中国古代文学园地也光彩照人。如《列女传》卷二中有齐相晏婴车夫的妻子劝诫丈夫谦虚谨慎的故事；卷三有鲁国漆室女忧虑国事、见微知著的故事；同卷中还有赵括母亲有知人之明的故事，等等。从这些生动的女性形象身上，令人信服地感受到"巾帼不让须眉"，女子与男子一样有着非凡的胆识和勇气，这些正是《列女传》最具魅力、最感人的地方。

《列女传》中的故事有相当部分是来自传说逸闻，这些出自街谈巷议的故事，本身就具有传奇性，也为编著者"因文生事"、进一步虚构加工提供了基础。编著者在原有基础上再一次进行艺术创作，通过人物个性化的语言和更生动的情态，展示人物的内心世界和性格特征；通过情节的巧妙安排，使事件发展波澜曲折而引人入胜；通过细节的描写，使人物与故事更具真实感。《列女传》是我国最早的专门描写女性人物的集子，在中国文学发展史上具有开创的意义。

《新序》一书是刘向博采前人典籍，如《左传》、《战国策》、《荀子》、《韩非子》、《吕氏春秋》、《韩诗外传》、《史记》等中的史实、人物的嘉言善行编著成的，既是一部散文集，也是一部故事集，原为三十卷，后大部分散佚。到宋代，文学家曾巩勘校、整理、缀补为十卷，分为杂事、刺奢、义勇、节士、善谋五部分，每部分的题目道出了本部分所录故事的主旨，这种以事分类选辑的方法始于刘向的《列女传》、《新序》、《说苑》，对后世编撰小说集很有启迪作用，东汉应劭编著《风俗通义》，南朝宋刘义庆编著《世说新语》，都采用了这种方法。

刘向在辑录上古时代舜、禹到汉代各色人物故事时，没有介绍宏大的历史事件，也没有过多的议论评说，而是把古代典籍中的故事按一定标准采录下来，经过自己独具匠心的加工，变成用同一主题串联起来的一系列隽永而值得玩味的小故事，在这些小故事中，又寄寓着对国家治乱兴亡的思索与对美德善行的赞扬。语言精炼生动，故事富于理趣，虽没有对人物详细描绘刻画，但通过简明的人物行事的叙述，简洁的人物语言的描述，就扼要地勾画出人物的鲜明特征，展示出人物的内心世界，极其传神，这种简笔写人的文风对后来魏晋志人小说影响很大。

《说苑》是刘向又一部分类纂辑先秦至汉的历史故事集，间有议论。原为二十卷,每卷为一门类,后仅存五卷,曾巩经过搜集复为二十卷,有《君道》、《臣术》、《建本》、《立节》、《贵德》、《复恩》、《敬慎》诸卷,但实际上并没有补足原书。书中所述故事,耐人寻味,所发议论,意味深长。《四库全书总目》评价《说苑》"其议论醇正,不愧儒宗。其他亦多可采择,虽间有传闻异辞,固不以微瑕累全璧矣"。分别从"议论醇正"与"间有传闻异辞"两个角度指出了《说苑》的特点。如《君道》卷记齐景公在出游途中闻晏子去世一段:

> 公乘舆素服驿而驱之,自以为迟,下车而趋,知不若车之速,则又乘,比至于国者,四下而趋,行哭而往矣,至,伏尸而号曰:"子大夫日夜责寡人,不遗尺寸,寡人犹且淫泆而不收。怨罪重积于百姓,今天降祸于齐国,不加寡人而加夫子,齐国之社稷危矣,百姓将谁告矣。"

齐景公闻晏子去世噩耗,马上换上丧服,驱车急返京城,由于心急如焚,竟下车奔跑,居然快到狂乱的地步。伏尸自责的一段话,表达了景公痛失股肱大臣之哀,表现了景公爱惜贤臣的诚挚之情。作者以生动的传闻故事,阐述了君臣大义。

《列女传》、《新序》、《说苑》的叙事写人技法及其艺术效果,是汉代小说形成的重要标志,也是其对中国古代小说发展的重要贡献。

刘向是西汉后期著名的学者、目录学家、文学家,对后学很有影响,而受其影响最大且耳濡目染者,是其少子刘歆(约前53—23)。刘歆字子骏,后改名秀,字颖叔,曾受诏与其父刘向一起总校群书。他收集了大量的资料,准备撰写一部反映西汉一代历史的书籍——《汉书》,可惜事未遂而身先死,只留下一些草稿。据晋人葛洪(283—363)在《西京杂记·题辞》中称,其家世传有歆的《汉书》草稿一百卷,经考校,发现班固所作《汉书》"殆是全取刘氏,有小异同耳。"于是两相对照,把班固以为不宜正史采录的二万多字的资料,单独抄录,再加上他的所闻,共二卷,命名为《西京杂记》,在流传过程中,后人又有增补,形成现在的六卷本。今人多以葛洪为《西京杂记》的编撰者,据葛洪跋言所示,最初编著者应是刘歆。

书名题为《西京杂记》,"西京"指西汉京师长安。"杂记"指所记内容驳杂。确实，大凡西汉的典章制度、宫廷秘事、名将功臣遗闻、文人方士技艺、民间风土人情、怪异传闻等等，书中多有辑录，堪称西汉遗闻之大观。其中所记的人物故事，不像《说苑》《新序》寓故事于说教之中，而是多贴近现实生活。故事长于构思，人物活灵活现，鲁迅在《中国小说史略》中评价说此书"在古小说中，固亦意绪秀异，文笔可观者也。"①所谓"意绪秀异"，指本书的创作意图与众不同，有搜集奇闻之心，而少借以弘扬礼教之意。如卷二记司马相如与卓文君的恋爱私奔的故事，作者是以欣赏的立场去描写他们自由追求爱情的举动，并无尊奉礼法去谴责他们"越礼"的行为。另一所指，是作者艺术构思精巧奇妙，如卷二中记汉宫女王嫱（即王昭君）与匈奴单于和亲的故事，王嫱还未露面，先追述了汉元帝后妃宫女众多，只能按画工的画像来选择召幸。这样一来，后宫诸人纷纷竞相贿赂画工，希望画工把自己画得楚楚动人，好受到元帝的青睐。唯独王嫱，宁可不被元帝召见，也不肯去贿赂画工，画工得不到王嫱的好处，自然把她画得不中元帝之意，所以王嫱始终未有面见元帝的机会。等到王嫱临行前，元帝召见，才真正见到王嫱的真面目。书中写道："及去，召见，貌为后宫第一，善应对，举止闲雅，帝悔之。"前面的追述，虽没有直接描摹王嫱的羞花闭月之貌，但是通过王嫱不慕势利的故事，刻画了王嫱的纯洁的品格。作者写王嫱出塞后，元帝悔恨不已，调查王嫱不得召见的缘故，才知画工作祟，于是把画工统统杀了。前追述后补叙，都在说明王嫱才色绝伦，并不复杂的故事却写得曲折而饶有风趣。《西京杂记》常用第一人称的方式，也很特别，加上文笔简洁优美，遣词用语贴切自然，更增加了它的真实感。《西京杂记》题材广泛，人物轶事涉及社会生活的方方面面，开后世志人小说的先河。其题材多被后世小说、诗歌、戏剧所吸取，如王嫱出塞的故事，自本书之后，历代文人歌咏不断，晋代石崇有《王昭君词》、唐代杜甫有《咏怀古迹》、白居易有《青冢》、宋代王安石有《明妃曲》、元代马致远有《汉宫秋》等等，足见《西京杂记》影响之深远。

　　刘向以事物的性质分类纂辑故事的方法，给后来者以极大的启示，《风俗

---

① 鲁迅：《中国小说史略》，《鲁迅全集》第九卷，人民文学出版社1982年版，第38页。

通义》就是一部按所叙事物的性质进行分类,然后考释名物、议论时俗的书籍。《风俗通义》的作者应劭,字仲远,东汉汝南南顿(今河南项城西南)人,生卒年不可考,灵帝时以孝廉为车骑将军何苗的属官,灵帝中平六年(189)任泰山太守,建安二年(197)任袁绍军谋校尉,后在兵乱中死于邺。应劭对他所著书的题名有解释,概括地说,"风"指某个地方的自然地理特征,"俗"指某个地方长期形成的文化特征。"风"、"俗"合称,是指不同地域、不同地理特征使人们形成的不同的人文特征。"通"、或"通义"的含义,就是要"辨风正俗",明白事理,然后以此教化民众,统一思想行动,达到天下大治的目的,所以《风俗通义》又称《风俗通》。

《风俗通义》今本分十卷,题名分别为:《皇霸》、《正失》、《愆礼》、《过誉》、《十反》、《声音》、《穷通》、《祀典》、《怪神》、《山泽》,所述内容博杂,从三皇五帝讲起,到评论其他各种人物的言行得失;从礼乐祭祀、山川河流,到鬼蜮伎俩,社会生活的方方面面,都有涉及,但作者本着一个原则:就是以儒家的思想来观察一切、评价一切,使读者明白只有事事达到儒家提出的原则,才能使天下风俗归于整齐。作者生当东汉末年动荡乱世,《风俗通义》表达了作者匡谬正俗,拨乱反正的济世热忱。

《风俗通义》每一卷立一题目,阐述一类问题。首先对问题进行辨析,然后举出具体事例加以论证,这些事例多采自前人典籍,也不乏民间口耳相传的奇闻逸事,再以"谨按"二字领起,对各类事例细加考释,或褒贬得失,或品评人物,这一做法,前承刘向《新序》、《说苑》,后启刘义庆的《世说新语》,使人清晰地看到人物轶事小说初期发展的脉络。如卷六《声音》介绍了六律以及笙、瑟等二十三种乐器,指出:"夫乐者,圣人所以动天地、感鬼神、按万民、成性类者也。"诠释了音乐有巨大教化的功能。当作者在表述音乐巨大力量时,讲述了一个生动的故事:师旷是个天下闻名的乐师,一次他为晋平公奏乐,先奏徵声,平公大乐,于是就想请师旷演奏很难听到的清角之乐。清角之乐是一种悲壮激越的乐调,只有德广功厚如同黄帝那样的君王才有资格听,别人是不配享受此乐的,否则,听后必然遭来横祸。师旷劝说晋平公不听为妙,晋平公满不高兴,觉得自己年事已高,没有什么可担忧的事,一定要师旷弹奏这稀世之音。师旷无奈，只好弹奏清角之乐。乐调刚刚开头，一团乌云就从西北飘来，再奏，乌云变成了狂风暴雨，把室内的帷幕都刮裂了，桌面上的酒杯、器皿都刮到回廊上，吓得晋平公伏在大厅的角落里一动也不敢动。这个故事十分离奇，即使作者采自传闻逸事，也加进了作者的想象和虚构，所以狂风暴雨场面的描写是那样的生动逼真。《风俗通义》中的一个个故事，本是作者用事例来说明儒家伦理规范的，但是故事结构一般完整，情节曲折生动，人物各具特征，实际上组成了一部短篇小说故事集，很有文学价值。有的故事充分运用虚构与想象的手法，构思奇特，颇具志怪小说的特点，有的片段还被后来的《搜神记》所采用。

汉代小说，仍多借用史著的形式，如《越绝书》、《吴越春秋》二书都记录了吴、越两国的历史，从形式上看，可以说是继《战国策》、《国语》之后的国别史或地方志，而实际上已属典型的"史"类故事小说了。

《越绝书》的作者，《隋书·经籍志》记为子贡，明代杨慎等人根据《越绝书·叙外传记》一段文字，推测其作者是东汉初年会稽人袁康和吴平，这一推测在后来被广泛认可，但事实远非如此简单。《越绝书》全书分内经、内传、外传三大部分，据分析，内经、内传为最初的作者所著，最早的作者可能是越国人，生活于吴、越争霸之后的春秋末战国初。此书经秦焚书浩劫后，有过散佚，经后人整理，流传至东汉初，会稽人袁康将它重新整理、删定，并增补了部分内容，名为外传，最后又由同郡人吴平定稿成书。袁康、吴平也无从考查《越绝书》最初的作者，《隋书·经籍志》记为子贡，可能依据书中详细记录了子贡的活动，且全书的思想近于儒学，故作如此推测。

《越绝书》的作者在选材上多采传闻逸事，如《内经·陈成恒》写子贡为保全鲁国而游说齐、吴、越、晋四国之事，就极其精彩：起初，齐国兵犯鲁国，鲁国危亡在即，孔子急忙与众弟子商议救亡之策。孔子最器重的学生颜回与子路皆积极要求出使各国求援解围，孔子都不同意，只同意子贡前往，表现了孔子的知人善任的特点。子贡先到齐国军营中见到齐相陈成恒，利用他自私贪婪想谋取齐国政权的野心，说服他放弃鲁国而去攻打吴国；为了给陈成恒寻找一个撤兵的理由，子贡又去游说好大喜功、目空一切的吴王夫差，劝他伐齐救鲁；

为了使吴王放心出兵,不必担心越国乘虚而入,子贡又去游说越王勾践,利用他极欲复仇的心理,劝他暂时不要显露攻伐吴国的意图,反而伪装归附吴国,派兵助吴伐齐,借以麻痹吴王并消耗吴国的兵力;为了完成这个连环计的最后一环,子贡又跑到晋国,对晋国国君说吴齐交战,吴国必胜,吴国胜后一定会乘胜攻晋,劝晋做好备战措施。实为遏止吴国霸势再祸及鲁国。战争的结果是强吴打败了齐国,取得胜利的吴国果然贪图晋国土地,顺势又与晋军作战,由于晋国早有防范,吴军遭受挫败,越王勾践乘机伐吴,杀死夫差,越国竟然成了列强的霸主,鲁国虽然弱小,却在这场互相攻伐中完好地保存了自己。以吴越为核心的列国争霸进程,竟全由子贡三寸不烂之舌来决定,故事虽精彩,却多出自虚构、夸张。

《越绝书》最关注的是人物,常通过生动曲折的故事情节,逼真的细节描写,风趣活泼的人物对话,来表现人物的性格、心理特征。仍以《陈成恒》篇为例,通过以上艺术手段,把子贡富有智慧和胸有成竹、陈成恒贪婪自私、越王勾践谦虚谨慎又隐忍图报、晋君多虑忧恐,表现得活灵活现,人物的个性随之也格外分明地体现出来。在语言风格上,《越绝书》仍保持着春秋末期散文那种言简意赅、通俗明快的特点。本篇记叙重点放在子贡的游说活动上,而将战争的过程只以简要文字略加说明。作者意图不在详细表现春秋末期吴越争霸、各国互相牵制、对抗的复杂过程,而重在展示子贡如何仅凭如簧之舌,不费一兵一卒,却胜过有雄兵百万,大有战国纵横家的风度。重在表现子贡瞬间便化险为夷的智谋之士的形象。子贡仅是书中一个人物形象,其他人,如范蠡、伍子胥、越王勾践、太宰嚭、吴王夫差等,虽有褒有贬,但形象都十分鲜明,可以说,《越绝书》开了中国历史演义小说的先河。

历史演义小说,也用文学的手法再现历史,既能使人了解过去,又能得到艺术美的享受,与《史记》、《汉书》等历史文学比较起来,更加突出了审美价值;更富于形象描述,情节更生动感人,更多想象与虚构。与后世借用某些史闻便大加敷衍虚构情节的小说比,如《水浒传》、《金瓶梅》等,历史演义小说对史实又表现出较为严肃谨慎的态度。与《越绝书》比起来,《吴越春秋》的历史演义色彩更浓一些。

《吴越春秋》的作者,一般认为是东汉的赵晔,赵晔字长君,会稽山阴(今浙江绍兴)人,大约生活在明、章、和、殇、安诸帝时期。据《隋书·经籍志》著录,《吴越春秋》有十二卷,今只存十卷。明弘治年间钱福序推测散佚部分,大概记载的是关于西施赴吴与范蠡离越的事。

《吴越春秋》记载从后稷至吴国开创者太伯最后至夫差灭国、从夏禹至越国始祖无余最后至越王亲被楚所灭的两国史事,尤以吴王夫差与越王勾践争霸为重点。这些史事有的已载于《左传》、《国语》、《史记》等史籍中,有的还是其他史籍所未记载过的,其中不乏有真实可考的,并非全是无稽之谈,如《吴太伯传》中记载太伯"葬于梅里平墟",现在江苏省无锡梅村乡就遗存此古迹。再如《王僚使公子光传》中记载专诸为了刺杀王僚而"从太湖学炙鱼",现在江苏省吴县胥口乡仍有炙鱼桥,可见《吴越春秋》中的一些记载,可补正史之不足。当然,《吴越春秋》的主要特征与贡献还主要体现在文学方面。《吴越春秋》的作者善于从丰富的史料和传说中选取最富于故事性的情节,然后加以敷衍,对史实进行适当的增饰,再加上自己的想象虚构,构成生动完整的故事,以揭示某一抽象道理。如书中有越女试剑、袁公变猿、公孙圣三呼三应、伍子胥死后兴风作浪等情节,纯是子虚乌有的想象虚构,绝不是史著所要求的"史笔",而是与"小说家言"无所区别的"文笔",与史学有碍,对文学却无损,正体现了它的文学特点。

《吴越春秋》中的人物形象大多个性鲜明,作者善于通过人物的言行表情心理活动来刻画其性格,常用对比、衬托的手法来强化人物个性特征或情节内涵。比如在"伍子胥亡命奔吴"的故事中,在楚平王诱捕的紧要关头,作者紧紧抓住伍子胥和伍尚弟兄二人一去一留这种截然不同的想法与行为,着力描述,突出了伍子胥深刻的政治洞察力和"能成大事"的政治才干。书中其他人也各具风采,如太伯德高望重、阖闾深沉稳重、夫差刚愎自用、渔父清逸豪侠、捣丝女朴实善良、椒丘䜣盛气凌人、要离形弱神强、范蠡深谋远虑、勾践忍辱图强等等,其性格都有独特的魅力。

作者还善于通过环境、气氛的渲染,创造一种情境交融的境界,给读者以情感上的感染。如越国兵败勾践被迫入吴为奴,在他凄惨地离开越国时,作者勾画了一幅寂寥萧索的眼前景象："浙江之上,临水祖道,军阵固陵",使人倍感凄凉悲壮。而当勾践从吴归国时,则是"望见大越,山川重秀,天地再清",明丽秀美的景致使人联想到越国光明美好的未来。

《吴越春秋》的体例也颇独特,从它专记吴越两国史事看,可属国别体;从它以年系事来记两国历史沿革看,可属编年体;从它以人物为中心,突出人物在历史变革中的作用看,它又可属纪传体,这种"三体合一"的特点融合得非常自然,这种形式有利于作者剪裁史料,安排生动曲折的情节,塑造鲜明性格的人物,说明汉代小说对它之前的历史文学的艺术特点进行了充分地吸取与利用。

在东汉"史"类小说中,《燕丹子》也是一部值得一提的重要作品,可以说,它是中国第一部颂扬侠义精神的小说。关于《燕丹子》的作者及成书年代,历来众说纷纭,莫衷一是。一般认为:公元前227年发生的燕太子丹派荆轲刺杀秦王嬴政的事件,当时对各地来说,都是特大的轰动性的"新闻",于是到处传播,在传播的过程中,又经过传播者的推衍、附会,形成了以史实为主干,融入众多人想象、虚构的内容丰富、情节曲折、引人入胜的民间传说,至汉初,关于燕太子丹的故事已基本成型,①后由无名氏整理、加工,最后成书定稿。

成书定稿的《燕丹子》围绕刺秦王这个中心,全面进行了内容的扩充,对刺秦王的前因后果都做了详细的交代,传说中的主人公也由荆轲变为太子丹。《燕丹子》没有像史传那样讲述主人公一般记其从生至死的全过程,而是围绕一个主题——除暴雪耻,只截取燕太子为向秦王报仇而交结天下英豪、荆轲为报太子丹知遇之恩而赴秦廷行刺的故事片断,来构思这篇颇具小说特点的作品。

《燕丹子》记述的主要历史事件与《战国策》、《史记》所记无啥出入,然而许多具体情节就与《战国策》、《史记》所记就不同了。如《燕丹子》记述燕太子丹在秦做人质,时刻盼归国,秦王刁难说:想回国,除非天上掉下粮食而不是

---

① 司马迁在《刺客列传》的传赞中说:"世言荆轲,其称太子丹之命,'天雨粟,马生角'也,太过。又言荆轲伤秦王,皆非也。"说明司马迁时,已听到过有关太子丹传说中的主要故事情节。

雨,马头上长出犄角来! 太子丹满怀悲愤仰天长叹,一腔衷情感天动地,天上真的下了"粮食雨",马头上果然长出了犄角。秦王无奈只好放人,然而又在太子丹归途中设机发之桥来陷害他。太子丹历经艰险归国后,耗费国库巨资,招纳天下英豪,渴望有一位能刺杀秦王的勇士替自己报仇雪恨。经过长期的考察,终于找到了这位一剑"可当百万之师"的刺客——荆轲。为了对荆轲尽知遇之情,太子丹对荆轲关怀备至,荆轲在花园拾瓦片投蛙,太子送来金块代替瓦片;荆轲说千里马肝美,太子就把千里马杀掉送上马肝;荆轲赞叹弹琴的美人有一双巧手,太子竟然砍下美人的手用玉盘盛上奉上……太子讨好荆轲的手段不免做作、荒唐甚至残忍,然而正是这超乎寻常的礼遇,才使荆轲毅然以身相许,甘心以奉献自己生命作为代价,前去秦廷完成震惊千古的"一击"。刺杀秦王的过程基本上按照荆轲的设计进行,但在匕首指向秦王胸前的节骨眼上,狡诈的秦王利用了荆轲侠义之士轻信的弱点,提出临死前要听一曲琴乐的请求。弹琴乐女以琴音告诉秦王脱身自救的方法,秦王依照乐女提示,果真趁机脱身,使荆轲刺杀失败,铸成千古憾恨。宋濂在《宋学士文集·诸子辨》中说:"考其事,与司马迁《史记》往往皆合。独乌白头、马生角、机桥不发、进金掷龟、千里马肝、截美人手、听琴姬得隐语等事,皆不之载。"正是这些作者所虚构的情节,才使《燕丹子》不同于《刺客列传》类的正史人物传记,而成为具有"史"类特点的小说。

由于一系列奇特情节的虚构,《燕丹子》才营造出慷慨悲壮的气氛,塑造出众多以弱抗暴、壮烈赴难的英雄形象,如太子丹是一个把报仇雪耻视为人生唯一信条的复仇王子的形象;荆轲是一个知恩必报、视死如归的烈士形象;田光是一个知人善任、忠贞不渝的忠臣形象……正是这些一个个具有宁可杀身也必保全自己声誉、名节的形象,才使小说充满荡气回肠的侠义豪情,有力地突出了小说"复仇"的主题。这篇小说主旨在于颂扬侠义精神,作者匠心独具,巧妙安排结构,虽然采取了以此人物引出彼人物的叙事方式,但众多人物都围绕着一个中心人物活动,众多事件都围绕着一个中心事件展开,所以结构统一严整,各部分成为整体结构中不可分离的部分,这种结构在此之前的小说中是不多见的。小说生动地渲染了惨烈、悲壮的气氛,曲折地描述了可歌可泣的抗暴故事情节,形象地刻画了狂飙式的悲剧英雄人物,给读者以莫大的艺术感染,无愧于中国英雄侠义小说开山之作的美誉。

汉代还有一些子史故事类小说,由于其影响不及上述作品大,更由于篇幅限制,这里就不再赘述了。

第三节 汉代神怪故事类小说

在汉代小说园地中,神怪故事类小说是独具艺术魅力的奇葩。它用夸诞虚渺之笔,编织光怪陆离的诱人境界,透射出浓厚的神仙道术色彩。汉代神怪故事类小说又可细分为二类:地理博物类神怪小说和杂史杂传类神怪小说。地理博物类神怪小说是在《山海经》直接影响下产生的,杂史杂传类神怪小说受《穆天子传》的影响较大。

在汉代地理博物类神怪小说中,《神异经》是其中比较重要的一部。《神异经》为汉人所著,不容怀疑,因为东汉服虔注《左传》,已经引用过《神异经》的内容,说明《神异经》在服虔时已成书并行于世。《神异经》旧题东方朔著,东方朔(前154-前93)是汉武帝的一位侍臣,传说他曾周游天下,在各地见识了很多稀奇古怪的事物,他就选取那些《山海经》中没有提及的,把它们一一记录下来,组成一部汉代的"山海经"。《神异经》全书共分九篇,按照顺时针的方向分别记述了东、东南、南、西南、西、西北、北、东北和中(即"九荒"),也就是记述了九个方位地域的山川地理、奇物异人,重点在于记奇异事物。这中间多有作者的想象和虚构,有关神异古怪的故事很有情趣,耐人寻味。如《南荒经》中写火山中的火鼠:

> 南荒之外有火山,长三十里,广五十里,其中皆生不烬之木。昼夜火烧,得暴风不猛,猛雨不灭。火中有鼠,重百斤,毛长二尺余,细如丝,可以作布。常居火中,色洞赤,时时出外而色白,以水逐而沃之即死,续其毛,织以为布。

此外,象《中荒经》中写人身狗毛猪牙的不孝鸟,《西北荒经》中写虎形又有翅能飞的穷奇兽，《西南荒经》中写惯于诳骗的讹兽，《东南荒经》中写专吃恶鬼的尺郭鬼等等，描绘这些现实生活中不存在的事物，也一样生动形象，充满了奇思遐想，表现出作者想象力的丰富与开阔，很有创造性。

《神异经》也写到了"神"与"人"，如《东荒经》中记述了一位叫做"东王公"的神，这显然是受了《山海经》里有"西王母"的启发创造出的形象。文中记述了东王公平日常与玉女一块进行"投壶"的比赛，旁边有一个叫作"天"的在观赏，在观赏中他不断地喝彩叫好或摇头大笑。东王公的情人是西王母，二人相亲相爱却天各一方，一年只能一度幽会，与牛郎织女无异。《西荒经》中写西海鹄国的男女，身高只有七寸，却日行千里，"为人自然有礼，好经纶跪拜"，人人高寿有三百岁，其民是为人彬彬有礼的君子，其国堪称礼仪之邦。《东荒经》中写有叫作敬和美的人，"男女便转可爱，恒恭坐而不相犯，相誉而不相毁，见人有患，投死救之。"鲁迅在《中国小说史略》中评《神异经》"仿《山海经》，然略于山川道里而详于异物，间有嘲讽之辞。"①《神异经》在描写神人异物时，寄托了现实社会生活中的善恶观念和道德伦理思想，或赞美或讽刺，以儒家的标准去惩恶扬善，在让人享受艺术美感之外，也获得一定的思想启发与伦理教育。

《括地图》也是在《山海经》的影响下，模仿《山海经》而作的一部图文兼备的地理博物类神怪小说。原书早已散佚，只在《艺文类聚》等典籍中零星地载有一些片断，作者不详，不过从班固的《东都赋》所引"范氏施御"一典事来看，《括地图》的作者应是早于班固的汉人，因为班固引用的"范氏施御"正是来自《括地图》的范氏御龙的故事。

《括地图》在内容和写法上模仿《山海经》，其中不少地方还采用了《山海经》的材料，但《括地图》作者的地理观念淡薄，不像《山海经》的作者系统地划分好若干方位，然后按照一定的顺序依次进行记述。《括地图》的重点也不写什么名山大川，内容多是有关殊方异域的各种奇闻逸事，特别是各种畸形怪人的传说，如贯胸国、奇肱国、大人国等地的奇异国民，他们异样的形体与异样的

---

①　鲁迅：《中国小说史略》，《鲁迅全集》第九卷，人民文学出版社 1982 年版，第 32 页。

生存方式,为我们描绘了一幅幅异国的众生相。贯胸国、奇肱国、大人国及还有一些地方的奇闻,在《山海经》中已有提及,但《括地图》所写的不是《山海经》中故事的重复,而是在《山海经》所叙故事的基础上,进一步使它丰富、充实。如《山海经》记述了贯胸国的贯胸人,但相当简略,《括地图》对原有的传说又进一步演义,增加了"会稽大会"、"天降二龙"、"大禹以德报怨"等情节,组成了一个丰富生动的故事:当大禹治水成功后,便以联盟领袖的身份在会稽山召开各部落大会,各部落首领佩服大禹的功德,纷纷按期赴会,独有南方防风部落的首领对大禹不大恭顺,故意姗姗来迟,大禹为了严肃纪律,便把防风部落的首领杀了。由于大禹顺应民意,天帝还赐予他两条神龙。会稽大会后,大禹要巡视天下,就叫善驯百兽的范氏为他驾驭着两条神龙出发了。当途经防风部落的地面时,遭到原防风部落首领的两个部下的刺杀,大禹有神龙的保护,当然安然无恙。防风氏的部下害怕大禹的惩罚,就用利刃刺胸而自杀了。大禹哀怜其对首领的忠诚及刚烈的性格,就替他们拔掉胸口的利刃,用不死草覆盖其身,这两个人很快就活过来,都感动得归顺了大禹,但他们的胸口永远留下个窟窿,就连他们的后代,也同他们一样,这就是贯胸国的由来。《括地图》的作者发挥想象力,对《山海经》中的故事进一步敷衍虚构,使自己的记述更具小说特色。《括地图》关于异国异人的记载,成了后世一些小说新奇怪异题材的源泉,直至清代李汝珍的长篇小说《镜花缘》,其中关于外国奇人奇事的描写,还可以清楚地看出《括地图》对它的影响。

《十洲记》也是一部地理博物类神怪小说,又名《海内十洲记》、《十洲三岛记》、《海内十洲三岛记》、《十洲仙记》,旧题为东方朔作,但从书的内容看,此书应在《汉武故事》、《汉武内传》之后,旧题作者不可信,估计是东汉后期的人所著。书中讲的是喜好神仙方术、希望自己长生不老的汉武帝在与西王母相会时,听西王母说八方大海中有祖洲、凤麟洲、瀛洲、玄洲、炎洲、长洲、元洲、流洲、生洲、聚窟洲等地,都是人迹罕到的神仙境界,非常渴望前往,于是请来曾经周游天下、见多识广的东方朔询问。东方朔就给武帝详细地介绍了祖、凤麟、瀛、玄等十洲及沧海岛、方丈山、蓬莱山和昆仑山的位置与奇物异产、神灵仙怪的情况,为了引人入胜,极尽铺张敷衍之能事。

全书所记十洲特异之物,都是作者虚构,奇特诱人,充满奇幻的色彩。对十洲的描写,并非平均使用笔墨,而是有详有略,比较起来,祖洲、凤麟洲、炎洲、聚窟洲四洲用笔最多,其他数洲较略。在每个洲中,又选取了独特的事物详加叙述,使各洲都有自己的重点。如祖洲,位于东海中,方圆五百里,距离汉土七万里,洲上最著名的仙物就是"不死草"。这种草盖在死去三天的人的脸上,死人就会复生,活着的人吃这种草,就可长生不老。据说当年秦始皇推行暴政,有许多冤死的人就靠"不死草"又活了过来。秦始皇听说"不死草"的奇效后,派了叫作徐福的道士,率众乘船去祖洲寻求"不死草",结果徐福一去不复返,震烁千古的第一帝竟没有芸芸冤死者的"福分"。"不死草"的故事,除猎奇外,还寄托了对暴政虐民的批判。再如凤麟洲,位于西海中央,方圆一千五百里,四周有弱水环绕,这个地方主要特产是续弦胶,这种胶是由凤嘴和麟角熬成的,功效奇特,能把断裂的弓弦、刀剑粘连得完好如初。据说汉武帝天汉三年,西域某国派使者朝贡,送给汉武帝的贡品就是四两续弦胶和一件用神马皮制成的吉光裘,这个奇闻,反映了人们对新材料的幻想。

其他各洲及三岛的记述,不外乎仙山、仙岛、仙物、仙宫、仙人,一味称道仙家仙境,炫耀一个既诱人又惧人的神仙世界。作者目的是为了张扬神仙道术之风,然而其繁富夸饰的语言风格,恣肆无羁的想象力,体现了汉人善于开拓浪漫主义艺术天地的精神,对后世小说,特别是魏晋南北朝志怪小说、唐传奇有重要的影响。

在汉代的地理博物类神怪小说中,《洞冥记》笔调优美,词藻华妍,别具一格。《洞冥记》又称《汉武帝别国洞冥记》或《汉武帝列国洞冥记》,恰如书名"别国"、"列国"所示,它主要记述的是"远国遐方之事",因此,书中关于异国风土人情,特别是关于西域诸国的风土风物的传说就显得十分引人注目。这些异域奇观,丰富多彩,光怪陆离,有些是作者恣情迂诞的想象虚构的结果,有的也不乏依据现实生活的事实存在,然后再经过作者的杜撰加工,使现实中的事物神异化,共同构成迷离恍惚而又明丽清晰的神奇世界。

《洞冥记》的作者郭宪,字子衡,汝南宋(今安徽太和)人,生活在西汉末年至东汉初年,他喜好神仙道术,在汉代的方士中,他又是一个性格刚正不阿、很有卓识的人。王莽篡汉称帝后,征聘他为郎中,并赐予他一套崭新的官服,那知郭宪丝毫不为所动,一把火把赐予的官服烧掉了。光武帝刘秀朝时,郭宪应征做了博士,后又升迁为光禄勋,他以敢于直谏而闻名于世。一次他因刘秀不虚心纳谏而愤然拂袖而去,从此以后便辞官告退,光武帝刘秀给他的评语就是"关东觥觥郭子衡"。郭宪为什么要写《洞冥记》呢?根据他自己在《洞冥记》的《自序》中说,他认为汉武帝不光在政治上有雄才大略,是英明盖世的一代雄主,而且"洞心于道教","穷神仙之事",在汉代的帝王中,也是"盛于群主"、出类拔萃之人。汉武帝的求仙活动,对于热心于神仙道术的郭宪来说,不仅理解而且赞赏。于是他便广为搜寻与武帝有关的神仙怪异的传说,以及与此有联系的绝域遐方向汉朝所贡珍奇异物的记载材料,编著成《洞冥记》一书,以补典籍的缺陷,以洞达神仙冥迹的奥秘,书名称"洞冥",就含这个意思。

《洞冥记》围绕汉武帝与东方朔来构思,写神仙道术多由武帝引起,写西域怪异多托言东方朔,比较起来,以炫耀怪异为主而以言神仙道术为辅。如写勒毕国的人,长着如簧的巧舌,个个能言善辩,所以又叫善语国。勒毕国的人奇在身高只有三寸,两胁生翼,常聚群而飞,以清晨时的露汁为食。再如善苑国的百足蟹,数过国的能言龟,翕韩国的飞骸兽,大秦国的花蹄牛,吠勒国人骑象潜海探宝等等,虽虚幻悠谬,但也曲折地反映了汉代与西域交往的历史事实。武帝时,张骞奉命三次出使西域,给西域带去汉朝的物产与文化,同时西域大量的异物源源不断地涌入关内,无数异邦风物大开汉人的眼界,对这些异物的夸饰,就成为绚丽多彩的传说。

奇异的想象和夸张虚构当然是《洞冥记》的突出特点,但与其他地理博物类神怪小说比,《洞冥记》善于捕捉事物的特征,善于生动地描摹事物的形象,也是它的一个突出特点。如"勒毕国贡细鸟"一条,以细腻明快的笔法,将一只小鸟描写得活灵活现:

> 元封五年,勒毕国贡细鸟,以方尺之玉笼盛数百头。形如大蝇,状似鹦鹉,声闻数里之间,如黄鹄之音也。国人常以此鸟候时,亦名曰候时虫。帝置之于宫内,旬日而飞尽。帝惜,求之不复得。明年见细鸟,集帷幕,或入衣袖,因名蝉。宫内嫔妃皆悦之,有鸟集其衣者,辄蒙爱幸。至武帝末,

稍稍自死。人犹爱其皮，服其皮者，多为丈夫所媚。

从多个侧面叙写，把细鸟的珍贵可爱处刻画得淋漓尽致，使人读起来情趣盎然。

汉代地理博物类神怪小说主要描写的是异国的特异风物，从一个侧面反映的却是汉王朝大一统的空前繁荣昌盛，反映的是它的强盛的国力及在世界上的显赫影响。

汉代神怪故事类小说中还有另外重要的一类，这就是杂史杂传类神怪小说。这类小说也是汉代神仙方术之风盛行的产物，不过，在艺术表现手法上多借鉴了中国传统的史传形式，也就是说，杂史杂传类神怪小说描写的是神仙怪异，却借用的是传说的人物甚至历史上确有的人物，其人一般是有籍可考的，其事一般是虚构想象的，刘向的《列仙传》就是这样的一部小说。

据佚名的《列仙传叙》介绍说，武帝时热衷于神仙道术的淮南王刘安，因谋反朝廷而畏罪自杀。当时刘向的父亲刘德受命负责处理此案，他在搜抄刘安家时，得到一本《枕中鸿宝密秘》，没有上交自己保留下来。年幼的刘向闲来无事，常以观看《枕中鸿宝密秘》来消遣，渐渐地对"神仙使鬼物"及"重道延年"有了兴趣。到汉成帝时，刘向受诏总校群书，得以遍览历代关于神仙怪异的典籍秘书，又受当时社会风气的感染，更加相信神仙之事"实有不虚"、"真乎不谬"，于是出于对神仙世界的向往和宣扬神仙思想的需要，"遂辑上古以来及三代秦汉，博采诸家言神仙事者，约载其人，集斯传焉。"编著成《列仙传》二卷，所记有七十多位仙人，分别叙述其神异事迹，为我们展示了一个特殊的神仙世界。

《列仙传》所载仙人，有的是传说中的人物，如王子乔、赤松子等，有的是历史人物，如老子、吕尚、介子推、范蠡、东方朔等，而且汉代的历史人物占了一半多。这些仙人原本等级明确，有的是王公贵族，有是只是平民百姓，但当汇集在刘向笔下时，他们不仅没有了历史时空的界限，更打破了世俗等级的界限，都拥有一个共同的称呼——"神仙"，都一样地逍遥尘外而超然自得。

作者编著《列仙传》，目的是宣扬方仙道，这与基督教或佛教故事有鲜明的区别。基督教的故事往往讲述善人生前做善事，死后得以升入天堂。佛教的故事往往讲述善人一生修炼,来世便可到达西方极乐世界。而《列仙传》所讲述的故事,往往反映的是神仙道术现世现报的善恶因缘的观念。如舒乡人子英,一次捕到一条红鲤鱼,并没有烹食它,而是把它放在家中的水池中喂养起来。一年后,鲤鱼长大了,并且生出了犄角和翅膀,样子像个小飞龙。有一天,鲤鱼突然开口讲了话,它说自己是专程下凡来接子英上天的,于是子英便骑着红鲤鱼,升天而去。再如黄帝的马医师皇,因为治疗过一条病龙,这条龙为谢救命之恩,也背负着救命恩人升了天。现在人们常说"善有善报,恶有恶报",显然是受神仙道术思想影响产生的一种观念。《列仙传》重在描绘仙人超尘脱俗的生活,但也写了一些仙人济世救民的事迹,给人留下一种可敬可爱的印象,寄托了作者的某种理想。如有位常山道人昌容,自称原是商朝王子,看上去有二十多岁,实际上已经是好几百岁的寿星了。他在自己居往的山上,种了许多紫草,这种紫草可以当染布的染料,昌容就用卖紫草得来的钱去资助那些孤苦无援的穷人。再如祝鸡公卖鸡散钱,救济市井贫民。负局在灾疫之年,为人治病,解除人间痛苦等,都是一心为民值得赞美与歌颂的形象。

　　《列仙传》的内容多于展示仙人的神奇法术与生活方式,如他们擅长尸解变形、导引养气、死而复生、返老还童之类的道术;惯于不食人间烟火只吸风饮露、服食丹砂、水玉之类异物,却鹤发童颜,长生不老。然而与古代神话中的神相比,不仅其形象特征已经完全人格化了,而且其感情更贴近于现实中的人类,有些篇幅实际上是借用神仙来反映人间社会的现实。如《列仙传》中有些人神相恋的故事,它把时空殊隔的人、神安排进迷离、动人的情感纠葛中,以其特有的神奇浪漫的色彩,渲染了一幅人间天上、红尘内外交相叠映的旖旎爱情画卷,寄托了人世间美好的愿望和理想追求,"萧史弄玉"就是其中典型的一篇:

　　　　萧史者,秦穆公时人也。善吹箫,能致孔雀、白鹤于庭。穆公有女字
　　弄玉,好之,公遂以女妻焉。日教弄玉作凤鸣,居数年,吹似凤声。凤凰
　　来,止其屋。公为作凤台,夫妇止其上,不下数年。一日,皆随凤凰飞去。
　　故秦人为作凤女祠于雍,宫中时有箫声而已。

这篇"箫史弄玉"虽然短小，情节也较简单，但首尾完整，神奇动人。作品在塑造形象时，重传神而略描形，没有去记叙人物的肖像、语言和心理活动，而着重描绘他们吹箫的细节，以此来表现箫史与弄玉的精神风貌和人格魅力。通过箫声神奇的效力，构造了神话般优美的意境和氛围，从而突出了人物形象的特征，达到了人与境谐、相得益彰的艺术效果。篇末写秦人怀念弄玉而建祠庙，雍地宫中时有悠扬的箫声传出，浓郁的抒情，哀婉的感伤，使这个神人相恋的故事更加蕴意悠长。

同《列仙传》一样，《蜀王本纪》的题名与格式，也符合史书要求，《隋书·经籍志》还把它归入了史部，但从内容上讲，本不是科学意义上的史书，而属于小说，是一部关于古蜀国的传说汇集。《蜀王本纪》的作者为西汉末与王莽新朝时期著名的学者、文学家扬雄，扬雄是蜀郡成都人，一生淡泊名利，博览群书、专心致志于学术与创作的劲头是出了名的。他除了创作许多辞赋作品及《太玄经》、《法言》、《方言》等学术著作外，出于对故乡的无限眷恋与热爱，又搜集了大量的传说资料，编著成《蜀王本纪》一书。原书已佚失，从《文选》注等各种典籍资料留存的佚文看，《蜀王本纪》记述了蜀国被秦国灭掉前的历史传说，主要记述了古蜀国蚕丛、柏濩、鱼凫、望帝、开明帝等历代君王的神话传说，其中关于望帝和五丁力士的传说故事，最为动人。

在望帝出生之前，蜀国已有过三代君王——蚕丛、柏濩和鱼凫，他们都各自执政好几百年，深得蜀地老百姓的拥护和爱戴，当他们一个个退位后，老百姓都舍不得离开他们，也纷纷跟着他们一块仙逝去了。所以蜀国人烟稀少，留下来的老百姓希望再有一个贤能的君王来治理国家，果然，不久奇迹出现了！"有一男子名曰杜宇，从天堕，止朱提。有一女子名利，从江源井中出，为杜宇妻。乃自立为蜀王，号曰望帝。""望帝积百余岁，荆有一人名鳖灵，其尸亡去，荆人求之不得。鳖灵尸随江水上至郫，遂活，与望帝相见，望帝以鳖灵为相。时玉山出水，若尧之洪水。望帝不能治，使鳖灵决玉山，民得安处。鳖灵治水去后，望帝与其妻通，惭愧自以德薄，不如鳖灵，乃委国授之而去，如尧之禅舜。鳖灵即位，号曰开明帝。""望帝去时，子规鸣，故蜀人悲子规鸣而思望帝。"望帝在故事中是中心人物，他治蜀有方，爱国爱民，知人善任。鳖灵是个从荆楚来的外地人,但望帝见他有治国才干,就委任他为国相,甚至后来把帝位都让于他,说明望帝有以国家为重的胸怀。望帝一时不慎,干出与鳖灵妻私通的不道德的事,但他能"惭愧自以德薄",并引咎去位,确实有自知之明。蜀国的老百姓并没有因为他一时之错而忘掉他的功德,这样描写就使一时失足便成千古恨的形象更加悲剧化了。

"五丁力士"是关于蜀国五个大力士的故事。秦惠王想吞并蜀国,苦于蜀地险要,无路可通。后来想出个计谋来,在雕刻好了的五头石牛屁股里塞上碎金,然后派人告诉蜀王说,秦王要把会拉金子的石牛赠送给蜀王。蜀王听了这个消息就派使者来看个究竟。使者来秦后,倒也草率地看了一下,拍拍石牛屁股果真掉出金子来,但更重要的是接受了秦王许多好处,回蜀后就报告说真有其事,蜀王立即派五丁力士前往取牛。为了将石牛运回蜀国,五丁力士逢山开路,遇水搭桥,硬是从秦到蜀开辟出一条坦途来,这正好给秦国进攻蜀国创造了必要的条件。蜀王贪图便宜,付出了灭国的代价。

杜宇从天而堕,其妻从井中生出,鳖灵的尸体能溯流而上,能死而复活,五丁力士神力无比,竟能搬山挪岭,无不特异神异。《蜀王本纪》写的就是虚化的历史,通过奇诡的想象,把历史和幻想结合起来,虚构成传奇色彩极浓的故事情节。另外,书中所描写的蜀地奇丽独特的风物环境,加之扬雄流畅优美、颇富感情化的笔调,又进一步增强了故事的感染力与艺术魅力。

《汉武故事》又称《汉武帝故事》,是汉代杂史杂传类神怪故事小说中篇幅最长、艺术性较高、具有代表性的一部作品。作者旧题为班固,但书中有如下文字:"长陵徐氏号仪君,善传朔术,至今上元延中,已百三十七岁矣。""今上"指当今皇上,"元延"是西汉成帝的年号,起于公元前十二年,止于公元前九年,由此看来,《汉武故事》当是西汉成帝时期的人所作。

《汉武故事》的内容大体上有四个方面:一是叙述汉武帝幼年和即位以后与后妃们的琐闻轶事;二是叙述汉武帝求仙的故事;三是叙述其他方面的轶事;四是叙述汉武帝死后的一些传闻。书中各个故事独立成篇,在内容上互不衔接,有点像笔记体小说。不过由于求仙故事占据了很多篇幅,从武帝中年求仙问道到晚年悔悟,实际上形成了武帝求仙的完整经历,以此为线索,再旁及各种轶事杂说,构成了本书的主体。

汉武帝求仙过程实际上就是对方士的认识过程。秦汉时期,神仙之说非常盛行,当时宣扬神仙道术的人被称作方士,他们宣称只有他们才能与神仙勾通,了解神仙的奥秘。他们说神仙居住在世外洞天,不食人间烟火,每日逍遥自在,个个长生不老。并说世上凡人只要求仙问道,服食长生不老之药,也可成为神仙,现在天上的神仙有不少就是由凡人神化来的。凡人那个不想长生不老? 尤其是那些养尊处优的统治者。秦始皇为了求得长生不老,广泛招纳方士,耗费了大量的人力、物力和财力去寻求所谓的"长生不老之药"。《汉武故事》中的武帝也同秦始皇一样,热衷于神仙方术,他也招揽了许多方士,如李少翁、公孙卿、栾大等人,这些方士每日煞有介事地装神弄鬼,或架火炉炼丹制药,或筑高台与神仙沟通联系,当然,这些伎俩始终不见一点灵验,慢慢引起武帝的怀疑。方士们为了使武帝相信自己有些道术,就常耍些小聪明来蒙骗他。如李少翁指使人在丝巾上写些怪诞的话冒充天书,然后把丝巾喂给牛吃,自己装作未卜先知的样子向武帝说此牛腹中有奇,把牛杀死剖腹,果然取出"天书",不想有人认出"天书"上的文字似某人的笔迹,一查,果不其然。李少翁行骗竟骗到武帝头上,至高无上的武帝岂能忍受如此这般的愚弄,就以"欺君"之罪将李少翁斩首了。其他方士的结局也和李少翁差不多,汉武帝以沉迷神仙方术始,以不信方士终,小说的客观意义是直接否定了神仙方术的虚妄性,同时也对汉武帝耗费国力民财求神问道的荒谬行为进行了深刻的揭露。

《汉武内传》又称《汉武帝内传》或《汉武帝传》,旧题也为班固所著,从此书多用《汉武故事》中语来看,成书当在《汉武故事》之后,有人认为它是东汉人假借班固名义创作的,这也只能算一家之说,不能成为确实的定论。

《汉武内传》同《汉武故事》一样,也记叙了汉武帝从出生、即位到逝世的人生全过程,但二者比较起来,又有许多不同。从立意来看,《汉武故事》虽写了不少神异之事怪异之言,但也存在着"不信方士"的一面。《汉武故事》中的武帝,虽然热衷于求仙问道,但最终在铁的事实面前,有了悔悟,从怀疑方士到放弃求仙,实际是对神仙方术的一种否定。而《汉武内传》的作者,倾心于方仙道,《汉武内传》中的汉武帝也不是一个以求仙始而以悔悟终、迷途知返的形象,而是一个始终笃信神仙道术的痴迷不悟者。《汉武内传》的作者也不否定武帝终究成不了仙、不能长生的事实,但他可以解释为这是因为武帝心还不够至诚,修炼还不到家。现实之中,人们眼见没有一个人因修炼道术而长生不老的,凡是有"眼见为实"观念的人必然会对神仙道术产生怀疑。然而神仙道术又讲修炼成仙的道术不容怀疑,凡是成不了仙的,只能怨其心不诚术不精,这一解释是神仙道术骗人的关键,并凭空编造了不少凡人求道成仙的故事以迷惑世人。由于立意不同,二书的内容也各有侧重。《汉武内传》固然也写了许多武帝的轶事传闻,但主要笔墨却集中在武帝与西王母相会上。在《汉武故事》中,武帝与西王母相会只是其众多故事中的一个片断,用了不足四百字来叙述。而在《汉武内传》中,叙述武帝会西王母用了七千多字,比《汉武故事》中的故事又多敷衍增饰出许多情节细节来,成为《汉武内传》的主要内容。从表现方法上看,《汉武故事》虽然使用了虚构想象的手法,但与《汉武内传》比起来,在一定程度上还拘泥于史实,记叙还比较严谨、质朴,而《汉武内传》则更多地采用了文学创作中常用的虚构想象,使故事更加奇异曲折。

为了适应文章的敷衍,使文章气势饱满,文采斐然,《汉武内传》的作者加重了对形象的生动刻画,对细节的细腻描述,使所描写的神仙更加"人性化"。如西王母,是一位中国古代著名的女神,在《山海经》中,她是一个具有人、兽形体混杂特征的厉神。在《穆天子传》中,已有所变化,但仍与"虎豹为群,乌鹊于处",保留着些许怪异的兽性。在《汉武故事》中,西王母已由原来的"神化人物"变成了"仙化人物"。而在《汉武内传》中,西王母尽管还是一个神,如她腾云而来,驾雾而去,但是其形体与容貌,已与人间美人无异。你看她:年纪大约三十来岁,身穿金色大襜,外系灵飞绶带,腰间佩带着宝剑,头戴太真金冠,足登琼凤鞋,雍容华贵,仪态万方,天恣绝世,容貌亮丽罕见。如果说《汉武故事》把西王母"仙化"了,《汉武内传》则把西王母"人化"了,作者几乎把最能描绘美女的词汇都集中到西王母身上。另外,《汉武内传》铺陈的写法,也使情节细节的描写更加细腻,使环境气氛的渲染更加浓烈。如写西王母降临的场面:

> 忽见西南如白云起,郁然直来,径趋宫庭。须臾转近,闻云中箫鼓之

　　声，人马之响。半食顷，王母至也。县投殿前，有似鸟集，或驾龙虎，或乘

　　白麟，或乘白鹤，或乘轩车，或乘天马，群仙数千，光耀庭宇。

先写远处众仙如云飘来，次写听到箫鼓之乐、人马喧哗之声，后写众仙乘坐之
物，这既是王母在众仙陪伴下来会武帝的行走过程，也是武帝仰首所见所闻的
一个感受过程，作者用铺陈的手法，有条不紊地逐次把它描绘出来，使人读后，
如身临其境。除此之外，《汉武内传》中的对话，也写得切合说话者的身份与
性格，显示了作者对个性化语言的重视。如汉武帝本是一位不可一世、唯我独
尊的帝王，在与西王母的对话时，处处使人感到是谦虚谨慎甚至于卑下的口
吻，好象是臣属对君王的讲话。但话语中仍掩盖不住他的贪婪、追求享乐的意
图，与他平日的话语截然不同，生动地反映了汉武帝此时此刻的心理活动，深
刻地表现了汉武帝性格中与暴烈、高傲相反的另一面。

　　总之，《汉武内传》通过汉武帝与西王母相会的故事，刻画了汉武帝的性
格特征和精神面貌，从一个侧面揭露了汉武帝贪婪、奢侈、愚妄的品行，有一定
的批判意义。作品神奇的虚构想象，使文学创作脱离了史实的束缚，细腻、铺
陈的描述，具有个性化的人物语言，都大大丰富了汉代小说的内容和表现形
式，对以后小说的创作有重要的启迪作用。

　　《徐偃王志》也是一部杂史杂传类神怪小说，原书已佚散，部分内容存见
于晋人张华的《博物志》卷七中。作者不详。《徐偃王志》中写徐偃王"逃去彭
城郡武原县东山下，百姓随之者以万计"。彭城郡原为楚地，汉宣帝地节元年
（前69）才改称彭城郡，作者文中称此郡，据此推测作者当是西汉宣帝地节以
后的汉代人。徐偃王是徐国的一个国君。徐国是西周时东方的一个侯国，古
属东夷，位于今天的淮河流域下游一带。关于徐偃王的传说流传得很久远，
《荀子·非相》篇写道："徐偃王之状，目可瞻马。""马"系"焉"之讹，"焉"借为
"颜"，就是说徐偃王的眼睛能看见自己的脸面。《尸子》中也说："徐偃王有筋
无骨"。至汉代，徐偃王的传说得到了不同程度的演绎，但仍保留着许多怪异
成分，如徐偃王的出生就十分富有传奇色彩：

　　徐君宫人有孕而生卵，以为不祥，弃于水滨洲。孤独母有犬鹄苍，衔

所弃卵以归,覆暖之,乃成小儿。生时正偃,故以为名。宫人闻之,更取养
之。及长,袭为徐君。后鹄苍临死,生角而九尾,化为黄龙也。

卵能生人的传说,不止此一说,如殷的始祖契也是如此,《史记·殷本纪》载殷
契的母亲简狄"见玄鸟堕其卵,简狄取吞之,因孕生契。"《山海经·大荒南经》
也载:"南海之外,……有卵民之国,其民皆生卵。"这是古代东方民族鸟图腾
崇拜的一种反映。至于徐偃王出生时四肢朝天,"偃"就是仰卧的意思,因此
而取名,解释得多么巧妙!

　　《徐偃王志》主要描写徐偃王能体察百姓疾苦,处处为民着想,是一个仁
义之君。正因如此,他所治理的徐国才国力强盛,百姓安居乐业。徐国逐渐形
成东夷的强国,江淮地区的诸小侯国仰慕徐偃王仁义名声,甘愿俯首称臣。徐
国的日益强大,引起周王的不安,他决定攻伐徐国,铲除隐患。靠徐国的军力
也可与周军抵挡、周旋一番,但徐偃王想到双方开战,必然是生灵涂炭,百姓遭
殃。他决定避开锋芒,撤离徐地。当徐偃王离开徐地时,百姓自愿相随,上万
人的队伍浩浩荡荡,十分壮观,这就是人心所向,这就是徐偃王仁义之君的召
唤力。徐偃王逃亡的地点是"彭城郡武原县东山下",在今江苏邳县境内,后
人命名此山为徐山,来纪念徐偃王的仁义美德,徐山成为一座表彰仁义的丰
碑,同样,《徐偃王志》也是一座历史丰碑,它隐隐约约地透露着周代一场政治
斗争的隐秘,寄托着古代人民对仁义之君的敬仰之情。

　　汉代两大类小说,奠定了中国古代小说的基本格局,决定了中国古代小说
的基本流向,从此以后,中国古代小说大体上非属志人类小说即属志怪类小
说,魏晋南北朝的情况不言而喻,隋唐有志人类的小说如《李娃传》、《莺莺传》
等,也有志怪类的小说如《旌异记》、《玄怪录》等。宋代有志人类的小说如《开
河记》、《齐东野语》等,也有志怪类小说如《夷坚志》、《异闻总录》等。元明清
有志人类小说如《水浒传》、《三国演义》《红楼梦》等,也有志怪类小说如《湖
海新闻夷坚续志》、《古今谭概》、《聊斋志异》等,溯其源,志人类小说受汉代子
史故事类小说影响较深,志怪类小说则受汉代神怪故事类小说影响较深,这是
中国古代小说发展中的一个重要现象。

第四节　汉代的戏剧

中国古代具有文学性质的戏剧成熟得较晚，远不能与古希腊、古罗马相比。但与戏剧相联系的音乐却一点也不落后，在新石器遗址河南舞阳贾湖出土的骨笛，半山文化期遗址大通河和湟水下流出土的"陶鼓"，以及远古时代的骨哨、陶埙等，都说明中国音乐文化历史的悠久。但中国古代音乐长期与舞蹈及宗庙歌辞相配合，并没有推进具有文学性质戏剧的发展。汉代音乐也是很发达的，宋新撰有《汉代鼓吹乐的渊源》一文，通过对先秦"鼓乐"、"吹乐"、"大合乐"及"军乐"的初步考察，认为周代高度发达的鼓乐、吹乐及以"鼓吹"演奏为重要组成部分的大合乐，是先秦鼓吹乐形成及其在汉代兴盛的基础。西周"军乐"在春秋战国时期不仅直接演变为先秦鼓吹乐，同时又成为汉代鼓吹乐的重要渊源。[①]　最重要的是与汉代音乐相联系的汉代"百戏"，开始有了文学性质的戏剧因素。

汉代"百戏"是汇集各种乐、舞、歌、杂技的总称，是在夏代的乐舞、周代的散乐与"讲武"、秦朝的"角抵俳优"基础上形成的新的"角抵戏"。最初秦的"角抵"指角力一类的竞技比赛，类似现在拳击、摔跤活动，后来"角抵"逐渐与音乐配合起来，突出了它的表演性与娱乐性。到了汉代，尤其是汉武帝时，在音乐、化装、表演方面又进一步改革创新，又引入外域的杂技、幻术，使"角抵"具有了一定的故事情节，形成了包括舞蹈、俳优、武术、杂技、幻术等同台演出，彼此竞胜的大型"百戏"。"角抵"已成各种表演艺术的汇演，早已超出原始的含意，所以人们又称"角抵"为"角抵百戏"。当时的京城长安是全国"百戏"演出的中心，几座宏大的宫殿，如西安门内的未央宫、上林苑里的平乐观、长安西城外的建章宫等，就是最好的演出场所。据《汉书·武帝纪》载，元封三年（前108）春，武帝在未央宫举行过一次"百戏"演出，元封六年，又在平乐观再次演出，这两次演出规模都相当可观，不仅京城方圆三百里的人来观看，而且

----

① 　参见宋新：《汉代鼓吹乐的渊源》，《中国音乐学》2005 年 3 期。

还吸引了一批西域、南洋等地的人。从此后,历朝凡是迎娶汉朝公主、招待外宾、元旦朝会等,都要设宴张乐,大演"百戏",汉天子甚至有时还下诏观戏或亲临现场观戏,以示隆重,与民同乐。汉朝百戏的盛况,可从河南、山东、四川、陕西等地出土的表演陶俑、刻有百戏的汉代画像砖、画像石中窥见一斑。如山东沂南北塞村汉墓出土的巨幅画像石"乐舞百戏图"、山东济南北郊无影山汉墓出土的百戏陶俑、山东嘉祥宋山村出土的东王公、乐舞、庖厨画像石、四川成都市郊出土的百戏画像砖、陕西米脂官庄出土的燕居观赏画像石等,①就形象地反映了汉代百戏的具体演出场面。

有关汉代百戏的具体节目与更详细的演出情况,张衡在他的《西京赋》中有明确、生动的记叙和描写。从《西京赋》中我们知道了汉代百戏有二十余种节目。如"鱼龙曼延"、"总会仙倡"、"都卢寻橦"、"乌获扛鼎"、"冲狭燕濯"、"跳丸剑"、"走索"、"胸突铦锋"等。

"鱼龙曼延"是百戏中规模最大的节目之一,大致是由人以面具、道具装扮成各种动物来表演的大型舞蹈,除音乐、舞蹈外,还有幻术、杂技等表演,并带有一定的故事情节。演出情况《西京赋》有较详细描述:乐曲声中,舞台上飘起雪花,一会儿又电闪雷鸣,在复道楼阁后面出现一座巍峨的山峰,有布景,有特技又有音响效果。接下来由人装扮的各种鸟兽便纷纷登场表演了。有熊虎在相搏斗,有猿猴在相追逐;忽而一只狰狞的怪兽把大雀吓得瑟缩而逃,忽而一头大白象生了一头小象,还甩着鼻子给小象哺乳;又见一条水中遨游的大鱼瞬间化做飞舞的长龙,龇牙咧嘴的猞猁突然变成四只小鹿,拉着车子,车上拉的是千岁蟾蜍和万年大龟……这种令人目不暇接的精彩表演,滑稽有趣,后世民间鱼龙舞、狮子舞等,还保留着这种节目的特点。

"总会仙倡"的意思是仙人大聚会,其规模仅次于"鱼龙曼延"。开场的布

---

① 仅以1981年8月在陕西米脂县官庄出土的燕居观赏画像石为例,来说明汉代百戏情况。此画像石高143厘米,宽251厘米,由上下二石组合共嵌一壁,画面中有一双层阁楼,内有二人席地而坐,左一人凭几而侧视,右踞坐一戴胜仕女作观赏状。阁楼外左右各立一侍者,其后为重檐阙楼。左厢五人作盘鼓舞和钩镶斗械;右厢帷幔下有七人扬臂、转体、曲肢、缠腰作长袖白练舞。此画像石为米脂县博物馆所藏。

景是险峻的西岳华山之上,到处是奇花异果。众神仙正在此聚会。然后由扮演成虎、豹、罴、龙等巨兽的演员登台表演,有白虎鼓瑟,苍龙吹篪,豹、罴伴乐起舞;接着由演员扮装的舜的两个妃子娥皇、女英,凄婉而歌,这个节目已属歌舞,且又有扮饰的人物,故事情节的因素更多了。

汉代的百戏中,杂技表演是其一大特色。如"寻橦"是爬竿技艺,由一人或头顶或肩扛或手托一长竿,一人或数人攀援而上进行表演。"扛鼎"是举重表演,重物为很重的鼎、车轮、石臼等。"冲狭"类似现在杂技中的钻刀圈,将席筒四周插上尖矛利刃,演员跃身从中穿过。"燕濯"是翻跟头的技艺,表演者在翻跟头中,从水盆上掠过,脚尖还轻轻点水,犹如燕子戏水。"跳丸剑"又叫"弄丸剑",表演者双手连续快速地抛接弹丸或短剑,抛接的数量越多,技艺就越高。"走索"就是在高空的绳索上表演各种惊险动作。"胸突铦锋"是一种气功,把刀剑一类的兵器放在胸口腹背上加力而不受伤害。再如"吞刀"、"吐火"、"屠人"等魔术,"画地成川"、"立兴云雾"、"易牛马头"等幻术特技,驯虎、驯蛇、驯象等驯兽术,等等。关于百戏的演出,除了《西京赋》有详细描述外,东汉李尤的《平乐观赋》也作了生动的描绘,两篇赋中描写百戏的地方是一致的。汉代百戏是歌舞、技艺、幻术等多种综合性表演,它的影响力是深远的,使中国传统戏剧始终保持着这种传统的表演特征。

汉代百戏不仅具备"娱人"的作用,而且也具有灌输儒家思想进行教化的作用,"当作为戏剧萌芽的歌舞、技艺等还未与其他戏剧因素综合成戏剧之际,就已经为孔孟儒家渲染了浓重的理性教化色彩。其明显根据便是以儒家史传为指导的有关俳优的记载,诸如优孟衣冠、麋鹿触敌、漆城御寇等等,都并非意在强调俳优能歌善舞、善于模仿的表演技巧,对促进戏剧形成的重要作用,而是对其讽刺职能的肯定。对于角抵,也并非着眼其与戏剧武打的联系,而是作为'讲武之礼,以为戏乐,用相夸示'的竞技技艺(裴骃《史记集解》引应劭《风俗通义》)才加以肯定的。"①汉代重视百戏中的教化内容,"优孟衣冠、

① 徐振贵:《论儒学对中国古代戏剧发展的能动作用》,《戏剧小说纵横谈》,吉林人民出版社 2002 年版,第 187 – 188 页。

麋鹿触敌、漆城御寇等",想必就是百戏中的故事情节。

　　从现存资料看,在汉代百戏中,确实已经具有了戏剧文学因素的节目,如《东海黄公》就是其一。这个节目取材于民间故事,故事情节在《西京杂记》卷三中有详细记载:

> 有东海黄公,少时为术,能制蛇御虎,佩赤金刀,以绛缯束发,立兴云雾,坐成山河。及衰老,气力羸惫,饮酒过度,不能复行其术。秦末有白虎,见于东海。黄公乃以赤刀往厌之,术既不行,遂为虎所杀。三辅人俗用以为戏,汉帝亦取以为角抵之戏焉。

"三辅"之称始于景帝,指西汉京畿地区,可见东海黄公的故事很早就成为地方小戏的题材,后来又经艺术加工,变为角抵戏,在舞台上长期演出。在《西京赋》中对演出情况作了大致的描述:"吞刀吐火,云雾杳冥。画地成川,流渭通径。东海黄公,赤刀粤祝。冀厌白虎,卒不能救。挟邪作蛊,于是不售。"《东海黄公》角抵戏的具体的情节是这样的:黄公大法师头裹红绸巾,腰佩赤金刀上场,在舞台上表演一番他的法术,诸如吞刀、吐火、兴云成河等,竭力显示高超技艺,以引起观众的观赏兴趣。接着由人扮演的白虎上场,表演在东海危害百姓的情景,最后的场面是黄公与白虎相遇,他挥动赤金刀,口中念念有词,祝祷作法,经过几番人虎搏斗,终因黄公法术有限,反被白虎咬死。

　　这个节目已不像传统的角抵戏那样,由演员登台竞技表演,互相打斗以强弱决定胜负。它除了技艺表演外,还有故事情节,"黄公"这一人物形象是以表演故事的身份出现的。黄公与虎搏斗、最后被虎所害,都是预先设计好的,这种"设计"落实到文字上就是相当于后世戏曲的"底本"。我们现在还不能断定其"底本"中的内容就是《西京杂记》所记载的那样,但《东海黄公》确实打破了过去倡优即兴逗乐与逢场作戏的形式,是我国最初的有人物、有化装、有情节的角抵戏,成为我国具有文学因素戏剧的开端,为后世戏曲的形成奠定了基础。

　　如果说对《东海黄公》有演出底本还属于一种推测,那么汉代的《公莫舞》歌辞便是凿凿有据的演出"底本"了。《公莫舞》是一种以巾为道具的歌舞剧,所以也称"巾舞"。令人遗憾的是汉代的《公莫舞》的歌辞由于声辞合写,所以从东晋之后便无人可以辨识。《公莫舞》歌辞见于《宋书》卷二十二、《乐府诗集》卷五十四,《宋书》所载共 308 个字,比《乐府诗集》多 5 个字。仅录第一节可见一斑:"吾不见公莫时吾何婴公来婴姥时吾哺声何为茂时为来婴当思吾明日之土转起吾何婴土来婴转。"由于声辞混一,莫说难晓得大意,就连舞名也难搞清。南朝沈约的《宋书·乐志》解释说:

> 《公莫舞》,今之巾舞也。相传云:(汉高祖与项籍会于鸿门)项庄剑舞(将杀高祖),项伯(亦舞)以袖隔之,使不得害汉高祖,且语庄云:"公莫!"古人相称曰公,云莫害汉王也。今之用巾,盖像项伯衣袖之遗式。按:《琴操》有《公莫渡河曲》,然则其声所从来已久,俗云项伯,非也。
> (按:括号中引文摘自《旧唐书·音乐志》)

《古今乐录》中认为:

> 巾舞古有歌辞,讹异不可解。江左(东晋)以来,有歌舞辞,沈约疑是《公无渡河曲》,今三调中自有《公无渡河》,其声哀切,故入瑟调;不容以瑟调杂于舞曲。惟《公无渡河》,古有歌有弦,无舞也。

由于对《公莫舞》的歌辞不理解,所以错误地将《公莫舞》认作是汉乐府中最短的歌辞《公无渡河》。《公无渡河》四言四句,据崔豹《古今注》,此诗的背景是:朝鲜渡口守卒霍里子高,见一白发狂夫横渡急流,其妻阻拦不及,狂夫被水溺死,其妻于是弹箜篌而唱此曲,歌声悲切,歌罢也跳河而死。《公莫舞》与《公无渡河》没有任何联系。至于将"公莫"二字附会"鸿门宴"的故事,更是虚自杜撰而无根据。

《公莫舞》是现存唯一的记载关于汉代巾舞的文字,如果不能晓读,便不能确定它是否是汉代百戏的歌辞。正因如此,一千六百多年来,关于汉代的百戏有无"文学底本",谁也说不清楚,《公莫舞》成了千古难解之谜,也是学术界的攻坚课题。"据现有资料,1948 年杨公骥先生已经认识到'巾舞'是'具有戏剧雏形的歌舞'。这一研究成果正式发表在 1950 年 7 月 19 日《光明日报》三版,名曰《汉巾舞歌辞句读及研究》。该文被收入北京师范学院中文系资料室与中国社会科学院文学研究所图书资料室合编的《中国古典文学研究论文索引》，列为'汉代乐府诗概述类'第一篇。其增订本发表于《中华文史论丛》1986 年第一辑，名曰《西汉歌舞剧巾舞〈公莫舞〉的句读和研究》。在上述文章中，杨公骥先生按照古乐谱大字记辞、细字记声的惯例对《巾舞歌辞》进行了校点。校本证实，《巾舞歌辞》是由唱词（包括主要唱词、复唱及衬字）角色标识字和指示舞蹈动作等的科范字组成的戏剧剧本。"①杨公骥先生将《公莫舞》中的和声、复唱和标示舞步、"作科"（动作）的字句剔出，发现《公莫舞》歌辞的本辞是：

[一]吾不见公莫(姥,mǔ)，

公姥何为茂，

当思明日之土。

[二]去何为？

士当去，

城上羊，

下食草，

汝何三年，

吾亦老，

吾涕下。

[三]昔结马，

客当行，

度四洲，

洛(略)四海，

熇(鄗)西马头(蹄)香，

洛道五丈度(渡)汲水。

[四]谁当求儿，

母何意零。

————————————

① 姚小鸥:《洛道五丈渡汲水》,载于《学术界》总第 89 期,2001・4

〔五〕(母:)何何吾!意何零。

(子:)以邪!

(母:)何吾!使君去时意何零。

(子:)以邪!使君去时……

(母:)何吾!思君去时意何零。

(子:)以邪!思君去时……

(母:)何何吾吾!

杨公骥先生解释《公莫舞歌辞》内容如下:

"第一节意为,儿子出门谋生,说:我不见爹妈(公姥)了!爹妈好好保养,怎样把身体养茂实;放宽心,应当多想着将来的好土地好日子。

第二节意为,出去做什么呢?青年小伙理应出去谋生。俗话说:'城上羊,下食草。'羊如果立在高高的城墙上不下来,就找不到草吃;同样,青年人如贪恋温暖的家不肯出去,也很难生活。所以,须离家几年,出外去谋生。这时,母亲说:但三年以后呀('针缩'二字不解),我也老了哩!于是母亲哭了:'吾涕下。'

第三节意为,已经套结好了马,征人即将起程,将要走过四方('四洲'),还要去遥远的边地('四海'。按:《尔雅·释地》:'九夷、八狄、七戎、六蛮谓之四海'。此指遥远的地方)。当鄌西马蹄香(杜衡)繁盛的时节,顺着五丈(合今三丈五尺左右)宽的直通洛阳的大道(洛道),渡过了汲(济)水。

第四节意为,儿子离家后,母亲哭道:谁能找回我的儿子呀!做母亲的心意何其凄苦孤零。接着,伴以舞步,反复悲诉。母亲叹道:'何何吾!'儿子应道:'以邪!'反复三次,所谓一叠一声长叹气,也就是这样情景。最后,母亲深深地叹息:'何何吾吾!'巾舞便就此结束。"①

这篇文章解读了天书一般的《公莫舞》,从此结束了长期的《公莫舞》"声辞杂

① 杨若木选编:《杨公骥文集》,东北师范大学出版社1998年版,第217–218页。

写,不复可辨"的历史,其学术价值是难以估量的。

为什么不厌其烦地大段引用杨公骥先生的研究成果?就是想用无可辩驳的事实说明汉代不仅具有很高水平的音乐、舞蹈、杂技、幻术,而且在百戏中,出现了人物角色,演出了有情节故事、有人物科(动作)、白(对白、独白、旁白)、唱(唱词)的角抵戏、歌舞戏。《公莫舞》是我们今天见到的我国最早的一出有角色、有情节、有科白唱的歌舞剧,尽管剧情比较简单,但其歌辞具有了戏剧演出"底本"的全部特征,它是中国戏剧的雏形,是中国戏剧文学的开始。过去许多人认为汉代存在着百戏,但不存在具有文学性质的戏剧,《公莫舞》歌辞的破释,将有剧本可考的中国戏剧史提前了一千多年,从而会使我们改变以往的中国戏剧落后的观念,《公莫舞》研究的意义与价值也体现在这里。仅凭这一点就足以说明汉代已经有了戏剧文学,使我们重新正确地认识了汉代戏剧在中国戏曲发展史中的地位及意义,有了新的依据。

第七章 汉代文学批评："文学自觉"意识的显示

汉代大一统政体的建立与巩固，"儒术"作为社会正统意识的确立，极大地影响了汉代文学的发展，而汉代文学的发展直接制约着文学批评的发展。为了"润色鸿业"，讴歌大一统盛世，汉代大力发展了辞赋，甚至使辞赋成为汉代文学的标志。汉赋铺采摛文的特点，与以往以实用性为特征的传统文章有了明显的区别，人们开始对文章的艺术形式引起重视，从理念上要求将文学作品与经、史、子类作品区别开来，开始用"文章"与"文学"来区分文学与经术。如司马迁在《史记·儒林列传》中说："文章尔雅，训辞深美。"又说："夫齐鲁之间于文学，自古以来其天性也。故汉兴，然后诸儒得修其经义。""文章"是指文学创作作品，而"文学"却指学术著述，这已经证明："文学自觉"的意识从西汉就开始出现了。到东汉班固时，他的《汉书·艺文志》中，将《诗赋略》与《六艺略》、《诸子略》分别并列，说明把文学作品视为一种独立门类的意识更加明确。这种文学自觉的意识肯定会大大促进文学的发展。

随着文学意识的提高，文学创作与文学作品以及作家成为人们研究的对象，汉代文学批评主要集中在四个方面：对诗歌，特别是对《诗经》的评价；对屈原及楚辞的评价；对辞赋创作的反思；对文学作品社会功能及内容与形式关系等问题的研究。

第一节 诗乐教典——《乐记》与《毛诗序》

汉人文学自觉意识的形成，有一个长期发展的过程，早在汉代之前的春秋战国,儒家学派就有系统总结文学艺术的尝试。被奉为儒家教科书的《六经》中就有一部专门阐述艺术的经书——《乐经》。可惜这部书因秦焚书而被毁失传,①但很难说汉代的《乐记》就没有《乐经》的影子,或者说汉代的《乐记》中一些观点很可能受到《乐经》中有关观点的启发,至于说《乐记》总结并发展了先秦儒家关于乐教思想理论,则是无可怀疑的。

《乐记》是《礼记》中的篇章,《初学记》载:"《礼记》者,本孔子门徒共撰其所闻也。……至汉宣帝世,东海后苍善说礼于曲台殿,撰《礼》一百八十篇,号曰《后氏曲台记》。后苍传于梁国戴德,及德从子圣。乃删后氏《记》为八十五篇,名《大戴礼》。圣又删《大戴礼》为四十六篇,名《小戴礼》。其后,诸儒又加《月令》、《明堂位》、《乐记》三篇,凡四十九篇,则今之《礼记》也。"《小戴礼》则是我们现在看到的收入《十三经》中的《礼记》。从《初学记》记载,可以看出,《礼记》所撰最早虽起于早期的孔子门徒,但现传《礼记》,却主体上产生于后期儒学的传人,特别是《乐记》一篇,则明确为汉人所撰。

《礼记》总的来说,主要阐述儒家礼教思想,《礼记》中的《乐记》是一部阐述关于乐的本源、美感、社会作用及以乐致礼的专著。古人所理解的"乐",包括音乐、舞蹈、诗歌,诗乐舞合一,是中国艺术的一种传统。"凡是使人快乐,使人感官可以得到享受的东西,都可以称之为乐。但以音乐为代表,是毫无问题的。"②在《乐记》中,当然有专门论及诗歌乃至整个文学的部分,就是关于论述音乐的部分,也可适于对诗歌乃至整个文学的理解。在《乐记》中,作者从朴素的唯物论的观点出发,阐述了诗、歌、舞及乐之间的关系:

> 德者,性之端也。乐者,德之华也。金石丝竹,乐之器也。诗,言其志也。歌,咏其声也。舞,动其容也。三者本于心,然后乐器从之。是故情

---

① 这里采取古文经学的说法。今文经学认为"乐"本无经,只是附于《诗经》的一种乐谱。主张"乐"之源在《诗》三百篇中,"乐"之用在《礼》十七篇中。然《庄子·天运》载:"(孔)丘治《诗》、《书》、《礼》、《乐》、《易》、《春秋》六经。""六经"之称一直流传,至汉称为"六艺"。《汉书·艺文志·六艺略》称其他五艺为经,且注明五经各具若干卷数,唯"乐"不言经,其下著录《乐记》二十三篇,由此可推测《乐》的情况及与《乐记》的关系。

② 郭沫若:《青铜时代》,新文艺出版社1952年版,第178页。

深而文明,气盛而化神,和顺积中而英华发外,唯乐不可以为伪。

诗、歌、舞都是内心感受的产物,都可伴随着"金石丝竹"等乐器之声或"言"或"咏"或"动"而表达出来。而内心的感受,都是来自现实生活,有什么样的生活遭际,便会有什么样的内心感受,不同的感情,决定了不同的言其志的诗、咏其声的歌、动其容的舞。也就是说,从诗、歌、舞及乐中,完全可以看到一个现实社会。这一点,《乐记》中也讲得很明确:

> 凡音者,生人心者也。情动于中,故形于声。声成文,谓之音。是故治世之音安以乐,其政和;乱世之音怨以怒,其政乖;亡国之音哀以思,其民困。声音之道,与政通。

一切诗、歌、舞及乐都是有感而发的,而主观内心之所以有感,全是外界客观世界所引起的,《乐记》对此阐述得虽然简单,但已经揭示了文学艺术的本质问题。

一切诗、歌、舞及乐都是有感而发的,然而有感而发的诗、歌、舞及乐并不都是好诗、好歌、好舞及好乐,《乐记》的作者意识到文学艺术的内容决定着文学艺术的形式,儒家的是非观是判断诗、歌、舞及乐之优劣的根本标准:

> 凡奸声感人,而逆气应之;逆气成象,而淫乐兴焉。正声感人,而顺气逆之;顺气成象,而和乐兴焉。倡和有应,回邪曲直各归其分,而万物之理各以类相动也。是故君子反情以和其志,比类以成其行,奸声乱色不留聪明,淫乐慝礼不接心术,惰慢邪辟之气不设于身体,使耳目、鼻口、心知百体皆由顺正,以行其义;然后发以声音,而文以琴瑟,动以干戚,饰以羽旄,从以箫管,奋至德之光,动四气之和,以著万物之理。

文学艺术可以感染一代世风,譬如奸邪之乐泛滥,就会败坏社会风气;淫秽之乐盛行,就会腐化人心;高尚之乐兴起,良好的风气就会形成。所以《乐记》特别重视文学艺术的社会功能,重视其感染人、教育人、移风易俗及实现礼治的作用,其中有这样的阐述:

> 乐者,所以象德也;礼者,所以缀淫也。是故先王有大事,必有礼以哀

之;有大福,必有礼以乐之;哀乐之分,皆以礼终。乐也者,圣人之所乐也,而可以善民心。其感人深,其移风易俗,故先王著其教焉。

君子曰:礼乐不可斯须去身。致乐以治心,则易直子谅之心油然生矣。易直子谅之心生则乐,乐则安,安则久,久则天,天则神,天则不言而信,神则不怒而威。致乐以治心者也。致礼以治躬则庄敬,庄敬则严威。心中斯须不和不乐,而鄙诈之心入之矣。外貌斯须不庄不敬,而易慢之心入之矣。故乐也者,动于内者也;礼也者,动于外者也。乐极和,礼极顺,内和而外顺,则民瞻其颜色而弗与争也,望其容貌而民不生易慢焉。故德辉动于内,而民莫不承听;理发诸外,而民莫不承顺。故曰:致礼乐之道,举而错之天下,无难矣。

乐本于心本于情,心与情不可强行抑制,各种乐也不可强行取代,而只可以通过教化而使之达于理,这里有一个审美标准的问题。《乐记》的乐教重在提倡"中和之美",这也是对孔子"温柔敦厚"诗教的发挥与发展。《乐记》重视对各种乐的规范与开导,以中和之道,使其纳入礼义的范围之中:

夫民有血气心知之性,而无哀乐喜怒之常;应感起物而动,然后心术形焉。是故志微噍杀之音作,而民思忧;啴谐、慢易、繁文、简节之音作,而民康乐;粗厉、猛起、奋末、广贲之音作,而民刚毅;廉直、劲正、庄诚之音作,而民肃敬;宽裕、肉好、顺成、和动之音作,而民慈爱;流辟、邪散、狄成、涤滥之音作,而民淫乱。是故先王本之情性,稽之度数,制之礼义,合生气之和,道五常之行,使之阳而不散,阴而不密,刚气不怒,柔气不慑,四畅交于中,而发作于外,皆安其位而不相夺也;然后立之学等,广其节奏,省其文采,以绳德厚,律小大之称,比终始之序,以象事行,使亲疏、贵贱、长幼、男女之理皆形见于乐。故曰:乐观其深矣。

《礼记》的作者对文体已有区分的意识,在其《经解》篇中,借孔子之口,对儒家的"六经",从各自的特质上作了明确的区分:"孔子曰:'入其国,其教可知也。其为人也,温柔敦厚,《诗》教也;疏通知远,《书》教也;广博易良,乐教也;洁静精微,《易》教也;恭俭庄敬,礼教也;属辞比事,《春秋》教也。'"《乐记》对文体

的区分,甚至于细致到诗歌的内部,分别出《诗经》中各类诗的各自不同的风格:

> 爱者宜歌《商》,温良而能断者宜歌《齐》。夫歌者,直己而陈德也。
> 动己而天地应焉,四时和焉,星辰理焉,万物育焉。故商者,五帝之遗声
> 也。宽而静,柔而正者宜歌《颂》。广大而静,疏远而信者宜歌《大雅》。
> 恭俭而好礼者,宜歌《小雅》,正直而静,廉而谦者宜歌《风》。肆直而慈
> 爱,商之遗声也,商人识之,故谓之《商》。齐者,三代之遗声也,齐人识
> 之,故谓之《齐》,明乎商之音者,临事而屡断;明乎齐之音者,见利而让。
> 临事而屡断,勇也。见利而让,义也。有勇有义,非歌孰能保此?

总的来说,《乐记》虽是乐教经典,但不可单纯视为阐述音乐的专著,它也涉及了文学艺术的多方面重大理论,表现出了自己独特的文学艺术观,显示了一种对文学整体认识的自觉意识,而到了《毛诗序》,则这种文学的自觉意识显示的就更加鲜明了。

《诗经》是我国第一部诗歌总集,是中国诗歌的源头,其对中国文学乃至文化影响很大。从《诗经》结集的二千多年来,研读《诗经》成为一种专门的学问,阐释《诗经》的著述汗牛充栋,佚散的不算,仅《四库全书》收录的就有 146 种。汉代是我国研究《诗经》的第一个重要时期,历史上称其研究为"汉学"。汉代统治者出于加强思想意识的统治,适应大一统政治的需要,将本来是古代一本诗歌集列为经典之一,在京城设立的太学中,设置《诗经》博士学官,通过对《诗经》的解释和传授,来宣扬儒家的教义。从一开始就把《诗经》作为封建政治伦理的经典来研究,形成了汉代以礼教说诗的诗论体系,为我国二千多年来的封建社会《诗经》的研究奠定了基础。

汉代解释、传授《诗经》的有鲁、齐、韩、毛四家。鲁诗是传诗最早的一家,由鲁人申培(亦称申培公或申公)所传,亡于西晋;齐诗由齐人辕固所传,亡于三国魏时;韩诗由燕人韩婴所传,南宋以后亡佚,仅存《韩诗外传》;毛诗由鲁人毛亨(大毛公)、赵人毛苌(小毛公)所传。鲁、齐、韩三家传本,都用汉时通用的隶书体文字写就,称为今文《诗经》,毛诗传本是用秦以前的"古籀文字"

写就,称为古文《诗经》,今、古文《诗经》不只是书写文字有区别,在文字训诂与内容的解释上也有很大的不同,形成两个对立的学派,它们的兴衰与当时的政治斗争紧密联系。

由于今文经学的学者着重阐发经文的"微言"、"大义",宣扬大一统思想、重视公羊春秋学、适合于统治者政治需要,所以在西汉初,今文经学就兴盛起来,被当作官学而受到尊崇和提倡,今文三家诗都立有博士。而毛诗只传于民间,受到三家诗派的排挤和压抑。西汉中叶以后,今文经学由于拘泥于师承家法,流于繁琐与穿凿附会而逐渐衰微,古文经学乘势兴起。王莽执政时为了"托古改制",采纳刘歆建议,始立古文经博士。古文《诗经》以其"通训诂,明大义"、简明易学而受到社会的尊崇,并日益压倒了今文《诗经》,从此三家诗迅速衰亡,独有毛诗畅行而传于后世,成为历代学者研读《诗经》的圭臬。

毛诗各篇名下都有长短不等的"序文",用来解释本诗的旨意,这些序文的作者是谁? 历来存有争议而莫衷一是,郑玄在《郑志》中说是孔子的弟子子夏,一说是东汉初年的卫宏,有的认为不是一时一人所作,应是汉代学者综合先秦儒家和当代经师有关诗乐理论而写成。《后汉书·卫宏传》中记载:"宏从曼卿受学,因作《毛诗序》。"此条记载可能比较确切。卫宏,字敬仲,东海(今山东郯城北)人,光武帝时为议郎,素好古文经学,据载除著《毛诗序》外,还著有《古文尚书训旨》、《汉旧仪》四篇及赋、颂、诔七首。

毛诗首篇《关雎》的序除解释本诗诗义外,还比较全面地阐述了诗歌的性质、作用、内容、体裁、表现手法等,是一篇纲领式的总论,世称《诗大序》或《毛诗大序》,其他各序称小序。《诗大序》是我国第一篇全面论述诗歌的专门文章,它总结了从先秦到汉代儒家学派对诗歌的总体认识,主要表现为:

首先,阐述了诗歌的基本特征。序文说:

> 诗者,志之所之也,在心为志,发言为诗。情动于中而形于言,言之不足,故嗟叹之;嗟叹之不足,故永歌之;永歌之不足,不知手之舞之,足之蹈之也。

诗歌从何而来? 序文说只能由人的意志、情怀感发而产生出来。当感情蕴藏在心中时,可称作"志",志用语言吟出来就成了诗。如果还不足表达内心的情感,那就不由得要引声长叹、昂首高歌甚至于手舞足蹈起来。这段论述继承了先秦儒家"诗言志"的观点,但又把志与情结合起来,提出了志情并举是诗歌基本特征的新观点,纠正了传统的重言志轻抒情的偏颇。同时还说明了诗、乐、舞三者的关系。《尚书·尧典》、《礼记·乐记》对诗、乐、舞有所阐述,但《诗大序》叙述得更为详细透辟,使原先诗、乐、舞不分的理论进一步发展为三者既有联系又有区别的新理论

其次,比较详尽地阐述了诗歌的社会功用。《诗大序》在孔子"思无邪"、"兴、观、群、怨"、"迩之事父,远之事君"等论述的基础上,进一步指出诗可以"正得失、动天地、感鬼神",即可以端正是非得失标准和教育人、感化人。所以先王常以诗来"经夫妇,成孝敬,厚人伦,美教化,移风俗"。当然,这种协调夫妇、长幼、尊卑关系,使人人淳厚知礼的社会功能,是通过"上以风化下,下以风刺上"两种形式实现的,即君主通过诗歌对臣民实行教化,臣民利用诗歌对君主进行讽谏,提倡"言之者无罪,闻之者足以戒"。这就是诗歌的"美刺"和"讽谏"作用。在讽谏中要遵循二个原则:一是"主文而谲谏",即讽谏必须在不违背统治者根本利益的前提下进行,言辞要委婉含蓄,不能直言君过,不能损害君主的尊严。二是"发乎情"、"止乎礼义",诗歌的基本特征固然是抒发感情,但所抒发的情感不能超越礼义的范围。《诗大序》的这两个原则实际是孔子"温柔敦厚"诗教的具体阐释和进一步发展,体现了封建社会儒家对诗歌的功利要求。依照这些原则,《诗经》各篇小序再依据本篇内容,确定或美刺或讽谏的倾向,各小序与大序共同形成《诗经》美刺说的理论,这种理论观点构成了它们的根本文学观。

第三,指出诗歌和社会生活、特别是和社会政治生活的密切关系。《诗大序》中说:

情发于声,声成文谓之音。治世之音安以乐,其政和;乱世之音怨以怒,其政乖;亡国之音哀以思,其民困。故正得失,动天地,感鬼神,莫近于诗。先王以是经夫妇,成孝敬,厚人伦,美教化,移风俗。

国家的兴衰治乱决定着人们的命运遭际,从而也决定着诗歌所表达的情绪。这段关于社会生活与诗歌关系的论述,显然是受到《左传》襄公二十九年季札观乐后的一段议论的启发,时代的生活决定着时代诗歌的基调,各个时代不同的社会生活往往通过该时代的诗歌得到真实的反映。从一首诗中有时可以看到整个社会的风貌,把握到时代跳动的脉搏。一作者的喜怒哀乐,往往代表了天下众多人的普遍感情。在此理论的基础上,《诗大序》又提出了"变风"、"变雅"的概念。"风"、"雅"本是治世之音,如果出现了"变风"、"变雅"的诗作,那一定是先王推行的正道衰落了,礼义被废弃了,政教停滞不行了,社会风气败坏了,出现了"乱世之音"和"亡国之音","变风"、"变雅"正是时事变乱、政纲废弛的真实反映,从而进一步说明社会生活决定着诗歌的发展变化。

最后,在诗歌的分类与表现手法上,提出了关于《诗经》的"六义"之说。《诗大序》说:"故诗有六义焉:一曰风,二曰赋,三曰比,四曰兴,五曰雅,六曰颂。"这是根据《周礼》中"大师……教六诗:曰风,曰赋,曰比,曰兴,曰雅,曰颂"的旧说而来,但《诗大序》对《诗经》的诗体进行了新的阐述:

> 是以一国之事,系一人之本,谓之风;言天下之事,形四方之风,谓之雅。雅者,正也,言王政之所由废兴也。政有小大,故有小雅焉,有大雅焉。颂者,美盛德之形容,以其成功告于神明者也。是谓四始,诗之至也。

风、雅、颂是《诗经》三种体格,风是地方民间诗歌,雅是宫廷诗歌,颂是庙堂祭祀诗歌,所谓"四始",即风诗以《关雎》一诗为开端,小雅以《鹿鸣》一诗为开端,大雅以《文王》一诗为开端,颂诗以《清庙》一诗为开端,而这四首诗前的小序则把风、雅、颂的诗论阐述得很详尽了。《诗经》六义中的赋、比、兴,是指《诗经》中铺叙、比喻、兴起三种表现手法,《诗大序》没有对赋、比、兴展开阐述,但把这三者视为三种表现手法是不言而喻的,孔颖达在《毛诗正义》中对此作了进一步阐述:

> 风雅颂者,诗篇之异体。赋比兴者,诗文之异辞耳。大小不同,而得并为六义者,赋比兴是诗之所用,风雅颂是诗之成形。用彼三事成此三

事,是故同称为义,非别有篇卷也。

至于后来的朱熹对赋、比、兴的解释就更准确了,他在《诗集传》中解释说:"赋者,敷陈其事而直言之者也";"比者,以彼物比此物也";"兴者,先言他物以引起所咏之词也"。赋、比、兴是中国诗歌创作方法的高度概括,成为中国诗学研究中的重要概念。

《毛诗序》第一次对汉代之前的《诗经》研究作了简明的总结,以儒家的观点比较全面地概括了诗歌理论,提出了儒家诗歌批评的标准,成为我国《诗经》研究的第一个里程碑。在我国漫长的封建社会中,它作为诗教的经典,对我国诗歌的创作和诗歌批评有着深远的影响,对其他文体的创作与批评也有重要的启迪作用。

第二节 由屈原及其作品引起的文学论争

汉人的文学批评,主要体现在对诗歌的研究上,形成了儒家传统的诗论体系,具体说主要体现在对《诗经》的系统研究上,和对屈原及其《楚辞》的研究上。如果说对《诗经》的研究还吸收了前人研究的成果,如孔子的"思无邪"、"兴观群怨"等说,那么,对《楚辞》的研究则是汉人独立新开辟的研究领域。这一新的研究领域不仅仅指前人未能涉足过,更重要的是标志着中国对文人或曰作家及其作品的研究从此开始,汉代人的文学意识有了质的飞跃。詹福瑞先生著文说:"汉代的屈原及其作品的批评,主要在三个方面体现了文学独立与观念自觉的倾向。其一,把屈原和贾谊这样的文学家单独立传,这就如同刘向、刘歆把诗赋同六艺经书区分开来一样,是建立在对文章自觉认识基础之上的。其二,关注诗人的命运、心理,并把其作为文学创作的现实基础和心理基础,这事实上已经建立了中国古代文学研究的一个基本模式,即真正意义上的知人论世。其三,文学作品的艺术特点及表现形式、方法问题,成为文学批评的重要内容。以上三点与文学独立、文学观念自觉三个标志是最接近的。从汉代人对屈原及其作品的批评,我们也可以得出这样的判断:在汉代,文学已渐趋独立,文学观念也渐近自觉。”①

《诗经》之后春秋战国之际的诗歌,“大抵有三类:1. 文士诗(含王公列卿、士大夫诗和瞽乐人诗);2. 起源于郑卫,并活跃于中原大地,以“新声”为代表的民歌;3. 南方民歌。这三类诗歌当中,作为发展主流并且影响较大的则是以“新声”为代表的民歌。它上承《诗经》之余波,下开《楚辞》之先河。”②楚辞是在绚丽多姿的楚文化基础上又吸收了中原文化的精华,特别是吸收了战国中期流行于中原的以“新声”为代表的民歌的特点而产生的,它以其丰富的想象力和铺陈夸饰,形成了中国诗歌浪漫主义的源头,与具有鲜明的现实主义特色的《诗经》,并称为“诗骚”,其代表人物就是伟大的爱国诗人屈原,屈原的《离骚》代表着楚辞的成就与水平。这种“书楚语,作楚声,纪楚地,名楚物”的诗体,战国后期盛行于江汉流域,至汉,逐渐扩展于汉帝国的全域,

从现有资料看,汉代第一个评述屈原及《离骚》的人当数刘安。刘安(前179－前122)是高祖刘邦之孙,父亲刘长为淮南王。文帝时,刘长恃势骄纵,暗中结交匈奴,有反叛之意,被降爵发配蜀地,途中绝食而死。文帝三分其国,封给刘长三个儿子,刘安仍袭号为淮南王。刘安喜读书,又以王者之尊广揽文人、方士,著书立说。元朔六年(前123)十一月,刘安因谋反与其弟衡山王刘赐一起被捕,后被诛杀。刘安的著述多散佚,传至今日的仅有他主持编撰的《淮南子》(又名《淮南鸿烈》)。

刘安喜谈神仙之术,而且长于文辞,恰遇汉武帝也很爱文辞,刘安作为喜爱文辞的皇叔独得武帝的青睐与尊重。武帝特别喜爱《离骚》,有一次刘安入朝,武帝请刘安作《离骚传》,刘安早晨领旨,日落时分就写好呈上,说明刘安对《离骚》早有系统的研究。《离骚传》今已不传,据班固《离骚序》、刘勰《文

---

① 詹福瑞:《从汉代人对屈原的批评看汉代文学的自觉》,《文艺理论研究》2000 年 5 期。

② 赵明主编:《先秦大文学史》第三编,《春秋战国之际的诗歌与楚辞》,吉林大学出版社 1993 年版,第 325 页。

心雕龙·辨骚》,①可知司马迁《史记·屈原列传》中的一段大致取材于刘安的《离骚传》,其文是:

> 《国风》好色而不淫,《小雅》怨诽而不乱。若《离骚》者,可谓兼之矣。上称帝喾,下道齐桓,中述汤武,以刺世事。明道德之广崇,治乱之条贯,靡不毕见。其文约,其辞微,其志洁,其行廉,其称文小而其指极大,举类迩而见义远。其志洁,故其称物芳。其行廉,故死而不容自疏。濯淖污泥之中,蝉蜕于浊秽,以浮游尘埃之外,不获世之滋垢,皭然泥而不滓者也。推其志也,虽与日月争光可也。

　　早在刘安之前,儒家根据政治的需要,已把《诗经》视为诗歌的"楷模",把它作为传授道德伦理的经典之一,并确定了评诗的标准。刘安就是站在这个立场上来看待楚辞,以《诗经》诗教的标准来评价《离骚》及其作者。首先他肯定了《离骚》继承了《诗经》的特点,不仅具有《国风》"好色而不淫"的特点,而且还有《小雅》"怨诽而不乱"的特点。其次,他认为《离骚》所述,上至帝喾,下及齐桓公,以古来治乱的事例,表达了自己崇高的"美政"思想。其三,他称赞了《离骚》以完美的艺术形式表达了高洁的志向,这同《诗经》朴实的"言志"、"美刺"又有所不同,它显示了《离骚》作者对艺术美的自觉追求。如"其称文小而其指极大",指《离骚》艺术概括力极强,以很简约的文字,便展现了一个丰富的历史世界与一个复杂的作者内心世界。"其称物芳",指《离骚》常以一系列的"香草美人"为喻,委婉表述清白高尚的心迹,形成鲜明的浪漫主义特色,以意象群的表现形式,极大地发展了《诗经》原有的比兴、象征等艺术手法。其四,他高度地赞赏了屈原的人品。屈原是满怀着爱国热忱而参政的,他希望楚王能够以历史上的圣王为榜样,选贤任能,远离小人,修明法度。但他身处浊世,反被奸佞陷害,在最绝望之时,屈原也至死不悔,决不向恶势力妥

---

　　① 班固:《离骚序》:"昔在孝武,博览古文,淮南王安叙《离骚传》,以《国风》好色而不淫,《小雅》怨悱而不乱,若《离骚》者,可谓兼之。蝉蜕浊秽之中,浮游尘埃之外,皭然泥而不滓。推其志,虽与日月争光可也。斯论似过其真。"刘勰《文心雕龙·辨骚》:"昔汉武爱《骚》,而淮南作《传》,以为:'《国风》好色而不淫,《小雅》怨诽而不乱,若《离骚》者,可谓兼之。蝉蜕秽浊之中,浮游尘埃之外,皭然涅而不缁,虽与日月争光可也。'"

协,这种卓然特立的人格与殉道精神永垂不朽,世世代代是志士仁人的榜样。

司马迁深受刘安的影响,他不仅选屈原入传,而且将刘安《离骚传》的文字引入《史记·屈原列传》中,不过他在刘安认识的基础上又有自己的看法,主要体现为他对屈原《离骚》写作动机有新的认识,他在此传中说:

> 屈平疾王听之不聪也,谗谄之蔽明也,邪曲之害公也,方正之不容也,故忧愁幽思而作《离骚》。

> 《离骚》者,犹离忧也。夫天者,人之始也;父母者,人之本也。人穷则反本,故劳苦倦极,未尝不呼天也;疾痛惨怛,未尝不呼父母也。屈平正道直行,竭忠尽智以事其君,谗人间之,可谓穷矣。信而见疑,忠而被谤,能无怨呼? 屈平之作《离骚》,盖自怨生也。

司马迁把"离忧"视为《离骚》的文眼,这就是所谓的"《离骚》者,犹离忧也。"把屈原作《离骚》的动机归结为一个"怨"字,这就与刘安对《离骚》的评价有了很大的不同。司马迁先从每个人的日常生活的感受说起,当一个人劳累过度时或痛苦难熬时,会情不自禁地呼喊老天与父母,不呼不快。仅为了个人的劳苦痛痒尚且如此,何况屈原为国家竭忠尽智,反遭奸人诬陷,有才不得施展,有志不能实现,人格被污辱,理想被毁灭,心灵创伤可谓深矣,仕途阻塞可谓穷矣,国家混乱可谓危矣,如此大的伤痛,如此深的哀愁,屈原心里能不产生怨恨? 愤怒出诗人,怨恨出好诗,司马迁从屈原的经历与《离骚》的创作中,已看出正直文人命运的轨迹与优秀作品产生的过程。这一观点与刘安所谓的"《国风》好色而不淫,《小雅》怨诽而不乱。若《离骚》者,可谓兼之矣。"已大相径庭。可以说是对传统的"温柔敦厚"诗教的严厉批判。

司马迁的由"怨"生诗说,更有价值的是正确地指出了文学创作中的一条重要规律。中国文人一般因忧患国计民生而遭致小人谗,由谗而导致"穷",由"穷"必然产生"怨",由"怨"而引起诉诸诗文,这是中国古代真正从事创作的文人的共同特点,不独屈原一人如此。司马迁在《史记·太史公自序》中说:

> 昔西伯拘羑里,演《周易》;孔子厄陈、蔡,作《春秋》;屈原放逐,著《离

骚》;左丘失明,厥有《国语》;孙子膑脚,而论兵法;不韦迁蜀,世传《吕览》;韩非囚秦,《说难》、《孤愤》;《诗》三百篇,大抵贤圣发愤之所为作也。此人皆意有所郁结,不得通其道也,故述往事,思来者。

司马迁所举著述者的某些事实,可能与实际有些出入,但所引出的结论是不错的,这种认识还有着自己的切身体验,"发愤著书"深刻地揭示了中国古代文人基本的创作动机,这也是中国古代文人文学创作的一条基本规律。也就是说,文人创作不仅是为了达到"言志"与"美刺"的作用,也要达到发愤抒情的效果。司马迁倡"发愤"之说后,评述屈原及《离骚》者大致不能超越此范围。如明人胡应麟在《诗薮》内编卷一中说:

屈原氏兴,以瑰奇浩瀚之才,属纵横艰大之运,因牢骚愁怨之感,发沉雄伟博之辞。上陈天道,下悉人情,中稽物理,旁引广譬,具纲兼罗,文词巨丽,体制闳深,兴寄超远,百代而下,才人学士,追之莫逮,取之不穷,史谓争光日月,讵不信夫!

司马迁抓住了《离骚》的精神实质,以"怨"为纲,给予屈原高尚人格以肯定的评价和对他的《离骚》伟大意义以较深刻的阐述,在一定程度上突破了传统儒家诗教的原则。相比之下,班固则固守儒家诗教的观点,对屈原及《离骚》作出了与司马迁有许多不同的评述,他在《离骚序》中说:

且君子道穷,命矣。故潜龙不见是而无闷,《关雎》哀周道而不伤,蘧瑗持可怀之智,宁武保如愚之性,咸以全命避害,不受世患。故《大雅》曰:"既明且哲,以保其身。"斯为贵矣。

今若屈原,露才扬己,竞乎危国群小之间,以离谗贼。然责数怀王,怨恶椒、兰,愁神苦思,强非其人,忿怼不容,沉江而死,亦贬洁狂狷景行之士。多称昆仑冥婚宓妃虚无之语,皆非法度之政、经义所载。谓之兼诗风雅而与日月争光,过矣。

然其文弘博丽雅,为辞赋宗,后世莫不斟酌其英华,则象其从容。自宋玉、唐勒、景差之徒,汉兴,枚乘、司马相如、刘向、扬雄,骋极文辞,好而悲之,自谓不能及也。虽非明智之器,可谓妙才者也。

　　班固站在正统的儒家立场上,不同意刘安对《离骚》的评价,他认为《国风》也好,《小雅》也好,都属经典之作,只有它们才称得上"与日月争光可也",而《离骚》,不过仅"文弘博丽雅",至多"为辞赋宗",以《诗经》比《离骚》,"斯论似过其真"。这样就大大贬低了《离骚》的价值。

　　班固更反对司马迁对屈原创作动机的同情与赞颂,这实际是不赞同屈原的人格与品质。在班固看来,君子得志不得志全在于命,明智的应该以明哲保身作为自己处世的原则,像蘧伯玉虽有才智,但一定等待机会到来才会显露,宁武子虽有才华,但在无机会的情况下,就不仅怀才不露,而且还装出一副愚蠢的模样。然而屈原却不然,在天下无道时,还"露才扬己",其不幸的遭遇完全是由于自己露才扬己所致,既是咎由自取,便不值得同情,甚至应该受到责备。他指责屈原不该责备楚怀王,不该去怨愤那帮群小,更不该自寻烦恼而去投江,这些行为都属不明智的偏激行为。班固对屈原创作动机及人品的指责,轻则说,说明他屈服于黑暗政治势力对正直文人的迫害,容忍腐败社会对正直文人蹂躏的罪行。重则说,说明他缺乏正义感,把屈原与邪恶势力的坚决抗争说成是偏激,简直达到了是非不分的程度。其实,《诗经》中那些"变风"、"变雅"之作,也充满了对黑暗社会斗争的意识与怨刺精神,具有强烈的现实批判性,《离骚》愤激抗争的情绪正是《诗经》怨刺精神的一脉相承和发扬光大,否定《离骚》的抗争意识,实际也是否定《诗经》优秀的传统。

　　班固认为屈原充其量只能算一个辞赋创作方面的"妙才",政治上却是一个不懂得明哲保身原则的"非明智"者。就是其《离骚》,虽弘博丽雅,然"多称昆仑冥婚宓妃虚无之语,皆非法度之政、经义所载"。班固对《离骚》多"虚无之语"的评价,贬低了《离骚》的浪漫主义手法的价值,《离骚》正是以此鲜明的特色,开辟了中国诗歌史上的浪漫主义的新天地,与《诗经》同时成为中国诗歌的伟大源头。班固虽然赞赏《离骚》优美的文辞,并以"妙才"赞许屈原,然而他不赞同《离骚》的浪漫主义创作手法,实际上从根本上否定了《离骚》的艺术风格与艺术价值。

　　西汉末年,刘向辑录屈原、宋玉等人作品,汇编成《楚辞》一书,东汉王逸据此作了《楚辞章句》。王逸字叔师,南郡宜城(今属湖北)人。安帝元初年间

(公元114－119)举上计吏,后为校书郎,顺帝时官至侍中,所作《楚辞章句》是《楚辞》最早的完整注本。在此书中他确定了屈原作品的大致篇名,并对屈原的作品进行了分析考辨,这是一部专门研究楚辞的开山之作,其系统的研究结束了汉人零星研究屈原及其作品的历史,从而为后世研究屈原、楚辞甚至骚体诗奠定了基础。

王逸对屈原及作品的研究主要体现在他的《楚辞章句序》、《离骚经序》、《九歌序》、《天问序》、《九章序》、《远游序》等序文中,如《楚辞章句序》中说:

> 屈原履忠被谮,忧悲愁思,独依诗人之义,而作《离骚》,上以讽谏,下以自慰。遭时暗乱,不见省纳,不胜愤懑,遂复作《九歌》以下凡二十五篇。楚人高其行义,玮其文采,以相教传。

> 至于孝武帝,恢廓道训,使淮南王安作《离骚经章句》,则大义粲然。后世雄俊,莫不瞻慕,舒肆妙虑,缵述其词。逮至刘向典校经书,分为十六卷。孝章即位,深弘道艺,而班固、贾逵复以所见改易前疑,各作《离骚经章句》。其余十五卷,阙而不说。又以壮为状,义多乖异,事不要括。……

> 今若屈原,膺忠贞之质,体清洁之性,直若砥矢,言若丹青,进不隐其谋,退不顾其命,此诚绝世之行,俊彦之英也。而班固谓之露才扬己,竞于群小之中,怨恨怀王,讥剌椒、兰,苟欲求进,强非其人,不见容纳,忿恚自沉,是亏其高明,而损其清洁者也。昔伯夷、叔齐让国守分,不食周粟,遂饿而死,岂可复谓有求于世而怨望哉?且诗人怨主剌上曰:"呜呼小子,未知臧否。匪面命之,言提其耳。"风谏之语,于斯为切。然仲尼论之,以为大雅。引此比彼,屈原之词,优游婉顺,宁以其君不智之故,欲提携其耳乎?而论者以为露才扬己,怨剌其上,强非其人,殆失厥中矣。

> 夫《离骚》之文,依托五经以立义焉。……故智弥盛者言其博,才益多者其识远。屈原之词,诚博远矣。自终没以来,名儒博达之士,著造词赋,莫不拟则其仪表,祖式其模范,取其要妙,窃其华藻。所谓金相玉质,百世无匹。名垂罔极,永不刊灭者矣。

　　王逸这篇序文,针对班固对司马迁的批评,而进一步推衍刘安的主张。班固依托儒家经义来贬低《离骚》,认为《离骚》不合经义,不合《诗经》风、雅传统,而王逸也站在儒家的立场上,但却引出相反的结论,他认为《离骚》不仅"依托五经以立义焉",而且"名儒博达之士,著造词赋,莫不拟则其仪表,祖式其模范,取其要妙,窃其华藻。所谓金相玉质,百世无匹"。与刘安所谓的《离骚》"与日月争光可也",同出一辙,直接批评班固所论"义多乖异",再一次充分肯定《离骚》的伟大意义与不朽的价值。不过,王逸尽管不满意班固《离骚》的评价,但二人在文学观上并无根本的分歧,因为王逸也是从"温柔敦厚"的诗教出发来评价《离骚》,认为"屈原之词,优游婉顺",《离骚》做到了"上以讽谏,下以自慰",合乎经义的讽谏标准,这就没有真正揭示《离骚》批判现实的根本特点,没有指出《离骚》对黑暗势力的战斗作用。

　　王逸赞同司马迁的"发愤著述"说,也在一定程度上赞同司马迁对屈原人格的赞扬。然而王逸在本序中更强调屈原"以忠正为高,以伏节为贤。故有危言以存国,杀身以成仁"。把屈原视为一位封建社会的"忠臣义士",这和司马迁心中那个爱国为民以至九死不悔的形象有很大差别。

　　对屈原这样具体的作家及其作品评价的分歧,实质是文学理论原则问题上的论争,论争说到底就是论争者世界观、人生观、审美观的分歧和斗争,论争说到底就是汉人文学自觉意识形成的一种反映。可以说,是汉代拉开了这种作家及其作品评价论争的序幕,从此,这种论争就代代延续不断。

第三节 一位赋家的艺术反思

　　汉大赋是汉代文学的代表,而司马相如则是汉大赋的代表作家,其《子虚赋》与《上林赋》标志着汉大赋的成熟。与司马相如同为蜀郡成都人的扬雄,和司马相如有许多相似之处。扬雄(前58-18)字子云,也同司马相如一样口吃不善言谈而好深思,博览多识而酷爱辞赋。他的《甘泉赋》、《河东赋》、《羽猎赋》、《长杨赋》,同司马相如的《子虚赋》、《上林赋》一样,同为汉大赋的名篇,在辞赋创作上与司马相如齐名,被人并称为"扬马"。与司马相如比起来,扬雄的辞赋才气虽不及司马相如,然而学识却远在司马相如之上。扬雄既是一位仅次于司马相如的赋作家,又是一名汉代著名的思想家、学问家。扬雄既有古腴雅峭、奇突赡丽的赋作,又有数量颇丰、深奥玄妙的其他著述,如他模仿《论语》写作了《法言》,模仿《易经》写作了《太玄》,表述了他对社会、政治、哲学、文学理论方面的观点,他的《方言》叙述西汉时期各地方言,是研究汉代语言的重要资料。又续《苍颉篇》写作了《训纂篇》,对我国文字学的发展有重要贡献。

由于学术视野开阔,扬雄比较重视辞赋的讽谏作用,然而汉大赋从它产生的那天起,就主要以歌颂汉王朝的声威与汉皇的功德为其基本特征,讽谏的作用是极其有限的。如果说汉大赋之所以能蓬勃发展,是因为它反映了当时汉帝国强盛的社会现实和适应了当时社会的需求和社会的发展,但到了扬雄时,西汉王朝已进入了动荡衰落期,社会的种种弊端和汉大赋原本有限的讽谏作用更形成巨大的反差。面对这一现实,作为曾以大赋而名世的扬雄开始了彻底的反思。

首先他在《法言·吾子》中提出了"诗人之赋丽以则,辞人之赋丽以淫"的著名论断,指出了"丽"是辞赋的共同特征,不论诗人之赋还是辞人之赋都是如此。诗人之赋与辞人之赋的区别仅在于一方"丽以则"而另一方则"丽以淫",这种论断大体上是符合辞赋创作实际的。"则",是指原则、法度。扬雄所说的"则"当然指符合儒家教化的道德伦理原则。扬雄推崇"诗人之赋",即在赋中既生动地描写赋家喜怒哀乐种种情状,又处处符合儒家礼义标准,这种赋的代表作就是屈原的骚赋,屈原的骚赋最能体现《诗经》的讽谏精神。刘勰《文心雕龙·辨骚》引扬雄语,扬雄认为《离骚》"亦言体同诗雅"。此认识上承刘安、司马迁,下启东汉王逸,王逸在《楚辞章句序》中认为屈原"独依诗人之义,而作《离骚》,上以讽谏,下以自慰",概括了"诗人之赋"的特点。扬雄把片面追求艺术形式的赋作称为"辞人之赋",其开山代表作家是宋玉等人,《法言·吾子》中写道:"或问景差、唐勒、宋玉、枚乘之赋也益乎?曰:必也淫。""淫",指烦滥放荡,在赋中表现为过分描绘的辞采,过多的铺陈手法,而缺少的恰是讽谏的精神。扬雄把诗人之赋与辞人之赋兴衰转换期,定于屈原死之后，认为屈原时的作品为"诗人之赋"，其死后则是"丽以淫"的辞人之赋了。这种界定并不十分严密与准确，因为它无视汉代还存在着符合其"丽以则"的"诗人之赋"的现实，这部分"丽以则"的"诗人之赋"至少应该包括汉代的骚体赋、抒情小赋。再者，以"丽以则"的"诗人之赋"简单地否定"丽以淫"的"辞人之赋"，而不细究"丽以淫"的"辞人之赋"产生的时代背景，它对社会的积极意义和消极影响各是什么，也不是客观的历史主义态度。不过，扬雄第一个大胆指出"丽以淫"的"辞人之赋"的负面影响，指出汉大赋严重的形式主义，对古代文学理论批评做出了重要贡献。

扬雄对汉大赋的批评是大无畏的，难能可贵的是扬雄还有着严厉的自我否定的精神。他在写作《甘泉赋》、《羽猎赋》、《长杨赋》等赋时，司马相如便是他崇拜的偶像，他在《法言·吾子》中称："贾谊升堂，相如入室矣。"对司马相如的大赋给与了很高的评价。《汉书·扬雄传》记载扬雄"尝好辞赋。先是时，蜀有司马相如，作赋甚弘丽温雅，雄心壮之，每作赋尝拟之以为式"，扬雄的那些大赋就是在形式上模仿司马相如《子虚》、《上林》等赋的结果。但扬雄后来认识到大赋铺陈事物，雕绘辞采，虽有一点点讽喻之义，而形式重于内容，读者往往买椟还珠，欣赏的还是赋中那侈丽闳衍的词藻，就连所推崇的偶像司马相如的作品也不例外，作者的主观愿望可能想达到一定的讽谏目的，但其艺术效果往往是"欲讽反谀"，通过自己模仿司马相如的赋作，扬雄对这一点有更深切的体会。《汉书·司马相如传》中载："扬雄以为靡丽之赋，劝百而讽一，犹骋郑、卫之声，曲终而奏雅，不已戏乎！"《汉书·艺文志》又载："汉兴，枚乘、司马相如，下及扬子云，竞为侈丽闳衍之词，没其风谕之义，是以扬子悔之。"《汉书·扬雄传》又记载：

> 雄以为赋者，将以风也，必推类而言，极丽靡之辞，闳侈巨衍，竞于使人不能加也。既乃归之于正，然览者已过矣。往时武帝好神仙，相如上《大人赋》欲以风，帝反缥缥有凌云之志。由是言之，赋劝而不止，明矣。又颇似俳优淳于髡、优孟之徒，非法度所存，贤人君子诗赋之正也。于是辍不复为。

通过司马相如《大人赋》的事例,扬雄再一次说明:即使作者怀有讽谏的宗旨,即想通过赋作揭露某些事物的荒谬和批评某些人物的错误,但由于极尽丽靡之辞,铺张夸饰到无以复加的程度,然后再想回到准则上来,此时读者已因铺张渲染而被引导到错误的方面,反而对荒谬和错误引起欣赏与追求,未必能体会到作者的真正良苦用心,《大人赋》欲讽反谀就说明了这一点。由此看来,"赋劝而不止,明矣。"大赋是不能对事物进行批判的文体,充其量与"俳优淳于髡、优孟之徒"的言辞相似,只起个调笑逗乐的作用,"非法度所存",从根本上否定了汉大赋的存在价值。

扬雄并不是反对文学的艺术美,他反对的只是文学艺术上的唯美倾向,反对的是以文害义。他在《法言·吾子》中说:"或曰:女有色,书亦有色乎?曰:有。女恶华丹之乱窈窕也,书恶淫辞之淈法度也。"扬雄作为一名文学家,他知道作品需要文采,如同好女具有窈窕姿色一样,然而作品文辞过分丽靡,便会损害作品的写作宗旨,如同过多的铅华粉脂反会损坏了好女的天生丽姿。无视作品的讽谏,徒尚采藻形式,在扬雄看来,就如同仅仅玩弄点"雕虫小技",无补于世。他在《法言·吾子》中又说:"或问:吾子少而好赋?曰:然。童子雕虫篆刻。俄而曰:壮夫不为也。""童子雕虫篆刻"是扬雄经过长期的反思对汉大赋作出的总评价。虫,指虫书。篆,指篆书,分大篆、小篆二种。刻,指刻符,也为书体的一种。"童子雕虫篆刻"原指儿童初习书法时进行描摹笔画一类的练习,属于"低技能"的训练,现在扬雄把作赋仅视作雕字琢句,就如同"童子雕虫篆刻"一般进行文字游戏,是专攻"小技末道",在把文章视为宣扬儒家思想工具的"壮夫"看来,自然应该对此鄙薄而"不为也"。

扬雄作为一个清醒的辞赋作家,通过对赋体历史发展的考察和自身创作经验的总结,理清了辞赋演变的过程,尖锐地批评了包括自己在内的汉人辞赋创作中严重的形式主义倾向,这是难能可贵的。但是他把形式主义产生的根源归于文体形式,这就又有点偏激了。判断是否是形式主义,不在于采取什么形式,而在于形式表现了什么。辞赋中的形式主义是作者造成的,而非辞赋本身生来具有的。形式主义在什么文体中不可滋生?形式主义又在什么文体中不可遏止呢?难道仅有辞赋才会产生形式主义,其他文体自然会抵制形式主义吗？苏轼对扬雄的观点有不满之处，在《答谢民师书》中说："屈原作《离骚》，盖风、雅之再变者，虽与日月争光可也，可以其似赋而谓之'雕虫'乎？使贾谊见孔子，升堂有余矣；而乃以赋鄙之，至与司马相如同科。雄之陋如此，比者甚众。"苏轼对扬雄的观点有误解，扬雄否定的是"丽以淫"的辞人之赋，他并没有笼统地反对所有的赋，但仅就辞人之赋而言，仍不能一概而论地统统否定。对汉大赋的正确态度应是既指出其创作中的形式主义错误倾向，又客观地分析它存在的价值，对汉大赋要作全面、客观的评价，尽量避免片面性。

扬雄鄙薄汉大赋，只是他的文学观在辞赋方面的具体体现，他的文学观说到底就是一切都以儒家"五经"为准则，一切都以宣扬儒家思想为出发点。具体的说就是坚持儒家的明道、征圣、宗经的文学主张。

"道"，一般就是指无所不包、无所不在的事理和规律，古人又把它细分为天道、地道、人道，《易·说卦》说："是以立天之道曰阴与阳，立地之道曰柔与刚，立人之道曰仁与义。"至汉，由于"天人合一"、"天人感应"观点的盛行，天道、地道与人道的概念也逐渐合一，被奉为"独尊"的儒术既包含着人道，也包含着天道与地道。扬雄坚持的"明道"中的"道"，当然指儒家的最高、最基本的原则，儒家的最高、最基本的原则反映了儒家的阶级立场和阶级意识，肯定有其历史的局限性，但其中的一部分思想反映了客观规律，正确地体现了社会与自然发展之道。扬雄认为作家最重要的莫过于认识与遵循"道"，他在《法言·吾子》中说：

> 观书者，譬诸观山及水，升东岳而知众山之逦迤也，况介丘乎？浮沧海而知江河之恶沱也，况枯泽乎？舍舟航而济乎渎者，末矣；舍五经而济乎道者，末矣。弃常珍而嗜乎异馔者，恶睹其识味也？委大圣而好乎诸子者，恶睹其识道也？山陉之蹊，不可胜由矣；向墙之户，不可胜入矣。曰："恶由入？"曰："孔氏。孔氏者，户也。"曰："子户乎？"曰："户哉！户哉！吾独有不户者矣？"

"道"就像那东岳，登泰山而一览众山小，有了道就有了远大的眼力；"道"就像那沧海，浮沧海而知江河不过像是小小的沟渠，有了道就有了博大的胸怀；

"道"就像那渡船,舍弃它如何渡过江河?有了道就有了高超的驾驭事物的能力;"道"就像那珍肴,不食它如何算作懂得味道?有了道就有了敏锐的识别力;识道就不能舍弃大圣而喜爱诸子,入道就必须从学习孔子提倡的道义开始。在《太玄·玄莹》中也说:"夫作者贵其有循而体自然也。其所循也大,则其体也壮;其所循也小,则其体也瘠;其所循也直,则其体也浑;其所循也曲,则其体也散。"作者所遵循的道越宏大、正直,在作品中才越境界阔大,气势磅礴,所体现的道才越充沛、厚实。否则作品必然内容贫乏、体格散乱。

扬雄认为最能阐明"道"的在于"经书",最能体现"道"的是"圣人",经书阐述道的准则,圣人是实行道的楷模。《法言·寡见》中说:"或问:《五经》有辩乎?曰:惟《五经》为辩。说天者莫辩乎《易》;说事者莫辩乎《书》;说体者莫辩乎《礼》;说志者莫辩乎《诗》;说理者莫辩乎《春秋》。舍斯,辩亦小矣。"《五经》阐述"道",而《五经》又由圣人孔子所论定、所阐释,没有孔子,《五经》或等于一堆废纸,或为众人误解,各有各的理解,真正的"道"亦不得明白于天下,扬雄在《法言·吾子》中说:"好书而不要诸仲尼,书肆也;好说而不要诸仲尼,说铃也。"又说:"或曰:人各是其所是,而非其所非,将谁使正之?曰:万物纷错,则悬诸天;众言淆乱,则折诸圣。或曰:恶睹乎圣而折诸?曰:在则人,亡则书,其统一也。"所以宗经与征圣是统一的,不论求之于经书之道,还是求之于圣人之道,目标是一致的。

扬雄的明道、征圣、宗经的文学主张虽来自于荀子等人的观点,但扬雄在荀子等人观点的基础上,又进一步抬高了儒家经典与圣人孔子的地位,确立了明确的文学创作的政治标准,把明道、征圣、宗经视为作家从事文学创作的前提,努力使文学创作尽可能适应封建统治阶级的政治需要,这种思想对后世封建社会的文学理论产生了长远而重大的影响。唐宋古文运动的领袖们就把扬雄的文学理论当作自己的一面旗帜,并把扬雄与儒家圣人相提并论,足见扬雄在古文家心目中的地位。①

<h1 style="text-align:center">第四节　一位思想家的文学主张</h1>

王充(27－97),字仲任,会稽上虞(今属浙江)人,东汉杰出的唯物主义思想家和无神论者,所著《论衡》八十五篇,集中反映了他的进步思想。《论衡》的宗旨可以三个字来概括:疾虚妄。王充高举"疾虚妄"的旗帜,以朴素的唯物主义观点,批判了当时统治阶级所倡导的宗教神学迷信,成为我国思想史上一部重要的著作。书中的《增艺》、《超奇》、《佚文》、《书解》、《案书》、《对作》、《自纪》等篇,也对当时以辞赋为代表的"华而不实"、"伪而不真"的文风进行了深刻的批判,提出了一系列进步的文学主张,对我国古代文学批评思想的发展产生了很大的影响。王充的文学主张主要有以下几个方面:

首先,王充十分注重文章的实用价值,要求文章能起"劝善惩恶"、"匡济薄俗"、"有补于世"的作用,他在《佚文》篇中说:"文岂徒调笔弄墨为美丽之观哉?载人之行,传人之名也。善人愿载,思勉为善;邪人恶载,力自禁裁。然则文人之笔,劝善惩恶也。"《对作》篇中说:"贤圣之兴文也,起事不空为,因因不妄作。作有益于化,化有补于正。""圣人作经艺者传记,匡济薄俗,驱民使之归实诚也。"王充反对毫无目的的随意之作,因为这种文章不仅不能为世所用,而且常常颠倒是非,造成思想上的混乱,属于文学创作上的一种"虚妄"现象,其文章自然属于虚妄之文。因为强调文章的社会功能,所以王充要求作家要有为而作,在他看来,历史上和当代一切有价值的著作,既不是毫无目的的凭空杜撰,也不是仅为舞文弄墨、炫耀文采而著,都是为了"劝善惩恶"、"匡济

---

① 韩愈说:"周之衰,好事者各以其说干时君,纷纷藉藉相乱,六经与百家之说错杂,然老师大儒犹在。火于秦,黄老于汉,其存而醇者,孟轲氏而止耳,扬雄氏而止耳。"(《韩愈集》卷十一)"己之道乃夫子、孟轲、扬雄所传之道。"(《韩愈集》卷十五)欧阳修说:"仲尼之业,垂之六经,其道宏博,君人、治物、百王之用,微是无以为法。故自孟轲、扬雄、荀卿之徒,又驾其说,扶而大之。"(《欧阳修集》卷一二四)"学者,学为仁义也。惟忠能忘其身,信笃于自信者,乃可以力行也。以是行于己,亦以是教于人,所谓尧、舜、禹、汤、文、武、周公、孔子、孟轲、扬雄、韩愈氏者,未尝一日不诵于口。"(《欧阳修集》卷三十四)

薄俗"、"有补于世"的现实目的而写作的。他在《对作》篇中又说："周道不弊，则民不文薄，民不文薄，《春秋》不作；杨、墨之学不乱儒义，则孟子之作不造；韩国不小弱，法度不坏废，则韩非之书不为；高祖不辨得天下，马上之计未转，则陆贾之语不奏；众事不失实，凡论不坏乱，则桓谭之论不起。"王充崇敬的能"劝善惩恶"、"匡济薄俗"、"有补于世"的作家有孔子、孟子、韩非子及汉代人陆贾、桓谭等人，这与扬雄及后来的唐宋古文家崇拜的人物有所区别。王充是个有抱负的人，一心要效仿他们，认为自己的《论衡》也属于一部类似这些作家作品的著作，他在《对作》篇中解释道：

> 是故《论衡》之造也，起众书并失实，虚妄之言胜真美也。故虚妄之语不黜，则华文不见息；华文放流，则实事不见用。故《论衡》者，所以铨轻重之言，立真伪之平，非苟调文饰辞，为奇伟之观也。其本皆起人间有非，故尽思极心，以讥世俗……冀悟迷惑之心，使知虚实之分。实虚之分定，而华伪之文灭。华伪之文灭，则纯诚之化日以孳矣。

王充强调文章社会功用，他号召黜"虚妄之语"，息"华伪之文"，提倡文章的真实与实用，明确地提出了文学创作的政治目的，从此，为"辅时济物"、"匡世济时"而造文，成为一种明确的文学思想，对后世文学家创作的积极影响是不可低估的。

其次，强调文章的内容与形式相统一，他在《佚文》篇中说："定意于笔，笔集成文，文具情显。"这里所说的"意"与"情"都是指内容，"笔"与"文"都是指形式，文章因"意"与"情"而"定"，"意"与"情"因"笔"与"文"而"显"，二者既有区别又相统一，王充以极其简练的语言对文章的内容与形式的辩证关系，作了比较透辟的说明。在其《超奇》篇中还生动地进一步阐述了这种统一辩证的关系：

> 文由胸中而出，心以文为表。……有根株于下，有荣叶于上；有实核于内，有皮壳于外。文墨辞说，士之荣叶皮壳也。实诚在胸臆，文墨著竹帛，外内表里，自相副称。意奋而笔纵，故文见而实露也。人之有文也，犹禽之有毛也。毛有五色，皆生于体。苟有文无实，是则五色之禽，毛妄生

也。……精诚由中，故其文语感动人深。

王充把"文墨辞说"即文章的形式，比作"荣叶"、"皮壳"，把"实诚"即文章的内容，比作"根株"、"实核"。文章有无作者的"胸臆"，体现不体现作者的"实诚"，这确实是写好作品的重要条件。然而"根株"、"实核"（即内容）固然是第一位的，但没有"荣叶"、"皮壳"（即形式），也是无从得到的，只有"外内表里，自相副称"，才能根深叶茂华实俱成。

在强调内容与形式相统一的前提下，王充针对当时形式主义文风盛行的现实，特别强调内容的决定性作用。他认为形式如同禽鸟的羽毛，羽毛有五彩的颜色，但根根羽毛都从禽鸟的体内长出，若羽毛不是植根于禽鸟的体内，那么再漂亮的羽毛对于禽鸟来说都是无用的，因为再好的羽毛（即形式）若不为禽鸟的身体（即内容）所用，就等于毫无价值。当内容与形式很难达到统一时，王充认为宁可实而无华，不可华而无实，他在《自纪》篇中说："夫养实者不育华，调行者不饰辞；丰草多华英，茂林多枯枝。为文欲显白其为，安能令文而无谴毁？救火拯溺，义不得好，辩论是非，言不得巧。""育华"本为了"养实"，调理品行的人也可注意修饰言辞，强调内容重要性是对的，但此处却把内容与形式二者对立起来，并轻视形式，也属偏颇的认识。

王充重视文章内容的论述，是针对现实缺少真情实意而徒有华丽形式的文风而发的，当时的辞赋已形成"闳侈巨丽"的风气，王充在《自纪》篇中指出："深覆典雅，指意难睹，唯赋颂耳。"他认为徒有华美辞藻而旨意隐晦的赋颂也属"华伪之文"。这样，在汉代极有影响的司马相如与扬雄，在王充看来，其赋作不能有助于止虚伪、尚实在的教化，是微不足道的，因此他们也不配被称为"贤者"。王充在《定贤》篇中说："以敏于赋颂为弘丽之文为贤乎，则夫司马长卿、扬子云是也。文丽而务巨，言眇而趋深，然而不能处定是非，辨然否之实。虽文如锦绣，深如河汉，民不觉知是非之分，无益于弥为崇实之化。"

由于反对虚妄之文，王充对书传俗语中的夸饰基本持否定的态度，他在《对作》篇中说："好谈论者，增其实事，为美盛之语；用笔墨者，造生空文，为虚妄之传。听者以为真然，说而不舍；览者以为实事，传而不绝。不绝则文载竹帛之上，不舍则误入贤者之耳。"对于谈论"增其实事"、著文"造生空文"，王充称之为"增"，"增"就是虚妄失实，王充在《艺增》中指出："辞出溢其真，称美过其善，进恶没其罪。"所以"增"是一种十分有害的现象。在《儒增》与《语增》篇中采用形式类比的方法，对书传俗语中的夸张进行了否定与批判，体现了他"疾虚妄"的精神。不过，王充把神话与文学创作中的夸张手法也当虚妄的东西来批判，就不免抹煞了文学艺术的重要特征。如他在《儒增》中说："儒书言董仲舒读《春秋》，专精一思，志不在他，三年不窥园菜。夫言不窥园菜，实也；言三年，增之也。仲舒虽精，亦时解休，解休之间，犹宜游于门庭之侧；则能至门庭，何嫌不窥园菜？"这种以生活真实代替了艺术真实的做法，实在有似胶柱鼓瑟了。不过，王充在《艺增》篇中却对经艺的夸饰进行了肯定，这就是《艺增》篇中所谓的经艺"增过其实，皆有事为，不妄乱误，以少为多也。"经艺的夸饰不仅不属怪语虚文，不仅不会歪曲事实，而且会使事物的本质更加突出鲜明地显示出来。对合理的夸饰作了合理的解释，即夸饰是为了进一步说明真实，而不是混淆是非。《儒增》、《语增》与《艺增》篇对夸饰不同的解释，说明王充对经艺的偏爱及思想方法的某种片面性。

第三，主张创新，反对因袭。从汉武帝推行"罢黜百家，独尊儒术"的政策以来，儒学逐渐成为社会的统治思想，受董仲舒"天不变，道亦不变"理论的影响，社会上尚古崇经蔚然成风。在文学领域，这种尚古崇经的风气表现为理论上的厚古薄今与创作上的模拟因袭，文坛上到处弥漫着复古主义的气氛。大文学家扬雄就是一位拟古的代表，他早年所作的《长杨赋》、《甘泉赋》、《羽猎赋》，在形式上模仿司马相如的《子虚》、《上林》等赋，晚年鄙薄辞赋，转而研究哲学，仿《论语》作《法言》，仿《易经》作《太玄》，主张一切言论以"五经"为准则，仍重于因袭模仿。不过扬雄毕竟是位大家，他的辞赋能在模拟中增加了讽谏的内容，虽说《法言》仿《论语》，《太玄》仿《易经》，但在经艺之外"另搞一套"，也是一般人所不敢想的。至于一般俗儒，高唱"厚古薄今"、"今不如昔"的调子，他们可以皓首穷经，却不敢越雷池一步，处处事事重复模拟古人，并以类似古人为荣，以异于古人为耻。针对这种模拟习气，王充在《自纪》篇中提出：

饰貌以强类者失形，调辞以务似者失情。……文士之务，各有所从，

> 或调辞以巧文,或辩伪以事实。必谋虑有合,文辞相袭,是则五帝不异事,三王不殊业也。美色不同面,皆佳于目;悲音不共声,皆快于耳。酒醴异气,饮之皆醉;百谷殊味,食之皆饱。谓文当与前合,是谓舜眉当复八采,禹目当复重瞳。

王充认为世上一切人物与事物都有自己的特点,此人物、此事物非要与彼人物、彼事物"强类",必然要"失形";文章也如此,非要求"与前合",必然造成"失情",而失情不实诚的文章,必然是华伪之文。对当时泥古、复古、一味模拟古人的风气作了尖锐的批判。

王充主张文学创作贵在有独创性,写文章应从实诚出发,直抒胸臆,说自己心中的话,而不是跟随着古人,做应声虫,效仿鹦鹉学舌。他认为判断作家的才华,标准应是看其才能的高低深浅,而不是看其是古人还是今人;认为判断文章好坏的标准应是看其是否反映了真诚,而不是看其是古书还是今文。他在《案书》篇中说:"夫俗好珍古不贵今,谓今之文不如古书,夫古今一也。才有高下,言有是非,不论善恶而徒贵古,是谓古人贤今人也。……盖才有深浅,无有古今;文有伪真,无有故新。"王充鲜明地批判了厚古薄今的保守思想及其文学观。

第四,强调文章语言应浅显通俗,力求书面语与口头语的统一。他在《自纪》篇中说:

> 口则务在明言,笔则务在露文。高士之文雅,言无不可晓,指无不可睹。观读之者,晓然若盲之开目,聆然若聋之通耳。……夫文由语也,或浅露分别,或深迂优雅,孰为辩者? 故口言以明志;言恐遗灭,故著之文字。文字与言同趋,何为犹当隐闭指意? ……夫笔著者欲其易晓而难为,不贵难知而易造。口论务解分而可听,不务深迂而难睹。

王充认为说话、写文章的目的都是一样的,就是为了表达自己的心志,口语和书面语都应该浅显易懂,但实际上,口语浅露直白,书面语却深奥典雅。造成这种现象的原因很多,主要是因为一些人生搬硬套地模拟古人古语,故意用艰涩生僻的词句来显示自己博学多才,如当时的辞赋,竞相使用冷僻字,罗列词汇形同字书。另一个原因是一些人著文的旨意本来浅薄，却故意使用令人难晓的言语，以艰深的文字掩饰内容的浅陋。王充主张好文章应该是言晓旨明，也就是用最通俗浅显的语言，表达最丰厚的旨意。对“务深迁而难睹”的文风给予了严厉的批判。

为进一步阐述这一主张，王充对古语与今语作了比较，纠正了理论上的传统偏见，批评了当时文坛上“尊古卑今”、以古语代今语的崇古风气。他在《自纪》篇中说：“经传之文，贤圣之语，古今言殊，四方谈异也。当言事时，非务难知，使指闭隐也。后人不晓，世相离远，此名曰语异，不名曰材鸿。浅文读之难晓，名曰不巧，不名曰知明。”由于时代不同，古今语言发生了很大的变化，原来历史上曾是浅显易懂的语言，现在变得古奥难晓了，非要以古奥难晓的古语代替浅显易懂的今语，岂不是严重的脱离现实，典型的模拟复古？王充主张口语与文字一致，在书面语中可以使用俗语，目的就是达到直截了当地阐明主旨，他不仅有理论，而且有实践，他的《论衡》就是这样一部光辉的著作。

第五，对文人的评价方面，王充主张看重作者的真才实学。王充把文人分成以下几种：儒生、通人、文人、鸿儒，一般的文人总以博览多闻，学问习熟为有才，以能模仿前贤著文为有能，所以当时一辈子钻故纸堆、皓首穷经者大有人在。然而王充认为读书万卷，仅会重复古人陈言，无济于事，更无补于世。他在《超奇》篇中形容他们如“入山见木，长短无所不知；入野见草，大小无所不识；然而不能伐木以做室屋，采草以和方药；此知草木所不能用也”。而唯有真正的鸿儒，其观读经艺之书，为的是益于道济于世，他们一方面重视多学博闻，另一方面重视品质和人格的修养，提高自己解决实际问题的能力。王充通过对鸿儒的赞扬，提出了品评作者及其著述的标准，考核作者能力的高低，不能以读书多少为标尺，而应看其对社会贡献的大小为标准；评价作品的好坏，不能以是否引经据典为条件，而应看是否反映了真情实感。王充对文人的评价，贯彻了他“疾虚妄”、“归实诚”、反对崇古非今、模拟因袭的思想。

王充作为一位汉代伟大的唯物主义思想家，对文学艺术提出了一系列很有见地的主张，对后世文学理论产生了巨大的积极影响，有些问题论述得虽有些偏颇，但瑕不掩瑜，无损于王充文学思想的现实批判性与历史进步性。正如刘熙载在《艺概·文概》中所说:"王充《论衡》独抒己见,思力绝人,虽时有激而近僻者,然不掩其卓诣。"

第三编

堪为圭臬的史学

第一章 汉代史学特色总述

两汉是我国史学成就辉映的时期,代表这一时代史学最高水平的伟大成果,首先便是不朽的史学名著《史记》。《史记》以本纪、表、书、世家、列传的全新纪传体例,记载了上起黄帝,下止当代(汉武帝时期),中华民族三千多年的历史,创立了我国以人物为中心的纪传体通史新体例,这种体例一产生,便奠定了我国以后二千多年封建社会史著的基本框架,成为我国封建社会著史的基本标准。

继《史记》之后的《汉书》,沿用《史记》体例而又有新的变通,它改书为志,舍掉世家,专记西汉一代历史,创立了中国第一部纪传体断代史的新体例,其记载详赡而完备,体例系统而完整,文字整饬而规范,是对《史记》体例的重大发展,成为历代封建社会正史的圭臬。

从《史记》问世后,《春秋》、《左传》式的编年体便长期无人问津了,直至东汉末年荀悦《汉纪》的出现,才使编年体又起死回生,并赋予了新的生命力。《汉纪》属编年体,但它有自己的发凡体例,对《左传》的体例有重要的发展与创新。最大的创新在于它把西汉一代的重要历史人物、重大历史事件及典章制度等,按年月顺序,有条不紊地编排在帝纪之中,成为一部新的断代编年体史书。《汉纪》是编年体史书新的体例,是编年体史书发展中新的里程碑。

汉代除创立通史纪传体、断代纪传体与新的断代编年体外,刘向的《别录》与刘歆的《七略》也值得一提。刘向、刘歆是西汉末著名的文献家,他们父子俩的《别录》、《七略》对文献进行分类编目,介绍作者的生平、思想,辨析文献的性质与真伪,概括文献的内容、特点及价值,阐明学术源流及是非,等等,等于是一部中国学术的流变史与书籍的流传史,开创了中国的书籍目录学,同时也成为形成《汉书·艺文志》的主要资料来源。

总之,汉代的史学成果不论内容上还是形式上,都是前无古人的,体现了汉代史学的巨大的创新性,为后世史学的发展树立了楷模。这些史学成就的取得,有汉代人的创新,同时也是我国悠久的史学意识及史学实践长期积累的结果。

第一节　历史意识及史学的高度发展

世界古代文化主要分东、西两大体系,东方以中国、埃及和印度为代表,西方以希腊和罗马为代表。而古代中国与古代希腊的文化,被世界各民族公认为东、西方古代文化的楷模。丰富优美的希腊神话,在世界文化中始终是无与伦比的。希腊神话主要包括神的故事和半神的英雄传说,讲述了希腊神开天辟地、代代传承、神的谱系以及众神日常生活的故事,构成了一套完整的神话系列。希腊英雄传说以人物或事件为中心,形成许多英雄故事系列,故事曲折优美,人物形象众多,生动、曲折地反映了古希腊传说时代的历史,极富史学价值。古希腊不仅有繁荣的神话,而且其他文学艺术都能有效地利用神话,正如马克思所指出:"希腊神话不只是希腊艺术的武库,而且是它的土壤。"①希腊的诗歌、戏剧、小说以及绘画、雕塑等艺术,都从希腊神话传说中汲取了题材与创作灵感,而唯独没有从神话中直接引发出历史著作来。

与西方充分开发利用神话相反,在中国,从周朝开始,就对古老的华夏神话采取了冷落甚至摒弃的态度。为什么会如此呢?这还需要从社会形态上找原因。我国早熟的封建生产方式,制约着整个社会生活,决定着人们的意识形态。封建统治者从一开始就把封建礼法的观念作为社会统治的主导思想,并以此来逐渐取代古老的神主宰一切的观念。随着理性主义的不断觉醒,促使了中华民族历史意识的早熟,我们的先人很早就意识到利用历史知识来认识

---

① 马克思:《〈政治经济学批判〉导言》,《马克思恩格斯选集》第2卷,人民出版社1972年版,第113页。

与把握社会的发展,于是神话就成了与礼法和历史意识相背谬的"荒诞不经"的东西,神话不仅逐渐失去了继续产生与发展的社会条件,而且原有的神话也不断得到清除,存留的部分大部得到理性化与历史化的改造。在此基础上,大力发展起历史著作来。中国记史,历史非常悠久,大致从文字产生便开始了。东汉班彪曾据前史作《史记后传》数十篇,其《略论》说:"唐虞三代,《诗》、《书》所及,世有史官,以司典籍。"(《后汉书·班彪传》)认为尧舜时代即有记史之官。刘勰更认为记史始于轩辕黄帝:"史肇轩黄,体备周孔。"①太古的实情难以追寻,只要看看现存最早文字记录——甲骨卜辞,就会明白:我国最初的文字记录紧紧与实用功能相联系,并在形式上体现为以时系事的"史"的特点。仅以具备了记言记事史籍体例的《尚书》与《春秋》来说,就比古希腊"历史之父"希罗多德(约前484 – 约前425)的《历史》(即《希腊波斯战争史》)要早,中国史学意识早熟,史官设置之早,历史典籍之博,在世界各国中,可谓首屈一指,中国历史著作的发达在世界上始终也是无与伦比的。梁启超曾说:

> 中国于各种学问中,惟史学为最发达。史学在世界各国中,惟中国为最发达(二百年前,可云如此)。其原因何在,吾未能断言。然史官建置之早与职责之崇,或亦其一因也。泰西史官之建置沿革,吾未深考。中国则起原确甚古,其在邃古,如黄帝之史仓颉、沮诵等,虽不必深信,然最迟至殷时必已有史官,则吾侪从现存金文甲文诸遗迹中可以证明。②

黑格尔也说过:

> 根据史书的记载,中国实在是最古老的国家,……中国"历史作家"的层出不穷、继续不断,实在是任何民族所比不上的。其他亚细亚人民虽然也有远古的传说,但是没有真正的"历史"。印度的"四吠陀经"并非历

---

① 见《文心雕龙·史传》。因《尚书》中多载周公言,《春秋》为孔子所修,故刘勰在此以"周孔"来称这二部史籍。

② 梁启超:《中国历史研究法》第二章《过去之中国史学界》,上海古籍出版社1987年版,第10页。

史。阿拉伯的传说固然极古,但是没有关于一个国家和它的发展。这一种国家只有中国才有,而且它曾经特殊地出现。中国的传说可以上溯到基督降生前三千年;中国的典籍"书经",叙事是从唐尧的时代开始的,它的时代在基督前二千三百五十七年。①

中国最早的文字记录就是中国第一批历史文献,同样也是中国第一批书面文化珍品,它产生于史官之手,从实用出发,把真实、准确作为书写制作的标准和原则。现在见到的殷墟的甲骨卜辞、商代的铜器铭文以及《尚书》中的殷商诏诰,虽然有迷信神鬼的意识,但本意是对社会现象做直观的反映,语言朴实,表述比较确切,表现出"史"的真朴的特征。

到了西周,这个时期史官所制的簿录、文书、文献在形式上并没有什么大的突破,但内容上贯彻"礼"的精神是其一大特征,它们把"礼"作为指导思想与灵魂,在真实、准确的基础上又提出了更高的标准——善德,即强调史籍始终要贯彻封建礼法道德。不论西周铜器铭文中对分封、赏赐的颂扬,还是《尚书·周书》中周公连篇累牍的说教劝善,都体现了这一点。由于重于说教,记言体此时更为成熟了。

春秋至战国,是我国封建领主制向封建地主制转变的时期,在这大动荡、大分化之中,全社会都关注着社会上最活跃的一支力量——"士"阶层。士阶层是王官沦落、社会分工进一步发展的产物,它的组成是多方面的,主体是以庶族为主的下层知识分子。由于新、旧势力都竭力争取,把士阶层推上了政治舞台,而士阶层又推动了思想解放的大潮,促进了文化向全社会的传播,给先秦史学带来了空前的繁荣。

首先是以"百国春秋"的形式打破了周天子宫廷王官对记史的垄断,由单一的天子王官记史发展到多元的诸侯国史官记史,史籍由简单的文书、文献向正式史书方向发展。

其次,在意识形态领域内由于士阶层的广泛参与,第一次出现了私人著述——孔子编著的《春秋》,它打破了学在官府的局面,打破了史籍群体性制

---

① 黑格尔著,王造时译:《历史哲学》。生活·读书·新知三联书店 1956 年版,第 160—161 页。

作的传统,由史官官方多元记史发展为史家个体著书立说。

最后,在作手蜂起中,记言、记事、编年各体互相渗透、互相综合,在求真实、讲礼法的基础上注重表述的文采,于是产生了标志先秦史著高度成熟的《左氏春秋》(即《左传》)以及各具特征的《国语》、《战国策》、《穆天子传》、《晏子春秋》等,史家著述开始追求完整的体例、曲折的情节、逼真的细节、壮阔的场面、栩栩如生的形象、个性化的人物语言。常以丰富的想象,进行奇特的夸饰与渲染,常凭智慧聪颖,巧妙地寄寓隽永的哲理,在表述中更多地融进作者美的感受、美的追求和美的理想。总之,先秦的史籍,体现出"史传"的美学价值与文学特征,文学与史学合为一体,二者达到了水乳交融的程度,这与古希腊的历史著作又有很大不同。古希腊的历史著作不仅没有中国史著产生得早,而且其美学价值与文学特征也远不如中国史著那样的鲜明。

经过漫长的历史发展,中国迎来了史学真正成熟的时代,那就是秦汉封建大一统的时代,特别是大一统的汉代,这个时代也是中华民族历史意识空前成熟的时代。"秦汉时期在中国历史上的特殊地位,主要表现在以下三个方面:①秦汉时代是中国封建土地所有制确立的时代;②秦汉时代中国封建专制主义制度的基本特点已经形成,思想文化已趋统一;③封建社会阶级斗争的基本规律,在秦汉时已经较为全面地反映出来。可以这样说,秦汉时期是我国数千年的统一的中华民族历史发展的奠基时期。"①全面而系统地总结中华民族的历史,是封建大一统政治、经济、文化在历史学上的必然体现。

秦始皇统一六国,第一次建立起封建大一统政权,相应地产生了适应大一统社会的一系列新的意识形态,在史学上体现为如何以历史的经验与教训为大一统政治服务的意识。由于秦帝国建立的是一个全新的社会制度,在面临如何总结历史经验与教训,如何以历史经验与教训为大一统服务的问题上,表现出相当幼稚与不成熟的特征。在总结历史经验与教训中只注意到历史上封侯裂土的危害,于是采取了废侯国立郡县的基本国策,以及建立了与之相一致的一系列的维护皇权的制度,而对于如何全面地巩固大一统政权还未能作深

---

① 李学勤、郑超、林剑鸣等人撰:《中国古代史导读》,文汇出版社 1991 年版,第 126 页。

人的探讨,仍用对付六国的暴力措施来管理天下。特别是用暴力来统一天下人思想,焚烧天下史书典籍,只保留《秦记》,说明秦统治者的大一统意识中还保留着诸侯方国的狭隘的意识。也就是说,秦帝国虽然建立起大一统封建帝制,但还很不健全,还没有真正建立起与之相适应的文化与历史意识,而这一艰巨性的历史任务就自然地落在了汉帝国的肩上。

汉人以大一统的观念,总结历史经验及教训,充分借鉴与吸收全部的优秀传统文化成果,在此基础上建立起自己的与大一统社会相适应的历史意识与史学体系,这一历史意识与史学体系首先由司马迁的《史记》体现出来。汉代的史学继承并发展了以往史学的意识及成就,才使自己的史学意识及成果达到一个辉煌的高度。

第二节　体例完备的汉代史学

大汉帝国是在秦亡楚败的基础上建立起来的,激烈的社会变革给每个人都留下了深刻的影响,也向汉帝国的执政者提出了严肃的政治问题:惨淡经营几世终成一统霸强的秦帝国为什么会因陈涉的发难而顷刻土崩瓦解? 在群雄逐鹿中,强楚为什么反败于弱汉之手? 汉帝国如何才能巩固已获得的政权,不致重蹈秦、楚的覆辙? 汉高祖刘邦即帝位不久,便向众臣提出这样的问题:"吾所以有天下者何? 项氏所以失天下者何?"(《史记·高祖本纪》)把弄清这一问题视为执政的首要问题。并听从陆贾"逆取而顺守、文武并用"的建议,鼓励陆贾系统总结古今国家兴败的经验教训,探求治国的大政方略。陆贾陆续写出《新语》十二篇,从五帝之丰功讲到桀纣之败亡,也找出了秦帝国速亡的根本原因:"秦始皇设为车裂之诛,以敛奸邪;筑长城于戎境,以备胡越;征大吞小,威震天下;将帅横行,以服外国。蒙恬讨乱于外,李斯治法于内,事逾烦,天下逾乱;法逾滋,而奸逾炽;兵马益设,而敌人愈多。秦非不欲为治,然失者,乃举措暴众而用刑太极故也。"(《无为》)秦帝国虽有创立大一统封建帝国之功,然秦始皇仍重复桀纣虐民的政策,他"搬起石头砸自己的脚",同样逃不脱与桀纣一样的覆灭下场。除《新语》外,陆贾还著有《楚汉春秋》九篇,记项羽、刘邦楚汉之争及惠帝、文帝时事,宣扬汉得大统。① 形式上是"百国春秋"类史籍的继续,虽后来亡佚,但为司马迁写《史记》提供了宝贵的资料。陆贾之后,贾山有《至言》,贾谊有《过秦论》、《陈政事疏》等,晁错有《言兵事疏》、《论削藩疏》等,虽都属政论,但继承和发展了陆贾的史学思想,都重视从总结历史经验的角度,对汉帝国如何防止败亡并走向兴盛提出一系列重要的措施,在影响统治者制定治国方针政策的同时,对以后的史学的发展也产生了积极的影响。

西汉初期,为了巩固已取得的政权,而促使人们对古今历史,特别是对秦亡历史进行总结,从中吸取教训,明显地带有鲜明的权宜性质的实用功利目的。而真正系统地"究天人之际,通古今之变",以总结历史的形式,找出历史演变的规律和长治久安的历史经验与教训,为大一统的封建帝国提供全新的世界观,则发生在西汉盛世,即汉武帝时期。此时的汉帝国在政治、经济、文化上都达到了前所未有的繁荣高度,继承和发展中国传统的史学,全面、系统地总结中华民族的历史,已成为社会的需要。司马迁在《太史公自序》中说:"维我汉继五帝末流,接三代统业。周道废,秦拨去古文,焚灭《诗》、《书》,故明堂石室金匮玉版图籍散乱。于是汉兴,萧何次律令,韩信申军法,张苍为章程,叔孙通定礼义,则文学彬彬稍进,《诗》、《书》往往间出矣。自曹参荐盖公言黄老,而贾生、晁错明申、商,公孙弘以儒显,百年之间,天下遗文古事靡不毕集太史公。"正是这种社会条件与社会需要促进了新的史学思想的产生,推动了新的史学的发展。

司马迁就是顺应社会需要与史学发展潮流而产生的伟大史学家。司马迁要从中华民族的始祖写起,要写一部中华民族的发展史,要生动地反映从黄帝到汉代武帝时期几千年的社会演变史,这是一个从未有人涉及的史学领域,要反映这一无比丰富的内容,首先彻底改变传统的以事为中心的史学体例,确立一个以人为中心的新的史学体例。司马迁首创了以人物为中心的纪传新体

---

① 参见金建德:《陆贾述作〈楚汉春秋〉的主要倾向》,《中国古代史论丛》第7期,福建人民出版社1983年版。

例,这正是他在全面总结社会历史意识基础上创新的结果。远古且不论,夏末,当商汤伐夏时,出师的理由便是奉行上帝旨意,声称诛灭夏桀是天命安排。到殷商时代,人们的意识中还不可动摇地信奉着鬼神上帝,其实情可以从大量的殷商甲骨卜辞中得到证实。随着生产力的不断提高,特别是周灭商的历史变革,使社会各阶层切身地感到天命、鬼神、上帝的不可靠。《诗经·大雅·文王》中已有"天命靡常"的话,在《大雅·荡》中甚至公开责难上帝:"疾威上帝,其命多辟。"中国封建社会的早熟使天命、鬼神、上帝的意识进一步衰退,春秋战国长久、激烈的社会斗争,更说明国势的强弱兴衰,国家的存亡成败,在于人而不在于天。秦的速亡与汉的兴起,从汉高祖刘邦到其众臣,都认为人的因素起着关键的作用。① 司马迁在"究天人之际"中,看到人在天人相互关系中起着主导的作用,在"通古今之变"中,认识到人是古今变化中的决定因素。只有突出人在历史演变中的中心地位,才能"成一家之言",科学地揭示历史发展的真实,才能真正总结出历史的经验与教训,司马迁没有沿用编年体而新创纪传体,在总结前人历史意识中,确立了自己新的历史意识。

司马迁的《史记》记载了上起黄帝,下止当代(汉武帝时期),中华民族三千多年的历史重要人物,这些人物有皇帝、将相、诸侯、贵族、官吏、武夫、学者、医生、隶役、工匠、游侠、刺客、巫觋、农民、商贩、倡优、乞丐等。他们活动的地域,北至蒙古,南至越南,东至朝鲜,西至中亚,他们活动的内容,涉及政治、经济、文化、军事、科技、学术、农业、交通、商业、宗教、民族、风俗、外交、水利等。一部《史记》,凡是与中华民族发展有关的人物、地域、事件,无不囊括其中,《四库全书总目》所列司马迁之前"史部"书籍的内容,几乎在《史记》中都能找到,这种贯通古今,包罗万象的崭新史学体例,既体现了汉代人大一统政治

---

① 《史记·高祖本纪》载:"高祖置酒雒阳南宫。高祖曰:'列侯诸将无敢隐朕,皆言其情。吾所以有天下者何? 项氏之所以失天下者何?'高起、王陵对曰:'陛下慢而侮人,项羽仁而爱人。然陛下使人攻城略地,所降下者因以予之,与天下同利也。项羽妒贤嫉能,有功者害之,贤者疑之,战胜而不予人功,得地而不予人利,此所以失天下也。'高祖曰:'公知其一,未知其二。夫运筹策帷帐之中,决胜於千里之外,吾不如子房。镇国家,抚百姓,给馈饷,不绝粮道,吾不如萧何。连百万之军,战必胜,攻必取,吾不如韩信。此三者,皆人杰也,吾能用之,此吾所以取天下也。项羽有一范增而不能用,此其所以为我擒也。'"

观念,又体现了汉代人新的史学观念。

表现以人物为中心的新的历史意识,就要寻找一个适当的新的史学形式载体,即合适的组织结构与表现形式。寻找和创造适应一定历史意识的史学形式是一件十分艰巨的工作,有时需要多少代人的长期积累和共同探索。司马迁在以往史著编年体形式的基础上,在"究天人之际,通古今之变,成一家之言"创作宗旨的前提下,通过对中华民族在以往历史的时、空中的发展过程的清理,对中华民族社会发展客观规律的思索,终于找到了一种崭新的表述各种历史现象的史学形式,这就是将历史现象分门别类地加以归纳,写出它们各自的动态发展及相互之间的联系。在对先秦史传旧形式吸收、改造的基础上,在对中国历史社会变革特点的深刻认识和全面把握中,司马迁找到了本纪、表、书、世家、列传的五种体例,这五种体例相互配合,互为补充,形成一个不可分割的有机整体,共同构成"一家之言"的史著形式。明人何乔新在《何文肃公文集》卷二中说:"今观其书,本纪者天下之统,世家者一国之纪,列传者一人之事,书著制度沿革之大端,表著兴亡理乱之大略,此其大法也。"清代史学家赵翼称赞说:"司马迁参酌古今,发凡起例,创为全史,本纪以序帝王,世家以记侯国,十表以系时事,八书以详制度,列传以志人物,然后一代君臣政事,贤否得失,总汇于一编之中,自此例一定,历代作史者,遂不能出其范围,信史家之极则也。"(《廿二史札记》卷一)这五种体例中的本纪、世家、列传三种体例,对历史人物作分类排比,是展示历史的主要线索,所以后人称《史记》的体例为纪传体。

司马迁首创了以人物为中心的纪传新体例,代替了以往史著以事为纲的旧体例,这种纪传新体例主要以历史人物来反映中国历史的演变,开创了我国纪传体史学,确定了我国后世正史的基本体例,从而把中国史学推向一个崭新的阶段,开辟了中国史学的新纪元。《史记》开创了纪传体体例,基本确定了我国后世正史纪传的体例,第一次具备了系统的、严格的历史学意图和相应的成就,从这个意义上说,《史记》是我国第一部正式的、科学的历史著作。

继《史记》之后,汉代还有纪传体史著《汉书》,《汉书》易通史为断代,开创了纪传体断代史的体例,被后人推崇为纪传体断代史的典范。《汉书》主要记载西汉一代的史实,它基本继承了《史记》的体例,但在《史记》体例的基础上也有一些变革与增补。以《汉书》的体例与《史记》的体例作比较,除了易通史为断代史外,《汉书》还改"本纪"为"纪",改"书"为"志",取消"世家",把诸侯王一类的人物放入"列传"中来写。在《史记》八书的基础上,又增加了刑法、食货、五行、地理、艺文诸志。《史记》以五十多万字来记述从黄帝到汉武帝约三千年的史实,而《汉书》却以八十多万字来叙述西汉二百三十年的历史,而且记述西汉同一事件,《汉书》一般比《史记》还要言简意赅。所以与《史记》相比,《汉书》体例结构更加严谨,语言更加整饬,在阐述西汉的政治、经济、文化等史实方面,史料更加丰富,叙述更加详尽。

自《汉书》之后,各朝都著有断代史,如《后汉书》、《三国志》、《晋书》、《宋书》、《南齐书》……所谓十七史、二十一史、二十二史、二十四史、二十五史等正史,都把《史记》列于其他正史之首。但中国后世的正史体例,都直接以《汉书》为典范,实际最终都取法于《史记》。《史记》有首创中国正史之举,《汉书》有完善体例之功。胡应麟在《少室山房笔丛》卷一三中也说:"史之体制,迁实创之,而其义例纤悉,班始备也。"刘知几在《史通·六家》中把诸史分为六家,"一曰《尚书》家,二曰《春秋》家,三曰《左传》家,四曰《国语》家,五曰《史记》家,六曰《汉书》家。"而"《汉书》者,究西都之首末,穷刘氏之废兴,包举一代,撰成一书。言皆精炼,事甚该密,故学者寻讨,易为其功。自尔迄今,无改斯道。"认为《汉书》对后世著史的影响远超《史记》,因为"考兹六家,商榷千载,盖史之流品,亦穷之于此矣。而朴散淳销,时移世异,《尚书》等四家,其体久废,所可祖述者,唯《左氏》及《汉书》二家而已。"

汉代还有断代纪传体史著《东观汉记》,《东观汉记》原与《史记》、《汉书》列为"三史",但由于记述烦杂不实,难称良史,随着《后汉书》的问世流行,逐渐被淘汰出正史之列,而成为"别史"。《四库全书总目》说:"《汉艺文志》无史名,《战国策》、《史记》均附见于《春秋》。厥后著作渐繁,《隋志》乃分正史、古史、霸史诸目,然梁武帝、元帝实录列诸杂史,义未安也。陈振孙《书录解题》创立别史一门,以处上不至于正史,下不至于杂史者,义例独善,今特从之。盖编年不列于正史,故凡属编年,皆得类附。《史记》、《汉书》以下,已列为正史矣。其歧出旁分者,《东观汉记》、《东都事略》、《大金国志》、《契丹国志》之类,则先资草创;《逸周书》、《路史》之类,则互取证明:《古史》、《续后汉书》之类,则检校异同。其书皆足相辅,而其名则不可以并列,命曰别史,犹大宗之有别子云尔。"从陈振孙《直斋书录解题》开始,把《东观汉记》列为既不是正史又不属杂史的"别史"之首。从《四库全书总目》所论,可见正史与别史无实质性的区别,不过是一为"嫡"一为"庶",一为正统,一为非正统,一为国家朝廷颁布命令承认的,一为国家朝廷没有颁布命令承认。《东观汉记》是先为"正史"而后被《后汉书》所取代的,后来虽列入"别史",但它曾以完备的纪传体例,以当代人写当代事,概括记述东汉一朝大政,资料肯定相当丰富,为南朝宋范晔编撰《后汉书》提供了充足的史料。

刘知几所言后世"所可祖述者,唯《左氏》及《汉书》二家而已",《汉书》纪传断代史体例确实为后世著史不废之体,然而《左氏》即《左传》的体例,情况就不尽然了,这需要加以说明。刘知几《史通·六家》中说:"当汉代史书,以迁、固为主,而纪传互出,表志相重,于文为烦,颇难周览。至孝献帝,始命荀悦撮其书为编年体,依《左传》著《汉纪》三十篇。自是每代国史,皆有斯作,起自后汉,至于高齐。如张璠、孙盛、干宝、徐广、裴子野、吴均、何之元、王劭等,其所著书,或谓之春秋,或谓之纪,或谓之略,或谓之典,或谓之志。虽名各异,大抵皆依《左传》以为的准焉。"这里讲明了《汉纪》写作的背景,但并没有把荀悦《汉纪》的史学意义讲明讲透。我国最早的史书体例是编年体,先秦时期史著的编撰还是以编年为主要形式,但自从司马迁创立纪传体后,编年体便被弃之不用了,直到东汉末年荀悦编撰《汉纪》,才又把编年体的使用恢复过来。《汉纪》不仅创编年体断代史,而且把《汉书》中传、志、表的资料,提炼加工,按时间顺序编排到帝纪之中,然后形成新的编年体史著。它的编撰特点,《汉纪·汉高祖皇帝纪》中解释说:"约撰旧书,通而叙之,总为帝纪。列其年月,比其时事,撮要举凡,存其大体。旨少所阙,务从省约,以副本书,以为要结。"《汉纪》以十余万字概括《汉书》八十多万字的内容,可见其是何等的精炼!《汉纪》的体例基本相同于《左传》,但由于它史料编排合理,辞约事丰,论辩深博,还吸收了纪传体的一些表现手法,使编年史体更加完善,后世的编年体史书多是以《汉纪》的体例为准绳。梁启超在《中国历史研究法》中称其为"现存新编年体之第一部书也"。① 实际上刘知几也清楚《汉纪》对后世史学界的影响,所以他又说:"故班固知其若此,设纪传以区分,使其历然可观,纲纪有别。荀悦厌其迂阔,又依左氏成书,翦裁班史,篇才三十,历代保之,有逾本传。然则班、荀二体,角力争先,欲废其一,固亦难矣。后来作者,不出二途。"(《史通·二体》)

汉代除了正史、别史之外,还有许多杂史。将杂史视作一类史书体例,始于《隋书·经籍志》,其文说:"自秦拨去古文,篇籍遗散。汉初得《战国策》,盖战国游士记其策谋。其后陆贾作《楚汉春秋》,以述诛锄秦、项之事。又有《越绝》,相承以为子贡所作。后汉赵晔又为《吴越春秋》。其属辞比事,皆不与《春秋》、《史记》、《汉书》相似,盖率尔而作,非史策之正也。灵、献之世,天下大乱,史官失其常守。博达之士,愍其废绝,各记闻见,以备遗亡。是后群才景慕,作者甚众。又自后汉已来,学者多钞撮旧史,自为一书,或起自人皇,或断之近代,亦各其志,而体制不经。又有委巷之说,迂怪妄诞,真虚莫测。然其大抵皆帝王之事,通人君子,必博采广览,以酌其要,故备而存之,谓之杂史。"顾名思义,杂史就是指其体例杂、内容杂而皆非"正统"的史著,与正史语关国家政要、体为纪传相对应,也称"野史"或"杂传"。从《隋书·经籍志》所言可知,杂史大致可分二大类:一是虽"非史策之正",但也是"博达之士,愍其废绝,各记闻见,以备遗亡"。补"史官失其常守"的空缺。一是"委巷之说,迂怪妄诞,真虚莫测"。汉代的杂史主要有刘向的《新序》、《说苑》、《列女传》,袁康、吴平的《越绝书》,赵晔的《吴越春秋》,应劭的《风俗通义》,佚名的《汉武帝故事》、《蜀王本纪》等,其情况也大致如此。

从《史记》之后,正史的编撰受到了封建统治者的严格控制,统治者为了利用正史来宣扬封建正统观念,在史著中增强了伦理色彩与社会实用功能,削弱了对现实的批判精神与史家的艺术创新精神,从而也削弱了对史书中的人物形象的刻画。促使正史中文学色彩淡化的另一个原因,就是随着历史学意

---

① 梁启超:《中国历史研究法》,东方出版社 1996 年版,第 23 页。

识不断加强,文史分野日益成为必然趋势。从《汉书》开始就出现了史著向文学方面偏离而向史学方面靠拢的倾向。司马迁努力使文史完美结合,在二者不可兼得时,有不惜以文害史之处。而班固不强求文史合一,在二者不可兼顾时,宁可舍文而求史。从文学角度看,《汉书》不如《史记》,从史学角度来看,《汉书》则对《史记》有所发展。正史史学特点的不断增强,而文学特点的不断削弱,正是文史分野的必然结果。随着时代的发展,正史开始逐渐从文史混合的状态中进行分离,向独立与纯粹的史学方面发展,从史学意义上来说,这是一种进步,是史学由萌芽状态、未成熟阶段向高级状态、成熟阶段发展的一种必然现象。在我国历史编纂史上,有一部划时代的史学理论巨著——唐代刘知几的《史通》,此书中提出了许多史书编纂的原则,例如:"以实录直书为贵",反对"曲笔诬书";所录内容应是"事关军国,理涉兴亡"的大事,不应热衷于"州闾细事,委巷琐言";描述要"文约而事丰",反对"虚加练饰,轻事雕彩",等等。总之,刘知几主张文史易辙,各行其道,反对以文笔代替史笔,以文笔来写史。他的理论反映了中国文史分野的发展趋势。

然而继《史记》之后,在汉代的杂史中,有一些与《汉书》发展趋势恰好相反,它们不仅没有偏离文学而向史学靠拢,反而更多地继承了《史记》的文学特征。严格说,汉代这些杂史虽借鉴于正史却不是源于正史,也就是说汉代的杂史并不源于《史记》。远在先秦,就已产生了杂史杂传类作品,如《穆天子传》、《晏子春秋》等,就在《史记》创作的时期,当时就已存有杂史的创作,如《燕丹子》。但自从《史记》产生之后,确实又为以后的杂史提供了一系列新的创作经验,大大推动了汉代杂史的发展。当从《汉书》开始,正史的传记文学特征日趋衰微时,杂史却保持了汉代纪传体史著的文学特点,并以自己独特的艺术风采,放射出了耀眼的文学光泽。特别是那些"委巷之说,迂怪妄诞,真虚莫测"的杂史,虽还借用着史的形式,但实质上已属小说创作了。

汉代杂史的文学特征,我们已在上编中阐述过了,此处我们只说说汉代杂史的史学价值。杂史多属于私人著述,在官方或正统的观念看来,它是属于"野史"之类不入流的作品,正因如此,它也不受官方控制,少了"钦定"的色彩。杂史虽有荒诞不经的虚妄内容,也有作者虚构、想象的成分,但也存有许多纪实性的史料,而且有一些史实,恰是受官方控制的正史所不敢或所不愿载录的,或者为正史作者所轻视,不屑一顾而摒弃的,所以杂史也有一定的史料价值和历史的认识价值,而且恰好可以弥补正史史实之不足,具有正史难以具备的史学价值。

汉代杂史不受正史庞大体例的限制,可以采取人物传记的形式,也可以采取灵活变通的各种形式,它可以像正史那样描述人物,也可以像编年体那样叙述历史事件,还可以讲述地理、职官、政事等任何一个方面的演变,还可以纠谬、补遗、考订书籍和史料,等等。总之,形式自由灵活,内容无所不包,是后世各种专门史的滥觞。

汉代杂史的创作一般不受官方干涉,不受他人限制,所以在作品中,往往能突出地体现作者那份主观感受,作者在表述人物和事件时,往往很容易注入自己对世态人情的认识,流露出对所描述的人物和事件的褒贬好恶之情,从信史角度讲好像是不可取的,但如果作者观察问题的立场与角度正确,反倒具有揭示事物本质的独特的深度。

第二章 纪传体通史的
开创者司马迁

　　汉武帝时期产生的《史记》,在中国史学史上,第一次主要以人物传记的形式来反映中华民族几千年的奋斗历史,来展现众多的栩栩如生的历史人物形象,既开创了中国传记体文学,又开创了中国纪传体史学,开创了中国史学的一个新时代,有人甚至认为《史记》开创了中国的历史学。①《史记》不仅是中国文化的瑰宝,也是全世界人民的宝贵精神财富。它之所以能在汉武帝时代产生,原因是多方面的,它既适应了强盛的大一统汉帝国的社会需要,又是中国社会与中国文化发展的产物,又是中国历史意识及史学成果继承创新的结晶,同时也是作者司马迁个人勇于开拓、勤于写作的结果。同样的时代,同样的政治、经济和文化氛围,同样的物质与精神生产背景,纪传体史学产生于司马迁之手而没有产生于他人之手,这与司马迁所具备的那些独特的个人条件有密切关系。司马迁具备进步的历史观,有着深博的文化修养,还有着丰富的社会实践经验与独特的人生经历,从而形成了独特的性格、心理、气质等。同时,司马迁还有着史官家世的传统,尤其是其父司马谈对其进行了严格的家教,这些都对司马迁承担起开创纪传体通史的历史任务有着极其重要的意义。中国文化史上为何能产生如此极大影响中国文化发展进程乃至世界文化格局的文化巨人?"司马迁现象"本身也应是史家探讨的重要课题。

---

　　① 参见翦伯赞:《中国历史学的开创者司马迁》,《光明日报》1956 年 1 月 19 日。

第一节 司马迁的史官家世与著史生平

司马迁字子长,是汉代最伟大的史学家、文学家和思想家,汉景帝中元五年(公元前 145 年)出生在左冯翊夏阳(夏阳县治在今陕西韩城西南)的芝川镇华池村①,生地附近有山名龙门,下临滔滔而逝的黄河水,司马迁《太史公自序》中有"迁生龙门、耕牧河山之阳"句可证。司马迁虽然生于农村,但其先人多是官宦,他在《太史公自序》中又写道:"余先周室之太史也。自上世尝显功名于虞夏,典天官事。后世中衰……"周及以前的司马氏先人详情已不可考,而且对司马谈司马迁父子的影响也不会有多大,但司马迁以先人的"太史"职业为荣耀,说明司马迁对著史事业的热爱与珍惜。据现有资料可知司马迁的八世祖司马错在秦惠文王(公元前 337 – 前 311 年在位)时,曾与谋臣张仪共同辅佐过秦政。司马错之孙司马靳,在秦昭襄王(公元前 306 – 前 251 年在位)时,为秦将白起的部下。司马靳有个孙子叫司马昌,在统一全国后的秦朝当过主铁官。司马昌的儿子司马无泽,就是司马迁的曾祖父,在汉初做过管理长安某个商贸区的首席长官,称为"汉市长"。司马迁的祖父司马喜有五大夫爵位,汉初沿用秦二十等级爵位制,五大夫属第九级,不算高的官爵。司马迁的父亲司马谈在汉武帝建元年间(公元前 140 – 前 135 年)起为史官,任太史令一直到元封元年(公元前 110 年)病死为止。司马谈父子虽自负自己家族"世典周史",然从司马错以后,真正做史官的还是司马谈与司马迁,司马迁的先人对司马迁的积极入世、欲建大功业有一定影响,司马谈的人品与治史精神对司马迁一生在史学上的建树有更为重要的影响。

司马谈是一位了不起的学问家,他大约生于汉文帝初期,曾跟当时有名的

---

① 关于司马迁的生年,学术界主要有二种说法。一是王国维在《太史公系年考略》(1916 年在《广仓学宭丛书》发表)中考证其生年为汉景帝中元五年(公元前 145 年)。一是李长之在《司马迁生年为建元六年辨》(收入《司马迁之人格与风格》第一章,三联书店 1948 年版)考证其生年在公元前 135 年,本书采用王说。卒年说法更多,但多是推测,可参见张大可的《史记研究》(甘肃人民出版社 1985 年版),吉春的《司马迁年谱新编》(三秦出版社 1989 年版),施丁的《司马迁行年新考》(陕西人民教育出版社 1995 年版)。

星象专家唐都学习天文历法的知识,跟《易》学大师杨何学习专讲阴阳变易吉凶转化的《易》学,跟黄老学派学者黄子学习黄老刑名之学、无为治术。大约在汉武帝建元五年(公元前 136 年),司马谈被举为贤良,征召到长安做官,由于他有广博而深厚的文化修养,朝廷让他当上了太史令。太史令官级虽不高,但职务很重要。太史令要主管天文星历、祭祀礼仪,保管文书档案,记录国家要事,有权查阅宫中秘籍,并有机会与皇帝及重臣接触,司马谈为自己能成为国家史官从而重振祖业而感到无比的荣幸。

　　司马谈大约活了五十多岁,在汉武帝手下做了二三十年的史官,从司马迁的《史记·太史公自序》中,我们可以看到司马谈对中国史学乃至中国文化至少有三个方面的伟大贡献:一是全面、精湛地总结了先秦至汉初的学术思想,给后人留下了著名的《论六家之要指》,明人何良俊在《四友斋丛说·史一》中说:“述六家之事,指陈得失,有若案断,历百世而不能易。”二是计划撰写一部通史,并初步设计了框架与草拟了部分篇章,为司马迁完成《史记》奠定了一定的基础。① 三是以一个优秀史学家的标准来对其子司马迁进行长期的辛勤培养,终于为中国培养出能够担当大任的伟大史学家。司马谈本人具有博大精深的学问功底,具备中国古代史官良好的素质,他博闻强记、质实守正、博古通今、识见明达,他以继承祖先史官伟业为己任。司马谈深知继承祖业,做一名名副其实的史官,需要高尚的情操、敏锐的思想、渊博的学识、吃苦耐劳的精神。但要完成一部历史巨著,更需要两代甚至几代人的相继努力,他把著史事业与培养后代自觉地联系在一起,对司马迁寄予了厚望。

　　司马谈希望儿子司马迁能子承父业,于是严格以史官的标准一步步地去培养司马迁。司马迁年幼时,父亲司马谈一方面让他拜乡里的老师学字识文,闲暇时还让他帮家里干点农务轻活,一方面自己亲自指导他通晓各方面的书籍,在启蒙教师与家教的严格要求下,司马迁在十岁时就可以诵读《尚书》、《春秋》、《左传》等古文,从小受到正规的严格教育,奠定了坚实的学问基础。

---

　　① 参见张大可:《史记研究·司马谈作史考论述评》,甘肃人民出版社 1985 年版。顾颉刚《司马谈作史考》,收入《史林杂识初编》,中华书局 1963 年版。

汉武帝建元五年(公元前 136 年),当司马谈离家到长安做官时,就把十来岁的司马迁也带到了长安,让他接受国都文化氛围的熏陶。长安是全国政治、文化的中心,在这里,图书资料丰富,学者云集,司马迁得到了一个更好的学习环境。他利用京师的有利条件,博览群书,还聆听过当时著名的今文经学大师董仲舒讲授的《公羊春秋》,跟古文经学大家孔安国学习过《古文尚书》,这些著名学者的思想与学识,对年轻的司马迁有很大的影响,到他 20 岁时,已经是一位博学多才的学者了。

司马谈深知"读万卷书"固然重要,但"行万里路"也同样不可忽视,当司马迁 20 岁时,司马谈决定让他去进行一次全国性的游览考察,到社会上去读那本"无字的书"。从司马谈以不能参与封禅大典为终身遗憾来看,司马谈深知社会实践对于培养史官素质的重要性,安排司马迁全国各地游览考察是培养他具备史官才、学、识、德的重要途径。更何况在万里行中,还可以"网罗天下放失旧闻"(司马迁《报任安书》),为将来著史准备重要的历史资料。

司马迁从长安起身,出武关(今陕西商州东),经过南阳(今属河南),越过汉水,到达了南郡(今湖北江陵)。当年刘邦就是沿着这条路线攻入关中的,迫使秦王子婴跪在大道上奉上宝玺投降称臣。司马迁看到沿途地形险峻,更加佩服刘邦居关中称王的战略英明,同时对项羽舍弃险要山川屏障而东归,最后导致失败而感到惋惜。

从南郡渡过大江,司马迁来到长沙北的汨罗江畔,这里是楚国伟大诗人屈原自沉的地方。屈原一直是司马迁崇拜的对象,今日面对滔滔不绝的汨罗江水,想到屈原坚持美政理想、固守完美人格却屡遭迫害的悲惨一生,他再也控制不住自己那同情诗人的泪水。在长沙,司马迁还凭吊了逝世才四十多年的贾谊。贾谊才高而英年早逝,他曾写过一篇《吊屈原赋》,借凭吊屈原抒发了自己抑郁不平的愤慨。屈原和贾谊虽不是同一时代的人,但都是受守旧派诋毁而悲愤致死的杰出政治家与伟大文学家,后来司马迁著《史记》时,就把他俩放在一篇合传中。

从长沙溯江而上,上游零陵郡营道县(今湖南宁远)境内有座九嶷山,传说帝舜南巡病死就葬在此地。舜的两个妃子娥皇和女英在这里痛哭哀思,她们的眼里都流出了血,血又溅到竹子上,从此,这里的竹子便成了满是血痕的斑竹。司马迁领略了九嶷山秀丽的风光,听到了许多关于帝舜的动人传说,有的传说还写入《史记》的《五帝本纪》中。

接着,司马迁又顺大江东下,登上了著名的庐山,举目远眺,河流纵横交错,甚为壮观,人们说这便是大禹疏通九江的结果,司马迁对大禹治水、造福后代的丰功伟绩有了深切的体会。再顺江而下,来到浙江的会稽山(在今浙江绍兴东南),大禹治水曾来过这里。会稽山东有个很深的山洞,人称之为"禹穴",在当地人的引导下,司马迁还深入禹穴进行了实地考察。传说大禹做天子十年后,巡行视察至会稽而病逝,死后就葬在了会稽山,会稽山的遗迹,无言地证实着一代圣王的功德。会稽山还是越王勾践被吴国围困的地方,山上还有秦始皇时代树立的秦碑,所有这些,都为司马迁后来撰写《五帝本纪》、《夏本纪》、《越王勾践世家》、《秦始皇本纪》等准备了有关资料。

离开会稽山,司马迁来到会稽郡的吴县,登上太湖附近的姑苏山,便可看到众多湖泊相连的"五湖",姑苏山下原是吴国的都城,城中还存留着战国四公子之一的楚国春申君黄歇的一些宫室,观看着这些宫室建筑,司马迁想见到了当年这位善于养士的楚国公子的不凡气度。

领略了吴越风土人情后,司马迁北上到达了淮阴(今江苏淮阴东南),这里是汉朝著名军事家韩信的故乡。韩信当年穷困时就具有远大的抱负,司马迁向淮阴父老打听到了关于韩信的许多故事,并参观了韩信在贫贱时就给母亲准备的宽敞的坟地,从心底佩服韩信穷困潦倒时就具有的非凡志向。游罢淮阴,渡过淮水,沿泗水北上,到达了原鲁国的都城(今山东曲阜),这里是古代礼乐之邦,是儒家创始人孔子生长的地方,也是后来学者们所向往之所。司马迁在曲阜参观了孔子的庙堂、车服、礼器,凭吊了孔子墓,看到当地儒生们习礼的情景,受到极大的感染,遥想孔子当年讲学传道的风采,久久不忍离去。为了广泛地了解儒学的影响,司马迁又特地去了原齐国的都城(今山东淄博市临淄区)。接着南折,来到孟子的家乡邹县(今山东邹城东南),在邹县附近的峄山上观看了秦始皇东巡时留下的刻石。由邹县向南不远,就是齐国孟尝君田文的封地薛城(今山东滕州东南),孟尝君当年好客养士,各地来归附他的竟有 6 万多户人家。司马迁见其地市井多刚猛桀骜子弟,问其故皆孟尝君当年招天下豪悍之人入薛所致,任侠遗风至今尚存,现实的感触更加深了司马迁对战国养士风习的理解。

由薛城向南,就到了历史上著名的彭城(今江苏徐州),这里曾是西楚霸王项羽的都城。彭城历来是兵家争夺之地,也是产生英雄豪杰的地方,仅在秦楚、楚汉战争中,就涌现出一大批显赫一时的人物。首先向暴秦发难的我国第一次农民起义,也就是陈胜、吴广领导的农民大起义,就发生在离彭城不远的大泽乡。汉高祖及其许多开国功臣,如萧何、曹参、樊哙、周勃等,就是这一带人。他们也就是从这里追随刘邦而登上中国历史大舞台的。为了收集这些汉代谋臣名将的历史资料,司马迁又去了离彭城不远的沛县、丰县,参观了萧何、曹参、樊哙、滕公的冢茔,向当地遗老打听到许多关于他们的传闻故事,在所查访的人中,有的本人就是这些谋臣名将的后代。

离开丰、沛向西南而行,经过砀县到达睢阳(今河南商丘南),那位曾率兵斩杀项羽的颍阴侯灌婴原来在此地贩卖过绸缎布匹。由睢阳向西行,司马迁到达了大梁(今河南开封),这原是魏国的都城,人们至今还传颂着魏公子信陵君无忌礼贤下士的故事。魏公子有次设宴待客,他亲自驾车去迎接夷门监者侯嬴。司马迁原先不了解何谓"夷门",所以特别去观看了夷门,弄清了"夷门"原来就是大梁的东城门,并向当地的人们打听了当年大梁城被毁为墟的情况。离开大梁,途经洛阳、函谷关,回到长安,司马迁结束了近二年的漫游生活。①

壮游归来一年后,司马迁便成为朝廷的一名郎中,郎中是皇帝的侍从官,他多次跟随武帝巡祭诸名山大川,或奉命单独出使边地。他曾"奉使西征巴、蜀以南,南略邛、筰、昆明"(《史记·太史公自序》),在西南广泛地接触了当地的少数民族。又曾扈驾汉武帝,越陇山,过平凉,登空峒,到北地行视了据说黄

---

① 本文关于司马迁壮游经历,参照综合了季镇淮《司马迁》(上海人民出版社 1955 年版)、李长之《司马迁之人格与风格》(开明书店 1948 年版)、张大可《司马迁研究》(甘肃人民出版社 1985 年版)、施丁《司马迁行年新考》(陕西人民教育出版社 1995 年版)、聂石樵《司马迁论稿》(北京师范大学出版社 1987 年版)等诸家的观点与说法。

帝登临之处,观察了秦始皇、蒙恬不惜民力所筑的长城,参观之地又有扩大,其足迹几乎遍及当时汉朝各地。司马迁在奉命出使中,除了完成公务外,还查访各地民情风俗,收集当地山川地貌及历史沿革的材料,把外出当作实地考察的极好机会,为他从事著述准备了必需的条件。

在中国史学史上,史学家有意识地进行这么长时间且又众多实地的访问考察,司马迁还属第一个。在游历中,司马迁熟悉了各地的风尚习俗和生活习惯,接触了社会各阶层的人士,对各地山川、地形、名胜古迹作了实地考察,对历史人物有关的活动场所都一一作了细致的走访,收集到了许多在文献典籍中没有的遗事遗闻,采录了各地大量的俗语、歌谚,"行万里路"使司马迁开阔了眼界,增长了知识,锻炼了意志,增加了优秀史学家所应具备的史德、史识、史才,这是一般只在书斋里讨生活的史学家所不能得到的。

顾炎武在《日知录》卷二十六《史记通鉴兵事条》中说:"秦楚之际,兵所出入之途,曲折变化,唯太史公序之如指掌。以山川郡国不易明,故曰东、曰西、曰南、曰北,一言之下,而形势了然。以关塞江河为一方界限,故于项羽,则曰:'梁乃以八千人渡江而西',曰'羽乃悉引兵渡河',曰'羽将诸侯兵三十余万,行略地至河南',曰'羽渡淮'。曰'羽遂引东欲渡乌江'……盖自古史书兵事地形之详,未有过此者,太史公胸中固有一天下大势,非后代书生之所能几也。"没有足迹天涯,哪有胸中天下大势?象《西南夷列传》中有韵致地描绘地理物产的章节,就是司马迁为郎中时西南之行实地观察的结果。游历使司马迁收集到许多生动的轶事传闻,对历史人物的行迹作了凭吊与访问,获得了不少重要的第一手材料。如从周生处得知项羽是重瞳子,从樊哙孙子他侯处了解到刘邦等人的许多重要情况,所接触的人中有不少就是传记人物的后裔或知情者,为《史记》的写作充实了不可缺少的内容与感受。司马贞在《史记索隐后序》中指出:"夫太史公记事,上始轩辕,下讫天汉,虽博采古文及传记诸子,其间残阙盖多,或旁搜异闻以成其说",又说:"太史公之书,既上序轩黄,中述战国,或得之于名山坏壁,或取之以旧俗风谣……"中华民族发展史如同一幕幕激动人心的历史剧,而舞台便是大河上下、长江南北这辽阔的神州大地。司马迁实际考察了这个舞台,领略了各地山川形势、风土人情,眼前的一山一水一草一木无不与当年威武雄壮的历史剧相联系,史籍的记载与他实地的感受,完全融合起来,而变成了有血有肉的东西。

　　同样的史料,为什么不同的史家对此感受与理解会产生差异? 这说明认识任何事物,不仅仅从此事物的存在出发,而且还有认识者自身的需求、原先的兴趣、感受、认识能力等感情与观念意识的参与。就连面对同样的自然景物,不同的人也会有不同的感受和领会,他们中的大多数人只根据自己的喜好,只对自然景物中的某些部分感兴趣,只有这部分才给他们留下强烈的印象。凡是与他们生活与情趣关系不大的,虽然感受了,但印象却是淡薄的,或者是暂时的,随着时间的流逝,其感受便模糊殆尽了。司马迁出于培养史官素质的需要,他的视野异常的开阔,他要对天地万物统统领略感受,对古今一切事物都抱有强烈的兴趣。作为天地万物的一部分、与古今一切历史有密切联系的自然景物,自然也是司马迁感兴趣的,每一地的自然景物都给他一种强烈的感受,都在他心中唤起一种特殊的感情,使他对以往在此地发生的历史情景的想象更富有真实的色彩,更具有具体性与生动性。如他扈从武帝周游河、洛,雄伟壮观的队列激发了他无限的豪情,也为他以后在描写历史上类似的场面时具备了切实的感受;在空旷的古战场,他仿佛听到了当年激战时的马嘶人叫;在秦宫遗址前,他仿佛看到当年在此上面所发生的一幕幕宫廷事件;在泥泞的驿道上,他仿佛感到自己就是一个当年被驱赶的戍役,当年陈胜、吴广等戍役的恐惧、仇恨、反抗心理,似乎在这实地场景中一下子全捕捉到了。面对着各地的自然景物,司马迁的精神世界在历史的往昔中任意遨游。作者不仅有了再现历史人物形象的实实在在的自然环境的感受,而且有了结合实地感受进一步构思传记人物的写作意识。他所收集的史料再不是一堆陈旧物,把自己的感受、感情、想象注入其中,便形成一幕幕活剧,历历在目,场面有景致,人物有血肉,事件发展有声有色。

　　实地游览使司马迁的思想感情发生了变化,从而也为司马迁《史记》的写作增添了异样的感情与气势,宋人马存在《赠盖邦式序》中说:

　　　子长生平喜游,方少年自负之年,足迹不肯一日休,非直为景物役也,将以尽天下之大观以助吾气,然后吐而为书。今于其书观之,则其平生所尝游者皆在焉。南浮长淮,溯大江,见狂澜惊波,阴风怒号,逆走而横击,故其文奔放而浩漫;望云梦洞庭之陂,彭蠡之潴,涵混太虚,呼吸万壑而不见介量,故其文停蓄而渊深;见九嶷之芊绵,巫山之嵯峨,阳台朝云,苍梧暮烟,态度无定,靡曼绰约,春妆如浓,秋饰如洗,故其文妍媚而蔚纤;泛沅渡湘,吊大夫之魂,悼妃子之恨,竹上犹斑斑,而不知鱼腹之骨尚无恙者乎? 故其文感愤而伤激;北过大梁之墟,观楚汉之战场,想见项羽之喑呜,高帝之谩骂,龙跳虎跃,千兵万马,大弓长戟,交集而齐呼,故其文雄勇猛健,使人心悸而胆栗;世家龙门,念神禹之巍功,西使巴蜀,跨剑阁之鸟道,上有摩云之崖,不见斧凿之痕。故其文斩绝峻拔而不可攀跻;讲业齐鲁之都,观夫子之遗风,乡射邹峄,徜徉乎汶阳洙泗之上,故其文典重温雅,有似乎正人君子之容貌。

对自然景物和历史遗迹的观察与体验,在自然景物和历史遗迹的激发下所产生的深切感受,使《史记》染上了特有的感情色彩。司马迁在游历中进行了广泛的社会交游,加深了对社会生活的感受,也加深了对各种人物的认识,培养了自己丰富的写作感情。苏辙说:"太史公行天下,周览四海名山大川,与燕赵间豪俊交游,故其文疏荡,颇有奇气。"(苏辙《上枢密韩太尉书》)司马迁周游天下对性情陶冶、特有的写作气质的形成,有着重要的作用。总之,司马迁读万卷书,行万里路,积累了丰富的知识,基本具备了史学家的史才、史学、史识等素质,才担负起创制《史记》的伟大历史使命。许凌云先生说:

"非识无以断其义,非才无以善其文,非学无以练其事。"这说明史学作品的质量优劣则取决于史家的德才学识的素质。史家要有远见卓识和创新精神,有战略眼光,站得高,看得远,思想解放,勇于冲破旧传统。没有远见卓识,鼠目寸光,便巨细莫辨,是非不分,方向不明;没有批判的精神,因袭旧贯,谨守绳墨,便不敢跨越雷池,攀登史学的高山。在中国古代史学家的行列里,颇多有胆有识之士。司马迁可说是胆识兼备,因之他撰

《史记》,功业千秋;创纪传体,流芳百世。①

在每个人的阅历之中,家庭出身是其阅历的开始。二十世纪五、六十年代的中国曾盛行过一种偏见:即家庭出身决定着个人的世界观,实际就是封建社会血统论的翻版,只不过高贵与贫贱的标准相反罢了。所以如孔子出身于没落的贵族家庭,就断定孔子是没落的奴隶主阶级的代言人。司马谈在思想上"先黄老而后六经",那么就认定其子司马迁也必属道家一派等等。把家庭出身作为判断作者政治、思想倾向的唯一依据,是异常片面的认识。家庭的影响不能代替全部的社会生活影响,在一个人的阅历中,家教是很重要的,但对他立场与意识的形成起主导作用的,往往是后天的社会生活与他的具体社会遭际,这要对具体人作具体分析。具体到司马迁,其家庭教养对他的影响确实是很大的,特别是他父亲司马谈对他的教育和影响。司马谈自从成为国家史官后,就把自己的著史事业与培养后代自觉地联系在一起,对司马迁寄予了厚望。司马谈对自己的儿子有意识有步骤地严格培养,希望将来有一天,儿子能顺利地接过自己的班,能胜任太史令的工作,完成自己一生难以终竟的著述事业。司马谈万万没有想到,他所希望的那一天竟然如此快地来到了。

汉武帝元封元年(公元前 110 年)春正月,汉武帝东巡,要在泰山举行祭告天地的封禅大典,来表现国运昌盛、天子圣明。泰山封禅,是汉帝国建立以来最隆重的祭祀仪式,朝廷大臣都以能参加这样的盛典而感到光荣。作为太史令的司马谈当然也随同武帝前往,并且要参与议定盛典祭祀程序与形式,但无奈体弱多病,中途病倒在洛阳附近,心中十分懊丧,病势更加严重。此时的司马迁在朝中已为郎中,正受汉武帝派遣,在邛、筰、昆明等地视察。当司马迁刚奉使西南返回长安,听到父亲病倒的消息后,又日夜兼程赶到洛阳。当他见到父亲时,父亲已经气息奄奄了。垂危中的司马谈一方面为自己不能参加这难得遇到的封禅盛典而饮恨叹息,一方面为自己不能完成通史著述而悲伤,弥留之际,司马谈拉着儿子的手,流着眼泪嘱咐道:"无忘吾所欲论著矣!"在司马谈看来,自从孔子著《春秋》以来,至今已过去四百多年,这其间由于诸侯忙

---

① 许凌云:《读史入门》(修订本),北京出版社 1989 年版,第 229 页。

于兼并,社会动荡,历史记载不仅中断,而且原有史书大部分散失,历史上那些明主贤君忠臣义士的功业事迹,无人记载。如今全国统一,天下太平,百业俱兴,作为太史令,理应继承孔子著《春秋》的伟业,把以往的历史一一记载下来,流传于后世。可是现在自己已无力完成此项事业,只好郑重地托付给儿子司马迁来完成。司马谈认为孝道首先从侍奉父母做起,然后推广到效力于国君,最终落实到忠孝立身、功成名就,将美名留于后世,以此来为父母双亲争光,这才是最大的孝。司马谈希望儿子能尽最大的孝,这就是能完成自己毕生未遂的撰述史著的志愿。司马迁低着头,握着父亲的手,五内俱焚。他泪流满面,聆听父亲遗志,思想上受到了极大的刺激与震动,他"俯首流涕曰:'小子不敏,请悉论先人所次旧闻,弗敢阙。'"(《史记·太史公自序》)司马迁从此把父亲临终的嘱托铭记在心,把完成父亲未竟的事业当做尽最大的孝。

从司马谈的嘱咐中,我们不难看出司马谈已经有了自己的作通史的指导思想,并且搜集整理了不少材料,甚至还写出了部分草稿,为司马迁的《史记》写作做了一些准备工作。但司马谈死后的二、三年内,司马迁主要忙于伴随汉武帝进行巡行、祭祀之类的活动。但一刻也不敢忘掉父亲司马谈临终时的遗嘱,总盼望早一天能全力以赴实现父命。汉武帝元封三年(公元前108年),朝廷果然让司马迁继任了父亲太史令的职务,但朝廷先委派他完成的主要任务是修订新的历法。太史令的职责是多方面的,但这一职务毕竟为司马迁完成父亲遗愿、从事通史撰写提供了最好的条件。司马迁在从事其他公务外,便抓紧阅读皇宫内收藏的各种图书文献,做了大量的记录与笔记,整理了自己以往在各地收集的各种资料。太初元年(公元前104年)司马迁与公孙卿、壶遂完成了《太初历》的制定,就立即正式投入著述《史记》的工作中,这年司马迁42岁。从此,司马迁利用太史令职务之便,夜以继日地来完成《史记》的撰写。完成父亲的遗愿,尽最大的孝道,光宗耀祖,实现立德、立功、立言的"三不朽"事业,就是当时司马迁的人生追求,也是他著述的精神动力。

正当司马迁基本按着父亲司马谈的要求,记载着"明主贤君忠臣死义之士"的时候,天汉二年(公元前99年)发生了李陵之祸。事情的经过是:这年秋,汉武帝命贰师将军李广利带领三万骑兵讨伐匈奴右贤王,命李陵率领五千步兵从居延北上分散匈奴的兵力。没有料想到的是李陵的步兵反遇上了匈奴军的主力,李陵所率小股兵力陷入匈奴八万人的包围之中。李陵率领官兵,同强大的匈奴军展开了殊死的战斗,但终因寡不敌众而战败,李陵本人被俘而降于匈奴。当消息传至汉庭,平日在武帝面前交口赞誉李陵的人却一反常态,纷纷落井下石。司马迁鄙夷这种反复无常的小人,当武帝征求他的意见时,他敢于直言,客观评价李陵的功过,引起武帝勃然大怒,于是将其下狱施以腐刑,这一迫害使司马迁饱尝了人间的耻辱与辛酸。

突如其来的惨痛打击,使司马迁肉体受到极大的摧残,精神上受到极大的痛苦,他"肠一日而九回,居则忽忽若有所亡,出则不知其所往。每念斯耻,汗未尝不发背沾衣也"。他曾想自杀,"所以隐忍苟活,幽于粪土之中而不辞者,恨私心有所不尽,鄙陋没世而文采不表于后世也。"(司马迁《报任安书》)

当司马迁在人生磨难中重新认识著述时,他想到周文王、孔子、屈原等人身遭厄运时发愤著述的情况,认识到个人悲惨的遭遇比起所从事的著述事业来就微不足道了。腐刑使司马迁的思想得到了重大的变化,他已从过去单纯地遵父命、尽孝道、继父业,升华到为后人留一部传世之作的高境界。他怀着时代的责任感,自觉地意识到一位史学家的历史使命,决心为后世撰写一部可与社会大革命相媲美、可与日月争光辉的传世之作,虽万戮而不辞,九死而不悔,世上还有什么能遏止住这种强烈的著书信念呢?

当司马迁蒙受奇耻大辱时,"交游莫救,左右亲近不为一言",只得"交手足,受木索,暴肌肤,受榜箠,幽于圜墙之中","见狱吏则头抢地,视徒隶则正惕息。"(同上)统治者的残忍狠毒,世态人情的炎凉,猛烈地冲击着他的心灵,使司马迁原来同一般正统封建文人相似的情感发生了巨变,动摇了对封建君主及封建礼法的尊崇和信仰,而更加倾向于封建统治下的广大受压制受迫害者。司马迁的悲苦遭际,使他的感情与广大悲苦命运者感情合流,构成了他性格变化的新特征,使他的人生观、世界观发生了巨大的变化,司马迁的人生经历再一次证明个人的人生阅历、特别是个人重大的人生遭际,对于他本人人生观、世界观形成有着决定性的意义。"李陵事件"把司马迁抛到被迫害被损伤的社会地位上,"李陵事件"又给了司马迁重新认识社会的转机,当司马迁以自己这种新认识来审视历史时，整个历史就呈现出一种新的面貌。当司马迁将自己感情变化的新特征寓于他的写作之中时，对那些与自己同志向同命运的历史人物，寄托了自己的身世感，倾注了自己全部的同情、悲伤和亲爱；对那些迫害无辜者的暴君暴徒，无不带有满腔的仇恨去进行声讨与控诉；对于那些不屈抗争的英雄，作者总是怀着敬仰的心情给予歌颂与赞扬。《史记》的写作从此发生了质的飞跃，作者不仅具有了一种任何力量都压制不住的创作欲望，而且要用史著的形式来为千百年来受迫害、受冤屈的人鸣不平，在《史记》中，句句是肺腑之言，字字带着作者的强烈感情，一丝不矫伪，有着巨大的震撼人心的力量。

以前贤发愤著述为榜样，受腐刑后的司马迁忍辱含垢，夜以继日地勤奋写作。太始元年（公元前96年）汉武帝大赦天下，司马迁出狱，被任命为中书令，但司马迁已对统治者失去信任，无心于仕途沉浮，一心倾注于《史记》的撰写。到征和二年（公元前91年）时已完成了《史记》的初稿，正当他还要全面修改、审订时，又碰上了内宫巫蛊事件。这年武帝在甘泉行宫养病，巫师江充说汉帝的病是因巫蛊所引起的，并指使人向武帝报告说皇宫中有蛊气。武帝命江充入内宫追查，江充报告说在戾太子宫中掘到诅咒皇上的木偶最多。太子听到风声后，迫于无奈，决定先法制人，假传圣旨捕杀了江充等人，然后发卫卒自卫，命北军使者护军任安发兵前助。任安明知是武帝父子间的矛盾，不想参与其中，故佯从太子之命，实际却按兵不动，太子终因寡不敌众，兵败自杀。后来事情真象大白，全是江充一手制造的假案，武帝痛失太子，却不怨自己昏聩，反迁怒于他人，任安因"坐观成败有二心"，被武帝判为腰斩。同司马迁受腐刑一样，又一起武帝亲手制造的冤案，又一次有力地证实汉武帝蛮横无道、草菅人命。任安是司马迁的好友，久仰司马迁冒死替李陵说话的侠义精神，认为他有舍己救人之义，且现为中书令，奉侍皇上，有进言之便，于是在狱中给司马迁写信求救，希望司马迁能在武帝面前替他申冤。此时的司马迁已下定决心，排除一切干扰，确保《史记》著述的完成，他犹豫再三，迟迟不好回复，最后不得已写了一篇《报任安书》，信中一方面倾诉了对友人任安身遭不测的同情、惋惜，解释了自己不能为之申冤解救的苦衷；一方面叙述了自己遭腐刑受辱、理想毁灭的经过,表明了忍辱苟活、著书自见的心志。字字是被害者的血泪控诉,句句是反抗者对黑暗社会的传檄声讨,全篇不足三千字,却是伟大的民族精英在身残处秽中关于生死观、人生观、世界观的宣言。

司马迁死于何时,史无记载。征和二年冬司马迁写《报任安书》后,他的行事便不得而知。不过,《史记·匈奴列传》结尾处有:"贰师闻其家以巫蛊族灭,因并众降匈奴",紧接着的"太史公曰"流露了司马迁多年来对汉武帝偏袒、重用贰师李广利的愤懑之情,"唯在择任将相哉"句重复叠叹,见出感慨之深。传文与传赞文意相连,不像后人所加。李广利降匈奴是征和三年(公元前90年)的事,除此之外,在《史记》中再不见有这一年以后的史实记载,如李广利在征和四年被卫律所谗杀,这本是一件重要的事件,却没有再补写进去。看来司马迁或死于征和三年,或在征和四年因某种事变被剥夺了继续执笔的权利。

司马迁因何而死,史籍也无记载。有人说司马迁因写了《报任安书》,被任安所牵连,又下狱而死,此说虽是猜测,也合情理。司马迁曾因替李陵辩解几句,便触犯了汉武帝,下狱遭到宫刑,而《报任安书》满篇都是怨恨之言,甚至还有"明主不晓"之类露骨的话,讥刺当今皇上汉武帝,若此书信落入武帝之手,司马迁再次下狱遭刑是极有可能的,或死于狱中,或当即秘密处死都是意料之中的事。

司马迁的死也可能与著《史记》有关。《史记》本身就是一篇篇反暴政的檄文,其中对汉代历朝皇帝及汉武帝的暴行也有巧妙的揭露,尽管隐晦曲折,岂能瞒过一代雄主汉武帝,司马迁自然为武帝所不容。《西京杂记》卷五载司马迁"作《景帝本纪》,极言其短,及武帝之过,帝怒,削而去之。"就连后世一些统治者也认为《史记》是一部"谤书",为此不满而甚至扼腕切齿,如东汉明帝下诏说:"司马迁著书,成一家之言,扬名后世。至以身陷刑之故,反微文刺讥,贬损当世,非谊士也。"(班固《典引》)魏明帝认为"司马迁以受刑之故,内怀隐切,著《史记》非贬孝武,令人切齿"。(《三国志·魏志·王肃传》)司马迁著《史记》,不仅自己受到统治者的迫害,甚至还殃及到他的后代,在司马迁出生的陕西韩城芝川镇华池村,至今还传说着这样的故事:司马迁著《史记》

后，司马家族为免遭统治者的迫害，将姓氏一分为二，一支用"司"，再加一竖为"同"，作姓。一支用"马"，再加二点为"冯"，作姓。同、冯二姓代代都设"汉太史司马祠堂"，年年祭祀自己的先人司马迁。司马迁把一生献给了《史记》，而他的后代也为《史记》付出了沉痛的代价。

司马迁生前有遗言："仆诚以著此书，藏之名山，传之其人，通邑大都，则仆尝前辱之责，虽万被戮，岂有悔哉？"（《报任安书》）司马迁大概也没想到，能使《史记》传于世实现他的心愿的人竟是他的外孙杨恽。杨恽的母亲是司马迁的女儿，她嫁于敬侯杨敞，杨敞曾为汉昭帝丞相，其子杨恽聪明好学，对外祖父的《史记》评价颇高，认为可以与孔子的《春秋》相提并论。汉宣帝时杨恽被封为平通侯，由于杨氏父子显贵地位，加上宣帝曾生长于民间，对武帝杀太子、废皇后、为立昭帝又杀其母钩弋夫人的残酷暴行有不满的微词，杨恽才乘势将《史记》行于世。杨恽与其外祖父司马迁在性格、文风甚至经历上都有相似之处，后因与友人孙会宗信中有怨言，不满政敌的诬告，被朝廷腰斩，然而《史记》已难为朝廷所控制，早已在社会上广为传播了。《史记》没有被湮灭，今日我们能看到这部伟大的史著，不能不从内心感激这位传书之人。

大哉司马迁！数千年才出现的一位如此伟大的史学家！千载难逢的社会著史的客观条件与异常难达的著史者的主观条件，竟然奇迹般地使司马迁同时所具有，使他一肩挑起了历史的重任与民族的寄托。"司马迁现象"好似充满偶然性，然而当我们综观司马迁著史的一生，这一切又是那样的自然而然合情合理，这里面没有什么奥秘，但有许多值得我们深思的规律，我们探讨它，对理解与发展我们中国的史学不无裨益。

第二节 司马迁的进步史学思想

司马迁是一位历史"巨人"，历史巨人的形成，不仅需要主观条件，也需要一定的外部客观条件，而他所处的时代恰好给了他成为历史巨人的种种外部条件。司马迁所处的时代正是西汉封建社会的鼎盛时期，这是中国历史上前所未有的昌盛的时期，政治一统，经济富庶，文化繁荣，堪称当时世界一流的强国。伟大的时代是呼唤历史巨人的时代,司马迁的出现完全适应了时代的需要。

司马迁所处的武帝时期,汉帝国的国势达到强盛,究其原因,汉立国近百年来的恢复与发展,特别是经过"文景之治",为国家奠定了繁荣昌盛的基础。当然,当朝最高统治者汉武帝雄才大略、大力推行各种新政策也是其重要的原因之一。汉武帝在景帝平息七国藩王之乱的基础上,推行"推恩法",使诸侯子弟分其藩国,于是改为"列侯"的侯王子弟们,丧失了拥土自雄的条件,基本上结束了郡国并行的制度,大大加强了中央集权。后来又采取"受鬻"、"假田"、"移民"等有力措施,抑制土地兼并,并执行统一货币、盐铁国家垄断等政策,大大增加了国家财力。对外一改汉初屈辱求和、妥协防御的状况,主动出兵抗击匈奴,保卫了汉帝国的疆域和边地人民的安宁。

在意识形态方面,汉武帝采纳董仲舒的意见,罢黜百家,独尊儒术,全面确立了儒家思想统治地位,从此以后,儒家思想成为维持中国封建社会的精神支柱。儒家思想的创始人是孔子,但孔子后世的各个历史时期的儒家思想已不纯属孔子思想,孔子已成为他人的一尊偶像和一面旗帜,地主阶级各个政治派别有各自的对孔子学说的理解与解释。司马迁时,为公羊派儒家所解释的孔子思想成为正统的思想,儒学大师董仲舒适应封建大一统的需要,以天人感应说解释《春秋》,把《春秋》尊为"天地之常经,古今之通谊"(班固《汉书·董仲舒传》),创立了充满唯心主义的汉代儒学体系。司马迁接受了孔子的思想,也非常推崇《春秋》,甚至后来把自己著《史记》视为继承《春秋》事业。他也受到汉代公羊派儒学的影响,但他不排斥其他诸子各家,并接受了其他诸子的思想长处。在许多问题上他不与"圣人"同是非,对历史与现实都有自己的认识与见解。所以不能把司马迁的思想简单地划入儒家或道家或某家某派的模式之中,司马迁的思想便是他本人自成体系的思想,他是继孔子之后的伟大思想家之一,是从孔子到汉先进思想的集大成者。过去我们往往只注意到司马迁是汉代最伟大的史学家与文学家,而忽视了他是汉代最伟大的思想家。司马迁的思想既不是传统的儒家思想,也不是变了性质的汉代正统儒家思想,他是继承并发展了包括传统儒家思想在内的春秋战国诸家思想的思想家,他是不同于董仲舒而站在时代思想高峰的伟大思想家。他的先进思想决定着他的史学思想,他的进步史学思想影响着《史记》传记的创作。其进步的史学思想是非常丰富的,诸如民族与国家大一统历史观,人事推动历史的发展观,主张仁政反对暴政的政治观,重视工商承认义利的经济观,重用贤能排斥小人的人才观,发愤著书的创作观,重视下层人物历史作用的平民意识,等等,下面阐述一下其中主要的史学思想:

首先是司马迁具有博大精深的历史见识。司马迁欲"究天人之际,通古今之变",若不能站在社会历史时代思想意识的制高点,怎能够"究"出天人之间的关系? 怎能够"通"晓古今以来的变化? 怎能够给历史人物与历史事件以正确的评价? 又怎能够形成"一家之言"? 司马迁先进史识的形成有多方面的原因,其中重要的一个方面,就是以精深的认识和博大的胸怀来对待、评价中国古代各学术派别及其思想,在此基础上,形成了自己高于以往各学派思想的意识。司马迁在《太史公自序》中引了父亲司马谈的《论六家之要指》:

《易大传》:"天下一致而百虑,同归而殊涂。"夫阴阳、儒、墨、名、法、道德,此务为治者也,直所从言之异路,有省不省耳。尝窃观阴阳之术,大祥而众忌讳,使人拘而多所畏;然其序四时之大顺,不可失也。儒者博而寡要,劳而少功,是以其事难尽从;然其序君臣父子之礼,列夫妇长幼之别,不可易也。墨者俭而难遵,是以其事不可遍循,然其强本节用,不可废也。法家严而少恩;然其正君臣上下之分,不可改矣。名家使人俭而善失真;然其正名实,不可不察也。道家使人精神专一,动合无形,赡足万物。其为术也,因阴阳之大顺,采儒、墨之善,撮名、法之要,与时迁移,应物变化,立俗施事,无所不宜,指约而易操,事少而功多。儒者则不然,以为人主天下之仪表也,主倡而臣和,主先而臣随。如此,则主劳而臣逸。至于大道之要,去健羡,绌聪明,释此而任术。夫神大用则竭,形大劳则敝。形神骚动,欲与天地长久,非所闻也。……

司马谈将先秦诸子大致分为六派,前五派的学术各有长短优劣,唯道家能兼五家之长而去其短,对道家特别推崇,带有一定的偏爱,但总的来说对六家的评价还是比较公允、中肯的。日本学者金谷治指出:"这种将阴阳、儒、墨等的长处综合起来说明道家,与《淮南子》的内容极为相似。《淮南子》企图以折衷老庄的道家之道为中心,包容综合诸派的思想,建立新的统一的理论体系。前述汉初道家思潮,正反映了这种统一体系的道家形成过渡期的状况。"①明人何良俊在《四友斋丛说》卷五《史一》中说:"《史记》序六家要旨,进道德,绌儒术,诚有如班孟坚所讥者。然其述六家之事,指陈得失,有若案断,历百世而不能易。"

包容各派的思想意识原在司马谈身上已经具有,《论六家之要指》是中国学术史上第一次对古代学术各派别的总结评价,给中国古代六大思想流派做出了比较公平的定性和定位。司马谈用综合分析的方法来评价六家,企图以此形式,构建一个以道家思想为主体并采他家之长,能适应汉代大一统形势的新的思想体系。

司马迁在其父亲思想的基础上又大大进了一步,他站在六家之上看六家,赞同父亲关于"阴阳、儒、墨、名、法、道德,此务为治者也"的提法。他认为先秦各家学说并非完全排斥对立或彼此孤立,而是可以互为补充,只有博采兼容众家之长,才能融会贯通自成"一家之言"。他在《史记·老庄申韩列传》中不满意"世之学老子者则绌儒学,儒学亦绌老子"。站在道家的立场上反对儒学,或站在儒家的立场上反对道家之说,都是不可取的,儒、道都有其思想的优长。在认识历史发展趋势方面,司马迁赞同道家顺其自然的思想;在认识历史发展动力方面,他又赞同儒家强调人的主观能动性。正如《史记·曹相国世家》中赞赏"参为汉相国,清静,极言合道。"实际上是称赞道家无为而治之道。司马迁多次在传记中援引道家的话,如《史记·酷吏列传》言:"老氏称:'上德不德,是以有德;下德不失德,是以无德。法令滋章,盗贼多有。'太史公曰:'信哉是言也!'"老子的言论,在董仲舒看来,也属"邪辟之说",司马迁公然肯定老子之说,这本身就是对当时罢黜百家、独尊儒术潮流的一种挑战。

---

① [日本]金谷治:《汉初道家思潮的派别》,许洋主译:《日本学者研究中国史论著选译》(第七卷),中华书局1993年版,第47页。

在对待儒学态度方面,司马迁与其父司马谈有所不同,他对儒学的评价是很高的,最突出的表现就是司马迁是中国历史上高度评价伟大思想家孔子的第一人,他在《史记·孔子世家》中说:

> 《诗》有之:"高山仰之,景行行止。"虽不能至,然心向往之。余读孔氏书,想见其为人。适鲁,观仲尼庙堂车服礼器,诸生以时习礼其家,余低回留之不能去云。天下君王至于贤人众矣,当时则荣,没则已焉。孔子布衣,传十余世,学者宗之。自天子王侯,中国言六艺者折中于夫子,可谓至圣矣!

司马迁首创性地给孔子以"至圣"的总评价,这一至高的尊崇之称,已使后人无以复加。后世封建统治者都想加封孔子,以示对孔子及儒学的崇尚,但加封来加封去,不过是"至圣"二字同义词的重叠罢了。在司马迁心目中,孔子的地位远远超过那些生前尊荣显贵而死后便无声无息的"君王至于贤人",孔子之所以如此伟大,就因为其学说为天下"学者宗之"。在司马行迁的《史记》中,赞同儒家学说的地方随处可见,他本人就以孔子事业继承人自许,《史记·太史公自序》中说:"先人有言:'自周公卒五百岁而有孔子。孔子卒后至于今五百岁,有能绍明世,正《易传》,继《春秋》,本《诗》、《书》、《礼》、《乐》之际?'意在斯乎!意在斯乎!小子何敢让焉。"司马迁义不容辞、当仁不让,他的那部《史记》,就是希望能继承孔子的《春秋》精神,使中国的文化事业发扬光大。

司马迁对法家刻薄少恩深有体会,但在韩非传中还是称许"韩子引绳墨,切事情,明是非。"在《史记·商君列传》中赞颂商鞅变法使"秦人富强,天子致胙于孝公,诸侯毕贺。"司马迁不仅为先秦六家代表人物作传,而且还给如扁鹊、仓公等技术家,孙子、吴起等兵家,吕不韦等杂家众多人物作传。对"天下共笑之,讳学其术"的纵横家苏秦,司马迁还给予了这样的评价:"夫苏秦起闾阎,连六国从亲,此其智有过人者,吾故列其行事,次其时序,毋令独蒙恶声焉。"(《史记·苏秦列传》)司马迁在《史记》传记中给予了中国古代各个学派应有的地位,其公允、客观的程度又胜过他的父亲司马谈。后世一些正统封建文人看不到司马迁不囿于儒家并高于众学的卓荦见识,而是站在庸俗的儒学立场上来指责司马迁"离经叛道",如班彪批评司马迁"论大道则先黄老而后六经"(《汉书·司马迁传》),刘勰也说司马迁"爱奇反经之尤"(《文心雕龙·史传第十六》),实际上司马迁在各学派之中对儒学评价最高,清人钱大昕在《潜研堂文集·陈先生祖范传》中说:

> 与人论《史记》,谓班孟讥子长"先黄老而后六经",此子长述其父则然。其所撰《五帝本纪赞》,首推《尚书》。列传开端云:"载籍极博,犹考信于六艺",可谓之"后六经"乎?列老子于申韩,而进孔子于世家;称老子不过云古之"隐者";而于孔子曰可谓"至圣"矣。"至圣"之称,至今用为庙号,匹夫而跻世家,即世世袭封之兆也。弟子七十余人,合为一传,即堂庑从祀一端也。以孟、荀表诸子,又隐然以孟子为主。韩退之荀、孟醇疵之辨,子长已有先觉。窃孔氏之道,得子长而定一尊。

对先秦各学派评价,比较起来,司马迁赞同儒、道二家的言论较多,但又能认识到其各自的不足,敢于提出尖锐的批评,对其他学派的批评就更不用说了。如在《太史公自序》中引其父亲语,批评儒学"博而寡要,劳而少功";在《游侠列传》中指出布衣、闾巷之侠"修行砥名,声施于天下,莫不称贤,是为难耳。然儒、墨皆排摈不载。自秦以前,匹夫之侠,湮灭不见,余甚恨之",对儒、墨二派的批判是激烈的;在《货殖列传》中说:"老子曰:'至治之极,邻国相望,鸡狗之声相闻,民各甘其食,美其服,安其俗,乐其业,至老死不相往来。'必用此为务,挽近世涂民耳目,则几无行矣"。对老子小国寡民的思想批判是深刻的。司马迁不排斥诸家学派,也不盲从诸家学派,他吸收众家之长又高于众家之上,用新的史识去清理古今纷纭复杂的历史线索,去对历史人物作正确明了的评价,千载之下仍令人信服震慑,其信服力与震慑力,主要源于其思想的敏锐与认识的精深。不能简单地将司马迁说成是先秦六大家中的那家那派,司马迁崇尚儒学,但不"独尊",能正确对待儒学,给儒学输入了具有时代特征的唯物主义性质的新鲜血液。同时他并不"黜百家",而是积极吸取百家之长,所以他思想达到了时代的高峰,具有了当代其他史学家难以具备的史识。

其次,司马迁具有大一统的历史观。中华民族大一统观念是中华民族经过长期的历史发展过程而形成的,而司马迁的大一统的历史观首先是秦、汉大一统的封建帝制在史学观念上的反映,同时也是在传统的大一统观念的基础上,经过自己"究天人之际,通古今之变",进一步形成的。他的大一统观在传统的大一统观念的基础上有了进一步的提升,给传统的大一统观念赋予了具有新时代特色的含义。

每一个时代,都需要有使其社会人群聚合的意识,而使中华民族在几千年中聚合的意识就是大一统观念。从成文的历史看,中华民族至少有五千年的文明史,这五千年来,中国的地形地貌与现在大致相似,没有很大的变化。我国西北是大漠荒原,东南是汪洋大海,西南是高山峻岭,形成了一个幅员辽阔却又与世界隔绝封闭的自然状态,在这一自然环境中,境内的各民族容易交往、融合,国家便于统一。当我们的祖先还处于氏族部落阶段时,部落之间就存在着较大的融合,或通过战争、结盟,实现在强力下的同化、合并,或通过通商、通婚,实现在自愿基础上的交往、联合,在氏族血缘关系不断扩展的过程中,人们原先对各种图腾的崇拜逐渐转变为对龙图腾的单一崇拜,由对各个自然神的崇拜不断演变为对单一的上帝、天命的崇拜。这就是当时大一统观念的核心,也是当时文化及人们世界观的核心,是华夏民族形成的精神支柱。

把民族凝聚力的精神力量由天神宗教崇拜转变为对封建君王个人崇拜,孔子有着不可磨灭的功绩。孔子继承和发展了春秋以来重人轻神的思想,以扭转乾坤的大无畏精神,大胆地对传统的天神宗教观念提出怀疑和否定,他"不语怪、力、乱、神"(《论语·述而》),认为"敬鬼神而远之,可谓知矣。"(《论语·雍也》)实际就是对上帝存在的一种否定,这与西方长期流行的"世人都是上帝的罪人"的意识是根本不同的。孔子的思想还没有达到公开否定天命的那一步,但他却把天命与君王联系起来,认为"唯天子受命于天,士受命于君。"(《礼记·表记》)受命,即受抚四方臣民之命,君王是四方臣民的中心,因此必须维护君王的权威,也就是维护皇权统摄四方的作用。忠君尊王是孔子大一统思想的核心,一部《春秋》强烈地表现了这种思想。孔子的时代周天子早已大权旁落徒有虚名,但《春秋》中仍书"春王正月"之类的文字,《公羊传·

隐公元年》中说:"曷为先言王而后言正月? 王正月也。何言乎王正月? 大一统也。"在周天子名存实亡的情况下,孔子仍竭力维护周天子的威信,就是因为孔子相信天子皇权的稳定就是大一统社会稳定的条件。孔子希望以天子为中心,社会各个阶层的人们组成一个统一、和谐的社会,但他面临的却是"君不君,臣不臣,父不父,子不子"的混乱的社会现实。社会动乱动摇了天子的权威,破坏了大一统的社会局面,因而属于"无道"的天下,他说:

> 天下有道,则礼乐征伐自天子出;天下无道,则礼乐征伐自诸侯出。自诸侯出,盖十世希不失矣;自大夫出,五世希不失矣;陪臣执国命,三世希不失矣。天下有道,则政不在大夫;天下有道,则庶人不议。(《论语·季氏》)

孔子以后的中国封建学者几乎都认为"春秋无义战",春秋之乱是坏事,从理论上彻底扭转这一看法是近百年来的事。人们或从进化论或从阶级斗争理论出发,认识到春秋末期社会变动是中国历史社会发展的必然反映,社会大动荡才促进了新的统一的社会的诞生,这是好事而不是坏事。自然地以孔子反对春秋之乱而认为他留恋即将崩溃的旧制度,企图恢复已被历史否定了的西周统治秩序。然而历史的实际绝非如此简单的推断,孔子赞美西周,其本意是向往一个"有道"之世,有道即有秩,保持君臣父子的尊卑等级关系,特别是维护天子的君王尊严,实际就是维护大一统社会的稳定。孔子反对社会动荡不安的乱世,称赞有条不紊的治世,赞美西周乃至古代三王统一的社会,已是一种萌芽状态的中央集权思想了。

当然,孔子的大一统思想有其历史的局限性。孔子一味谴责"礼崩乐坏"的动乱和分裂,没有看到治与乱及统一与分裂的辩证关系,他只希望通过对所有的社会成员的不同约束,来加强君王的向心力,求得社会的和谐、安定和统一。而没有看到和谐、统一只是事物发展的一种状态,而打破旧的和谐、统一,从而达到新的和谐、统一,是事物发展的另一种状态,这种思想尽管有一定的片面性和保守性,但对维护民族和国家的统一有着重要的意义。

至汉,天下又归于稳定的大一统状态,董仲舒对孔子的大一统思想看得很

清楚,他说:

> 《春秋》大一统者,天地之常经,古今之通谊也。今师异道,人异论,百家殊方,指意不同,是以上亡以持一统;法制数变,下不知所守。臣愚以为诸不在六艺之科,孔子之术者,皆绝其道,勿使并进,邪辟之说灭息,然后统纪可一而法度可明,民知所从矣。(《汉书·董仲舒传》)

但是以董仲舒为代表的汉代《春秋》公羊派,又对孔子的大一统思想进行了较大的改造,如果说董仲舒以前的儒家学派多是从政治观点上推崇《春秋》的大一统思想,那么从董仲舒开始便引入阴阳家学说来阐释《春秋》的大一统思想。《汉书·五行志》中说:"昔殷道弛,文王演《周易》;周道敝,孔子述《春秋》;则乾坤之阴阳,效《洪范》之咎征,天人之道灿然著矣。汉兴,承秦灭学之后,景、武之世,董仲舒治公羊春秋,始推阴阳为儒者宗。"原始的阴阳五行还有朴素的唯物自然观点,董仲舒用阴阳五行说来解释《春秋》的大义,便在一定程度上使政治、伦理的信仰向旧的宗教迷信信仰复归。董仲舒认为:

> 天人之征,古今之道也。孔子作《春秋》,上揆之天道,下质诸人情,参之于古,考之于今。故《春秋》之所讥,灾害之所加也;《春秋》之所恶,怪异之所施也。书邦家之过,兼灾异之变,以此见人之所为,其美恶之极,乃与天地流通而往来相应,此亦言天之一端也。(《汉书·董仲舒传》)

董仲舒以前的儒家大一统观本含有唯心论的天命观因素,董仲舒对此变本加厉,给它涂上了浓厚的迷信色彩。他还说:"王者承天意以从事",(《春秋繁露·尧舜汤武》)认为皇帝受上帝之命,代表天意,鼓吹君权神授,用神权来强化王权的权威。董仲舒还把维护封建一统的三纲五常说成是天的意志,如在《春秋繁露·基义》中说:"王道之三纲,可求于天。"把封建社会大一统秩序也宗教神圣化了。

董仲舒认为"天不变,道亦不变。"(《汉书·董仲舒传》)若有变,那是天道依黑、白、赤三统反复循环,朝代可以更替,但作为封建一统的"道"是万古不变的,"若夫大纲人伦道理政治教化习俗文义,尽如故,亦何改哉? 故王者有改制之名,无易道之实。"(《春秋繁露·楚庄王》)在董仲舒看来,王朝更替是奉天承运,封建一统却是永恒的。汉代封建社会中央集权制的确立与巩固,是历史长期发展的必然结果,董仲舒将邹衍的五德终始说演化为天人合一的神学,创大一统儒教,尽管对历史的发展作了唯心主义的解释,但旨意是宣扬封建大一统,对当时巩固和加强汉王朝中央集权的大一统是有利的。

司马迁继承发展了孔子以及其他前人的大一统思想,给予儒家大一统观念以唯物论、历史主义的阐述,形成了自己独具特色的唯物主义的大一统历史观。

孔子删书,《尚书》记述起于尧,至于《春秋》、《左传》、《国语》等史著,更是只记一段较短的历史,对于中华民族的发展史来说,只记了它的一个片断。司马迁却从中华民族的起源说起,根据中华民族发展的历史,来论证国家、民族大一统的合理性与必然性。他的《史记》上限起于黄帝,旨在说明三代帝王,列国世家,追祖溯源,皆本于黄帝,整个中华民族皆是黄帝子孙,就连周边匈奴、西域、西南夷等族都属黄帝支系。李景星在其《史记评议》中说:"太史公记史,始于五帝,重种族也。盖五帝始于黄帝,为我国种族之所自出。黄帝之子二十五人,后世或居中国,或居夷狄。"中华民族乃黄帝之后或炎黄子孙,这一大一统观念实基于司马迁的《史记》,而这一伟大思想又成为《史记》传记中爱国思想的基础,正是这种指导思想,使司马迁在《史记》中建立了五帝、夏、商、周、秦、楚(项羽)、汉的正统序列,使得《史记》传记中各民族都有其一定地位。如《大宛列传》写新疆地域民族,四夷列传即《匈奴列传》、《东越列传》、《南越列传》、《西南夷列传》,所记则包括了中国东西南北广大少数民族地区的少数民族。司马迁并无"夷夏之辨"的传统偏见,反倡导中华各民族平等互睦,他以史著的形式,全面叙述了中华各民族的共同历史,他把中国整个社会的发展,视为同一种族系统内的多民族的共同发展,他记叙了中华民族大家庭中各民族相互大融合的历史,从而创立了中华民族一统的思想。

从黄帝到汉武帝,数千年中国历史的发展变化,贯穿着分裂与统一的斗争,而帝王君主的一统事业,象征着国家与民族发展的趋势,甚至代表着历史发展方向和新阶段,随着帝王事业的日益兴盛,中华民族不断壮大,国内各民族不断融合。司马迁以新的大一统思想,在《史记》中建立了五帝、夏、商、周、秦、楚、汉的正统序列,以帝王为纪,用王朝嬗变和帝王兴替作为历史发展的纲目,这种条分缕析的大纲,有效地理清了中华民族不断发展的历史脉络。

斯大林在庆祝莫斯科建城八百周年时所致的《贺词》中说:

莫斯科的功绩首先在于,它成了把分散的俄罗斯联合为一个有统一政府、统一领导的统一国家的基础。如果不摆脱封建割据和诸侯纷争的状态,世界上任何一个国家都不可能指望保持自己的独立和真正发展经济和文化。只有联合为统一集中的国家,才能指望有可能真正发展文化和经济,有可能确立自己的独立。①

中国历史发展的过程也证明了这一论断的正确。西汉中央集权制的巩固,各民族信仰的统一,各地区对中央向心力的加强,都是西汉国家经济、文化大发展的前提。司马迁从促进国家大一统的角度来评价人物的历史贡献,给予了那些维护、促进国家统一、民族融合的人物以热情的歌颂与赞扬。如在《周本纪》中追溯到后稷与西伯,在《秦始皇本纪》外又列《秦本纪》以记伯翳、庄、襄等,将西楚霸王项羽列入本纪,这是因为:周没有统一天下前,周之诸先人扩土招民,为周武王的大一统开创了局面;秦始皇前,秦孝公用商鞅变法,已具封建中央集权制的端倪;项羽虽号为王,实际上已行施了帝王职权,为汉朝大一统奠定了基础。以上人物未称帝而实质与帝王无异,是开创大一统新时代的伟人,司马迁将他们列入本纪是正确的。刘知几在《史通·本纪》中认为应把西伯、庄、襄等人列为世家,项羽只是一诸侯,"诸侯而称本纪,求名责实,再三乖谬。"刘知几所求的名与实,实际只是封建正统的正名观,重在"名",而司马迁所求的正是人物在历史进程中推动大一统事业的历史作为与贡献,重在"实"。尽管司马迁对这些推进大一统事业的人物个人品质以及行政措施有自己的看法,如他对秦始皇的暴政十分厌恶,但对其统一中国的伟大功绩却给予充分的肯定,他在《六国年表》中赞道:"秦取天下多暴,然世异变,成功大。"秦始皇统一中国的历史作用和社会效果,因称帝时间短,在其当政时并

---

① 斯大林:《斯大林文集》(1934-1952),人民出版社1985年版,第535页。

不显著,而到了汉代时才充分地显示出来。汉朝当时社会思潮,不是因为秦祚短促而否认其在中国历史上的地位,就是一味责骂其严刑酷律以显示汉朝的宽容仁厚,这种思想与认识甚至严重影响到后世。司马迁既反对秦的暴政,同时又肯定秦统一天下之功甚伟,这种远见卓识的主导思想便是大一统历史观。这种大一统历史观不仅使司马迁的认识高于时代的思潮,也高于后世一般人的见识。

　　第三,司马迁具有进步的自然循环的历史观。从汉朝建立以来,历朝统治阶级都很注意探求天道与人事关系的奥秘,寻求历史朝代兴亡盛衰变化的根据,虽然不少谋臣策士如陆贾、贾谊、贾山诸人,也都作了这方面的探索,但都只局限于某个方面,缺乏系统性,不成完整的思想体系。直到汉武帝时,董仲舒才对这一有关天、人关系的问题作了系统的理论解释。董仲舒的理论主要继承了战国末期邹衍的"五德终始"说,而邹衍的唯心主义"五德终始"学说是在改造春秋时代朴素唯物主义的五行说基础上建立起来的。邹衍认为每一历史朝代受一种"德"的支配,整个人类历史按五德进行转移,他把人与天及神沟通起来,以阴阳五行为环节,使历史演变成为具有神意性,在神秘的五德终始圈内作无尽的循环。董仲舒将邹衍的五德终始和先秦儒家的"天人合一"的思想,进一步发展为天人感应论,他把天说成是有意志的最高主宰,而"王者承天意以从事"(《春秋繁露·尧舜汤武》),就是说"天"是至高至尊的,"天"赋予它在人间的代理人帝王以统治人间的权力,来实现"天"的意志,提出君权天授的理论,以神权与皇权的统一来论证封建统治的合理性。他认为这就是所有社会的最高原则——"道",而"道之大原出于天,天不变,道亦不变"(《汉书·董仲舒传》),完全适应封建统治阶级要求万世一系、永远维持统治的政治需要。若有变,那本非人力所致,而是由天意决定作改朝换代的循环。董仲舒认为夏王朝是黑统,商王朝是白统,周王朝是赤统,历史就依三统顺序循环,是谓三统循环论。"继乱世者其道变"(《汉书·董仲舒传》),大汉王朝是继周而起的,应反转来为黑统,所以董仲舒认为对于汉代,"若宜少损周之文致,用夏之忠者。"(《汉书·董仲舒传》)并利用自然灾祥变异来规谏君主惩恶佑善,顺承天意,以永获五德、三统之道,达到汉王朝长治久安。

受董仲舒的影响,司马迁也讲循环,但他的循环论主张的是在人事推动下的历史自然循环。如《史记·历书》中说:"夏正以正月,殷正以十二月,周正以十一月,盖三王之正,若循环,穷则反本。"《高祖本纪》赞云:"夏之政忠,忠之敝,小人以野,故殷人承之以敬。敬之敝,小人以鬼,故周人承之以文。文之敝,小人以僿,故救僿莫若以忠。三王之道若循环,终而复始。"司马迁的循环论是人道自然循环论,也就是主张推动社会进行循环的原动力不是"天"的意志,而是人力所致。虽然有其局限性,只看到历史客观地周而复始,看不到由低级向高级的发展,但他的循环论与邹衍、董仲舒的循环论有本质的区别。区别就在于邹衍、董仲舒唯心地主张历史以天意循环,天是人类历史循环的主宰,而司马迁唯物地主张历史依客观而自然地循环,其主宰在人而不在天。白寿彝先生著文说:

> 司马迁提出"究天人之际",实际上是同以董仲舒为代表的阴阳五行禁忌学说、正统儒学相对立的。……我们能看出司马迁对天人关系持有明确的态度:天是天,人是人;天属于自然现象,和人事没有什么必然联系;人们必须按照自然规律去办事,但不存在什么所谓预兆和吉凶祸福的问题。这种观点是同当时从皇帝以下广泛提倡阴阳五行的迷信风气针锋相对的。①

司马迁在《孟子荀卿列传》中批判邹衍的学说"怪迂"、"不经",他说:"邹衍睹有国者益淫侈,不能尚德,若大雅整之于身,施及黎庶矣。乃深观阴阳消息,而作怪迂之变,《终始》《大圣》之篇,十余万言,其语闳大不经。"对谈论星象、气数一类的书,司马迁常以荒诞不经、不合常理来评价它,用它来祈福禳灾,往往是妄诞而不灵验的,他指出:"星气之书,多杂譏祥,不经;推其文,考其应,不殊。"(《太史公自序》)他认为国家强盛主要靠君王的德行修养、政治清明、有力的补救措施,最下等的才是祈祷鬼神,这是最不值得看重的下策:"国君强大,有德者昌;弱小,饰诈者亡。太上修德,其次修政,其次修救,其次

---

① 白寿彝:《史记新论》,求实出版社1981年版,第21—22页。

修禳,正下无之。"(《天官书》)司马迁坚持的是唯物主义无神论观点,他在《太史公自序》中引其父亲司马谈言,只承认与人体共存亡的人的精神、精气,而不承认有独立于人体之外有意志的"神"的存在:"凡人所生者神也,所托者形也。神大用则竭,形大劳则敝,形神离则死。死者不可复生,离者不可复反,故圣人重之。由是观之,神者生之本也,形者生之具也。"这篇引文也直接批评了阴阳家迷信"天",讲究征兆、忌讳,"使人拘而多畏"。司马迁不相信天意,他在《项羽本纪》赞中批判项羽将失败归于天意是"岂不谬哉"。在《蒙恬列传》赞中批判蒙恬"不以此时强谏,振百姓之急,养老存孤,务修众庶之和,而阿意兴功,此其兄弟遇诛,不亦宜乎? 何乃罪地脉哉!"司马迁也不相信天人感应说。董仲舒的"天人感应"指天意和人世是沟通的,天能干预人事,人的行事也能使天感应,天能惩罚恶人,天也能奖赏善人,也就是平常人们所说的"善有善报,恶有恶报",这就是天道。司马迁却在《史记·伯夷列传》中对天能报应的无根据妄说作了深刻的批判,他说:

> 或曰:"天道无亲,常与善人。"若伯夷、叔齐,可谓善人者非邪? 积仁洁行如此而饿死! 且七十子之徒,仲尼独荐颜渊为好学,然回也屡空,糟糠不厌,而卒蚤夭。天之报施善人,其如何哉? 盗跖日杀不辜,肝人之肉,暴戾恣睢,聚党数千人,横行天下,竟以寿终,是遵何德哉? 此其尤大彰明较著者也。若至近世,操行不轨,专犯忌讳,而终身逸乐富厚,累世不绝;或择地而蹈之,时然后出言,行不由径,非公正不发愤,而遇祸灾者,不可胜数也。余甚惑焉,傥所谓天道,是邪? 非邪?

以现实中善遭恶报、恶有善待的事例,批驳了"天道无亲,常与善人"的空谈,言词多么犀利又足以振聋发聩,简直就是一篇讨伐"天人感应"的檄文! 它对黑暗不平的世道与唯心神秘的天道都进行了大胆的否定。如果真有什么"天道"的话,在司马迁眼里只是客观自然:"夫春生夏长,秋收冬藏,此天道之大经也,弗顺则无以为天下纲纪,故曰'四时之大顺,不可失也。'"(《史记·太史公自序》)根本不存在有意志、有感情的"天"。《史记》传记中有时也用"天"字,但多指自然规律、客观形势,如在《魏世家》赞中说:"说者皆曰:'魏以不用信陵君,故国削弱至于亡'。余以为不然,天方令秦平海内,其业未成,魏虽得阿衡之徒,曷益乎?"天下动荡不安已久,百姓盼望统一安定如饥子待哺,人心难违,此秦之所以能迅速统一天下的所乘之势,这里的"天"可以理解为"势"。司马迁本意在说明魏亡不在用贤不用贤,秦得天下是大势所趋,他看到的是天下人事斗争的大趋向,而不是几个英雄圣贤,更不是什么善恶报应的所谓天道。这是一种卓越的见识,联系《秦始皇本纪》中不厌其详地载录贾谊的《过秦论》,"天"即"势"的含意就更清楚了。《秦始皇本纪》中说"既元元之民冀得安其性命,莫不虚心而仰上,当此之时,守威定功,安危之本在于此矣。"天之本在于势,势之本在于民心,说得够明白了。《高祖本纪》赞中有:"周、秦之间,可谓文敝矣。秦政不改,反酷刑法,岂不谬乎? 故汉兴,承敝易变,使人不倦,得天统矣。"这里的"得天统"决非是汉儒所鼓吹的"汉承尧运",而是指汉能更改秦的严刑酷法,实行与民休息的政策,仍在得民心,给"天统"赋予了新的解释。刘知几没有真正理解《史记》传记中"天"的含意,就轻率地批评司马迁道:"夫论成败者,固当以人事为主,必推命而言,则其理悖矣。"(《史通·杂说上》)清人姚永概对司马迁的本意还看到一些,至少他认为司马迁所谓的天或天命不是属于天意迷信那一套。他说:

> 《史记》每于愤惋不平处,又难以明言,往往归之天命,其文最为狡狯深婉。如《项羽本纪》曰:"此天之亡我,非战之罪也。"《六国表序》云:"盖若天所助焉。"《秦楚之际月表》云:"岂非天哉,岂非天哉!"《李将军传》云:"大将军又徙广部行回远,而又迷惑失道,岂非天哉!"皆是也。
> (姚永概《慎宜轩笔记》卷四)

《史记》以大量的历史事实,对每个重要历史人物,"考之行事,稽其成败兴坏之理"(司马迁《报任安书》),恰反倒证明了司马迁"论成败者,固当以人事为主"。司马迁不相信董仲舒天人感应那一套荒诞无稽的妄说,以大无畏的精神和唯物主义的观点去"究天人之际,通古今之变",去"网罗天下放失旧闻,王迹所兴,原始察终,见盛观衰,论考之行事"(《史记·太史公自序》),在大量地"原始察终,见盛观衰"的过程中,司马迁看到历史变动的原动力在人而不在天。他所理解的"天道"是自然而然的客观自然规律,而不是体现着上帝意志的天命。人在一定客观历史条件下进行着改变历史的活动,人受到客观规律的制约,然而历史活动者终归是人,"天人之际"中人是起主导作用的,人只能在一定程度上影响了"天",而不会是"天"以某种意志去感应人。项羽霸业不成,败于刘邦之手,项羽把他的失败归之于天命,司马迁不同意这种观点,在其本纪中责备他"奋其私智而不师古,谓霸王之业,欲以力征经营天下……过矣"。从人事中给项羽找到了失败的真正原因。汉高祖刘邦得天下,作者在其本纪中详记了刘邦自己的体会:"夫运筹策帷帐之中,决胜于千里之外,吾不如子房;镇国家,抚百姓,给馈饷,不绝粮道,吾不如萧何;连百万之军,战必胜,攻必取,吾不如韩信。此三者,皆人杰也,吾能用之,此吾所以取天下也。"说明"成败兴坏之理"皆在于人。楚由强变弱,汉由弱变强,直至取得一统天下,再一次以胜于雄辩的历史事实说明了这一真理。

　　同是循环论,董仲舒的循环论是以天道的意愿为其循环的动力,主张人事听从天道安排;司马迁的循环论是以人事的变化为其循环的动力,重人事而不信天道,二者有很明显的区别,前者属于宗教迷信性质的唯心论,而后者则基本属于唯物自然论。历史发展当然不是简单机械地周而复始,司马迁的那种唯物的自然循环论当然也不能真正地说明历史发展的规律,但他以人事解释历史发展的原因,重视人在历史发展中的作用,因而使其《史记》中所记载的人物在很大程度上揭示了历史发展的客观。司马迁有时过多地从人物品质、道德行为方面着眼并评价人物,有时还把国家兴衰归于个别领袖人物的动机、个人优缺点,忽视了社会发展的"大势",过分地强调了英雄推动历史发展的作用,但自然循环论毕竟是当时突破传统与正统观念的先进新思想。司马迁细密地通过考察人类的活动,来认识社会历史,从而他观察到了许多历史兴衰变化的重大问题,如《平准书》、《货殖列传》中由人类的欲望而注意到物质生产及流通,隐约地意识到影响甚至制约人事变化的是人的物质利益。如"在《货殖列传》中,司马迁特地引述了当时的一句俗语:'天下熙熙,皆为利来,天下攘攘,皆为利往。'无疑,在司马迁看来,这是理解神农以后的社会的一把钥匙。故而,司马迁又说:'富者,人之情性,所不学而俱欲者也。'寥寥数语,反映了司马迁把私有制社会的'人性'看得很透。他就是以此作为解剖刀,去无情地解剖私有制社会里从事各种职业的人的思想动机的。"①再如在《项羽本纪》、《高祖本纪》、《律书》及十表中,由民心的向背,政权的兴亡盛衰,而注意到社会政治制度的性质;在《刺客列传》、《游侠列传》中由下层人物的实际历史作用,而注意到那些向来为史家所忽视的社会下层群众的力量等等。司马迁先进的自然循环论,将人视为推动历史前进的动力,使《史记》人物纪传更好地揭示了人物的本质特征和社会发展的本质特征,从而真实、准确地展示了各种历史人物的精神风貌。

第四,司马迁具有强烈的反暴政思想。汉朝刚建立,总结秦何以亡汉何以兴,就成为一种社会思潮。思想家贾谊继承、发展了孟子"仁政"的思想,在他的《过秦论》中以"取与守不同术"的观点,分析了秦之所以能取天下而又迅速失天下的原因:"秦灭周祀,并海内,兼诸侯,南面称帝,以四海养。天下之士,斐然风向。若是,何也?曰:近古之无王者久矣,……今秦南面而王天下,是上有天子也。即元元之民冀得安其性命,莫不虚心而仰上。当此之时,专威定功,安危之本,在于此矣。"然而秦始皇称帝后,就"废王道而立私爱,焚文书而酷刑法,先诈力而后仁义,以暴虐为天下始。"秦二世时变本加厉,"繁刑严诛,吏治刻深;赏罚不当,赋敛无度……蒙罪者众,刑戮相望于道,而天下苦之。自群卿以下至于众庶,人怀自危之心。"秦以暴力夺取天下以结束长期诸侯混战,建立大一统政权,顺应天下人心,故得天下人拥护。秦帝得天下后,不易其术,仍以暴虐守天下,与天下人为敌,故必丧失人心,众叛亲离。天下人势如汪洋大海,渺小的独裁者焉有不身死国亡的下场?天下兴亡皆决定于统治者所推行的根本大法。秦取天下而不能守天下,是因其取天下后不知变"术",十余世奋斗而建立起来的帝国大厦,顷刻之间便土崩瓦解,其历史教训告诉人们:一个国家或一个政权如对人民采取暴政,其结果便是自身的消亡。

司马迁非常赞同贾谊的观点,他通过考察中国几千年的历史发展过程,认

---

① 谢天佑、王家范:《读〈史记·货殖列传、平准书〉——略论司马迁的经济思想》,中国秦汉史研究会编《秦汉史论丛》(第一辑),陕西人民出版社1981年版,第307页。

真总结中国历史发展的客观规律,进一步"稽其成败兴坏之理",对施仁政可以兴邦,行暴政必致灭国的道理有了更深刻的理解。这一思想成了他"通古今之变"的关键,以此为基点,他才深刻地认识到了历史上每次大变革的意义,才使他在《太史公自序》中得出了这样的结论:"桀、纣失其道而汤、武作,周失其道而《春秋》作,秦失其政而陈涉发迹。"这里所说的"道"是指"王道",所说的"政"是指仁政,失王道者必行霸道,失仁政者必施暴政,王道与仁政同意,霸道与暴政亦同意。秦施暴政,贾谊《过秦论》阐述得很详尽了,夏桀、商纣、周厉等王的暴政在《史记》中作了生动的记载,下面仅录片断:

> 帝桀之时,自孔甲以来而诸侯多畔夏,桀不务德而武伤百姓,百姓弗堪。乃召汤而囚之夏台,已而释之。汤修德,诸侯皆归汤,汤遂率兵以伐夏桀。桀走鸣条,遂放而死,桀谓人曰:"吾悔不遂杀汤于夏台,使至此。"(《夏本纪》)

> (帝纣)厚赋税以实鹿台之钱,而盈巨桥之粟。益收狗马奇物,充仞宫室。益广沙丘苑台,多取野兽蜚鸟置其中。慢于鬼神。大聚乐戏于沙丘,以酒为池,悬肉为林,使男女保相逐其间,为长夜饮。百姓怨望而诸侯有畔者,于是纣乃重刑辟,有炮格之法。(《殷本纪》)

> (周厉)王行暴虐侈傲,国人谤王。召公谏曰:"民不堪命矣。"王怒,得卫巫,使监谤者,以告则杀之,其谤鲜矣,诸侯不朝。(《周本纪》)

凡是行暴政者,都想用武力榨尽天下人之骨髓以肥己,百姓愤怨、反抗,则行暴者又欲将天下人弹压制服。所以商汤、周武革命乃至陈胜起义,都建立了推翻暴政、拯救人民于水深火热的了不起的历史功绩。司马迁所以将《春秋》与汤、武革命、陈涉起义同列,是因为《春秋》在意识形态上高举仁义之旗向暴政、霸道宣战,在性质上意义上与汤、武革命陈涉起义相同。统治者的暴政使历史倒退、国家消亡,反对统治者的暴政是建立新朝、推动历史发展的一种强大动力,暴者亡而仁者昌,历史就是依这条线索而进行。司马迁在受刑之后,愈加深了对残酷暴政的认识,愈加深了对受暴政迫害者的同情与理解,在他的《史记》中表现出对暴政的揭露与抨击,对反暴政力量的支持与颂扬,反映了广大受压迫受剥削群众的普遍的愿望与情绪,体现了历史发展的进步趋势。

在《史记》中,司马迁批判的锋芒总是对准那些困苦天下的凶残暴君,他在《秦始皇本纪》中借尉缭、卢生等人之口,写秦始皇"蜂准、长目、挚鸟膺、豺声、少恩而虎狼心。居约易出人下,得志亦轻食人"。"天性刚戾自用……乐以刑杀为威"。这就剥掉了秦始皇自以为"功盖五帝,泽及牛马"的神圣外衣,给他一个独夫民贼的形象。项羽在司马迁心目中本是一位顶天立地的英雄,因为他反秦的历史功绩不亚于陈胜。然而项羽以暴易暴,动辄屠城杀人,如秦军已降项羽,项羽仍命"楚军夜击坑秦卒二十余万人新安城南",入关后,"项羽引兵西屠咸阳,杀秦降王子婴,烧秦宫室,火三月不灭。"项羽的暴行和刘邦入关后约法三章废除苛法形成鲜明的对比,因此司马迁指责项羽道:"自矜功伐,奋其私智而不师古,谓霸王之业,欲以力征经营天下,五年卒亡其国,身死东城,尚不觉寤而不自责,过矣。乃引'天亡我,非用兵之罪也',岂不谬哉!"

司马迁也以极憎恶的感情刻画了那些追随人主迫害无辜者的丑恶灵魂,如李斯,辅佐秦始皇成就一统帝业,盖世之功不可没。世俗也认为李斯为秦竭尽忠诚,反受五刑而屈死。司马迁考察李斯的动机,认识与世俗的议论有所不同。司马迁认为李斯本是个知书达理的人,但他为了个人的官爵、利禄,甘愿出卖灵魂,充当了暴君的帮凶,不然的话,其功可与周公、召公相提并论。《李斯列传》中说:"斯知六艺之归,不务明政以补主上之缺,持爵禄之重,阿顺苟合,严威酷刑,听高邪说,废嫡立庶。诸侯已畔,斯乃欲谏争,不亦末乎!"李斯是个可悲又可耻的历史角色,对于他"助纣为虐"的罪行,司马迁并不因为其有显赫历史功绩而给予轻描淡写。

如果说谴责秦之暴虐,是汉帝国朝野上下一致的舆论,那么汉代人揭露汉代的暴行,冒犯汉代的统治阶级,则需要大无畏的精神了。《史记》传记写汉代酷吏的狰狞面目就不用说了,就连貌似仁慈君子实际却心狠手辣的人,也逃不脱司马迁批判的锋芒。如在《萧相国世家》中讽刺萧何说:"淮阴、黥布等皆以诛灭,而何勋烂焉,位冠群臣,声施后世。"萧何的"丰功伟绩"在于帮助刘邦残灭同僚,以他人的鲜血和生命以媚上自保,司马迁对这种卑劣的人格进行了挖苦和否定,在传中对萧何为保住位禄而干的卑劣之事进行了详尽的揭露。

　　恨的相反便是爱,在鞭挞暴政的同时,司马迁以极大的热忱歌颂了那些反暴政的英雄,司马迁赞扬汤、武革命和陈涉起义,他们功高盖世,推翻了一个暴政,开创了一个新的时代。就是社会下层的反暴英雄,也值得赞颂,曹沫、荆轲等五刺客,"其义或成或不成,然其立意较然,不欺其志。名垂后世,岂妄也哉!"(《史记·刺客列传》)对那些暴政下的受害者,司马迁给予了极大的同情,如写了屈原、韩信、李广等悲剧人物对专制暴君的愤慨与仇恨。在充满冷酷、残忍的暴政统治下,作者对仗义助人的侠义之士怀有崇敬之情,唯有他们才"其言必信,其行必果,已诺必诚,不爱其躯,赴士之厄困。"(《史记·游侠列传》)当作者系于缧绁之中,身体被摧残之后,而"交游莫救,左右亲近,不为一言",更觉救人厄困之中的游侠品质难能可贵。他在《游侠列传》中热情地称颂他们"修行砥名,声施于天下,莫不称贤,是为难耳"。相比之下,班固《汉书·游侠传》主张游侠"守职奉上",认为他们的"振穷周急"行为"不入于道德"。其"杀身亡宗,非不幸也"。这么一比,就见出了司马迁与班固立场、感情的不同,反暴政思想成为《史记》的一个鲜明特色。

　　一些学者认为司马迁的反暴政思想虽然是对的,但他由于身遭宫刑,因此带有偏激的情绪,认识有很大的片面性,理由是他批评了法家人物商鞅、吴起、晁错、桑弘羊诸人是"天资刻薄"、"刻暴少恩"等等,就更不用说对李斯的鄙夷了。司马迁对一些法家人物用暴力推行改革的意义认识有不妥处,但我们也不能因此而完全否定司马迁对法家轻民虐民政策的正确指责。司马迁虽深受暴政的迫害,但并没有单纯的感情用事,而能"超越自我",站在"究天人之际,通古今之变"的高度来评价法家,对他们的功过评价一般还是客观、公允的,这是一般封建文人所难达到的思想境界。拿苏轼与司马迁相比,苏轼受王安石新派那点打击又算得了什么? 然而号称豁达大度的苏轼,对历史上现实中的法家人物耿耿于怀,他在《东坡志林》卷五中谴责司马迁为商鞅等人摆功:"商鞅用于秦,变法定令,行之十年,秦民大悦,道不拾遗。山无盗贼,家给人足,民勇于公战,怯于私斗,秦人富强,天子致胙于孝公,诸侯毕贺。苏子曰:'此皆战国之游士邪说诡论,而司马迁暗于大道,取以为史。'"又说:"吾尝以为迁有大罪二……所谓大罪二,则论商鞅、桑弘羊之功也。自汉以来,学者耻言商鞅、桑弘羊,而世主独甘心焉,皆阳讳其名,而阴用其实,甚者则名实皆宗之,庶几其成功;此则司马迁之罪也。"苏轼指责司马迁为商鞅等法家人物摆功,一些人又指责司马迁对商鞅等法家人物批评过甚,各持一端。我们从而更看出司马迁对法家的评价是比较公允的,司马迁对商鞅等人赞扬,是赞扬其变革给社会带来的进步,司马迁对商鞅等人批评,是批评其严刑酷法给百姓带来的伤害。一事物包含着两个不同的方面,司马迁对法家的批评正表现了他的反暴政思想。

反暴政思想贯穿于《史记》之中,也是司马迁写作《史记》的强大精神动力,所以反暴政思想对《史记》有着重要的意义。年轻时的司马迁具有强烈的时代责任感,他以孔子的继承人自许,在《太史公自序》中写道:"先人有言:'自周公卒五百岁而有孔子,孔子卒后至于今五百岁,有能绍明世,正《易传》、继《春秋》,本《诗》、《书》、《礼》、《乐》之际?'意在斯乎!意在斯乎!小子何敢让焉。"但仅为自己有大名于后世,是不可能在今后险恶的环境中始终坚持《史记》写作的。受刑之后,他的肢体受到一次大摧残,思想却得到一次大解放,使他原有的反暴政思想得到进一步升华。他每日所思所想是将自己的愤怨表达出来,创作目的由原来的遵父命著《史记》,所谓"始于事亲,中于事君,终于立身。扬名于后世,以显父母"(《史记·太史公自序》),改变为用自己的笔去揭露、批判、反抗暴政,因而也认识到先哲们著述也是因受磨难受挫折,心怀郁愤,不吐不快,不得不为之:

> 七年而太史公遭李陵之祸,幽于缧绁。乃喟然而叹曰:"是余之罪也夫!是余之罪也夫!身毁不用矣。"退而深惟曰:"夫《诗》、《书》隐约者,欲遂其志之思也。昔西伯拘羑里,演《周易》;孔子厄陈、蔡,作《春秋》;屈原放逐,著《离骚》;左丘失明,厥有《国语》;孙子膑脚,而论兵法;不韦迁蜀,世传《吕览》;韩非囚秦,《说难》、《孤愤》;《诗》三百篇,大抵贤圣发愤之所为作也,此人皆意有所郁结,不得通其道也,故述往事,思来者。"(《史记·太史公自序》)

把自己的写作与反暴政联系起来,这是一次多么大的思想转变,又产生了多么大的创造力,除了生命止息,否则有什么力量能压制往这种著述欲望呢?

反暴政思想使得《史记》充满了强烈的正义感,促使司马迁以大无畏的精神来揭露历史上那些社会上层人物的暴虐,来歌颂历史上那些社会下层人物的反抗。司马迁以继承、弘扬孔子的著述事业为己任,他所理解的《春秋》中始终贯彻着反暴政的精神,他在回答壶遂"昔孔子何为而作《春秋》"的问题时说:"余闻董生曰:'周道衰废,孔子为鲁司寇,诸侯害之,大夫雍之。孔子知言之不用,道之不行也,是非二百四十二年之中,以为天下仪表,贬天子,退诸侯,讨大夫,以达王事而已矣。'……"(《史记·太史公自序》)董仲舒是否向司马迁说过以上的话,已难确考,即使说过,也不能排除司马迁对董仲舒的话有自己的理解,在向壶遂转述时,也不能排除司马迁有一定的发挥甚至加进自己的观点。在司马迁看来,孔子在周朝王道衰败废弛的情况下,主张得不到采纳,政见得不到实行,于是将春秋二百四十二年间所发生的是非善恶的大事写入《春秋》,作为天下人的准则,以此来贬抑昏庸无道的天子,斥退僭位越礼的诸侯,讨伐害国乱政的大夫,从而达到以仁义治天下的目的而已,司马迁把孔子当作一位反暴政的榜样来理解。实际上,孔子的《春秋》能做到"退诸侯,讨大夫",但难以做到"贬天子",所以《汉书》将"贬天子"改为"贬诸侯",基本符合《春秋》本意。孔子一心为封建统治的秩序"正名",他的《春秋》以此标准来"善善恶恶,贤贤贱不肖",其意在尊周天子,尊周王室。周天子即使昏庸,孔子也只能婉言微讽,甚至干脆替之"隐讳"。相比之下,司马迁的反暴政思想远比孔子要明确而强烈。司马迁借《春秋》"贬天子"来抒发自己反暴政的情绪,把批判的矛头直接对准当朝的汉武帝,可谓借他人之杯酒,浇自己胸中之垒块。

司马迁著《史记》,以鲜明的反暴政思想为全书的一个基本观点,来确定自己评价历史事件与历史人物的重要是非标准之一。对于那些大大小小的暴君,尽管他们是至高无上的天子,司马迁也勇敢地向他们投以严厉的批判锋芒,如夏桀王、殷纣王、周厉王、周幽王、秦始皇等。甚至连当代开国皇帝刘邦,虽不属暴君之列,但也时有暴行,司马迁在《佞幸列传》中也敢直言"高祖至暴抗也!"这需要多大的胆量! 没有对暴政的无比仇恨,没有视死如归的牺牲精神,谁敢说出这样的话? 对于那些奋力反抗暴政的人物,哪怕他们处于社会下层,司马迁也充分地肯定他们在历史上的功勋与作用,热情地歌颂他们的伟大举动与力量,在《史记》中给予他们应有的地位。《史记》鲜明的爱憎与大无畏精神在历史上是罕见的,因而受到不少统治者的嫉恨,《西京杂记》载:"司马迁作《景帝本纪》,极言其短,及武帝之过,帝怒,削而去之。"《后汉书·蔡邕传》引王允的话说:"昔武帝不杀司马迁,使作谤书,流于后世。"《三国志·王肃传》记载魏明帝仇恨司马迁,认为"司马迁以受刑之故,内怀隐切,非贬孝武,令人切齿。"从这些专权者对《史记》的作者司马迁的仇恨态度,进一步说明《史记》确实是战斗的檄文,是反暴政的战歌。中国的正史,多数连篇累牍地为统治者歌功颂德,对统治者,尤其是对最高统治者的暴行讳莫如深,司马迁以史著为武器,高举反暴政的旗帜,向暴政宣战,其思想不仅高于同时代的人,在他以后二千多年来的封建社会史家中也没有能超过他的人。

第三节 司马迁的著史动机

在汉之前的春秋战国及秦帝国,社会已经经历了一场旷日持久、翻天覆地的社会变革,变革的内容就是废除旧的封建领主制、建立新的封建地主制,剧烈的社会转型斗争,引起了社会关系及一切上层建筑与意识形态的巨大变化。在巨变中,新兴地主阶级登上了政治舞台,从普通的阶级成员热衷于功业和强烈的进取心,到秦始皇要创立超越历史上三皇五帝的帝国基业,都可以看出这个新兴阶级开拓性的眼光和创造性的力量。在巨变中,还产生了新的思想理论,涌现出新的理论的代表人物。这些新的理论的代表人物是新兴的士阶层中的饱学之士,其中儒、墨、道、法诸家学派,就是其中极有影响的优秀代表,他们随着士阶层的崛起而登上当时的意识形态的历史舞台。封建领主制的全面崩溃,使他们摆脱了宗法制的人身束缚,剧烈的社会转型斗争,使他们获得了施展才华的机会。他们一方面不自觉地背负着旧的历史传统,一方面又自觉地肩负起摧毁旧世界、建立新世界的神圣使命,面对着种种社会现象,他们都努力以自己的理论去反映和解释社会变革的现实,以自己的理论参与和推动社会的变革,显示出一种朝气蓬勃的积极向上的特征。他们都敢直面社会与人生,对于国家的兴衰成败、民生的疾苦、社会发展模式等重大社会问题,敢于发表独自的看法,常常对时弊政误提出批评或讽谏,以期统治者能改恶从善。特别是儒家,其代表人物孔子为封建地主阶级创立了一整套思想理论体系,儒家的普通成员大多具有"修身、齐家、治国、平天下"的抱负,积极入世,总是想通过参政,而施仁政于民,拯救大众于困苦之中,使国家通过治理而达到太平盛世。

这种新兴阶级的进取精神,是一种普遍的时代精神,至汉代,由于大一统帝国的确立和巩固,由于"罢黜百家,独尊儒术",儒家积极入世的意识更加深入人心,士阶层立功建业的思想更加发扬光大。司马迁父子都强烈地感受着这种时代精神,作为太史令的司马谈,他明白作为一名国家的史官,应与往昔的有识之士一样,一定要有关心国家与民族命运的情怀,才能以天下为己任。具体的体现就是能够继承孔子著《春秋》的伟业,在传布"明主贤君忠臣死义之士"事迹时,像孔子那样,"上明三王之道,下辨人事之纪,别嫌疑,明是非,定犹豫,善善恶恶,贤贤贱不肖",表明自己的褒贬态度与政治观点,以达到济世的目的。司马谈是很自负的,他曾为"自获麟以来四百有余岁,而诸侯相兼,史记放绝"而忧虑,他决心做一名孔子著史的继承者,当他不幸染病,即将离开人世之际,语重心长地嘱咐他的儿子司马迁:"先人有言:'自周公卒五百岁而有孔子。孔子卒后至于今五百岁,有能绍明世,正《易传》,继《春秋》,本《诗》、《书》、《礼》、《乐》之际?'意在斯乎!意在斯乎!"(以上均引自《史记·太史公自序》)希望自己的儿子能继父业,真正负担起继《春秋》的伟大事业来。父亲的言传身教及时代的开拓创新精神,深深地感染着司马迁,这可以从《史记》传记中对那些各项事业开创者的开拓精神的崇拜与讴歌中,清晰地看出司马迁的奋斗进取、追求功业的精神在其人生观中占据着核心地位,并成为他最大的人生追求。

同所有学子一样,司马迁自幼受到严格的封建家教,从小就开始接受封建传统的人生观教育,从小就立下以天下兴亡为己任的雄心壮志。儒家有一条处世原则:"达则兼济天下,穷则独善其身。"不论出处穷达,也不论济民修身,都是心系天下国家。即使暂时穷而不达，无济天下的机会，退而完善自己的人格，也可以为将来济天下蓄积力量，总之，哪个学子不是首先幻想着自己将来能"达则兼济天下"？

司马迁青少年时就夙兴夜寐，读万卷书；跋山涉水，行万里路，目的就是为了将来能"济天下"，具体的来说就是能够树立三不朽事业。所谓三不朽事业，就是他自己所说的"迁闻君子所贵乎道者三：太上立德，其次立功，其次立言。"（严可均校辑《全上古三代秦汉三国六朝文·全汉文》卷二十六《与挚伯陵书》）其中立德、立功而在政治上成功通达，一来为官予民以恩泽，二来有爵光宗耀祖，这是每个年轻学子首先追求的人生目标。司马迁年轻时，曾"绝宾客之知，亡室家之业，日夜思竭其不肖之才力，务一心营职，以求亲媚于主上"。（《报任安书》）说明司马迁涉足社会后，虽然遵照父亲的遗托，开始编著《史记》，但他还没有真正认识到做孔子著史继承者的重要性，孜孜追求的人生目标首先还是立德立功。这位欲积极用于世的志士，把这种理想看得高于自己的生命，他说："没世无闻，古人惟耻，朝闻夕死，孰云其否？"（《悲士不遇赋》）然而"事乃有大谬不然者"（《报任安书》），这位向上、诚实的热血士子却遇着一个专横、残忍的"主上"，"李陵事件"中不仅不能表白自己的拳拳之忠，而且被加上"诅贰师"、"诬上"之罪，入狱下蚕室，身毁不能用于世，使其"达则兼济天下"的理想瞬间彻底变为灰烬，这对于一个将立德立功的理想视为高于一切的人，无疑是一个毁灭性的打击。司马迁也曾想过自杀，但他在生与死的选择中又一次想到父亲临终前的嘱托：

余先周室之太史也。自上世尝显功名于虞夏，典天官事。后世中衰，绝于予乎？汝复为太史，则续吾祖矣。今天子接千岁之统，封泰山，而余不得从行，是命也夫，命也夫！余死，汝必为太史；为太史，无忘吾所欲论著矣！且夫孝始于事亲，中于事君，终于立身。扬名于后世，以显父母，此孝之大者。夫天下称诵周公，言其能论歌文、武之德，宣周、邵之风，达太王、王季之思虑，爰及公刘，以尊后稷也。幽、厉之后，王道缺，礼乐衰，孔子修旧起废，论《诗》、《书》，作《春秋》，则学者至今则之。自获麟以来四百有余岁，而诸侯相兼，史记放绝。今汉兴，海内一统，明主贤君忠臣死义

之士,余为太史而弗论载,废天下之史文,余甚惧焉,汝其念哉!(《史记·太史公自序》)

当司马迁经过生死决择之后,对父亲的遗言有了进一步的理解与体会。他"所以隐忍苟活,幽于粪土之中而不辞者,恨私心有所不尽,鄙陋没世而文采不表于后世也。"(《报任安书》)立德、立功的事业已毁灭,但立言事业还没泯灭,人生价值尚且存在,以自己的文采而求人生知己于天下后世,这是司马迁生命得以延续的根本原因,也是他置一切耻辱于度外的根本原因。

当司马迁将整个生命托之于立言不朽事业时,他对著述有了新的认识。这时在司马迁眼里,立言事业已不在立德、立功事业之下,一部传世之作的历史作用可与一场改天换地的大革命相媲美,他在《太史公自序》中说:"桀纣失其道而汤武作,周失其道而《春秋》作,秦失其政而陈涉发迹。"把《春秋》的写作比作一场革命,其眼力深刻而超人。《春秋》的写作确实是意识形态领域内的一场革命,它通过简略的记述春秋时期的大事,蕴含褒贬"义法",宣扬和维护王道,斥责"乱臣贼子",为后代制定了一部拨乱反正的大法,其影响巨大而深远。司马迁原以为遵父命续写"明主贤君忠臣死义之士",仅是完成未竟的中国文化工程,现在从对《春秋》的新认识,才意识到自己著史的重要性来。他决心继《春秋》之后再写出一部具有同样意义的史著来,这部史著不仅使《春秋》至今四百多年来历史无人记载的空白,得以填补,而且在记载时空上决心超越《春秋》,以一部前所未有的通史,为大一统的汉代以及后世提供治国安邦的经验教训,从而成为新时代所应遵循的大法,司马迁内心充满了自信与自负。他以孔子自励,以编著中国第二部"《春秋》"为自己崇高的理想,其历史的、民族的、时代的责任感是异常强烈的。他推己及人,发现古来著书立说的哲人与自己的处境十分相似,这是自己过去一直没有注意的一种重要社会现象,他在《报任安书》中说:

盖文王拘而演《周易》;仲尼厄而作《春秋》;屈原放逐,乃赋《离骚》;左丘失明,厥有《国语》;孙子膑脚,《兵法》修列;不韦迁蜀,世传《吕览》;韩非囚秦,《说难》、《孤愤》;《诗》三百篇,大抵圣贤发愤之所为作也。此

人皆意有郁结,不得通其道,故述往事,思来者,乃如左丘无目,孙子断足,
终不可用,退而论书策,以舒其愤,思垂空文以自见。

他不能解释何以形成这种奇特的社会现象,但如果传世之作的写作需要
作者的困顿落魄的遭际,那么面对自己的种种不幸,还有什么懊悔与愠色呢?
司马迁把几乎断送自己生命的腐刑,转化成为一个发愤完成《史记》的契机,
从发愤著书这一角度看,自己的不幸遭遇并非不是一件好事,没有这场灾祸,
自己还真难以具备与古代先哲一样的著述决心与毅力呢!他在《平原君虞卿
列传》中借赞虞卿以自明:"然虞卿非穷愁,亦不能著书以自见于后世云"。司
马迁的著述志向,给了他无坚不摧的巨大精神力量,使他系在缧绁之中而不沉
溺,幽于粪土之中而不辞,集全部心血来著书立说。他的《报任安书》,不足三
千字,却将自己忍辱苟活、著书自见的心志一泄无余,表现了作者处于被侮辱
被损害的地位之中仍坚持崇高的人生追求,在身残处秽之中仍保持着卓荦高
洁的人格,在一切绝望之中仍顽强地坚持着为民族书写历史的决心。

一部《史记》,字字浸透着司马迁的心血,篇篇能映出司马迁为民族文化
事业奉献一切的精神,而他的《报任安书》是一份供我们进一步认识他著史动
机的珍贵资料。司马迁的友人任安(字少卿),因巫蛊事件牵连而被系于狱
中,眼看临近腰斩死期,他写信向司马迁求救。司马迁在《报任安书》中委婉
地讲了自己人微言轻,倾吐了不能为友人伸冤解救的苦衷。司马迁自己既有
落难时"交游莫救,左右亲近不为一言"的隐痛,为何今见友人遭不测而不伸
出援救之手?想当初与李陵只是一般交往,李陵且有投敌变节行为,司马迁尚
敢站出来为李陵讲公道话,今日任安无辜受冤,司马迁竟婉言谢绝解救,虽
"人微"而"言轻",然人命关天,没有不相救之理。虽知不可为而为之,唯尽心
而已,这也是人之常情常理,为何能忍心见友人命在旦夕而不见义勇为?难道
司马迁因为李陵之祸受牵连,而泯灭了正义感?对于这个一般人疑惑难解之
处,清人包世臣在《艺舟双揖·复石赣州书》中有自己独到的见识,他认为司
马迁"与陵素非相善,尚力为引救,况少卿有许死之谊乎?实缘自被刑后所为
不死者,以《史记》未成之故。是史公之身乃《史记》之身,非史公所得自私。
史公可为少卿死,而《史记》必不能为少卿废也。"司马迁已将自己的一切许于

《史记》，他的生命只能为《史记》而奉献，若用于其他就是浅薄的"自私"。一般人只知"见义勇为"、"赴汤蹈火"、"视死如归"乃人生英勇壮举，有多少人能理解当时的作者弃小义忍大辱而著书自见的志向呢？所以司马迁在书信中多次喟叹："然此可为智者道，难为俗人言也。"司马迁之身乃属《史记》，他的生命只能为伟大的《史记》而奉献，不得自私于其他。为《史记》而生而死，这就是司马迁的生死价值观，他认为只有为此生才生得其所，只有为此死才死得其所，在《报任安书》中还有这样一句名言："人固有一死，或重于太山，或轻于鸿毛，用之所趋异也。"著述《史记》，有功于千秋万代人，著述成功，即便去死也重于泰山，为此著述事业，司马迁纵然九死而不悔，正是这一点，才是司马迁人品中最高尚之处。

司马迁具有历尽人间苦难而愈挫愈奋的超人志节，具有把人间一切痛苦都置之度外而将全部心身奉献于人类文化事业的崇高精神。为了写作《史记》可以牺牲一切，还有比此更强烈的创作欲望与信念吗？司马迁在《报任安书》中还说："草创未就，会遭此祸，惜其不成，是以就极刑而无愠色。仆诚以著此书，藏之名山，传之其人，通邑大都，则仆偿前辱之责，虽万被戮，岂有悔哉？"粉身碎骨都在所不辞，还有什么能遏止住他的著述信念呢？司马迁的著史动机来自其生死观，为了著史，为了继承孔子著《春秋》的伟业，写出一部传世之作，司马迁不管遭遇多么悲惨，处境多么险恶，都不消沉、不颓废、不麻木、不自弃，承受所有的痛苦和屈辱，排除一切干扰，全身心地投入著史之中，直至耗尽最后一滴心血，世上还有比这更强烈的著述动机吗？非如此，怎能产生出与日月争辉的巨著《史记》呢？

作者个人的不幸是令人同情的，但客观上常常带来民族文化的繁荣。司马迁的个人悲剧，形成了完成《史记》新的巨大的动力，并成为《史记》内容与风格的重大转折点。受刑后司马迁常有愤懑不平存于心，他由一己的痛苦而想到千百年来天下受害者的痛苦，由抒发一己之愤慨而推广到欲为天下受屈者鸣不平，由一己之写作感受体会到古来所有作者的心理，他认为世上真正的文化精品，皆是发愤之作，明确提出"发愤著书"的思想，成为中国古代重要的文学理论之一。正如张新科先生所说："司马迁的这一理论，在中国文论史上产生了深远影响。刘勰'蓄愤说',钟嵘'怨愤说',韩愈'不平则鸣',欧阳修'诗穷而后工',一直到晚清刘鹗'哭泣说',都是这一理论的伸延和发展。"①司马迁的思想得到这样的升华,于是他将刀锯余生的心力全部倾注于著述之上,以自己的著述实践又一次证实了发愤著书这一古代文化发展中的客观规律。

《史记》不是历史资料的汇编,它的编写是一次复杂的创造性的精神生产活动。从著述活动的过程来看,如果一个作者不把自己的认识表现出来诉诸于社会,那是一件很难受的事,因为这无疑等于扼杀了作者的人生追求与生命价值。作者的认识原本取之于社会生活,只有当它以新的精神产品再回到社会之中,并在社会中发挥巨大精神作用时,才算完成了作者著述的运动过程。明代李贽说:

> 且夫世之真能文者,比其初皆非有意于为文也。其胸中有如许无状可怪之事,其喉间有如许欲吐而不敢吐之物,其口头又时时有许多欲语而莫可所以告语之处,蓄极积久,势不能遏。一旦见景生情,触目兴叹;夺他人之酒杯,浇自己之垒块;诉心中之不平,感数奇于千载。既已喷玉唾珠,昭回云汉,为章于天矣。遂亦自负,发狂大叫,流涕恸哭,不能自止。宁使见者闻者切齿咬牙,欲杀欲割,而终不忍藏于名山,投之水火。(李贽《李氏焚书》卷三《杂说》)

李贽虽指的是一般写作诗、文的现象,但是对于司马迁著史同样适用,如果不把《史记》变成社会精神产品,司马迁那是死不瞑目的。这种不达目的绝不罢休的精神是司马迁完成伟大著述的强大推动力,这既是由他的人生追求所决定的,也是由著述的社会本质所决定的。

编写历史著作,是一件复杂而巨大的"精神生产工程",司马迁曾这样评价孔子的《春秋》:

---

① 张新科:《史记学概论》,商务印书馆 2003 年版,第 226－227 页。关于司马迁"发愤著书"说,还可参见傅昭生《试论司马迁的发愤著书说》,《汉宁师院学报》,1983 年第 1 期。顾植、王晓枫《司马迁"发愤著书"说浅论》,《山西大学学报》,1992 年第 1 期。

夫《春秋》,上明三王之道,下辨人事之纪,别嫌疑,明是非,定犹豫,善善恶恶,贤贤贱不肖,存亡国,继绝世,补敝起废,王道之大者也。《易》著天地阴阳四时五行,故长于变;《礼》经纪人伦,故长于行;《书》记先王之事,故长于政;《诗》记山川溪谷禽兽草木牝牡雌雄,故长于风;《乐》乐所以立,故长于和;《春秋》辨是非,故长于治人。是故《礼》以节人,《乐》以发和,《书》以道事,《诗》以达意,《易》以道化,《春秋》以道义。拨乱世反之正,莫近于《春秋》。《春秋》文成数万,其指数千。万物之聚散皆在《春秋》。(《太史公自序》)

《春秋》有近一万七千字,记事上起鲁隐公元年(前722),下止鲁哀公十四年(前481),共242年,然而在这不足二万字的史著中,记下了春秋时期"弑君三十六,亡国五十二,诸侯奔走不得保其社稷者不可胜数"的历史,世事纷纭,无所不包,清毛奇龄的《春秋毛氏传》将《春秋》所记之事分为二十二类:改元、即位、生子、立君、朝聘、盟会、侵伐、迁灭、昏觐、享唁、丧期、祭祀、搜狩、兴作、甲兵、田赋、丰凶、灾祥、出国、入国、盗弑、刑戮,难怪司马迁说:"《春秋》文成数万,其指数千。万物之聚散皆在《春秋》。"这需要作者孔子掌握多少社会知识? 熟悉多少社会情况? 收集多少有关资料?

与《春秋》相比,《史记》以五十二万六千多字的篇幅,书写中国大约三千多年的方方面面的史实,不论从内容上或规模上,又比《春秋》不知丰富或扩大了多少倍! 司马迁生活于西汉武帝盛世,政治上的大一统,经济上的繁荣昌盛,文化上的开放发达,使他具备了前人所未能达到的视野与认识,他将几千年中华民族的历史视为一个各个时期互相联系着的整体发展过程,他要"原始察终,见盛观衰",在理清"古今之变"的基础上,"稽其成败兴坏之理",找出推动历史变化的真正动力。司马迁为了达到这一目的,他把中华民族全部的发展历史作为自己研究的范围,把全部民族历史中社会生活的各个方面作为自己表述的内容,从时间与空间上,都是前无古人的。为了容纳如此丰富的史书内容,他舍弃了如同《春秋》那样的编年体例,创造出新的纪传史体,结构复杂、规模宏大,也是前无古人的,《史记》的写作可以说是破天荒的创举。

《春秋》尚且包罗种种社会现象,而《史记》内容之丰富就更不言而喻了,可以说社会万象无所不有，世态人情无所不容。在《史记》中，详细地记载了从黄帝到汉武帝三千多年的社会变故，包含有政治、经济、文化、军事、科技、交通、天文、地理、民族、赋税、民俗、宗教等内容，几乎涉及到了社会科学、自然科学等领域的所有知识，可以说《史记》是一部古代中华民族三千年的百科全书。更可贵的是司马迁并不是简单地排列史料，在《史记》中鲜明地体现了作者的创新意识，作者评品历史事件与历史人物往往超越众家陈旧观念，在体制与写作上也能创新求变自成一体，充分地表现出司马迁丰富的学力、敏锐的观察判断力以及把对历史的认识化为形象表述的能力，这些能力的具备无不与司马迁的强烈的著史动机相联系。

有强烈的著史动机才会有巨大的精神生产动力，有精神生产动力才不畏艰难，才有魄力敢于览尽天下的书籍，具备无比广泛、坚实的知识基础，承担起百科全书式的史著撰写。郑樵在《通志·总叙》中说："仲尼既没，百家诸子兴焉，各效《论语》，以空言著书，至于历代实迹无所记系。迨汉建元、元封之后，司马迁父子出焉。司马氏世司典籍，工于制作，故能上稽仲尼之意，会《诗》、《书》、《左传》、《国语》、《世本》、《战国策》、《楚汉春秋》之言，通黄帝、尧、舜至于秦汉之世，勒成一书。"所谓百家诸子空言著书，指其借鉴典籍较少，发己论较多，相比之下，司马迁博取群书，涉猎广泛，所引资料富赡翔实，为百家诸子所不及，就是《春秋》与之相比也大为逊色。司马迁在《太史公自序》中自称要"厥协六经异传，整齐百家之语"，他清楚欲在学术上自成一家，必须以吸取前人全部文化精华为前提，必须首先聚天下书籍而融会贯通。司马迁很好地利用了"天下遗文古事靡不毕集太史公"的条件，继承前人丰富的文化遗产，博采众长，造就了博大精深的文化修养功底，有了这个雄厚的功底，司马迁才将《史记》构筑成一个集汉初及汉前中华几千年文化之大成的精神宝库。

在集中华几千年文化之大成的基础上，司马迁又为中华民族献出了自己独创性的精神成果，《史记》的价值主要就体现在这里。司马迁除了广泛吸收现存书籍资料的精神营养外，还从更广阔的社会生活中得到了方方面面的知识。社会交往、实地考察、生活感受、遭际体会，又进一步激发与增强了他对传统文化的感受力和吸收力。司马迁广泛地吸收书本中和生活中的知识，就是为了形成自己的"一家之言",他清楚没有博取就没有创新,没有继承就没有发展。司马迁有因有革,知通而求变,精通众家之说,又不蹈常袭故,勇于另辟蹊径,他首先站在了中国文化巨人的肩上,又通过开拓性的创新使自己高于往昔的文化巨人,最终成为集先秦至汉初文化之大成者。司马迁并非是天生的"奇才",他著述事业上的成功,有着多方面的主、客观原因,其中强烈而不可抑制的著史动机,是其圆满地完成中国伟大的历史名著《史记》撰写的重要原因之一。

第三章 《史记》的体例及
叙述历史的方法

　　司马迁要生动地反映从黄帝到汉代武帝时期三千年中华民族的发展史，首先要找到一个适当的载体，即合适的组织结构与叙述历史的有效表现形式。很显然，过去那种单纯的记言体和以时系事的编年体已无法适应新的内容的要求，他必须创造一种适合表现新内容的形式，然而创造适应一定思想内容的形式是一件十分艰巨的工作，有时需要多少代人的长期积累和共同探索。司马迁把"究天人之际，通古今之变，成一家之言"作为自己写作《史记》的宗旨与目的，这里的"成一家之言"，不仅指思想上高于众史家，也不仅指内容上丰富于众史著，而且还指在史著形式上优于众体例。他在对先秦史著旧形式吸收、改造的基础上，在对中国历史社会变革特点的深刻认识和全面把握中，将纷繁复杂的历史现象进行归类排比，找到了本纪、表、书、世家、列传五体合一的形式。郑樵称许司马迁"上稽仲尼之意，会《诗》、《书》、《左传》、《国语》、《世本》、《战国策》、《楚汉春秋》之言，通黄帝、尧、舜至于秦、汉之世，勒成一书，分为五体"（《通志总序》)，这五种形式既有区别又有联系，又以本纪、世家、列传人物传记为重点，首创了以人物为中心的纪传新体例，这种纪传新体例既可以展示一系列历史人物形象，又可以表现中国历史演变的过程，还可以表达作者的思想感情，求得社会发展的客观规律，表现出巨大而丰富的创造性。

第一节 《史记》的体例

关于《史记》的体例，司马迁在《太史公自序》中作了简要概括：

> 罔罗天下放失旧闻，王迹所兴，原始察终，见盛观衰，论考之行事，略推三代，录秦汉，上记轩辕，下至于兹，著十二本纪，既科条之矣。并时异世，年差不明，作十表。礼乐损益，律历改易，兵权山川鬼神，天人之际，承敝通变，作八书。二十八宿环北辰，三十辐共一毂，运行无穷，辅拂股肱之臣配焉，忠信行道，以奉主上，作三十世家。扶义俶傥，不令已失时，立功名于天下，作七十列传。

从这段话中，我们确知《史记》在司马迁手中已全部完成，尽管还需要作进一步的修改，但规模与篇幅已经确定。至于有缺，那是后人遗失的问题了。《史记》由五个部分组成，包括本纪十二篇、表十篇、书八篇、世家三十篇和列传七十篇。各体何以取如此篇数？唐人张守节《论史例》中说：

> 作《本纪》十二，象岁十二月也。作《表》十，象天之刚柔十日，以记封建三代终始也。作《书》八，象一岁八节，以记天地日月山川礼乐也。作《世家》三十，象一月三十日，三十辐共一毂，以记世禄之家辅弼股肱之臣忠孝得失也。作《列传》七十，象一行七十二日，言七十者举全数也，余二日象闰余也，以记王侯将相英贤略立功名于天下，可序列也，合百三十篇，象一岁十二月及闰余也。而太史公作此五品，废一不可，以统理天地，劝奖箴诫，为后世之楷模也。

张守节所讲并不依据司马迁的《太史公自序》，是否完全符合司马迁的本意？不必刻意去求证，张守节至少说明《史记》的体例与历法有关。古代的历史是历与史的结合，以岁时历法统以史实，是古代天道观的一种体现，从这点来看，张守节所讲大致不错，说明司马迁把五种体例做统一筹划，构成一个历与史密切配合的系统。作者"略推三代，录秦汉，上记轩辕，下至于兹，"记有五帝、夏、殷、周、秦、秦始皇、项羽、高祖、吕太后、孝文、孝景、孝武，成本纪十二篇。

据作者言,他是在搜集天下散失的文献,对帝王事业兴亡规律探究的基础上,依据事实而编撰出这十二篇本纪来的。不论这"十二"纪是否对应一岁十二月之数,司马迁确实要以十二纪概括中华民族从古至今的兴衰历史。司马迁把从黄帝至今(汉武帝时期)的历史划分为三个大阶段:五帝、夏、殷、周四纪为上古阶段;秦、秦始皇、项羽三纪为近古阶段;高祖、吕太后、孝文、孝景、孝武五纪为今世阶段。各纪以帝王或帝王式的人物为中心,叙述不同历史时期的国家大事,通过对十二个历史时期历史事件的"原始察终",来探索历史演变的前因后果,通过"见盛观衰",来探索历史发展的现象与实质。因此本纪是作者表述历史发展的纲领,是全书的主旨,是最能实现作者"究天人之际,通古今之变"的形式。本纪虽以人物为中心,但叙事以时间为线索,形式有编年体史籍的特点。

另一以严格时间顺序为线索的形式是表,因侯国同时并存,不同世家传嗣,年代交叉,不易明辨,非列表不能明了。司马迁的十表将错综复杂、千头万绪的历史事件变迁及人事嬗变以表格的形式,简明扼要地提示出来,以少数的文字表示丰富的内容,确实是一大创造。刘知几说:"观太史公之创表也,于帝王则叙其子孙,于公侯则纪其年月,列行萦纡以相属,编字戢香而相排。虽燕、越万里,而于径寸之内犬牙可接;虽昭穆九代,而于方尺之中雁行有叙,使读者阅文便睹,举目可详,此其所以为快也。"(《史通·杂说上》)现代学者认为:"司马迁作十表,用以反映历史发展的线索和阶段性,建立了古代的年代学理论,最有章法义例。"①

表之前一般有序,简明地提示表的主旨,对表中所示的整个历史进程进行概括评价,是表的精华部分,起到了画龙点睛的作用。表则将历史发展线索,清晰地显示出来。表分三种,世表:列三代世系;月表:列秦楚之际事变;年表最多,有十二诸侯、六国、汉兴以来诸侯王、高祖功臣侯者、惠景间侯者、建元以来侯者、建元以来王子侯者、汉兴以来将相名臣等年表。清人潘永季《读史记

---

① 张大可、肖黎:《〈史记〉体例研究》,中国秦汉史研究会编:《秦汉史论丛》(第二辑),陕西人民出版社 1983 年版,第 259 页。

札记》中说:"《世表》表世,《年表》表年,《月表》表月。就中体制又有三种:《世表》自为一例;《十二诸侯》、《六国》、《汉兴以来诸侯》、《将相名臣》四年表及《月表》为一例;《功臣侯》、《王子侯》四年表为一例。《十二诸侯》、《六国》、《汉兴诸侯年表》以年为经,国为纬;《月表》以月为经,国为纬;《将相名臣年表》为五格,首创纪年为经,次四格:曰大事纪,曰相位,曰将位,曰御史大夫位,旁行为纬。"

用古今三阶段来划分各表,《三代世表》与《十二诸侯年表》属上古阶段;《六国年表》与《秦楚之际月表》属近古阶段;其余六表,即《汉兴以来诸侯王年表》、《高祖功臣侯者年表》、《惠景间侯者年表》、《建元以来侯者年表》、《建元已来王子侯者年表》与《汉兴以来将相名臣年表》都属今世阶段。

《三代世表》起于黄帝,至西周共和止。清人李晚芳《读史管见》卷一《三代世表序》言:"序三代而以五帝陪起,盖三代皆出五帝也。通篇以阙疑慎传为骨,以孔子论次为宗,以殷以前之略,陪起周以来之详。夫子所弗论者,固不敢妄增,即经夫子所序,亦阙则从阙,不失及见阙文之意。迄于共和,仍以五帝带结。"《三代世表》列帝王世次,实为确立中华血缘系统。《十二诸侯年表》起于共和西周行政元年(前841),止于秦厉共公元年(前476),即孔子卒后第三年,所以司马迁在《十二诸侯年表》序中说:"于是谱十二诸侯,自共和讫孔子,表见《春秋》、《国语》学者所讥盛衰大指著于篇,为成学治古文者要删焉。"从司马迁的序语中可知,《十二诸侯年表》主要想以表格的方式,简明表现周王室王权衰落的情况,特别是把研究《春秋》、《国语》的学者们所探究的社会盛衰要旨表述出来。

《六国年表》起于周元王元年(前475),止于秦子婴被诛(前207),属战国与秦帝国时期,表称六国,列八格,周已名存实亡,实为七雄,表详于秦,述六国为秦所并,又述强秦速亡,秦以暴力而吞并天下,又以暴力而失天下,其功是何? 其过是何? 表客观地显示了这一时代大问题。司马迁在《六国年表》序中说:"秦取天下多暴,然世异变,成功大。传曰'法后王',何也? 以其近己而俗变相类,议卑而易行也。学者牵于所闻,见秦在帝位日浅,不察其终始,因举而笑之,不敢道,此与以耳食无异,悲夫!"司马迁认真考察秦国发展的始终,对其取天下又失天下的原因及其历史功过有了自己不同于当时儒家学者的见识。《秦楚之际月表》起于陈涉起义（前209），止于汉刘邦称帝（前201），以月叙反秦至大汉建立八年间的社会剧变。司马迁在《秦楚之际月表》序中讲："初作难，发于陈涉；虐戾灭秦，自项氏；拨乱诛暴，平定海内，卒践帝祚，成于汉家。"八年巨变中，以政治中心人物三次更换，理清了天下大势发展的脉络，汉虽终得天下，然而陈涉、项羽的功劳亦不可磨灭。

《汉兴以来诸侯王年表》、《高祖功臣侯者年表》、《惠景间侯者年表》、《建元以来侯者年表》、《建元已来王子侯者年表》与《汉兴以来将相名臣年表》，共六表，最早起于汉高祖元年（前206），最晚止于汉成帝鸿嘉元年（前20），显然有后人的补记，根据司马迁《太史公自序》与《汉兴以来诸侯王年表》，司马迁作六表，仅止于汉武帝太初四年（前101）。这些表中，《汉兴以来诸侯王年表》以年月为经，以国为纬，司马迁在本表序中说："臣迁谨记高祖以来至太初诸侯，谱其下益损之时，令后世得览。形势虽强，要之以仁义为本。"汉初沿袭周朝分封制，大封同姓、异姓王，于是诸侯坐大，中央权力削弱，后来对诸侯力量进行化解抑制，才巩固了中央统一政权。通过此表，汉代封建制度的利害得失一目了然。《高祖功臣侯者年表》、《惠景间侯者年表》、《建元以来侯者年表》、《建元已来王子侯者年表》四表，都以国为经，以年为纬，与前面所述的列表的形式正好相反。四表列汉兴百余年功臣、诸侯、王子的各自废立、变迁，其演变的趋势，在《高祖功臣侯者年表》序中已讲明白："汉兴，功臣受封者百有余人。天下初定，故大城名都散亡，户口可得而数者十二三，是以大侯不过万家，小者五六百户。后数世，民咸归乡里，户益息，萧、曹、绛、灌之属或至四万，小侯自倍，富厚如之。子孙骄溢，忘其先，淫嬖。至太初百年之间，见侯五，余皆坐法陨命亡国，耗矣。"功臣、诸侯、王子势力的不断削弱与铲除，不仅因功臣、诸侯、王子的"骄溢"而受到惩治，同时也是汉皇有意加强中央集权的一种手段，从四表中完全可见汉兴百余年统治者治国方略的变化。《汉兴以来将相名臣年表》列表无序文，这在《史记》中是少有的。此表以大事为主，以年为经，以人为纬，人为三类：相位一类、将位一类、御史大夫位一类，宋人王应麟《玉海》卷四九《汉大事记》中说："史迁既易编年为纪传，而《将相名臣年表》

之作,复以汉兴以来大事为之记,盖以存《春秋》之法也。"此表既是大事记,可与本纪互为照应。

十表各以列表的形式,显示了某一历史阶段中华民族演变的历史与特点,各表在时间上虽有交叉,但内容各有侧重,各表既有独立性,又有联系性,合起来,从三代至汉武帝三千多年,纷纭繁杂的历史事件,除疑阙者外,其余都用表的形式,在准确的年月时间的顺序中排列得有条不紊,既简明又扼要,三千多年在历史上有影响的政治上层人物囊括殆尽,弥补了《史记》人物传记不能尽载历史重要人物的缺陷。另外,除了《汉兴以来将相名臣年表》无序文外,各表前都有序文,长者上千字,《建元已来王子侯者年表》序文最短,仅有数十字:"制诏御史:'诸侯王或欲推私恩分子弟邑者,令各条上,朕且临定其号名。'太史公曰:'盛哉,天子之德! 一人有庆,天下赖之。'"建元乃汉武帝即帝位初的年号,武帝颁布"推恩令",是采取了主父偃的建议。《史记·平津侯主父列传》载录了主父偃的建议:"古者诸侯不过百里,强弱之形易制。今诸侯或连城数十,地方千里,缓则骄奢易为淫乱,急则阻其强而合从以逆京师。今以法割削之,则逆节萌起,前日晁错是也。今诸侯弟子或十数,而嫡嗣代立,余虽骨肉,无尺寸地封,则仁孝之道不宣。愿陛下令诸侯得推恩分子弟,以地侯之。彼人人喜得所愿,上以德施,实分其国,不削而稍弱矣。"司马迁大赞天子"盛德",即赞天子推行的"推私恩"法。推恩即使侯王多封子弟为侯,既使侯王这个层面废除嫡长制,又使王国封地越来越小,割据势力越来越弱,对中央形不成政治威胁。司马迁列此表,意在表彰"推恩令"的盛德,真是一人(天子)有善行,天下人都受其恩泽,不独那些所封的侯王子弟。各表的序文,概述了列表所示历史阶段的特点,表明作者对这一历史阶段的基本认识与评价,甚至指出了列表的目的。序文和列表形成互为补充、互为配合,成为列表不可缺少的组成部分。

如果说表以年月时间为经,那么书则全以事为纲,或者说以典章制度为纲。今本《史记》的八书为:《礼书》、《乐书》、《律书》、《历书》、《天官书》、《封禅书》、《河渠书》、《平准书》,唐代司马贞在《补史记序》中说:"八书有八篇,法天地之八节。"今八书题名与司马迁在《太史公自序》中所言略有出入,《太史公自序》中说"礼乐损益,律历改易,兵权山川鬼神,天人之际,承敝通变,作八书。"说明作者因礼乐增损、律历改动、兵法谋划、天地鬼神祭祀,为观事知变,才作书八篇。据唐代司马贞《史记索隐》案:"兵权即《兵书》也,迁没之后,亡。褚少孙以《律书》补之,今《律书》亦略言兵也。""山川",即指《河渠书》,"鬼神"即指《封禅书》,"礼乐损益,律历改易"指《礼书》、《乐书》、《历书》,"天人之际"指《天官书》,"承敝通变"指《平准书》。

八书首篇为《礼书》,对礼制的作用进行阐述的专文。《汉书·司马迁传》张晏注:《礼书》亡佚,张守节《正义》注:"此书是褚先生取荀卿《礼论》兼为之"。《礼书》记载了三代至汉武帝礼制从内容到形式的增损变化,强调了礼治的重大意义。认为礼是"治辨之极也,强固之本也,威行之道也,功名之总也。王公由之,所以一天下,臣诸侯也。弗由之,所以捐社稷也。"(《礼书》)就是说:礼是人际关系的最高准则,是国家强盛巩固的根本,权威施行的途径,立功成名的集中体现,帝王三公遵循它,天下便可一统,使诸侯臣服,否则就要丧失政权,断送国家。作者把礼视为治理国家的头等大事,当然要把《礼书》放在八书之首。在《礼书》中阐明了礼的增损变化的趋势与变化的依据,这就是礼须随时势而变,其变的根据全在近人情、通王道。

第二篇为《乐书》,据梁玉绳《史记志疑》考证,《史记》中的《乐书》全佚,是后人取《乐记》部分文字连缀而成。《乐记》论述音乐的起源、美感和社会作用,阐述音乐与礼的关系,强调音乐的教化作用等。第三篇为《律书》,是论述军事方面的专文。律本指音律,古时军队行动皆听律声指挥,有似后世的军号,所以《律书》就是指《兵书》。《律书》还包括乐律、星象、气象等内容,实际上这些也与军事有关。第四篇为《历书》,记述历法的专文。据《史记志疑》考证,《史记》的《历书》后残缺不全,本文大体是它的前言部分,其中还有许多窜乱的地方。第五篇为《天官书》,记述天文学的专文。古代天文学家把天际众星划分为五大区域,下面再分为三垣、二十八宿,认为天上的众星,如同人间的官吏一样,都有尊卑隶属的关系,所以称为天官。崔适《史记探源》认为本篇是后人从《汉书·天文志》截取来的,其中杂有占星、望气、候岁之类的占卜术,思想倾向与语言风格也不像司马迁的其他著述。第六篇为《封禅书》,是记述从舜至汉武帝历代有关封禅制度的专文。古代帝王宣扬自己承受天命，每逢盛世，便亲临泰山祭祀天地，并把这种祭天地的典礼视为国家大典。在泰山上筑土为坛祭天之功，叫做"封"；在泰山下梁父山上辟场祭地之功。叫做"禅"，合称封禅。封禅本是异常隆重的大典，然作者将秦始皇与汉武帝的封禅故意写得有点晦气："始皇之上泰山，中阪遇暴风雨，休于大树下。诸儒生既绌，不得与用于封事之礼，闻始皇遇风雨，则讥之。""天子（汉武帝）既已封泰山，无风雨灾，而方士更言蓬莱诸神若将可得，于是上欣然庶几遇之，乃复东至海上望，冀遇蓬莱焉。奉车子侯暴病，一日死。"对他们大搞迷信活动深含嘲讽之意。第七篇为《河渠书》，主要记述黄河的泛滥成灾与治理水患以及发展水利灌溉事业，所以称《河渠书》。本篇记述了从夏禹到汉武帝时期水利事业的发展历史，是继《禹贡》之后的又一篇水利史专文。

八书末篇的《平准书》，是我国最早的经济史专文，是八书中最有价值的部分。叙述汉初到武帝期间国家财政经济的发展历史，阐述这一时期经济政策的变动与得失。司马迁将经济的发展与国家的兴衰治乱结合起来，肯定了民众正常物质需求的合理性，试图从经济方面探索社会分工及道德产生的根源，批判了儒家言义而不言利的理论，体现了司马迁朴素的唯物史观。班固批评司马迁"述货殖则崇势利而羞贫贱"（《汉书·司马迁传》），从反面证实了司马迁的认识高于时代一般人的特点。在《平准》中，作者还抓住了当时社会经济问题的要害，着重说明货币制度的变动、商品流通、物价的均输、平准和盐铁专卖等政策，不仅揭示了当时社会经济发展的特点，也揭露了封建统治阶级对人民的经济剥削与掠夺。如关于盐专卖的记载就比较详细，班固《汉书·食货志》只是重复司马迁的记载，并无什么超越。日本学者影山刚著文说：

　　对盐专卖制的施行经过及其内容有比较集中记录的，是《史记·平准书》所载的盐铁丞孔仅、东郭咸阳就施行专卖制的上言记事，其全文如下：

　　大农上盐铁丞孔仅、咸阳言："山海，天地之藏也，皆宜属少府，陛下不私，以属大农佐赋。原募民自给费，因官器作；煮盐，官与牢盆。浮食奇民欲擅管山海之货，以致富羡，役利细民。其沮事之议，不可胜听。敢私铸铁器煮盐者,釱左趾,没入其器物。郡不出铁者,置小铁官,便属在所县。"使孔仅、东郭咸阳乘传举行天下盐铁,作官府,除故盐铁家富者为吏。吏道益杂,不选,而多贾人矣。

《汉书·食货志》下对此事的记载,与《史记·平准书》的记载差不多相同。①……前引《平准书》的记事,是对盐专卖制内容考察、特别是制度史考察方面,能给予最重要线索的史料。②

八书各篇,结构大致相仿,以极简约的文字概括、说明了礼乐、法律、军事、历法、天文、水利、地理、祭祀、经济、财政等典章制度和社会现象,对治国的重大意义,叙述了典章制度沿革和社会各个方面现象演变的过程。八书的主旨及其写作的意义,在《太史公自序》中讲得更为简明:

维三代之礼,所损益各殊务,然要以近情性,通王道,故礼因人质为之节文,略协古今之变。作《礼书》第一。

乐者,所以移风易俗也。自《雅》、《颂》声兴,则已好《郑》、《卫》之音,《郑》、《卫》之音所从来久矣。人情之所感,远俗则怀。比《乐书》以述来古,作《乐书》第二。

非兵不强,非德不昌,黄帝、汤、武以兴,桀、纣、二世以崩,可不慎欤?《司马法》所从来尚矣,太公、孙、吴、王子能绍而明之,切近世,极人变。作《律书》第三。

律居阴而治阳,历居阳而治阴,律历更相治,间不容翲忽。五家之文怫异,维太初之元论。作《历书》第四。

---

① 《汉书·食货志》下有这样的记载:"山海,天地之藏,宜属少府,陛下弗私,以属大农佐赋。愿募民自给费,因官器作;鬻盐,官与牢盆。浮食奇民欲擅斡山海之货,以致富羡,役利细民。其沮事之议,不可胜听。敢私铸铁器、鬻盐者,釱左趾,没入其器物。郡不出铁者,置小铁官,使属在所县。使仅、咸阳乘传举行天下盐、铁,作官府,除故盐、铁家富者为吏。吏益多贾人矣。"《食货志》里"天地之藏"下无"也"字,《平准书》中的"不私"作"弗私","煮盐"作"鬻盐","便属"作"使属","使孔仅、东郭咸阳"作"使仅、咸阳","管"字作"斡"字。而且,最末《平准书》的"吏道益杂,不选而"的"道"字以下,《食货志》中给省略了。(原作者注)

② [日本]影山刚:《西汉的盐铁专卖制》,黄金山译,《日本学者研究中国史论著选译》(第三卷),中华书局1993年版,第413—414页。

星气之书，多杂禨祥，不经；推其文，考其应，不殊。比集论其行事，验于轨度以次，作《天官书》第五。

受命而王，封禅之符罕用，用则万灵罔不禋祀。追本诸神名山大川礼，作《封禅书》第六。

维禹浚川，九州攸宁，爰及宣防，决渎通沟。作《河渠书》第七。

维币之行，以通农商；其极则玩巧，并兼兹殖，争于机利，去本趋末。作《平准书》以观事变，第八。

八书通过对政治、经济、文化、军事等社会方面的现象演变的阐述，要达到"通古今之变"的目的，即探求"礼乐损益"之原故，"律历改易"之规律，"兵权山川鬼神"之奥妙，"天人之际"之真谛，等等，从而由知变而达到把握其变，进而以古鉴今，对未来事物的发展有所预知，知其所趋，也知其所避。这样，八书就具有了专门史的性质。

世家三十篇，从西周记起，直至作者所处的汉朝，分别为吴太伯、齐太公、鲁周公、燕召公、管蔡、陈杞、卫康叔、宋微子、晋、楚、越王勾践、郑、赵、魏、韩、田敬仲完、孔子、陈涉、外戚、楚元王、荆燕、齐悼惠王、萧相国、曹相国、留侯、陈丞相、绛侯周勃、梁孝王、五宗、三王诸世家。多数为西周、战国和汉代人，少数为春秋与秦汉之际人。作者司马迁言："二十八宿环北辰，三十辐共一毂，运行无穷，辅拂股肱之臣配焉，忠信行道，以奉主上，作三十世家。"（《太史公自序》）说明了世家所列人物的身份与历史作用，他们对于君主或国家来说，是"辅拂股肱之臣"，以自己的"忠信行道"服务于君主或国家，就像众星共环绕着北斗星，又像众辐条聚合于车轴，是辅佐君王的重臣或安邦兴国的栋梁之材。如果说通过本纪可见天下兴亡大势，那么通过世家可见地方变迁及地方与中央的关系。如果说《史记》以本纪为纲，那么世家则是本纪的补充或进一步阐发。

列传所收，都是"扶义俶傥"之人，只要"不令己失时，立功名于天下"（《太史公自序》），都可入传。列传七十篇，除了伯夷、叔齐之外，收录了从春秋以来至汉在各个领域建功立业者的事迹，这里面有春秋至汉之前历代的重要人物：管晏、老子韩非、司马穰苴、孙子吴起、伍子胥、仲尼弟子、商君、苏秦、张仪、樗里子甘茂、穰侯、白起王翦、孟子荀卿、孟尝君、平原君虞卿、魏公子、春申君、范雎蔡泽、乐毅、廉颇蔺相如、田单、鲁仲连邹阳、吕不韦、李斯、蒙恬。有汉朝的重要人物：张耳陈馀、魏豹彭越、黥布、淮阴侯、韩信卢绾、田儋、樊郦滕灌、张丞相、郦生陆贾、傅靳蒯成、刘敬叔孙通、季布栾布、袁盎晁错、张释之冯唐、万石张叔、田叔、吴王濞、魏其武安侯、韩长孺、李将军、卫将军骠骑、平津侯主父、司马相如、淮南衡山、汲郑。《屈原贾生列传》与《扁鹊仓公列传》较特别，同一篇传中，收容了汉之前与汉朝二个不同时代的人物。列传中还有以少数民族排列的人物，如《匈奴列传》、《南越列传》、《东越列传》、《朝鲜列传》、《西南夷列传》、《大宛列传》。还有以相同职业又相近品格排列的人物，如《刺客列传》、《循吏列传》、《儒林列传》、《酷吏列传》、《游侠列传》、《佞幸列传》、《滑稽列传》、《日者列传》、《龟策列传》、《货殖列传》，《史记》最后一篇为《太史公自序》，其中有讲述作者身世的文字，可视为作者的自传。列传又是本纪、世家的补充或进一步阐发。

　　《史记》五部分体例，形成三种特点，本纪、世家、列传以人物为中心，表以时间为序，书以专事为纲，既有各自的独立性，又互为补充照应，构成一个有机的综合体。只有这种"五体合一"的形式，才能完成以下的史学任务：即反映从黄帝到汉武帝三千多年漫长的中国历史，反映整个中国及周边邻邦广阔区域的历史，反映上至王侯相将下至平民百姓的各阶级各阶层的历史，反映政治、经济、文化、军事、科技、民族、宗教等各领域的历史。这的体例是前所未有的，前所未有的史学视野，前所未有的丰富内容，前所未有的著述规模，前所未有的严密体系，前所未有的合理结构。如果沿袭传统的记言体如《尚书》的体例，则史的时间线索就会不清晰；如果沿袭传统的国别史如《国语》、《战国策》的体例，则无法容纳生民以来中华民族政治、经济、文化等方面的全部历史；如果沿袭传统的编年史如《春秋》、《左传》的体例，则无法确定时间的人物或事件便不好编排，何况有的还是本来就难以编年来编排的典章制度。《史记》的五部分体例，严格说那一种体例都可以在传统的史学体例中找到它的雏形，王利器先生在《太史公书管窥》一文中指出：

　　《史记·大宛传》："太史公曰：'《禹本纪》言河出昆仑云云。'"《卫世家》："太史公曰:'余读《世家》言云云。'"则在《太史公书》之前,已有本纪、世家二种体裁矣。……然则《史记》之《本纪》、《世家》实取则于《世本》也。至于徐广所引《魏公子传》,此盖亦《世本》之文。《史记·魏世家》:"桓子之孙曰文都侯。"《集解》:"徐广曰:'《世本》曰斯也。'"《索隐》云:"《系本》云:'桓子生文侯斯耳。'其《传》云:……"是《世本》有传,从可知也。……赵翼《二十二史札记》曰:"《史记》作十表,昉于周之谱牒,与纪传相为出入。"沈涛《铜熨斗斋随笔》曰:"表犹言谱,表谱一声之转。"今按:赵、沈之说皆是也。《梁书·刘杳传》引桓谭《新论》云:"太史公《三代世表》,旁行斜上,并效《周谱》。"①是史公作表,本之《周谱》,汉人已言之。……《史记·礼书》,《索隐》曰:"书者,五经六籍总名也。此之八书,记国家大体。班氏谓之志,志,记也。"《正义》曰:"五经六籍,咸谓之书。"《史通·书志篇》曰:"夫刑法礼乐,风土山川,求诸文籍,出于三《礼》,及班、马著史,别裁书志,考其所记,多效《礼经》;且纪传之外,有所不尽,只字片文,于斯备录,语其通博,信作者之渊海也。"赵翼《二十二史札记》曰:"八书,史迁所创,以纪朝章国典,《汉书》因之作十志。"今按:诸家之说,颇能得其本柢。《五经》《六籍》,太半为记典章之书,太史公八书不独其大名本之于六艺,即其取用之所资,亦可从经籍中得其消息。②

　　司马迁对已有的史学体例有所借鉴,但更重要的是在它们的基础上又给予了完善,并将此五种体例组合起来,形成一个有机联系的新形式,这才是他对中国史学体例最伟大的贡献之处。《史记》五种体例各有侧重又互相联系,灵活方便,只有这种体例才能将以往各种典籍资料组合起来,成为运用历史资料最好的形式,才能全面、系统、有序地记述中国全部发展的历史,才能深刻反映著史者对历史发展的认识。

　　由于《史记》主体上以人物为中心,所以后世把这种体例称为纪传体,又

---

　　①　又见《史通·表历篇》及《通志·总序》引。又《史记·十二诸侯年表》"太史公读《春秋历谱牒》"《索隐》引刘杳云。(原作者注)

　　②　王利器:《太史公书管窥·〈太史公书〉体裁探原》,王利器主编:《史记注译》,三秦出版社1988年版,第15－16页。

因《史记》记述了中华民族全部的历史，所以又称这种体例为通史纪传体。梁启超在《要籍解题及其读法》中指出："从前的史，或属于一件事的关系文书——如《尚书》，或属于各地方的记载——如《国语》、《战国策》，或属于一时代的记载——如《春秋》及《左传》。《史记》则举其时所及知之人类全体自有文化以来数千年之总活动冶为一炉。自此始认识历史为整个浑一的，为永久相续的。非至秦汉统一后，且文化发展至相当程度，则此观念不能发生。而太史公实应运而生。《史记》实为中国通史之创始者。"①司马迁以创造性的史著新体例，开创了中国史学的新时代，其体例也成为后世几千年中国史学著述的楷模。清人赵翼在《廿二史札记》中赞称道："司马迁参酌古今，发凡起例，创为全史：本纪以序帝王，世家以记侯国，十表以系时事，八书以详制度，列传以志人物。然后一代君臣政事，贤否得失，总汇于一编之中。自此例一定，历代作史者，遂不能出其范围，信史家之极则也。"章学诚在《文史通义·书教下》中也说："纪传行之千有余年，学者相承，殆如夏葛冬裘，渴饮饥食，无更易矣。"

第二节 司马迁对史料的选择

刘知几说："盖珍裘以众腋成温，广厦以众材合构，自古探穴藏山之士，怀铅握椠之客，何尝不征求异说，采摭群言，然后能成一家，传诸不朽。"（《史通·采撰》）司马迁就是在博采众说的基础上构成自己的"一家之言"的。他"所涉猎者广博，贯穿经传，驰骋古今上下数千载间"（班固《汉书·司马迁传》），《史记》新体例的形成，是作者对历史资料科学分类排列的结果。《太史公自序》中曾说："天下遗文古事靡不毕集太史公，太史公仍父子相续纂其职。"司马迁为了撰写《史记》，收集了大量的资料，仅在《史记》篇章中显示司马迁使用的书籍就有百种，这些书籍中，存于世的有：《今文尚书》、《诗》、《国语》、《左氏春秋》、《战国策》、《山海经》、《春秋》、《穀梁春秋》、《公羊传》、《春秋繁

① 梁启超：《要籍解题及其读法》，《梁启超全集》，第十六卷，北京出版社 1999 年版，第 4629 页。

露》、《易》、《周礼》、《礼记》、《王制》、《中庸》、《大戴礼记》、《五帝德》、《帝系姓》、《夏小正》、《仪礼》、《书序》、《韩诗内外传》、《孝经》、《管子》、《晏子春秋》、《老子》、《庄子》、《韩非子》、《商君书》、《孙子兵法》、《论语》、《孟子》、《荀子》、《公孙龙子》、《墨子》、《周书阳符》、《吕氏春秋》、《新语》、《历术甲子篇》、《淮南子》。已亡佚的有:《春秋杂说》、《汉礼仪》、《古文尚书》、《周书》、《申公诗训》、《乐》、《老莱子》、《申子》、《吴起兵法》、《魏公子兵法》、《王子兵法》、《太公兵法》、《计然七策》、《弟子籍》、《李悝书》、《终始》、《大圣》、《主运》、《邹衍子》、《淳于髡子》、《环渊子》、《接子》、《田骈子》、《邹奭子》、《剧子》、《李子》、《尸子》、《长卢子》、《吁子》、《公孙固子》、《揣摩》、《蒯通子》、《郦生书》、《槃盂诸书》、《儿宽书》、《札书》、《百家》、《谍记》、《历谱谍》、《始终五德之传》、《五帝系谍》、《春秋历谱谍》、《禹本纪》、《铎氏微》、《虞氏春秋》、《史记》、《秦记》、《秦楚之际》、《列封》、《令甲》、《功令》、《汉律令》、《汉军法》、《汉章程》、《晁错更令》、《楚汉春秋》、《颂》、《虞书》、《世家》、《伯夷传》。残缺的有:《春秋灾异之记》、《司马兵法》、《孙膑兵法》、《慎子》、《贾谊新书》、《黄帝扁鹊之脉书》、《星经》、《世本》。有许多古籍的名称还是由作者司马迁自己直接点明的。如《三代世表序》有"余读牒记,黄帝以来皆有年数,稽其《历谱牒》、《终始五德之传》……于是以《五帝系牒》、《尚书》集世,纪黄帝以来讫共和为《世表》。"《十二诸侯年表》有"太史公读《春秋历谱谍》至周厉王,未尝不废书而叹也。"有的未明指,然而肯定有所据,如《伯夷列传》中作者写道:"余悲伯夷之意,睹轶诗可异焉。其传曰:……"显然作者引用了他所见到的《伯夷传》。除了可考的典籍外,还有不少当时社会上一般人不易看到作者又没有明示的资料,这些资料大部分是司马谈所说的"所次旧闻"和政府所收藏的"石室金匮之书",包括绝密的奏议、公文、档案一类的资料。清人赵翼分析:"《史记·曹参世家》叙功处,绝似有司所造册籍"(赵翼《廿二史札记》卷一《史记变体》条),可惜这些资料现在大部分很难稽考了。

至于司马迁采用前人诗文赋句、民间歌谣谚语等,也不少,如《项羽本纪》引项羽的《垓下歌》:"力拔山兮气盖世,时不利兮骓不逝。骓不逝兮可奈何,虞兮虞兮奈若何!"他传还录有刘邦的《大风歌》、伯夷的《采薇歌》、荆轲的

《易水歌》等。《屈原贾生》列传引用贾谊《吊屈原赋》，此外他传还有屈原、宋玉、司马相如等人的赋。在《魏其武安侯列传》中引颍川儿歌："颍水清，灌氏宁；颍水浊，灌氏族。"《淮阴侯列传》中引俚语："狡兔死，良狗烹；高鸟尽，良弓藏；敌国破，谋臣亡。"他传中以"谚曰"、"鄙语曰"等形式引的俚言俗语也不在少数。至于引用春秋战国及秦汉人的说辞、奏议、书信就更多了，如《苏秦列传》中引用苏秦的说辞，《春申君列传》中引用黄歇上秦昭王奏书，《乐毅列传》引用乐毅回复燕惠王书信等。

对于有价值的石刻、画像、文物、遗迹、传闻等，司马迁也给予采录与记载。如《秦始皇本纪》载录的《泰山石刻》、《琅邪石刻》；《留侯世家》载："余以为其人计魁梧奇伟，至见其图，状貌如妇人好女。"说明司马迁见过张良的画像；《蒙恬列传》中的"太史公曰"："吾适北边，自直道归，行观蒙恬所为秦筑长城亭障，堑山堙谷，通直道，固轻百姓力矣。"为了解秦劳苦天下百姓，作者亲自观察了秦长城。《孔子世家》载："适鲁，观仲尼庙堂车服礼器"，说明司马迁去曲阜时孔子庙堂中还存有"车服礼器"等古文物。还有就是"罗网天下放失旧闻"。那些不见于史籍的历史人物的传闻轶事，在长期流传过程中经过了许多人的想象补充、有一定的虚构加工，但它生动地反映某些历史的真实，并对史籍起着重要的补充作用，这也是司马迁尽力收集的重要资料。如他在写《淮阴侯列传》前，曾去淮阴侯韩信故乡调查访问韩信的传闻轶事，作者在此传中写道："吾如淮阴，淮阴人为余言，韩信虽为布衣时，其志与众异。其母死，贫无以葬，然乃行营高敞地，令其旁可置万家。余视其母冢，良然。"清代郭嵩焘在《史记札记·卷五上》对《史记·樊郦滕灌列传》加了这样的按语："案诸案起微贱，一时遗闻轶迹，传闻必多，史公身历其地而知其遭际风云，未有异于人者也。史公于萧、曹、樊哙、滕公等传，盖得于民间传说为多，此可谓纪实也。"传闻轶事是流传于口头上的史料，经司马迁去粗取精、去伪存真，便焕发出奇光异彩，成为新的重要的史实。

面对几千年流传下来的丰富资料，司马迁有一条处理资料的原则，那就是他在《太史公自序》中强调的"厥协六经异传，整齐百家杂语"。张守节《正义》解释说："太史公撰《史记》，言其协于六经异文，整齐诸子百家杂说之语，谦不敢比经艺也。异传,谓如丘明《春秋外传》、《国语》、子夏《易传》、毛公《诗传》、《韩诗外传》、伏生《尚书大传》之流也。"白寿彝先生指出:"协者,合也,说明他认为经传是比较正确、可靠的,就是要把六经异传综合起来,把它们都吸收到《史记》里面去。""(整齐)含有批判的意思,意味着百家杂语的正确性差一些。"①"厥协"就是综合、贯通、熔铸;"整齐"就是选择、取舍、组织。"厥协"之中有继承、吸取,"整齐"之中有批判、改造。司马迁对所有的资料都要进行甄别,对于神异古怪、空、虚、非、过等荒诞不实的史料,都予以考辨,决不轻易使用,或者一定给予说明,指出其荒诞无稽。如黄帝是我们中华民族的始祖,《史记》以黄帝开篇,理清了中华民族发展的脉络。但以往关于黄帝的记载及传说,其间荒谬不经的不少,司马迁在《五帝本纪》中认为"百家言黄帝,其文不雅驯",他要"择其言尤雅者"。"雅"者,正也,常也,雅言就是非反常非虚假之言。《论语·述而》中的"子所雅言",是指"子不语怪力乱神",其中就包括不言怪、神妄言。司马迁继承孔子的传统,为黄帝作传没有采用不雅驯的"百家言",而选择《五帝德》、《帝系姓》中的"雅者"。《五帝德》、《帝系姓》托名孔子答宰予问,实际是战国时人所记载的传说,也有不实者,如《五帝德》述黄帝"黄黼黻衣,大带黼裳,乘龙扆云"等,司马迁皆据《春秋》、《国语》等加以印证,又验之自己所涉历感触到的地方风俗,经过认真思考,才对《五帝德》、《帝系姓》中可信者采录,不可信者加以摈弃。再如《山海经·大荒北经》记有黄帝擒蚩尤的故事:"蚩尤作兵,伐黄帝。黄帝乃令应龙攻之冀州之野。应龙蓄水,蚩尤请风伯雨师,纵大风雨。黄帝乃下天女曰'魃'。雨止,遂杀蚩尤。"《山海经》中的这段记载,以神话的形式反映了上古时代两个氏族之间的斗争,有其历史真实的一面,也有其虚枉的一面,司马迁在《五帝本纪》中将这段神话改造为:"蚩尤作乱,不用帝命。于是黄帝乃征师诸侯,与蚩尤战于涿鹿之野,遂禽杀蚩尤。"将黄帝令应龙、派天女与蚩尤请风伯雨师的怪异内容统统删除,保持了历史的真实原貌。关于黄帝的传说,民间流传的也很多,诸如黄帝生下来就能说话,临死时还在铸鼎,是天上下来一条龙把黄帝驭

---

① 白寿彝:《史记新论》,求实出版社1981年版,第52—53页。

着升了天……清人李嗣业在《杲堂诗抄》卷四中说：

> 史公所作《黄帝本纪》，简而雅，质而不夸。其叙黄帝修政，一曰师
> 兵，二曰疆理……而鬼神山川封禅与焉，则仅一言及之，不复道。至后书
> 黄帝崩，葬桥山，而世所传鼎上仙及诸荒诞不经，尽可不辩而见矣。

司马迁透过古旧典籍的种种荒诞迷雾，把黄帝从一个三头六臂、腾云驾雾的神改写成一个活生生的人，还历史以真相，把不雅驯的神话传说改造成为"雅驯"的历史著述。黄帝仅是其中明显的一例，其他人也无不与此相类似。

有人会提出这样的问题：司马迁既主张"择其言尤雅者"，但为什么在《史记》中还有不少荒诞不经的记述呢？如《高祖本纪》中有这样记载：

> 高祖被酒，夜径泽中，令一人行前。行前者还报曰："前有大蛇当径，
> 愿还。"高祖醉，曰："壮士行，何畏！"乃前，拔剑击斩蛇，蛇遂分为两。径
> 开。行数里，醉，因卧。后人来至蛇所，有一老妪夜哭。人问何哭，妪曰：
> "人杀吾子，故哭之。"人曰："妪子何为见杀？"妪曰："吾子，白帝子也，化
> 为蛇，当道，今为赤帝子斩之，故哭。"人乃以妪为不诚，欲笞之，妪因忽不
> 见。后人至，高祖觉。后人告高祖，高祖乃心独喜，自负。诸从者日益畏
> 之。

确实，这是一段荒诞的传说，《史记评林》中录有杨循吉对此的见识："斩蛇事，沛公自托以神灵其身，而骇天下之愚夫妇耳。"他是深解司马迁写作此段文字本意的。刘邦为了抬高身价惑众而伪造神灵附身，这荒诞本身也是一种现实，刘邦斩蛇事不仅不妨碍传记的真实性，相反，更使人窥见历史的另一真实——即历史人物利用鬼神的历史真实。《史记》中有时故意收录一些荒诞传说，但往往字里行间充满作者对荒诞本身的讥刺嘲讽，本段记叙中，以"高祖乃心独喜"句，已将刘邦的伎俩暗示出来。《史记》中记叙荒诞不经，意在描写传中人物因某种政治需要而和迷信、荒诞相联系的历史真实。

当然，尽管如此，《史记》中还是有怪异的记载，如《周本纪》记周始祖后稷：

> 周后稷，名弃，其母有邰氏女，曰姜原。姜原为帝喾元妃。姜原出野，

见巨人迹,心忻然说,欲践之,践之而身动如孕者。居期而生子,以为不祥,弃之隘巷,马牛过者皆辟不践;徙置之林中,适会山林多人,迁之;而弃渠中冰上,飞鸟以其翼覆荐之。姜原以为神,遂收养长之。初欲弃之,因名曰弃。

这段文字,显然是概括《大雅·生民》一诗的内容而来,有其历史的真实,也有神话的色彩,为什么司马迁要采用这段颇具怪异的传说? 他在《三代世表序》中讲清了原因:"五帝、三代之记,尚矣。自殷以前诸侯不可得而谱,周以来乃颇可著。孔子因史文次《春秋》,纪元年,正时日月,盖其详哉。至于序《尚书》则略,无年月;或颇有,然多阙,不可录,故疑则传疑,盖其慎也。"周始祖后稷的事迹也属很久远的了,所以关于他的文字记载极少,只有在《诗经》中才略有叙述,司马迁不能再有其他资料参照详其情,只有学习孔子治史的慎重严谨态度,有疑惑的地方还是按照疑惑的资料来传述,这便是"信以传信,疑以传疑"。这种著史的态度有好处,至少保留下稀有资料,以等后世来鉴别。

司马迁在收集资料时,尽量求全求详,然后再对所收集的资料,进行甄别,他对每一资料的可信度是不一样的。他在《伯夷列传》中说:

夫学者载籍极博,犹考信于六艺。《诗》、《书》虽缺,然虞夏之文可知也。尧将逊位,让于虞舜,舜、禹之间,岳牧咸荐,乃试之于位,典职数十年,功用既兴,然后授政。示天下重器,王者大统,传天下若斯之难也。而说者曰:尧让天下于许由,许由不受,耻之,逃隐。及夏之时,有卞随、务光者。此何以称焉? 太史公曰:余登箕山,其上盖有许由冢云。孔子序列古之仁、圣、贤人,如吴太伯、伯夷之伦详矣。余以所闻由、光义至高,其文辞不少概见。

文中所说的"六艺"即六经,是孔子整理的儒家经典。司马迁为何以六艺作为考信古史的依据? 因为六艺的真实性、科学性是比较强的。在后世史学家看来,六艺也有不可靠之处,但在当时司马迁征集的资料中,六艺是比较系统的可信的古史资料。如许由在异语杂说中是一个常提及的人物,作者司马迁还亲自到箕山,去察看人们传说的许由坟墓,从传说中知道许由、务光是很讲义气的人,但他们的事迹不见于六艺记载,恐怕传说多为不实,司马迁便不为之作传。再如他不相信《禹本纪》所记昆仑奇异,而认为"言九州山川,《尚书》近之矣。"(《史记·大宛列传》)张骞出使大夏的实际考察也证实了这一点。

特别可贵的是司马迁虽以六艺为考信依据,但又不是一概地排斥"百家",当六艺中有关内容残缺时,司马迁能坚持求实精神,大胆地对"百家"言进行鉴别真伪,取其真实可靠的部分充实六艺的内容。如他在《五帝本纪》中说:

> 学者多称五帝,尚矣。然《尚书》独载尧以来,而百家言黄帝,其文不雅驯,荐绅先生难言之。孔子所传宰予问《五帝德》及《帝系姓》,儒者或不传。余尝西至空峒,北过涿鹿,东渐于海,南浮江淮矣,至,长老皆各往往称黄帝、尧、舜之处,风教固殊焉,总之不离古文者近是。予观《春秋》、《国语》,其发明《五帝德》、《帝系姓》章矣,顾弟弗深考,其所表见皆不虚。《书》缺有间矣,其轶乃时时见于他说。

五帝的时代很久远了,《尚书》只记载尧以来的政事,孔子所传述的宰予问《五帝德》和《帝系姓》,有五帝的史料,但儒生们有的又不传习。司马迁经过广泛的实地调查,认为《五帝德》、《帝系姓》等资料虽非正经,然而与历史实际比较接近,再以《春秋》、《国语》等典籍来印证,发现《春秋》、《国语》中阐发《五帝德》、《帝系姓》的地方是很显著的。司马迁根据亲身游历实地见闻,证实非经书上的记载也有不虚假而有可取之处,以求实的眼光对待一切史料,这是那些轻信荒诞不经者与死守六艺者所不可相比的。

鉴别资料的真伪,决不是一个鉴别能力的问题,一个鉴别手段与方法的问题,它还需要鉴别者的胆识,甚至是一种"敢冒天下之大不韪"的胆识。司马迁鉴别资料时就有一种超于一般人的胆识,凡是能"究天人之际,通古今之变"的材料,即使为圣者贤者甚至为时代潮流所讳的也决不隐掉删去,而是大胆采用,敢言前人所不敢言。孔子删定《尚书》时摒弃了《逸周书》,《逸周书》主要言兵家事,与孔子贱兵重礼思想不合,尤其是《逸周书》中的《克殷》、《世俘》篇,如实地记载了武王灭纣时杀人的残酷,若不摒弃,无疑是对儒家极度美化武王仁义之师的否定。司马迁作《周本纪》却敢依据儒家摒弃的《逸周书》，在《周本纪》中写了武王残忍地对待纣王及其嬖妾之尸：

> 至纣死所，武王自射之，三发而后下车，以轻剑击之，以黄钺斩纣头，县大白之旗。已而至纣之嬖妾二女，二女皆经自杀。武王又射三发，击以剑，斩以玄钺，县其头小白之旗。武王已乃出复军。

司马迁选取这样的资料，并详细地描述武王对纣王及其嬖妾之尸的"惨无人道"，就与儒家平常颂扬周文、武仁慈功德大唱了反调。必然引起持有正统儒家观念者的不满，如方孝儒批评司马迁说："司马迁之为《史记》，其志以作《春秋》自拟，亦非不知《春秋》者矣。至于记载往昔之事，奇闻怪说，无所不录，而于三代之本纪，多背经而信传，好立异而诬圣人。其他微者无足论，若武王与纣之事，见于《书》最详，而迁乖乱之尤甚！牧野之兵，非武王之志也，圣人之不幸也。……迁乃谓武王至纣死所，三射之，躬斩其首，悬于大白之旗，又斩其二嬖妾，悬于小白之旗，此皆战国薄夫之妄言，齐东野人之语，非武王之事。迁信而采之，谬也！……苟信迁之言，是使后世强臣凌上者菹醢其君，而援武王以藉口，其祸君臣之大义不亦甚哉！"（《逊志斋集》卷四《武王诛纣》）后世儒者不相信武王暴虐对待纣王及其嬖妾之尸，是因为怕给后世"菹醢其君"者留下"藉口"，而在司马迁眼中，就是被后人奉为圣王的那些帝王也并非是"超人"，所以《逸周书》中的《克殷》、《世俘》篇是可信的信史，尽管有伤儒家感情，不合儒家"胃口"，但也必须载入史册。从上古三代帝王到操有生死予夺大权的当代皇帝汉武，不能因其有功而掩其过，凡有弊政与丑行都大胆地给予披露。如果拿《史记》与《汉书》作比较，司马迁在对待材料上的胆识就更加鲜明突出。《史记》对古今帝王将相和有权势人物的事迹无隐实录，如对汉代开国皇帝刘邦，不仅写其侥幸得天下，而且一直写出其流氓地痞气，写其神怪，意在揭露其心术不正。而《汉书》却避嫌疑，求圆滑，写汉高祖奇异传闻，意在宣扬其得天统，感情与眼力与司马迁都是有差距的。

司马迁选择资料，有明确的目的，这就是所选的资料能为写作的主旨服务，在表与书中，他要选择的是那些能真实反映历史的史料。而在《本纪》、

《世家》、《列传》中,不仅要选择那些能真实反映历史的史料,而且这种史料能反映出人物的特征来,这是《史记》与现代史著在选材上的最根本的区别。人物传记的重要主旨是要写出人物的特征,所以其选材是从突出人物特征来进行的,而不是此人物所有资料的堆积。但人物是社会关系的总和,在主要特征支配下还呈现出性格的丰富性和复杂性,所以司马迁注意把每一个人物都做为一个丰富的精神世界去认识,注意从不同侧面去表现这个人物的内在本质。有时汇集了表面看好象是不相协调的素材,正是这些矛盾的不同方面融于人物一身,才使人物全面地反映了其人生的矛盾过程,才使人感到人物是生活在复杂矛盾世界之中血肉丰满的人。比如李斯,"人皆以斯极忠而被五刑死",司马迁根据史料,"察其本,乃与俗议之异",他一方面选录了"李斯以闾阎历诸侯,入事秦,因以瑕衅,以辅始皇,卒成帝业"的功绩。另一方面也不掩饰李斯这样的丑行:"斯知六艺之归,不务明政以补主上之缺,持爵禄之重,阿顺苟合,严威酷刑,听高邪说,废嫡立庶。"真是"不虚美、不隐恶"。李斯本可成为周公、召公式的传颂千古的贤臣,只因为把个人利禄看得太重,懂得六艺要旨而不敢弥补秦始皇过失,明知赵高邪恶而甘于同流合污,司马迁在《李斯列传》中突出了李斯的人性弱点,表现出李斯的全部性格特征,也为后人提出了警示。

汉代时,人们对项羽谴责的多,肯定的少,司马迁独能从中国整个历史发展过程中去评价项羽,充分认识项羽的历史功绩,这就是《项羽本纪》赞中所说的:"夫秦失其政,陈涉首难,豪杰蜂起,相与并争,不可胜数。然羽非有尺寸,乘势起陇亩之中,三年,遂将五诸侯灭秦,分裂天下,而封王侯,政由羽出,号为'霸王',位虽不终,近古以来未尝有也。"莫说项羽有惊天动地的伟业,仅从感情上讲,司马迁非常厌恶李斯一类假公济私、以私害公的人,而对于像项羽一类无城府不狡诈的人,倒是有不少敬意。然而即使如此,他也不放过对于项羽暴行的揭露,如项羽屠襄城,屠城阳,坑杀新安降卒二十余万,又屠咸阳,以暴易暴,继续着暴秦的做法。司马迁在赞中又说:"及羽背关怀楚,放逐义帝而自立,怨王侯叛己,难矣。自矜功伐,奋其私智而不师古,谓霸王之业,欲以力征经营天下,五年卒亡其国,身死东城,尚不觉寤而不自责,过矣。"项羽之过,就在于"不师古",也就是不以仁义得天下,满以为全靠暴力便可"经营天下",恰好相反,又重蹈了暴秦速亡的覆辙。司马迁在撰写项羽这一人物时,既选了他"仁慈"的材料,又选了他"残暴"的材料,既选了他"智勇"的材料,又选了他"愚蒙"的材料,努力表现出这位在中国历史上既有赫赫大功又有致命弱点的人物。钱钟书在《管锥编》中说:

> (项羽)"言语呕呕"与"喑呜叱咤","恭敬慈爱"与"剽悍滑贼","爱人礼士"与"妒贤嫉能","妇人之仁"与"屠坑残灭","分食推饮"与"玩印不予",皆若相反相违,而既具在羽一人之身,有似两手分书、一喉异曲,则又莫不同条共贯,科以心学性理,犁然有当。《史记》写人物性格,无复综如此者。①

从整体上来说,项羽是个推动历史前进的英雄,但也有阻碍历史前进的过失,其优点与缺点都很鲜明,他处在多方面的矛盾之中,他又能真率地流露自己各方面的性情,表现自己生动、丰富的内心世界,他的主要性格是粗犷神勇,然而其他种种与之矛盾的性格竟在主要性格的统摄下达到奇特的和谐。司马迁选择传记人物的素材,抓住表现人物特征的主要方面,又不排斥人物性格多方面的、发展性的表现,这样既突出了人物的精神实质,又表现了人物在各种境况下性格的发展变化,表现了人物精神的丰富性,同时也就表现出人物的真实性。

由于《史记》人物的选材注重从人物特征出发,于是人物的奇闻轶事传说也成了注意采集的方面。司马迁在《管晏列传》中说:"吾读管氏《牧民》、《山高》、《乘马》、《轻重》、《九府》,及《晏子春秋》,详哉其言之也,既见其著书,欲观其行事,故次其传。至其书,世多有之,是以不论,论其轶事。"司马迁仰慕管仲、晏子二人的为人,但由于世上已传管仲的著述及《晏子春秋》,就纯以他们的逸事来构成传记,凡原有书籍所载,皆弃而不录,确实是少见的作法。他在《司马穰苴列传》中采录了穰苴斩君使之仆及车之左驸、马之左骖事,郭嵩

---

　　① 钱钟书:《史记会注考证五八则·项羽本纪》,《管锥编》(第一册),中华书局 1979 年版,第275 页。

燕在《史记札记·卷五上》对此有案语："君之使者不可戮,戮其仆可也,且及车之左骖、马之左骖,何为哉?盖亦当时稗官小说之流传,史公取而著之也。"由于奇闻轶事传说故事性强,史实性差,一些史学家从信史性角度对此提出过不少批评,如刘知几在《史通·杂说下》中说:"自战国已下,词人属文,皆伪立客主,假相酬答。至于屈原《离骚》辞,称遇渔父于江渚,宋玉《高唐赋》,云梦神女于阳台。夫言并文章,句结音韵。以兹叙事,足验凭虚。而司马迁,习凿齿之徒,皆采为逸事,编诸史籍,疑误后学,不其甚邪!"从后来的史学角度来看,《史记》这种选材是不足取的,然而正体现了司马迁的选材原则。他首先要写出一个具有鲜活性格的人,再以活生生的人物形象去反映一定的历史现实,由于重视人物的个性特征,所以人物的奇闻轶事传说也成了司马迁选择的素材。

按现代历史学原则去选材,必定是关系国计民生的大事详选,个人生活情节或细节略选或不选,但由于《史记》人物传记的主旨是以形象化的人物来反映历史,所以其选材的详略,也与现代史学有很大不同,《史记》人物传记的选材有自己详选与略选原则。仍以《项羽本纪》为例,清人吴敏树《史记别钞》下卷《项羽本纪》中分析说:

> 史家原只依事实录,非可任意措置,然至事大绪繁,得失是非之变,纷起其间,非洞观要最,扫除一切旁枝余蔓,未得恣意详写,使其人其事,始终本末,真实发露,读者惊动悲慨,千载下如昨日事也。如此纪,项氏起吴中,部署徇县诸事,绝无指数,直入渡江击秦,建立楚后,项梁败死不久,其人事迹并略,专向项羽铺陈。至入关擅事以后,怀王彭城举动,不涉一语,独沛公鸿门摹绘累纸,唯恐不尽,其后所置诸侯王,与项氏岂免交涉,竟无所及,独及田齐、英布,益以彭越,皆关楚汉成败紧处,即又不肯琐屑多道。吾意史公作此纪时,打量项王一生事业,立楚是起手大著,救赵破秦是擅天下原由,其后则专与汉祖虎争龙战而已。如下笔万言,滔滔滚滚,如长江大河,激石滩高,回山潭曲,鱼龙出没,舟楫横飞,要是顺流东下,瞬息千里,终无有滞碍处耳。从来良史记事,第一论识,而柳子之评史公曰洁,真是高眼看透。学者但能从有会无,即详知略,则于序事之文,立占胜步矣。

项羽身经百战,纪中却舍弃许多重大战役而不写,却把许多笔墨用在一个鸿门宴会上,详写了人们的座位、人们的表情甚至于人们的眼神。纪中略写一些战役,并非交代不了历史的发展进程,详写一些情节与细节,却生动地突出了事件参与者的特征,反过来更能形象地说明事件发展的缘由。在其他传中,司马迁有时对于一些重大历史事件反而写得很略,而对于一些小事的具体细节却写得委细周全。如击秦救赵是魏公子无忌一生中的伟绩,然而在《魏公子列传》中写救赵的解围战只用了十五个字:"进兵击秦军,秦军解去,遂救邯郸,存赵。"而写魏公子驱车迎侯赢一事却用了近四百字,详写迎客经过,连侯赢拂拭破烂衣冠、入市下车与朱亥观察魏公子的情态都写了。迎一小小监门者写得反详,而一场重大战役却写得极略,详细处毫分可见,疏略处天涯莫辨,足以突出人物主要特征的事虽小必详叙,反之不足以突出人物主要特征的事虽大却粗略概括,说明了《史记》人物传记选材的详略不仅是从反映历史真实出发的,另一标准就是材料能够生动地突出传记人物的主要特征,正因为这一点,才使《史记》所写的历史人物同时也成为艺术典型化了的人物。

司马迁几乎罗网了当时所存有的全部书籍、档案、传闻等资料,并以体大思精的五种体例的相互配合,有条不紊地将其组织起来,内容囊括历史社会生活的一切,使《史记》成为中华民族的百科全书。《史记》的体例具有伟大的首创性,这种首创性使他成就了自己的"一家之言"。

第三节 《史记》纪传体人物的特征

《史记》的内容包罗万象,有政治、经济、文化、军事、科技、天文、地理、商贸、医药、民族、物产、风俗等各个方面,凡是与人类社会相关的无所不涉及,记载了中华民族三千多年的社会生活各个领域的发展变化。然而《史记》又是一部有严整体例的史学著作,而不是杂乱无章的材料堆积,有一个灵魂统摄它所有的材料,有一条线索贯通这所有的内容,这个灵魂与线索就是"人",人是《史记》纪传体的核心。司马迁创立纪传体,不仅是在传统编年体基础上的体例方面的巨大创新,也是在传统的史学观念基础上的历史观的巨大发展。他以新的先进史学观来"究天人之际,通古今之变,成一家之言"。在"究"中,他认识到了在"天人之际"中,人占据着主导地位,在"通"中他看到了"古今之变"中,人起着决定性的作用,在"成"中,他找到了以人为中心的"一家之言"——纪传体形式。人在《史记》中占据着明确的中心位置,体现了社会的各种矛盾和历史的基本进程,体现了社会发展的本质,是《史记》文化价值之所在。

从司马迁创立纪传体之后,历代所谓的正史,也都是纪传体,也都是以人物为中心。但与其他正史比,《史记》中的人物有自己鲜明的特性。

首先是《史记》纪传体人物的特征一般揭示了社会的发展趋势。有人认为《史记》固然以人物为中心,然而《史记》中的人物多是私有制社会中的统治者,更有甚者,还认为《史记》就是帝王将相的家谱,结论是:司马迁的世界观或历史观还是唯心主义的,至少司马迁缺乏"平民意识"。不错,《史记》中的人物多是帝王将相和官僚士人,特别多是汉兴以来地主阶级的代表人物,然而在封建社会和奴隶社会,正是这些统治者才决定着社会矛盾的主要性质,他们的代表人物一般是社会政治活动的主要角色,只有通过这些人物角色才能更好地表现历史的客观矛盾。马克思主义告诉我们:阶级的存在仅仅同生产发展的一定历史阶段相联系,即使是各种不同的剥削阶级,在其新兴时期都曾是代表着先进生产力的革命阶级。"进行革命的阶级,仅就它对抗另一个阶级这一点来说,从一开始就不是作为一个阶级,而是作为全社会的代表出现的。"①如果没有顺应历史潮流的革命阶级的代表人物去领导广大群众进行斗争,怎么会有各种社会形态的更替和历史的发展呢? 历史上人民群众推动历史的作用,往往是通过其社会代表人物来体现的,所有顺应历史潮流而有作为的帝王将相,就是奴隶社会、封建社会的代表,司马迁就是基本以这样的历史唯物主义来看待历史。否则,舍弃这些代表人物的记载,就不会展示中国历史

---

① 马克思和恩格斯:《德意志意识形态》,《马克思恩格斯全集》第三卷,人民出版社 1962 年版,第 54 页。

的发展过程,并会陷入历史虚无主义之中,表面上是站在"人民"的立场上看问题,实际上脱离了历史唯物主义的正确立场。

以人物为中心是司马迁史学观念的核心,然而落实到具体的人,他是否能成为《史记》纪传体载录的对象,还要看其对历史的进步有无重要影响。司马迁以此为标准,并非以"帝王将相"的名分为选择标准,而是将帝王将相也放到这一标准下,与社会所有的人用同一标准进行比较,在历史的见盛观衰中,观察全部的社会成员,凡是与中国历史发展变化有重要关系的人,都是《史记》记载的对象,他们在历史上的是非功过评价标准是一律平等的。所以在《史记》中,中国历史上的帝王将相并非全有,社会下层的农民、工匠、商贩、游侠等也并非没有,一部《史记》是中华民族的发展史,而并非是一部皇室传承史。

这里并不是说司马迁具有彻底的唯物史观,只是强调《史记》人物以帝王将相为主体是无可指责的,不仅无可指责,在选择这些人物时还体现了司马迁非凡的史识和可贵的批判精神。马克思在《关于费尔巴哈的提纲》中说:"人的本质不是单个人所固有的抽象物,在其现实性上,它是一切社会关系的总和。"[1]揭示社会历史的本质,必须从揭示人开始。人,代表着他的阶级性、群体性,像一滴水能映出太阳的光辉一样,从人的身上可以看到兴衰的历史发展趋势。《史记》的任务既然是通过人来认识历史社会,那么选择那些充分显示中国历史社会关系的人物,就是实现其任务的有效手段。

其次,《史记》纪传人物有广泛的社会代表性。《史记》中的人物,从王侯将相到社会的三教九流,可谓形形色色,无所不有。根据人物在社会关系中的地位及历史作用,司马迁把他们分别列入本纪、世家、列传三个不同层次之中。

本纪是帝王一类人物的传记。"本者,系其本系,故曰本;纪者,理也,统理众事,系之年月,名之曰纪。"(张守节《史记·五帝本纪·正义》)帝王是统理国家的首脑,他们的社会关系正显示天下本统之所在,万民行事之纲纪。历

---

① 马克思:《关于费尔巴哈的提纲》,《马克思恩格斯选集》(第一卷),人民出版社1995年版,第56页。

朝帝王,不论其个人素质如何,一般说来是国家大事的最高裁决者,他占据着最高统治地位,自然是重大社会斗争的中心人物。然而司马迁并非拘守帝王名分,甚至大无畏地背逆了封建"正名"观念,如汉时,统治者异口同声地谴责秦的暴虐,"学者牵于所闻,见秦在帝位日浅,不察其终始,因举而笑之,不敢道",司马迁嘲笑这种肤浅之见如同"以耳食无异"般愚蠢浅薄,他独见"秦取天下多暴,然世异变,成功大"(以上均见《史记·六国年表序》),所以大胆地为秦统一六国前的秦国几个君主及秦始皇作《本纪》。1973 年长沙马王堆出土大量的竹简帛书,①但并无项羽类似于帝王的记载,对项羽也"因举而笑之,不敢道",同样是汉朝人的一般意识。但司马迁却看到项羽灭秦,政由己出,号令天下,已行帝王之权,故有《项羽本纪》。吕后临朝,广封诸吕,天子无权,权在吕后,故作《吕太后本纪》。相反,那些虽有帝号而碌碌无为、大权旁落、不起政治斗争中心作用的帝王,在本纪中是没有他们的位置的,如刘邦、项羽共奉的义帝,吕后时的惠帝等。司马迁从客观的社会关系出发,所立十二本纪提纲挈领地展示了中国三千多年历史的发展趋势。清人徐时栋在《烟屿楼读书志》卷十二中说司马迁"固以本纪为纪实,而非争名分之地也,此后无人能具此识力,亦无人敢循此史例矣"。如《汉书》就拘于封建等级名分,从帝王世系出发,删《项羽本纪》而增立《惠帝纪》。后世许多正史中的一些帝王人物仅起"滥竽充数"的作用,无不与拘于名分相关,在人物选择上多从封建名分出发,而忽视了社会关系中的实际作用。司马迁的《史记》,决不为傀儡式或"滥竽充数"式帝王立传。

　　世家是诸侯一类人物的传记。诸侯开国承家,子孙世袭,谓"世禄之家",简称为"世家"。世家屏藩中央,起藩辅作用,但司马迁立三十世家,还是从人物的实际社会历史作用来衡量的。世家中的人物,也是社会斗争的中心人物,只不过这个"中心"是局部的中心,不象本纪人物那种全国性、全社会性的中心。如荆王贾镇守江、淮,燕王泽曾讨诸吕,他们宗属虽远,却入《世家》,吴王

---

　　①　1973 年湖南长沙马王堆汉墓出土大量的帛书和竹简。共发现帛书 28 件和竹简二百余支。帛书有《周易》、《春秋事语》、《战国纵横家书》、《老子》、《相马经》、《五十二病方》、《式法》、《五星占》、《天文气象杂占》等,竹简有《十问》、《合阴阳》、《杂禁方》、《天下至道谈》等。

濞、淮南王、衡山王虽是汉皇骨肉之亲,皆因不守藩王之职而叛中央,不予列入
《世家》。陈胜是首起亡秦的头领,虽是"瓮牖绳枢之子,甿隶之人"(贾谊《过
秦论》),司马迁却把他列入《世家》。孔子虽然无权无势,但司马迁认为:"天
下君王至于贤人众矣,当时则荣,没则已焉。孔子布衣,传十余世,学者宗之。
自天子王侯,中国言'六艺'者折中于夫子,可谓至圣矣!"(《史记·孔子世
家》)在中国历史上,司马迁第一个将"布衣"孔子誉为"至圣",并将他载入
《世家》之中。李景星在《史记评议》中说:"孔子以布衣为万世帝王师,流泽后
裔,历代罔替,任何侯王,莫之能比。史公列之于世家,是绝大见识。"刘知几
在《史通》中认为司马迁将项羽列入《本纪》是"再三乖谬",将陈胜列入《世
家》是"岂当然乎"? 但刘知几不反对司马迁把孔子列入《世家》,因为孔子
"素王"的权威早已深入人心,孔子在儒家学者心中的地位早已是"至圣",但
他还借"名分"来指责司马迁乱了自己的体例,岂不知司马迁选择人物的体例
本不从名分出发,而是从人物的实际社会关系、社会历史作用出发,孔子入
《世家》是如此,其他人也莫不如此。这一点,古人也有理解者,如明人郝敬在
《史汉愚按》卷三中说:"孔子无尺土而为之《世家》,以其为百世师也。陈涉举
事不效,身死族灭,亦为《世家》;项羽图王不成,亦为《本纪》;盖二人以匹夫起
义,为民去残,为六王报怨,无论成败,皆足以不朽。英雄利钝有时,作史者扬
励,慰人心一快耳。子长绝无世情,故可喜。倘尺尺寸寸,则失子长矣。"

　　列传是公卿将帅一类人物的传记,由于入传的标准是人物的实际历史作
用,而不是人物的地位名分,所以那些赫赫在位有势然又庸庸碌碌之辈,也不
能挤进《列传》,相反那些虽无公卿将帅之职,但在政绩、武功、经济、科技、学
术、品德等方面有建树的卓荦者,甚至是社会下层"倜傥非常之人",异国、少
数民族重要人物,也能列入《列传》,七十篇列传,收选了社会各阶层的精英事
迹。他们一般是某一社会斗争与自然科技领域中的带头人,有叱咤风云的气
概,有一心想名震千古、追求轰轰烈烈事功的信念,有直接带领群众进行社会
斗争的能力与智慧。这些人以政治、军事、外交、文化、医术、经济、道德等多方
领域的丰功伟绩和特异人格来影响着中国历史的演变。他们是一批站在时代
激流前面勇于进取的人,一般又有曲折、坎坷的经历,都具备刚毅不挠、奋发直

前的气概与精神。如在重国家利益而轻个人恩怨的蔺相如身上,体现出了为国家而忍辱负重的精神;在甘受胯下之辱的韩信身上,体现了为完成大功业而含垢忍耻的坚韧意志;在伍子胥身上,体现了那种身处逆境而不屈、刚烈顽强、弃小义雪大耻的心志等等。他们又是积极有为、不甘沉沦的人,不惜以生命执着地追求着理想,努力实现自己的人生价值,具有活着为了举事成名,或为国捐躯、为义献身的人生观。如苏秦闭门发愤观书,以图说服当世之君;季布隐忍重其死,欲有所用于世;王蠋保持气节,尽忠报国而死;屈原正道直行,竭忠尽智维护国家利益,不辞身死而保持矢志不渝的爱国情操;荆轲已诺必诚,仗义抗暴而视死如归等等。在列传之中,竟引人注目地出现了布衣之徒,闾巷、乡曲之侠,这些人虽然出身贫贱,没有什么政治地位,但他们修行砥名,有高尚的品质与人格。他们与人交,行果诺诚,振人不赡,赴士困厄,又不矜伐,尤其是不怕死、反暴政的精神与位卑不敢忘忧国的热忱是天下所传颂的,如鲁仲连、侯嬴、荆轲、郭解等人。这些人所具备的巨大历史创造力,坚毅不拔的意志,高尚的品质情操,充分体现着中华民族的优秀特征,代表着比较广泛的社会阶层,代表了历史发展的趋向。

　　以上人物属于司马谈所谓的“明主贤君忠臣死义之士”,是推动社会发展的各阶层代表人物。与这些推动历史发展的代表人物相反,在《史记》中,还有一部分逆历史潮流而动的人物,由于他们的存在与倒行逆施,才显出那些“社会脊梁”的推动历史前进的功绩。这些人属于传统所谓的“乱臣贼子”,他们是为了个人私利而危及国家与民族利益的人,他们谗谄蔽明,邪曲害公,以置国家与民族于水火之中的代价来换取个人的官禄地位,如《屈原贾生列传》中的子兰、靳尚,《李斯列传》中的李斯、赵高等。他们之中有的是凶残虐民的暴将酷吏,如秦将白起坑杀降卒数十万,杀人如麻。《酷吏列传》写酷吏专阿人主意,戕害、摧残无辜,灭绝人性,其中如王温舒竟以杀人为嗜好。有的是虚伪阿世的官僚政客,如汉代大儒公孙弘,以诚饰诈,沽名钓誉,老奸巨猾。《万石张叔列传》中万石君一家以柔媚处世,以孝谨欺世。至于佞幸人物,更是一意逢迎取宠,不惜把自己变为适应极端专制的变态性人物,如《佞幸列传》记邓通为帝吮痈,韩嫣侍奉皇上,与皇上一齐“出入永巷不禁,以奸闻”,媚上近于下流无耻。或以酷而得宠,或以媚而受爱,殊途而同归,皆是以牺牲大多数人的利益而攫取私利,这与那些欲尽天下民脂民膏以肥私的昏聩、残暴的君王本质是一致的,他们代表着历史的黑暗腐朽,是作者批判的对象。

人是时代变革的一面旗帜,人也是时代变革的一个晴雨表。在中国三千多年的历史长河中,司马迁披沙拣金精选出一批卓异特行、超群不凡的人物,从这些人物身上我们看到了古老的中国历史演变的过程与演变特征。在这些所选择的人物中,多数是春秋至西汉时期的人,这段历史时期正是中国封建地主阶级形态的社会由萌发到最后确立的时代,这是一个血与火的时代,战争、政变、格杀……在血雨腥风中孕育和建设着地主阶级的新政权。社会生活的基本内容就是惊天动地的暴风骤雨般的政治、军事变革,社会每次大的变革,必然会涌现出一大批新的人物,不论是社会上层帝王将相,还是社会下层草莽英雄,都是在时代潮流中叱咤风云的人物。欧阳修说:“余固喜传人事,尤爱司马迁善传,而其所书皆伟烈奇节士。”(欧阳修《欧阳文忠公全集》卷六五《桑怿传》)《史记》所传人物,是一个个在风云变幻的时代中纵横驰骋的英雄,他们或直接或间接都参与了社会重大斗争,在政治、军事、经济、思想、科技、文化诸方面创造了惊天动地的功业,人物特征一般是紧张、猛烈、豪放、粗犷的,敢于正视带血的人生,敢于抗争在大较量的生死线上,从他们身上可以看到大变革时代的基本过程与普遍特征。

司马迁择取人物的视野,从纵的方面来说,是中国整个历史发展过程,从横的方面来说,是中国全社会范围,在择取人物时,有意照顾到了各类人物的典型。《本纪》、《世家》、《列传》三个不同的体例,成为社会不同阶级、阶层代表人物传记的载体。《史记》以前的史著,主要记载帝王侯伯等上层人物的活动,如《尚书》主要汇辑虞、夏、商、周四代帝王的美词典言,《春秋》多记列国诸侯之争,而对社会下层平民多不录,《史记》则把人物从帝王扩大到整个社会,有帝王、后妃、将相、官僚、外戚、谋士、说客、思想家、军事家、文学家、商贾、地主、游侠、刺客、俳优、医生、工匠、卜者、流氓、农民、士兵等,不仅有汉民族,也有少数民族,甚至还有与汉朝有关的异国人物。凡是被卷入中国社会变革中的重要人物,不论他们属于那个地域,属于那个民族,属于那个阶层,在中国历史进程中,都有自己的作用和影响,正是这些人共同在中国历史舞台上演出了一出出雄伟壮观的历史剧,相应地在《史记》传记中都有他们的位置。

只有众多的各方面的人物,才能表现大变革社会的每个角落、社会关系的方方面面,来实现全面反映历史生活的目的。在中国史著方面,《史记》第一次记载了如此众多、代表性如此广泛的历史人物,人物的代表性广泛到几乎覆盖全社会的每个阶层,从而使人物所体现出来的社会生活异常地全面而丰富。

《史记》纪传人物第三个特征,是能深刻地揭示人们的普遍感情。明人茅坤在《茅鹿门集》卷三中说:

> 今人读《游侠传》,即欲轻生;读《屈原贾谊传》,即欲流涕;读《庄周》、《鲁仲连传》,即欲遗世;读《李广传》,即欲立斗;读《石建传》,即欲俯躬;读《信陵》、《平原君传》,即欲好士。若此者何哉?盖各得其物之情,而肆于心故也,而固非区区句字之激射者也。

司马迁所写的人物,不仅绘声绘色,而且传神,读之令人知其灵魂的奥秘。传中的人物又似读者人人所曾相识的人物,传中人物所表达的感情又似人人心中所曾体验过的感情,它所反映的思想感情深入到了社会的各个阶层,尤其是深刻地反映了人民大众的思想感情。它有对被迫害者、被侮辱者的怜悯与同情;对民族和祖国命运的关注与热爱;对正义公平的向往与追求;对专制残暴的愤恨与反抗等。过去有一种片面认识,认为只有社会地位低微的劳动群众的形象才能体现人民的思想感情,这是对"人民"的简单化的理解。诚然,在私有制的社会里,社会地位低微的劳动群众永远是人民的主体,由于社会的存在决定人们的意识,一般说来,社会地位低微的劳动群众会自发地产生人民的思想感情。然而人民的范畴并不仅限于社会地位低微的劳动群众,人民是指在一定历史时期内,能够参加到推动社会发展进步事业中来的那些阶级、阶层、社会集团和个人。《史记》中的大多数人物形象虽然不是劳动群众,但他们中的许多人在一定历史时期内代表了人民的愿望和要求,甚至成了人民的代表、民族的英雄,他们阶级的革命性与广泛的社会利益有着暂时的统一。《史记》中写了不少上层人物中的有识之士,往往通过想要担负驾驭历史使命,把自己与人民大众联系起来。如战国时四公子,身居高位,禄厚势重,都能为国着想而不居尊自傲,体现了一种仁而下士的美德。还有一些遭际坎坷,在命运偃塞中显示出刚毅不屈的上层人物,如越王勾践、楚国大臣屈原等,司马迁笔墨酣畅地颂扬了他们为了兴国、强国、救国、复国而义无反顾,敢于拼搏,勇于奋斗的精神,这些人在一定时期顺应民心,代表了一定历史时期人民大众的利益,提出了大众关切的重大问题,体现了人民大众的主要愿望与情绪。由于《史记》人物从不同角度表达了社会众多成员的心理与感情,其人物的行为才会感动大多数社会成员的心,才体现出人物对历史社会生活本质揭示的深刻性。

《史记》纪传人物第四个特征,是人物命运具有悲剧性色彩。《史记》所记古略今详,虽然上起轩辕黄帝,下及三代,有漫长的历史,然而《史记》中大量地反映的还是从春秋末期到汉武帝时期五百多年的历史,在这个消灭旧的封建领主制与创立新的封建地主中央集权制的历史过程中,新旧阶级的对抗与斗争异常的激烈与残酷,各地战争连年不断,屠戮掠夺司空见惯,为迎接新社会的诞生成千上万的人在血与火中付出了生命,尤其是那些推动历史进步的代表人物,为实现自己的理想而慷慨赴难、前仆后继,敢于面对悲剧性的人生。这是一个惨烈、战乱、动荡的时代,雄壮与悲惨是这个时代的主旋律,悲壮的时代特色给这个时期的历史人物普遍地涂上了悲剧的色彩。司马迁在《游侠列传》中曾说:“昔者虞舜窘于井廪,伊尹负于鼎俎,傅说匿于傅险,吕尚困于棘津,夷吾桎梏,百里饭牛,仲尼畏匡,菜色陈、蔡。此皆学士所谓有道仁人也,犹然遭此灾,况以中材而涉乱世之末流乎?其遇害何可胜道哉!”司马迁客观地把握住了这一时代人物命运的特征,在《史记》传记中,差不多有一半的篇目是为悲剧命运的人物而立的,生动的表现出人物命运的悲剧性特征。

据不完全统计,《史记》大约共写了120多个不同悲剧命运的人物,在这些悲剧性命运的人物中,有的是曾叱咤风云,左右局势,不可一世,后因某些过失而导致事败身亡的英雄。如《赵世家》中的赵武灵王,《吴太伯世家》中的吴王夫差,《项羽本纪》中的项羽,《陈涉世家》中的陈胜,《淮阴侯列传》中的韩信等。有的是自觉或不自觉地卷入权力之争,最终成为权势者的无辜牺牲品。

如《晋世家》中的太子申生,《魏公子列传》中的公子无忌,《李斯列传》中的公子扶苏、李斯,《吕太后本纪》中的戚夫人等。有的克己奉公,尽职尽责在事功上有所建树,然不容于邪恶,最终被妒贤忌能或谋私害公的恶势力所吞噬。如《孙子吴起列传》中的吴起,《商君列传》中的商鞅,《屈原贾生列传》中的屈原,《老子韩非列传》中的韩非,《袁盎晁错列传》中的晁错,《白起王翦列传》中的白起等。有的身具贤才盛德,胸怀雄韬大略,或积极进取,屡建功绩,但却坎坷困塞,生不遇时,终以壮志难酬而赍志而没。如《孔子世家》中的孔子,《仲尼弟子列传》中的颜回,《平原君虞卿列传》中的虞卿,《屈原贾生列传》中的贾谊,《李将军列传》中的李广等。有的行侠仗义,扶危解困,不畏强暴势力,勇于自我牺牲。如《赵世家》中的公孙杵臼,《刺客列传》中的曹沫、专诸、豫让、聂政、荆轲,《游侠列传》中的郭解,《魏其武安侯列传》中的灌夫等。司马迁在《史记·伯夷列传》中很动情地说:

　　若伯夷、叔齐,可谓善人者非邪? 积仁洁行如此而饿死! 且七十子之徒,仲尼独荐颜渊为好学,然回也屡空,糟糠不厌,而卒蚤夭。天之报施善人,其如何哉? 盗跖日杀不辜,肝人之肉,暴戾恣睢,聚党数千人,横行天下,竟以寿终,是遵何德哉? 此其尤大彰明较著者也。若至近世,操行不轨,专犯忌讳,而终身逸乐富厚,累世不绝;或择地而蹈之,时然后出言,行不由径,非公正不发愤,而遇祸灾者,不可胜数也。余甚惑焉,傥所谓天道,是邪? 非邪?

《史记》中的悲剧性人物,其悲剧性命运,多数并非因自己的过失造成,细究起来,也不是"天道"颠倒了是非,善恶不辨,而是时代使之然,这一点司马迁是深信不疑的。司马迁有时将悲剧结局归之于"天",往往是以天来借指造成悲剧的时代或社会。

　　司马迁所写的悲剧性人物,大多具有卓越的见识、非凡的才华、崇高的思想、高尚的人格,但都与其悲惨的命运、毁灭性的结局形成了强烈的对比与反差,司马迁本人又何尝不是如此呢? 司马迁找到了与自己同命运的伙伴,从这些悲剧性人物身上看到了自己的影子,勾起了他悲愤的身世感,他怀着敬仰、崇拜的心情，和着爱怜、同情的泪水来刻画与评价这些悲剧人物，借用这些悲剧人物来倾诉自己的满腔愤恨。如他在《伍子胥列传》中肯定伍子胥忍辱复仇的精神："怨毒之于人甚矣哉！王者尚不能行之于臣下，况同列乎！向令伍子胥从奢俱死，何异蝼蚁。弃小义，雪大耻，名垂于后世。悲夫！方子胥窘于江上，道乞食，志岂尝须臾忘郢邪？故隐忍就功名，非烈丈夫孰能致此哉？"在《穰侯列传》中惋惜功劳显赫的穰侯却因范雎几句游说就受挫而死："穰侯，昭王亲舅也。而秦所以东益地，弱诸侯，尝称帝于天下，天下皆西向稽首者，穰侯之功也。及其贵极富溢，一夫开说，身折势夺，而以忧死，况于羁旅之臣乎？"在《屈原贾生列传》中对屈原表示了衷心的景仰："余读《离骚》、《天问》、《招魂》、《哀郢》，悲其志。适长沙，观屈原所自沉渊，未尝不垂涕，想见其为人。"在《刺客列传》中赞扬了刺客们的抗暴精神："自曹沫至荆轲五人，此其义或成或不成，然其立意较然，不欺其志，名垂后世，岂妄也哉！"在《李将军列传》中对李广的死表示了痛悼与惋惜："余睹李将军悛悛如鄙人，口不能道辞。及死之日，天下知与不知，皆为尽哀。彼其忠实心诚信于士大夫也？谚曰：'桃李不言，下自成蹊'。此言虽小，可以喻大也。"不公平的社会不仅给许多人带来灾难，也给他们的心灵留下了创伤。传中悲剧性人物的身世感与司马迁有许多契合点，司马迁最能理解传中悲剧性人物的感情，从一定意义上说，写他们的悲剧经历无异于影射作者自己的身世，司马迁可借传中悲剧人物的杯酒，浇自己心中不平之垒块。当司马迁怀着不幸遭遇的深切感受来刻画历史上的悲剧人物时，悲剧性命运人物的悲剧色彩就更加浓烈，就更加深刻地揭示了时代赋予人们的这一特性。

《史记》纪传人物第五个特征，是记述今人详而古人略。司马迁著《史记》，其资料来源，年代越久远，资料越缺乏，这是造成今详古略的一个原因。但《史记》记述今人详而古人略的根本原因，还在于他著史的目的。司马迁著《史记》是因为"意有郁结，不得通其道，故述往事，思来者"（司马迁《报任安书》），司马迁又说："居今之世，志古之道，所以自镜也，未必尽同。帝王者各殊礼而异务，要以成功为统纪，岂可绲乎？观所以得尊宠及所以废辱，亦当世得失之林也，何必旧闻？"（《高祖功臣侯者年表》）"述往事"、"志古之道"，绝非仅仅是发思古之幽情,总结历史的演变,分析以往的得失成败,是为了从理清历史的纷纭变化的脉络中求得历史发展的规律,引出历史的经验教训,以此回答与解决当今社会现实的问题,并用以指导今后社会的发展。略古详今,是与服务于社会现实紧密相连的,察古是为了知今,而"详今"更有其现实的针对性。所以在《史记》五种体例中,总的说是汉代的人物详于战国与秦,战国与秦又详于春秋,春秋又详于三代,刘知几说:"《太史公书》上起黄帝,下尽宗周,年代虽存,事迹殊略。至于战国已下,始有可观。然迁虽叙三千年事,其间详备者,唯汉兴七十余载而已。其省也则如彼,其繁也则如此,求诸折中,未见其宜。"(《史通·杂说上》)《史记》详今略古是显而易见的①,值得注意的是作者在叙述古人的时候,在古人的身上自觉不自觉地打上了当代的烙印,即古代人物具有了汉代人的某些特征。

秦统一中国后,使三代以来已形成的以华夏族为主的多民族共同体,更加巩固统一。秦亡后,汉继秦制,明确了各族共同的人文始祖为炎黄,进一步确立了华夏族在多民族国家中的主体地位,并改称华夏族及华夏化了的其他民族为"汉人",使大一统国家内所有的民族真正融为一体。由于理清了民族的发源,于是,司马迁大一统意识下的历史传记人物,大都是炎黄的子孙,不论他们之间年代相隔多么久,也不论他们居住地相隔多么远,他们观察、理解事物方式、言谈举止、气派风度等都有许多相似的地方,体现了一种民族共有的特性。民族特性是在共同的自然条件、地域环境、社会生活中长期历史实践综合积累形成的,从黄帝到汉武帝,民族特性在不断地积累过程中逐步丰富与明确。司马迁自然地习惯于用汉代社会的生活方式、伦理观念、思维方法、风俗习惯去理解历史人物,因而给他笔下的历史人物的民族性不同程度地注入了汉代的特性,使每个人物所具有的民族特性又有了浓厚的当代色彩,即体现了

---

① 张强先生在其《司马迁学术思想探源》(人民出版社 2004 年版)第 111 – 112 页中说:"从传说中的黄帝到汉武帝生活的时代,司马迁在《史记》中记录了中华民族三千多年的历史。从时间上看,《史记》可以分为两个时间段,一是从黄帝到秦统一六国为第一时间段,我们可以称之为古代史;二是从秦末大起义到汉兴百年为第二时间段,我们可以称之为当代史。在这两个时间段里,司马迁关注的重点是当代史,如古代史记载了三千多年的历史,但其篇幅仅占《史记》的 1 / 3;当代史仅记载了一百多年的历史,但它在篇幅上却占了《史记》的 2 / 3。"

汉人的心理、习俗、伦理、审美观等。

《庄子·盗跖》篇有写神农所在的原始社会生活的情景:"神农之世,卧则居居,起则于于;民知其母,不知其父。"而《史记》开篇的《五帝本纪》写道:"黄帝者,少典之子,姓公孙,名曰轩辕。……轩辕之时,神农氏世衰。"不仅写有黄帝父及黄帝的姓名,而且还写有神农的姓氏。神农即炎帝,炎、黄应是同时代的人,至少相距不远。古代男子称氏,妇人称姓,氏表贵贱身份,贵者或以官职或以封邑为氏号,贱者有名无氏。姓用以别婚姻,有同姓、异姓、庶姓的区别。氏同姓不同者,可通婚,姓同氏不同者,不可通婚。秦汉以后,姓氏合而为一。在《史记》中认定黄帝、神农都有姓氏,这种推测无疑受到汉代社会观念的影响。《韩非子·五蠹》中有写帝尧的生活状况:"尧之王天下也,茅茨不翦,采椽不斫;粝粢之食,藜藿之羹;冬日麑裘,夏日葛衣;虽监门之服养,不亏于此矣。"从尧的生活可看到当时社会财富缺乏,私有观念淡薄,氏族首领与氏族成员无大差别。而《史记·五帝本纪》中写道:"帝尧者,……富而不骄,贵而不舒。黄收纯衣,彤车乘白马。"说明帝尧时已有"富"与"贵"的观念,帝尧头戴素质的黄色冕冠,身穿士人的祭服,坐着朱红色的车子,驾着白色的马,虽无后世帝王气派,但与《韩非子·五蠹》所写的帝尧生活起居有天壤之别。比较起来,庄子言原始社会与韩非子言氏族社会比《五帝本纪》所言更近实际些。当然,司马迁写《五帝本纪》有所依据资料,然而他毕竟还是以汉代的婚配习俗、私有观念来想象古代社会。再如《山海经》中叙述黄帝、尧、舜等人,能呼风唤雨,调遣天神,虽属神话,却真实地反映了古代对神权的敬畏。司马迁在《五帝本纪》中侧重写他们抚万民、度四方,更多地体现了汉代人对皇权的崇拜,把黄帝、颛顼、高辛、尧、舜都描述成英明的封建君王,如叙述帝喾高辛:

> 普施利物,不于其身。聪以知远,明以察微。顺天之义,知民之急。仁而威,惠而信,修身而天下服。取地之财而节用之,抚教万民而利诲之,历日月而迎送之,明鬼神而敬事之。其色郁郁,其德嶷嶷。其动也时,其服也士。帝喾溉执中而遍天下,日月所照,风雨所至,莫不从服。

帝喾仁爱又有威严,慈祥又很笃实,他收取地产而能节省利用,治理万民又善于教诲他们,举动顺应天时,衣着如同士人,遍施恩德于民众。这纯是后世儒家理想化的圣王形象。司马迁在描写远古人物时,不自觉地给这些人物赋予了新时代的某些特征,即汉代的民族特性。

《史记》传记人物具有某些汉代民族特性,是作者大一统观念的一种体现,这种民族特性,也不是作者凭空捏造的,它或多或少反映了中华民族传统的真实。民族特性固然不是什么超时代的神秘力量,但应充分看到其在历史发展中的连续性与相对稳定性,一个统一的民族在性格、心理、语言、感情、风俗、艺术趣味等方面确实长期存在着某些共同性。汉代以后,中国封建社会相对长期稳定,汉代民族特性也相对的固定化。例如从秦末陈胜到清末洪秀全,虽然不同的历史条件决定了他们不同的思想方式、斗争方式、爱憎感情,但在他们身上仍然都体现着一种只属汉民族的传统精神,具有一种汉民族所特有的风采,汉民族特性揭示了中华民族在历史发展过程中特有的本能、才具、感情、欲望和习惯,所以后世中国人对《史记》人物所表现出来的民族特性感同身受,异常地感到熟悉,进一步加深了对《史记》人物的理解与认识。汉代民族特性有一种历史延伸力,同时它也有一种历史的传承力,汉代民族特性的形成,是古老的中华民族特性长期发展演变的结果,《史记》中的古代人物具有汉代民族特性,可能在某些方面不近实际,但反映了我们中华民族自古以来就是统一融合的现实,正因为《史记》中的人物具有汉代民族特性,所以后世的中国人读起《史记》来感到异常的亲切。

第四节 《史记》纪传体的构思

《史记》的体例最重要的特征,就是创立了以人物为中心的纪传体。《史记》全书共记载了四千多个人物,除表中有谱列的人物外,《本纪》、《世家》、《列传》共112篇,虽立传人物百余人,然而涉及到的人物何止这些?刘勰在《文心雕龙·史传》中说:“夫观左氏缀事,附经间出,于文为约,而氏族难明。及史迁各传,人始区详而易览,述者宗焉。”刘勰以《左传》与《史记》相比,说明

《史记》的纪传体有"详而易览"的记史特点。《史记》以人物为中心,正是抓住了推动历史发展的根本,用纪传的形式,最清晰地理清了人类历史社会发展的头绪,既揭示了历史上各种人物在历史发展过程中的地位与作用,又为社会上各种人物在现实活动中树立了表率与警示。

《史记》的《本纪》、《世家》、《列传》,都属人物传记,每一篇人物传记,都有其立传的主旨,这在《太史公自序》中作了简明的说明,如:"维昔黄帝,法天则地。四圣遵序,各成法度;唐尧逊位,虞舜不台;厥美帝功,万世载之。作《五帝本纪》第一。""太伯避历,江蛮是适;文武攸兴,古公王迹。阖庐弑僚,宾服荆楚;夫差克齐,子胥鸱夷;信嚭亲越,吴国既灭,嘉伯之让,作《吴世家》第一。""世末争利,维彼奔义;让国饿死,天下称之,作《伯夷列传》第一。"传记的主旨是作者在熟悉人物事迹中逐渐清晰与明确的,但既确定了立传的主旨,司马迁就开始思索传记主旨如何表达,有关材料如何择取,传记人物如何表现,当他反复推敲和精心策划,将丰富的题材进行整理排列,把所有的材料熔铸成一个有机的整体时,便是一种自觉的构思了。没有这一思维活动,《史记》传记的选材尽管丰富,也形成不了光彩照人的历史人物形象,表达不出立传的目的性。

《史记》传记主旨是通过传记人物特征而体现的,人物的特征又是在人物的经历中形成的,因此,展示人物命运的发展过程,成了《史记》传记最合理的结构形式。展示人物命运发展过程,就应当考虑人物的出生、成长乃至生命完结的全部经历,这与人物特征形成及发展以及传记主旨表达的逻辑是一致的。但这并不意味着《史记》纪传的结构就如此简单,事实上,每篇纪传的结构都有着自己的特点。《史记》人物传记的不同结构,取决于所描绘的人物命运的不同特征。人物命运特征是人物在人生关键时期或关键事件上所表现出来的最能说明人物本质的特征,人物的命运特征成了纪传体组织其框架的实际依据,它决定着纪传结构的基本形式。如狱中书信决定着邹阳的命运,所以以书信为主构成其纪传;李斯一生的特征是假公济私,所以其传记写其亡秦的地方比其强秦的地方要多;伯夷叔齐无离奇经历,兄弟相让,义不食周粟而死,事迹简单,所以其传以抒情讴歌为主。纪传结构的目的就是要把人物的特征表现得越明显越好。

　　人物命运的特征并不是先天具备的，而是在一定社会环境里形成的，这种一定的社会环境，主要指人物之间的社会关系，人物命运的特征主要从人物的各种社会关系中展示。在复杂的人际关系中，司马迁选择了那些最能表现人物命运特征的人际关系，突出了其中那些重要的人际关系，删去了那些有损于表现人物命运特征的人际关系，简略了那些不大助于突出人物命运特征的人际关系，如果不分轻重主次地排比罗列全部的人际关系，恰恰会淹没人物命运的主要特征。对反映人物命运特征的人际关系的合理安排，就是《史记》纪传体的具体结构。

　　除了《太史公自序》中有段文字属自传外，《史记》的人物纪传大致可分为四大类：单传（也有人把它称作专传）、合传、类传、附传。徐浩在《廿五史论纲·自序》中说：

　　　　传者，转也。转受经旨，非以叙人物。叙人物以为传，则自子长《史记》始，又于传之中，分公卿将相为列传，又别立名目，以类相从为类传。按列传之体有四：（一）专传。史家之法，凡皇公巨卿大臣，勋业显著，及有关国政之大奸大恶，皆立专传，或称大传。（二）合传。合传之体，施于通史者多，如《史记》之《老子韩非列传》、《屈原贾生列传》等是，其有二人行事，首尾相随，则以一传兼书，包括令尽、各史恒有此例。（三）附传。史家对于同一事迹，或共事之人，恒取其主要之一人为主，而下附载此事相关之人一一类叙，或带叙，盖人各一传，则不胜传，不为立传，则其人又有事可传，故用附传之例。亦有祖孙父子无大事可传，而又不胜没者，则以子孙附祖父，或祖父附子孙，各视其地位轻重大小以决定之。（四）类传。如《史记》之《儒林列传》、《滑稽列传》、《货殖列传》等是，传目各就一朝所有人物传之，有其人不妨增，无其人不妨缺，固不必尽拘旧名。

　　纪传类型的确定，绝不是简单的人物数量的缀合或分离，而是依据人物命运特征所要求而设计的合理结构，不同的纪传类型是不同人物纪传内容的合适载体。

　　单传是单个人的传记,如《项羽本纪》、《孔子世家》等;合传是两人或数人的传记,如《屈原贾生列传》、《五帝本纪》等;类传是一类人的传记,或性格、或事迹、或职业、或民族等同类或相类似而并于一传,如《刺客列传》、《佞幸列传》、《西南夷列传》等;附传是不限于传名标题所记人物而兼书他人,如《廉颇蔺相如列传》中的赵奢、赵括、李牧等人的传即是附传。这四种形式都只能从大体上认定,实际上这四类传记互相结合、互相渗透,只是各有偏重不同罢了。如《蒙恬列传》,虽主要为蒙恬个人作传,但也附有蒙骜、蒙毅、赵高等人的传事,只因为写这些人是为了更好地突出蒙恬,所以可以不把这些人的传视为附传。附传实际多是寄附于他人传中的单传。比较起来,不易组合的是合传与类传。合传、类传中人物之间的社会交往与关系,当然是联结传记人物的线索,如《廉颇蔺相如列传》中廉颇嫉妒蔺相如功劳以及"将相和",就是联结廉颇与蔺相如的极好线索。《魏其武安侯列传》中的"灌夫骂坐"、"东朝廷之辩"等,把窦婴、田蚡等人都置于纠葛之中,每个人都有摆不脱的关系。但是,真正串联合传、类传人物的线索是一种人物之间的内在联系,这种内在联系体现着人物某种共同的命运特征,从而体现着共同的主旨。如孙子与吴起都以善兵法而同传;季布、栾布任侠相同,为奴相同,气节相同,但一个诚重其死,一个不自重其死,此处虽异,但都与生死相关,故二人合传;袁盎与晁错是两位冤家,但刻削阴鸷,原是同性,列入合传,自有内在原因;鲁仲连、邹阳两人本无联系,但鲁仲连有聊城一书,邹阳有狱中一书,词气瑰奇,足以相比,故合为一传;屈原与贾谊,都胸怀大志,性格正直刚烈以才显,但最终都抑郁不遂其志而没世,虽不同代,不妨合作一传。再如类传,人物一般分别记载,如《刺客列传》,从刺相刺君,一直到刺不可一世的秦王,层层递进,气势贯注,写刺客之性情,愈写愈烈,毫无隔裂之痕。五人虽无实际联系,但后者是前者思想与行为的继承者,是一种精神上的关系。

　　合传、类传,立传人增多,少则有二人或数人,多则有十数人,如若平均逐个叙述,一人一段,像泥塑神佛逐其尊而排其位,或象并蒂俪叶,简单对应,如此必单调无生气。司马迁能将所写人物,穿插安排,或前或后,或散或合,或详或略,或错综或整齐,人物虽多,各有各的角色,组织在一起好像共同演一出主题剧。如《魏其武安侯列传》,实际上主要写魏其侯窦婴、武安侯田蚡和将军灌夫三人,清人吴见思在《史记论文》中分析说:"三人传分作三截,各为一章,犹不称好手。他却三人打成一片,水乳交融,绝无痕迹。如入田蚡,紧接魏其;先序魏其,带出灌夫,其神理可见。三人,有一人单序处,两人双序处,三人合序处,竟有撇却三人于虚空别序处,不可不细看也。"再如《佞幸列传》,吴见思又分析其"有整序者、散序者、实序者、虚点者,又段段牵挽,处处回合,通篇一气,直贯到底,绝无一毫涩滞"。而《酷吏列传》,则"十人,郅都、宁成、周阳由名序,为一截。赵禹、张汤合序,为一截。义纵一传,留宁成末了合序,为一截。王温舒、尹齐合序,为一截。杜周、减宣各序,为一截。而杨仆附见于王温舒、尹齐传内,不在十人之数。"或前或后,或分或合,或单叙或互见,纵横错杂又照应清楚,曲折相映,章法甚妙。司马迁用一个大主旨去统摄《史记》中的合传、类传,使那些有实际联系的人物某种社会关系更加明朗化,使那些表面上看无社会关系的人物有了统一于传中的某种内在联系。合传、类传的人物可以逐个安排,也可以稍加联结,还可以使各种人物的安排透迤交错,在变化中保持着内在的统一,在内在的统一下呈现着各自的情态,整齐中富有变化,结构中显示着作者独特的运思。

　　社会关系是异常复杂的,决定了每一个历史人物一生经历的丰富性,他的思想、性格自然也是复杂而多变的。为了在人物传记中集中表现一定主旨和人物的主要特征,又不违背历史的真实,司马迁就将与一定主旨、人物主要特征不统一、不和谐、至少与显示一定主旨、人物主要特征无大关系的方面,分散于其他人物的传记之中;或为了达到一定的隐讳目的,也用此法,将隐讳部分散于他人传中,不要使隐讳目的集中而鲜明地显示出来,这就是本传晦之他传发之的"互见法"。单篇传记见人物的主要特征,全书的整体传记以及传记与表、书的互相配合才见此人物的全貌,正述在本传,补充在他传,各传互为补充相表里,各传互有联系。如《魏公子列传》写信陵君仁厚爱士,但他曾畏秦而不敢收留魏齐,若将此事放入本传中,则会破坏主旨和人物特征的表现,只好将此则散于《范睢蔡泽列传》中。再如《高祖本纪》写刘邦从平民而为帝王的经过,主要表现刘邦有心机、善用人、顺民心,最终开创汉基业的历史功绩。凡与此太不协调或有顾忌的其他方面则见于别人传中。如《项羽本纪》中写刘邦兵败后,乘车逃亡中为了自己活命而数次推自己子女下车,紧要关头对自己的亲骨肉尚且如此,可想他如何对待他的臣子;《楚元王世家》写刘邦当皇帝后久不封其侄,为的是报复其嫂曾冷待过他;《张耳陈余列传》写刘邦对其女婿张敖傲慢无礼;《刘敬叔孙通列传》写刘邦当皇帝的耀武扬威;《萧相国世家》写刘邦对汉朝开国功臣猜忌少恩刻薄;《张丞相列传》写刘邦好色,拥抱戚姬不避人,周昌见了忙回避,刘邦反追赶上去骑在周昌的脖子上要无赖;《郦生陆贾列传》写刘邦蛮横无理,抢来儒者的儒冠往里撒尿……这种互见有时用"语在某某语(事)中"来提示,某某语或某某事即指某某人的传记,如《吕太后本纪》中有:"诈夺琅邪王兵,并将之而西。语在'齐王语'中"。《留侯世家》中有"语在淮阴事中"、"语在项籍事中"。互见法既突出了纪传主旨、人物特征,又不失历史的真实,确实是纪传体的一大长处。

对同一件事件,在不同的人物传记中作者对此有不同角度、不同详略的叙述。对事件来说,各传所叙可以互为补充阐发,对于不同的传记来说,同一事件在各处说明的问题和显示的人物特征各不相同。有的事,别传已详述,此传又不得不述,往往以虚笔带过。如穰侯事迹,大半在《范睢蔡泽列传》中已述,所以《穰侯列传》只用总括法来虚写已述之事,而详叙须贾说辞、苏代书辞,避实就虚,与《范睢蔡泽列传》互映生色。总之,作者在写某人传时,总不忘却全书的结构,在写某一人物时,总不忘却此人物的所有社会关系。

《史记》纪传结构围绕着纪传主旨、人物的特征来安排,这样的内在关系,决定了《史记》纪传结构的基本脉络是人物命运特征的发展轨迹,整个纪传是人物命运始终的记叙,人物命运特征是贯通全部纪传的线索。《史记》纪传所选择的人物,都是时代的风云人物,一般都非凡特异,社会关系复杂,其一生经历,在时间与空间上跨度很大,如何组织纪传材料,使其繁而不乱、从容有节?司马迁牢牢地抓住了人物命运特征发展的线索,即人物主要特征的发展过程,在这条主干线上的事巨细靡失,而枝叶蔓延的他事则可删去,或以互见法见于他人之传,特别是牢牢把握住体现这一发展过程的几个关键,主要以此来展示人物的主要特征。以人物命运特征为线索,这与以事件为线索的纪事本末体或以时间为线索的编年体不一样。《史记》纪传结构的线索是人物命运,它表现的是人物的特征。纪事本末体只写出事件的首尾完具,而人物却随事件的进程时隐时现,清晰的人物特征是不易看到的。编年体虽然年月清楚,但一事与同时的他事相混,一事的记载有时要跨越数篇,一事件且不能集中地展示,人物特征就更谈不上集中、鲜明、完整地显示了。以人物命运特征发展为线索的纪传结构,其脉络大致有三种类型:

首先是单线发展型。这种类型是以某一人物的命运为主线,而其他与此命运相关的人只作为陪衬与烘托,而将这一人物的特征显示出来。这种单线型结构顺序一般与自然时间进程相一致。自然时间是实实在在的客观存在,它具有不可改变性,从人物的出生、成长到死亡,从事件的开端、发展到结束,从整个社会的兴盛、变动到衰亡,都按着时间顺序,显示出人、事、物的整个发展过程。例如《伍子胥列传》,以伍奢直谏楚王遭致灭族,独伍子胥逃离为起事,吴王阖闾召用子胥为发展,吴兵入郢、子胥鞭击楚平王尸为高峰,吴王夫差疏远子胥为转折,子胥自刎为结局,完全按照时间的推进而展现出伍子胥这一悲剧英雄的特征来。但《史记》传记中的时间顺序与编年体的时间顺序不大一样,编年体严格按时间排列顺序来叙事,而《史记》纪传在表现人物特征发展时提及时间,时间顺序跳跃性很大,有时一年、一月甚至一日之内叙述的内容很多,有时一下子就越过若干年。时间不是命运发展的线索,只是伴随人物命运特征的发展在同一空间内同步运行,人物命运随时间推进而逐层深入发展,条贯清晰,特征越来越显露。人物命运特征发展与时序进程的一致性,无意中使时间起了纪传结构中的连接作用。人物命运按其产生、发展、消亡的进程与时序是一致的,但只要以人物命运特征为线索,那么就不一定非遵守时序不可。《史记》传记中许多地方要表现人物命运特征发展的某种原因和基础时,就常常打破了时序。如《李将军列传》中有一段本按时序叙述:"元朔六年,广复为后将军","后二岁,广以郎中令将四千骑出右北平……广军功自如,无赏",接下来却插入文、景帝时的事:"初,广之从弟李蔡与广俱事孝文帝。景帝时,蔡积功劳至二千石。"可见作者并不是把时间作为传记线索,而是以人物命运特征的发展为线索,在顺叙的大框架内也有插叙、倒叙的使用。

　　人物命运特征常常体现在与人物命运紧密关联的某物、某事、某情上,这些物、事、情有时可以概括为片言只语,单线型结构便以它们为主线,把人物命运经历的几个关键环节全都串联起来。如《项羽本纪》写这位叱咤风云的反秦英雄的悲剧命运特征,这个人物的命运特征与其军事事业的兴衰是一致的,作者在其繁杂的军事行动中拈出"东西"二字,项羽在东西二面的几次进退,完成了他的军事行动,也完成了他的悲剧命运的进程。吴见思在《史记论文》中说:"项羽起兵伐秦,是自东而西;伐齐,则自西而东。与汉王战,又自东而西。解而归,至乌江,则又自西而东。东、西字,是一篇眼目。"当时风起云蒸,时事纷纭,司马迁独具慧眼,准确地找到了与项羽命运发展相关的线索——项羽东西军事行动路线,以此来巧妙地贯穿项羽众多材料,串联起一个个时代的洪波巨澜,构成了《项羽本纪》的合理框架,再现了反秦斗争与楚汉之争中项羽力拔山气盖世又归于身亡国灭的悲剧特征。

　　再如《陈丞相世家》,最能显示陈平性格本质特征的是一个"谋"字,先借魏无知之口,介绍陈平是"奇谋之士",为全传点睛之处,然后写汉多用陈平谋计,如"用其奇计策,卒灭楚","用先生谋计,战胜克敌","平与太尉勃合谋,卒诛诸吕,立孝文皇帝,陈平本谋也"等等。篇末又借陈平本人之口,归结出"阴谋"二字,传赞又曰:"非智谋,孰能当此者乎?"一个"谋"字贯通全篇,成为通篇的纲目。《商君列传》全篇又以"法"字串联。商鞅用于秦,纯以法任,开篇就提出商鞅好刑名之学,是为后文诸法作伏眼。以下写商鞅欲变法,写商鞅定法,写太子犯法,写商鞅将法太子,写民议法令……传终以"为法之敝"而商鞅亡躯。传赞又以"刻薄"、"少恩"、"受恶名"概括,无不与"法"相连。司马迁在人物特征中善于抓住此人物与别人不同的特异之处,作为全篇纲领,集中叙述人物这方面的行事与性格,使纪传结构明了而主旨突出。

　　单线型结构一般用于单传,有的合传、类传也可用此类型。以相类似的命运为线索,将一类人物的特征显示出来,如贾谊的命运发展大致可以视作是屈原命运的重演,所以不同时代的屈原、贾谊可以合传。合传、类传中使用单线型结构,顺序虽然一般是逐个介绍人物,而且各个人物之间往往表面上没有什么联系,但实际上联结他们的却是相似命运的特征,如《老子韩非列传》中分别叙述老子、庄子、申不害、韩非，是以相类似的学术主张将他们组织于同一纪传结构内的。《佞幸列传》、《滑稽列传》等类传也是以相似命运的特征贯穿整个纪传。甚至可以把同类人物命运的发展视为某种形式的大体重复，如《刺客列传》中聂政、曹沫、荆轲等人经历大致可以认为雷同，前一个人物的命运完结，另一个人物的命运基本依前者命运的运动方式重新开始，前后有着内在的联系。

其次是双线照应型。这种结构以两种命运特征发展为线索，这两种命运特征具有互相照应的关系，这种照应又可分作两种形式：对称和对比。对称是两种命运特征处于对应状态，共同具有某种相似的特征。对比是两种命运特征处于对立状态，各自具有对方某种相反的特征。对称或对比从统一与对立的两个方面，将两种命运特征组织在一个复杂的整体纪传结构之中。

对称，是事物存在的一种形式，并能形成一种形式美。司马迁在对《史记》纪传结构进行设计时，考虑到社会生活中人物特征也存在着如此事实：部分特征之间相对应，部分特征与整体特征相协调。对称，是统一体中各部分的对应、和谐和平衡。《史记》纪传的对称主要指同一篇传中两个人物命运特征的对称，如《绛侯周勃世家》中周勃、周亚夫父子两个人，都有赫赫大功于汉，都遇刻薄少恩的君主，都以耿直而入狱，两种命运特征一一对应。在《樗里子甘茂列传》中，樗里子以右丞相与甘茂左丞相对称，《张释之冯唐列传》中两人以质直不阿对称，《韩信卢绾列传》中韩王信与卢绾皆无功而封王，又都叛汉降匈奴，无独有偶。清代李晚芳在《读史管见》卷二《管晏列传》中评说道：

> 两传皆以志友道交情，曰知我，曰知己，两篇合叙联结之真谛也。……故于《管传》，即在仲口中，备言鲍子知我之感，慷慨淋漓，可歌可泣，知之者贤，则受知者之贤自见。《晏传》亦于越石父口中，反言知己无礼之当绝，亦深知晏子必悔而优待之以成一段患难相知之谊，使人至今重晏子者，越石父也，皆借宾形主之法。《传》首于管仲，则轻轻叙其出处大意，后又概写其为相才略，疏疏落落，不脱不粘；于晏子，亦虚虚首括其立身行事之概，末则纪荐御一事，见其不遗片长。于其所著霸君显君之书，在《赞》中开手，即一笔提全，点滴不漏，寥寥轶事，遂令两人全身，活见于

尺幅间,虽不详其平生言行,而平生言行无不毕见,是变仍不失其正者也。对称式的人物犹如同枝条上并生的一对俪叶,形式上整齐有序,性格上相互映衬,其特征相得益彰。

除合传人物对称外,《史记》传记中还有篇与篇之间的对称,这是扩大了的对称,如《司马穰苴列传》与《孙子吴起列传》前后相列是兵家对,《苏秦列传》与《张仪列传》前后相列是纵横家对。对称也有缩小的时候,缩小到同篇中人物事件、语言等方面的对称,如《廉颇蔺相如列传》写了渑池之会,中有赵王鼓瑟与秦王击缶对应,秦御史书事与赵御史书事对应,秦群臣要求为秦王寿与蔺相如要求为赵王寿对应。遥想渑池之会起码有秦、赵两王之间的对话,而传中所记赵王竟无一语,会议也决非如传中那般的一来一往,司马迁有意以对称的形式安排事件经过、人物对话,使两两对应,从多方面衬托出蔺相如敢于和强秦抗衡的勇气、胆识和谋略。

对比,与对称一样,也可以在纪传的结构中构成一种形式美。如《项羽本纪》写项羽英雄好汉而失败,《高祖本纪》写刘邦流氓无赖而成功;《淮阴侯列传》写韩信一生善战不善谋身,《萧相国世家》写萧何一生惯于明哲保身,这是篇与篇的对比。在篇内人物命运特征对比时,司马迁常采用同类比、异类比与自身比三种形式。以《魏其武安侯列传》为例,窦婴与灌夫是同命运的人物,此二人虽站在同一立场上来对付武安侯田蚡,但窦婴因有患得患失之心,对田蚡还虚情应酬,而灌夫刚直无顾忌,敢于当面冒犯田蚡,窦婴与灌夫二人属于同类对比。同类对比在同中求异,易于写出人物命运特征的细微差别。以窦婴、灌夫为一方,田蚡为另一方,营垒分明,属异类对比。窦婴、灌夫非死罪而死,田蚡犯死罪而通达,在异类对比中,鲜明地衬出失势者的可怜与无辜和新贵者的弄权与残忍。自身对比,适于安排表现人物自身命运特征的前后发展变化。如窦婴失势后,虽对新贵田蚡有所不满,但也存有幻想,巴不得有攀援田蚡的机会,就在田蚡表现出欲夺其田的阴谋之后,他仍同列侯宗室俱往贺田蚡婚娶。至灌夫被系,东朝廷辩,窦婴起初还仅仅“盛推灌夫之善,言其醉饱得过”,不愿与田蚡撕破面皮,最后,“魏其度不可奈何,因言丞相短”。作者如此精心安排,完成了魏其侯窦婴对田蚡的斗争由犹豫到坚决、由暧昧到明朗的过程。传中更有众多的人物对魏其侯窦婴、武安侯田蚡与将军灌夫三人的不同态度，形成了众多人的对比，对比才能更鲜明地显示出人物各自的特征，形成人物之间的冲突与矛盾，构成引人入胜的曲折情节，正如清人汤谐在《史记半解·魏其武安侯列传》中说："魏其荣势以亲交，武安挟诈以肆横，灌夫负气以任性，传内三人都写得须眉欲动，妙矣！尤妙在传外诸人如籍福之委曲调停，三边掩捺；安国之心祖丞相，故持两端；当时之是非不爽，畏势游移；天子之实恶武安，碍难自决；太后之一味私情，护持昆弟；无不面面如生。看来他传多作波宕，而此传全着精彩，为是花簇已极，更添人间情不得耳，故即以精彩处为波宕处也。"

最后是多线交叉型。如果说双线型在形式上像二线并行，或对应或对峙，那么多线型在形式上则像多线交叉。其中有以一人命运特征发展为经线，数人命运特征发展为纬线的纵横交叉。经者为主角，纬者为配角，纬线上的人物有力地衬托着经线上的人物。如清人吴汝纶在《桐城先生点勘史记》卷八五中评《吕不韦列传》："此篇以'贾'字为主，立楚子进美姬，所以贾利；作《吕氏春秋》，所以贾名；进嫪毒，所以贾祸。""贾"是吕不韦的特征，在吕不韦"贾"名利的过程中，善舞的美姬、善文的食客、善淫的嫪毒，都是吕不韦"沽名钓利"的工具，在传中也都是吕不韦的配角，吕不韦的兴败无不与这些配角有关，配角与吕不韦的关系，构成了吕不韦的主要人生经历。《史记》纪传中也有时忽而主忽而客，竟主客难辨，甚至于"喧宾夺主"，主客纵横穿插，变化之妙，无辙可寻，实际上达到了以宾衬主的目的。梁启超在《中国历史研究法补编》分论一中说："没有配角形容不出主角，写配角正是写主角。这种技术，《史记》最是擅长。例如信陵君这样一个人，胸襟很大，声名很远。从正面写未尝不可以，总觉得费力而且不易出色。太史公就用旁敲侧击的方法，用力写侯生，写毛公薛公，都在这些小人物身上着笔，本人反为很少，因为如此信陵君的为人格外显得伟大，格外显得奇特。"①所以处于经线上的人物，不一定非要

---

①　梁启超：《中国历史研究法补编》，《饮冰室史著四种》，江苏广陵古籍刻印社影印本 1990 年版，第 56 页。

多费笔墨。只要处于中心位置,就可形成众叶衬花的效果。

另一种多线型形式基本以几个主要人物的矛盾为中心,围绕着这种矛盾展开许多人物的命运冲突,形成以矛盾中心为交叉点的多种命运特征的展示,这种形式往往运用于人物传记的某个片断中。如《魏其武安侯列传》,以窦婴、灌夫为联合的一方,以田蚡为敌对的另一方,传前三截写出了三人恩怨初结的基础和营垒分明的原因。"武安由此大怨灌夫、魏其"句,既是侧重三人单传的结尾语,又是以三人为主的众多人大冲突的开头语。以下便以灌夫骂座、东朝廷辩,将临汝侯、程不识、籍福、韩安国、汲黯、郑当时、汉武帝、王太后等人都牵连进去,众多的人物在这二次矛盾冲突中各自呈现出自己的鲜明特征,文章安排得错综而周密,复杂而脉络清晰。李景星在《史记评议》卷四《魏其武安侯列传》中说:

> 此传虽曰《魏其武安侯列传》,实则窦田灌三人合传也。两个贵戚、一个酒徒,惹出无限风波,头绪纷繁,如何措手? 而太史公用独力搏众兽手段,构成一篇极热闹文字,真是神力。传以武安魏其为经,以灌夫为纬,以窦王两太后为眼目,以宾客为线索,以梁王、淮南王、条侯、高遂、桃侯、田胜、丞相绾、籍福、赵绾、王臧、许昌、庄表翟、韩安国、盖侯、颍阴侯、窦甫、临汝侯、程不识、汲黯、郑当时、石建许多人为点染,以鬼报为收束,分合联络,错综周密,使恩怨相结权势相倾杯酒相争情形,宛然在目。

《史记》纪传结构的脉络从理论上讲是简单的,然而人物在其经历中必然要和社会发生种种关系,如矛盾的、对抗的、僵持的、和谐的、亲密的等等,关系异常复杂。人物的命运特征不会纯粹地自身单独发展,只有在和各种人物命运发生各种关系中才能发展,所以严格的单线发展是不存在的。讲单线型是比较而言的,是从人物命运大体单线发展上着眼。讲双线型、多线型,大体上是指适于表现两种和多种命运的矛盾、冲突、调和等关系的结构形式,在这些结构中,也不排斥人物命运特征在一定社会关系前提下的大体单相发展。所以《史记》纪传单线、双线、多线结构型的划定,是大体上、主观上的划定,而实际上,《史记》纪传结构多是单线发展、双线照应、多线交叉的结合型。如

《项羽本纪》,以项羽的命运特征发展为线索,基本上可以认为是单线发展型,但是传中叙述楚汉之争,项羽与刘邦两相对应,也含双线型结构,至于围绕项羽命运,几乎将当时整个社会的政治代表人物都牵连进去,光一个鸿门宴就展现了多少人命运的冲突斗争! 在这些地方,又可以把它视作多线型结构。《史记》纪传结构虽呈现出复杂多变的形态,但总有人物命运特征的线索在紧紧蝉联,只要剖析纪传人物命运特征的发展以及各种命运之间的相互关系的分合联络,便会分袂条理,理清它的结构脉络。不作周密的分析,便将某一人物纪传结构的脉络说成属于某一种类型,未免有点简单化了。

　　特别应该看到《史记》中有少数具有特殊命运特征的人物,由于这些人物经历特殊,构成了《史记》纪传中少量的"变格"结构。如《伯夷列传》,全篇议论咏叹,回环跌宕,杂引经传,层间叠发,伯夷事迹,只在传中略点一二,基本以纯密之情层层推进,以作者自己的感情起伏变化为脉络。高燮《吹万楼文集》卷二《书史记伯夷列传后》中写道:"历详事实不加案论,此史家正例也。而或于叙述中附见己意,则为变例矣。至通篇皆以议论为主,而反以叙事为常见者,则我惟于《史记·伯夷列传》见之。"再如《乐毅列传》,对乐毅伐齐等事都不实写,仅就报燕王书词为一传大势,反将实事作为点缀,象书词的注脚。有人指出:"尝谓太史公一生好奇,如程婴立赵孤诸事,不知见自何书,极力点缀,句句欲活。及作《夏本纪》,亦不得不恭恭敬敬将《尚书》录入。非子长之才长于写秦、汉,短于写三代,正是其量体裁衣,相题立格,有不得不如此者耳。"(见卧闲草堂藏版《儒林外史》清佚名第36回评)《史记》有的人物纪传格局还因资料限制而相应变化,如李景星《史记评议》中说:"《三王世家》,无事可书,则杂录当时奏议诏策,以足成之。其好处可以二语括之曰:'不著一字,尽得风流'。《仲尼弟子列传》不尽有事可书,则根据弟子籍,杂引《论语》各书,以足成之。其好处亦可以二语括之曰:'信则传信,疑则传疑'。"《史记》纪传结构出现的"变体",说明司马迁不仅不拘一定史法,而且不拘一定文法,他不囿一体,不用固定模式去套不同的人物。苏轼在《书蒲永升画后》一文赞唐代孙位画水能够"随物赋形,尽水之变"。司马迁为人物写传,可谓"随人赋形,尽人之变",纪传格局因人物而变通。

类型也决定了常用语的使用频率,《史记》纪传的单传、合传、附传一般采用直起的方法开头,即按先后顺序开门见山推出人名,多用"某某者"的形式,如《五帝本纪》开头:"黄帝者,少典之子,姓公孙,名曰轩辕"。也有个别的省却了"者"字,如《吴太伯世家》开头:"吴太伯,太伯弟仲雍,皆周太王之子,而王季历之兄也。"类传则往往采取喻起的方式来开篇,先以叙谈或议论富有哲思的事物、情理来兴起,揭示类传主旨,然后才引出类传人物来。这喻起的文字象传的小序,有的长有的短,极富变化,并多由所引民间歌谣或前人语句而发论,如《佞幸列传》开篇曰:"谚曰'力田不如逢年,善仕不如遇合',固无虚言,非独女以色媚,而士宦亦有之。"《滑稽列传》开头先引孔子的话:"六艺于治一也。《礼》以节人,《乐》以发和,《书》以道事,《诗》以达意,《易》以神化,《春秋》以义。"然后引出"太史公曰:'天道恢恢,岂不大哉! 谈言微中,亦可以解纷。'"再如《酷吏列传》开头引了孔子与老子的话,《游侠列传》开头引了韩非子的话,等等。有的开头为司马迁的话,如《循吏列传》,以"太史公曰"标出,有的开头语明明是司马迁的话,但并不以"太史公曰"来标出,如《日者列传》:"自古受命而王,王者之兴何尝不以卜筮决于天命哉! 其于周尤甚,及秦可见……"

《史记》纪传中各个人物之间的连贯与过渡,如果以人物之间发生的某种社会关系为联结的媒介,那是比较容易办到的,哪怕人物之间稍有一点联系。如《范雎蔡泽列传》中有:"应侯惧,不知所出,蔡泽闻之,往入秦也。"以此句收束范雎而引出蔡泽,"如此结束,如此过脉,骑龙手也。"(茅坤语,见《史记评林》)《史记》纪传中有些同传的人物,他们之间并不发生实际的社会关系,甚至他们不是一个朝代的,那又是什么"粘合剂"把他们联结在同一结构的传记中呢? 前面已提过时间是一因素,如《管晏列传》,衔接管子、晏子二人的是:"管仲卒,齐国遵其政,常强于诸侯。后百余年,而有晏子焉。"一个"后百余年"就把他俩联结起来。然而,晏子与管子真正相联系的仍是"遵其政"。司马迁在粘合表面上无关系的人物上,借用了相似、相关、类比、相反等联想,找出这些人物相似的、相关的、类比的、相反的命运特征来连贯他们的命运。如鲁仲连、邹阳两人本无联系,但鲁仲连有聊城一书,他是战国士阶层的代表,邹阳有狱中一书,他是汉代文人的代表,两人的书信词气瑰奇足以相比,成为两个人物命运的联结点。《佞幸列传》则以人物靠媚皇上贵幸这一相同点而归类排比。《屈原贾生列传》中云:"屈原既死之后,楚有宋玉、唐勒、景差之徒,皆好辞而以赋见称,然皆祖屈原之从容词令,终莫敢直谏。"屈原与宋玉、唐勒、景差有相同处,皆楚人;有相似处,皆好辞而以赋称;有相反处,屈原竭忠尽智,敢于批评楚王昏庸误国,而宋玉等人却胆小怕事,莫敢直谏,任何一方面都可以把屈原与宋玉、唐勒、景差缀合在一起,组织于一个结构之中。这种结构已经不受人物时空联系的限制,真正使不同时空的人物粘合在一起的,仍是人物命运特征的内在联系。

《史记》纪传在叙述人物命运完结后,往往还要略叙一下与此人物相关的其他人与身后事,所补写的人大多是其后代、亲友,所补之事,大多是其死后带来的种种后果。如《魏公子列传》结尾写道:"秦闻公子死,使蒙骜攻魏,拔二十城,初置东郡,其后秦稍蚕食魏,十八岁而虏魏王,屠大梁。高祖始微少时,数闻公子贤。及即天子位,每过大梁,常祠公子。高祖十二年,从击黥布还,为公子置守冢五家,世世岁以四时奉祠公子。"此外,《李将军列传》在叙李广自刎后,续写了李广子孙数人。《李斯列传》在记李斯被杀后,又写了秦亡之事,等等,这些补写并非赘笔,进一步显示了传记人物的生命价值,突出了传记人物的命运特征。《史记》纪传结构,安排合理、组织严密、脉络清晰,表现了司马迁对历史人物命运特征的深切感受与深刻认识,也表现了这种感受与认识在表达上的高度组织技能,司马迁终于完成了"成一家之言"的科学的构思。

第五节 《史记》纪传体的史评史论

《史记》纪传体,主要叙述人物生平,但也包含着史评史论。《史记》中的史评史论表现为隐形式与专体式二种,隐形式是将史评史论隐含于史事的叙述中,即人们常说的"寓论于史"的方式,或换言之为"寓论于叙事中",在叙述历史事实中,让事实显示作者的史评或史论,或借传中的历史人物之口,说出作者对历史事件或人物的评价。这方面的分析前面已有阐述,不再赘述。这里着重谈谈专体式史评史论。

《史记》一些人物传中,或篇首或篇中,有作者的发论或夹叙夹议,而每篇传末几乎都有"太史公曰"式的议论或抒情短文。后人习惯称篇前的"太史公曰"为《序》,篇中的"太史公曰"为《论》,篇末的"太史公曰"为《赞》。作者议论、抒情都是从人物命运特征、纪传主题出发,与纪传有着内在的联系,是纪传统一结构有机的一部分。这种序、论、赞的形式,甚至还运用到《史记》的表、书之中。刘知几在《史通·论赞》中讲:"《春秋》、《左传》每有发论,假君子以称之。二传云'公羊子'、'穀梁子',《史记》云'太史公'"。史著中有议论并非《史记》创立,然而每篇必有发论,还是自《史记》开始的,传中发论确实是《史记》的一个显著特点。

《史记》的序、论、赞一般以"太史公曰"领起,但也不能太拘泥此说,《史记》中有个别的《序》、《论》虽未标"太史公曰",但能看出是作者本人在发议论,如《日者列传》开篇的《序》:

> 自古受命而王,王者之兴何尝不以卜筮决于天命哉!其于周尤甚,及秦可见。代王之入,任于卜者。太卜之起,由汉兴而有。

《屈原贾生列传》中的《论》也无"太史公曰":

> 夫天者,人之始也;父母者,人之本也。人穷则反本,故劳苦倦极,未尝不呼天也;疾痛惨怛,未尝不呼父母也。屈平正道直行,竭忠尽智以事其君,谗人间之,可谓穷矣。信而见疑,忠而被谤,能无怨乎?屈平之作《离骚》,盖自怨生也。

有个别的《赞》甚至也没有"太史公曰"这几个字,如《伯夷列传》:

> 伯夷、叔齐虽贤,得夫子而名益彰。颜渊虽笃学,附骥尾而行益显。岩穴之士,趣舍有时,若此类名堙灭而不称,悲夫!闾巷之人,欲砥行立名者,非附青云之士,恶能施于后世哉?

《史记》的序、论、赞并非是强生其文,而是作者将史论与史传有机结合的产物。章学诚在《文史通义》内篇三《史注》中说:"太史《自叙》之作,其自注之权舆乎？明述作之本旨，见去取之从来，已似恐后人不知其所云，而特笔以标之。所谓不离古文，乃考信六艺云云者，皆百三十篇之宗旨，或殿卷末，或冠篇端，未尝不反复自明也。"作者直接阐发纪传主旨的文字，便形成史评史论的专体形式，《史记》有了序、论、赞式的史评史论，也就使《史记》纪传体从体制上远远超出它之前的任何史著，具备了史评史论的固定形式。

《史记》的序、论、赞既是作者将史论与史传有机结合的产物，那么也就是在生动刻画历史人物形象的形象思维基础上，又侧重了抽象思维的运思，体现了《史记》将形象思维与抽象思维完美结合的特点。

《史记》纪传体是历史学与文学的完美结合，有人认为《史记》中的作者发论，若从史学角度考虑是需要的，若从文学角度看，则是有损于《史记》文学特色。如何认识这个问题，首先得弄清一个问题：我们既不能从现代文学的角度要求《史记》，也不能从现代史学的角度去要求《史记》，《史记》就是文学与史学的高度结合体。在它那里，人物形象描述中并不排斥议论，或者说形象思维中并不排斥抽象思维。人们的感性认识由感觉、知觉到表象，表象是感性认识阶段的终点，又是理性认识的起点。人的思维能透过事物的表象而提取其本质，具有一种抽象力，功能是舍象取质。也能在提取事物的本质之后，创造性地在脑中再现其表象形态，具有一种具象力，功能是造象显质。《史记》纪传中人物形象的形成，大致就经历了这样的思维过程。人们的感性认识在思维的抽象力和具象力的不断交错作用下，终于完成了一个质的飞跃，即成为理性认识。抽象和形象两种思维是不可分的，只不过最后的认识由抽象形式来表述，即通过逻辑范畴以概念形态来概括具体的形态，便造成概念；最后的认识由具体形象的形式来表述，即通过美学范畴以感性观瞻所表达出来的典型与生活画面来表现事物本质，便造成形象。《史记》纪传人物是由具体形象的形式来表述的，而《史记》的序、论、赞便大多是由抽象形式来概括或补充具体形象的内容。

在《史记》中，有作者形象思维和抽象思维的综合运用。形象思维并不意味着要排斥概念，形象是一种理性认识的感性显现，是一种由于理解了因而更深刻地感觉到了的东西，在形成典型形象的过程中，把一类人物的特征加以

"抽象化"——分离出来,然后又把这种特征"具体化"——概括、集中在某个人身上,这一思维过程中就有抽象思维。客观事物的现象与本质在作家头脑中相互转化,往返流动,从具体到抽象,再由抽象上升到新的具体,新产生的典型形象是理性作用在形象思维活动中创造性的收获,是作家抽象的艺术审美观念的具体体现。同样,在形成概念的过程中,也并不意味着排斥形象,形象中寓有概念,概念又不能完全舍去事物的表象,形象与概念这种同一性,又导致形象思维与抽象思维之间具有同一性。二者在认识客观现实的思维活动中可以相互补充、交错运动、相需为用,目的都是要认识与反映事物的本质和规律,二种思维方式常常是互相配合,只是因表现形式不同而各有侧重罢了。《史记》人物传记和作者的序、论、赞就担负着不同的写作任务,因而其思维方式与表现形式也各有不同。

在分析、综合、提炼历史生活素材以及确定人物纪传主题思想上,抽象思维对司马迁起了很大作用,但也伴随着有形象思维。对人物的刻画,情节的描述,社会环境的描写,主要是形象思维在起作用,但伴随着也有抽象思维。当司马迁奋笔疾书,表现历史人物的形象时,他是一位客观的叙述者,以形象思维为主,抽象思维为辅,他要为后人呈现的是活生生的人物,是一种典型形象。当他对所描述的人物给予一定评价时,他又是一位带有强烈主观情感的评论家,以抽象思维为主,形象思维为辅,他要为后人奉献的是阐明此人物的人生价值,一种人生道理。

《史记》中的史传与史论一般界限分明,但也有将两种思维交错融合到难以分辨的地步,如老子、伯夷、屈原等人传中之论,儒林、游侠、货殖等传中之序,都既述其事,又发议论。再如《屈原贾生列传》中有如此一段:

> 屈平疾王听之不聪也,谗谄之蔽明也,邪曲之害公也,方正之不容也,故忧愁幽思而作《离骚》。离骚者,犹离忧也。夫天者,人之始也;父母者,人之本也。人穷则反本,故劳苦倦极,未尝不呼天也;疾痛惨怛,未尝不呼父母也。屈平正道直行,竭忠尽智以事其君,谗人间之,可谓穷矣。信而见疑,忠而被谤,能无怨乎?屈平之作《离骚》,盖自怨生也。

这段夹叙夹议，是作者发感慨还是屈原发感慨？一时难以分辨，看其行文，可认作议论，联系屈原行事，亦可认作叙事，传、论已浑然一体。

《史记》的序、论、赞各具形态，言辞精炼，旨义深刻，论中还夹抒情、叙事，是一篇篇极有韵味的短小议论文。如项羽乘势崛起，争雄一时的事迹，《项羽本纪》中一一陈述已具，但后人还各执一端。或褒之为千古英雄，见其力拔山气盖世之雄姿，如破秦军、斩宋义、封诸侯，有何等磊砢而伟异，就连垓下被围，战场自刎也表现得那般慷慨壮烈，直到宋时女作家李清照，还写诗称颂道："生当作人杰，死亦为鬼雄。至今思项羽，不肯过江东。"（《夏日绝句》）或抑之为桀、纣再世，见其慓悍猾贼之性，如诱杀会稽守、矫杀宋义、屠咸阳、灭襄城、杀秦降王子婴、杀义帝等，谓其暴虐无比。两种评价无不偏颇。司马迁高出俗见，在《项羽本纪》的赞中不因其暴烈而抹杀他的历史功绩："政由羽出，号为霸王，位虽不终，近古以来未尝有也。"又不以其英豪而掩饰他的错误："卒亡其国，身死东城，尚不觉寤，而不自责，过矣。"功过评价公允，既歌颂了项羽反秦斗争的丰功伟绩，又寄托了对其惨败身亡的惋惜与批评。赞文眼力高远、客观中肯，既肯定了项羽以力灭秦定天下的伟功，又惋惜他功德不足而失天下的悲剧下场，对项羽这个人物的公允评价达到了当时的最高水平，甚至于后世许多史学家仍难达到其认识的高度。

司马迁身为汉代人，又为汉代人作传，势必有许多顾忌，如《淮阴侯列传》叙述淮阴侯韩信的计谋及战功，以痛快之笔写之，酣畅淋漓。叙述淮阴侯"反叛"，则以隐约之笔道之，言不由衷，令人无限惋惜与同情，作者又恐后人误认给淮阴侯罗织罪名之辞为实，又以蒯通对高祖一席话来表明淮阴侯无谋反的心迹。然后司马迁才在赞语中一反常法，不点明淮阴侯其冤，而是作表面的谴责："而天下已集，乃谋畔逆，夷灭宗族，不亦宜乎！"读来令人更加沉痛，天下已定，淮阴侯却"夷灭宗族"，反倒对淮阴侯在有实力时不谋反的愚忠倍感寒心。纪传寓意微旨全在赞中曲折显示出来，令人思索回味无穷。

《史记》序、论、赞，常涉及到非常丰富的内容。一般序文常概括传文的主旨或写作的目的，如《货殖列传》的序为："太史公曰：'夫神农以前，吾不知已。至若《诗》、《书》所述虞夏以来，耳目欲极声色之好，口欲穷刍豢之味，身安逸乐,而心夸矜势能之荣,使俗之渐民久矣。虽户说以眇论,终不能化。故善者因之,其次利道之,其次教诲之,其次整齐之,最下者与之争……'"序文承认人们的物质与精神的需求与欲望,这既是社会的普遍现象,又是人们奋斗的动力,对此统治者应该采取积极的政策,而应杜绝消极的政策,这也是本传写作的目的。《史记》中的"论"较少,一般依据前面所述而发感慨,如《田单列传》的论为:"太史公曰:兵以正合,以奇胜。善之者出奇无穷。奇正还相生,如环之无端。夫始如处女,适人开户;后如脱兔,适不及距;其田单之谓邪!"这段"论"根据前文对田单指挥作战经历的介绍,概括出田单灵活机动,出奇制胜的军事指挥特点,对田单高超的军事指挥才能表示由衷的钦佩。

《史记》中赞的使用比序、论要多得多,这些赞有的画龙点睛、阐明主旨;有的公开褒贬,表达鲜明的爱憎;有的隐晦其意,含有弦外音;有的议论超远,使人回味无穷,等等。如《刺客列传》共载五人,都具有一种见义勇为、反强扶弱的激烈性情,尽管无力挽回山穷水尽的残局,正如赞中所说:"然其立意较然,不欺其志,名垂后世,岂妄也哉?"点明传中人物的行为意义;《汲郑列传》写汲黯、郑当时二人升沉遭际,赞中忽引翟公语:"一死一生,乃知交情,一贫一富,乃知交态,一贵一贱,交情乃见",从传中人物推而广之,引出深意,说尽世态炎凉;《留侯世家》赞中有"至见其图,状貌如妇人好女",以作者见闻补传中不足,不仅补充人物形象资料,而且增强传记可信程度,将传中人物的形象骤然又深一层地凸现出来;《袁盎晁错列传》中载晁错变法坚定,他认为:"不如此,天子不尊,宗庙不安",把个人安危置之度外,赞中却有:"语曰:'变古常乱,不死则亡',岂错等谓邪"的话,传中写晁错的行实,赞中表现对晁错的感情,二者相反而互补,作者本意想少一些偏颇。

《史记》纪传中作者的议论大部分没有游离于本传的内容,传中的序、论、赞和传中人物特征紧紧相联系,成为纪传不可缺少的有机组成部分。特别是《史记》传末的赞,对传中人物进行了议论评品,不仅点明了本传的主旨,而且使传中人物的特征更加鲜明,而且从议论中能见到作者的形象。论赞或鲜明,或隐晦,或直捷,或曲折,感情或喜或悲或愤或忧,从字里行间可以见到作者的胸襟、抱负、情怀、憎爱,大凡传世之作皆有作者的面目在其中,因为传世之作必是事、情、理的完美的融合。

　　《史记》序、论、赞中的抽象思维与一般议论文的抽象思维有所不同。《史记》的议论是在人物言行的基础上的概括、深掘,它虽属于抽象思维,但它不脱离历史人物形象,能帮助读者更深刻地理解历史人物,理解历史人物形象所揭示的特征和思想感情,并且在饱和着作者感情的字里行间,窥见作者丰满的形象,具有个性化特点。它提供了形象思维与抽象思维互相结合的范例,提供了以精炼的抽象文字概括形象、开掘形象深度的史著形式,这一形式每每为后世史著所模仿,但多数达不到《史记》形象思维与抽象思维完美结合的高度。李景星在《史记评议·凡例》中讲:"他史赞语,每就纪传所言,重述一遍,殊少意味。《史记》诸赞,往往补纪传之所不及;且其用笔奇崛,用意含蓄,或为一篇精华所聚,非经抉发,未易明也。"

第四章 汉初史家与《史记》补续

班固在《汉书·司马迁传》中说:"司马迁据《左氏》、《国语》,采《世本》、《战国策》,述《楚汉春秋》,接其后事,讫于天汉,其言秦汉,详矣。"范晔在《后汉书·班彪列传》中也说:"夫百家之书,犹可法也。若《左氏》、《国语》、《世本》、《战国策》、《楚汉春秋》、《太史公书》,今之所以知古,后之所由观前,圣人之耳目也。司马迁序帝王则曰本纪,公侯传国则曰世家,卿士特起则曰列传。……若迁之著作,采获古今,贯穿经传,至广博也。"司马迁著《史记》,博采众典籍文献,其中《左氏》(《左传》)、《国语》、《世本》、《战国策》、《楚汉春秋》是重要的典籍资料。《史记》中春秋及春秋以前历史的记载,多参考《左传》、《国语》、《世本》,战国至秦历史的记载,多参考《战国策》,而秦亡至汉初,则多参考了《楚汉春秋》,《史记》写秦汉事,详于任何朝代,《楚汉春秋》作为参考资料起了巨大的作用。

第一节 汉初史家及《楚汉春秋》

汉代人写汉代事,并不始于司马迁,自汉朝建立以来,记述当代历史的作者众多,据《汉书·艺文志》载,"高祖与大臣述古语及诏策",编成《高祖传》十三篇,"文帝所称及诏策",编成《孝文传》十一篇,还有《汉著记》一百九十篇、《汉大年纪》五篇,《史记·十二诸侯年表序》载秦时曾做过御史、汉时又做过丞相的张苍编著《终始五德传》等等。汉初写秦亡汉兴及汉朝开国历史者,最早、最有影响的还要数陆贾。刘知几在《史通·杂说上》中说:"自汉已降,作者多门,虽新书已行,而旧录仍在,必校其事,可得而言。案刘氏初兴,书唯陆贾而已。"

陆贾,楚地人,约生于秦始皇七年(公元前240年)约死于汉文帝十年(公元前170年),汉初杰出的政论家、辞赋家。《史记》本传称:"陆贾者,楚人也。以客从高祖定天下,名为有口辩士,居左右,常使诸侯。"就是说陆贾从刘邦反秦起,就以门客的身份相随从,为刘邦出谋划策。他满腹经纶,能言善辩,受到刘邦的重用,因此常委派他游说于诸侯之间,为刘氏夺取、平定天下,立下了汗马功劳。

刘邦称帝后,虽结束了多年楚汉争战,确立了大汉王朝的统治,但汉军武力未能达到的一些边地,仍盘踞着地方割据势力。如赵佗占据南越(今广东、广西一带)后,便在那里自立为帝王。汉高祖刘邦决定派遣辩士陆贾去说服赵佗接受南越王封号,与汉朝建立臣属关系。汉高祖十一年(前196),陆贾出使南越。陆贾初到南越时,赵佗根本就不把他放在眼里,以傲慢的态度接见他,陆贾毫不胆怯,义正辞严,用楚汉兴亡的历史经验教训和汉得天统的观念来开导赵佗,陆贾说:

> 足下中国人,亲戚昆弟坟墓在真定。今足下反天性,弃冠带,欲以区区之越与天子抗衡为敌国,祸且及身矣!且夫秦失其政,诸侯豪杰并起,唯汉王先入关,据咸阳。项羽背约,自立为西楚霸王,诸侯皆属,可谓至强。然汉王起巴蜀,鞭笞天下,劫略诸侯,遂诛项羽灭之。五年之间,海内平定,此非人力,天之所建也。天子闻君王王南越,不助天下诛暴逆,将相欲移兵而诛王,天子怜百姓新劳苦,故且休之,遣臣授君王印,剖符通使,君王宜郊迎,北面称臣,乃欲以新造未集之越,屈强于此。汉诚闻之,掘烧王先人冢,夷灭宗族,使一偏将将十万众临越,则越杀王降汉,如反覆手耳。(《史记·郦生陆贾列传》)

陆贾以历史事实为据,给赵佗晓以厉害,加上他又伶牙俐齿,最后,说服赵佗接受南越王的封号,对汉称臣。陆贾回朝汇报南越归顺之事,高祖非常高兴,任命陆贾为太中大夫,表彰他为汉王朝大一统所做的巨大贡献。

陆贾辅佐刘邦称帝,功绩并不在拔营夺寨、征战疆场,而在于从思想理论上为刘邦设计夺天下、守天下的根本大法。为此,"陆生时时前说称《诗》、《书》,高帝骂之曰:'乃公居马上而得之,安事《诗》、《书》?'陆生曰:'居马上得之,宁可以马上治之乎?且汤、武逆取而以顺守之,文武并用,长久之术也。昔者吴王夫差、智伯极武而亡;秦任刑法不变,卒灭赵氏。乡使秦已并天下,行仁义,法先圣,陛下安得而有之?'高帝不怿而有惭色,乃谓陆生曰:'试为我著秦所以失天下,吾所以得之者何,及古成败之国。'陆生乃粗述存亡之征,凡著十二篇,每奏一篇,高帝未尝不称善,左右呼万岁,号其书曰《新语》。"(《史记·郦生陆贾列传》)

陆贾的《新语》十二篇,分别是:《道基》、《术事》、《辅政》、《无为》、《辨惑》、《慎微》、《资质》、《至德》、《怀虑》、《本行》、《明诫》、《思务》,每篇各自成文,虽是关于天下兴亡的专论,但文章中都往往以总结历史,来引出经验教训,所以也可视为史论式的著述。

《新语》适应新朝执政者的政治需要,以历史上"成败之国"的事例,进一步探究秦王朝被推翻的根本原因,为新的社会统治者寻找安邦治国的大政方略。它非常中肯地指出:要得天下,先得民心,欲得民心,先安定人民。秦帝国不是不想治国,也不是希望天下大乱,然而它越是严刑酷法,作乱的人就越多,扰民之事越多,天下就越乱,其能速亡,全在于不行仁义,施行暴政。因而得出了国家存亡之道:天下既已逆取之,天下必须顺守之,如果一味以暴而治,只能加速自己政权的灭亡。因此主张汉朝新的执政者,要异常重视秦帝国速亡以及历史上那些暴君失国的历史教训,要引以为戒,把行仁义安民众作为治国的根本。同时,在治国这一重要问题上,陆贾找到了儒家仁义学说与道家无为学说的契合点,他也"赞赏道家柔弱胜刚强的思想,提倡以柔道治国,他说:'怀刚者久而缺,持柔者久而长'(《新语·辅政第三》)。除此,他还提倡为政宜温厚、迟重,反对促急、躁急等等。陆贾理想的政治境界是:'块然若无事,寂然若无声,官府若无吏,亭落若无民,闾里不讼于巷,老幼不愁于庭……犬不夜吠,鸡不夜鸣。'(《新语·至德第八》)"①汉初能实行与民休养生息、无为而治

①　唐赞功总纂:《中华文明史》(第三卷),河北教育出版社1992年版,第57页。

的不扰民政策,这与陆贾等人总结秦亡历史教训是很有关系的。陆贾在《无为》篇中写道:

> 昔舜治天下也,弹五弦之琴,歌《南风》之诗,寂若无治国之意,漠若无忧天下之心,然而天下大治。周公制作礼乐,郊天地,望山川,师旅不设,刑格法悬,而四海之内,奉供来臻,越裳之君,重译来朝。故无为者乃有为也。

> 秦始皇设刑罚,为车裂之诛,以敛奸邪。筑长城于戎境,以备胡、越。征大吞小,威震天下。将帅横行,以服外国。蒙恬讨乱于外,李斯治法于内。事逾烦天下逾乱,法逾滋天下逾炽,兵马益设而敌人逾多。秦非不欲治也,然失之者,乃举措太众,刑罚太极故也。是以君子尚宽舒以褒其身,行中和以致疏远。民畏其威而从其化,怀其德而归其境,美其治而不敢违其政。民不罚而畏,不赏而劝,渐渍于道德,而被服于中和之所致也。

> 夫法令所以诛暴也,故曾、闵之孝,夷、齐之廉,岂宁畏法教而为之哉?故尧舜之民,可比屋而封;桀纣之民,可比屋而诛,何者,化使其然也。故近河之地湿,而近山之木长者,以类相及也。高山出云,丘阜生气,四渎东流,百川无西行者,小象大而少从多也。

汉初,农民起义推翻了暴秦的统治,也打破了暴秦专制思想的桎梏,除了法家严刑酷法的思想之外,被暴秦打击、压制的其他各种思想又得了恢复。在汉初社会极需安定大局、恢复生产的背景下,黄老无为而治的思想为政治家、思想家们所重视。陆贾就是受春秋战国道家思想的影响,吸收了《吕氏春秋》中道家思想的精华,颂扬清静无为的政治,分析秦帝国多欲喜功的强权政治的弊端,认为只有无为才能达到真正的有为。但是陆贾的无为与传统的道家的无为又有不同,在重视道家无为思想的同时,他又特别重视儒家的仁义思想,并把它视为治国的根本手段,显示了他思想中的儒、道融合的特点,这也为今后汉代从无为政治向有为政治过渡作了准备。为说明仁义是治国的根本,陆贾从原始先民讲起,一直讲到"后圣",说明每个朝代的君王都想找到与自己特定的历史条件相适应的治国方略,而仁义是经过多少朝代长期的比较,最终

被社会实践所证明了的最适应治理社会、最能稳定社会秩序的万世不变的"天道",陆贾在《道基》篇中说:

> 于是先圣乃仰观天文,俯察地理,图画乾坤,以定人道。民始开悟,知有父子之情、君臣之义、夫妇之道、长幼之序。于是百官立,王道乃生。民人食肉饮血,衣皮毛。至于神农,以为行虫走兽难以养民,乃求可食之物,尝百草之实,察酸苦之味,教人食五谷。天下人民野居穴处,未有室屋,则与禽兽同域,于是黄帝乃伐木构材,筑作宫室,上栋下宇,以避风雨。民知室居、食谷而未知功力,于是后稷乃列封疆,画畔界,以分土地之所宜;辟土殖谷,以用养民;种桑麻,致丝枲,以蔽形体。当斯之时,四渎未通,洪水为害,禹乃决江疏河,通之四渎,致之于海,大小相引,高下相受,百川顺流,各归其所,然后人民得去高险,处平土。川谷交错,风化未通,九州绝隔,未有舟车之用,以济深致远,于是奚仲乃桡曲为轮,因直为辕,驾马服牛,浮舟杖楫,以代人力。铄金镂木,分苞烧殖,以备器械,于是民知轻重,好利恶难,避劳就逸;于是皋陶乃立狱治罪,悬赏设罚,异是非,明好恶,检奸邪,消佚乱。民知畏法而无礼义,于是中圣乃设辟雍庠序之教,以正上下之仪、明父子之礼、君臣之义,使强不凌弱,众不暴寡,弃贪鄙之心,兴清洁之行。礼义独行,纲纪不立,后世衰废,于是后圣乃定五经,明六艺,承天统地,穷事察微,原情立本,以绪人伦,宗诸天地,纂修篇章,垂诸来世,被诸鸟兽,以匡衰乱,天人合策,原道悉备,智者达其心,百工穷其巧,乃调之以管弦丝竹之音,设钟鼓歌舞之乐,以节奢侈,正风俗,通文雅。

陆贾认为是否推行仁义政治,关系到人民的安危、国家的存亡。能否推行仁义政治,关键在于统治者的自身素质。历史上的圣王明君贤臣,都莫不重视自身的道德修炼,坚持明德行善,只有他们成为仁义的表率,仁义的化身,才能将仁义之政推广于天下,使仁义的教化具有无比的精神威力,使天下人弃恶向善,怀德归顺。陆贾在《明诫》篇中又说:

> 君明于德,可以及于远;臣笃于义,可以至于大。何以言之? 昔汤以七十里之封,升帝王之位;周公自立三公之官,比德于五帝三王;斯乃口出

善言,身行善道之所致也。故安危之要,吉凶之符,一出于身;存亡之道,成败之事,一起于善行;尧、舜不易日月而兴,桀、纣不易星辰而亡,天道不改而人道易也。

陆贾在论述国家兴亡之道时,引用了许多历史上生动的事例,来证实自己的立论,对汉初治国政策的制定起到了指导性的作用。文辞简约而旨远意丰,语言朴实自然酣畅雄肆,深受《左传》、《国语》、《战国策》及战国诸子散文的影响,有战国谋臣辩士的遗风。班固在《汉书·高帝纪》中说:"初,高祖不修文学,而性明达,好谋能听,自监门戍卒,见之如旧。初顺民心作三章之约。天下既定,命萧何次律令,韩信申军法,张苍定章程,叔孙通制礼仪,陆贾造《新语》。"班固把陆贾著《新语》与"萧何次律令,韩信申军法,张苍定章程,叔孙通制礼仪"相提并论,共同视为汉代立国的重大措施,准确地说明了《新语》的历史价值。

除《新语》外,陆贾还著有《楚汉春秋》,《楚汉春秋》原为九卷本史书,主要记项羽、刘邦楚汉战争事及惠帝、文帝时事,该书纯为当代人写当代事,且许多重大事件,作者就是当事人之一,因而是非常难得的第一手资料,为司马迁写《史记》提供了宝贵的资料,可惜原书在南宋时已佚失。清代茆泮林从《太平御览》、《艺文类聚》、《史记索引》、《文选注》等书中辑录为一卷,编入《十种古逸书》,并还有洪颐煊、黄奭辑本,分别保存于《龙溪精舍丛书》、《问经堂丛书》和《汉学堂丛书》。由于《楚汉春秋》大部分佚失,所以难为后世史学界重视,尽管它在汉初影响非常之大。

陆贾著《楚汉春秋》,同著《新语》一样,都是为汉朝新的统治者统治天下提供政治借鉴的,只不过《新语》采用了史论式的方式,借史实然后论述天下大事,而《楚汉春秋》则采用了以记载历史事件的方式来反映国家兴衰存亡的道理,其著述目的与指导思想是一致的,所以二者可以互相参照。陆贾的《楚汉春秋》主要"记项氏与汉高祖初起及说惠、文间事",(司马贞《史记索引》)《隋书·经籍志二》中也说《楚汉春秋》主要述汉高祖"诛锄秦、项之事"。从现有的《楚汉春秋》的辑文来看,它既不是编年体体例,又不是纪传体体例,而是以条目式的方式记载史实,记述事件比较简略,虽也有人物对话和细节的刻画,但作者的主旨不在于刻画人物形象,而重在揭示胜败兴亡的道理,与司马迁的《史记》相比,这一特点就显得更加明晰。司马迁著《史记》,不仅要"究天人之际,通古今之变",而且要"成一家之言",这"一家之言",不仅有自己的独特见解,而且有自己独特的体例与独特的艺术风格,司马迁曾说自己"所以隐忍苟活,幽于粪土之中而不辞者,恨私心有所不尽,鄙陋没世而文采不表于后世也。"(《报任安书》)以超凡的文采成就自己的"一家之言",也是司马迁人生追求之一。司马迁不满足于简单地引用前人的资料,他要"厥协六经异传,整齐百家杂语"(《太史公自序》),在前人史料的基础上,决心写出文采来。现将陆贾《楚汉春秋》中的片断与司马迁《史记》中与之相对应的文字作一比较,就可见出《楚汉春秋》简略的特点,如《楚汉春秋》"沛公西入武关"条写道:

> 沛公西入武关,居于灞上,遣将军闭函谷关,无内项王。项王大将亚父至关,不得入,怒曰:"沛公欲反耶?"即令家发薪一束,欲烧关,关门乃开。(摘自《槐庐轩丛书》清茆泮林辑《楚汉春秋》,以下所引《楚汉春秋》文字皆出此本)

司马迁在《楚汉春秋》的基础上,把以上内容修饰润色成这样的文字:

> 汉元年十月,沛公兵遂先诸侯至霸上。秦王子婴素车白马,系颈以组,封皇帝玺符节,降轵道旁。诸将或言诛秦王。沛公曰:"始怀王遣我,固以能宽容;且人已服降,又杀之,不祥。"乃以秦王属吏,遂西入咸阳。欲止宫休舍,樊哙、张良谏,乃封秦重宝财物府库,还军霸上。召诸县父老豪杰曰:"父老苦秦苛法久矣,诽谤者族,偶语者弃市。吾与诸侯约,先入关者王之,吾当王关中。与父老约,法三章耳:杀人者死,伤人及盗抵罪。余悉除去秦法。诸吏人皆案堵如故。凡吾所以来,为父老除害,非有所侵暴,无恐! 且吾所以还军霸上,待诸侯至而定约束耳。"乃使人与秦吏行县乡邑,告谕之。秦人大喜,争持牛羊酒食献飨军士。沛公又让不受,曰:"仓粟多,非乏,不欲费人。"人又益喜,唯恐沛公不为秦王。

> 或说沛公曰:"秦富十倍天下,地形强。今闻章邯降项羽,项羽乃号为雍王,王关中。今则来,沛公恐不得有此。可急使兵守函谷关,无内诸

侯军,稍征关中兵以自益,距之。"沛公然其计,从之。

十一月中,项羽果率诸侯兵西,欲入关,关门闭。闻沛公已定关中,大怒,使黥布等攻破函谷关。(《高祖本纪》)

《楚汉春秋》"上过陈留"条写道:

上守陈留,郦生求见,使者入通,公方洗足,问:"何如人?"曰:"状类大儒。"上曰:"吾方以天下为事,未暇见大儒也,"使者出告。郦生瞋目按剑入,言:"高阳酒徒,非大儒也。"

司马迁在《郦生陆贾列传》中把以上内容修饰改写成:

沛公至高阳传舍,使人召郦生。郦生至,入谒,沛公方倨床,使两女子洗足,而见郦生。郦生入,则长揖不拜,曰:"足下欲助秦攻诸侯乎?且欲率诸侯破秦也?"沛公骂曰:"竖儒!夫天下同苦秦久矣,故诸侯相率而攻秦,何谓助秦攻诸侯乎?"郦生曰:"必聚徒合义兵诛无道秦,不宜倨见长者。"于是沛公辍洗,起摄衣,延郦生上坐,谢之。郦生因言六国从横时。沛公喜,赐郦生食,问曰:"计将安出?"郦生曰:"足下起纠合之众,收散乱之兵,不满万人,欲以径入强秦,此所谓探虎口者也。夫陈留,天下之冲,四通五达之郊也,今其城又多积粟。臣善其令,请得使之,令下足下。即不听,足下举兵攻之,臣为内应。"于是遣郦生行,沛公引兵随之,遂下陈留。

《楚汉春秋》"项王使武涉说淮阴侯"条写道:

项王使武涉说淮阴侯,淮阴侯曰:"臣故事项王,位不过中郎,官不过执戟。乃去项归汉,汉王赐臣玉案之食,巨阙之剑。臣背叛之,内愧于心。"

司马迁在《淮阴侯列传》中相应地敷衍成这样的文字:

楚已亡龙且,项王恐,使盱眙人武涉往说齐王信,曰:"天下共苦秦久矣,相与戮力击秦。秦已破,计功割地,分土而王之,以休士卒。今汉王复兴兵而东,侵人之分,夺人之地。已破三秦,引兵出关,收诸侯之兵以东击楚，其意非尽吞天下者不休，其不知厌足，如是甚也。且汉王不可必，身居项王掌握中数矣。项王怜而活之。然得脱，辄倍约，复击项王，其不可亲信如此。今足下虽自以与汉王为厚交，为之尽力用兵，终为之所禽矣。足下所以得须臾至于今者，以项王尚存也。当今二王之事，权在足下。足下右投则汉王胜，左投则项王胜。项王今日亡，则次取足下。足下与项王有故，何不反汉与楚连和，三分天下王之？今释此时，而自必于汉以击楚，且为智者固若此乎？"韩信谢曰："臣事项王，官不过郎中，位不过执戟，言不听，画不用，故倍楚而归汉。汉王授我上将军印，予我数万众，解衣衣我，推食食我，言听计用，故吾得以至于此。夫人深亲信我，我倍之不祥，虽死不易！幸为信谢项王。"

从上引《楚汉春秋》几段文字看，其体例虽还不是以人物为中心的纪传体，但已能抓住人物的富有特征的行为和语言来写人物了。当然与《史记》一书中相应的文字对比来看，《楚汉春秋》远不及《史记》那样内容丰赡，叙事曲折有致，人物语言生动传神，但它的叙事也很精当，事件介绍得中心突出，层次清楚，文字精炼、典雅，意味深长。

《楚汉春秋》中有些记载，《史记》并没有采用，但很有史学价值，《史记》弃而不用，实为可惜。如《楚汉春秋》"惠帝崩"条：

> 惠帝崩，吕太后欲为高坟，使从未央宫而见之，诸将谏，不许。东阳侯垂泣曰："陛下见惠帝冢，悲哀流涕无已，是伤生也，臣窃哀之。"太后乃止。东阳侯张相如也。

东阳侯张相如，在《高祖功臣侯年表》中有记载，吕太后欲为惠帝筑高坟，符合当时的历史背景与吕后的性格。惠帝是吕后亲生子，吕后残忍地将戚夫人摧残为"人彘"，并让惠帝去观看，惠帝因此而惊吓伤心得病致死，吕后从害人始，以害己终，心中充满懊悔，对亲子的死亡怀有内疚之情，欲为之建筑高坟是情理之中的事。关于惠帝崩后的情况，《史记·吕太后本纪》作了如下记载：

> 七年秋八月戊寅，孝惠帝崩。发丧，太后哭，泣不下。留侯子张辟强为侍中，年十五，谓丞相曰："太后独有孝惠，今崩，哭不悲，君知其解乎？"

丞相曰："何解?"辟强曰："帝毋壮子,太后畏君等。君今请拜吕台、吕产、吕禄为将,将兵居南北军,及诸吕皆入宫,居中用事,如此则太后心安,君等幸得脱祸矣。"丞相乃如辟强计,太后说,其哭乃哀。

司马迁突出了吕后作为政治家揽权防患的一面,舍掉了吕后作为人母痛惜失子的一面,吕后的形象就欠丰满一些。

再如《楚汉春秋》"美人和项羽歌"条:

歌曰:"汉兵已略地,四方楚歌声。太王意气尽,贱妾何聊生?"

而《史记·项羽本纪》记道:

项王军壁垓下,兵少食尽,汉军及诸侯兵围之数重。夜闻汉军四面皆楚歌,项王乃大惊曰:"汉皆已得楚乎?是何楚人之多也!"项王则夜起,饮帐中。有美人名虞,常幸从;骏马名骓,常骑之。于是项王乃悲歌慷慨,自为诗曰:"力拔山兮气盖世,时不利兮骓不逝。骓不逝兮可奈何,虞兮虞兮奈若何!"歌数阕,美人和之。项王泣数行下,左右皆泣,莫能仰视。

如果《史记》加上虞姬和项羽的歌辞,此段传文会增色不少,而且更重要的是,此首"美人和项羽歌",标志着中国五言诗的成型,对研究中国文学发展史来说,意义重大。

《楚汉春秋》记述的是刘邦与项羽起事、相争及汉初高祖、惠帝、高后、文帝诸朝史事,这些都是作为汉初谋臣、重臣的陆贾耳闻目睹的身边发生的事,实属当事人记当时人、当时事,所记应该都属第一手材料,可信性勿用质疑。然而,世上的事情并非如此简单,当事人所记当时事却不符合事实的事,在历史上也常见不鲜。《后汉书·班彪传》中写道:"汉兴定天下,太中大夫陆贾记录时功,作《楚汉春秋》九篇。"明确指出《楚汉春秋》是以"记录时功"为著史目的。站在这个立场上,叙述秦亡楚灭汉兴的经过,用以显示秦之所以失天下,楚之所以由盛而衰,汉之所以最终得天下的道理,向天下人表彰汉代开国创业的盖世功勋。所以在贬斥秦王、项王及歌颂汉皇的强烈感情支配下,对一些历史事件并没有作客观的反映。也就是说,《楚汉春秋》虽是当事人写的当代历史,类似现在的回忆录,但由于作者明显的政治倾向性,主观色彩浓厚,在记述中,有失历史真实的地方。宋代洪迈就曾指出:"《楚汉春秋》,陆贾所作,皆书当时事,而所言多与事不合。"(《容斋三笔·绛灌》)和《史记》作者比,陆贾还缺乏司马迁那种严肃的实录精神,还不能客观地、冷静地正确评价楚汉之争及汉初诸史实,因此《隋书·经籍志二》只能把它列入"杂史":

> 其后陆贾作《楚汉春秋》,以述诛锄秦、项之事,……其属辞比事,皆不与《春秋》、《史记》、《汉书》相似,盖率尔而作,非史策之正也。灵、献之世,天下大乱,史官失其常守。博达之士,愍其废绝,各记闻见,以备遗亡。是后群才景慕,作者甚众。又自后汉已来,学者多钞撮旧史,自为一书,或起自人皇,或断之近代,亦各其志,而体制不经。又有委巷之说,迂怪妄诞,真虚莫测。然其大抵皆帝王之事,通人君子,必博采广览,以酌其要,故备而存之,谓之杂史。

在班固的《汉书·艺文志》中,把《楚汉春秋》列为"春秋"类中,与《左氏传》、《国语》、《战国策》、《太史公书》同列,并明确载录"《楚汉春秋》九篇",为"陆贾所记"。《隋书·经籍志》记载作九卷,称篇为卷,《旧唐书·经籍志》不知何因作二十卷,《新唐书·艺文志》仍作九卷。原本《楚汉春秋》在南宋时亡佚,唐代史学理论家刘知几肯定见过原九卷本《楚汉春秋》,他将《楚汉春秋》与《史记》对照来读,发现司马迁虽然依据陆贾的《楚汉春秋》,但记述事件与人物语言,往往与《楚汉春秋》有所不同,他在《史通·杂说上》中说:

> 自汉已降,作者多门,虽新书已行,而旧录仍在,必校其事,可得而言。案刘氏初兴,书唯陆贾而已。子长述楚、汉之事,专据此书。譬夫行不由径,出不由户,未之闻也。然观迁之所载,往往与旧不同。如郦生之初谒沛公,高祖之长歌鸿鹄,非唯文句有别,遂乃事理皆殊。又韩王名信都,而辄去"都"留"信",用使称其名姓,全与淮阴不别。班氏一准太史,曾无弛张,静言思之,深所未了。

《史记》与《楚汉春秋》有不同的记载,这说明《楚汉春秋》虽然是司马迁撰写《史记》中汉初历史部分主要的参考材料,但不是唯一的依据资料,还有其他的关于汉初的史料互相参照,另外也可说明司马迁在采用这些材料时,对它们做了"厥协"与"整齐"的加工工作,也不排除还有司马迁的想象与创作。

班固因《楚汉春秋》有"春秋"之名,所以在《汉书·艺文志》中,把《楚汉春秋》列为"春秋"类史书之中。"春秋",史学界一般认为是编年体史书的通用名,如周之《春秋》、燕之《春秋》等,自从孔子据鲁《春秋》修订而成《春秋》,《春秋》便正式成为后世编年体的准的。孔子修订的《春秋》,所记事条附于明确的年、时(季)、月、日下,这就是所谓的"以事系日,以日系月,以月系时,以时系年"的编年史体例。(杜预《春秋左传集解》序)《左氏春秋》(左传)虽然代表着先秦史传文学的成就与水平,然而它的体例仍然依照着《春秋》的编年格式。但是先秦典籍也并非取名为"春秋",就一定是编年体史书,如《晏子春秋》就不是一部编年体史书,而是一部有关晏子身世传说的汇编专集。《吕氏春秋》虽也取名为"春秋",书中还有《十二纪》,但绝不类同于《史记》的十二本纪,主体上实际还属于诸子之书。许维遹在《吕氏春秋集释自序》中指出:"夫《吕览》之为书,网罗精博,体制谨严,析成败升降之数,备天地名物之文,总晚周诸子之精英,荟先秦百家之眇义,虽未必一字千金,要亦九流之喉襟,杂家之管键也。"到了汉代,一些史籍也有以"春秋"命名的,但也不属于编年体,如《楚汉春秋》、《吴越春秋》等。后世一些学者无视这一历史事实,而把"春秋"仅作为"一家"或"一体"来看待,这样,《楚汉春秋》等书没有记事系以年月的特点,又冠以"春秋"之名,就遭到种种非议,如刘知几在《史通·题目》中说:"夫名以定体,为实之宾,苟失其途,有乖至理。案吕、陆二氏,各著一书,唯次篇章,不系时月。此乃子书杂记,而皆号曰春秋。"又在《史通·六家》中说:"又案儒者之说春秋也,以事系日,以日系月,言春以包夏,举秋以兼冬,年有四时,故错举以为所记之名也。苟如是,则晏子、虞卿、吕氏、陆贾,其书篇第,本无年月,而亦谓之春秋,盖有异于此者也。"浦起龙释文说:"此节带及编年,言记事必系之年月。若晏、虞、吕、陆辈所著,事无编系,何得假名!然编年意本章不重,特缘此以斥诸家耳。"在一些学者眼中,名为"春秋"者,又没有记事系以年月,则体例不明,书法不当。由于这种"春秋"不属于编年体史书,有的人主张把这类史籍归于"非史策之正"的"野史"中,有的则主张把它划归于与"野史"同类的"子书杂记",其实都拘泥于名称,而忽视了它的实质,《楚汉春秋》是汉初最有影响的一部当代史书。

至汉初，中国史著的体例还一直处于探索之中，陆贾《楚汉春秋》的体例自有它独特的地方。汉以后的一些学者对《楚汉春秋》体例提出非议，指责其使用"春秋"二字为书名不妥，但这并不能说明陆贾不懂修史，殊不知从先秦到汉代，有些修史者只把"春秋"理解为一般的史籍、史册，并不把它视为编年体史书的专用名称。陆贾记史取名《楚汉春秋》，实际没有理由对它非议，反倒是应该称赞它不循旧例，对创新史著体例作了一次大胆的探索。应该批评的是它"记录时功"的鲜明倾向，使它有时不能客观记录史实，成为它一大疵点。尽管如此，甚至《楚汉春秋》后来残缺无闻，但都不应该影响其在汉代史学上的重要地位。尤其是《楚汉春秋》对于司马迁《史记》汉初历史部分的撰写，其意义是十分重要的，刘知几在《史通·采撰》中说：

> 子曰："吾犹及史之阙文。"是知史文有阙，其来尚矣。自非博雅君子，何以补其遗逸者哉？盖珍裘以众腋成温，广厦以群材合构。自古探穴藏山之士，怀铅握椠之客，何尝不征求异说，采摭群言，然后能成一家，传诸不朽。观夫丘明受《经》立《传》，广包诸国，盖当时有《周志》、《晋乘》、《楚杌》等篇，遂乃聚而编之，混成一录。向使专凭鲁策，独询孔氏，何以能殚见洽闻，若斯之博也？马迁《史记》，采《世本》、《国语》、《战国策》、《楚汉春秋》。至班固《汉书》，则全同太史。自太初已后，又杂引刘氏《新序》、《说苑》、《七略》之辞。此并当代雅言，事无邪僻，故能取信一时，擅名千载。

《史记》能详载中华民族三千年的发展史，与司马迁"网罗天下放失旧闻"极有关系。如《史记》中"录秦汉"部分，则主要采摭了《楚汉春秋》的资料，从这个意义来讲，《史记》所以能擅名千载，《楚汉春秋》的功劳不可没。就是说，司马迁著《史记》，"离开《楚汉春秋》是不行的。实际说来，这样说并不过分，因为太史公生时，虽距离楚汉之际还不太远，那时期的事迹可能还留有许多传闻，可是它的数量总不能比记录还多。再则它究属耳闻，那就不如目见的更为确切，而陆贾所述正是他亲身所经历，这样的材料应该是较为可靠，所以太史公写这段历史,必据此书,此书的史料价值为最高。再者,由秦末以至汉初,兵马倥偬,社会纷乱,除陆贾此书外,再没有第二人记载过这一时期的史事而且留传下来,《楚汉春秋》是这个时期唯一的可靠的记录。正是由于有了这部书,这个时期的史迹才能免于泯灭。"①

第二节 《史记》的补续

刘知几在《史通·古今正史》中说:

孝武之世,太史公司马谈欲错综古今,勒成一史,其意未就而卒。子迁乃述父遗志,采《左传》、《国语》,删《世本》、《战国策》,据楚、汉列国时事,上自黄帝,下讫麟止,作十二本纪、十表、八书、三十世家、七十列传,凡百三十篇,都谓之《史记》。厥协《六经》异传,整齐百家杂言,藏诸名山,副在京师,以俟后圣君子。至宣帝时,迁外孙杨恽祖述其书,遂宣布焉。而十篇未成,有录而已。元、成之间,褚先生更补其缺,作《武帝纪》、《三王世家》、《龟策》、《日者》等传,辞多鄙陋。非迁本意也。晋散骑常侍巴西谯周,以迁书周、秦已上或采家人诸子,不专据正经,于是作《古史考》二十五篇,皆凭旧典以纠其缪。今则与《史记》并行于代焉。

《史记》所书,年止汉武。太初以后,阙而不录,其后刘向、向子歆及诸好事者,若冯商、卫衡、扬雄、史岑、梁审、肆仁、晋冯、段肃、金丹、冯衍、韦融、萧奋、刘恂等相次撰续,迄于哀、平间,犹名《史记》。至建武中,司徒掾班彪以为其言鄙俗,不足以踵前史;又雄、歆褒美伪新,误后惑众,不当垂之后代者也。于是采其旧事,旁贯异闻,作《后传》六十五篇。

刘知几根据前贤所记,综述了《史记》之后,众多汉代史学家补《史记》之缺及续写太初之后的汉事,情况大致符合事实。司马迁变《左传》编年体为纪传体,以五十多万言来记述中国三千多年的事,其识力与笔力,卓绝千古,雄深

---

① 周乾溁:《陆贾研究》,中国秦汉史研究会编:《秦汉史论丛》(第二辑),陕西人民出版社1983年版,第219-220页。

雅健,自成一家之言。由于书中多有忤逆当朝统治者处,所以书成之后,司马迁并不指望将书马上面世,他把行于世的希望寄托于"后圣君子",他有遗言:"仆诚以著此书,藏之名山,传之其人,通邑大都,则仆尝前辱之责,虽万被戮,岂有悔哉?"(司马迁《报任安书》)司马迁大概也没想到,能使《史记》传于世,实现他一生心愿的"后圣君子"竟是杨恽。首先是杨恽使《史记》行于世,才开阔了汉代史学家的眼界,把汉代史学家的意识引导到一个新的史学高度,才有了各种的补续作品。从这个意义上讲,杨恽将《史记》"宣布"于世,才掀起一个众多学者补续《史记》的热潮,形成一个研究汉代史的盛况。

班固《汉书·杨恽传》中载:"忠弟恽,字子幼,以忠任为郎,补常侍骑。恽母,司马迁女也。恽始读外祖《太史公记》,颇为《春秋》。以材能称。好交英俊诸儒,名显朝廷,擢为左曹。霍氏谋反,恽先闻知,因侍中金安上以闻,召见言状,霍氏伏诛,恽等五人皆封,恽为平通侯,迁中郎将。"作为司马迁的外孙,杨恽从小就十分喜欢读外祖父的《太史公书》(即《史记》)①,书中那些波澜壮阔的战争场面,娓娓动听的各种故事,栩栩如生的历史人物,都活灵活现地展示在他的眼前,曾令他激动不已,感慨万分,他把外祖父的《太史公书》视作第二部《春秋》,对《太史公书》给予了极高的评价。《太史公书》不仅影响了杨恽,其外祖父司马迁那刚正的人格和忠于史实追求真理的史德,更给他留下了深刻的印象,他立志要像外祖父那样做个饱学多识、堂堂正正的君子。果不其

---

① "史记"在古代本来是史书的通称,《太史公自序》中有"史记放绝"、"紬史记石室金匮之书"等语可证。司马迁在《太史公自序》中称自己的史著为《太史公书》,班固在《汉书·艺文志》中称《太史公》,在《汉书·杨恽传》中称"恽始读外祖父《太史公记》",其称《太史公》或《太史公记》,所指实为同一《太史公书》。班固称"史记"一般仍指古代一般的史书,如"孔子因鲁'史记'而作《春秋》"(《汉书·司马迁传》),不过偶然也称《太史公书》为《史记》,王利器先生撰文说:"《汉书·五行志》中上、中下屡称《史记》,师古谓皆指迁所撰,或未尽然。但《志》中下引《史记》曰:'秦武王三年,渭水赤者三日。昭王三十四年,渭水又赤三日。'《水经注》十九引之,明言是《史记·秦本纪》。"(《太史公书管窥》,见王利器主编《史记注译》第一册,第7页,三秦出版社1988年版)汉末,有人偶将《太史公记》简称为《史记》,如荀悦《汉纪》卷十四载:"司马子长既遭李陵之祸,喟然而叹,幽而发愤,遂著《史记》,始自黄帝,以及秦汉,为《太史公记》。"至南朝宋范晔撰写《后汉书》时,才正式称《太史公书》为《史记》。如"武帝时,司马迁著《史记》"(《后汉书·班彪列传》),"至汉兴,景武之际,司马谈,谈子迁,以世黎氏之后,为太史令,迁著《史记》,作《天官书》"。(《后汉书·天文志》)

然,杨恽秉承了外祖父那超人的文史才华,很早就以才华显赫一时。杨恽不仅自己有侯爵,而且其父杨敞是当朝丞相,有了父亲这棵"大树"的庇荫,再加上他本人的显赫政治地位、出众的才华、轻财好义的名声,《史记》很顺利地从自己手中传到了社会。《史记》遇到了难得的面世机会,不然的话,即使《史记》不毁,也只能藏之名山,想在当代面世就难了。古人毕生成就之书,不得其人而传,湮没无闻的事,不在少数,今天我们能看到这部"史家之绝唱,无韵之离骚",不能不从内心感激这位传书人杨恽。《史记》一问世,便以其创新的史学体例、博大精深的思想内容、极富感染力的文采,引起世人的关注。

《史记》主要依赖杨恽而得以行世,然杨恽同其外祖司马迁一样,人生结局也是悲剧性的。《汉书》本传载:"恽居殿中,廉洁无私,郎官称公平。然恽伐其行治,又性刻害,好发人阴伏,同位有忤己者,必欲害之,以其能高人。由是多怨于朝廷,与太仆戴长乐相失,卒以是败。"起初,杨恽遭政敌诬陷,被取消封号而贬为一般老百姓。汉宣帝五凤四年(前54)四月初一,出现了日食,古人认为日食是一种灾难的征兆,是由为政的某些过失引起的。那些诬告杨恽的人又乘机落井下石、嫁祸于人,指控杨恽家居骄奢,拒不悔过,是招致日食的罪魁。于是宣帝批准查办,在侦审杨恽时又发现了他那满是牢骚话的《报孙会宗书》,书信中充满愤世嫉俗的不平之情,俨然是其外祖父《报任安书》的翻版,宣帝看后大怒,就把杨恽处以腰斩。杨恽虽死,但《史记》已在社会上流传开来,我们且不说杨恽本身就是汉代优秀的散文家,仅从他传播《史记》这一点来看,杨恽对中国的文化发展就有巨大的贡献,也足可流芳百世。

《史记》在流传的过程中,有些篇章散失了,据班彪说:"太史令司马迁采《左氏》、《国语》,删《世本》、《战国策》,据楚、汉列国时事,上自黄帝,下讫获麟,作本纪、世家、列传、书、表百三十篇,而十篇缺焉。"(《后汉书·班彪列传》)班固在《汉书·司马迁传》中也说《史记》"而十篇缺,有录无书。"三国时魏人张晏在《汉书·司马迁传》注中还列出《史记》所缺十篇的目录为:"《景纪》、《武纪》、《礼书》、《乐书》、《兵书》、《汉兴以来将相年表》、《日者列传》、《三王世家》、《龟策列传》、《傅靳列传》。"《史记》流传初期散失可能少一些,但肯定有。后来散失渐多,史学家们便纷纷模仿其体例对之进行补续,并以能补写与续作《史记》为自己的无上荣幸。我们现在知道的第一个对《史记》进行增补的,是西汉元帝与成帝时期的褚少孙。

褚少孙,颍川(今河南禹县)人,是曾做过昌邑王师的大儒王式的弟子,宣帝时为郎,元帝时为博士,寓居于沛(今安徽濉溪县西北)。张晏在《汉书·司马迁传》注中说:"元、成之间,褚先生补缺,作《武帝纪》、《三王世家》、《龟策》、《日者》传。"其实,除张晏提到的上述四篇外,在《三代世表》、《建元以来侯者年表》、《外戚世家》、《梁孝王世家》、《田叔列传》、《滑稽列传》诸篇中,也有褚少孙补记的文字。有的补文与《史记》的原文差不多一样多,如《田叔列传》,更有甚者,补文还长于原文,如《龟策列传》。褚少孙补记只补轶事,不另立事目,在《史记》中所补的文字,一般在"太史公曰"后用"褚先生曰"来标出,以区别于司马迁原文。

对于褚少孙的补作,张晏在注中评价为"言辞鄙陋,非迁本意。"此话有它的一定道理,如《外戚世家》,司马迁的原文,是通过吕后、薄太后、窦太后、王太后、卫皇后诸后妃的身世,说明外戚对朝政的重大影响作用,或因外戚而邦兴,或因外戚而国衰,作为一国的君主,对此不能不慎重对待。而褚少孙的补文,补记了武帝认姐、卫青娶平阳公主、尹夫人自伤不如邢夫人美、钩弋夫人被诛诸事,褚少孙由此引出二段感叹:

丈夫龙变。《传》曰:"蛇化为龙,不变其文;家化为国,不变其姓。"丈夫当时富贵,百恶灭除,光耀荣华,贫贱之时,何足累之哉!

浴不必江海,要之去垢;马不必骐骥,要之善走;士不必贤世,要之知道;女不必贵种,要之贞好。《传》曰:"女无美恶,入室见妒;士无贤不肖,入朝见嫉。"美女者,恶女之仇。岂不然哉!

前段是说当丈夫富贵时,他在贫贱时的污点就被掩盖了;后段是说美女子,必为丑女所嫉妒。这与司马迁原文旨意大相径庭。实际上,其他的人对《史记》的补作,又何尝不是如此?所有的补作,无论主旨、文采与感情的表达,总的说来与司马迁原文有一定差距,不独一位褚少孙。但更应该看到的是:对《史记》的增补,毕竟弥补了《史记》的遗失,使《史记》有了一个完整的结构。褚少孙增补的部分，也不能说全是"言辞鄙陋"，也有少数传记篇章写得绘声绘色，人物形象鲜明，足可与司马迁文章相媲美，如《滑稽列传》中所补的几位人物传中，西门豹治邺就是这方面的代表之作：

> 魏文侯时，西门豹为邺令。豹往到邺，会长老，问之民所疾苦。长老曰："苦为河伯娶妇，以故贫。"豹问其故，对曰："邺三老、廷掾常岁赋敛百姓，收取其钱，得数百万，用其二三十万为河伯娶妇，与祝巫共分其余钱持归。当其时，巫行视小家女好者，云'是当为河伯妇'，即娉取。洗沐之，为治新缯绮縠衣，闲居斋戒；为治斋宫河上，张缇绛帷，女居其中。为具牛酒饭食，行十余日。共粉饰之，如嫁女床席，令女居其上，浮之河中。始浮，行数十里乃没。其人家有好女者，恐大巫祝为河伯取之，以故多持女远逃亡。以故城中益空无人，又困贫，所从来久远矣。民人俗语曰'即不为河伯娶妇，水来漂没，溺其人民'云。"西门豹曰："至为河伯娶妇时，愿三老、巫祝、父老送女河上，幸来告语之，吾亦往送女。"皆曰："诺。"
>
> 至其时，西门豹往会之河上。三老、官属、豪长者、里父老皆会，以人民往观之者三二千人。其巫，老女子也，已年七十。从弟子女十人所，皆衣缯单衣，立大巫后。西门豹曰："呼河伯妇来，视其好丑。"即将女出帷中，来至前。豹视之，顾谓三老、巫祝、父老曰："是女子不好，烦大巫妪为入报河伯，得更求好女，后日送之。"即使吏卒共抱大巫妪投之河中。有顷，曰："巫妪何久也? 弟子趣之!"复以弟子一人投河中。有顷，曰："弟子何久也? 复使一人趣之!"复投一弟子河中。凡投三弟子。西门豹曰："巫妪弟子是女子也，不能白事，烦三老为入白之。"复投三老河中。西门豹簪笔磬折，向河立待良久。长老、吏傍观者皆惊恐。西门豹顾曰："巫妪、三老不来还，奈之何?"欲复使廷掾与豪长者一人入趣之。皆叩头，叩头且破额，血流地，色如死灰。西门豹曰："诺，且留! 待之须臾。"须臾，豹曰："廷掾起矣。状河伯留客之久，若皆罢去归矣。"邺吏民大惊恐，从是以后，不敢复言为河伯娶妇。
>
> 西门豹即发民凿十二渠，引河水灌民田，田皆溉。当其时，民治渠少烦苦，不欲也。豹曰："民可以乐成，不可与虑始。今父老子弟虽患苦我，

然百岁后，期令父老子孙思我言。"至今皆得水利，民人以给足富。十二渠经绝驰道，到汉之立，而长吏以为十二渠桥绝驰道，相比近，不可。欲合渠水且至驰道，合三渠为一桥。邺民人父老不肯听长吏，以为西门君所为也，贤君之法式不可更也。长吏终听置之。故西门豹为邺令，名闻天下，泽流后世，无绝已时，几可谓非贤大夫哉！

西门豹足智多谋，果断勇敢，他为邺令，政绩肯定不少，但本文选取了治邺的中心——治理漳河，来描写西门豹的业绩。而治河又突出了治人这一重点，即详尽地描写西门豹惩治巫婆、乡官、县令属官借用迷信害人敛财的罪行。治邺的核心是治河，治河的关键是治人，全文紧紧围绕着"治"字，一线贯穿始终。西门豹善于以其人之道还治其人之身，强行将鼓吹真有河伯的人投入河中，让他去通报河伯，来揭露河伯娶妇的骗局，表现了西门豹在强大的迷信与贪官污吏、地方豪强恶势力面前，既不畏惧又富有韬略。西门豹在斗争中做到了有理、有利、有节。作者选取的事件情节生动，描写事件富于戏剧性，生动地刻画了西门豹足智多谋不信邪、一心为百姓办好事的官吏形象。同时又描写了西门豹说服邺地人民克服眼前困难，凿渠治水，为后代子孙造福。对一时不理解不积极响应的人，西门豹并没有采取像对付巫婆、乡官、县令属官那样的强制性办法，而是采取了说服开导，甚至允许一些人观望等待，让事实来教育他们。这也属于"治人"，尽管与惩治巫婆、乡官、县令属官有着不同的性质。西门豹的"治人"因对象的不同，其治的方式方法也迥然不同。一个"治"字抓住了西门豹的特征，不仅深得司马迁纪传神韵，而且也为《史记》锦上添花，此补文也自然成为汉代纪传的佳品。

自从褚少孙增补《史记》后，续补《史记》的人相继不断，据《汉志》等书记载，仅西汉后期就有十六人来续补《史记》，比刘知几《史通·古今正史》中所列的续补者又多出一人——孟柳，另外，在《汉志》等书中，卫衡也称阳城衡，史岑也称史孝山，段肃一作殷肃。

在刘知几《史通·古今正史》中提到《史记》后续者中有刘向、刘歆父子，刘向、刘歆父子是汉皇族楚元王的后代，成帝时，父子俩奉诏整理校勘天下散乱的图书，每校完一部书，就写出该书的内容提要及价值判断，后来将各书的提要简评汇编为《别录》、《七略》,《别录》、《七略》的撰成,标志着我国图书目录学的产生。猜想刘向、刘歆父子同校理其他书籍一样,对《史记》也进行过甄别版本、去复补缺、校定文字、缮写定本诸工作。尽管"班彪以为其言鄙俗,不足以踵前史",但刘歆、刘歆确实想"踵前史",即补足《史记》汉史部分,只不过我们见不到刘向、刘歆父子补记《史记》的那些文字罢了。

在其他的补续者中,比较有影响的是冯商和扬雄。冯商字子高,阳陵(今陕西咸阳东北)人,一说长安(今陕西西安)人,先从师五鹿充宗。五鹿是先生的复姓,充宗通晓《易》学,是个能言善辩之人。后来冯商又拜刘向为师。刘向通达经术,善作文章,想必冯商也博学多闻、精通经术,而且善为文章,所以成帝时下诏让冯商来续写《史记》。《汉书·艺文志》记载他续写了七篇:"冯商所续《太史公》七篇。"也有的说他续了十余篇。

扬雄是西汉后期大文学家、哲学家和语言学家,他与大文豪司马相如一样,都是蜀郡成都(今四川成都)人,又都有口吃的毛病,不善言谈。他博览群书、学问渊博,早年酷爱辞赋,在文坛上很有名气。汉成帝时经人引荐,成了皇帝身边一名文学侍从。后来扬雄认为辞赋是无益于世道的"雕虫篆刻"小技,于是仿《论语》作《法言》,仿《易经》作《太玄》。扬雄是一个善于模仿的作家,想必对《史记》也会模仿,他撰写了从宣帝至哀帝、平帝的纪传,很可能就是《史记》的模拟之作。扬雄修史,是继冯商之后,一次续修西汉一代历史的重要活动。

褚少孙之后的《史记》的后续者,情况各有不同,但都与褚少孙的增补有很大区别,他们大致都认为《史记》止于汉武帝太初年间,缺少表述太初以后汉朝的事功,于是纷纷接着《史记》来续写,他们都想通过续补,使自己的史著与《史记》合起来,形成一部比较完整的西汉史。他们的续补虽大都称作"续太史公书"或"后传",但都并不像褚少孙的补文附于《史记》之后,而是从《史记》截止的地方写起,是一种"续"而不是"补",并自成一书,可单独行世。

第三节 中国史学史的雏形

西汉后期那十几名续补《史记》的史学家,其补续之作存在着这样或那样的不足,引起了东汉初大史学家班彪的不满,"彪既才高而好述作,遂专心史籍之间。武帝时,司马迁著《史记》,自太初以后,阙而不录,后好事者颇或缀集时事,然多鄙俗,不足以踵继其书。彪乃继采前史遗事,傍贯异闻,作后传数十篇,因斟酌前史而讥正得失"。(范晔《后汉书·班彪列传》)班彪认为他人的续补都难以与《史记》相配,更何况还有扬雄、刘歆的续补,褒美伪新,贻误后人,不仅不配续史。而且不应让它在世上流传。他要"继采前史遗事,傍贯异闻",作出真正能续补《史记》的史籍来,成为司马迁《史记》的最好的后续者。

班彪(3－54)字叔皮,扶风安陵(今陕西咸阳东北)人,西汉末动乱时,初在天水依附隗嚣,后到河西,追随窦融,劝窦融归顺刘秀。光武帝建武十三年至三十年(37－54),班彪历任徐令、司徒掾、望都长,但他更为专心的是治学,特别是治史。班彪对中国的史籍有很深的研究,特别是对司马迁的《史记》深有研究,他佩服司马迁开创纪传体史书的创新精神,赞扬司马迁有良史之才。然而他也认为:《史记》记述有疏略之处,没有做到细致审核事实、整饬文字;议论有肤浅不确之处,对儒家及其儒学评价不高;有条例不经之处,如为不是帝王的项羽立纪、将农民起义领袖陈涉列入世家;有刊落不尽之处,有的人不记其字,有的人籍贯有县无郡等。班彪的史学观点,当然带着儒学的偏见,但有一些改进修史方法的意见,还是有可取的地方。从主观愿望方面讲,他希望自己所作的《后传》,在《史记》的基础上更有提高,至少要"慎核其事,整齐其文",他的这些史学观点集中体现在他的《略论》中,《后汉书·班彪列传》载:

彪既才高而好述作,遂专心史籍之间。武帝时,司马迁著《史记》,自太初以后,阙而不录,后好事者颇或缀集时事,然多鄙俗,不足以踵继其书。彪乃继采前史遗事,傍贯异闻,作后传数十篇,因斟酌前史而讥正得失。其略论曰:

唐、虞三代,《诗》、《书》所及,世有史官,以司典籍,暨于诸侯,国自有史,故《孟子》曰:"楚之《梼杌》,晋之《乘》,鲁之《春秋》,其事一也。"定、哀之间,鲁君子左丘明论集其文,作《左氏传》三十篇,又撰异同,号曰《国语》,二十一篇,由是《乘》、《梼杌》之事遂暗,而《左氏》、《国语》独章。又有记录黄帝以来至春秋时帝王公侯卿大夫,号曰《世本》,一十五篇。春秋之后,七国并争,秦并诸侯,则有《战国策》三十三篇。汉兴定天下,太中大夫陆贾记录时功,作《楚汉春秋》九篇。孝武之世,太史令司马迁采《左氏》、《国语》,删《世本》、《战国策》,据楚、汉列国时事,上自黄帝,下讫获麟,作本纪、世家、列传、书、表百三十篇,而十篇缺焉。迁之所记,从汉元至武以绝,则其功也。至于采经摭传,分散百家之事,甚多疏略,不如其本,务欲以多闻广载为功,论议浅而不笃。其论术学,则崇黄老而薄《五经》;序货殖,则轻仁义而羞贫穷;道游侠,则贱守节而贵俗功:此其大敝伤道,所以遇极刑之咎也。然善述序事理,辩而不华,质而不野,文质相称,盖良史之才也。诚令迁依《五经》之法言,同圣人之是非,意亦庶几矣。

夫百家之书,犹可法也,若《左氏》、《国语》、《世本》、《战国策》、《楚汉春秋》、《太史公书》,今之所以知古,后之所由观前,圣人之耳目也。司马迁序帝王则曰本纪,公侯传国则曰世家,卿士特起则曰列传。又进项羽、陈涉而黜淮南、衡山,细意委曲,条例不经。若迁之著作,采获古今,贯穿经传,至广博也。一人之精,文重思烦,故其书刊落不尽,尚有盈辞,多不齐一。若序司马相如,举郡县,著其字,至萧、曹、陈平之属,及董仲舒并时之人,不记其字,或县而不郡者,盖不暇也。今此后篇,慎核其事,整齐其文,不为世家,惟纪、传而已。传曰:"杀史见极,平易正直,《春秋》之义也。"

此篇《略论》有人也称《前史得失论》,对中国史学研究影响很大。有人撰文说:"班彪对前史的得失写过一篇评论,后人称为《前史得失论》。它表明了班彪对有史官以来直到《史记》一系列历史著作的看法,显示了他正统的儒家思想。因为这篇文章最早按时间线索勾勒出了我国早期史学的状况,并进行了原则性的批评,所以它是我国第一个史学史的提纲,其批评原则和一些具体意见对后代史学批评发生了深远的影响。"①

班彪的这些主张直接影响了他的《后传》的写作。班彪的《后传》为其儿子班固的《汉书》设计好了基本框架,如班彪声明他的《后传》"不为世家,惟纪、传而已",在《汉书》中果然不设世家,而仅保留纪、传。《后传》原书已佚,其大部分内容已被《汉书》所吸收,在《汉书》中,有的还保留着班彪原文的鲜明痕迹,如韦贤、翟方进、元后三传赞,都有"司徒掾班彪曰"的字样,这些传文分明是《后传》的文字。班彪的人物纪传写得也很精彩,如《韦贤传》,主要写韦贤及其四子韦玄成。韦贤,鲁国邹(今山东邹城市东南纪王城)人,经学博士,号称邹鲁大儒,曾为昭帝讲授过《诗经》,宣帝即位,因韦贤曾为先帝的老师,特别尊重他,后韦贤虽已七十余岁,仍任他为丞相。韦玄成与其父一样,也以精通经学被提拔为谏大夫,最后直至升为丞相。当时邹鲁地区就流传着这样的谚语:"遗子黄金满籯,不如一经。"韦贤、韦玄成都做过丞相,但人们评价说韦玄成守正持重不及其父,而文采又超过其父,所以韦玄成在宦途上曾大起大落。不过韦玄成谦逊、礼让的精神让人称道,班彪就选择了韦玄成装疯装癫推辞承嗣爵位一事,来刻画韦玄成这一颇有伯夷、叔齐遗风的君子形象:

> 初,玄成兄弘为太常丞,职奉宗庙,典诸陵邑,烦剧多罪过,父贤以弘当为嗣,故敕令自免。弘怀谦,不去官。及贤病笃,弘竟坐宗庙事系狱,罪未决。室家问贤当为后者,贤志恨不肯言。于是贤门下生博士义倩等与宗家计议,共矫贤令,使家丞上书言大行,以大河都尉玄成为后。贤薨,玄成在官闻丧,又言当为嗣,玄成深知其非贤雅意,即阳为病狂,卧便利,妄笑语昏乱。征至长安,既葬,当袭爵,以病狂不应召。大鸿胪奏状,章下丞相、御史案验。玄成素有名声,士大夫多疑其欲让爵辟兄者。案事丞相史乃与玄成书曰:"古之辞让,必有文义可观,故能垂荣于后。今子独坏容貌,蒙耻辱,为狂癫,光耀暗而不宣。微哉!子之所托名也。仆素愚陋,过为宰相执事,愿少闻风声。不然,恐子伤高而仆为小人也。"玄成友人侍

---

① 赖长扬主编:《史学家传》,海南出版社 1994 年版,第 69 页。

郎章亦上疏言:"圣王贵以礼让为国,宜优养玄成,勿枉其志,使得自安衡门之下。"而丞相、御史遂以玄成实不病,劾奏之。有诏勿劾,引拜。玄成不得已受爵。宣帝高其节,以玄成为河南太守。兄弘太山都尉,迁东海太守。

此段文字围绕韦玄成对待继承爵位一事,来集中描述韦玄成不慕富贵、礼让其兄的高风亮节。韦玄成为了辞却爵位,宁肯佯狂装疯,妄言痴笑,甚至躺在地上大小便,白白毁坏自己的形象,这与那些为了争夺遗产,骨肉相残,手足为仇的人,形成一种强烈的对比。作者充分运用了衬托的方法,以其兄韦弘在任职中屡屡出错,甚至被关入监狱,来反衬韦玄成处事干练;以其家人宾客假造韦贤遗嘱,衬托韦玄成在家人宾客中极有威望;以朝廷重臣要官不相信韦玄成真疯癫,并劝说他接受爵位,衬托韦玄成素有好名声。传中各种人物互相对比、映衬,中心人物的主要特征异常鲜明。

班彪在其《后传》的每篇传后附有"司徒掾班彪曰",如《元后传》的"司徒掾班彪曰":

> 三代以来,《春秋》所记,王公国君,与其失世,稀不以女宠。汉兴,后妃之家吕、霍、上官,几危国者数矣。及王莽之兴,由孝元后历汉四世为天下母,飨国六十余载,群弟世权,更持国柄,五将十侯,卒成新都。位号已移于天下,而元后卷卷犹握一玺,不欲以授莽,妇人之仁,悲夫!

西汉从元帝开始由盛而衰,汉政权由刘姓皇家逐渐转入外戚手中,并最终由王莽代汉另立,这一改朝换代的变化,元后起了相当大的作用。班彪结合元后之前外戚掌权的教训,指出外戚掌握政权,是"几危国者"的重要原因,人物传显示了汉代衰微的重要根源,而"司徒掾班彪曰"则更精炼地概括了人物传的主旨。再如《翟方进传》的"司徒掾班彪曰":

> 丞相方进以孤童携老母,羁旅入京师,身为儒宗,致位宰相,盛矣。当莽之起,盖乘天威,虽有贲、育,奚益于敌?义不量力,怀忠愤发,以陨其宗,悲夫!

翟方进在成帝时历任朔方刺史、御史大夫,后为丞相,封高陵侯,任相十年。后因在统治集团内部斗争中，为成帝所不满，便以"天象"为由，以"灾害并臻，民被饥饿，加以疾疫溺死"等为借口，逼其自杀。走运时，可"致位宰相"，倒霉时，身亡"以陨其宗"，皇权之下的臣子，生死沉浮全凭人主的一时好恶，臣子有时还意识不到，便瞬间成了政治牺牲品或替罪羊。班彪为这种历史悲剧而叹息，想必也有深切的体验与感慨。

总之。班彪的《后传》，从人物传记，到作者的论赞，都有意模仿《史记》的体例与笔法，继承了《史记》许多写作特色，并在史学体例上有许多改进。可惜班彪的《后传》还未写成，就在光武帝建武三十年（54）死在望都（今河北保定）任上。从《史通》等著作中可知，《后传》虽未勒成，但已有六十多篇，与有一百篇的《汉书》比，已超过其一半之数。从《史记》问世之后，许多人相继补续了西汉一代的史事，而班彪的《后传》堪称补续之作的翘秀。《史记》的补续作品，大多佚失，现在仅能见到一些残篇，但它们在当年，却为班固写作《汉书》，特别是写太初以后至西汉末那部分历史，提供了极有价值的参考，甚至有相当部分的文字，经班固稍加改编，化作了《汉书》的一部分。我们不能因为现存资料缺少，而忽视了从《史记》向《汉书》过渡的这一重要的中间环节，更不能忽视了班彪《略论》开创中国史学史的重大学术意义。

第五章 纪传体断代史的形成

　　《史记》面世之后,引起史学界的普遍关注,他们为《史记》崭新的纪传体例所倾倒,从褚少孙至班彪,大约百年间,涌现了许多《史记》的补续者,也编写出不少补续之作,但是都没有意识到要撰写一部完整的西汉史,更没有意识到这部完整的西汉史会成为后世中国正史的范式,但有一个人意识到了,他就是大史学家班固。班固"究西都之首末,穷刘氏之废兴,包举一代,撰成一书。言皆精练,事甚该密,故学者寻讨,易为其功,自尔迄今,无改此道。"(刘知几《史通·六家》)班固所撰的纪传体断代史《汉书》,创立了纪传体史书的新格局,确立了后世正史的新模式,开创了史学领域的一个新时代。

第一节 纪传体断代史的开创者班固

　　班固(32-92)字孟坚,出身于世代富豪簪缨之家。他的七世祖班壹在秦末,因躲避战乱,由内地举家迁往楼烦(今山西宁武),六世祖班孺与其前辈一样,也是边地著名的豪强。五世祖班长,官至上谷太守。高祖班回以茂才(茂才即秀才,东汉时因避光武帝刘秀讳,改称秀才为茂才)的身份为长子县令。曾祖班况,曾考课连得第一,汉成帝时为左曹越骑校尉,班况有一女儿颇有文才,成帝时被选入宫中立为婕妤。班婕妤现存的作品有《自悼赋》、《捣素赋》、《怨歌行》,《怨歌行》又称《团扇歌》,写其在皇宫中孤寂苦闷的心情,然而班氏却因她入宫而显贵起来,家族也从楼烦迁于扶风安陵(今陕西咸阳东北)。祖父班稚,哀帝时官至广平相,显赫一时。平帝时,王莽专权,班稚急流勇退,辞掉相位,只做了个延陵园郎。父班彪字叔皮,20多岁时,逢汉末大乱,时新市、平林起义军所立的更始帝刘玄被杀,为避长安战乱,班彪携家北上。先到天水(今属甘肃)依附隗嚣,后又至河西(即今河西走廊与湟水流域)投靠大将军窦融,劝窦归附支持光武帝。建武八年(32年)班固就出生于河西。建武十二年(36)窦融被光武帝召回洛阳,班彪亦出任徐县(今江苏徐州)令,后因病免职,遂开始专力从事著述。斑彪与班固的堂伯父班嗣都是东汉初著名的儒学大师,扬雄、王充等人曾登门向其求学。班彪后来更专心研究史籍,因不满意那些《史记》补续者的作品,认为"多鄙俗",不配续《史记》,于是他收集汉武帝太初之后的史料,著成《后传》六十余篇,来补续司马迁的《史记》,借此引出西汉一代兴衰成败的历史经验教训。

班固生在这样一个世代富裕的书香门第,思想上与写作上肯定受到深刻的影响,尤其是他的父亲班彪。不仅是班固学业的良师,而且是班固生平事业的领路人。在父亲班彪的悉心培养下,班固自幼勤奋好学,9岁时就能诵诗书作文章,16岁入洛阳太学,在那里一学就是七八年,不仅诵读儒家经典,对其他诸子百家之书也广为研习探讨,为其将来治史著述奠定了渊博的理论基础。汉明帝永平初年,东平王刘苍以骠骑将军的名义助理国政,刚刚20岁的班固就给刘苍上了一封奏记,劝谏东平王延揽四方俊杰,奏记中提到:"将军宜详唐、殷之举,察伊、皋之荐,令远近无偏,幽隐必达,期于总览贤才,收集明智,为国得人,以宁本朝。"(范晔《后汉书·班固传》)并向刘苍推荐了一大批德才兼备的人才,初次向社会展示了自己的才华,由于奏记写得有理有据,刘苍看后,竟采纳了这位"始弱冠"年轻人的意见。

班固23岁时,父亲班彪去世,他便离开太学回到扶风为父守丧,决心继承父志,完成父亲未竟的著述事业,开始着手整理父亲遗留下的《后传》。班固26岁时,东平王刘苍以皇帝亲弟的资格被任为太傅,主持朝政,班固入刘苍幕府任职,并开始了《汉书》的编撰。明帝永平五年(62年)刘苍离朝归藩,时值"而立"之年的班固被人告发私作国史,地方官怀疑他与伪造图谶有关,因为在此之前扶风人苏朗造假图谶到处散布流言,已得到法办,于是将班固逮捕,送往京城监狱。班固弟班超怕兄班固在狱中难以自诉,亲自赶到洛阳上书明帝,为兄班固申辩。此时郡守也把班固的书稿送至京城,明帝看后很赏识班固的才华,就召他到校书部,任为兰台令史,受命与陈宗、尹敏、孟异合撰《世祖本纪》。次年,班固升为郎,又奉诏撰东汉开国功臣及平林、公孙述等列传载记28篇,这些著述后来成了《东观汉记》的一部分。这几项编写任务完成后,班固便奉明帝之命,集中精力来继续完成他的纪传体断代史《汉书》。

"班固所以要断代为史,编写《汉书》,并不是偶然的。建武、永平之际,正是东汉王朝封建统治相对稳定、阶级矛盾比较缓和、社会生产力发展的时期,也是东汉王朝鼎盛时期。为了进一步巩固封建政权,总结前朝的历史经验,就成为当时统治者的迫切要求。班氏一家与汉朝王室有着世代的臣属关系,一心要继承父业的班固,自然不能不迎合这种要求。"[①]再者,如果继续沿用司马迁的通史纪传体,必然就像其他续补《史记》者一样,仍将西汉王朝列于历代百王及秦帝、楚霸王之后,是很难显示出"汉德"的。再以这种体例编下去,又会把东汉光武帝编于王莽之后,置于新市、平林等绿林首领之列,这也是当朝统治者所不能允许的。从班固自己认识来说,他认为"汉绍尧运",汉王朝建立了前所未有的宏伟帝业,不应"编于百王之末",只有单独把汉史作为撰述对象,才能显示刘汉帝业的高功厚德。他决心要打破续补的格式,创立新的史著体例,写一部独立的西汉专史,这也是时代赋予自己这位正统派史学家的历史任务。于是,班固积极吸收《史记》纪传体成果,秉承其父撰述汉史的宗旨,远受三代典籍的启示,近参《后传》及其他人续补的汉史,呕心沥血地编撰我国第一部纪传体断代史——《汉书》。《后汉书·班固列传》这样记载:

> 固以为汉绍尧运,以建帝业,至于六世,史臣乃追述功德,私作本纪,编于百王之末,厕于秦、项之列,太初以后,阙而不录,故探撰前记,缀集所闻,以为《汉书》。起元高祖,终于孝平王莽之诛,十有二世,二百三十年,综其行事,傍贯《五经》,上下洽通,为《春秋》考纪、表、志、传凡百篇。固自永平中始受诏,潜精积思二十余年,至建初中乃成。当世甚重其书,学者莫不讽诵焉。

---

① 安作璋:《班固》,《中国史学家评传》(上册),中州古籍出版社1985年版,第73页。

　　章帝建初三年(78年)班固升为玄武司马。次年,因经学家多分歧,有人向章帝建议应仿效宣帝时石渠故事。西汉宣帝甘露三年(公元前51年),宣帝曾令诸儒于石渠阁讲论《五经》异同,宣帝还亲自临决。章帝采纳建议,召集各诸侯王与众多的儒士在洛阳北宫白虎观讨论《五经》异同,并亲称制临决。班固以近臣的身份任记录之职,并奉命负责整理讨论情况,根据讨论的结果,撰成《白虎通德论》(又名《白虎通义》)。白虎观会议肯定了"三纲六纪",在董仲舒《春秋繁露》的基础上,进一步把儒学与阴阳五行说及谶纬学融合起来,使儒家经典进一步宗教化、神学化,把封建制度进一步系统化、理论化,并把《白虎通德论》作为官方钦定的经典刊布于世,成为当时统治阶级的一部法典,《白虎通德论》虽代表不了班固的世界观,但其思想受《白虎通德论》的影响则是无疑的。

　　章帝喜好文章,班固因有文才而得到重用,章帝每次巡视外出,班固常献上赋、颂,以颂扬皇上的圣明,班固因此备受宠信。后来母亲病亡,因理丧事,班固离职。和帝永元元年(89年)皇舅车骑将军窦宪出征北匈奴,班固担任他的中护军随军出征。窦宪出师大捷,长驱直入。窦将军兴致勃勃地登上燕然山(今蒙古杭爱山),他要将这次大败匈奴兵的功劳刻在石上永作纪念,班固便为他写了有名的《封燕然山铭》。永元四年(92年)窦宪因擅权而被免职,后来还被和帝逼迫自杀了,班固因为与窦宪关系密切而受到牵连,被免掉了官职。在此之前,洛阳令种兢曾受过班固家奴的侮辱,种兢当时就想发作,但因班固有窦宪这一硬关系,就只好忍气吞声了。现在班固倒了霉,种兢就乘机报复,随便找个借口,将班固逮捕入狱,班固不久便冤死于狱中,时年61岁。

　　班固从明帝永平初受诏著史,到章帝建初年间,共二十多年,为了完成《汉书》,潜精积思、勤奋编撰,至班固死时,其所著的《汉书》除八表及《天文志》因遗稿散乱,没有写成外,其余已全部写就。和帝于是又命班固妹班昭整理、补作,班昭只完成了八表,《天文志》未能竣工,和帝又命侍诏东观马续来续补,前后经历数十年,至此,《汉书》才算最后告成。

　　《汉书》虽说基本由班固20多年勤奋写成,但其父班彪、其妹班昭、同郡人马续的功绩不可磨灭。甚至司马迁、刘向、冯商、扬雄等人的作用也不可抹

杀,如果没有这些前人的著述和补编,《汉书》的成书是不可能的。正如赵翼在《廿二史札记》卷一中说:

> 百篇之书,得之于史迁者已居其半,其半又经四人之手而成。其后张衡又条上《汉书》与典籍不合者十余事,卢植、马日䃅、杨彪、蔡邕、韩说等校书东观,又补续《汉纪》。则是书亦尚有未尽善者,益信著书之难也。

完成一部有价值的著作是很不容易的,从广义上说,我国第一部纪传体断代史《汉书》,不仅仅是班氏两代人及马续心血的结晶,而是整个中华民族文化发展的结果。班固只是在各种历史条件具备的情况下,适应新的历史时代的要求,比别人做出了更大贡献罢了。

班固意识到必须构建新的断代史书体系,才能表现大汉高于"百王"的宏伟帝业,但这种创新的体系只能在司马迁《史记》纪传体的基础上来形成,因为《史记》纪传体虽是通史而不是断代史,但它那规模宏大、各部分相互配合、能全面详尽地反映历史的体例,才刚刚显示出巨大的生命力。《汉书》的体例主要参照《史记》而略有变更,主要是改书为志取消了世家。书中的资料,比《史记》更加丰富充实、慎严整齐。全书共一百篇,分一百二十卷。有帝纪十二篇,一帝一纪,分高帝、惠帝、高后、文帝、景帝、武帝、昭帝、宣帝、元帝、成帝、哀帝、平帝等纪,记载从汉高祖刘邦到汉平帝刘衎的编年大事,是全书的大纲,确立了"书君上以显国统"的后代正史的模式。有表八篇,分别是异姓诸侯王、诸侯王、王子侯、高惠高后孝文功臣、景武昭宣元成哀功臣、外戚恩泽侯、百官公卿、古今人诸表,谱列王侯世系、记录官制演变,以圣、仁、智、愚等九级排列历史人物。有志十篇,由《史记》八书扩充而成,包括律历、礼乐、刑法、食货、郊祀、天文、五行、地理、沟洫、艺文等志,是贯通古今政治、经济、文化的专史。有传七十篇,从陈胜项籍始,至王莽终,包括了西汉一代不同社会阶层、各种类型重要人物,其中还有汉代边疆一些少数民族、甚至部分邻国重要人物的传记,卷末的《叙传》仿《史记·太史公自序》,带有自传的性质。纪传是《汉书》的主要部分,全书以纪、传为中心,各部分互相联系、互相补充,全面、集中地反映了西汉王朝的历史。

《汉书》是我国第一部纪、表、志、传体例完备的断代史,虽是在《史记》纪传体通史的基础上形成的,但它以断代的体例集中地体现了西汉一代王朝的丰功伟业,这种体系符合中国封建社会发展过程中皇朝更替的周期性特点,所以自然成为我国后代纪传体断代史的准绳。《汉书》之后的所谓正史,都是沿用《汉书》断代为史的体例。其十志,对古今政治、经济、文化都作了详细记载,扩大了汉代历史研究的领域,并使书志体成为正史的不可缺少的重要组成部分,并直接推动了后世通典、通志、通考等典章文物专著的产生。

第二节 《汉书》的主导思想及体例特点

刘知几在《史通·六家》中把古今史体分为六家,其中《汉书》独为一家:

《汉书》家者,其先出于班固。马迁撰《史记》,终于今上;自太初已下,阙而不录。班彪因之,演成《后记》,以续前编。至子固,乃断自高祖,尽于王莽,为十二纪、十志、八表、七十列传,勒成一史,目为《汉书》。昔虞、夏之典,商、周之诰,孔氏所撰,皆谓之"书"。夫以"书"为名,亦稽古之伟称。寻其创造,皆准子长,但不为"世家",改"书"曰"志"而已。自东汉以后,作者相仍,皆袭其名号,无所变革,唯《东观》曰"记",《三国》曰"志"。然称谓虽别,而体制皆同。

历观自古,史之所载也,《尚书》记周事,终秦穆;《春秋》述鲁文,止哀公;《纪年》不逮于魏亡,《史记》唯论于汉始。如《汉书》者,究西都之首末,穷刘氏之废兴,包举一代,撰成一书。言皆精练,事甚该密,故学者寻讨,易为其功,自尔迄今,无改此道。

《汉书》问世后,就受到社会的普遍重视,《后汉书·班固列传》称:"当世甚重其书,学者莫不讽诵焉。"而"《史记》汉、晋名贤未见推重。"(《史记索隐序》)从东汉至唐,《汉书》的影响一直高于《史记》。刘知几作为唐代杰出的史学理论家,他对《史记》与《汉书》都有很高的评价,但二者比较起来,他更推崇的是《汉书》。如他在《史通·论赞》中说:"必寻其得失,考其异同,子长淡泊无味,承祚俛缓不切,贤才间出,隔世同科。孟坚辞惟温雅,理多惬当。其尤美者,有典诰之风,翩翩奕奕,良可咏也。"《汉书》之所以声望高,并得到历代史家的仿效,大致有三个重要原因:一是《汉书》是一代完整的史书,内容丰富,有多方面的史学价值,成为后世修史的标本。一是《汉书》所宣扬的正统思想,基本符合统治者的要求,适合封建士大夫的情趣,成为封建社会治世修身的教科书。一是《汉书》开后朝人写先朝史的先例,言论相对地自由一些。

《汉书》与《史记》相比,所反映的思想意识有很大的区别。司马迁所处的汉武帝时代,正是新兴地主阶级统治进入全盛的时期。"汉武帝在位的五十四年间,内政外交皆取积极有为之策,使汉朝的国威达到极盛。就内政而言,置五经博士而使儒学国教化,察举孝廉而确立选举制度,置州刺史行推恩令而强化郡国统治,采用《太初历》而改正历法,铸五铢钱而改定货币制度等。就外交而言,尽管武帝本人从未亲临过任何战争,其状况正如其谥号武帝一般,以改变汉高祖以来的和亲匈奴政策,转为军事征服,遣卫、霍数次出击匈奴,取得了相当的成功,进而征讨闽越、南越,开通西南夷,出兵朝鲜以其地为郡县,遣张骞西通大月氏、大宛,打开西域通道等等,不胜一一列举。"[①]总之,汉王朝封建中央集权制不断健全、巩固,经济高度发达,国力充实,疆域扩大,国内各民族空前统一,一切都充满了开拓、创新、向上的大一统气象。于是以汉武帝为首的汉代统治者为适应形势的发展,罢黜百家,独尊儒术,把儒学法定为国家统一的思想意识。这种定于一尊是由无为而转为有为的历史选择的结果,因为"儒家者流,盖出于司徒之官,助人君顺阴阳、明教化者也。游文于六经之中,留意于仁义之际,祖述尧舜,宪章文武,宗师仲尼,以重其言,于道最为高。"(《汉书·艺文志·诸子略》)儒学植根于宗法制的土壤,它主张严明社会等级,强调上下严格界限,下者绝对服从上者,这种观点正是维护封建中央集权制的理论基础。但儒家的等级观已不同于奴隶制的等级意识,它承认等级的区别,却又主张调和等级之间的对立,其理论核心是仁与礼。仁是内在的人

---

① ［日本］西嶋定生:《武帝之死》,李开元译:《日本学者研究中国史论著选译》(第三卷),中华书局1993年版,第587页。

性的道德原则,用以肯定和尊重每个人的人生价值。礼是外在的等级制的社会秩序与道德规范,用以维系等级社会的制度。这种理论既适应统治者的需要,又没有完全否认被统治阶级的利益,使社会、整体、秩序和个体、人性、情感得到了双向的认可,使规范与品德达到了比较和谐的统一,因此儒学易于为社会群体与个体所接受,以仁与礼为指导思想的仁政与礼治,能获得比较广泛的社会基础的认可。

作为史学家、文学家、思想家的司马迁,他的思想主要倾向于儒家,具有时代的特征,但他善于独立思考,富有批判精神,不囿于儒学,能兼采先秦诸子各学之长,形成了自己的朴素唯物主义思想和进步的世界观。但这种思想在汉代正统的儒家看来,就成了"其论术学,则崇黄老而薄《五经》;序货殖,则轻仁义而羞贫穷;道游侠,则贱守节而贵俗功,此其大敝伤道。"(《后汉书·班彪列传》)

汉武帝因好大喜功,耗尽了文、景以来的国家积蓄,司马迁死后的武帝后期,国力不振,民生疲惫,西汉开始衰落。到了西汉晚期,统治者严重腐败,社会阶级矛盾日益激化,统治者意识到传统的儒学已经难以用来维持其统治,如儒学最根本的政治主张是守王道、行德治,有德行的人才能受天命为天子,已经丧失民心的昏君若再宣扬这种观点,就等于自己彻底否定自己。于是他们在董仲舒"天人感应"说的基础上,进一步以神学来改造儒学,假托神的启示,伪造谶纬符命,以迷信来欺骗世人。哀帝时,方士夏贺良假制谶书,宣扬气运,劝皇帝改换年号,企图以此来挽救垂危的局面。班固所处的时代,是西汉政权崩溃后光武帝刘秀重建汉朝的前期,东汉王朝建立之后到明帝,国内阶级矛盾暂时缓和,社会出现了较长时期的稳定,但是统治阶级不思进取,不求变革,只求统治权的长期保持,表现出日趋严重的保守性,其中在意识形态方面表现得尤为突出,这便是经学的进一步神学化。

司马迁所在的时代,汉武帝虽然迷信方士,企求长生不老,但谶纬迷信还没取得法典式的合法地位。而至班固时,谶纬迷信的势力已达炽盛。统治阶级以巫师、方士的迷信方术来附会儒家经义,假托天意圣教来言符箓瑞应,当时把谶纬之学称为"内学",把经学称为"外学",谶纬的地位赫然与经学并列。

章帝时所产生的《白虎通德论》,把君臣关系列于"三纲六纪"之首,把社会阶级关系附会于自然秩序,把迷信纬书抬到与经学同等神圣崇高的地位,这样一部谶纬化的经学总汇,经由皇帝钦定而法典化,使谶纬与今文经学相结合的思想成为官方正统的社会思想。作为积极参与制作《白虎通德论》的班固,自然受到谶纬迷信思想的熏陶与影响。

但班固作为一名历史学家,他重视客观的历史事实,坚持史学家传统的实录精神,钦佩司马迁"其文直,其事核;不虚美,不隐恶"的良史之材,当今文经学与谶纬神学相结合而极有势力的时候,他虽参与制作《白虎通德论》,而实际上主体思想却倾向于古文经学,在他的思想体系中,既有占主导地位的传统儒家思想,又有当时正统的神学化了的经学的烙印。因此,班固对历史的认识经常处于矛盾之中,在《汉书》中对传记人物的评述与司马迁有很大的不同,主要体现为:

一、评价历史人物,班固以帝王为中心,对其他人物的历史地位,相对地多从等级名分与尊儒来考虑,与司马迁评价历史人物多从其历史作用出发的认识有很大差别。如司马迁进项羽于本纪,列孔子、陈胜于世家,而《汉书》的《古今人表》虽把孔子列入九等中第一等圣人之列,视同古圣王,却把项羽、陈胜列入第六等。司马迁把项羽列入本纪、陈胜列入世家,其理由是:"夫秦失其政,陈涉首难,豪杰蜂起,相与并争,不可胜数。然羽非有尺寸,乘势起陇亩之中,三年,遂将五诸侯灭秦,分裂天下,而封王侯,政由羽出,号为'霸王',位虽不终,近古以来未尝有也。"(《项羽本纪》)"桀、纣失其道而汤、武作,周失其道而春秋作,秦失其政,而陈涉发迹,诸侯作难,风起云蒸,卒亡秦族。天下之端,自涉发难。"(《史记·太史公自序》)而班固把项羽、陈胜贬入列传,是因为:"上嫚下暴,惟盗是伐,胜、广嫖起,梁、籍扇烈。"(《汉书·叙传》)司马迁把项羽视为"近古以来未尝有"的英雄豪杰,把陈胜视为与讨伐夏桀、商纣的商汤、周武一类的圣王,而班固却把项羽、陈胜视为暴虐作乱的盗贼,褒贬不一,真有天壤之别。再如《史记》、《汉书》都有《游侠列传》,司马迁赞布衣之侠:"其行虽不轨于正义,然其言必信,其行必果,已诺必诚,不爱其躯,赴士之厄困。既已存亡死生矣,而不矜其能,羞伐其德,盖亦有足多者焉。"又赞郭解道:"吾视郭解,状貌不及中人,言语不足采者。然天下无贤与不肖,知与不知,皆慕其声,言侠者皆引以为名。谚曰:'人貌荣名,岂有既乎!'于戏,惜哉!"而班固指责游侠导致"背公死党之议成,守职奉上之义废",认为"郭解之伦,以匹夫之细,窃杀生之权,其罪已不容于诛矣!观其温良泛爱,振穷周急,谦退不伐,亦皆有绝异之姿。惜乎不入于道德,苟放纵于末流,杀身亡宗,非不幸也。"篇名相同,取材相同,然而司马迁与班固对待历史人物的态度竟如此不同。《汉书》中对农民起义领袖与下层游侠的鄙视,说明封建正统思想对班固有深刻的影响。

班固具有浓厚的封建正统思想,但不能因此而说明他的思想都是消极的糟粕。如班固从封建大一统观念出发,在《汉书》中歌颂了汉代一批忠于国家、抵御外侮、保持民族气节的爱国英雄,同时鞭挞了苟安偷生、叛国投敌的民族败类,这种思想就有其历史的进步意义,而这方面的内容恰是《史记》所不够的。不仅如此,司马迁有时在人物传记中还流露出个人偏激的情绪,如对李陵的投降变节指责不够,对卫青、霍去病等人讥刺过多等,使《史记》人物传中对人物的评价出现了某些偏颇。相比之下,《汉书》对以上人物的评价反倒显得公允而准确。在《汉书》所歌颂的一大批具有御侮爱国精神的英雄人物中,苏武是一位令人永远敬仰的爱国英雄。他出使匈奴被扣留19年而宁死不降,其坚贞不屈的民族气节和爱国品质可歌可泣。不论匈奴以杀头来威吓,还是以封官赐爵来利诱,苏武丝毫不为所动,大义凛然,决不屈服。后来匈奴又以极其恶劣的生存环境来折磨他,将其幽闭大窖之中,断水断粮;继而又将其流放至无人的荒漠之中,企图经过长期的磨难,从精神上征服他。但苏武在各种险恶的环境下,都以惊人的毅力,顽强地生存下来,强烈的爱国主义精神使他无所畏惧,战胜了一切困难。班固的《苏武传》满怀崇敬之情,详述了苏武的宁死不降的爱国事迹:

　　单于使使晓武。会论虞常,欲因此时降武。剑斩虞常已,律曰:"汉使张胜谋杀单于近臣,当死,单于募降者赦罪。"举剑欲击之,胜请降。律谓武曰:"副有罪,当相坐。"武曰:"本无谋,又非亲属,何谓相坐?"复举剑拟之,武不动。律曰:"苏君,律前负汉归匈奴,幸蒙大恩,赐号称王,拥众数万，马畜弥山，富贵如此。苏君今日降，明日复然。空以身膏草野，谁复知之！"武不应。律曰："君因我降，与君为兄弟，今不听吾计，后虽欲复见我，尚可得乎？"武骂律曰："女为人臣子，不顾恩义，畔主背亲，为降虏于蛮夷，何以女为见？且单于信女，使决人死生，不平心持正，反欲斗两主，观祸败。南越杀汉使者，屠为九郡；宛王杀汉使者，头县北阙；朝鲜杀汉使者，即时诛灭。独匈奴未耳。若知我不降明，欲令两国相攻，匈奴之祸从我始矣。"

律知武终不可胁，白单于。单于愈益欲降之，乃幽武，置大窖中，绝不饮食。天雨雪，武卧啮雪与旃毛并咽之，数日不死。匈奴以为神，乃徙武北海上无人处，使牧羝，羝乳乃得归。别其官属常惠等，各置他所。武既至海上，廪食不至，掘野鼠去草实而食之。杖汉节牧羊，卧起操持，节旄尽落。

"故黄氏震曰：'子卿之节，千古一人。'茅氏坤亦曰：'武之仗节为汉绝盛事，而班掾亦为汉绝世文也'。"（见李景星《汉书评议》卷三）如果把《汉书》中那些爱国将领士人的传记联系起来看，可以明显地看出《汉书》歌颂的是中华民族一脉相承的爱国精神，尽管涂染着他那个时代忠君的色彩。

二、司马迁具有孟子"说大人则藐之，勿视其巍巍然"的精神（《孟子·尽心下》），大胆地直接暴露汉前历代统治者的荒淫暴虐，并采用曲折手段，多刺汉代帝王之不善，对于敢于反抗暴政的下层人物给予了同情、赞扬。班固则有时站在封建正统的立场上，为尊者讳，为汉皇歌功颂德，对汉皇的不善之处不时还进行粉饰。西晋人傅玄说："吾观班固《汉书》，论国体则饰主阙而抑忠臣，叙世教则贵取容而贱直节。"（见严可均校辑《全晋文》卷四十九）虽有点言重，但也看到了问题的一面。如汉成帝是一个历史上有名的荒淫之君，他不问朝纲，常化装微行，出入市井郊野，斗鸡走马，戏弄妇人。其所宠爱的赵飞燕姐妹专宠后宫，干出种种令人作呕的秽行，外戚靠裙带关系逐渐掌握了朝廷权柄，从成帝开始，西汉政权便由衰微逐渐趋向崩溃。对于这样一个昏君，《汉书》的《成帝纪》竟把班彪《后传》的赞文原封不动地抄录下来，说什么"成帝善修容仪，升车正立，不内顾，不疾言，不亲指，临朝渊嘿，尊严若神，可谓穆穆天子之容者矣!"对成帝如此赞美,大概有私情之嫌,因班固的祖姑曾是成帝的婕妤。除了班氏与成帝有裙带关系外,封建正统思想在起重要作用。

班固的意识有其阶级的局限性与落后性,但总的来说,班固还没有丧失传统儒家的著史道德,他肯定司马迁"不虚美、不隐恶"的实录精神,也就是说明了自己客观、真实写史的原则。作为一名史学家,"在他看来,皇朝的政治得失,关系国家兴衰,民生苦乐,不可不探究。"①《汉书》虽不及《史记》那样放言无惮,但在《汉书》中也揭露了统治阶级荒淫无耻、腐败昏庸、残忍毒辣,及其由他们统治下的种种黑暗现实与人民大众的种种苦难,这是作者所探究的统治者的最大政治失误。如《东方朔传》写汉武帝扩建上林苑,追求狗马声色之乐。又写武帝姑母馆陶公主私幸其臣董偃的丑行,董偃因常从武帝游戏,因此讨得武帝欢心,董便"贵宠天下莫不闻"。东方朔直谏武帝,揭露董偃"以靡丽为右,奢侈为务,尽狗马之乐,极耳目之欲,行邪枉之道,径淫辟之路",实际对汉武帝也是一种旁敲侧击。如《主父偃传》揭露主父偃贪污受贿,《外戚传》揭露宫闱奢侈淫乱,佞幸受宠,《霍光传》揭露外戚专横暴虐,鱼肉百姓,《张禹传》揭露封建官僚广敛货财,淫佚纵欲等等。尤其是揭露统治阶级内部勾心斗角、尔虞我诈,更为深刻而生动。这里有刘氏家族内部为了皇位继承权的生死争夺,有官僚、贵族、外戚、朝臣之间的争权夺利,其所施手段异常残忍、歹毒、狡诈。如《公孙弘传》记公孙弘排挤主父偃,《贾捐之传》记石显谗言贾捐之,《食货志》记张汤利用职权,给大司农颜异扣上"莫许有"罪名。之后,"汤又与异有隙,及人有告异以它议,事下汤治。异与客语,客语初令下有不便者,异不应,微反唇。汤奏当异九卿见令不便,不入言而腹非,论死。自是后有腹非之法比,而公卿大夫多谄谀取容。"统治阶级内部的权力之争之所以异常残酷,因为谁有了权力谁就可获得一切,谁丧失了权力谁就等于丧失了一切,所以结党营私、排斥异己、互相倾轧、陷害政敌、尔虞我诈、争权夺利是封建社会司空见惯的社会现象。

与官宦之间争权夺利相一致,宫闱之内的争宠夺位也相当残忍激烈,这是

---

① 施丁:《班固与〈汉书〉的史学思想》,《历史研究》1992 年第 4 期。

一般不易为世人所知的秘史,即使史臣有所闻,记载下来也需要有大无畏的精神。班固在《汉书》中对帝王及后妃丑行能有所揭露,敢冒政治风险。这是难能可贵的,如《外戚传》记载:

> 许美人前在上林涿沐馆,数召入饰室中若舍,一岁再三召,留数月或半岁御幸。元延二年怀子,其十一月乳。诏使严持乳医及五种和药丸三,送美人所。后客子、偏、兼闻昭仪谓成帝曰:"常给我言从中宫来,即从中宫来,许美人儿何从生中? 许氏竟当复立邪!"怼,以手自捣,以头击壁户柱,从床上自投地,啼泣不肯食。曰:"今当安置我? 欲归耳!"帝曰:"今故告之反怒为? 殊不可晓也!"帝亦不食。昭仪曰:"陛下自知是,不食谓何? 陛下常自言'约不负女',今美人有子,竟负约,谓何?"帝曰:"约以赵氏,故不立许氏,使天下无出赵氏上者,毋忧也!"后诏使严持绿囊书予许美人,告严曰:"美人当有以予女,受来,置饰室中帘南。"美人以苇箧一合盛所生儿,缄封,及绿囊报书予严。严持箧书,置饰室帘南去。帝与昭仪坐,使客子解箧缄。未已,帝使客子、偏、兼皆出,自闭户,独与昭仪在。须臾开户,呼客子、偏、兼,使缄封箧及绿绨方底,推置屏风东。恭受诏,持箧方底予武,皆封以御史中丞印,曰:"告武,箧中有死儿,埋屏处,勿令人知。"武穿狱楼垣下为坎,埋其中。

赵飞燕妹昭仪谋害许美人生子,显然是从保全其宫中地位出发的,出人意料的是参与这一杀人阴谋的还有一位许美人生子的父亲——汉成帝,为了宠爱昭仪,不惜参与杀害亲生子,仅这一段生动的记载,就剥光了汉家以孝义治天下的伪装。相比《汉书·成帝纪》赞文,颂中虽也有批评,言成帝"博览古今,容受直辞。公卿称职,奏议可述。遭世承平,上下和睦。然湛于酒色,赵氏乱内,外家擅朝,言之可为于邑。"仅指责成帝"湛于酒色",而将祸患归于内宫与外戚,对成帝的劣迹可谓轻描淡写,而《外戚传》对成帝淫恶歹毒的揭露则可谓入木三分。

三、班固有比较严重的封建名教观念。封建统治者历来主张用纲常礼法制约百姓,不准他们犯分越礼,否则便大逆不道。班固在《汉书》的《游侠传》

里不同意司马迁同情下层游侠的观点,认为朱家、郭解等人罪不容诛,"杀身亡宗,非不幸也"。在王莽、贾捐之等传中,把农民起义队伍污为"寇贼"、"盗贼",就是这种思想的体现。但他同时也有传统儒家的人本主义、民本思想,反暴政的思想促使他在《汉书》中揭露社会黑暗与民不聊生,热情地歌颂宽仁爱民、廉洁奉公的正直官吏。如《鲍宣传》里揭露哀帝时民有"七亡"、"七死"的惨状。张禹、咸宣、陈万年、严延年等人传中揭露了贪官污吏贪赃枉法、残暴盘剥百姓的罪行。《贡禹传》录有贡禹的奏疏,言自汉武帝以来,皇室横征暴敛,穷奢极侈,迫使广大民众挣扎于死亡线上,对最高统治者进行了无情的谴责:

> 故时齐三服官,输物不过十笥,方今齐三服官,作工各数千人,一岁费数巨万。蜀广汉主金银器,岁各用五百万。三工官,官费五千万,东西织室亦然。厩马食粟将万匹。臣禹尝从之东宫,见赐杯案,尽文画金银饰,非当所以赐食臣下也。东宫之费亦不可胜计。天下之民,所为大饥饿死者是也。今民大饥而死,死又不葬,为犬猪所食,人至相食。而厩马食粟,苦其大肥,气盛怒至,乃日步作之。王者受命于天,为民父母,固当若此乎?天不见耶?武帝时又多取好女至数千人,以填后宫,及弃天下。昭帝幼弱,霍光专事,不知礼正,妄多臧金钱财物,鸟、兽、鱼、鳖、牛、马、虎、豹生禽,凡百九十物,尽瘗臧之,又皆以后宫女置于园陵,大失礼,逆天心,又未必称武帝意也。昭帝晏驾,光复行之。至孝宣皇帝时,陛下恶有所言,群臣亦随故事,甚可痛也!

封建统治者的私欲无限,民脂民膏永远也填不满统治阶级的欲沟,少数人为了无限度地挥霍,对百姓敲骨榨髓般地苛征重赋,这正是逼迫人民起来造反的根本原因。班固在揭露统治者腐化堕落的同时,又在盖宽饶、龚遂、赵广汉、翟方进等传中,赞颂了那些直言极谏、体恤民情、轻徭薄赋、济贫扶弱的贤能正直官吏,在他们身上寄托着作者对仁政的憧憬。《汉书》中的这些客观描述,在一定程度上突破了作者自己的封建正统思想,也是作者实录精神指导下的结果。

总之,班固受家庭与时代的影响,思想上有明显的"宣汉"倾向,同时又受到传统的史家实录精神的影响,客观上对刘汉王朝统治者的弊端有不同程度的揭露,在《汉书》中表现出互相矛盾的"二重性",封建王权与封建等级的思想,制约了他的史学观,从而在一定程度上降低了《汉书》的学术价值。

《汉书》的体例主要参照《史记》,略有变更,主要是改书为志取消了世家,它资料丰富充实、慎严整齐,全书共一百篇,分一百二十卷。有帝纪十二篇,记载从汉高祖刘邦到汉平帝刘衎的编年大事。有表八篇,分别谱列王侯世系、记录官制演变,以圣、仁、智、愚等九级排列历史人物。有志十篇,由《史记》八书扩充而成,是贯通古今政治、经济、文化等制度的专史。有列传七十篇,是从陈胜到王莽西汉一代不同社会阶层、各种类型重要人物的传记,也包括汉代边疆一些少数民族、甚至部分邻国重要人物的传记。人物传记是《汉书》的主要部分,全书以纪、传为中心,各部分互相联系、互相补充,全面、集中地反映了西汉王朝的历史。刘知几《史通·六家》中说《汉书》"究西都之首末,穷刘氏之废兴,包举一代,撰成一书,言皆精炼,事甚该密,故学者寻讨,易为其功。自尔迄今,无改斯道"。

《汉书》虽改"本纪"为"纪",性质没有什么变化,十二"纪"同《史记》的十二"本纪"一样,按人物纪传的方式,编年纪其大事。不过和《史记》相比,《汉书》重大的变动,在于改变了《史记》立纪的本意,它完全以皇帝为中心,一帝一纪,以帝王纪传显示国统。在这种思想指导下,必然将项羽移出"本纪",再增添《惠帝纪》,充分体现了班固封建正统的名分思想。

《汉书》只设"纪"、"传",取消了"世家",成为名副其实的"纪传体"。《汉书》不设"世家",这是从大一统中央集权制的观念出发的,从整个西汉王朝的历史实际出发的。从汉武帝开始,"诸侯王"实际已经名存实亡,取消"世家"可以更好地体现中央统治下的郡县制,并且基本符合汉代的历史实际,并非是班固要"标新立异"。

《史记》有十表,《汉书》只设八表,《史记》十表有世家、年表、月表之分,《汉书》主要是人物表,如同姓、异姓诸侯王、文武功臣等表,其中《百官公卿表》,很有价值,记述了秦汉官制设置的情况,详细地列出了各官职的职能与俸禄,记录了汉代公卿大臣的升迁降免,是考察秦汉官制的珍贵资料,成为我国正史专篇记载官制的滥觞。《古今人表》，把历史人物分成九等，从太昊起，至陈胜、吴广止，分别列到不同等级中，以表格的形式，对历史人物作出评价。《古今人表》其实名不副实，表中没有汉代的人，也与其《汉书》断代史体例不相称，班固回避这一敏感性问题，是因为给汉人划分等级确实是个棘手的问题，搞不好就会引来政治上的麻烦，回避这一问题，是他回避现实矛盾的一种表现。其余六表，分别谱列西汉王侯外戚世系。

《汉书》改《史记》的"书"为"志"，名称有所变化，体例有所扩大，性质也发生了很大变化。《汉书》十志取法于《史记》八书，但规模宏大，记事系统而丰富，其史学价值远远超过了《史记》的八书。它以《律历志》代替《史记》的《律书》和《历书》，以《礼乐志》代替《史记》的《礼书》和《乐书》，以《食货志》代替《史记》的《平准书》，以《郊祀志》代替《史记》的《封禅书》，以《天文志》代替《史记》的《天官书》，以《沟洫志》代替《史记》的《河渠书》，这种代替不是仅仅换个称谓，而是对相关内容进行了梳理与充实。如《食货志》，虽由《史记·平准书》而来，但《平准书》只记汉初到汉武帝时期的经济制度，而《食货志》则系统地记述了上古至新莽朝的经济制度，其内容超逾西汉，可称一部中国经济通史。《食货志》分上下两篇，上篇写"食"，主要记述农业生产和土地制度，下篇写"货"，主要记述商品交换和货币流通。《食货志》特别完整记述西汉一代经济制度的发展变化，弥补了《史记》的不足，成为完整的一代经济史，为后来正史确立了记述经济制度的模式。

除此而外，还增设了《刑法》、《五行》、《地理》、《艺文》四志，这些志都属班固自己所创立的。《刑法志》第一次系统地记述了刑法制度的产生演变，及历朝一些刑法的具体规定。《五行志》以《尚书·洪范》的"五行"说为依据，将天象与人事联系起来，进一步论证汉得天统。《地理志》记载了九州的地形、汉代郡国的行政区划分及称谓的历史沿革，记载了各郡国的户口、属县及经济、物产、风俗，是我国现存最早的地理学著作之一。《艺文志》主要参照刘向、刘歆父子的《七略》，记载了中国历代著作流传的情况，考证了各种学术派别的源流，载录了大量的古今图书目录，其图书目录不仅仅限于西汉，是我国现存最早的目录学著作，是研究古代学术文化的珍贵资料。

有人认为《汉书》的十志是全书的精华，系统、集中地记载了西汉的封建典章制度，其中对西汉政治、经济、军事、科学、文化、风俗、地理及少数民族地区情况的记载，比《史记》更为详实。中国的书志体就是由《汉书》十志而成熟起来的，《汉书》的十志为中国各专题史，诸如政治史、经济史、科技史等提供了比较完善的形式。

《汉书》以四种体例取代了《史记》五种体例，其纪传体例比《史记》更加严整。司马迁在纪传体体例上有创新之功，但首创难工，由于考核推敲不足，有许多疏略，班固的《汉书》将西汉二百多年的史事记载得条理分明、井然有序，得力于他的体例整齐划一，改变了《史记》在标目与篇章排列上的一些杂乱现象。安作璋先生指出："《史记》的专传或合传与类传的次序间杂，或以时代相同，或因事迹相关，体例很不统一，如《刺客列传》本属类传，竟置于专传吕不韦、李斯列传之间；《汲郑列传》本是专传或合传，反置于类传循吏、儒林列传之间；《匈奴列传》置于《卫将军骠骑列传》之前，《游侠列传》置于《大宛列传》之后。《汉书》则一律以时代的先后顺序为主，先专传、合传，次类传，再次为边疆各族传，而以'贼臣'《王莽传》居末。又如《史记》列传的篇目，或以姓标，或以名标，或以字标，或以官标，或以爵标，体例也很不统一。《汉书》则大体上都是以姓或姓名为标题，这样就统一了纪传体史书的体例。"① 所以章学诚在《文史通义·书教下》中说："迁《史》不可为定法，固《书》因迁之体，而为一成之义例，遂为后世不祧之宗焉。三代以下，史才不世出，而谨守绳墨，待其人而后行，势之不得不然也。"班固整齐纪传体体例之后，各朝代正史就基本沿用此体例了。

《汉书》的人物纪传虽也同《史记》一样写各种人物生平事迹，但比《史记》的人物纪传内容丰富多了。总的说来，《汉书》人物纪传不及《史记》人物纪传感人，但叙事详赡却胜于《史记》。《史记》以五十多万字记三千年之事，《汉书》以八十多万字记二百多年之事，《汉书》材料的详备可想而知。《汉书》记载汉武帝太初以后的内容，是《史记》所没有的，这无比照的必要，如与

---

① 安作璋：《班固》，《中国史学家评传》（上册），中州古籍出版社 1985 年版，第 80 页。

《史记》比较汉初至太初间的史实记载，就可见《汉书》的详赡特点了。《汉书》详于《史记》，大致有三种情况，一是将《史记》旧文重新组织，取彼补此，增加个别人物传记的内容。如《高帝纪》的内容，比《史记·高祖本纪》就更加充实。赵翼在《廿二史札记》卷二"汉书移置史记文"条说：

> 《汉书》，武帝以前纪传多用《史记》原文，惟移换之法别见翦裁。如鸿门之会，沛公危急，赖项伯、张良、樊哙等得免；彭城之败，汉王道逢孝惠、鲁元，载以俱行；陈平间楚使，去范增；鸿沟解兵，张良、陈平劝汉王追楚；汉王至固陵，彭越、韩信兵不至，用张良策，分地王之，遂皆会兵等事；《史记》皆详于《项羽本纪》中，《汉书》则《项羽传》略叙数语，而此等事皆详于《高祖纪》内。盖《史记》为羽立纪，在《高纪》前，故大事皆先载《羽纪》，使阅者得其大概，而其下诸纪传自可了然。《汉书》则项羽改作列传，次于帝纪之后，而《高纪》则在首卷，故此等事必先于《高纪》详之，而《羽传》不必再叙也。

一是一些人物在《史记》中原本没有为之立传，或仅为附传，《汉书》则单独为之另立新传，新立之传一般自然增添许多新内容。如新立《惠帝纪》、《王陵传》、《贾山传》、《东方朔传》等，赵翼在《廿二史札记》卷二"汉书增传"条说：

> 《史记》无《吴芮传》，蒯通则附《韩信传》内，伍被则附《淮南王传》内，《汉书》俱另立传。

> 《史记》有《齐悼惠王世家》，而赵隐王如意，赵共王恢、燕灵王建，皆无传，赵幽王友附于《楚元王世家》内。然皆高帝子也，何得阙之？《汉书》皆立传。

> 景帝子为王者十三人，《史记》以同母者为一宗，作《五宗世家》。《汉书》则十三王各立传，……《史记》张骞附《卫青传》后，寥寥数语，而详其事于《大宛传》。《汉书》另立骞传。

> 《史记》李陵附《李广传》后，但云陵将步骑五千人出居延，与单于战；杀伤万余人。兵食尽欲归，匈奴围陵，陵降匈奴，其兵遂没，但还者四百余

人。盖迁以陵事得祸,故不敢多为辨雪也。《汉书》特为陵立传,详叙其战功,极有精采,并述司马迁对上之语,为之剖白。

《史记》无《苏武传》,盖迁在时武尚未归也。《汉书》为立传,叙次精采,千载下犹有生气,合之《李陵传》,慷慨悲凉,使迁为之,恐亦不能过也。魏僖谓固密于体,而以工文专属之迁,不知固之工于文盖亦不减子长耳。

一是在《史记》原文的基础上增添大量资料。司马迁善于叙事,但对于经术文章、奏议策论,书信辞赋多不收入人物传中。而班固恰相反,人物传中大量收入奏议诏令、文章策论,如《贾谊传》载入贾谊的《治安策》;《晁错传》载入晁错的《教太子疏》、《言兵事书》、《募民徙塞下疏》、《贤良策》;《贾山传》载入贾山的《至言》;《董仲舒传》载入董仲舒的《贤良对策》;《司马迁传》载入司马迁的《报任安书》;《韩安国传》载入韩安国与王恢论匈奴事等等。班固写《汉书》,不仅有《史记》、班彪《后传》及刘向、扬雄诸人的续补做基础,而且又利用"典校秘书"、"读书禁中"等条件,既采集典籍诏令、文章诗赋,又旁贯琐事异闻,获得了大量的资料,有选择地把这些资料引入《汉书》中,如在《萧何传》中增入项羽负约,只封刘邦于巴蜀为汉王事,《王陵传》中增加了吕后专权的新情节,等等。如汉王二年(前205)魏王豹叛汉,韩信袭破安邑(今山西夏县西北),掳豹。对这段史实,《史记·淮阴侯列传》作如此记述:

> 汉之败却彭城,塞王欣、翟王翳亡汉降楚,齐、赵欲反汉与楚和。六月,魏王豹谒归视亲疾,至国,即绝河关反汉,与楚约和。汉王使郦生说豹,不下。其八月,以信为左丞相击魏。魏王盛兵蒲坂,塞临晋。信乃益为疑兵,陈船欲渡临晋,而伏兵从夏阳以木罂缻渡军,袭安邑。魏王豹惊,引兵迎信。信遂虏豹,定魏为河东郡。汉王遣张耳与信俱,引兵东北击赵、代。后九月,破代兵,禽夏说阏与。

而在《汉书·韩信传》中扩充为:

> 汉之败却彭城,塞王欣、翟王翳亡汉降楚,齐、赵、魏亦皆反,与楚和。汉王使郦生往说魏王豹,豹不听,乃以信为左丞相击魏。信问郦生"魏得

毋用周叔为大将乎?"曰"柏直也。"信曰:"竖子耳!"遂进兵击魏。魏盛兵
蒲坂,塞临晋。信乃益为疑兵,陈船欲度临晋,而伏兵从夏阳以木罂缶渡
军,袭安邑。魏王豹惊,引兵迎信。信遂虏豹,定河东。使人请汉王:"愿
益兵三万人,臣请以北举燕、赵,东击齐,南绝楚之粮道,西与大王会于荥
阳。"汉王与兵三万人,遣张耳与俱,进击赵、代。破代,禽夏说阏与。

《汉书·韩信传》在《史记》这段原文的基础上,又增加了韩信询问郦生、请求
刘邦增兵等内容。资料的大量增补载入,是《汉书》卷帙繁多的重要原因,不
仅不显得繁冗,反觉得增多了反映当时历史情况的很有价值的史料。

《汉书》纪传的另一特点,就是结构严密、文字整饬。班彪、班固父子虽称
司马迁为"良史之才",但认为《史记》仍有许多令人不能满意的地方。除了不
满意司马迁在思想上"薄《五经》"、"轻仁义"、"贱守节"外,在著史体例及书
写方面,对司马迁的《史记》也有一些指责:

> 迁之所记,从汉元至武以绝,则其功也。至于采经摭传,分散百家之
> 事,甚多疏略,不如其本,……司马迁序帝王则曰本纪,公侯传国则曰世
> 家,卿士特起则曰列传。又进项羽、陈涉而黜淮南、衡山,细意委曲,条例
> 不经。若迁之著作,采获古今,贯穿经传,至广博也。一人之精,文重思
> 烦,故其书刊落不尽,尚有盈辞,多不齐一。(《后汉书·班彪列传》)

班彪、班固父子决心吸取《史记》的"失误"教训,他们著史特别注意了"慎
核其事,整齐其文",所以《汉书》立传,主题比较鲜明,布局严密,承转变化有
方。

《汉书》的思想性与艺术性不如《史记》,这是从主体上来说的,具体到个
别人物传,就不能一概而论了,刘知几在《史通·叙事》中指出:"然则人之著
述,虽同自一手,其间则有善恶不均,精粗非类。若《史记》之《苏》、《张》、《蔡
泽》等传,是其美者。至于《三》、《五本纪》、《日者》、《太仓公》、《龟策传》,固
无所取焉。又《汉书》之帝纪,《陈》、《项》诸篇,是其最也。至于《三》、《五本
纪》、《日者》、《太仓公》、《龟策传》,固无所取焉。又《汉书》之帝纪,《陈》、
《项》诸篇,是其最也。至于《淮南王》、《司马相如》、《东方朔传》,又安足道

哉!"所以《史记》与《汉书》的具体篇章的优劣,还需作具体的分析。

人们评价《汉书》,认为"博洽"是其一大特点,其传记以详赡见长,但这种"详赡"并不仅仅是繁多史料的增加。对繁杂的资料,班固又进行了严格的鉴别与审核,如东方朔是个传奇人物,后世好事者,多"取奇言怪语附著之朔",班固著《东方朔传》,首先对有关东方朔的各种资料进行真伪甄别,传中指出:"凡刘向所录朔书,具是矣。世所传他事,皆非也。"班固选择材料的标准是真实可信与"切于世用",围绕传记的主题来提炼素材,如霍光秉政二十余年,作者只选取了受武帝遗诏辅佐昭帝、迎立与废除昌邑王、立刘询为宣帝诸事,来记这位忠于汉室、权倾朝野的重臣,其他的事情就从简从略。

《汉书》人物传记虽详赡,但语言却简明规范,有意整饬《史记》原文,将《史记》原文与《汉书》改写过的文字进行比较,就更能看出这一特点。现以汉高祖刘邦传为例,《史记·高祖本纪》开篇写道:

> 高祖,沛丰邑中阳里人,姓刘氏,字季。父曰太公,母曰刘媪。其先刘媪尝息大泽之陂,梦与神遇。是时雷电晦冥,太公往视,则见蛟龙于其上。已而有身,遂产高祖。

《汉书·高帝纪》把这段改为:

> 高祖,沛丰邑中阳里人也,姓刘氏。母媪尝息大泽之陂,梦与神遇。是时雷电晦冥,父太公往视,则见蛟龙于上。已而有娠,遂产高祖。

短短的一段叙事,《汉书》的文字比《史记》减少了,除了没提刘邦字外,意思一点也没有遗漏,以"父太公往视"句,比《史记》原文仅增一"父"字,就省却了原文的"父曰太公"句,显得比《史记》的语言精炼了许多。当然,班固省文简字,有的地方失去了《史记》那种口语神情,生动性变弱,有的地方却也改得既扼要又明确,所以不能一概而论。范晔在《后汉书·班固传》中说:"迁文直而事核,固文赡而事详。若固之序事,不激诡,不抑抗,赡而不秽,详而有体,使读之者娓娓而不厌,信哉其能成名也。"比较准确地说明了《汉书》"博洽"特点。《汉书》内容上详赡,文字上雅正、整饬、简练,对后世史著的写作有深远的影响。

第三节 《汉书》与《史记》之比较

司马迁开创的纪传体,"使百代而下,史官不能易其法,学者不能舍其书。"(郑樵《通志·叙》)在司马迁以后的历朝封建社会中,凡是治史者无不将《史记》奉之为圭臬,各个封建王朝所修的"正史",无不以《史记》为典范。班固作《汉书》,仍主要遵循《史记》的纪传体例,但它较详赡地记载了汉高祖刘邦至新朝王莽期间整整一个西汉时代的历史,从而为后世开创了"包举一代"的纪传断代史新体例。从《汉书》问世以后,世人称良史者,除了《史记》外,莫不首推《汉书》,人们把《汉书》与《史记》常相提并论,合称之为"史汉",将二位作者并称为"马班",与此同时,也便有了《史》、《汉》优劣之说,马、班扬抑之议。

司马迁借《史记》而鸣不平,文中多有揭露汉皇不善之处,因此它不仅得不到当朝统治者的承认,反而招致汉武帝的怨愤,就连后世皇权主义者也无不对《史记》愤恨切齿,东汉明帝曾下诏说:"司马迁著书,成一家之言,扬名后世。至以身陷刑之故,反微文刺讥,贬损当世,非谊士也。"(班固《典引》)东汉末,王允甚至还遗憾昔日汉武帝没有杀掉司马迁,使《史记》这部"谤书"流传于世。甚至连敬慕司马迁"良史之才"的班固,也认为司马迁遭受宫刑是咎由自取,因为"其论术学,则崇黄老而薄《五经》;序货殖,则轻仁义而羞贫穷;道游侠,则贱守节而贵俗功:此其大敝伤道,所以遇极刑之咎也。"(《后汉书·班彪列传》)在汉代,《史记》几乎遭逢禁毁的命运。而《汉书》恰与《史记》相反,《汉书》在起初撰述时就得到了汉明帝的赞赏,后经朝廷定为国史,推重一时,如王充在其《论衡》中把《汉书》奉为作史的绳尺,并排《汉书》为甲,排《史记》为乙。

从东汉至唐,封建学子在官方的倡导下,人人莫不诵读《汉书》,唐司马贞《史记索隐后序》说:

　　夫太史公记事,上始轩辕,下讫天汉,虽博采古文及传记诸子,其间残缺盖多,或访搜异闻,以成其说。然其人好奇而词省,故事核而文微,是以后之学者,多所未究。其班氏之书,成于后汉,彪既依迁而述,所以条流更明,且又兼采众贤,群理毕备,故其旨富,其词文,是以近代诸儒共所钻仰。

刘知几《史通》中也说《汉书》"言皆精练,事甚该密,学者寻讨,易为其功。自尔迄今,无改斯道。"(《六家》)"始自汉末,迄乎陈世,为其注解者凡二十五家。至于专门受业,遂与《五经》相亚。"(《古今正史》)也说明了从东汉至唐六百余年扬班抑马的倾向。

就在一片扬班抑马声中,也有不同的声音,晋人张辅著《名士优劣论》,就与当时社会舆论大唱反调。他说:"世人称司马迁、班固之才优劣,多以班为胜。余以为史迁叙三千年事,五十万言,班固叙二百年事,八十万言,烦省不敌,固之不如迁必矣。"大致从魏晋以来,就开始出现了对《史记》章法、文藻的评述,如魏时曹植的《史赞》,梁时刘勰的《文心雕龙·史传》,从文学的角度给予《史记》以充分肯定。唐代韩愈、柳宗元为推动古文运动,更把司马迁作为古文运动的一面旗帜,把《史记》传记文作为散体文章的楷模,从而赞《史记》而诎《汉书》,从文学角度出发来扬马抑班。至宋代,虽有苏轼指责司马迁暗于大道,其《史记》不仅有过而且有罪,但史学界已明显地转向扬马抑班,如宋朝著名史学家郑樵在《通志·总序》中说:

> 自《春秋》之后,惟《史记》擅制作之规模,不幸班固非其人,遂失会通之旨。司马氏之门户,自此衰也。班固者,浮华之士也,全无学术,专事剽窃。……《史记》一书,功在十表,犹衣裳之有冠冕,木水之有本源。班固不通旁行邪上,以古今人物,强立差等。且谓汉绍尧运,自当继尧,非迁作《史记》,厕于秦、项,此则无稽之谈也。由其断汉为书,是致周、秦不相因,古今成间隔。自高祖至武帝,凡六世之前,尽窃迁书,不以为惭。自昭帝至平帝,凡六世,资于贾逵、刘歆,复不以为耻。况又有曹大家终篇,则固之自为书也几希。往往出固之胸中者,古今人表耳,他人无此谬也。

郑樵抑马过甚,且有许多不妥之处,不过明显地代表了扬马抑班的倾向。倪思所著的《班马异同评》及后来明代许相卿的《史汉方驾》,皆扬马抑班。这种《史》、《汉》优劣、马、班扬抑之争一直延续,到了二十世纪六、七十年代,《汉书》被批为"尊儒反法"的"大毒草",遭到了"批儒派"的彻底否定,抑班达到了极限。

由抑《史》扬《汉》到抑《汉》扬《史》,纷无定说,司马迁及其《史记》与班固及其《汉书》的地位随着时代的变化而变化,不过,除去那些明显受时代政治影响、受一时形势左右的观点外,仅从学术研究的方面看,从学术研究的历史发展趋势看,还是扬《史》抑《汉》占主导地位。如认为:《史记》博采众家思想精华,时有自己的独特见解,《汉书》却囿于正统思想,甚至有经学、神学味道;《史记》有开创纪传之魄力,《汉书》则多于模仿;《史记》创作才气高,《汉书》仅考核之功力大;《史记》不拘于绳墨而变化无方,《汉书》固守规矩少革易;《史记》多愤时嫉俗,《汉书》则无深慨寄托;《史记》叙事以详入妙,《汉书》裁文省字,有失神理;《史记》不虚美、不隐恶,《汉书》多饰人主、取悦世俗;《史记》微情妙旨寄于文字蹊径之外,《汉书》情旨尽露于行文之中;《史记》宏放、古质、重神简,《汉书》详整、藻赡、讲征实;《史记》雄深雅健极尽疏逸变幻,《汉书》温厚典雅而唯密塞整齐;《史记》恣肆有奇气,《汉书》谨严而沉厚,等等。

从以上评价来看,问题并非能以优劣二字就简单得出定评。当年刘知几虽在《史记》与《汉书》二者之间很看重《汉书》,但他作为一名史评家还是说:"逮《史》、《汉》继作,踵武相承。王充著书,既甲班而乙马;张辅持论,又劣固而优迁。然此二书,虽互有修短,递闻得失,而大抵同风,可为连类。"(《史通·鉴识》)清人沈德潜也说:"愚平心以求之,有马之胜于班者,有班与马各成其是者,有班之胜于马者。"(沈德潜《归愚文续》卷三《史汉异同得失辨》)只要不是怀有偏激的政治目的,采用以上各种比较的角度来衡量马、班特点、判断《史》、《汉》各自的得失,固不失为研究、评价《史记》和《汉书》异同的好方法。但如果脱离了司马迁与班固各自不同的写作目的、写作背景、写作条件以及纪传体史书的发展趋势等,不从多维审视的角度去观照,而只是孤立地、简单地评骘优劣、扬此抑彼,就很难避免不出现偏颇,也就很难具体地、实事求是地评价《史记》与《汉书》的各自特征。反之,如果充分考虑各种条件,从多角度、多方面来分析,便不会以简单的甲班乙马或马优班劣来概括《史记》与《汉书》的特点。

观察、评价历史问题,要站在历史唯物主义的立场上,才能得出客观、正确的结论。如果多从司马迁与班固各自的历史条件、纪传体史著的发展承传的过程及《史记》与《汉书》各自的特点着眼,对司马迁和班固的评价可能会更公允一些。例如司马迁与班固在撰史思想上有明显的区别,这与各自的家学渊源及历史条件有直接关系。司马迁的父亲司马谈大约生于汉文帝初期,死于汉武帝元封元年(前110),这个历史时期,正是汉代由休养生息、安定百姓而走向经济、政治、文化全面繁荣强盛的时期。在思想意识形态方面,正是执政者由信奉黄老无为而治转向尊崇儒家积极有为的时期,在这个历史转折、过渡的时期,历史学家还存有战国的遗风,具有自由选择、评价传统学术思想的意识,这一特点在司马谈身上体现得很突出。他曾跟当时有名的星象专家唐都学习天文知识,跟《易》学大师杨何学习阴阳吉凶之术,跟黄老学派学者黄子学黄老之学,求学不囿于一家一派。他给后人留下的《论六家之要指》,全面、精当地总结了先秦至汉初的学术思想,对阴阳、儒、墨、名、法、道德六家学派的长短得失做了客观、中肯的评价,他认为六家思想都有可取之处与弊端。他说:"《易大传》曰:'天下一致而百虑,同归而殊涂。'夫阴阳、儒、墨、名、法、道德,此务为治者也,直所从言之异路,有省不省耳。"司马谈站在六家之上看六家,他的思想是六家思想精华的总汇与融合,从而也是高于六家中的任何一家的。

司马迁生活于汉武帝时期,经过"文景之治",社会经济、秩序得到了恢复和发展,到武帝时,出现了国富兵强的鼎盛气象,为了适应时代发展的需要,武帝决定罢黜百家、独尊儒术,加强君主集权,强化大一统。司马迁的时代,还不能说儒术就已取得了独尊的地位,只能说经过董仲舒等人改造了的新儒学,在政治上取得了优越的地位。司马迁既受其父思想的影响,又受时代思潮的影响,但他又从不盲从,他与父亲司马谈的思想也有不同,他在接受父亲比较客观地评价先秦各学派思想的基础上,又充分看到了儒家的优长,与父亲司马谈过多地肯定道家有所不同。但司马迁又与独尊儒术的董仲舒不同,总的来说,司马迁也站在包括儒家在内的众家之上,用一种融合六家思想之长的新思想来评价历史上的各种学派、各种人物,由于具有这一思想高度,他才能提出"究天人之际,通古今之变,成一家之言"。司马迁要通过自己独立的思考,来探求社会与人的关系、历史变化的规律,提出自己对这些关系与变化的见解,对以往的历史作出真实而准确的评价,从而为新时代提供崭新的世界观。

世界上的事情有时奇妙得很,中国纪传体两大史家班固与司马迁竟有许多相似之处,班固也有一位毕生致力于研究史学的父亲,也有治史的家学渊源。但班固的父亲班彪生活在王莽丧权与东汉刘秀称帝的时期,此时的儒家学术思想早已被法定为"正统"思想。经过衰微的西汉末期和王莽称帝改制,儒学开始谶纬神学化。王莽失败后,群雄迭起,刘秀也力倡谶纬,以光复刘汉王朝来争取社会舆论的支持。班彪期望汉皇朝的复兴,他著了《王命论》,提出"唐据火德,而汉绍之",鼓吹刘汉是继承唐尧帝祚的,刘汉的皇位神圣不可侵犯。又说"神器有命,不可以智力求也",即宣扬天命在汉,其他人不可对皇位有所觊觎。《王命论》的思想就是班彪撰史的主导思想。同司马迁在《史记·太史公自序》中全文抄录《论六家之要指》一样,班固在《汉书·叙传》中也全文照录《王命论》,司马谈的《论六家之要指》对儿子司马迁有深刻影响,班彪的《王命论》对班固的影响也是很深刻的。《王命论》是班彪在刘秀东汉王朝建立前夕撰成的,至班固时,东汉专制主义的皇权统治已经得到了极大的加强,带有神学色彩的儒学思想已经在社会意识形态中取得绝对主导地位,在继承其父班彪思想的基础上,班固的封建正统思想、阴阳五行的天人感应思想得到进一步的强化。他又把这样的思想观点贯穿于《汉书》的编撰之中。班固以儒家圣人的是非观为评价历史的是非标准,编撰《汉书》的主旨在于证明"汉绍尧运",班固在《汉书·叙传》中说:

> 固以为唐虞三代,《诗》、《书》所及,世有典籍,故虽尧舜之盛,必有典谟之篇,然后扬名于后世,冠德于百王。故曰:"巍巍乎其有成功也,焕乎其有文章也。"汉绍尧运,以建帝业,至于六世,史臣乃追述功德,私作本纪,编于百王之末,厕于秦、项之列。太初以后,阙而不录,故探纂前记,缀辑所闻,以述《汉书》,起于高祖,终于孝平王莽之诛,十有二世,二百三十年,综其行事,旁贯《五经》,上下洽通,为春秋考纪、表、志、传,凡百篇。

这段话反映了班固编撰《汉书》的指导思想,班固总结西汉一代历史,目的就是"著在篇籍,归乎显善昭恶,劝诫后人"。(《汉书·古今人表》序)他以"旁贯《五经》"为标准,以巩固汉皇政权为目的,这与司马迁"究天人之际,通古今之变,成一家之言"的开拓、创新的思想有很大差别。班固怀着宣扬汉得天统、捍卫汉家帝祚的目的来编撰《汉书》,适应了当朝统治者的政治需求,也确实属于历史发展的一种必然,但主要囿于这一目的,就不免具有很强的功利与实用性,思想上必然过多地保留了守旧的成份。

　　《史记》与《汉书》在编撰的性质上,也存在着明显的区别。《史记》与《汉书》虽都属于纪传类史体著作,但二者比较起来,前者象是一部具有作者创造性的"专著",而后者则象是一部具有丰富资料的"汇编"。章学诚在《文史通义·书教下》中把前者称为"撰述",把后者称为"记注",并借用《周易·系辞上》中"圆神"、"方智"的说法,给"撰述"和"记注"立了标准:

　　《易》曰:"著之德圆而神,卦之德方以智。"闲尝窃取其义,以概古今之载籍,撰述欲其圆而神,记注欲其方以智也。夫智以藏往,神以知来,记注欲往事之不忘,撰述欲来者之兴起,故记注藏往似智,而撰述知来拟神也。藏往欲其赅备无遗,故体有一定,而其德为方;知来欲其决择去取,故例不拘常,而其德为圆。(《文史通义·书教下》)

章学诚在本篇中还认为:中国史籍这种"圆神方智"的编撰体例、表述方式,有一个历史演化的过程,这一过程也是后者对前者继承和发展的过程。到了汉代,撰述与记注达到了成熟,《史记》与《汉书》分别达到了"圆神"、"方智"的最高标准:

　　《尚书》、《春秋》,皆圣人之典也。《尚书》无定法,而《春秋》有成例。故《书》之支裔,折入《春秋》,而《书》无嗣音。有成例者易循,而无定法者难继,此人之所知也。然圆神方智,自有载籍以还,二者不偏废也。不能究六艺之深耳,未有不得其遗意者也。史氏继《春秋》而有作,莫如马、班,马则近于圆而神,班则近于方以智也。

　　《尚书》一变而为左氏之《春秋》,《尚书》无成法而左氏有定例,以纬经也。左氏一变而为史迁之纪传,左氏依年月而迁书分类例,以搜逸也。

迁书一变而为班氏之断代,迁书通变化,而班氏守绳墨,以示包括也。就形貌而言,迁书远异左氏,而班史近同迁书。盖左氏体直,自为编年之祖,而马、班曲备,皆为纪传之祖也。推精微而言,则迁书之去左氏也近,而班史之去迁书也远。盖迁书体圆用神,多得《尚书》之遗。班氏体方用智,多得《官礼》之意也。

章学诚接着又以具体的纪传作品,来进一步解释"圆神"、"方智"的含义:

> 迁书纪、表、书、传,本左氏而略示区分,不甚拘拘于题目也。《伯夷列传》乃七十篇之序例,非专为伯夷传也。《屈贾列传》所以恶绛、灌之谗,其叙屈之文,非为屈氏表忠,乃吊贾之赋也。《仓公》录其医案,《货殖》兼书物产,《龟策》但言卜筮,亦有因事命篇之意,初不沾沾为一人具始末也。《张耳陈余》,因此可以见彼耳。《荀子孟卿》,总括游士著书耳。名姓标题,往往不拘义例,仅取名篇,譬如《关雎》、《鹿鸣》,所指乃在嘉宾淑女,而或且讥其位置不伦,或又摘其重复失检,不知古人著书之旨,而转以后世拘守之成法,反訾古人之变通,亦知迁书体圆而用神,犹有《尚书》之遗者乎!

> 迁《史》不可为定法,固《书》因迁之体,而为一成之义例,遂为后世不祧之宗焉。三代以下,史才不世出,而谨守绳墨,待其人而后行,势之不得不然也。然而固《书》本撰述而非记注,则于近方近智之中,仍有圆且神者,以为之裁制,是以能成家,而可以传世行远也,后世失班史之意,而以纪、表、志、传,同于科举之程式,官府之簿书,则于记注撰述,两无所以,而古人著书之宗旨,不可复言矣。史不成家,而事文皆晦,而犹拘守成法,以谓其书固祖马而宗班也,而史学之失传也久矣!

从章学诚对《史记》和《汉书》各自特点的表述中,我们可以体会到:所谓"圆"、"方",主要指体例上的区别,"体圆"指在体例上灵活多变,不拘于成法类例;"体方"则指体例上规矩方正,遵循一定成例。所谓"神"、"智",主要指表述性质上的区别,"用神"指作者意在传神,揭示历史发展的本质;"用智"则指作者巧于安排,把纷繁复杂的史料排比得有条不紊。故"用神"者,著"成一家之言"的"撰述","用智"者,纂辑成史料排比有序的"记注"。

造成《史记》与《汉书》编撰性质上的不同,原因是多方面的,如《史记》与《汉书》在著述旨趣上就存在着区别,司马迁著史的目的是:"意有所郁结,不得通其道也,故述往事,思来者"(《史记·太史公自序》),以"述往事"来表达自己的思想感情,来为后人揭示社会与人事之间的关系以及历史发展变化的规律,著述着眼于未来;班固著史的目的是:"汉绍尧运,以建帝业,……故探纂前记,缀辑所闻,以述《汉书》"(《汉书·叙传》),以西汉一代的"前记"、"所闻",来阐述自己的大一统观,来证明汉承尧运,得天命,著述着眼于过去,服务于当前。为了"通古今之变",司马迁不拘定格,因事立体,勇于创新,开创了与史著内容相应的纪传体例。班固为了宣扬汉皇一统,变纪传通史为纪传断代史,但在著述形式上与司马迁相比,还是缺少创新而多"守绳墨"的倾向。刘永济先生赞同章学诚对《史记》与《汉书》的评价,在《十四朝文学要略》中说:"抑扬任意,高下在心,要未可为定论也。千古而下,惟实斋章氏圆神方智之说,独能得二家之精髓,识两京之风尚。"①《史记》的"圆而神"与《汉书》的"方以智",代表着史籍的两大类型,二者之间很难以优劣高下来评价,只能说由于时代不同、著史的目的和条件不同,司马迁和班固各自采取了不同的表述方式,又都取得了理想的结果。再者,任何事物的特征都是互相比较才显现出来的,《汉书》的"方以智"是相对《史记》的"圆而神"而言的,章学诚也说《汉书》在"近方近智之中,仍有圆且神者",不可将《汉书》的"方以智"与《史记》的"圆而神"绝对视之。

汉武帝时期,中国产生了伟大的史学家司马迁以及伟大的史著《史记》,一个半世纪后,另一个伟大的史学家班固与他的《汉书》也出现了,分别为我们民族创立了纪传体通史与纪传体断代史的史体。这一重大的文化现象,绝不是偶然的现象,它是多少代人努力的结果,也是中华民族文化发展的结果。远的且不论,就从班固的父亲班彪说起,早在班彪时,他就认为司马迁虽有良史之才,但《史记》所载止于武帝太初年间,不足以表汉家的功业,而且当他们

---

① 刘永济:《十四朝文学要略》,黑龙江人民出版社1984年版,第125页。

用新的封建正统思想来衡量《史记》时,就发现《史记》存在着严重的"弊端",这就是:"是非颇缪于圣人,论大道则先黄、老而后六经,序游侠则退处士而进奸雄,述货殖则崇势利而羞贱贫"(《汉书·司马迁传》),"至于采经摭传,分散百家之事,甚多疏略,不如其本,务欲以多闻广载为功,论议浅而不笃。"(范晔《后汉书·班彪列传》)针对《史记》的"缺点",班彪决心要编撰一部旨在宣扬汉得天统、汉承尧运、汉家帝业功高德厚的汉史,编撰目的与指导思想是明确的,著书动机又恰适应了时代的发展,这种史学思想及撰史计划,无疑影响了他的接班人班固。西汉王朝,这个中国历史上第一个强大的封建地主阶级中央集权制国家,至班固时,已经走完了它230多年完整的历程,在这个比较长的历史过程中,历朝史事异常繁杂,政治、军事、经济、思想文化等领域出现了许多变革,为后世的封建统治取得了大量的历史经验和教训,如果再采用贯通古今的通史体例,来集中、深刻地反映这一历史时期丰富多彩的历史现实,已经很不适宜,以一代为限,全面记载西汉王朝发展的断代史体例,已经成为时代的需要。班固适应时代发展需要,没有辜负先人的重托与社会的要求,历经20多年艰辛著述,完成了西汉一代历史的记载,也随之创造出了纪、表、志、传起讫完具的断代史体例,这在当时也是具有添补中国史学"空白"意义的伟业。班固没有超越司马迁纪传体的雄心与才力,但他却以断代史的开创者而自居,他要以在断代史的某些方面的成就来表达自己在史学领域有所进取与建树的意图。

班固在《汉书》人物纪传中废除了世家,这不是班固标新立异、独出心裁地要与《史记》有所区别,而是班固尊重汉代客观历史所致。司马迁首次设立世家这一体例,取开国承家、世代相续之意,主要写西周大封建后的诸侯、勋贵的世系活动,有些人虽不是诸侯、勋贵,但考虑其实际的历史作用,也列入了世家,为了整齐划一,《史记》自上古写至汉武帝,也都有了世家。秦建立封建地主中央集权制后,战国时诸侯林立的状况不复存在。汉初虽立过诸侯,但很快翦灭了异姓王,平息了"七国之乱",进行了一系列的削藩活动,从总体上来说,汉承秦制,诸侯王国基本也不复存在,班固写《汉书》时便没有必要再设世家,同时也说明汉代加强大一统的历史实践,使班固具有了比司马迁更鲜明的汉家大一统观。《汉书》之后,史家很少再用世家的体例,除梁武帝敕撰《通史》以三国时蜀、吴为世家、欧阳修撰《新五代史》以十国为世家外,大都把不属于本纪的人物归于列传,从史书体例的变化,可以看到史学家大一统史观的稳固确立。

《汉书》所叙述的历史有一半和《史记》重叠,所撰武帝以前人物的资料,多用《史记》旧文,但班固尽量依据所占有的资料来补充《史记》的遗漏,作出有价值的充实。新增写的昭、宣、元、成、哀、平、王莽七朝君臣事迹,资料丰富,审定缜密,见出班固撰修史书严肃认真的精神。班固是个淹贯古今众学的通才,治学一丝不苟,又有长期著述经验,然而《汉书》的纪传在总体上仍无法超越《史记》,只有他的十志较之《史记》的八书有新的发展。尽管十志是在八书的基础上重新组合并加以充实而成,但对历史学有新的贡献。《汉书》的纪、传虽以西汉为限,而十志却贯通古今,记载了中国历代典章政制、经济文化等方面的因革变易。如《食货志》记载历代以粮食生产为主的农业和以货物交换为特征的财政两方面的情况,是贯通古今的经济专史。而《史记》虽为通史,其《平准书》却限于汉,班固著《食货志》是有意识地弥补《史记》这方面的缺陷,而且确实写得比《平准书》要好。再如《汉书》的《地理志》,详细记载了疆域沿革、郡县户籍、各地世系风俗,是我国第一部有关文献掌故的历史地理专史。《汉书》的《艺文志》网罗历代典籍,纲目详明,流别清晰,既是西汉宫廷藏书目录,又是古代各学术、学科、学派的源流史略。其表也有类似的情况,如《汉书》的《百官公卿表》,主要记汉代百官公卿,然而其开头叙述伏羲、神农、黄帝及夏殷官制,虽极简略,也得大要。次至周官,因有资料所依,较前详备。及至秦官,就更为明晰,连各官吏的俸禄都记得清清楚楚,以至开后代职官志的先河。

司马迁是一位具有朴素唯物史观的伟大史学家,思想境界高,有俯视百代、鸟瞰众学的气概。他作《史记》,只求"成一家之言",没有多少顾忌,在著述中敢于表达自己的喜怒哀乐之情,加上极有才气,《史记》人物传记的高妙艺术可与《离骚》相媲美。而班固是一个深受封建正统思想影响的人,他后来写《汉书》是奉诏行事,他只能规规矩矩地为宣扬汉家天下一统的正统观而写作。班固曾经奉命整理过《白虎通德论》,这是一部谶纬化的今文经学派的经义总汇,虽然实际上他的思想倾向于古文经学,对今文经学的繁琐、妄诞有所不满,在一定程度上继承了我国古代良史那种尊重历史客观事实的"实录"传统,但从《汉书》中仍能明显地看出班固囿于儒学的思想局限性。

要说《汉书》纪传有贡献,在于不仅对《史记》原文遗漏处进行了补充、粗疏处进行了改正,而且不论重修还是新写的人物传记,叙述力求做到客观与准确。清人邱逢年曾评说:"……子长好奇发愤之所为也,班则主于观世变而惩桀骜;马之激诡,文则工而理或有未纯,班则不激诡而出之以正大。"(《史记阐要·班马优劣》)班固不像司马迁那样将强烈的主观感情灌注到著述之中,也不像司马迁那样在评品纪传人物时带有浓厚的身世感,行文虽然缺乏《史记》那种勃勃气色,但确实有纠正司马迁主观感情偏激的一面。如司马迁身受酷刑迫害,对酷吏政治有极大反感,这种感受推而广之,使他对历史上的法家人物普遍有了恶感,因此敏感地注意到他们"刻薄少恩"的一面,甚至当韩非、吴起、商鞅等人横遭迫害之时仍不忘对他们的指责;甚至说他们是"以刻薄少恩亡其躯",没有对他们的历史贡献给予应有的重视,对他们为革新而献出生命的悲剧结果没有给予足够的同情。其他的还如贾谊传只录其赋不录其文,将张汤、杜周冠以酷吏等。而《汉书》重修这些法家人物及政治改革家的传时,《史记》旧传中的某些贬损之词有了原则性的改动,重新写的晁错传,比《史记》旧传要公正、客观,贾谊传内全录其《陈政事疏》,还贾谊一个文学家兼政治改革家的真面目,并将张汤、杜周从酷吏行列中划出而列入一般传记之中。贾山著有《至言》,其政治意义可与贾谊的疏文、董仲舒的策文相提并论,《史记》不为之立传,班固的《汉书》给予补出,做到了实事求是,尊重历史客观。

郑樵指责班固对《史记》"专事剽窃",这种说法是偏激的,班固书写武帝以前的汉史,以《史记》为依据是无可非议的,不轻率改动《史记》原文,是尊重历史事实的一种表现。当然,班固对《史记》旧文,都要重新慎核其事、整齐其文,他认为不妥之处,须要经过增删修改才成为自己《汉书》的部分。所立新传,又以资料丰富真实而见长,这些资料虽反映着他的封建正统思想,但很少有传奇的因素。不象司马迁采撷异闻,网罗轶事,许多史料带有传说的故事色彩。司马迁叙事喜纵横驰骋,想象、虚构层见叠出,行文讲究气势,不免词语有芜蔓之处,又寄兴深远,有言外之意蕴。而班固叙事考核详备,喜好斟字酌句,这样就缺少了故事性与相应的声情气韵。司马迁努力使文史完美结合,在二者不可兼得时,有不惜以文害史之处。而班固不强求文史合一,在二者不可兼顾时,宁可舍文而求史,更多地体现了史家的著史原则。

《史记》不仅是中国纪传体的伟大开端,也是中国传记文学的伟大开端,而且达到了中国历史文学的巅峰。《汉书》在文学性上无法逾越它,造成这一重大的中国文化现象,也不仅仅缘于司马迁有杰出的才思,还因为从《汉书》开始就出现了史著向文学方面偏离而向史学方面靠拢的倾向,随着时代的发展,正史开始逐渐从文学与史学混合的统一体中进行分离,向纯史学方面发展,这是史学发展的必然趋势。《汉书》以后的正史大都以《汉书》为准绳,文学性逐渐降低,史学性逐渐提高,这是中国文化发展的重要特征,从史学意义上来说,这是一种进步,是史学由萌芽状态、未成熟阶段向高级状态、成熟阶段发展的一种必然现象。所以学者们所谓的马优班劣的一些方面,如果变换个角度,例如从文学角度转换为史学角度来看,班固之“劣”也许会变成了“优”,而司马迁之“优”也许就变成了“劣”。

第四节 官修本朝纪传体断代史——《东观汉记》

我国古代创造了三种基本记述历史的方式,也就是三种主要史书体裁:即编年体、纪传体和纪事本末体。编年体史书以《春秋》、《左传》为先,纪传体则是由《史记》所开创,纪事本末体,产生较晚,南宋袁枢对北宋司马光等人所撰的编年体史著《资治通鉴》分事立目,钞辑成《通鉴纪事本末》,才标志着这种纪事本末体的创立。所以唐代刘知几在《史通·二体》中说天下著史者“不出二途”,他所处的时代只能看到编年与纪传二体。司马迁所创立的纪传体,以本纪记载能严重影响或代表某一历史时代的人物,这种人物多是帝王,用以显示他那个时代的兴衰变化;用表格排列历史大事及重要政治人物的谱牒,以补充本纪之不足；书专述事，主要记录各项典章制度的演变，具有专门史的性质；世家与列传记载各种特殊人物活动，世家多为诸侯、权贵，或对社会有特殊贡献的人，列传则包括广泛的社会特异杰出成员。《史记》的五种体例相互配合，相辅相成，构成一个以人物为中心，能全面、完整地记述人类社会历史的新体例。司马迁的纪传体《史记》问世后，许多史学家纷纷仿照此体续补《史记》未写完的西汉史。进入东汉，除了撰写西汉史外，官方还组织有关史学家，采用纪传体来写本朝的历史。

东汉官方尝试着用纪传体来写当代的历史，最早始于汉明帝永平初年。在此之前，史学家已对《史记》作了大量的补续工作，最有成就者当数班彪，班彪去世后，其子班固继续着父业，但有人告发他私自作国史，于是被捕入狱，其弟班超亲自向明帝说明情况。明帝本想寻觅人才，著史表彰光武帝中兴大汉功业，见到班固写的书稿后，"甚奇之，召诣校书部，除兰台令史，与前睢阳令陈宗、长陵令尹敏、司隶从事孟异共成《世祖本纪》，迁为郎，典校秘书，固又撰功臣、平林、新市、公孙述事，作列传、载记二十八篇奏上"。（范晔《后汉书·班固传》）从这些记载，我们看到班固、陈宗、尹敏、孟异等人，共同撰成《世祖本纪》，班固还撰成二十八篇列传与载记，载记虽与列传在形式上相似，但毕竟是本书把与刘汉分庭抗礼、割据一方的历史人物归入另类，也算是新的立目，班固等人的著述虽不足为光武一朝完史，却也可视为东汉国史编撰的开始。

班固等人撰写本朝历史半个多世纪后，至安帝时，不仅皇帝重视治史，连当时握有实权的邓太后也喜欢经史。邓太后自幼爱好学习，入宫后，又随才女班昭学经史，是皇后妃嫔中有才学的人。永宁时，安帝和邓太后相继下诏，令谒者仆射刘珍与谏议大夫李尤等人入东观，东观是洛阳宫殿名，是集中文人作赋、修史的地方，刘珍等人在东观续撰自光武以来至安帝永初年间名臣、节士、儒林、外戚等传，杂作记、表，编撰任务未竟，刘珍、李尤在顺帝时相继死去。顺帝又命侍中伏无忌与谏议大夫黄景作诸王、王子、功臣、恩泽侯表，作南单于、西羌传、地理志。安帝、顺帝二朝，《东观汉记》的续作规模很大，所以《隋书·经籍志》称，《东观汉记》乃东汉安帝时刘珍等人所撰。刘珍等人续作之事在

《后汉书·文苑传》有记载：

> 刘珍字秋孙，一名宝，南阳蔡阳人也。少好学。永初中，为谒者仆射。
> 邓太后诏使与校书刘騊駼、马融及五经博士，校定东观《五经》、诸子传
> 记、百家艺术，整齐脱误，是正文字。永宁元年，太后又诏珍与騊駼作建武
> 已来名臣传。

> 李尤字伯仁，广汉雒人也。少以文章显。和帝时，侍中贾逵荐尤有相
> 如、扬雄之风，召诣东观，受诏作赋，拜兰台令史。稍迁，安帝时为谏议大
> 夫，受诏与谒者仆射刘珍等俱撰《汉记》。

桓帝元嘉元年（151 年）又令太中大夫边韶、大军营司马崔寔、议郎朱穆、
曹寿作献穆、孝崇、顺烈皇后传，在《外戚传》中又增入安思等后，《儒林传》中
又增入崔篆诸人。崔寔、曹寿又与议郎延笃作《百官表》和顺帝功臣孙程、郭
愿、郑众、蔡伦等传，共 114 篇，初曰《汉记》。此为《东观汉记》再续，不仅开始
确定了《汉记》书名，而且史体大致定型完备。因修撰之所在洛阳南宫的东观
宫殿内，故后人以地名书，改为《东观汉记》，在"汉记"前面冠以"东观"。现
存典籍中，此名最早见于《隋书·经籍志》。

灵帝熹平年中，又命光禄大夫马日磾、议郎蔡邕、杨彪、卢植等人在东观继
续补修纪、传。蔡邕又作朝会、车服二志，这基本算《东观汉记》最后的一次大
规模续修。论起《东观汉书》的成书来，在这众多的编撰者中，班固是撰写此
书的先驱，编写中期，刘珍出力最多，而在后期，则蔡邕的贡献最大。《后汉书
·蔡邕列传》载：

> 蔡邕字伯喈，陈留圉人也，……邕前在东观，与卢植、韩说等撰补《后
> 汉记》，会遭事流离，不及得成，因上书自陈，奏其所著十意，分别首目，连
> 置章左。帝嘉其才高，会明年大赦，乃宥邕还本郡。……及卓被诛，邕在
> 司徒王允坐，殊不意言之而叹，有动于色。允勃然叱之曰："董卓国之大
> 贼，几顷汉室。君为王臣，所宜同忿，而怀其私遇，以忘大节！今天诛有
> 罪，而反相伤痛，岂不共为逆哉？"即收付廷尉治罪。邕陈辞谢，乞黥首刖
> 足，继成汉史。士大夫多矜救之，不能得。太尉马日磾驰往谓允曰："伯

嗜旷世逸才,多识汉事,当续成后史,为一代大典。且忠孝素著,而所坐无
名,诛之无乃失人望乎?"允曰:"昔武帝不杀司马迁,使作谤书,流于后
世,方今国祚中衰,神器不固,不可令佞臣执笔在幼主左右。既无益圣德,
复使吾党蒙其讪议。"日磾退而告人曰:"王公其不长世乎?善人,国之纪
也;制作,国之典也。灭纪废典,其能久乎?"邕遂死狱中。允悔,欲止而
不及。时年六十一。搢绅诸儒莫不流涕。北海郑玄闻而叹曰:"汉世之
事,谁与正之?"兖州、陈留闻皆画像而颂焉。其撰集汉事,未见录以继后
史。适作《灵纪》及十意,又补诸列传四十二篇,因李傕之乱,湮没多不
存。

王允欲使蔡邕死,惧其如司马迁一样"作谤书",郑玄等人惜其死,叹息汉事无
人"正之",不论从那个角度讲,都说明蔡邕在续作《东观汉记》中的重要作用。

从班固等人开始撰写《世祖本纪》,到蔡邕撰成《律历》、《礼乐》、《郊祀》、
《天文》、《朝会》、《车服》等十志、《灵帝纪》及四十二篇列传,前后经历了一百
二、三十年,经过众人修撰的《东观汉记》终于成为一部本纪、年表、志、列传、
载记完备的纪传体东汉史。《隋书·经籍志》称此书共一百四十三卷,起于光
武帝刘秀,止于灵帝刘宏,然而考其列传,有记献帝时候的事,大概是杨彪后来
又有续补。

《东观汉记》是继《汉书》之后又一部纪传体断代史,魏晋时期曾是当权主
事者必读之作,在史学界也很有影响,晋时与《史记》、《汉书》并称为"三史"。
不过,《东观汉记》从汉末就开始逐渐散佚,刘知几《史通·古今正史》说:

> 会董卓作乱,大驾西迁,史臣废弃,旧文散佚。及在许都,杨彪颇存注
> 记。至于名贤君子,自永初已下阙续。魏黄初中,唯著《先贤表》,故《汉
> 记》残缺,至晋无成。泰始中,秘书丞司马彪始讨论众书,缀其所闻,起元
> 光武,终于孝献。录世十二,编年二百,通综上下,旁引庶事,为纪、志、传、
> 凡八十篇,号曰《续汉书》。又散骑常侍华峤,删定《东观汉记》为《后汉
> 书》,帝纪十二、皇后纪二、典十、列传七十、谱三、总九十七篇。其十典竟
> 不成而卒。自斯已往,作者相继,为编年者四族,创纪传者五家。推其所

长,华氏居最。而遭晋室东徙,三惟一存。

《东观汉记》一方面在散佚,一方面为他人新著所吸收,《东观汉记》之后,有三国吴人谢承的《后汉书》,晋朝薛莹的《后汉纪》、司马彪的《续汉书》、华峤的《后汉书》、谢忱的《后汉书》、张莹的《后汉南纪》、袁山松的《后汉书》、袁宏的《后汉纪》、张璠的《后汉纪》等,直至南朝宋人范晔的《后汉书》,都以《东观汉记》为主要蓝本,从范晔的《后汉书》问世后,《东观汉记》的影响完全被《后汉书》所代替,人们所说的"三史"变成了《史记》、《汉书》和范晔的《后汉书》。《东观汉记》散佚就更多了。《隋书·经籍志》称《东观汉记》共有一百四十三卷,《新唐书·艺文志》只载有一百二十七卷,说明从隋至唐已散佚了十六卷。北宋时,还有残本四十三卷,且是高丽献给的本子。至南宋时,《东观汉记》散佚的卷数更多,据《中兴书目》记载,只存邓禹、吴汉等人共九传八卷,至元以后,此书已全部佚失,清修《四库全书》时,从《永乐大典》中辑出佚文二十四卷,这就是我们现在所见到的今本《东观汉记》。《四库全书》本《东观汉记》有帝纪三卷,从世祖光武皇帝到孝灵皇帝,共十一帝纪;有年表一卷,中有百官表,诸王表、王子侯表、功臣表、恩泽侯表四篇仅存其目;有志一卷,包括地理志、律历志、礼志、乐志、郊祀志、车服志等,其中朝会志与天文志二篇仅存其目;有列传十七卷,中有外戚、皇后、文臣武将、儒林文苑之士、列女外裔等;有载记一卷,记刘玄、申屠志、刘盆子等人,无可考的辑为佚文一卷。

《东观汉记》是官方组织班固、刘珍、蔡邕等众多著名史家,经历百年以上编撰的一部当代史书,体例大致模仿《史记》、《汉书》,卷数却有所增加,内容也十分丰富,是东汉一代史料的总汇,记载了东汉政治、经济、文化、军事等各个方面。由于是当代人写当代史,自然要受到当代正统思想的严格限制和影响。东汉初,光武帝刘秀就大力提倡谶纬迷信,争取社会舆论对他的统治的支持。从明帝起,东汉王朝在思想意识方面进一步加强了专制。章帝时出台的《白虎通德论》,是一套完整的精神统治理论体系,用来严密地控制人们的思想意识。那些编撰《东观汉记》的儒士被隔绝在兰台、东观,思想也被禁锢起来,一切都要以皇帝的诏敕为准,编撰必须秉承皇帝意旨,这种奉诏集体编纂的史书,与左丘明、司马迁那样的史学家独力撰写的史书不一样,甚至与班固那样的史学家虽奉诏著述却又相对独立编纂的史书也有区别,由于《东观汉记》的编纂者全然没有一点以往史学家学术上的自由。因此即使与《汉书》比较起来,《东观汉记》的"御用"特点还是十分鲜明的。

首先表现为:神化汉皇,歌颂帝德。《东观汉记》的撰写启动,最初是由明帝欲作《世祖本纪》而引起的。从班固等人初撰《世祖本纪》起,《东观汉记》的所有编撰者就奉诏神化东汉皇帝,歌颂其功德。如记述中兴汉朝的光武皇帝,在其还没有出生前就有凤凰集于济阳的稀奇事,出生时又有嘉禾之瑞、赤光之祥:

> 建平元年十二月甲子夜,帝生时,有赤光,室中尽明如昼,皇考异之,使卜者王长卜之,长曰:"此善,事不可言!"是岁,有嘉禾生,一茎九穗,长大于凡禾,县界大丰熟,因名帝曰秀。先是有凤凰集济阳,故宫中皆画凤凰。圣瑞萌兆,始形于此。帝为人,隆准、日角、大口、美须眉,长七尺三寸。在春陵时,望气者言:春陵城中有喜气。曰:美哉! 王气郁郁葱葱。

为了神化东汉皇帝,《东观汉记》的作者收集或编造了许多神异现象,这些神异之事多集中在帝王本人身上。上引《世祖光武皇帝纪》中一段文字,就记述了光武帝刘秀出生时的怪异现象及奇特的相貌:西汉哀帝建平元年(公元前6年)十二月甲子夜,光武帝诞生于济阳(今河南兰考东北),当他出生时,屋子里出现了红光,把屋子照得通明,如同白昼一样。光武帝的父亲刘钦感到特别奇怪,就请算卦人王长来,想叫他以卦象来解释一下这种奇异的现象。王长占了一卦,神秘地说:"这是大好事,好到不可言传的地步。"就在这一年,田里长出了奇特的庄稼,一棵禾茎上竟长出九个穗来,人称为"嘉禾",这年济阳一带农作物获得了大丰收。地里出现嘉禾,从古以来认为是吉祥的征兆,《汉书·公孙弘传》就有"甘露降,风雨时,嘉禾兴"的句子。相传在周公时就出现过"嘉禾",人们认为这种现象是周公以德辅政所致,为此还特地作了《嘉禾》篇来纪念此事。刘钦于是就以嘉禾来为光武帝取名,叫做秀。秀的本意就是禾类植物开花抽穗,用于人,就引申为特异、优秀。这一年不仅地里长出了嘉禾,天上还出现了稀奇的事,有许多凤凰不约而同地飞到了济阳,所谓真龙天子的祥瑞首先从这些现象中显现出来。再看对刘秀长相的描述:长的是高鼻梁,大概与我们今日看到的西洋人的鼻子差不多,说明刘秀的鼻子长得和他的九世祖刘邦相同,刘邦就因鼻梁高而有一个"隆准公"的别称,隆,高起,凸出。准,鼻子。宋代夏溥的《鸿门歌》中有这样的诗句:"君看项王重瞳舜重瞳,天命乃在隆准公。"《东观汉记》强调、夸张刘秀的鼻子,旨在说明他的天命与刘邦是一脉相承的。《东观汉记》还写刘秀额骨中央部分隆起,形状如日,这一点与古帝王伏羲相同,至于刘秀长着大嘴、美丽的须眉,身高七尺三寸,也都应了大贵之相。一切嘉庆祯祥之事,都在说明刘秀是"真龙天子",上天赋予他承担汉绍尧运、重建帝业的大任。再参看《汉书·高帝纪》写刘邦出生时的情况:"高祖,沛丰邑中阳里人也,姓刘氏。母媪尝息大泽之陂,梦与神遇。是时雷电晦冥,父太公往视,则见交龙于上,已而有娠,遂产高祖。高祖为人,隆准而龙颜,美须髯,左股有七十二黑子。"《东观汉记》的那段描述,简直是《汉书·高帝纪》的翻版。

再如《穆宗孝和皇帝纪》中提到"贞符瑞应八十余品,帝让而不宣,故靡得而记"。《恭宗孝安皇帝纪》中写汉安帝刘祜即帝位前,"自在邸第,数有神光赤蛇嘉应,照耀于室内。又有赤蛇盘纡殿屋床第之间。"总之,《东观汉记》的作者大力宣扬这些嘉禾、神光、赤蛇等怪异现象,无非是想说明东汉各朝帝王承大统是天意安排,是上天故意出现这些祥瑞现象来昭示人间。《东观汉记》不是谶图纬书,却也有浓厚的神学迷信气味,体现了君权神授、皇权神圣的封建统治意识。

东汉本历十二帝,但《东观汉记》只有帝纪十一篇,歌颂东汉自光武帝至灵帝的十一位君主。这是因为东汉末年政局动荡,原朝中的史官已自顾不暇,哪还有条件去续史,故缺末代皇帝献帝的本纪。从现存的遗文看《东观汉记》中最长的帝纪是明帝诏令编撰的《世祖光武皇帝纪》,有七千多字,其次为章帝诏令编撰的《显宗孝明皇帝纪》,有二千多字,这篇明帝纪同其他帝纪一样,也有祥物显应的描写,如"十七年春,甘露仍降,树枝内附,芝生前殿,神雀五色翔集京师。"有些地方即使不写神异祥瑞,但也是充满不实谀词,旨在说明帝王的不同凡俗,生来具有帝王之德:

　　孝明皇帝讳阳,一名庄,世祖之中子也。建武四年夏五月甲申帝生,
丰下锐上,顶赤色有似于尧。世祖以赤色名之曰阳。幼而聪明睿智,容貌
壮丽,十岁通《春秋》,推诚对师傅,无以易其辞。母光烈皇后,初让尊位
为贵人,故帝年十二以皇子立为东海公。时天下垦田皆不实,诏下州郡检
覆,百姓嗟怨,州郡各遣使奏其事。世祖见陈留吏牍上有书曰:"颍川弘
农可问,河南、南阳不可问。"因语吏,吏抵言于长寿街得之,世祖怒。时
帝在幄后曰:"吏受郡敕,常欲以垦田相方耳!"世祖曰:"即如此,何故言
河南、南阳不可问?"对曰:"河南帝城多近臣,南阳帝乡多近亲,田宅逾
制,不可为准。"世祖令虎贲诘问,乃首服如帝言。遣谒者考实,具知奸
状。世祖异焉。数问以政议,应对敏达,谋谟甚深。温恭好学,敬爱师傅,
所以承事兄弟,亲密九族,内外周洽,世祖愈珍帝德,以为宜承先序。

　　这段记载把明帝吹捧得与圣人一样,自幼就神异、圣明,可谓身在帷幄,而
知天下大事,实际全是阿谀美化。在中国漫长的封建社会历史中,把史官歌颂
帝德视为天经地义的事,唐人令狐德棻等撰《周书》,其《萧大圜列传》中记载:
"迪尝问大圜曰:'吾闻湘东王作《梁史》,有之乎? 余传乃可抑扬,帝纪奚何?
隐则非实,记则攘羊。'"梁简文帝之子萧大圜则以《东观汉记》为例,为阿主取
容的行为辩解:

　　　　昔汉明为《世祖纪》,章帝为《显宗纪》,殷鉴不远,足为成例。且君子
　　之过,如日月之蚀,彰于四海,安得而隐之? 如有不彰,亦安得而不隐? 盖
　　子为父隐,直在其中,讳国之恶,抑又礼也。

　　《东观汉记》一方面对东汉帝王极尽阿谀奉承,一方面对东汉帝王的残
忍、腐败恶行劣行隐而不宣,并且把隐帝王的丑行当作"直",把讳尊者的恶名
当成"礼",是十足的对"不虚美、不隐恶"、秉笔直书的良史传统的背叛。如东
汉明帝十三年(70),楚王刘英与方士造作符瑞,被废除王位。第二年,刘英自
杀,明帝严治楚王案,从京师到州郡,被株连致死、流放的人以千数,无辜入狱
的人有数千人,这纯是一起大冤案。对这起震动全国的大事件,《东观汉记》

一个字也没提,《显宗孝明皇帝纪》中十三年、十四年的全部文字是:

> 十三年春二月,帝耕藉田。礼毕,赐观者食。有诸生前,举手曰:"善
> 哉! 文王之遇太公也。"帝书版曰:"生非太公,予亦非文王也。"

> 十四年,帝作寿陵,制令流水而已。陵东北作庑,长三丈五步,外为小
> 厨,财足祠祀,帝自置石椁,广丈二尺,长二丈五尺。

《后汉书》虽轻描淡写,但毕竟没有再隐瞒如此大的历史事件:

> 十三年春二月,帝耕于藉田。礼毕,赐观者食。……十一月,楚王英
> 谋反,废,国除,迁于泾县,所连及死徙者数千人。……

> 十四年春三月甲戌,司徒虞延免,自杀。……前楚王英自杀。……初
> 作寿陵。

《东观汉记》为了掩盖明帝的过错,不惜隐去重大历史事件,而写一些"鸡毛蒜
皮"之类的小事,实有违于史家的实录精神。因此,熊方进曾痛惜道:"惜东京
之再造,痛信史之末成。"(见清人朱彝尊《曝书亭集·熊氏后汉书年表序》)

其次表现为:宣扬正统,贬黜异己。官修史书,必然通过史书来强烈地体
现官方的意志,官方意志是多方面的,首先应是宣扬其统治的合理性,这一修
史倾向,在班固那里已经十分明显。"固以为汉绍尧运,以建帝业,至于六世,
史臣乃追述功德,私作本纪,编于百王之末,厕于秦、项之列,太初以后,阙而不
录,故探撰前记,缀集所闻,以为《汉书》。"(《后汉书·班固列传》)班固著《汉
书》时,就不满意司马迁将汉高祖列于秦始皇、项羽之后,把司马迁的著史行
为指责为"私作本纪",于是他在《汉书》中将项羽从《史记》的本纪中斥退于
列传中。至于王莽,虽建新朝称帝,非但进不了本纪,而且将他附在列传之末,
以一名篡汉的乱臣贼子的形象来显示刘汉国统,确立了纪传体本纪"书君上
以显国统"的"正史"模式。《东观汉记》秉承《汉书》的正统观念,在宣扬汉承
尧运、汉得天统方面比之《汉书》,更有过之而无不及,凡是在新莽末期各据一
方与刘秀争天下的群雄,统统被视作僭盗窃贼,他们"专兵窃据","偏方僭
乱",连列传也没有他们的位置,把他们统统都贬入《载记》体例之中。《载记》
是创新一体,是《史记》、《汉书》所没有的,是《东观汉记》作者正统观念的一

种体现。刘知几《史通·题目》中说:"夫战争方殷,雄雌未决,则有不奉正朔,自相君长;必国史为传,宜别立科条。至如陈、项诸雄,寄编汉籍;董、袁群贼,附列《魏志》。既同臣子之例,孰辨彼此之殊? 唯《东观》以平林、下江诸人列为载记,顾后来作者,莫之遵效。"与刘秀一样乘势而起事者,就因事不遂而被斥为"贼寇",难怪俗话说"成者王侯败者贼",以正统观念视之一点不假。

载记一体是那些在"群雄逐鹿"中最终没有取得政权的人物的传记,把他们摆到居于"正统"地位人物的对立面,更鲜明地体现了编史者的封建正统观念。《东观汉记》站在刘汉封建正统的立场上,私徇笔端,持论极偏,对汉皇谀言奉承,极尽嘉辞美句而唯恐不及,对与刘汉争雄的豪强则排斥诋毁,不惜篡改史实,诬之以种种恶名,如对河北农民起义军,称之为"铜马等群盗",称东山荒秃、上淮况等农民起义军首领为"铜马贼帅"。隗嚣、公孙述等人在新莽时,起兵割据,因自立山头不归刘秀,被贬入与铜马、赤眉一类的载记中。就连被农民起义军拥立的更始帝刘玄,本属西汉远支皇族,又是刘秀族兄,只因是刘秀争天下的一障碍,也逃不脱《东观汉记》编撰者的口诛笔伐:

> 刘玄,字圣公,光武族兄也,弟为人所杀,圣公结客欲报之。客犯法,圣公避吏于平林,吏系圣公父子张。圣公诈死,使人持丧归春陵,吏乃出子张,圣公因自逃匿。王莽末,南方饥馑,人庶群入野泽掘凫茈而食,更相侵夺。新市人王匡王凤为平理诤讼,遂推渠师,众数百人,诸亡命往从之,数月间,至七八千人,号新市兵。平林人陈牧、廖湛复聚众千余人,号平林兵。圣公入平林中,与伯升会,遂共围宛。圣公号更始将军,自破甄阜等,众庶来降十余万,诸将立刘氏,南阳英雄皆归望于伯升,然汉兵以新市、平林为本,其将帅素习圣公,因欲立之。……更始北都洛阳,李松等自长安传送乘舆服御物,及中黄门从官至洛阳,关中咸想望天子。更始遂西发洛阳,李松奉引车马,奔触北关铁柱门,三马皆死。更始至长安,居东宫,钟鼓帷帐、宫人数千、官府间里,安堵如旧。更始上前殿,郎吏以次侍,更始愧恶俯刮席,与小常侍语,郎吏怪之。更始纳赵萌女为后,有宠,遂委政于萌,日夜与妇人欢宴,后庭群臣欲言事,辄醉不能见。时不得已,乃令侍中坐帷内与语,诸将识非更始声,出,皆怨之。更始韩夫人尤嗜酒,每侍饮,

见常侍奏事,辄怒曰:"帝方对我饮,正用此时持事来乎!"起,抵破书案。所置牧守交错,州郡不知所从。赵萌以私事责侍中,侍中曰:"陛下救我!"更始言:"大司马纵之!"萌曰:"臣不受诏。"遂斩之。又所置官爵,皆出群小,三辅苦之,被服不法,或绣面,衣锦裤诸于襜,骂詈道路,为百姓之所贱,长安中为之歌曰:"灶下养,中郎将;烂羊胃,骑都尉;烂羊头,关内侯。"

新莽末年,爆发了全国规模的赤眉、绿林军大起义,南阳的豪族地主刘秀、刘玄等人也乘机起兵,加入了起义军。刘玄起初加入起义军,为军中安集掾,后以军功升为将军,公元23年,绿林军建立了政权,以汉皇同姓的刘玄为皇帝,恢复汉朝,年号"更始"。而这时的刘秀只是更始帝的一名将军,更始帝以刘秀行大司马事,徇河北。刘玄并非是娇生惯养的世袭"儿皇帝",基本同隗嚣、公孙述一样,是在起兵反莽中经风雨见世面有胆有谋的人物,但在《东观汉记》中,竟被描写成一位猥琐的懦夫,在郎史面前都畏首畏尾,丝毫没有一点帝王者的气质。不仅没有任何祥物显应,而且时有败亡之兆,其左右下属,非属酒囊饭袋,即属混账草包,左右下属的昏聩正映衬着刘玄的无能。与东汉诸帝的描述形成一种强烈的对比,这恐怕是作者有意夸张甚至捏造。《东观汉记》编著者的这种阿时不实的做法,引起后来许多学者的非议,如刘知几在《史通·覈才》中说:

> 昔傅玄有云:"观孟坚《汉书》,实命代奇作。及与陈宗、尹敏、杜抚、马严撰中兴纪传,其文曾不足观。岂拘于时乎?不然,何不类之甚者也?是后刘珍、朱穆、卢植、杨彪之徒,又继而成之。岂亦各拘于时,而不得自尽乎?何其益陋也?"嗟乎!拘时之患,其来尚矣。斯则自古所叹,岂独当今者哉!

班固撰写前朝西汉史,都有谀汉的倾向,而《东观汉记》为当朝人写当朝史,其阿主倾向更有过之而无不及。刘知几说:"夫《东观》秉笔,容或谄于当时,后来所修,理当刊革者也。"(《史通·编次》)可见,当朝人修当朝史,已受到认识水平的限制,再加上统治者严格的政治控制,很容易使史书谄时不实,著史而不能实录,这又恰是著史之大忌,《东观汉记》引出的教训对史家来说是十分珍贵的。

最后表现为:表彰"节义",称述"贞烈"。东汉王朝为巩固封建统治,在思想意识形态方面,既鼓吹谶纬神学,将汉皇的权力神化为天所赋予,又大力尊崇忠孝节义,敦励名教,使其臣民绝对服从于三纲六纪。《东观汉记》以史著的形式,体现与宣扬着这一思想意识,因此在它的列传中,可以没有在雄群逐鹿争夺天下时曾显赫一时的刘玄、刘盆子、隗嚣、公孙述诸人,却有在新莽时代隐迹遁世、高蹈不仕的隐士,如逢萌、周党、王霸、李业、严光等,《东观汉记》为他们一一作了传,对这些忠于汉室的"节义之士"给予了赞扬。对于为汉室忠心耿耿效命者,更是大加褒扬,如李忠,王莽时为新博属长,更始时,以都尉官与太守任光、信都令万修共同投靠了刘秀。时西汉宗室刘林和大豪李育等人立王郎为帝,建都邯郸,王郎兵起,一些地方武装纷纷投靠,而李忠、任光、万修独不肯降,同心共守,以迎刘秀,《东观汉记》为他立传曰:

> 李忠字仲都,父为高密中尉。忠发兵奉世祖,为右将军,封武固侯,时无绶,上自解所佩绶以赐之。上初至,不脱衣带,衣服垢薄,使忠解浣长襦,忠更作新袍裤,解支小单衣裱而上之。上问诸将破贼所得物,惟忠独无所掠。上曰:"我欲赐之,诸君得无望乎?"即以所乘大骊马及绣被衣物赐之。王郎遣将攻信都,信都大姓马宠等开城内之,收太守宗广及李忠母、妻、子,皆系狱,而令亲属招呼忠。时宠弟从忠为校尉,忠即时召见,责数以背恩反城,因格杀之。诸将皆惊,曰:"家属在人手中,杀其弟何猛也!"忠曰:"若纵贼不诛,则二心也。"上闻而美之,谓忠曰:"今吾兵已成也,将军可归救老母、妻、子。"忠曰:"蒙明公大恩,思得效命,诚不敢内顾宗亲。"

李忠是位骁勇战将,得战利品而不取,攻城拔寨不惜死,更为一般人难以做到的是置自已老母妻儿的生死于不顾,一心为刘秀政权卖命效力,这种对东汉封建统治者忠心耿耿的精神,正是东汉封建统治者在夺取政权与巩固政权中十分需要的精神力量,也是东汉王朝所大力宣扬的主体精神。

　　忠于汉室,是对文臣武将的第一要求,也是评价文臣武将的第一标准。如《东观汉记·班固传》:

　　　　班固字孟坚,年九岁能属文词诗赋,及长,博贯载籍,九流百家之言,无不穷究。学无常师,不为章句,举大义而已。性宽和容众,不以才能高人,诸儒以此慕之,时人有上言:班固私改作史记,诏下京兆,收系。固弟超诣阙上书,具陈固不敢妄作,但续父所记述汉事,征固诣校书,除兰台令史,迁为郎,典校閟书,令卒前所续史记,固数入读书禁中,每行巡狩,辄献赋颂。

　　班氏父子,是典型的正统儒家学者,从班超用"不敢妄作"为其兄辩白,到后来班固著《汉书》,意在宣扬汉绍尧运,又著《白虎通义》,记录章帝时白虎观经学辩论,还不断向朝廷奉献赋作,都说明他是一个忠实于汉室的御用文人,历朝统治者抑马扬班,也是看重了这一点。

　　即使为科技艺人立传,《东观汉记》也十分强调其效忠汉皇这一点。如《东观汉记·蔡伦传》:

　　　　蔡伦字敬仲,桂阳人。为中常侍,有才学,尽忠重慎。每至休沐,辄闭门绝宾客,曝体田野兴作,尚方造意,用树皮及敝布鱼网作纸,元兴元年奏上之,帝善其能,自是莫不用,天下咸称"蔡侯纸"。

　　本着表彰忠孝、节义、贤明、贞烈的宗旨,《东观汉记》在自己的史书序列中第一个为妇女立传,并创"列女"一目,此创举本义并非要解放妇女,而是以封建正统的妇道、妇德、妇才来进一步要求、束缚妇女,但在客观上提高了妇女一定的社会地位,包括范晔《后汉书》在内的后世正史都设《列女传》,都是受到《东观汉记》体例的启发。

　　《东观汉记》中的妇女可分二类,一类是地位显赫的后妃皇亲,一类是皇亲以外的社会妇女。每一位被立传的后妃,都是贤惠明智,以具有妇道、妇德、妇才的典型,为后世妇女树立了榜样,如描述和熹邓皇后:

　　　　后年五岁,太夫人为剪发。夫人年老目冥,并中后额,虽痛忍不言,一额尽伤,左右怪而问之,后言:"夫人哀我为断发,难伤老人意,故忍之耳。"六岁诸兄持后发,后曰:"身体发肤受之父母,不敢毁伤,孝之始也,奈何弄人发乎?"七岁读《论语》,志在书传,母常非之曰:"当习女工,今不是务,宁当学博士耶?"后重违母意,昼则缝纫,夜私买脂烛,读经传,宗族外内皆号曰:"诸生"。及为太后,宫中亡大珠一箧,主名不立念,欲考问,必有不辜。太后乃亲自临见宫人,一一问阅,察其颜色,开示恩信,宫人盗者即时首服。不加鞭棰,不敢隐情,宫人惊,咸称神明。太后临朝,万国贡献,悉令禁绝,岁时但贡纸墨而已。

对社会上其他的妇女,《东观汉记》的作者则着力选择她们的奇节异行,来形成她们传记的主要内容。刘知几在《史通·人物》篇中说:"观东汉一代,贤明妇人如秦嘉妻徐氏,动合礼仪,言成规矩,毁形不嫁,哀恸伤生,此则才德兼美者也。""贤明"、"合礼仪"、"才德兼美"正是《东观汉记》所载"贞烈"、"节孝"女的最高标准,有此殊荣的还有鲍宣之妻、江伯之姐等等,《东观汉记·鲍宣妻传》这样写道:

鲍宣之妻,桓氏女也,字少君。宣尝就少君父学,父奇其清苦,以女妻之,装送甚盛。宣不悦,谓妻曰:"少君生而骄富,习美饰,而吾贫贱,不敢当礼。"妻曰:"大人以先生修德守约,故使贱妾侍执巾栉,既奉君子,惟命是从。"妻乃悉归侍御服饰,更著短布裳,与宣共挽鹿车归乡里。拜姑礼毕,提瓮出汲,修行妇道,乡邦称之。

所谓"修行妇道",说白了就是"既奉君子,惟命是从",就是甘心情愿作封建礼法与夫权的牺牲品。《东观汉记》为具有封建才德的东汉女子立传,无疑受到西汉刘向《列女传》的启发,而书写妇女一旦成为史书一体,便影响了后世的史著,从此后,历代正史莫不效仿,遂成定例。

《东观汉记》有虚饰不实的弊病,就在东汉桓帝时,待中李法就尖锐地批评过,献帝时仲长统更认为此书大可付之一炬。西晋初年,司马彪因此书记述烦杂不实,难称良史,而另著《续汉书》,东晋华峤也有改作之意而另修《后汉书》,东晋末,袁宏也因《东观汉记》烦秽杂乱而著《后汉纪》,魏晋以来因不满《东观汉记》而另修东汉史的史家蜂起,直到范晔的《后汉书》问世,众史家才偃旗息鼓,《东观汉记》因此而逐渐湮没,至唐中叶后流传已经渐少。但《东观汉记》为以后各种东汉史书特别是范晔的《后汉书》的编著,提供了大量的借鉴资料,其功不可没。"我们知道,在各家后汉史中,《东观汉记》是最早的一部后汉史,也是出自汉人记载的有关后汉历史的第一手资料,为后来各家后汉史所依据。华峤依据的就是《东观汉记》,这一点刘知几曾经指出过①。范晔依据的也是《东观汉记》,这一点虽然史无明文记载,但是从范书本文和李贤的注解中可以得到证明。据范书《孝明八王传》说:'孝明皇帝九子,贾贵人生章帝,阴贵人生梁节王畅,余七王本书不载。'注:'本书,谓《东观记》也'。这是一个证据。范书《桓帝纪·论》说:'前史称桓帝好音乐,善琴笙'。注:'前史,谓《东观记》也。'这是第二个证据。范书《光武纪·赞》说:'于赫有命,系隆我汉。'钱大昕以为'蔚宗宋人,不应有我汉之称,此必沿东观旧文'②。这是第三个证据。关于范书沿用《东观记》旧文的地方,例证还很多,我们只要把范书和《东观汉记》的辑本对照一看,就可知道了。"③正如《四库全书总目》卷50史部·正史类"东观汉记提要"指出,今本《东观汉记》二十四卷,"虽残珪断璧,零落不完,而古泽斑斓,罔非瑰宝。书中所载,如章帝之诏增修群祀;杜林之议郊祀;东平王苍之议庙舞并一朝大典,而范书均不详载其文。他如张顺预起义之谋;王常赞昆阳之策;杨正之严正;赵勤之洁清,亦复概从阙如,殊为疏略。惟赖兹残笈,读史者尚有所循,则其有资考证,良匪浅鲜,尤不可不亟为表章矣!"

---

① 《史通》卷十二《古今正史篇》说:"散骑常侍华峤删定《东观记》为《后汉书》。"(本文作者原注)

② 钱大昕:《廿二史考异》卷十。(本文作者原注)

③ 陈天崇:《关于范晔〈后汉书〉的三个问题》,《光明日报》1963年11月20日。

第六章 编年体断代史的问世

　　在东汉,除了《汉书》记载西汉一代历史外,还有一部史书也记载了从刘邦称王至王莽新朝败亡的全部西汉历史,它就是荀悦的《汉纪》。《汉纪》记事内容虽与《汉书》大致相仿,但其体例却是新创的,在继承了《左传》编年体的基础上,也吸收了《史记》、《汉书》纪传体的特点,成为我国第一部编年体的断代史,它的产生,标志着我国新的编年体从此诞生。自从《史记》问世三百多年来,几乎要销声匿迹的编年史,重新成为史学界重视的史著体例,其重视程度并不在纪传体之下。"《汉纪》是以《汉书》中帝纪为主体,将各传、志、表中的材料按照时间先后,适当加以剪裁删略,编排在帝纪之内。叙西汉史事,与《汉书》基本相同,而文字不足《汉书》的四分之一。有关政治、军事、经济、文化及民族关系之重要事迹,均已涉及,简明扼要,颇便读者。《汉纪》并非简单地照抄《汉书》,而是通过删、增、录、改和议论,在体例和内容方面有许多创新和特点。在编纂方法方面,《汉纪》则采用'通比其事,例系年月'(《汉纪序》)的方法,并将纪传体中的一些成功写法纳入编年史中,为编年史创造了多样的成功的写法。这就突破以前编年体史上的局限,扩大了编年史书的记叙范围。在内容方面,《汉纪》有的地方也有超出《汉书》之处,如所记西汉末年农民起义领袖铜马的事实,就比《汉书》详细。有的地方《汉纪》还校补了《汉书》中脱误之处。"①荀悦著成《汉纪》之后,影响很大,和荀悦同时代、在献帝时任泰山太守的应劭马上为《汉纪》作注,北魏司徒崔浩也作了《汉纪音义》。晋朝袁宏仿《汉纪》的体例,著成《后汉纪》,为了区别二者,人们把《汉纪》又称作《前

---

① 李学勤、郑超、林剑鸣等人撰:《中国古代史导读》,文汇出版社 1991 年版,第 81 – 82 页。

汉纪》。从此之后,历代史学家便把《汉纪》视为编写断代编年史的楷模。

第一节 《汉纪》的作者

《汉纪》是由荀悦独力完成的。荀悦(148－209)字仲豫,《四库全书·提要》称其字仲预,疑誊写时有误。荀悦系东汉颖川颍阴(今河南许昌)人,是大思想家荀子的十三世孙。其祖父荀淑在安帝时为郎中,当过当涂(今安徽怀远南)长,博学有高行,知名于当世,因不满梁冀专断朝政而弃官家居。叔父荀爽为著名经学家,愤恨董卓图谋篡汉,参与了王允、何颙诛杀董卓的行动,又辑汉事写成《汉语》,用以警戒篡逆不轨者,其堂弟荀彧更是汉末的社会名流。父亲荀俭曾任郎陵(今河南确山南)长,不幸早亡。荀悦出身于儒学世家,自幼就受到先人忠于汉室的熏陶,虽然早年丧父无所依靠,但他仍刻苦好学,《后汉书·荀悦传》记载:

> 悦年十二,能说《春秋》。家贫无书,每之人间,所见篇牍,一览多能诵记。性沉静,美姿容,尤好著述。灵帝时阉官用权,士多退身穷处,悦乃托疾隐居,时人莫之识,唯从弟彧特称敬焉。

荀彧初依附袁绍,继而又归附于曹操,为司马。建安元年(196),他建议曹操迎献帝到许昌建都,从而使曹操取得了"挟天子以令诸侯"的有利的政治形势。此时的荀悦,岁数已近半百,他听说曹操采纳了从弟荀彧迎献帝到许昌的建议,便想借用曹操的力量来中兴汉室,产生了参政的念头,于是由荀彧荐举到曹操的镇东将军府谋职。不久,献帝定都许昌,荀彧任汉廷尚书令,参与军国大事,荀悦也升迁为汉廷黄门侍郎。《后汉书·荀悦传》又记:"献帝颇好文学,悦与彧及少府孔融侍讲禁中,旦夕谈论。"在君臣相互商讨复兴汉王朝措施的基础上,荀悦又进行了总结和归纳,撰成《申鉴》一书,系统地提出改革当前弊政、振兴汉室的种种政治措施,献给献帝,得到了献帝的赏识。

《申鉴》共五卷,即《政体第一》、《时事第二》、《俗嫌第三》、《杂言上第四》、《杂言下第五》,《政体》篇提出:"夫道之本,仁义而已矣。"这是立人之

道,立政之道,也是全书的主旨。进而作者提出了为政之方:

> 致治之术,先屏四患,乃崇五政。一曰伪,二曰私,三曰放,四曰奢。伪乱俗,私坏法,放越轨,奢败制,四者不除,则政末由行矣。俗乱则道荒,虽天地不得保其性矣;法坏则世倾,虽人主不得守其度矣;轨越则礼亡,虽圣人不得全其道矣;制败则欲肆,虽四表不能充其求矣:是谓四患。兴农桑以养其生,审好恶以正其俗,宣文教以章其化,立武备以秉其威,明赏罚以统其法:是谓五政。……四患既蠲,五政既立,行之以诚,守之以固,简而不怠,疏而不失,无为为之,使自施之,无事事之,使自交之,不肃而成,不严而治,垂拱揖逊,而海内平矣,是谓为政之方也。

《时事》篇对现实中的诸多政事,给予分析评论,有的并提出具体的解决办法,其中特别重视朝廷修史,最末一条说:

> 古者天子诸侯,有事必告于庙,朝有二史,左史记言,右史记动,动为《春秋》,言为《尚书》,君举必记,臧否成败,无不存焉。下及士庶,苟有茂异,咸在载籍,或欲显而不得,或欲隐而名章,得失一朝,而荣辱千载,善人劝焉,淫人惧焉。故先王重之,以副赏罚,以辅法教,宜于今者,官以其方,各书其事,岁尽则集之于尚书,各备史官,使掌其典。事不书诡,常为善恶则书,言行足以为法式则书,立功事则书,兵戎动众则书,四夷朝献则书,皇后、贵人、太子拜立则书,公主、大臣拜免则书,福淫祸乱则书,祥瑞灾异则书。先帝故事有起居注,日用动静之节必书焉。宜复其式,内史掌之,以纪内事。

《俗嫌》篇主要批判迷信神仙的时风,批驳了东汉风靡一时的谶纬之说的荒诞不经。《杂言》篇提出许多有价值的政见,如“人臣有三罪,一曰导非,二曰阿失,三曰尸宠。以非引上谓之导,从上之非谓之阿,见非不言谓之尸。导臣诛,阿臣刑,尸臣绌。”对执政者很有警戒意义。特别是又提出用前代的历史经验教训作执政鉴戒的问题:

> 君子有三鉴,鉴乎前,鉴乎人,鉴乎镜:前惟训,人惟贤,镜惟明。夏、商之衰,不鉴于禹、汤也;周、秦之弊,不鉴于群下也;侧弁垢颜,不鉴于明

镜也;故君子惟鉴之务。若夫侧景之镜,亡镜矣。

正是因为荀悦非常重视修史对于执政的重要,所以后来才能圆满地完成《汉纪》的编撰任务。而《汉纪》中的许多史论,就是《申鉴》思想的又一种形式的阐发,其四十多则的"荀悦曰",很有特色,许多有关正确执政的精辟见解,在《汉书》中是看不到的。

从《申鉴》一书所阐述的观点来看,我们可知荀悦与其祖父荀淑、叔父荀爽一样,是一个忠于汉室又具有博大精深儒家思想的博学者。在有似周代动乱末年的汉末,军阀争雄,汉室皇权旁落,荀悦在《申鉴》中反复强调以行仁义而加强皇权,指出当前种种弊政,提出振兴汉室的种种政治措施,显然有着明确的现实针对性,其意在抑制图谋篡汉势力,从根本上维护汉室皇权。荀悦的政治态度与其堂弟荀彧是一致的,荀氏兄弟虽依附于曹操,但仅是想利用曹操势力而振兴汉室,当曹操逐渐暴露出代汉自立的迹象时,荀氏兄弟就与之产生了不可调和的矛盾。荀彧后因反对曹操称魏公,被曹操所迫而自杀。荀悦虽然为献帝制作了《申鉴》,又作《崇德》、《正论》及诸论数十篇,还有"辞约事详,论辨多美"的《汉纪》,但都挽救不了汉王朝的必然灭亡,建安十四(209)年,荀悦带着无限的遗憾而离开人世,享年62岁。

第二节 《汉纪》的编撰与体例

《汉纪》的编撰,最初起因于献帝的需要。献帝喜好阅读典籍,但又嫌《汉书》篇幅冗长且文字深奥难解,周览不便,于是在建安三年乃令荀悦依照《左传》的体例改写《汉书》。《后汉书》荀悦本传记载:"帝好典籍,常以班固《汉书》文繁难省,乃令悦依《左氏传》体以为《汉纪》三十篇,诏尚书给笔札。辞约事详,论辨多美。"荀悦一旦著述,便不是对《汉书》作简单的删繁就简,而是通过删节、增补、收录、改写,增加了自己对史事的认识与评论,来达到自己的著述目的,《后汉书》荀悦本传转录了他的序文:

昔在上圣,惟建皇极,经纬天地,观象立法,乃作书契,以通宇宙,扬于

王庭,厥用大焉。先王光演大业,肆于时夏。亦惟厥后,永世作典。夫立
典有五志焉:一曰达道义,二曰章法式,三曰通古今,四曰著功勋,五曰表
贤能。于是天人之际,事物之宜,粲然显著,罔不备矣。世济其轨,不陨其
业。损益盈虚,与时消息。臧否不同,其揆一也。汉四百有六载,拨乱反
正,统武兴文,永惟祖宗之洪业,思光启乎万嗣。圣上穆然,惟文之恤,瞻
前顾后,是绍是继,阐崇大猷,命立国典。于是缀叙旧书,以述《汉纪》。
中兴以前,明主贤臣得失之轨,亦足以观矣。

荀悦著《汉纪》,已不仅仅为献帝了解西汉一代历史方便了,而是把著史视为
经天纬地的国家大事业来看待,当作当前拨乱反正、达到复兴汉业的大事业来
看待,从前朝"明主贤臣得失之轨",引出治理当前国事的经验教训来。他以
"五志"为著史的标准,所谓"达道义",就是利用史籍来宣扬封建大一统的道
德伦理;所谓"彰法式",就是利用史籍彰显封建礼法典章制度;所谓"通古
今",与司马迁的想法一样,利用史籍阐述古今封建政权兴衰成败的经验教
训;所谓"著功勋",就是利用史籍歌颂天子的功德;所谓"表贤能",就是利用
史籍表彰那些贤能的臣民。《汉纪·序》中说:"悦于是约集旧书,撮序表、志,
总为《帝纪》,通比其事,列系年月,其祖宗功勋、先帝事业、国家纲纪、天地灾
异、功臣名贤、奇策善言、殊德异行、法式之典,凡在《汉书》者,本末体殊,大略
粗举;其经传所遗阙者差少,而求志势有所不能尽繁重之语,凡所行之事,出入
省要删略其文。"刘知几在《史通·书事》中说:

　　昔荀悦有云:"立典有五志焉:一曰达道义,二曰彰法式,三曰通古
今,四曰著功勋,五曰表贤能。"干宝之释五志也:"体国经野之言则书之,
用兵征伐之权则书之,忠臣、烈士、孝子、贞妇之节则书之,文诰专对之辞
则书之,才力技艺殊异则书之。"于是采二家之所议,征五志之所取,盖记
言之所网罗,书事之所总括,粗得于兹矣。然必谓故无遗恨,犹恐未尽者
乎?今更广以三科,用增前目:一曰叙沿革,二曰明罪恶,三曰旌怪异。何
者?礼仪用舍,节文升降则书之;君臣邪僻,国家丧乱则书之;幽明感应,
祸福萌兆则书之。于是以此三科,参诸五志,则史氏所载,庶几无阙。求

诸笔削,何莫由斯?

干宝释五志,不得全部要旨,刘知几言五志,几乎囊括史籍取材范围,倒也十分中肯。荀悦的著史目的与史学思想,与司马迁、班固等史家有相似之处,但又有所不同。他不同于司马迁著史为了"述往事,思来者",也不同于班固著史为了"宣汉"、颂扬汉天子得"天统",他要将《汉纪》变为当世汉皇帝的"执政的教科书"、"行政的指南",成为汉天子挽救危局、重振汉室的思想武器。他公开宣扬著史为当今政治服务的鲜明态度,在中国古代史学家中当属第一。

《汉纪·序》曾说《汉纪》"凡为三十卷,数十万余言,作为《帝纪》,省约易习,无妨本书,有便于用,其旨云尔。"刘知几《史通·古今正史》中也说荀悦于是"撮叙表志,总为帝纪。通比其事,例系年月。大略粗举,凡为三十卷,数十余万言。"可见《汉纪》在唐代时仍保留着原貌。荀悦要用比较少的文字缩写八十多万字的《汉书》,且要达到"辞约事详,论辨多美",完成自己既定的著史目的。《汉纪》三十卷,分为《高祖纪》四卷,《惠帝纪》一卷,《高后纪》一卷,《文帝纪》二卷,《景帝纪》一卷,《武帝纪》六卷,《昭帝纪》一卷,《宣帝纪》四卷,《元帝纪》三卷,《成帝纪》四卷,《哀帝纪》二卷,《平帝纪》一卷,由于作者认为王莽虽窃帝位,然而是个乱汉篡权的乱臣贼子,不予立纪,其当政时事仅附于《平帝纪》后。它以《汉书》的本纪为纲,又吸收了传、表、志的内容,全安排在十二帝纪之中,然后按编年史体例进行排列,按年叙事,起止时间仍同《汉书》,起自秦二世元年(公元前209年),止于公元23年王莽灭亡,共232年,既基本保持了《汉书》全书的内容。又简要易读。现所见《四库全书》的《汉纪》本,篇末注明:"《汉纪》本凡七万二千四百三十二字。王莽一万字。"合为82432个字,知《汉纪》的文字后来佚散不少。即便如此,仍可清晰见出西汉一代历史的演变,可见荀悦高超的文字功夫。

《左传》有部分的篇章也有插叙和补叙,一些事件有时也能相对地加以集中叙述,但从体制来讲,它还是严格按时间为序,保持着"以事系日,以日系月,以月系时,以时系年"的"账簿"式的特点。仍存在着不好处理的二个问题:一是不明确时间的事件与人物,不好在文中安置;一是历史较长的事件与人物,不好完整集中地记述。《汉纪》的内容基本采自《汉书》,体例基本仿于

《左传》，形式又仿《史记》本纪。《汉纪》虽为编年史，但它以"本纪"为单位，这样就避免了《左传》编年体的局限。《汉纪》既有编年的特点，又有纪传的特点，在记一事件一人物时，可兼记相关的事和人，包括无法确定时间的事件和人物，这就更大程度上打破了按时间排列事件与人物活动的限制。从而丰富了编写的内容，扩大了编写的范围，使事件与人物的记叙，在形式上灵活多样，在内容上相对集中，成为一种具有了纪传体特点的新的编年史。如《汉纪·惠帝纪》元年这样记载：

> 元年冬，改诸侯王相国为丞相。十二月，赵王如意薨，谥曰："隐王"。先是太后囚戚夫人于永巷，髡钳之，令舂。且歌曰："子为王兮母为虏，终日常舂兮与死同伍。相去数千里，谁可使告汝？"吕后闻之曰："欲倚弱子邪？"召赵王，欲诛之。赵相周昌令王称疾，使者三反，王不行。吕后乃召周昌，周昌至，复使召赵王。上知太后怒，自迎王于霸上，挟与起居数月。上晨出苑中猎，赵王不能早起，太后鸩而杀之。周昌乃谢病不朝见。吕后乃断戚夫人手足，去眼、熏耳，饮以喑药，使居鞠室中，名曰："人彘"。召帝视之，帝惊，乃大哭，因病岁余，不能起。使人谓太后曰："此非人所为，臣不堪。为太后子，终不能治天下。"遂不听政事。赐民爵。初，元年故也。凡赐民爵，所以宣恩惠慰人心，必有所由也。徙淮阳王。春正月，城长安。

此段文字的内容并非出自《汉书·惠帝纪》，《汉书·惠帝纪》此年只写了如下文字："元年冬十二月，赵隐王如意薨。民有罪，得买爵三十级以免死罪。赐民爵，户一级。"也不见《汉书·高后纪》，而是散见于《汉书·外戚传》，这也见出班固"宣汉"的思想倾向。惠帝元年十二月，发生了三件事：赵王如意被吕后鸩杀，徙淮阳王友为赵王，赐民爵。而《汉纪》在此条下插入吕后迫害戚夫人的记载，"髡钳之，令舂"是此月以前的事，而"断戚夫人手足，去眼、熏耳，饮以喑药"，是此月以后的事，至于惠帝"病岁余，不能起"更不是此年的事。所写的这些事都难说出具体的准确时间。《汉纪》把它们放在"元年十二月"条中一起叙述，不受编年时间的限制，在编年体的框架中，又有了纪传体的特征。

《汉纪》是一部创新的西汉断代编年史书,它以帝纪的方式,编年纪事,条理清晰,简明扼要,克服了《春秋》、《左传》按年叙事而记事写人难以完整、集中的不足,又克服了《史记》、《汉书》记一历史事件在各传中有重复的毛病,使阅读者对一代史实一目了然,容易了解历史发展演变的过程。《汉纪》新体一出,便成为中国断代编年史体的标准。梁启超在《中国历史研究法》第二章中说:"盖自班固以后,纪传体既断代为书;故自荀悦以后,编年体亦循其则。每易一姓,纪传家既为作一'书',编年家复为作一'纪',而皆系以朝代之名,断代施诸纪传,识者犹讥之;编年效颦,其益可以已矣。"①《汉纪》的新式编年体,引起许多史学家的模仿,如袁宏的《后汉纪》、孙盛的《魏春秋》、徐广的《晋纪》、裴子野的《宋纪》等,都受到《汉纪》体例的影响,甚至通史编年体的《资治通鉴》也承袭了《汉纪》的体例,《汉纪》式的编年体成为史学界奉行的重要模式。

第三节 《汉纪》的特点

《汉纪》的内容主要取自于纪传体史书《汉书》,形式上主要参照于编年体史书《左传》,但与《汉书》、《左传》相比,在体例和内容方面又有自己许多创新和特点。

从内容上看,它具有辞约事详、论辩深博的特点。《汉纪》主要摘取《汉书》中纪、表、志、传中的要事,分散在其书的本纪下,按年叙述,形成一部西汉编年史,经过这么一"转换",西汉的历史便易习便览。《汉书》以八十万字的巨著,详尽地记述了西汉一代的历史,虽以纪、传、志、表分类排列,然为文繁多,颇难周览。另一方面,纪传体以人为本,以人物为纲,同一事件往往涉及许多人,所以同一历史事件在人物各传中多有重复。《汉纪》原则上按时间顺序记事,容易避免重复。同述西汉史事,《汉纪》所记比起《汉书》来,文字既简

---

① 梁启超:《中国历史研究法》,东方出版社 1996 年版,第 23 页。

约,叙述又清晰,做到了辞约事详、史迹明了。如汉王元年(前206)十二月,项羽兵击破函谷关,进驻新丰、鸿门,刘邦亲自到鸿门"赔礼道歉",险些丧命,这就是历史上有名的"鸿门宴"故事。"鸿门宴"是楚汉胜败转折点,司马迁在《史记·项羽本纪》中详尽地描述了它的全过程,而且在《高祖本纪》、《留侯世家》、《樊郦滕灌列传》等传记中也有不同角度的描述。班固著《汉书》,武帝前的史料主要采自《史记》,同《史记》一样,"鸿门宴"在以上相同的人物纪传中都有描述,和《史记》相比,只是在文字上加以整饬,稍精简罢了。《汉书·高帝纪》这样写道:

十二月,项羽果帅诸侯兵欲西入关,关门闭。闻沛公已定关中,羽大怒,使黥布等攻破函谷关,遂至戏下。沛公左司马曹毋伤闻羽怒,欲攻沛公,使人言羽曰:"沛公欲王关中,令子婴相,珍宝尽有之。"欲以求封。亚父范增说羽曰:"沛公居山东时,贪财好色。今闻其入关,珍物无所取,妇女无所幸,此其志不小。吾使人望其气,皆为龙,成五色,此天子气。急击之,勿失。"于是飨士,旦日合战。是时,羽兵四十万,号百万。沛公兵十万,号二十万,力不敌。会羽季父左尹项伯素善张良,夜驰见张良,具告其实,欲与俱去,毋特俱死。良曰:"臣为韩王送沛公,不可不告,亡去不义。"乃与项伯俱见沛公。沛公与伯约为婚姻,曰:"吾入关,秋毫无所敢取,籍吏民,封府库,待将军。所以守关者,备他盗也。日夜望将军到,岂敢反邪!愿伯明言不敢背德。"项伯许诺,即夜复去,戒沛公曰:"旦日不可不早自来谢。"项伯还,具以沛公言告羽,因曰:"沛公不先破关中兵,公讵能入乎?且人有大功,击之不祥,不如因善之。"羽许诺。

沛公旦日从百余骑见羽鸿门,谢曰:"臣与将军戮力攻秦,将军战河北,臣战河南,不自意先入关能破秦,与将军复相见。今者有小人言,令将军与臣有隙。"羽曰:"此沛公左司马曹毋伤言之,不然,籍何以至此?"羽因留沛公饮。范增数目羽击沛公,羽不应。范增起,出谓项庄曰:"君王为人不忍,汝入以剑舞,因击沛公,杀之。不者,汝属且为所虏。"庄入为寿。寿毕,曰:"军中无以为乐,请以剑舞。"因拔剑舞。项伯亦起舞,常以身翼蔽沛公。樊哙闻事急,直入,怒甚。羽壮之,赐以酒。哙因谯让羽。

有顷,沛公起如厕,招樊哙出,置车官属,独骑,与樊哙、靳强、滕公、纪成,步从间道走军,使张良留谢羽。羽问:"沛公安在?"曰:"闻将军有意督过之,脱身去,间至军,故使臣献璧。"羽受之。又献玉斗范增。增怒,撞其斗,起曰:"吾属今为沛公虏矣!"

而《汉纪》描写"鸿门宴",不仅只有《高祖纪》一处,而且文字比《汉书》减少了许多:

> 十有二月,遂至鸿门,欲击沛公。项羽季父项伯告张良,令出。良曰:"今事急,亡去则不义。"乃告沛公,令见项伯,自解于项羽。沛公遂见羽于鸿门。亚父范增欲击沛公,羽不听。范增谓项庄曰:"汝入以剑舞,因击沛公。"项庄既舞,项伯常以身蔽沛公,于是甚急。贤成君樊哙闻之,杖剑盾冲门而入,立于帐下,羽曰:"壮士哉!"赐之卮酒、豚肩。既饮酒,拔剑切肉,肉尽,因责让羽曰:"沛公先定关中,以待大王,今大王听谗臣之言,乃欲诛沛公,臣恐天下解心疑大王也。所以遣兵守关者,以备他盗也。"羽默然,遂无诛。沛公乃还霸上。范增怒曰:"吾属今为沛公虏矣!"

《汉纪》仅以《汉书·高祖纪》三分之一的字数,就概括了《汉书·高祖纪》中"鸿门宴"事件的记叙内容,且不说《汉书》中项籍、张良、樊哙等传,还有"鸿门宴"的记叙,重复的字数远比《汉书·高祖纪》中"鸿门宴"事件记叙的字数还要多,《汉纪》"辞约事详"的特点由此可见。

《汉纪》"辞约事详",往往是指对《汉书》中所记某一件事,《汉纪》有以更简约的文字加以概括的特点。但《汉纪》采用了编年体例,具体到各个帝纪,由于将《汉书》中的表、志、传的有关内容也吸收进来,所以比相应的《汉书》中的帝纪内容还要多。《汉纪》的作者又不仅仅是对《汉书》文字删繁就简,在体例上易纪传为编年,更为重要的是结合当时面临的政治问题,对《汉书》的内容进行了删削、收录、增补、修改,从而引出可以借鉴吸取的历史经验教训来。如《汉纪》记铜马军之事,反较《汉书》详细,再如《汉纪·孝成纪》记成帝欲立赵飞燕为皇后,妹为昭仪,谏议大夫王仁上疏反对,疏文236个字,是《汉书》所没有的。《汉书》的内容已够繁多,荀悦还要增补,是有其明确用意的。《汉纪》文字虽简短,但纪中有序赞文,还有四十多则"荀悦曰"式的史论,精辟深刻,发论多于《汉书》,它们直接表述了荀悦的史学思想。

荀悦特别重视史著的历史鉴戒作用,他把西汉的兴亡盛衰作为一面镜子,进行对照,认为这是治国为政的头等重要大事,希望当朝皇帝常引以为鉴。荀悦为了把《汉纪》写成一部鉴古醒今的教科书,在《汉纪》里,"于朝廷纲纪,礼乐刑政,治乱成败,忠邪是非之际,指陈论著,每致意焉。"(宋·王铚《重刻两汉纪后序》)《汉纪·高祖纪》序中明确提出本书撰述的宗旨与目的,在《汉纪》的编撰中也牢牢地把握住了"立典有五志":即使封建伦理道义得到宣扬,使封建成功的典章制度得到表彰,使古今国家兴衰存亡的缘故得以探明,使明主忠臣的功勋更加显著,使贤能人士的事迹得到褒扬。遵循着以上五点原则,荀悦明确了《汉纪》选收《汉书》的内容,他在《汉纪》篇末中说:"臣悦所论,粗表其大事以参得失,以广视听也。惟汉四百二十有六载,皇帝拨乱反正,统武兴文,永惟祖宗之洪业,思光启于万嗣,阐综大猷,命立国典,以及群籍。于是乃稽考旧文,通连体要,以述《汉纪》。"

荀悦虽是奉诏而编《汉纪》,但他早已明确著史的目的是为了达到提供治国法式和历史借鉴。他在《汉纪》中公开而明确地宣称著史为政治目的服务,并明确提出著史的原则和史书的基本内容。著史既然是有效地维护大汉天下一统,那么,所著史书必然从理论上大力宣扬汉得天统,于是天命论就成了"宣汉"的有利思想武器。荀悦也有天命史观,但与班固的天命思想又有所不同,他在宣扬天命观的同时也较重视人事总结。如班固的《汉书·高帝纪》赞曰:

《春秋》晋史蔡墨有言:陶唐氏既衰,其后有刘累,学扰龙,事孔甲,范氏其后也。而大夫范宣子亦曰:"祖自虞以上为陶唐氏,在夏为御龙氏,在商为豕韦氏,在周为唐杜氏,晋主夏盟为范氏。"范氏为晋士师,鲁文公世奔秦。后归于晋,其处者为刘氏。刘向云:"战国时,刘氏自秦获于魏。"秦灭魏,迁大梁,都于丰,故周市说雍齿曰:"丰,故梁徙也。"是以颂高祖云:"汉帝本系,出自唐帝。降及于周,在秦作刘。涉魏而东,遂为丰公。"丰公,盖太上皇父。其迁日浅,坟墓在丰鲜焉。及高祖即位,置祠祀官,则有秦、晋、梁、荆之巫,世祠天地,缀之以祀,岂不信哉! 由是推之,汉承尧运,德祚已盛,断蛇著符,旗帜上赤,协于火德,自然之应,得天统矣。

荀悦在《汉纪·高祖纪》中,把班固的《汉书·高帝纪》的赞文的内容改写成纪前的序论:

> 汉兴继尧之胄,承周之运,接秦之弊。汉祖初定天下,则从火德。斩蛇著符,旗帜尚赤,自然之应,得天统矣。其后张苍谓汉为水德,而贾谊、公孙弘以为土德,及至刘向父子,乃推五行之运,以子承母,始自伏羲,以迄于汉,宜为火德……

而在此纪的赞中荀悦另有见识:

> 高祖起于布衣之中,奋剑而取天下,不由唐虞之禅,不阶汤武之王。龙行虎变,率从风云,征乱伐暴,廓清帝宇。八载之间,海内克定,遂何天之衢,登建皇极? 上古已来,书籍所载,未尝有也。非雄俊之才、宽明之略,历数所授,神祇所相,安能致功如此! 夫帝王之作,必有神人之助,非德无以建业,非命无以定众。或以文昭,或以武兴;或以圣立,或以人崇。焚鱼斩蛇,异功同符,岂非精灵之感哉!《书》曰:天工人其代之。《易》曰:汤武革命,顺乎天而应乎人。其斯之谓乎! 故观秦、项之所亡,察大汉之所兴,得失之验,可见于兹矣! 太史公曰:夏政忠,政忠之弊野,故殷承之以敬;以敬之弊鬼,故周承之以文;以文之弊薄,救薄莫若忠。三王之道,周而复始。周秦之间,可谓文弊,秦不改反酷刑,汉承秦弊得天下矣。

把刘邦得天下,说成是神人相助、命中所定、上天所授,宣扬天人感应神学思想和封建正统观念,这与班固是一致的。但荀悦也从人事方面思索了"高祖起于布衣",何能"登建皇极"的奥妙,这就是"非德无以建业",在"顺乎天"的同时也须"顺乎人","或以文昭,或以武兴;或以圣立,或以人崇"。人是国家兴亡的重要原因。秦如不行酷刑,何有弊政? 汉又从何而得天统? 荀悦所处的时代,使他更清楚地看清了这一点,所以他在关于国家兴亡方面的认识更近于陆贾与贾谊。

《汉纪》有天人感应神学思想和封建正统观念,荀悦之所以附会天人感应之说,记叙灾祥怪异之事,旨在宣扬"圣汉统天","汉德承尧",汉王兴祚,有灵命之符,非诈力所致。如最后一卷引了班彪对隗嚣的劝辞及其《王命论》,其《王命论》曰:

> 世俗见高祖起于布衣,不达其故,以为适遭暴乱,得奋其剑,游说之士,比于逐鹿,捷者幸而得之,不知神器有命,不可以智力求也。悲夫! 此世所以多乱臣贼子也。若然,岂徒暗于天道,又不睹于人事也! 夫饿馑流离,单寒道路,思短褐之袭,儋石之畜,所愿不过一金,终于转死沟壑。何也? 则贫穷亦有命也,况乎天子之位,四海之富,神明之祚,可得而妄处哉? 故虽遭罹厄,会窃其权柄,勇如信、布,强如梁、籍,成如王莽。然卒就鼎镬、伏斧锧、烹煮、分裂,又况□么不及数子哉,而欲晻干天位者乎! 是驽蹇之乘,不骋千里之途;燕雀之俦,不奋六翮之用;楺枒之材,不荷栋梁之任;斗筲之子,不秉帝王之量。《易》曰:"鼎折足,覆公餗。"言不胜任也。

荀悦借引文以论证"刘氏承尧之后",一切受于天命,此非他姓所能得。他曾在《申鉴·俗嫌》篇中,还将谶纬之说斥为"俘术"、"伪事",这显然是对当时觊觎献帝皇位、图谋篡权者的一种警告。

荀悦既反对谶纬之说,又宣扬汉得天统,这并不矛盾,荀悦的天命史观,是从维护汉皇大一统出发的。在《汉纪》中,他还是主要以展示西汉一代政事的成败,给执政者提示治世的经验与教训。如《高后纪》赞曰:

> 本纪称:孝惠、高后之时,海内得离战争之苦,君臣俱无为,故惠帝拱已,高后女主制政,不出房闼,而天下宴然。刑罚罕用,民务稼穑,衣食滋殖矣。及福祚诸吕太过,渐至纵横杀戮,鸩毒生于豪强,赖朱虚、周、陈,惟社稷之重,顾山河之誓,奸讨篡逆,匡救汉祚,岂非忠哉? 王陵之徒精洁心过于丹青矣。

所谓"本纪称",是指班固《高后纪》中的赞文。班固的赞文是:"孝惠、高后之时,海内得离战国之苦,君臣俱欲无为,故惠帝拱已,高后女主制政,不出房闼,而天下宴然。刑罚罕用,民务稼穑,衣食滋殖。"这段赞文,实际是司马迁《史记·吕太后本纪》赞文的稍加整饬。《史记·吕太后本纪》赞文是:"孝惠皇帝、高后之时,黎民得离战国之苦,君臣俱欲休息乎无为,故惠帝垂拱,高后女主称制,政不出房户,天下晏然。刑罚罕用,罪人是希。民务稼穑,衣食滋殖。"《史记》、《汉书》二赞只言吕后奉行黄老之术,使民休养生息,天下安宁,秩序井然,触犯刑罚者极少,百姓安居乐业,经济逐渐发达。赞文中都没有提到吕后残忍、擅权,最终造成诸吕乱政的一面。荀悦生于东汉末,深知两汉历史上宦官、外戚作乱的历史,也深刻认识宦官、外戚势力对皇权的严重威胁性,所以在《汉纪·高后纪》赞中特别指出吕后掌握朝政的危险性,热情地歌颂了朱虚侯刘章、太尉周勃、丞相陈平、王陵等汉室忠良,颂扬了他们"惟社稷之重,顾山河之誓,歼讨篡逆,匡救汉祚"的盖世功勋。《汉纪·高后纪》赞文在《史记》、《汉书》的赞外,又增添了对吕后批判谴责的内容,强烈地表现了他忠实于汉室的思想。

《汉纪》体现的主导思想就是忠汉思想,这种思想又多是以借鉴历史经验教训,主张加强皇权措施来体现的。如《孝武纪》的赞文说:

孝武皇帝规矩万世之业,固后世之基地。内修文学,外耀武威,以延天下之士,先王之风,粲然可考者矣! 然犹好其文未尽其实,发其始不克其终,奢侈而无限,穷兵极武,百姓空竭,万民罢弊。当此之时,天下骚然,海内无聊,而孝文之业衰焉。

而《汉书·武帝纪》的赞文虽长,却只限于颂扬:

汉承百王之弊,高祖拨乱反正,文、景务在养民,至于稽古礼文之事,犹多阙焉。孝武初立,卓然罢黜百家,表章六经。遂畴咨海内,举其俊茂,与之立功。兴太学,修郊祀,改正朔,定历数,协音律,作诗乐,建封禅,礼百神,绍周后,号令文章,焕焉可述。后嗣得遵洪业,而有三代之风。如武帝之雄材大略,不改文、景之恭俭以济斯民,虽《诗》、《书》所称,何有加焉!

比起《汉书》的赞文来,《汉纪》的赞文对汉武帝在历史上的功过作了比较公允、中肯的评价。荀悦把汉武帝的一生大致分为二个时期,前期"规矩万世之业"，"内修文学，外耀武威"的功绩，"粲然可考"。后期"奢侈而无限，穷兵极武，百姓空竭，万民罢弊"，其过也昭然若揭。由武帝朝的社会盛衰变化，可以引出极有价值的治国经验教训。

《汉纪》多用序赞或"荀悦曰"，来概括诸多的治国经验教训。如《汉纪·高祖纪》中有一则"荀悦曰"：

> 夫立策，决胜之术，其要有三：一曰形，二曰势，三曰情。形者，言其大体得失之数也。势者，言其临时之宜也，进退之机也。情者，言其心志可否之意也。故策同事等而功殊者何？三术不同也。初，张耳、陈馀说陈涉以复六国，自为树党。郦生亦说汉王所以。说者同而得失异者，陈涉之起也，天下皆欲亡秦，而楚汉之分，未有所定，时天下未必欲亡项也。……

《汉纪》的史论，往往是由历史事件引发出来的，可谓"摆事实，讲道理"，容易让人心服口服。同时又往往针对着执政的大问题而发，对后世的执政者安邦治国有直接的参考价值。正因如此，历史上有所作为的唐太宗对此书评价特高，曾赐其臣李大亮《汉纪》一部，并附书信说："公事之闲，宜寻典籍。然此书叙致既明，论议深博，极为治之体，尽君臣之义，今以赐卿，宜加寻阅也。"（后晋·刘昫等人撰《旧唐书·李大亮传》）唐太宗劝勉李大亮"宜加寻阅"《汉纪》的精髓，正是他所指出的十个字："极为治之体，尽君臣之义。"

"极为治之体"，即极力探寻治国之术。《汉纪》作者认为为君者治国无需他术，只有从"为民"出发，才能达到治民的目的，这无疑是孟子"仁政"思想的翻版。《汉纪·惠帝纪》中的一则"荀悦曰"："昔者圣王之有天下，非所以自为，所以为民也。不得专其权利，与天下同之，唯义而已，无所私焉。封建诸侯，各世其位，欲使亲民如子，爱国如家。"荀悦不止一处地说过：为民就应首先考虑解决人民的温饱问题，人民有了吃穿才能接受教化，这也是对孔子"富然后教"的观点的深刻体会。《景帝纪》卷末又说："自汉初务劝农桑，累世承业，至是始天下殷富，家给人足，……人人自爱而重犯法，仁义兴焉。"《汉纪》比较注意收载西汉一代的政治、经济制度及其发展情况，也注意节录西汉时期因吏制腐败、苛征暴敛而引起的人民暴动，并把社会的动乱甚至自然灾异的产生,归之于对人民无尽的掠夺。这种认识,在他的《申鉴》中也有体现,《申鉴·政体》中说:"问人主有公赋无私求,有公用无私费,有公役无私使,有公赐无私惠,有公怒无私怨。私求则下烦而无度,是谓伤清;私费则官耗而无限,是谓伤制;私使则民挠扰而无节,是谓伤义;私惠则下虚望而无准,是谓伤正;私怨则下疑惧而不安,是谓伤德。"为"人主"若追求如此"五私",则伤害了清廉、制度、道义、公正和德行,最终伤害的还是老百姓,老百姓被伤害了,还叫老百姓不要怨愤,天下哪有这个道理! 荀悦的认识具有一定的进步性。从为民是治政之本这一基点出发,荀悦敏锐地看到了封建君主集权制的弊病,他在《惠帝纪》中认为:君主一人支配天下,"人主失道,则天下遍被其害",为了避免这种"民主俱害,上下两危"的体制,他主张实行"有分土而无分民,而王者总其一统以御其政"的封建制,促使中央王朝与诸侯国之间各有相应的职权,能互相监督,这样,"人主虽无道,不得虐于天下"。在这种大胆而新颖的认识支配下,故而在《汉纪》中记载了西汉君主集权制下的种种过失,以期当朝统治者对此而有所深思。

"尽君臣之义",即阐明了封建统治阶级内部君臣之间各自奉行的道义。在封建社会中,由不同素质的君主与臣子组成的政体机构,很大程度上决定着社会的治乱。荀悦在《汉纪》中把不同的君主分成六种:王主、治主、存主、哀主、危主、亡主。臣子也分成六种:王臣、良臣、直臣、具臣、嬖臣、佞臣。作者中肯地分析了各种君臣的表现特征及政治效果和政治作用,分析了君臣之间相互结合的政体方式,以及不同政体方式给国家和民族带来的不同影响。《汉纪·昭帝纪》"荀悦曰":

> 《书》曰:"殷王纣自绝于天。"《易》曰:"斯其所取灾。"言自取之也。故曰:有六主焉:有王主,有治主,有存主,有哀主,有危主,有亡主。体正性仁,心明智固,动以为人,不以为己,是谓王主;克己恕躬,好问力行,动以从义,不以纵情,是谓治主;勤事守业,不敢怠荒,动以先公,不以先私,是谓存主;悖逆交争,公私并行,一得一失,不纯道度,是谓哀主;情过于义,私多于公,制度殊限,政令失常,是谓危主;亲用谗邪,放逐忠贤,纵情遂欲,不顾礼度,出入游放,不拘仪禁,赏赐行私,以越公用,忿怒施罚,以

逾法制,遂非文过,知而不改,忠信壅塞,直谏诛戮,是谓亡主。故王主能致兴平;治主能行其政;存主能保其国;哀主遭无难,则庶几得全,有难则殆;危主遇无难,则幸而免,有难则亡;亡主必亡而已矣!夫王主为人而后己利焉;治主从义而后情得焉;存主先公而后私立焉。故遵亡主之行,而求存主之福;行危主之政,而求治主之业;蹈哀主之迹,而求王主之功,不可得也。夫为善之至易,莫易于人主;立业之至难,莫难于人主;至福之所隆,莫大于人主;至祸之所加,莫深于人主。夫行至易以立至难,便计也;兴至福而降至祸,厚实也,其要不远,在乎所存而已矣!虽在下才,可以庶几。然迹观前后,中人左右,多不免于乱亡,何则?沉于宴安,诱于谄导,放于情欲,不思之咎也。仁远乎哉?存之则至。是以昔者明王,战战兢兢,如履虎尾,劳谦日昃,夙夜不怠,诚达于此理也。故有六主,亦有六臣:有王臣,有良臣,有直臣,有具臣,有嬖臣,有佞臣。以道事君,匡躬之故,达节通方,立功兴化,是谓王臣;忠顺不失,夙夜匪懈,顺理处和,以辅上德,是谓良臣;犯颜逆意,抵失不挠,直谏过非,不避死罪,是谓直臣;奉法守职,无能往来,是谓具臣;便嬖苟容,顺意从谀,是谓嬖臣;倾险谗害,诬下惑上,专权擅宠,唯利是务,是谓佞臣。或有君而无臣,或有臣而无君,同善则治,同恶则乱,杂则交争。故明主慎所用也。六主之有轻重,六臣之有简易,其存亡成败之机,在于是矣!可不尽而深鉴乎?

推行仁政,要靠良好的政体,而良好的政体是由优秀的君臣组成,只要君臣各尽其义,君臣同德,就能组成这样的政体。这是一条重要的历史规律,《汉纪》的作者把明君得忠臣,贤臣遇圣主视为最理想的结合。然而。历史现实与作者的美好愿望差距太大,历史现实往往是"或有君而无臣,或有臣而无君","王臣、良臣、直臣"难求,"王主、治主、存主"更难得。君臣相重,"同善则治"的盛世毕竟屈指可数,多数是君主不明,贤臣报国无门。即使如此,作者也希望"天子失道,诸侯正之;王室微弱,则大国辅之。虽无道,不得虐于天下。贤人君子有所周流,上下左右皆相夹辅。"(《惠帝纪》"荀悦曰")他不愿出现君臣善恶不一,"杂则交争"的局面,更不愿出现"同恶则乱"的悲剧。正因为历史上那些明君少得可怜,由此而愈显得难能可贵。凡是《汉书》载有他们的事迹,《汉纪》都作了比较详细的收录,有的还作了补充,给予了较长篇幅的赞颂。相应地对那些昏庸腐败的君主也给予了大胆的揭露和批判。同时,对那些"以道事君"的王臣、"忠顺不失"的良臣、敢于"直谏遏非"的直臣,倍加赞扬,对苟容阿谀、误国求荣、谗害忠良的嬖臣、佞臣给予了严厉的鞭挞。荀悦《汉纪》中正反二方面的君臣形象,成为当朝君臣"思齐"、"正己"的一面"人鉴"。

荀悦常借王朝的兴衰成败,发现实的感慨。他生当汉代末世,深知大汉盛世已成过去,眼下汉政权风雨飘摇的局面,全由历史上那些"哀主"、"危主"与"嬖臣"、"佞臣"同恶造成的,尤其是那些昏庸的人主所依赖的宦官或外戚,疯狂揽权敛财,国家才导致今日难以收拾的地步。他多么想能再出现"王主"、"治主"、"存主"与"王臣"、"良臣"、"直臣",来挽救这危难中的国家! 所以在《汉纪》中对明君贤臣,都给予衷心的颂扬,尤其是对忠良正直之臣,通过对他们事迹的赞颂,寄托着自己的现实理想,暗寓着对曹操一类重臣的希望与要求。刘隆有撰文说:

> 所有的封建史书,差不多都是为忠君思想作历史的注解。《汉书》就是一个典型。它为了歌颂皇帝的"圣明",甚至不惜曲笔,"饰主阙而抑忠臣","贵取容而贱直节"。《汉纪》却把更多的感情倾注到了忠臣直臣的一边,每每扬主阙而颂忠臣,贱取容而贵直节。揭露皇帝昏庸害国,不惜篇幅。对那些为了封建国家的长远利益,而勇于同皇帝的越轨言行作斗争的忠臣直臣,则备加赞美。举凡《汉书》所载直臣和直节士的事迹,《汉纪》都作了比较详细的节录,有的还几乎全部照录,此外并常常另加搜求,以作补充。其中,除王仁谏成帝,王闳谏哀帝二事补充较多外,其他事情补充虽少,但所叙直臣精神事迹,往往因此而比《汉书》更生动,更具体,也更能感人。为了表扬直臣,《汉纪》记人物的角度也常常与《汉书》不同。例如,《汉书·东方朔传》,主要是从"滑稽之雄"这个角度去写,虽也记其"时观察颜色,直言切谏",却是作为次要的方面。《汉纪》则相反,主要写其"时发忠直之言,极谏",而把其诙谐滑稽作为次要的方面。总而言之,在班固那里,只有善于迎合,明哲保身为最高;在荀悦这里,只有

为了封建国家的利益,敢于向皇帝"直谏过非",牺牲身家性命而为之斗争,才是至高无上的。这是《汉纪》同《汉书》在思想内容上最明显的区别之一。①

《汉纪》的作者参照《汉书》,精心编撰西汉一代史实,围绕治国的主旨撰写史论,从西汉一代的历史中,引出许多为政的得失和经验教训,不仅为东汉末代皇帝提供了政治借鉴,也为后世提供了一部发人深省的历史备忘录,在这方面,他的许多认识是高于班固的,即使我们今人读来,也会从中得到许多有益的启示。

从体例上看,《汉纪》记事完备,形式新颖。从记载形式上看,《汉纪》十二帝纪,有似《汉书》的十二纪,但《汉纪》帝纪的内容却远远超过《汉书》的帝纪,《汉书》的帝纪还受以人为中心的纪传体的限制,而《汉纪》的帝纪,以帝王的年号为序,将国内逐年发生的大事都囊括进来,所以《汉纪》的帝纪,不仅吸取了《汉书》帝纪的内容,还采集了《汉书》表、志、传的有关内容,如《汉书·高后纪》载:

> 五年春,南粤王尉佗自称南武帝。秋八月,淮阳王强薨。九月,发河东、上党骑屯北地。

这是《汉书·高后纪》中关于高后五年史实的全部记载。而在《汉纪·高后纪》中记载了如下的内容:

> 五年春三月,南越王尉佗自称南越武帝。是时,禁南越关中市铁器。尉佗曰:"先帝与我通使勿绝,今高后听谗臣之言,别异蛮夷,此必长沙王计,欲倚中国,击灭南越,自以为功。"乃自称越帝,欲攻长沙。秋八月,淮阳王强薨。九月,发河东、上党骑屯北地,备匈奴。

《汉纪·高后纪》比《汉书·高后纪》多出了禁止向越出售铁器、尉佗怒语、欲攻长沙诸事。而这些事,又采自《汉书·西南夷两粤朝鲜传》:

---

① 刘隆有:《荀悦》,《中国史学家评传》上册,中州古籍出版社 1985 年版,第 196 页。

高后时,有司请禁粤关市铁器。佗曰:"高皇帝立我,通使物,今高后
听谗臣,别异蛮夷,隔绝器物,此必长沙王计,欲倚中国,击灭南海并王之,
自为功也。"于是佗乃自尊号为南武帝,发兵攻长沙边,败数县焉。

《汉书·高后纪》高后五年记载太略,《汉书·西南夷两粤朝鲜传》此段记载又
不标年月时间,《汉纪·高后纪》高后五年史取自《汉书》一纪一传,事既全以
收录,文字却有所精简,体现了《汉纪》"辞约事详"的特点。

　　从现有文献看,我国编年史体例起源于《春秋》,这是我国最早的成体系
的史书体例,但《春秋》记事过于简单,仅为纲目式大事记。《左传》是继《春
秋》不久出现的一部史料详实、富有文采、基本成熟的编年体史书,然而也没
有将编年史体臻于完备,如对于无年月可考或不便系时来记载的事,就没有找
到一个妥善处理的办法。之所以说《汉纪》完善、发展了旧的编年史体,成为
新颖的编年体,是因为它不仅仅继承了旧编年体按时间顺序来叙事的方法,更
主要的是它还充分吸收了纪传体的一些成功技法,使编年体的写法多种多样,
事与人相对集中,叙述中增加了生动的描写,减少了账簿式记流水账的枯燥
味,克服了旧的编年体记事不集中、记人不完备的缺点,为后世编年史写人记
事开辟了新路,这也正是《汉纪》不同于以往编年体史书的重要特征。

　　《汉纪》以西汉帝王在位的时间为顺序,取材范围基本不出《汉书》,把所
有的内容编排到各个帝王纪中,但在记叙人物事迹时,引进了类比的方法,即
在记叙某一件事件时,引出与此事件相关的其他事,或者是引出此事的前因后
果,在记叙某一人物时,引出与此人物相关的其他人,或者是引出此人物的同
类人。这样,在表述方法上,出现了插叙、倒叙、补叙的现象,相对地突破了时
间界限,虽是编年体,但在很大程度上,也和纪传体那样自由而广泛地记叙人
物和事件。也就是说,《汉纪》不仅具有以年月为经、以事实为纬的特点,而且
一定程度上也具有了以人为经、以事为纬的特点,以人物为本位去编排事件,
从而避免了过去编年体记事前后割裂、首尾不连贯、人物生平和典章制度不易
详其原委的弊病。

　　如秦末农民起义领袖陈胜年轻时,曾当过种田的雇工,一天与同伴歇于田
垄之上,陈胜"怅恨久之,曰:'苟富贵,勿相忘!'佣者笑而应曰:'若为佣耕,何

富贵也?'陈涉太息曰:'嗟乎,燕雀安知鸿鹄之志哉!'"(《史记·陈涉世家》)
陈胜与同伴田间的对话,绝非是农夫日常的闲聊,它突出地表达了陈胜这位农
民起义领袖人物的雄心大志,所以是一条很重要的史料,《汉书》的《陈胜传》
对以上引文几乎全文转录,仅改"怅恨久之"为"怅然甚久",改"陈涉"为
"胜"。陈胜做雇工的时间,《史记》与《汉书》都没有明确的记载,但分析可
知,陈胜做雇工一定在秦始皇执政期间。秦二世元年(前 209 年)七月,陈胜、
吴广率同被征发者九百人,在蕲县大泽乡(今安徽宿县东南)举行起义。天下
苦秦已久,各地的穷苦人立即纷起响应,陈胜起义军很快发展壮大,攻下陈县,
众人拥戴陈胜为王,建立了张楚政权。《史记·陈涉世家》中写道:

> 陈胜王凡六月。已为王,王陈。其故人尝与庸耕者闻之,之陈,扣宫
> 门曰:"吾欲见涉。"宫门令欲缚之。自辩数,乃置,不肯为通。陈王出,遮
> 道而呼涉。陈王闻之,乃召见,载与俱归。入宫,见殿屋帷帐,客曰:"夥
> 颐!涉之为王沉沉者!"楚人谓多为夥,故天下传之,"夥涉为王",由陈涉
> 始。客出入愈益发舒,言陈王故情。或说陈王曰:"客愚无知,颛妄言,轻
> 威。"陈王斩之。诸陈王故人皆自引去,由是无亲陈王者。

陈胜这位当年朴实忠厚、笃于友情的雇工,时隔不久为王后,便只因当年
曾患难共处的伙伴说几句"揭老底"的话,便要了他们的命,不仅说明陈胜思
想感情发生了重大变化,而且说明了陈胜的阶级地位也发生了重大变化,这是
一个新出现的历史现象。对于这条很有价值的史料,司马迁特地把它记载下
来,《汉书》依然是几乎全部将这段文字转录下来,仅作了个别字词的改动,如
改"已为王"为"初为王"、改"陈王"为"胜"等。陈胜杀当年雇工伙伴一事,当
在秦二世元年(前 209)秋七月大泽乡起义之后,农民起义军蓬勃发展、陈胜初
称王的时期。陈胜被御者庄贾杀害,是在秦二世二年(前 208)十二月,在此之
前,还经历了陈胜以吴广为假王,派武臣、张耳、陈馀攻赵,派周市攻魏,派周文
攻秦,以及武臣等人自立为王,刘邦等人在沛县起义,项梁、项羽在吴举兵,周
文兵败自杀,吴广被部将田臧所害等重大事件。至少说明陈胜杀雇工伙伴绝
不在秦二世二年十二月。对陈胜当雇工时与同伴信誓旦旦,当王后便负相约,

甚至草菅人命,杀死当年同耕伙伴这件事,荀悦也看出其史料价值的重要性,把它们都收入《汉纪》中,安排在《高祖纪》沛公二年(即秦二世二年)十二月条中,由"陈胜之御庄贾杀陈胜以降秦"一事而引出:

> 沛公二年,……十二月,陈胜之御庄贾杀陈胜以降秦,楚人葬之砀,谥曰:"隐王"。胜故中涓人吕臣,复收余兵攻陈,以杀庄贾。是时,胜先令将军秦嘉掠地,及胜死,嘉立景驹为楚王。初,胜尝与人佣耕,相谓曰:"富贵无相忘!"耕者笑曰:"汝今佣耕,何富贵也?"胜曰:"燕雀安知鸿鹄之志哉!"及胜为王,耕者叩门曰:"吾欲见涉!"胜见之。出入轻慢,益发舒,胜贫贱故,毁伤威重,胜斩之,故人皆弃而去,由是无亲胜者。以朱房为忠正,胡武为司过,以苛察为忠,而胜任之,是故诸将不亲附,此其所以亡也。

根据需要补叙前因,作为陈胜所以众叛亲离以至事败身亡的依据。这样,形式上虽有明确的编年,实际上突破了时间的限制,对陈胜的起事以至失败的过程作了集中的记述。

与《汉书》相比,《汉纪》每篇帝纪后也有赞文,但比《汉书》多出了"荀悦曰",这种"荀悦曰"又与《史记》的"太史公曰"不一样,《史记》篇末的"太史公曰"相当于《汉纪》与《汉书》的赞。《史记》篇中的"太史公曰",文字显少,《汉纪》的史论篇幅较长,主题集中,析理深刻,具有"论辨多美"的特点,这是对传统的编年体的一种新发展。《汉纪》的"荀悦曰",插在帝纪中,根据所叙述的史实来对历史事件和历史人物进行评论,并常常阐发出极有价值的史学宏论,不仅仅是对西汉史实的认识,有时就是针对东汉末年社会情况而感发。这一点前面已介绍,不再赘述。《汉纪》这一史评形式的出现,对后世著史很有影响,《资治通鉴》中的"臣光曰",借史实来议论政事成败得失,就是对《汉纪》"荀悦曰"的模仿与借鉴。

司马迁创造了体例完备的纪传体通史后,编年体就长期无人问津了。《汉书》易通史为断代,虽为后代正史的典范,但体例仍为纪传,直到东汉末荀悦的《汉纪》问世,才把编年体恢复过来,并加以完善。《汉纪》组织严密,叙史

精炼,史论深刻,成为与纪传体并行的一种重要史体。梁启超在《中国历史研究法》第二章《过去之中国史学界》中说:

> 与纪传体并时者为编年体。帐薄式之旧编年体,起原最古,既如前述。其内容丰富而有组织之新编年体,旧说以为起于《左传》。虽然,以近世学者所考订,则左氏书原来之组织殆非如是。故论此体鼻祖,与其谓祖左氏,毋宁谓祖陆贾之《楚汉春秋》。惜贾书今佚,其真面目如何,不得确知也。汉献帝以《汉书》繁博难读,诏荀悦要删之;悦乃撰为《汉纪》三十卷,此现存新编年体之第一部书也。①

刘知几在《史通·二体》中也说:

> 既而丘明传《春秋》,子长著《史记》,载笔之体,于斯备矣。后来继作,相与因循,假有改张,变其名目,区域有限,孰能逾此! 盖荀悦、张璠,丘明之党也;班固、华峤,子长之流也。……故班固知其若此,设纪传以区分,使其历然可观,纲纪有别。荀悦厌其迂阔,又依左氏成书,翦裁班史,篇才三十,历代褒之,有逾本传。然则班、荀二体,角力争先,欲废其一,固亦难矣。后来作者,不出二途。故晋史有王、虞,而副以干《纪》;《宋书》有徐、沈,而分为裴《略》。各有其美,并行于世。

《汉纪》将《汉书》、《东观汉记》断代的史法运用于编年体中,吸收了以《左传》为代表的编年体与以《史记》、《汉书》为代表的纪传体的优长,在某种意义上说,还弥补了以《左传》为代表的编年体与以《史记》、《汉书》为代表的纪传体的缺陷,创立了我国臻于完备的断代编年史体。从这个意义上说,梁启超把《汉纪》说成是我国编年史书的鼻祖,也是有一定道理的。中国断代编年史著始于《汉纪》,同时,以编年史体例写出纪传体的特点,也是始于《汉纪》。《汉纪》问世后,《汉书》与《汉纪》便代表了我国两大正统断代史体。

---

① 梁启超:《中国历史研究法》,东方出版社1996年版,第22-23页。

第七章 中国文献源流演变史研究的开端

目录是按一定次序开列出来以供查考的事物名目,具体到文献图书,其目录就是"书目",就是按一定次序编排著录文献图书的名称、篇章目次、卷册数量、作者、出版、内容、收藏等有关文字。高尚榘先生在其《古典文献学》中讲到:"'目'的含义是指篇目而言,即一书的篇或卷的名称。'录'是指的叙录,即将一书的内容,作者的事迹,书的评价,校勘的经过等,写成简明扼要的文字。将二者合起来即为目录。"①目录学则是研究文献图书目录编排规律及演变发展的科学。在中国漫长的学术演变中,自从有了一定数量的文献,便有了分类、编目性质的工作,《尚书·多士》称:"惟殷先人,有册有典",《隋书·经籍志》载:"夫经籍也者,先圣据龙图,握凤纪,南面以君天下者,咸有史官,以纪言行。言则左史书之,动则右史书之。故曰'君举必书',惩劝斯在。考之前载,则《三坟》、《五典》、《八索》、《九丘》之类是也。"这"册"、"典"及"言"、"行"就是最简单的分类法,而《三坟》、《五典》、《八索》、《九丘》则是分类后的文献图书。

在现存的文献中,有人认为编目最早始于《易》。高尚榘先生在其《古典文献学》中说:"清代学者卢文弨在《锺山札记》中说:'吾以为《易》之《序卦传》,非即六十四卦之目录欤?'他认为《周易·十翼》中的《序卦传》排列出了六十四卦名目录的先后次序,应视为目录。近代目录学家余嘉锡先生赞成此

---

① 高尚榘:《古典文献学》,吉林人民出版社2001年版,第137页。

说,在《目录学发微》中这样谈到:'目录之作,莫古于斯矣。'"①随着学术的发展,文献的增多,在分类、编目基础上,又产生了校勘辩伪、刊印源流、版本异同、考据辑佚、注释校点等整理与研究的内容,文献整理的体系才逐渐完善。而汉代,则是中国文献学发展过程中的一个重要时期,这个时期对群书进行了大规模的分类、编目,产生了刘向、刘歆父子的《别录》、《七略》,而班固《汉书·艺文志》,则是在史书中首创了专载文献图书目录的体例。从严格的科学、成体系的意义上讲,《别录》、《七略》是中国目录学的创始之作,《汉书·艺文志》则是中国史志目录的开山之体,二者共同标志着中国文献源流演变史研究的开始。

第一节 开创中国目录学的《别录》、《七略》

中国目录学的创始人刘向(约前77-前6),本名更生,字子政,沛(今江苏沛县)人,汉皇族楚元王刘交四世孙。成帝时任光禄大夫、中垒校尉。不仅是西汉著名的目录学家,也是著名的经学家,文学家,著有《洪范五行传论》、《新序》、《说苑》、《列女传》等。其子刘歆(约前50-23)字子骏,成帝时为黄门郎,奉诏与父亲校理皇家图书,哀帝时升为骑都尉、奉车光禄大夫,王莽朝时还任过"国师"。他也不仅是著名的目录学家,同时也是著名的文学家、天文学家,还是西汉末古文经学派的开创者。其《遂初赋》开纪行赋先河,在赋史上有独特地位,其《三统历谱》中用的圆周率为3.1547,被世人称为"刘歆率"。

之所以说刘向、刘歆是中国目录学的创始人,就连"目录"一词的使用,也始于刘向《别录》与刘歆的《七略》。《汉书·叙传》说:"秦人是灭,汉修其缺,刘向司籍,九流以别,爰著目录,略序洪烈。"《文选》第二十卷王康琚《反招隐诗》,李善注曰:"刘向《列子》目录曰:'至于《力命》篇,⋯⋯'"《文选》第三十八卷任彦升《为范始兴作求立太宰碑表》,李善注曰:"刘歆《七略》曰:'孝武

---

① 高尚榘:《古典文献学》,吉林人民出版社2001年版,第138页。

皇帝勅丞相公孙弘广开献书之路，……'又曰：'《尚书》有青丝编目录。'"我们现在能见到的以"目录"为书名的，则是东汉郑玄的《三礼目录》。而"目录学之成词，始见于清乾隆间王鸣盛之《十七史商榷》。其在古代，则与校雠学形成二位一体，名实近似，缭绕不清。盖自刘向校书，始有《别录》，其子歆种别群书，始著《七略》。父、子世业，《录》、《略》并传，牵连而言，辨别非易。其实若以现代分科之眼光论之，则刘向之事近乎校雠学，刘歆之事近乎目录学；纵使歆亦校书，向亦有目，要其精神各有所重，学术断然分途，可无疑也。"①

前面已述，我国对文献图书的分类、编目历史悠久，刘向、刘歆父子创立成系统的目录学是前人整理文献图书经验的继承与发展。远的且不说，春秋末期伟大的思想家孔子就是一位杰出的文献整理家，《隋书·经籍志》说："孔子观《书》周室，得虞、夏、商、周四代之典，删其善者，上自虞，下至周，为百篇，编而序之。"又说："古者史官既司典籍，盖有目录，以为纲纪，体制堙灭，不可复知。孔子删书，别为之序，各陈作者所由。韩、毛二《诗》，亦皆相类。汉时刘向《别录》、刘歆《七略》，剖析条流，各有其部，推寻事迹，疑则古之制也。"仅在刘向、刘歆之前的汉代，就进行过二次颇具规模的整理文献图书的活动。《史记·太史公自序》载："维我汉继五帝末流，接三代业。周道废，秦拨去古文，焚灭诗书，故明堂石室金匮玉版图籍散乱。于是汉兴，萧何次律令，韩信申军法，张苍为章程，叔孙通定礼仪，则文学彬彬稍进，诗书往往间出矣。"这里讲的是第一次大规模的整理"律令"、"军法"、"章程"、"礼仪"方面的"图籍"的情况。《汉书·艺文志》载："自春秋至于战国，出奇设伏，变诈之兵并作。汉兴，张良、韩信序次兵法，凡百八十二家，删取要用，定著三十五家。诸吕用事而盗取之。武帝时，军政杨朴捃摭遗逸，纪奏兵录，犹未能备。"这里也讲到汉初大规模整理图籍的情况，特别详述了整理兵法图籍的情况，"兵法"类即"军法"类，《汉书·艺文志》所载，整理兵法者又多出了张良，据此推测，张良、韩信大概只是整理兵法的领导者或组织者，具体整理图籍的仍大有人在。这里也提到武帝时期整理兵法的情况，武帝命杨仆"纪奏兵录"，是继张良、韩信之

---

① 姚名达：《中国目录学史》，上海书店出版 1984 年版，第 5 页。

后对兵法图籍的再一次整理。"汉兴，改秦之败，大收篇籍，广开献书之路。迄孝武世，书缺简脱，礼坏乐崩，圣上喟然而称曰："朕甚闵焉！"于是建藏书之策，置写书之官，下及诸子传说，皆充秘府。"（《汉书·艺文志》）据此推测：杨仆整理兵法图籍，可能只是武帝时期整理文献图书的一部分，杨仆"纪奏兵录，犹未能备"，其他人整理文献图书也与杨仆相似，第二次整理文献图书没有彻底完成，故未见史书记载。

《汉书·艺文志》载："至成帝时，以书颇散亡，使谒者陈农求遗书于天下。诏光禄大夫刘向校经传诸子诗赋，步兵校尉任宏校兵书，太史令尹咸校数术，侍医李柱国校方技。每一书已，向辄条其篇目，撮其指意，录而奏之。会向卒，哀帝复使向子侍中奉车都尉歆卒父业。歆于是总群书而奏其《七略》，故有《辑略》，有《六艺略》，有《诸子略》，有《诗赋略》，有《兵书略》，有《术数略》，有《方技略》。"所以说刘向、刘歆创立目录学，一有前人奠定的基础，诸如可以借鉴的前人整理文献的经验与方法。二有时代提供的各种条件，诸如文献图书大量集中，国家对整理工作的支持等等。中国目录学的创立不仅是刘向、刘歆父子创新的结果，也是中国文化发展的必然结果，也是封建社会发展的必然结果。刘向、刘歆所创立的中国目录学的标志，或曰"向、歆父子的贡献就在于：①对文献进行了一次大的总结，整理著录了西汉以前数以万卷计的图书。②在总结前人学术分类经验的基础上，创立了一个能反映当时学术和图书文献全貌的书目分类体系。③在条别学术源流的思想指导下，对于如何揭示文献，创立了撰写叙录、总序、大序、小序等方法，使书目形成了一种科学地条理文献、揭示文献的体例。他们在中国目录学史上的开创之功，受到了学者们的高度评价。"①

由刘向任总纂由各有学术专长的官员组成的整理文献图书的队伍，采取了分别不同类别的文献图书进行分头整理最后由刘向综合的方法，其本身就是对文献图书的一种分类，把天下的书籍分成经传、诸子、诗赋、兵书、数术、方技六大类。刘向文献图书的校雠基本方式是：广泛收集各种版本的书籍，相互

---

① 高尚榘：《古典文献学》，吉林人民出版社 2001 年版，第 143—144 页。

校雠,比较优劣,不限一种,择优而定本。如他在《列子叙录》中说:"臣向言:所校中书《列子》五篇,臣向谨与长社尉臣参校雠,太常书三篇,太史书四篇,臣向书六篇,臣参书二篇,内外书凡二十篇,以校。"其次,比较各版本异同,相互补充,除去重复,确定标准定本。如他在《战国策叙录》中说:"臣向言:所校中《战国策书》,中书余卷错乱相糅莒。又有国别者八篇,少不足。臣向因国别者,略以时次之;分别不以序者,以相补;除复重,得三十三篇。"其次,给原无分篇章目次的书籍,依类分立篇章,标定篇目,确定其次序。如已有篇章目次的书籍,但凌乱不合理的,也要整理删定,使其符合篇章目次的规范要求。如其《说苑叙录》中说:"臣向言:所校中书《说苑杂事》及臣向书,民间书,诬校雠,其事类众多,章句相溷,或上下谬乱,虽分别次序。除去与《新序》复重者。其余浅薄不中义理,别集以为百家后,以类相从,一一条别篇目,更以造新事十万言,以上,凡二十篇,七百八十四章,号曰《新苑》,皆可观。"其次,校勘讹文脱简,一一改正补定。形成没有错误的定本,如"及秦燔书,而《易》为筮卜之事,传者不绝。汉兴,田何传之。讫于宣、元,有施、孟、梁丘、京氏列于学官,而民间有费、高二家之说,刘向以中《古文易经》校施、孟、梁丘经,或脱去"无咎"、"悔亡",唯费氏经与古文同。"(《汉书·艺文志》)其次,为无名的书籍确定名称,给称呼杂乱的书籍确定与内容相符的固定名称。如"中书本号或曰《国策》,或曰《国事》,或曰《短长》,或曰《事语》,或曰《长书》,或曰《修书》。臣向以为,战国时游士辅所用之国,为之策谋,宜为《战国策》。其事继《春秋》以后,讫楚、汉之起,二百四十五年间之事,皆定以杀青,书可缮写。"(《战国策·刘向书录》)此五种方式的使用①,因书而异,多为综合使用。刘向在汉成帝河平三年(前26)时受命校书,至其死,近二十年,共校理图书一万三千多卷,确是一个浩大的工程。

以上一系列校雠的工作完成以后,使杂乱无序的文献书籍有次序而系统化。刘向就对每一种书籍写其叙录,简要地介绍该书的各方面的情况。其内

① 此处采用了姚名达《中国目录学史》(上海书店出版,1984年版)第36—40页中阐述的观点,还可参见倪士毅《中国古代目录学史》(杭州大学出版社1998年版),杨燕起、高国抗主编的《中国历史文献学》(书目文献出版社1989年版)。

容大体包括：叙述校雠、审定版本的经过，辨别书之真伪与版本异同，记述文字讹谬、简册脱略，记录经校雠后定下来的篇数及校书人姓名与校订时间，介绍本书作者的生平和他的思想，并对其加以评论等。如《晏子叙录》介绍作者的生平思想："晏子名婴，谥平仲，莱人。莱者，今东莱地也。晏子博闻强记，通于古今。事齐灵公、庄公、景公，以节俭力行，尽忠极谏，导齐国君得以行正，百姓得以附亲。不用则退耕于野，用则必不讳义，不可胁以邪。白刃虽交胸，终不受崔杼之劫。谏齐君，悬而至，顺而刻。及使诸侯，莫能诎其辞，其博通如此。盖次管仲，内能亲亲，外能厚贤。居相国之位，受万钟之禄，故亲戚待其禄而衣食，五百余家，处士待而举火者亦甚众。晏子衣苴布之衣，麋鹿之裘，驾敝车疲马，尽以禄给亲戚朋友，齐人以此重之。"接着还要指明书名的含义，评价本书的内容，分析本书的价值与意义，探讨学术源流。如《淮南道训叙录》："淮南王聘善为《易》者九人，从之采获，故中书署曰：《淮南九师书》。"这是指明书名含义及书之性质。如《列子叙录》："其学本于黄帝、老子，号曰道家。道家者，秉要执本，清虚无为；及其治身接物，务崇不竞，合于六经。而《穆王》《汤问》二篇，迂诞恢诡，非君子之言也。至于《力命》篇，一推分命；《扬子》之篇，唯贵放逸；二义乖背，不似一家之书。然各有所明，亦有可观者。"这是对《列子》一书性质的评价。如《战国策叙录》称其书之论者，"皆高才秀士，度时君之所能行，出奇策异智，转危为安，运亡为存，亦可喜，皆可观。"这是对《战国策》一书价值的判定，也可见纵横家策论的思想渊源。这一部分是叙录的主要部分，也是最足以体现叙录作者"论其指归，辩其讹谬"的部分，它直接导致后世目录学中各种'解题'、'提要'、'出版说明'、'书评'等图书叙录体的产生。刘向所写的各叙录，原都附于本书中，后来刘向把所有的叙录汇编成集，共20卷，取名《别录》。正如南朝梁阮孝绪在其《七录》序中说："昔刘向校书，辄为一录，论其指归，辩其讹谬，随竟奏上，皆载在本书。时又别集众录，谓之《别录》，即今之《别录》是也。"《别录》吸收了《毛诗序》、《太史公自序》等优点，结合文献分类、编目的情况，不仅介绍作家、作品的特点及内容，还有考据、辩伪、评定等性质，也有展示学术源流演变的价值，是一部全面而系统的创新性的书目提要，成为中国目录学史上的奠基之作。只可惜后遭焚弃残缺不全，现在能见到的只是其残卷辑本,保留有《战国策》、《管子》、《晏子》、《列子》、《邓析子》、《孙卿子》、《韩非子》等书的叙录。①

刘向近二十年的校书,虽大致按六大类图书分工合作进行校理,也写出每一本书的叙录,然终没有完成分类编目之书,这一使命是由他的儿子刘歆来完成的。《汉书·楚元王传》载:"哀帝初即位,大司马王莽举歆宗室有材行,为侍中太中大夫,迁骑都尉、奉车光禄大夫,贵幸。复领《五经》,卒父前业。歆乃集六艺群书,种别为《七略》。"又说:"《七略》剖判艺文,总百家之绪。"刘歆的《七略》,是我国第一部综合性的图书分类目录,所创立的图书分类法,"是我国最早的图书分类法。'七略分类法'比欧洲第一个正式的图书分类表,即公元一五四五年德国吉士纳的'万象图书分类法'早一千五百五十一年。其分类的系统性,细密性和类名适当性一直为后世称道。这不仅是一部目录学,也是一部学术史。所以郑樵在《通志·校雠略·编书不明分类论》中对《七略》评价甚高,称为'观其类例',很'有条理'。寓有'辨章学术,考镜源流'的深意。刘歆在目录学中另一个重要的贡献是在《七略》中已开始运用'互著'、'别裁'的方法来增强目录的性能。这种方法在今日的目录中不但仍然适用,而且很值得提倡。"②

刘歆的《七略》,其功不在分别图书大的类别,这一工作其父已经完成,其贡献在于"种别",就是在六大类图书的范围内又进行了更小更细的分类。其功不在于确定每本书的篇目及对书的主旨、特点、价值等给予说明,这一工作其父也已完成,其贡献在于对每一大类与每一小类的图书也给予说明,不仅使每类图书的主旨、特点、价值得到提示,而且也说明了学术的源流及发展,为检索图书以及学术研究提供了方便。《七略》把大类叫做"略",小类叫做"种",它把图书分为六略三十八种,具体就是:

"六艺略",分易、书、诗、礼、乐、春秋、论语、孝经、小学九种。"六艺"即

---

① 刘向:《别录》残卷,有清人洪颐煊辑本,收入洪氏编的《经典集林》,又收入清人孙冯翼编的《问经堂丛书》。

② 戴南海:《〈别录〉〈七略〉〈汉书·艺文志〉在目录学史上的地位》,中国秦汉史研究会编《秦汉史论丛》(第二辑),陕西人民出版社 1983 年版,第 284 页。

"六经"，"孔子曰：'六艺于治一也，《礼》以节人，《乐》以发和，《书》以道事，《诗》以达意'，《易》以神化，《春秋》以道义。'"（《史记·滑稽列传》）刘歆仍用"六艺"之名，然已不仅仅指"六经"了，还包括论语、孝经、小学，这是汉代儒学经典的扩大，也是学习儒学经典"六经"时重要和必要的辅助书籍。汉代奉行尊儒国策，刘歆把"六艺"放在首位，体现了强烈的时代精神。《七略》中无"史书略"，是因当时史书还不多，不值得另立一大类，只好把《国语》、《世本》、《战国策》、《楚汉春秋》、《太史公》、《汉大年纪》等十二家之书附于"春秋"类中，有人说刘歆对史书不重视，其实不然，把史书列入经书之列，只能说重视有加。

"诸子略"，分儒、道、阴阳、法、名、墨、纵横、杂、农、小说十种，也即后来常说的"九流十家"。司马谈有《论六家之要指》，分春秋战国思想家为儒、道、阴阳、法、名、墨六家，刘歆又增加了四家，大部分属春秋战国的思想流派，有的则是汉代才显露出来的流派，如小说家。这也体现了汉人对春秋战国思想流派的重新认识与评估，也对新涌现的流派给予高度关注。这些思想流派，其学术主张涉及到哲学、政治、经济、法律、文学等领域，其学说既可视为经学的支流，又是经学内容的扩展，所以把它列于"六艺略"之后。

"诗赋略"，分屈原赋之属、陆贾赋之属、孙卿赋之属、杂赋、歌诗五种。诗赋是最早的文学体裁，因为那时的戏剧、小说还处于萌芽状态，散文还具有明显的实用功能，所以诗赋就代表了文学，"诗赋略"就等于是文学类。又因为《诗经》按传统列入"六艺略"，所以"诗赋略"只能从屈原赋算起。赋至汉代，成为特别盛行的一种"新诗体"，所以赋在"诗赋略"中占据了主体地位。又因汉代设立了比秦朝功能还健全的乐府，广采各地民歌，还有专门的乐官谱写新曲，汉代的诗歌一般都配乐可唱，所以称其为"歌诗"。刘歆虽把"诗赋略"放在"诸子略"之后，仍可见出他对文学的青睐。

"兵书略"，分兵权谋、兵形势、兵阴阳、兵技巧四种。军事理论虽不为儒家重视，但必为统治者所重视，汉初张良、韩信著兵法，武帝时杨仆奏《兵录》，与刘向、刘歆同校书的任宏专门负责兵书的整理，就说明汉代统治者也将建立军事学视为治国强国的一件大事。所以把"兵书"列为一略，以体现统治者的意志,是很自然的事了。

"数术略",分天文、历谱、五行、蓍龟、杂占、形法六种,包括数学、天文、历法、占卜、星相等方面的书籍,自然科学与迷信意识相杂糅,不仅反映了古来流传下来的这部分书籍的真实,也反映了包括刘向、刘歆父子在内的当时人们的意识。

"方技略",分医经、经方、房中、神仙四种,包括医药保健和巫术相混杂的书籍。"数术"与"方技"类,不是属于实用类,就是属于迷信类,或兼而有之,属于和社会生活、生产及战争有密切联系并对任何阶级或统治者都有用处的书籍,就连秦始皇大焚天下图书时,"所不去者,医药卜筮种树之书"(《史记·李斯列传》),明令保护这些书籍。汉朝皇家保存此类图书不少,然由于中国传统习惯对此类实用书籍重视不够,尤其是汉代特别重视的是儒学伦理,所以这二大类图书就排在后面了。

《七略》首列的是《辑略》,南朝梁阮孝绪《七略》序说刘歆"撮其指要,著为《七略》,其一篇即六篇之总最,故以《辑略》为名。"(《广弘明集》卷三)文中所说的"其一篇"即指第一"略",即《辑略》。《汉书·艺文志》中唐代颜师古注:"辑与集同,谓诸书之总要。"说明《辑略》并非为一类图书,而是分别说明六略大类及其三十八种小类的意义、用途、相互关系及源流演变,等于是关于中国学术的演变简史。因为它只是"诸书之总要"、"六篇之总最",所以必须列于六略之前,《七略》分类法实际是图书六分法。

《七略》录书仍为一万三千余篇(卷),东汉王充《论衡·相对篇》说:"六略之书,万三千篇。"《广弘明集》载南朝梁阮孝绪《七录》说《七略》收书603家,共13219卷。然与刘向的《别录》比,其文字却大大简要了。"《七略》较简,故名略;《别录》较详,故名录。先有《别录》而后有《七略》,《七略》乃摘取《别录》以为书,故《别录》详而《七略》略也。《隋志》著录《七略》仅七卷,《别录》则有二十卷之多,即其明证。"①《七略》是在《别录》的基础上产生的,变每书的叙录为群书之综合研究,在体例上也有自己许多创新的方法。最重要的

---

①　姚名达:《中国目录学史》,上海书店出版1984年版,第48页。

方法,就是在六大类图书框架内又分别设立了若干子目录,即大类别内又包含着若干小种类,尽管分类标准不统一,如六艺以经典著作分,诸子以思想流派分,诗赋以体裁分,兵书以作用分,数术以实用分,方技以行业分,未能采用统一的学术分类法,还会造成部分图书的归类不明,但毕竟建立了一套比较完整、严密的编制图书目录的方法和形式,后世常用的图书四分法,其渊源实际来自于《七略》的六分法。

其次,还采取了一系列排列大、小类图书目录的方法,如同类图书,依其产生的时代先后来排列;书少不能另立类时,并入与之性质相近的类别中,如把《国语》、《世本》、《战国策》等十二家史书附于"春秋"类中;性质虽相同,因作品繁多,依思想倾向或流派不同,或体裁不同,再细分类,如诗赋略的赋分三类,分别是屈原等二十家、陆贾等二十一家、孙卿等二十五家。此外又依体裁分杂赋与歌诗二类;为照顾类别性质,说明学术流别,不避重复,有一书而同时入二类者,如兵书略的技巧类有《墨子》,而诸子略中墨家类也有《墨子》,章学诚在《校雠通义》中说:"今观刘《略》重复之书仅止十家,皆出《兵书略》,他部绝无其例,是则互注之法,刘氏具未能深究,仅因任宏而稍存其意耳。"章学诚又说:"《管子》,道家之言也,刘歆裁其《弟子职》篇入《小学》。《七十子所记》百三十篇,《礼经》所部也,刘歆裁其《三朝记》篇入《论语》。"这说明从一书中再抽出某篇入他类,单独成章,以辨著述源流,也是刘歆编排目录的一种方法。《七略》删节《别录》的叙录,以略为类,类下分种,种内以书名排列,随后附以篇数。书之后一般题以注解,每种类之后有小序,每略之后有大序,《辑略》则是群书之总序,组成了一个各部分互相有机联系的完整体系。《七略》标志着中国综合性图书分类目录体系的确立,也标志着中国学术演变史专门研究的诞生。章学诚《文史通义·和州志艺文书序例》中说:

自有著录以来,学者视为纪数簿籍,求能推究同文为治,而存六典识职之遗者,惟刘向、刘歆所为《七略》、《别录》之书而已。故其分别九流,论次诸子,必云出于古者某官之掌,其流而为某家之学,失而为某事之敝,条宣究极,隐括无遗。学者苟能循流而溯源,虽曲艺小数,诐辞邪说,皆可返而通乎大道;而治其说者,亦得以自辨其力之至与不至焉。有其守之,莫或流也;有其趋之,莫或歧也。言语文章,胥归识职,则师法可复,而古学可兴,岂不盛哉?

"两汉之际是一个政治大动荡时代,也是一个学术多元发展的时代,今文经学、古文经学、谶纬三股学术思潮互相冲突、融合,各派学说都希望用自己的学术来统一思想,西汉成帝、哀帝时期,刘向、刘歆父子在皇帝的支持下,主持皇家藏书的整理分类工作,他们试图通过典籍清理来梳理学术发展的脉络,建立学术的统一形态。……在两汉之际的今、古文经学之争中,《七略》明显是站在古文经学一边。《六艺略》在记述《六经》传承过程时,都将今、古文经书文本并列,并且通过版本校勘,来证明古文经书文本优于今文经书。"①刘歆校理图书,撰成《七略》,也有助于他大力倡导古文经学,建立古文经学派,反对今文经学。班固在《汉书·楚元王传》中写到:

> 及歆校秘书,见古文《春秋左氏传》,歆大好之。时丞相史尹咸以能治《左氏》,与歆共校经传。歆略从咸及丞相翟方进受,质问大义。初《左氏传》多古字古言,学者传训故而已,及歆治《左氏》,引传文以解经,转相发明,由是章句义理备焉。歆亦湛靖有谋,父子俱好古,博见强志,过绝于人。歆以为左丘明好恶与圣人同,亲见夫子,而公羊、谷梁在七十子后,传闻之与亲见之,其详略不同。歆数以难向,向不能非间也,然犹自持其《谷梁》义。及歆亲近,欲建立《左氏春秋》及《毛诗》、《逸礼》、《古文尚书》皆列于学官。

刘向《别录》与刘歆《七略》的产生,确是中国学术史上的一个重大成果。首先,扩大了学术分类的概念,打破了先秦以来多以学术思想划分学派的界限,在诸子中,增司马谈所谓的六家为九流十家,诸子之外的书籍又多增五大类,其学术视野体现了大一统的宏阔气魄。其次,分析了不同学术及学派的长短优劣,肯定了它们的作用与价值,既不"独尊",也不"罢黜",继承了司马谈

---

① 张立文主编、周桂钿、李祥俊著:《中国学术通史》(秦汉卷),人民出版社 2004 年版,第 197 - 200 页。

《论六家之要指》的思想。但在探究学术源流时，又把各学派说成是出于王官之守，把其著述说成是六经的支流余裔，体现了尊崇儒术的思想。①《七略》同《别录》一样也散佚。现能见到的《七略》辑本，由清代洪颐煊、陶浚宣、姚振宗等人所辑，收于《玉函山房辑佚书》中。不过，我们由《别录》辑本中《战国策》、《管子》、《晏子》、《列子》、《邓析子》、《孙卿子》、《韩非子》等书的叙录，可以想见《别录》的面貌。也可以由《七略》的辑本，特别是《汉书·艺文志》，来想见《七略》的原状。

第二节 开创中国史志目录的《汉书·艺文志》

东汉班固撰写《汉书》时，改司马迁的"书"为"志"，扩大了历史研究的领域，其中就包括对中国图书的关注。班固创新性地设立了"艺文志"，以此体例记载了中国各类图书典籍的产生、发展及存佚情况，阐述了中国学术的演变历史，成为中国第一部史志目录，开中国史志目录之先河，从此，图书目录引起历朝著史者的高度重视，史志目录在史书中蔚然成大观。

"艺文志"的"艺"指"六艺"，即"六经"，泛指儒家经典，所以后世有的史志目录干脆称之为"经籍志"。"文"指"文学"，在汉代，"文学"往往指文献典籍，如《汉书·武帝纪》元朔元年十一月诏："选豪俊，讲文学。""艺文"二字可概括所有的典籍，囊括了经学、诸子百家、史学、文学、经济、军事、技艺等各方面的图书文献。直至唐代欧阳询等人奉敕收集古籍编纂图书时，其成集取名还叫《艺文类聚》。班固的"艺文志"就是以史书的形式记载当时社会所存的典籍，汇目成编，理清中国学术发展演变的源流，变《别录》、《七略》的孤本单行为史书的一部分，也便于保存和流传。

《汉书·艺文志》取材与体例，主要参照了刘歆的《七略》。《汉书·艺文志》中说："歆于是总群书而奏其《七略》，……今删其要，以备篇籍。"班固很直

---

① 关于《别录》、《七略》学术价值的评价，参照了白寿彝的观点，见白寿彝《中国史学史论集》，中华书局1999年版。

率地承认自己的《艺文志》是删节《七略》而成的,我们现在虽不能见到已佚的《七略》,但从《汉书·艺文志》可以看到《七略》的梗概。班固虽充分地利用了刘向、刘歆父子的成果,但并没有采取原封不动的"拿来主义",而是对《七略》的内容有所增删,对《七略》的体例有所改进。

《汉书·艺文志》目录收书 596 家,13269 卷,从数量上乍一看,好像比《七略》少了 7 家,只多出 50 卷。实际上各家书目不仅没少,反而增多,书的卷数也绝非仅增加 50 卷,因为《汉书·艺文志》在《七略》目录的基础上又进行了增补删移。凡是增加的地方,班固把它称为"入",如小学类,入扬雄、杜林二家,三篇。除扬雄、杜林外,增入的还有刘向的著作。把移出的称"出",如诸子类,出蹴鞠一家,二十五篇,从类别上再次进行调整,使之合乎自己分类的标准。把删除的称"省",如兵权谋类省伊尹、太公、《管子》、《孙卿子》、《鹖冠子》、《苏子》、蒯通、陆贾、淮南王,共二百五十九篇,由于其他类中已有这些书目,删除后使书目不再有重复现象。经过增补删移,《汉书·艺文志》比《七略》的书目归类更加规范,消除了重复书录的现象。

《汉书·艺文志》仍采用《七略》的六分法,依《七略》旧例,把图书分为六艺、诸子、诗赋、兵书、数术、方技六大类,但它取消了《七略》中的《辑略》,这是班固对《七略》最大的改动处。《汉书·艺文志》没有《辑略》,但把《辑略》中的文字删减之后分别列于六略及其 38 种之后,使书目文献与说明文字结合得更加紧密,形成了史志目录的新的编目方式。首先阐述编纂《汉书·艺文志》的由来,算是编目说明吧:

> 昔仲尼没而微言绝,七十子丧而大义乖。故《春秋》分为五,《诗》分为四,《易》有数家之传。战国从衡,真伪分争,诸子之言纷然淆乱。至秦患之,乃燔灭文章,以愚黔首。汉兴,改秦之败,大收篇籍,广开献书之路。迄孝武世,书缺简脱,礼坏乐崩,圣上喟然而称曰:"朕甚闵焉!"于是建藏书之策,置写书之官,下及诸子传说,皆充秘府。至成帝时,以书颇散亡,使谒者陈农求遗书于天下。诏光禄大夫刘向校经传诸子诗赋,步兵校尉任宏校兵书,太史令尹咸校数术,侍医李柱国校方技。每一书已,向辄条其篇目,撮其指意,录而奏之。会向卒,哀帝复使向子侍中奉车都尉歆卒

父业。歆于是总群书而奏其《七略》,故有《辑略》,有《六艺略》,有《诸子略》,有《诗赋略》,有《兵书略》,有《术数略》,有《方技略》。今删其要,以备篇辑。

这个"说明"的内容,也可能参照了《七略》中《辑略》的大序,但至少,也有表达班固自己见解的文字。

其次,依略依种的次序列出书目、篇数,有的还有注解,注解的内容五花八门,或简介撰文人,如《商君》二十九篇,注曰:"名鞅,姬姓,卫后也,相秦孝公,有《列传》。"或解释书的内容,如《世本》十五篇,注曰:"古史官记黄帝以来讫春秋时诸侯大夫。"或注明书的产生时代,如《郑长者》一篇,注曰:"六国时。先韩子,韩子称之。"或判断书的存佚,如《夹氏传》十一卷,注曰:"有录无书。"或判断书作者的真伪,如《力牧》二十二篇,注曰:"六国时所作,托之力牧。力牧,黄帝相。"或指出书作者不能确定,如《功议》四篇,注曰:"不知作者,论功德事。"或对书的有关问题存疑,列出参考意见,如《周史六弢》六篇,注曰:"惠、襄之间,或曰显王时,或曰孔子问焉。"或指出书的出处,如《论语》古二十一篇,注曰:"出孔子壁中,两《子张》。"或标出不同版本,如《孝经》一篇,十八章。注曰:"长孙氏、江氏、后氏、翼氏四家。"等等,不胜枚举。这些注解主要出自《七略》,为了使史志目录不致文字过繁,班因还删减了许多原注解,有的干脆只存其书目了。

大"略"的"种类"的书目列完后,便是对此种类的收书数、篇数及增补删移的情况加以说明,如诸子略的"儒家"种类的书目后,标以这样的文字:"右儒五十三家,八百三十六篇。(入扬雄一家三十八篇)。"然后是这样的说明文字:

儒家者流,盖出于司徒之官,助人君顺阴阳明教化者也。游文于六经之中,留意于仁义之际,祖述尧、舜,宪章文、武,宗师仲尼,以重其言,于道最为高。孔子曰:"如有所誉,其有所试。"唐、虞之隆,殷、周之盛,仲尼之业,已试之效者也。然惑者既失精微,而辟者又随时抑扬,违离道本,苟以哗众取宠。后进循之,是以《五经》乖析,儒学浸衰,此辟儒之患。

此段文字主要出自《七略》的《辑略》中诸子略"儒家"类的小序,根据班固对《史记》旧传采取慎核其事、整齐其文的作法,此段说明文字,必也有改动之处,甚至还加进了班固自己的意见。

类同"种类"的格式,大"略"书目列完后,便是对此略的收书数、篇数及增补删移的情况加以说明,如诸子略的书目后,标以这样的文字:"凡诸子百八十九家,四千三百二十四篇。(出蹴鞠一家,二十五篇)。"接着就是对诸子及其著述加以说明:

> 诸子十家,其可观者九家而已。皆起于王道既微,诸侯力政,时君世主,好恶殊方,是以九家之术蜂出并作,各引一端,崇其所善,以此驰说,取合诸侯。其言虽殊,辟犹水火,相灭亦相生也。仁之与义,敬之与和,相反而皆相成也。《易》曰:"天下同归而殊涂,一致而百虑。"今异家者各推所长,穷知究虑,以明其指,虽有蔽短,合其要归,亦《六经》之支与流裔。使其人遭明王圣主,得其所折中,皆股肱之材巳。仲尼有言:"礼失而求诸野。"方今去圣久远,道术缺废,无所更索,彼九家者,不犹贤于野乎?若能修六艺之术。而观此九家之言,舍短取长,则可以通万方之略矣。

当六略的书目及说明介绍之后,《汉书·艺文志》以本志收书数、篇数及增补删移的情况说明来结束:"大凡书,六略三十八种,五百九十六家,万三千二百六十九卷。(入三家,五十篇,省兵十家)"。

班固的《汉书·艺文志》在刘歆《七略》体例的基础上,又作了合理的调整,将《七略》的《辑略》文字分散于《艺文志》中的六略及六略的38"种"中,使书目与说明文字配合得更加紧密。班固调整了错误的归类,删除了重复,使目录体例更加简明与严密,目录排列更加科学与整齐。又增补了刘向、刘歆未收的扬雄、杜林、刘向的部分著作,扩大了《七略》收书的范围。在运用《七略》材料时,班固又对原文的言辞进行了修饰与修改,最终形成我国第一部史志目录,特别当《别录》、《七略》散佚后,《汉书·艺文志》更成为我国现存最早的一部图书分类目录,也是我国现存最早的一部学术演变史。《汉书》之后,历代正史,如《隋书》、《旧唐书》、《新唐书》、《宋史》、《明史》、《清史稿》等,都有艺文志或经籍成,史志目录成为一代图书目录记录的重要形式。清代学者金榜说:"不通《汉书·艺文志》,不可以读天下书。《艺文志》者,学问之眉目,著述之门户也。"(王鸣盛《十七史商榷》卷二十二)章学诚在《校雠通义》中说:"刘《略》班《志》,乃千古著录之渊源。"又说:"《艺文》一志,实为学术之宗,明道之要。"梁启超在《饮冰室专集》八十七《图书大辞典簿录之部》中也说:"簿录学创自刘氏父子,班氏因之成《艺文志》,著录万三千二百六十九卷,实西汉末官书总簿,亦先秦以来典册一大潴汇也。"①要想研究先秦至西汉末的学术渊源流别及考辨这一时期的书籍存佚真伪,《汉书·艺文志》是必不可少的重要依据,它的书目编制方法及分类标准,也为后世图书目录编著者提供了借鉴,《汉书·艺文志》的价值之珍贵由此可见。

---

① 梁启超:《图书大辞典簿录之部》,《饮冰室专集》之八十七,《饮冰室合集》(第10册),中华书局1989年版,第3页。

第四编

伦理为宗的哲学

第一章 汉代哲学特色总述

第一节 汉代哲学的主要流派

汉代不仅产生了文学的"自觉"意识,有了高度发达的文学事业;在传统的历史意识的基础上,创造了体制完备的史学;而且产生了当时足以统一中华民族理论思维、后来又统治中国学术思想二千余年的哲学。

如何正确认识与评价汉代哲学? 当然必须遵循这样的重要原则:把马克思主义的基本原理同汉代的思想实际相结合,从而得出正确的认识与评价来。之所以坚持马克思主义的基本原理,是因为马克思主义的基本原理,是人类理论思维和认识的科学总结,是世界各个民族思想优秀成果的结晶与集大成,是放之四海而皆准的理论。同时,又必须强调中国历史的实际情况,否则,无视或忽视我们的历史实际,就会把马克思主义的基本原理当作教条与公式,机械地、片面地、主观地来套用,势必使马克思主义的基本原理这个"一般理论"与中国历史这个"个别情况"相脱节,就会用不切合实际的概念去套活生生的历史现实,就会使我们所奉行的马克思主义的基本原理变成僵化的、庸俗化的甚至是有害的教条,就不可能达到实事求是地探讨问题的目的。

曾在"左"倾思潮泛滥的时期,我们哲学界一些研究者,把复杂、生动的中国哲学研究,特别是中国古代哲学研究,变成了给古代哲学家"划成份"、"定性质"的"审干"活动。他们无视哲学家复杂的理论思维,把哲学家及其思想,只是简单地分列于"唯物主义"和"唯心主义"或"辩证法"和"形而上学"二大对立的哲学思想阵营中,如一些著述阐释汉代哲学时,总是以董仲舒的唯心主义思想体系与王充唯物主义思想体系的对立与斗争为汉代哲学发展的主线。实际上,董仲舒与王充,他们各自的哲学思想都是一个复杂的整体,不是像一些人想象的那样单纯、单一,就像当年"评法批儒",简单地把所有的古人分为"法家"和"儒家",生硬地给每个古人贴标签,随意上纲,任意褒贬,持这种认识法去认识与评价汉代哲学,必然会导致简单化。

　　除了简单地将哲学家们分类排队外,另一错误的认识就是把不同哲学思想的对立与斗争,看作是哲学思想发展的永恒形态,如讲汉初黄老思想的兴起,就要讲这是与暴秦法家思想的对立斗争结果。讲儒学在汉代之所以成为正统思想,就只讲这是罢黜百家,独尊儒术的结果。都过分地强调不同哲学思想的对立斗争,而忽视了其存在的另一现实——融合与统一,这种认识就不是唯物主义辩证法。实际上,不同的哲学思想不光表现为对立与斗争,在对立与斗争中,它们之间还有互相影响、互相吸取、互相融合、互相转化的关系,如汉初黄老思想的兴起,除了与暴秦法家思想的对立外,就没有对暴秦法家思想的吸取? 儒学成为正统,就没有融合百家? 百家只有被"罢黜"的份? 对立统一是事物存在的唯一形态,光讲对立,不讲统一,实际对立统一体也就不存在了,如果真是那样,还能谈得上什么发展? 只讲不同哲学思想的对立斗争,不讲不同哲学思想的融合,也是不符合现实的,持这种认识法去认识与评价汉代哲学,必然会导致绝对化。

　　还有一种错误的认识法是静止地看待不同的哲学思想,静止地看待具体的某一哲学流派,静止地看待具体的哲学家。实际上,不同的哲学思想与不同的哲学流派,都在互相对立、斗争与互相影响、吸取、融合中发展着自己的哲学思想与哲学流派。每个哲学家,其哲学思想也有一个形成、发展、成熟的过程,这其中,存在着不断自我修正甚至否定的现象,不能拿其早期的哲学思想来代替他晚期的哲学思想,也不能拿他某一时期的哲学思想来概括他一生的哲学思想,更不能拿他的偶然的一句话或几句话,就确定他的整体哲学思想的性质与价值。如司马迁在《太史公自序》中收录了其父司马谈的《论六家之要指》,有人就认定司马谈的思想就是司马迁的思想,司马迁同其父司马谈一样,是属于崇尚道家又主张吸收各家之长的"黄老"学派。不同的哲学思想体系、不同的哲学流派以及每一具体的哲学家,其哲学思想是随着社会实践与社会环境及学术氛围的变化而变化的,看不到或把握不了这种变化,而去认识与评价汉代哲学,必然会导致片面化。

所以研究汉代哲学,必须从汉代哲学发展的实际出发,而不是从抽象的哲学概念或原则出发。从实际出发就要紧紧把握住汉代哲学的特色,特色就是特征,是同类事物中一事物区别于他事物的某种或某些内容与形式。同类事物之间,具有普遍的共性,之所以又各有自己的个性特色,就是因为各自的发展基础与发展过程不同,在不同的基础与发展过程中,事物之间所体现出来的特征就有所不同。事物的具体表现形态,就是事物的普遍性与特殊性的辩证统一。认识汉代哲学的特色,就要把它放在历史发展的具体过程中去认识,采用比较的方法,找出它与前代及后世哲学的不同之处,见出它的不同特点与价值,以及与历史的传承关系。

在汉之前的春秋战国时期,中国已出现过哲学的高度繁荣发达,出现过前所未有的思想解放、百家争鸣的局面。春秋战国时期的哲学派别众多,号称"诸子百家",汉代司马谈在《论六家之要指》中列了主要的几家:儒家、道家、阴阳家,法家、名家、墨家,诸子百家在互相争辩与互相吸收中,将中国的理论思维能力提高到了前所未有的高度,这就是汉代哲学发展的优越的哲学基础。

世界各地从古至今之所以存在着各个哲学流派,是因为他们在哲学思想上存在着这样或那样的分歧,其根本的分歧在于对思维与存在的关系的不同理解与解释上,这是人类哲学认识史上的普遍的共性。思维和存在的对立是哲学的起点,这个起点构成哲学的全部意义。在此认识的基础上,恩格斯认为:

> 全部哲学,特别是近代哲学的重大的基本问题,是思维和存在的关系问题。……因此,思维对存在、精神对自然界的关系问题,全部哲学的最高问题,像一切宗教一样,其根源在于蒙昧时代的愚昧无知的观念。但是,这个问题,只是在欧洲人从基督教中世纪的长期冬眠中觉醒以后,才被十分清楚地提了出来,才获得了它的完全的意义。思维对存在的地位问题,这个在中世纪的经院哲学中也起过巨大作用的问题:什么是本原

的？是精神，还是自然界？——这个问题以尖锐的形式针对着教会提了出来：世界是神创造的呢，还是从来就有的？哲学家依照他们如何回答这个问题而分成了两大阵营。凡是断定精神对自然界说来是本原的，从而归根到底承认某种创世说的人（而创世说在哲学家那里，例如在黑格尔那里，往往比在基督教那里还要繁杂和荒唐得多），组成唯心主义阵营。凡是认为自然界是本原的，则属于唯物主义的各种学派。[①]

但是，思维与存在的关系这一哲学的基本问题，在各个民族中又表现为具体的特殊的问题。前面已经讲过，不去把握具体民族在思维与存在关系基本问题上的不同具体表现，即具体民族的哲学特点，一味教条地照搬恩格斯的这段话，不顾客观实际，把哲学研究变成了给哲学家排座号，简单把他们划入或"唯物主义"或"唯心主义"两大阵营之中，就算了事，把生动丰富的哲学研究变成了简单化、公式化的"定成份"与"戴帽子"，这确实是哲学研究中的浅薄。

那么，汉代哲学的"重大的基本问题"又具体表现为什么呢？春秋战国的哲学，乃至在此基础上发展起来的汉代哲学，其基本的哲学问题就是天人关系的问题。哲学讨论的基本问题，从一开始，就与西方有所不同。先秦儒、道、墨、法、名、阴阳等主要哲学流派，都以天人问题立论，汉代伟大的思想家、史学家、文学家司马迁，就清楚地认识到这一点，他在《报任安书》与《史记·太史公自序》中反复强调自己著述的目的是："究天人之际，通古今之变，成一家之言"。要仔细推求天人之间的关系，把握住了中国学术思想的根本之所在。从认识论来看，"天"就是指对客观世界的认识，"人"就是指认识的主体，天人关系就体现着思维与存在，也就是人的思维如何反映客观存在的基本问题。围绕着这一基本问题，有各种不同的哲学派别，概括起来，春秋战国乃至秦汉主要有三大派别，这三派的分歧主要体现在对"天人之际"的不同理解与阐释上。

以先秦道家为主的一派，把天理解为自然的天，或以一个无形的永恒本体

---

① 恩格斯：《路德维希·费尔巴哈与德国古典哲学的终结》，《马克思恩格斯选集》（第4卷），人民出版社1995年版，第223—224页。

的"道"或以物质性的"气",作为包括"天"在内的宇宙万物的本原,天是没有意志与人格的自然之物。如《老子》第42章中指出:"道生一,一生二,二生三,三生万物。万物负阴而抱阳,冲气以为和。"这是说,由道产生出混沌合一的元气,由元气进而产生出阴阳二气,再由阴阳二气和合产生冲气,与阴阳二气组成三气,由三气的变化而形成天、地、人,于是也就具备了世界万物。老子认为天地万物起源于"道",虽然带有主观唯心的色彩,但毕竟与传统的天命观划清了界限,他的"道"更近于一种抽象的普遍原理,而不是有意志的人格神。老子的天道观可以说是对传统的天命观的挑战,是自然哲学冲决宗教哲学的自觉开端。战国时的荀子更有《天论》篇,篇中说:"列星随旋,日月递照,四时代御,阴阳大化,风雨博施,万物各得其和以生,各得其养以成。……夫是之谓天。"这就是说,天是从来就有的自然之天,天的千变万化,诸如星辰运转,日月照耀,风雨变幻,四时更替,万物兴衰生灭,都是自然运行的结果,这里的"天"成了一切自然现象的代名词,或者说,上升为理论就是"自然而然"。荀子关于天的表述,显然对老子天道观进行了带有性质上的重大改造,使自己的学说具备了唯物主义的内核。

汉初的黄老学派,继承了先秦道家的天道观,并有新的发展。黄老哲学更强调天是没有人格意志的自然现象,天地的运行,四时的变化,万物的生灭,是不以人的意志为转移的自然规律。《黄老帛书》的《经法·六分》中讲:"参之于天地,而兼复(覆)载而无私也。"《黄老帛书》的《经法·论约》中也说:"四时有度,天地之李(理)也。"以老子思想为主导思想的《淮南子》,发展了老子"气"的思想,把气视为物质性的实体,以阴阳二气混沌未分的实体——"元气"来解释天地万物的形成,其《天文训》中讲:"天地未形,冯冯翼翼,洞洞灟灟,故曰太昭。道始于虚廓,虚廓生宇宙,宇宙生气,气有涯垠,清阳者薄靡而为天,重浊者凝滞而为地。清妙之合专易,重浊之凝竭难,故天先成而地后定。天地之袭精为阴阳,阴阳之专精为四时,四时之散精为万物。积阳之热气生火,火气之精者为日;积阴之寒气为水,水气之精者为月,日月之淫为精者为星辰。天受日月星辰,地受水潦尘埃。"气有"清阳"、"重浊"及"热"、"寒"之分,因而构成宇宙不同性能之物,元气是天地开辟前的客观实体存在,气只表示着质量而无人格意志,这种观点,从物质的丰富性方面大大丰富了先秦元气说。东汉时的王充继承和发展了《淮南子》的哲学思想,进一步完善了"元气论"。他认为世界上最根本的东西就是元气,这是构成万物的本原:"万物之生,皆禀元气。"(《论衡·言毒》)就连人也是由元气构成的。人是由阴气与阳气合成的,阴气构成人的骨肉形体,产生人的强身壮体,阳气构成人的"精神",产生人的聪明智慧:"夫人所以生者,阴、阳气也。阴气主为骨肉,阳气主为精神。人之生也,阴、阳气具,故骨肉坚、精气盛。精气为知,骨肉为强,故精神言谈,形体固守。骨肉精神,合错相持,故能常见而不灭亡也。"(《论衡·订鬼》)人若死后,阴气与阳气分散,复归于元气,自然而无知。"人之生,其犹水也。水凝而为冰,气积而为人;冰积一冬而释,人竟百岁而死。"(《论衡·道虚》)世上所传说的鬼神,王充认为那根本不是人死之后由精神变成的,而是由活着的人因得病害怕或其他原因主观臆造出来的:"凡天地之间有鬼,非人死精神为之也,皆人思念存想之所致也。致之何由?由于疾病。人病则忧惧,忧惧见鬼出。凡人不病,则不畏惧。故得病寝衽,畏惧鬼至,畏惧则存想,存想则目虚见。"(《论衡·订鬼》)王充的元气论与先秦道家的"道"划清了界限,他用元气论解释人的生命现象,对有神论进行了有力的批驳,表现了鲜明的无神论的战斗精神。

　　总而言之,这一派或以道或以气来解释天,天就成了无为的自然,并不是具备人格意志的至高神灵,以这种观点为主导思想的哲学,大致可以称作是自然哲学。

　　与自然哲学相对立的是宗教哲学。以尊神为特征的宗教迷信在很早就产生了,这是由于低下的社会生产力及与之相适应的还处于蒙昧阶段的思维能力所决定的。在殷商时代,原始宗教还占据着意识形态领域的主导地位。原始宗教的理论核心,就是主张天是有意志有感情的,是宇宙万物的主宰,决定着自然和人事的一切,天是至高至尊的神,而传达天的神意的代言人则是从事迷信活动的占卜者、星术家。从现存古籍与甲骨文记载来看,殷周时代的人们将天视作最高的天神,最高的天神称作"帝"、"上天"、"天帝"等,如《卜辞通纂》(363):"帝令雨足年?帝令雨弗其足年?"①《尚书·洪范》:"帝乃震怒,不畀洪范九畴。"《尚书·仲虺之诰》:"夏王有罪,矫诬上天,以布命于下。"《诗经·鄘风·君子偕老》:"胡然而天也,胡然而帝也。"《传》:"尊之如天,审谛如帝。"《疏》:"天帝名虽别,而一体也。"故《荀子·正论》有:"屠如大神,动如天帝。"殷周时代的人们既将天当作最高的神,那么,就自然把天神的旨意、命令,称作了天命。天是至高无上的世界主宰,包括人在内的世界万物,都受天的支配,所以天命是不可违背的天意。《尚书·汤誓》载:"有夏多罪,天命殛之。"《诗经·商颂·玄鸟》:"天命玄鸟,降而生商。"与夏、周二朝比较起来,殷人尊崇天神、敬畏天命最为严重,商王的大事小情,一般都要通过占卜向天神请示,甲骨文上所记载的多是这方面的内容,除了祈祷卜问祭品、年成、征伐等重大政事外,就连外出田猎会遇到什么样的天气,也要问问上天,如《卜辞通纂》(406):"戊午卜,贞今日王其田宫,不遘大风?其遘大风?"周灭商后,翻天覆地的社会变革,带来了哲学思想的变化,人们已感到昔日商统治者宣扬的"天命",并不能挽救其灭亡的命运,是靠不住的。而新的周统治者,也适应这种变革,在受传统天命思想影响时,又清楚"天命靡常",强调"敬德保民",比较重视德行对巩固新政权的重要意义。尽管如此,也不能说周统治者就放弃了天神宗教观念,与夏、商时代比,只能说他们的天神宗教观念发生了某些变化罢了。《礼记·表记》中记载孔子说过这样的话:

> 夏道尊命,事鬼敬神而远之,近人而忠焉,先禄而后威,先赏而后罚,亲而不尊;其民之敝,蠢而愚,乔而野,朴而不文。殷人尊神,率民以事神,先鬼而后礼,先罚而后赏,尊而不亲;其民之敝,荡而不静,胜而无耻。周人尊礼尚施,事鬼敬神而远之,近人而忠焉,其赏罚用爵列,亲而不尊;其民之敝,利而巧,文而不惭,贼而蔽。

依宗教解释,神是世界的主宰,鬼是人死后不灭的灵魂,这里所说的鬼神与天没有什么本质的区别。夏、商、周政教不同,对鬼神的态度也略有不同,但"事

---

① 参见郭沫若:《卜辞通纂》,1933年日本东京文求堂石印本。又见《郭沫若全集·考古编·第二卷》,科学出版社1982年版。

鬼敬神"的前提是统一的。这种天神宗教的观念,作为一种强大的传统意识,其影响是深远的。如儒家的代表人物孔子,不谈天道,欲以仁为核心建立自己的人道思想,但也不否认天命的存在,也主张"务民之义,敬鬼神而远之"。(《论语·雍也》)墨家代表人物墨子,借天的意志推行兼爱平等的主张:"顺天意者,兼相爱,交相利。"(《墨子·天志上》)"天子为善,天能赏之;天子为暴,天能罚之。"(《墨子·天志中》)其天命观与殷周传统天命观有区别,但仍不出宗教哲学的范畴。

殷周以来的宗教哲学对汉代有影响,最能代表汉代宗教哲学的是谶纬之学。殷周以来只存在着对天帝及祖先的崇拜,还不是系统的宗教思想,而谶纬之学发展了殷周以来的宗教哲学,把宗教哲学推向了更加系统化的程度。谶,《说文》解释为"验也",具有应验、灵验的意思,是一种用隐秘的暗示,预兆吉凶的预言。因为认为这种预言来自上天,或是天神以一种特殊的方式下达的命令,所以又称谶为"符命"。谶语有时还附有图解,所以又合称图谶。诡秘隐语,在甲骨文与《左传》中就有记载,关于谶,正式称呼最早可溯源于"秦谶",《史记·赵世家》载扁鹊言:"在昔秦缪公尝如此,七日而寤。寤之日,告公孙支与子舆曰:'我之帝所甚乐。吾所以久者,适有学也。帝告我:晋国将大乱,五世不安;其后将霸,未老而死;霸者之子且令而国男女无别。'公孙支书而藏之,秦谶于是出矣。"秦始皇本人比其先人更加迷信鬼神,动辄让方士解梦,推断吉凶,还派人寻神访仙,希望得到长生不死之术。秦末农民起义,也曾利用谶言,不论置鱼腹中的帛书,还是装作狐狸嗥叫"大楚兴,陈胜王",都属此类。汉代统治者,也都知以谶蛊惑人的政治作用,刘邦在初起事时就玩弄过这套伎俩,《史记·高祖本纪》记载:

　　高祖被酒,夜径泽中,令一人行前。行前者还报曰:"前有大蛇当径,愿还。"高祖醉,曰:"壮士行,何畏!"乃前,拔剑击斩蛇。蛇遂分为两,径开。行数里,醉,因卧。后人来至蛇所,有一老妪夜哭。人问何哭,妪曰:"人杀吾子,故哭之。"人曰:"妪子何为见杀?"妪曰:"吾子,白帝子也,化为蛇,当道,今为赤帝子斩之,故哭。"人乃以妪为不诚,欲告之,妪因忽不见。后人至,高祖觉。后人告高祖,高祖乃心独喜,自负。诸从者日益畏之。

从"高祖乃心独喜",可知这番所谓"赤帝子斩白帝子",全是刘邦为使"诸从者日益畏之"而自编自演的鬼把戏。至西汉末王莽代汉建新,东汉刘秀复汉,都借助于图谶夺取皇位,执政后常以图谶来裁决政事,刘秀甚至在建武中元元年(公元56年)"宣布图谶于天下",把图谶抬到至尊的地位,成为官方的统治思想或制法的依据。

纬,相对经而言,纬书,就是相对经书而得名,是持有宗教哲学观的人对儒家经典进行穿凿、附会的阐释之作,所以纬书形成比谶要晚得多。汉代儒学有"五经"、"七经"之说,五经指《易》、《尚书》、《诗》、《礼》、《春秋》,《礼》在汉时指《仪礼》,后世才指《礼记》。七经名目不一,东汉《一字石经》以《易》、《诗》、《书》、《仪礼》、《春秋》、《公羊》、《论语》为七经,一般认为七经为六经加《孝经》,何谓六经? 即《诗》、《书》、《礼》、《乐》、《易》、《春秋》。汉时相对七经有七纬:《诗纬》、《书纬》、《礼纬》、《乐纬》、《易纬》、《春秋纬》、《孝经纬》。今文经学派说《乐》本无经,附于诗中,古文经学派说有《乐经》,秦焚书后亡。不管如何,凡有经书,汉代便有相应的纬书,而且各种纬书多达36种。纬书作者伪托孔子所作,一是将经文的深奥释为浅显通俗,二是将旨在宣扬人道思想的儒家经典改变成神秘的宗教说教。书中将儒家经义,附会上人事吉凶祸福,多以祯祥、灾异等怪诞无稽之谈,来神化孔子和汉皇,来预言国家治乱兴亡。如《春秋纬·演孔图》说孔子"胸有文,日制作定世符运",又说"孔子论经,有鸟化为书,孔子奉以告天,赤雀集书上,化为黄玉,刻曰:孔提命作,应法为制,赤雀集。"《论语》中孔子是一个"学而不厌,诲人不倦"的学者,在纬书中已转化为替天达意、为天下制命立法的神人。再如《孝经·援神契》中说:"上有刻文,孔子跪受而读之曰:'宝文出,刘秀握,卯金刀,在轸北,字禾子,天下服。'"卯金刀,三笔画合起来是个"劉"字("刘"字的繁体字),禾子二字加起来,就是一个"季"字,汉高祖刘邦便是姓刘字季,在春秋末期的孔子便知几百年之后刘邦要作"天下服"的汉朝君主,简直就是天大的"鬼话",为神化汉天子而假借迷信怪异,这就是纬书的实质。

纬书中本身就含有谶语,为了同一目标,纬书必然与巫师、方士所传的谶语合流,形成一个统一体,合称为谶纬。由于得到一些汉天子的崇尚与利用,谶纬宗教被称为"内学",一度成为当时的统治思想,汉代宗教哲学在一些时期达到了十分猖獗的程度。

先秦儒家学派,并不否认有意志的天的存在,但又回避谈天的神秘性及主宰力,力求把社会的道德规范解释为天的道德律令。自然哲学在探讨自然无为的天道与人道时偏重于自然无为的天道,宗教哲学在探讨有人格意志的天道与人道时,强调天对人的主宰,人对天的绝对服从。儒家学派,在探讨有人格意志的天道与人道时,侧重于探讨人道。《论语·先进》篇载:"季路问事鬼神,子曰:'未能事人,焉能事鬼?'曰:'敢问死!'曰:'未知生,焉知死?'"在有人格意志的天与人的关系中,先秦儒家他们更强调的是人。他们以人为中心,认为社会与自然,都受人伦道德的支配,所以我们可以把他们的观念称作伦理哲学。

孔子很少讲鬼神,他认为"务民之义,敬鬼神而远之,可谓知矣。"(《论语·雍也》)相反,迷信甚至事事求助于鬼神则是"不明智"之举了。他说"士志于道"(《论语·里仁》),这个"道",既不是指宗教哲学的天帝鬼神,也不指自然哲学的天道,而是指人伦之道,而人道的本质就是"爱人"。行仁爱人是孔子关于人事、人伦的最高原则,成为仁人是孔子关于修养伦理的最高标准,仁同时也是调节社会各种人际关系的准则。孔子把仁阐述成最高政治原则,它涵盖了贤能政治的一切准则,又阐述成最高伦理标准,它概括了一切善良的品德。孔子以仁为人生追求的最高伦理境界,构成自己全部伦理哲学的核心。

从政治上来说,仁主要体现在"克己复礼"上,《论语·颜渊篇》中记载:"颜渊问仁。子曰:'克己复礼为仁。一日克己复礼,天下归仁焉。为仁由己,而由人乎哉?'颜渊曰:'请问其目?'子曰:'非礼勿视,非礼勿听,非礼勿言,非礼勿动。'"孔子打着推崇、恢复周代礼节仪式及礼治思想的旗号,实际上用新的以仁为核心的伦理规范来要求社会每一个成员,要求社会每一个成员按照不同的标准来规范自己的行为,这便是"君君,臣臣,父父,子子"(《论语·颜渊篇》),也就是要求君敬臣忠、父慈子孝、兄友弟悌,交友以信相处,为官宽以待民,为民不犯上作乱等等。凡是符合这些伦理规范的行为都是礼的体现,仁为体,礼为用,礼是贯彻仁的各种具体规定和措施,全面执行礼就是贯彻了仁,以礼来维护社会秩序,就是礼治,礼治是孔子的重要政治主张。

对于个人修养来说,仁可以用"忠"、"恕"二字来表述,《论语·里仁篇》记载:"曾子曰:'子之道,忠恕而已矣!'"忠,可以用"己欲立而立人,己欲达而达人"来解释,这是从积极的"欲"的方面来爱人。恕,可以用"己所不欲,勿施于人"来解释,这是从消极的"不欲"的方面来爱人。忠恕构成了仁的基本伦理框架,它是一种推己之心以爱人的高尚情操,是"爱人"思想的社会实践总结。一个人推行仁之道,还需要具备多方面的道德品质,如孝、悌、智、勇、宽、温、良、恭、俭、让、信、义、敏、惠、敬、刚、毅、木、讷等,这些美德善行都属于仁的具体内容。孔子并不苛求每一个人集如此多的美德于一身,但他希望每一个人在行仁时具备最需要、最缺乏的那一方面或几方面的美德。孔子针对的对象不同,强调他们修德的内容也不同。对于普通人来讲,行仁首先要从孝、悌做起,孝顺父母双亲,尊敬兄长,然后把这份爱心推及到社会,对朋友讲信用,对君主讲忠诚,用爱协调好家庭、社会的各种关系。孔子学生有若说:"其为人也孝弟,而好犯上者,鲜矣;不好犯上,而好作乱者,未之有也。君子务本,本立而道生。孝弟也者,其为仁之本与!"(《论语·学而篇》)孝悌成了立身的根本和处世的基础,成了推行仁的出发点。对于执政者来说,其爱人的具体方法就是行施仁政,具体措施可分为治民与从政二部分。治民方面,孔子主张宽以待民,反对对老百姓进行过重的剥削,他的仁政的标准是轻徭薄赋、敬事节用、博施济众等等。如主张说:"恭则不侮,宽则得众,信则人任焉,敏则有功,惠则足以使人。"(《论语·阳货篇》)从政方面,孔子要求执政者要正己、贤能、亲君子远小人等等。如孔子说:"苟正其身矣,于从政乎何有?不能正其身,如正人何?"(《论语·子路篇》)不论治民还是从政,孔子首先强调的是执政者仁德的修养,没有仁德修养的人是治不好民从不好政的,也就是不会推行仁政的,要想"齐家、治国、平天下",首先还是要"修身"。

儒家伦理哲学主张从每个人的修身做起,用道德的力量,使社会各阶层虽等级有别、尊卑有序却又"仁爱"、"人和",从而建立起一个和谐的大一统的社会。儒家的伦理哲学很适合中国宗法封建体制的实际,所以其仁爱的学说,得到了广泛的传播。然而儒家的伦理哲学,对于柄权者来说,适于将其运用于治世,而不适于乱世,孔子在世时,周游列国游说他的观点而到处碰壁的现实,就说明了这一点。后来在战国时虽一度成为了"显学",但对于或忙于征战一心想当天下霸主的诸侯,或疲于应付只求存国的诸侯来说,都只把仁义挂在口头上,谁也不相信儒学会强国救国,在天下纷争的动荡时代,人们重视的不是伦理而是武力。

秦王朝结束了长期诸侯国纷争的局面,初步建立了中国封建中央集权君主制,如确立皇帝名号,设立以丞相为首的政府机构,建立以郡县制为基础的地方政权,拟定官吏选拔制度,等等,中国古代封建社会的政治、经济制度从此大体上确定下来。秦帝国开创了大一统的政治格局,也统一规范了文字,却未能完成真正统一的思想文化建设。秦王奉行法家学说,以暴力吞并六国,统一天下,然而称帝后,仍然以严法酷刑治理国家,苛税苦役,使天下百姓怨声载道,持有以仁为本的伦理哲学的儒生,自然处处流露出不满情绪,于是秦始皇制造了"焚书坑儒"的惨案,儒学在秦几乎遭到毁灭性的打击。

汉王朝建立后,因适应总结、吸收强秦速亡的历史教训的时代需求,曾被秦始皇取缔的诸子学说又得到复兴,其中就包括备受秦的"挟书律"、"焚书令"摧残的儒家学说。在新的社会条件下,汉代的儒学已不同于先秦儒家的思想,它不仅融合了道家、法家及其他学派的思想,而且不再以一个学派的面貌而出现,它被统治阶级奉为国家法定的正统思想意识。所以代表汉代哲学思潮主流的是伦理哲学,这种哲学以人为本,以道德伦理来完善人,宗教意识非常淡薄,其突出的特征就是道德伦理性。正如余敦康先生撰文说:

> 儒家作为一个学派区别于其他学派的基本特征,不在于哲学理论和政治主张,而在于伦理思想。就哲学理论而言,它可以采纳道家的思想,可以采纳阴阳家的思想,也可以采纳佛教的思想。就政治主张而言,它可以采纳法家的思想,可以采纳名家的思想,也可以采纳黄老学派的思想。事实上,在二千多年的历史发展中,儒家始终没有形成一套定型的哲学理论和政治主张,而是适应不同历史时期的需要和思想斗争的形势,不断地吸收其他各家的思想而改变自己的形态。虽然如此,儒家并没有成为杂

家,它的学派特征还是十分鲜明的,原因就在于它有一套自己的一脉相承的定型的伦理思想。①

比起"欧洲人从基督教中世纪的长期冬眠中觉醒"来,中国人很早就从宗教哲学中觉醒过来,中国非宗教重伦理的哲学的产生实在是太悠久了,中国哲学从很早就形成了一个注重伦理的传统,至汉代,又把这种伦理哲学经典化、正统化与法律化。

第二节 汉代伦理哲学的整合与经学化

我们大致把先秦两汉哲学流派归纳为三大类型:自然型、宗教型和伦理型。这些不同的哲学流派一方面坚持着自己的主要观点,一方面又吸收着其他学派的观点,丰富和完善着自己的理论,使自己的理论在新的形势下能够生存与发展,从战国末期开始,哲学上加大了的互相融合成为中国哲学的重要现象。在秦始皇统一中国之前,就出现了一部对各哲学派别的思想采取兼容并蓄的著作——《吕氏春秋》。《吕氏春秋》在宇宙观方面倾向道家的自然哲学,在政治观方面倾向于儒家的伦理哲学,对先秦政治思想、文化思想进行了系统的总结,为即将出现的大一统政治局面做了思想理论准备。

秦帝国吞并六国,建立了中国统一的中央集权制封建国家,彻底完成了从春秋战国以来各国就开始了的一系列政治探索与改革,用中央严格统辖下的郡县制代替了过去各自为政的封邦建国制,同时在经济、文字、交通、度量衡等方面做了统一规定,加强了政治、经济上的统一,秦王朝也知道思想文化统一的重要性,但它不是顺应中国文化发展的趋势,也不是认真对传统思想文化进行总结,而是习惯于经验主义,仍以吞并天下时所采取的法家思想,也就是在已变为守天下的形势下仍采取夺取天下的旧方法,迷信暴力,专任刑罚,以法为师,以吏为教。统治者穷奢极欲,却对广大人民横征暴敛,残暴不仁,在思想

---

① 余敦康:《儒家伦理思想与中国传统文化》,《文化:中国与世界》第 3 辑,生活·读书·新知三联书店 1987 年版。

方面,采取高压政策,甚至制造了历史上有名的"焚书坑儒"惨案。秦帝国在战胜六国诸侯后,就把自己放到了与人民严重对立的方面,它万万没有想到看似一群"乌合之众"的农民,在陈胜、吴广振臂号召下,竟敢与不可一世的秦帝国宣战,更没想到天下会云集响应陈胜起义,于是秦王朝政权很快就在全国性的反秦浪潮中土崩瓦解了。秦王朝速亡有许多原因,其中主要的原因就是思想文化政策选择上的失误,事实证明:只选择法家专任刑罚的思想作为指导思想,必然给大一统封建帝国带来毁灭性的后果。

代秦而新建的汉王朝,基本上继承了秦帝国创立的封建大一统的政治、经济制度,但为了不再重蹈强秦速亡的老路,从上层统治者到下层有识之士,都对秦之所败亡进行深刻反思,并对秦不行仁义、施行暴政而导致灭国这一点达成共识。于是,曾被秦帝国取缔甚至严重摧残的春秋战国诸子之学,又得到恢复。当时,除了名家与墨家已衰落外,其他各家都有复兴的势头。在各家之中,儒家与道家的代表人物最为活跃,其学说也重新兴盛起来,但此时的儒家与道家思想,已远不是春秋战国时儒家与道家思想的简单恢复了。

由于经过反秦与楚汉的战争,社会经济遭到严重破坏,经济急需恢复,社会急需安定,百姓急需休养生息,于是在汉初六十多年中,汉朝统治者采取了轻徭薄赋、清静无为、与民休息的政策。汉初,封了许多异姓与同姓王,一些外戚、功臣与郡王也一样拥有势力,他们也都希望汉天子自然无为,不要干涉他们的权力,道家的自然无为成为各个社会阶层都赞同的思想。道家的自然哲学虽强调"自然而然",实际也包含着以人为本的思想。以人为本是相对于宗教哲学以神为本而言的,道家反对儒家以道德伦理规范人,其目的在于保护人的自然本性。儒家重在善化人性,道家重在顺应人性,其实是相反相成的。而汉初的道家思想又吸收了儒家的仁义伦理思想和法家的法制思想,主张刚柔并济,刑德并用,形成汉代新的自然哲学——黄老之学。黄老之学适应了历史发展的需要,成为汉初占统治地位的主要的思想形态。当时的代表人物就是刘安、司马谈,其代表作就是《黄老帛书》、《论六家之要指》与《淮南子》。

汉初儒家伦理哲学的代表人物当推陆贾与贾谊。陆贾是刘邦的重要谋士,他不赞同刘邦"马上得天下"又想"马上治天下"观念,即反对以暴易暴,重走暴秦的覆辙。他提出得天下与治天下应采取不同的方略,并为此而写出《新语》十二篇,来阐述自己的伦理哲学观。《新语》的核心观点,就是强调推行道德仁义的教化是治国的根本。他在《新语·本行》篇提出:"治以道德为上,行以仁义为本。"在《新语·道基》篇中又说:"夫谋事不并仁义者后必败,殖不固本而立高基者后必崩。故圣人防乱以经艺,工正曲以准绳。"陆贾还把统治者的个人道德修养与治国联系起来,并十分强调统治者的表率作用。他在《新语·慎微》篇中说:"夫建大功天下者,必先修于闺门之内。"在《新语·无为》篇中说:"夫王者之都,南面之君,乃百姓所取法则者也,举措动作,不可以失法度。……故上之化下,犹风之靡草也。"受陆贾《新语》的影响,文帝时期出了一名杰出的青年政治家、思想家贾谊,其著述被后人纂成一部《新书》,其观点与陆贾相近。他主张治世必须用儒学为指导,认为暴秦速亡的根本原因就在于不施仁义,主张汉天子以史为鉴,应德法兼施,重在实行仁义,重视礼乐制度建设与伦理教化,取得民心,皇权统治才能长治久安,这些思想与孔子的思想可谓一脉相承。

以自然哲学为指导,汉初在六十多年里经济得到恢复和发展,取得了历史上闻名的"文景之治"。汉王朝国力的提高,使得"自然无为"的思想已不适应形势的发展。至武帝时,他要顺应历史发展,变"无为"为"有为"。为了加强皇权统治,建立不世之功,在军事上,他要主动反击匈奴军事侵扰,消除威胁中央集权的外部隐患。在政治上,他要彻底消除诸侯郡王势力,消除威胁中央集权的内部隐患。在经济上,他采取了平准、酒榷、盐铁专营等经济垄断措施,从而获得一个推行他的"有为"政策的安定环境与强大的国力。在思想上,他要寻求一种有助于推行"有为"政策的意识形态,而"积极有为"、"自强不息"恰是儒家伦理哲学的一个主导思想。"儒道两家的外在特征,可以概括为儒家具有阳刚特征,道家学说则是阴柔。儒家代表作《周易大传》中的命题'天行健,君子以自强不息',最典范地显示了儒家的阳刚特征。孔子赞扬'刚毅',他的学生曾参提倡'弘毅',都是一种襟怀坦荡、刚强有为的思想表现。……道家思想的总特征是自守、自保,通过抵制自我欲望来与社会谐调,与儒家积极的人生观正相对峙"①,"在中国古代哲学中,儒家宣扬'刚健自强',道家则崇尚'以柔克刚',这构成中国文化思想的两个方面。儒家学说的影响还是大于道家的,在文化思想中长期占有主导的地位。刚健自强的思想可以说是中国文化思想的主旋律。"②武帝曾经广泛征求意见,搞过三次策问,董仲舒积极响应武帝的有为政策,支持武帝改变汉初以来无为而治的国策。他以儒学为基础,继承了宗教哲学人格化的"天"的观念,又杂以阴阳五行说,提出"人副天数"说。(《春秋繁露·人副天数》)他主张天为了体现自己的意志而创造了人,人又是天的副本,必须以天的意志来行事。天通过阴阳五行的变化体现其主宰作用,通过阴阳灾异谴告或惩罚违背天意者。将天道与人事相比附,认为"君臣父子夫妇之义,皆取诸阴阳之道。"(《春秋繁露·基义》)把封建伦理纲常与尊卑贵贱等级说成是天意,在此基础上,建立起他的"君权神授"与"天人感应"的学说体系。

董仲舒的儒学体系,吸纳了许多宗教哲学的观点,适应了西汉中期封建盛世大一统中央集权的需要。他专治"春秋公羊学",鼓吹"《春秋》大一统",建议利用大一统的封建中央集权的威力,确立能适应大一统封建中央集权需求的儒家意识形态的正统地位:"《春秋》大一统者,天地之常经,古今之通谊也。今师异道,人异论,百家殊方,指意不同,是以上无以持一统;法制数变,下不知所守。臣愚以为,诸不在六艺之科、孔子之术者,皆绝其道,勿使并进。邪僻之说灭息,然后统纪可一而法制可明,民知所从矣。"(《汉书·董仲舒传》)实际上,在董仲舒对策之前,汉武帝已倾心于儒学,他下诏举贤良方正直言极谏之士,董仲舒独以贤良身份对策,就是有力的证明。董仲舒的对策,马上得到了汉武帝的肯定,于是,汉王朝马上就雷厉风行地开始采取"罢黜百家,独尊儒术"的政策,统一全国的文化和意识形态。

儒学被定为一尊,儒学的伦理哲学由春秋战国时的诸子之学一跃而成为官方哲学,成为正统的思想——经学,经学的产生适应了汉代社会的需求与发

---

① 李宗桂:《儒道对立互补之比较》,《学术月刊》1988 年第 9 期。
② 张岱年:《中国文化的基本精神》(代序),傅永聚、韩钟文主编《二十世纪儒学研究大系》(总 21 卷),中华书局 2003 年版,各卷的第 6 页。

展,对巩固封建中央大一统制度发挥了巨大的精神作用。但也存在着弊端,有似秦王朝,取消了哲学上的百家争鸣,从此,中国哲学再也没有先秦时期哲学那种生气勃勃的原创力,再也没有创立出独立的哲学体系,除了引进域外哲学体系外,中国的哲学大致只在原来的哲学框架内寻求发展,中国哲学的发展受到严重束缚。当然,汉代的"罢黜百家,独尊儒术"政策,毕竟与秦始皇的愚民和高压政策有很大的不同。作为经学的伦理哲学于是从武帝统治时代开始,成为此后漫长的中国封建社会的主要文化学术形态和正统思想。而其他思想则成为与正统思想相对立的"异端",严重地影响了中国的社会形态与历史发展进程。

儒学原是春秋末期由孔子创立的与其他学派学说并列的子学,到了战国时期,儒学影响很大,成为显学,到了秦始皇时代,遭到"焚书坑儒",儒学几成绝学,到武帝时代,上升为至高至尊的唯一正统的经学。从此经学就是指研究和解释儒家经典的学术,其他子学只配为儒学所吸收,而不得占据正统地位。汉代经学分为今文经学和古文经学两派。从形式上看,二派区别在于所奉行的不同文字的经书上。由于惨遭秦火焚烧,今文经学所依据的经籍多是由汉初经师凭原来背诵记忆,而用当时汉代流行的隶书写成的。古文经学所依据的经籍,多是靠民间流传下来的,使用秦统一以前战国时的"古文字"写成的。今文经学很早就被立为官学,盛行于西汉。古文经学,基本上属于民间私学,立学官一直迟至于王莽新朝。从释经的内容看,主要区别在于各持不同的政治目的。今文经学与当朝政治联系紧密,重视研究的是《春秋公羊传》,将孔子吹捧为无冕素王,说孔子做《春秋》是为日后的汉朝制法。今文经学的代表人物就是董仲舒。古文经学的主要特点是重于经籍的文字训诂和考释,重视研究的是《春秋左传》,仅认为孔子是一位传经的圣人而已,反对用"天人感应"等神秘思想解释儒家经典,其代表人物为刘歆。尽管西汉中叶之后,今文经学逐渐衰微,古文经学逐渐抬头,在东汉时期,今、古文经学开始逐渐合流,但从整个历史过程来看,占据汉代意识形态领域主导地位的还是今文经学。

以董仲舒为代表的汉代今文经学,本来就有着浓厚的宗教哲学色彩,西汉后期,随着社会危机加深,统治阶级内部矛盾不断激化,统治者更感权力动摇的威胁，于是渴求加大儒学中的神学成分，企图依靠人们迷信神学来维持自己摇摇欲坠的统治。特别是王莽，本是一位汉皇室的外戚，为了篡汉，利用谶语来大造舆论。东汉初期，刘秀仍利用谶纬，宣扬自己是真命天子，并依仗已掌握的政权，对谶纬神学、今文经学、古文经学共同扶持，分别利用。传统的鬼神符谶乘势而兴，且越演越烈，用神学迷信观点解释儒家经典的纬书也大肆出笼。今文经学不仅与谶纬合流，而且谶纬大有凌驾一切意识形态之上的态势，当时竟有人把经学称为外学，而称谶纬之学为内学。西汉宣帝甘露三年（公元前51年）召开的石渠阁会议，东汉章帝建初四年（公元79年）召开的白虎观会议，完成了经学神学化，使伦理哲学与宗教哲学合为一体，并成为法典式的官方正统哲学。

就在宗教哲学把思想学术界搞得乌烟瘴气之际，刘歆、扬雄、桓谭等人，坚持古代儒家伦理哲学的原本精神，反对把儒学禁锢在宗教迷信之中，进而反对谶纬神学，希望在发扬儒家伦理哲学真正传统的基础上，吸收诸子百家之长，主张以改革儒学来发展儒学。而真正给以谶纬神学为代表的汉代宗教哲学以致命打击的是东汉的王充。王充在传统儒学的基础上，更多地吸收了自然哲学的观点，并以此为批判武器，在他的《论衡》一书中，坚持了唯物主义的元气自然论，对谶纬的虚妄与今文经学的神学迷信给予深刻的批判，给汉代哲学界带来了清醒的理性思考，预示着汉代宗教哲学由盛而衰。

东汉中后期，宦官与外戚交替执政，社会极度黑暗，农民起义此起彼伏，汉朝统治阶级的正统地位及其神学化的经学正统思想地位发生了动摇，社会上逐渐兴起了一股社会批判思潮，其代表人物是王符、仲长统等，他们高举儒家仁政德治的旗帜，以儒家的民本思想为武器，也吸收了王充的自然的观点与墨家兼爱的思想，大胆地揭露了当时黑暗腐败的社会现实。如王符认为"王者以四海为家，兆人为子"（《潜夫论·浮侈篇》），然而现实却是统治者以天下为私，以天下人为奴，"不上顺天心，下育人物，而欲任其私智，窃弄君威，反戾天地，欺诬神明。居累卵之危，而图泰山之安；为朝露之行，而思传世之功。岂不惑哉！岂不惑哉！"（《潜夫论·贵忠篇》）仲长统对汉末的政治、法律、伦理、文化作了全面的批判与反思，其犀利的批判锋芒虽也集中在社会的黑暗政治方面,但对谶纬迷信的批判也异常大胆泼辣,他大胆地否定天命论,以为所谓的"天道"是昏君佞臣骗人的鬼话,他说刘邦、刘秀"之所以震威四海,布德生民,建功立业,流名百世者,唯人事之尽耳,无天道之学焉。……从此言之,人事为本,天道为末,不其然与? 故审我已善,而不复恃乎天道,上也。疑我未善,引天道以自济者,其次也。不求诸己,而求诸天者,下愚之主也。"(《全后汉文·卷八十九》)以仁义治国,何恃"天道",以暴虐待民,靠鼓吹"天命"也难挽救覆灭的命运,这是历史证明了的事实。仲长统以"人事为本,天道为末",是对宗教哲学的致命抨击,是对伦理哲学基本精神的捍卫与发展,给传统儒家"以人为本"的思想赋予了新的意义。

考察汉代哲学的整个发展过程,我们看到自然哲学、宗教哲学和伦理哲学在整个汉代历史阶段都同时并存,而且各自都在顽强地发展,在不同时期,曾显示出各自的强硬发展势头。不过,从总体来看,还是伦理哲学占据着哲学的主导地位。这是因为在伦理哲学兴盛时期,就被国家法定为"独尊"的官学与经学,在借助强权的推行下,逐渐渗透到社会生活各个领域,其基本精神深入到每个社会成员的心中。另一方面因为这种伦理哲学适应汉代大一统社会的要求,从而成为维护大一统封建社会安定发展的强大思想武器。汉代的伦理哲学已不是传统的儒学,在同自然哲学、宗教哲学的相互斗争、相互融合中,具有了时代的特色。伦理哲学得到独尊的地位,曾吸收过宗教哲学,董仲舒儒学就吸收了神秘的阴阳五行说。宗教哲学发展中始终利用着伦理哲学,不论"谶"还是"纬",都需儒家的经典来依托。而当伦理哲学同神学化经学和谶纬迷信斗争时,往往与自然哲学结成统一的联盟。自然哲学与宗教哲学的界限比较鲜明,自然哲学在批判宗教哲学的同时,也展开对伦理哲学的批判,但主流是伦理哲学与自然哲学互相吸收、互相整合。以伦理为宗的汉代哲学,还广泛地吸收了其他诸子的思想,进行了具有时代特征的学术创新,极大地丰富和发展了传统儒家的学说,把占据思想主导地位的伦理哲学推进到一个新的高度,极大地影响了中国后世哲学发展的大趋势。

第二章 诸子复苏与自然
哲学的盛行

汉朝的建立,结束了秦王朝的残暴政治统治,也结束了秦王朝极端专制的文化政策,使几乎被窒息的春秋战国以来的中国各家哲学学说,得以复苏。在中国文化发展史上,幸运的是暴秦的统治时间很短,否则,中国的文化,很可能出现中断的现象。汉初在思想文化方面采取了宽松的政策,各种曾被秦始皇取缔的哲学思想,都想在新的形势下,得到快速的发展,但是只有道家的自然哲学和儒家的伦理哲学获得了蓬勃发展,这完全是因为自然哲学和伦理哲学适应了当时社会的需要与社会的发展。

第一节 儒家学说的迅速复苏与创新特点

汉初,被取缔多年的诸子之学得到迅速的恢复,在春秋战国就极有影响的儒、道二家,在汉初的诸子学说的恢复中,更显示了其学说的强大生命力。汉初儒学同道家学说一样,复苏得最早,"西汉王朝建立后,儒家经学开始复兴。经过叔孙通定朝仪,最高统治者逐渐意识到儒家'列君臣父子之礼,序夫妇长幼之别'的重要性,有意推崇经学。汉高祖刘邦曾到曲阜祭祀孔子。"[①]儒家学说的复苏,并非是简单的恢复孔子的儒学。实际上儒学发展至战国后期,已经有了很大的变化,其变化主要体现为儒学吸收与综合了其他诸子思想的优长,使其更好地适应发展了的社会形势。周予同先生指出:"战国时期的儒家学

---

① 张涛:《西汉时期经学对史学的影响》,《辽宁师范大学学报》1992 年第 5 期。

说,到了荀子就作了综合。虽然在武帝以后,封建统治阶级由于荀子主张不法先王,不敬天地,否认命运,人性本恶诸说,不合自己愚民的需要,因而将他本人屏于道统之外,遂使荀子在儒学中的地位不及孟子显赫;并因此引起后人对荀子学说的种种误解,可是他实为孔子以后儒家的传经大师,实为战国末儒家学说的集大成者,实为秦汉时期为封建专制主义的统一政权准备了理论基础的儒家学派的先驱人物,则不能否定。"① 汉初能继承与发扬荀子精神的是陆贾和贾谊。他们两人都是汉初的政治家,对强秦速亡楚败汉兴的种种原因有切身的体会,深刻认识到秦帝国采取法家严刑酷法的主张、楚霸王一任武力经营的危害。"一般说来,儒家是拥护传统的,法家是反对传统的。可是就统治术这一方面说,法家恰恰是继续奴隶主统治奴隶的办法,而儒家却有一套新路子、新办法。秦朝不知道中国社会已经进入到封建社会,仍然用奴隶主的统治术。措施和形势不相应,所以就碰得头破血流。"② 在深刻总结秦所以失天下和汉所以得天下的原因后,本于儒家仁义德治的思想,又融合道、法各家思想的优长,陆贾与贾谊二人形成了自己新的儒学思想,他们的思想适应了汉初社会形势的变化,是对传统儒学的新发展。

陆贾,原楚国人,大约生于秦王政七年(公元前 240 年),约卒于汉文帝十年(公元前 170 年),年轻时,随从刘邦夺取天下,经历了反秦与胜楚的时代巨变,在斗争中显示了他极高的学术修养与外交才能。汉王朝建立后,是他第一个以汉朝重臣的身份,向轻视儒学的汉高祖提出重儒的主张,是他明确地把《诗》、《书》等儒家经典作为治理国政的理论依据,他又凭借自己丰富的政治阅历,认为必须重视暴秦速亡的沉痛教训,提出天下可"马上得之",而不可"马上治之",即天下可"逆取",而必须"顺守",也就是必须以儒家"仁义"来治天下。《史记》本传记载说:

陆生时时前说称《诗》《书》。高帝骂之曰:"乃公居马上而得之,安事《诗》《书》!"陆生曰:"居马上得之,宁可以马上治之乎? 且汤武逆取而

---

① 周予同:《从孔子到孟荀——战国时的儒家派别和儒经传授》,《学术月刊》1979 年第 4 期。
② 冯友兰:《中国哲学史新编》(中卷),人民出版社 1998 年版,第 9 – 10 页。

以顺守之,文武并用,长久之术也。昔者吴王夫差、智伯极武而亡;秦任刑法不变,卒灭赵氏。乡使秦已并天下,行仁义,法先圣,陛下安得而有之?"高帝不怿而有惭色,乃谓陆生曰:"试为我著秦所以失天下,吾所以得之者何,及古成败之国。"

于是陆贾著《新语》一书,来述国家存亡之道。《新语》共有十二篇,篇目是《道基》、《术事》、《辅政》、《无为》、《辨惑》《慎微》、《资质》、《至德》、《怀虑》、《本行》、《明诚》、《思务》。还著有《楚汉春秋》,是当代人写的当代史,有似现在的"回忆录",也同样贯穿着儒家仁义的思想,其书已佚,现只有辑本。

陆贾近取秦王朝灭亡的教训与汉得天下的现实,又远溯历史,将历史上施行仁政与施行暴政的君王作了比较,揭示了行仁政得天下,行暴政失天下的历史规律,得出了"行仁义,法先圣"乃是长治久安的儒家政治主张。他把奉行封建伦理视为建国的基础、治国的根本、政治上成功的关键,甚至是统治者维持政治、经济地位的正途。否则,有国者也必丧,有位者也必绌,他曾说:"治以道德为上,行以仁义为本。故尊于位而无德者绌,富于财而无义者刑,贱而好德者尊,贫而有义者荣。"(《新语·本行》)在《新语·道基》篇中又说:

> 夫谋事不并仁义者后必败,殖不固本而立高基者后必崩。故圣人防乱以经艺,工正曲以准绳。德盛者威广,力盛者骄众。齐桓公尚德以霸,秦二世尚刑而亡。故虐行则怨积,德布则功兴,百姓以德附,骨肉以仁亲,夫妇以义合,朋友以义信,君臣以义序,百官以义承,曾、闵以仁成大孝,伯姬以义建至贞。守国者以仁坚固,佐君者以义不倾。君以仁治,臣以义平,……仁者道之纪,义者圣之学,学之者明,失之者昏,背之者亡。

陆贾将仁义进而视为一种至高的伦理准则,是社会每个成员都必须遵守的伦理准则,只不过随着社会成员地位的不同,仁义在他们身上体现有所区别罢了。

在陆贾看来,仁义道德才是古今最高的"天道",国家兴废、政权安危,帝位得失,这仅是"人道"的变化,而以仁义为核心的"天道"是不变的,奉天道者昌,逆天道者亡,其《新语·明诚》篇中说:

君明于德，可以及于远；臣笃于义，可以至于大。何以言之？昔汤以七十里之封，升帝王之位；周公自立三公之官，比德于五帝三王；斯乃口出善言，身行善道之所致也。故安危之要，吉凶之符，一出于身；存亡之道，成败之事，一起于善行；尧、舜不易日月而兴，桀、纣不易星辰而亡，天道不改而人道易也。

这种以仁义为天道的思想，不仅与先秦儒家思想一脉相承，而且也是对先秦儒家思想一种新发展，它也在一定程度上影响着董仲舒天道不变思想的形成。同时，陆贾以"道"为最高的范畴，说明受到先秦道家思想的影响，但他将道家的"道"的属性作了根本性的改变，将自然本原的道变为仁义道德的最高原则，就是以儒家思想吸收道家思想的一种表现。

陆贾奉行儒术，但不盲目崇古，不固守传统儒家的教条。他虽主张治国以仁义为本，但如何推行仁义？却认为各个朝代不必一律，必须因实际形势的不同而采取不同的然而又是符合实际的方略。他主张："制事者因其则，服药者因其良。书不必起仲尼之门，药不必出扁鹊之方，合之者善，可以为法，因世而权行。"（《新语·术事》）正因为具有这种"因世而权行"的思想，才能实事求是地依据时势不同而变通传统的儒家思想，才能正确对待传统的儒家学说。

首先，他并不一概排斥法家刑罚思想，他赞颂"因世而权行"的圣王贤臣："若汤、武之君，伊、吕之臣，因天时而行罚，顺阴阳而运动，上瞻天文，下察人心，以寡服众，以弱制强，……因是之道，寄之天地之间，岂非古之所谓得道者哉？"（《新语·慎微》）"皋陶乃立狱治罪，悬赏设罚，异是非，明好恶，检奸邪，消伏乱。"（《新语·道基》）他反对的只是法过繁、刑过重，刑治如果不能辅助仁治，就是有害的、超过辅助仁政限度的刑治。他说："秦非不欲治也，然失之者，乃举措太众、刑罚太极故也。"（《新语·无为》）而主张以儒家仁义为本，以法家刑罚为辅，将儒家的仁义道德与法家的权势思想结合起来："夫言道因权而立，德因势而行，不在其位者，则无以齐其政，不操其柄者，则无以制其刚。"（《新语·辨惑》）依靠政权及刑罚的力量，只是为了推行仁政，这是与法家主体思想完全不同之处。从这点出发，陆贾虽主张"文武并用，长久之术也"。但更主张重德轻刑，刑罚不是目的，只是为仁政服务的一种辅助手段。他在

《新语·至德》篇中说:"故设刑者不厌轻,为德者不厌重,行罚者不患薄,布赏者不患厚,所以亲近而致远也。"

其次,他也吸收了道家的自然无为的思想,他认为"自然无为"是最大的"道",是最大的有为:

> 道莫大于无为,行莫大于谨敬。何以言之?昔舜治天下也,弹五弦之琴,歌《南风》之诗,寂若无治国之意,漠若无忧天下之心,然而天下治。周公制作礼乐,郊天地,望山川,师旅不设,刑格法悬,而四海之内,奉供来臻,越裳之君,重译来朝。故无为者乃有为也。(《新语·无为》)

这种观点显然与先秦道家的无为而治的思想有联系,然而又不是赞同先秦道家"小国寡民"的理想,保守消极的政治态度。在仁义思想指导下,陆贾更注重的是以伦理教化这看似无为的手段而达到"治天下"的有为目的。他理想的为政标准是:

> 是以君子之为治也,块然若无事,寂然若无声,官府若无吏,亭落若无民,闾里不讼于巷,老幼不愁于庭,近者无所议,远者无所听,邮无夜行之卒,乡无夜召之征,犬不夜吠,鸡不夜鸣。耆老甘味于堂,丁男耕耘于野,在朝者忠于君,在家者孝于亲,于是赏善罚恶而润色之,兴辟雍庠序而教诲之,然后贤愚异议,廉鄙异科,长幼异节,上下有差。强弱相扶,大小相怀,尊卑相承,雁行相随,不言而信,不怒而威,岂待坚甲利兵、深牢刻令、朝夕切切而后行哉?(《新语·至德》)

汉初定天下时,百姓刚刚摆脱兵燹之苦,因社会生产力遭到战争的极大破坏,渴望得到休养生息的机会。国家经过长期战乱,也特别需要安定恢复秩序。陆贾以儒家的"仁义"观来解释自然无为,反映了社会发展的趋势,直接服务于当时的政治,他的新的儒家仁义观也为汉初流行的黄老之学所吸收。

陆贾总结秦亡的历史教训,提出以儒家仁义治国的设想,但他所处的时代,是刚刚结束战乱,天下初定的时代,诸子在几乎被剿灭的情况下,才开始复苏,所以他的理论总结,虽得到刘邦的赞同,但并未成为统治阶级真正采取的治国指导思想。而进一步为大一统封建中央集权政府提供仁为体礼为用、仁与礼相结合政治方略的则是贾谊,贾谊的学说尽管遭到统治阶级内部不同政见者的压制甚至打击,但他为以后董仲舒"罢黜百家,独尊儒术"的提出,作了思想准备。

贾谊生于汉高祖刘邦七年(公元前 200 年),卒于汉文帝十二年(公元前 168 年),洛阳人,少年时就以能诵诗书善著文章而知名,20 岁时被汉文帝召为博士,凭借着自己高远的志向、博学的才华,对汉代的社会、政治、法律、制度等,都有自己的深入研究与思考,针对当时社会现实,欲以儒家的道德伦理来解决汉初重大的社会问题。于是"以为汉兴至孝文二十余年,天下和洽,而固当改正朔,易服色,法制度,定官名,兴礼乐,乃悉草具其事仪法,色尚黄,数用五,为官名,悉更秦之法。孝文帝初即位,谦让未遑也。诸律令所更定,及列侯悉就国,其说皆自贾生发之。"(《史记·屈原贾生列传》)贾谊的政治主张,表现了一位年轻政治家的胆识与气魄,颇为文帝所赏识,因此不久升为太中大夫。但文帝刚刚即位,处理政事相当谨慎,甚至犹豫不决,又因贾谊的一些主张,如重新制定律令、统一官位名称、使郡王返国等,触犯了一些大臣的利益,最终被群僚所嫉妒,遭到排挤诬害,被贬为长沙王太傅,后又转为梁怀王太傅。贾谊有才不得施展,郁郁不得志,数年后,梁怀王堕马而死,贾谊自感身为太傅有责,忧伤过度而英年早逝,年仅 33 岁。著作有《新书》一书,《汉书·艺文志》载 58 篇,今本仅 56 篇,《问孝》篇有目无文,实存 55 篇。

与陆贾一样,贾谊也是从总结秦代灭亡的教训来探求国家长治久安之策的。贾谊认为强大的秦帝国之所以迅速覆灭,根本原因就是不施仁义,只知以武力来"逆取",而不知用仁义来"顺守":

> 试使山东之国与陈涉度长絜大,比权量力,则不可同年而语矣。然秦以区区之地,致万乘之权,抑八州而朝同列,百有余年矣。然后以六合为家,崤函为宫。一夫作难而七庙隳,身死人手,为天下笑者,何也? 仁义不施,而攻守之势异也。(《新书·过秦·上》)

在《新书·过秦·下》中,贾谊列举了秦二世不行仁义的种种暴行:

> 二世不行此术,而重以无道:坏宗庙与民,更始作阿房之宫;繁刑严

诛,吏治刻深;赏罚不当,赋敛无度。天下多事,吏不能纪;百姓困穷而主不收恤。然后奸伪并起,而上下相遁,蒙罪者众,刑僇相望于道,而天下苦之。自群卿以下至于众庶,人怀自危之心,亲处穷苦之实,咸不安其位,故易动也。是以陈涉不用汤、武之贤,不藉公侯之尊,奋臂于大泽而天下响应者,其民危也。

贾谊继承了先秦儒家的基本思想,认为仁义为立国之本,以仁为本,就是以民为本,国家的命运系于民,国家的安危也取决于民。凡是想做一名守国的"智者"就必须爱民,凡是虐民者,必是自毁家国的"愚者",因为"自古至今,与民为仇者,有迟有速,而民必胜之"。因为"夫民者,万世之本也,不可欺。凡居于上位者,简士苦民者,是谓愚;敬士爱民者,是谓智。夫愚智者,士民命之也。故夫民者,大族也,民不可不畏也。故夫民者,多力而不可适也。呜呼! 戒之哉! 戒之哉!"(《新书·大政·上》)贾谊比陆贾更强调爱民为立国之本,他认为爱民安民,是人主施行仁义的主要内容,这种思想是孟子"民本"、"仁政"思想的发扬光大。

贾谊与陆贾一样,也不是一个醇儒,他在儒家思想的基础上,也吸收了法家的思想。他并不一概反对法制,而且主张以"权势法制"来保障"仁义恩厚"的施行。他把"权势法制"与"仁义恩厚"比作是"人主"手中不可缺一的武器,"权势法制"与"仁义恩厚"并非是水火不相容的,而是可以相互为用,相辅相成的,因施予的对象不同,而有所变化,这无疑给汉皇执行"外儒内法"或"霸王道杂之"的政策提供了理论依据,他说:

屠牛坦一朝解十二牛,而芒刃不顿者,所排击,所剥割,皆象理也。然至髋髀之所,非斤则斧矣。仁义恩厚者,此人主之芒刃也;权势法制,此人主之斤斧也。势已定,权已足矣,乃以仁义恩厚因而泽之,故德布而天下有慕志。今诸侯王皆众髋髀也,释斤斧之制,而欲婴以芒刃,臣以为刃不折则缺耳。(《新书·制不定》)

当然,贾谊与陆贾一样,他提倡儒家仁义,目的只是为了维护大一统的封建社会秩序,为了加强汉皇的长期统治,因此除了对统治者提出施行爱民安民的要求外,对社会所有的成员,尤其是"民",也提出相应的要求。这种要求大致是严格遵守礼仪制度,从行动上以礼来约束自己,使君臣有别,尊卑有序,大小有差,强弱有位,各守其分,严格遵守礼的规定,使祸乱不生,社会稳定,国运长久。他说:

> 礼者,所以固国家,定社稷,使君无失其民者也。主主臣臣,礼之正也;威德在君,礼之分也;尊卑、大小、强弱有位,礼之数也。礼:天子爱天下,诸侯爱境内,大夫爱官属,士庶各爱其家。失爱不仁,过爱不义。故礼者,所以守尊卑之经、强弱之称者也。礼:天子适诸侯之宫,诸侯不敢自阼阶。阼阶者,主之阶也。天子适诸侯,诸侯不敢有宫,不敢为主人礼也。君仁臣忠,父慈子孝,兄爱弟敬,夫和妻柔,姑慈妇听,礼之至也。君惠则不厉,臣忠则不贰,父慈则教,子孝则协,兄爱则友,弟敬则顺,夫和则义,妻柔则正,姑慈则从,妇听则婉,礼之质也。(《新书·礼》)

礼如此重要,人们就必须接受礼乐教化,从思想上以德来修炼自己。人虽有仁义礼智信的本性,但又不可能自觉地意识到,更不可能自然地提升到应有素质的高度,要想获得这种意识与素质,必须以儒家经籍,即《诗》、《书》、《易》、《春秋》、《礼》、《乐》六艺为本,"缘之以自修":

> 人虽有六行,微细难识,唯先王能审之,凡人弗能自至。是故必待先王之教,乃知所从事。是以先王为天下设教,因人所有,以之为训;道人之情,以之为真。是故内法六法,外体六行,以兴《诗》、《书》、《易》、《春秋》、《礼》、《乐》六者之术以为大义,谓之六艺。令人缘之以自修,修成则得六行矣。六行不正,反合六法。艺之所以六者,法六法而体六行故也,故曰六则备矣。(《新书·六术》)

贾谊曾为自己的伦理哲学寻求宇宙观依据,在这方面他又接受了道家自然哲学的观点。贾谊也赞同道是宇宙万物的最终本源,但道是一种神秘而无形的本体,所以他更强调的是德,因为由无形的道生出有形之万物,其中介就是德,道生德,"德之所以生阴阳、天地、人与万物也"。(《新书·道德说》)德赋予万物以各自的本性、形体及万物本性所体现的"理",所以,阴阳、天地、人乃至万物及其"理"的直接源头是德而不是道：

> 物所道始谓之道，所得以生谓之德。德之有也，以道为本，故曰"道者，德之本也"。德生物又养物，则物安利矣。安利物者，仁行也。仁行出于德，故曰"仁者，德之出也"。德生理，理立则有宜，适之谓义。义者，理也，故曰"义者，德之理也"。德生物，又养长之而弗离也，得以安利。（《新书·道德说》）

阴阳、天地、人乃至万物的本性所体现的"理"，是多方面的，贾谊把它概括为"六理"。"何谓六理？曰：道、德、性、神、明、命，此六者德之理也。诸生者，皆生于德之所生"。（《新书·道德说》）这六种"理"，是阴阳、天地、人乃至万物的内在本性，所以又称"内度"或"六法"。阴阳、天地、人乃至万物的内在本性是相同的，但在外部表现上，又显示出各自的不同，这种表现就称之为"六行"：

> 德有六理。何谓六理？道、德、性、神、明、命，此六者德之理也。六理无不生也，已生而六理存乎所生之内。是以阴阳、天地、人尽以六理为内度，内度成业，故谓之六法。六法藏内，变流而外遂，外遂六术，故谓之六行。是以阴阳各有六月之节，而天地有六合之事，人有仁、义、礼、智、信之行，行和则乐兴，乐兴则六，此之谓六行。阴阳、天地之动也，不失六律，故能合六法；人谨修六行，则亦可以合六法矣。（《新书·六术》）

何谓"道、德、性、神、明、命"？贾谊在《新书·道德说》中这样解释："道者无形，平和而神。""德者，离无而之有。故润则腼然浊而始形矣，故六理发焉。""性者，道德造物。物有形，而道德之神专而为一气，明其润益厚矣。""神者，道、德、神、气发于性也，康若泩流不可物效也。""明者，神气在内则无光而为知，明则有辉于外矣。""命者，物皆得道德之施以生，则泽、润、性、气、神、明，及形体之位分、数度，各有极量指奏矣。"根据贾谊的解释，道是无形而神秘的万物本源，德是从无形之道而向有形之物的中介过渡，它不仅赋予有形之物以形体，也赋予万物之理。性是由"道德之神专而为一气"所形成的生命。神是千变万化的精神状态。明是内心体现为聪明意识、对外有明辨是非的智慧。命是指有形的万物。德有六理,且包含"道",显然与前面所说的"道生德"相矛盾,在逻辑上有些混乱。贾谊主要想阐明道德是天道所生,试想用道家自然观来为儒家宇宙观寻找理论依据。依这种宇宙观来看道德,道德就不是人的一种精神属性了,而是超然于万物与"道"相似的"天理"。因为道生德,德使万物含有六理,这六理是万物的内在本性,这些本性,外显出来,就是"六行",对于阴阳、天地来说,"六行"表现为"六律",而对于人来说,就表现为"仁、义、礼、智、信之行,行和则乐兴,乐兴则六,此之谓六行",而人之六行则全属道德的范畴,也就是说道德也本于天道。贾谊企图将儒家思想体系最高的范畴"德",与道家思想体系最高的范畴"道"互相融合,企图给"道德"赋予本体论的依据,体现了汉初儒家伦理哲学思想的一种新变,这种思想成为后世理学家思想的直接源头。

第二节 诸子之学的总结与综合

随着汉初诸子之学的复苏,全面总结与综合诸子之学的思想产生了,原有的传统哲学派别都有融合其他学派哲学思想的要求,而能够全面总结与综合诸子之学思想的历史任务,只能由汉代的思想家来完成,这一现象是其大一统政治在学术上鲜明的体现,其代表人物首先就是司马谈。

司马谈是汉代伟大的史学家、文学家、思想家司马迁的父亲,夏阳(今陕西韩城南)人,生于汉文帝时期,在武帝时官至太史令,卒于武帝元封元年(公元前110年)。他是一个不囿于一家一派之说的博学之士,司马迁在《史记·太史公自序》中说:"太史公学天官于唐都,受易于杨何,习道论于黄子。"天官,指天文、天文学。《史记·天官书》司马贞《索隐》案:"天文有五官,官者,星官也。星座有尊卑,若人之官曹列位,故曰天官。"唐都是汉初有名的天文学家,武帝时参与制订《太初历》,负责天部。杨何,淄川人,汉初著名的《易》学家,曾受《易》于田何,武帝时任中大夫,著有《易传杨氏》。黄子,即黄生,《史记·儒林列传》有记载,记其在汉景帝面前与儒学大师、清河王太傅辕固生辩论汤、武伐桀、纣的性质,可见,黄子是当时很有影响力的黄老学者。正因为司马谈对当时流行的各家学说都有研究，才能互相比较，认识各自的长短，他最担忧的是当时的学者不能通晓各学派学说的要义，而引起思想的混乱，于是他写了著名的《论六家之要指》，《史记·太史公自序》给我们保存下这篇珍贵的文献：

易大传："天下一致而百虑，同归而殊涂。"夫阴阳、儒、墨、名、法、道德，此务为治者也，直所从言之异路，有省不省耳。尝窃观阴阳之术，大祥而众忌讳，使人拘而多所畏；然其序四时之大顺，不可失也。儒者博而寡要，劳而少功，是以其事难尽从；然其序君臣父子之礼，列夫妇长幼之别，不可易也。墨者俭而难遵，是以其事不可遍循；然其强本节用，不可废也。法家严而少恩；然其正君臣上下之分，不可改矣。名家使人俭而善失真；然其正名实，不可不察也。道家使人精神专一，动合无形，赡足万物。其为术也，因阴阳之大顺，采儒墨之善，撮名法之要，与时迁移，应物变化，立俗施事，无所不宜，指约而易操，事少而功多。儒者则不然。以为人主天下之仪表也，主倡而臣和，主先而臣随。如此则主劳而臣逸。至于大道之要，去健羡，绌聪明，释此而任术。夫神大用则竭，形大劳则敝。形神骚动，欲与天地长久，非所闻也。

夫阴阳四时、八位、十二度、二十四节各有教令，顺之者昌，逆之者不死则亡，未必然也，故曰"使人拘而多畏"。夫春生夏长，秋收冬藏，此天道之大经也，弗顺则无以为天下纲纪，故曰"四时之大顺，不可失也"。

夫儒者以六艺为法。六艺经传以千万数，累世不能通其学，当年不能究其礼，故曰"博而寡要，劳而少功"。若夫列君臣父子之礼，序夫妇长幼之别，虽百家弗能易也。

墨者亦尚尧舜道，言其德行曰："堂高三尺，土阶三等，茅茨不翦，采椽不刮。食土簋，啜土刑，粝粱之食，藜霍之羹。夏日葛衣，冬日鹿裘。"其送死，桐棺三寸，举音不尽其哀。教丧礼，必以此为万民之率。使天下法若此，则尊卑无别也。夫世异时移，事业不必同，故曰"俭而难遵"。要曰强本节用，则人给家足之道也。此墨子之所长，虽百家弗能废也。

法家不别亲疏，不殊贵贱，一断于法，则亲亲尊尊之恩绝矣。可以行一时之计,而不可长用也,故曰"严而少恩"。若尊主卑臣,明分职不得相逾越,虽百家弗能改也。

名家苛察缴绕,使人不得反其意,专决于名而失人情,故曰"使人俭而善失真"。若夫控名责实,参伍不失,此不可不察也。

道家无为,又曰无不为,其实易行,其辞难知。其术以虚无为本,以因循为用。无成势,无常形,故能究万物之情。不为物先,不为物后,故能为万物主。有法无法,因时为业;有度无度,因物与合。故曰"圣人不朽,时变是守。虚者道之常也,因者君之纲"也。群臣并至,使各自明也。其实中其声者谓之端,实不中其声者谓之窾。窾言不听,奸乃不生,贤不肖自分,白黑乃形。在所欲用耳,何事不成。乃合大道,混混冥冥。光耀天下,复反无名。凡人所生者神也,所托者形也。神大用则竭,形大劳则敝,形神离则死。死者不可复生,离者不可复反,故圣人重之。由是观之,神者生之本也,形者生之具也。不先定其神形,而曰"我有以治天下",何由哉?

在中国学术史上,《论六家之要指》第一次把传统哲学的主要流派分为六家,仅用千余字就明确地将这六家的主要观点概括出来,指出了各家的长短以及它们与政治的关系。先秦至汉初,还没有人作过如此的总结,司马谈第一次作这样的总结,而且不囿一门一派的偏见,评价公允,实是难能可贵。在总结各学派的基础上,司马谈认为道家最能综合各派所长,显示出自己倾向道家学说的立场。

其实司马谈在《论六家之要指》中所赞赏的道家思想,已不是先秦时期老子的道家思想,而是汉初兼采各家之长,在综合融会中发展起来的新道家思想,因其托名于黄帝老子,又称为"黄老之学"。"黄老学说是西汉前期的政治思想主流,其基本构成包括老学和黄学,'道'是其理论的支撑点,'刑名'是其学说的表征。……从现存的文献资料看,黄学发生在战国,其上限应迟于老学产生的年代。黄学作为老学在新形势下的延展,将'黄'冠于'老'前,表明到了战国后期,黄学的势力大增,成为老子以后道家学派中最重要的流派。"①
"黄老之学"就是汉初的道家学派,其学派最大的特征,就是能正确评价中国
传统的各个哲学流派,努力吸收各个哲学流派的优长为我所用。司马谈认为
阴阳、儒、墨、名、法、道德六家皆"务为治者也',就是承认各派学说都是为了
用于治世,也就是所谓的"一致",由于有了共同的目标,各家各派才能最后而
"同归"。这种学术胸襟与眼光,在汉代一般学者是难以具备的。司马谈同时
又认识到,各个学派都想以自己的哲学理论用于治世,但各家看问题的角度与
思维方式不同,所提出的治世方法也各有不同,这就是所谓的"百虑",由于看
法、说法不一,就各走各的路子,这就是所谓的"殊涂"。正因为在同中还存在
着不同,所以就有了道绌儒、儒亦绌道的现象。各学派都认为自己的学说是真
理,而其他学派的学说为谬误。司马谈独能站在六家之上看六家,远远高于包
括传统道家在内的各家的认识。只有站在这个高度,才能正确、客观地认识到
各家的长处:阴阳家能"序四时之大顺",故"不可失也"。儒家能"列君臣父子
之礼,序夫妇长幼之别",故"弗能易也"。墨家主张"强本节用,则人给家足之
道"故"弗能废也"。法家"尊主卑臣,明分职不得相逾越",故"弗能改也"。
名家"控名责实,参伍不失",故"不可不察也"。各家的思想都有精华之处,都
是应该吸收的优点。至于阴阳家"使人拘而多畏",儒家"博而寡要,劳而少
功",墨者"俭而难遵",法家"严而少恩",名家"使人俭而善失真",则是它们
的缺点,都应该抛弃。

　　司马谈文中所肯定的"道家",已是一个综合了各家之长的新学派,"其为
术也,因阴阳之大顺,采儒墨之善,撮名法之要",也就是依据阴阳家关于四时
有度并按自然规律运行的学说,采取儒家、墨家理论的优点,如吸收儒家君君、
臣臣、父父、子子、夫夫、妻妻的道德伦理和墨家的强本节用的富民之道,提取
名家、法家学说的精要,如名家善于掌握概念,考察实际,进行比较验证,法家
严于上下名分,职责明确等等。综合各家各派思想的精华,是时势发展的需
要,是顺应事物变化的需要,固守传统的一家一派,势必不能适应于当前变化

---

　　①　张强:《司马迁学术思想探源》,人民出版社 2004 年版,第 23 页。

了的社会,势必收不到应有的治世效果,道家之所以优于其他学派,就是因为它是适应时代潮流而兴起的能综合众家之长的新思潮。这就是司马谈所说的它"与时迁移,应物变化,立俗施事,无所不宜,指约而易操,事少而功多。"

由于司马谈所谓的道家已综合了众家之长,所以他所说的"无为"也与传统道家的"无为"有了区别。这种区别就在于司马谈所说的"无为"是与"无不为"有着辩证关系为前提的。"道家无为,又曰无不为",而不是绝对的、无条件的"无为"。道家无为无不为,都合乎无形的"道",这是道家所应把握的永恒规律,也是道家的一贯精神,只有这样,才能成就万物之善,这就是所谓的"道家使人精神专一,动合无形,赡足万物"。无为以虚无为理论基础,以顺应自然为实践原则,即以顺天应人为治世纲领。无不为即是有为,这种有为是以无为为前提,在无定势、无常形的变化之中,能究明万物情理,不被物推于前,不被物置于后,有法而不以为固定之法,有度而不以为不变之度,能够顺应时势变化而变化,成为万物的主宰。这就是所谓的"其实易行,其辞难知。其术以虚无为本,以因循为用。无成势,无常形,故能究万物之情。不为物先,不为物后,故能为万物主。有法无法,因时为业;有度无度,因物与合。"

司马谈所说的无不为,与儒家的有为有着很大的区别。司马谈不赞成儒家的有为,他批评说:"儒者则不然。以为人主天下之仪表也,主倡而臣和,主先而臣随。如此则主劳而臣逸。至于大道之要,去健羡,绌聪明,释此而任术。夫神大用则竭,形大劳则敝。形神骚动,欲与天地长久,非所闻也。"又说:"凡人所生者神也,所托者形也。神大用则竭,形大劳则敝,形神离则死。死者不可复生,离者不可复反,故圣人重之。由是观之,神者生之本也,形者生之具也。不先定其神形,而曰'我有以治天下',何由哉?"儒家认为帝王是天下人的榜样,事事应由君主倡导而由为臣的应和,君主先做出样子然后臣子再加以追随。这样,君主疲劳而臣子安逸。如果劳累过度,生命不保,还谈什么治理天下? 司马谈认为:"'圣人不朽,时变是守。虚者道之常也,因者君之纲'也。群臣并至,使各自明也。其实中其声者谓之端,实不中其声者谓之窾。窾言不听,奸乃不生,贤不肖自分,白黑乃形。在所欲用耳,何事不成。乃合大道,混混冥冥。光耀天下,复反无名。"帝王治国理民的纲领应是顺势成其业,让臣

下各守其责,自己只分辨忠奸、是非、贤不肖,就无事不成。这才合乎"大道",
重反"无名",真正实现无为而无不为,做到君主无为而臣子有为,或可以叫做
君主看似无为,实际上是最大的或最有效的有为。

　　司马谈在《论六家之要指》中指出了阴阳家、儒家、墨家、名家、法家理论
的不足,唯独没有对道家的理论提出批评,可见他是站在道家的立场上来综合
各家优长的。他的儿子司马迁在《史记·太史公自序》中把他的《论六家之要
指》全文收录,但并不能证明司马迁与他父亲的思想是完全一致的,更不能简
单地以六家中的某一家来概括司马迁的思想。司马迁是汉代伟大的史学家、
文学家,也是伟大的哲学家,他虽然没有专门的哲学著作,然而他要以史著的
形式阐述自己的"一家之言"。他所声称的"'成一家之言'就是要独创一个思
想体系,具有划时代的内容,能启迪后人,影响社会。'成一家之言'是司马迁
在历史学上的一个首创。这表明,司马迁作史,并不是历史资料的汇抄和事实
的堆积,而是要阐明自己的思想和理想。"①

　　从《史记》中所体现出来的哲学思想来看,他的哲学思想是立于时代的
"制高点"上的,他不属于哪家哪派,只能属于他自己,如果以倾向而言,与其
父作比较,则司马迁更倾向于儒家学说了,但他又从不为儒家学说所拘束。如
他以历史事实为认识的起点,进而公开怀疑儒学大师董仲舒所鼓吹的道德化、
人格化了的"天道",在《史记·伯夷列传》中说:

　　　　或曰:"天道无亲,常与善人。"若伯夷、叔齐,可谓善人者非邪? 积仁
　　洁行如此而饿死! 且七十子之徒,仲尼独荐颜渊为好学。然回也屡空,糟
　　糠不厌,而卒蚤夭。天之报施善人,其何如哉? 盗跖日杀不辜,肝人之肉,
　　暴戾恣睢,聚党数千人横行天下,竟以寿终。是遵何德哉? 此其尤大彰明
　　较著者也。若至近世,操行不轨,专犯忌讳,而终身逸乐,富厚累世不绝。
　　或择地而蹈之,时然后出言,行不由径,非公正不发愤,而遇祸灾者,不可
　　胜数也。余甚惑焉,傥所谓天道,是邪非邪?

――――――――――
　　① 张大可:《试论司马迁一家之言》,《西北师范学院学报》1983 年第 3 期。

司马迁与其父亲一样也赞同道家的自然观,特别赞同道家把"天"解释为自然之天,一反传统的把天解释为宇宙万物最高主宰的观点。但道家主张自然无为,向往野朴无君没有等级没有礼义的远古社会,根据社会发展的过程及规律,司马迁在《史记·货殖列传》中严厉地批判了老子设计的小国寡民的政治蓝图:

> 老子曰:"至治之极,邻国相望,鸡狗之声相闻,民各甘其食,美其服,安其俗,乐其业,至老死不相往来。"必用此为务,挽近世涂民耳目,则几无行矣。

司马迁承认人的物质与精神的正当需求是合理的,他又说:"夫神农以前,吾不知已。至若《诗》、《书》所述虞夏以来,耳目欲极声色之好,口欲穷刍豢之味,身安逸乐,而心夸矜势能之荣。使俗之渐民久矣,虽户说以眇论,终不能化。"(同上)正是不断追求物质与精神的需求,才激起人们不懈的奋斗精神,不断改进物质生产与精神生产的方式,不断增加人们需求的物质与精神产品。特别是物质生产的改进与物质财富的增加,它在整个社会生活中占有最重要的位置,它影响甚至决定着人们的道德品质与思想意识。《史记·货殖列传》中又写道:

> 故曰:"仓廪实而知礼节,衣食足而知荣辱。"礼生于有而废于无。故君子富,好行其德;小人富,以适其力。渊深而鱼生之,山深而兽往之,人富而仁义附焉。富者得势益彰,失势则客无所之,以而不乐。夷狄益甚。谚曰:"千金之子,不死于市。"此非空言也。故曰:"天下熙熙,皆为利来;天下攘攘,皆为利往。"夫千乘之王,万家之侯,百室之君,尚犹患贫,而况匹夫编户之民乎!

这显然是对儒家以伦理为本的思想体系的严重挑战,对儒家"君子喻于义,小人喻于利"主张的有力批判。① 对传统哲学的不足与弊端,司马迁比其父司马谈认识的更全面更深刻。

同时,司马迁对传统哲学优长的认识也比其父司马谈更进了一步,特别对儒家的认识,表现更为鲜明。是司马迁第一次称呼儒家创始人孔子为"至圣",并将他列入《世家》之中,在司马迁心目中,孔子的崇高地位远远超过一般的帝王与贤人。他说:"天下君王至于贤人众矣,当时则荣,没则已焉。孔子布衣,传十余世,学者宗之。自天子王侯,中国言六艺者折中于夫子,可谓至圣矣!"(《史记·孔子世家》)对孔子的著述也给予了很高的评价,认为《春秋》是王道的最高体现,是维护大一统封建社会的大法,是社会各成员都要照之执行的伦理准则:

> 夫《春秋》,上明三王之道,下辨人事之纪,别嫌疑,明是非,定犹豫,善善恶恶,贤贤贱不肖,存亡国,继绝世,补敝起废,王道之大者也。……故有国者不可以不知《春秋》,前有谗而弗见,后有贼而不知。为人臣者不可以不知《春秋》,守经事而不知其宜,遭变事而不知其权。为人君父而不通于《春秋》之义者,必蒙首恶之名。为人臣子而不通于《春秋》之义者,必陷篡弑之诛,死罪之名。其实皆以为善,为之不知其义,被之空言而不敢辞。夫不通礼义之旨,至于君不君,臣不臣,父不父,子不子。夫君不君则犯,臣不臣则诛,父不父则无道,子不子则不孝。此四行者,天下之大过也。以天下之大过予之,则受而弗敢辞。故《春秋》者,礼义之大宗也。(《史记·太史公自序》)

正因为对传统哲学认识比别人深刻,才在此基础上建立起超出他人认识水平的自然观、伦理观、无神论,才"实现了自己已定下的三项著史目标。'通古今之变'——是探求古今历史演变趋势。'古'和'今',代表他要囊括的全部历

① 见《论语·里仁》篇,这是儒家对个人的要求。对治国治家来说,则主张"有国有家者,不患寡而患不均,不患贫而患不安。盖均无贫,和无寡,安无倾。"(《论语·季氏》)孔子虽也主张为政务使其邦"庶之"、"富之"、"教之"(见《论语·子路》篇),但儒家重视伦理的教化而不重视科学技术与物质生产,则是不争的事实。

史,也指明今天是由历史演进而来,不能割断历史上的联系;'变'是强调历史长河中治乱盛衰局面的不断变化,治国的办法、人的认识也必须随之发展和改变;'通'则是把历史的变化贯通起来,'稽其成败兴坏之理',总结出发展变化的道理。'究天人之际'——是探讨天与人间治乱兴衰之理的关系。司马迁所处的时代,'天人感应'之说盛行,汉武帝的策问和董仲舒的《春秋繁露》,都宣扬了天是支配人间的万能的神,天人感应决定国家盛衰、人间祸福,司马迁虽然也受到了这种思想的影响,并在一定程度上相信天上与人间有着某种对应关系,但他又敢于对感应、灾异、祥瑞等迷信说法表示保留和怀疑,进而从总体上强调人事起根本作用。尤其是一到记述重大历史事件,他就从史实出发,从人事的角度论述历史和总结成败得失,重视人心向背在历史上的作用,因而在回答'天意'与'人事'关系的问题上,司马迁达到了他的时代所能达到的最高水平。'成一家之言'——是司马迁要通过记载和论述历史来构建自己独立的思想体系。"①

总之,司马迁是汉代伟大的史学家、文学家、哲学家、思想家,只因我们在前面已对他作过详细介绍,这里就不再赘述了。

对传统的诸子哲学进行综合,从战国末期以来就开始了,《荀子》与《吕氏春秋》已体现了这种意识。到了汉朝,由于对秦帝国灭亡教训的总结与对大一统中央集权建设的探索,都再一次提出对传统哲学进行总结,以对传统哲学进行综合的新的意识形态,来正确指导对秦帝国灭亡教训的总结与对大一统中央集权建设理论的探索。所以,从汉初开始,总结与综合不同学派学术思想的倾向,逐渐演变为一种时代的潮流,原倾向于各个传统哲学的学者,都以自己所赞同的那一派为基础,来综合不同学派的学术思想,其中最有成效的是儒家与道家,而这二家比较起来,又以自然哲学为特征的道家,更适应了汉初社会的需求与发展,不仅出现了司马谈的《论六家之要指》,而且还出现了《黄老帛书》、《淮南子》,它们都显示了自然哲学在汉代的盛行。

---

① 陈其泰:《序》,见张强:《司马迁学术思想探源》,人民出版社 2004 年版,第 1—2 页。

第三节 《黄老帛书》及汉初黄老之学

汉初的自然哲学,由于吸收了传统的各个哲学派别的思想精华,把传统道家消极的"无为"转化为积极的"无不为",既满足了汉初在经过长期的战乱之后,国家经济需要恢复、人民需要休养生息的客观要求,也适应了社会稳定、大一统政治局面逐步得到加强的历史发展趋势,因此在政治上得到了统治阶级的支持。汉初的帝、后,如汉文帝、汉景帝、窦太后及政治家陈平、汲黯等也都是这种哲学的信奉者与支持者。这是一个在传统道家自然哲学基础上建立起来的一个新学,他们以假托黄帝的名义撰成的黄帝书和《老子》作为学派的经典,所以人们又称这种学说为"黄老之学"或"黄老道学"。黄老之学当然代表不了汉初具有综合各学特征的所有思潮,但黄老之学堪称汉初融合各派学说最好的一个学术派别。①

黄老之学是"黄帝之学"与"老子之学"的合称,其称呼虽以黄帝为先,但黄学的出现却在老学之后。黄帝是中华民族的人文始祖,在春秋时已有其传说,记载于《逸周书》、《左传》、《国语》中。战国末期,天下将趋于统一,诸子百家的思想加紧了互相渗透和融合,在政治上与学术上,黄帝成了"一统"、"融合"的象征,成了诸子百家共同崇拜的偶像。各派都借题发挥,都有伪托黄帝之名撰写的著述。为了抬高学派的地位,道家也打出黄帝的旗号,以天道自然观为思想核心,主要吸收了法家的法、术、势的思想,同时也融合了阴阳、儒、墨甚至兵家的思想,形成了一个新的哲学派别——黄老学派。司马迁指出:"申子之学,本于黄老,而主刑名",韩非"喜刑名法术之学,而其归本于黄老"(《史记·老庄申韩列传》),又说:"慎到,赵人;田骈、接子,齐人;环渊,楚人。皆学黄老道德之术,因发明序其旨意。"(《史记·孟子荀卿列传》)慎到、田骈、接子、环渊等人,又是稷下学宫的主要人物,战国末期活跃于齐国的稷下

---

① 参见丁原明:《黄老学论纲》,山东大学出版社 1997 年版;熊铁基:《秦汉新道家》,上海人民出版社 2002 年版;李炳海:《道家与道家文学》,东北师范大学出版社 1992 年版。余光明:《黄帝四经与黄老思想》,黑龙江人民出版社 1989 年版。

之学,其主导思想就是黄老之学。战国末期,黄老学派已是一个很有影响的以综合各家学说为特征的学术流派。汉初,黄老之学更加盛行,假托黄帝之名而著书立说仍延续不断,正如《淮南子·修务训》中说:"世俗之人,多尊古而贱今,故为道者必托于神农、黄帝而后能入说。"《汉书·艺文志》载录了阴阳家、小说家、兵阴阳等21种托之黄帝的书籍,其中在"道家"种类中,所载黄帝书就有四种七十八篇:

> 《黄帝四经》四篇。
>
> 《黄帝铭》六篇。
>
> 《黄帝君臣》十篇。起六国也,与《老子》相似也。
>
> 《杂黄帝》五十八篇。六国时贤者所作。

有的书籍没有冠以黄帝之名,如在"道家"种类中,还有《力牧》二十二篇。《汉书·艺文志》注曰:"六国时所作,托之力牧。力牧,黄帝相。"在《十六经》中记有黄帝与力黑(力牧)、果童、阉冉、单才(单盈才)太山稽、高阳等人的事迹和问答。推想托名黄帝相力牧所写的《力牧》,也很可能属黄帝之书。

班固所载黄帝书,除"医经"种类中的《黄帝内经》流传至今外,其余都早已亡佚。1973年12月长沙马王堆三号汉墓出土了一批古代帛书,其中《老子》就有甲、乙两个不同的版本。并有抄写在《老子》乙种本卷前的四部古佚书:《经法》、《十六经》、《称》和《道原》,共一万一千多字。《经法》由《道法》、《国次》、《君正》、《六分》、《四度》、《论》、《亡论》、《论约》、《名理》九篇组成,主要论述道法及刑名思想对治国的作用。《十六经》除总论外,还有《立命》、《观》、《五正》、《果童》、《正乱》、《姓争》、《雌雄节》、《兵容》、《成法》、《三禁》、《本伐》、《前道》、《行守》、《顺道》十四篇,叙说黄帝事迹及军事、治国之术。《称》侧重论述事物的阴阳辩证关系。《道原》主要论述道的性质及运用。这四种古佚书体裁有别,内容却互相联系,可以结成一个整体。因只有篇名而无统一书名,学术界姑且称其为《黄老帛书》,文物出版社1976年将四种古佚书合为一册出版,题名为《经法》,现据后出的《马王堆汉墓帛书》,一般称四种古佚书为《黄老帛书》。① 著名的古文字学家唐兰先生考证这四种古佚书就是《汉书·艺文志》所记载的《黄帝四经》②，也有的认为《十六经》应为《十大经》，是《汉书·艺文志》所记载的《黄帝君臣》十篇。《十六经》初发表时作《十大经》，后经马王堆帛书整理小组研究，又订正为《十六经》。经学者们考证，"可以推断这几篇黄老著作，成书当在战国末年，西汉初的一些人曾见过它，并且直接间接地加以引用，说明这几篇黄老书在汉初已经流行。"③更为有力的证明，就是这四种古佚书是抄写于汉高祖末年或晚至惠帝和吕后朝，因为三号汉墓主人是长沙丞相轪侯利苍的儿子，其下葬的时间应在西汉初期，把黄老书作为随葬品，可见当时人对黄老书的重视。总之，《黄老帛书》是黄帝书的重要部分，是汉初黄老之学奉行的重要著作。对于今天我们研究黄老之学，提供了极其重要而有价值的资料。过去由于黄帝书的佚亡，我们研究黄老之学，只有"老学"的原始资料而无"黄学"的原始资料，《黄老帛书》的发现，在资料学上填补了黄老之学研究中的重要空白，甚至填补了我国早期思想史哲学史研究中的重要空白。

黄老学派产生于战国末期而盛行于汉初，司马谈的《论六家之要指》对道家的阐述，比较准确地概括了黄老之学融合各家学说优长的特点。黄老之学的另一显著特点，就是具有指导政治生活的实用性。黄老学派从自然哲学的基本观点出发，认真研究人类社会的成败、得失、祸福，形成自己的政治、哲学、军事观，一方面主张"清静自定"，对国家稳定政治局势和恢复发展经济及老百姓休养生息，都起到理论上的指导作用。另一方面，又重视"人为"，注重治道，大讲："君王南面之术"，强调君权的巩固与天下统一，黄帝就是他们大一统的象征。《十六经·果童》中说："唯余一人，兼有天下。"黄老学派的政治理想是封建中央大一统，而不是老子的"小国寡民"。黄老学派的这些主张为董仲舒的旨在宣扬大一统的经学体系的建立，及王充批判经学、神学的自然哲学

---

① 参见《马王堆汉墓帛书:〈经法〉》，文物出版社 1976 年版;《马王堆汉墓帛书》[壹]，文物出版社 1980 年版。

② 参见唐兰:《马王堆出土〈老子〉乙本卷前古佚书的研究》，《考古学报》1975 年第 1 期。

③ 任继愈主编:《中国哲学发展史》(秦汉)，人民出版社 1985 年版，第 105 页。

的形成,都提供了思想资源。而黄老学术之所以具有这些思想价值,主要缘于黄老之学的新的哲学观。

　　基于传统道家的宇宙观,黄老之学仍把"道"视为其哲学的最高范畴,也是《黄老帛书》的理论基础。黄老之学认为,"道"的根本性质,是看不见然而又无处不在,是"万物之所丛生"(《经法·道法》),即万物生成的总根源,道又是主宰宇宙事物的总规律,《道原》篇解释"道"说:

　　　　恒无之初,週(洞、通)同太虚。虚同为一,恒一而止。湿湿梦梦,未有明晦。……古(故)无有刑(形),大週无名。天弗能复(覆),地弗能载,小以成大,大以成大,盈四海之内,又包其外。在阴不腐,在阳不焦,一度不变,能适规(蚑)侥(蛲)。鸟得而蜚(飞),鱼得而流(游),兽得而走,万物得之以生,百事得之以成,人皆以之,莫知其名,人皆用之,莫见其刑(形)。

道是宇宙万物产生之前的无形的东西,也没有名称,与"太虚"混同,但无形并不等于虚无,道有似"湿湿梦梦,未有明晦"的混沌之气。"道"又称为"一",道"虚同为一,恒一而止"。《十六经·成法》中说:"一者,道其本也,……一之解,察于天地。一之理,施于四海。……夫唯一不失,一以驲(趣)化,少以知多。夫达望四海,困极上下,四乡(向)相枹(抱),各以其道。""一"的内涵接近于没有任何规定性的原初混沌的物质,这与《老子·四十二章》所说的"道生一,一生二,二生三,三生万物",《庄子·天地》所说的"泰初有无,无有无名,一之所起,有一而未形",有相同之处。道的性质是无意识而有万物起源的作用,它的性质在一切事物中都能体现出来,天地万事又无不包涵于道的范围之中。它既是宇宙发生的根源,又是宇宙万物赖以存在的普遍真理。《黄老帛书》对先秦老庄的"道"的观念既有继承,又作了重要的改造,把"道"视为万物本原的原初物质状态,类似《管子·五行》篇所谓的精气,或后来王充所谓的"元气"。《黄老帛书》有时把"道"视为一种精神的力量,如《经法·名理》篇说:"道者,神明之原也。神明者,处于度之内而见于度之外者也。处于度之[内]者,不言而信。见于度之外者,言而不可易也。"说明对"道"的物质性认识还不彻底,然而与《老子》认为道是精神本体的思想还是有所不同的,其唯物论倾向比先秦道家自然观更鲜明了。

与对"道"的看法密切相关的,还有一个对"天"以及天人关系的看法,黄老哲学强调由道而产生的天,也是没有意志的,其自然变化是自然而然的现象。《十六经·本伐》认为:"道之行也,繇(由)不得已。"《经法·国次》讲:"天地无私,四时不息"。《经法·六分》也说:"参之于天地,而兼复(覆)载而无私也"。黄老哲学还认为天就是自然界本身,它只显示着生命现象的运动变化规律及客观性,虽然是无目的、无感情、永不休止运动,但不是杂乱无章的随意运动,而是有"度"有"数"的有规律运动。《经法·道法》说:"天地之恒常,四时、晦明、生杀、輮(柔)刚",《经法·论约》也说"四时有度,天地之李(理)也。日月星晨(辰)有数,天地之纪也。三时成功,一时刑杀,天地之道也。",天地运行、四季变化有一定的规律,是有一定的"度"、"数"可循的,虽然是不依人的意志转移的,但人是可以识其"度"识其"数"的,说明天之道是可以认识的,认识的目的在于更好地循其天而不是逆其天。因为"顺天者昌,逆天者亡"(《十六经·姓争》),这也是不可抗拒的规律。在天道与人道之间,可以发挥人道而利用天道规律,从而很好地为人道服务,这是黄老哲学吸收了荀子天人相分的思想,强调人可以认识自然规律为自己造福的进步思想的表现。《经法·六分》中说:"王天下者之道,有天焉,有人焉,又(有)地焉。"又在《十六经·观》中说天、地、人三道中若无人,便"无与守天,无与守地",提出了天、人、地三道参合而治又特别突出人的作用的思想。这与老庄道常无为、万物自化、天下自定的思想,有明显的不同。显然黄老之学吸收了儒家积极有为的思想,进一步重视了人道,比传统老庄道家更强调人的有为的作用。

当然,从主体上讲,黄老哲学把"天"理解为物质自然界,是有规律而无意志的自然存在的自然运动,但也不否认,在黄老哲学中,仍有宗教哲学的影响,有时也有认为天会惩罚人的意识,如在《经法·国次》中认为"过极失正〔当〕,天将降央(殃)……阳窃者天夺〔其光,阴窃〕者土地芒(荒),土敝者天加之以兵",这句话可作二解,如果认为人若违背自然规律,必遭自然规律的惩罚,这就是唯物的自然观。如果认为人有过失,就会惹得有意志、有感情、有神性的天发怒,因而降以灾殃来对人进行惩罚,这就成了唯心的宗教说。究竟是属于自然观还是属于宗教观,这里表述的并不明确。从黄老之学的整体上说,是属于唯物的自然观,但是这种表述,为宗教哲学利用提供了方便,为董仲舒的天人感应的思想提供了思想资源。

黄老哲学顺应时代需求而产生,其哲学的运用目的还在于以其道来治世,这是它的鲜明的理论联系实际的特点,也是它理论的最终归宿。所以在治世方略方面,《黄老帛书》阐述得最为全面而深刻。这是黄老哲学无为而治的精神核心,如果说先秦道家的无为而治有明显的消极避世因素,黄老哲学的无为而治则体现了更多的积极进取的治世精神,这是与先秦道家无为而治的重大区别之处。

黄老的无为而治,主要体现为重柔守雌的思想,是《老子》的重柔守雌思想的进一步发展。《老子》有"柔弱胜坚强"的阐述,在此思想的基础上,《十六经·雌雄节》又提出了"雄节"与"雌节"这对矛盾统一的范畴:

> 宪敖(傲)骄居(倨),是谓雄节;□□共(恭)验(俭),是谓雌节。夫
> 雄节者,涅(盈)之徒也;雌节者,兼(谦)之徒也。夫雄节以得,乃不为福;
> 雌节以亡,必将有赏。

雄节盛气凌人、露才扬己,雌节外示柔弱、谨慎自谦。雄节逞强、取胜并非是福,取胜次数越多,招致的祸殃越大,最终酿成败亡的结果。相反,雌节虽柔软示弱,也连连受挫失败,但失败越多,积德越多,最终将有大赏。所以治国者,一定分清雄节必遭祸雌节必致福的道理,《十六经·顺道》说:"大菫(庭)之有天下也,安徐正静,柔节先定。"《经法;四度》说:"以强下弱,〔以〕何国不克,以贵下贱,何人不得,"提倡"以强下弱""以贵下贱",是为了在斗争策略上采取谨守卑弱,最后达到后发制人的目的。

在黄老学派看来,雄节与雌节是一对相反相成的矛盾双方,雄节属刚,雌节属柔,主张"知其雄,守其雌",即重柔守雌。重柔守雌的思想主张,是防止物极必反,因为强盛容易转化为衰弱,而柔弱反倒逐渐会达到后发制人的目的。《十六经·姓争》说:"过极失当,变故易常。"《称》说:"短者长,弱者强,

赢绌变化,后将反施。"最终是为了以柔克刚,以退为进。《经法·名理》说:"以刚为柔者栝(活),以柔为刚者伐。重柔者吉,重刚者灭。"但黄老之学并非如老子把贵柔看得绝对化。而是刚柔并济,并不是意味着一概排斥刚,在守雌的基础上以刚相辅助。以德教化应属于雌节,以刑惩罚应属于雄节,《尉缭子·天官》说:"《黄帝·刑德》可以百胜",又说:"刑以伐之,德以守之,⋯⋯《黄帝》者,人事而已矣。"黄老之学继承并发展了这一思想,以德为先,以德为主,辅以刑罚,主要从教化出发,来取得民心,而后才会守天下。这些主张,从哲学上说,是道家贵柔守雌的思想又吸收了儒家的中庸思想,在政治上则对儒家的仁政理论及法家的刑罚思想加以合理的融合,形成德治与法治相结合的政治主张。

为了更好地治世,黄老哲学还提出了"执道"、"循理"、"审时"、"守恒"等一整套的治世原则和方法。① 首先是"执道",即准确认识和把握事物变化的根本规律。此思想源于《老子》:"圣人执一,以为天下牧。"执一就是执道,《吕氏春秋》有《执一》篇,篇中说:"王者执一而为万物正,⋯⋯执一,所以专之也。一则治,两则乱。"《经法·道法》指出:"故唯执〔道〕者,能上明于天之反,而中达君臣之半(畔),富密察于万物之所终始,而弗为主,故能至素至精,恔(浩)弥无刑(形),然后可以为天下正。"这就是说只有"执道"的人,才能知道物极必反的天道,了解君贵臣贱君仁臣忠的区别,才能细致周密地观察万物变化的始终过程,不带着框框先入为主,从而精确地辨别是非,为天下立准则。执政者,首先要执道,这是执政治国最根本的关键。《经法·道法》篇指出:"必有刑(形)名。刑(形)名立,则黑白之分已。故执道者之观于天下殹(也),无执殹(也),无处也,无为殹(也),无私殹(也)。是故天下有事,无不自为刑(形)名声号矣。刑(形)名已立,声号已建,则无所逃迹匿正矣。""执道"的关键在于审定"形名",这显然又吸收了儒家的正名说与名家"控名责实,参伍不失"的思想。(《史记·太史公自序》)万事万物之形先于名,名生于

---

① 这里基本采用了肖萐父、李锦全主编《中国哲学史》(人民出版社 1982 年版)上卷第三编《封建社会前期阶段(秦汉至隋唐)哲学的发展》第一章《秦汉之际的哲学思潮》第二节《汉初黄老之学的朴素唯物论》中的观点。

形,名与形必须相符。只要"形名"确定了,就能明是非,辨黑白,把握"顺逆"、"死生"、"存亡"、"兴坏"等重大政治问题关键的区别之处,不被表面伪情所迷惑,循名责实,进而才能确定采取应对的政策与策略。

其次是"循理",即知"顺逆","能举曲直","能循名究理",清楚哪些事物属是,哪些事物属非,执政的做法,哪些合乎理,哪些逆乎理,然后才能明于事理,做事自觉顺乎理。《经法·论》篇说,"物各〔合于道者〕,胃(谓)之理。理之所在,胃(谓)之〔顺〕。物有不合于道者,胃(谓)之失理。失理之所在,胃(谓)之逆。顺逆各自命也,则存亡兴坏可知。"《经法·名理》篇说:"故执道者之观于天下,□见正道循理,能与(举)曲直,能与(举)冬(终)始,故能循名厩(究)理。""理"是"道"的具体体现,合理则"顺",失理则"逆"。处理社会生活中最重要的顺逆关系,莫过于处理君臣、贤不肖、动静、生杀的顺逆关系,即所谓的"四度"问题,实际就是执政者在处理几个重大政务问题时要把握住的"度",对不同对象采取不同的正确政策。"四度"问题处理得顺,则天下安定,君仁臣忠,贤立而不肖退,动静有时,生杀适当。在"四度"之中,最重要的莫如分清君臣之责,朝臣贤不肖之分,处理好君臣这一对矛盾体的问题,正如《经法·六分》说:"主惠臣忠者,其国安。主主臣臣,上下不赿(斥)者,其国强。主执度,臣循理,其国霸昌。"反之,君臣乖离,必招致国危身亡;贤不肖并立于朝,国纵使不亡也必内乱频频发生。

再次是"审时",事物发展总有顺利与逆转的过程,总有成功与失败的结果,"审时"就是要"审知顺逆"(《经法·四度》),"定祸福死生存亡兴坏之所在"(《经法·论约》),即在处理顺逆关系时,一要见微知著,二要善于把握转逆为顺的关键,牢牢把握住由逆转顺的时机。《十六经·观》说:"当天时,与之皆断。当断不断,反受其乱。"当事物性质发展至重要阶段,存在着矛盾转化的关键时机,当此时,把握住机会,或将坏的事物扼杀于"摇篮"之中,或将它推向好的发展方面。把握不住机会,就将听任坏的事物的恶性发展,或使本来好的事物向坏的方面转化。执道者成功的关键,就在于能及时地把握和利用时机,使"天时"为我所用。如何把握时机。《十六经·姓争》中说得很明白:"明明至微,时反以为几。天道环〔周〕,于人反为之客。争(静)作得时,天地与之。争不衰,时静不静,国家不定。可作不作,天稽环周,人反为之〔客〕。静作得时,天地与之;静作失时,天地夺之"。一切关键时机都存在于事物发展之中,按照自然运行的规律,审时而动。时不至时静待而不可作,时机来时,抓住契机,反客为主,推动事物向好的方面转化。否则,当静不静或可作不作,都会使时机丧失,失去成功的良机。

最后是"守恒",即注意把握、控制好事物变化的"度",使其恰到好处。守住这个"恰到好处"的"度",就能保持事物美好性质的"恒",《经法·道法》说:

> 事如直木,多如仓粟。斗石已具,尺寸已陈,则无所逃其神。故曰:度量已具,则治而制之矣。绝而复属,亡而复存,孰知其神。死而复生,以祸为福,孰知其极。反索之无刑(形),故知祸福之所从生。应化之道,平衡而止。轻重不称,是胃(谓)失道。天地有恒常,万民有恒事,贵贱有恒立(位),畜臣有恒道,使民有恒度。天地之恒常:四时、晦明、生杀、輮(柔)刚。万民之恒事:男农、女工。贵贱之恒立(位):贤不宵(肖)不相放。畜臣之恒道:任能毋过其所长。使民之恒度:去私而立公。变恒过度,以奇相御。

事物变化首先体现为一定数量的变化,数量变化达到一定极限时,事物就要发生质的变化,"恒"就是使事物保持一个"恰到好处"的量,这个量就是"度"的界限,不可达不到,也不可超出,否则,"恰到好处"就要改变了。当然,事物不断的变化,这是永恒的规律,谁也阻挡不了,问题是当其数量变化朝着向坏的质的方面转化时,就应该发挥人的作用,严格控制这种量的变化,不能使它超越那个使事物变质的"极限"。这种"守恒"与儒家的"不偏不倚"、"持中"、保持"中庸之道"极相似。《经法·名理》指出,越"度"必然失败,"功必不成,祸必反〔自及〕也。"而"处于度之内",即守"度",则"已诺必信",办事必成。如赋税本是朝廷主要财源,但征税要有度,超过一定的度,则民怨四起,事物就走向了它的反面,国家就会动荡不安。所以《经法·四度》篇说,"极而反,盛而衰,天地之道也,人之李(理)也"。《道原》也强调:"抱道执度,天下可一也。"

"守恒"与黄老哲学中主张守柔、守雌的思想是一致的,黄老学派认为只要"执道"、"守恒",便可取得一统天下,对自己的哲学价值评估得很自信。

《黄老帛书》还含有较丰富的朴素辩证法思想,其中较为突出的,是关于阴阳相互对立又相互统一的学说。这一学说所谓的阴阳,其概念已成为事物矛盾的两个方面,世上万物普遍存在着"阴"与"阳"的两个方面,天地、昼夜、君臣、上下、男女、父子、兄弟、长幼、大小、贵贱、德刑等等,凡是一系列成对对应的事物,都属阴阳对立统一的范畴。正是由于阴阳矛盾双方的对立统一,即又相互斗争,又相互作用,互为条件,互相促进,才促使万事万物的运动变化和新陈代谢。《十六经·姓争》中说:"刚柔阴阳,固不两行,两相养,时相成。"《十六经·果童》中又说:"静作相养,德疟(虐)相成,两若有名,相与则成。阴阳备物,化变乃生。"黄老之学承认宇宙万物矛盾的普遍性,并用矛盾对立统一的观点去观察事物的发展与转化。

既然矛盾的对立面是普遍存在的,就不必回避矛盾的斗争,而是应该以积极的态度对待矛盾的斗争与发展,充分发挥人的主观能动性,促进矛盾向好的方面转化。《十六经·姓争》中说:"谋相复(覆)顷(倾)……勿忧勿患,天制固然。天地已定,规(蚑)侥(蛲)毕挣(争)。作争者凶,不争亦毋(无)以成功。"又说:"天地已成,黔首乃生。胜(姓)生已定,敌者□生争,不谋(戡)不定。"自然界和社会到处存在的"谋相覆倾"的斗争现象,这是"天制固然",不以人的意志为转移,正确的态度应是:首先不必为此而担忧,其次以积极的态度去"争",不进行斗争就无法取得成功。《十六经·五政》中还说:"今天下大争,时至矣,后能慎勿争乎?"与老子"天之道,不争而善胜"(《老子·第七十三章》)的思想比,对待矛盾的态度,更强调一个"争"字,十分重视以积极的态度参与矛盾的斗争。对传统的道家"无为"思想作了质的改变,真正成了积极的"无为",看似不争,是时机不到,若"时至矣",岂能不争?"不争亦毋(无)以成功",黄老之学深谙此理。

黄老哲学认为,矛盾的双方对立而不能对等,必然有一主一从,也就是我们现在所说的主要矛盾和次要矛盾,从而主张要阳主而阴从。如德刑这对矛盾体,虽互相矛盾却又相互依存,但德属阳而刑属阴,执政者须以德为主,以刑为辅。《十六经·姓争》说："天德皇皇,非刑不行。缪(穆)缪(穆)天刑,非德必顷(倾)。刑德相养,逆顺若成。刑晦而德明,刑阴而德阳,刑微而德章(彰)。"德刑相济,又以伦理教化为主,充分吸收了儒家的德刑思想,而比老学只讲道不讲法要全面得多。《经法·六分》又说:"主两则失其明。男女挣(争)威,国有乱兵,此胃(谓)亡国。"事物的变化和发展,都是矛盾双方相互作用的结果,代表其性质的则是矛盾的主要方面,若主、次矛盾的位置发生了替换,事物的性质肯定就发生质的变化。既然如此,在事物的变化和发展中,就一定分清矛盾的主次关系,当美好的事物处于"从"的位置时,就努力使它逐步由旧日的"从"变为新的"主",即由次要矛盾变为决定性质的主要矛盾。《十六经》结语说:"不臧(藏)故,不挟陈。乡(向)者已去,至者乃新。新故不蓼(摎、纠),我有所周。"强调美好事物由弱变强,不应保留旧的腐朽的因素,而应不断地接受美好的新质,克服了传统道家宿命论和不可知论,这是对待新旧事物矛盾转化的正确态度。若美好的事物处于矛盾体的"主导"位置时,就努力使它保持住这一地位,保持住事物的质不致改变。但黄老哲学也知道"极而〔反〕,天之生(性)也"(《经法·论》),明白矛盾的转化是不以人的意志为转移的,人只能研究事物向相反方面发展的规律,知祸福之所生,把握祸福转化的机缘,强调"卑约主柔,常后而不失(先)。"(《十六经·顺道》)在斗争中谨守卑弱,讲究策略,留有余地,不争先,后发制人,趋福避祸,坚持以柔克刚的斗争原则。黄老哲学朴素的辩证思想,既重柔守雌,又承认斗争,斗争中还强调策略,继承和改造了先秦道家清静无为的自然观,又糅合进了法家的法治思想、儒家的仁政思想和墨家的尚同思想,树立了无为而无不为的新的自然观。它适应了时代的需要,促进了社会稳定和经济恢复,自然成为汉初统治者无为而治的指导理论,成为汉初先进的时代主流思潮。

《黄老帛书》虽写成于战国末年,但真正在社会发生影响并形成一个学派,则是在汉初,因为作为旨在综合道、儒、墨、法、阴阳、名家思想的哲学,作为宣扬大一统观的哲学,只有在思想开放的大一统的汉初才能得到繁荣与发展。

汉初,在战国黄老之学的理论基础上,产生了一位具有时代特色的理论家司马谈,其《论六家之要指》体现了新的黄老之学的思想特点。就连陆贾、贾谊诸人,以儒家思想为基础,吸收、采纳众家思想,这众家之中也包括有黄老学派,这些因前面已述,这里就不讲了,只谈谈汉初统治阶级上层受黄老之学的影响,足见汉初黄老之学的发展程度。

西汉建立,天下初定,刘邦重臣陆贾在提出仁义礼德治国主张的同时,也提出"无为而治"的主张:"夫道莫大于无为,行莫大于谨敬。"(《新语·无为》)曾从刘邦起义,曾屡立战功的曹参,任齐国丞相时,"闻胶西有盖公,善治黄老言,使人厚币请之。既见盖公,盖公为言治道贵清静而民自定,推此类具言之。参于是避正堂,舍盖公焉。其治要用黄老术,故相齐九年,齐国安集,大称贤相。"曹参后继萧何为汉惠帝丞相,仍如萧何旧制,以清静无为的黄老思想来治国:"参代何为汉相国,举事无所变更,一遵萧何约束。"直至去世,不改此治国思想,"百姓歌之曰:"萧何为法,顜若画一;曹参代之,守而勿失。载其清净,民以宁一。"司马迁赞叹道:"参为汉相国,清静极言合道。然百姓离秦之酷后,参与休息无为,故天下俱称其美矣。"(以上引文均见《史记·曹相国世家》)而继曹参为相的陈平,依旧根据黄老思想治政,司马迁盛赞说:"陈丞相平少时,本好黄帝、老子之术。方其割肉俎上之时,其意固已远矣。倾侧扰攘楚魏之间,卒归高帝。常出奇计,救纷纠之难,振国家之患。及吕后时,事多故矣,然平竟自脱,定宗庙,以荣名终,称贤相,岂不善始善终哉!"(《史记·陈丞相世家》)除丞相外,倾向黄老之学的大臣大有人在,如郑当时"好黄老之言",汲黯"学黄老之言,治官理民,好清静,择丞史而任之。其治,责大指而已,不苛小。黯多病,卧闺阁内不出。岁余,东海大治。称之。上闻,召以为主爵都尉,列于九卿。治务在无为而已,弘大体,不拘文法。"(《史记·汲郑列传》)

汉初黄老之学盛行,更得力于帝、后的爱好与支持。"文帝本修黄老之言","其治尚清静无为"(《风俗通·正失》),景帝也"读黄帝、老子,尊其术"(《史记·外戚世家》),至于经历三朝的窦太后,更是忠实信仰黄老之学,而以信仰黄老与否来决定朝中官员的升黜。《史记·儒林列传》载:"孝惠、吕后时,公卿皆武力有功之臣。孝文时颇征用,然孝文帝本好刑名之言。及至孝景,不任儒者,而窦太后又好黄老之术,故诸博士具官待问,未有进者。"《史记

·魏其武安侯列传》载："太后好黄老之言,而魏其、武安、赵绾、王臧等务隆推儒术,贬道家言,是以窦太后滋不说魏其等。及建元二年,御史大夫赵绾请无奏事东宫。窦太后大怒,乃罢逐赵绾、王臧等,而免丞相、太尉,以柏至侯许昌为丞相,武强侯庄青翟为御史大夫。"上层统治者的倡导会影响世风,汉初,特别是文、景时期,黄老之学便成为时代意识的主导潮流。

汉王朝是在反秦与胜楚的基础上建立起来的,大规模的战争,使社会生产力遭到严重的破坏,经济萧条,《汉书·食货志》载："天下初定,民无盖藏,自天子不能具纯驷,而将相或乘牛车。"国力空虚,连皇帝与将相都是这种窘态,可想人民群众的生活要有多么艰难困苦。统治者倾心于黄老之学这种意识形态,全取决于汉初社会的需要,取决于巩固来之不易的统治权的需要。在所有的思想意识中,只有黄老之学利于安定社会,稳定秩序,恢复生产,促进经济的复苏与发展。事实证明,凡是实行清静无为的黄老之术,省刑罚,轻赋税,与民休息,治郡县则郡县大治,治侯国则侯国大治,治"天下"则"天下"大治,推行黄老之学才出现了历史上有名的"文景之治"。黄老之学应汉初社会需要而盛兴,它又反过来推动了汉初社会的快速发展。

第四节　自然哲学理论的另一辉煌著述——《淮南子》

西汉文、景时期尊崇黄老之学,实行清静无为与民休息的政策,经济得到恢复,国力得到加强,黄老思想的价值为社会发展实践所证实。经过平定吴楚七国之乱后,如何总结治乱兴衰的经验教训,如何加强中央大一统集权制,是时代提出的重大课题。当时活跃于思想界的道、儒二家都想承担起为汉帝国长久的大一统提供理论指导的任务。在这种时代氛围下,首先产生了倾向黄老道学思想的《淮南子》。

《淮南子》编撰的主持人、组织者是汉高祖刘邦之孙淮南王刘安(约前170年–前122年)。刘安效仿当年吕不韦,广揽数千门客,组织起一个规模庞大的写作班子,先明确本书主旨,再大致厘定序目,然后分头撰写,最后加以贯

通,由主持人裁定,作为一部治国经典,奉献给当朝皇帝。《汉书·淮南衡山济北王传》载:

> 淮南王安为人好书,鼓琴,不喜弋猎狗马驰骋,亦欲以行阴德拊循百姓,流名誉。招致宾客方术之士数千人,作为《内书》二十一篇,《外书》甚众,又有《中篇》八卷,言神仙黄白之术,亦二十余万言。时武帝方好艺文,以安属为诸父,辩博善为文辞,甚尊重之。每为报书及赐,常召司马相如等视草乃遣。初,安入朝,献所作《内篇》,新出,上爱秘之。

在为刘安编撰《淮南子》的门客中,知名的有:苏飞、李尚、左吴、田由、雷被、毛被、伍被、晋昌等八人,及诸儒大山、小山之徒。《淮南子》,又称《淮南鸿烈》。"鸿"是宏大的意思,"烈"是光明的意思,编撰者自信这部书阐述的是无所不包的光明正大之理,是一部博大体精的著作。这部书有明确的写作主旨:"若刘氏之书,观天地之象,通古今之事,权事而立制,度形而施宜","夫作为书论者,所以纪纲道德,经纬人事,上考之天,下揆之地,中通诸理,虽未能抽引玄妙之中才,繁然足以观终始矣。""故著书二十篇,则天地之理究矣,人间之事接矣,帝王之道备矣!"(《淮南子·要略》,本节再引该书,只注篇名)明确提出要考究天地万物之理,用来统领大道至德,综治人间万事,此书确实内容丰赡,纲目井然,题目整齐,篇幅相当。《汉书·艺文志》著录内篇二十一,外篇三十三,内篇论道,外篇杂说,今只存内篇,其余皆佚。最早的注本有东汉许慎与高诱的注本,现流传下来的是高诱的《淮南鸿烈解》。[①] 内篇分专题共列二十训(篇):原道、俶真、天文、地形、时则、览冥、精神、本经、主术、缪称、齐俗、道应、氾论、诠言、兵略、说山、说林、人间、修务、泰族。每篇主要阐述一个中心问题,各篇内容各有侧重,有的学者概括说:

> 《天文训》、《地形训》、《时则训》,论天文、地理、四时,大致糅合先秦阴阳家学说和当时的自然科学成就而成,其中的《时则训》基本是由《吕

---

① 高诱的注本杂有许慎的注文,普及本可参阅 1989 年岳麓书社出版的《古典名著普及文库》杨坚的新式标点本和杨树达的《淮南子证闻》。

氏春秋·十二纪》的纪首汇集而成;《览冥训》论天地人生的深奥道理;《精神训》论养生之道,《本经训》论圣人之德,近于道家思想;《主术训》整合道、法、儒各家,系统阐述君主的执一统众之术;《缪称训》杂引譬喻论证义理,思想近于道家;《齐俗训》采庄子多元之旨,反对文化专制;《道应训》以历史事例为《老子》作注脚;《氾论训》泛论治乱兴衰之道;《诠言训》阐述道家的保生治国之道;《兵略训》论军事;《说山训》、《说林训》为故事、格言汇编;《人间训》论祸福,近于道家;《修务训》论进学,近于儒家荀子;《泰族训》则对全书思想作总结,以仁义为道德之本,有以儒家学说融合道家思想的倾向;最后一篇《要略》是全书的序言和提要。①

糅合先秦及秦汉各哲学派别思想的《淮南子》,确实是汉代初中期学者对此前古代文化的一次最大规模的总汇,是学术界以道家自然哲学为主又集儒、墨、法、名、阴阳各家思想精华之大成的巨著。

从《淮南子》全书来看,它虽博采众家之说,但从《老子》、《庄子》中采撷的思想资料最多,且与老庄一样,把"道"视为宇宙的本原,哲学的最高范畴。其首篇《原道训》的首句就是:"夫道者,覆天载地,廓四方,柝八极,高不可际,深不可测,包裹天地,禀授无形。"道,覆盖天,运载地,达于四面八方,无所不在,无所不容,包容天地,施予无形,是宇宙万物的本体。其《要略》说:"《原道》者,卢牟六合,混沌万物,象太一之容,测窈冥之深,以翔虚无之轸。……欲一言而悟,则尊天而保真。"道窈冥深远,虚无难寻,若用一句话来领悟它,就是:重天道而保本真。《淮南子》强调的正是道家的天道自然观。《淮南子》以道家自然哲学为其主导思想,对宇宙生成、天人及形神关系、认识论、历史观等哲学基本问题提出了新的见解,其丰富而成系统的哲学思想,成为汉代以黄老道学家思想为主的自然哲学的新成果。

什么是宇宙? 宇宙是如何形成的? 一直是中国古代哲学的重要概念。战国时有人把"宇"解释为空间,把"宙"解释为时间。《庄子·庚桑楚》:"有实而无乎处者,宇也;有长而无本剽者,宙也。"后来的高诱在《淮南鸿烈解》中也

---

① 张立文主编、周桂钿、李祥俊著:《中国学术通史》(秦汉卷),人民出版社 2004 年版,第 63 页。

说:"宇,四方上下也;宙,往古来今也。"而《淮南子》将"宇"和"宙"合为一个哲学范畴专用名词,并阐述了系统的宇宙生成论:

> 天地未形,冯冯翼翼,洞洞灟灟,故曰太(昭)[始]。(道)[太]始(于)[生]虚霸,虚霸生宇宙,宇宙生[元]气。[元]气有涯垠,清阳者薄靡而为天,重浊者凝滞而为地。清妙之合专易,重浊之凝竭难,故天先成而地后定。天地之袭精为阴阳,阴阳之专精为四时,四时之散精为万物。积阳之热气[久者]生火,火气之精者为日;积阴之寒气[久者]为水,水气之精者为月。日月之淫(为)[气]精者为星辰。"(《天文训》)

这段关于天体演化的阐述,与此前的黄老之学有所不同,道不再被视为万物的本源,而是"道始于虚霸","虚霸"、"太始"成为万物之源。也就是说,宇宙最初是一片混沌空廓的无形无状的状态,"道"也是从这一状态中开始形成的,接着产生了宇宙,这已是物质性的了,由宇宙再产生出气,气中清轻的部分上浮为天,重浊的部分下沉为地,天地于是形成。从"气有涯垠"来看,气既有质量,又有数量,质量有轻重、清浊的不同,才有上升和下沉、散发和凝聚等不同性能,其运动的结果构成宇宙万物的不同组合。这一观点,大大地丰富了宇宙生成观的物质概念。天地既成,其精气分化为阴阳二气,阴阳的精气分化为四时,四时的精气散发转化形成火、水,及其精气形成的日月、星辰乃至人等万物,总之,一切有形之物,都是由阴阳二气转化而成的,气在《淮南子》中,其哲学范畴的意义大大加强,它已是"宇宙"产生之后化生万物的本原。《淮南子》给我们绘出了比较清晰的宇宙生成图:从虚霸(太始)始,经道而成宇宙,宇宙生气,气生万物,把先秦道家关于道化生万物,即有生于无的思想与阴阳家阴阳二气说结合起来,说明万物的产生和发展,把宇宙演化看成自然的几个有序发展过程,阐述了至先秦以来最为具体而系统的宇宙生成与天体演化的观点,成为中国古代朴素唯物论的宇宙生成论的基本观念,特别是气生万物的观点,成为与神学上帝创世迷信思想相抗衡的基本观念,影响了东汉王充"元气说"的形成。

在其宇宙生成论指导下,《淮南子》在对天道与人道关系的看法上,与传统道家的观念也有所不同。《淮南子》坚持天道自然的原则，认为"万物固以自然"（《原道训》），提出"循理而举事"（《修务训》），"人道"顺应"天道"，也就是人应顺应事物的自然规律与自然法则。《原道训》又说："所谓无为者，不先物为也；所谓无不为者，因物之所为。所谓无治者，不易自然也；所谓无不治者，因物之相然也。"无为，是指人不能违背自然规律与自然法则而行事，无不为，则是在尊重、遵循自然规律与自然法则的基础上，应该充分发挥人的主观能动性而有所为。无治，是指不改变自然规律，无不治，则是顺应自然而无所不宜。《泰族训》说：

> 圣人之治天下非易民性也，拊循其所有而涤荡之。故因则大，（化）〔作〕则细矣。禹凿龙门，辟伊阙，决江浚河，东注之海，因水之流也。后稷垦草发菑，粪土树谷，使五种各得其宜，因地之势也。汤、武革车三百乘，甲卒三千人，讨暴乱，制夏、商，因民之欲也。故能因则无敌于天下矣。

圣人治天下，不是改变人之本性物之本性，而是因势利导。这就是说，天道自然，也要有人道的参与，人的参与促使天道向有利的方面发展，这不算逆天道，而正是顺天道，是谓"能因"。"能因"则为圣人，"能因"无不成功。《淮南子》因而对所谓"圣人"作了进一步的解释："是故圣人以无应有，必究其理；以虚受实，必穷其节；恬愉虚静，以终其命。是故无所甚疏，而无所甚亲；抱德炀和，以顺于天。"（《精神训》）真正的圣人正是能尊重事物的自然规律又最大限度地发挥其能力的人。也就是既无为，又无不为，既不是消极，又不是妄动，而是以无去应付有，以虚去接受实，保持德行，培养和气，来"顺于天"，这种思想与传统道家的消极无为有本质上的区别。但《淮南子》在天道与人道关系的认识上，还有天人感应的神秘成分，如《精神训》中又说："夫精神者，所受于天也，而形体者，所禀于地也。……天有四时、五行、九解、三百六十（六）日，人亦有四肢、五脏、九窍、三百六十（六）节；天有风雨寒暑，人亦有取与喜怒。"人的精神是天授的，人的形体是地给予的，人的所有形体与天地相对应，这纯是"人副天数"的观点。《泰族训》又说："故精诚感于内，形气动于天，则景星见，黄龙下，祥凤至，醴泉出，嘉谷生，河不满溢，海不溶波。……天之与人，有以相

通也。故国危亡而天文变,世惑乱而虹霓现。万物有以相连,精祲有以相荡
也。故神明之事,不可以智巧为也,不可以筋力致也。"这里说的"天"已成能
被人事所感的"神明",带有神灵的性质,上天感动,就会出现各种奇异的自然
现象,与董仲舒的天人感应论有相同之处,与《淮南子》中的大量阐述的自然
天道观是有矛盾的。

　　在形神关系以及对鬼神问题的认识上,《淮南子》也基本坚持了黄老的自
然观,提出形、神、气构成生命三要素的学说。《原道训》说,

　　　　夫形者生之舍也,气者生之充也,神者生之制也,一失位则三者伤矣。
　　是故圣人使(人)各处其位,守其职,而不得相干也。故夫形者非其所安
　　也而处之则废,气不当其所充而用之则泄,神非其所宜而行之则(昧)
　　[昧]。此三者,不可不慎守也。

形者,即人的形体,是生命的"居所"。气者,即元气,是生命的充育者。神者,
即人的精神,是生命的控制者。《淮南子》认为人的躯体是人的生命基础,人
的精神是人的生命活动的主宰,人的元气是为生命输送能量的无形的物质。
三者具备,各尽职守,互不干预,人才具备了生命体,才能有体力、视力、听力,
会思维,才能识别黑白,分别美丑是非。形、神、气相互依赖,三种要素不可缺
一,不能不慎重守护,一种因素失调,则全身皆伤。三种要素之间,"形"是基
础,是生命所寄托的物质体,发展了荀子"形具而神生"的思想。但三种要素
之间必须以"神"为主导,《原道训》又说:"故以神为主者,形从而利;以形为制
者,神从而害。……是以天下时有盲妄自失之患,此膏烛之类也,火逾然而消
逾呕。"强调人的形体本身是受精神支配的,如果有正确精神指导,理智生活,
则身体也生气勃勃;如果一味受制于"形",思想放纵而使躯体纵情享受物欲,
就会使人精神委靡颓废,就像油灯一样,火越旺生命就越消亡得快。以"烛
火"形容形神的关系,后来竟成为反对宗教迷信的一种思想武器。《淮南子》
常以形神来概括人的生命构成,依据阴阳二气构成包括人在内的万物的见解,
《淮南子》认为人的形神的关系,就是阴阳二气的关系,清阳之阳气构成人的
神,而重浊之阴气构成人的形。当混沌"别为阴阳,离为八极,刚柔相成,万物

乃形。烦气为虫,精气为人。是故精神,天之有也,而骨骸者,地之有也。精神入其门,而骨骸反其根,我尚何存?"(《精神训》)人死之后,精神重归于天,形骸返于地,作为一个人,来自天地,又归于天地。把精神看作不灭的"气","认为神是不灭的,这就滑向形灭神不灭的唯心主义泥坑了。这种唯心主义形神观也是《淮南子》的'养神''长生'主张的理论基础。"①《淮南子》存在着形神二元论的缺陷,但它并不承认人死后鬼的存在,这对于批判当时的鬼神迷信还是有积极意义的。

《淮南子》的认识论也是有创新见解的,对传统道家认识论有很大的发展。它承认真理是客观的,主观认识来源于人们对外界客观事物的接触和感受,正确的主观认识是对客观事物性质正确的反映。《原道训》说,"人生而静,天之性也,感而后动,性之害(容)也。物至而神应,知之动也。知与物接,而好憎生焉。"人与外物接触才有精神上的一系列活动,才对外界事物产生反应、知觉、判断甚至于好恶感情,虽然主张"静"而守"天之性",但它所阐述的认识及感情的产生过程,基本属朴素的唯物反映论。人所认识的客观事物,包括天地万物与人事等方方面面,是异常丰富多彩而繁杂多变的,但《淮南子》的作者认为客观事物是可以认识的:

> 天有四时,人有四用。何谓四用?视而形之,莫明于目;听而精之,莫聪于耳;重而闭之,莫固于口;含而藏之,莫深于心。目见其形,耳听其声,口言其诚,而心致之精,则万物之化咸有极矣。(《缪称训》)

这里强调了客观世界认识的主体"人",人有视、听、言、思等"四用"功能。但真正做到目明耳聪,口能表达事物之真,心中能悟得事物之根本规律,从而把握万物变化的规律,并非是轻而易举之事,这里所说的"四用",并非人们天生而具备,光凭本能的视觉、听觉、语言、思维是远远不够的,这需要人的勤奋努力与认识能力的不断提高。重要的是需要经常反复地学习与实践,不断积累知识技能,不断提高认识水平。《泰族训》中说:"夫物常见则识之,常为则能

---

① 方立天:《中国古代哲学问题发展史》,中华书局1990年版,第268页。

之。"又说:"以弋猎博弈之日诵《诗》读《书》,则闻识必博矣。故不学之与学也,犹瘖聋之比于人也。凡学者能明于天人之分,通于治乱之本,澄心清意以存之,见其终始,可谓知略矣。"事物常见就会熟悉认识其规律,常去实践就会具备解决问题的能力。人的一生时间是有限的,如果把打猎下棋一类的嬉戏时间也用于读书,一定会比别人学识渊博。人不学习与学习的区别,就如同哑巴、聋子和正常人相比一样。只有勤奋学习、刻苦实践,就能了解和掌握事物的普遍规律以及治理社会的基本法则,这样也就能增强对事物的洞察力,对事物的发展具有一定的预见性,这就真正具备了"四用"。否则,即使五官健全,四肢发达,在复杂的社会生活面前,也是"色盲"和"睁眼瞎"。

为了充分发挥"四用",《淮南子》的作者还认真研究了认识的原则和具体方法,体现了其朴素的辩证法思想。

首先要对事物进行客观地观察、认识,做到"不偏一曲,不党一事。"(《主术训》)即不要在认识客观事物前就有了偏见,也不能从个人或小集团的私利、成见出发,否则,都会影响客观地认识事物。同时,还要注意选取正确的观察角度。《齐俗训》说:

> 天下是非无所定,世各是其所是,而非其所非。所谓是与非各异,皆自是而非人。由此观之,事有合于己者,而未始有是也;有忤于心者,而未始有非也。故求是者,非求道理也,求合于己者也;去非者,非批邪施也,去忤于心者也。忤于我,未必不合于人也;合于我,未必不非于俗也。至是之是无非,至非之非无是,此真是非也。若夫是于此而非于彼,非于此而是于彼者,此之谓一是一非也。此一是非,隅曲也;夫一是非,宇宙也。……从城上视牛如羊,视羊如(豕)[豚],所居高也。窥面于盘水则员(圆),于杯则隋,面形不变其故,有所员(圆)、有所隋者,所自窥之异也。

真理和谬误是客观存在的,但人们判断是非时往往从个人角度出发,特别是从个人利益、立场、观念出发,凡是符合自己利益、立场、观念的,就赞成,否则就反对。这种认识带有极大的主观性,往往不能反映客观存在的真理。另外还有认识不正确的时候,是我们看问题的角度有问题。生活中,"横看成岭侧成峰"的现象多得是,对同一事物,不同角度去认识,可能就会得到不同甚至截然相反的结论。为了求得真正的是非,要坚持客观性原则,正确认识客观对象,注意观察问题的角度,防止以片面代替全面,防止只见树木不见森林。

其次,要善于区分真象与假象,不为表面的假象所迷惑。在现实中,有许多似是而非难以把握的东西,如"狠者类智而非智,愚者类仁而非仁,戆者类勇而非勇。使人之相去也,若玉之与石,葵之与苋,则论人易矣。"(《氾论训》)玉石相混,葵苋相淆,识物尚难,辨人更不易。客观、正确地认识各种各样的人和物,必须要有识别真象和假象的能力。

其次要全面认识事物。《说山训》说:"桀有得事,尧有遗事;嫫母有所美,西施有所丑。故亡国之法有可随者;治国之俗有可非者。"暴虐的夏桀也有做对的事,圣王唐尧也有做错的事,丑女嫫母并非没有美好之处,美女西施并非没有一点丑陋之处。亡国的法律也有可行的地方,治国的习俗也有可非议之处。事物都包含着对立的两个方面,而主要矛盾决定着事物的性质,在认识事物时不能只见一方面性质而忽视另一方面性质,不能对事物做一概的肯定或一概的否定,不能抓住一点不及其余。任何事物的本质主要体现为其主要特征,认识事物本质应当抓住其主要特征,同时也要顾及次要特征,但如果仅以次要特征来论断其本质,就成了"公说公有理,婆说婆有理"了,以此片面认识反对彼片面认识,最终还是片面认识,就是《修务训》中所谓的:"今不称九天之顶,则言黄泉之底,是两末之端仪,何可以公论乎!"

其次,运用类推的认识方法,求得事物相互之间存在着的必然联系,所以在认识事物时还要注意一事物与他事物的联系,本事物局部与整体的联系及表面现象与内在本质的联系,"以类取之"、"以外知内,以现知隐"(《说山训》),"一节见而,百节知也"(《说林训》),"观小节可以知大体"(《氾论训》),"以小知大,以近知远。"(《齐俗训》)由此及彼,由表及里,重视现象与本质的关系,强调要由事物现象入手,进而求得事物的本质。

在社会历史观方面,《淮南子》坚持民本主义、有变法改制的思想。认为:"民者,国之本也"(《主术训》),民既是一国兴亡安危之根本,民安则国安,民乱则国乱,那么,自然会得出这样的结论:"为治之本,务在安民。"(《诠言训》)国家政治的得失,就取决于得民还是失民。然而安民与得民,又全取决于国君,为了有一个能安民、得民的好君主,《淮南子》又主张以法来约束君王,《主术训》中说:

> 法者,天下之度量,而人主之准绳也。县(悬)法者,法不法也;设赏者,赏当赏也。法定之后,中程者赏,缺绳者诛。尊贵者不轻其罚,而卑贱者不重其刑,犯法者虽贤必诛,中度者虽不肖必无罪,是故公道通而私道塞矣。古之置有司也,所以禁民,使不得自恣也;其立君也,所以剬有司,使无专行也;法籍礼仪者,所以禁君,使无擅断也。人莫得自恣,则道胜;道胜而理达矣,故反于无为。

法律是治理天下的大法,不论其贵贱贤不肖,守法者赏,犯法者罚,法律才能实行,道才能胜利,理才能通达,才会实现"无为"。法律不仅是约束天下人的准绳,也是约束君主的准绳,利用法律的力量限制君主的肆行妄为,使其不得擅自专断。如果君主的指令不合法律,就可用法律去制止他,这种"禁君"口号的提出,目的是维护整个封建社会的利益,其胆识过人,是需要特别的政治与理论勇气的。《淮南子》主张以法来约束君王的思想,大大发展了先秦法家的法制思想,是对传统法家宽容君主擅断的一种有力批判。传统法家法治思想不彻底处,正是不敢触动君王的"人治",容忍君王以其"人治"而大肆践踏法治。

社会生活中的大事,还包括风俗习惯、典章制度等,这些也常随社会的发展而变化着。"世异则事变,时移则俗移"(《齐俗训》),"故圣人事穷而更为,法蔽而改制,非乐变古易常也。将以救败扶衰,黜淫济非,以调天地之气,顺万物之宜也。"(《泰族训》)一定的风俗习惯、典章制度等只能适应当时的历史社会,经过了一定的时期之后,就会不适应社会的需求而产生出一些弊端来。只有不断地移风易俗、改革古制,才能弃弊除病,适应社会发展的新情况和新需要,这种认识是符合社会发展客观规律的。《淮南子》还强调改革古制要以"利民"为标准:"治国有常,而利民为本;政教有经,而令行为上。苟利于民,不必法古;苟周于事,不必循旧"(《氾论训》)。变古改制的前提是利民,体现了鲜明的民本主义色彩，是法家变法改革思想与儒家、墨家爱民、利民思想的结合。

《淮南子》的作者清楚一个国家的兴亡治乱，是一个复杂的政治问题，不能仅靠君王的表率作用来解决。"世治，则愚者不能独乱；世乱，则智者不能独治。"（《俶真训》）国家社会的安定与发展，应该有保障社会安定与发展的物质条件。"夫民有余即让，不足则争，让则礼义生，争则暴乱起。扣门求水，莫弗与者，所饶足也；林中不卖薪，湖上不鬻鱼，所有余也。故物丰则欲省，求澹则争止。秦王之时，或人菹子，利不足也；刘氏持政，独夫收孤，财有余也。故世治则小人守政，而利不能诱也；世乱则君子为奸，而法弗能禁也。"（《齐俗训》）社会经济发展了，推行礼义便有了物质基础，否则，违礼乱法的事，就在情理之中了，这是对先秦法家重农、儒家富民思想的进一步阐述。

在对历史进化的认识上，《淮南子》坚持"事"变而"道"不变的原则。"事"指社会生活中的各种事物，"道"指符合社会生活变化的规律，或指能指导社会生活的准则。"事"与"道"的关系，《氾论训》打比喻说："道犹金石，一调不更，事犹琴瑟，每弦改调。""道"是不变的本质，"事"是随时空的变化而不断变化的社会现象。以此观点看社会历史，《淮南子》对中国社会的演进变化，持肯定的态度。它把汉之前的中国古代社会划分为三个阶段：第一个阶段是一个混沌未分的原始时代，人们处在一个原始纯朴的环境中，没有私有物，也没有私有观念，"百官正而无私"，"道不拾遗"，"邑无盗贼"，"相让以财"，"而无忿争之心"。（《览冥训》）《淮南子·俶真训》中把它称为"至德之世"。第二个阶段是一个贫富两极分化的时代，从所谓"昆吾、夏后之世"开始。人们"嗜欲连于物，聪明诱于外，而性命失其得"（《俶真训》），开始有了私有物与私有观念，人们的经济状况急剧向两极分化，君主、贵族统治者极尽享乐而民不聊生，贫富出现严重对立。第三个阶段是一个利益激烈纷争的时代，其纷争惨烈莫过于战国时期。这个时期社会存在着一系列尖锐的矛盾，杀伐兼并的战争，贯穿此时期的始终："晚世之时，七国异族，诸侯制法，各殊习俗。纵横间之，举兵而相角；攻城滥杀，覆高危安，……所谓兼国有地者，伏尸数十万，破车以千百数，伤弓弩矛戟矢石之创者，扶举于路。"（《览冥训》）《淮南子》主要从社会财富的占有上来区分不同历史阶段,理想的"世道"就是"正而无私"。它谴责贪婪残暴,赞颂仁义爱民,把社会矛盾对立乃至杀戮战争,看作是历史演变的一种自然过程,属自然的一种现象,正如大一统的汉代,能"持以道德,辅以仁义,……拱揖指麾,而四海宾服"(同上),这也是历史发展的自然结果。"夫道者,无私就也,无私去也。能者有余,拙者不足,顺之者利,逆之者凶。"(同上)《淮南子》作者认为"道"就是一种客观规律,历史演变的"道"是谁也不能阻挡的,只有顺应它而不是违逆它,其认识颇近唯物历史观。

有一种说法,认为《淮南子》是以道家的思想来对抗汉武帝的独尊儒术,为自己的藩国割据、对抗中央政权制造舆论,这纯是一种主观推断。任继愈主编的《中国哲学发展史》(秦汉)对此说法进行了否定,其观点是:一、作者拥护大一统的刘氏天下,虽不赞成中央集权,但不反对中央政权。二、刘安献书时,武帝刚即位,还未达成人年龄,掌握实权的窦太后崇尚黄老,占据意识形态领域主导地位的还是黄老思想,独尊儒术的政策还未提出。三、刘安献书时与武帝的关系融洽,武帝对所献之书还表示尊重和喜爱。[①] 这种不因人而废言的科学态度是令人信服的,何况刘安是否同七国一样搞"谋叛",还是个不能确定的历史问题。

刘安组织编写《淮南子》时,诸子复兴,各学派加速了互相融合的速度,再加上《淮南子》的庞大编著队伍,各家各派都有,反映在编成的《淮南子》中,必然内容庞杂,各种学术思想都有体现,因此,班固《汉书·艺文志》中把它列入杂家之列。而在高诱所作的《淮南子叙》中,则把它列为主要倾向于道家的著述:

> 其旨近老子,淡泊无为,蹈虚守静,出入经道。其言大也,则焘天载地;其说细也,则沦于无垠,及古今治乱存亡祸富,世间诡异瑰奇之事。其义也著,其文也富,物事之类,无所不载。然其大较,归之于道,号曰鸿烈。

对《淮南子》主要思想倾向的认定,历来就是或属杂家或属道家这二种。然而

---

① 参见任继愈主编的《中国哲学发展史》(秦汉),人民出版社 1985 年版,第 247–248 页。

徐复观先生却提出《淮南子》的思想倾向应属儒家,他说:"全书中的老庄思想,在儒道两家的边际思想上脱胎换骨,都总结到儒家思想方面;而所谓'穷道德之意'的道德,不是以虚无虚静为体的道德,却成为以仁义为本的道德。于是在全书内容的结构上,显得是以老庄思想开其端,且似乎是全书思想的主流,却以儒家思想竟其尾;无形中表示,道家思想,应归结于儒家思想之上。"①

《淮南子》的基本思想,是在黄老思想基础上融合了儒、墨、阴阳、名等各家的思想,主要倾向还应是道家的思想。在宇宙观、本体论上,以"道"为最高的哲学范畴,在政治上主张"无为而治",在万物本原的认识上,主张天道自然,并提出了唯物的形神关系论,等等,前面已述,不再重复。汉人以"道德"并论,往往指道家思想特征。徐复观先生所谓的"穷道德之意"的"道德",出自《淮南子》的《要略》篇,我理解文中的"道德",恰与徐先生的理解相反,正是指"以虚无虚静为体的道德",而不是指"以仁义为本的道德"。《淮南子·齐俗训》中有进一步解释"道德"的文字:"率性而行谓之道,得其天性谓之德。(性)[德]失然后贵仁,道失然后贵义。是故仁义立而道德迁矣,礼乐饰则纯朴散矣,是非形则百姓眩矣,珠玉尊则天下争矣。凡此四者,衰世之造也,末世之用也。"把"道德"解释为自然的"率性"、"天性",并不指仁义之意,《淮南子·俶真训》也说:

> 今夫积惠重厚,累爱袭恩,以声华呕符妪掩万民百姓,使(知)之欣欣然,人乐其性者,仁也。举大功,立显名,体君臣,正上下,明亲疏,等贵贱,存危国,继绝世,决□治烦,兴毁宗,立无后者,义也。闭九窍,藏心志,弃聪明,反无识,芒然仿佯于尘埃之外,而消摇于无事之业,含阴吐阳,而万物和同者,德也。是故道散而为德,德溢而为仁义,仁义立而道德废矣!

这里的"道德",是返回于无识,逍遥于无事,与万物同体之意,是"率性"、"天性"意思的另一种说法。自然的"道德"与人为的"仁义"是两回事。当然,在《淮南子》中,道德与仁义不再如《老子》、《庄子》中那样严重对立,它们二者

---

① 徐复观:《两汉思想史》第二卷,华东师范大学出版社 2001 年版,第 164 页。

是主属的关系、相辅的关系。实际上,在老、庄那里,确有仁义与其"道德"相对立的言论,如"大道废,有仁义"(《老子·十八章》),"仁义之端,是非之涂,樊然淆乱,吾恶知能知其辩"。(《庄子·齐物论》)但在《庄子》中,也有道德与仁义不对立的阐述,只是他认为道德的重要应居仁义之前:"是故古之明大道者,先明天而道德次之,道德已明而仁义次之,仁义已明而分守次之。分守已明而形名次之,形名已明而因任次之,因任已明而原省次之,原省已明而是非次之,是非已明而赏罚次之。"(《庄子·外篇·天道》)《淮南子·说山训》说:"升之不能大于石也,升在石之中;夜之不能修其岁也,夜在岁之中;仁义之不能大于道德也,仁义在道德之包。"正如"升"是"石"的数量构成单位,黑夜也只能是一年的一个时段,仁义只能是包含于道德中的一部分,《淮南子·览冥训》中又说:

> 逮至当今之时,天子在上位,持以道德,辅以仁义,近者献其智,远者怀其德,拱揖指麾而四海宾服,春秋冬夏皆献其贡职,天下混而为一,子孙相代,此五帝之所以迎天德也。夫圣人者,不能生时,时至而弗失也。辅佐有能,黜谗佞之端,息巧辩之说,除刻削之法,去烦苛之事,屏流言之迹,塞朋党之门,消知能,修太常,隳肢体,绌聪明,大通混冥,解意释神,漠然若无魂魄,使万物各复归其根,则是所修伏牺氏之迹,而反五常之道也。夫钳且、大丙不施辔衔,而以善御闻于天下。伏戏、女娲不设法度,而以至德遗于后世。何则?至虚无纯一而不喋喋苛事也。

作者主张当今的汉天子,应该掌握道德,辅之以仁义。施政应效仿古圣人的"清静无为",而"仁义"只是一种辅助性配合。如钳且、大丙不施缰绳而善驭,伏羲、女娲不设法令制度而造福后世,最重要的还是要推行"虚无纯一"的"道德",即无为而治的"道",这已足以说明《淮南子》的主要思想倾向了。

第三章 伦理哲学取得
经学独尊地位

汉袭秦制而又有所改革,对秦帝国创立的中央集权制,进行了进一步的完善与加强。汉初,统治者以黄老"无为"思想为指导,进行了七十多年的休养生息,经济得到恢复和发展,在政治方面逐渐加强了中央的统一。到汉武帝时,社会经过长期稳定发展,国力已相当强大,当时的汉朝已成为东方文明的中心,已列于世界文明国家的行列。西汉王朝的鼎盛,为汉帝国进一步在政治、军事上的创立功业提供了雄厚的物质基础。汉武帝于是主动出兵,北击匈奴来解除边患,颁行"推恩令",使诸侯王多分子弟为侯,来削弱藩国王权。征收商人资产税,把冶铁、煮盐、铸钱收归官营,由官府经营运输与贸易,兴修水利,移民屯田,加强对西域的控制,在西南设郡,极大地巩固了大一统的集权统治。政治、经济的巨大变化,必然要引起思想意识的变化。于是,适应汉初休养生息的黄老"无为"思想,已经很难适应新形势的需要了,社会经济、政治发展本身要求有新的思想意识与之相适应,这种思想意识能适应新的历史形势发展的需要,能为大一统汉帝国盛世经济、政治服务,能强有力地维护大一统封建中央集权制度,于是,寻求这种新的思想意识,已势在必行。而以伦理哲学为主体又以积极有为为特征的儒家思想,来替代以自然哲学为主体又以无为为特征的黄老道家思想,就是自然而又必然的历史趋向了。儒家思想成为汉代新的指导思想,完全是历史的必然选择。

第一节　以伦理为核心的
大一统哲学系统的建立

汉初统治者为适应社会需要,重视以自然哲学为主的黄老之学,黄老之学为了适应封建大一统社会发展的需求,对传统的诸家哲学进行了综合和吸收。就在黄老之学占据思想主导地位之时,原有的各个哲学派别,有的被别家融合、吸收,已无力以新面目恢复春秋战国时的风光,如墨家、名家,有的也同黄老之学一样,积极地对传统的诸家哲学进行综合和吸收,以新的理论为大一统的封建专制政权提供治国方略,这其中最突出的就是儒家。这个时候的儒学思想体系,虽尊崇的仍是孔孟儒家思想,但已经不是先秦儒学的本来面目,而是经过一番改造,以适应汉王朝统治需要。它兼采各家有利于巩固封建统治的思想,构建成一个庞大的、较为严密的儒学思想体系。汉代儒家学说的另一个显著特点是:以解释儒家经典文献来阐述自己的思想,汉代所谓的经学,就是指研究和注解儒家经典的学术。汉初,传习解释儒家经典的著作很多,最主要的是对孔子《春秋》的研究和解释。"因为,《春秋》是孔子借以正名分(尊君抑臣、杀乱臣贼子)、主张大一统的书,是封建中央集权专制主义,在政治上实际运用的典范,所以可以说是孔子政治思想的集中表现。这也正如孟子所说:'世衰道微,邪说暴行有作。臣弑其君者有之,子弑其父者有之。孔子惧,作《春秋》;《春秋》天子之事也。是故,孔子曰:知我者,其惟《春秋》乎!罪我者,其惟《春秋》乎!'①而且,《春秋》一书,文字简略隐晦,所谓微言大义,便于牵强附会,引申发挥。因而,在儒家诸经典中,是最适合封建统治阶级的需要。"②

解释孔子《春秋》的著家,主要有三大派,《春秋穀梁传注疏·序》中说:

仲尼卒而微言绝,秦正起而书记亡。其《春秋》之书,异端竞起,遂有

---

① 《孟子·滕文公下》(原文注)
② 华友根:《董仲舒思想研究》,上海社会科学院出版社1992年版,第10页。

邹氏、夹氏、左氏、公羊、穀梁五家之传。邹氏、夹氏，口说无文，师既不传，道亦寻废。左氏者，左丘明与圣同耻，恐诸弟子各安其意，为经作传，故曰《左氏传》。其传之者，有张苍、贾谊、张禹、翟方进、贾逵、服虔之徒。汉武帝置五经博士，《左氏》不得立于学官。至平帝时，王莽辅政，方始得立。公羊子名高，齐人，受经于子夏，故《孝经说》云"《春秋》属商"是也；为经作传，故曰《公羊传》。其传之者，有胡母子都、董仲舒、严彭祖之类。其道盛于汉武帝。穀梁子名淑，字元始，鲁人，一名赤，受经于子夏，为经作传，故曰《穀梁传》。传孙卿，孙卿传鲁人申公，申公传博士江翁。其后鲁人荣广大善《穀梁》，又传蔡千秋，汉宣帝好《穀梁》，擢千秋为郎，由是《穀梁》之传大行于世。然则三家之传，是非无取，自汉以来，废兴由于好恶而已。故郑玄《六艺论》云："《左氏》善于礼，《公羊》善于谶，《穀梁》善于经。"是先儒同遵之义也。

所谓"春秋三传"中，只有《公羊传》与《穀梁传》在汉武帝时立有学官，受到官方重视。而此二传中，尤更重视《公羊传》，传播最盛。由于"《公羊》善于谶"，故其传授本身就多迷信色彩，《春秋公羊传注疏·序》中载：

孔子至圣，观无穷，知秦无道，将必燔书，故《春秋》之说口授子夏。度秦至汉，乃著竹帛，故《说题辞》云"传我书者，公羊高也。"戴宏序云："子夏传与公羊高，高传与其子平，平传与其子地，地传与其子敢，敢传与其子寿。至汉景帝时，寿乃其弟子齐人胡母子都著于竹帛，与董仲舒皆见于图谶。"是也。……又《六艺论》云："治《公羊》者，胡母生、董仲舒，董仲舒弟子嬴公，嬴公弟子眭孟，眭孟弟子庄彭祖及颜安乐，安乐弟子阴丰、刘向、王彦。"故曰传《春秋》者非一。

《春秋公羊传》与《春秋左传》在叙史体例上不一样，《公羊传》重在阐述义理，且紧紧与现实相联系。公羊派认为：孔子得天命，而后为后世著《春秋》，他做《春秋》，是为"后圣"制造"一王之法"。《公羊传·哀公十四年》中说："君子曷为为《春秋》？拨乱世，反诸正，莫近乎《春秋》。则未知其为是与？其诸君子乐道尧、舜之道与？末不亦乐乎尧、舜之知君子也？制春秋之义，以俟后圣,以君子之为,亦有乐乎此也。"又认为孔子做《春秋》常常用一两个字表示褒贬,寄托许多"微言大义",暗示了"后圣"应该采取的政治措施及其理论依据。如《春秋》第一条的记载是"元年,春,王正月",《公羊传·隐公元年》中认为:"元年者何?君之始年也。春者何?岁之始也。王者孰谓?谓文王也。曷为先言王而后言正月?王正月也。何言乎王正月?大一统也。"此处的"大一统"就是以一统为大。以一统为大就是这一条的微言大义。孔子维护周天子,实际是维护周文王所开创的大一统,公羊派深解这一点,《公羊传》所说,实际上反映了当时社会要求建立统一的中央政权的普遍愿望,这种《春秋》大一统的思想正是汉武帝要寻求的新的统治思想。

在此社会背景下,大思想家董仲舒以伦理为核心的大一统的思想便应运而生了。他继承了《公羊传》大一统的思想,进一步阐发《春秋》的"微言大义",为封建大统一国家政治服务。他说:"《春秋》大一统者,天地之常经,古今之通谊也。"(《汉书·董仲舒传》)《公羊传》认为,孔子做《春秋》是俟后世圣人。董仲舒也认为《春秋》是孔子奉天之命为汉家王朝制定的最高法典。实际上,董仲舒所阐述的思想已经是打着孔子旗号的新思想,这种思想根据先秦儒家的"天人合一"思想、法家的集权思想和阴阳家五行说,重新解释儒家经典——《春秋》,以此为依托,建立了一套以"天人感应"说为基础,以"三纲五常"为核心的新的儒学伦理体系,为汉王朝的"大一统"封建集权统治构建了新的指导思想,为汉武帝罢黜百家、独尊儒术、建立封建社会正统思想意识提供了理论依据,为西汉封建盛世提供了新的世界观。正如有的学者撰文说:"西汉时公羊家董仲舒等人用阴阳五行学说神化《春秋》,把"三纲五常"和阴阳五行相杂糅的神学思想搬到历史学中,这套理论架构将天地与人、宇宙与人类、自然与社会混为一谈,又通过概念的抽取和置换,把天地自然的演化与社会历史的发展历程等同起来,以论证宗法——专制社会的君臣关系如同自然法则一样恒定持久、不可移易。"①

董仲舒,生于汉文帝前元元年(公元前 179 年),卒于汉武帝太初元年(公

---

① 陈剩勇:《儒教伦理与中国传统史学》,《学术研究》1995 年第 2 期。

元前104年）。广川（今河北枣阳）人，据说他读书很专心，三年不窥园。以悉
心研究《春秋公羊传》而著名，是西汉儒家春秋公羊学派的大师，今文经学的
创始人。他著作颇丰，《汉书·艺文志》著录其著述有一百二十三篇及《公羊
董仲舒治狱》十六篇。今存的主要著作是《春秋繁露》，十七卷，八十二篇。还
有《举贤良对策》三篇，载于《汉书》本传中。景帝时任博士官，武帝时举贤良
文学之士，他应诏先后三次对策，进献著名的"天人三策"，即上面所说的《举
贤良对策》三篇。在对策中，他建议"诸不在六艺之科、孔子之术者，皆绝其
道，勿使并进。邪辟之说灭息，然后统纪可一而法度可明，民知所从矣。"（《汉
书·董仲舒传》）第一次明确地把儒学之外的其他诸子之学，称为"邪辟之
说"。武帝采纳了他的建议，"罢黜百家，独尊儒术"。为五经博士置弟子员，
诏天下郡国立学官，从此儒家经学的影响迅速超越了黄老之学和诸子之学。
汉代今文经学立有十四博士，但没有一个能够像董仲舒的公羊学那样受到汉
代统治者的重视，董仲舒既是武帝时代新的儒家学派的创建者，也是当时最具
有代表性的封建地主阶级的理论家。《汉书·董仲舒传》载：

> 刘向称："董仲舒有王佐之材，虽伊、吕亡以加，管、晏之属，伯者之
> 佐，殆不及也。"向子歆以为："伊、吕乃圣人之耦，王者不得则不兴。故颜
> 渊死，孔子曰：'噫！天丧余。'唯此一人为能当之，自宰我、子赣、子游、子
> 夏不与焉。仲舒遭汉承秦灭学之后，《六经》离析，下帷发愤，潜心大业，
> 令后学者有所统壹，为群儒首。然考其师友渊源所渐，犹未及乎游、夏，而
> 曰管、晏弗及，伊、吕不加，过矣。"

刘歆站在古文经学家的立场上，不同意其父对今文经学大师董仲舒的过誉，然
他也不能不承认董仲舒是"群儒首"。班固也称董仲舒"为儒者宗"。（《汉书
·五行志》）以经学大师董仲舒为代表的新的儒学思想体系，成为居于独尊地
位的封建正统思想。"从董仲舒起，结束了子学时代而成经学时代，换句话，
就是说董仲舒代表初得政权的地主阶级建立了道统，成为两千年封建政权的

合法解释者。他使先秦儒家思想,走入了一个新方向。"①

董仲舒为大一统的封建中央集权制制造理论,首先把封建大一统说成是天经地义、必须遵循的法则。他说:"王者必受命而后王,王者必改正朔,易服色,制礼乐,一统于天下,所以明易姓非继人,通以己受之于天也。"(见《春秋繁露·三代改制质文》,本章再引该书,只注篇名)所论与《春秋公羊传》如出一辙。其次就是从加强皇权的方面来保证大一统体制的实现。为了树立皇帝的绝对权威,他吸收了宗教哲学中的神学因素,宣称君主的权力是"天"所授予的:"受命之君,天意之所予也,故号为天子者,宜视天为父,事天以孝道也。"(《深察名号》)并把君主说成是与"天"神一样,主宰生杀予夺的大权:"人主立于生杀之位,与天共持变化之势,……天地人主一也。"(《王道通》)这不仅是秦汉统一中国、建立封建专制集权的思想反映,也是董仲舒在制造舆论,神化"大一统",树立君主的绝对权威和皇权的垄断地位。正如董仲舒自己所说:"君人者,国之本也,夫为国,其化莫大于崇本,崇本则君化若神,不崇本则君无以兼人"(《立元神》),"国之所以为国者,德也,君之所以为君者,威也,故德不可共,威不可分,德共则失恩,威分则失权,失权则君贱,失恩则民散,民散则国乱,君贱则臣叛。是故为人君者,固守其德,以附其民,固执其权,以正其臣。"(《保位权》)此外,董仲舒还提出"强干弱枝,大本小末"(《十指》),主张削弱诸侯势力,加强天子一统的权力,并赞成《春秋公羊传》所说的地方诸侯不得"专封"、"专地"等等,为汉武帝加强封建专制中央集权的统治提供了理论依据。当然,董仲舒与法家赋予帝王绝对权力还有所不同,他认为君王若有失误或过错,天是会对他发出警告甚至惩罚的,天对帝王的行为有约束与控制力。

董仲舒的"大一统"思想也吸收了法家的法、权、势相结合的思想,认为"统纪可一,而法度可明,民知所从矣"。(《汉书·董仲舒传》)所以汉代统治者虽打着"罢黜百家,独尊儒术"的旗号,但深知法家的思想也不可废,采取了"外儒内法"的原则。而在表面上,通过政权的强制力量,来明确儒术的独尊

————————————————

① 周辅成:《论董仲舒思想》,上海人民出版社1961年版,第1页。

地位,用新的儒学来统一全国臣民的思想意识。董仲舒向武帝建议杜绝儒学之外的各种学术的流行,不允许"师异道、人异论,百家殊方,指意不同"的现象存在(《汉书·董仲舒传》),否则,他认为将会造成"上亡(无)以持一统,法制数变;下不知所守"的严重局面(同上),中央集权的大一统形势必遭破坏。董仲舒的所谓的"罢黜百家,独尊儒术",只是想使他的新儒学占据思想领域主导地位,与秦专任法家,对其他各家学术采取严厉禁毁,甚至残酷迫害各学派人士,有很大的不同。实际上,在当时,也并没有禁绝各家的著作的流传。但既然尊儒,以儒家思想为社会的统治思想,必然具有抑制其他学术、思想发展的作用。使汉初诸子之学刚刚复苏的局面又冷清下来,显然不利于促进学术事业的发展。但这种尊儒政策,使统治上层从思想上达到统一,由于"推明孔氏,抑黜百家,立学校之官,州郡举茂材孝廉,皆自仲舒发之"(同上),也迫使下层人民的思想达到前所未有的统一,从思想上保证了大一统政治的执行与落实,促进了汉代大一统社会的稳定与繁荣。

以董仲舒为代表的公羊学家,通过阐发孔子"大一统"的精义,吸收道家、阴阳家的思想资料,建立起一个以伦理哲学为主的"大一统"儒学理论,并取得了独尊的地位,影响了大一统国家政治统治的模式和具体政策措施,对于汉代地主阶级所建立的新的中央集权制封建政权来说,无疑提供了强大的思想武器。尤其是当时诸侯藩国的地方割据势力还有残存,周边还存在着外族的不断侵扰,国家的真正统一和社会的安定还有隐患,"大一统"儒学理论,有利于国家的统一和社会的稳定发展,有利于维护中央集权,有利于发展经济文化以及抵御外来侵略,在当时起到了积极进步的历史作用。

第二节　董仲舒的天人感应论

天是中国古代哲学的重要范畴,宗教哲学的基本特征就是认为天是有意志和伦理属性的人格神,是宇宙万物的主宰。从踏入文明社会门槛的夏朝看,仍继承的是上古时期"绝地天通"的宗教意识,统治者继续垄断着与天即上帝的联系,从而给自己的统治披上了合法的神权外衣。商代继承了夏王朝的做法,将天称为帝,帝有至高无上的权威,也是依靠神权来维持自己的统治。但是,无论夏还是商都被武力推翻的历史事实,也启示着后来的统治者,天命受到怀疑,神权并不可靠。所以,周代统治者开始怀疑天的绝对权威,一改前朝单纯依赖神权的做法,注入了德治的思想,提出"以德配天"和"敬德保民"的主张,认为"天矜于民,民之所欲,天必从之"(《尚书·周书·泰誓上》),在承认天有意志的同时,削弱了天人对立,增加了天人合一的意识。经过春秋时期人文思潮的影响,尤其是随着天文学等科学技术的发展,人们对于天命神权的认识已经趋向于理性化。孟子把先验的道德理性与天结合起来,主张尽心、知性、知天。天逐渐从神学的上帝转变为伦理性的天,在此基础上,战国后期,荀子率先确立了唯物主义的天人观,提出了"天行有常,不为尧存,不为桀亡"的命题(《荀子·天论》),天在此时已具有了物质性,不再是人格神。

在天人关系上,董仲舒虽然以荀子提出的自然界"皆知其所以成,莫知其无形,夫是之谓天"(同上),作为自己认识的出发点,企图解决如何"知天"的问题。似乎赞成天是由气构成的物质,他说:"天地之气,合而为一,分为阴阳,判为四时,列为五行"(《五行相生》);又说:"天地之间有阴阳之气常渐人者,若水常渐鱼也,所以异于水者,可见与不可见耳。……是天地之间,若虚而实。"(《天地阴阳》)但他在阐述伦理哲学时,又恢复了宗教神学的"天人合一"思想,并歪曲利用当时一些自然科学成果,提出更加系统的宗教神学天人观——"天人感应"思想。董仲舒以儒家思想为主导,糅合道、法、名、阴阳等各家学说,精心构制了一个规模宏大的经学体系。这个体系的基础,就是"奉天"、"法天"的天人感应目的论宇宙观。他说:"《春秋》之道,奉天而法古。……故圣者法天,贤者法圣,此其大数也。得大数而治,失大数而乱。此治乱之分也。"(《楚庄王》)他所说的"天",有时指自然之天,有时又指万物创造者和主宰者,但作为哲学范畴,则是指万物创造和主宰的最高神。董仲舒通过拟人的手法,把天神秘化,并赋予天以意志。他说:"天亦有喜怒之气、哀乐之心,与人相副。以类合之,天人一也。春,喜气也,故生;秋,怒气也,故杀;夏,乐气也,故养;冬,哀气也,故藏。四者,天人同有之,有其理而一用之,与天同者大治,与天异者大乱。"(《阴阳义》)董仲舒又进一步说,"天者,百神之大君也"(《郊语》),"人之人本于天,天亦人之曾祖父也","唯天子受命于天,天下受命于天子,一国则受命于君。"(《为人者天》)"受命之君,天意之所予也。"(《深察名号》)又说:"天高其位而下其施,藏其形而见其光。高其位,所以为尊也;下其施,所以为仁也;藏其形,所以为神;见其光,所以为明。故位尊而施仁,藏神而见光者,天之行也,"(《离合根》)这是利用一般人所见到的自然之天的形象,把自然之天神秘化,使之具有尊贵、仁爱、神奇的性质,用神灵之天来代替自然之天。他又说:"仁之美者在于天。天,仁也。""察于天之意,无穷极之仁也。"(《王道通三》)董仲舒承认"仁"是最高伦理原则,但又认为"仁"是天的意志,甚至说"仁"就等于天。这样就把伦理原则说成是来源于神灵的"天"。此外,董仲舒还提出了"天意"、"天志"、"天德"、"天威"、"天授"、"天谴"、"天予"、"天夺"等概念,从各个不同的侧面概括"天"的精神属性。"天人感应"说认为,天人之间存在着一种神秘的联系,天主宰人事,人的行为也能感动天。自然界的灾异和祥瑞表示着天对人们的谴责和嘉奖,天对人采取什么样的情感,取决于人的自身行为。这种"天人感应"思想,历史上曾经出现过,如墨家曾提出"天志"的思想,认为:"吾所以知天之爱民之厚者有矣。"(《墨子·天志中》)但都没有像董仲舒那样作过系统的阐述。

天人之际,既然天是决定性的,那么天是如何主宰人类社会的呢?董仲舒吸收了阴阳五行的理论,使阴阳五行伦理化,这是天主宰人类社会的重要理论依据。他认为天是通过四时、阴阳和五行的变化来主宰人类社会的,如把四季的变化与草木的荣枯说成是天的情感变化所致:"春气暖者,天之所以爱而生之;秋气清者,天之所以严而成之;夏气温者,天之所以乐而养之;冬气寒者,天之所以哀而藏之。"(《阳尊阴卑》)他还把五行之间的关系附会成为父子、君臣关系,以五行来解释养生送死的孝道和竭力事君的忠道,以及仁、义、礼、智、信,把"五官"(司农、司马、司营、司徒、司寇)与五行相比附,说五官效法五行行事,便能和谐相顺,五官中某一官职违背所效法的五行中的一行的要求,便要发生相克相逆的现象,等等。董仲舒还提出"阳尊阴卑"、"阳贵阴贱"的说法(《阳尊阴卑》),把人间的尊卑贵贱的等级关系比附于阴阳。而且进一步发挥认为:阴阳两种气不仅具有寒暖的性质,而且具有予夺、仁戾、宽急、爱恶、生杀等意志和道德,显然,在这里阴阳也与五行一样被伦理化了。也就是说,他把封建伦理的主要内容强加于天,把它说成是天的意志,目的就在于论证封建伦理及秩序的天然合理。

作为人间帝王,首要的任务是"知天",即知天是如何主宰人类社会的,然后其施政才能遵循"天志",做到"配天",替天而行道:

> 夫王者不可以不知天,知天,诗人之所难也,天意难见也,其道难理,是故明阳阴入出、实虚之处,所以观天之志;辨五行之本末、顺逆、小大、广狭,所以观天道也。天志仁,其道也义,为人主者,予夺生杀,各当其义,若四时;列官置吏,必以其能,若五行;好仁恶戾,任德远刑,若阴阳;此之谓能配天。天者,其道长万物,而王者长人;人主之大,天地之参也;好恶之分,阴阳之理也;喜怒之发,寒暑之比也;官职之事,五行之义也;以此长天地之间,荡四海之内,淆阴阳之气,与天地相杂,是故人言既曰:王者参天地矣,苟参天地,则是化矣,岂独天地之精哉!王者亦参而淆之,治则以正气淆天地之化,乱则以邪气淆天地之化,同者相益,异者相损之数也,无可疑者矣。(《天地阴阳》)

为了进一步论证神灵之天主宰人类社会,董仲舒还提出"人副天数"的说法,认为人是天的副本或缩影,人的形体和精神都来源于天,与天相类似。他把天拟人化,把人拟天化,在人形与天体之间,作了许多荒唐的比附:

> 天地之符,阴阳之副,常设于身,身犹天也,数与之相参,故命与之相连也。天以终岁之数,成人之身,故小节三百六十六,副日数也;大节十二分,副月数也;内有五脏,副五行数也;外有四肢,副四时数也;乍视乍瞑,副昼夜也;乍刚乍柔,副冬夏也;乍哀乍乐,副阴阳也;心有计虑,副度数也;行有伦理,副天地也;此皆暗肤着身,与人俱生,比而偶之弇合,于其可数也,副数,不可数者,副类,皆当同而副天一也。(《人副天数》)

又说:"人之形体,化天数而成;人之血气,化天志而仁;人之德行,化天理而义;人之好恶,化天之暖清;人之喜怒,化天之寒暑;人之受命,化天之四时;人生有喜怒哀乐之答,春夏秋冬之类也。……天之副在乎人,人之性情有由天者矣。"(《为人者天》)甚至《基义》还说,"仁义制度之数,尽取之天。"人的形体不仅类似天,而且人的性情也来源于天,人是天按照自己的模式与意志创造的,甚至于社会伦理规范,也是天的"副品"。这样,董仲舒通过把天拟人化和把人拟天化的思维过程,表明人是缩小的天,天是放大的人,天和人有相同的感情,二者之间就可以相互感应了。由此自然就提出了"以类合之,天人一也"(《阴阳义》)的说法,"天人感应"、"天人合一"的理论基点就确立了。

"天人感应"是双向的,一方面是"人受命于天",实质是说君主受命于天,然后由天子将天意传达到臣民,所以说归根到底还是人受命于天:"受命之君,天意之所予也,故号为天子者。"(《深察名号》)"天子受命于天,诸侯受命于天子,子受命于父,臣妾受命于君,妻受命于夫。诸所受命者,其尊皆天也。虽谓受命于天亦可。"(《顺命》)天自然不会如天子那样下诏令来受命于臣子,但天会以自然现象来表达它的意志。如果天子真能领受天命,为政有功德,天会出现麒麟、凤凰、嘉禾等稀有吉祥之物,或甘霖、祥云、赤光等"祥瑞"天象以表彰。反之,则以灾异现象对天子进行谴告:"国家将有失道之败,而天乃先出灾害以谴告之;不知自省,又出怪异以警惧之;尚不知变,而伤败乃至。以此见天心之仁爱人君而欲止其乱也,非自大亡道之世者,天尽欲扶持而全安之,事在强勉而已矣。"(《天人三策》)又说《春秋》"书邦家之过,兼灾异之异。小者谓之灾,灾常先至而异乃随之。灾者,天之谴也;异者,天之威也。谴之而不知,乃畏之以威"。(《必仁且智》)这里提醒君王,要善于从自然界和社会中所出现的异常现象去领悟"天"意,检点自己的行为,是顺天而行仁政?还是逆天而施暴政?这是为政首先要弄清的大是大非。董仲舒将儒家的仁政伦理思想与阴阳五行宗教学说相结合,一方面鼓吹了君权神授,用神权来提高王权;另一方面也是假"天"神之威,限制君王个人的专断施暴,为封建君王专制权力的权威性及儒家的仁政学说找到了宗教神学的依据,也寻找到以宗教神学限制君权过分独裁妄为的一种理由。

董仲舒认为天地人并为三才,人能参与天地变化:"人主之大,天地之参也","人之超然万物之上,而最为天下贵也。"(《天人对策》)天固然有主宰的作用,但也不能忽视人的作用,特别是帝王的能动作用,他曾说:"世治而民和,志平而气正,则天地之化精,而万物之美起。世乱而民乖,志僻而气逆,则天地之化伤,气生灾害起。""人,下长万物,上参天地,故其治乱之故,动静顺逆之气,乃损益阴阳之化,而摇荡四海之内。"(《天地阴阳》)按天意治世,就会得到天的保佑,民和而世治。若违背天意行事,就会得到天的惩罚,民乖而世乱。世之治乱又主要取决于人,也就是取决于帝王,这与传统的忽视人的能动性的天命论有所不同。特别是强调君王奋发有为,正符合汉武帝及当时整个统治阶级蓬勃向上、积极有为的精神状态。

"天人感应"说本来是古老的宗教哲学思想,在春秋战国诸子争鸣时期,这种思想遭到很大冲击。然而在汉代封建大一统不断强化的背景下,董仲舒又恢复并发展了"天人感应"思想,使之成为统治思想。"天人感应"的直接政治作用,就是强化皇权统治,正如董仲舒所说:"屈民而伸君,屈君而伸天,《春秋》之大义也。"(《玉杯》),董仲舒的理论主旨就在于此。借天威来树立君威,还用天威来限制君权滥用,从本质上来讲,这也是加强皇权的一种手段,使王朝不要因君权的滥用而招致覆灭的下场。然而汉武帝之后的统治者,多数只强调天授君权,而很少强调天还限制君权,所以"天人感应"就成了他们维护和巩固统治的"护身符",给封建王权加上了一层天意的神圣色彩,后来又与谶纬迷信合流,用宗教神学掩盖自己的滥用皇权,其消极影响是极为深远的。

对于宇宙和人类历史状况的认识,董仲舒的思想中也有唯物和辩证的因素,董仲舒承认"天地之气"是不断运行和变化的,"天地之气常动而不滞"(《循天之道》),万物都有其不断发展、变化的过程。在对社会历史过程及状况的看法方面,董仲舒承认社会历史是不断变化的,因此积极主张改制。他说:"《春秋》无通辞,从变而移。""《春秋》之道,固有常有变。"(《竹林》)"为政而不行,甚者必变而更化之,乃可理也。……当更化而不更化,虽有大贤,不能善治也。"(《天人三策》)但从主体上来看,他的认识论归根结底是宗教哲学与形而上学占了主导的位。他从阴阳家阴阳五行说出发,把宇宙和人类发展历史固定在阴阳五行的模式中,把事物普遍存在的运动、变化归结为绝对的对立和简单的重复,即"天之道终而复始"(《阴阳终始》),和五行"相生"、"相胜"的简单循环。他承认一切事物都是由阴阳双方构成的统一体，并且提出了"凡物必有合"和"物莫无合"的正确命题，但如果是永远地阳主阴次，则是形而上学的观点了。《基义》中说："凡物必有合。合必有上必有下，必有左必有右，必有前必有后，必有表必有里。……物莫无合，而合各有阴阳。"董仲舒承认事物矛盾着的双方中，必有一方是主导方面，然而，他却把双方的主次关系加以凝固化和绝对化。也就是将社会中表现为君臣、父子、夫妇的关系，说成是永恒不变的主从关系或贵贱尊卑关系，维护的正是封建宗法等级制。他又说："天之常道，相反之物也不得两起，故谓之一。一而不二者，天之行也。"（《天道无二》）"贵阳而贱阴，天之制也。"（《天辨在人》）董仲舒把君臣、父子、夫妇的主从或贵贱尊卑关系，视为天意，或换句话说把它视为道，给封建等级制的合理性以宗教的说明。

董仲舒强调五行有规律地循环，然而君臣、父子、夫妇的永恒不变的主从关系的"道"是不会改变的。他在对阴阳家邹衍"五德终始"说利用与改造的基础上，提出了"三统"和"天不变道亦不变"的命题。董仲舒认为可变的是"三统"，不可变的是"天"与"道"。"三统"亦称"三正"，指三代的正朔。"正"是指一岁之首月，即农历正月，"朔"指一月之首日，即初一。三代正朔不同，称为黑、白、赤三统，夏朝为黑统，以寅月（农历正月）为正月，以天刚亮为朔；商朝为白统，以丑月（农历十二月）为正月，以鸡鸣为朔；周朝为赤统，以子月（农历十一月）为正月，以夜半为朔。每个岁首都与不同的颜色相匹配，所以在改变岁首的同时，也必须改变崇尚的颜色，这叫"易服色"。改正朔，易服色只是表明新的朝代是承受天命进行统治的，是一种不可缺少的形式上的象征，朝代更替就是依此三统进行循环。从而说明汉天子的君权是天所赋予，是汉承尧运，推翻秦代统治建立新王朝，完全是"奉天而法古"，是完全合理的。董仲舒提出"改制"与"更化"的重要思想，即"改正朔，易服色"，表明新王朝"明乎天统之义"（《三代改制质文》），新的天子顺从天意，重新受天命而统一正。新的王朝在正朔上可作更改，然而作为天子受天命治天下的实质，及其治天下的大法是永远不会改变的。所以说，"若夫大纲，人伦道理，政治教化，习俗文义尽如故，亦何改哉？故王者有改制之名，无易道之实。"（《楚庄王》）这里所说的"道",董仲舒解释说:"道者,所由适于治之路也,仁、义,礼、乐皆具也。"(《汉书·董仲舒传》)基于上述认识,他提出了"道之大原出于天,天不变,道亦不变"(同上),认为遵循这永恒不变的"道"来治理国家,就能使封建专制统治代代相袭、绵延不绝;反之,背离了"道",就会政乱国危。一个王朝的灭亡,并不是"道"本身有什么弊病,弊病是由于这个王朝的君王背离了"道",历史上的改朝换代是重新恢复道的权威,这样,他就把封建等级秩序,论证为永恒的不变的神圣物,并且完全神秘化了。

董仲舒的认识论包含着某些逻辑思想,但占主导地位的还是遵循天命的神学思想。董仲舒认为,人们认识的真正对象并不是客观事物本身,而是作为客观事物最高主宰的所谓的天意。人们认识的本质就是发现和体会"天"意,并且始终遵循"天"意而行事。他说,"天不言,使人发其意;天弗为,使人行其中"(《深察名号》),"王者上谨于承天意,以顺命也"(《汉书·董仲舒传》),"更称号,改正朔,易服色者,无他焉,不敢不顺天志,而明自显也。"(《楚庄王》)这里所说的"发其意"、"承天意"、"顺天志"等,就是认识的目的和任务。在如何探求天意上,董仲舒主张采用外察和内省二种方法。所谓外察,指"察物之异",即观察自然界的变化和差别,由此来体会天意。董仲舒说:"天无所言,而意以物。物不与群物同时而生死者,必深察之,是天之所以告人也。……君子察物之异以求天意,大可见矣。"(《循天之道》)也就是说明智的人只要留心考察自然现象的变化以及事物之间的差别,就不难领会上"天"的意旨。通过观察自然界事物的差别获得认识,本来是正确的认识方法,在这里,认识最终被说成是对神意的体察,而不是对实际事物本身的合理分析。所谓内省,指通过内省自身体察天意。由于"天之副在乎人,人之情性有由天矣",因而"道莫明省身之天"(《为人者天》),天人本来是合一的,体会人的内心,就可以了解天意。他还进一步将观察外物和自省内心两种方法结合起来并用,主张"欲其省天谴而畏天威,内动于心志,外见于事情,修身审己,明善心以反道者也。"(《二端》)这一认识论,显然带有宗教哲学的神秘性。

名与实,是中国哲学的一对重要范畴,从哲学上讲,名指名称、概念,实指事物、实在,名实关系就是事物的名称、概念与事物的客观存在、存在形态的关系。从春秋末期的孔子就提出以名正实的主张,使名实相副,把正名视为为政的首要问题。以后各学派都有所论述,大致都认为名应根据客观而定,名应真实反映客观,名与实相称,也都十分重视正名,如法家认为:"用一之道,以名为首,名正物定,名倚物徙。故圣人执一以静,使名自命,令事自定。"(《韩非子·扬权》)把正名当作法制的首要原则。董仲舒继承了以儒家为首的各家的正名思想,他也认为名是对实的表达,作为事物名称的"名",是因为有真实的事物存在才产生的,它必须符合真实的事物。他说:"名生于真。非其真,弗以为名。名者,圣人之所以真物也,名之为言真也。"(《深察名号》)因此,他进一步提出了"辨物之理,以正其名"的正名原则,提出:"治天下之端,在审辨大;辨大之端,在深察名号。名者,大理之首章也,录其首章之意,以窥其中之事,则是非可知,逆顺自着,其几通于天地矣。是非之正,取之逆顺;逆顺之正,取之名号;名号之正,取之天地;天地为名号之大义也。"(同上)治理天下首先要懂得什么是治理天下的头等大事? 而要分辨头等大事,就必须深察事物的名号。很清楚,董仲舒同样深知正名的重要性。他要求在正名时做到"名物如其真,不失秋毫之末。""诘其名实,观其离合,则是非之情不可以相谰已。"(同上)即从名实关系上进行研究,考察名称与实际的分离和结合情况,谁是谁非就不能乱说了。不难看出,这里所提出的思想,含有朴素唯物主义反映论的成分,然而这并不是他的正名思想的本质。

他的正名思想的本质,是通过名号来通晓天命。当他谈到名实关系的总体情况和根本原则时,他又把"名"归结为圣人对"天"意的表达。他说:"名号异声而同本,皆鸣号而达天意者也。天不言,使人发其意;弗为,使人行其中。名者,圣人所发天意,不可不深观也。"(同上)他不仅认为天定名号、名号定逆顺,逆顺定是非,而且进一步提出天定的名号还是判断是非曲直的标准,客观事物的是非曲直标准,在于它是否与名符合。他说:"欲审曲直,莫如引绳。欲审是非,莫如引名。名之审于是非也,犹绳之审于曲直也。"(同上)提出"事各顺于名,名各顺于天。"(同上)在这里,已经不是实决定名,而是名决定实,"天"的神意决定名。名实关系被完全颠倒了,与传统的名实思想迥然不同,是对传统正名思想的宗教神学化的改造,这种神秘化了的正名思想,是他的天人感应论在名实关系上的具体应用,也是对他含有朴素唯物主义反映论成分认识的否定。

董仲舒的正名思想,目的在以天意来论证封建宗法秩序的合理性,而不在于真正探求名实的关系。他认为,天子、诸侯、大夫、士、民各个等级秩序是不能混淆,也不能颠倒的,因为这些名号本身就体现着"天意":

> 謞而效天地者为号,鸣而命者为名,名号异声而同本,皆鸣号而达天意者也。天不言,使人发其意;弗为,使人行其中;名则圣人所发天意,不可不深观也。受命之君,天意之所予也。故号为天子者,宜视天为父,事天以孝道也;号为诸侯者,宜谨视所候奉之天子也;号为大夫者,宜厚其忠信,敦其礼义,使善大于匹夫之义,足以化也;士者,事也,民者、瞑也;士不及化,可使守事从上而已。五号自赞,各有分,分中委曲,曲有名,名众于号,号其大全。(《深察名号》)

天子这一名号意味着受命之君是"天意"的代表,天下人应该视天如父,以孝道事天,对代表天意的天子亦应如此。其他臣下的名称,都意味各自的职守。特别是民,意味着瞑顽不灵,只能做被教化的对象。封建主义等级制度经这样从语义上加以牵强的解释,便纳入了"天意"的框架。董仲舒以正名定分来规定人们的名位和应守的职分,把符合封建统治利益的政治观念、道德规范立为名分,定为名目,号为名节,制为功名,成为一种教化手段。董仲舒借助于最高主宰的"天"的权威,以"天意"给封建等级制度正名,成为后来"名教"思想产生的思想根源。

第三节 董仲舒伦理学中的宗教色彩

董仲舒以儒学为基础,融合众家之学,形成新儒学,并定这种新儒学为一尊,使汉代封建王朝有了正统的政治观、哲学观,也有了正统的伦理观。陈谷嘉先生认为:"董仲舒在伦理方面所涉及的问题很广泛,几乎涉及伦理学的一切领域,但我以为他主要提出了如下几个问题:(1)以'天人合一'神学目的论为基础的道德起源论;(2)维护封建宗法等级关系的'三纲五常'道德原则及规范;(3)义利、善恶说;(4)以教为本,以德治国的教化思想。对于这些问题,他进行了多方面的论证,提出了许多影响后世的重要道德原则及其思想,构成了他在中国历史上少有的庞大而严密的伦理思想体系。"①

伦理是人们相互关系所应遵循的道德准则,而人性,又是各种伦理学研究的前提。人性,可以理解为人的本性所具有的一切特性,因而就有了所谓的灵性、理性、自然性,甚至抽象的善性与恶性等各种说法,都曾被视为人性本质的种种特征。董仲舒是如何看待人性呢? 他把人性的内容概括为"命"、"性"、"情"三个方面。"命"即上天的命令,"性"是人天生的资质,"如其生之自然之资谓之性,性者质也。"(《深察名号》)"情"是人的欲望。他说:"天令之谓命,命非圣人不行;质朴之谓性,性非教化不成;人欲之谓情,情非度制不节。是故王者上谨于承天意,以顺命也;下务明教化民,以成性也;正法度之宜,别上下之序,以防欲也;修此三者,而大本举矣。"(《汉书·董仲舒传》)。可见,顺从天命,教化人性,防范人欲,是君主正确处理"命"、"性"、"情"的三项重要大事,是最根本的治国任务。

在董仲舒看来,人性的各种特征是先天就有的,是"天"赋予的。他说,"今善善恶恶,好荣憎辱,非人能生,此天施之在人者也"(《竹林》),"人受命于天,有善善恶恶之性,可养而不可改,可豫而不可去。"(《玉杯》)董仲舒把人性分为三等,即通常所说的"性三品":一为"圣人之性",这种人性情欲很少,不教而至善。一为"斗筲之性",这种人性是先天至恶的,不可教化的。一为"中民之性",这种人性既不是至善,也不是至恶,而是"有善质,而未能善"。(《深察名号》)他用"质朴之谓性"作标准来衡量,认为上品的圣人和下品的斗筲小人,他们天赋的人性都不能称为性;可以称为性的,只有处于中品的一般民众的人性,这样的性因有善质,经过逐渐教化便可以成为善:"圣人之性,不可以名性;斗筲之性,又不可以名性。名性者,中民之性。中民之性如茧如卵。卵待覆二十日而后能为雏;茧待缲以涫汤而后能为丝;性待渐于教训而后

---

① 陈谷嘉:《董仲舒伦理思想研究》,《儒家伦理哲学》,人民出版社 1996 年版,第 152 页。

能为善。"(《实性》)"圣人之性"与"斗筲之性"是不可改变的,且又属少数人,大多数人属于所谓"中民之性";"有善质"因而有可能通过教化使之向善,就像卵可以孵化为雏、茧可以缫丝一样。所以董仲舒提出的人性"三品"说,主要是针对"中民之性"而发,目的是对大多数人加强教化,以"圣人之性"来感化"中民之性"。至于"斗筲之性",则属顽固不化之列,自然不属教化的对象。这一点与荀子的"性恶论"又有不同,荀子的"性恶论"主张人们通过后天行善消除自身的恶性,而董仲舒的所谓的"斗筲之性"是无法改变的"本性",使其"性三品"说更具性由天定的天命色彩。

为了证明"中民之性"必须进行教育才能使之向善,董仲舒又作了多方面的论证。董仲舒从"人副天数"的前提出发,认为人的一切都来源于天,人是天地的精华:"莫精于气,莫富于地,莫神于天。天地之精所以生万物者,莫贵于人。"(《人副天数》)所以,老百姓也都有先天的善质,这是可以教化的基础。老百姓虽有先天的善质,但老百姓愚昧无所觉,需要通过圣人的教化来开发它:

> 无教之时,性何遽若是? 故性比于禾,善比于米;米出禾中,而禾未可全为米也;善出性中,而性未可全为善也。……今万民之性,有其质而未能觉,譬如瞑者待觉,教之然后善。当其未觉,可谓有善质,而未可谓善,与目之瞑而觉,一概之比也。静心徐察之,其言可见矣。性而瞑之未觉,天所为也;效天所为,为之起号,故谓之民。民之为言,固犹瞑也,随其名号,以入其理,则得之矣。是正名号者于天地,天地之所生,谓之性情,性情相与为一瞑,情亦性也,谓性已善,奈其情何? 故圣人莫谓性善,累其名也。身之有性情也,若天之有阴阳也,言人之质而无其情,犹言天之阳而无其阴也,穷论者无时受也。名性不以上,不以下,以其中名之。(《深察名号》)

人性既源于天,人性也像天,"天两,有阴阳之施;身亦两,有贪仁之性。"(《深察名号》)董仲舒认为由于天任阳不任阴,因此,人性也以仁和善为主,以贪和恶为从,阳为性,表现为仁;阴为情,表现为贪。人的资质中善是主要的部分,同时,人也应该控制情。人有善质,并不是说人性就是善的了,这种善质还只是未"完成"之性,是一种"质朴"之性,即一种处于原始状态的人性。人们生来俱有的人性虽然含有"善质",即善的素质和成善的可能,但在未经后天教化以前,还不能叫做善。董仲舒用"禾"与"米"比喻性和善的关系,说善就如米,性就如禾。禾虽能出米,而禾不可称为米;人之性虽有善质,而人之性不可就称为善。"这种'善质'只有经过圣人的教化才能变为善,但即使为善,仍不能同圣人相比,因为'善过性,圣人过善'(《深察名号》)。董仲舒这种说法比孟、荀的'人皆可以为尧舜'的观点是大大退步了,其目的是为了把圣人即皇帝置于万民之上。"①

"董仲舒以中民之性为成人的出发点,并肯定了成人过程既要以本然的善质为潜能,又离不开继天成性的自觉努力,从而表现出统一内在根据与后天作用的趋向。在董仲舒以前,孟子从性善说出发,着重突出了先天根据这一环节,尽管孟子并不完全排斥后天功夫,但性本善这一先验预设毕竟弱化了继天成善这一面;与孟子相对,荀子以性恶说为前提,注意外在礼法在塑造个体中的作用,但同时却忽视了成人的内在根据;从这方面看,董仲舒的如上看法,显然又包含着折衷孟荀、扬弃二者之蔽的意向。"②孟子只是拿人性与禽兽之性相比,看到人性与兽性不同,故说万民之性都是善的;董仲舒是用"天道之善"的标准去衡量人性善,可以说万民之性不同于禽兽之性,但这不是董仲舒所谓的"圣人之所说善者"。本然的善只有"圣人"才具备,那么万民的人性只具有一种质朴的善质,还须后天教化才能发展为善性。董仲舒认为:"天生民性有善质而未能为善,于是为之立王以善之,此天意也。民受未能善之性于天,而退受成性之教于王。王承天意以成民之性为任者也。今案其真质而谓民性已善者,是失天意而去王任也。万民之性苟已善,则王者受命尚何任也?"(《深察名号》)天受命于帝王,帝王来人间就是教民以善的。视人民天生愚昧无知,必须接受教化,视统治者天生高贵神圣,有教化之功,而且都是奉天意而

---

①　刘泽华:《董仲舒的政治思想》,《历史教学》1965 年第 6 期。
②　杨国荣:《善的历程——儒家价值体系的历史衍化及其现代转换》,上海人民出版社 1994 年版,第 185 页。

行,这种人性伦理观念充满了封建统治阶级的偏见。

董仲舒强调人性天赋和教化成善,目的在于由此提出统治者教化的重要性。他认为,天立君王的目的,就是要他们教化民众。于是董仲舒精心为统治者设计了教化的内容,第一次提出了"三纲"、"五常"的范畴,也就是系统地提出了完备的封建伦理和个人道德的准则。

所谓"三纲",就是在君王与臣民、父亲与子女、夫君与妻妾三对关系之间,"君为臣纲,父为子纲,夫为妻纲"(《白虎通·三纲六纪》引《礼纬·含文嘉》),要求后者对前者必须绝对地效忠和顺从。关于三纲的思想,连法家也重视,集先秦法家思想之大成的韩非子,从加强政治统治出发,也认为理顺三种人际关系是治国的根本大法,即"臣事君,子事父,妻事夫,三者顺则天下治,三者逆则天下乱,此天下之常道也。"(《韩非子·忠孝》)董仲舒的三纲思想的鲜明特点,就是明确地提出"三纲"的口号,其三纲说是其"天人感应"思想体系中的一部分。他认为"天"决定着人的本质,"天"的意志主宰人类社会,人伦准则也出于"天意"。以天道的"阳尊阴卑"、"阳贵阴贱",推衍出人世间的尊卑、贵贱:"天下之三王随阳而改正,天下之尊卑随阳而序位,幼者居阳之所少,老者居阳之所老,贵者居阳之所盛,贱者居阳之所衰,藏者言其不得当阳,不当阳者,臣子是也,当阳者,君父是也。"(《天辨在人》)又说:"君臣、父子、夫妇之义,皆取诸阴阳之道。君为阳,臣为阴,父为阳,子为阴,夫为阳,妻为阴,阴阳无所独行,其始也不得专起,其终也不得分功,有所兼之义。""仁义制度之数,尽取之天,天为君而覆露之,地为臣而持载之;阳为夫而生之,阴为妇而助之;春为父而生之,夏为子而养之;……王道之三纲,可求于天。"(《基义》)董仲舒把三纲纳入他的神秘化的阴阳五行学说中,认为一切事物都有其"阴阳"对应性质,既是对应面,就会有主有从,君臣、父子、夫妇关系也应如此,前者是阳属主,后者是阴属从;前者是后者的主宰。阴只能对阳起配合作用,不能与阳分享成功,阳居主导地位,阴居辅助地位,如同天主宰地,阳主宰阴一样。这种人际关系理论,重视的是"名",而不是"实"。无论是谁,也无论他的所作所为如何,只要他居于三纲中的支配地位,就拥有对被支配者的统治权,后者就必须绝对地服从他。这一理论对维护几千年的封建统治起了很大的作用,是对弱势者的极不平等的精神枷锁。

董仲舒清楚,大一统体制的稳定,取决于社会成员之间上下、尊卑、贵贱的等级关系的和谐稳定,这也是传统儒家的重要思想。社会成员的关系主要是君臣、父子、兄弟、夫妇、朋友五种人际关系,称为"五伦"。春秋时期,孔子提出了君君、臣臣、父父、子子的"正名"观念,就是要求每个人"安分守己"、"恪守己职",来维持这种等级关系,不要君不君、臣不臣、父不父、子不子,而导致等级关系的混乱。董仲舒继承了孔子这一思想,并做了进一步的发展。他特别重视五伦中的君臣、父子和夫妇三种关系,以为这三种关系摆正了,就会影响与带动其他关系。在三纲之中,尤其看重君为臣纲,因为其他两纲都是从属于君为臣纲的。

三纲是人伦的大目标,而要实现乃至长久维持这一目标,必须有切实可行的途径,于是董仲舒又提出了"五常"说。所谓"五常",指仁、义、礼、智、信五种伦理道德。董仲舒指出:"夫仁、谊(义)、礼、智、信,五常之道,王者所当修饬也。五者修饬,故受天之佑,而享鬼神之灵,德施于方外,延及群生也。"(《天人三策》之一)何谓仁?传统的儒家以仁为人生追求的最高道德境界,它体现多方面的伦理道德原则,是各种善的品德的集中概括,其核心就是爱人。董仲舒进而解释道:"仁者,憯怛爱人,谨翕不争,好恶敦伦,无伤恶之心,无隐忌之志,无嫉妒之气,无感愁之欲,无险诐之事,无辟违之行,故其心舒,其志平,其气和,其欲节,其事易,其行道,故能平易和理而无争也,如此者,谓之仁。"(《必仁且智》)何谓义?传统儒家认为义是思想行为符合立身之本的准则。董仲舒又解释道:"义者,谓宜在我者,宜在我者,而后可以称义,故言义者,合我与宜以为一言,以此操之,义之为言我也,故曰:有为而得义者,谓之自得,有为而失义者,谓之自失;人好义者,谓之自好,人不好义者,谓之不自好;以此参之,义我也明矣。是义与仁殊,仁谓往,义谓来;仁大远,义大近;爱在人,谓之仁,义在我,谓之义;仁主人,义主我也;故曰:仁者,人也,义者,我也,此之谓也。"(《仁义法》)此篇又以仁与义的关系进一步解释道:

> 春秋之所治,人与我也;所以治人与我者,仁与义也;以仁安人,以义正我;故仁之为言人也,义之为言我也,言名以别矣。仁之于人,义之于我

者,不可不察也,众人不察,乃反以仁自裕,而以义设人,诡其处而逆其理,鲜不乱矣。是故人莫欲乱,而大抵常乱,凡以暗于人我之分,而不省仁义之所在也。是故春秋为仁义法,仁之法在爱人,不在爱我;义之法在正我,不在正人;我不自正,虽能正人,弗予为义;人不被其爱,虽厚自爱,不予为仁。

何谓礼? 传统儒家强调礼是体现仁的各种社会规范与各种道德规范,而董仲舒更强调的是体现社会等级制的社会规范和道德规范,他说:"礼者,继天地,体阴阳,而慎主客,序尊卑、贵贱、大小之位,而差外内、远近、新故之级者也。"(《奉本》)何为智? 智即智慧,是认识客观世界的知识与能力。董仲舒理解为:

> 凡人欲舍行为,皆以其智,先规而后为之,其规是者,其所为得其所事,当其行,遂其名,荣其身,故利而无患,福及子孙,德加万民,汤武是也。其规非者,其所为不得其所事,不当其行,不遂其名,辱害及其身,绝世无复,残类灭宗亡国是也。故曰:莫急于智。智者见祸福远,其知利害蚤,物动而知其化,事兴而知其归,见始而知其终,言之而无敢哗,立之而不可废,取之而不可舍,前后不相悖,终始有类,思之而有复,及之而不可厌,其言寡而足,约而喻,简而达,省而具,少而不可益,多而不可损,其动中伦,其言当务,如是者,谓之智。(《必仁且智》)

何谓信? 信即诚实不虚,不欺不诈讲信用。董仲舒说:"竭愚写情,不饰其过,所以为信也。"(《天地之行》》在董仲舒看来,仁是爱人,义是正己,礼是制欲守规,智是明晓事理,信是诚实信用。"五常"成了实现"三纲"的伦理原则。

道家与儒家哲学方面的主要区别,一是主张自然主义,一是主张人本主义;一是倾向于自然,一是倾向于社会。而儒家在接受社会、融入社会中,更强调的是伦理道德。以儒家创始人孔子与道家创始人老子为例,"孔、老对于同一古老文化传统的关注方面与态度的不同,使他们的思想体系形成了不同的侧面和特色。孔子思想的主要特色为仁德主义,偏重于人与人的关系,由此而建立了他的伦理学。老子思想的主要特色则是自然主义,偏重于人与自然的关系,由此而建立了他的本体论和宇宙论。"①有位外国学者在对儒、道哲学作比较时说:"为了便于比较,我们必须对孔子哲学加以考察。它可以被简要地概括为四个互补的特性,具备这些特性的人便是完美的人或圣人。孔子哲学的四个特性:义、仁、礼、智。"②儒家的哲学是伦理型的。在人与人伦理规范方面,除了孔子外,先秦其他典籍也多有提及,如《国语·周语上》:"且礼所以观忠、信、仁、义也,忠所以分也,仁所以行也,信所以守也,义所以节也。忠分则均,仁行则报,信守则固,义节则度。"后来的儒家更将父子、君臣、夫妇、兄弟、朋友的关系,归纳为"五伦",如《孟子·滕文公上》:"使契为司徒,教以人伦:父子有亲,君臣有义,夫妇有别,长幼有叙,朋友有信。"《孟子·离娄上》:"仁之实,事亲是也;义之实,从兄是也;智之实,知斯二者弗去是也;礼之实,节文斯二者是也。"儒家学派又逐渐提出君惠臣忠、父慈子孝、兄友弟悌、夫主妇从的原则,提出了仁、义、慈、孝、友、恭、信等一系列伦理规范。来解决、处理"五伦"之间的关系,形成人与人之间协调关系并应遵守的行为准则。董仲舒提出五常说,是在传统伦理思想基础上的充实与条理性概括,是对儒家思想的新发展。

在五常中,董仲舒又特别看重君臣与父子之间的关系,在此二种关系中,他又特别强调臣与子的准则,概括起来就是两个字:忠、孝。孝与忠实质是一回事,孝是忠的基础,忠是孝的延续与提升。孝可以强化家族宗法伦常关系,而家族宗法伦常关系的扩大就是皇权封建君臣关系,在家以孝维护封建家长制,自然会转换为在朝以忠维护封建君主制,提倡孝道,实际上就是提倡了忠君,二者有必然的联系。董仲舒仍然是用宗教神学的天道观、五行相生关系,来论证孝道:

> 天有五行:木、火、土、金、水是也。木生火,火生土,土生金、金生水。水为冬,金为秋,土为季夏,火为夏,木为春。春主生,夏主长,季夏主养,秋主收,冬主藏,藏,冬之所成也。是故父之所生,其子长之;父之所长,其

---

① 白奚:《孔老异路与儒道互补》,《南京大学学报》2000 年第 5 期。
② [美]A. J. 巴姆著,蔡方鹿译:《老子与孔子》,《中华文化论坛》1995 年第 2 期。

子养之;父之所养,其子成之。诸父所为,其子皆奉承而续行之,不敢不致如父之意,尽为人之道也。故五行者,五行也。由此观之,父授之,子受之,乃天之道也。故曰:夫孝者,天之经也。此之谓也。(《五行对》)

孝道,这是天之经地之义。"虽天子必有尊也,教以孝也,必有先也,教以弟也。"(《为人者天》)董仲舒认为孝道取法于土德:"五行莫贵于土,土之于四时,无所命者,不与火分功名;木名春,火名夏,金名秋,水名冬,忠臣之义,孝子之行取之土;土者,五行最贵者也,其义不可以加矣。"(《五行对》)五常纳入了五行的理论框架中,孝子忠臣的道德行为也成了应天而行的行为了。先秦儒家虽然也强调子孝和臣忠,强调君父与臣子之间是尊卑关系,但同时又强调二者都有不同的伦理义务,同样对父及君也有相应伦理要求。甚至孟子还认为臣子的忠是以君王的仁为前提的,如《孟子·离娄下》中说:"君之视臣如手足,则臣视君如腹心;君之视臣如犬马,则臣视君如国人;君之视臣如土芥,则臣视君如寇雠。"而董仲舒的五常说只强调孝、忠,汉代统治者于是便提倡"以孝治天下",把臣子的伦理义务绝对化,而相对放松了对君父伦理责任的要求,其实质就是为了加强统治者的专制。

"董仲舒的贡献就在于,他最明确地把儒家的基本理论(孔孟讲的仁义等等①)与战国以来风行不衰的阴阳家的五行宇宙论具体地配置安排起来,从而使儒家的伦常政治纲领有了一个系统论的宇宙图式作为基石,使《易传》、《中庸》以来儒家所向往的'人与天地参'的世界观得到了具体的落实,完成了自《吕氏春秋·十二纪》起始的,以儒为主融合各家以建构体系的时代要求。"②经过汉初六、七十年的思想融合,董仲舒在前人学说基础上,特别是在儒家的大一统政治观、仁义道德观与阴阳家五行说的基础上,创立了一种系统的伦理

---

① 庞朴:"文献表明,配五常仁义礼智信于水火木金土五行的把戏,不仅在《管子》的《四时》与《五行》篇(作为战国时代作品看)中不曾见,在《吕览·十二纪》与《礼记·月令》中不曾见,连刘安的《淮南子·时则训》中也不曾见。就是说,在这以前,还不曾有这种思想。直到《春秋繁露》里,我们才看到董仲舒在前人的已经足够庞大的五行大系之上,更增加了这个新项目,拿仁智信义礼配木火土金水。这是董仲舒的发明。"(《帛书五行篇研究》,齐鲁书社1980年版,第82页),(作者原注)

② 李泽厚:《秦汉思想简议》,《中国社会科学》1984年第2期。

哲学，成为中国封建统治者强化封建秩序的强大思想武器，其伦理原则高度概括和集中反映了封建社会人与人之间的关系，作为地主阶级上升时期的成熟的哲学意识形态，推动了汉代大一统体制的巩固与完善，对二千多年来的中国封建社会影响极大。随着整个地主阶级历史地位向保守、反动方面的转化，封建制度逐渐走向没落、腐朽，其在哲学史和社会发展史上的作用也日趋消极乃至反动，但无论如何，它始终是中国封建社会最有影响的思想体系。

第四章 对传统伦理哲学
的捍卫与发展

　　自从汉武帝采纳董仲舒的建议，罢黜百家，独尊儒术，立《易》、《书》、《诗》、《礼》、《春秋》五经博士，并以经学选拔官吏以来，读诵儒家经典便成为广大学子入仕的必经之途，后来，郡县也都设立学校，设置经师，教授五经，于是儒家经学风行天下。《汉书·儒林传》载："自汉武帝立五经博士开弟子员，设科射策，劝以官禄，迄于元始，百有余年，传业者寝盛，支叶蕃滋，一经说至百余万言，大师众至千余人，盖禄利之路然也。"儒家经学一旦成为封建统治阶级维护统治的工具，士人谋求当官食禄的阶梯，传统的儒家学术必然从内容上打上当代官方的烙印，在形式上也弊端丛生，逐渐趋向烦琐与僵化。

　　从汉初以来，儒家所传的先秦儒家经籍文本，分为两类：一类是用当时通行的文字——隶书抄写的，后来随着"古文经"的提出，相应地把这种隶书经书文本称做"今文经"。当时传授的今文经，有浮丘伯所传的《诗》，伏胜所传的《尚书》，高堂生所传的《礼》，田何所传的《易》，胡母生所传的《春秋公羊传》。每一经又分为数家，如同出于浮丘伯的《诗》，又分为齐诗、鲁诗、韩诗三家；同出于伏胜的《尚书》，又分为欧阳、大夏侯、小夏侯三家；同出于高堂生的《礼》，又分为大戴、小戴、庆普三家；同出于田何的《易》，又分为施、孟、梁丘、京房四家，同出于胡母生的《公羊春秋》也分为严氏、颜氏两家。另一类是用战国时期的古籀文字或称篆字书写的文本，这种字体比隶书要古老些，因此称这类文本为"古文经"，当时的古文经包括毛亨所传的《毛诗》，武帝末鲁恭王刘馀从孔子旧宅壁中发现的古文《尚书》及《礼记》、《论语》、《孝轻》，还包括北平侯张苍所传的《春秋左氏传》。

武帝、宣帝时期,所置五经博士所用的文本都是今文,孔子旧宅的"古文经"被发现后,由汉博士孔安国校对整理献给政府,从此拉开了今、古文经学分歧、对立的序幕。但政府对古文经并不重视,因此古文经虽已存在并有新的发现,但没有给予设立学官,古文经还是由民间私人传授。偶尔诸侯国有设古文经学官的①,但并不能从全国范围内提升古文经学的地位。今文经和古文经不只是书写文字不同,重要的不同,还体现在对儒家典籍经义阐发及义理的解释上存在着很大的差异,体现了不同的政治观念和历史观念。以董仲舒《春秋公羊传》为代表的今文经学解释经义,多从经世致用出发,往往借题发挥,穿凿附会,尊孔子为素王,生来就是为汉制定大法。古文经学多从经文的训诂、名物、典制入手,力图达到对思想内容的准确把握,尊孔子为先师、古代文献的整理者。西汉晚期,谶纬迷信猖獗,宗教预言、荒诞怪异之说取代了传统儒家经义的根本宗旨,把儒家创始人孔子奉为神主。冯友兰先生说汉朝"定'孔子之道'为一尊。孔丘获得了在学术文化方面的崇高地位。他的地位虽然崇高,但他毕竟还是一个人,不是一个受天命的王,更不是一个神。孔丘究竟是一个学者还是一个受天命的王,这是古文经学和今文经学的一个根本分歧之点。孔丘究竟是一个人还是一个神,这是古文经学和谶纬的一个根本分歧之点。"②这里,冯先生简明扼要地就把今、古经文及谶纬之学的根本不同揭示出来。今文经学虽与谶纬有区别,但二者之间在宗教迷信观念方面有共同之处,所以二者互相配合,使今文经学更趋于神学化,而谶纬也堂而皇之地披上了学术的外衣。在如此颓唐的世风下,西汉末期一些儒学之士,为了抵制宗教神学化的官方哲学,积极恢复传统儒学,吸收诸子百家之学,来寻求解决社会危机的新理论,刘歆、扬雄就是其代表人物。

---

① 《汉书·景十三王传》载:"河间献王德以孝景前二年立,修学好古,实事求是。从民得善书,必为好写与之,留其真,加金帛赐以招之。繇是四方道术之人不远千里,或有先祖旧书,多奉以奏献王者,故得书多,与汉朝等。是时,淮南王安亦好书,所招致率多浮辩。献王所得书皆古文先秦旧书,《周官》、《尚书》、《礼》、《礼记》、《孟子》、《老子》之属,皆经传说记,七十子之徒所论。其学举六艺,立《毛氏诗》、《左氏春秋》博士。"

② 冯友兰:《中国哲学史新编》(中卷),人民出版社 1998 年版,第 245 页。

第一节　刘歆对传统伦理哲学的捍卫

刘歆(约前50－23)是刘向少子,与其父同为西汉大学问家。他的思想观念与其父有很大不同,但前期同其父一样,也受到今文经学及谶纬的影响。

今文经学的理论主要体现在公羊春秋学,公羊春秋学的代表人物董仲舒宣扬"三统说",承认"改正朔"是历史规律,这正好被觊觎皇权的外戚、宦官所利用,随着他们权势的增长,想当一个受天命的新王的意识也在自然萌发。汉宣帝意识到这一危险倾向,决定"平定"五经同异。甘露三年(前51)在未央宫石渠阁召开御前会议,召《易》学、《书》学、《诗》学、《礼》学、《公羊》学等众儒讨论五经异同,当时担任待诏的刘向是以《穀梁》学代表参加会议的,会上,"孝宣帝以为去圣久远,学不厌博"(《后汉书·肃宗孝章帝纪》),所以增立梁丘《易》、大小夏侯《尚书》博士。《穀梁春秋》不讲"受天命为新王",宣帝正欲以《穀梁》学来抵制《公羊》学的影响。作为《穀梁》学的刘向,自然是宣帝思想的积极贯彻者。成帝时,"帝元舅阳平侯王凤为大将军,秉政,倚太后,专国权,兄弟七人皆封为列侯。时数有大异,向以为外戚贵盛,凤兄弟用事之咎。而上方精于《诗》、《书》,观古文,诏向领校中《五经》秘书。向见《尚书·洪范》,箕子为武王陈五行阴阳休咎之应。向乃集合上古以来历春秋六国至秦、汉符瑞灾异之记,推迹行事,连传祸福,著其占验,比类相从,各有条目,凡十一篇,号曰《洪范五行传论》,奏之。"(《汉书·楚元王传》)刘向的《洪范五行传论》,《汉书·艺文志》作《洪范五行传记》,把古今灾异现象与政事失误联系起来,以此来告诫成帝要抑制外戚势力的膨胀,防止其势力形成对中央政权的威胁。与其父相呼应,刘歆也作《五行传》,《汉书·五行志上》载:"景、武之世,董仲舒治《公羊春秋》,始推阴阳,为儒者宗。宣、元之后,刘向治《穀梁春秋》,数其祸福,传以《洪范》,与仲舒错。至向子歆治《左氏传》,其《春秋》意亦已乖矣;言《五行传》,又颇不同。"董仲舒、刘向的思想与刘歆的早期思想各有不同,但在阴阳五行及天人感应方面是相似的。刘歆又有《三统历谱》,《汉书·律历志上》说:"向子歆,究其微眇,作三统历及谱,以说《春秋》,推法密要。故述焉。""这里所说的三统历是指历法;《三统历谱》,是指用三统历说明《春秋》中的事情。"①刘歆在《三统历谱》中虽主张宇宙的根本是太极元气,但历史的循环,还在"三统"的系统之内,与董仲舒的三统论仍有联系。刘向父子因此而受到同观点的班固的高度赞扬,班固在《汉书·楚元王传》赞文中称赞说:"缀文之士众矣,唯孟轲、孙况、董仲舒、司马迁、刘向、杨雄,此数公者,皆博物洽闻,通达古今,其言有补于世。传曰'圣人不出,其间必有命世者焉',岂近是乎? 刘氏《洪范论》发明《大传》,著天人之应;《七略》剖判艺文,总百家之绪;《三统历谱》考步日月五星之度,有意其推本之也。"班固将荀子、董仲舒、司马迁、刘向、扬雄与儒家亚圣孟子相提并论,给了刘向、扬雄以崇高的历史地位,这种评价直接影响了唐、宋以后传统儒家的认识。

刘歆曾受诏与父亲刘向一齐整理皇家秘府所藏图书,在校书的过程中,他发现了大量的古文经书,《汉书·楚元王传》载:

> 及歆校秘书,见古文《春秋左氏传》,歆大好之。时丞相史尹咸以能治《左氏》,与歆共校经传。歆略从咸及丞相翟方进受,质问大义。初《左氏传》多古字古言,学者传训故而已,及歆治《左氏》,引传文以解经,转相发明,由是章句义理备焉。歆亦湛靖有谋,父子俱好古,博见强志,过绝于人。歆以为左丘明好恶与圣人同,亲见夫子,而公羊、穀梁在七十子后,传闻之与亲见之,其详略不同。歆数以难向,向不能非间也,然犹自持其《穀梁》义。

从发现大量古文经开始,刘歆的思想发生了巨大变化,并和他的父亲作过多次思想上的交锋。此时他已从治《易》,而转向治《春秋左氏传》,对当时《春秋左氏传》不是传经之作的传统观点提出质疑。

哀帝时,刘歆得到皇帝的宠信,于是他建议为《左氏春秋》及《毛诗》、《逸礼》、《古文尚书》立学官,设博士。他的举措立即遭到今文经博士们的反对,古文经与今文经的分歧与斗争,就此公开化,刘歆自然成了古文经学的始创

---

① 冯友兰:《中国哲学史新编》(中卷),人民出版社 1998 年版,第 240 页。

者。刘歆写了《移书让太常博士书》,移书,是一种文体名,其性质类似檄文,让,还是责备、谴责的意思。刘歆以此文来反驳今文博士对古文经的指责,揭露今文学派因陋就寡、自私腐朽。其中写道:

汉兴,去圣帝明王遐远,仲尼之道又绝,法度无所因袭。时独有一叔孙通略定礼仪,天下唯有《易》卜,未有它书。至孝惠之世,乃除挟书之律,然公卿大臣绛、灌之属咸介胄武夫,莫以为意。至孝文皇帝,始使掌故朝错从伏生受《尚书》。《尚书》初出于屋壁,朽折散绝,今其书见在,时师传读而已。《诗》始萌牙。天下众书往往颇出,皆诸子传说,犹广立于学官,为置博士。在汉朝之儒,唯贾生而已。至孝武皇帝,然后邹、鲁、梁、赵颇有《诗》、《礼》、《春秋》先师,皆起于建元之间。当此之时,一人不能独尽其经,或为《雅》或为《颂》,相合而成。《泰誓》后得,博士集而读之。故诏书称曰:"礼坏乐崩,书缺简脱,朕甚闵焉。"时汉兴已七八十年,离于全经,固已远矣。

及鲁恭王坏孔子宅,欲以为宫,而得古文于坏壁之中,《逸礼》有三十九篇,《书》十六篇。天汉之后,孔安国献之,遭巫蛊仓卒之难,未及施行。及《春秋》左氏丘明所修,皆古文旧书,多者二十余通,臧于秘府,伏而未发。孝成皇帝闵学残文缺,稍离其真,乃陈发秘臧,校理旧文,得此三事,以考学官所传,经或脱简,传或间编。传问民间,则有鲁国桓公、赵国贯公、胶东庸生之遗学与此同,抑而未施。此乃有识者之所惜闵,士君子之所嗟痛也。往者缀学之士不思废绝之阙,苟因陋就寡,分文析字,烦言碎辞,学者罢老且不能究其一艺。信口说而背传记,是末师而非往古,至于国家将有大事,若立辟雍、封禅、巡狩之仪,则幽冥而莫知其原。犹欲保残守缺,挟恐见破之私意,而无从善服义之公心,或怀妒嫉,不考情实,雷同相从,随声是非,抑此三学,以《尚书》为备,谓左氏为不传《春秋》,岂不哀哉!(《汉书·楚元王传》)

在刘歆看来,从汉朝建立,就开始了儒学的复兴,但由于"书缺简脱",一直没有传授真经或全经,贾谊、晁错、孔安国等人,虽得研习古《尚书》、《左氏》,但因种种历史原因,而未受到社会的重视。儒学的传播一直停留在"学残文缺,稍离其真"的状态中。因而导致学者"因陋就寡,分文析字,烦言碎辞",不知儒学真谛,只"保残守缺",于治国无益。要想彻底扭转这种局面,必须从读古文经开始。因为只有"古文经"才是真经、全经。"古文经"有三个来源:一是由鲁恭王在孔宅坏壁中得到的古文经书;二是由宫廷秘府所藏的古文经书;三是由民间经师传习的古文经书。这三者,特别是从坏壁中和秘府中得到的经典,比今文经学经师们所传习的经书要可靠的多。因此刘歆竭力主张将"古文经"《左氏春秋》、《毛诗》、《逸礼》及《古文尚书》立有博士学官,其重点又在《左氏春秋》。认为今文经学经师们所传习的经典,是在秦焚书之后、由汉初经师凭记忆口耳相传下来的,多有残缺、脱简,难免会有差错。所以"今文经"不是真经,至少不是全经。提倡推广《逸礼》、《左传》、《毛诗》、《古文尚书》等"古文经",以对抗甚至取代当时居于统治地位的"今文经"。刘歆也责备今文经师家法支离儒家大道的弊病,批评了他们"保残守缺"的学风和党同伐异的门户之见。刘歆的这封书信,大长古文经学派的志气,受到古文经学家们的拥护。

　　刘歆能大无畏地倡导古文经学,反对今文经学的一统天下,与他具有广泛吸收诸子之学精华的思想也有关。这一思想在其父亲刘向身上就有体现,刘氏父子在当时今文经学独尊的情况下,并不把孔子像今文经学派那样当做"素王"来看待,因此才能以客观、公允的态度来整理和研究诸子百家著作,并强调从诸子中吸取思想营养以改善儒学。刘向主要整理的诸子书籍有:《管子》、《晏子》、《韩非子》、《列子》、《邓析》、《关尹子》、《子华子》以及《战国策》,在进行了系统整理的基础上,认为它们皆有符合儒家经义的地方,在符合经义的名义下对诸子作了肯定,指出他们的书对治道都是有益的,其肯定诸子的观点,见于整理后的诸子书籍的叙录中。例如,刘向说:"《管子》书,务富国安民,道约言要,可以晓合经义。"(《全汉文。管子书录》)。"荀卿之书,其陈王道甚易行","其书比于记传,可以为法"(《全汉文·孙卿书录》)。"晏子博闻强记,通于古今,……其书六篇,皆忠谏其君,文章可观,义理可法,皆合六经之义。"(《全汉文,晏子叙录》)至于道家,包括列子、关尹子,子华子等,他们

"秉要执本,清虚无为,及其治身接物,务崇不竞,合于六经。"(《全汉文·列子书录》)对法家,如韩非、申不害等,评价他们的学说"归其本于黄老"(《全汉文·韩非子书录》),其刑名之术,"循名以责实,其尊君卑臣,崇上抑下,合于六经也。"(《全汉文·别录》)甚至对纵横家,认为他们"虽不可以临国教化兵革,救急之势也。皆高才秀士,度时君之所能行,出奇策异智,转危为安,运亡为存,亦可喜,皆可观。"(《战国策书录》)刘向还在《说苑》、《新序》中直接采用诸子之言来表达自己的政治、学术见解,实际上这也是对诸子之学的一种肯定。反对简单地对"百家"的一概罢黜,继承了汉初黄老之学融合诸子之学的传统,显示出向今文经学的官方垄断地位公开挑战的气概。刘歆继承了父亲的这种思想,他在《七略》中把儒家和诸子各家并列为十家,并认为各家可以互相补充:"其言虽殊,辟犹水火,相灭亦相生也。仁之与义,敬之与和,相反而皆相成也。"(《汉书·艺文志》)强调从诸子各家中汲取思想营养的重要性,兼采各家之长,就可以掌握治国之方略。他说:"《易》曰:'天下同归而殊途,一致而百虑',"今异家者各推所长,穷知究虑,以明其指,虽有蔽短,合其要归,亦六经之支与流裔"。"方今去圣久远,道术缺废,无所更索,彼九家者多,不犹愈于野乎? 若能修六艺之术,而观此九家之言,舍短取长,则可以通万方之略矣。"(同上)把诸子视如儒术的支流,而不是严重对立,势如水火,进一步强调了恢复诸子思想对完善儒学的重要作用。

刘歆捍卫传统儒学,主要表现在敢于向西汉中叶以来盛极一时又违背了传统伦理哲学宗旨的今文经学公开挑战。他认为今文经学泥于章句,流于烦琐。很难达到"用日少而畜德多"的目的,要想真正达到对人民进行伦理教化的目的,必须尽快结束那种"一经说至百余万言"的烦琐学风。除此之外,刘歆还对今文经学家随意解经,妄加臆测所谓的《春秋》"微言大义"的治学方法进行了抨击,说他们"假经设谊,依托象类,或不免乎亿则屡中。"(《汉书·眭两夏侯京翼李传》)刘歆特别强调《左传》是真传,是因为《左传》与通过"口说"流传下来而备受今文经学派尊崇的《公羊春秋传》相比,《左传》的作者左丘明是与孔子同时代的人,《左传》是左丘明与孔子一起研究春秋历史、并由左丘明亲自执笔记录下来的著述,其书以历史事实来解《春秋》经,注重叙述

史实,记录名物、典章制度,因此它最能代表孔子的思想。刘歆说:

> 周室既微,载籍残缺,仲尼思存前圣之业,乃称曰:"夏礼吾能言之,
> 杞不足征也;殷礼吾能言之,宋不足征也。文献不足故也,足则吾能征之
> 矣。"以鲁周公之国,礼文备物,史官有法,故与左丘明观其史记,据行事,
> 仍人道,因兴以立功,败以成罚,假日月以定历数,藉朝聘以正礼乐。有所
> 褒讳贬损,不可书见,口授弟子,弟子退而异言。丘明恐弟子各安其意,以
> 失其真,故论本事而作传,明夫子不以空言说经也。《春秋》所贬损大人
> 当世君臣,有威权势力,其事实皆形于传,是以隐其书而不宣,所以免时难
> 也。(《汉书·艺文志》)

在这里,我们除了注意刘歆所谓只有《左传》才是孔门真传之外,我们还应特
别注意的是,在古文经学家刘歆的笔下,孔子已由今文经学中"受天命"的"圣
王"和谶纬神学中作为"黑帝之子"的神,还原成了一个研究古代文化的学者、
一个活生生的人。孔子不是生而知之的人,更不会预知后代汉朝的事,他如果
没有文献作证据,也得不出历史的结论,这就是刘歆的"孔子观",是刘歆学说
与今文经学、谶纬神学的最大区别之处。刘歆捍卫儒家创始人的真正历史地
位,捍卫传统儒家真正的教义,和其恢复诸子思想传统是相辅相成的,所谓古
文经和今文经学的斗争的意义就在于此。

刘歆捍卫传统儒学、恢复诸子的思想价值,竭力提倡古文经学,就是针对
以董仲舒为代表的公羊家学派。以董仲舒为代表的《春秋》公羊学,为汉立
法,宣扬汉得天统。而以刘歆为代表的古文经,则主要是为挽救西汉末期的社
会危机,缓和社会阶级矛盾。刘歆倡导立古文经,在哀帝时未能实现。但平帝
即位后,执政的外戚王莽为了托古改制,开始推崇古文经,因此为《左氏春
秋》、《毛诗》、《逸礼》、《古文尚书》、《周官经》都立了博士学官,也成为官学,
古文经学在新朝时盛极一时,为新朝王莽立法起到了思想作用。"王莽依附
古文经典,但也援用今文经典;王莽提倡古文经学,但并不排斥今文经学;王莽

拉拢一些治古文经的人,但对并不妨碍其统治的今文经师也保持其禄位。"①
尽管古文经学为王莽所利用,刘歆的思想中也存有迷信意识,但古文经学对今
文经学所进行的批判,使古文经学在社会上广泛地传播开来,东汉初年,古文
经学与今文经学、谶纬神学形成三足鼎立之势。古文经学的社会地位与影响
已经不可忽视,对整个东汉以及后来中国的学术思想界发生了深远而重要的
影响。

第二节 扬雄创建新伦理哲学体系的尝试

如果说刘歆是以恢复诸子之学,大力倡导古文经来捍卫传统伦理哲学的
话,那么,同时代的扬雄则以创建新伦理哲学体系的尝试来发展传统伦理哲
学。

扬雄(公元前53 – 公元 18 年),字子云,蜀郡成都人。少年勤奋好学,喜
好博览群书。他所处的时代,正是经学与谶纬风行天下之时,而他学无禁区,
《汉书·王贡两龚鲍传》载:"蜀有严君平,……得百钱足自养则闭肆下帘而授
《老子》。博览亡不通,依老子、严周之指著书十余万言。杨雄少时从游学,以
而仕京师显名,数为朝廷在位贤者称君平德。"扬雄三十多岁从家乡到京都
后,其文采受到大司马车骑将军王音的赏识,被推荐为黄门侍郎。但扬雄一生
清静寡欲,不汲汲于富贵,不戚戚于贫贱,一心著述,不求闻达,无不与他自幼
接受道家严遵的思想有关。严遵字君平,本姓庄,避明帝刘庄讳改庄为严,撰
有阐发老子思想的著述——《道德指归论》(亦称《老子指归》),并以此来授
徒讲学。扬雄的思想以儒家思想为主导,但他不囿儒学一家,尤其对今文经的
烦琐章句之学不感兴趣。他不善言谈,而好作深思。他家境贫寒,然品行清
高,"非其意,虽富贵者不事也。"(《汉书》本传)他原以屈原、司马相如为楷
模,好辞赋,是西汉末期著名的辞赋家,但随着朝政的腐朽混乱,他认识到弘丽
奢靡的辞赋不能取得讽谏的政治效果,于救世治国无补,便放弃了辞赋创作,

---

① 朱维铮编:《周予同经学史论著选集》,上海人民出版社 1996 年版,第 691 页。

把主要精力转向了学术研究。

王莽秉政时,扬雄位至大夫、校书天禄阁。王莽为了缓和社会、政治危机,利用人民的不满,进行了托古改制,扬雄曾赞同王莽改革,对王莽的代汉,建立新王朝,写过《剧秦美新》,进行了歌颂。对此后世或有人谴责扬雄晚节不保,或袒护辩解为扬雄迫于自保,看法不一,但认识都从王莽是篡汉逆臣这一共同点出发的。实际上,成帝、哀帝、平帝时期,统治阶级内部矛盾激化,倾轧激烈,"再受命"的舆论已酝酿良久,在内外交困的情势下,哀帝首先带头演出"再受命"的闹剧,改建平二年为"太初元将元年",改号为"陈圣刘太平皇帝",表明刘姓皇统在统治阶级内部已失去威望。王莽改制,受禅让建新朝,都给人们带来新的期望,作为盼望国家复兴的扬雄,把希望寄托在王莽身上是很自然的。他写《剧秦美新》,既不是变节也不是自保,是扬雄当时很自然的思想认识。但扬雄与那些向王莽献符命、称功德以邀官爵的谈说之士不同,他写《剧秦美新》并非是图王莽提拔重用。他淡泊功名,甘愿充任闲职,专心从事于学术著述和收徒教学,终成汉代著述最丰富的学问大家。他"恬于势利乃如是。实好古而乐道,其意欲求文章成名于后世,以为经莫大于《易》,故作《太玄》;传莫大于《论语》,作《法言》;史篇莫善于《仓颉》,作《训纂》;箴莫善于《虞箴》,作《州箴》"(《汉书·扬雄传》)著述中有研究西汉时各地方言的,有研究文字的,有属于处世箴言的。而最能集中表达扬雄哲学思想和社会伦理思想的则是《太玄》与《法言》。[①]《太玄》是一部体系庞大、思虑精深的巨著,充分地显示了作者融合儒、道、阴阳诸家学说,对于宇宙自然和社会人事种种现象的系统理解,《法言》则详细地阐明了其试图用道家的思想来补充、发展传统儒学的思想,作者想建立一个新的儒学思想体系,从而使传统伦理哲学得到进一步发展、完善。

汉代不论今、古文经学都有一个鲜明特点,就是借解释先秦儒家经典来阐述自己的思想,形式表现为一个"传"字,传就是注释、解说经典的意思。而扬

---

① 《太玄》又称《太玄经》,晋代范望给《太玄》作过注,北宋司马光著《太玄集注》,今有郑万耕《太玄校释》(北京师范大学出版社 1989 年版)。《法言》有《百子全书》本,晋代李轨有《扬子法言注》,司马光有《法言集注》,清代汪荣宝有《法言义疏》等注本。

雄一反汉儒传统,对先秦儒家经典来了一个"模仿",模仿虽不属创新,但毕竟是在儒家经典之外,另搞一套,而且是与儒家经典对应着另唱"一台戏",无疑有以自己的学说取代汉代经学的意向。在独尊儒术的汉代,敢有如此学术勇气,确实难能可贵。为此当时的儒生一般都认为扬雄胆大妄为,僭越圣人,罪莫大于此。"诸儒或讥以为雄非圣人而作经,犹春秋吴楚之君僭号称王,盖诛绝之罪也。"(《汉书·扬雄传》)但也有人对扬雄的著述价值有清醒的认识。《汉书·扬雄传》载:"大司空王邑、纳言严尤闻雄死,谓桓谭曰:'子常称扬雄书,岂能传于后世乎?'谭曰:'必传。顾君与谭不及见也。凡人贱近而贵远,亲见扬子云禄位容貌不能动人,故轻其书。昔老聃著虚无之言两篇,薄仁义,非礼学,然后世好之者尚以为过于《五经》,自汉文、景之君及司马迁皆有是言。今扬子之书文义至深,而论不诡于圣人,若使遭遇时君,更阅贤知,为所称善,则必度越诸子矣。'"《论衡·超奇》载:"王公问于桓君山(桓谭字君山)以扬子云,君山对曰:'汉兴以来,未有此人。'"把扬雄其人与圣人并论,把扬雄其书与《五经》相提,桓谭作为与扬雄同时代的人,第一个如此高度赞许扬雄,真有远见卓识。

扬雄在《易经》的"易"、《老子》的"道"和严遵思辨哲学的影响下,仿《周易》著《太玄》,以"玄"为最高哲学范畴,构建起一个新的自然观的"太玄"哲学思想体系。

玄是什么?玄本指天的茫茫黑青色,天由于高远幽隐,高邈不可测,呈现一派苍茫景色。《易·坤》称:"天玄而地黄",后因称天为玄。道家借以解释为深奥、神妙、莫测的道,《老子·一章》说:"常无,欲观其妙,常有,欲观其徼。此两者同出而异名。同谓之玄,玄之又玄,众妙之门。"扬雄把"玄"也视为体现天地万物无穷奥妙的最高道理、原则:"夫玄也者,天道也,地道也,人道也,兼三道而天名之。"(《太玄·玄图》)"玄一摹而得乎天,故谓之有天;再摹而得乎地,故谓之有地;三摹而得乎人,故谓之有人……玄者,神之魁也。天以不见为玄,地以不形为玄,人以心腹为玄。天奥西北,郁化精也;地奥黄泉,隐魄茔也;人奥思虑,含至精也。"(《太玄·玄告》)"仰而视之在乎上,俯而窥之在乎下,企而望之在乎前,弃而忘之在乎后,欲违则不能,默而得其所者,玄也。"

"夫玄,晦其位而冥其畛,深其阜而眇其根,攘其功而幽其所以然也。"(《太玄·摛》)这就是说,玄无形无态无边无界而又无处不在,天以高远眇不可见为玄,地以无垠而不着边际为玄,人心以深不可测为玄。玄是综合天道、地道、人道的最高的道,也就是天地万物最高的道理、原则。

扬雄的"玄"不同于董仲舒的"天",董仲舒的"天"是与人可以互为感应的主宰人间一切的神。而扬雄所谓的"玄",是用他的精气说来论证的,他说:"玄者,幽摛万类而不见形者也。资陶虚无而生乎规,关神明而定摹,通同古今以开类,摛措阴阳而发气。一判一合,天地备矣。"(《太玄·玄摛》)这就是说,玄是幽暗地舒张万物而不见它的形状,凭借虚无以陶冶万物,它贯天地、通古今而确定万物。玄虽虚无,但玄能分化出阴阳二气,由于阴阳的分合,而形成了天地,玄乃是世界万物的总根源。从玄产生阴阳二气,阴阳运动又产生万物的过程,说明了玄就等于汉初黄老之学所说的混沌未分的元气,这就是扬雄的以"玄"为本原的宇宙生成论。

《太玄》五千字,在体裁上模仿《周易》,内容上混合儒、道、阴阳之学,最终想构建一个以仁义为核心的新的儒家哲学体系。《汉书·扬雄传》记载:

> (扬雄)大潭思浑天,参摹而四分之,极于八十一。旁则三摹九据,极之七百二十九赞,亦自然之道也。故观《易》者,见其卦而名之;观《玄》者,数其画而定之。《玄》首四重者,非卦也,数也。其用自天元推一昼一夜阴阳数度律历之纪,九九大运,与天终始。故《玄》三方、九州、二十七部、八十一家、二百四十三表、七百二十九赞,分为三卷,曰一二三,与《泰初历》相应,亦有颛顼之历焉。揲之以三策,关之以休咎,絣之以象类,播之以人事,文之以五行,拟之以道德仁义礼知。无主无名,要合《五经》,苟非其事,文不虚生。为其泰曼漶而不可知,故有《首》、《冲》、《错》、《测》、《摛》、《莹》、《数》、《文》、《掜》、《图》、《告》十一篇,皆以解剥《玄》体,离散其文,章句尚不存焉。

《太玄》虽在形式上模仿《周易》,但在模仿中又处处体现着扬雄创新的个性,所以《太玄》在多方面又与《周易》有很大不同,司马光在《太玄集注·说玄》

中说：

> 《易》与《太玄》，大抵道同而法异。易画有二，曰阳曰阴；玄画有三，曰一曰二曰三。易有六位，玄有四重。易以八卦相重为六十四卦，玄以一二三错于方州部家为八十一首。易每卦六爻，合为三百八十四爻；玄每首九赞，合为七百二十九赞。皆当期以日。易有元亨利贞，玄有罔直蒙酋冥。易大衍之数五十，其用四十有九；玄天地之策各十有八，合为三十六策，地则虚三，用三十三策。易揲之以四，玄揲之以三。易有七九八六，谓之四象；玄有一二三，谓之三摹。易有象，玄有首。易有爻，玄有赞。易有象，玄有测。易有文言，玄有文。易系辞，玄有摛、莹、掜、图、告。易有说卦，玄有数。易有序卦，玄有冲。易有杂卦，玄有错。殊途而同归，百虑而一致。皆本于太极、两仪、三才、四时、五行，而归于道德仁义礼也。

《易传》中的"易"是按二分法发展的。"易有太极，是生两仪；两仪生四象，四象生八卦；八卦定吉凶。"（《易传·系辞上》）《易》有阴阳二爻，八卦，六十四重卦，三百八十四爻，使用的是二进制的排列法。而《太玄》中的"玄"却是按三分法发展的，首先，玄分三方：天玄、地玄、人玄。每方又有三州，三方共九州。每州有三部，共二十七部，每部又有三家（首），共八十一家（首），每家（首）九赞，共七百二十九赞，以三进制的次序排列。这就是《太玄·玄图》中所说："一玄都覆三方，方同九州，枝载庶部，分正群家，事事其中。"在这个囊括天地万物的宇宙系统中，"玄"是其系统的中心，"整个《太玄》的体系都是依据玄道而推演出来的。玄体现为三方九州二十七部八十一首七百二十九赞，它们反映出宇宙的全貌和事物发展变化的各种规律，是人们行为必须遵守的准则。"[1]依据三分法的规则，一生为三，三分为九，过九必反，九是一个事物转折的极点，扬雄又在此思维下提出事物发展变化的九段循环说：

> 玄生神象二，神象二生规，规生三摹，三摹生九据。玄一摹而得乎天，故谓之有天，再摹而得乎地，故谓之有地，三摹而得乎人，故谓之有人。天

---

① 任继愈主编：《中国哲学发展史》（秦汉），人民出版社 1985 年版，第 388－389 页。

三据而乃成,故谓之始中终。地三据而乃形,故谓之下中上。人三据而乃著,故谓之思福祸,下欤上欤,出入九虚。小索大索,周行九度。(《太玄·玄告》)

任何事物都依"周行九度"而发展,故天道依"天玄"、地道依"地玄"、人道依"人玄"而反复变化。"九"源于"三",所以天之三为"始中终",地之三为"下中上",人之三为"思福祸",也就是说,粗分为三,细分为九,如人事的九段发展过程是:

故思心乎一,反复乎二,成意乎三,条畅乎四,著名乎五,极大乎六,败损乎七,剥落乎八,殄绝乎九。生神莫先乎一,中和莫盛乎五,倨剧莫困乎九。夫一也者,思之微者也,四也者,福之资者也,七也者,祸之阶者也,三也者,思之崇者也,六也者,福之隆者也,九之者,祸之穷者也,二、五、八,三者之中也,福则往而祸则承也。

把思考谋划分为三个阶段,把做事成功分为三个阶段,把败落灭绝分为三个阶段,分析还是很细密的。扬雄的事物变化九段说虽然拘泥于"九",物极必反与循环往复的思想也极简单,难以真正揭示事物发展规律,但他的九段说揭示了事物发展变化循序渐进的过程,由量的积累直至达到质的变化的过程。与正统经学所鼓吹的万物按天意运行的观点针锋相对,具有唯物主义与辩证法的因素。

《太玄》以一玄三方九州二十七部八十一家(首)七百二十九赞的形式模仿《易经》,又以《首》、《测》、《文》、《摛》、《莹》、《掜》、《图》、《告》、《数》、《冲》、《错》十一篇模仿《易传》,来解释《太玄》。模仿《彖传》作《玄首》,模仿《象传》作《玄测》,模仿《序卦》作《玄冲》,模仿《杂卦》作《玄错》,模仿《文言》作《玄文》,模仿《系辞》作《玄摛》、《玄莹》、《玄掜》、《玄图》、《玄告》,模仿《说卦》作《玄数》。这样,既有"经"又有"传",构成了扬雄独具特色的宇宙图式,虽然本身还包含着神秘主义,但以其特有的唯物论和辩证法向当时的天人感应神学说教和谶纬迷信提出了挑战。

扬雄的带有自然观的"太玄"说,融进了当时的浑天说和《太初历》的内容,以客观的带有符号、数字的形式,以成系统的高度抽象思维,来创建一个新的无所不有的哲学体系。其理性主义的思维,对烦琐经学的批判,对魏晋玄学有重要的影响。"世人多以玄学为老庄之附庸,而忘其亦系儒学之蜕变。"①扬雄的"太玄"说,归根结底只是扬雄新的儒学思想体系的理论基础,其理论的政治目的还在于企图恢复传统的儒家纲常教化和改革当前的社会政治,以挽救日益衰微的封建礼教。他说:"玄何为? 为仁义。"(《法言·问神》)"夫玄也者,天道也,地道也,人道也。兼三道而天名之,君臣父子夫妇之道。"(《太玄·玄图》)这里又把"玄"说成是封建纲常秩序。司马光注释说:"玄者天子之象也,方者方伯之象也,州者州牧之象也,部者一国之象也,家者一家之象也。上以统下,寡以制众而纲纪定矣。"(《太玄·玄首》注)一针见血地指明了"太玄"说的社会政治意义。

扬雄的《法言》共十三卷,分《学行》、《吾子》、《修身》、《问道》、《问神》、《问明》、《寡见》、《五百》、《先知》、《重黎》、《渊骞》、《君子》、《孝至》等篇,模仿《论语》,以问答的形式来阐述自己的思想。《法言》包含的内容十分丰富,扬雄模仿司马迁《太史公自序》,在其《法言序》中将每篇的主旨简明地提示出来:

> 天降生民,倥侗颛蒙,恣乎情性,聪明不开,训诸理,撰《学行》。降周迄孔,成于王道,终后诞章乖离,诸子图徽,撰《吾子》。事有本真,陈施于意,动不克,咸本诸身,撰《修身》。芒芒天道,昔在圣考,过则失中,不及则不至,不可奸罔,撰《问道》。神心忽恍,经纬万方,事系诸道、德、仁、义、礼,撰《问神》。明哲煌煌,旁烛无疆,逊于不虞,以保天命,撰《问明》。假言周于天地,赞于神明,幽弘横广,绝于迩言,撰《寡见》。圣人聪明渊懿,继天测灵,冠乎群伦,经诸范,撰《五百》。立政鼓众,动化天下,莫尚于中和。中和之发,在于哲民情,撰《先知》。仲尼以来,国君将相,卿士名臣,参差不齐,一概诸圣,撰《重黎》、《渊骞》。君子纯终领闻,蠢迪捡押,旁开圣则,撰《君子》。孝莫大于宁亲,宁亲莫大于宁神,宁神莫大于

---

① 汤用彤:《学术论文集》,中华书局1983年版,第264页。

四表之欢心,撰《孝至》。

全书的主旨是用传统的儒学融合诸子思想,吸收当时的科学成果,批判烦琐经学与迷信谶纬,企图建立自己的新的儒家伦理体系。

在《法言·重黎》篇中,扬雄首次提到浑天说和盖天说的比较:"或问浑天。曰:'落下闳营之,鲜于妄人度之,耿中丞象之,几乎!几乎!莫之能违也。''请问盖天。'曰:'盖哉!盖哉!应难未几也。'"扬雄赞同浑天说,反对盖天说,并认为浑天说始于汉武帝时期的落下闳。浑天说是中国古代一种宇宙论学说,汉代对浑天说解释得较简明的是张衡,他说:"浑天如鸡子,天体如弹丸,地如鸡子中黄,孤居于内,天大而地上,天表里有水。天之包地,犹壳之裹黄,天地各乘气而立,载水而浮,……周旋无端,其形浑浑,故曰浑天。"(《浑天仪图注》)然而直接启发张衡浑天说理论体系的建设和浑天仪的发明创制,应有扬雄所论的浑天说。《后汉书·张衡列传》载:

> 衡善机巧,尤致思于天文、阴阳、历算。常耽好《玄经》,谓崔瑗曰:"吾观《太玄》,方知子云妙极道数,乃与《五经》相拟,非徒传记之属,使人难论阴阳之事,汉家得天下二百岁之书也。复二百岁,殆将终乎?所以作者之数,必显一世,常然之符也。汉四百岁,《玄》其兴矣。"安帝雅闻衡善术学,公车特征拜郎中,再迁为太史令。遂乃研核阴阳,妙尽璇机之正,作浑天仪,著《灵宪》、《算罔论》,言甚详明。

从扬雄对张衡的影响及张衡对扬雄著述的评价,便可知扬雄《太玄》、《法言》的学术价值了。

从扬雄《法言·重黎》篇中可知,他所谓的天并非是主宰一切的造物主,而天也是由玄与阴阳而产生的自然的天,这种观点与他在《太玄》中所宣扬的宇宙图式的观念是一致的。否认了天是有意志有意识的人格神,认为天地产生万物是自然的过程,就是对经学的天人感应论与迷信谶纬有力的批驳。当时流行有天"雕刻众形"一说,扬雄反问道:"或问雕刻众形者匪天与?曰:'以其不雕也。如物刻而雕之,焉得力而给诸?'"(《法言·问道》)正因为天是自然之天,才不会有意去雕刻万物,如果每个自然物都有待于天的雕刻,天又是从哪里获取这无穷无尽的力量？天既不能有意创造万物，当然也不能主宰万物，更不能干预人类社会。因此，人事的成败应从人事的自身去寻找原因。如项羽兵败垓下，自以为是天所决定的，扬雄反驳说："或问楚败垓下，方死，曰：'天也'。谅乎？曰：'汉屈群策，群策屈群力，楚憞群策而自屈其力。屈人者克，自屈者负。天曷故焉?"（《法言·重黎》）扬雄总结楚败汉胜的历史，认为汉刘邦因善于用人，群策群力而取胜，楚项羽因不善用人，不从群策，自负其力而最终致败，这与天有何关系呢？扬雄在反对关于天的迷信时，对当时社会的迷信鬼神论也进行了批判。他指出："神怪茫茫，若存若亡，圣人曼云。"（同上）。又指出："有生者必有死，有始者必有终。自然之道也"。（《法言·君子》）否认和驳斥当时统治者鼓吹的存在神仙的迷信思想。又以宓羲、神农、黄帝、尧、舜皆有死，至今仍知周文王葬于毕，孔子埋在鲁城之北的不可否认的历史事实，证明世上根本没有不死的人，"生死始终"是普遍的自然原则，指出了谶纬迷信关于长生不死说的荒谬性，其思想是深刻的，为王充反对神仙迷信的斗争提供了思想武器。

在人性论方面，扬雄融合了孟子的性善论与荀子的性恶论，进而提出性善恶混说，来与董仲舒的"性三品"说相区别，他在《法言·修身》篇中说：

> 人之性也善恶混。修其善则为善人，修其恶则为恶人。……天下有三好：众人好己从，贤人好己正，圣人好己师。天下有三检：众人用家检，贤人用国检，圣人用天下检。天下有三门：由于情欲，入自禽门；由于礼义，入自人门；由于独智，入自圣门。

人性皆有善恶，修其善性则去其恶性，反之，纵其恶性则去其善性；人情皆有所好，好从众随俗则为"众人"，好修身正己则为"贤人"，好为人师则为"圣人"；人生皆有归宿，纵情欲则等同禽兽，守礼义则位列君子，有大智则成圣贤。善恶无固定，贤不肖也无固定，全在于个人的修养。"学者，所以修性也。视、听、言、貌、思，性所有也。学则正，否则邪。""耕道而得道，猎德而得德，是获、飨已。吾不睹参辰之相比也，是以君子贵迁善。迁善者，圣人之徒与?""学者，所以求为君子也。求而不得者有矣，夫未有不求而得之者也。"（《法言

·学行》）一般人要想成为君子甚至圣人，就应"修性"。使自己在视、听、言、貌、思等方面都达到善的标准。孔子说："非礼勿视，非礼勿听，非礼勿言，非礼勿动。"（《论语·颜渊》）扬雄所强调的修性多出了"貌"与"思"，说明更重视在思想深处真正存善去恶，而不仅仅表现在言行上。而且使修性者具备儒家所要求的多种善性美德，"道、德、仁、义、礼，譬诸身乎？夫道以导之，德以得之，仁以人之，义以宜之，礼以体之，天也。合则浑，离则散，一人而兼统四体者，其身全乎！"（《法言·问道》）在重视后天的学习修养上，扬雄的性善恶混与孟子、荀子的人性论性质是相同的，性善恶混尽管也认为人性善恶先天就有，有唯心的观点，但它重在后天的"修性"，比孟子、荀子的观点更稳妥一些，更容易让人接受，而与董仲舒的"性三品"比，则体现了它反天命的唯物主义精神。

扬雄试想建立一个新的儒学思想体系，并不是反对传统儒学本身，而是反对打着"独尊儒术"旗号的"假儒"，即反对汉儒把传统儒学宗教迷信化的行为，反对今文经学对儒家伦理哲学的背叛。而对传统的儒学，扬雄还是推崇备至的，认为"如用真儒，无敌于天下。"（《法言·寡见》）这种认识并非来自于传统影响，而是经过扬雄反复比较得出的真切感受，他说："老子之言道德，吾有取焉耳。及捶提仁义，绝灭礼学，吾无取焉耳。"（《法言·问道》）"庄、杨荡而不法，墨、晏俭而废礼，申、韩险而无化，邹衍迂而不信"（《法言·五百》），"公孙龙诡辞数万以为法，……不合乎先王之法者，君子不法也。"（《法言·吾子》）。既反对庄周、杨朱抛弃仁义，也反对法家申不害、韩非的酷法，既不赞成墨翟、晏婴的节俭而弃礼，不赞成阴阳家邹衍的迂阔荒诞，也不赞成公孙龙名家的诡辩，唯有尧、舜、文王、孔子所主张的德政和礼治才是正道，才能教化天下。他说："适尧、舜、文王者为正道，非尧、舜、文王者为它道，君子正而不它。"（《法言·问道》）"观书者譬诸观山及水，升东岳而知众山之逦迤也，况介丘乎？浮沧海而知江河之恶沱也，况枯泽乎？舍舟航而济乎渎者，末矣；舍五经而济乎道者，末矣。弃常珍而嗜乎异馔者，恶睹其识味也？"（《法言·吾子》）又说"仲尼之道犹四渎也，经营中国，终入大海；他人之道者，西北之流也，纲纪夷貊，或入于沱，或沦于汉。"（《法言·君子》）他认为儒家之道就像人的灵魂一样,须臾不得缺少,不然的话,"无则禽,异则貉"(《法言·问道》)与禽兽、野蛮人无异。扬雄认为,自孔子死后,孔子儒学的发展与传播受到了干扰与阻碍,孟子为之进行了捍卫儒学与廓清儒学传播阻碍的工作:"古者杨墨塞路,孟子辞而辟之,廓如也。后之塞路者有矣,窃自比孟子。"(《法言·吾子》)扬雄"窃自比于孟子",以儒家思想的捍卫者和传道者自居。由此可见,扬雄社会观方面基本上继承了传统的儒家思想。这里所说的"后之塞路者",就是指汉代虚伪、烦琐荒诞的官方经学。当时神学化的官方经学,打着孔子的旗号,兜售的是烦琐不堪、荒诞不经的假货,与真正的孔子的学说格格不入。扬雄打了一个很好的比方:"或曰:'有人焉,曰云姓孔而字仲尼,入其门,升其堂,伏其几,袭其裳,则可谓仲尼乎?'曰:'其文是也,其质非也。''敢问质?'曰:'羊质而虎皮。见草而说,见豺而战,忘其皮之虎矣。'"(《法言·吾子》)一针见血地指出神学化的官方经学的本质,说明他们不过是披着孔子儒学外衣的假儒学而已。同时显示了扬雄要像孟子那样扫除"塞路者",要为儒学能在汉代健康发展而开辟新道路的气概。

扬雄虽然极力推崇孔子和儒学,但同时也认为要使汉代儒学从烦琐不堪、荒诞不经的神学经学中摆脱出来,必须吸收儒家之外的其他诸子的思想精华,如他说:"老子之言道德,吾有取焉耳""'庄周有取乎?'曰:'少欲。''邹衍有取乎?'曰:'自持。'"(《法言·问道》)无论是老子、庄子等先秦道家还是邹衍等阴阳家,扬雄认为皆有可取之处。不能站在腐儒的立场上,一味地排黜道家学说,而是要吸收其长处,以补充传统儒学的不足。扬雄还特别敬重当时著名的老学家严遵,称他怀有不世之才,其才可比随侯珠和氏璧;赞他长期甘居社会下层,心无半点贪欲,其高尚之德可比许由伯夷:

> 蜀庄沉冥。蜀庄之才之珍也,不作苟见,不治苟得,久幽而不改其操。虽随、和何以加诸?举兹以旃,不亦珍乎?吾珍庄也,居难为也。不慕由即夷矣。何羡欲之有?(《法言·问明》)

蜀庄即指蜀郡成都老学家严遵,《汉书·王贡两龚鲍传》载:

> 君平卜筮于成都市,以为:"卜筮者贱业,而可以惠众人。有邪恶非

正之问,则依著龟为言利害。与人子言依于孝,与人弟言依于顺,与人臣言依于忠,各因势导之以善,从吾言者,已过半矣。"裁日阅数人,得百钱足自养,则闭肆下帘而授《老子》。博览亡不通,依老子、严周之指著书十余万言。扬雄少时从游学,以而仕京师显名,数为朝廷在位贤者称君平德。杜陵李强素善雄,久之为益州牧,喜谓雄曰:"吾真得严君平矣。"雄曰:"君备礼以待之,彼人可见而不可得诎也。"强心以为不然。及至蜀,致礼与相见,卒不敢言以为从事,乃叹曰:"扬子云诚知人!"君平年九十余,遂以其业终,蜀人爱敬,至今称焉。及雄著书言当世士,称此二人。

严遵授人以《老子》,教人以"孝"、"顺"、"忠",使人具有善德,看来他是个援儒入道的学者。他根据老子、庄周思想的主旨写了十余万字的著作,就是《老子指归》。"严遵的《老子指归》是西汉末期阐释与发挥《老子》之旨的重要的道家著作。在这部书中,严遵以《老子》思想为中心,又吸收《庄子》与《黄帝四经》的思想,建立了一个以宇宙观为基础包括养生论、政治观在内的独特的思想体系。"[1]扬雄少时从学于严遵,后来显名于京师,著述还常称赞严遵,可见严遵在他心目中的崇高地位。扬雄能够博览多识,广泛吸收以儒、道家为主的各家学说精华,孜孜不倦地著述,又大胆地创立独特的思想体系,无疑得惠于严遵的教导与影响。

扬雄不满意今文经学、谶纬神学对传统伦理哲学进行神学化的阉割,竭力主张复兴传统儒学。同时扬雄也清楚,仅以传统的儒学还不能与今文经学、谶纬神学相抗衡,必须在传统儒学的基础上加以改革创新,以新的思想体系来向占据统治地位的今文经学、谶纬神学发起挑战。于是他提出了含有辩证法因素的"因革论"。他说:

> 夫道有因有循,有革有化。因而循之,与道神之。革而化之,与时宜之。故因而能革,天道及得。革而能因,天道及驯。夫物不因不生,不革不成。故知因而不知革,物失其则。知革而不知因,物失其均。革之匪

---

① 史仲文、胡晓林主编百卷本:《中国全史》(第五册),张国华著:《中国秦汉思想史》,人民出版社 1994 年版,第 177 页。

时,物失其基。因之匪理,物丧其纪。因革乎因革,国家之矩范也。矩范
之动,成败之效也。(《太玄·玄莹》)

"道"有因袭相循的一面,也有革新变化的一面,因循才不离其道,能革才能适
应新的变化。在扬雄看来,孔子之道当然要捍卫,但孔子之道也必须在新的形
势下有所变通。圣人之道有因有革,这是一个普遍的规律。因此,扬雄认为历
史是发展变化的,圣人之法也是不断改变的。所以在继承、发扬传统儒家学说
的同时,还必须有所创新。传统的儒家学说本来就是一个开放的思想体系,靠
不断地吸收其他诸子的思想及不断地进行变革,来增强它的生命活力。但经
学把儒学定于一尊,既割断了与其他诸子的联系,又把它神圣化而封闭起来,
使它逐渐走向僵化。扬雄认为因革传统儒学是时代使其然,他说:"世异事
变,人道不殊,彼我易时,未知何如。"(《汉书·扬雄传》)因此,对于传统儒学,
应"可则因,否则革","新则袭之,敝则益损之"(《法言·问道》)。如果一味
地"以往圣人之法治将来,譬犹胶柱而调瑟,……如独守仲尼之道,是漆也。"
(《法言·先知》)扬雄以"因革论"作指导,已不满足汉代盛行的传经释经的
传统,他要在继承传统儒学原则的基础上开创一个新的儒学体系,他仿《周
易》作《太玄》,仿《论语》作《法言》,既是"因"、"循",更是"革"、"化",在因、
革二者之间,他更注重后者,更强调在继承基础上的创新。当然,创立新的体
系绝非是轻而易举的事,扬雄的新儒学体系,虽然在传统儒学的基础上吸收了
道家的自然观,有明显的唯物主义倾向,包含着丰富的辩证法因素,批判了当
时种种荒诞无稽的迷信和宗教哲学,但扬雄的自然观并不彻底,其哲学体系本
身就存在着迷信和形而上学的杂质。他把一切事物统统塞到以"太玄"为中
心的九段法的世界图式中作循环运动,也没有摆脱当时流行的"阴阳——四
时——五行"的模式。其建立新的思想体系的最终目的,是发扬光大传统儒
学,维护封建主义的"三纲五常",这又与独尊儒术的经学有了一致之处,这就
是说他的因革论还带着改良的色彩,远远不及王充思想更具批判性。

第五章 宗教哲学与经学神学化

董仲舒以儒家思想为基础,吸收了道家、阴阳家等其他学派的思想资料,建立了大一统的封建思想体系,其体系以"天人感应"来论证皇权天授,并以"符瑞灾异"来显示天的奖罚谴告,已具有了神学思想。如他说:

> 臣闻天之所大奉使之王者,必有非人力所能致而自至者,此受命之符也。天下之人同心归之,若归父母,故天瑞应诚而至。《书》曰:"白鱼入于王舟,有火复于王屋,流为乌",此盖受命之符也。周公曰:"复哉复哉",孔子曰:"德不孤,必有邻",皆积善累德之效也。及至后世,淫佚衰微,不能统理群生,诸侯背畔,残贼良民以争壤土,废德教而任刑罚。刑罚不中,则生邪气;邪气积于下,怨恶畜于上。上下不和,则阴阳缪戾而妖孽生矣。此灾异所缘而起也。(《汉书·董仲舒传》)

大讲符命瑞应、灾异缘起,已与秦时的宗教预言及鬼神符谶没有什么区别了。西汉中叶以后,随着阶级矛盾和社会政治危机的加深,统治者企图依靠阴阳灾异和符瑞之说来解决统治的危机,他们大力鼓吹神学迷信,今文经学解释的《易》和《春秋》等儒家经典迷信色彩越来越浓。到了西汉末期的哀、平之世,西汉王朝摇摇欲坠,封建统治者只有乞灵于神学迷信的宣传,企图假借"天命"和"神"的启示来欺骗和奴役人民。东汉初期,一种把儒家经典和神学迷信进一步紧密结合起来的谶纬神学,大肆泛滥起来,统治者甚至宣布谶纬为正统官方哲学,于是,官方哲学由西汉中期带有宗教色彩的经学已堕落为神学,由伦理哲学堕落为宗教哲学。

第一节 谶纬宗教神学的泛滥

　　"谶"也叫谶语、谶记或符命，是"诡为隐语，预决吉凶"的神秘预言(《四库全书总目》卷六《易》类案语)，是"神"对人间吉凶祸福的启示，其内容往往涉及到国家政治及政权。"谶"作为古老迷信，在汉代以前就已出现。《史记·赵世家》载:秦缪公一次病中，梦见上帝对他说:"晋国将大乱，五世不安，其后将霸，未老而死;霸者之子且令而国男女无别。""公孙支书而藏之，秦谶于是出矣"。托"上帝"讲的这几句隐语后来被晋国一一应验了:晋国从献公开始，历奚齐、悼子、惠公、怀公，共五世而国内不安宁。晋文公称霸不久即死去，故曰"未老而死"，其子襄公败秦师于殽后释放秦国战俘，使他们回国与家人团聚，实现了谶语中的"男女无别"。这是一条有记载的最早的"秦谶"，实际"谶"的出现，比记载还要早得多。此后，如秦始皇时，方士徐福献《图录》，书曰:"亡秦者胡也"。秦始皇死后，秦国亡于秦二世胡亥之手，后人以此来证实此条谶语的灵验。陈胜起义时，在鱼腹中藏有"陈胜王"的丹书，也是使用迷信手段，用谶语来赢得社会的广泛支持。

　　"纬"是对"经"而言的，是假托孔子的名义对儒家经书所作的神学解释。根据纬书的说法，孔子整理《易》、《书》、《诗》、〈礼〉、《乐》、《春秋》六经后，又作《易纬》、《书纬》、《诗纬》、《礼纬》、《乐纬》、《春秋纬》相补充，其明显特点是将经学作神学的解释和比附。《四库全书总目》卷六《易纬坤灵图》中说:"纬者，经之支流，衍及旁义……盖秦汉以来，去圣日远，儒者推阐论说，各自成书，与经原不相比附。如伏生《尚书大传》、董仲舒《春秋阴阳》，核其文体，即是纬书。特以显有主名，故不能托诸孔子。其他私相撰述，渐杂以术数之言，既不知作者为谁，因附会以神其说。迨弥传弥失，又益以妖妄之词，遂与谶合而为一。"可见，"纬"比"谶"晚出，它是在儒家六经被奉为神圣经典之后的两汉之际才大量出现的，纬见于史籍记载，不早于西汉成帝年间。谶与纬本来是不同的，谶直接假托鬼神，纬直接假托孔子;谶不依傍经书，纬却依傍经书，谶的内容一般限于政治兴亡大事，纬涉及经书内容要广泛得多。但是由于两者都是神学预言,当西汉哀、平年间,谶纬完全合流,发展成一种社会思潮。纬书中包括有谶语,有的谶语也依傍经书。谶纬著作常有图与文字相配,也称为"图书"、"图谶"或"图纬"。谶纬的主要内容是符命、预言,所以又叫"符命"、"谶记",或称"经谶"。纬也采用谶书的占星术(望候星气)而预测灾祥,故又称"纬候"。谶纬的真正作者一般无法考知,历史上第一次大规模编纂谶纬是在王莽执政时期。王莽始建国元年(公元 9 年),"秋,遣五威将王奇等十二人班《符命》四十二篇于天下。"(《汉书·王莽传》)刘秀即位后,第二次大规模编纂谶纬,中元元年(公元 56 年),"宣布图谶于天下"(《后汉书·光武帝纪》),共八十一篇。曹魏时期和南朝宋代,也制作过一些谶语增加到纬书中去,但没有进行过大规模编纂。《隋书·经籍志》记载:

> 说者又云,孔子既叙六经,以明天人之道,知后世不能稽同其意,故别立纬及谶,以遗来世。其书出于前汉,有《河图》九篇,《洛书》六篇,云自黄帝至周文王所受本文。又别有三十篇,云自初起至于孔子,九圣之所增演,以广其意。又有《七经纬》三十六篇,并云孔子所作,并前合为八十一篇。

两汉所作以神学迷信附会解说儒家经典的书很多,仅"七经纬书",在《隋书·经籍志》中著录的就有三十六篇,然《后汉书·樊英列传》注记为"七纬"三十五篇。包括易纬:《稽览图》、《乾凿度》、《坤灵图》、《通卦验》、《是类谋》、《辨终备》;书纬:《璇玑钤》、《考灵曜》、《刑德放》、《帝命验》、《运期授》;诗纬:《推度灾》、《汜历枢》、《含神雾》;礼纬:《含文嘉》、《稽命征》、《斗威仪》;乐纬:《动声仪》、《稽耀嘉》、《叶图征》;孝经纬:《援神契》、《钩命决》;春秋纬:《演孔图》、《元命包》、《文耀钩》、《运斗枢》、《感精符》、《合诚图》、《考异邮》、《保乾图》、《汉含孳》、《佐助期》、《握诚图》、《潜潭巴》、《说题辞》。隋朝以来,谶纬就逐渐亡失,隋炀帝时"乃发使四出搜天下书籍,与谶纬相涉者,皆焚之"。(《隋书·经籍志》)《易纬》是目前所能见到的保存较好的一部纬书,现存《易纬》有《乾坤凿度》、《稽览图》、《通卦验》、《是类谋》、《乾凿度》、《辨终备》、《乾元序制记》、《坤灵图》等篇,但多数已为残篇。

谶纬荒诞无稽、光怪陆离、粗浅庸俗,它能够广泛流行、泛滥,有深刻的思想原因。从思想源流来看,谶纬泛滥是今文经学合乎逻辑的发展结果。以董仲舒公羊春秋学为代表的今文经学本身就包含着神学的成分,当今文经学被推崇为统治思想以后,这种神学思想模式就被确定下来,扩展运用到各个领域中去。如今文易学孟喜的"孟氏学"和京房的"京氏学",好言灾异,以《易》卦与四时气候相配合,来占验吉凶,其思想多为《易纬》所吸收。《春秋纬》中的《说题辞》甚至说:"传我书者公羊高",更是将谶纬与公羊学大师联系起来。纬书继承了伏生《尚书大传》和董仲舒《春秋阴阳》以神学解释和比附经义的学风,是今文经学内的神学成分在元、成之世恶性发展的结果。

两汉之际谶纬思潮的泛滥又有其社会根源。西汉末年社会动乱,统治阶级各派别纷争激烈。农民起义此起彼伏,特别是哀、平年间,"阴阳错谬,岁比不登,天下空虚,百姓饥馑,父子分散,流离道路,以十万数。而百官群职旷废,奸轨放纵,盗贼并起,或攻官寺,杀长吏。数以问君,君无怵惕忧惧之意,对毋能为。是以群卿大夫咸惰哉莫以为意,咎由君焉。君秉社稷之重,总百僚之任,上无以匡朕之阙,下不能绥安百姓。"(《汉书·匡张孔马传》)严重的社会政治危机,促使社会动乱,经济萧条,人民流离失所,各地官僚乱中渎职放纵,上层各派政治势力展开了激烈而复杂的争夺皇权的斗争,作为汉皇已无能为力,全国指挥失控,中央集权已名存实亡。统治阶级各种势力都转向利用谶纬迷信,他们把各自的政治利益与政治主张,加以经义的比附和神化,说成是上帝的意志,于是谶纬神学即成了统治阶层各派政治势力斗争的政治武器。他们编造谶语加以渲染,蛊惑人心。如说:"日蚀之后,必有亡国杀君、奔走乖离相诛,专政押主,灭兵车,天下昏乱,邦不宁。"(《春秋纬·潜潭巴》)"主势集于后族,群妃之党横潜为害,则月盈"(《春秋纬·运斗枢》)。哀帝建平二年,夏贺良根据谶纬劝皇帝换年号,认为这样可以挽救当时社会政治危机。于是改建平二年为太初元将元年,改称号为陈圣刘太平皇帝。王莽为了达到篡权和托古改制的目的,大量伪造"告安汉公莽为皇帝"、"摄皇帝当为真"等符命谶语,于居摄三年,改元为初始元年,正式代汉为帝。刘秀、公孙述等人,也都利用农民起义高涨之机,假托"神"的启示,争先恐后地编造谶语符命作为自己承受"天命"的根据。光武中元元年(公元56年),刘秀以皇帝名义宣布"图谶于天下"(《后汉书·光武帝纪》),于是谶纬蔚然成风,一度达到了神圣权威的顶峰,连朝廷用人也以是否信奉谶纬为重要标准,信奉附会者获官,反对信谶者获罪,如"桓谭以不善谶流亡,郑兴以逊辞仅免,贾逵能附会文致,最差贵显。"(《后汉书·郑范陈贾张列传》)正如史书所说:"王莽矫用符命,乃光武尤信谶言,士之赴趣时宜者,皆骋驰穿凿争谈之也。"(《后汉书·方术列传》)可见,谶纬的泛滥是与社会政治危机紧密相关、互为因果的,是统治阶层各派政治势力夺权斗争的重要工具。谶纬的泛滥,不仅是今文经学发展合乎规律的现象,也是西汉末年社会政治危机的产物。

谶纬之中,谶被当作是天神的预言,它简明扼要,极易传播,是巩固政权或改朝换代的"天命"根据,所以谶更为统治阶层各派政治势力所重视。对于任何一种政治势力来说,谶既有帮助自己取得"受命之符"的有利一面,又有被其他政敌方利用谶来攻击自己的不利一面,所以对于一旦夺得政权的统治者来说,为了维护其已得的政权,必然要严格控制谶的编造与传播,谶的编造与传播者如果稍不如统治者之意,便被扣上大逆不道、妖言惑众的罪名,招致杀身之祸。为了避免意外之祸,汉儒们把精力倾向于纬书的编造与传播。因为纬书把预言附会于孔子名下,即使统治者不采纳,也减少了获罪的风险。在纬书中,孔子由一个学者变成与刘邦相似的"真龙天子"。在《春秋纬》的《演孔图》中,说孔子母亲在梦中与黑帝交而生孔子,孔子是黑帝的血统,故称"玄圣"。又说孔子是奉天命来为汉朝制法,《孝经纬·援神契》记:"天乃虹郁起白雾席地,赤虹自上下化为黄玉,长三尺,上有刻文。孔子跪受而读之曰:'宝文出,刘季握,卯金刀,在轸北,字季子,天下服。'"在好几百年前的孔子,就知道刘邦要在几百年后做汉朝的天子,真是通天神人!谶纬泛滥的结果,使经学进一步神学化、庸俗化,成了神秘的"天书",孔圣人也变成了神化的"孔神人"。

谶宣扬的是灾异和符命,为某些政治集团假托天意圣教来言符箓瑞应。但纬书的内容却相当复杂,包罗万象,涉及自然、社会和经学等各个方面。它以"天人感应"说为其理论基础,将经学、科学与神学迷信奇妙地结合在一起,除了神学迷信外,还有哲学思辨的色彩,如《易纬》,将孟喜、京房为代表的象数之学、卦气说神秘化,尽管其性质上是十分粗陋的神学唯心主义,但却含有孟、京二学丰富的思想资料。孟喜,字长卿,东海兰陵(今山东苍山兰陵镇)人,宣帝时为博士,以卦气说释《易》,开创今文易学"孟氏学"。京房(前72 -前37),东郡顿丘(今河南清丰西南)人,字君明,元帝时为博士,本姓李,律学家,后推律自定为京氏。以"通变"说易,以灾异推论时政得失,开创今易学"京氏学"。所谓象数之学,是用象数说《易》并推测宇宙或人生变化的一种学说。"象数"两字源于《左传·僖公十五年》:"龟,象也;筮,数也。物生而后有象,象而后有滋,滋而后有数。"用来解《易》的"象",指卦象和爻象,即卦、爻所象征的事物及其位置关系。用来解《易》的"数",指阴阳数和爻数。孟喜、京房以象数之学说《易》,就是用卦象、爻象与阴阳数、爻数预言灾异之变,其中包含着天文、乐律、历法等知识。所谓卦气说,即以四时气候与卦配合来解《易》的学说。以六十四重卦中的坎、离、震、兑为正四卦,分主上方四时,其爻分主二十四节气,形成"十二月卦"与"二十四气"。其余六十卦,各分主六日七分,其爻共主三百六十五又半半日。内自复至乾、自姤至坤另为十二消息卦,主十二辰,其爻主七十二候。《新唐书·历志三上》载:"十二月卦出于《孟氏章句》,其说《易》本于气,而后以人事明之。京氏又以卦爻配期之日,坎、离、震、兑,其用事自分、至之首,皆得八十分日之七十三。颐、晋、井、大畜,皆五日十四分,余皆六日七分,止于占灾眚与吉凶善败之事。至于观阴阳之变,则错乱而不明。自《乾象历》以降,皆因京氏。"孟氏、京氏表面上依据天象阴阳变化,实际还是以阴阳卦爻配合来说明人事。但它和天文历法结合得更为紧密,宣扬封建纲常顺应了"乾坤"、"阴阳"的自然法则,因而比《易传》更具诱惑力。

卦是《易经》中象征自然现象和人事变化的一套符号,以阳爻(—)、阴爻(- -)相配合而成,三爻组成一卦,三爻不同的组合组成八卦,六爻(即两个经卦)组成一重卦,六爻的不同组合组成六十四个重卦。《易经》就是一部以卦、爻的不同排列来占筮的书,但含有丰富的哲学思想,如其主张世界统一于阴阳,以阴阳生成万物,事物的发展变化,常物极必反,阴阳交感,相反相成等,这些都属合理的内核。《易纬》在吸收利用道家思想资料如天地、阴阳、四时等哲学范畴的同时,发挥了今文《易》学的孟喜、京房派的象数之学和卦气说,根据每天"卦气"的寒温清浊来推验人事善恶,来解释或预见吉凶祸福。为了神化《易经》,又进一步提出充满神学色彩的"太乙九宫说"。所谓"太乙九宫说",就是利用古代数学上的"九宫算",以八卦配九宫,构成太乙九宫数图,利用数字关系附会宗教思想,来解释所有的天象和人事,来占验未来的吉凶祸福。后来宋人刘牧认为这个数图就是"洛书",蔡元定、朱熹认为它就是"河图"。太乙九宫数图来源于《礼记·月令》中的明堂。明堂是作为政治和宗教首领的天子发号施令的宫殿,由"四正"、"四维"与中央组成九宫,九宫各配以从一至九不等的数字,横三宫,纵三宫,横看、竖看、斜看,其三个数字之和都是十五。《易纬》利用这个数图,对它作了神秘解释:"阳动而进,阴动而退,故阳以七、阴以八为象。易一阴一阳,合而为十五,之谓道。阳变七之九,阴变八之六,亦合于十五,则象变之数若一。阳动而进,变七之九,象其气之息也。阴动而退,变八之六,象其气之消也。故太乙取其数,以行九宫,四正四维,皆合于十五。"(《乾凿度》)太乙即太一、天一,原属道学家所说的虚无的"道"的别名,《庄子·天下》:"建之以无常有,主之以太一。"在黄老道学那里是指形成天地万物的元气,《淮南子·诠言》:"洞同天地混沌为朴,未造而成物,谓之太一。"然而在《易纬》中,太一、天一就成了主气元神:"四正四维以八卦神所居,故亦名之曰宫。天一下行,犹天子出巡狩省方岳之事,每卒必复。"天地、阴阳、四时的运行,由太乙来掌握,就如天子统治四面八方一样,"太乙"原为朴素的自然哲学的概念蜕变成了神秘的宗教神学概念。

汉代自然哲学、伦理哲学及自然科学中都使用了元气这个概念,在讲到天地、阴阳、五行、万物时,都直接或间接地把这些自然物归本于元气。但是,纬书却把元气与神的观念结合在一起。如说:"中宫大帝""含元气流精生一","含元气以布斗常"(《春秋纬·文曜钩》),等等。可见纬书认为元气虽是万物的基础,但它并不是宇宙的原始。在更早的阶段上,不但没有万物的形质,也还没有元气。宇宙万物的本源是"易",易也和道家的道一样,无名、无形、无声,《易纬》在吸收道家思想,特别是《老子》有生于无的哲学思想的基础上,进一步神化《易经》,创立了自己的宇宙生成论。《易纬·乾凿度》说:"易始于太极,太极分为二,故生天地。""夫有形生于无形,乾坤安从生?故曰有太易,有太初,有太始,有太素也。太易者,未见气也;太初者,气之始也;太始者,形之始也;太素者,质之始也。"在最初的"太易"阶段是没有元气的,至"太初"的阶段才开始有元气。"太始"阶段才开始有形,"太素"阶段才开始有质。"这是把宇宙看作一个由简到繁,由隐到显的生成过程。太易、太初、太始、太素作为宇宙起源和形成的概念,表示宇宙起源的四个阶段:由'未见气'的'太易'通过'气'、'形'、'质'这些物质一般形式的三个环节,而形成为原始混沌体,再由混沌体分化为天地的对立,形成千差万别的事物。这里,'气',指原始物质;'形'是由气凝结而成的具有形态、形体的东西;'质',指比形更固定的东西——素质。形、质都以气为基础,而又是气的发展。从气、形、质三方面来阐明天地万物的生成、结构,这是认识的细致化和深刻化的表现。"①《易纬·乾凿度》的这种见解,代表了当时整个汉代思想界的普遍认识。但在天地生成问题上,《易纬》和传统道家的认识还是有根本的不同。《老子》认为天地是自然而然地形成的,没有人或神的因素,而《易纬》却把宇宙发展过程的初动力归于圣人。纬书的不同篇章的解说虽不完全一致,但共同点是把宇宙生成论纳入神学体系。《易纬·乾凿度》用《易》学的象数说作了烦琐的解说,认为宇宙发生的过程是由"圣人"主宰的。《易纬·乾凿度》解释"乾凿度"三字说:"乾凿度,圣人颐乾道浩大,以天门为名也。乾者,天也,川也,先也。凿者,开也。度者,路也。圣人凿开天路,显彰化源。"又说:"圣人凿开虚无,畎流大道,万汇滋溢,阴阳成数。""上圣凿破虚无,断气为二,缘物成三。"在那未有质、未有形,甚至连气都还未有的阶段,是圣人凿开天门,天地万物才从天门中产生出来,说到底,还是神人创造了世界。

总而言之,谶纬是在汉代政治危机时期,儒生们根据统治者的意志,进一步发展了天人感应、阴阳灾异等学说中的迷信成分,所制造的一种宗教哲学。

---

① 方立天:《〈易纬·乾凿度〉的天地起源四阶段说》,《中国古代哲学问题发展史》,中华书局1990年版,第21-22页。

它涉及的领域极广,思想内容极其庞杂。它企图把一切自然现象和社会现象纳入一个统一的神秘说教系统中,这个系统所用的方法,就是对儒家经典进行穿凿附会、主观发挥,既不作分析也不作综合,既不是演绎也不是归纳,而是牵强附会、生硬割裂、违反理性的拼凑,充斥着荒诞的宗教迷信。当然,有的纬书,如《易纬》也吸收了一些自然科学、天文历法的成果,有时也闪烁着星星点点的科学思想,在中国易学发展史上占有一定的地位。

第二节 经学宗教神学法典化

自武帝罢黜百家独尊儒术以来,至东汉章帝时已有二百多年,儒学得到充分发展,以今文经为代表的官方正统经学,不仅成为社会政治的指导思想,成为士人入仕的必备条件,也成为经师们皓首研读难以穷尽其旨的学问。于是倾全部精力于经书,殚精竭虑地阐发"微言",借个别字句的引申发挥而标新立异,对经书的阐发越来越烦琐,逐渐形成解字说句的章句之学,经书真正的"微言大义"反倒被支离破碎的"细说"所掩盖。如张山拊,奉守今文《尚书》学者夏侯建之学,授李寻、郑宽中、张无故、秦恭、假仓等人,其中"无故善修章句,为广陵太傅,守小夏侯说文。恭增师法至百万言,为城阳内史。"(《汉书·卷八十八·儒林传》)经学章句之学烦琐及借此而干禄荣身由此可见,其学风严重地妨碍着经学发挥其统治思想的作用。章帝时,强化经学对君主集权专制的理论指导作用,已成为稳定政局的当务之急。以今文经为代表的官方正统经学除了自身严重脱离现实外,今文经学内部形成许多派别,同时与古文经学及谶纬神学之间矛盾重重,为了争夺正统地位,各学派之间纷争激烈。为使国家有统一的思想指导,必须解决经义的统一问题。

东汉初对经学各派实行的是"兼而存之"的政策,光武帝刘秀对今、古经文与谶纬都加以利用,所以他之后,经学各派的势力及其互相间的分歧仍然存在。章帝(庙号肃宗)时,他也不独尊今文经学,《后汉书·郑范陈贾张列传》载:"肃宗立,降意儒术,特好《古文尚书》、《左氏传》。建初元年,诏逵入讲北宫白虎观、南宫云台。帝善逵说,使发出《左氏传》大义长于二传者。"对古文经学者也给予提拔使用:"建初中,大会诸儒于白虎观,考详同异,连月乃罢。肃宗亲临称制,如石渠故事,顾命史臣,著为通义。又诏高才生受《古文尚书》《毛诗》《榖梁》《左氏春秋》,虽不立学官,然皆擢高第为讲郎,给事近署,所以网罗遗逸,博存众家。孝和亦数幸东观,览阅书林。"(《后汉书·儒林列传》)最高统治者的意识中就有"博存众家"的思想。

章帝建初四年(公元79年),章帝采纳了校书郎杨终的建议,效仿当年西汉宣帝召开"石渠阁会议",在京师白虎观举行了一次讨论经义的会议,称为白虎观会议。《后汉书·肃宗孝章帝纪》记载:

> (章帝建初四年)十一月壬戌,诏曰:"盖三代导人,教学为本。汉承暴秦,褒显儒术,建立《五经》,为置博士。其后学者精进,虽曰承师,亦别名家。孝宣皇帝以为去圣久远,学不厌博,故遂立大、小夏侯《尚书》,后又立《京氏易》。至建武中,复置颜氏、严氏《春秋》,大、小戴《礼》博士。此皆所以扶进微学,尊广道艺也。中元元年诏书,《五经》章句烦多,议欲减省。至永平元年,长水校尉倏奏言:'先帝大业,当以时施行。欲使诸儒共正经义,颇令学者得以自助。'孔子曰:'学之不讲,是吾忧也。'又曰:'博学而笃志,切问而近思,仁在其中矣。'於戏,其勉之哉!"于是下太常,将、大夫、博士、议郎、郎官及诸生、诸儒会白虎观,讲议《五经》同异,使五官中郎将魏应承制问,侍中淳于恭奏,帝亲称制临决,如孝宣甘露石渠故事,作《白虎议奏》。

章帝看准了经学存在的弊端,所以诏书中强调要解决二个问题:一是"《五经》章句烦多,议欲减省"。二是"欲使诸儒共正经义"。从历史记载来看,白虎观会议参加者数量多代表广泛,官员有"太常,将、大夫、博士、议郎、郎官",学者有"诸生、诸儒",既"讲议《五经》同异",必有今、古文经学及谶纬学的代表人物。从会议的时间来看,"考详同异,连月乃罢",可见研讨的细致深入。从规模到时间,这样的学术会议,在中国历史上是少见的。从会议的议程来看,先"使五官中郎将魏应承制问",即由魏应拟定会议议题,再由"侍中淳于恭奏",即由淳于恭负责提问,最后由章帝对诸儒提出的问题加以裁决,作出定论,作出朝廷对经书的统一解释。会议提交的各种"奏议",被编为《白虎奏议》,后章帝令班固在此基础上整理、编撰成《白虎通德论》。《后汉书·班彪列传》载:"肃宗雅好文章,固愈得幸,……天子会诸儒讲论《五经》,作《白虎通德论》,令固撰集其事。"《白虎通德论》也称《白虎通》、《白虎通义》。

董仲舒创立以三纲五常为核心、以神秘化的阴阳五行为结构的带有宗教化色彩的伦理哲学,成为汉代官方经学的基本思想,《白虎通义》则是经学正统的法典化的最后完成。如果董仲舒的春秋公羊学主体上还属一家之言,那么,《白虎通义》则是各派经学思想融合的结果,是一部名副其实的经学通义,它不像一般经学著作那样解释经书的章句,而是就经学所涉及的一系列重要问题作理论性的说明。全书十卷,分四十三个篇目,有《爵》、《号》、《谥》、《五祀》、《社稷》、《礼乐》、《封公侯》、《京师》、《五行》、《三军》、《诛伐》、《谏诤》、《乡射》、《致仕》、《辟雍》、《灾变》、《耕桑》、《封禅》、《巡狩》、《考黜》、《王者不臣》、《蓍龟》、《圣人》、《八风》、《商贾》、《瑞贽》、《三正》、《三教》、《三纲六纪》、《情性》、《寿命》、《宗族》、《姓名》、《天地》、《日月》、《四时》、《衣裳》、《五刑》、《五经》、《嫁娶》、《绋冕》、《丧服》、《崩薨》,每个篇目为大问题,篇目内又有若干小问题,大致共有三百多个小问题。内容包含封建时代社会生活、政治制度、思想文化各个方面,一一作出了简明扼要的解说。如《白虎通义·卷六·圣人》篇:

> 圣人者何? 圣者,通也,道也,声也。道无所不通,明无所不照,闻声知情,与天地合德,日月合明,四时合序,鬼神合吉凶。《礼别名记》曰:"五人曰茂,十人曰选,百人曰俊,千人曰英,倍英曰贤,万人曰杰,万杰曰圣。"……何以言文王、武王、周公皆圣人?《诗》曰:"文王受命。"非圣不能受命。……圣人所以能独见前睹,与神通精者,盖皆天所生也。

《圣人》篇主要讲"天命"、"受命",圣人乃天生的观点,这些观点与今文经学的主要观念相一致,如《春秋繁露·随本消息》说:"天命成败,圣人知之,有所不能救,命矣夫!"《春秋繁露·官制》说:"尽人之变,合之天,唯圣人者能之,所以立王事也。"《春秋繁露·三代改制质文》又说:"四法如四时然,终而复始,穷则反本,四法之天,施符授圣人王法,则性命形乎先祖,大昭乎王君。"
《白虎通义》虽也综合了白虎观会议各派的观点,而且班固思想上还倾向于古
文经派,但由于白虎观会议上今文经派占主导地位,《白虎通义》也自然表现
出鲜明的今文经神学化的倾向。

《白虎通义》的产生有三个前提:一是有董仲舒的宗教化伦理哲学思想体
系作主导思想。二是经过汉宣帝诏诸儒讨论五经异同的"石渠阁会议",有了
建立规范、统一学术体系的尝试与经验。三是《白虎通义》是经朝廷群臣讨
论,古文经、今文经及谶纬学的各派都有代表参加,在集体讨论的基础上,今、
古文经与谶纬学进行了一定的融合,最后由皇帝钦定,作出统一的结论。《白
虎通义》既是一部哲学著作,更是一部法典性的治国纲领。可以说《白虎通
义》全面、完整地代表了封建统治阶级的整体意志,更好地起到了维护封建大
一统集权制与封建君主专制的政治作用。

《白虎通义》继承了董仲舒以宗法等级制度为基本原则的三纲五常封建
伦理思想,又进一步说:"何为纲纪? 纲者张也,纪者理也,大者为纲,小者为
纪,所以张理上下,整齐人道也,人皆怀五常之性,有亲爱之心,是以纲纪为化,
若罗网之有纲纪而万目张也。"(《白虎通义·三纲六纪》)并且在三纲五常封
建伦理思想的基础上,提出"三纲六纪"说:

> 三纲者,何谓也? 谓君臣、父子、夫妇也。六纪者,谓诸父、兄弟、族
> 人、诸舅、师长、朋友也。故《含文嘉》曰:"君为臣纲,父为子纲,夫为妻
> 纲。"又曰:"敬诸父兄,六纪通行,诸舅有义,族人有序,昆弟有亲,师长有
> 尊,朋友有旧。"(《三纲六纪》)

这里以董仲舒的"三纲说"为纲,也提到了《礼纬》的《含文嘉》,说明"三纲六
纪"说是在有意糅合经学各派甚至谶纬学说的基础上提出来的。社会是由各
种人组成的,人不是彼此孤立地存在,每个人都处于社会各种关系之中。依照
《白虎通义》的看法,要想强化封建等级制,必须明确与维护每个人在封建等
级中的地位及义务。封建等级的社会关系主要就是君臣、父子、夫妇的三纲关
系和诸父、兄弟、族人、诸舅、师长、朋友的六纪关系。这是亲疏不等的二层人

际关系,即纲与纪的关系,三纲就是六纪之纲。每个人都有各种错综复杂的宗族与社会关系,而君臣、父子、夫妇关系犹如罗网之纲,抓住了这三种关系就抓住了基本关系,其他关系就可以"张理上下,整齐人道也"。三纲的君臣关系是政治关系,父子是血亲关系,夫妇是联姻关系,六纪中的诸父、兄弟、族人、诸舅是次一等的血亲关系,师长、朋友则是次一等的政治关系或社会关系。"三纲六纪"说与"三纲"、"五伦"说相比,实质并无多少新创意,只是对君臣、父子、夫妇之外的其他血亲关系与社会关系又加扩大而已,增加了诸父、兄弟、族人、诸舅、师长、朋友,说明对人与人之间的伦理研究更加深入。实际上,上面所说的社会关系中的政治和血亲关系之外,还存在着各种复杂的经济关系及由等级的区分而形成的人身依附关系。人们的各种关系受到了政治关系、血亲关系和经济关系的紧密制约。三纲对封建宗法制度来说确实是核心、基本的原则,各种关系所构成的社会关系大网,千头万绪,只要抓住以"君为臣纲,父为子纲,夫为妻纲",就可纲举目张,抓住了封建宗法制的本质。

"三纲六纪"说把维护君主集权统治的根本利益作为自己理论的出发点,所以,在《白虎通义》中,首先对君权至高无上的地位作了详细阐述。它强调"天子"这个爵位是上帝的赐予,是天神所授,所谓"天子者,爵位也。爵所以称天子何? 王者父天母地,为天之子也。故《援神契》曰:'天覆地载,谓之天子,上法斗极。'《钩命诀》曰:'天子,爵称也,帝王之德有优劣,所以俱称天子者何? 以其俱命于天,而王治五千里内也。'"(《白虎通义·爵》)通过天命的解释,把君权至高无上的地位确定下来。又把天子奉为神圣至尊,因为天子"或称天子,或称帝王何? 以为接上称天子者,明以爵事天也;接下称帝王者,得号天下至尊言称,以号令臣下也。"(《白虎通义·号》)这种解释仍与《春秋繁露》中的解释无啥区别,只是这里引用了不少纬书中的理论。为了证实汉承尧运,汉得土运,汉皇的君权至上,阐述五行关系时,"土"被解释为五行之首:"五行之性,或上或下何? 火者,阳也,尊,故上;水者,阴也,卑,故下;木者,少阳;金者,少阴;……土者最大,苞含物,将生者出,将归者入,不嫌清浊,为万物。……五行所以二阳三阴者何? 土尊,尊者配天,金木水火,阴阳自偶。"(《白虎通义·京师》)五行是天意化生万物的基本元素,土配尊,土配君,

《五行》篇又特别突出"土居中央",以神学观点来论证汉皇君权乃天意确定。此观点仍来自于董仲舒《春秋繁露·五行对》:"土者,火之子也,五行莫贵于土,土之于四时,无所命者,不与火分功名;木名春,火名夏,金名秋,水名冬,忠臣之义,孝子之行取之土;土者,五行最贵者也,其义不可以加矣。五声莫贵于宫,五味莫美于甘,五色莫盛于黄,此谓孝者地之义也。"

《白虎通义》在强调君主绝对权威的同时,也强调"君父大义",抬高父权,也是为宗法制度服务的。在中国,家、国制度合为一体的情况下,国家君主制就是家庭家长制的扩大,二者没有本质的区别。加强家族宗法制度,也是加强封建社会的人身依附关系,这对于封建国家仍是需要的。儒家经学历来都把对君忠与对父孝视为同一品质,甚至还提出"以孝治国"的国策。《白虎通义》强调君权与父权结合,常把君与父并称,以为"君父大义"是一致的。说"地之承天,犹妻之事夫,臣之事君也,谓其位卑。"(《白虎通义·京师》),"臣、子与君、父,其义一也"(《白虎通义·诛伐》),提倡父权,也是从根本上维护君权,并将事君与事父视为天经地义,是人伦之根本。

《白虎通义·三纲六纪》还用天、地、人及阴阳六合来比附三纲六纪:

> 君臣,父子,夫妇,六人也,所以称三纲何?一阴一阳谓之道。阳得阴而成,阴得阳而序,刚柔相配,故六人为三纲。

> 三纲法天、地、人,六纪法六合。君臣法天,取象日月屈信归功天也。父子法地,取象五行转相生也。夫妇法人,取象人合阴阳有施化端也。六纪者为三纲之纪者也。师长君臣之纪也,以其皆成己也;诸父兄弟父子之纪也,以其有亲恩连也;诸舅朋友夫妇之纪也,以其皆有同志为纪助也。

使用简单比附,说明人与人的等级关系,即纲与纪的关系,也即支配与被支配的关系,是天意所定,因而是不可违背的。《白虎通义·封公侯》篇说:"天道莫不成于三:天有三光,日月星;地有三形,高下平;人有三尊,君父师。"其《京师》篇又说:"子顺父,妻顺夫,臣顺君,何法?法地顺天也。"君臣、父子、夫妇及诸父、兄弟、族人、诸舅、师长、朋友的尊卑等级关系,皆取法于天、地、阴阳六合,并以阴阳五行的模式体现出来。根据董仲舒的"王道之三纲,可求于天"，"天不变，道亦不变"的神学观点，《白虎通义》把整个封建统治秩序神圣化、绝对化，从意识形态上加强了封建宗法统治。总之，"三纲六纪"说是《白虎通义》全书的中心思想，其理论依据就是神秘的阴阳五行说。

董仲舒提出仁、义、礼、智、信为"五常"后，揭示了五常维护三纲的作用，《白虎通义》也十分重视仁、义、礼、智、信五种伦理规范的意义，它认为"五常"为人性所固有，但又不能自然而成，而儒家的五经正是向人灌溉五常的法宝，所以必须以经学思想来施以教化："经所以有五何？经，常也。有五常之道，故曰五经。《乐》仁，《书》义，《礼》礼，《易》智，《诗》信也。人情有五性，怀五常，不能自成，是以圣人象天五常之道而明之，以教人成其德也。"（《白虎通义·五经》）"乐以象天，礼以法地。人无不含天地之气，有五常之性者，故乐所以荡涤，反其邪恶也；礼所以防淫佚，节其侈靡也。故《孝经》曰：'安上治民，莫善于礼，移风易俗，莫善于乐。'"（《白虎通义·礼乐》）董仲舒用阴阳五行解释五常，《易纬》更是将五常与充满神学色彩的"卦气说"比附起来，都主张加强教化。《白虎通义·三教》又提出加强教化的"三教并施"理论：

> 王者设三教何？承衰救弊，欲民反正道也。三王之有失，故立三教，以相指受。夏人之王教以忠，其失野，救野之失莫如敬。殷人之王教以敬，其失鬼，救鬼之失莫如文。周人之王教以文，其失薄，救薄之失莫如忠。继周尚黑，制与夏同。三者如顺连环，周而复始，穷则反本。……三教所以先忠者，行之本也。三教一体而分，不可单行，故王者行之有先后。何以言三教并施、不可单行也？以忠、敬、文无可去者也。教所以三何？法天、地、人，内忠外敬，文饰之，故三而备也。即法天、地、人，各何施？忠法人，敬法地，文法天。人道主忠，人以至道教人，忠之至也；人以忠教，故忠为人教也。地道谦卑，天之所生，地敬养之，以敬为地教也。

三教取象于天地人，所以用忠、敬、文来实施教化，也属天意，也属阴阳五行的神学理论体系。三教得以并施，五性得以规范，便自然人人行仁守礼，安分守己，忠诚专一。再配合以"五刑"，虽属强制手段，但是配合教化以推行五常之道不可缺少的。五常教化得以推行，教化的功能使三纲得以巩固，其教化的目的就达到了。"《白虎通义》的观点较之董仲舒的思想,其神学色彩更为浓厚,它采用阴阳五行思想进一步神化三纲五常,将谶纬迷信纳入正统神学、经学的轨道,而谶纬作为社会思潮发展至此也走向终结,此后便从经学中分离出去,变为方术。"①

① 李宗桂主编:《儒家文化与中华民族凝聚力》,广东人民出版社 1998 年版,第 142 页。

第六章 新的自然哲学对宗教哲学的批判

　　西汉末至东汉前期，今文经学走上与神学相结合的道路，谶纬迷信的兴起和泛滥，把宗教迷信推向了极端，使整个社会意识形态受到毒化。在这种情况下，自然哲学有了新的表现，反对神学迷信、反对谶纬妄说，成为自然哲学的首要任务。在对宗教神学的斗争中，涌现出一些敢于向强大的宗教哲学挑战的无畏战士，如桓谭(23－50)，著有《新论》二十九篇，阐明自己反对"奇怪虚诞"谶纬神学的主张。桓谭既不迎合社会迷信思潮，也不屈服于统治政权的压力，甚至置生死于不顾，敢在以谶定嫌疑的光武帝刘秀面前理直气壮地说"不读谶"，对东汉当朝皇帝信谶误国深表不满。并"未蒙诏报，不胜愤懑，冒死复陈"，上《请屏谶记疏》，疏中说：

　　　　观先王之所记述，咸以仁义正道为本，非有奇怪虚诞之事。盖天道性命，圣人所难言也。自子贡以下，不得而闻，况后世浅儒，能通之乎！今诸巧慧小才伎数之人，增益图书，矫称谶记，以欺惑贪邪，诖误人主，焉可不抑远之哉！臣谭伏闻陛下穷折方士黄白之术，甚为明矣；而乃欲听纳谶记，又何误也！(《后汉书·桓谭冯衍列传》)

又以火烛为喻，说明人的精神离开躯体便不复存在："精神居形体，犹火之然烛矣。如善扶持，随火而侧之，可毋灭而竟烛。烛无，火亦不能独行于虚空，又不能后然其。犹人之耆老，齿堕发白，肌肉枯腊，而精神弗为之能润泽内外周遍，则气索而死，如火烛之俱尽矣。"(《新论·祛蔽》)提出了与宗教哲学精神可离形体而独立存在论相对立的唯物论的形神论断。王充视桓谭为志同道合者,称孔子为素王,称桓谭为素丞相,可谓推崇备至。至于王充自己,更是在反对神学迷信、谶纬妄说潮流中,涌现出的代表着时代先进思想的杰出思想家。王充继承和发展了道家自然无为的理论,吸收传统的优秀思想精华及利用当时自然科学的成果,以"实事疾虚"的批判精神,对当时官方正统哲学,即神学化的经学及谶纬迷信进行了全面的批判,在与当时占统治地位的谶纬神学的激烈斗争中,建立了他自己的朴素唯物论自然哲学思想体系,从而成为东汉伟大的唯物主义哲学家和杰出的无神论者,成为中国封建地主社会无神论传统的奠基者。

第一节 王充的元气自然论

王充(27-约97)字仲任,会稽上虞(今属浙江)人。祖、父辈以"农桑为业"、"贾贩为事"(《论衡·自纪》,本章再引该书,只注篇名),其家族世代豪侠任气,"勇势凌人,末复与豪家丁伯等结怨,举家徙处上虞"。(同上)据王充回忆,他出身于"细族孤门",家里很穷,没有藏书,年轻时到京师洛阳上太学,常游书肆,"阅所卖书,一见辄能诵忆,遂博通众流百家之言"。(《后汉书·王充传》)曾做过著名学者班彪的学生,历任州县小吏,后罢职家居,晚年幽居独处,生活贫苦,仍坚持著书立说。王充在《论衡·自纪》中说他的著作有《论衡》、《讥俗节义》、《政务之书》、《养性之书》四种,现在仅存《论衡》一种。《后汉书》本传说:王充"著《论衡》八十五篇,二十万余言,"现存八十四篇,《招致》一篇只是存目。《论衡》中的《自然》、《谈天》、《道虚》、《物势》、《寒温》诸篇是自然观的重要篇章,《实知》、《知实》诸篇是认识论的重要篇章;《论死》、《订鬼》、《死伪》诸篇是无神论的重要篇章;《治期》、《齐世》、《宣汉》诸篇是社会政治和历史观的重要篇章;《命义》、《逢遇》、《命禄》、《偶会》则具有命定论的思想。王充生活的时代,是迷信盛行的时代,王充以"订真伪"、"疾虚妄"为宗旨,向天人感应的经学与谶纬奸伪之学宣战,他明确地表明自己写作《论衡》的动机和目的:"《诗》三百,一言以蔽之曰:思无邪。《论衡》篇以十数,亦一言也,曰:疾虚妄。"(《佚文》)他又说:"是故《论衡》之造也,起众书并失实,虚妄之言胜真美也。故虚妄之语不黜,则华文不见息;华文放流,则实事不见用。故《论衡》者,所以铨轻重之言,立真伪之平,非苟调文饰辞,为奇伟之观也。"(《对作》)

王充能够有批判官方经学、谶纬说的魄力与订真伪、辨虚实的能力,关键在于他能博通百家思想,又能立于百家之上。他充分地吸收了道家自然无为的思想,所以他说自己的理论主张"虽违儒家之说,合黄老之义也。"(《后汉书·儒林列传》)他改造了黄老学派的精气说,确立了元气自然论,明确提出气为世界万物的本源,又反对道家的消极避世和道教方士的神仙思想,把古代自然哲学提高到一个新阶段。王充对儒家五经和孔子、孟子提出批评,是因为当时经学和谶纬利用五经与孔孟造成的种种错谬纷乱,必须要从理论的根源上加以廓清,在批评儒家的同时,又尊孔子为"百世之圣"(《别通》),赞成儒家的养德、用贤和礼义,当然也赞成儒家的"死生有命,富贵在天"的观点。他肯定法家贵耕战及养力的主张,将儒家的养德与法家的养力,视为治国之道。但反对法家韩非子以法为教、以吏为师、废礼义的主张,对法家的狭隘功利思想也予以否定。他肯定墨子的感觉论,赞成薄葬,援用墨子非命观点,来否定天命,运用墨家的逻辑方法进行论说,同时又反对墨子的"天志"、"明鬼"等天有意志、世有鬼神的思想。后人评论说王充的思想"乍出乍入,或儒或墨"(《抱朴子·喻蔽》),《四库全书》将其列入杂家。应该说,王充是一位博通、融合百家,具有独创精神的思想家。他对传统的诸子百家都有批判又都有吸收,能兼取各家而最终高于各家。

王充不仅吸收传统诸子百家的思想精华,也吸收了当代学者的先进思想。早在西汉武帝时期,司马谈、司马迁就开始对神秘化了的阴阳五行学说进行了批判,如在《太史公自序》中写到:"阴阳之术,大祥而众忌讳,使人拘而多所畏。"指出阴阳家大讲吉凶预兆,其神秘化的禁忌避讳只能使人拘束害怕。又说:"凡人所生者神也,所托者形也。神大用则竭,形大劳则敝,形神离则死。死者不可复生,离者不可复反,故圣人重之。由是观之,神者生之本也,形者生之具也。"虽将"神"视为"本",但其论说神形关系,已与桓谭的形神论很接近。

在老庄及黄老学派宇宙生成论里,太一是道的别名。在《吕氏春秋·大乐》中太一的含义已在逐渐转换:"道也者至精也,不可为形,不可为名,强之为[名],谓之太一","太一出两仪,两仪出阴阳","万物所出,造于太一,化于阴阳"。至《淮南子·诠言训》,赋予"太一"新意:"洞同天地,混沌为朴,未造而成物,谓之太一。""太一"已近于"元气"的含义,故三国魏王肃注《孔子家语·礼运》:"太一者,元气也。"西汉末年,著名学者扬雄在所著《法言》中,表现出唯物论自然观的倾向,认为万物是天地相互作用的结果:"天地交,万物生"(《法言·修身》),万物不是"神"的意志的安排,从而批判了董仲舒的神学观。东汉初,著名学者桓谭在他的《新论》一书中,公开反对董仲舒"天人感应"的神学论和当时谶纬迷信的泛滥,提出了唯物主义的形神关系学说,批判了精神可以脱离形体而存在的宗教迷信观点。以上朴素唯物主义的思想,和反对迷信神学的战斗精神,对王充有着直接的影响,使王充在古今杰出的唯物自然论思想的基础上,吸收了当时的自然科学知识,建立起自己的以元气自然论为中心的唯物论。

天人关系一直是中国哲学的一个重大问题,"从先秦到两汉这个历史时期,人们对于天人关系的认识,大体上可以分为四个大的阶段:一是天命论,二是天人相分说,三是天人感应说,四是天道自然论。"[①]天命论的观念起源甚早,殷商时代尤为流行,如《尚书·汤誓》:"有夏多罪,天命殛之。"《诗经·商颂·玄鸟》:"天命玄鸟,降而生商。"这种观念认为人对自然与自己的命运无能为力,一切都听从于上帝的旨意和命令,统治者更是假称得天命,把天命论作为自己行使统治权力的根据。天人相分说是由荀子提出来的,他在《天论》篇中说:"天行有常,不为尧存,不为桀亡。应之以治则吉,应之以乱则凶。强本而节用,则天不能贫,养备而动时,则天不能病;修道而不贰,则天不能祸。……故明于天人之分,则可谓至人矣。"认为天与人是不同的,天有自己的运行规律,不因人的原因而存亡,也与人的贫富祸福无关,否定了上天主宰一切的天命论,引导人们注重人事,不乞求于天。天人感应说,是董仲舒哲学的核心,指天和人相类相通,天能干预人事,人的行为也能感应上天,是天命论的一

---

① 周桂钿:《王充哲学思想新探》,河北人民出版社 1984 年版,第 63 页。

个变种,是关于天人关系的一种神秘学说。天道自然论的代表则是王充,他的天道自然论比荀子的天人相分说有了进一步的发展。"王充认为,天没有意志,不会故意为人类生产什么东西,灾异怪变也不是上天对人们的谴告,地上生长着的东西和天上出现的怪异,都是自然的,无意识的。天气对人和物的影响也是通过气自然发生的。这就是王充的天道(气)自然论。"①王充的天道自然论的核心就是元气说。

"元气"一词在董仲舒的《春秋繁露·王道》中就提过:"王正则元气和顺。""元"指天地万物的本原。《春秋繁露·重政》:"《春秋》变一谓之元,元犹原也。……故元者为万物之本。"气的观念起源很早,将其纳入哲学体系中始于老子:"万物负阴而抱阳,冲气以为和。"(《老子·德经》)但先秦道家对气的理解还是从属于道,带有虚玄的色彩。"气是什么呢? 气就是物质。也就是说,宇宙本身是物质。由此可见,王充扬弃了道家黄老学派宇宙观的玄虚性,而吸取其自然无为思想,赋以唯物主义的内容,提出了唯物的气一元论。这是王充唯物主义哲学的基石。"②王充认为"天之与地,皆体也。地无下,则天无上矣"。(《道虚》)宇宙天地万物都是客观存在的物质实体,而"元气"是构成天地实体和自然界万物的原初物质元素。宇宙万物的产生根源,是自然存在的物质性的元气。他说:"天生万物"(《物势》),"人生于天地"(《本性》),"一天一地,并生万物。万物之生,俱得一气。气之薄渥,万世若一"。(《齐世》)提出了一个以"天地合气,人偶自生"为核心的天道自然无为论宇宙观:

> 儒者论曰:"天地故生人。"此言妄也。夫天地合气,人偶自生也;犹夫妇合气,子则自生也。夫妇合气,非当时欲得子;情欲动而合,合而生子矣。且夫妇不故生子,以知天地不故生人也。然则人生于天地也,犹鱼之于渊,虮虱之于人也。因气而生,种类相产,万物生天地之间,皆一实也。(《物势》)

---

① 周桂钿:《王充哲学思想新探》,河北人民出版社1984年版,第78页。
② 徐敏:《王充哲学思想探索》,生活·读书·新知三联书店出版1982年版,第54页。

儒者说天地有意识地生出人类,分明是虚妄之言。天与地之"气"相结合生出万物,正如夫妻两人之气结合而生子,一切都是"气"的自然结合物,一切皆因"气"而产生。人生于天地间,如鱼生于深渊,虮虱生于人身,都因气而生,并没有什么天意主宰。王充认为元气是产生万物和人的直接根源,阴阳二气是没有意志的自然物体,同样天也是没有意志的自然物体,他说:"夫天,体也,与地无异,"(《变虚》)又说:

> 天地,含气之自然也,从始立以来,年岁甚多,则天地相去,广狭远近,不可复计。儒书之言,殆有所见。然其言触不周山而折天柱,绝地维,消炼五石补苍天,断鳌之足以立四极,犹为虚也。何则? 山虽动,共工之力不能折也。岂天地始分之时,山小而人反大乎? 何以能触而折之? 以五色石补天,尚可谓五石若药石治病之状。至其断鳌之足以立四极,难论言也。从女娲以来久矣,四极之立自若,鳌之足乎?(《谈天》)

神话当然经不起自然科学的推敲,但如果有人把神话当作有神论的依据,当然仍需要以自然科学不可辩驳的实证与逻辑去一一剖析神话的"虚妄"。王充从元气自然论出发,论证"折天柱"、"绝地维"、"补苍天"、"立四极"等,都是虚构的。万物和人类的产生都是施气的结果,施气是一种自然的无意识的活动。"天之行也,施气自然也,施气则物自生,非故施气以生物也。不动,气不施,气不施,物不生,与人行异。日月五星之行,皆施气焉。"(《说日》)王充以自己的天道自然无为说与元气论,对神学天道论作了尖锐的批判。

"万物之生,俱得一气","皆禀元气"(《齐世》),在元气的基础上,王充有时又把气分为阴阳之气、精气、和气等,如"气"既表现为扩散状态的"天地之气",也表现为凝聚状态的"五行之气",企图用不同形态之气来说明自然界和人类社会的复杂现象。有的学者认为:

> 在王充看来,元气是生命的物质基础,而不是非生物的物质基础。王充还认为,元气中比较渥厚的部分是"精气","人之所以生者,精气也。"(《论衡·论死》)精气是形成人的物质基础。精气中还有更高级的中和之气,即阴阳二气十分调和的"和气",是形成圣人的物质基础。这样,

气,元气,精气和和气,就成为区别非生物、生物,人和圣人的内在原因①。这是十分有意义的可贵的探索,反映了人类对世界万物生成的认识的深化。当然,王充对于气的区分不是建立在科学基础上的,而且单从禀气的不同也是难以说明宇宙万物无限多样性的原因的。②

气的形态虽然各有区别,但本质相同,气都是"自然"、"自生"的:"天覆于上,地偃于下,下气蒸上,上气降下,万物自生其中间矣。"(《自然》)"人禀气而生,含气而长"(《命义》),对于天、地的性质,王充清楚地作了唯物主义的说明,他说,"且夫天者,气邪? 体也? 如气乎,云烟无异,……是体也。如审然,天乃玉石之类也。"(《谈天》)关于气的运行形态,他说:"气若云烟"(《自然》),天、地之气是"无为"、"无知"、"无欲"的自然物,"夫天无为,故不言,灾变时至,气自为之。夫天地不能为,亦不能知也","谓天自然无为者何? 气也。恬淡无欲,无为无事者也。"(同上)这说明天地万物都是气的自然运行,在"元气"之上并没有一个有意志的造物主。

王充认为气有其运行的规律,于是造成自然界和人类社会各自的规律。王充承认世上存在着"相感"的现象,但那是因为:"凡变复之道,所以能相感者,以物类也。"(《感虚》)在他看来,事物都是同类相交,再产生同类,异类之间因性质和情欲不合,所以不能相交,也不能相互感应。如巨大的天没有耳目口腹,可以推知其不会有欲望,与人情感不通,纯属异类,所以天与人二者不可能相感。人与天互不相知,故"人不能以行感天,天亦不随行而应人"。(《明雩》)"人不晓天所为,天安能知人所行。使天体乎,耳高不能闻人言;使天气乎,气若云烟,安能听人辞?"(《变虚》)王充"证明了天没有意识活动的能力,其简单的原因是天没有感觉器官。这种能力只有具有感觉器官的生物才有,这些感觉器官把他们和外部世界联系起来,而赋予他们的活动以有意识性和有目的性。"③既然天是个无感觉、无意识的客观存在的物质实体,自然就谈不

---

① 详见周桂钿:《王充哲学思想新探》,河北人民出版社 1984 年版。(原注)

② 方立天:《中国古代哲学问题发展史》,中华书局 1990 年版,第 24—25 页。

③ [苏联]阿·阿·彼得洛夫著,李时译:《王充——中国古代的唯物主义者和启蒙思想家》,科学出版社 1956 年版,第 65 页。

到什么天人之间的相感相应。他说:"天地合气,万物自生,犹夫妇合气,子自生矣。万物之生,含血之类,知饥知寒,见五谷可食,取而食之,见丝麻可衣,取而衣之。或说以为天生五谷以食人,生丝麻以衣人,此谓天为人作农夫、桑女之徒也,不合自然,故其义疑,未可从也。"(《自然》)自然生成万物,是无意识的,人利用自然物御寒、充饥是有意识的。自然变化出现奇异现象是无意识的,也是自然的,人们把这些现象说成天用以谴告人的祥瑞、灾异,并不符合事实。自然界奇异现象是"气自为之",如果它真是天的谴告,则"自然焉在? 无为何居?"(同上)他指出"灾异论"者所依据的日月食(蚀)、水旱灾害、气候寒温等,其实都是由于自然界本身变化产生的必然现象,与人事没有一点关系。如认为"在天之变,日月薄蚀,四十二月,日一食,五六月,月亦一食。食有常数,不在政治,百变千灾,皆同一状,未必人君政教所致。"(《治期》),"人君为政,前后若一。然而一湛一旱,时气也。"(《明雩》),所以他进而得出"祸变不足以明恶,福瑞不足以表善"(《治期》)的结论。王充还指出"符瑞说"所宣扬的"凤凰、麒麟为圣王来,以为凤凰、麒麟仁圣禽也,思虑深,避害远,中国有道则来,无道则隐。称凤凰、麒麟之仁知者,欲以褒圣人也,非圣人之德不能致凤凰、麒麟",是非常荒谬的。因为凤凰、麒麟也是鸟兽,"鸟兽之知,不与人通,何以能知国有道与无道也?"(《指瑞》)这就揭露了经学神学者们所宣扬的帝王受命之符,不过是"儒者咸称凤凰之德,欲以表明王之治"(同上),完全是神道设教,是为了颂扬封建统治者的功德。对"符瑞说"的否定,直接动摇了君权神授论的理论基础,击中了"天人感应"神学目的论的要害。王充用自然的范畴,否定了有为的、有意志的天及天意,对当时流行的天人感应、符瑞、谴告、"灾异论"和"符瑞说"等迷信说法,作了有力的驳斥。

王充认为人也是由气构成的,他说:"人,物也,万物之中有智慧者也;其受命于天,禀气于元,与物无异。"(《辨祟》)这就是说,人和物一样,都是由气构成的,只是比物多了智慧而已。王充进一步解释道:"人之生,其犹冰也。水凝而为冰,气积而为人;冰极一冬而释,人竟百岁而死。"(《道虚》)人的形成是自然的,其死亡也是必然的。他又指出:

至德纯渥之人,禀天气多,故能则天,自然无为。禀气薄少,不遵道

德,不似天地,故曰不肖。不肖者,不似也。不似天地,不类圣贤,故有为
也。天地为炉,造化为工,禀气不一,安能皆贤?贤之纯者,黄、老是也。
黄者,黄帝也;

老者,老子也。黄、老之操,身中恬澹,其治无为。正身共己,而阴阳
自和,无心于为而物自化,无意于生而物自成。(《自然》)

人有贤不肖之分,是因为禀受上天的元气有薄厚差异罢了。道德高尚纯正的
人,以天作为法则,自然无为,于是禀承元气就多,其代表人物就是黄帝、老子。
反之,则不遵从道德,不以自然无为为法,禀承元气少,所以是违背天地法则的
不肖之徒。既然人、物同是禀气而生,为什么人能有智慧,而物却没有呢?王
充认为,这是因为人的五脏之内含有"五常之气"的缘故:

人之所以聪明智慧者,以含五常之气也;五常之气所以在人者,以五
藏在形中也。五藏不伤,则人智慧;五藏有病,则人荒忽。荒忽则愚痴矣。
人死,五藏腐朽,腐朽则五常无所托矣,所用藏智者已败矣,所用为智者已
去矣。形须气而成,气须形而知。天下无独燃之火,世间安得有无体独知
之精?(《论死》)

人的精神现象并不神秘,他说,"夫人所以生者,阴阳气也。阴气主为骨肉,阳
气主为精神。"(《订鬼》)这里的"精神",指的是具有"知",即智慧功能和属性
的"精气"。在此基础上,王充提出人死后精气灭,精神灵魂也就消亡,不能脱
离肉体而单独存在,变为鬼。他说:"人之所以生者,精气也,死而精气灭,能
为精气者,血脉也。人死血脉竭,竭而精气灭,灭而形体朽,朽而成灰土,何用
为鬼?"(《论死》)人类生命现象的实质是阴阳二气的互相调和,阴气形成人的
骨肉,阳气形成人的精神,精神附于形体。阴阳二气未结合成为人时是没有知
觉的,结合成人时才产生知觉。生命死亡后,"精神升天,骸骨归土。故谓之
鬼。鬼者,归也。"(同上),第一次给"鬼"作了新的解释,"鬼"就是重新还原
为没有知觉的气。他从形神关系方面论证了人死不为鬼,精细而神妙的气是
由人体内的血脉和五脏产生出来的。一旦形体败朽,精神就会因无所依托而
散失。这一看法与桓谭以烛火喻形神是一脉相承的。王充的论证,比较正确

地解决了精神与肉体的关系问题,提出了"精神依倚形体"的唯物主义形神关系论,更加明确地肯定了精神必须依赖形体、社会上不可能有离开人体的精神存在。彻底否定了经学神学者们的所谓精神可以脱离形体而存在的"灵魂不灭"的观点。

如果以烛火喻形神,神还含有物质的意思,那么,王充在烛火喻形神的基础上,又进一步提出了形体、精气与智慧三者之间的关系,如同蜡烛、烛火与烛光的关系。这里多了一个精气与智慧如同烛火与烛光的比喻,开始把精神看作一种非物质的东西来看待,突破了传统精气说的局限,形象地说明了形体、精气与知(智慧)三者的主从关系,坚持了形神关系上的唯物主义一元论,有力地批判了鬼神观念及其他种种世俗迷信。在《论衡》中,王充对鬼神观念作了较深入的分析和批判。他否认人死有鬼和鬼有知、能害人的说法,认为,"人未生,在元气之中;既死;复归元气。元气荒忽,人气在其中。人未生,无所知;其死归无知之本,何能有知乎?"(《论死》)"凡天地之间有鬼,非人死精神为之也,皆人思念存想之所致也。致之何由?由于疾病。人病则忧惧,忧惧见鬼出。凡人不病则不畏惧。故得病寝衽,畏惧鬼至;畏惧则存想,存想则目虚见。"(《订鬼》)当时,由于精神不死观念作怪而盛行着许多成仙的方术,如:飞升、尸解、寡欲、辟谷、食气、服药等,还有许多成仙的传说。王充否定人可以不死,具体揭露了种种神仙方术,如说,天是以气为体,无上天之路,升天是不可能的,修方术者死后骨肉俱在,尸体与常人无异,可见并未成仙,草木无欲而寿命短于人,可见寡欲也不能永生;辟谷不食违反生理常识,阴阳之气不能饱人,何能使人不死? 同时,他又从生死观的高度作了论证,指出凡生命都有死亡。"有血脉之类,无有不生;生无不死。以其生,故知其死也。天地不生,故不死,阴阳不生,故不死,死者,生之效;生者,死之验也。夫有始者必有终,有终者必有死。"(《道虚》)他除了在理论上批判有鬼论外,在实际生活中反对厚葬风俗,及当时社会上盛行的祸福报应、占卜祭祀、禁忌等各种迷信活动,他说,"今著《论死》及《死伪》之篇,明死无知,不能为鬼,冀观览者将一晓解约葬,更为节俭。"(《对作》)即希望人们在知道人死无鬼这一点以后,都实行薄葬,奉行节俭。并对先秦持无鬼论却主张厚葬的儒家,以及主张薄葬却持有鬼论的墨家,都进行了批评。他又指出,祸福报应的说法是虚妄之言,因为事实情况往往是"恶人之命不短,善人之年不长"。(《福虚》)他指出,占卜也未必有其实,因为"《书》列七卜,《易》载八卦,从之未必有福,违之未必有祸"。(《辨祟》)至于祭天乞雨等祭祀活动,更是徒劳无益。他说,"天之运气,时当自然,虽雩祭请求,终无补益。"(《明雩》)迷信职业家们正是利用人们的愚昧无知,才大肆从中骗取钱财,才大搞各种迷信活动:"奸书伪文,由此滋生;巧惠生意,作知求利;惊惑愚暗,渔富偷贫。"(《辨祟》)王充对当时甚为猖獗的世俗迷信的勇敢批判,显示了他的疾虚妄的大无畏精神。

《老子》在中国哲学史上首次提出了世界的统一性问题,他把道作为宇宙万物的本体,把气作为道之下的派生物。管子提出精气说,"精也者,气之精也"(《管子·内业》),庄子提出万物为一气之变化:"人之生,气之聚。聚则为生,散则为死,……故曰:通天下一气耳。"(《庄子·知北游》)稷下道家开始把气提升到道的层次,并把它作为宇宙万物的始基。但是这一学派仍存在着道气不分,把精神看作是由精细之气所构成。汉代《淮南子》开始形成自然主义的元气观,其天道自然论指气为细微的、飘浮着和流动着的物质实体。王充继承和发展了道家及黄老学派的自然思想,强调天是自然无为的,气亦如此。"谓天自然无为者何? 气也。恬淡无欲,无为无事者也。"(《自然》)明确提出元气自然论,使中国古代关于气的观念真正确立在唯物论的基础上。但王充的元气自然论还不能说明精神的本质,他把精神现象归结为某种特殊物质,认为人的精神来源于"精气"或"阳气"(《订鬼》),他把善观恶念加于某种气,认为有所谓"善气","恶气"、"仁之气"、"五常之气"(《本性》),这些气决定着人们的命运,从而陷入了命定论。

应当指出,在王充的宇宙观中,唯物论还不够彻底,而且还含有机械论和偶然论的成分,这主要表现在他虽然着力批判了包括"灾异"、"祥瑞"在内的天人感应论,但也说过什么"文王起得赤雀;武王得鱼、乌:皆不及汉太平之瑞。……一代之瑞,累仍不绝。此则汉德丰茂,故瑞佑多也。"(《恢国》),"天地之间,祸福之至,皆有兆象,有渐不卒然,有象不猥来。天地之道,人将亡,凶亦出;国将亡,妖亦见。犹人且吉,吉祥至;国且昌,昌瑞到矣。故夫瑞应妖祥,其实一也。"(《订鬼》)此类传统的认识,这就与以董仲舒为代表的天人感应的官方哲学又有点相似了。王充虽否定鬼的存在,但对"灾异"、"祥瑞"之说有所保留,对吉兆与妖象的解释中,仍残存着迷信的成分。

第二节 王充"重效验"的认识论

自从经学神学化与谶纬泛滥以来,学风日趋浮妄虚伪,"虚妄显于真,实诚乱于伪,世人不悟,是非不定,紫失杂厕,瓦玉集糅"(《对作》),王充对此风气深恶痛绝,以"疾虚妄"、"重效验"的唯物认识论,向经学神学化和谶纬神学展开了卓有成效的斗争。

在认识论方面,王充力图贯彻其"实事疾妄"的原则,他认为人们认识的对象既然是天下之事,世间之物,其认识的来源必然应是生活实践的经验,实践经验是检验事物的标尺。"故夫王道定事以验,立实以效,效验不彰,实诚不见。"(《宣汉》)他反对董仲舒的"深察名号"以达天意的主观认识路线,以及当时盛行的所谓圣人生而知之的观点,主张不学不知、学而后知,知识只能来源于后天学习。他说:

> 儒者论圣人,以为前知千岁,后知万事,有独见之明,独听之聪,事来则名,不学自知,不问自晓,故称圣,则神矣。若蓍龟之知吉凶,蓍草称神,龟称灵矣。贤者才下不能及,智劣不能料,故谓之贤。夫名异则实殊,质同则称钧,以圣名论之,知圣人卓绝,与贤殊也。孔子将死,遗谶书,曰:"不知何一男子,自谓秦始皇,上我之堂,踞我之床,颠倒我衣裳,至沙丘而亡。"其后,秦王兼吞天下,号始皇,巡狩至鲁,观孔子宅,乃至沙丘,道病而崩。又曰:"董仲舒乱我书。"其后,江都相董仲舒,论思《春秋》,造著传记。又书曰:"亡秦者,胡也。"其后,二世胡亥,竟亡天下。用三者论之,圣人后知万世之效也。孔子生不知其父,若母匿之,吹律自知殷宋大夫子氏之世也。不案图书,不闻人言,吹律精思,自知其世,圣人前知千岁之验也。曰:此皆虚也。(《实知》)

王充在《实知》篇中列举了大量的事例，一一效验这些鼓吹圣人"前知千岁，后知万事"的"神怪之言，皆在谶记"，都是"后人诈记"。并用事实证明所有的圣人都不可能是不学而知的神人，如果圣人能够看到和听到常人无法见闻的东西，能够同天地、鬼神交谈，能够知道天以上、地以下的事情，那就可以说圣人是与常人有本质不同的神人和先知，但现实中的圣人，其视觉和听觉能力同常人一样，所遇之事和所见之物也同常人没有区别，只不过比常人贤达一些，这种贤达是比常人刻苦学习而得来的，怎么能把他们说成是天生的超越于常人的神人？孟子赞同"人皆可以为尧、舜"的观点（《孟子·告子下》），说明圣人与常人没有不可逾越的鸿沟，其差别也不是一成不变的，只要能够认真学习，好学、好问、多观察、勤思考，凡夫也能成圣人，《实知》篇又说：

> 实者，圣贤不能性知，须任耳目以定情实。其任耳目也，可知之事，思之辄决；不可知之事，待问乃解。天下之事，世间之物，可思而知，愚夫能开精；不可思而知，上圣不能省。孔子曰："吾尝终日不食，终夜不寝以思，无益，不如学也。"

贤圣是有仁智品德的人，而仁智品德是通过持之以恒的勤奋学习得到的，"不学自知，不问自晓"的事（《实知》），从古至今都是没有的。也就是说，只要勤奋努力学习就可能具备贤圣的仁智品德，如果不学习，就无知无识，何谈圣者的仁智品德？王充又指出："人才有高下，知物由学。学之乃知，不问不识。……所谓圣者，须学以圣。以圣人学，知其非圣。天地之间，含血之类，无性知者"。（《实知》）孔子可谓是儒家尊奉的圣人了，然而他一生"学而不厌"，具有"每事问"的精神，并学无常师。孔子不承认自己是生而知之的人，但他确信"十室之邑，必有忠信如丘者焉，不如丘之好学也。"（《论语·公冶长》）他说自己对学习的态度是"发愤忘食，乐以忘忧，不知老之将至云尔。"（《论语·述而》）由此可见，必须学习才能成为圣者，人才的高下是学习的不同结果。王充的这种观点，直接批驳了"生而知之"及上智下愚不移的谬论。

　　王充把直接的感觉经验作为认识的首要途径，认为人们的认识来源于感官同外界事物的接触，一切认识须以感觉经验为基础，"须任耳目以定情实"，运用耳目感官去了解事情的原委真相。但同时也强调，人的认识不能停留在耳闻目见阶段，还必须"开心意"，进行理论思维。他说："夫论不留精澄意，苟以外效立事是非，信闻见于外，不诠订于内，是用耳目论，不以心意议也。夫以耳目论，则以虚象为言；虚象效，则以实事为非。是故是非者不徒耳目，必开心意。"（《薄葬》）也就是说，如果只凭感官感觉经验，只相信外界的见闻，有时就会受到事物"虚象"的迷惑，而不能透过表面现象认清事物的真实本质；只有不停留于感觉经验，进而"开心意"地进行理性思考，对感性材料进行加工，上升到理性认识，才能辨明是非。也就是说认识不能仅仅停留在耳闻目睹的感性层次上，还必须对感性材料进行理性的加工，归纳出事物的真相来。只要参与实践，耳闻目睹是人人都能做到的，所谓圣贤者，不是仅指他有丰富的感觉经验，更重要的是他在此基础上善于进行理性思维，由感性认识上升到理性认识。王充从经验论出发，批判了当时官方哲学中盛行的神秘主义先验论，同时又避免了狭隘的经验论，肯定了理性思维的重要性。

王充还运用"效验"的方法，作为检验认识可靠性的标准。主张"引物事以验其行"（《自然》），用实际事物检验言论的是非。为了对经学与谶纬神学的虚妄谬说以有力的批驳，他在《问孔》、《刺孟》等篇中，列举出孔孟著作中不少"前后多相违"、"上下多相伐"的自相矛盾之处，批判锋芒直指把儒家经典当作神圣的教条和将孔子神化为天神的官方意识，如在《问孔》中写到：

　　世儒学者，好信师而是古，以为贤圣所言皆无非，专精讲习，不知难问。夫贤圣下笔造文，用意详审，尚未可谓尽得实，况仓卒吐言，安能皆是？……

　　孔子曰："赐不受命而货殖焉，亿则屡中。"何谓不受命乎？说曰：受当富之命，自以术知数亿中时也。夫人富贵，在天命乎？在人知也？如在天命，知术求之不能得；如在人，孔子何为言"死生有命，富贵在天"？

王充又以"效验"的方法，对虚妄不实的上天谴告说进行了批判，他说："天能谴告人君，则亦能故命圣君。择才若尧、舜，受以王命，委以王事，勿复与知。今则不然，生庸庸之君，失道废德，随谴告之，何天不惮劳也？"（《自然》）董仲舒的天人感应论,其重要内容就是君权天授,是天立人君,君只能执行天意,若人君不行天意,天就以灾异现象来谴告。这种先立君后谴告是不能自圆其说的。王充抓住了立君与谴告说的矛盾,对所谓有意志的天进行了彻底的否定。如果人君为天所命,其权为天所授,那么人君必然代天而行天意,君权也必为天而所用。如果人君不行天意,岂不证明天命人君与君权天授,全错了吗?天能授不行天意的天命吗?天能选择违背天意的天子吗?退一步说,就如经学者主张的君权天授,那么,上天一会儿授君权,一会儿又谴告君,岂不是在出尔反尔,白白地徒劳费神吗?君权天授与谴告说自身逻辑的混乱,已经对这种不能自圆其说的谬论进行了自我否定。王充从生活实践经验出发,进而逻辑推理,揭露说:天如果神明,能感知人情,就不会给人间配遣昏庸之君,谴告一事也就根本不存在。世上既有平庸之君,又不能说是天故意派遣昏庸之君来害民扰民的,那么就只能说明君权不是天授,天同样也不能实施谴告。

王充把重"效验"的认识方法也用于探求其他事物的真相,——检查经学与谶纬神学散布的种种谬论。例如农民用马粪浸种以防虫害,王充以此证明虫害不是天的谴告,天灾在一定程度上是可以通过人事来控制的。再如广为流行的"雷为天怒"的说法,说雷击杀人,是上天"彰其恶,以惩其后",王充以生活中的证据来证明雷只是自然中的火,以此来批驳"雷为天怒"的谬误:

> 雷者火也,以人中雷而死,即询其身,中头则须发烧焦,中身则皮肤灼焚,临其尸上闻火气,一验也。道术之家,以为雷烧石,色赤,投于井中,石焦井寒,激声大鸣,若雷之状,二验也。人伤于寒,寒气入腹,腹中素温,温寒分争,激气雷鸣,三验也。当雷之时,电光时见大,若火之耀,四验也。当雷之击,时或燔人室屋,及地草木,五验也。夫论雷之为火有五验,言雷为天怒无一效。然则雷为天怒,虚妄之言。(《雷虚》)

对一些被神学迷信偶然"说中"的事,王充都力图给以合乎实际的解释。如人们生病时举行祭祀,求神问鬼,后有的人得到康复,被看做神秘的事,以为是神鬼显灵。而实际上是病人在祭祀祈祷中得到精神安慰,促进了康复,并没有鬼神在起作用。他还对人的预言作了合理的解释。如樗里子预见天子宫殿会

挨近他的坟墓,韩信预见他母亲的墓旁会有万户人家,

其后事实果如他们所言,这类预言被谶书神秘化,作为迷信的证据。王充指出,事物的发展变化是有规律的,通过其征兆迹象可以推究其结果:

> 故樗里子之见博平王有宫台之兆,犹韩信之睹高敞万家之台也。先知之见,方来之事,无达视洞听之聪明,皆案兆察迹,推原事类。春秋之时,卿大夫相与会遇,见动作之变,听言谈之诡,善则明吉祥之福,恶则处凶妖之祸。明福处祸,远图未然,无神怪之知,皆由兆类。以今论之,故夫可知之事者,思虑所能见也;不可知之事,不学不问不能知也。不学自知,不问自晓,古今行事,未之有也。夫可知之事,推精思之,虽大无难;不可知之事,历心学问,虽小无易。(《实知》)

樗里子、韩信所预言,是因为他们看到宽阔的地方有建造宫殿及居所的条件,春秋时公卿、大夫在交往中,通过察言观色,判断祸福,预测未来。"凡圣人见祸福也,亦揆端推类,原始见终,从闾巷论朝堂,由昭昭察冥冥。"(《实知》)对某些人们熟知的日常事物,不仅圣人、贤人能够预见其未来的发展,就是一般人也可以做到,主要是运用了类比推论的逻辑方法,没有必要用神怪去解释。关键是在推论中,要求遵守矛盾律,不能上下相违,前后相伐,立论要以确切的科学知识为依据。如果是不知晓的事,你再预测也是无依据的,预测也是不可靠的,而神学迷信在解释自然与社会现象的过程时,既不讲真凭实据,也不作严密的逻辑推理,所以是虚妄而不实的。

王充认为认识事物的目的在于致用,注重以"效验"的标准,来检验学以致用的效果。所谓效验,即以事实作为验证是非的标准。重效验,就是"得其实","不违实",注重以事实来检验主观认识,使主观服从客观,使主观与客观相一致。他说:"凡论事者,违实不引效验,则虽甘义繁说,众不见信。……事有证验,以效实然。"(《知实》)他又说:"事莫明于有效,论莫定于有证。空言虚语,虽得道心,人犹不信。"(《薄葬》)评论事体,如果违背事实,没有证据,即使说得天花乱坠,也不会使人相信。论事要有证据,证据才能证实事体,没有证据的论说都属空言虚语。除了强调认识要有事实验证外,王充还强调认识

要有实用性。他说:"入山见木,长短无所不知,入野见草大小无所不识;然而不能伐木以作室屋,采草以和方药,此知草木所不能用也。……凡贵通者,贵其能用之也。即徒诵读,读诗讽术,虽千篇以上,鹦鹉能言之类也。"(《超奇》)这是说,虽然认识了很多草木,但不能用树木来造房屋、用草来作药物,等于没有真正认识草木,因为认识草木的目的就是用其来造房制药;虽然读了很多诗书,但不能用它们来讲道理、写文章,只会人云亦云,拾人牙慧,这样的学识再多也是毫无意义的。

王充把是否与事实相符作为检验认识是否正确的标准:"凡天下之事,不可增损,考察前后,效验自列。自列,则是非之实有所定矣。"(《语增》)他把感觉经验置于认识的首要地位,从事实出发,运用逻辑思维,通过类比推理,由此及彼,由现象进入本质,通过比较鉴别,去伪存真,从已知预测未知,从事物的产生预计发展结果。这种注重"效验"的认识方法贯穿着一个基本精神,这就是实事求是。王充基本依据的是经验知识,表现为用"效验"的方法对具体观点一一验证,用实践所获得的经验作为标准判别是非,这同检验真理的科学标准即实践标准仍有区别。王充的"效验"是指被动地承认一些现成的经验事实,用以说明问题,作为证实是非的"效验",又因人而异,所以"效验"不免带有主观的色彩,其认识有一定的局限性。"由于他过分重视效验,对于理性认识的重要因而注视不足,有时不免掉入经验主义的泥坑而为统治者作宣传。从认识论上说,这是他宿命论重要来源之一。"[1]但王充的"重效验"的认识论,力图将一定的实践经验与客观真理直接联系,所以其观点无疑是属唯物论的。

第三节 王充的自然宿命论

王充同样以元气自然论来建构自己的历史观,认为国家的治乱、王朝的兴亡,是一个自然变化的过程,如同四季的更替和生死的推移一样。他说,"王命之当兴也,犹春气之当为夏也。其当亡也,犹秋气之当为冬也。见春之微

---

① 郑文:《王充哲学初探》,人民出版社 1958 年版,第 84 页。

叶,知夏有茎叶。睹秋之零实,知冬之枯萃。桑谷之生,其犹春叶秋实也,必然
犹验之。"(《异虚》)这里,他意识到社会治乱、国家兴亡如同自然界变化那样
属于自然和必然的现象,这种认识有其合理成分;但没有指出自然与社会的本
质区别,存在着以自然规律等同和代替社会规律的倾向。

关于社会治乱的原因,王充重视物质生活的作用,他认为社会治乱不在政
治和道义,而在经济即社会物质生活状况。他说:

> 夫世之所以为乱者,不以贼盗众多,兵革并起,民弃礼义,负畔其上
> 乎? 若此者,由谷食乏绝,不能忍饥寒。夫饥寒并至而能无为非者寡,然
> 则温饱并至而能不为善者希(稀)。传曰:"仓禀实,民知礼节;衣食足,民
> 知荣辱。"让生于有余,争起于不足。谷足食多,礼义之心生;礼丰义重,
> 平安之基立矣。故饥岁之春,不食亲戚,穰岁之秋,召及四邻。不食亲戚,
> 恶行也;召及四邻,善义也。为善恶之行,不在人质性,在于岁之饥穰。由
> 此言之,礼义之行,在谷足也。案谷成败,自有年岁。年岁水旱,五谷不
> 成,非政所致,时数然也。(《治期》)

在这里,他认为社会动乱的原因在于衣食不足,衣食不足的原因在于灾荒,灾
荒属于自然现象,所以社会的治乱是由自然现象所决定的,与统治者政治的好
坏没有关系。同篇中他还说:"成败系于天,吉凶制于时","世之治乱,在时不
在政;国之安危,在数不在教","昌衰兴废,皆天时也","教之行废,国之安危,
皆在命时,非人力也。"他重视自然条件对农业生产的影响,把社会物质生活
条件主要是民众的衣食温饱状况,看作是国家的"平安之基",这无疑是深刻
的,比起一般儒生单纯用伦理观念来说明治乱显然要深刻得多。但当进一步
追究社会治乱的最终根源时,他又认为是自然之天的"天命"或"时数"决定
的。这样,忽略了人在社会经济生活和政治生活中的能动作用。当他完全用
自然界条件说明社会治乱时,就不能说明:为什么尧遇洪水、汤遇大旱而天下
治? 为什么桀纣之时"无饥耗之灾"而天下乱? 王充否定天人感应和君权神
授的观念,力图探索社会历史现象背后不以人的意志为转移的客观规律,是符
合实事求是的唯物主义精神的。但是,他并不能真正地认识社会历史规律,没

有认识到社会制度和政治的作用。他所谓的"天"、"时"虽指自然界的规律性,他认为自然规律与日蚀、月蚀的规律一样,非人力所能改变。这种认识用机械的必然性排除人事的作用,实际已经把社会治乱的原因神秘化了。《命义》篇中说社会治乱的根本原因在于"国命",而"国命"就是"天命"。虽然王充所说的"天命"可以做出不同于神学的解释,但它已经不像他常讲的"天"、"时"那样,只是一种自然现象了。以元气自然论来简单地对照人类社会领域,来解释社会历史现象,使王充陷入了宿命论历史观的尴尬境地。他的本意在反对经学神学和谶纬迷信,但其所论社会治乱的根本原因反与经学神学和谶纬迷信的主张有相似之处。

儒家形成于春秋战国乱世,追慕周代礼乐兴隆,常叹今不如昔,此种情结久而久之形成一种传统。以至汉代,"述事者好高古而下今,贵所闻而贱所见。辩士则谈其久者,文人则著其远者。近有奇而辨不称,今有异而笔不记"。(《齐世》)王充主张历史是进化的,社会是不断前进的,不是今不如昔,而是昔不如今,提出了"汉国在百代之上"(《宣汉》),而不是汉不如周,这是他社会历史观中最可贵的思想,驳斥了某些汉儒崇古非今、美化三代特别是美化周朝的历史倒退论。并从政治和国土的统一,文化和经济水平的提高诸方面,来将三代与汉作比较,论证汉代远远胜过往昔:"武王伐纣,庸、蜀之夷佐战牧野。成王之时,越常献雉,倭人贡畅。幽、厉衰微,戎狄攻周,平王东走,以避其难。至汉,四夷朝贡。……周时戎狄攻王,至汉内属,献其宝地;西王母国在绝极之外,而汉属之,德孰大? 壤孰广?"(《恢国》)"周时仅治五千里内,汉氏廓土收荒服之外。……古之戎狄,今为中国;古之裸人,今被朝服,古之露首,今冠章甫,古之跣跗,今履高舄。以盘石为沃田,以桀暴为良民,夷坎坷为平均,化不宾为齐民,非太平而何? ……汉何以不如周?"(《宣汉》)这两段话指出,汉代的国土开拓远远大于三代,汉代的文明程度远远高于三代,汉代的农业生产远比三代发达,汉代的民族融合远远超过三代,这都是事实,并非虚美媚时之论。王充从政治、经济、文化方面判断社会的发展程度,包含着唯物历史观的真知灼见。

王充认为历史是不断前进的,赞成历史进化论,但又从元气说出发,导出

了"百代同道"的历史循环论观点,这是他的历史观的不彻底之处,与其历史进化论存在着矛盾。他说:

> 夫上世治者,圣人也;下世治者,亦圣人也。圣人之德,前后不殊,则其治世,古今不异。上世之天,下世之天也。天不变易,气不改更。上世之民,下世之民也,俱禀元气。元气纯和,古今不异,则禀以为形体者,何故不同?夫禀气等则怀性均,怀性均,则体同;形体同,则丑好齐;丑好齐,则夭寿适。一天一地,并生万物。万物之生,俱得一气。气之薄渥,万世若一。帝王治世,百代同道。(《齐世》)

由于元气不会改变,人们得到的是同一元气,古今人民特性均同,好美恶丑相似,甚至夭折与长寿都对等,所以得出了古今圣人治国之道一致的结论。他又说:"若夫文质之复,三教之重,正朔相缘,损益相因,圣贤所共知也。古之水火,今之水火也;今之声色,后世之声色也。鸟兽草木,人民好恶,以今而见古,以此而知来。千岁之前,万世之后,无以异也。"(《实知》)就是说:文采与质朴两种风气交叉,忠、敬、文三种教化重复,历法相互因循,礼制互有增减,表面好像有所变化,实质是不变的。他的"百代同道"、"古今无异"论,至多是一种历史循环论,或者是一种历史不变论,与"周不如汉"的历史进化观点显然是自相矛盾的。其原因是受元气自然论的局限,认为万物都是"气"的不同形态,而"气"却是"万世若一"的。同时,他又赋予"气"以伦理属性,并借以推论人类社会,无论古今,天地人物都禀元气而成,元气本身又无古今之别,所以天地人物也就没有古今的区别,很自然得出"百代同道"的结论。王充的元气自然论,固然是批判"天人感应"宗教神学的有力武器,可是由于他不了解社会规律和自然规律有区别,所以在对社会现象作解释时,只用自然界的规律去直接说明社会现象,从而把国家的安危和个人的贵贱寿夭都说成是绝对受自然命运支配的。这样解释历史,必然得出自然宿命论的结论。"总之,王充反对唯心主义神学的从'天人感应'的观点来解释人们的死、生、寿、夭和富、贵、贫、贱等现象,试图用唯物的科学原因来解释这些现象。他把在母体中受气形成的生理上的原因来代替社会阶级的原因,或者是排除了社会原因,用偶然来作解释。他企图把人类社会现象和自然现象统一地用他的'体气'来解释,其结果,在主观上认为这样是和'天人感应'论的命定论分清了界限,但在客观上也同样地落入于唯心主义的定命的泥淖。"①王充不懂得人类社会与自然界的差别,企图直接用元气自然的观点说明社会发展历史,就必然陷于形而上学,出现历史观上的矛盾,说明他的唯物主义历史观中存在着严重的缺点。

王充的自然宿命论,还表现在他关于人的性命观的论述中。性一般指人性,亦有天性、本性等涵义。孟子主张人性本善,荀子主张人性本恶,扬雄主张性善恶混杂,董仲舒认为性仅指"中民之性",介于善恶之间,必须由圣人给予教化。命一般指命运、命定,孔子主张"知命",孟子主张"立命"、"正命",认为虽然有命,还须发挥人的主观能动性。董仲舒则认为"天令之谓命"(《汉书·董仲舒传》),命是由上天的旨意安排的,由于"天人感应",故行善行恶,天必报应,所谓善有善报,恶有恶报。王充理解的"性",也是指人性,主要指人的操行善恶和才智高下;所理解的"命",也是指人的命运,主要指人的贫富贵贱和吉凶祸福。他在《命义》中说:

> 凡人受命,在父母施气之时,已得吉凶矣。夫性与命异,或性善而命凶,或性恶而命吉。操行善恶者,性也;祸福吉凶者,命也。或行善而得祸,是性善而命凶;或行恶而得福,是性恶而命吉也。性自有善恶,命自有吉凶。使命吉之人,虽不行善,未必无福;凶命之人,虽勉操行,未必无祸。

反对性的善恶决定命的祸福吉凶的说法。性是属于自身的品质和修养,命是属于社会的境遇,二者既不相同也没有必然的一致性。王充反对天决定人的"性"和"命",但从元气自然论出发,认为元气决定着人的"性"和"命",他说:"人情有不教而自善者,有教而终不善者矣,天性,犹命也。"(《命禄》)《率性》篇中又说:

> 小人君子,禀性异类乎?譬诸五谷皆为用,实不异而效殊者,禀气有厚薄,故性有善恶也。残则受仁之气薄,而怒则禀勇渥也。仁薄则戾而少

---

① 蒋祖怡:《王充卷》,中州书画社1983年版,第45页。

愉,勇渥则猛而无义,而又和气不足,喜怒失时,计虑轻愚。妄行之人,罪
故为恶。人受五常,含五脏,皆具于身。禀之薄少,故其操行不及善人,
……人之善恶,共一元气,气有少多,故性有贤愚。

人的善恶贤愚,吉凶祸福,都是由自然之天通过元气赋予人的,君子与小人,其
区别就在于禀受的元气厚此薄彼。如残忍的人是因禀受的仁气薄,易怒的人
是因禀受的勇气厚,和气不足的人,就喜怒不能控制,等等。人皆有仁、义、礼、
智、信五常之气,就如人皆有心、肝、脾、肺、肾五脏一样,五常之气就含在五脏
之内,每个人都具备这一切,而每个人禀受的五常之气又各不相同,体现到人
性上就各有差别。由于王充是用元气说来解释人的"性"和"命",所以,他讲
的性命,已没有了人的社会属性,而只有人的自然属性,人之受命,在父母施气
之时,人之善恶,是由禀气的厚薄所决定,王充将复杂的人性简单地解释为禀
气的不同,陷入了自然定命论。

　　王充的人性论也有矛盾的地方。他一方面认为性以自然为根本,性的善
恶是由禀受的元气性质、多少决定的,所以人性有善恶之分,才能有高下之别,
就如各地土色各异,各地地力等级有差,河流有清有浊,人的肤色身材各有不
同,这些都是禀天地元气而成的,是不可以改变的"天性":

　　　　实者,人性有善有恶,犹人才有高有下也。高不可下,下不可高。谓
　　性无善恶,是谓人才无高下也。禀性受命,同一实也。命有贵贱,性有善
　　恶。谓性无善恶,是谓人命无贵贱也。九州田土之性,善恶不均。故有黄
　　赤黑之别,上中下之差;水潦不同,故有清浊之流,东西南北之趋。人禀天
　　地之性,怀五常之气,或仁或义,性术乖也;动作趋翔,或重或轻,性识诡
　　也。面色或白或黑,身形或长或短,至老极死不可变易,天性然也。(《本
　　性》)

一方面又说:"论人之性,定有善有恶。其善者,固自善矣;其恶者,固可教告
率勉,使之为善。凡人君父审观臣子之性,善则养育劝率,无令近恶;恶则辅保
禁防,令渐于善。善渐于恶,恶化于善,成为性行。"(《率性》)人的德行是先天
决定的,性善者,本来自然善良,但如果接近恶,也可向恶的方面转化,所以要

劝勉他保持和发扬其善性。性恶的人，也可以通过教育、引导，加之以强制性约束，使其变得善良。这就是说人性可以通过教育等手段而达到改变，性恶可以转化为性善。这一说法，又是对自然定命论的一种否定。

和对性的看法一样，王充认为命也是早就被确定了的。人们有各种不同的命运，之所以不同，是因为禀受的自然元气各有不同，他说：

> 凡人遇偶及遭累害，皆由命也。有死生寿夭之命，亦有贵贱贫富之命。自王公逮庶人，圣贤及下愚，凡有首目之类，含血之属，莫不有命。命当贫贱，虽富贵之，犹涉祸患失其富贵矣。命当富贵，虽贫贱之，犹逢福善离其贫贱矣。故命贵从贱地自达，命贱从富位自危。故夫富贵若有神助，贫贱若有鬼祸。……是故才高行厚，未必保其必富贵；智寡德薄，未可信其必贫贱。或时才高行厚，命恶，废而不进；知寡德薄，命善，兴而超逾。故夫临事知愚，操行清浊，性与才也；仕宦贵贱，治产贫富，命与时也。命则不可勉，时则不可力，知者归之于天，故坦荡恬忽。（《命禄》）

人们的死生寿夭之命与贵贱贫富之命，从母亲怀孕禀受自然元气时起，就已注定了，与儒家所鼓吹的"生死有命，富贵在天"如出一辙。（《论语·颜渊》）王充认为："命，谓初所禀得而生者也。人生受性，则受命矣。性命俱禀，同时并得，非先禀性，后乃受命也。"（《初禀》）人在禀受先天之气时，就形成了命运，生命与命运是同时获得的。就寿命言，"人之禀气，或充实而坚强，或虚劣而软弱。充实坚强其年寿，虚劣软弱，失弃其身。"（《气寿》）王充对人的寿命的这一说明，有一些符合遗传学说理论，但全归于生之初的"禀气"，则又是很片面的了。他又说："至于富贵所禀，犹性所禀之气，得众星之精。众星在天，天有气象。得富贵象则富贵，得贫贱象则贫贱。……天有百官，有众星；天施气，而众星布精。天所施气，众星之气在其中矣。人禀气而生，含气而长，得贵则贵，得贱则贱。贵或秩有高下，富或赀有多少，皆星位尊卑大小之所授也。"（《命义》）富贵之人所禀受的气，是星宿散发出来的精华之气。天上的众星有等级，所以散发的气使人贫富贵贱和吉凶祸福各有不同，人的贫富贵贱和吉凶祸福是由禀气时的星象所决定的，也同寿命一样是早就被确定了的。为了进一步解释这一现象,王充还提出了骨相的说法:"人曰命难知。命甚易知。知之何用?用之骨体。人命禀于天,则有表候见于体。察表候以知命,犹察斗斛以知容矣。表候者,骨法之谓也。"(《骨相》)王充认为人的命运是禀于自然的元气,又以一定的表象在人的形体上表现出来,这一表象就是人的"骨相",所以凭人的骨骼形体来了解人的命运,就像观察斗斛以知所测容量一样清楚,人的命运是由自己的骨相决定的,也是可以从骨相的观察中看出来的。如果说人的恶性还可以通过学习教育改变为善性,而命运却绝对不是人力所能改变的,因为骨相是不变的,从而命运也是命中注定的。

王充继承了我国传统的自然哲学思想,以元气自然论为思想武器,以大无畏的精神,批判"天人感应"的神学化经学及迷信谶纬,给予占统治地位的经学神学与迷信风气以沉重打击,从而把我国古代唯物自然哲学发展到了一个新的高度,不仅在当时思想斗争领域中有重大的现实意义,也为后来的唯物主义论者树立了光辉的榜样。但由于时代的局限,王充的自然哲学体系还显得不够系统、完整,而且含有形而上学、经验主义倾向和自然宿命论等缺陷,如认为人的寿命与贫富贵贱是由骨相决定,社会治乱是由"时数"决定,国家兴亡有瑞应凶兆出现,等等,在反对经学神学和谶纬迷信时,仍有不彻底甚至相妥协的表现。尽管如此,其"疾虚妄"的战斗精神和求实态度,却是同时代人无可相比的,其批判思想成果,达到了时代的最高水平,正是因为如此,才使东汉经学神学和谶纬迷信统治地位日趋动摇以至走向衰落,推动了中国唯物主义哲学和无神论思想的进一步发展,王充不愧是汉代最伟大的唯物主义思想家,战斗的无神论者。

第七章 宗教哲学的衰落与
社会批判思潮的兴起

第一节 神学经学与谶纬迷信的衰落

东汉前期,作为社会指导思想的经学化的儒学继西汉后期进一步神学迷信化,就如给儒学的机体内注入毒液一样,儒学失去了传统的勃勃生机。汉代神学化的经学本是大一统的产物,它的生存与发展完全依赖于皇权,它不依赖于传统儒家经典经义的感召力,甚至为了神学化任意阉割、篡改儒家经典的原义,只要能与皇权紧密配合,皇权的强大就是神学化的经学发展的强大动力。经学化的儒学的衰微是大一统体制日趋僵化,社会重重危机的必然反映,同时经学化的儒学趋向衰微又反过来促进大一统的衰微。但东汉前期,凭着统一稳定的局面,还维持着强盛的国势,东汉前期仍是东方文明的中心,当时,世界上的强国只有罗马帝国才有资格与东汉前期相提并论。所以在东汉前期,经学及谶纬迷信十分猖獗,尽管有王充出来口诛笔伐,但并无撼动它的根基。经学与谶纬的衰落,是从东汉大一统社会的衰落开始的,而东汉大一统社会的衰落,是从统治阶级上层腐败开始的。

东汉从和帝之后,王朝日益腐败、政局动荡不已,国势渐趋贫弱,直至大一统的东汉王国不可挽回地崩溃、灭亡。和帝登基,太后临朝,外戚专断,从此外戚总想方设法立小孩子做皇帝,便于操纵。而小皇帝一旦成人懂事,往往不甘心做傀儡式的儿皇帝,于是只好依靠身边的宦官,来翦灭外戚势力,争夺皇权。直至东汉亡,国家一直处于外戚、宦官交替专权的局面之中。不论哪方得势,都首先操纵皇上,控制中央政权,然后疯狂地揽权敛财、祸国殃民,特别是从桓帝以后,宦官长期专权,其贪婪、凶残比外戚势力更有过之。他们竭泽而渔,拼命搜刮民脂民膏,广大劳动人民挣扎在死亡线上,国库成了宦官的私家金柜,国家贫弱到了难以支付一般官吏俸禄的程度。后来国家竟公然标价卖官鬻爵,政治黑暗腐败达到登峰造极的地步。

东汉中后期,朝官多系外戚党徒、宦官亲信,文人入仕的正途被堵塞。社会的黑暗混乱,外戚、宦官的腐败堕落,一般儒生所身受的社会压抑与排斥,引起儒生们意识的巨大变化,经学的"独尊"与谶纬的权威,在他们心中坍塌了,他们揭露统治者腐败堕落与倾诉自己心灵痛苦的文章,赢得了社会广泛的支持与同情。有些儒生还与一些正直的官僚联合起来,大胆地评议朝政,抨击时弊,臧否人物,因此统治集团把他们视为自己主要的政敌,先后制造两次"党锢"事件,进行了残酷的迫害。然而政治的黑暗,血腥的镇压,只能引起更大的反抗,引发社会更大的动乱,公元184年,终于爆发了黄巾农民大起义,直接威胁着东汉的政权。189年灵帝死少帝即位,何太后临朝,外戚何进召拥兵自重的并州牧董卓入京,给了董卓擅政的机会,随之又有人兴兵讨董,从此,东汉大一统格局名存实亡,开始了长达30年的东汉末年军阀分裂割据的局面。黑暗、动荡的社会,使东汉后期皇权长期旁落,大一统中央集权制长期陷入瘫痪状态,神学化的经学已失去为之服务的对象。面对混乱的政局,神学化的经学不仅不具备调节、挽救的功能,甚至都不能用来进行解释社会危机的种种现象,因为以外戚、宦官集团为首的统治阶级的行为,本身就违背了神学化的经学所宣扬的君权天授的基本原则,神学化的经学已陷入不能自圆其说的窘地。于是,社会上兴起了广泛性的怀疑神学化经学的思潮,作为大一统正统思想的宗教哲学从此由盛而衰,走向了没落。

宗教哲学的衰落,也是包括传统儒学在内的中国优秀传统文化,及汉代发展起来的唯物论、无神论思想,与之不断斗争的结果。就在神学化的经学及谶纬迷信甚嚣尘上时,就有一批反神学迷信的先驱者站出来,抵制、批判神学化的经学及谶纬迷信,如刘歆、扬雄、桓谭、王充、张衡等人,如果说刘歆、扬雄,尤其是王充,是以自己的系统理论来向神学化的经学及谶纬迷信作思想斗争的话,那么,桓谭的《请屏谶记疏》和张衡的《请禁绝图谶疏》(或称《黜图谶疏》),则是向提倡神学化的经学及谶纬迷信的最高统治者进行公开的政治宣战。刘、扬、桓、王前面已述,这里要特别说一下张衡。张衡(78-139)字平子,南阳郡西鄂(今河南南阳石桥镇)人,是东汉中期出现的一名中国著名的科学家。少入洛阳太学,师从贾逵,通五经,贯六艺,精通天文历算,受扬雄《太玄》影响,致力于自然科学的研究和探索。和帝永元十二年(100)始任南阳主簿,后曾两度担任掌管天文的太史令,晚年任为河间相。《后汉书·张衡列传》载:"初,光武善谶,及显宗、肃宗因祖述焉。自中兴之后,儒者争学图纬,兼复附以妖言。衡以图纬虚妄,非圣人之法",于是给朝廷上了一份奏疏,以唯物论的观点,揭露了图谶迷信的虚妄,用事实证明图谶是骗人的伪书,这就是他的著名的《请禁绝图谶疏》:

> 臣闻圣人明审律历以定吉凶,重之以卜筮,杂之以九宫,经天验道,本尽于此。或观星辰逆顺,寒燠所由,或察龟策之占,巫觋之言,其所因者,非一术也。立言于前,有征于后,故智者贵焉,谓之谶书。谶书始出,盖知之者寡。自汉取秦,用兵力战,功成业遂,可谓大事,当此之时,莫或称谶。若夏侯胜、眭孟之徒,以道术立名,其所述著,无谶一言。刘向父子领校秘书,阅定九流,亦无谶录。成、哀之后,乃始闻之。《尚书》尧使鲧理洪水,九载绩用不成,鲧则殛死,禹乃嗣兴。而《春秋谶》云"共工理水"。凡谶皆云黄帝伐蚩尤,而《诗谶》独以为"蚩尤败,然后尧受命"。《春秋元命包》中有公输班与墨翟,事见战国,非春秋时也。又言"别有益州"。益州之置,在于汉世。其名三辅诸陵,世数可知。至于图中讫于成帝。一卷之书,互异数事,圣人之言,势无若是,殆必虚伪之徒,以要世取资。往者侍中贾逵摘谶互异三十余事,诸言谶者皆不能说。至于王莽篡位,汉世大祸,八十篇何为不戒?则知图谶成于哀、平之际也。且《河洛》、《六艺》,篇录已定,后人皮傅,无所容篡。永元中,清河宋景遂以历纪推言水灾,而伪称洞视玉版。或者至于弃家业,入山林。后皆无效,而复采前世成事,以为证验。至于永建复统,则不能知。此皆欺世罔俗,以昧势位,情伪较然,莫之纠禁。且律历、封候、九宫、风角,数有征效,世莫肯学,而竞称不占之书。譬犹画工。恶图犬马而好作鬼魅,诚以实事难形,而虚伪不穷

也。宜收藏图谶,一禁绝之,则朱紫无所眩,典籍无瑕玷矣。(《后汉书·张衡列传》)

从东汉开国皇帝光武帝刘秀始,就以图谶符命来为自己的"君权天授"而大造舆论。并"宣布图谶于天下",把谶纬正式确定为国家的统治思想。刘秀之后的东汉诸帝,也纷纷把谶纬视为手中的法宝,结果"上行下效",读书之人对谶纬迷信趋之若鹜,更有"虚伪之徒",为了"要世取资",即为了骗取高官厚禄,挖空心思地捏造图谶,来"欺世罔俗",他们打着儒家经义的旗号,实际尽干的是违背儒家经义的勾当。张衡的奏疏引经据典,以事实为验证是非的依据,论据充分,论证深刻,一针见血地击中了图谶的要害。并提出收缴天下图谶,禁绝图谶的继续传播与存在。在统治者把图谶视为维持统治的精神法宝的形势下,张衡毅然决然地要求禁绝图谶流行,这需要多大的勇气与魄力!

张衡是一名反对神学化的经学及谶纬迷信阵线上的特殊战士,其特殊的地方是他非凡的战斗勇气与魄力及战斗力主要来自他的科学态度与自然科学知识。

张衡是古代浑天说的代表,提出了宇宙是无限的主张。他认为天体像一个鸡蛋,地球只是蛋中的蛋黄,悬浮在其中,并制造出浑天仪来显示。浑天仪像一个铜球,内外分成几层,各层圈上分别刻着太阳、月亮、星宿的轨道,还标有南北极、二十四节气等,利用齿轮把浑天仪与计时漏壶联起来,以水漏的推动力来驱动浑天仪,表示天体运行。此外,还测出太阳和月亮的角直径都是半度,黄赤交角为 24 度,又说明月光是日光的反照,首次正确地解释了月食是由月球进入地影而产生的。计算出地球公转的周期,与现代科学的结论非常接近。并观察、记录了中原地区能看到的二千五百颗行星,绘制了我国第一幅较完备的星图。这在经学大师及儒生们看来是不可思议的,就连当时的欧洲思想家、科学家都不敢想象的。

东汉时期,中原地区多次发生强烈地震,地震的巨大破坏力,给人们的心理带来很大的恐慌,更助长了"天人感应"说及谶纬迷信的流行。张衡不相信地震是天意,而认为这是一种不受人事影响的自然灾害。于是他想制造一台能测定地震方位的仪器,用实际证明神学化的经学及谶纬迷信的荒唐。经过长期的苦心钻研,阳嘉元年(132),候风地动仪制造成功了,这是世界上最早的地震仪。地动仪用精铜制作,圆周八尺,像个大酒桶。内部设置高度灵敏的感觉机械——都柱(即震摆),外面有八个龙头,与内部机械相连,每个龙嘴衔一个铜球,某一方向地震,这一方向的铜球就下落到下面的铜蟾蜍嘴中。京都地区的几次地震都被地动仪准确地测到了。永和三年(138)二月的一天,地动仪西北方向的铜球落下,但人们没有一点震感,有人怀疑地动仪不准,谁知过了三、四天,处于西北方向的陕西、甘肃的使者前来报告,他们那里发生了大地震,地动仪的神奇令朝野上下叹为观止。张衡还著有数学著作《算罔论》,著有天文著作《浑天仪图注》、《灵宪》,从天文学的角度解释了天体的起源及变化。

　　汉代自然科学取得了辉煌的成就,其中天文学、医学、农业生产技术、乐律等方面,居世界前列,张衡的科学发明及其科学研究,就是汉代自然科学发达的标志。哲学与自然科学从来就存在着密不可分的关系,汉代的许多重大哲学问题,如宇宙的生成与演化、天人的关系、形神关系等,也是自然科学的重大问题。许多哲学问题的争议,归根结底是由自然科学的问题为基础而引发的。金春峰先生说:

　　　　汉代以董仲舒为代表的神学经学哲学形态的建立,不仅是汉初社会政治、经济及儒家思想发展的结果,也是自然科学对哲学产生决定性影响的结果。随着自然科学领域中每一个划时代的发现,哲学必然要改变自己的形式。这不仅在近代是如此,在古代也是如此;不仅唯物主义哲学是如此,唯心主义哲学也是如此。因为只要是真正的哲学,它必然以这种或那种形式,正面地或歪曲地反映自然科学的影响。哲学是社会知识与自然知识的概括与总结。哲学离开自然科学的成果,就是无源之水,无本之木。汉代哲学与自然科学的关系,比之中国哲学的其他时期(如先秦、魏晋或宋明)或其他哲学形态(如玄学与理学等),尤其明显地体现了这一真理。①

----

　　① 金春峰:《汉代思想史》,中国社会科学出版社 1987 年版,第 110 页。

张衡生活在谶纬神学盛行的时代,他的科学发明及科学著述,不仅标志着汉代自然科学的先进水平,同时也标志着汉代哲学思维的先进水平。他从自然科学的角度批判和否定了谶纬神学的各种怪异谬论,由于有自然科学的成果为基础,"事实胜于雄辩",所以其批判更具深刻性不可辩驳性,对谶纬迷信的批判也就带有毁灭的性质。

随着宗教哲学由盛而衰,在哲学上,出现了学术性经学的空前繁荣,有些学者,打破师法、家法的藩篱,在古文经学的基础上,兼采今文经说,试想建立起一个经学大融合的体系。于是涌现出了贾逵、许慎、马融、郑玄等集大成的总结性的经学大师,产生了一批学术性的解经、训诂等著作,如贾逵著有《春秋左氏传解诂》、《国语解诂》等,许慎著有《五经异义》、《说文解字》等,马融遍注《周易》、《尚书》、《毛诗》、《三礼》、《论语》、《孝经》,兼注《老子》、《淮南子》、《离骚》、《列女传》,《春秋》虽未注,但著有比较《春秋》三传的《三传异同说》,使古文经学更加成熟。最有影响的当数著名经学家郑玄(127－200),郑玄字康成,北海高密(今属山东)人,早年曾入太学学今文京氏《易》和公羊《春秋》等,又从张恭祖学《古文尚书》、《周礼》、《左传》等,后又师从经学家马融专攻古文经学,历经二十多年的求学生涯,倾心于学问,转益多师,可谓学贯今、古文经学,又通图书象数之学。学成后聚徒讲学,门徒众多。党锢事件中被禁,仕途被堵,于是潜心遍注群经,其中以《毛诗笺》、《三礼注》最有影响,除笺注之作外,还有《天文七政论》、《六艺论》、《毛诗谱》、《驳许慎五经异义》等,著述宏富。

汉代的儒生适应政府分立经学博士的需求,一般专攻一经,且学派林立,死守师传系统,门户之见甚深。郑玄"念述先圣之元意,思整百家之不齐",(《后汉书·张曹郑列传》)大有司马迁"厥协六经异传,整齐百家杂语"的志向与气魄。他以古文经学为主,兼通今文经学,不死守一经,不拘师法,破除今、古文经学的门户之见,以广采、融汇众说的方式,遍注群经,在一定程度上统一了今、古文经学的分歧,基本结束了今、古文经学之争。如《论语》在汉代有齐、鲁、古三家,其中前两家为今文经,后一家为古文经,在三家之中,以西汉张禹所整理的《鲁论》最为精湛，郑玄注经虽多以古文经为基础，但他却"以《张侯论》为本，参考《齐论》、《古论》，而为之注"（《隋书·经籍志》），择善而从，绝无门户之见。郑玄对群经取宏用精，喜综合，以不同为同，然而这并不是说郑玄拼凑众说，而是融通今、古文经学，吸取各家学说精华，然后自创一家之说。在注中有创意，研究中有新法，利用自己广博的学识，将天文、数学等知识引入经学研究之中，"如笺《毛诗》据《九章》粟米之率，注《易纬》用乾象斗分之数，盖其学有本，东京诸儒皆不逮也。"（《畴人传》卷四）郑玄以渊博的学识，被当时人称为"博通"，然而郑玄注经却是"由博返约，"摒弃了"一经说至百余万言"的章句之学的繁琐，尽量做到简明扼要，甚至有的注文比原文还少，如《学记》中：

> 学然后知不足，教然后知困。知不足，然后能自反也；知困，然后能自强也。故曰：教学相长也。《兑命》曰："学学半。"其此之谓乎！（经文）
>
> 学则睹己行之所短，教则见己道之所未达。自反，求诸己也。自强，修业不敢倦。言学人乃益己之学半。（注文）

再如《论语》中：

> 我非生而知之者，好古敏以求之者。（经文）
> 言此者，劝勉人于学也。（注文）

郑玄注经言简意赅，又注重考证和训诂，对群经有系统的整理阐发，当时的学子纷纷舍弃门户之分的他学而改学"郑学"。郑玄终成汉代经学的集大成者，范晔在《后汉书》郑玄本传中曾赞许："郑玄括囊大典，网罗众家，删裁繁诬，刊改漏失，自是学者略知所归。王父豫章君每考先儒经训，而长于玄，常以为仲尼之门不能过也。及传授生徒，并专以郑氏家法云。"

"思想淡化，学术方兴，这是两汉经学发展的一个大趋势，因为，为汉家立法的工作在董仲舒的时代已经基本完成了，后人需要做的只是传播、修补，'微言大义'让位于训诂、考据，而注重经书文本本身的训诂、考据本来就是古文经学的特色，所以，经学发展到东汉，今文经学逐渐为古文经学所兼容、会通。这种会通之学早在东汉初年的贾逵等人就已经开始，而郑玄则是其最高代表。"①东汉学术型经学,精通小学,注重考据,讲求对经典注解的严谨精审,虽重于学术性,淡化了实用主义的政治性,但却不是远离社会现实的"纯学术研究",如董仲舒四传弟子、董仲舒之后的今文经学集大成者何休,为维护今文经学的正统地位,撰写了《公羊墨守》、《左氏膏肓》和《穀梁废疾》,褒扬今文经学的《公羊传》,贬损古文经的《左氏传》及倾向古文经学的《穀梁传》。郑玄写了《发墨守》、《针膏肓》、《起废疾》,针锋相对进行批驳,何休见到批驳他的文章后,惊叹地说:"康成入吾室,操吾矛,以伐我乎!"(《后汉书·张曹郑列传》)学术性经学不仅起到了抑制今文经和谶纬发展的作用,也配合了社会批判的思潮,特别在整理我国古代文化遗产方面做出了很大的贡献。如果说神学化的经学和谶纬是靠政权的威力来得以推行,才占据正统地位,而学术性的经学,却是依靠自身的博大精深的学术水平来赢得天下学子的归心,这才是难以抵御的精神力量。学术性经学的繁荣,以神学化经学及谶纬迷信的衰落为前提,而学术性经学的繁荣,也标志着宗教哲学不得人心的真正衰落。

第二节　以民为本的社会批判思潮的兴起

在学术性经学繁荣的同时,社会上又兴起了强劲的社会批判思潮,这种批判思潮,高举民本思想的旗帜,主要针对社会的黑暗与弊端,把对宗教哲学的批判与社会政治批判结合起来,并往往以社会的批判来体现他们的仁政思想与自然哲学观。

社会批判思潮,代表了当时社会下层知识分子的思想倾向,这些下层知识分子比较了解下情,对社会观察得比较深刻,他们看到吏制腐败黑暗,察举、征辟的汉代选才制度,成了豪门贵族结党营私的幌子。这些人在政治上排除异己,手段残忍;在经济上,以贪暴为特征,不顾人民的死活,疯狂地聚敛钱财,造成流民万千,社会动荡。愈到后来,社会愈加混乱,从安帝到桓帝期间,边地骚乱不止,在讨伐诸羌的战争中,汉帝国消耗了大量的国力,国库空虚,朝廷甚至

---

① 周桂钿、李祥俊:《中国思想通史》(秦汉卷),人民出版社 2004 年版,第 246 页。

公开明码标价地卖官鬻爵。这期间又多次发生全国性的饥荒，加上土地兼并极甚，贫富悬殊，民不聊生，各地都出现了人吃人的惨剧，疫病也广泛流行，成千上万的人死于贫病。劫后余生的农民只有破产流亡，或聚众起义，从统治阶级内部到社会上农民和地主阶级的各种矛盾，激化到了极为尖锐的程度。正统经学所鼓吹的神授的君权，成为外戚与宦官两个集团交替争夺的谋私工具，而为维护这一君权的官方经学的正统地位，已在每个人心中崩塌。汉王朝被外戚、宦官的黑暗势力危害到了即将崩溃的边缘，黑暗乱世的残酷现实震动了大批正直的士人，引起了他们对统治者的不满和对官方经学的指责，于是出现了一股议论朝政得失、品评人物优劣的清议之风。而正直士人的不满又引起桓帝、灵帝二次血腥迫害的"党锢之祸"。然而统治者越是疯狂镇压，越使人看清统治者的罪恶与官方正统经学的虚伪，对他们批判的锋芒就越加犀利，在抨击揭露昏君暴政罪恶、批判现实社会弊端与正统经学虚伪的思潮中，王符、仲长统是二位杰出的代表人物。

王符字节信，安定临泾（今甘肃镇原）人。生卒年不详，大约生于东汉和帝、安帝之间，卒于桓帝、灵帝之际。史书称他出身微贱，"少好学，有志操，与马融、窦章、张衡、崔瑗等友善"。（《后汉书·王充王符仲长统列传》）所结交之人，皆为富有正义感之士，面对朝政腐败和社会黑暗，他敏锐地感到东汉王朝已濒临覆亡，企图寻求解决当时社会危机的出路，他"志意蕴愤，乃隐居著书，以讥当时失得，不欲章显其名，故名曰《潜夫论》"（同上）。《潜夫论》有三十六篇。数量最多的是政论，《本政》、《论荣》、《遏力》、《贤难》、《实贡》、《忠贵》、《浮侈》、《述赦》、《交际》等篇反映着他的贵民务本、实行法治、反对奢侈、加强边防的政治思想。哲学思想主要反映在《本训》、《德化》、《赞学》、《慎微》、《明暗》等篇中。《明暗》篇提出"所以明者兼听也，所以暗者偏信也"，具有认识论的意义。《卜列》、《巫列》、《相列》、《梦列》四篇反映着他的无神论思想。桓帝、灵帝时期，东汉王朝的腐败已由政治领域蔓延到社会生活的各个方面，一些民本思想较重的儒者开始批判社会现实，王符是这股批判思潮的发起人之一。王符的思想观点受王充一定影响，也反对谶纬，怀疑天命，但《潜夫论》重点不在于对经学与迷信的批判，而在于对东汉中后期社会政治的批判,这是与王充所不同的地方。东汉中后期朝政黑暗腐败,统治阶级贪婪、残暴,使社会风气败坏,社会各种矛盾激化,造成了社会动荡混乱、民不聊生的局面,《潜夫论》对当时社会的弊政陋俗进行了广泛而尖锐的揭露与批判。

王符的社会批判思想主要体现在对豪强地主挥霍无度、社会风尚骄奢淫靡、奢侈性工商业畸形发展的揭露上,体现在对挣扎在死亡线上的人民的同情上,从经济生产与消费领域分析了当时社会衰乱的原因。王符在《浮侈》篇中揭露说:贪暴官吏"侵冤小民","助豪猾而镇贫弱",他们"宁见朽贯千万而不忍赐人一钱,宁积粟腐仓而不忍贷人一斗"。当时的豪门贵族,生前"一飨之所费,破终身之本业",死后"一棺之成,功将千万。夫既其终用,重且万斤,非大众不能举,非大车不能挽",统治阶级的生前奢侈享乐、死后无度挥霍,都是建立在广大群众饥寒交迫的痛苦基础之上的。王符又指出当时社会中"治本者少,浮食者众。""今察洛阳,浮末者什于农夫,虚伪游手者什于浮末。"实际上,天下郡县市邑的状况也都类似洛阳。大家都知这个道理:"一夫耕,百人食之;一妇桑,百人衣之,以一奉百,孰能供之!""本末何足相供? 则民安得不饥寒? 饥寒并至,则安能不为非? 为非则奸宄,奸宄繁多,则吏安能无严酷? 严酷数加,则下安能无愁怨? 愁怨者多,则咎征并臻,下民无聊,而上天降灾,则国危矣。"豪强挥霍无度,农桑废弃,导致大批农民饥寒,饥寒之人必然为求生存而"违礼犯法",朝中官吏不去治本,反而动用严酷的刑法对付迫于饥寒的人们,又引起社会普遍怨恨,形成社会更大的动乱。王符找到了社会危机的主要祸首:祸乱起于职掌政权的各级官吏,祸乱又助长了职掌政权的各级官吏的疯狂攫取,且"其官益大者罪益重,位益高者罪益深,……衰世之恶,常与爵位自相副也"。(《本政》)"治本者少,浮食者众",也是引发动乱的原因之一,王符主张"崇本抑末","以遏乱危之萌""夫富民者,以农桑为本,以游业为末,百工者,以致用为本,以巧饰为末;商贾者,以通货为本,以鬻奇为末,三者守本离末则民富,离本守末则民贫。故为政者,明督工商,勿使淫伪,困辱游业,勿使擅利,宽假本农,而宠遂学士,则民富而国平矣。"(《务本》)王符的"崇本抑末"主张并不能真正限制豪强地主对土地的掠夺和兼并,自然也解决不了迫使大批农民破产的问题,但它把批判的矛头指向投机取巧的剥削者,曲折地反映了东汉以来的社会矛盾和症结所在,要求"民富而国平",反映了当时广大群众的利益要求。

《潜夫论》把社会祸乱的根源归之于大大小小的执政者,归之于朝廷的弃贤任佞,对东汉的腐败吏制进行了猛烈的抨击,如在《贤难》篇中指出:

> 世之所以不治者,由贤难也。所谓贤难者,非直体聪明服德义之谓也。此则求贤之难得尔,非贤者之所难也。故所谓贤难者,乃将言乎循善则见妒,行贤则见嫉,而必遇患难者也。……今世主之于士也,目见贤则不敢用,耳闻贤则恨不及。……夫众小朋党而固位,谗妒群吠啮贤,为祸败也岂希?三代之以覆,列国之以灭,后人犹不能革,此万官所以屡失守,而天命数靡常者也。

在《考绩》篇中对奸佞当道、官场种种腐败作了深刻的揭露:

> 凡南面之大务,莫急于知贤。知贤之近途,莫急于考功。……今则不然,令长守相不思立功,贪残专恣,不奉法令,侵冤小民。州司不治,令远诣阙上书讼诉。尚书不以责三公,三公不以让州郡,州郡不以讨县邑,是以凶恶狡猾易相冤也。侍中、博士、谏议之官,或处位历年,终无进贤嫉恶、拾遗补阙之语,而贬黜之忧。群僚举士者,或以顽鲁应茂才,以桀逆应至孝,以贪饕应廉吏,以狡猾应方正,以谀谄应直言,以轻薄应敦厚,以空虚应有道,以罢暗应明经,以残酷应宽博,以怯弱应武猛,以愚顽应治剧,名实不相副,求贡不相称。富者乘其材力,贵者阻其势要,以钱多为贤,以刚强为上。凡在位所以多非其人,而官听所以数乱荒也。

王符多以儒家仁政德治的标准来对社会现实进行批判,没能深入思考、揭露皇权专制是社会腐败的根源,批判还缺乏应有的深度和力度。在东汉中后期社会日趋衰微的情况下,王符把治理乱世的希望寄托在明君选贤任能上,当然是一种天真的幻想,但是他提出贤才治国的主张,已经代表了当时广大人民的愿望。

王符的哲学观,深受王充的元气自然论影响,他也认为宇宙是由气构成,万物是气的各种运动形态。阴阳二气和顺,万事大吉。反之,阴阳失调,天虽高,气崩裂它;地虽厚,气震裂它;山虽重,气迁徙它;水虽流,气阻塞它;日月虽神明,气能损蚀它;星辰虽渺茫,气能陨落它;至于白昼昏暗,狂风冰雹,泉水沸腾等灾异,出现麟龙鸾凤蝥蟹蝼蝗等怪异,没有不是气所造成的:

> 天之以动,地之以静,日之以光,月之以明。四时五行,鬼神人民,亿兆丑类,变异吉凶,何非气然?及其乖戾,天之尊也,气裂之;地之大也,气动之;山之重也,气徙之;水之流也,气绝之;日月神也,气蚀之;星辰虚也,气陨之;旦有昼晦,宵有大风,飞车拔树,偾电为冰,温泉成汤,麟龙鸾凤,蝥蟹蝼蝗,莫不气之所为也。(《德化》)

王符在《潜夫论》中强调阴阳二气失调,是有针对性的。他的元气说,也不是简单重复王充的元气论,而是在王充的元气论基础上,形成了自己的元气自化说,形成了自己颇具特色的宇宙生成论。他说:

> 上古之世,太素之时,元气窈冥,未有形兆。万精合并,混而为一,莫制莫御,若斯久之,翻然自化,清浊分别,变成阴阳。阴阳有体,实生两仪,天地壹郁,万物化淳,和气生人,以统理之。是故天本诸阳,地本诸阴,人本中和。三才异务,相待而成,各循其道,和气乃臻,玑衡乃平。(《本训》)

最初的太素之时,元气还没有任何形体。过了很久,元气自己发生了变化,清的与浊的部分互相分开,形成阴阳二气。于是生成了天地万物和人,天本原是阳,地本原是阴,人的本原是中和之气,天地人各自遵循着自己的规律,阴阳调和,宇宙运行就得到平衡。

与此不同的是,《白虎通义·天地》篇却认为:"太初者,气之始也,太始者,形之始也,太素者,质之始也。"在宇宙生成论上,王符提出宇宙生成是直接从"太素之时"的元气开始,避免了《白虎通义》烦琐且追问起宇宙开端来,难以确切回答的问题。王符认为太素之时,就是上古之世,在此前,根本不存在什么"太初"、"太始"之类的神秘时代,"太始"并不是"气之始也",只有"混而为一"的元气才是宇宙形成的最终根源。在元气自然形成之前,并不存在任何神秘的东西,只有存在的元气是"莫制莫御"的。由元气"翻然自化"而为阴阳二气,阴阳二气的有形实体就是天与地,天地万物的产生,都是"气之所为"。整个宇宙的产生过程,也就是元气的"自化"过程。把宇宙的根源归结为一种物质性的元气,这无疑是一种朴素的唯物主义自然观,并避免了王充自然宿命论的理论缺陷,是汉代自然哲学关于元气一元论思想的进一步深化。

王符建立元气自化论,主要目的不在于解释宇宙生成,而是企图替代董仲舒的"天人感应"说,建立一套新的天人关系的学说。在王符元气自化论的观念中,元气是世界万物的本原,元气"翻然自化,清浊分别,变成阴阳",阴阳生出天地、万物以及人类。万物生化过程,就是阴阳运动的过程,阴阳的变化决定了自然与社会的一切现象。由此而特别强调人和天是由气来沟通的。气有和气和乖戾气的区别,前者产生正常现象,后者导致反常现象,人的自身行为能感通气的变化:"人天情通,气感相和,善恶相徵,异端变化。圣人运之,若御舟车,莫能(不)含嘉。"(《叙录》)所以他常把自然与社会,政治与伦理,君主与臣民之间的复杂关系,用阴阳来解释。他说:

> 凡人君之治,莫大于和阴阳。阴阳者,以天为本,天心顺则阴阳和,天心逆则阴阳乖。天以民为心,民安乐则天心顺,民愁苦则天心逆。民以君为统,君政善则民和治,君政恶则民冤乱。君以恤民为本,臣忠良则君政善,臣奸枉则君政恶。……是故将致太平者,必先调阴阳;调阴阳者,必先顺天心;顺天心者,必先安其人;安其人者,必先审择其人。是故国家存亡之本,治乱之机,在于明选而已矣。(《本政》)

从这段文字可见,王符的元气自化论带有鲜明的政治色彩,具有强烈的时代特征。他强调君主治理国家最重要的是调和阴阳,阴阳调和就"天心"顺畅,而天心实际就反映着民心,因为阴阳以上天为根本,上天以民心为己心。人民安乐就天心顺,人民愁苦就天心逆,这种观点体现了王符鲜明的民本思想。所以君主顺天心,标准就是怜恤人民,实行清明的善政,要做到这一点,必须严明选举,任贤黜奸,因为"臣忠良则君政善,臣奸枉则君政恶",从阴阳调和的角度体现了王符的贤才治国的思想。王符试图用"天心"去说明社会现象,必然陷入与"天人感应"的神学经学相似的窠臼,但王符又以元气自化论作为批判黑暗社会的武器,与"天人感应"的神学经学维护封建统治秩序又有着本质的区别。

东汉另一著名社会批判思想家就是仲长统,仲长统(179－220)字公理,山阳高平(今山东邹城市西南)人。《后汉书》本传称他"少好学,博涉书记,赡于文辞","性俶傥,敢直言,不矜小节,默语无常,时人或谓之狂生。"年二十余游学青、徐、并、冀州之间,曾被荀彧荐举为尚书郎,参与丞相曹操军事,但终生未得重用。他生活的时代,军阀混战,豪强兼并,战乱频仍,民不聊生,东汉王朝已名存实亡,当时神学化经学日趋没落,谶纬迷信乘社会动乱猖獗一时,此时已传入的佛教渐有市场,道教逐渐在扩大传播,"隐世""入仙"的思想影响面逐渐扩大。面对历经四百多年而如今行将灭亡的汉王朝,面对极其黑暗混乱的汉末社会现实,人们的心中再也唤不起中兴的希望。作为思想家的仲长统,他继承了王符的社会批判精神,猛烈抨击腐败的朝政,对神学经学和谶纬等迷信也给予了有力的揭露和批判,他不是为行将崩溃的汉王朝寻找治乱扶危的方案,而是站在比王符更高的视点上总结汉代四百多年的历史经验教训,写出了著名的既注重社会现实的批判、又注重对宗教哲学批判的《昌言》,成为汉代具有鲜明的民本思想的最后一位社会批判代表人物。《昌言》原有三十四篇,十万余言,但大部分已佚亡。今在《后汉书》本传中存有《理乱》、《损益》、《法诫》三篇的基本部分,主要反映仲长统的政治思想。《群书治要》引有《昌言》的九段文字,未标篇名,主要反映仲长统的哲学思想。另外,《意林》、《齐民要术序》、《抱朴子内篇·至理》等书及篇章中,保存着仲长统文章的一些零散片断。

同王符一样,仲长统也注意从经济的角度寻找社会危机的原因。他认为豪强地主土地兼并,引起贫富两极分化,严重破坏了社会的经济生产与社会秩序,是当时社会危机的症结所在:

> 汉兴以来,相与同为编户齐民,而以财力相君长者,世无数焉。而清洁之士,徒自苦于茨棘之间,无所益损于风俗也。豪人之室,连栋数百,膏田满野,奴婢千群,徒附万计。船车贾贩,周于四方,废居积贮,满于都城,

琦赂宝货,巨室不能容;马牛羊豕,山谷不能受,妖童美妾,填乎绮室;倡讴妓乐,列乎深堂,宾室待见而不敢去,车骑交错而不敢进,三牲之肉,臭而不可食,清醇之酎,败而不可饮;睇盼则人从其目之所视,喜怒则人随其心之所虑,此皆公侯之广乐,君长之厚实也。……夫乱世长而化世短。乱世则小人贵宠,君子困贱。(《理乱篇》)

他以贫富对立、贫富悬殊来判定乱世,将儒生们宣扬了几百年的汉盛世称为乱世,确实是石破天惊的奇论。他甚至将这种贫富悬殊的社会与古代井田制社会作比较:"井田之变,豪人货殖,馆舍布于州郡,田亩连于方国,身无半通青纶之命,而窍三辰龙章之肥,不为编户一伍之长,而有千室名邑之役:荣乐过于封君,势力侔于守令,财赂自营,犯法不坐,刺客死士,为之投命,致使弱力少智之子,被穿帷败,寄死不敛,冤枉穷困,不敢自理。虽亦由网禁疏阔,盖分田无限使之然也。今欲张太平之纪纲,立至化之基趾,齐民财之丰寡,正风俗之奢俭,非井田实莫由也。"(《损益篇》)鉴于此,他认为恢复井田制,取消土地私有制,恢复土地国有制,可以解决上述土地兼并贫富不均的弊端。这种思想源于孟子,孟子说:"请野九一而助,国中什一使自赋。卿以下必有圭田,圭田五十亩,余夫二十五亩。死徙无出乡,乡田同井,出入相友,守望相助,疾病相扶持,则百姓亲睦。方里而井,井九百亩,其中为公田。八家皆私百亩,同养公田。"(《孟子·滕文公上》)孟子认为在井田制下,公私分明,等级分明,但能做到"相友"、"相助"、"亲睦"。周代的世卿世禄制,在官者最低层的是下士与庶人,在野者最低层的是耕者,他们的经济状况是"下士与庶人在官者同禄,禄足以代其耕也。耕者之所获,一夫百亩,百亩之粪,上农夫食九人,上次食八人,中食七人,中次食六人,下食五人。"(《孟子·万章下》)在井田制下,最穷的耕者也能赡养五口之家。孟子为了映衬战国时民不聊生的惨状,一定程度上美化了井田制,但目的是宣扬仁政理想社会。恢复井田制当然是一种倒退,也是不可能实现的幻想,但孟子及仲长统看到了广大农民土地被兼并之后,造成了"朱门酒肉臭,路有冻死骨"的非人道现象,他们呼唤井田制的恢复,幻想流离失所的灾民有一份安身立命的土地,本身具有反抗豪强兼并的进步作用。

豪强兼并、农民流亡,实际仅是社会黑暗的一个方面,也仅是腐败政治统治的一个结果,当仲长统深入思考,便发现从内政到外交,从吏制到赋税,整个社会都弊端丛生,造成这些弊端的根本原因,就是因为国家的命运操纵在昏愚的君主手里,他们是一切黑暗、腐败的总代表,是危害国家的罪魁祸首,他以大无畏的精神揭露与鞭挞了当时的昏君暴政,并警告他们,一旦人民忍无可忍,"祸乱并起",那就是统治者末日的到来:

> 彼后嗣之愚主,见天下莫敢与之违,自谓若天地之不可亡也,乃奔其私嗜,骋其邪欲,君臣宣淫,上下同恶。目极角抵之观,耳穷郑卫之声,入则耽于妇人,出则驰于田猎,荒废庶政,弃亡人物,澶漫弥流,无所底极。信任亲爱者,尽佞谄容悦之人也。宠贵隆丰者,尽后妃姬妾之家也。使饿狼守庖厨,饥虎牧牢豚,遂至熬天下之脂膏,斫生人之骨髓,怨毒无聊,祸乱并起,中国扰攘,四夷侵叛,土崩瓦解,一朝而去。"(《理乱篇》)

除了揭露昏君的罪恶外,仲长统还揭露了外戚、宦官集团把持朝政、无恶不作的罪行,然后追溯祸害的由来,还是外戚、宦官凭借君主的宠幸而为非作歹的,是因昏主极端自私而使外戚、宦官擅权的,所以昏主是制造社会一切罪恶的总根源。仲长统对昏主的讨伐,实际上就是对昏庸无道的最高统治者的彻底否定,对官方经学神化君权的公开挑战。与王符比,王符虽然对汉代黑暗社会作了深刻的批判,但他对汉皇还怀有希望,在汉皇身上还寄托着幻想。而仲长统对汉皇已经深恶痛绝,所以他对汉代皇帝的批判具有否定的性质。

东汉末年社会长期的黑暗、动荡,不仅使仲长统对所谓的五德终始和三统继运的学说发生了怀疑,而且对整个封建专制体制发生了怀疑,他找不到理想的社会政治结构,只看到成者为王败者贼,改朝换代不断,社会动荡不止,暴力和战争不可避免的现实,据此,他提出历史发展三阶段循环的理论,即"乱"——"理"——"乱"的循环论,并认为乱世长而治世短。在《理乱篇》中,他说:"豪杰之当'天命'者,末始有天下之分者也。无天下之分,故战争者竞起焉。于斯之时,并伪假天威,矫据方国,拥甲兵与我角才智,程勇力与我竞雌雄,不知去就,疑误天下,盖不可数也。角知者皆穷,角力者皆负,形不堪复伉,势不足复校,乃始羁首系颈,就我之衔缰耳。"天下大乱,群雄逐鹿,豪强者胜,他们打着得天命的幌子，不过是"伪假天威"的骗局。他们完全靠武力、才智夺得天下，本不是什么天命所授。而所谓的治世，也只是失败者的暂时的屈服，政局的暂时安定："豪杰之心既绝，士民之志已定，贵有常家，尊在一人。"此时掌握天下的统治者"见天下莫敢与之违，自谓若天地之不可亡也"，于是重蹈前世失天下者的旧辙，腐化堕落，社会又开始了动荡，新王朝由此走向灭亡。仲长统认为："存亡以之迭代，政乱从此周复，天道常然之大数也。""乱"——"理"——"乱"是谁也无法改变的历史规律。由于封建社会存在着不可解决的阶级对抗性的矛盾，随着阶级矛盾的尖锐、缓和再激化，社会必然出现"乱"——"理"——"乱"的周期性变化，仲长统揭露了封建社会的现实矛盾现象，客观上有利于改革社会的弊端。他从根本上否定"君权天授"的理论，从人事方面探讨社会治乱，坚持了唯物的历史观。但他没有看到历史在"治"与"乱"之间变化推移中逐步发展或前进的总趋势，把治世短乱世长视为"天道常然之大数"，其结论带有很大的主观性，对治与乱没有作客观的相对的评价，还不能说他真正理解了历史的发展规律，在历史变化的总趋势上，他陷入了消极的宿命论和悲观主义的泥沼。

在天人关系上，仲长统提出"人事为本，天道为末"（《群书治要》卷四十五引），这种思想是从司马迁以来汉代进步思想家反对神学迷信的锐利武器。仲长统为了把自己的自然观成为批判社会的锐利思想武器，没有采用王充的自然元气论，因为王充的自然元气论忽视人的主观能动性，导致命定论的错误，在社会政治领域的批判力不强。也没有采用王符的元气自化论，因为王符的元气自化论虽然重视人的主观能动性，但他还主张"天道赏善而刑淫"（《潜夫论·述赦》），这就和"天人感应"的神学化经学模糊了界限，存留天命论的思想残余。仲长统无意于建立自己系统的天人关系说，他提出"人事为本，天道为末"的命题，主要为了批判不以"人事为本"，仅靠伪假"天道"来维系统治的封建帝王。仲长统也讲"天道"，但他的"天道"与神学化经学及谶纬迷信所鼓吹的"天道"有本质的区别，他所说的"天道"，决无神灵迷信的含义，而是指自然现象和自然规律，如天上星辰的运行、四季轮回的变化等，"人事为本"，就是指对自然现象和自然规律能给予认识及其利用。是人利用天道，而不是天道主宰人。仲长统新的"天道"观,不承认天命的存在,反对神学宗教的"天道",提倡符合自然规律的"天道",强调社会的盛衰、国家的兴亡,全在于人事,这种比较彻底的自然天道观,确实胜于前人一筹。

为了证实"人事为本,天道为末"的命题,从而宣扬以"人事"代替"天道"的主张,仲长统先从当时人们都熟知的大事说起:

> 昔高祖诛秦项而陟天子之位,光武讨篡臣而复已亡之汉,皆受命之圣主也,萧、曹、丙、魏、平、勃、霍光等,夷诸吕,尊大宗,废昌邑而立孝宣,经纬国家,兴安社稷,一代之名臣也。二主数子之所以震威四海,布德生民,建功立业,流名百世者,唯人事之尽耳,无天道之学也。然则王天下,作大臣者,不待于知天道矣。所贵乎用天之道者,则指星辰以授民事,顺四时而兴功业,其大略吉凶之祥,又何取焉! 故知天道而无人略者,是巫医卜祝之伍,下愚不齿之民也;信天道而背人事者,是昏乱迷惑之主,覆国亡家之臣也。(《群书治要》卷四十五引)

西汉与东汉的二位开国君主,以及追随他们的那些功臣,他们能开创汉业或复兴汉业,表面上都是靠他们自己奋斗来的,实际上是他们顺应了历史的潮流,窃取了人民反暴政的胜利成果,但无论如何绝不是依靠天命或鬼神的力量得来的,也就是靠尽"人事"的结果,与所谓"天道"那套说法毫不沾边。仲长统所说的"皆受命之圣主",这是引用传统的说法,他不相信所谓的"受命",下面接着所说的"无天道之学",已经表明了自己对刘邦、刘秀及其群臣的认识:他们虽打着天授命的旗号,实际政权都是靠武力取得的。仲长舒肯定刘邦、刘秀,其说法与汉代传统的一些"宣汉"的说法有相同之处,但仲长统并非意在对汉皇歌功颂德,而是以历史事实剥掉这些开国君臣身上披着的"伪假天威"的神圣外衣。强调创立基业,须靠人的奋斗,治理好国家须靠人的努力。反之,造成国家危机,也必是人之所为,在仲长统的文章中,他所强调的更多是人事。

仲长统认为只有那些昏庸的君臣与无知的愚民,才迷信"天道",整日不务正业,荒废人事。他要求"王者官人无私,唯贤是亲,勤恤政事,屡省功臣,……政平民安,各得其所,则天地将自从我而正矣,休祥将自应我而集矣,恶物将自舍我而亡矣,求其不然,乃不可得也。"(同上)"下愚不齿之民"迷信天道,仅误一事,而"昏乱迷惑之主,覆国亡家之臣"若迷信天道,却贻误一国,其危害性之大,不言而喻。仲长统客观地分析了历史上对"天道"持不同态度的人主的情况:"从此言之,人事为本,天道为末,不其然钦?故自审己善,而不复恃乎天道,上也;疑我未善,引天道以自济者,其次也;不求诸己而求诸天者,下愚之主也。"(同上)就是说:处理好人事是治政的根本,迷信天道才是愚蠢的末枝,在以"人事为本"的理性支配下,以仁为己任,身体力行,把政务办好,而不仰赖"天道",这是最好的明君;对自身力量缺乏自信,怀疑自己处理不好人事,而向"天道"寻求保佑,这是次一等的人主;只顾贪图享乐,根本不把国事放在心上,遇到难事放弃人的主观努力,全靠祈求天神,这是最下等的昏君。

仲长统以对待"天道"的态度,分别出三种不同的人主,他认为东汉末的人主全属"昏乱迷惑之主"。他在《理乱篇》中说:"昔春秋之时,周氏之乱世也。逮乎战国,则又甚矣。秦政乘并兼之势,放虎狼之心,屠裂天下,吞食生人,暴虐不已,以招楚、汉用兵之苦,甚于战国之时也。汉二百年而遭王莽之乱,计其残夷灭亡之数,又复倍乎秦、项矣。以及今日,名都空而不居,百里绝而无民者,不可胜数。此则又甚于亡新之时也。悲夫!"把当时君主的"昏乱迷惑"说得胜于暴秦乱新,表明了他对当时"昏乱迷惑之主"已深恶痛绝。

仲长统的"人事为本,天道为末"的哲学观,是王充、王符自然哲学的继承和发展,是东汉末社会崩溃、瓦解过程中自然哲学与宗教哲学斗争的产物,它的出现,宣告了经学神学思想统治的崩溃和汉代经学的终结。"仲长统及王充、王符,在东汉社会批判家中皆为翘然出众者。由于所处的历史时期不同,他们批判的锋芒也各有侧重。王充生活于东汉前期,时谶纬迷信盛行,其《论衡》批判的对象主要是神学迷信。王符生活于东汉中期,时社会极度黑暗混乱,其《潜夫论》抨击的主要对象是专权的外戚、宦官集团。仲长统生活于东汉后期,时东汉王朝名存实亡,大一统局面已分崩离析,其《昌言》更多的是对整个汉代的兴衰史做全面的反思与评判。"①

---

① 赵敏俐、谭家健主编:《中国古代文学通论》(先秦两汉卷),辽宁人民出版社2005年版,第118页。

第五编

汉代文化基本特色形成的原因

第一章 连续不断的中华文脉

　　马克思主义告诉我们:社会的存在决定社会的意识,而不是相反。作为观念形态的文化是社会政治、经济等社会生活的集中反映,要说明汉代主体文化特色形成的原因,最根本的还是要到汉代以及与汉代有联系的汉之前的中华民族特有的社会生活中去寻找。

　　每一个民族的文化都有只属于自己民族而不属于其他民族的特色,这种特色是由多方面的因素所决定的,而最根本的因素是该民族独具特色的社会生活。各民族由于历史与现实的政治经济状况、自然地理环境、传统风俗习惯、语言文字表述、心理思维特征等等的不同,反映这些不同内容的社会生活的文化就具有了不同的民族特色,具有民族特色的文化内容又决定了文化形式的民族特色,这种特色表现在它不仅能恰当地反映出本民族独特的社会生活,其表现形式也为本民族成员所喜闻乐见。汉代主体文化是我们中华主体文化的重要组成部分,是我们中华主体文化传承中的重要阶段的主体文化,它的基本特色的形成原因,我们可以说出千万条来,但最主要的形成原因有二条:一是依据于历史的和现实的社会生活,一是依据于历史积累而流传下来的文化成果。汉代文化是汉代社会生活的反映,然而汉代社会生活又是中国古代社会生活的延续与发展,它的生活被中国古代社会生活所制约,它的生活中还保留着中国古代社会生活的传统与残余,影响汉代社会生活最大的莫过于秦王朝十几年来的大一统政治生活,中国古代社会生活是汉代社会生活特征的源头。汉代文化是由汉之前的古代华夏文化发展而来的,汉代文化是在综合前代文化成果的基础上又有自己的创新而形成的,影响汉代文化的前代文化,主要是夏、商、周三代文化与春秋战国的文化。而夏、商、周三代文化与春秋战国文化的形成,取决于夏、商、周三代与春秋战国的特殊的社会生活,所以归根结底,还是社会生活起着决定性的作用。

　　为什么我们探讨汉代主体文化形成的原因,要追溯到汉代之前的三代及春秋战国呢? 前面我们已经说过,汉之前的中华古代历史生活及文化成果,不仅影响着汉代的社会生活,也影响着汉代文化特色,离开中华古代历史,就汉代说汉代,就等于说木不寻本,说水不溯源。一个民族主体文化的基本特性,往往在该民族主体文化生成初期就基本形成。汉代之前的中华主体文化的特色影响着汉代主体文化特色的形成,汉代主体文化特色中有汉之前中华民族的初期主体文化,即华夏主体文化传下来的"基因"。汉代文化是一个生命体,既讲生命的构成,千万不能忽视"基因"的形成。

第一节　古老的华夏文明

　　特色就是特征,是一事物区别于他事物的某些本质的方面,马克思主义告诉我们:世界是物质构成的,物质又是永远处于运动之中的,也就是说,世界上只有运动的物质和物质的运动。同一类事物之间相比较,之所以各具特色,就是因为它们各自的运动过程不一样,在不同的运动过程中,所形成与所体现的运动特征、运动规律也就有了差别。比如我们通常所说的某某人的性格特征,实际就是某某人的特色,这种有别于他人的性格是在有别于他人的人生经历中形成的,看来人们各异的性格特征基本等于人们独特的经历,在不同的经历中,所受的社会影响以及所形成的个人素养的不同,就形成了不同的性格。中国文化之所以有自己的特色,就是因为中国文化有自己的不同于其他国家和民族的文化发展过程。这个过程是客观的历史,是实实在在的历史现实存在,想否定客观存在是绝对不可能的,历史岂能否定? 传统焉能割断? 无视中国文化的民族特色,就是违背从中国文化的实际出发这一基本原则,其结果只能毁掉中国的文化事业,因为中国文化民族特色不仅是客现存在,而且是中国文化的本质反映,是中国文化的生命线,是中国文化这棵常青树的根。

　　文化的民族特色产生于该民族文化的发展演化上,每一个民族的文化都有自己独特的发展过程,在不同的发展过程中,该民族的文化所体现出来的文化特征、文化发展规律就与其他民族的文化有了差别。这种差别与其他民族文化对比越明显,它的文化民族特色就越鲜明,说明它的文化已达到比较成熟的程度。因为文化的鲜明民族特色是该民族文化长期发展的结果,是该民族文化高度发达的重要标志,只有具备鲜明的民族特色的文化,才能给世界上其他民族以独特的社会生活的感知和别样的审美享受,才会获得广泛的世界意义,文化的民族特色是该民族文化的内容、形式、表现手法以及文化发展过程的总体概括,是该民族文化本质的反映,是该民族文化走向世界的出发点。世界文化是由各具民族特色的多国多民族文化组成的,经济、科技可以实现全球一体化,而文化必须以民族化为基点,对文化来说,只有民族的,才是世界的。

汉之前的中华民族社会生活的特点,决定了汉之前中国文化的民族特色,汉之前的中国文化又给予汉代文化以深刻的影响。探讨汉代文化特色产生的原因,首先要探讨汉之前中国文化的民族特色及其产生该文化的社会生活,汉之前的中华民族的社会生活有哪些不同于其他国家的特点呢?首先是民族的历史悠久,古代文明源远流长。

现在世界上普遍流行着一种说法:世界上的人类最初起源于非洲;因为在非洲发现了年代距今有二百多万年的人类遗骨化石,近几年又有西方考古学家在非洲发现了三百多万年的人类头盖骨,又把人类起源向前推了一百多万年,但这种说法还未得到学术界的普遍认可。按照这些说法,好像只有非洲人远渡重洋来华,中国才开始有了人类,华人是非洲黑人的移民。与此说法相对立的说法亦不少,如长春光机学院宫玉海教授认为在很早很早的年代,一场世界范围的大洪水,淹得只剩下了困在四川峨嵋山上的几个中国人,人类才在这场洪水劫难后继续繁衍,从这个意义上说人类起源于中国。① 此说虽和人类起源于非洲说不同,但其论据多采自神话,难以视做科学的结论。再说此说还是没有解决人类起源问题,至多是"人类复兴"的一种假说。

1963 至 1964 年,我国先后在陕西省蓝田县陈家窝和公王岭两地发现蓝

---

① 参见宫玉海:《〈山海经〉与世界文化之迷》,吉林大学出版社 1995 年版。

田人化石,有女性头骨一具,上下颌骨各一块,牙齿十余枚,以及若干原始打制的石器,经测定,蓝田人生活的年代距今约 80 万年。1965 年 5 月,在云南省元谋县上那蚌村又发现成年直立人的两枚门齿,经测定,距今约 170 万年。近几年,中国社会科学院的研究员黄万波,在四川巫山县龙骨坡发现了二百万年前的人类化石,证明中国人起源也是很早的。但是,有的研究结论还未受到外国人类学者的一致承认,正如保罗·G·巴恩博士(Dr Paul G·Bahn)主编的《考古的故事》一书中所说:"现代人即直立人的直接祖先似乎来自东非。大约 200 万年前,在发明了石器制作技术之后不久,他们显然迅速散布到了旧大陆的各个地方。中国和印度尼西亚的新发现将已知直立人的最早化石推到了大约 180 万年前,但这些年代并没有得到普遍承认。"①

实际上,从元谋人、蓝田人以来,中国从猿人(直立人)、古人(早期智人)到新人(晚期智人),人类早期发展各个阶段都有确凿的出土遗骨化石,在世界范围内,目前只有中国可以用事实证明其人类起源的各个环节是完整的。即便按外国学者所言,"最大的直立人化石群出自中国北京西南部的周口店的山洞"(同上),这也是无可争辩的事实。周口店北京人完整的头盖骨的发现,曾让全世界震惊,大量铁的事实证明:我国至少远在四五十万年前就有人类活动,这是为世界承认的并经中外科学家科学测定所得出的确论,从人类文化学的角度看,仅这也足够说明中国人创造文明的历史十分悠久。

周口店北京人遗址是在二十世纪初发现的,一经发现,就引起中、外学者的关注。1926 年夏,外国学者整理由周口店发掘的化石标本时,认出有一颗人的牙齿。1929 年末,由中国地质调查所新生代研究室主持,由裴文中先生组织发掘,发掘出震惊世界的北京人完整的头盖骨。1936 年由考古学家贾兰坡又发现了相当完整的三个北京人头盖骨。新中国成立后,又陆续发现了北京人的牙齿、肱骨、胫骨、额骨、枕骨、下颌骨等。"北京人生活的周口店第一地点的洞穴很大,东西长 140 米,宽度 2 – 40 米不等,在洞的中部又向南北各

---

① 保罗·G·巴恩主编,郭小凌、周辉荣译:《考古的故事——世界 100 次考古大发现》,山东画报出版社 2002 年版,第 186 页。

伸出一个裂隙,经常出入的洞口估计在岩洞的东头。当北京人最初在这里居住生活的时候,洞里绝大部分还比较空旷。长年累月的风雨给山洞带进了大量的土沙,再加上洞壁、洞顶塌落下来的大量石块,以及北京人的生活垃圾、死亡动物的骨骼,结果山洞就一层叠一层地一直堆到了40米高的顶部,从下到上的堆积可分13个层次,年代跨度从距今70万年到20多万年,而北京人头骨则处在距今40-50万年的地层中","对北京人遗址的发现、发掘和研究,使周口店成为闻名世界的人类化石宝库之一。它解决了19世纪末爪哇猿人发现以来,猿人究竟是人还是猿的长期争论,确立了猿人阶段在人类发展中的地位,大大推进了我们对于人类发展和人类起源的认识。它肯定了北京猿人遗址是一个丰富的早期人类文化宝库,证明了四五十万年前的人类已具有创造和发展文化的能力。"①北京猿人所处的时期属于旧石器时代,山洞内有加工过的石块,是他们捕猎或割剥兽皮时使用的工具,而石锤、石砧则是他们制作石器的工具。更重要的是在遗址中还发现用火的遗迹,证据是有灰烬、木炭、烧灼过的骨头、石块,成堆的灰烬,说明已有控制、管理火的能力。火的发现与使用,在人类发展史上非同小可,正如恩格斯在《自然辩证法》中所指出的那样,"对于人类和社会的发展来说,这些影响也具有非常重大的意义。""动物仅仅利用外部自然界,简单地通过自身的存在在自然界中引起变化;而人则通过他所作出的改变来使自然界为自己的目的服务,来支配自然界。②这便是人同其他动物的最终的本质的差别,而造成这一差别的又是劳动。"③

在这世界公认的四五十万年漫长的人类发展过程中,我们的先人随着集体劳动和社会交往,产生了互相交际的语言,语言的产生标志着先人思维能力的发达。人们可以用语言来表达自己朴实的认识与感情,建设着自己的原始文化,他们有过旧石器时代文化、新石器时代文化,有人称之为巫文化,因为那时的文化,是以带有原始宗教色彩的神话、歌谣、舞蹈等形式表现的,用于祭

---

① 龚良主编:《中国考古大发现》(上集),山东画报出版社2000年版,第5-15页。
② 恩格斯在此处页边上写着:"通过改良"。——原书编者注
③ 恩格斯:《自然辩证法》,《马克思恩格斯选集》(第4卷),人民出版社1995年版,第380、383页。

祀、娱乐、祈祷、盟誓等,这些初始的文化是靠一代代人的"言传身教"来流传的。后来又在语言发达的基础上产生了表示语言的物质形式——文字。文字可以将"言传身教"的文化信息永久地保存下来,于是文字就成了文化的重要物质载体,文字成为判别文化是否悠久、文化是否发达的重要标尺。

中国文字从产生起,历经几千年,虽然形体发生过变化,但其造字法没有变,其既表音、又表义的功能没有变,也就是说它本质上没有什么变化。中国的文字发展到了秦汉,进一步统一规范,字形也基本确定,所以后人称这种文字叫汉字,它本身就是中华民族文明的一座丰碑,它又是中华悠久文化的铁证,它以无可辩驳的事实至少证明了二点:一是以古老华夏文化发展而来的汉代文化,它是承前启后一脉相承的,一直传到现在。二是中华文化如同汉字一样,只有不断发展完善,而从无中断过。世界上曾有过几个其他的文明古国,也曾有过他们古老的文字,有过他们悠久的文化,但是时至今日,他们的古老文字已销声匿迹了,他们的古老的文化都曾中断过。中华文化在世界范围来讲,是历史最悠久而从未中断的文化①,这是世界文化史上少有的文化现象,汉字就是明证。

第二节 特殊的主体文化的载体

文字的产生比语言的产生要晚得多,但它一产生便使语言增加了新的存在形式。这种新的存在形式不再受口传耳闻的狭小空间与声音存留的短暂时间所限制,给有声语言所要表达的种种观念意识赋予了可以长期保存的物质表现形式,人们从此可以把自己的历史记忆与生活的认识转化成物化形

---

① 张岱年、方克立主编:《中国文化概论》(北京师范大学出版社 1994 年版)第 353－354 页中指出:"在人类历史上,多次出现过因为异族入侵而导致文化中绝的悲剧,如印度文化因雅利安人入侵而雅利安化,埃及文化因亚历山大大帝占领而希腊化、恺撒占领而罗马化、阿拉伯人移入而伊斯兰化,希腊、罗马文化因日耳曼蛮族入侵而中绝并沉睡千年。但是在中国,此类情形从未发生。文化学界将七个古代文化——埃及文化、苏美尔文化、密诺斯文化、玛雅文化、安第斯文化、哈拉巴文化、中国文化——称为人类原生形态的"母文化"。而在它们之中,唯有中国文化一种,历经数千年,持续至今而未曾中辍,表现出无与伦比的延续力。

式——文字记载的册典。

代表我国文化的汉语言文字产生于何时,距今有多少年? 这是直接关系到我国古代文明何时开端的重大问题。关于汉字的起源,古代史籍多说是圣人所制,最流行的说法是黄帝的史官仓颉造字,如《周易·系辞传》说:"上古结绳而治,后世圣人易之以书契,百官以治,万民以察。"许慎《说文序》说:"黄帝之史仓颉见鸟兽蹄迒之迹,知分理之可相别异也,初造书契,百工以乂,万品以察。"黄帝所处的时代,按古文献记载推测,大约距今有五千年。由于缺少物证,必然受到许多学者的怀疑,仓颉造字只能按一种传说来看待。

19 世纪末,河南安阳殷墟发现了甲骨文,于是现当代便自然形成一种最流行的观点:中国最早的文字是甲骨文,它产生于距今有三千多年的殷商时代。但是随着新的文物的发掘和对文字研究的进展,证明中国还存在着比殷商甲骨文更古老的文字,有力的物证是那些早于殷商时代的陶器上所刻画的文字符号,有的学者把它称之为"陶文"。1953 年西安半坡遗址被前西北文物清理队发现,1954 至 1957 年国家连续组织了五次发掘,证实这是我国考古史上第一次发现的一处原始氏族聚落遗址,后经碳 14 测定年代为距今 6700 - 6100 年。半坡文化遗存较多,其文化艺术主要从陶器的装饰上体现出来。这些装饰除了各种图案与动植物、人面绘画形象外,"在半坡遗址出土的圜底钵口沿部的黑彩宽带纹上,发现了较多的刻画符号,计 22 种。这些符号有竖、横、斜、叉等,多是在器物烧成前刻画的,少数是在烧成后或使用过一段时间后刻的,有人认为它们是起源阶段的简单文字,也有人认为是结绳记事和刻木记事向图画文字发展的中间环节,是具有文字性质的符号。"[1]据 1963 年发表的《西安半坡》报告[2],统计该遗址出土陶器上的符号有一百多例,这一重大发现,很快引起古文字学家的重视,不少学者认为这是中国文字起源的物证。如郭沫若先生在《古代文字之辩证的发展》中说:"汉字究竟起源于何时呢? 我认为,这可以以西安半坡村遗址距今的年代为指标,……半坡遗址的年代,距

① 龚良主编:《中国考古大发现》(上集),山东画报出版社 2000 年版,第 39 页。
② 参见中国科学院考古研究所、陕西省西安半坡博物馆:《西安半坡——原始氏族公社聚落遗址》,文物出版社 1963 年版。

今有六千年左右。我认为,这也就是汉字发展的历史。"①半坡遗址是我国新
石器仰韶文化的重要遗址,出土的彩陶上类似笔划的刻划,可能是制作者一种
什么记号,也可能简单地记载着什么生活内容,虽还缺乏广泛的社会性,但这
种原始的文字符号的笔画,可以和殷商甲骨文的笔画联系起来,有许多相似之
处,我们有理由把这个时期视为中国文字的发生期。近年来河南舞阳贾湖遗
址又有出土文物,也有类似的文字符号,说明我国远在距今七、八千年的时代
就有契刻龟甲符号,从贾湖遗址契刻符号推测,则中国文字的发生期会更早。
比仰韶文化更晚的龙山文化,其陶器上有的也有刻划的符号,笔画已趋于繁
多。在山东莒县陵阳河、诸城前寨的大汶口文化遗址的陶器上,发现的刻划符
号更近于商代甲骨文的体形,这个时期恰是文献记载的黄帝时代。介于大汶
口文化与殷商文化之间的夏文化,其标志就是河南偃师二里头文化。二里头
遗址出土的陶器上的刻画符号,形体更像殷商甲骨文,夏文字可能已在社会上
广泛使用,夏朝很可能已进入成文的历史时代。

　　学术界之所以公认我国最早的文字是殷商甲骨文,是因为今天我们能见
到的和部分能理解的最古文字,就是这一百多年前在殷墟(河南安阳)发现的
刻在龟甲兽骨上的文字,我们称之为的"甲骨文"。"殷墟"是商代后期的文化
遗址,从盘庚到帝辛(纣)都在此设都,这些用青铜刀刻在乌龟甲壳或牛胛骨
上的文字,仅单字就有近五千多个(有近一半现在还不能认识),字形比较稳
定,已具造字基本规律。从结构上看,除了象形字外,还有许多形声字,会意、
指事、转注、假借诸体,也都可以找到例证,具备了汉字"六书"的体系。中国
文字的六种造字原则,此时已经确定。现代文明以"一天等于二十年"的速度
向前发展,但造字法却没有什么突破,可见,汉字"六书"造字法是经过漫长的
发展过程而形成的。根据文字发展的一般规律,如此发达的文字,必定经历过
一个相当长的发展演变过程。再则,甲骨并非是书写的唯一材料,从出土的甲
骨文看,有少数大字是先用毛笔写好后再用刀刻上的,既如此,可以想象到当

---

　　①　郭沫若:《古代文字之辩证的发展》,《郭沫若全集》,第十卷《考古编》,科学出版社 2002 年版,
第 60 - 61 页。

时书写最便利的材料不是刻刀与甲骨,而是毛笔与竹、木简。由于竹、木简不易长期保存,目前我们还没有看到一片殷商时的竹、木简,但相信殷商的甲骨文绝不是文字记载的唯一形式,甲骨上的文字也不是中国最早的文字。我们现在常用的汉字不过六千多个,东汉许慎的《说文》收字也不过九千多个,而从现有的甲骨上统计的数字就达近五千个,可以据此推断,用于竹、木简上的文字就不止五千了。主要用来占卜的甲骨文已是相当成熟的文字系统,那么,当时用于记载复杂国事的成文册典,其文字的更加成熟就不言而喻了。

根据现有资料,我们可以推断比较成熟的汉字的产生远不在三千多年前的殷商时代,而把这个上限时期至少推到四千多年前的夏朝,夏朝应该是中国历史上成文的时代,或者说,是有文字记录于册典的时代。夏朝是我国第一个阶级社会,它的诞生,标志着中国原始社会进化为奴隶社会,标志着国家机器自此产生。阶级的产生,国家的形成,必然要求有文字记录与其社会需要相适应。摩尔根《古代社会》一书及马克思在《摩尔根〈古代社会〉一书摘要》中,都讲到氏族社会向阶级社会的国家过渡的特征之一,或说是国家的特征之一,就是由成文法代替习俗成规。中国由氏族社会转入阶级社会的国家后也具备这个特征。《左传·昭公六年》载:"夏有乱政而作禹刑。""禹刑"很可能是我国第一部成文的法典,没有成文的法典是没有法典权威与效力的,世上没有文字表述的法典是难以让人想象的。孔子曾说过:"行夏之时,乘殷之辂,服周之冕。"(《论语·卫灵公》)"夏之时"指夏历,如果没有文字记载,要使夏历经历千年以上传到春秋末期,同样是难以置信的。《左传》中多次引录《夏书》的内容,如:"故《夏书》曰:'与其杀不辜,宁失不经。'"(《襄公二十六年》)"故《夏书》曰:'辰不集于房,瞽奏鼓,啬夫驰,庶人走。'"(《昭公十七年》)《夏书》前一条说:与其误杀无辜,宁可对罪人失于刑罚。主张宁可放松刑罚,不要误伤好人。后一条记载说:日月不在正常的位置上交会,乐师就要击鼓,祭礼的官员就要驾车奔驰,百姓就会四下奔走。这是记载夏朝一次日食后人们恐惧的情景,想不会是后人伪造。《尚书》中的《夏书》虽难确定便是夏朝时所作,但推想其中会有夏朝流传下来的原始文字材料。"由于近代在殷墟发现了商朝后期的甲骨卜辞,其中的有关记录已经基本上证实了《殷本纪》所列商王世系,可见《夏本纪》中的夏王世系,也决不会出自史迁的杜撰。"①司马迁写《殷本纪》并没有使用甲骨卜辞,使用的是我们未能见到的商代的文献资料,他写《夏本纪》,也必定使用了我们未能见到的夏代的文献资料。新中国成立后,山西南部和河南中部、西部的夏朝文化遗址陆续被发现,其中在河南登封告成王城岗发现一座古城堡遗址,有人认为是"夏墟","夏文化"的研究向纵深进展,随着考古研究的进一步深入与新的夏朝遗物的发掘,将会进一步证实成文历史的时代始于夏朝。史官文化的形成以文字的产生为基本条件,知道了文字产生演变的大致过程,不仅基本可以确定史官文化形成的时期,也为甄别我国古代许多史料、史籍的真伪以及产生年代提供了一个重要的依据。

方方正正的汉字,它多么神奇奥妙! 这是中华民族几千年甚至近万年以来智慧的结晶,它寓含着多少至今难晓的我们先人的历史与文化的奥秘! 它是中国由巫文化进入史官文化的重要标志。自从秦汉对它实行改革、统一、规范后,汉字就真正成了中华民族永远不倒的文化"长城",用它写下了秦汉的"履历",也写下中华民族几千年的"履历",从此,它化为一种巨大的民族凝聚力,不论你走在中国的那个地方,尽管各地的语言有千差万别,但汉字能把所有的中国人沟通起来,因为汉字凝聚着我们共同的炎黄的血脉,我们都归于中华民族这个根。总之,中国文字的产生是很久远的,这一结论还会被以后的考古资料进一步证明。中国是世界上少有的文明古国,其文字是世界上最早产生的文字之一,与世界上大多数国家相比,它的成文历史也是最早的,它的文化特色的形成也是最早的。

那么汉字对汉代主体文化有何意义呢? 汉代大一统主体文化的形成,原因有许多,成熟的汉字无疑也是促成汉代大一统盛世主体文化的重要因素之一。秦王朝统一中国后,采取了一系列的加强中央集权制的措施,其中包括颁布了统一的标准文字——小篆,但小篆不便书写,被称为古文字。至汉代,由书写比较简易的隶书取代了小篆,完成了古文字向今文字的转化。由于汉字的规范与统一,才便于汉代在辽阔的全汉帝国境内实行文化融合。

---

① 邹衡:《夏商周考古学论文集》,文物出版社 1980 年版,第 96 页。

由于秦汉实行"书同文",文字的规范化、统一化成为加强中央集权制的强有力手段,适应时代的要求,研究文字成为时代文化的一种潮流。在汉代,还形成专门的一种学问——"小学"。《汉书·谷永杜邺传》记载张竦"尤长小学",唐颜师古注:"小学,谓文字之学也。"汉代的文字学,大大地推动了经学的普及,由于它作为阅读经书的基本工具书,所以一直把"小学"视为经学的附庸,如汉文帝时就把《尔雅》与《论语》、《孟子》、《孝经》一同列了学官,唐代还把《尔雅》列入经书之列。

秦汉的文字学方面的著述不少,《汉书·艺文志》载:

《史籀》十五篇。周宣王太史作大篆十五篇,建武时亡六篇矣。

《八体六技》。

《苍颉》一篇。(上七章,秦丞相李斯作;《爰历》六章,车府令赵高作;《博学》七章,太史令胡母敬作。)

《凡将》一篇。(司马相如作。)

《急就》一篇。(元帝时黄门令史游作。)

《元尚》一篇。(成帝时将作大匠李长作。)

《训纂》一篇。(扬雄作。)

《别字》十三篇。

《苍颉传》一篇。

扬雄《苍颉训纂》一篇。

杜林《苍颉训纂》一篇。

杜林《苍颉故》一篇。

凡小学十家,四十五篇。(入扬雄、杜林二家二篇。)

以上所列,是班固所看到、所理解的所有"小学"类书籍,绝大部分是汉人的文字学著作,由此可见汉代文字学的繁荣兴盛的景象。汉代流行的文字学方面的著作,值得特别提及的是《尔雅》、《方言》、《释名》与《说文解字》。

《尔雅》是我国现存第一部解释字义词义的训诂学代表作,关于作者与成书年代,有的说是周公所作,有的说是孔子及其门徒所作,有的说是秦汉之际学诗者纂集传注而成,较为可靠的说法是西汉初学者汇编旧文又加以增补而成。全书按训释内容分为十九篇,前三篇(释诂、释言、释训)主要解释普通语词,后面十六篇主要解释百科名词,具体是:《释亲篇》解释人文关系类;《释宫篇》、《释器篇》、《释乐篇》解释器物类;《释天篇》、《释地篇》、《释丘篇》、《释山篇》、《释水篇》解释天文地理类;《释草篇》、《释木篇》解释植物类;《释虫篇》、《释鱼篇》、《释鸟篇》、《释兽篇》、《释畜篇》解释动物类。共收语词 2047条,每一篇把意义相同或相近的词汇放在一起,主要采用义训法来解释词义,如《尔雅·释宫》中一段:"室有东西厢曰庙,无东西厢有室曰寝,无室曰榭。四方而高曰台,陕而修曲曰楼。"用当时通用语解释"庙"、"寝"、"榭"、"台"、"楼",包含了社会科学、自然科学、应用科学的词义类聚与比较,从而也是一部人类最早的百科词典。

《方言》是西汉末扬雄花费 27 年的时间所撰,刘歆《七略》与班固的《汉书·艺文志》因其是"未定稿",皆未著录,但仍不失为我国甚至于全世界第一部方言词汇研究的专著,其特点是集古今各地同义的语词,然后用当时的通用语进行解释。其方言采集的方言区,东北至朝鲜,西北至西秦(今河西走廊),东南至吴、越、西瓯,西南至梁、益,南至桂林。收录方言词 675 条,集古今各地同义的语词 12000 余条。体例模仿《尔雅》,今本《方言》共十三卷,未标类名,大致内容是:前三卷是语词;卷四为衣服;卷五为器皿、家具、农具等;卷六、卷七又是语词;卷八为动物;卷九为车、船、兵器;卷十仍是语词;卷十一为昆虫;后二卷体例与前十一卷不同,但收词条数量很多。训释的方式为:先举一个或数个同义词,然后分别注明各地的不同称谓,如卷三:"念,常思也。东齐海岱之间曰靖,秦晋或曰慎。"卷一:"党、晓、哲,知也。楚谓之党,或曰晓,齐宋之间谓之哲。"

《释名》别名《逸雅》,作者刘熙为东汉末年人,是我国第一部运用声训的方法来探求词源的著作。体例仿《尔雅》,分为释天、释地、释山、释水、释丘、释道、释州国、释形体等 27 篇,收词范围较《尔雅》广泛,收录先秦两汉百科性常用词 1502 条。训释的方式,一般以同音或音近的字作训,进而说明意义关系,推究事物名称的由来,如《释天》:"豫、司、兖、冀以舌腹言之,天,显也,在上高显也；青、徐以舌头言之，天，坦也，坦然高而远也。"这种声训主观、随意性的错误很多，有时把不相关的两个同音或音近的词牵强附会地扯在一起，但它特殊的因声求义的方法，保存了不少古音方面的资料，在探求词源，辩证古义方面有特殊的贡献。同时，它的内容反映了汉代民间方方面面的生活与风俗，是研究汉代社会文明的珍贵资料。

《说文解字》是东汉许慎著，许慎的生年比刘熙略早，是东汉著名的古文经学大师，他花费二十多年著此书，原想为阐发自己的经学观点服务，但客观上此书成为我国第一部系统的从形音义的角度解释字的字书，不仅在汉代文化史上，就是在中国文明史上都具有特别重要的意义。全书分 14 篇，又有叙目一篇，收字 9353 个，其中包括异体字和汉前古体字 1163 个。按文字形体及偏旁结构分列 540 个部首，首创部首归字法。每部字头大体以类相从，如木部，先列树名，次列树的各部分，再列木制品。每字以小篆为字头，又以古文、籀文为之佐证，与小篆不合的古文、籀文的异体为重文，得 1163 个重文（即异体字），许慎说解有 133441 个字。① 每字之下，大都先解说字义，再分析字形结构，指明该字属于"六书"中何种造字类型，一般不注音，个别字头用读若法注音。如《说文解字第一篇》："Ψ，艸木初生也。象丨出形，有枝茎也。古文或以为艸字。读若彻，凡屮之属皆从屮。尹彤说。"从中可以看到，许慎对文字的产生、发展、功用、构造等问题都有系统的阐述，文字内容所涉及的领域之广，释义方式之多，体系之细密统一，检索之快捷，都是前所未有的，许慎以《说文解字》建立了中国文字学系统的研究体系。

汉代不像秦始皇靠专制力量推行小篆而实现"书同文"，而是靠发达的文字学，靠科学的研究，使文字更加统一规范，把复杂的中国文字理出一个完整的系统，使文字终于成为饱含科学规律的"汉字"，而汉字的种种特征又影响着汉代主体文化的特色。

汉代主体文化的主要载体就是汉字，汉代主体文化的创造者，比他的前人

---

① 以上所列几项字数是据许慎自己的统计，今本《说文解字》的有关字数（除部首数）与此略有出入，这大概是后人增删的结果。

更加自觉地把握汉字的规律,科学地运用汉字,如汉字造字以象形为基础,大多数文字笔划繁多,不易书写,因此书写时必须言简意赅,这样,就形成了与实际口语有很大区别的书面语。这种书面语言简意丰,是语言的高度加工。至汉代,这种书面语经过改造,克服了三代古奥艰涩的毛病,增强了准确性、生动性与形象性,但言简意丰的传统仍旧保持,虽吸收了口语的一些特点,但仍与口语是两个不同的语言文字体系。汉代的书面语言文字体系主要是在继承、改造春秋战国时期诸子的书面语体系基础上形成的,从汉代开始,这种书面语体系基本成型,这就是后来人们称之为的先秦两汉古文语言文字体系,它成为日后二千多年中国封建社会书面语的范式。

汉字是形、音、意三结合的文字,不仅有韵律美,而且有形式美,后者是其他国家文字所不具备的。其他国家文字书写的诗歌与文章,从形式上讲,仅有音律美而没有形式美,因为他们的语言文字一般难以形成一个字符与另一个字符的严格对应,形不成一个音节与另一个音节的严格对应,从而构不成形式美。而中国的汉字恰具备这些特点。中国文化发展至汉代,人们利用汉字的这些特点,追求形式美的意识更加自觉,在诗歌方面产生了格式整齐的五、七言诗,在赋中开始有意识地运用对仗,或使用华丽的辞藻,甚至罗列同类性质的词汇,文字成为显示文人才华的工具。文字所蕴含的形式美,不仅在文学上得到广泛的运用,而且在哲学、史学上也是作者追求的一种理想效果,汉代的哲学、史学著作大多数很有文采,甚至实用性的奏疏、碑铭、书信都在追求文采。汉字在形体上的形式美,引起一些人把它当作一种艺术来追求,孔子当年教学的内容为礼、乐、射、御、书、数,人称六艺,其中的"书"就是文字学及书法。《周礼·地官·大司徒》:"以乡三物教万民而宾兴之……三曰六艺:礼、乐、射、御、书、数。"郑玄注:"书,六书之品。"贾公彦疏:"六书者,先郑云:象形、会意、转注、处事、假借、谐声。"东汉著名的学者蔡邕,不仅擅长诗赋、音乐,喜爱撰写史著,而且书法也著名于世,工篆书与隶书,尤其以隶书著称,字形结构严整,体法多有变化,有"骨气洞达,爽爽有神"之誉。为了给后学提供儒家经典正本,熹平四年(175),蔡邕等人向朝廷建议正定经本文字,这些经本包括有《鲁诗》、《尚书》、《周易》、《春秋》、《公羊传》、《仪礼》、《论语》,蔡邕等人将经本以隶书写成,共刻于46块石碑上,人称《熹平石经》,立于太学门外,前来观视官方正定儒家经本者,包括观赏、临摹其书法的人络绎不绝。《后汉书·蔡邕列传》载:"邕以经籍去圣久远,文字多谬,俗儒穿凿,疑误后学,熹平四年,……奏求正定《六经》文字。灵帝许之,邕乃自书丹于碑,使工镌刻立于太学门外。于是后儒晚学,咸取正焉。及碑始立,其观视及摹写者,车乘日千余辆,填塞街陌。""观视"者,除核对以往经书谬误外,还观赏其精湛书法,而"摹写"者,则更多地是要学习其书法艺术。举国把书写文字当作一种高雅艺术,并有人一生为之追求,这在世界其他国家中是罕见的。

第三节 紧承"轴心时代"辉煌文化之绪

中国古代文明令世界各国所仰慕,它以辉煌的成就彪炳于人类发展史册上,其文明发达的程度足以和世界所有文明古国相媲美。当我们回顾汉之前足以使每个中国人感到自豪的古文明历史时,自然会把目光多停留在西周以来,尤其是春秋战国这一阶段。这不仅仅是因为这一阶段离汉代时间跨度近,必然对汉代影响大,不过要说距离汉代时间最近的则是秦帝国,但汉代文化主要继承的不是秦文化,主要继承的是西周,特别是诸子争鸣、百家竞起的春秋战国的文化。汉代选择文化继承,不是主观、随意的选择,其承前启后是历史的必然发展,它之所以主要选择春秋战国文化,是因为春秋战国这一阶段恰好进入了人类文化的"轴心时代",春秋战国所创造的辉煌文明,能给汉代再创中央集权制的辉煌时代以坚实的文化基础,而秦帝国的文化是远远不能胜此重任的。春秋战国文化是三代尤其是周文化的发扬光大,而汉代文化以西周特别是春秋战国文化为源头,完全是因为其文化的价值取向是一致的,而秦文化的价值取向则是与汉代人的文化价值观念主体上是格格不入的。秦帝国以暴力推行文化专制,实行"焚书坑儒",在很大程度上中断了中华文化的继承,汉代续春秋战国文化之绪,避免了中华文化的中断,使中国文化一脉相承。

春秋战国是中国历史上一个特定的过渡时期,社会转型的大变革风云际会,为文化学术的兴盛带来了千载难逢的契机。社会的动荡、巨变,源于生产方式及生产关系的变动,然而持久、激烈的冲突与斗争则表现在军事上的战争、政治上的变革、精神思想上的破旧立新。这不仅是一个旷日持久的诸侯兼并战争的时代,也不仅是一个政治上翻天覆地的变革时代,而且在思想文化意识形态领域,也是一个大破大立的时代。一切原始的、传统的、陈旧的观念都受到新时代的审查,都受到一定的怀疑、批判、纠正、补充,长期积淀在人们意识中的那些华夏民族历史积累的经验与智慧,迅速地被开发而显示出它应有的新价值,在现实社会斗争中产生的新观念、新学说,对传统都有重大的突破,并日益扩大传播其范围而深入人心。这是一个思想最为活跃、解放,文化最为自由、繁荣,一切都富有开拓、创新的时代,是中华民族文化进入理性、自觉的时代,它那无比辉煌的成就,不仅直接为汉代提供了建设封建盛世的文化资源,也为后世中华民族文化的发展奠定了雄厚的基础。

人类历史的发展有时显得非常奇妙,就在春秋战国的战乱时期,中国文化却达到极度昌盛发达,此时在西方与印度,其古代文化也达到鼎盛,与中国共同组成对世界文化极有影响的三大文化圈。这三大文化圈还产生了一系列相似的文化现象。如它们都处于社会大变革的时代,在变革中都涌现出一大批名垂千古的文化大师,以这些大师为代表,有众多的人在大变革中获得了新意识,以此为武器,积极投入确立时代主流思潮的争辩之中,使原来相对寂静的思想文化领域,变得热闹非凡、激动人心,在激烈的思想冲突中,共同把各文化圈的思想文化推向一个崭新的发展阶段,以这三大文化圈为代表的人类文化也进入了一个全新的发展期。西方学者把这个人类文化发展期称之为"轴心时代",卡尔·雅斯贝斯曾说:

发生于公元前800年至200年间的这种精神的历程似乎构成了这样一个轴心。正是在那个时代,才形成今天我们与之共同生活的这个"人"。我们就把这个时期称作"轴心时代"吧。非凡的事件都集中发生在这个时期。中国出现了孔夫子和老子,中国哲学中的全部流派都产生于此,接着是墨子、庄子以及诸子百家。在印度,是优婆沙德(Upanishad)和佛陀(Buddha)的时代,正如在中国那样,各派哲学纷纷兴起,包括怀疑论和唯物论,论辩术和虚无主义都发展起来。在伊朗,左罗阿斯脱

(Zarathstra)提出了他关于宇宙过程的挑战性的概念,认为宇宙的过程就是善与恶之间斗争的过程。在巴勒斯坦,则出现了许多先知:如以利亚(Eli－jah),以赛亚(Isaiah),耶利米(Jeremiah),后以赛亚(Deufero－Isaiah)。希腊产生了荷马,还有巴门尼德、赫拉克利特、柏拉图等哲学家、悲剧诗人,修昔抵德(Thucydides.471?—400B·C希腊历史学家),以及阿基米德(Archimedes)。所有这些进步——上面提及的那些名字仅仅是这种进步的表现——都发生于这少数几个世纪,并且是独立而又几乎同时地发生在中国、印度和西方。①

卡尔·雅斯贝斯所谓的世界古代文化的"轴心时代",就是以大约中国春秋战国时期中国、印度和西方的文化为标志,由此可见春秋战国时期中国文化在世界文化史上的重要地位。卡尔·雅斯贝斯还认为人类精神文明的基础同时独立地奠定于上述三大文化圈,并且至今人类文化仍然依托在这个基础之上。如果我们把春秋战国文化放到人类文化发展的宏观背景中,放到当时的"轴心时代",放到中国古代文化发展过程中来,进行多方面的比较,就更能清晰地、全面地看到它的无比价值和伟大意义。

春秋战国的文化对中华民族乃至人类最大贡献就是对发端邈远的中国古代文化进行了全面的继承与总结,从而使众多的学派即诸子百家组合成中国传统文化的集大成者;同时他们又在继承的基础上,进行创新性的精神生产,为后世提供了新的思想文化的精神产品,从而使自己成为"轴心时代"新的思想文化的开拓者与创造者。对于春秋战国文化的承前启后、继往开来的伟大历史作用,早在一千五百多年前的刘勰就深有认识,他说:

太上立德,其次立言。百姓之群居,苦纷杂而莫显;君子之处世,疾名德之不章。唯英才特达,则炳曜垂文,腾其姓氏,悬诸日月焉。……及伯阳识礼,而仲尼访问,爰序道德,以冠百氏。……逮及七国力政,俊乂蜂起。孟轲膺儒以磬折,庄周述道以翱翔。墨翟执俭确之教,尹文课名实之

① 〔德〕卡尔·雅斯贝斯:《智慧之路》,中国国际广播出版社1988年版,第69－70页。

符,野老治国于地利,驺子养政于天文,申商刀锯以制理,鬼谷唇吻以策勋,尸佼兼总于杂术,青史曲缀以街谈。承流而枝附者,不可胜算,并飞辩以驰术,餍禄而余荣矣。……夫自六国以前,去圣未远,故能越世高谈,自开户牖。两汉以后,体势漫弱,虽明乎坦途,而类多依采,此远近之渐变也。嗟夫! 身与时舛,志共道申,标心于万古之上,而送怀于千载之下,金石靡矣,声其销乎! (《文心雕龙·诸子》)

刘勰所言大抵正确,春秋战国确实是文化思想界英雄辈出的时代,他们各以自己创新的理论,在思想文化领域独树一帜,他们对后世思想文化影响深远,他们的思想与文章不朽,可与日月争辉。刘勰说春秋战国诸子百家距离文武周公等古圣人的时代还不算遥远,因而他们深受圣人的影响,能够以圣人般的创世魄力与超凡脱俗的眼光,摆脱眼前时事的一隅之囿,放言高论,见识精辟独特,自成一家之说。刘勰重视春秋战国文化精英们对古圣贤思想的继承,但忽略了春秋战国时哲人的创新,他们的文化贡献恰好主要体现在创新上,他们的创新也确实已经远远地超越了前人,开创了一个前所未闻的思想文化新时代。刘勰又认为两汉之后的学者,虽有旧学可依循,又往往为朝廷所任用,但他们的理论体势纤弱,与春秋战国的学者大不相同。春秋战国的学者虽大都不被当时的君王所重用,但他们志在阐述自己的理论观点,在逆境中终于使自己的立论高出万代,将自己的生前抱负寄托于千年之后,日居月诸,金石销磨,而他们的真知灼见却代代相传。在这里,刘勰充分地评价了春秋战国诸子的功绩与影响,却又对汉及汉之后的学者作了片面的评估。汉及汉之后的一些学者,其思想高度与春秋战国时期的学者比,确实有不及者,但在继承春秋战国文化基础上进一步创新的学者也不乏其人。汉代文化是春秋战国文化的进一步提高与发展,这才是客观的评价,也是历史发展的必然。

在“轴心时代”,中国创造了独具民族特色的文化,同独具民族特色的西方、印度文化一样,都以其具有鲜明的民族特色的文化为人类文化、人类文明做出了自己的贡献。与西文、印度文化相比,中国“轴心时代”文化的民族特色主要表现为:所关心与探讨的主要不是形而上的哲理思辨,主要关注与探讨的是关于人生、民生、伦理道德、社会政治问题;所阐述的道理不是抽象的道理,而主要是在具体的生活中所切身感悟、认识到的有关社会、人生的具体道理;所论证的方法主要不是从概念到概念的逻辑推断,而主要是面对社会生活中发生的重大社会、民生问题,提出如何解决的某些方案;所议论的主题主要是从反映在头脑中的五花八门的社会现象中抽引、归纳出来的伦理;阐述与议论所使用的材料主要来自一定的客观现实生活,而主要不是逻辑的演绎推理与论证判断。这些特点恰与"轴心时代"西方重视抽象思辨的特点形成了鲜明的对照。

春秋战国文化之所以具有鲜明的民族特色,就在于春秋战国的哲人们从其立说时就关注的不是抽象的道理,而关注的是实实在在的社会人生。

在春秋战国之际,最有影响的是儒、墨二家,这二家曾有过一系列政治思想和学术观点的论争,但他们又有许多一致的地方,最大的共同点就是都关注人生问题,因此他们的思想特点最能体现中华文化的民族特色。儒家的代表作《论语》,全篇讲的都是正人君子为人处世的伦理道德,另一部代表作《孟子》,讲的都是施行仁政的政治原则,所以说,儒家以社会人生问题为基础,建构起自己的伦理道德理论体系。这个体系发扬了西周"敬德保民"的思想,从"己所不欲,勿施于人"(《论语·颜渊》)、"己欲立而立人,己欲达而达人"(《论语·雍也》)的切身感受出发,把"仁而爱人"作为一种最高的伦理道德原则由近及远地推广到全体社会成员中,"老吾老,以及人之老;幼吾幼,以及人之幼。天下可运于掌。《诗》云:'刑于寡妻,至于兄弟,以御于家邦。'言举斯心加诸彼而已。故推恩足以保四海,不推恩无以保妻子。古之人所以大过人者,无他焉,善推其所为而已矣。"(《孟子·梁惠王上》)儒家将家庭、家族血亲关系的观念推而广大,主张"君子敬而无失,与人恭而有礼。四海之内皆兄弟也"(《论语·颜渊》),使整个社会在亲亲敬长中达到和谐有序。儒家学说以"仁"为核心,而"仁"的核心又是"爱人",儒家学说可以说是关于人的学说。墨家主张"兼爱",反对儒家"爱有差等",号召"以兼易别"(《墨子·兼爱下》),"天下兼相爱"(《墨子·兼爱上》),墨家的"爱人"更带有理想的色彩,但由于汉代崇儒仰墨,墨学逐渐衰微,由原来的"显学"成为"绝学",儒学由原来的"显学"而变成受人尊崇的经学,因为它为中国封建地主社会的确立奠定了政治思想理论的基石。

和儒家观念有所不同的道家，主张超然物外，相对儒家形而下地阐述社会人生问题来说，道家更多地形而上地阐述无为无形的"道"，老子、庄子对"道"都作过抽象的玄思。但正如司马谈所说："夫阴阳、儒、墨、名、法、道德，此务为治者也，直所从言之异路，有省不省耳。"（《论六家之要指》）道家学说虽提倡无为，但这正是它治理天下的主张，道家最终也将超乎感觉经验的"道"引向了人，《庄子·天下》篇中说：

> 不离于宗，谓之天人；不离于精，谓之神人；不离于真，谓之至人。以天为宗，以德为本，以道为门，兆于变化，谓之圣人。以仁为恩，以义为理，以礼为行，以乐为和，薰然慈仁，谓之君子。……常宽容于物，不削于人。可谓至极。关尹、老聃乎！古之博大真人哉！

所谓"宗"、"精"、"真"，都与道家鼓吹的"一"或"道"同，"以天为宗，以德为本，以道为门"，都是以无为自然为原则。"兆于变化"，即千变万化不离道，唯有天人、神人、至人、圣人及至真人知"道"，"以仁为恩，以义为理，以礼为行，以乐为和，薰然慈仁"的君子，虽难知"道"，但也应服膺于"道"，道家这个"道"最终还是归于探讨由人组成的社会的奥秘，道家最关注的仍是社会的人生。

道家以"道"为宇宙的本原，主张"人法地，地法天，天法道，道法自然"。（《老子·二十五章》）希望统治者能秉要执本，清静无为，实行无为而治，以"无事取天下"，坚信"我无为而民自化；我好静而民自正；我无事而民自富；我无欲而民自朴"。（《老子·五十七章》）以"道"为核心的道家思想体系与以"仁"为核心的儒家思想体系一样，最终的理论终结点还是放在"人"上，"故道大，天大，地大，人亦大，域中有四大，而人居其一焉"（《老子·二十五章》），只不过是道家的理想中的人，是自然化了的人；而儒家理想中的人，是伦理化了的人，理论的最终目的都是为了治理人世。道家探索的是无为无形的道，实现的还是有情有信脚踏实地的人生。他们采取自然而然甚至于守雌贵柔之策，是为统治者提供一种自己认为行之有效的统治权术与御民原则。

　　法家主张以法、术、势来治民,其极端的严刑峻法政策近于虐民,那是因为法家不相信儒家那套温情脉脉的伦理说教,他们认为人与人之间只有一种赤裸裸的利害关系,对此,一是承认这是人之常情,是社会存在的现实,君主只能依靠手中的权力加以制约与引导,"按法以治众,众端以参观,士无幸赏,无逾行,杀必当,罪不赦,则奸邪无所容其私。"(《韩非子·备内》)道家强调道,主张一切顺其自然,执政者要无为而治;儒家强调仁,主张执政者仁慈爱民,以教化为本;法家强调法,主张以严刑峻法来维持君主集权与专制。不管采取什么方式,总都是关注社会重大问题,最后落实仍在人生的层面上。如果说道家欲使人自然化,儒家欲使人伦理化,那么法家就是欲使人法律化。至于其他春秋战国学者,也莫不如此,都把关注社会人生作为自己学说的中心。

　　春秋战国文化形成了中国传统的理性精神,"中国传统的理性精神特别强调认识的主体——人,在其理论思维中,以人道、人性、人生、人格为本位,组成了一种知识意向和价值意向,其最基本的思维模式便是'天人合一',这是一种自然与社会、宇宙与人生在观念上一体化的哲学思维模式。孔子、孟子的仁学,道家的无为而治,荀子的'制天命',都是把人与万物融为一体,在客体与主体之间,强调人的价值,确认人是宇宙万物的中心,诸子之学使中国传统的理性精神的重心最终定位。以人文主义为特征的先秦诸子理性精神是古代理性精神的高度发展,诸子掀起的理性精神的新高潮,成为中国理性精神高度自觉的伟大开端。"①

　　汉代文化继承春秋战国文化是多方位的,但主要继承的还是这种理性精神。汉代的文学就是"人学",这是一以贯之的传统。汉代史学代表作《史记》,一改过去史著以事为中心的传统,使"人"不仅在内容上也在史著形式上占据了中心地位,司马迁提出的"究天人之际,通古今之变,成一家之言",核心就是一个"人"字,他要探究人在自然中的地位,搞清人在历史变革中的作用,要确立以人为纲的纪传史体。汉代极有影响的哲学著作《春秋繁露》,重点在于阐述"天人感应",把天神秘化,相对春秋战国诸家对天的解释,显然是

---

　　① 杨树增:《先秦诸子散文:诗化的哲理》,广西师范大学出版社 1999 年版,第 3-4 页。

一种倒退,接近原始宗教关于天的解释,但作者董仲舒的本义是想借天来说人事,把君权神圣化,把社会等级绝对化,关心的还是人而不是天。

汉代其他文化成果也都如此,无不保持甚至发扬了春秋战国诸子的理性精神。正如刘勰指出:"若夫陆贾《新语》,贾谊《新书》,扬雄《法言》,刘向《说苑》,王符《潜夫》,崔寔《政论》,仲长《昌言》,杜夷《幽求》,或叙经典,或明政术,虽标论名,归乎诸子。"(《文心雕龙·诸子》)这些政论性的著述,除了具有逻辑推理、抽象思维外,还包含着作者品性修养的内在力量,也就是不仅具有感知、判断的能力,还包含着人性完善、人格高尚的力量,包含着作者忧国忧民、悲天悯人的情怀。这些著述主要展示的不是逻辑推理的过程及作者抽象思维的能力,而是重在伦理道德的阐述,在关注抽象哲理的同时,更关心的是现实的政治、社会民生问题,不是倾全力以冷静的思辨去分析某一事物的性质与规律,而主要是从民族的、时代的、社会的整体上去阐述人生及伦理道德的价值与意义,这种关注社会人生的文化又极大影响了后世文化的走向。

第二章 独特的中国社会
形态发展的结果

　　汉代主体文化特色的形成主要缘于汉代独特的社会生活环境。而汉代主体文化又是由先秦主体文化发展而来的,它必然有来自历史的影响,存留着先秦主体文化的"基因",而先秦主体文化特色的形成,或说先秦主体文化"基因"的产生,也是主要缘于先秦社会的独特的社会生活环境,这是要比地理环境、气候环境等自然环境对主体文化的影响更为深刻的原因,所以要探讨汉代主体文化特色的形成原因,不能不把着眼点放在汉代及汉之前的独特的社会生活环境上,放在汉代及汉之前的中国古代社会独特的发展过程上,本章先从汉之前的独特的社会发展过程分析起。

第一节　最初社会形态及其主要文化

　　世界上各民族文化的起源阶段,都是该民族处于原始群居社会或氏族部落社会时期,大致相似的极落后的生产方式和大致相似的极贫穷的生活方式,使各民族的原始文化呈现出更多的共性,各民族最初的文化样式基本上都是属于口头的、通俗的、内容无所不包的原始神话与远古歌谣,当然也有至今能见到的远古岩画①,这一惊人的"不谋而合",体现了文化的一种必然规律。原

---

　　① 岩画是古代先民绘制或刻制于山岩上的图画或符号,世界各地陆续发现了许多遗存的岩画,我国是史载岩画最早的国家,北魏时郦道元在其《水经注》中就有记载。如《水经注·卷三·河水》载:"太和初,三齐平,徙历下民居此,遂有历城之名矣。南去北地三百里。河水又东北,历石崖山西,去北地五百里。山石之上,自然有文,尽若虎马之状,粲然成著,类似图焉,故亦谓之画石山也。"现在可考的中国岩画,最早的大约可以追溯到三万年以前。但岩画已属美术类艺术,不属本书论述的对象,故略提及。

始神话和远古歌谣是人类最原始的意识形态,歌谣(包括岩画)作为一种比较单纯的文学艺术形态,自有它独自发展的规律,姑且不论。作为原始神话,它并非是远古人的有意"创作",而是远古人用来反映自己的生活、思想感情及对世界的起源、自然现象及社会现象理解的最好形式。神话是以超自然的形象与幻想的方式来体现现实生活的,尽管它的内容具有非现实的特征,那是由于远古时期生产力水平低下,限制了人们的认识水平,不能科学地解释世界的种种变化,但在他们"虚枉"的认识背后却包含着那个时代的种种真实历史。远古人认识世界,往往要借助幼稚的想象和幻想,把自然力拟人化,而形象与想象本来就是文学的基本要素。在那些幼稚的幻想中,有他们对宇宙万物存在方式与运行方式的理解,这本身就属于哲学观念。神话具有哲学、史学与文学的基本的特质,至少它蕴含着哲学、史学与文学的基本因子,作为原始的主要文化形态,对后世的哲学、史学与文学的发展具有深远的影响作用。马克思说:

> 在野蛮时期的低级阶段,人的较高的特性就开始发展起来。个人尊严、雄辩口才、宗教情感、正直、刚毅、勇敢,当时已成为品格的一般特点,但和他们一同出现的还有残酷、诡诈和狂热。在宗教领域里发生了对自然力量的崇拜以及对人格化的神灵和伟大的主宰的模糊观念;极简单的诗歌创作、共同住宅以及玉蜀黍团子——这一切都是属于这个时期的东西,这个时期还产生了对偶家族以及由胞族和氏族组成的部落联盟,想象力,这个十分强烈地促进人类发展的伟大天赋,这时候已经开始创造出了还不是用文字来记载的神话、传奇和传说的文学,并且给予了人类以强大的影响。①

原始神话和远古歌谣是人类最原始的文化形态,它是原始时代的"百科全书",反映了人类最初那个"野蛮时期的低级阶段"的社会生活、人们的感情及人们对世界的认识,并且构成了人类表述认识的最基本的形式——可以叙说

---

① 马克思:《路易士·亨·摩尔根〈古代社会〉一书摘要》,《马克思恩格思论艺术》第 2 卷,中国社会科学出版社 1983 年版,第 4－5 页。

的自由语体和可以吟唱的有韵语体,若用文字记载下来,就是散文体与韵文体。原始神话和远古歌谣虽然是原始性的文化形态,但它们已经具有人类表述记忆或认识的最基本的功能——记事与抒情,包含了后来人类各种形式的文化最基本的特质,对后世文化的发展具有奠基与导向的作用。

最初的神话传播形式,其特征便是口述性,从文体意义上来说,神话属于散行语体,即散文体。它用不着讲究韵律,以非常自由的口语来口述"故事"。神话是原始社会先民们不自觉地形象思维的结果,是人类最早培育的文化花朵。从语言表达的发展逻辑来看,它的产生应早于同内容的诗歌,也就是说,原始神话的产生至少不晚于原始诗歌,也等于说口头的"散文"的产生并不晚于口头的诗歌。然而长期以来,散文的产生晚于诗歌的观点普遍见于中外众多的著述中,并几乎成为一种定论。前苏联著名的文学理论家莫·卡冈曾对这种定论有过怀疑,但他仅仅是提出疑问,还不敢否定诗歌早于散文的陈说:

> 诗歌早于散文是一件确凿不移的历史事实。不过,这好象是奇怪的和不足信的——因为原始人像我和您一样。在日常生活中用散文讲话;他怎么会为了艺术认识的目的,舍弃对这种散文语言的简单的、似乎是如此自然的运用,而开始编制比散文语言结构复杂得多的诗歌语言结构呢?[1]

人类最早的文化形态并不仅仅是诗歌,这实际上是一个显而易见的事实,早在二十世纪四十年代末,杨公骥先生就著文指出:

> 在没有文字的时代,每个民族(广义的)都有口头文学:诗歌和神话传说。和古代西方一样,我国古代神话大多散见在公元前的诗歌或学者们的著作中。……虽然我国古代神话大多是在春秋战国(公元前七七〇——公元前二二一年)时代被用文字记载下来,但并不能由此认为这些神话就是春秋战国时的作品。因为,神话本身所表现的主题思想,以形象所反映的现实,就证明了它的产生时代。研究古代口头文学,是不应以

---

① 莫·卡冈,凌继尧、金亚娜译:《艺术形态学》,三联书店1986年版,第400页。

它的记录成书年代断年的。①

　　杨公骥先生认为神话传说与诗歌一样,是每个民族的最早的口头文学。很遗憾,他的见解并没有引起文化界研究者的广泛注意。学术界长期以来仍旧唱着"诗歌是人类文学最早样式"的老调,就连几部权威的文学史著作也如此,如刘大杰在其《中国文学发展史》第一章论及《文学的起源》时说:"文学也是起源于劳动的实践,劳动韵律的再现和生产行为的模拟,是诗舞产生的主要根源。在文学部门里,歌谣产生最早。"游国恩等人主编的《中国文学史》等,也持这种观点。二十世纪九十年代末,杨庆存先生从文学发生学的角度,重新对这一重要的文学现象进行冷静、客观、历史、逻辑地思考,得出了令人信服的结论,他说:

　　　　探讨文学各类文体的始源,必须使用统一的标准和统一的前提条件。而"散文的产生晚于诗歌"说,正是违背了这一原则。探讨诗歌的产生是从口头创作时期寻找源头,研究散文的产生则转而依据文字产生之后的文本资料,故其结论必然是错误的。……没有文字之前,便有"口头文学"。而人类在社会实践的具体交际中,无论是协调动作、交流思想,还是讲述故事、描述事物,都是使用质朴、自然、简单、直接的表达方式,这便是"口头散文",这便是散文的始源形态。可以断定,这种散文始源形态的出现,绝不会晚于口头创作的诗歌。而"散文的产生晚于诗歌论"者,恰恰忽略了这种散文的始源形态,将散文的产生推至文字出现以后,故其结论必然难以令人信服。②

　　当然,最初的"韵文体"与"散文体"的界限并不像现在这样清晰,这正是最初文化的一个鲜明特点,这一特点常使持"散文的产生晚于诗歌"观点的人产生错觉。在中国,他们的依据往往便是《淮南子·道应训》中的那段话:"今夫举大木者,前呼'邪许',后亦应之,此举重劝力之歌也。"劳动之中发出的

---

①　杨公骥:《中国原始文学》,杨若木选编《杨公骥文集》,东北师范大学出版社1998年版,第48页。

②　杨庆存:《散文发生与散文概念新论》,《中国社会科学》1997年第1期。

"邪许"之声,怎么认定它只能属于口头诗歌而不能属于口头的"散文"呢? 在这方面,鲁迅先生的认识要比《淮南子》客观、公允。鲁迅说:

> 人类是在未有文字之前,就有了创作的,可惜没有人记下,也没有法子记下。我们的祖先的原始人,原是连话也不会说的,为了共同劳作,必需发表意见,才渐渐的练出复杂的声音来。假如那时大家抬木头,都觉得吃力了,却想不到发表.其中有一个叫道"杭育杭育",那么,这就是创作,大家也要佩服、应用的,这就等于出版。倘若用什么记号留存了下来,这就是文学。他当然就是作家,也是文学家,是"杭育杭育"派。①

那个最初发表"杭育杭育"的人,鲁迅只把他称作"作家"、"文学家",并没有称作"诗人",同理,那个"杭育杭育派",我们也只能理解为是一个文学流派,而不能断定它一定是个"诗派"。《吴越春秋·勾践阴谋外传》载有一段文字: "断竹,续竹,飞土,逐宍。"(宍,古肉字,指禽兽。)写原始社会中的人们制造弓箭进行狩猎的过程,有人以为是黄帝时代的古歌谣,名之曰"弹歌",后世便也把它视为至今见到的最古老的诗歌。如果不给它的题目标以什么"歌",现在我们把它视为口述狩猎活动的"散文",又何尝不可? 因为在古代的散文中也有这样的二字一顿的句式和节奏。诗歌与散文没有明确、严格的界限,这正是人类最初文化的特点,这一特点直至有了成文典籍的时代还多少地保留着。南宋陈骙所著《文则》中有《论〈六经〉文体相似》条:

> 《六经》之道,既曰同归,《六经》之文,容无异体。故《易》文似《诗》,《诗》文似《书》,《书》文似《礼》。《中孚》九二曰: "鸣鹤在阴,其子和之; 我有好爵,吾与尔靡之。"使入《诗》雅,孰别爻辞?《抑》二章曰: "其在于今,兴迷乱于政,颠覆厥德,荒湛于酒,女虽湛乐从,弗念厥绍,罔敷求先王,克共明刑。"使入《书》诰,孰别雅语?

说《六经》在体裁上无差别当然不对,但说它们的部分文字在体裁上有相似之处,即在散文体中有类似诗歌的文字,在诗歌体中有类似散文的文字,正指出

---

① 鲁迅:《门外文谈》,《鲁迅全集》(第6卷),人民文学出版社1973年版,第99—100页。

了中国早期文化典籍的特点。

"散文的产生并不晚于诗歌",也就是等于说原始神话的产生并不晚于原始诗歌。之所以强调这一点,是想提醒大家:我们中国是世界上少有的文明古国之一,它的神话的产生也是很早的,它也曾有过盛产神话的上古时代。

在我们先民开发的早期,与其他国家早期社会的情况相似,生产力水平特别低下,整个社会的认识水平处于人类"童年"的阶段上,人们认识自然与社会,往往主观地推己及物,把客观环境中的各种事物看作与人一样,具有精神活动能力,从而形成这个时期的基本社会意识——万物有灵的观念,在这种观念的支配下,我们的先民们幻想出了自然神、英雄神、创世神……创造了丰富多彩的神话故事,如女娲造人与补天、夸夫逐日、刑天无头仍操干戚、后羿射日、精卫填海、黄帝战蚩尤、鲧、禹治水等等。

神话是先民从自己狭小感性认识升华出来的一种幼稚的幻象,是借助于幻想来理解自己的生活,来解释自己的认识。神话虽然借助于幻象,但归根到底仍以现实生活为基础,神话中有着历史的影子。在神话中,人们把一切难以理解的奥秘,都归于神的主宰与驱使,神是夸张了的人力和形象化了的自然力,神话中有些神的原型是古代民族的首领或英雄,如我国的黄帝、鲧、禹、后稷等等,这些神化了的首领或英雄后来逐渐历史化,有关他们的神话故事成了"传说",但传说仍同神话有着密切的联系,传说中的英雄人物虽然不再是三头六臂的神,但仍带着某些神性,他们的经历与业绩仍带着强烈的主观幻想色彩而被过分地夸张。神话与传说属群体创作的口头文化,它的产生时间是很早的,在漫长的流传过程中不断加以修饰,最后被文字记录写定那是很晚的事了。

现在能见到的我国最早记载有神话、传说的书籍,当数《左传》、《山海经》、《楚辞》,但这些书籍并不是神话专著,中国的神话、传说散见于各种图籍之中,且多为零星片断。就是这些零星片断的神话,也可隐约看到我们中华民族悠久的历史。渺茫的远古姑且不论,仅从传说中大约四五千年以前的黄帝、炎帝、尧、舜氏族社会算起,到公元前 221 年秦统一六国时为止,这一先秦时期的各种神话、传说,都在向后人诉说着一群炎黄子孙在中国这块土地上,所经历的可歌可泣的奋斗、发展的历史。依据文化发展规律推断,中国古老的神话,必定与世界上其他古文明国家的神话一样丰富多彩,我们的初始文化也是从神话开始起步的,我们的古老民族也是一个善于幻想、善于"编造"神话故事的民族。只是由于种种特殊原因,古老的神话故事流传下来的极少,现在所见到的零星神话,并不能反映远古华夏神话的实际。然而现在确实看到的是一个"贫乏"的中国神话,这是我们不得不承认的客观存在。

和世界上其他民族文化的起源阶段一样,我国文化起源阶段的原始文化形态,也主要是古老的神话和古老的歌谣,它是原始社会历史时期的"百科全书",反映了人类最初那个野蛮时期的低级阶段的社会生活、人们的感情及人们对世界的认识,由于它是最初始的文化形态,包含了后来人类各种形式的文化的最基本的特质。从这一点来看,各民族的文化没有太大的差异,就好像在同一起跑线上赛跑,大家当时是没有什么差别的。各民族本都可以以神话与歌谣这二种原初性的文化形态为起点,但以后的事实是所发展起来的各民族文化却异彩纷呈。神话与歌谣本应对各民族今后的文化发展起奠基与导航的作用,然而各民族的文化发展道路却呈现出很大的不同,尤其是我们中华文化,与西方文化相比,特别是与古希腊文化相比,表现出很大的差异性。

第二节 中西早期文化的差异

古希腊是欧洲文化乃至西方文化的发祥地,古希腊创造的古典文化(主要指希腊神话)至今仍被世界公认为西方原始文化的楷模。古希腊丰富优美的神话,在世界文化中始终是无与伦比的。希腊神话主要包括神的故事和半神的英雄传说,从大地女神该亚到第一代天神乌剌诺斯,再到第二代天神克洛诺斯,再到统治宇宙的天神宙斯,以及宙斯和他的神族主要成员所形成的"奥林匹斯众神",讲述了希腊神开天辟地、代代传承、神的谱系以及众神日常生活的故事,构成了一套完整的神话系列。希腊英雄传说以人物或事件为中心,形成许多英雄的故事系列,主要有代达罗斯父子造迷宫、制羽翼飞行的故事,阿尔果英雄们盗金羊毛的故事,赫剌克勒斯冒险、建功的故事,忒修斯为民除害的故事,俄狄浦斯杀父娶母的故事,以及特洛伊战争中战斗英雄的故事等等。希腊神话故事曲折优美,故事中的神与人一样也有七情六欲,形象完美且数以百计,极富思想意义,成为希腊艺术的宝库和土壤。

古希腊不仅有繁荣的神话,而且能有效地利用神话,希腊的诗歌、戏剧甚至哲学、小说、绘画雕塑艺术等,都从神话传说中汲取了题材,充分体现了作为原始文化的神话传说的文化价值,这也是合乎逻辑的正常文化发展的必然。正如马克思所指出:"希腊神话不只是希腊艺术的武库,而且是它的土壤。"①从希腊这块肥沃的神话"土壤"上,开出了灿烂艳丽的希腊各种文化的花朵。

我们现在看到的古希腊神话,主要产生在希腊人从氏族社会向奴隶社会过渡的时期,他们以神话为主要题材,并将祖先颂歌、英雄歌谣和抒情牧歌进行加工,共同形成了鸿篇巨制的史诗,其代表作品就是传说为盲诗人荷马根据流传的许多神话故事及短歌而综合成的《荷马史诗》。《荷马史诗》大约初步形成于公元前九至八世纪、正式成文于公元前六世纪。《荷马史诗》分为两部分,一是《伊利亚特》,描写特洛伊战争;一是《奥德赛》,叙述的是特洛伊战争结束后,希腊英雄奥德赛归还故里的故事。特洛伊战争大约发生在公元前十二世纪末,希腊人为了争夺爱琴海地区的商业霸权,兴兵围攻居住在小亚细亚西北方特洛伊城的特洛伊人,经过十年战斗,希腊人终于获得胜利。后来人们多用神话的形式来讲述这场战争,《荷马史诗》就是长期流传的关于特洛伊战争的神话传说的总结,其社会历史内容是通过神话的方式来表观的,如关于特洛伊战争的起因,就采用了众神因争"金苹果"而引发战争的神话传说。

公元前六世纪末到公元前四世纪初,是希腊奴隶制发展的全盛时期,希腊歌剧式的悲、喜剧以神话为丰富题材,在吸收史诗的艺术营养,在颂歌、合唱、民间滑稽戏的基础上进一步演化形成。当时希腊有三大悲剧作家:埃斯库罗斯、索福克勒斯、欧里庇得斯,喜剧作家以阿里斯托芬为杰出代表,他们的代表作是《被缚的普罗米修斯》、《俄狄浦斯王》、《美狄亚》、《阿卡奈人》,希腊戏剧

---

① 马克思:《〈政治经济学批判〉导言》,《马克思恩格斯选集》(第 2 卷),人民出版社 1979 年版,第 113 页。

特别是悲剧,大多取材于神话,以至后来产生的小说,也无不受到神话的重要影响,可以这样说:希腊文学甚至绘画、雕塑、宗教乃至哲学等,它们的发展是以其神话为前提为基础的。

公元前四世纪马其顿国王亚历山大大帝镇压希腊各城邦的反马其顿运动,及后来又进行了著名的"东征",公元前三世纪中叶至二世纪中叶,罗马帝国征服马其顿、希腊等地区,这些都客观上促进了希腊神话向整个地中海世界传播,西方的文学艺术家都从希腊神话中汲取过创作的灵感,没有古希腊丰富的神话遗产,便没有欧洲的文艺复兴,西方现当代的文学也会黯然失色。以古希腊为代表的西方文学有着自己的鲜明特色,有着自己独特的发展过程,其过程如果用"神话——史诗——戏剧——小说"来表示,大致是不错的。

过去一些学者评议中国文学,爱套用西方文学的发展模式,认为中国的史诗、戏剧、小说也同希腊一样源于神话,特别是中国古代小说起源于神话一说,为大多数的研究者所赞同,就连鲁迅先生在《中国小说的历史的变迁》中也说:

> 小说是如何起源的呢? 据《汉书·艺文志》上说:"小说家者流,盖出于稗官。"稗官采集小说的有无,是另一问题;即使真有,也不过是小说书之起源,不是小说之起源,至于现在一班研究文学史者,却多认小说起源于神话。……但在古代,不问小说或诗歌,其要素总离不开神话。印度、埃及、希腊都如此,中国亦然。[①]

大家知道我国古代并没有给我们流传下神话的专门著作,分散于各种典籍中的数量很少的零星神话记载,内容简略而又不成系统,其规模无法与希腊神话相比,很难想象如此贫瘠的神话"土壤",能培育出中国绚丽繁茂的小说"花朵"。再看流传至今的万余部中国古代小说,取材于神话的只是少数,而百分之八、九十的古代小说,是以历史事件与历史人物为题材的。这就是中国古代小说有别于西方古代小说的一个特点,这就是中国古代小说发展的一种实际,

---

① 鲁迅:《中国小说的历史的变迁·第一讲·从神话到神仙传》,《鲁迅全集》(第八卷),人民文学出版社 1963 年版,第 314 – 315 页。

那种不从中国文学客观实际出发,只顾一味硬搬和模仿外国的做法,其结论既不符合中国文学的实际,又抹杀了中国文学的民族特色,同时否定了中国文学的真正价值以及对世界文学的伟大贡献。

与西方充分开发利用神话相反,在东方的中国,尽管上古时期也创作了大量的神话故事,但后来却对古老的华夏神话采取了冷落甚至摒弃的态度,意识形态的文化,只要失传,就等于消失。部分侥幸存留下来的神话,也多数被进行了理性的改造,在此基础上,中国大力发展起历史著作来,中国记史大致从文字产生便开始了。东汉班彪曾说:"唐虞三代,《诗》、《书》所及,世有史官,以司典籍。"(《后汉书·班彪传》)认为尧舜时代即有记史之官。刘勰在《文心雕龙·史传》中更认为中国记史始于轩辕黄帝,记言、记事体例创立于《尚书》、《春秋》:"史肇轩黄,体备周孔。"《尚书》中多载周公言,《春秋》为孔子所修,故刘勰在此以"周孔"来称这二部史籍。太古的史书,如《三坟》、《五典》、《八索》、《九丘》等,因皆佚亡,中国记史的确切开始渺难追寻,但仅以具备成熟文字的殷商时代为始,中国记史之早,在世界各国中,也算首屈一指了。范学辉先生撰文说:

> 与源远流长的中华文明相辅相成,中国的历史记载也较早超越了口耳相传的神话阶段,而进化到文字记载的历史。据《尚书·多士》的记载,"惟殷先人,有册有典",至迟在三千多年前的殷商文明早期,业已初步出现了较为成熟的文献典籍。此后商、周两朝的统治者,对历史记载更为重视,在国家机构当中,专门设置了史官系统,如《尚书·顾命》云:"太史秉书,由宾阶隮,御王册命。"《立政》亦云:"周公若曰:'太史!司寇苏公,式敬尔由狱,以长我王国。'"等等。其中,包括以大史为首的"大史寮",和以内史尹为首的作册内史等许多职官。西周时的各诸侯国也大多设有史官。史官的职掌,除负责保存典籍、制作历法、策命诸臣、备王顾命等与文化密切相关事宜之外,如《汉书·艺文志》"古之王者,世有史官,君举必书,所以慎言行,昭法式也。左史记言,右史记事。事为春秋,

言为尚书"所言,主要是侧重于将国家大事真实记录和整理成史书。[1]中国早期的历史著作属于"泛历史",也可以称"泛文学",也可以称"泛哲学",因为它文、史、哲混合,文、史笔兼用,从历史学的角度讲,它是具有形象化的历史著述;从文学的角度讲,它是具有历史事件题材的文学作品;从哲学的角度讲,它又是以生动的事件包含着的深奥哲理。由于这一特点,我们习惯上把中国早期的历史著作,即先秦历史著作,也可视作是中国早期的文学著作,又是中国早期的哲学著作。

中国文化的发展与"历史"结缘最深,受"历史"的影响最大,和神话在西方文化,特别是在希腊文化中的地位十分相似。中国史官设置之早,历史著述其影响力之大,以致最终形成了中国文化的一种"历史化"的传统,形成了显著的中国文化的鲜明特色。汉代之所以成为中国历史学的高峰期,涌现出司马迁、班固、荀悦等一批具有开创性的史学家,创建了多种史著体例,写出堪称后世史学楷模的史著,绝非是偶然的历史现象,而是中国文化发展的必然结果。有人认为,中国文化具有理性的科学精神,就是因为中国发达的史学形成了非神学、非宗教、重经验的传统,中国文化具有了实用的理性指导[2],总之,中国文化受神话影响不大,受史学影响甚深,究其根源,还在于中国古代特殊的社会形态。

第三节 中西古代社会不同的发展形态

社会是人类以共同的物质生产活动为基础而组成的相互联系的生活共同体,社会由经济基础和上层建筑构成。我们所说的文化,指社会的意识形态,特别是指精神财富,即哲学、文学、史学、艺术、教育等,所以文化应属上层建筑的一部分。毛泽东同志曾说过:"一定的文化(当作观念形态的文化)是一定

---

① 范学辉:《导言》,傅永聚、韩钟文总主编:《20世纪儒学研究大系》,范学辉、齐金江主编:《儒家史学思想研究》,中华书局2004年版,第2页。

② 参见李泽厚:《中国古代思想史论》,人民出版社1985年版。

社会的政治和经济的反映,又给予伟大影响和作用于一定社会的政治和经济;而经济是基础,政治则是经济的集中的表观。这是我们对于文化和政治、经济的关系及政治和经济的关系的基本观点。"①在人类的原始社会阶段,能集中反映该社会落后、简单的政治和经济生活的,是原始神话和远古歌谣,它们是各地域人类初期共同的文化形态。从神话与歌谣这一"起点"出发的中西方文化,后来各自走了异样的道路,使中西方文化都具有了各自鲜明的特色,造成了中西方文化鲜明的差异,究其根源,自有各自深刻的政治和经济的社会原因。

作为西方古代文化代表的古希腊,位于欧洲巴尔干半岛的南端,还包括附近星罗棋布的爱琴海诸岛和爱奥尼亚群岛,最大的岛屿是克里特岛。渡海向南经克里特岛可达埃及,向东经小亚细亚可达巴比伦。埃及、巴比伦、印度和我国,并列为东方四大文明古国,希腊的地理位置很容易接近东方古老文明。远在旧石器时代,希腊半岛就有人居住,大约从公元前三千年起,克里特就进入了早期青铜时代。公元前二千年左右,克里特转入中期青铜时代,出现了阶级和国家。大约在公元前一千四百多年,希腊半岛南部出现了迈锡尼王国,迈锡尼文明逐渐取代了克里特文明。大约公元前十二世纪末,希腊北部原始部落南侵,迈锡尼文明也衰落了,希腊又恢复到原始部落的状态。公元前十一至九世纪,是希腊原始公社制解体、新的奴隶制开始产生的时期,这一时期流传下来的文化遗产是"荷马史诗",所以又称这个时期为"荷马时代"。从公元前八世纪起至公元前六世纪,希腊在社会生产中普遍地使用了铁器,促进了农业和手工业的发展,加速了社会的分工,使古老的自然经济中迅速产生了商品经济的因素,同时,广泛的殖民运动,也极大地推动了希腊社会经济的发展。在殖民地上,逐渐形成了众多的"小国",它们以城市为政治、经济、文化中心,联结周围面积不大的农村区域,组成奴隶制城邦式的国家,这些奴隶制城邦有过松散的联合,但始终没有形成统一的中央集权制的国家。不过它的奴隶制社会形态的发展却是比较充分而有典型意义的,它彻底地消灭了原始公社制的

---

① 毛泽东:《新民主主义论》,《毛泽东选集》,人民出版社1964年版,第656—657页。

残余,充分地表观出与古代东方,特别是与古老中国不发达的奴隶制政体不同的特征,其完善的奴隶制国家制度及由此带来的社会文明,远远超过了埃及、巴比伦、印度和我们古老的中国。马克思在《〈政治经济学批判〉导言》中把人类早期文明阶段比喻成"人类童年时代",各民族的"童年"是不一样的,"有粗野的儿童和早熟的儿童。古代民族中有许多是属于这一类的,希腊人是正常的儿童。"①也就是说古希腊由原始社会向奴隶制社会过渡以及奴隶制社会形态的发展,最为充分与完备。

在希腊所有的城邦中,最大的城邦是雅典和斯巴达,特别是雅典,更具典型性。雅典城邦曾是希腊许多城邦国联盟的盟主,历史上常把公元前八世纪至公元前五世纪的希腊历史时期称为雅典奴隶主民主制时期,雅典文明基本代表了希腊文明。组成古希腊的民族,主要是亚加亚族人、伊奥利亚族人、爱奥尼亚族人和多利亚族人,雅典人是爱奥尼亚人的一个分支,这几个民族都属于印欧人种。大约在公元前一千五百年前后,这些印欧人种陆续由巴尔干半岛北部进入巴尔干半岛的南端——希腊半岛,取代了原有的土著皮拉斯基人而成为"希腊人"。雅典人进入希腊阿提卡,大约在公元前一千六百年,他们与其他希腊人一样,当时还处于氏族社会阶段,一切还未脱离氏族部落的野蛮状态。他们进入阿提卡后,不断征服当地各氏族部落,占有他们的土地,驱杀他们的居民,或掠取他们的人口作为自己的奴隶。在公元前一千年至公元前七百五十年之间,雅典人统一了阿提卡,在雅典创立了以雅典城为中心、统一管理阿提卡各部落事务的权力机构,即初级的国家行政机构。公元前597年,梭伦变法前,雅典处于奴隶制的初期阶段,梭伦变法后,确立公民会议为最高权力机关,解放了因债务而沦为奴隶的雅典贫民,雅典的奴隶主贵族转为只奴役外族人。债务奴隶制的废除,使雅典公民有了一定的自由,促进了奴隶主民主政治的发展。公元前五世纪,希腊盟邦战胜波斯后,雅典城邦成为同盟组织的盟主,于是海外奴隶大批地输入雅典,社会广泛地使用奴隶劳动,使雅典的

---

① 马克思:《〈政治经济学批判〉导言》,《马克思恩格斯选集》(第2卷),人民出版社1995年版,第29页。

奴隶制发展到成熟的阶段,雅典成为全希腊最繁荣的城邦。恩格斯说:

> 只有奴隶制才使农业和手工业之间的更大规模的分工成为可能,从而为古代文化的繁荣,即为希腊文化创造了条件。没有奴隶制,就没有希腊国家,就没有希腊的艺术和科学;没有奴隶制,就没有罗马帝国。没有希腊文化和罗马帝国所奠定的基础,也就没有现代的欧洲。①

以雅典城邦为代表的希腊奴隶制城邦的经济基础是小土地所有制,但城市工商业经济占有很大的比重。发达的奴隶制使社会分工进一步发展,与古代中国奴隶社会以自然经济和农村公社制残余继续存在的状态有很大区别。雅典城邦的城市商品经济比较发达,城市社会分工细,由于城市及市场的需要,出现了专业的学者、诗人、艺术家、演员,他们可以毕一生精力去充分利用开发古希腊的文化遗产——神话和传说,然后专心地去研究哲学、文艺学,或从事建筑术、雕刻、绘画等艺术,或创作咏史诗和悲喜剧。

希腊城邦还经常举行大型文艺活动,建有大规模的露天剧场,国家为了利用戏剧对公民进行宣传教育,还向公民发放观剧津贴,鼓励公民们去看演出。当时的演员和剧作家享有很高的荣誉,这就大大地促进了希腊戏剧的发展。奴隶制城邦国家,给古希腊的文化艺术带来异常繁荣的景象,使古希腊文化艺术表现出惊人的创造力,创造出了无比辉煌的成就。

希腊奴隶制经济虽然发达,但在政治上并没有形成中国式的君主专制政体。雅典城邦搞过僭主政治,其政策一般来说代表工商业奴隶主利益,但也一定程度上有利于平民,后来转变为奴隶主民主政治,广大平民有了更多的自主和民主的权利,这种民主政治环境,有利于思想解放,有利于文化艺术的自由发展。古希腊的文化人所从事的文化事业,多受市场需要的支配,而少受上层统治者的政治控制,在某种程度上讲,奴隶主民主政治使古希腊的文化人实现了相对独立的文化人格。他们中的不少人还远涉埃及、巴比伦、波斯等地,进行游学,进行文化交流,从而更大大扩大了他们的眼界,提高了他们从事文化

---

①　恩格斯:《反杜林论》,《马克思恩格斯选集》(第3卷),人民出版社1972年版,第220页。

事业的欲望。与罗马相比,罗马是由城邦制发展为奴隶制大帝国的,政治民主气氛比不上希腊,所以文化艺术就没有希腊繁荣发达。

　　正当古希腊还处于原始社会末期,至少像雅典的奴隶制还处于初级阶段时,在古代东方的中国,它的奴隶制社会却已过早地结束。我国早在青铜时代早期就进入了奴隶社会,即从公元前 2070 年夏王朝建立就进入了文明社会,而在古希腊,进入文明社会是从铁器时代才开始的。世界上许多像雅典城邦那样典型的奴隶制国家,要靠大量奴隶劳动力与大型奴隶市场来形成劳动奴隶制,而大量奴隶劳动力要靠掠夺去获取,大型奴隶市场要靠战争去开辟。而在中国,夏朝帝启是由部落联盟首领转化为奴隶制国家的君主,直至商王朝的奴隶制社会,仍没有形成大规模奴隶劳动与奴隶市场的条件,我国的奴隶社会没有经过劳动奴隶制的阶段,奴隶制没有得到充分发展,因此有个别的学者甚至认为中国不存在奴隶社会。中国的奴隶社会,"其特征是生产力相对的低,商品生产和交换不发达;有着浓厚公社残存;城市和农村不可分离的统一。在这一点上,它与'建筑在土地私有制的,以城市与农村的分离为基础的'古代希腊城邦奴隶制国家,有着不同的特征。"①

　　公元前 1046 年周武王推翻殷商统治建立西周,我国由家长奴隶制进入了封建社会的初级阶段——封建领主制社会。周民族是一个古老的从事农业的民族,自发地有一种重农抑商的传统意识,加上城市经济不发达,商品生产经济始终未能如古希腊城邦那样占据经济重要位置,自然经济一直处于社会经济的统治地位。在这种特定的条件下,周王朝不可能大力发展城市经济,也不可能发展奴隶主庄园大生产,而只能进一步完善商朝末开始实行的按血缘关系分封土地的制度,全面推行分土地封诸侯的政策,按血缘宗法的原则,自上而下地层层分封土地,再自下而上地层层上交贡赋。土地的使用权最终分配给每个生产者家庭,他们都有一份能维持一家基本生活的私田,前提条件是他们必须在公田上从事集体耕作,并将公田的收获上交,这就是所谓的井田制。这种剥削实际就是一种榨取劳役地租的形式,被束缚在这种土地制度下的劳

---

　　① 杨公骥:《中国文学》(第一分册),吉林人民出版社 1980 年版,第 144 页。

动者,不是奴隶而是封建性质的农奴。

中国的奴隶社会是在未能完全成熟的情况下,步入封建领主社会的,这种"早熟"的特点,使新的社会具有了许多"先天不足",它不仅保留着大量的奴隶制社会的残余,甚至还保留着许多氏族社会的残余,因此有人认为西周仍是奴隶制社会,并且成为史学界很有影响的观点。① 判断一个社会的性质,主要看它的社会生产关系,而不是看它诸如是否存在买卖人口等社会观象。在私有制条件下,那个形态的社会不存在买卖人口的现象呢? 马克思主义主张划分私有制社会形态,依据的是对劳动者劳动的占有形式。奴隶社会对劳动者劳动的占有表现为:劳动者的劳动似乎都是无偿地被占有,而实际上,占有者不得不还要支付劳动者一定的生活资料,用这部分有偿的劳动来维持劳动者的生存及生儿育女,目的是使占有者能对劳动者的劳动长期占有,而那部分有偿的劳动好像是占有者的特殊恩赐,并不是劳动者劳动理应所得,所以这部分有偿劳动表面上被无偿的劳动所掩盖。资本主义社会对劳动者劳动的占有表现为:劳动者的劳动看上去似乎都是有偿的,干多少活得到多少工资,工人把劳动当作商品,好像与资本家进行等价交换。而实际上,资本家无偿占有的正是工人劳动的剩余价值,这里的无偿劳动被有偿的劳动假象所掩盖。而封建社会对劳动者劳动的占有表现为:劳动者在劳动中的有偿劳动与无偿劳动在时间与空间上都有明显的区分,既不是有偿的劳动表面上被无偿的劳动所掩盖,也不是无偿劳动被有偿的劳动假象所掩盖。和西方征服异族就强迫异族成为自己的奴隶不同,西周建立后,并没有把殷遗民变为奴隶,而是仍保留他们的氏族组织,分给他们份地,即私田,对他们实行的仍是井田制,统治阶级与被推翻的阶级基本上是一种初级的封建社会的生产关系。

当这种初级的封建社会的生产关系后来遭到破坏,中国已经进入了春秋战国时期。春秋以来,周王朝衰微,各诸侯国争霸,天下大乱,各级贵族乘机利用手中的权力侵占公田、甚至私田,强迫在其土地上劳作的农民交纳各种赋税。那些新兴的地主阶级也利用手中的财富,不断地开辟私田、兼并土地,土

---

① 参见郭沫若:《中国古代社会研究》,人民出版社 1964 年版。

地买卖逐渐合法化。失去份地的农奴,不得不到拥有土地的人那里去谋生,成了被雇用的农民,农民必须把租种地的收成按比例交租,原来的劳役地租的剥削形式转变成为实物地租的剥削形式。井田制时,土地虽然逐层分封,但所有权还是归国家,也就是说,所谓的"私田",实际上所有权还是归公(周天子统治的国家)的,现在土地兼并,土地买卖,国有变成了私有。土地所有制的变化,确定了社会生产关系的变化,社会已经开始向封建地主制社会转型了。公元前221年秦统一中国,标志着封建地主中央集权制正式确立。但秦赋役繁重,刑政苛暴,激化了地主阶级与农民的矛盾,引起农民大起义,其许多巩固封建地主阶级大一统、加强中央集权的政策还未完善,便被起义军所推翻。真正完善、健全封建地主阶级大一统、加强中央集权制,建立成熟的封建地主社会,是由公元前202年建立的汉朝经过几百年的时间完成的。中国较早的具有了成熟的封建社会,与西周封建初期阶段的早熟有很大关系。毛泽东在《新民主主义论》中指出:"自周秦以来,中国是一个封建社会,其政治是封建的政治,其经济是封建的经济。而为这种政治和经济之反映的占统治地位的文化,则是封建的文化。"[①]我国周、秦及汉初,正是希腊奴隶社会处于发展、成熟的阶段,当西方盛开着高度繁荣的奴隶社会的文化花朵时,在东方的我国,则盛开着"早熟"的封建社会的文化花朵。

在西周之前的夏、商王朝,虽然有了文字,设置了史官,但是宗教迷信的观念占据着意识形态的主导地位,夏、商统治者打着"天命"的旗号,来行使着手中的权力,代表这一观念的巫文化仍保持着强大的态势。而从周朝之后,社会形态发生了巨大变化,人们的思想观念随之也发生了巨大变化,逐渐从重天命而转向重人事,统治者更强调的是以德治国,敬德保民,统治阶级指导思想的变化,使巫文化的优势逐渐让位于礼乐文化。西周王朝衰落后,礼乐文化的中心东移,至春秋战国时期,以邹鲁为中心的儒家学派,以仁为体,以礼为用,系统地完成了构建礼乐文化的思想体系,其主要代表人物为孔子、孟子,人们也称这种礼乐文化为孔孟之道。至汉,为了适应成熟的封建社会形态,又对儒家

---

① 毛泽东:《新民主主义论》,《毛泽东选集》,人民出版社1964年版,第657页。

礼乐文化进行了改造,形成更加系统的以伦理为宗的封建思想体系,从此,中国二千多年的封建地主社会的意识形态主体建设基本完成。

从西周至汉,虽说都属封建社会形态,但因其发展阶段不同,它们各自的文化也存在着很大差异。西周虽是大一统的封建国家,周天子是天下人的共主,全国的土地归国所有,但它处于封建社会的初级阶段,实行的是封建领主式的分封制,由于诸侯国的制约,中央集权是有限的,大一统的形式是松散的,代表社会意识形态的王官文化(也可称史官文化)主要还局限于上层统治人物的言行记载,史官只尽着职官的责任,王官文化还没有成为"经世之学",对整个社会的影响力是有限的。

而秦、汉却不同,它们已是封建地主社会形态,进入成熟的封建社会阶段,为了适应封建地主社会大一统、中央集权制的需求,它们都要实行文化专制。不过秦、汉选择的专制文化即官方思想是不一样的。秦选择了与周王朝截然不同的法家的思想,实行的是"无书简之文,以法为教;无先王之语,以吏为师"的文化专制政策。(《韩非子·五蠹》)企图实现意识形态上的法家专制,推行消灭传统文化的愚民政策。事实证明这种文化专制,表面上加强了帝王的绝对权威,加强了中央集权制,加强了社会大一统,而实质上,恰恰相反,正是单一的法家刑罚思想断送了中央集权制与大一统的社会。而汉吸取秦亡的历史教训,选择了适合于封建大一统和封建中央集权制的儒家思想,但对其他诸子思想并没有采取残暴的取缔政策,汉代虽提出"罢黜百家,独尊儒术"的口号,但他们所谓的"儒术",已经融入了阴阳五行及他家的有关学说,在两汉期间,道、法等各家思想都在顽强地表现着,事实证明汉代并没有割断中国传统文化,甚至说,它又重新恢复了被秦帝国短暂地中断一时的中国传统文化,它对儒学为主体思想的选择,适应了新的封建大一统需求,所以这种选择是正确的。

从封建大一统这一角度来看,从西周到秦、汉,中间还有一段天下大乱、礼崩乐坏、大一统遭到极大破坏的时期,这就是春秋战国时期。西周虽是松散的大一统,但其还有统一的文化,即王官文化,王官文化属官方文化。而春秋战国的文化,则是以士阶层为主体的文化,而士阶层此时已不属于名存实亡的周王室的统辖,这些活跃在春秋战国政治舞台上的士阶层,各抒己见,创立了各具特色的具有门户之见的"私学",形成学派林立,百家争鸣的局面,有人称之为不属官方的士文化,与官方文化相对应,也可以称之为私学文化。秦、汉建立新的大一统,又重新建立新的官方文化,这是有别于西周官方文化的新的官方文化,而这种新的官方文化又主要借鉴了春秋战国的私学文化。然而秦帝国所建立的新的以法治为核心的官方文化,并不能适应封建地主大一统社会,而汉代建立的新的以儒家伦理道德为核心的官方文化,却适应了封建地主大一统社会,成为了中国二千年封建社会的主导性文化。

第三章 深厚的文化积累

先秦文化是在中国文化发生、开拓的时期，我们的先民一代又一代所创造的精神成果。春秋战国是先秦的末期，是由封建领主制向封建地主制转型的时期，五百多年的春秋战国文化成为先秦文化中最重要的组成部分，它以其深刻、成熟的哲理成为中华民族思想库中的璀璨瑰宝，以其早熟的史学意识与体例完整的史著居世界史学先列，以其美学价值极高又风采各异的文学作品成为后世文学创作的楷模与典范。汉代继秦王朝灭亡而建，是我国第一个封建社会的盛世，纵观汉代主体文化，它的形成原因很多，其中夏、商、周三代文化，特别是春秋战国的文化对汉代主体文化特色的形成，给予了十分深刻的影响。这不仅因为汉离春秋战国逝去的时间不长，而更重要的是春秋战国无论哲学、史学、文学都取得了前所未有的辉煌成就，为汉代主体文化的发达提供了非常珍贵的精神资源。

第一节 理性自觉的时代提供了理性精神

汉代发达的主体文化，需要理性的思想去指导，而以"先秦诸子"为标志的春秋战国哲学思潮，恰好为汉代主体文化的产生与发展提供了理论指导。

作为中国传统文化，其起源虽然很早，然而最初产生的哲学，是非理性的宗教哲学，理性哲学产生是比较晚的。中国的氏族社会就不用提了，就连中国的奴隶社会都不能产生出比较系统的理性哲学体系，这是由于当时生产力极度低下，生产者的生活极端困苦，落后的生产方式，仅为了求得人们的生存，人与自然界浑然一体，单调的社会环境与社会生活，使人们认识能力低下，严重地影响了人们的理性思辨和逻辑论证。那时,祖先崇拜和宗教神学紧紧地束缚着人们的头脑,而作为理性形态的哲学体系却无一席之地,这也是中国奴隶制很不典型的特征之一。中国理性哲学的勃兴并达到第一个高峰,发生在春秋战国时期,其标志性的精神成果,便是春秋战国时期各个学术派别的著述。中国理性哲学高峰的出现,是中华民族聪明智慧的高度体现,它标志着中华民族优秀精神文明的产生,证明中华民族的理性思辨与抽象思维达到了一个历史高水平,尽管我们的理性思辨和逻辑论证远不能与当时的西方相比。

在先秦诸子之前,中国成文的文化形态至少已经有千余年的发展历史,先秦诸子有着蓄积久远的文化积淀。先秦诸子直接源于王官文化,或称史官文化,王官文化是一种王室操控的专制文化,其代表性典籍便是所谓的"六经",或称"六艺",即《诗》、《书》、《礼》、《乐》、《易》、《春秋》。先秦诸子一方面借鉴、继承了六经的思想与形式的精华,一方面在思想与形式上又有重大的突破与创新,使文化从官方控制下解脱出来,从初始的"经"的桎梏中解放出来,成为个人自由表达思想的"子学"。

先秦诸子文章与先秦史传著作的形成,标志着王官文化的衰落与士文化的兴起,导致这种巨大的文化变革,首先是缘于社会的变革。

先秦是一个极其漫长的历史时期,它经历了原始社会、奴隶社会和初级封建社会三种社会形态。中国第一个奴隶制国家夏王朝诞生,完成了由野蛮向文明的决定性跨越,拉开了华夏文明的序幕。夏王朝奴隶制的建立比古希腊的奴隶制大约早13个世纪,它以其"早熟"的特点,为推进人类进步作出了重大贡献,同时,也因"早熟"的特点制约了此后中国的历史与文化的基本走向。中国奴隶社会的"早熟"带来了许多先天不足,尽管中国的奴隶制又经历了大约一千多年的发展,但和较晚形成的古希腊奴隶制相比,奴隶制社会的诸多因素,如物质生产与精神生产的分工、商品经济等等,都发展得很不充分。它一方面使中国历史加快了前进的步伐,另一方面使过早步入封建社会的西周保留了大量的旧社会残余。当古希腊在大力发展其奴隶制的时候,中国社会又面临着一次翻天覆地的历史转折,这就是春秋战国时期的社会转型。由于大量地存有旧制度残余,也由于这场变革比较彻底,所以变革进行得异常激烈而持久。从春秋初叶到战国后期,社会一直处于阶级改组、政局动荡、社会矛盾尖锐化的大变革之中。在社会变革中,井田制逐渐崩溃,土地私有制逐渐扩大,随着这种经济基础的变革,社会结构、阶级关系也都相应发生了巨大变化,出现了王权旁落、诸侯并起、礼崩乐坏、天下纷争、领主分化、地主兴起的天下扰攘纷乱的局面,但社会的总趋势是封建领主制逐渐向封建地主制转化。动荡的社会孕育出充满活力、代表先进生产方式的封建地主经济制度,孕育出代表历史进步趋向的封建地主阶级,同时也为人们提供了提高认识能力、思维能力的丰富的社会历史生活条件,这无疑大大激发了社会新的思想意识的产生,于是站在历史进步的高度,具有新的世界观的一批思想家、理论家便应运而生,出现了诸子蜂起、学派林立、前所未有的思想活跃的局面。这些思想家与理论家反映着不同阶层的利益和意识,他们各抒己见,互相辩驳,开创了一个百家争鸣、处士横议的时代,理论上、学术上的激烈争辩,正反映了经济基础与上层建筑的巨变。诸子是新兴的士阶层中的饱学之士,随着士阶层的崛起而登上当时的历史舞台。封建领主制的全面崩溃,为诸子赢得了施展才华的天地,他们摆脱了旧的宗法制的层层束缚,获得了相对的政治自由,对社会的一切现象皆可自由地"横议",和一切学派皆可自由地"争鸣",他们一方面不自觉地背负着旧的历史传统,一方面又自觉地面对着新的社会现象,努力以自己的认识反映出转型期社会变革的现实,也以自己的理论参与推动社会的变革。

先秦诸子大都来自士阶层。"士"在封建领主制的西周,属于贵族领主中的最低阶层,在封建地主制逐渐取代封建领主制的历史过程中,他们最容易丧失土地而无法维护其最低的贵族地位,最早地从贵族领主阶级中分化出来,摆脱对卿大夫的依附关系,而成为社会大变革中的最活跃的社会力量。他们凭借自己掌握的文化知识,积极投身于社会变革的洪流,企图取代旧的社会统治者。为了达到这一目标,他们都自诩为乱世的救世主,都把自己的利益说成是社会全体成员的共同利益,把自己的思想赋以普遍的意义。他们纷纷用自己的理论给大变革的社会以新的解释,努力使自己的认识成为新的时代的意识。由于他们观察社会的立场不尽相同,看问题的角度也各有差别,因而其理论上的主张也五花八门。但是他们都处在生产力大发展、农奴大解放的时代,他们又有大致相似的经济地位,与其他统治阶级比,他们相对低下的地位,使他们有条件接触人民大众,并看到了人民大众在历史变革中的巨大历史作用,从而具有了更多地关注并肯定平凡人价值的意识。在社会大变革中,他们以新的意识来审视旧的社会制度,从而对旧社会体制产生了怀疑,对新的社会表示向往,他们不相信天神,也不迷信天命,认为人能创造美好的新社会,他们并对创建未来社会有种种设想。因此他们的理论又有一个相同的倾向,即他们都以人文主义、民本思想为理性大旗,高扬人的主体意识,否定天神的权威,肯定人格的尊严,都把人生价值的实现放在现实的社会,而不是放在未来的天国。他们都在建构自己的理论体系,都在建立一种理性的人生哲学,用以解释和改造现实社会。

先秦诸子思想是先秦文化,特别是夏、商、周三代文化积累的必然结果。三代文化体现了古老华夏民族的思维、智慧、审美和民族精神,它们对先秦诸子之所以有重大的影响,在于其本身就含有一定的理性精神,在此基础上,先秦诸子把这种含有一定理性的精神发展成为具有自觉性的理性精神。先秦诸子思想的理性精神与西方文化的理性精神有所不同,它除了具有逻辑推理、抽象思维的能力外,还包含着认识主体本身品性修养的内在力量,也就是不仅具有感知、判断的能力,还包含着人性完善、人格高尚的力量。先秦诸子思想的理性精神,侧重点不是逻辑推理,而是伦理道德的阐述,在关注抽象哲理的同时,更加关心的是现实的政治、社会、民生与人格修养问题,不是倾全力以冷静的思辨去分析某一事物的性质与规律,而主要是从民族的、时代的、社会的、道德的整体方面去直觉地感悟,以炽热的感情去追求认识主体的价值与人生意义。先秦诸子思想具有伦理的、道德的、感情的色彩,在此基础上发展起来的汉代文化,自然有其承传渊源关系,所奉行的指导思想也自然以伦理道德为宗,人伦道德是汉代乃至中华文化的灵魂。

先秦诸子的理性精神特别强调认识的主体——人,在其理论思维中,以人道、人性、人生、人格为本位,组成了一种知识意向和价值意向,其最基本的思维模式便是"天人合一",这是一种自然与社会、宇宙与人生在观念上一体化、和谐统一的哲学思维模式。与西方文化的理性精神也有所不同,西方文化的理性精神赞赏人向自然社会的征服、索取，主张天人分离、对立。孔子、孟子的分等级的爱人，墨家的泛爱人，道家反对礼仪束缚人性，法家认为谋私是人的天性，都是把人与社会融为一体，在社会与人互相统一的条件下，承认并强调人的价值，确认人是宇宙万物中不可缺少的组成部分，并占据着中心的位置，先秦诸子之学使中国传统的理性精神关注的中心，最终定位在"人"上。汉代董仲舒的"天人感应"论，宣扬尊天而屈人，固然是对先秦诸子强调人的价值理论的一种倒退，但"天人感应"也属"天人合一"的范畴，"天人感应"说也在一定程度上承认人的价值，人能感动天，就说明他承认人的作用。他曾说："何为本？天、地、人，万物之本也。……三者相为手足，合以成体，不可一无也。"(《春秋繁露·立元神》)说明对人也是比较重视的。以人文主义为特征的先秦诸子理性精神，是中国古代传统理性精神的高度发展，诸子掀起的理性精神的新高潮，成为中国理性精神高度自觉的伟大开端。汉代史学一改传统史学以事为中心的体例，改编年为纪传，以人为中心，无疑受到先秦诸子重视人价值的思想的启发。

封建领主制的瓦解，传统天神权威的失落，社会发展需要的呼唤，士阶层强烈的历史责任感等等，都为先秦诸子的产生提供了重要的条件，于是在春秋战国之际，各种学派与学说便应运而生，一时竞起。他们各持自己的哲学观、政治观、人生观、审美观与方法论，在互相辩难中，又互相吸收、渗透，不断丰富、完善着自己的理论。他们的学说相反而相成，互补又互融，如百川竞流又同归于大海。他们所阐述的思想，有许多共同之处，如他们都反对分裂而赞同政治上的大一统，都客观地反映了转型期春秋战国时代历史必然发展的趋势。孔子主张"天下有道，礼乐征伐自天子出"(《论语·季氏》)，有人问孟子"天下恶乎定？"孟子回答说："定于一"(《孟子·梁惠王上》)，荀子主张"法后王而一制度"(《荀子·儒效》)，韩非主张"事在四方，要在中央。圣人执要，四方来效"(《韩非子·扬权》)，庄子也对"天下大乱，贤圣不明，道德不一"表示不满(《庄子·天下》)，在如此重大的问题上，各学派竟一致拥护天下一统。汉代文化一个鲜明的特点，就是始终体现着大一统的精神，如果说先秦诸子鼓吹大一统，只是盼望大一统的到来，而汉代文化则是既继承了先秦诸子大一统的思想,又是对自己的时代真正实现了大一统的颂扬。当然,对于如何建立大一统政治,先秦诸子又各抒己见,正因为自由争鸣,才造成了中国文化的空前繁荣与发达,从不同角度为新的封建社会的建立提供了新的意识形态。汉代思想界出现过兴旺、活跃的景象,正是继承了先秦诸子百家争鸣、相互吸收、融合各家思想的结果,而一旦取消了学术自由的风气,形成法典式的官学时,思想就僵化失去了它的生命力。儒学在汉代变为官学,由"子学"变为正统"经学",后来又与谶纬结合,使原本生气勃勃的儒学日趋衰微,这是客观的汉代儒学发展历程,是谁也否定不了的历史事实。

春秋战国的主体文化成果,主要是先秦诸子散文与先秦历史散文,从大体上来说,先秦历史散文是历史与文学的混合形态,先秦诸子散文是哲学与文学融为一体的综合形态。细分析,则又都是文、史、哲混合的形态。春秋战国的主体文化不论哪种形态,都把求真——认知、求善——评价、求美——审美这三种把握世界的方式紧密地结合在一起。那时的主体文化还没有完全从文、史、哲混合的形态中分离出来,人们在叙述历史与议论事理时,仍习惯于运用形象的手法,这样,历史著作同时也是以历史事件为题材的文学作品,哲学著作同时也是蕴含着哲理的艺术散文,使历史文学化,哲理诗情化。先秦诸子常采用叙述、描写甚至抒情的方式,运用生动的事例与形象来说理,论辩中渗透着作者强烈的感情,显示着作者的人格与性格,又注意采用精美的文辞与不同的艺术风格,使理性概念伴有诱人的情趣,抽象思辨中涵容着一定的美学意蕴。汉代主体文化仍保持着这一传统,哲理文有着文学的色彩,史学著作也是文学著述。文、史、哲相混合的形式,在汉代达到了完美的极致,汉代的政论文就是先秦诸子散文精神的进一步发展,《史记》就是先秦史传传统发展的高峰。正因如此,"物极必反",文、史、哲的独立发展也从汉代开始发轫了。

第二节　汉代文化形成的哲学基础

我们所谓的汉代哲学、汉代史学、汉代文学,只是相对的给予一个称谓,实际上,汉代哲学、汉代史学、汉代文学往往是融合为一的,如汉代的史学,主要是文学与史学混合的形态,当然还包含着哲学的成分。我们说汉代是中国史学发展的高峰期,同时标志着中国的文学也进入了一个新时代。我们虽然称《史记》、《汉书》等汉代巨著为史著,但实际上,它们也是汉代优秀的文学名著,我们讲汉代史学,在某种意义上也包含着汉代文学。汉代史学是先秦史传的继承与发展,这是显而易见的,然而汉代史学的产生与发展,还需要哲学作为它的思想指导,而先秦诸子则给汉代史学的繁荣发达提供了丰富的思想资源。

先秦诸子号称"百家",《汉书·艺文志》主要列了"九流十家",即儒、墨、道、阴阳、法、名、纵横、杂、农、小说诸家流派,从哲学思想来看,这十家对汉代主体文化的影响力有大有小,有的甚至到汉代时,其影响力已微乎其微了。

对汉代文化最有影响的哲学派别当推孔子、孟子为首的儒学和老子、庄子为首的道学。儒学主张"礼乐"、"仁义"、"忠恕",奉行"中庸"之道,提倡"王道",推行"仁政"、"德治",以伦理、道德性的人文主义哲学奠定了汉代封建宗法文化的理论基础;而道学主张"道法自然",认为天道无为,万物自然化生,以自然型哲学否定古代神权主宰和宇宙神创说,并在一定程度上表现出对封建宗法文化的怀疑和批判。其他学派也都以自己的学说参与各学派的争鸣,他们各持一端,观点上好似相互对立,客观上却又相互补充;他们相互批判,客观上又相互融合。这是由于他们的思想大都是封建地主经济制度逐渐走向胜利、封建领主经济制度逐渐走向灭亡这一历史转变时期的派生物,所以他们的思想有着深刻的融合基础。司马谈在其《论六家之要指》中说:"《易大传》:'天下一致而百虑,同归而殊途。'夫阴阳、儒、墨、名、法、道德,此务为治者也,直所从言之异路,有省不省耳。"(《史记·太史公自序》)这些在百家争鸣中所涌现出来的儒、道、法、墨、名、阴阳诸家学派,以其各自思想的精华,共同构成了中国早期封建社会"转型期"的社会意识形态,这种意识形态以理性的哲学形态,取代了长期以来天命神学和祖宗崇拜的思想统治,把民族的理性认识水平提高到前所未有的高度。这些哲学思想比较完整地继承了以往古代文化的传统,又历史地成为"转型期"中国传统文化的代表,并逐渐凝结成为我们民族精神与民族心理的基本素质,而成为汉代文化发展所借鉴的哲学思想。

诸子学说开创了一个理性自觉的时代,标志着中华民族自我意识的觉醒,形成了我国传统哲学的高峰,对后来汉代文化的产生与发展发挥了巨大的推动作用。一定的社会存在决定一定的社会意识,社会意识一旦形成,就具备了对社会存在的反作用力,有时这种反作用力是非常巨大的,尤其是哲学理论一旦为先进阶级所掌握,就会转变成巨大的物质力量与新的精神力量,从而大大推动他们的物质生产与精神生产。

诸子哲学思想的巨大推动作用首先体现在:它以不同于以往任何宗教神学的意识形态,积极促成了秦汉封建地主中央集权制的确立,并为汉代文化提供了先进的世界观与方法论,推动了汉代文化的高度发展。诸子哲学对汉代哲学的形成与发展的巨大影响力,这是众所周知的,现在我们且以汉代史学为例,看看先秦诸子哲学是如何促使汉代的史学成为传统史学的高峰的。

如果说在中国传统哲学高峰的时代,灿烂的中国文化主要体现在诸子关于人类与自然、社会与思维关系的哲理思辨上,那么,在中国传统史学高峰的汉代,灿烂的中国文化主要体现在汉代史学家对中华民族发展过程的形象叙述中。诸子对人类与自然、社会与思维、群体与个体的辩证关系作了精彩论述,体现了封建社会"转型期"中国人的理性认识,而这种认识为大一统封建地主中央集权制下的汉代人认识整个民族所创造的历史提供了思想武器。哲学高峰是史学高峰形成的思想前提,史学高峰的形成是哲学高峰发展的必然结果,二者有着必然的文化联系,共同体现着中国传统文化的辉煌成就。

历史学只有获得民族自我觉醒的意识,具有先进的历史哲学观,才会可能有民族发展的理性总结,历史学家才能站在理性的高度,以唯物主义的自然观来"究天人之际",以先进的历史观来"通古今之变",以揭示人类发展过程及其内在规律而"成一家之言",把历史学真正变为科学。

例如道家认为道是万物的本质,是万物的自然法则,道虽虚无抽象,但绝非神秘,因此以道为核心的道家哲学观基本倾向于唯物主义。汉代史学家大都接受了这种哲学思想,并以这种哲学思想为其史学理论的根据。关于世界的起源与本质,人类很早就对此进行了探索,然而在氏族社会与奴隶社会漫长的年代,总是用祖宗的神话与神的意志来解释这一切,一直到老子出现,才给世界以近似唯物主义的理性说明,从这点来看,可以说老子是中国历史上最早出现的朴素的自然哲学家。老子把天地万物的运行生灭,完全看作是遵循着道的自然法则的结果,并非是什么人格化的神在驱动。庄子更发展了老子的"道法自然"的思想,认为"道"是物质实体,也就是"无",一种人们感觉不到的无形物质实体,它是构成可感觉的、有形万物的原始材料,他说:

> 泰初有无,无有无名。一之所起,有一而未形。物得以生谓之德;未形者有分,且然无间谓之命;留动而生物,物成生理谓之形;形体保神,各有仪则谓之性。(《庄子·外篇·天地》)

这里庄子所说的"无",相同于他在《知北游》、《则阳》等篇中所说的"气"。因其无形,在形成有形物前,说不上什么名称,姑且称之为"无名",这是构成万物的原始材料,物得到它成形,这称之为"德";它把自己的部分原始材料赋予物,这称之为"命";只有形成了有形物体,才谈得上"仪则"。世界的本质与起源必须从物质方面去探寻,这一观点是唯物主义自然观的内核,运用这种自然观,才能比较客观地把握世界本质及其发展过程,给人类历史一个比较科学的阐释。作为史学家的司马迁和他的父亲司马谈十分赞同道家唯物主义自然观,认为:

> 道家无为,又曰无不为,其实易行,其辞难知。其术以虚无为本,以因循为用。无成势,无常形,故能究万物之情。不为物先,不为物后,故能为万物主。有法无法,因时为业;有度无度,因物与合。故曰"圣人不朽,时变是守。虚者道之常也,因者君之纲也"。……乃合大道,混混冥冥。光耀天下,复反无名。(《史记·太史公自序》)

一切从最根本、最原始的"无名"开始,最终又归之于"无名",一切因物而自然,一切顺之于物性,而并非受一种超物质的精神或一种虚构的天帝意志来操纵。

对于人类的形神关系,司马氏父子也同样运用道家唯物主义自然观来认识,认为:

> 凡人所生者神也,所托者形也。神大用则竭,形大劳则敝,形神离则

死。死者不可复生，离者不可复反，故圣人重之。由是观之，神者生之本也，形者生之具也。不先定其神形，而曰"我有以治天下"，何由哉？（同上）

这里所说的"神"与庄子所说的"精"是一回事，庄子主张无形产生有形，道产生精神，精神又产生肉体。他在《知北游》篇中说："夫昭昭生于冥冥，有伦生于无形，精神生于道，形本生于精，而万物以形相生。"这些主张都属朴素唯物主义的"精气论"，把"精"与"神"理解为精细、无形的物质，依附于人体，并表现为精神活动，当人死亡了，精神也就化为乌有。庄子及司马氏父子的认识有严重缺陷，不能够论证精神是人脑对外部物质世界进行加工的产物，将精神与人体的复杂关系理解得过于简单，但尽管如此，这种认识却已经鲜明地和宗教神学的创世说、造人说及灵魂不灭等虚妄的观点划清了界限。

东汉史学家班固等人编撰的《白虎通义》，虽然受谶纬迷信影响较深，但也有赞同道家观点的地方，其《天地》篇中说：

始起先有太初，后有太始，形兆既成，名曰太素，混沌相连，视之不见，听之不闻，然后剖判，清浊既分，精出曜布，度物施生。精者为三光，号者为五行，行生情，情生汁中，汁中生神明，神明生道德，道德生文章。

这里所说的"太初"与庄子所说的"无"，所指相同。从太初到太始到太素，即由气到形到质，由混沌到有序到万物生成。班固等人唯物地描述了世界生成的过程，不仅有形的世界是如此，就连无形的性情、精神、道德、意识等等，其产生的本源也来自"气"，这种认识，在汉代史学家中具有普遍性。汉代史学家继承了道家唯物主义自然观，同时也吸收了阴阳家阴阳五行说的"合理的内核"，摒弃了它严重的迷信部分，发展了它的唯物主义因素，从而把汉代历史学建立在唯物主义自然观的基础之上。

再如，汉代史学家也充分地吸收了儒家重视人的主观能动的思想。儒家是诸子百家中最有影响的一个学派，其理论最显著的特点，就是尽可能地用人事来说明社会历史，而避免使用"天道"来解释人事。《论语·述而》篇记载儒家创始人孔子"不语怪、力、乱、神"，《论语·先进》篇还载："季路问事鬼神。

子曰：'未能事人，焉能事鬼？'曰：'敢问死。'曰：'未知生，焉知死？'"孔子认为人是创造历史的动力，说明社会历史现象也只能从人入手。据此，他提出"仁"的学说，并作为其伦理道德哲学的基础。"仁"的核心就是"爱人"。人尽管按其社会地位分为若干等级，但并不妨碍把所有的人，包括受压迫被剥削的劳动者也当人看待，这是孔子具有的顺应农奴解放历史大趋势的新思想，从这一点讲，孔子是封建社会第一个真正发现人的价值的哲学家。在《论语》中，就记载了孔子多次对"仁"的解说，在孔子看来，"仁"是包含多方面行为规范与道德品质的一种原则，说到底，就是以宽厚慈爱的态度对待人，如他在《雍也》篇中说："夫仁者，己欲立而立人，己欲达而达人。"在《颜渊》篇中说："己所不欲，勿施于人"，仁，是儒家最高的道德原则，也是儒家历史观的最高原则。孔子的"仁"学，主张爱惜人力，尊重人格，肯定人的社会历史作用，给各等级的人以一个比较适当的社会地位。

到了战国时期，孟子又把孔子的"仁"学思想发展成为更加系统的"仁政"学说，孟子主张所有统治者都应实行仁政，乐民之所乐，忧民之所忧，如果执政着眼于争取民心，政治上就会达到"人和"，这是富国强兵的决定因素。他指出："天时不如地利，地利不如人和"。（《孟子·公孙丑下》）比起孔子来，孟子更重视劳动者的作用，他认为国家兴亡、社稷陵谷，全在于民心的向背，他说：

> 桀纣之失天下也，失其民也，失其民者，失其心也。得天下有道，得其民，斯得天下矣；得其民有道，得其心，斯得民矣；得其心有道，所欲与之聚之，所恶勿施，尔也。民之归仁也，犹水之就下，兽之走圹也。故为渊驱鱼者，獭也；为丛驱爵者，鹯也；为汤、武驱民者，桀与纣也。（《孟子·离娄上》）

从桀、纣失天下，汤、武得天下，总结出一条非常重要的历史经验，同时也是一条客观的历史发展基本规律：劳动人民最终决定着国家生死存亡的命运。后来的荀子更明确地指出："君者，舟也；庶人者，水也。水则载舟，水则覆舟。"（《荀子·王制》）

伟大的史学家司马迁早在年轻的时候，就被孔子儒学尊重人、理解人、爱惜人的伦理情感所感动，他在《史记·孔子世家》传赞中写道："《诗》有之:'高山仰止,景行行止'。虽不能至,然心向往之。余读孔氏书,想见其为人。适鲁,观仲尼庙堂车服礼器,诸生以时习礼其家,余祗回留之不能去云。"儒家的"仁"学观点给司马迁进步的历史观奠定了思想基础。司马迁历史观的核心就是认为决定人类命运的是人类自身,是人创造了社会历史。他在《史记》中热情地赞扬那些在政治、军事、文化、科技等方面谱写一代历史新篇章的民族精英,讴歌那些极大推动社会历史发展的代表人物。司马迁认为影响历史发展的是人本身,人事的成败只有到人事方面去找原因,如项羽兵败,项羽自认为是"此天之亡我,非战之罪也。"司马迁批判说:"自矜功伐,奋其私智而不师古,谓霸王之业,欲以力征营天下,……过矣。乃引'天亡我,非用兵之罪也',岂不谬哉!"(《史记·项羽本纪》)

正因为司马迁紧紧抓住人是历史创造者这一根本,才在自己的史著中着力叙述历史发展中人的历史作用,着力叙述社会中人与人之间复杂的种种关系,着力叙述人物之间的斗争及其矛盾不断发展的过程,从而发现与揭示这个历史过程的本质规律,有了这样的指导思想,创立人物传记的史学体例就是很自然的事了。

马克思和恩格斯在《德意志意识形态》的手稿中,曾写过这样一段话:

我们仅仅知道一门唯一的科学,即历史科学。历史可以从两方面来考察,可以把它划分为自然史和人类史。但这两方面是密切相联的;只要有人存在,自然史和人类史就彼此相互制约。自然史,即所谓自然科学,我们在这里不谈,我们所需要研究的是人类史,因为几乎整个意识形态不是曲解人类史,就是完全撇开人类史。[1]

汉代史学家把人看作是创造历史的动力,社会发展史就是人类发展史,历史的一切变故都要从人事活动中去寻求答案,批判和否定了多少代以来总以虚妄

---

① 马克思和恩格斯:《德意志意识形态》,《马克思恩格斯全集》(第三卷),人民出版社 1960 年版,第20页。

的天道来解释历史的谬误,还历史一个本来的真面目,从而把历史学真正变为一门科学。

中国传统哲学高峰为中国传统史学高峰的形成提供了思想基础,当然,汉代史学家并非简单地继承先秦诸子的哲学思想,而是在充分吸收诸子哲学思想精华的基础上,又对诸子哲学思想进行了改造、发展和创新。但中国传统哲学对中国传统史学的影响是至关重要的,可以说,没有中国传统哲学高峰的形成,就不会有中国传统史学高峰的到来,就不会产生代表着一个时代史学水平、文学水平的伟大著作。

第三节　汉代文化兴盛的文学底蕴

中国传统主体文化,其发展初期的先秦阶段就具备这样一个显著的特点,即彼此紧密联系,相互涵蕴,也就是说文、史、哲混为一体而互相包容。哲学家虽然侧重于追求善,史学家虽然侧重于追求真,文学家虽然侧重于追求美,但共同的真善美统一的价值追求,使他们各有侧重而又互相兼顾。例如庄周的哲理是艺术化或诗化的哲理,因而可以认定他是一位文学化的哲学家;左丘明叙述历史,带着个人主观感情,所叙述的历史人物,有一定的艺术形象,因而可以认定他是一位文学化的史学家。先秦时期,我们一般只把诗歌辞赋视作单一的文学形态,除此之外,就不存在其他的纯粹文学形态了,也就是说除了诗人赋家外,在先秦时期不存在单纯的文学家。这种传统在汉代仍被继承,贾谊、晁错的政论文,《淮南子》、《论衡》等哲理文,《史记》、《汉书》等人物传记,都有文学的特点,从文学角度看,说这些作品都是文学作品,说这些作者同时也是文学家,还是恰如其分的。

中国传统的哲学与史学都能将形象性与逻辑性比较完美地结合,中国传统的哲学需要文学,中国传统的史学也需要文学。如汉代司马迁开创的纪传体史学是以历史人物为中心,又以历史人物为编撰体例的,这些历史人物的素材虽由作者取之于以往的文字记载与当时的口头传说,但又都经过作者个人的理解,然后才将他们艺术地再现出来。在这些再现的历史人们身上已经附着了作者的人生体验和强烈的是非感、身世感,在叙述这些历史人物的不同命运中,已经寄寓了作者的人生价值观和鲜明的爱憎,使这些历史人物形象具有了震撼人们心灵的艺术魅力。从以上几个方面看,《史记》这部纪传体史著同时又是一部文学著作,一部地地道道的历史文学著作,也就是我们常说的传记文学。司马迁使用文学的笔调来写历史,开创了传记文学,后来的封建社会代代都有传记文学的向慕者与继承者,但整体上没有人能够超过司马迁,《史记》传记文学所达到的艺术高度,可以说是前无古人,后无来者,《史记》是一座令后人难以超越、永远值得仰止的历史文学高峰。

汉代的哲学、历史著作,尤其是代表汉代文化最高水平的《史记》,为什么会具有文学性? 这需要从中国文化发展的大背景中找原因。汉代文化的发展基础主要不是秦文化,而是大一统的秦之前的春秋战国文化。春秋战国时期,华夏民族活动的地域已相当广阔,西至渭水流域,东至黄河下游,南到长江中下游流域,北到蓟辽地域。由于地域不同,习俗有别,开发的历史长短不等,华夏民族主要出现了四个地域的文化,即出现了邹鲁文化、荆楚文化、秦晋文化和燕齐文化。这四种文化尽管有着不尽相同的文化传统,有着不同的地域特色,但它们又互相影响、渗透、吸收、融合,都表现出一定的文学色彩。

邹鲁文化,是邹文化与鲁文化的全称。邹,是孔子父所封邑,也是孟子的生地。鲁,是周公子伯禽的封国,也是孔子的生地。邹鲁地区保存了丰富的西周文物典籍,对西周传统文化继承的最多,为中国儒家的发源地。《庄子·天下》篇说:"其在于《诗》、《书》、《礼》、《乐》者,邹鲁之士、搢绅先生多能明之。"邹鲁文化以整理、传播《诗》、《书》、《礼》、《乐》、《易》、《春秋》为其主要特征,这些儒家经典的整理及传播,十分讲究表述的文采,正如其代表人物孔子说:"《志》有之:'言以足志,文以足言。'不言,谁知其志? 言之无文,行而不远。"(《左传·襄公二十五年》)又说:"情欲信,辞欲巧。"(《礼记·表记》)孔子就是把"言文"、"辞巧"作为一项原则,来建构他的儒学体系的。汉代文化主要继承的是邹鲁儒家文化,儒家对文学的重视,也必然影响着汉代文化。

发生在江汉流域受西周传统文化影响较小的荆楚文化,与邹鲁文化有着迥然不同的风格,它的文学色彩比邹鲁文化还要浓重。"从远古以来,楚的风俗就是'信巫鬼,重淫祀'①。在这样的风俗中,产生了非常丰富的民间口头文学,其中主要是神话和传说。'蛮荆陋俗,词既鄙陋,而其阴阳人鬼之间,又或不能无亵慢淫荒之杂'②。这些比较粗糙而生动活泼的民间创作,往往以幻想的形式,反映原始人民企图征服自然力的意志和信心,创造了他们理想中的英雄,富有浪漫主义色彩。"③《楚辞》就是植根于楚文化深厚土壤而结出的硕果,以鲜明的浪漫主义文学特色影响着其他地域的文化。楚地产生的其他著述都无不打着这样的烙印,就连《老子》、《庄子》这样的哲学著作都带有鲜明的文学特征。特别是《庄子》,为文汪洋恣肆、想象丰富多彩,多用生动、形象化的寓言故事来阐发哲理,可以说它是中国哲理散文中第一部具有浓厚浪漫主义色彩的文学著作,在先秦诸子百家中,没有那一家或那一位在文学艺术上能超过他的。作者庄周,为宋国蒙人,宋本处于邹鲁与荆楚之间,但庄周与楚有特殊的感情,《庄子·外篇·秋水》和《史记》本传都记有楚王欲聘庄周为相的文字。有人以为宋国不属荆楚,重要的是庄周主要接受了荆楚文化的影响,尤其是受老子"道法自然"的观点影响最深,故《庄子》一书应归于荆楚文化型中。与其他地域文化相比较,荆楚文化对汉代文化影响力最大的,是其极富魅力的文学特色。

　　秦晋文化、燕齐文化也都类似,也属于文学化的文化。战国时,洛阳人苏秦主张东方六国一致以叛强秦,订纵约联合拒秦,苏秦并为纵约长,拜相六国。纵约被秦分化瓦解后,苏秦事燕,在燕极有影响。连横派代表人物张仪,魏国(春秋晚期,晋国分裂为赵、韩、魏三国)贵族后代,主张连横以强秦,任秦相,瓦解六国联盟,使秦日益强大,秦武王即位,入魏为相。阴阳家代表人物邹衍,齐国人,提出"五德终始"说,将春秋战国时代流行的"五行"说,附会到社会历史的盛衰兴亡和王朝的更替上。比较起来,秦晋文化、燕齐文化受纵横家和阴阳家学说影响较大。无论是纵横家还是阴阳家,都讲究论辩的技巧,尤其是纵

　　①　《汉书·地理志》(原文注)
　　②　朱熹:《楚辞集注》(原文注)
　　③　张啸虎:《论楚文学的产生、发展与影响》,湖北省社会科学院历史研究所编《楚文化新探》,湖北人民出版社 1981 年版,第 165 页。

横家,常以生动、形象的富有文学性的语言来提高自己的辩才。汉代主体文化,从秦晋、燕齐文化中汲取了宝贵的语言艺术技巧。

总之,华夏民族这种富有文学色彩的文化,已经形成一种传统,并深深地影响着后人,正如欧阳修说:"君子之所学也,言以载事,而文以饰言。事信言文,乃能表见于后世。"(《欧阳文忠公文集·代人上王枢密求先集序书》)

汉时,全国在政治上达到高度的大一统,各文化区的文化互相融合的趋势随之加强,并向着统一合并的方向快速发展。传统文化中的文学特色作为一种传统,也在深深地影响着汉代哲学家、历史学家等,如司马迁通过"网罗天下放失旧闻,略考其行事,综其终始,稽其成败兴坏之纪",来达到"亦欲以究天人之际,通古今之变,成一家之言"的目的。然而他深知"无能之辞"不足以完成著《史记》的伟业,他最担心的便是"恨私心有所不尽,鄙陋没世而文采不表于后世也。"(以上引文见司马迁《报任安书》)"文采"既是他实现"成一家之言"的重要条件,那么文学便如同史学一样,自然成为他追求人生目标的重要手段。在《史记》中,处处可以看到司马迁对文学艺术的明确追求,其人物传记中所表现出的伟大的艺术天才与卓越的艺术成就,是司马迁善于吸收传统文化中的文学艺术营养,并在此基础上创新的结果。如果没有春秋战国时期的深厚文学底蕴,《史记》传记文学的产生是不可能的;如果不把《史记》传记文学艺术放到中国传统文化的发展过程中去考察,那么《史记》传记文学的艺术成就就成为一种不可理解的孤立现象。

在春秋战国文化的诸多形态中,除了先秦诸子哲理散文外,先秦史传对汉代文化影响力也特别大,特别是汉代的散文式叙事文,可以说先秦史传是其主要的文学渊源。为什么这样说呢?这还得从中国独特的民族文化发展上来说起。章学诚《章氏遗书·上朱大司马论文》中说:"古文必推叙事,叙事实出史学。"指出中国散文式叙事文学其源出自中国的史学。但有人依照西方"神话——史诗——戏剧——小说"的文学发展的路子来套中国文学的情况,认为中国小说(当然也可以从传记文学追溯起)也主要源于神话传说,这是不符合中国文学发展实际的。正如孙绿怡先生所说:"如果我们不是将西方文学发展的过程作为模式来研究问题,而是实事求是地对中国古代文学的发展作全面的探求,那么我们就不难发现,中国古代小说的发展,从一开始就与'史'(史传)有密切的联系,它走的完全是一条独特的道路。"①远古神话传说是口头文学,主要产生于原始社会,它先于史著,理应是传记文学(也可以指中国古代小说)的最早的文学源头,然而中国封建社会"早熟",对流传下来的原始社会的远古神话传说不仅没有保护、利用,反而摒弃了许多,远古神话大部分失传了,用文字记载下来的神话传说极少,所以现在看起来中国古代神话传说好像很不发达,没有一部象欧洲古希腊那样的神话集,神话传说对汉代的散文式叙事文影响是有限的,汉代的散文式叙事文主要接受、吸取的是先秦史传的艺术精华。

从现有的出土文物看,殷墟的甲骨卜辞是我国现存最早的记言、记事文,虽然只有零星文字,代表不了当时文本的艺术水平,但已有记叙文的因素。代表三代文本艺术水平的是《尚书》,主要记言,多载古帝王嘉语善句,不乏精辟的典言美词,也有记事,记叙文的雏形已具。《春秋》文字简约,叙事深寓褒贬,编年体例谨严而简明,对后世有深远影响。《左传》是我国第一部叙事比较详细完整的史著,尤其擅长叙述复杂激烈的军事、政治、外交斗争。如对这些斗争的动态有敏锐的观察,能把纷繁的事件头绪、错综的矛盾斗争安排得井然有序,对所表述的语言有熟练的驾御能力,注重描述那种富有戏剧性的紧张的情节,场面阔大,气势雄宏,通过叙事刻画人物,常抓住人物主要特征加以突出描述,并通过引用歌谣、谚语来增强感染力,等等。为汉代的散文式叙事文描写、塑造人物形象提供了不少艺术手法。因此有人把《左传》奉为中国文章之祖、叙事之宗,如明代叶盛说:"六经而下,左丘明传《春秋》,而千万世文章实祖于此。"(《水东日记》卷二三《临川李性学古今文章精义》)《国语》、《战国策》在人物个性化语言及夸张、比喻、排比等修辞手法的运用上有自己的特色。如记纵横者的谋策议论,推而衍之,曲折入情,委婉善讽;写策士们透彻的分析、机智的雄辩,显示出逻辑层层深入、气势敷扬张厉的特点;论辩中所引故事、寓言、民歌等幽默、生动,等等。汉代的散文式叙事文,特别是《史记》人物

---

① 孙绿怡:《〈左传〉与中国古典小说》,北京大学出版社1992版,第2页。

传记,格调闳肆沉雄,行文奇崛雄肆,人物语言常夹纵横游说之辞,时显战国策士谈锋,显然是受《国语》、《战国策》语言艺术影响所致。没有春秋战国史著艺术之"陈",就推不出汉代散文式叙事文的文学之"新",尤其是司马迁,主要在吸收先秦史传文学精华的基础上,建筑起自己的传记艺术大厦。

汉代散文式叙事文善于继承春秋战国史传文学艺术,然而更可贵的是在继承中来创新。正如明人焦竑指出:"顾如花在蜜,麯在酒,始也不能不籍二物以胎之。而脱弃陈骸,自标灵采,实者虚之,死者活之,臭腐者神奇之,如光弼入子仪之军,而旌旗壁垒皆为色变,斯不谓善法古者哉?"(《澹园集》卷十二)《史记》与《汉书》那宏大的整体结构,雄伟的气势,引人入胜的情节,栩栩如生的人物形象,又是春秋战国史著所不具备的。《左传》、《战国策》代表了春秋战国史传文学的艺术水平,但它们从总体来说,仍没有突破《尚书》、《春秋》所开创的记言、记事、编年体。《史记》、《汉书》传记文学对春秋战国史传文学最大的发展,就是创立了人物传记的体例。对汉代史学著作创立传记形式最有启示的是《世本》、《穆天子传》和《晏子春秋》。《世本》是春秋战国部分档案资料的分类汇编,它打破了古史记言记事的格局,将世系、氏姓、居、作等分专题记述。《穆天子传》是一部关于穆天子历史传说与神话传说的收录,《晏子春秋》是一部人物生平传说轶事的总汇,后二部著作虽仍属春秋战国史传文学范畴,然已将神化的人或传说的人作为记叙的中心,在史传文学向传记文学发展过程中,提供了人物生平事迹专辑的形式,而这种形式正是由以事为纲的史传体转变为以人为纲的传记体所需要的。《世本》的分部别类,《穆天子传》、《晏子春秋》的人物专辑,启发司马迁寻找更好的贯穿历史的线索,这种线索不仅能统摄历史各种现象,而且能显示各种历史现象的来龙去脉,作者将各种历史现象的发展过程,分门别类地加以归纳,其中对历史人物作分类排比,是《史记》撰写的主要线索,这就是人物传记的新体例。

《史记》人物传记有本纪、世家和列传,《汉书》人物传记只有本纪与列传。"盖纪者,编年也,传者,列事也。编年者,历帝王之岁月,犹《春秋》之经。列事者,录人臣之行状,犹《春秋》之传。《春秋》则传以解经,《史》、《汉》则传以释纪。"(刘知几《史通·列传》)《春秋》之传习惯指《公羊传》、《穀梁传》和

《左传》,号称《春秋》"三传",它们号称的"传"与《史记》、《汉书》中的"传",含意是不同的。《公羊》、《穀梁》是以训诂来解《春秋》经,"传"是转授经旨之意。司马迁在《史记·十二诸侯年表》中称左氏书为《左氏春秋》,汉儒一般认为《左氏春秋》不释经。古文经学派为了抬高《左氏春秋》的地位,非要把《左氏春秋》与《春秋》合在一起,说《左氏春秋》以事释《春秋》经。左氏书因传经旨故名"传",《左传》也成了《春秋》的一种传疏著作,只不过《公羊》、《穀梁》阐发的是义理,而《左传》记事多,难以随意发挥。《史记》、《汉书》中的"传"不是传经的"传",而是为人物树纪立传的"传",是写人生平的一种文体,与《穆天子传》的"传"相仿。刘知几从解经的角度,视《史记》、《汉书》的"传"是用来解释"本纪"的,这是说不通的。《史记》、《汉书》中的本纪是记载帝王一类的人物,传是记载非帝王类人物,《史记》首创列传,是他的进步历史观的一种体现。他扩大了历史记载的范围,把过去史官们局限于极少数帝王言行的记载,扩展为全社会各阶层人物的记载,甚至还有社会最下层的人物,这就说明汉代的史学家承认历史是全体社会成员所推动的,而不是由少数帝王或圣人决定的。

从文学角度出发,我们习惯上称春秋战国时期的历史著作为先秦史传文学。《左传》以纪年为体,以自然时间推移为序,详于叙事,是春秋战国史传文学的代表。而《史记》以纪传为体,以人物经历构成传记布局,详于写人,是汉代乃至中国传记文学的光辉丰碑。过去有人把《史记》传记文学列入史传文学,如刘大杰在《中国文学发展史·第六章·司马迁与汉代散文》中说:"司马迁是中国古代的伟大历史家,同时也是杰出的散文家,优秀的史传文学家。"① 把《史记》传记文学与先秦史传文学混同在一起,没有分清史传文学以事为中心而传记文学以人为中心的区别,见不出传记文学的特点,见不出《史记》传记文学对先秦史传文学的推陈出新,也突出不了司马迁全面塑造人物形象的开创之功。李少雍先生撰文说:

    《史记》本来是一部史书,司马迁首先应当是一个历史家。人们何以

---

① 刘大杰:《中国文学发展史》(上册),上海古籍出版社1982年版,第161页。

同时又把司马迁称做文学家,把《史记》当作一部文学巨著来研究呢? 我们认为,最主要的原因就在于作者创立了以"人"为纲的纪传体,描写了许许多多历史人物的生平事迹。要是司马迁不曾主要通过人物传记来叙述历史事件,而是象《左传》等书那样按年月记载史实,虽然也可能有生动、优美的文字,曲折、紧张的情节,也可能不乏鲜明、突出的人物个性和艺术形象,但它的文学价值和在文学史上的地位无疑会由此而大为逊色。①

司马迁创立了一种新体例,从史学的角度讲,就是纪传体,从文学的角度讲,就是传记体,都是以描写人物为中心的体裁。司马迁创立的传记文学,开创了我国文学的新领域,在中国文学史上,从司马迁开始才有了生动、形象而系统的人物传记。

以人物纪传为重要形式来反映历史是司马迁首创,以传记方式来塑造人物形象也是司马迁首创,它标志着汉代史学与文学的高度结合。不过,"纪、传虽创于史迁,然亦有所受也。"(章学诚《文史通义·书教下》)司马迁在《史记·大宛列传》中有:"太史公曰:禹本纪言'河出昆仑。昆仑其高二千五百余里,日月所相避隐为光明也。其上有醴泉、瑶池'"。知司马迁作《史记》时已有《禹本纪》。司马迁在《卫康叔世家》中有"太史公曰:余读世家言,至于宣公之太子以妇见诛,弟寿争死以相让,此与晋太子申生不敢明骊姬之过同,俱恶伤父之志。然卒死亡,何其悲也! 或父子相杀,兄弟相灭,亦独何哉?"。知当时已有《世家》。司马迁在《伯夷列传》中言:"余悲伯夷之意,睹轶诗可异焉。其传曰……"知司马迁作《伯夷列传》前,已有伯夷传,《史记·伯夷列传》还引了其传全文,从《史记·伯夷列传》的引文看来,将伯夷、叔齐一生概括来叙述,已具传记重要特点,但叙述过于简略。司马迁引用此传写成的《伯夷列传》,依然可以视作是一篇抒情散文,可谓列传变体,可见司马迁所见原伯夷之《传》还不具备《史记》列传的一般特点。至于前面所说司马迁见过的"禹本

---

① 李少雍:《〈史记〉纪传体的文学意义》,《司马迁传记文学论稿》,重庆出版社 1987 年版,第 44 页。

纪"、"世家言",是否是人物传之类的文体,已不得而知。从伯夷之《传》,可推测虽在司马迁之前有了本纪、世家、传的称谓,但还不是成熟的人物传记。刘知几在《史通·列传》中说:"寻兹例草创,始自子长。"司马迁所见的《本纪》、《世家》、《传》等文,现在虽不能得见,但我们认为司马迁对旧体例肯定有所继承,在继承的基础上,有更多的改造与创新,真正创立以人物传记为写史的方法,还是从司马迁开始的,所以刘知几在《史通·列传》中又说:"夫纪传之兴,肇于《史》、《汉》。"

汉代散文式叙事文对春秋战国史传文学的继承与发展,主要体现在写人艺术方面。春秋战国史著人物形象的塑造是零散而不集中的,如《左传》也有人物形象,但由于编年体结构和分年记事的局限,分散于各年的行事所显示出的人物性格特征,必须累加起来才能构成比较完整的人物形象,从艺术形式上讲,人物形象缺乏连贯与完整。《左传》在记事中显示人物,每个人的描写是以是否参加事件来决定的,描写的人物往往只选取他参加事件的有关言语行为,而这在人物的一生中只是表现了其性格发展的一个方面。汉代的《史记》、《汉书》对人物的描写,是建立在对人物整个一生行为的概括上,是建立在对人物一生性格特征发展的提炼上,以集中而清晰的传记形式表现出来,人物形象因而是鲜明完整的、典型的。刘勰在《文心雕龙·史传》中说:"观夫左氏缀事,附经间出,于文为约,而氏族难明,及史迁各传,人始区详而易览,述者宗焉。"

春秋战国史著的描写对象主要是人的活动,以事见史来达到对历史的再认识,所以与事件有关的人的言语与行为成了描写内容,由于它偏向事而偏离人,人物虽有一定形象性,但终不能达到"典型"的程度。《史记》传记的描写对象主要是事件中活动的人,以人见史来达到对历史的再认识。如茅坤说:"学者读《李斯传》,不必读秦纪矣","太史公次四人线索(四人指廉颇、蔺相如、赵奢、李牧。——笔者注),才知赵之兴亡矣。"(见明代凌稚隆辑《史记评林》)《史记》要写人,就要选择具有一定典型意义的人的特征和人们的相互关系,选择那些足以体现这些特征与关系的现象,它已不满足被动地再现历史生活,它要精选、组合最富有特征的生活现象,即进行艺术典型化工作。《史记》

吸收了春秋战国史传文学记言记事的艺术长处,创造了多方面刻画人物特征的艺术方法,既可以通过人物的语言、行为来描述,又可以从人物外貌、表情方面来细致入微地刻画;既可以对人物的一生经历进行概括和提炼,又可以在历史真实的基础上作想象、虚构的补充;还可以以抒情、议论来完善人物形象,多方面、多角度、多层次地揭示人物性格的发展,表现人物之间错综复杂的关系。《史记》在深刻地概括人物特征方面是前所未有的,在表现完整、复杂的矛盾冲突方面也是前所未有的,许多塑造人物形象的艺术表现手法是司马迁所独创的。

汉代散文式叙事文除受春秋战国史传文学艺术影响外,还受到春秋战国诗赋、民间传说、寓言故事等形式的文学艺术的影响,就连先秦诸子学术著作的文学特色对它也有一定的启示。如《论语》流畅简练的语言,深远而富有哲理的意旨;《孟子》言词犀利,气势奔放,富于思辨;《墨子》语言简朴,逻辑性强;《庄子》汪洋恣肆,想象奇特,富于浪漫主义色彩;《荀子》纯朴浑厚,层次明晰,说理透辟……甚至"论"、"疏"、"议"等形式的政论实用文,如李斯的《谏逐客书》所表现出来的严密的论辩方法、精深的思维、精辟的语言、准确的词汇等特点,都明显地吸收并运用于汉代散文式叙事文。汉代主体文化像一棵扎根于整个民族文化沃土上的大树,它的根须有时甚至深入到绘画、书法、音乐等艺术领域,尽量吸吮着自己所需要的艺术营养。

第四章 先进的史官文化

中国早期文化的重要特征,就是非宗教、非神学的史学意识产生得早,史官设置得早,史家的著述异常的丰富。有人认为"六经皆史"①,六经既是史官文化的成果,那么,几乎所有的中国早期主体文化都属史官文化了,所以把这个历史阶段的文化称之为史官文化,是名副其实的。陈桐生先生指出:"从上古三代时期到秦汉之际,中华民族文化经历了从统一到分化、再从分化到整合这一过程。中国史官以其职业智慧自始至终参与了民族文化的创造,形成了独具特色影响深远的中国史官文化。"②汉代文化主体上仍属史官文化,这是从文化受官方操控这一点而言的,尽管有些文化产品出自在野的文人之手。汉代主体文化特色的产生发展,无不与史官文化相联系,所以探讨汉代主体文化特色,不能忽视史官文化对它的重要影响。

第一节 历史悠久的史官建制

文字的产生,标志着人类进入了文明时代,有了文字,人们就不再单凭大脑来记忆历史上曾经发生过的事件、代代流传的历史传说以及人类所积累的历史知识等,也不再"刻木为契,结绳记事"(《周易·系辞》),来帮助唤起大脑的记忆,而是可以利用文字将事件、传说和知识的全部内容、前因后果详细

---

① 章学诚:《章氏遗书》卷九《报孙渊如书》中说:"盈天地间,凡涉著作之林,皆是史学。《六经》,圣人取此六种之史以垂训者耳。子集诸家,其源皆出于史。"又在《章氏遗书》卷一《易教》中说:"《六经》皆史也,古人不著书,古人未尝离事而言理,《六经》皆先王之政典也。"

② 陈桐生:《中国史官文化与〈史记〉》,汕头大学出版社 1993 年版,第 2 页。

地记入"典"、"册"之中。

我国素以文明古国著称,是世界上文明发达最早的国家之一,其标志之一,就是文字产生的历史特别悠久,由文字书写的古代典籍浩如烟海,每一份典籍都向世人述说着我国古代文化的无比灿烂辉煌。在古代典籍中,最初产生的大都可视作史料,因为人类早期各种生活的内容、人类在生活中获得的各种认知、评价与审美,最初大都用"史"的形式记载下来,如事变、灾异、占卜、天文、典章、制度、礼乐、刑法等等。即使是神话传说和诗歌,古人也无不把它们视作一种特殊的"史料",神话传说自不必多说,在其产生的时代,人们就把它视为生活的"真实"反映,就是稍后的古人,也相信上古的历史就如神话传说所描述的那样,神话传说是以幻想的形式曲折地反映历史的"史料"。就是诗歌,古人也极重视其史的价值,孔子所谓的"兴"、"观"、"群"、"怨",概括了诗歌在现实生活中史的实用价值。《论语·阳货》中载:"子曰:'小子何莫学夫《诗》?《诗》可以兴,可以观,可以群,可以怨。迩之事父,远之事君;多识于鸟兽草木之名。"确实,《诗经》中的许多诗被广泛地应用于政治、外交和其他社会生活中,特别是奔走于诸侯国之间的"行人",都以不懂诗、不会诵诗而感到羞耻。《诗经》中的诗,不仅显示了具有艺术感染的作用,而且具有对历史生活的认识、评价作用,具有对现实生活的教育指导作用。从这些方面讲,神话传说及诗歌与史料的实用价值是一致的。我国文明社会初期,以文字为载体的意识形态,基本是一种各学科融为一体的综合形态,它常以史的形式,包罗社会万象,是人们全部生活的缩影。就如原始社会时,神话是人们的"百科全书"一样。我国最初以文字为载体的意识形态大都属于史料形式,它产生的时代很早,可以说它是以文字为载体的精神物化产品的原始形态,这种原始形态的最大特征,就是文、史、哲融合为一。它随着文字的产生而产生,各学科从这原始母体中分离出去是后来的事。

在没有文字产生之前,我们的文化具有口传身授的传播性质,内容主要体现对劳动生活的回忆与对神灵祖先的崇拜,形式是神话、歌谣与乐舞,这种文化的宣传者往往是巫觋,所以有人称这种文化为巫文化。随着文字的产生,随着社会生产力的发展和国家机构的建立,由于社会的需要,于是产生了史官,尽管史官初期并非仅仅担任记录历史事件、历史传说及历史知识,往往还兼任各种宗教职责,但历史上毕竟第一次有了明确的专职精神生产者,他们把过去口耳传闻的历史事件、历史传说和历史知识一一转化成精神物化产品,制作了大量的历史典籍,于是产生了中国古代新的文化现象——史官文化。

史官文化的产生归根到底以史官的产生为前提,而史官的产生归根到底又以文字的产生为前提。"史"是个会意字,《说文解字》解释说:"史,记事也,从又持中,中正也。"意思是手持"中"为"史"。于是有人附会说,史是掌握中正之理,客观公允记事的人。中为中正,是一种抽象的观念,观念何能以手去持?解释得模棱两可。清代学者江永认为"中"是指簿书,吴大澂认为"中"是"册"的简笔字,章炳麟解释"中"是"本册",总之手执简册簿书以记事为"史"。其实"中"是个象形字,古文字学家于省吾有《说"中"》一文,考证"中"的本义指同一血缘部落的中旗,手持"中",就是手执氏族部落的中旗把图腾绘在其上。"图腾"一词出自北美印地安语,原意是"他的亲族"。按照原始人的想象,他们的氏族源于某种动植物,或他们氏族的生存发展有赖于某一动物或某一植物,这种动物或植物便成为他们氏族崇拜的偶像,把它绘制出来就是"图腾",图腾不仅表示着氏族,也显示着氏族的发展历史,也说明文字的产生,因为图腾的图形差不多就是象形字了。可见本册、簿书等记载历史的含意都是后来"中"的引申意。于省吾先生的考证,证明远在氏族社会就产生了文字也产生了"史","史"产生在史官之前,当"史"由为氏族部落绘制图腾转变为国家记事,才完成了由"史"转变为史官的过程。

据传黄帝时便有了"史",如仓颉、沮诵、大挠、隶首、史皇等,颛顼与尧舜时有重、黎、羲、和等,现在从"史"字的本义看,是极有可能的。然而那时的"史"只是一种社会公职,还不是官职。《后汉书·班彪传》载:"唐虞三代,《诗》、《书》所及,世有史官,以司典籍。"给尧舜时代的"史"也冠以官名,这或是班彪从汉代人的意识出发,将"史"也笼统称之为史官,或是班彪在《略论》中所作的一种错误推测。到了夏朝,建立了国家,国家机器必然需要由官僚构成的管理机构,于是设置了一系列官职。《世本》称"夏后氏百官",夏朝官吏大致分为三大类:宅事、宅牧、宅准。《尚书·立政》说:"古之人,迪唯有夏,乃

有室大竞，吁俊尊上帝。迪知忱恂于九德之行，乃敢告教厥后曰：拜手稽首，后
矣！曰：宅乃事、宅乃牧、宅乃准，兹唯后矣！"宅事负责中央行政，宅牧负责地
方事务，宅准负责祭祀、记事、制律等。记录历史成为国家机构一项重要工作，
但初期是由主要负责祭祀的宅准一类官员承担着。后来祭祀、记事、制律、册
命等工作渐有分工，古籍记载夏朝末已设太史令，《吕氏春秋·先识》篇载：
"夏太史令终古出其图法，执而泣之。夏桀迷惑，暴乱愈甚。""史"意由描绘中
旗进而简单记录大事的一种社会公职变为官职，是从夏朝开始的，而由官名转
变为书籍名称是汉代的事。从夏朝开始有了常设的史官，史官所书写的史籍
构成了史官文化，中国史官文化的形成应该从夏朝算起。

　　遗憾的是我们现在却不能直接看到夏朝史官书写的史籍。孔子曾叹息
说："夏礼，吾能言之，杞不足征也；殷礼，吾能言之，宋不足征也，文献不足故
也。足，则吾能征之矣。"（《论语·八佾》）早在春秋时，孔子已感夏、商史料不
足。我们现在看到的《尚书·甘誓》，是一篇夏启讨伐有扈氏的誓师词，相传
是夏朝史官所录，近几十年来渐有人怀疑是伪造。顾颉刚先生原认为《甘誓》
篇作于战国末或西汉初，后来又认为"其较稳定地写成文字，大概就在殷代"，
后来又撰文指出："肯定夏代当时应有文献资料"。[1]《尚书·多士》说："唯殷
先人，有册有典，殷革夏命。"册、典，指可以作为典范的重要文献、典籍。"册"
是绳索编串起来的木、竹简，古代文字书于简，编连诸简谓之"册"。"典"是放
在架上的木、竹简，或者就是编串起来的"册"，《说文》解释说："典，五帝之书
也。从册在丌上。尊阁之也。"段注："阁，犹架也。"殷的先人用"册"、"典"记
载下商汤推翻夏朝统治的历史，想必夏也"有册有典"，夏太史令终古从宫中
拿出的"图法"、夏在乱时所作的《禹刑》以及相传的历书《夏小正》，应该属于
夏朝的"册"、"典"。

　　中国从夏朝开始，就有了独具中国特色的史官文化，但从二十世纪初以
来，有一股否定中国历史传统的疑古思潮，无条件地怀疑与否定中国悠久的历
史，在当时，对于解放思想，引进西学，动摇中国古典经学、"圣人"的权威，冲

---

① 顾颉刚：《〈尚书·甘誓〉校释评论》，《中国史研究》1979 年第 1 期。

决封建传统思想的束缚,起了积极的作用。同时也有历史的负面影响,这就是我们中国人自己带头大搞民族虚无主义,否定我们古老的中华文明,贬低中华民族文化在人类发展历史上的地位与贡献。新的历史时期以来,我们在各个方面拨乱反正,对中华文明有了一个正确的认定与评价。二十世纪末国务院组织大批科学家、专家搞"夏、商、周三代划界断代"工程,其意义是十分深远的。

殷商史官的名称,甲骨文中称"作册"、"史"、"尹"等,仅从"作册"这一称呼来看,《尚书》所说的"唯殷先人,有册有典",是确凿的事实。西周初只有周天子有史官,随着周王室的衰微,各诸侯国也设置了史官。周朝史官的名称有太史、小史、内史、外史、左史、右史等。其职责因官名不同而有异,大致是:太史掌国之六典,小史掌邦国之志,内史掌书王命,外史掌书使于四方,左史掌记言,右史掌记事。从夏、商二代来看,古代史官的职责范围包括二个方面:一是承担人事方面的职责,侧重于"史"的方面,如记录时事、掌管典籍、起草公文、规谏献策等。记载史实方面的职务,相当于秦汉时的太史令、魏晋时的著作郎;文秘书记方面的职务,相当于汉时的尚书令、唐宋时的中书舍人或翰林学士。二是承担天道方面的职责,侧重于"巫"的方面,如祈祷、享祭、贞卜、占星术、司历法、观天象等。观天象、司历法的职务,相当于唐宋司天台、司天监及明清钦天监的官职;从事宗教活动的职务,相当于后来从官府分离到民间的巫师、占卜者。古代史官这二方面的职责,又都是交织混合在一起的,起初没有明确分立,这种情况大约一直延续到西周。当然如此繁重复杂的工作不可能由一个史官全部承担,而是需要设置众多史官来分掌其事。后来"巫"、"史"虽然有了分工,但很长一段时间内史官依然或多或少从事点宗教活动。春秋时期,周王室日益衰微,周天子的史官基本上只剩下太史与内史了,清代学者黄以周考辨认为内史就是左史,太史就是右史。《礼记·玉藻》载:"动则左史书之,言则右史书之。"内史记录帝王行实、国内重大事件,太史记录帝王言语、起草文书,史官的职责逐渐趋向单一,史官逐步摆脱宗教事务而从事了收集史实、撰写史籍、保存典籍的真正史官专业。我国设置史官在世界上是最早的,史官们撰写的史籍之丰富,在当时世界上也是独一无二的。我们今天能看到的被修饰了的夏、商二代的史料,只是夏、商史官文化中侥幸存留下来的很少的一部分,不过就从这些已非原面目的典籍中我们仍可以看到中国夏、商史官文化的发达。

夏、商时期史官分工不明,史实、传说无所不录,观象、占卜无所不通。要说文化典籍,那便是史册了,然当初文无定体,史册之中文史哲各科内容无所不容,甚至诗歌也可视作史料。所以章学诚提出"六经皆史"之说。以理明事谓"经",以事明理谓"史",言理而不离事,言事而不离理,经亦史,史亦经,一切文字记载皆出于史官文化。

史官最初记录的文献大体可分记言与记事两大类。记言是指记录君王言论、国家诏诰、公侯奏章等,记事是指记述国家重要政事、先王先公的世系谱牒、君王行实等。其实"言"与"事"二者是不能截然分开的,国家诏诰、人物言论,本身就反映着历史事件的某个片段,而且在诏诰、奏章、言论中就有对历史事件的叙述。同样,在历史事件、人物行实的叙述中也常夹杂着命令、人物的对话等等,所以"记言"与"记事"的区别只是相对的。刘勰在《文心雕龙·史传》中说:"言经则《尚书》,事经则《春秋》。唐虞流于典谟,商夏被于诰誓"。意思是说记录帝王重臣言论的经书是《尚书》,记载历史事件的经书是《春秋》,唐尧虞舜时代的历史靠《尚书》的典谟流传下来,夏、商的历史在《尚书》的诰誓里得到反映。

经过二千多年的史官体制建设,发展至汉代,史官体制建设更为完善。汉代的史官文化继承的是三代史官文化与春秋战国的士文化,春秋战国时期,原来比较健全的史官体制遭到破坏,还出现了私人著史的现象。随着汉代的建立,封建大一统更加完善,不仅恢复了已遭破坏的史官体制,而且还继承了春秋战国私人著史的传统,使汉代著史事业更加多元化与富有生命力。

汉代的中央机构比三代与秦还要健全,皇帝之下最高的长官为丞相、太尉、御史大夫,号称三公,丞相是最高行政长官。中央政府设九卿,太常为九卿之首,"太常属官有太史令丞","太史公既掌天官,不治民"(《西汉会要·学校下》),足见史官在中央政府中的重要地位。汉武帝时,改革中央机构,限制相权,把诸史官变为皇帝的诸侍从官,更进一步地由皇帝直接掌握史官。史官是最有知识的文化人,不仅记史、制律、掌管文书,还常为君王政事提供咨询,官职并不显贵,但在国家政治生活中占有很重要的地位,所以史官的人选常由君王亲自来选定。梁启超曾有过一段精彩论述:

> 泰西史官之建置沿革,吾未深考;中国则起源确甚古,其在邃古,如黄帝之史仓颉、沮诵等,虽不必深信;然最迟至殷时必已有史官,则吾侪从现存金文甲文诸遗迹中可以证明。吾侪又据《尚书》、《国语》、《左传》诸书所称述,确知周代史职,已有分科,有大史、小史、内史、外史、左史、右史等名目。又知不惟王朝有史官,乃至诸侯之国及卿大夫之家,莫不皆有。① 又知古代史官,实为一社会之最高学府,其职不徒在作史而已,乃兼为王侯公卿之高等顾问,每遇疑难,咨以决焉。② 所以者何? 盖人类本有恋旧之通性,而中国人尤甚,故设专司以记录旧闻,认为国家重要政务之一。既职在记述,则凡有关人事之簿籍,皆归其保存,故史官渐成为智识之中枢。③ 又古代官人以世,其累代袭此业者,渐形成国中之学问阶级。……历代皆妙选人才以充其职。每当易姓之后,修前代之史,则更网罗一时学者,不遗余力,故得人往往称盛焉。三千年来史乘,常以此等史官之著述为中心。④

张强先生把先秦至汉代的史官文化分为二大时期,第一时期为先秦时期,

---

① 殷周史官人名见于古书者,如夏太史终古,殷内史向挚,见《吕览·先识》。周史佚,见《周书·世俘》,《左僖十五》,《周语上》。史扃,见《文选注》引《六韬》。太史辛甲,见《左襄四》、《晋语》、《韩非》、《说林》。太史周任,见《论语》、《左隐六》。左史戎夫,见《周书·史记》。史角,见《吕览·当染》。史伯见《郑语》。内史过,见《左庄三十二》、《周语上》。内史叔兴,见《左僖十六,二十八》、《周语上》。内史叔服,见《左文元》。太史儋,见《史记·老子传》。史大弢,见《庄子·则阳》。右吾杂举所记忆者如此,尚未备也。(原文注)

② 右所举史官诸名,大半皆应当时公卿之顾问,而古书述其语者,皆有御史,见《史记·廉兰传》。薛有传史,见《史记·孟尝传》。其人名可考者,如虢有史嚚,见《晋语二》。晋有史赵、董狐,见《左襄三十》。楚有倚相,见《左昭十二》。有史皇,见《左定四》。赵有史墨,见《左昭二十九》。右亦杂举所记,恐尚有遗漏。(原文注)

③ 卫宏:《汉仪注》云:“汉法,天下计书,先上太史,副上丞相。”其言信否,虽未敢断;然古制恐是如此,盖史官为保管文籍一重要机关也。(原文注)

④ 梁启超:《中国历史研究法》,东方出版社1996版,第11-12页。

这一时期又可分四个阶段："第一个阶段是史官文化的萌芽期,其上限可以追溯到原始社会时期祭祀时的巫祝活动,下限到奴隶制国家建立,史官成为专门的职官之前。这一时期,史作为神职人员隶属于巫祝系统,与巫祝具有同样的文化品质。""第二个阶段是史官文化的发生期,这一时期作为史官文化的初创期,以史官成为专门的职官为标志。史官从以巫为代表的神职人员中分离出来,时间下限是在殷商以前。""史官文化的第三个阶段是史官文化的发展期和定型期。入周以后,周公'制礼作乐'在一定程度上提高了史官文化的质量。……周公加入到史官行列,不但提高了史官在文化传播中的政治地位,还对史官记事、记言的事职提出了更高的文化要求。""第四个阶段是史官文化的蜕变期,其上限是在孔子修《春秋》以后,其下限是在战国。此前,史学进而是学术掌握在史官的手中。孔子的文化活动以恢复周礼为终极目标。从表面上看,恢复周礼与史官的文化活动毫无关系,其实不然,孔子恢复周礼的主张是与他撰写鲁史《春秋》相配合的。从这一意义上讲,孔子撰写《春秋》的意义,与其说是开创了私家修史的先河,倒不如说孔子给史官之学提出了新的文化要求。这一新的文化要求就是将史官文化改造为'王道'之学,以王道来承担政治理想上的诉求。"第二个时期,就是"以司马迁为代表的新史官文化"。①张强先生的分析是比较准确的,以司马迁为代表的汉代史官文化,是一种崭新的史官文化,然而它的产生全是以先秦旧的史官文化为基础的。

不论哪个阶段的史官文化,史官所制作的典册,绝不是单纯的"史著",因为它虽蕴含着丰富的历史经验,但却不是靠抽象的概括来阐述。以事言理,不尚空言,是中国古代著史的基本原则,这一原则形成了一种文化传统,影响深远。孔子就说过:"我欲载之空言,不如见之于行事之深切著明也。"(《史记·太史公自序》)注重运用历史事实与历史人物语言来表达著史者的历史观点与哲学观点,而不是直接说教。既写事,又明理,又含情,其著作具有了鲜明的史学、哲学、文学综合的特点,那就是叙述、描写、议论兼而有之,在叙事记言中不仅显示了历史进程、历史认识,而且也显示出历史人物的生动形象和作者的

① 见张强:《司马迁学术思想探源》,人民出版社 2004 年版,第 91 - 95 页。

理性思维。加上"文笔"在史著中的运用,文辞之间体现出作者强烈的褒贬感情,更有甚者,直接进行史评,更增强了史著的抒情性,这些特点都使中国古代历史著作具备了强烈的艺术感染力,使史著文学化和哲学化。所以不仅可以说《六经》皆史学,而且也可以说《六经》皆文学,也可以说《六经》皆哲学。汉代的史著,如《史记》、《汉书》等,也莫不如此。悠久的史官文化,说明中国的文字产生得很早,史学产生得很早,文学产生得很早,哲学也产生得很早。没有历史悠久的中国史官文化作起点,就不会有汉文化的高度发达。

第二节 早熟的历史意识

汉代史学取得了辉煌的成就,以《史记》、《汉书》为代表的史著标志着中国史学高峰期的到来。这是中国史官体制健全的结果,是中国史官文化长期积累的结果,是中国史著形式不断完善的结果,也是中华民族历史意识早熟的结果。

中国文字产生的很早,使史官文化从很早起就有了文化的物质载体,但仅靠文字这一项还是形不成史官文化的,形成史官文化的另一前提是必须具有史籍的基本构成形式和明确的历史意识。史籍的基本构成形式指按时间顺序安排史料的方式,这首先要有表示时间概念的历法。书写史籍,首先要记下"时日",如果没有时日概念的"历",史籍就失去了"史"的全部意义。我们之所以把甲骨卜辞与铜器铭文也当作历史文献,重要原因就是其基本具备了按"时日"记事的形式。甲骨与铜器,记载文字的面积小,在上面或刻或铸的文字极有限,尽管如此,表示时间的文字一般是不可省略的。历史事件的发生、发展离不开时间与空间,当把这些在过去一定空间与时间内发生的社会生活以文字记录在册时,必须要将其发生的过程按一定的时间顺序来逐次排列,只有合乎客观时空发展规律的有序史料才能变为史籍,编年记事是史籍的最基本的形式。

时间观念的产生远远早于文字的产生。起初古代先民们根据白天黑夜的变化来行事:"日出而作,日入而息。"(沈德潜:《古诗源》卷一《击壤歌》)并以日月两曜互相轮替来计算时日:"日月光华,旦复旦兮。"(《古诗源》卷一《卿云歌》)后来慢慢在农牧业生产实践中通过对天象、物候的观察,认识到日月星辰的变化可以作为判断四季节令的依据:"日月有常,星辰有行,四时从经。"(《古诗源》卷一《帝载歌》)逐渐总结出太阳月的历法,有了年月的概念。相传造历始于轩辕黄帝,三家注《史记·历书》中载:

> 太史公曰:神农以前尚矣。盖黄帝考定星历,【〇索隐按:系本及律历志黄帝使羲和占日,常仪占月,臾区占星气,伶伦造律吕,大桡作甲子,隶首作算数,容成综此六术而著调历也。】建立五行,起消息,【□正义皇侃云:"乾者阳,生为息;坤者阴,死为消也。"】正闰余,【◇集解汉书音义曰:"以岁之余为闰,故曰闰余。"□正义邓平、落下闳云"一月之日,二十九日八十一分日之四十三"。按:计其余分成闰,故云正闰余也。每一岁三百六十六日余六日,小月六日,是一岁余十二日,大计三十三月则一闰之耳。】

有了文字,有了时历,便可记史,司马迁这段话可能又是佐证黄帝时有记史一说的一个根据。到了颛顼时代,其臣重、黎初创历数,《国语·楚语下》中载:"颛顼受之,乃命南正重司天以属神,命火正黎司地以属民,使复旧常,无相侵渎,是谓绝地天通。其后,三苗复九黎之德,尧复育重、黎之后,不忘旧者,使复典之。以至于夏、商,故重、黎氏世叙天地,而别其分主者也。"至尧的时代,在继承前人历法的基础上,又命臣子羲、和创制新历法,《尚书·尧典》中载:帝尧"乃命羲、和,钦若昊天,历象日月星辰,敬授人时。……帝曰:'咨!汝羲暨和! 期三百有六旬有六日,以闰月定四时,成岁。'"到了夏代,已经积累了丰富的天象、物候知识,产生了比较完善的历法——《夏时》。《左传·昭公十七年》中说:"火出,于夏为三月,于商为四月,于周为五月,夏数得天。"讲的是依夏代历法,于三月见大火星,其年月划分大体与春生、夏长、秋收、冬藏四时自然气候相适应。《礼记·礼运》篇提到孔子重视《夏时》,孔子说:"我欲观夏道,是故之杞,而不足征也,吾得《夏时》焉。"郑玄注:"得夏四时之书也,其书存者有《小正》。"不论孔子当时得到何种夏朝历书,都说明夏代历法确实

有其优点,其优点就是以建寅之月为岁首,这是大体以立春之月为正月的精确
历法。

由于历法产生较早,确立观察天象四时的职责,可推溯到远古的氏族社
会,比确立史官的职责要早得多。但在原始氏族社会,观察天象四时的工作是
一种社会公职,一般由氏族公社中富有经验的老者兼任,只有到了夏朝,观察
天象的工作才转化成国家机构中的一种专职。《史记·天官书》记载了许多
天文历法家:"昔之传天数者;高辛之前重、黎,于唐虞羲、和,殷商巫咸,周室
史佚、苌弘……""巫咸",殷中宗时神巫,"史佚"即周武王太史尹佚,可以推断
夏朝及以后的古代许多历法家实际上就是史官,他们还承担着祈祷神灵、记录
史实的职责,这种情况,一直延续了很久,如汉代司马迁以太史令的职务主持
制订《太初历》,便证明这一古制的存在。古代史官不仅以历法作为贯穿史料
的线索,作为史籍的基本构成形式,而且本身还参与天象的观察、记载,参与历
法的制定、修订工作。中国历来对天文历法高度重视,知晓天文历法也是史官
必备的知识。

有了文字,就具备了书写史籍的基本条件,有了表示时间发展顺序的历
法,就具备了史籍的基本构成形式,但这些都不能代替书写史籍的动因,没有
书写史籍的动因还是形不成史籍。书写史籍的动因来自明确的历史意识,历
史意识明确了,才能明确为什么要书写史籍和书写哪些内容。

中华民族的文字与历法产生得很早,然而中华民族的历史意识的产生又
早于文字乃至历法的产生。原始先民在征服自然及后来征服其他氏族部落的
长期斗争中,已有了一种原始的历史意识,即对自身历史有一种自发的记忆,
对社会及自身的发展现实有一种不自觉的体验与认识,如古书上记载着有巢
氏、燧人氏、伏羲氏、神农氏等许多祖先的形象,记载着女娲补天、后羿射日、黄
帝战蚩尤等神话或历史传说,显示了原始先民的原始历史意识。从夏朝开始,
阶级社会的确立,国家机构的形成,成文历史的产生,对我国社会历史的发展
意义重大,它不仅标志着我国古代文明社会的开始,也标志着我国新的明确的
历史意识的形成,主要表现为:

第一,史官的观念从以神为本位向以人为本位逐渐过渡,以人为本位的历

史意识逐渐形成。在原始社会,社会生产力水平的低下,大大限制了人们的认识,社会意识表现为对鬼神的崇拜。在险恶多变的自然面前,人们感到无能为力,认为只有鬼神才是社会的驾驭者,是神的意志支配着历史的发展。原始历史意识反映了虚妄,体现了蒙昧时代的狭隘而愚昧的观念,所以上古原始社会流传下来的历史传说基本上都杂糅着神话,自然力被人格化,人被神圣化,给那些氏族领袖与功绩显赫的人都披上神的外衣,表达了人们对上帝及祖先神的崇拜。到了夏商时代,人们仍信奉上帝,当商汤伐夏时,出师的理由便是奉行上帝旨意,声称诛杀夏桀是天命安排,《尚书·汤誓》里记载说:"王曰:'格尔众庶,悉听朕言。匪台小子,敢行称乱。有夏多罪,天命殛之。……夏氏有罪,予畏上帝,不敢不正。'"夏朝的资料奇缺,不好断言,殷人信奉鬼神情况可从大量的甲骨卜辞中得到证实。殷王行事都要通过占卜来探测神意,甲骨卜辞证实了《礼记·表记》所载的"殷人尊神,率民以事神,先鬼而后礼"是符合历史实际的。统治者相信鬼神主宰着人间,干预着人事,同时也明白他们的权力如与鬼神结合起来,对被统治者便有一种超人的威慑力,意识到祭祀、占卜、祈祷那一套对维护国家政权,几乎与武力强制是同等的重要。

信奉鬼神本来就和祭祀祖先结合着,人们相信死去的祖先就变成了鬼神,随着祖先崇拜意识的加强,祭祀活动主要成了祭祀祖先的活动,在祭祀活动中,自然要对祖先的事迹进行追寻,对氏族世系进行认真、严肃的排列,这已经包含了希望后世不要忘记过去的历史意识。李约瑟博士在其著作中曾提到过商代人的历史意识,他说:

> 一般认为,司马迁不可能拥有足够的一千多年以前的史料来写历史。可是当人们从无可争辩的真迹——安阳甲骨文——中清楚地找到商代30个帝王中的23个帝王的名字时……大家可以想象,许多人该是何等地惊异。由此可见,司马迁一定拥有相当可靠的史料。这一事再一次说明中国人有深刻的历史意识,也说明商代是完全应该承认的。①

---

① 李约瑟:《中国科学技术史》(第1卷),科学出版社、上海古籍出版社1990版,第88页。

　　国家机器需要沟通鬼神与人事的专门人才,更需要记载先王功绩、国家时事、典章制度的专门人才,夏朝开始设立史官,明确史官的职责,史官们对自己的职责也有充分的认识。在这种历史意识下,史官们把在"典""册"中记载人事的工作,同在甲骨上记录占卦问事及其验证的工作,自然看得同样无比严肃与神圣。在"典""册"中,史官们记录的人们社会活动的内容更为广泛而详实,只是这些"典"、"册"不比甲骨卜辞、铜器铭文好保存,所记载的原始的史料都已湮没,只能从后人采录片断原始史料的著作中看到一些影子。

　　历史意识由以神为本位向以人为本位过渡,是史官文化理性主义的觉醒,显示了中国由不成熟的奴隶制社会逐步向封建社会转变的历史意识特征。历史意识逐渐发生质变,从而也使我国古代史籍朝着真实、理性的方向发展,增加了史籍的历史价值。越到后来,史官原来沟通神人的职能越弱化,而对先王先公的政事业绩的记录职能却大大加强。那些原来传说中类似牛鬼蛇神的祖先一个个又重新恢复了人的真实面貌,他们或开辟疆土,或创制器物,或治服洪涝干旱,个个成了民族的英雄,历史的进程已不再由神主宰,而是由英雄祖先来主宰,人类的历史成了英雄的历史,反映了当时史官企图真实反映历史演进的意向。

　　早熟的封建生产方式,制约着整个社会生活,决定着人们的观念,决定着社会的意识形态,封建统治者从一开始就把封建礼法的观念作为社会统治的主导思想,并以此来逐渐取代古老的神主宰一切的观念。随着理性主义的不断觉醒,促使了中华民族历史意识的早熟,我 们的先人很早就意识到利用历史知识来认识与把握社会的发展,于是神话就成了与礼法和历 史意识相背谬的"荒诞不经"的东西。神话不仅逐渐失去了产生与发展的社会条件,而且原有的神话也不断得到清除,存留的部分大部分得到理性化与历史化的改造,使中国古代史诗的产生与发展失去了肥沃的神话艺术土壤,中国文化的发展从此与西方分道扬镳了。

　　在对待神话的态度上,中国与古埃及、古印度等国也不同。我国与埃及、印度都是以农业自然经济为主的国家,但我国很早就以封建礼法思想作为统治思想,并不以宗教迷信为思想统治工具。而在古埃及,国王是政教合一的被神化了的法老,全国各个阶层宗教信仰普遍强烈。在古印度,长期存在着等级森严的种姓制度,古印度有四个种姓:婆罗门、刹帝利、吠舍和首陀罗,其中婆罗门地位最高,是祭司贵族,掌握着神权,垄断着文化,婆罗门教又给种姓制披上一层宗教的外衣。古埃及、古印度强大的宗教势力,使他们不是消除原始宗教而是充分利用原始宗教来发展新的宗教,同样,他们不是消除神话而是利用神话来形成他们的宗教经典。

中国封建社会对神话进行了比较重大的改造,剔除其怪诞离奇的部分,保留其信史的因素,使之成为"历史"。对神话进行历史化改造的工作,首先是由史官来进行的。春秋战国时期,周王朝名存实亡,王官沦落,士阶层兴起,以儒家为代表的"文化人"也加入进改造神话的队列,我国神话研究专家袁珂说过:

> 神话转化做历史,大都出于"有心人"的施为,儒家之流要算是作这种工作的主力军。他们为了要适应他们的主张学说。很费了一点苦心地把神来加以人化,把神话传说来加以理解性的诠释。这样,神话就变做了历史。一经写入简册,本来的面目全非,人们渐渐就只相信记载在简册上的历史。传说的神话就日渐消亡了。①

现在学术界公认最具信史成分的华夏祖先是从黄帝开始的,那么,我们就以黄帝为例,看看关于他的神话,儒家是如何进行历史化改造的。黄帝是古代父系氏族部落联盟的首领,但在神话中,他就成了统治四面八方的大神,战国时楚人尸佼的《尸子》中载有:"古者黄帝四面",其形象就和我们现在看到的一个头上长着四张脸的雕塑佛像差不多。由此可见,世界各民族在幻想至高无上宇宙天神的形象时,思维竟然是那么的一致! 神有四面,便能关注四面八方,真可谓眼观六路、耳听八方,否则,怎么能称得上是宇宙的统治神? 到了后来,孔子对黄帝的"四面"作了"历史化"的解释:"子贡问孔子曰:'古者黄帝四面。信乎?'孔子曰:'黄帝取合己者四人,使治四方,此谓之四面也。'"

---

① 袁珂:《中国神话传说》(上),中国民间文艺出版社1984年版,第14页。

(《尸子》[缉本]卷下)"四面"解释成四方之邦,黄帝派四位臣子分治各方,黄帝由此成了人间的统治者。神话中还说黄帝长寿三百多年,引起了孔子的学生宰我的怀疑,"宰我问于孔子曰:'昔者予闻诸荣伊言:黄帝三百年。请问:黄帝者,人邪? 抑非人邪? 何以至于三百年乎?'……孔子曰:'……生而民得其利百年,死而民畏其神百年,亡而民用其教百年:故曰三百年。'"(《大戴礼记》卷七《五帝德》)又是孔子将神话中长寿的黄帝解释成人间的百岁老人。

关于黄帝的神话传说是很多的,如黄帝在东海流波山擒得一奇兽叫夔,用它的皮来做鼓,五百里之外都能听到鼓声;再如黄帝在荆山下铸鼎;有龙自天而降,黄帝于是乘龙升天,等等。在史家看来,这些都是"不实"之说,司马迁在《史记·五帝本纪》中说:"学者多称五帝,尚矣。然《尚书》独载尧以来,而百家言黄帝,其文不雅训,搢绅先生难言之。……余并论次,择其言尤雅者,故著为本纪书首。""不雅训"就是不典雅纯正,司马迁淘汰了那些"不雅训"的内容,采用了那些近于历史实际的"雅言",才把一个神怪式的黄帝,在《史记》中写成一个历史上实实在在存在过的人,写成一位带着一定传奇色彩的氏族部落领袖。

第二,确立了以史为鉴的意识。随着复杂、剧烈的社会动荡与变革,促进了历史意识的变化,作为社会的统治阶级,他们的意识也由从前简单的占卜问卦逐渐转向利用历史经验与教训,以把握社会及事物发展的动向。如商代青铜器"大盂鼎"上的铭文,记载殷人某次战役的失败,究其原因,是因为百官酗酒贻误战机,才导致殷人"丧师"。由于这一历史教训十分沉痛,才在鼎上刻字以示后人,希望后人从历史事件中吸取教训,不要重蹈前人惨败的覆辙。这种以史为鉴的意识就是一种自觉的历史意识。再如殷末社会动乱,《尚书·微子》记载了微子和父师、少师的对话:

> 微子若曰:"父师、少师! 殷其弗或乱正四方,我祖底遂陈于上,我用沈酗于酒,用乱败厥德于下,殷罔不小大好草窃奸宄,卿士师师非度。凡有罪辜,乃罔恒获,小民方兴,相为敌雠。今殷其沦丧,若涉大水,其无津涯。殷遂丧,越至于今!"
> 曰:"父师、少师,我其发出狂? 吾家耄逊于荒? 今尔无指告,予颠

隮,若之其何?"

　　父师若曰:"王子! 天毒降灾荒殷邦,方兴沈酗于酒,乃罔畏畏,咈其
耇长旧有位人。今殷民乃攘窃神祇之牺牷牲用以容,将食无灾。降监殷
民,用乂雠敛,召敌雠不怠。罪合于一,多瘠罔诏。商今其有灾,我兴受其
败;商其沦丧,我罔为臣仆。诏王子出迪。我旧云刻子、王子弗出,我乃颠
隮。自靖! 人自献于先王,我不顾行遁。"

微子是帝乙的长子,是商纣王的庶兄,他见商纣王荒淫无度,政局败乱,商纣王
一意孤行,不听劝谏,国将灭亡。于是和太师、少师商议,是冒死再谏,还是出
走避难? 可能是史官当时记录了他们的谈话,后来有人整理成《微子》篇。微
子与其太师、少师在国难当头的时候,并没有以龟筮的形式去占问"天意",而
是运用历史知识,分析了殷将灭亡的种种社会原因,如祖先制定的法度废弛,
君臣酗酒败坏德业,引起民众不满的仇恨,等等,说明他们在了解历史发展过
程中,已经懂得历史发展的某些规律,看到历史发展的必然趋势,正是对历史
经验的把握,才使他们清楚地预感到社会未来发展的结果。微子具有一定的
历史意识,因而始终保持着比较清醒的头脑,商亡后,仍得到周朝的重视,《尚
书·微子之命》载:"成王既黜殷命,杀武庚,命微子启代殷后",微子及其太
师、少师的历史意识代表着夏、商史官普遍的历史意识,史官们已把以史为鉴、
吸取前人成功的经验或失败的教训,作为阐述社会问题的基本依据。

　　至周,统治阶级更清楚历史的经验教训对巩固政权的重要性,《尚书·酒
诰》载周王说:"封,予不惟若兹多诰。古人有言曰:'人无于水监,当于民监。'
今惟殷坠厥命,我其可不大监抚于时!"周王说的是:我不想再详尽地告诉你
什么了,古人有句话说:人不要用水察看自己,应当用众人的反映去观察自己。
如今殷人失掉了他的国家,我难道能不非常用心地借鉴它吗? 周王所说,和后
来人们所谓的"三鉴"说何其相似! 历史就是现实的一面镜子。

　　春秋末期孔子著《春秋》,最能说明中国人的先进历史意识。因为在现存
的中国史著中,最早而且体系完备的史著就是孔子修订的《春秋》,前面所说
的史学意识,在孔子的《春秋》中都具备了,这方面司马迁理解得比较透彻。
当司马迁听了上大夫壶遂的提问:"昔孔子何为而作《春秋》哉?"他回答说:

余闻董生曰:"周道衰废,孔子为鲁司寇,诸侯害之,大夫壅之。孔子知言之不用,道之不行也,是非二百四十二年之中,以为天下仪表,贬天子,退诸侯,讨大夫,以达王事而已矣。"子曰:"我欲载之空言,不如见之于行事之深切著明也。"夫《春秋》,上明三王之道,下辨人事之纪,别嫌疑,明是非,定犹豫,善善恶恶,贤贤贱不肖,存亡国,继绝世,补敝起废,王道之大者也。《易》著天地、阴阳、四时、五行,故长于变;《礼》经纪人伦,故长于行;《书》记先王之事,故长于政;《诗》记山川溪谷、禽兽草木、牝牡雌雄,故长于风;《乐》乐所以立,故长于和;《春秋》辨是非,故长于治人。是故《礼》以节人,《乐》以发和,《书》以道事,《诗》以达意,《易》以道化,《春秋》以道义。拨乱世反之正,莫近于《春秋》。《春秋》文成数万,其指数千。万物之散聚皆在《春秋》。《春秋》之中,弑君三十六,亡国五十二,诸侯奔走不得保其社稷者不可胜数。察其所以,皆失其本已。故《易》曰"失之毫厘,差以千里"。故曰"臣弑君,子弑父,非一旦一夕之故也,其渐久矣"。故有国者不可以不知《春秋》,前有谗而弗见,后有贼而不知。为人臣者不可以不知《春秋》,守经事而不知其宜,遭变事而不知其权。为人君父而不通于《春秋》之义者,必蒙首恶之名。为人臣子而不通于《春秋》之义者,必陷篡弑之诛,死罪之名。其实皆以为善,为之不知其义,被之空言而不敢辞。夫不通礼义之旨,至于君不君,臣不臣,父不父,子不子。夫君不君则犯,臣不臣则诛,父不父则无道,子不子则不孝。此四行者,天下之大过也。以天下之大过予之,则受而弗敢辞。故《春秋》者,礼义之大宗也。夫礼禁未然之前,法施已然之后;法之所为用者易见,而礼之所为禁者难知。(《史记·太史公自序》)

孔子著《春秋》,已不是以往的王官即史官履行记言记事,远远不是仅为二百四十二年的春秋历史作记载,在董仲舒看来,《春秋》是为天下人树立行为准则。司马迁同意这种看法,进一步阐述说:《春秋》的用意在于阐明王道,辨明人事,明确是非,尊贤贬恶,补偏救弊,拨乱反正。指导君臣父子的行为规范,使之复归正道。《春秋》虽是一部史书,更是一部礼义经典,做君做臣做父做子的,甚至凡是学做人的,都不能不知《春秋》的大义要旨。《春秋》的要旨就是中国传统文化一贯所强调的"经世致用"。

和古希腊相比,古希腊最早成体系的史著是希罗多德的《历史》,也称《希波战争史》,描写公元前 492 年至前 479 年希腊与波斯帝国进行的战争,也就是历史上所说的"希波战争"。希罗多德因此被称为西方"史学之父"。《历史》记载的是十三、四年间的史事,而《春秋》记载的是二百四十二年的史事,《历史》的作者希罗多德大约在公元前 484 年生于小亚细亚西部的爱奥尼亚城邦的哈利卡纳苏斯,大约卒于公元前 424 年,其《历史》大约在公元前 430 年问世,比孔子的《春秋》要晚五十多年。《历史》和《春秋》比,《历史》的作者虽不乏记史以流传后世,不使前人功绩因无史而被湮没的意识,但缺少《春秋》中明确的"经世致用"的意识,说明中国史学意识的丰富及与政治紧密联系的特点,这一差别,可以从希罗多德自己所阐述的著书目的清晰地看出,希罗多德说:

> 在这里发表出来的,乃是哈利卡纳苏斯人希罗多德的研究成果,他之所以要把这些研究成果发表出来,是为了保存人类所达成的那些伟大成就,使之不致因为年代久远而湮没不彰,为了使希腊人和异邦人的那些可歌可泣的丰功伟绩不致失去应有的光彩,特别是为了要把他们之间发生战争的原因记载下来,以永垂后世。①

作为中国的史官,他们的职能越来越以记录历史事变为主,用历史知识向统治者提供治理国家的方略,依据历史的教训,对君主失误进行劝诫,通过对历史上国家、政权的兴衰变化,印证当朝的得失所在。"故述往事,思来者"(《史记·太史公自序》),成为史官神圣而光荣的使命。汉代以司马迁为代表的史官,提出"究天人之际,通古今之变"(《报任安书》),其著述的目的更为宏大,欲给后世万代提供一个正确的世界观,然而这种历史意识与中国史官传统的历史意识有一脉相承的关系,汉代史官的历史意识是中国古代史官历史意识

---

① 希罗多德:《历史》(《希波战争史》),乔治·劳林逊(Georg Rowlinson)的英译本,1942 年纽约版,第 3 页。

的继承、发展的必然结果。

第三,确立了利用历史知识来增强民族凝聚力的意识。中国古代史官的历史观由以神为本位向以人为本位的转化,标志着历史意识的重大变化。不过,这二种历史意识虽有极大的区别,但也有共同之处,即都从意识决定存在的唯心观点出发,来认识社会的发展,所以二者之间有着藕断丝连的关系。以神为本位的观念,把决定社会发展的原因归结于神秘的"上帝"、"天命",以人为本位的观念把推动历史前进、影响社会进程的力量,认定是个别英雄人物的非凡意志。由于共同具有唯心的内核,所以有人便把这二种历史意识调和起来,鼓吹"天人合一",如《周易·乾卦·文言》中说:"'大人'者与天地合其德,与日月合其明,与四时合其序,与鬼神合其吉凶,先天而天弗违,后天而奉天时。"认为人间英雄就是天上上帝的代理人,是上帝旨意的具体执行者,英雄所为体现了"天命",历史便是以他们的超人力量并通过他们来支配的。

随着历史的推移,史官们不断地对"英雄"进行净化,洗涤着附在他们身上神异的光泽,同时又给他们涂上新的斑斓色彩。在史官的笔下,这些英雄成了种族血缘联结的象征,在他们的身上,集中地体现了那个民族所有的优秀品质。史官们把在历史上取得显赫地位的领袖人物称为先公先王,把在历史上有影响的杰出人物称为先圣先贤,把他们视为国家与民族的代表,记载下他们每个人的成长、发迹的历史,记录下先公先王的世系,在很大程度上可以代替一部国家发展史、一部民族发展史。记载先公先王先圣先贤的丰功伟绩,颂扬他们的高尚品德,引起全社会对他们的崇拜与景仰,便是最大地加强政治凝聚力,这种凝聚力是维护国家统一、加强民族团结、促进社会稳定的强大精神力量,这一点不仅史官们意识到了,而且整个社会都意识到了。统治阶级的历史意识是其统治思想意识的重要组成部分,统治阶级在治国实践中认识到:由于历史往昔具有不可随意更改性,所以以历史为教材,会更具说服力。以古事明辨是非,以古人确立善恶标准,进而为社会各成员明确不同的道德规范,这要比其他说教形式更深切著明。史籍既能强烈地体现统治阶级的意志,又能直接为现实的政治服务,为巩固国家政权服务,所以从夏、商以来,历代统治阶级当然要把史官记载历史当作一件大事来对待。

汉代空前强盛的大一统,加强了史官民族凝聚的意识。重新给民族发展以理性的、历史主义的阐述,成为汉代史官文化的一大特色。

孔子所删订的《尚书》,记述始于尧,司马迁却从中华民族的起源说起,来论证国家、民族大一统的合理性与必然性。他的《史记》上限起于黄帝,说明三代帝王,列国世家,追祖溯源,皆本于黄帝,整个中华民族皆是黄帝之后,正是这种指导思想,使司马迁在《史记》中建立了五帝、夏、商、周、秦、楚(项羽)、汉的正统序列,使各民族在《史记》中都有其一定地位。如《大宛列传》写新疆地域民族,《匈奴列传》、《东越列传》、《南越列传》、《西南夷列传》,所记则包括了中国东西南北广大少数民族地区的少数民族。司马迁并无"夷夏之辨"的传统偏见,倡导中华各兄弟民族平等互睦。他的《史记》全面叙述了中华各民族的共同历史,把中国整个社会的发展,视为同一种族系统内的多民族的共同发展。他记叙了中华民族大家庭中各民族相互大融合的历史,以帝王为纪,用王朝嬗变和帝王兴替作为历史发展的纲目,这种条分缕析的大纲,有效地理清了中华民族不断发展的历史脉络,从而确立了中华民族一统的思想。

中国汉文字的产生,很早地结束了结绳刻木记事的往昔,开始了以文字准确记录语言的历史;历法的产生使史籍获得了以时为序、以时系事的基本构成形式;明确的历史意识的形成,解决了为什么要写史与写什么内容的根本问题。如果说前二者属于史籍的形式,那么后者便属于史籍的灵魂,即史籍制作的指导思想。中国史籍的雏形在夏、商时代已具备,为史官文化的进一步发展奠定了基础。中国成体系的史籍,完成于春秋战国,《春秋》则是我们现今能见到的完整成系统的史著,而《左传》是《春秋》的进一步完善与提高。汉代之所以出现史学的高峰,产生了影响中国几千年的伟大杰出的史著,绝非偶然,完全是在汉之前中国二千多年史学发展的基础上,继承发展形成的硕果,犹如水到渠成,是很自然的事情。

第三节 早熟的历史意识下的文学发展

由于历史意识的早熟,我们的先人从周代开始,就对古老神话进行了比较彻底的历史化改造。当然,这种历史化改造,与现在所理解的"历史化"的标准仍有很大的距离,这是因为当时的史官和学者受到时代的限制,不自觉地把原始先民的一些幻想仍看作是历史的真实,在其编写的史籍中,仍旧或多或少地保留着一些神话的因素。如果说神话是历史的影子,以幻想的形式曲折地反映着历史,那么就可以这么说:古老史籍里也有神话的影子,在使神话转化为历史的古老史籍中,仍然可以找到一些神话的"痕迹",史籍以历史的形式无意地保留着一定的神话。但是神话经过"历史化"改造,毕竟发生了质的变化,神话的生命力在史籍中基本丧失了,它的信史部分转化成了史籍新的重要组成部分。

本来神话与古代歌谣是人类最初的文化形态,中国也如此。中国神话的大量泯灭,使诗歌的影响力显得特别重要起来。由于中国的诗歌产生并成熟的比较早,加上神话丧失了它应有的影响力,因此后世其他各种文体都有一种向诗歌吸收、借鉴艺术创作方法的现象,在它们各自的创作中都有一种"诗化"的倾向。比如以庄子为代表的先秦诸子艺术散文,韵律和谐,文采绚烂,丰富的想象、奇特的比喻,时有精辟的格言、警句,从古代诗歌中吸收了丰富的艺术营养。汉代的辞赋,是散文与诗歌的综合,有诗歌般秀异的意绪、瑰奇绚丽的意境、华赡的词采、和谐悦耳的韵律,整齐有序的对仗,显然受到四言诗与楚辞的影响和启发。汉代《史记》、《汉书》及杂史杂传如《吴越春秋》、《越绝书》等,往往有诗歌谣谚穿插其间,与诗歌也有着密不可分的关系。

先秦诸子散文与汉代政论文章,一般不引诗,然而它们也有一个向中国古典诗歌学习的现象,先秦诸子散文与汉代政论文章那种情真意切、言简意赅、旨意深远的特点,就是融合诗歌优长的结果。西方的散文受诗歌的影响不大,所以其散文讲求系统,常以洋洋万言来推理、论证。先秦诸子散文与汉代政论文章,乃至中国古代的散文,篇幅往往短小而含意深远,具有诗的韵味。

中国随着理性时代的早来,过早地结束了大力开发神话的时代,而且原有的神话不断得到理性化的净化与历史化的改造,使中国古代史诗的产生与发展,失去了肥沃的艺术土壤,中国古代歌谣从产生那天起,就具有了抒情与叙事的功能,叙事性的歌谣本可以发展为史诗,但由于中国古代诗歌没有繁荣的神话作基础,只能如同零星片断式的中国神话一样,只产生了一些篇什短小的史诗,如记载于《诗经》中的《玄鸟》、《生民》、《公刘》等诗,尽管具有史诗的基本性质与特征,但与体制宏大的荷马史诗相比,自然轩轾自见。中国古代的诗歌缺少如同古希腊富有故事情节的长篇史诗,而主要是短小、抒情的诗歌。

古希腊不仅有繁荣的神话,而且能有效地利用神话,将祖先颂歌、英雄歌谣和抒情牧歌加工发展,成为鸿篇巨制的史诗。并进一步吸收史诗的艺术营养,在颂歌、合唱的基础上进一步发展,产生了歌剧性的悲、喜剧,成熟的神话、史诗、悲喜剧组成了古希腊辉煌的古代文学。相比之下,我国古代的戏剧就很不成熟了。

在汉之前,中国还保持着歌乐舞合一的原始形态的娱乐形式,至汉,产生了具有文学性质的"百戏",百戏仍是"科、白、唱"一体,其中的"唱",占有重要的位置。"唱"即唱词,实际上就是一种诗歌。汉代百戏的"科、白、唱",形成中国古代戏剧的三大要素,形成中国古代戏剧的基本传统。中国古代的戏剧,说到底就是一种诗剧,中国古代从来就没有"话剧"。剧中有"白",也多数是顺口溜一类的诗歌,离开诗歌就没有中国的传统戏剧,中国传统戏剧的作家都是诗人,其剧作就是华美的诗篇,在诸体裁中,中国古代的戏剧受诗歌影响最大。

总之,由于中国神话的大量消失,诗歌就对汉代的传记散文、政论散文、戏剧甚至小说等有了相当大的渗透力,各文体"诗化"的传统也是很早就形成了。

中国古代史诗不成熟,除古代社会"早熟"、过早失去神话艺术"武库"、"土壤"这一原因外,还有一个缘故:中国原始社会进入奴隶社会时走了一条"和平演变"式的路子。任何文学艺术的产生,都要以一定的社会生活为其基本条件,古希腊从原始氏族部落制向奴隶制的城邦国家过渡时,各部落之间经历了长久而激烈的战争,战争中产生了许多关于战争的故事、谣曲与战斗英雄的颂歌,为内容宏富、规模庞大的史诗的产生,提供了丰富的素材和可以借鉴的艺术形式。然而在中国,由原始氏族制向奴隶制的转变,是通过废禅让、承世袭的"和平过渡"方式来实现的。氏族公社体制没有受到严重摧毁而被残留下来,经过家族制,平稳地转化为农村公社,成为新的奴隶社会统治者剥削宗族奴隶和农奴的基层社会组织。后来长期比较稳定的宗法式农业经济结构的社会,也没有给诗歌提供集中描写社会广泛激烈斗争的题材,平稳的历史过程只给抒情、短小的诗歌提供了社会生活内容,抒情性成为中国古代诗歌的重要特征。

中国号称是诗的国度,诗歌在中国文学史上是极有影响的一种文体,但中国诗歌的主体是抒情的短诗,与古代欧洲文明的代表——古希腊相比,中国的长篇史诗形成得很晚,能和荷马史诗,即《伊利亚特》、《奥德赛》相比的中国史诗,产生是很晚的。具有相当规模的中国史诗,到唐代的变文、俗赋才具雏形,经过宋金诸宫调、陶真、涯词,发展到元明的鼓书、弹词,如《大唐秦王词话》、《大明兴隆传》、《二十一史弹词》,才算体现了"史"的诗。特别是大约15世纪出现的藏族英雄史诗《格萨尔》的最初写本,才标志着中国长篇史诗的完全成熟。《格萨尔》思想内容丰富精深,气势磅礴,其规模远超《荷马史诗》。除《格萨尔》外,还有蒙古族的《江格尔》、柯尔克孜族的《玛纳斯〉等,都是宏大的英雄史诗,成文虽然晚,但其所反映的思想内容告诉我们,它们作为口头文学在民间流传却是很早的了。为什么文化相对落后的少数民族的史诗体制反倒如此宏大? 充满了奇特的幻想和神秘的色彩? 就因为少数民族的宗教意识比汉族较为浓厚,有关天地生成、人类起源、民族迁徙、部落战争等神话保存得多,为史诗提供了丰富的素材,这又一次证明了神话对史诗的产生、发展的巨大推动作用。但比起希腊史诗来,中国宏大体制史诗的产生却晚了二千余年。《诗经》中的《生民》、《公刘》、《绵》等诗,虽说具有史诗的因素,但毕竟篇幅短小。汉乐府诗中有了比较成熟的叙事诗,但仍不具备荷马史诗那样宏大的规模与体制。号称中国汉魏晋南北朝叙事诗"双璧"——《孔雀东南飞》、《木兰辞》,与荷马史诗相比,也仅是故事梗概,到唐代白居易的《长恨歌》、《琵琶行》,虽是脍炙人口的叙事诗,却有浓厚的抒情意味。汉代的诗歌以抒情诗为主体,即使是叙事诗,如汉乐府叙事诗《陌上桑》、《妇病行》、《孤儿行》等,作家创作的叙事诗,如宋子侯的《董娇娆》、蔡琰的《悲愤诗》等,也多以抒情的笔调来叙事,或者说是以叙事的手法来抒情。这种特点的形成,来自于中国诗歌历来主抒情的传统,而汉诗的抒情特征又影响着后代诗歌的创作。所以在中国,有人讲过"诗言志"、"诗缘情",但从未有人说过"诗言事",这是与古希腊史诗很不同的一个特色,并久而久之形成一种传统。咏史咏物、讽喻时事、山水田园、军旅边塞、游子思妇、亲友赠答等等,这些诗歌中常见的题材,都可以借来抒发感情、寄托意蕴。诗歌是中国文学的主流之一,抒情性就是这一主流的重要特征。这一特征还影响到散文、小说、戏剧,使抒情性成为中国文学的一个显著特色。这一特色还潜移默化地渗透到历史、哲学著作的写作中。

春秋战国时期是中国封建领主制向封建地主制"转型"的时期,"早熟"的中国古代社会终于进入了一个前所未有的大变革的历史时期。中国古代历史上持久、大规模的战争就发生在春秋战国时期,它向人们展示的战争比希腊半岛上发生的战争还要持久、剧烈、复杂,面对如此大动荡的变革的时代,我们中国没有《荷马史诗》那样的大规模的叙事诗,也没有希腊那样成熟的悲喜剧来反映它的变革,这时中国的诗歌已经形成了抒情的传统,语言简短、节奏较少、惯用比兴手法,无法胜任深刻、全面反映时代变革的任务。但中国在当时却找到了一种新的表现形式——史传,这是历史性的文学,也是文学性的历史,其著名代表作是《春秋》、《左传》、《国语》、《战国策》等。就在古希腊以成熟的史诗、悲喜剧向人类文化做出贡献时,古老的中国向人类奉献的是另外一种文化样式——史传。史传形式上不同于史诗、悲喜剧,但它的结构同样博大恢弘,同样具有表述历史复杂事变的能力,甚至它那自由、娴熟、深刻地反映历史生活的深度和广度的艺术能力,往往是古希腊史诗、悲喜剧所难企及的。从反映社会历史生活的功能看,先秦史传完全可以弥补中国当时没有宏大规模的史诗、悲喜剧的遗憾;从生动、形象地反映社会生活的角度看,先秦史传堪称中国的"无韵的史诗"、"史著形式的悲喜剧"。中国的史传足可以与古希腊的史诗、悲喜剧相媲美,它以中华民族特有的表达方式,采取中华民族喜闻乐见的艺术形式、艺术风格,反映了中华民族的形成与发展的历史,体现了中华民族先民的审美心理。然而先秦史传还未达到历史文学的高峰,在它的基础上产生的以《史记》为代表的汉代传记文学,才是真正的"史家之绝唱,无韵之离骚",南宋史学家郑樵说:

司马氏世司典籍,工于制作,故能上稽仲尼之意,会《诗》、《书》、《左传》、《国语》、《世本》、《战国策》、《楚汉春秋》之言,通黄帝、尧、舜至于秦、汉之世,勒成一书,分为五体:本纪纪年,世家传代,表以正历,书以类事,传以著人。使百代而下,史官不能易其法,学者不能舍其书。(《通志·总叙》)

汉代的传记文学作品《史记》,不仅是先秦史传文学的集大成,而且是历史与文学的完美结合,达到历史文学的极限。如果把《史记》比喻成一首史诗,它吟诵的是中华民族三千年的奋斗史;如果把《史记》比喻成一场悲喜剧,它的舞台就是广袤的神州大地,它展示的是三千年来千千万万个中华儿女各种奇异的命运与各种悲欢之情,在世界文学史上,那一部史诗能超过它,那一部悲喜剧能超过它? 汉代传记文的叙事艺术达到了前所未有的高度。我国成文的叙事体始于历史记载资料,因此,真正对我国后代叙事文体有重大影响而堪称我国叙事文学之祖的并不是神话,也不是充满神话的史诗,而是始于先秦的史传与成熟于汉代的传记,这个影响在中国的小说上看得最清楚。

和古希腊、古罗马相比,中国小说不仅成熟得晚,而且有着深刻的"史"的烙印。为什么这样说呢? 因为古希腊、古罗马的小说是在其成熟的史诗、悲喜剧的基础上产生的,而成熟的史诗、悲喜剧又是在丰富的神话传说的基础上产生的。所以西方最初的小说的素材多来自神话,表现出了丰富的想象力。而在中国,由于早期社会形态的早熟,在希腊神话高度发达时,我国的文化已处于一种史官文化的阶段。史官以及其他从事文化的士人,从封建礼法意识出发,对中国过去已有的神话进行了全面的改造,如春秋末期的思想家、教育家、文献整理家孔子,就"不语怪、力、乱、神"(《论语·述而篇》),怪异往往不实,鬼神之事更是虚幻无据,和谈论动乱、暴力一样,都与仁义道德相违背。所以孔子整理古籍,删除了许多他认为是"虚枉"的神话,有的神话作了彻底的改造,如"夔",在神话中是黄帝身边的一只脚的神兽,《山海经》中说:"夔,一足。"孔子把这段文字读成:"夔,一,足。"解释成如下的意思:夔是一个很能干的臣子,黄帝有他一个人就足够了。史官和从事文化的士人使中国原有的神话大量湮灭。到了汉代，史官对残存的神话又进行了一次淘汰与历史化的改造。如《国语》载豫让拔剑击赵襄子之衣，"衣尽出血，襄子回车，车轮未周而亡"，司马迁在《刺客列传》中没有采录《国语》此说。司马迁在《大宛列传》中说："至《禹本纪》、《山海经》所有怪物，余不敢言之也。"在《刺客列传》中说："其称太子丹之命，'天雨粟，马生角'也，太过。又言荆轲伤秦王，皆非也。"司马迁对所有神异古怪、空、虚、非、过等荒诞不实的史料，都予以考辨，决不轻易使用。所以现在我们看到的汉代史著中，神话内容少得可怜。当古希腊在神话的基础上产生了史诗，来反映整个复杂的社会生活时，我们的诗歌短小、抒情已形成了传统，在失去了丰富的神话这一"武库"与"土壤"的条件下，也失去了创作体制宏伟的史诗的可能，必须寻找新的形式来反映广阔、丰富的社会生活，于是先秦史传与汉代传记便应运而生了。先秦史传与汉代传记是在神话大量被泯灭，影响力微弱的情况下，显示出叙事文"始祖"的本色。在此之后产生的中国小说，深受先秦史传的影响，后来受到汉代《史记》的影响更为深刻，而不是像西方小说主要受神话的影响。

受先秦史传与《史记》传记的影响，在东汉时的杂史杂传类小说中就明显体现出来。我们把汉代的杂史杂传主体上视为小说，有二个原因：一是杂史杂传的作者主要的写作目的并不是为了修史，而主要是借史传的形式，向读者炫鬻奇闻异事。二是杂史杂传虽然采取了"史"的形式，但它内容却多为街谈巷议，以虚构和夸饰为显著特征。与汉代传记文学比，它淡化了纪实性而增强了虚构夸饰，尽管也存有一定的史料，也反映了一定的历史现象，但性质上不属于信史而属于小说。在《史记》之前，已有《晏子春秋》、《穆天子传》等杂史杂传。《史记》问世后，更为杂史杂传提供了更加成熟的艺术手段，于是在汉代出现了一大批富有文学色彩的杂史杂传，如袁康、吴平的《越绝书》记东南地区吴越两国兴亡史；赵晔的《吴越春秋》，以复仇为主题，生动地展显了春秋时期吴越两国争霸的过程；扬雄的《蜀王本纪》，记先秦古蜀国历代君王的故事，穿插着美丽的神话传说；旧题伶玄撰的《赵飞燕外传》，叙述赵飞燕、赵合德姐妹俩与汉成帝的荒淫故事，笔寓辛辣的讥讽；原书已佚失的《徐偃王志》，叙西周时东方徐国偃王的传说，塑造了一位仁王义君的形象；刘向的《列女传》，记各种女性的奇节异行、高风亮节；刘向的《新序》，以嘉言善行，记述自舜、禹至汉代的历史人物故事；刘向的《说苑》，与《新序》相类，又间杂议论，耐人寻味；旧题班固撰的《汉武故事》，记述汉武帝一生的奇闻轶事，其中多有怪异的虚构；佚名的《汉武内传》，敷衍增饰《汉武故事》，想象丰富，词藻华丽；旧题郭宪撰的《洞冥记》，记叙汉武帝求仙活动，广记绝域遐方珍奇异物；旧题东方朔撰的《十州记》，罗列远国奇事异物，幻化神仙理想世界，等等。总之，汉代的杂史杂传与汉代的传记文学相比，它淡化了史学的特征，而加强了文学的特征，比汉代传记文学更多了想象、虚构和夸饰，结构复杂，辞藻繁艳，其艺术特征已与小说没有多少差别。汉代杂史杂传深受汉代传记文学的影响，又直接沟通了传记文学与小说的联系，成了中国小说的直接源头。

　　由于受史传文学、传记文学与杂史杂传文学的哺育，中国古代小说产生后，很自然地留有"史"的"胎记"。中国古代小说即使虚构，也要写上真实的年代、真实的地点，甚至真实的人名。故事是虚构的，故事发生的空间与时间却是真实的；人物是虚构的，人物的名字却是真实的。使人感觉不是编故事，而是述说历史。即使魏晋南北朝的志怪小说，如干宝的《搜神记》，记载种种鬼怪神异故事，但作者在本书的序文中还要声明："考先志于载籍，收遗逸于当时"，"若使采访近世之事，苟有虚错，愿与先贤前儒分其讥谤。"强调所记都是实录听闻，不是个人妄加虚构。再如《金瓶梅》，本来反映的是明代的社会生活，却非要写成宋代某时某地发生的事，好似真实的历史，乃至有人认为《金瓶梅》就如一部《史记》。① 中国小说的书名常冠以"记"、"传"之类的字样，如《水浒传》、《西游记》等，"传"、"记"本身就是史书体例的称谓。在小说的结构上常效仿史著传记以人物命运的发展过程来构成。在叙述上往往按着时间顺序来，不像西方小说一会儿插叙一会儿倒叙。中国小说叙述语言常用第三人称，就像史官以叙述人的语言来客观地叙述历史，又让参与事件中的人物以自己的言行来表现自己的性格，绝少人物心理描写，这些特点都是受史

---

　　① 张竹坡在《批评第一奇书〈金瓶梅〉读法》中说："《金瓶梅》是一部《史记》。然而《史记》有独传，有合传，却是分开做的。《金瓶梅》却是一百回共成一传，而千百人总合一传，内却又断断续续，各人自有一传。固知作《金瓶梅》者，必能作《史记》也。何则？既已为其难，又何难为其易？"

传、传记的影响而形成的。中国小说有像样的心理描写，是从《金瓶梅》、《红楼梦》才开始的。至于完全以第一人称写小说，那是从近、现代才有的，都是受外国小说启发而采用的新的艺术表现手法。我国的小说母体就是历史著作,造成这一特殊的文学现象,最终缘于我国先进的史官文化。

第五章 汉代文化创作者
新的价值观

第一节 中国文人阶层的形成

中国文人的形成经过了漫长的历史过程,它远远落后于古希腊文人的形成,从严格意义上说,中国文人是在封建大一统的汉帝国时期形成的。汉代主体文化的主要创作者,就是汉代的文人,汉代主体文化特色的形成,与汉代文人的形成及汉代文人的特征有着密切的联系。所以一般判定文化性质,往往以文化的主要创作者为标志,如把中国古代文化,按作者特征可分为巫文化、王官文化(即史官文化)、士文化和文人文化。

在氏族社会,就存在着一些较有生活经验与知识的人,他们自称懂得神秘玄奥的巫术,能以舞降神,袚除不祥。男的叫觋,女的叫巫,合称巫觋,俗称巫师。人们也认为他们能与鬼神相沟通,《楚辞·招魂》中写到:"帝告巫阳曰:'有人在下,我欲辅之。魂魄离散,汝筮予之。'"巫师能与天帝、鬼神相联系,他们可以向上天汇报人们对神灵的乞求,可以向下民传达天意,既是人的代表,又是神的使者,于是就成为那个时代的精英,成了当时人们精神的寄托者,自然受到全社会的普遍崇敬。马林诺夫斯基说过:"巫术自极古以来便在专家的手里,人类第一个专业乃是术士的专业"。① 这里所说的"人类第一个专业",是指人类第一次脑力劳动与体力劳动的分工,巫术作为精神性质或文化

---

① [英] B·Malinowski 撰,李安宅编译:《巫术科学宗教与神话》,中国民间文艺出版社 1986 年版,第 76 页。

性质的工作,在人类发展史上第一次出现了,巫术是人类最早出现的文化专业。巫觋除了从事迷信活动外,有的还懂得一些医道与历法,能歌善舞自不必说,他们就是氏族社会的"文化人","巫术作为知识的母体,掌握巫术的巫师,实际正是人类知识分子的始祖原型"。① 以这种"人类知识分子的始祖原型"为标志,所以又称这个时期的文化叫巫文化。

巫文化的解体,并不是说文化发生了什么质的变化,主要是随着氏族社会的完结,阶级社会国家机构的成立,从事巫文化的公职变为国家的专职,巫师变成了官吏。"随着巫术文化的解体,权力机构成为巫师重要的收容所。在宫廷礼仪、朝政记录,乃至直接参与筹谋统治的官吏中,都有出身于巫师的人。这是一个历史性的开端,无论东西方,此后政府官吏的一个基本来源都是知识分子。"② 夏王朝的建立,从事占卜、祭祀、主管文书、典籍的人,都成了国家机构设置的官员,由于统辖于天子,又称他们为王官,继夏之后的商、周,官吏设置虽有所不同,但王官的性质没变,所以称夏、商、周三代的文化又叫王官文化。从帝王统辖文化人这个意义上说,汉代文化也可以称为王官文化,王官文化实际就是在帝王统治下的大一统文化。之所以不称汉代文化为王官文化,是因为汉代的大一统有别于三代的大一统,从事大一统文化的人员也有很大的区别。汉代文化是新的大一统文化,但汉代文化不是三代王官文化的直接承接,汉代文化及文人由春秋战国时期的文化及士阶层演化而来,而春秋战国文化及士阶层的兴起,又以周朝王官文化及王官的沦落为前提。

春秋以前的三代,文献典册集中在王宫,文化掌握在贵族文化人王官手里。由于夏、商、周三代社会情势有所不同,各代的文化也呈现出不同的特色,从事文化工作的王官的职能也各有侧重。夏王朝虽开创了我国的奴隶制社会,但还保留着许多原始公社的遗风,较之殷商,阶级矛盾还比较缓和,统治阶级还用不着只靠严酷刑罚来维持自己的统治,对待奴隶比殷商统治阶级还稍

---

① 尤西林:《阐释并守护世界意义的人——人文知识分子的起源与使命》,河南人民出版社1996年版,第111页。

② 尤西林:《阐释并守护世界意义的人——人文知识分子的起源与使命》,河南人民出版社1996年版,第119页。

宽厚一些,也用不着专门利用鬼神迷信去加强统治,民风愚昧朴野,是生产力低下形成的,还不是个别统治者人为造成的。当时从事文化工作的王官除了记史、祭祀之外,主要任务就是制定国家法令制度,有的还参与法令的执行工作。

随着奴隶制的强化,原始公社遗风的衰微,商统治者越来越崇尚暴力,对奴隶一方面重用刑罚,一方面又借助天命鬼神来加强统治。统治阶级虔诚地服事鬼神,商王大小诸事,必问鬼神,由卜筮得其指示,商王简直成为"大巫",鬼神在商代有莫大的权威。这些祭祀鬼神、用卜筮传达鬼神旨意的工作,便是由从事文化工作的王官来担任的。

西周废除奴隶制,全面实行封建宗法分封制,重视封建礼治,强调敬德保民。重视以德选官,希望所选之人能以德教化庶民,以德抚治庶民,能公平审案,能恪守职责,不以好刑戮杀为能,不任奸佞邪恶之人。作为负责文化的王官,自然也同其他王官一样,具有相应的美德与尽职之心,努力宣传封建礼德思想,从而增强每个社会成员的封建意识,巩固封建等级制及社会秩序。正如周公所说:

> 亦越文王、武王,克知三有宅心,灼见三有俊心,以敬事上帝,立民长伯。立政:任人、准夫、牧、作三事。虎贲、缀衣、趣马、小尹、左右携仆、百司庶府。大都小伯、艺人、表臣百司、太史、尹伯,庶常吉士。司徒、司马、司空、亚、旅。夷、微、卢烝。三亳阪尹。文王惟克厥宅心,乃克立兹常事司牧人,以克俊有德。文王罔攸兼于庶言、庶狱、庶慎,惟有司之牧夫是训用违;庶狱庶慎,文王罔敢知于兹。亦越武王,率惟敉功,不敢替厥义德,率惟谋从容德,以并受此丕丕基。(《尚书·立政》)

周公告诫成王:文王、武王了解三宅选官的标准,明白三俊选才的道理,要为万民选立官员,让这些设置的大大小小不等的官吏有权有责,公正决断案件,恭谨地服事上帝。周公最后还说:"太史!司寇苏公式敬尔由狱,以长我王国。兹式有慎,以列用中罚。"告诫太史与司寇苏公,要恭谨地审理狱讼案件,适当地使用刑罚,使国运长久。太史属"文化官员",说明当时的文化官员也要参与日常的断案,并不是单一的从事记史工作。

尽管三代文化形态不一,从事文化工作的王官的职能各有侧重,但王官的使命却没有什么本质上的区别。在春秋战国以前,从事文化工作的王官,不仅有史与巫的职能,而且还有师及其他一些职能。如商王子微子,在商朝将亡前,找人商议对策,所找之人就是"父师"、"少师"。一般说来,王的前后左右有记史的史官、以舞降神的巫官、以卜筮占吉凶的卜官、操琴击鼓的乐官以及规谏辅弼的谏官,等等。王官既主持祭祀仪式,又进行政务训诫;既记载国事及王的言行,又占卜预测未来;既为王出谋划策,又以舞乐来娱王,王官担负何种职能,全视官员的能力而行,并不受官职的限制。

春秋时期,周王室日趋衰弱,周天子无力控制天下,天下宗主的地位已名存实亡,王室内部争夺王位继承权的斗争还时有发生,如公元前 520 年周景王死,国人立长子猛,即周悼王,王子朝纠集一批丧失职位的王官争王位,晋出兵助猛,猛旋死,立其弟匄,即周敬王,后王子朝兵败,率许多旧王官携王室典籍逃于楚,使周王朝文化典籍由王室下移至诸侯国,打破了长期以来周王室对文化的垄断,这标志着王官文化已开始沦丧。

到了春秋末期,周王室已沦落到一个贫弱侯国的地步,国家财政贫乏到了无力维持众王官俸禄开销的地步,于是王官陆续分散到了诸侯国去谋生路。王官不断沦落,离弃原来旧的封建领主,投靠新兴的地主阶级势力,他们原有的宗法观念,在严酷动荡的现实面前动摇甚至崩溃了。他们既然为了生存而投靠新兴地主阶级,那么他们的立场与思想必定要转到新兴的地主阶级的方面上来,用他们手中所掌握的文化及知识技能来为新兴地主阶级服务。于是这些昔日显赫的王官,由"公家人"变为"个体择业者",其社会地位就自然降到了卿大夫下一层的"士"的社会阶层水平。士阶层又增加了新的成员,后来逐渐由这些新成员改变了士的性质,把士阶层变成了知识阶层。王官的沦落,士阶层的崛起,造成了王官文化向士文化的转移,主体文化的主要创作者已从领主阶级的"王官"转移到新兴地主阶级的"士"阶层。士在新的大一统未建立之前,已经摆脱了以往严重的人身依附,像古希腊的文化人那样多了属于自己的文化人格,真正成了一个相对独立的文化阶层。如果把主体文化视为学术,有人称士文化为"私学",而王官文化则为"公学"。

　　"士"本是西周时期最低级的贵族,属于卿大夫家臣一类的阶层。西周实行的是封建宗法制,也就是以血亲为系统的嫡长制,天子为天下大宗,诸侯为国之大宗,卿大夫为家之大宗,唯有士大部分没有血亲关系,只靠自己特殊的技能挤进统治阶级最低的阶层中。士的具体职能是任事,事分文武两类,从事武的叫甲士或武士,从事文的叫文士,文士又可分两种,一种是王室的下级官吏和在宗族内做事的官吏,一种是为卿大夫奔走效力的食客。春秋战国之际,随着周宗法制的逐渐崩溃,士本身也发生了极大的变化,当士成了拥有小块土地的私有者时,或者成为自由择业者时,就从卿大夫家臣一类的附庸阶层,变成具有相对独立性的新兴地主阶级中的一个阶层。在政治上,士摆脱了以往固定的依附性,有些士人谁供给其衣食,就为谁服务,不想为谁服务,就可以自由地离开,士阶层有了相对的政治独立性,这一点成了新的士阶层的最大特征。

　　士阶层的队伍在动荡社会环境下不断扩大,不仅越来越多的沦落的王官加入了士的队伍,而且还有越来越多的卿大夫在兼并之中没落而降为士,还有不少庶人上升为士。士的职能也起了变化,逐渐由文武两种而趋向单一的文,因为长期的兼并战争,各国都建立了庞大的军队,原先只有武士与庶人组成的军队,现又大量征收"野人"参加,武士也就融合在军人之中了。文士大多数受过礼、乐、射、御、书、数六艺教育,而在春秋战国,诸侯国为了争霸事业,需要大量的这方面的人才,文士的社会作用受到了争霸诸侯的高度重视,诸侯养士用士一时蔚然成风。所谓的战国四大公子,即齐国孟尝君、赵国平原君、魏国信陵君、楚国春申君,皆以养士而名满天下。

　　士只有成为了一个相对独立的阶层,才有条件成为社会最活跃的力量,成为新兴地主阶级积极争取的对象。士阶层有知识、有智慧,有的还有口才与外交能力,能为诸侯争霸提供奇策妙计,为执政者加强统治提供方针政策,为教化民众提供道德教育。在诸侯国兼并战争日益激烈的情况下,士找到了充分施展自己才能的舞台。士是一个特殊的阶层,它必须与政权相联系才能发挥自己的特长,只有走入仕途才能为社会服务,"士之仕也,犹农夫之耕也。"

(《孟子·滕文公下》)在动荡不安的春秋战国时期,士的社会作用更加明显,于是其社会地位也相应地提高,士的队伍也在不断扩大,逐渐形成一个凭脑力与口才谋取富贵的知识阶层。士阶层既然为社会提供知识、智慧、道德、理想,自然对士本身也按这几点来要求,因为士如果不具备知识、智慧、道德和理想,他又如何向社会提供这些呢?

首先,士一般有着超乎众人的远大理想和奋斗目标,以天下实现仁义为己任。正如孔子的弟子曾子说:"士不可以不弘毅,任重而道远。仁以为己任,不亦重乎? 死而后已,不亦远乎?"(《论语·泰伯》)《孟子·尽心上》载:"王子垫问曰:'士何事?'孟子曰:'尚志。'曰:'何谓尚志?'曰:'仁义而已矣。杀一无罪,非仁也。非其有而取之,非义也。居恶在? 仁是也。路恶在? 义是也。居仁由义,大人之事备矣。'"士不论自己的穷达处境如何,始终坚持自己的信仰而不动摇,特别要做到安贫乐道,决不能忘掉这个做士的起码标准而去汲汲追求个人的衣食无忧。孔子说:"士志于道,而耻恶衣恶食者,未足与议也。"(《论语·里仁》)又说:"士而怀居,不足以为士矣。"(《论语·宪问》)孟子也说:"士穷不失义,达不离道。穷不失义,故士得己焉;达不离道,故民不失望焉。"(《孟子·尽心上》)正因士有坚定的理想与信念,所以才能做到"士见危致命,见得思义"。(《论语·子张》)即遇到危难能承担重任,见到利益则以道义为重,具有高尚的荣辱观与价值观。士阶层中的士人当然不尽相同,但基本具备以上主要特征。《论语·子路》载:

> 子贡问曰:"何如斯可谓之士矣?"子曰:"行己有耻,使于四方,不辱君命,可谓士矣。"曰:"敢问其次。"曰:"宗族称孝焉,乡党称弟焉。"曰:"敢问其次。"曰:"言必信,行必果,硁硁然,小人哉! 抑亦可以为次矣。"曰:"今之从政者何如?"子曰:"噫! 斗筲之人,何足算也?"

孔子的学生子贡问如何做才能称得起士? 孔子回答:以礼义约束自己而避免遭辱,出使诸侯国不辱使命,就可称得上士了,这是孔子对为官的士的要求。子贡问其次,孔子说:在家族中被称赞其有孝道,在同乡之间被称赞其有友爱之心,这是对没有做官的士的要求。子贡又问最次,孔子回答说:说出的话叫人信,做的事必定有结果,虽然浅薄无啥大志向,也算个士吧! 子贡又问:当今执政者算不算士呢? 孔子说:那些气量狭小的人,那里能够得上呢! 在孔子的意识中,区分士只有一个道德的标准了。只有具有高尚的道德,达者可为士,穷者亦可为士,因为"无恒产而有恒心者,惟士为能"。(《孟子·梁惠王上》)相比之下,那些高高在上作威作福而无仁义道德的官僚们,还没有称士的资格呢! 士成了有道德修养者的代名词。士是春秋战国涌现出来的知识分子阶层,他们是国家与民族的优秀分子,他们有觉悟、有知识、有技能,有对全社会负责的民族责任感,不论处境如何,主动承担起国家与民族兴盛、发展的历史使命。中国知识分子以天下为己任的优秀传统,当然有其久远的历史渊源,但主要形成于春秋战国时期。

士阶层虽是时代的先觉者,但因思想观点不同,又分成许多派别,这些派别之间既有对立斗争,又有互相渗透、融合。至战国末,极有影响的有儒、道、法、墨诸家,特别是儒家,主张入世的进取型的人生哲学,强调个人修养,虽畏天命而积极有为,更符合做士的标准,更适应社会发展的需要。所以在当时就成为一种显学,以至后来成为中国人的主体意识,儒生又成为士的别称。

公元前 221 年,秦始皇顺应历史发展的潮流,完成了统一伟业,建立了幅员辽阔的一统政权。为了进一步巩固统一,树立皇权的绝对权威,他废除了导致国家分裂的封国建藩制,在全国推行郡县制,取消与皇权专制、统一国家不相容的所有旧制度,统一了全国的法令、吏制、兵制、货币、度量衡、公路交通、文字,实行了户籍制,把一切权力都操于皇帝手中,极大地加强了国家的统一与中央集权制。但是秦王朝一系列措施的实施,是以法家严刑峻法的思想为指导,完全建立在强权暴政的基础之上,对六国旧贵族势力的打击比较彻底,对人民的压迫与剥削也是非常残酷的。当时全国人口大约有二千多万,而服兵役的就有二百多万,壮年男子三人中就有一人服兵役。此外,修长城、筑宫殿等沉重的劳役以及繁多的赋税,使人民难忍其苦,社会生产力遭到巨大破坏,大大动摇了秦的统治基础。秦始皇在思想文化领域,虽设置了博士官,然而对天下人却采取了愚民政策,以此消除一切反抗意识。秦法规定:"史官非秦记皆烧之。非博士官所职,天下敢有藏《诗》、《书》、百家语者,悉诣守、尉杂烧之。有敢偶语《诗》、《书》者弃市,以古非今者族。"(《史记·秦始皇本纪》)秦王朝只对赞同自己暴政的法家采取保护、重用的政策,而对其他的士人采取了排斥的态度,尤其是以血腥镇压的方式对待不同政见者,在咸阳坑杀四百六十多名儒生,这就是恶名昭著的"焚书坑儒"。"焚书坑儒"是中国历史上第一次文化大浩劫,其结果使中国古文献的保存与学术传授,遭到极大的破坏,同时也严重地摧残了士阶层,延缓了中国文人在封建地主阶级中央集权制条件下的形成。

秦王朝首创封建中央集权制,创立了一系列适应中央集权制的政治、经济、军事等方面的法律,但它没有正确选择与中央集权制相适应的文化体系,不仅没有重视代表社会优秀力量的士阶层,反而极大地摧残了士阶层的生存与发展。它本想通过暴政来巩固新建立的一统国家,而客观上恰恰相反,正是它自己的暴政加速了自己的灭亡。正如贾谊在《新书·大政上》中所说:

> 行之善也,粹以为福己矣;行之恶也,粹以为灾己矣。故受天之福者,天不攻焉;被天之灾,则亦毋怨天矣,行自为取之也。知善而弗行,谓之不明;知恶而弗改,必受天殃。天有常福,必与有德;天有常灾,必与夺民时。故夫民者,至贱而不可简也,至愚而不可欺也。故自古至于今,与民为仇者,有迟有速,而民必胜之。

行恶多者,与民结仇深者,其亡必速,既不能怨天,也不能尤人,这只能是自食其果。因为"自古至于今,与民为仇者,有迟有速,而民必胜之",这不仅是汉代人对秦帝国速亡引出的重要历史教训,也是汉代人对中国漫长的历史发展过程进行反思而得出的历史结论。

公元前206年,又一个统一的封建大帝国——汉王朝建立。给予汉代人最深刻的印象莫过于区区小民陈胜、吴广振臂一呼,竟能震动天下。声威显赫的强秦,竟在瞬间土崩瓦解。沉痛的历史教训,使汉初的统治者不得不高度重视民生的疾苦,于是在汉初采取了"休养生息"的政策,力求少一点扰民,以此来稳定社会秩序。在汉初恢复的各家思想中,道家的无为的思想居于社会主导地位,它适应了战后恢复和发展经济的需要。但汉高祖刘邦忙于加强皇权专制,消除异姓王对中央的威胁,久不废止秦挟书令,本人又在一定程度上轻视儒士,文化事业的复苏仍很缓慢。

惠帝时期废弃挟书令,文、景时期,原被秦王朝几乎窒息的诸子学说开始复兴,不过,也不是春秋战国诸子之学的简单恢复,在新的大一统社会形势下,有的已经失去了生命力,逐渐趋于销声匿迹,如墨家。有的学派思想被他家所吸收,其思想又多以他家的形式表现出来,如名家、阴阳家等。勃然兴起的是曾惨遭秦始皇迫害的儒家,儒家的典籍开始为世人普遍传授,当儒家把三代的文献典籍,解释成自己的思想资源后,儒家在社会上的影响已经是任何学派都不可比拟的了,社会主导思想出现了由黄老之学无为而治的思想向儒家积极有为思想转变的趋势。

此时,异姓王对中央集权的威胁力已荡然无存,刘邦大封的同姓诸侯王,有的已传二、三辈,刘姓诸侯王的势力日益坐大,这些诸侯王同战国四公子一样,都爱招揽四方游士为门客,如吴王刘濞、梁孝王刘武、淮南王刘安等,身边都有不少士,还有专门以辞赋见长的文士。仅以梁孝王为例,略加说明。

梁孝王刘武是汉文帝的第二个儿子,汉景帝的弟弟,与景帝同为窦皇后所生。文帝二年(前178)他被封为代王,文帝十二年(前168)又改封为梁王。景帝时爆发了吴楚七国之乱,刘武据守睢阳城抗击叛军,使七国之兵不敢越城向西。刘武所率的梁兵在这场战争中杀获极多,与朝廷军队大致相等,战功卓著。刘武是皇弟,又是窦后的小儿子,备受宠爱,加以平叛有功,得赏无数。梁是封国中最为富饶的一个,于是刘武便在今天河南开封东南一带辟地筑园,名叫梁园,也称兔园。方圆三百余里,里面宫室逶迤相连,可供游赏驰猎。当时诸侯王中刘武地位最尊,出入可以打着天子的旗号,所用仪仗一如天子。他招揽四方英杰,广为养士,这些人中有精通《周易》的施仇、孟喜、梁丘贺,有以辩智著称的羊胜、公孙诡、韩安国,有以辞赋见长的司马相如、严忌、邹阳、枚乘等,一时人才济济,南朝宋代人谢惠连曾作《雪赋》,其中写到:

> 岁将暮,时既昏,寒风积,愁云繁。梁王不悦,游于兔园。置旨酒,命宾友,召邹生,延枚叟;相如末至,居客之右。俄而微霰零,密雪下,王乃歌《北风》于卫诗,咏《南山》于《周雅》。授简于司马大夫,曰:"抽子秘思,

骋子妍辞,侔色揣称,为寡人赋之。"……

梁园的雍容典雅的诗酒生活由此可见。梁国成为当时文学中心,文学之盛甲于天下,使得西汉文学在景帝年间就涌起第一次高潮。当士阶层中出现了以从事文化,特别是以文学创作为其专门职业的群体时,就标志着中国文人已经形成。尽管他们的数量还很少,尽管他们的产生比古希腊的文人晚得多,但毕竟在大一统的汉代产生了。

经过盛誉一时的"文景之治",到汉武帝时,政治统治稳定,经济空前繁荣,军事力量达到强盛,汉帝国的国力发展到了鼎盛时期。武帝为了"润色鸿业",大力提倡写赋,把原为诸侯国的有名文士逐渐吸收到中央来。如当时枚乘虽已年老,但武帝仍用"安车蒲轮"去征召他,可惜枚乘死于道上,武帝又诏其子枚皋"因赋殿上"。再如司马相如的《子虚赋》、《上林赋》,辞藻华丽,气势恢弘,反映了大一统汉朝疆域的辽阔、物产的丰富,歌颂了汉皇的声威,抒发了民族的自豪感。当武帝读了《子虚赋》,感叹地说:"朕独不得与此人同时哉!"当知道司马相如的消息后,立即把他召进宫。武帝揽士写赋,一时在他身旁形成了一个优秀的赋家群体。武帝又招延四方博学贤能之士,待诏于朝廷金马门。《汉书·严助传》载,当时武帝举贤良文学之士,"独擢助为中大夫。后得朱买臣、吾丘寿王、司马相如、主父偃、徐乐、严安、东方朔、枚皋、胶仓、终军、严葱奇等,并在左右"。当然,武帝揽士后来并不限于诗赋之士,而是扩大至所有知识阶层了,这一做法,也为其皇位后继者所继承,汉代文化发展到了鼎盛时期。《汉书·公孙弘卜式儿宽传》又载:

> 汉之得人,于兹为盛,儒雅则公孙弘、董仲舒、儿宽,笃行则石建、石庆,质直则汲黯、卜式,推贤则韩安国、郑当时,定令则赵禹、张汤,文章则司马迁、相如,滑稽则东方朔、枚皋,应对则严助、朱买臣,历数则唐都、洛下闳,协律则李延年,运筹则桑弘羊,奉使则张骞、苏武,将率则卫青、霍去病,受遗则霍光、金日磾,其余不可胜纪。是以兴造功业,制度遗文,后世莫及。孝宣承统,纂修洪业,亦讲论六艺,招选茂异,而萧望之、梁丘贺、夏侯胜、韦玄成、严彭祖,尹更始以儒术进,刘向,王褒以文章显,将相则张安

世、赵充国、魏相、丙吉、于定国、杜延年,治民则黄霸、王成、龚遂、郑弘、召信臣、韩延寿、尹翁归、赵广汉、严延年、张敞之属,皆有功迹见述于世。

知识分子阶层本来是大一统封建国家的脊梁,是不可缺少的国家栋梁之材。秦帝国的建立,标志着封建领主制时代的结束,但它是短命的,这也与它不仅没有广泛地利用知识阶层,反而将知识阶层的多数人推向对立面有关,在对待知识分子阶层方面,并没有显示出新时代的优越性。而汉王朝的建立,则真正表明一个伟大的新时代开始。沿着秦帝国所开辟的大一统历史道路,汉王朝确立了以汉民族为主体的空前统一的多民族的国家,建成了多元整合的大一统文化。在空前强盛的大一统国度里,汉代的社会经济、科学技术都得到快速的发展,其水平在当时处于世界的先进行列,时代要求汉代文化的总体发展要与上层建筑及经济基础相适应,要求它承前启后继往开来,在新的历史高度上,以更大的气魄建立中国封建大一统的文化格局,开封建盛世文化之先河,成为华夏文化传统的集大成者和大一统文化的楷模。要建立为大一统封建帝国服务的文化,自然要有一大批知识人才,强盛的封建帝国激发了文人建功立业、充分实现个人人生价值的热情,为文人提供了施展才能的大舞台,这一切,都为汉代文人群体的形成与发展提供了必要的社会条件和社会需要,中国文人从此以自己特有的风采出现在中国历史舞台上。

第二节 汉代文人的历史使命感

中国古代社会虽然"早熟",但社会生产力低下,社会分工不细,当古希腊专职的诗人、剧作家、雕塑家等文人艺术家受到社会普遍尊敬时,而在中国,这一阶段只有史官算得上是个专业"文化人"。我们在前面已讲过,从事"巫术的巫师,实际正是人类知识分子的始祖原型",然而史官文化对巫文化,批判更多于继承。春秋战国的士是承接周代王官特别是史官而来,汉代文人是承接春秋战国士而来,史官、士与文人,从事的大多是理性的文化事业,很少从事宗教迷信活动,这是中国知识分子的一个显著特点,也是汉代文人的一个显著特点,从这个角度也可以解释,为什么中国古代的意识形态从很早就以伦理为其主导思想,而不是以宗教为其主导思想,发展至汉代,尤其如此。汉代能建立纲常伦理化的正统意识形态,完全是历史发展的必然。

与古希腊文人相比,除了春秋战国的一个时期外,三代及秦汉从事文化的人,都有浓厚的官方色彩。在严酷的东方君主专制下,史官及文人受到各方面的严格控制。史官起初所从事的文化事业不过是履行着简单的"记言"、"记事"的官方"秘书"的职责。在中国的古代,纯粹的独立从事文化专业的专职人员几乎是不存在的,即使是在大一统盛世的汉代,也不过以侍臣、门客的身份,或为主子说世间趣事以供笑乐,或随主子宴饮赏玩时吟诗赋辞以助风雅,或为主子出谋划策补阙拾遗,如汉武帝身边的东方朔、枚皋、公孙弘等,梁孝王刘武身边的严忌、邹阳、韩安国等。古希腊的文化人是社会分工、市场需求的结果,而汉代文人则多是应"御用"而产生的。正因汉代文人有御用的特点,有时就不得不屈从于统治者的意志,如班固的思想本属古文经学派,但也不得不奉命整理谶纬化的《白虎通义》(也称《白虎通德论》),《白虎通义》是董仲舒以来今文经学派经义的总汇,标志着东汉经学与神学的进一步结合,使谶纬正式变成钦定法典,这并不能代表班固的真实思想。从这个意义上讲,汉代仍实行的是官方的文化专制,尽管这种文化专制不同于秦王朝的文化专制。

汉代文人又表现出强烈的政治性特征,这种特征是史官与士精神的继承和发展。中国的史官本身就是王官之一,即使后来的士,也多数是身兼一定官职的人。前面提到过孟子所说的"士之仕也,犹农夫之耕也",中国的文人除了当官是没有其他"正途"的。当然,有的乡村私塾先生、走街串巷的治病郎中、摆摊算卦的"半仙"等等,并没有走入仕途,他们也自称为士,或者他人也尊称其为"先生",实际上他们一般已经不属于我们所说的主体文化创作者的士,或是我们所说的居于统治阶级集团中的士。他们是属于"民"的一种,即所谓士、农、工、商中"四民"之一的"士"。中国古代大一统的文化基本是政府控制,很少把它推向市场,特别是在三代秦汉时期,不受政府控制的独立地从事文化专业的人员,一是政府不允许,二是没有生活物资来源,所以这种文人在汉代乃至中国古代的数量是微乎其微的。这些文人既是从事政务的官僚,自然就会把文化事业与政务联系起来,他们或用文学或用史学或用哲学的形式来表达自己忧国忧民、关心国家命运的感情和意识,有一种强烈的治国平天下的历史责任感。他们心怀着追求大同社会的理想,怀着实现尧、舜、文、武、周公之道的愿望,以济世救众为己任,对自己担负历史责任充满坚定的信念。如《孟子·滕文公上》载:

> 孟子去齐,充虞路问曰:"夫子若有不豫色然。前日虞闻诸夫子曰:'君子不怨天,不尤人。'"曰:"彼一时,此一时也。五百年必有王者兴,其间必有名世者。由周而来,七百有余岁矣。以其数,则过矣;以其时考之,则可矣。夫天未欲平治天下也,如欲平治天下,当今之世,舍我其谁也?吾何为不豫哉?"

孟子远大的理想、宽广的胸怀、雄壮的气魄,是中国所有知识分子人格、意识的缩影,从思想家孔子到鲁国史官兼文、史学家左丘明,再到楚国重臣兼诗人屈原,都无不是如此。春秋战国的士阶层关心国家民族兴亡、关注人民疾苦、心怀美政理想、抨击黑暗现实的士精神,竟成为中国后来文人的一个优良传统。

汉代与春秋战国比,社会发生了翻天覆地的变化,文人的历史责任有所改变,但中国文人的精神没有变,在新的历史条件下有了新的表现内容。汉代是中国封建地主阶级专制社会的第一个盛世,国家空前统一,经济得到了空前的大发展,在当时世界上有着尊崇的地位。

经济基础的巨大变化,引起了社会物质生活的变化,从而必然引起人们心理、思维、意识的变化,汉代文人充满了民族自豪感。司马迁在《太史公自序》中说:

> 汉兴以来,至明天子,获符瑞,封禅,改正朔,易服色,受命于穆清,泽流罔极,海外殊俗,重译款塞,请来献见者,不可胜道。臣下百官力诵圣德,犹不能宣尽其意。且士贤能而不用,有国者之耻;主上明圣而德不布闻,有司之过也。且余尝掌其官,废明圣盛德不载,灭功臣世家贤大夫之业不述,堕先人所言,罪莫大焉。

汉代的丰功伟绩确实超越三代,国内社会安定,国家富庶,引起海外异域的使者纷纷前来参拜。作为一名史官,司马迁深知自己的责任重大,他认为天子圣明盛德不予记载,功臣、世家、贤能大夫的功业不予传述,就是愧对伟大的时代。

鼎盛期的汉王朝,是个充满活力又开放的国度,与世界其他国家经济、文化的交往中,使世界了解了中国,同时也使古老的中华民族见到与听到了前所未有见闻的世界异域的风俗情事、文化物产,大大开拓了眼界。汉王朝在世界其他国家中的尊崇地位,更增加了每个汉朝人的自豪感,使汉代文人的胸襟开阔,思想恢弘,更增强了无限的时代责任感与历史责任感。如何让世界进一步认识文明悠久的中国? 如何以历史主人翁的精神来总结中国以往的历史,尤其是秦末以来的历史,探索整个民族历史发展的原因与规律,尤其是总结秦帝国灭亡的历史教训,正确认识当今世界,抒发对当今大一统时代的强烈的感受,为当今大一统社会提供新的世界观,除了汉代文人之外,恐怕其他人是无法感受到这种历史责任的急迫性与贴近感的。于是,贾谊、晁错、董仲舒等人用理论文章,枚乘、司马相如等人用辞赋,司马迁、班固等人用史著,来作这方面的探索,以满足时代的需求,体现出汉代文人承担历史使命的高度自觉性。

发达的奴隶制使希腊各个城邦有过城邦联盟,但始终未能形成大一统的局面。而早熟的中国封建制,却很早地实现了"王天下",使中国各地有了共同的"宗主",夏、商、周的中央统辖尽管还较松散,各方国都有一定的独立性,但毕竟形成了大一统的格局,这自然造成了中国文化中强烈的忠君爱国的意识。春秋战国,大一统局面被打破,经过一段时期的礼坏乐崩、动荡不安、民不聊生,忠君爱国的意识不仅没淡化,而且人们在渴求社会稳定中对大一统更感珍贵。孔子一直鼓吹恢复周礼,曾说:"周监于二代,郁郁乎文哉! 吾从周。"(《论语·八佾》)过去有人说孔子做梦都想恢复旧制度,实际上,孔子不满诸侯兼并的乱世,想恢复的是周代那样的大一统。他尊奉已经名存实亡的周天子,实际就是忠君爱国意识的一种表现。这是从王官文化以来,全体社会成员一致认同的最崇高的道德规范,因为它体现了每一个社会成员的价值观,维护了当时全体社会成员的根本利益。特别是爱国意识,它具有超时间、超空间的价值,不论社会发生什么变化,都是社会大众所崇尚的一种先进意识,因为它维护中华民族的根本利益,便成为中华文化的传统,成为中华文化的灵魂,成为时时感动中华民族每个成员的崇高道德精神。

秦帝国结束了春秋战国诸侯混战的局面,开创了中国历史上的一个崭新时代。秦国是地处西北边陲的一个落后国家,之所以迅速强大,最后由它统一中国,其主要原因:一是顺应社会生产力发展的趋势,积极变法,鼓励耕战,迅速增长国家经济军事实力;二是顺应历史发展的趋势,顺从了全国人民要求统一的强烈愿望。贾谊在《过秦论》中指出:

> 秦灭周祀,并海内,兼诸侯,南面称帝,以四海养。天下之士,斐然向风。若是,何也? 曰:近古而无王者久矣。周室卑微,五霸既灭,令不行于天下,是以诸侯力政,强凌弱,众暴寡,兵革不休,士民罢弊。今秦南面而王天下,是上有天子也。即元元之民冀得安其性命,莫不虚心而仰上。

秦帝国能建立千古伟业,是顺应历史潮流的结果,但秦帝国在政权建设的实践上却是失败的,很快就被另一个强大的封建地主阶级的中央集权制社会——大汉帝国所取代。汉代确立、完善大一统封建帝制,其历史意义不亚于春秋战国社会转型时期的变革,也不亚于秦帝国开创封建地主阶级专制社会的革命。汉代空前统一的政治局面和社会的长期稳定,为经济的发展提供了保证,也为商品的生产和交换提供了条件,从而促进了商业的繁荣,商业的繁荣又促进了城市经济的发展,改变了中国以往城市经济不发达的状况,为文人的产生提供了雄厚的物质基础。

强大统一的汉帝国及其雄厚的物质文明,为灿烂辉煌的精神文明的产生奠定了物质基础,并形成了一个足以与其发达的物质文明相适应的以"大汉气象"为声誉的精神文明。汉代每个文人都具有和先进时代相一致的恢弘气度。如在思想哲学领域,以董仲舒为代表的汉儒,主张损抑诸侯,一切统一于汉天子,以汉皇为中心,使四海之内皆为"来臣"。他大讲阴阳五行、天人合一、受命改制,论证三纲五常的封建等级伦常,其实质就是神化君权,使自己的大一统理论更加理论化、纲常伦理化,使自己的理论成为全社会的道德准则。在史学领域,以司马迁为代表的汉代史家,以历史主人翁的姿态,雄视往昔千秋万代,"究天人之际,通古今之变,成一家之言",用新时代的观点对中华民族古今的政治、经济、文化的发展进行全面系统地总结,彻底理清了中华民族发展的脉络,确定了五帝、夏、商、周、秦、楚(项羽)、汉的正统序列,把中国整个社会的发展,视为同一种族系统内的多民族的共同发展,记叙了中华民族大家庭中各民族相互大融合的历史,从而创立了中华民族新的大一统的思想。在辞赋等文学领域,以司马相如为代表的汉代辞赋家,创制了与大汉气象相协调的汉代大赋,汉大赋"苞括宇宙,总览人物"(葛洪《西京杂记》卷二),为汉帝国润色鸿业,其辞采绚丽,气势恢廓,反映出汉代国家政治的强盛与物质生产的丰富。汉代文人为自己的社会取得前所未有的辉煌成就而欣喜,为自己的时代所具有的昂扬进取的精神而兴奋,为自己的民族在世界上获得显赫声威而骄傲,这种时代自豪感,在他们著述的字里行间,都能强烈地感受到。

在春秋战国时期,即中国封建领主制社会向封建地主制社会的转型期,社会虽处于分裂混乱状态,经济凋敝,但社会又处于大变革之中,在思想界,思想解放形成一种时代潮流,思想异常活跃,诸子百家蜂起,涌现出一批伟大的思想家。在汉代,即我国封建地主阶级社会的第一个盛世,国内高度统一,新的中央集权制巩固而强大,如恩格斯在《自然辩证法·历史导论》中所指出的那样:"这是人类以往从来没有经历过的一次最伟大的、进步的改革,是一个需要巨人而且产生了巨人——在思维能力、热情和性格方面,在多才多艺和学识渊博方面的巨人的时代。"①只要顺应这一时代潮流,响应时代的呼唤,就会在文化事业上有所建树,陆贾、贾谊、晁错、司马相如、董仲舒、司马迁、刘向、扬雄、王充、班固、张衡、王符、荀悦……这一串后代中国人所熟悉的名字,个个够得上是"在思维能力、热情和性格方面,在多才多艺和学识渊博方面的巨人"。他们是勇于承担历史重任的巨人,他们的精湛深邃的思维,热情、坚毅、向上的性格,以及博学多才、见多识广的特点,适应了社会发展的需要,而伟大的大一统时代反过来又赋予他们成为文化巨人的各种必备条件。

从春秋战国的士开始,多数人就敢于对时事政治发表意见,敢于对危害国

---

① 恩格斯:《自然辩证法·历史导论》,《马克思恩格斯选集》,第 4 卷,人民出版社 1995 年版,第 261－262 页。

家、民族、民众的恶政恶习恶人恶事进行斗争,并不畏惧那些有权有势者,如果这些高贵的"大人物"无德无行,则从内心藐视他,不被他的炙手可热的气焰所吓倒。孟子说:"说大人则藐之,勿视其巍巍然。堂高数仞,榱题数尺,我得志弗为也。食前方丈,侍妾数百人,我得志弗为也。般乐饮酒,驱骋田猎,后车千乘,我得志弗为也。在彼者皆我所不为也,在我者皆古之制也,吾何畏彼哉?"(《孟子·尽心下》)为了追求真理,春秋战国时期的知识阶层就形成了不向权势与恶势力屈服的传统,"形成了不是根据宗法等级,而是以思想、道德、智慧、才能、情感、义气与爵位财富相抗衡乃至前者高出于后者的新的价值观。产生于战国后期的《易传》等典籍,将战国士文化精神提高到哲学人生观高度,提出一种通过进德修业而与天地相参、自强不息、刚健笃实、辉光日新的人生路线。"①从而把知识阶层捍卫真理的独立人格的形成提高到人生哲学的境界。

由于文化本身就是宣扬真理,所以从事文化事业的中国文人,大多数是崇尚真理、心灵纯洁、人格高尚的,因此又常与黑暗现实发生矛盾冲突,他们的人生经历又往往是坎坷不平的,所以他们的作品中多体现出自己在政治活动中的挫折遭遇及感受。中国文人有一条出处穷达的原则:"得志,泽加于民;不得志,修身见于世。穷则独善其身,达则兼善天下。"(《孟子·尽心上》)"居天下之广居,立天下之正位,行天下之大道;得志,与民由之;不得志,独行其道。富贵不能淫,贫贱不能移,威武不能屈,此之谓大丈夫。"(《孟子·滕文公下》)这就是中国文人的人生态度,然而在中国的古代,"达者"毕竟凤毛麟角,所以从来就是"善天下"者少,"善其身"者多,可贵的是中国的文人即使处于穷困之境,也不动摇自己的信念,正如孔子说:"君子无终食之间违仁,造次必于是,颠沛必于是。"(《论语·里仁》)对于穷困潦倒,中国文人仍乐观待之,有时还以为是上天对承担历史责任的自己的一种考验与锻炼,"故天将降大任于是人也,必先苦其心志,劳其筋骨,饿其体肤,空乏其身,行拂乱其所为,所以动心忍性,曾益其所不能。人恒过,然后能改。困于心,衡于虑,而后作。征于

---

① 陈桐生:《〈史记〉名篇论述稿》,汕头大学出版社1996年版,第2页。

色,发于声,而后喻。"(《孟子·尽心上》)尽管忧患天下的人有时反而获罪,危害国家的人往往官运亨通、飞黄腾达,但多数文人仍不肯随意改变自己的理想抱负。当他们的美好愿望得不到实现,反而受到压抑时,他们于是就以著述来抒发忧愤、抨击不平,"三不朽"事业中的立德立功不能实现,那么他们也要把自己的生命献于立言事业。春秋战国士的这种不屈不挠的进取精神,深深地影响着汉代文人,司马迁就是个典型的例子。

司马迁生于大汉盛世,起初,他也首先想立德立功,报效国家,光宗耀祖,他回忆自己曾"绝宾客之知,亡室家之业,日夜思竭其不肖之才力,务一心营职,以求亲媚于主上。而事乃有大谬不然者!"(《报任安书》)一个"李陵之祸"就断送了他的政治生命。可贵的是他在身遭摧残之后,仍能坚持自己的美好人生理想和完美的人格,更多忧虑的是:"今汉兴,海内一统,明主贤君忠臣死义之士,余为太史,而弗论载,废天下之史文,余甚惧焉。"(《史记·太史公自序》)他念念不忘的是完成自己史官的使命,相比之下,个人的不幸是微不足道的了,他要把著述作为实现自己人生理想、抒愤雪耻的途径,他在总结历史中也看到了古代文人的这一传统,他说:

> 昔西伯拘羑里,演《周易》;孔子厄陈、蔡,作《春秋》;屈原放逐,著《离骚》;左丘失明,厥有《国语》;孙子膑脚,而论兵法;不韦迁蜀,世传《吕览》;韩非囚秦,《说难》、《孤愤》;《诗》三百篇,大抵贤圣发愤之所为作也,此人皆意有所郁结,不得通其道也,故述往事,思来者。(《史记·太史公自序》)

中国古代先贤从事著述的动力来自"发愤","愤"从何来? 说到底,还是"意有所郁结,不得通其道"。也就是指自己的历史使命难以实现,心中常怀不平之愤,于是借著述以明志,求得后来者的理解。"发愤著书"、"不平则鸣",这也算中国古代文人创作的一条规律。中国文人无论写文述史论哲理,字里行间都可看到凝结着一种担忧历史使命不得实现的忧患意识,这种忧患意识久而久之形成中国文人的一种性格,在文化事业中,逐渐形成一种传统,在审美上,形成中国文人审美的一个重要标准,甚至在心理上,形成了文人一种传统的思维模式。司马迁的创作意识升华到如此境界,他的立言内涵已不同于传统的立言,它已经没有了个人功利的色彩,他将立言事业、传世之作与改朝换代的大革命相提并论:"桀、纣失其道而汤、武作,周失其道而《春秋》作。秦失其政,而陈涉发迹,诸侯作难,风起云蒸,卒亡秦族。天下之端,自涉发难。"(同上)在司马迁心目中,立言已不再处于三不朽事业之末了,它也是关系到国计民生的经天纬地的大事业,个人的不幸遭际与所从事的立言事业比较起来,真是不值得一提了。所以他能"隐忍苟活,幽于粪土之中而不辞者,恨私心有所不尽,鄙陋没世而文采不表于后世也。"(《报任安书》)他坦诚地表白:"仆诚以著此书,藏之名山,传之其人,通邑大都,则仆偿前辱之责,虽万被戮,岂有悔哉!"(同上),司马迁将立言事业视为完成时代所赋予的使命,视为完成整个民族的重托,还有什么能遏止住这种强烈的著述信念呢?

汉代不得志的文人继承了孔子的精神,知言之不用,道之不行,于是退而著述,以言救世济众。他们的政治理想不得实现,然而理想不能动摇,坚持自己的历史使命、美好的人格信念不能动摇,这在他们的作品中往往以自我的形象强烈地体现出来,这一特征造成了中国古代文化与西方古代文化的显著不同。中国古代文化与外国古代文化有共同的特性,即都要求真善美的统一,所不同的是对真、善、美的强调各有侧重,我们中国古代文化向来把善放在第一的位置上。善在中国文化中就体观为一种理想主义和人格力量。在中国的典籍中,美的典型首先是具有高尚人格、美好理想、勇于承担历史使命的君子,也即道德崇高的"善人",这是中国文化最可宝贵的特点。如在《论语》中,处处闪烁着智慧之光的经世化民的箴言,不仅反映了儒家的思想,也显示了一位济世救民的仁者形象。而孔子的《春秋》,在大事记式的叙说中,也让人感觉到一位为维护大一统、实现天下大同而奔走呼号的救世者的形象。中国第一位大诗人屈原,其代表作《离骚》,始终闪烁着理想主义与人格力量的光芒。作者始终不渝地坚持进步的"美政"理想,为了实现这一理想,他直道孤行,不怕打击,不怕迫害,虽屡遭排斥与流放,绝不改变自己的政治主张,誓死不与邪恶势力同流合污。他在本诗中说:"民生各有所乐兮,余独好修以为常。虽体解吾犹未变兮,岂余心之可惩!"人生所好,独喜修洁己行,坚持清白的气节,虽遭肢解的酷刑也不放弃自己的信念,这是多么崇高的精神境界!屈原一方面忧国忧民、追求美好的政治理想,一方面坚守节操、培养自己美好的人格,这二个方面统一地集中在他的身上,使他成为善的代表、美的代表,成为中国文学家的光辉代表。在困厄中仍不懈追求美政与高尚人格,仍无怨无悔地担负起历史赋予文人的使命,这一中国文人的传统精神,被汉代文人继承与发扬,如从贾谊的政论文中,我们看到这样一个形象:他身怀治国奇才、颇有远见卓识而遭重臣嫉恨、谗言排挤,但他仍关心国事,念念不忘如何实现国泰民安、大一统的汉江山巩固如磐。再如《史记》、《汉书》,塑造了千百个人物形象,但在司马迁、班固的笔下,所歌颂的不是容貌如花的美人,而多数是具有对国家有贡献有责任感的"善人",他们所塑造的理想人物,处处显示着美好的理想与伟大的人格。

汉代的文人,即使被统治者所抛弃,他也不抛弃对国家、民族的热爱信念,他们总是希望英明的君主通过拨乱反正而达到太平盛世。他们的忧乐全系于国家命运、民族前途上,在他们的作品中,响彻了文人追求实现"美政"与忧患民生的心声。汉代哲学以仁义伦理道德为特征,文学以塑造正人君子的典型形象为目的,而史学也在处处宣扬"明主贤君忠臣死义之士",这就是对善的人物和美好事物的歌颂与赞扬,这就是汉代文人在自觉地实现着自己的历史使命。

第三节 皇权专制下文人的悲哀

汉代的文人适逢封建盛世,为他们发挥才智、创立文化伟业提供了各种条件。但是另一方面,由于汉承秦制,仍实行的是皇权专制政治,在国家官僚政体中,皇帝高于一切,各级官吏只是执行皇帝指令的工具。同样,所有的文人也在帝王的驾驭之中,他们只能服从君王的旨意,用各种文化形式阐释君王的旨意,不允许另有独特见地,更不允许有反对的意见。这样就极大地压抑了文人的个性,又限制了他们才能的发挥。春秋战国时期的士阶层,有一种强烈的时代责任感,在诸侯争霸的过程中,士是全社会关注的力量,得士者昌,失士者亡,士阶层成了成就霸业不可或缺的战斗力。士在这个大变革的时代风云中,可以各抒己见,可以自立门户,自成学术体系,无拘无束地奋其智能,展其才华,极容易实现士人个人的人生价值。但是在汉代,文人们失去了春秋战国士人的自由与风采,在专制的皇权政治中,文人的社会作用和地位发生了巨大的变化,已由过去群雄争霸中的相对独立的重要社会力量,变为大一统皇权政治的一种驯服工具。不仅君主个人对文人的进退出处起着决定性的作用,而且其仕途还受到外戚、宦官、近臣、权贵的控制,豪门阀阅对仕途的垄断,上层统治阶级内部的倾轧,都经常直接影响着文人的命运与发展。文人的历史责任被取消了,历史自豪感失落了,个性被压抑了,才能被埋没了。文人越有反抗的意识,越遭到政治上、经济上甚至于肉体上的迫害摧残,司马迁有《悲士不遇赋》,固不必说,就连董仲舒这位举世大儒,也写有《士不遇赋》,鲁迅在《汉文学史纲要》中评说此赋"托声楚调,结以中庸,虽为粹然儒者之言,而牢愁狷狭之意尽矣。"[①]一语道破了这位鸿儒的内心隐痛,对于积极入世的汉代文人来说,逢盛世而不遇,这是他们最尴尬而悲哀的事,于是"士不遇"的悲音响彻了汉家盛世。

春秋以来,王权旁落,群雄并立,形成了多种权力中心,在这种情况下,士有自由选择服务对象的空间,有充分发挥自己才能智慧的场所。而天下一统的汉家王朝,政治中心只有一个,没有任何人敢于和皇帝分庭抗礼、分享权力,在大一统君主专制下,天下安定,四海臣服,不是皇权迫切需要文人的智谋和才能,而是文人迫切需要皇权的重视和任用;不是文人自由地选择主子,而是皇帝自由地选择文人。皇帝口头上仍以德行为选才的首要条件,实际上是以忠实于君主、服从于皇权专制为前提。而且皇权政治下的人才任用,全凭皇帝个人好恶所定,随意性特别大,东方朔有《答客难》一文,对此做了详尽的描述:

> 夫苏秦、张仪之时,周室大坏,诸侯不朝,力政争权,相禽以兵,并为十

---

① 鲁迅:《汉文学史纲要·第九篇·武帝时文术之盛》,《鲁迅全集》(第九卷),人民文学出版社1982年版,第409页。

二国,未有雌雄,得士者强,失士者亡,故谈说行焉。身处尊位,珍宝充内,外有廪仓,泽及后世,子孙长享。今则不然。圣帝流德,天下震慑,诸侯宾服,连四海之外以为带,安于覆盂,动犹运之掌,贤不肖何以异哉?遵天之道,顺地之理,物无不得其所;故绥之则安,动之则苦;尊之则为将,卑之则为虏;抗之则在青云之上,抑之则在深泉之下;用之则为虎,不用则为鼠;虽欲尽节效情,安知前后?夫天地之大,士民之众,竭精谈说,并进辐凑者,不可胜数,悉力慕之,困于衣食,或失门户。使苏秦、张仪与仆并生于今之世,曾不得掌故,安敢望常侍郎乎!故曰时异事异。(《全汉文·卷二十五》)

这不是东方朔的一时牢骚语,而是他的切身之感。他虽常在武帝身边,但武帝视其不过是调笑逗乐的一"俳优"罢了。《汉书·严朱吾丘主父徐严终王贾传》载:"其尤亲幸者,东方朔、枚皋、严助、吾丘寿王、司马相如。相如常称疾避事。朔、皋不根持论,上颇俳优畜之。"司马迁也有同感,他说:"文史、星历,近乎卜祝之间,固主上所戏弄,倡优畜之,流俗之所轻也。"(《报任安书》)文人对于皇帝来说,多一个无所谓,少一个也无所谓,反正一切都由自己说了算。对于文人来说,能被皇帝看上眼的就是人才,皇帝看不中的就是无用之才,而能让皇帝看上眼,又不是凭什么才智谋略,而是靠阿谀逢迎之术,使皇帝认为是忠诚恭顺于他。文人要想取得皇帝的信任,就要失掉传统士人那种"富贵不能淫,贫贱不能移,威武不能屈"的独立个性和人格。汉代文人丧失了春秋战国士人那种自由、飞扬的个性,也丧失了充分发挥自己才能的机会,文人的奇才异智不仅受到压抑,而且还常常因此而遭来非难,由于"言奇者见疑,行殊者得辟",文人们只好"欲谈者卷舌而同声,欲步者拟足而投迹"。(扬雄《解嘲》)人格上受到歧视,才智上受到压制,汉代整个文人群体受到了冷落,他们的人生经历是坎坷不平的,他们的内心是抑郁不平的,他们发出的"峣峣者易缺,皎皎者易污"的叹息(《后汉书·黄琼列传》),是盛世之中文人无奈心态的反映,是盛世中文人自怜的叹息。

由于皇权专制,压制了文人的自由、创造性。更有甚者,汉代统治者为了加强皇权专制,利用迷信,给自己的统治制造"君权天授"的依据,甚至还企盼长生不老,永居帝位,于是对传统的儒家思想进行了多次改造,逐渐形成新的充满宗教迷信色彩的统治思想。并以法令的形式颁布天下,企图用官方的正统思想去支配一切臣民,包括汉代的文人。在统治阶级的这种文化专制高压下,汉代文人有时也出现信仰的迷惘。

西汉武帝时,首先提出"罢黜百家,独尊儒术",排斥诸子百家学说,只把儒学当作神圣的正统思想来奉行,这对于追求独立思考与学术自由的文人来说,等于在思想上划定了禁区,当然是一种痛苦的思想禁锢,无疑对中国文化学术的发展极为不利。文化学术要想永远保持生命的活力,必须有"活水源头",这个"活水源头"就是它的开放性,百花齐放、百家争鸣,是它不断发展的前提,如果封闭了、固定了,它也就开始僵化、衰退了。汉代独尊的儒术是对孔子为代表的传统儒学进行改造而形成的,是经学化、神学化的新儒学。它以传统儒学为中心,吸收了阴阳五行说,通过阴阳五行的变化体现天的主宰作用。又将天道与人事比附,加入"天人合一"、"天人感应"的内容,认为君臣、父子、夫妇等封建纲常出于天意,试图借天意使君权与封建统治秩序神圣化、绝对化,这是使封建纲常伦理带上神学性质的新的理论体系。

在大力推行神秘色彩的新儒学的同时,谶纬之学也在迅速发展。早在秦始皇时,就出现过以诡语假托天命的图谶。王莽也多利用谶纬来愚弄天下人,借谶纬符命鼓吹自己取得帝位是上天的意志。刘秀称帝,图谶成为最重要的理由根据:

> 六月己未,即皇帝位。燔燎告天,禋于六宗,望于群神。其祝文曰:"皇天上帝,后土神祇,眷顾降命,属秀黎元,为人父母,秀不敢当。群下百辟,不谋同辞,咸曰:'王莽篡位,秀发愤兴兵,破王寻、王邑于昆阳,诛王郎、铜马于河北,平定天下,海内蒙恩。上当天地之心,下为元元所归。'谶记曰:'刘秀发兵捕不道,卯金修德为天子。'秀犹固辞,至于再,至于三。群下佥曰:'皇天大命,不可稽留。'敢不敬承。"于是建元为建武,大赦天下。(《后汉书·光武帝纪》)

刘秀当皇帝后,颁布诏令、施政用人也要引用谶纬,谶纬之学的地位逐渐超过了正统的经学,至东汉初,儒生们已将谶纬之学视为内学,而把经学视为外学。光武帝中元元年(56),刘秀还"宣布图谶于天下",使图谶成为治理国家的法典。汉章帝时,又有一部《白虎通德论》面世,编辑整理者就是大文人班固,此书将阴阳五行和谶纬迷信及今文经学互相融合,使汉代的新儒学更加神秘化。

谶纬迷信得到统治阶级的重视和利用,在社会上广泛流行,今文经和谶纬之学合流,使东汉的思想界到处弥漫着荒诞虚妄的风气,歪理邪说堂而皇之地披上真理的外衣,胡说八道者竟能招摇过市,伪造图谶者还可封官进爵,生活在这种精神环境之中的文人,多数思想有困惑是可想而知的。其中甚至有一些很有名望的文人,也追求起神仙道术来,至于借灾异现象来讥刺时弊的文人,更是比比可见,在强大的迷信潮流下,许多文人迷茫了。正因为谶纬迷信的猖獗,才涌现出奋力反虚妄、反迷信的伟大思想家王充,从王充对谶纬迷信的猛烈批判来看,东汉思想界虚妄荒诞到了多么严重的程度!它造成汉代文化严重的宗教迷信色彩,另一方面,与之相斗争,也产生了具有鲜明的无神论特色的汉代文化。

谶纬迷信的泛滥与汉代皇权专制的腐败相适应,特别是在两汉末年,这种专制制度的不合理性和腐朽性表现得淋漓尽致。西汉到元帝时,社会已险象丛生,连元帝自己也无可奈何地承认当今不是治世。成帝时,西汉王朝开始走向崩溃,统治阶级为了一小撮人的享乐,在全国范围大兴徭役,逐年加重人民的赋税负担,严重地破坏了社会生产,社会经济呈现出一派凋敝的景象。此时,外戚王氏掌握朝廷政权,外戚其他成员有了靠山,纷纷把持州郡地方的权力,利用职权无所顾忌地贪污掠夺。成帝本人则斗鸡走马,嗜酒好色,荒废朝政。他专宠赵飞燕姐妹,干出许多宫闱秽事,为此大文人刘向编了一本《列女传》,想用历史上的贤女来净化上层腐败风气,但对于那位酒色之徒的汉皇,简直等于对牛弹琴。成帝个人生活上的腐化,就是西汉封建政权堕落的标志。成帝之后的哀帝,比成帝还要荒淫,西汉王朝的危机更加严重,以外戚为代表的执政势力,贪污受贿更日甚一日,而广大农民深受高利贷的盘剥,土地丧失殆尽,社会财富聚敛在少数人手中,当时鲍宣在《上书谏哀帝》中指出:

国家空虚,用度不足。民流亡,去城郭,盗贼并起,吏为残贼,岁增于

前。凡民有七亡：阴阳不和，水旱为灾，一亡也；县官重责更赋租税，二亡
也；贪吏并公，受取不已，三亡也；豪强大姓蚕食亡厌，四亡也；苛吏徭役，
失农桑时，五亡也；部落鼓鸣，男女遮列，六亡也；盗贼劫略，取民财物，七
亡也。七亡尚可，又有七死：酷吏殴杀，一死也；治狱深刻，二死也；冤陷亡
辜，三死也；盗贼横发，四死也；怨雠相残，五死也；岁恶饥饿，六死也；时气
疾疫，七死也。民有七亡而无一得，欲望国安，诚难；民有七死而无一生，
欲望刑措，诚难。此非公卿、守、相贪残成化之所致邪？群臣幸得居尊官，
食重禄，岂有肯加恻隐于细民，助陛下流教化者邪？志但在营私家，称宾
客，为奸利而已。（《汉书·王贡两龚鲍传》）

　　这是多么真实、生动的西汉末世社会生活的画卷，农民因水旱天灾、徭役赋税、
盗贼偷劫等，而有"七亡"，因冤狱、饥饿、疾病等，而有"七死"，有"七亡而无一
得"，"有七死而无一生"。而封建统治阶级疯狂、贪婪地攫取，把农民逼得铤
而走险，逼到或单独为盗或聚众造反的地步，造成西汉末社会大动乱的罪魁祸
首，就是以汉皇为代表的统治阶级。鲍宣代表挣扎在死亡线上的广大人民群
众，向罪恶的统治阶级提出血泪的控诉。

　　在西汉王朝摇摇欲坠的形势下，平帝继立，王莽以大司马的身份辅政，公
元8年，王莽在重重的政治危机中假造图谶自立为帝，下诏历数西汉社会弊
病，决定改制。但王莽改制不仅没有解决严重的社会问题，而且又引起更大的
社会混乱，人民大批流亡，起义接连不断，为了挽救危亡，王莽又玩起哀帝时就
惯用的伎俩，一方面利用谶纬符命来欺骗民众，一方面采取残酷的刑法来镇压
民众，但这一切都是徒劳的，随着王莽改制的失败，王莽新朝在农民的起义浪
潮中终于寿终正寝。

　　东汉社会的衰落，如同西汉一样，也是首先从统治阶级上层的腐败开始，
最终也是由统治阶级的腐败而所造成。从和帝开始，太后临朝，外戚专断，政
权开始腐化。一直到桓帝，外戚和宦官围绕着皇权展开了激烈地争夺，不论哪
种势力得势，都是以揽权敛财、祸国殃民为特征，东汉末期是一个由外戚、宦官
交替操纵国家命运的黑暗时代，君主专制已变成一个维持局面的幌子。桓帝
时，宦官势力翦灭了外戚梁氏，结束了外戚、宦官交替专权的局面，开始了宦官

残酷专政的时代。朱穆在《请罢省宦官疏》中说："建武以后,乃悉用宦者。自延平以来,浸益贵盛,假貂珰之饰,处常伯之任,天朝政事,一更其手,权倾海内,宠贵无极,子弟亲戚,并荷荣任,故放滥骄溢,莫能禁御。凶狡无行之徒,媚以求官,恃势怙宠之辈,渔食百姓,穷破天下,空竭小人。"(《后汉书·朱乐何列传》)专权的宦官比外戚更贪婪更凶残,他们竭泽而渔,拼命搜刮民脂民膏,甚至于明码标价卖官鬻爵。他们对内横征暴敛,对外穷兵黩武,其黑暗统治更甚于西汉末年。广大农民成了宦官无限度盘剥的对象,大批农民流亡,广大农村成了无人烟的荒漠;朝廷成了宦官集团独霸的领地,宦官把持了朝中的权力;国库成了宦官私家金柜,国家的财产转入宦官个人手中。所以陈蕃指出"当今之世,有三空之厄哉! 田野空,朝廷空,仓库空,是谓三空。"(《后汉书·陈王列传》)声威赫赫的汉帝国国库空虚,贫弱到了难以支付一般官吏俸禄的程度,而宦官个个却成了倾国的豪富。

东汉末期宦官操纵的朝廷公开卖官,只要有钱就能做官,做了官就疯狂地搜刮民财,大肆行贿受贿,文人入仕的正途实际上被他们堵死。宦官不仅在经济上表现出极度的贪婪,在政治上也表现出极度的残忍,这主要表现在对自己的政敌——正直官僚与文人士大夫,采取了前所未闻的残酷迫害,他们一手制造了两次党锢之祸,仅在第二次党锢之祸中,杀害、关押、流放、罢官禁锢的就有七百多人,无辜受株连的上千人,连太学生也不放过。朝野内外有气节的官僚与文人士大夫几乎捕获殆尽。这是一场比秦始皇坑儒还残酷还持久的对文人的迫害,汉皇在正直官僚与文人士大夫心中的偶像已经坍塌了,一些人甚至公开谴责汉皇,如襄楷作为一名在野的文人,冒死上书桓帝,揭露他残害忠良的罪行:"臣闻杀无罪,诛贤者,祸及三世。自陛下即位以来,频行诛伐,梁、寇、孙、邓,并见族灭,其从坐者,又非其数。李云上书,明主所不当讳,杜众乞死,谅以感悟圣朝,曾无赦宥,而并被残戮,天下之人,咸知其冤。汉兴以来,未有拒谏诛贤,用刑太深如今者也。"(《后汉书·襄楷列传》)

汉代统治阶级自身的堕落,不仅对广大农民加紧残酷剥削和压迫,而且对文人也施行了残酷的压抑与迫害,造成了社会的极度黑暗和混乱,这一切,在汉代文人的心灵上深深地留下痛苦的印记,特别是那些亲身经历过磨难和不幸的文人,有时和广大农民一样,在皇权的高压下,经过九死一生的痛苦挣扎,对汉代封建政权的腐败、罪恶有了深刻的认识,这些认识在他们的作品中得到了不同角度、不同程度的反映,汉代文人对皇权专制及封建社会的批判力度也是历朝封建社会一般难以达到的。

"汉代是我国第一个封建帝国盛世,然而总体来看,从始至终都响彻着文人的悲歌,在悲歌中,反映出汉代文人逢盛世而不遇的身世感,有才能而不得施展的失落感,同时也反映出汉代文人在虚妄迷信中的迷惘、彷徨,在动乱黑暗中的悲愤感伤,这是严酷的社会现实对他们心灵的伤害,又是他们心灵对社会现实的真实感受。汉代文人的悲愤既是对中国古代士人传统忧患意识的继承发扬,又是他们在新的时代人生感情的结晶,同时又以一种新的精神传统留给了后世文人。"①

总之,代表汉代文化的精神产品,主体上是由汉代文人生产的,汉代文人在不同的阶段、不同的社会生活中,产生了不同的意识与心态,直接影响着这些精神产品的内容与特色,从汉代文人精神世界的变化中,可以清晰地看到汉代主体文化特色变化的轨迹。

---

① 杨树增、陈桐生、王传飞:《绝代风华》,云龙出版社 2003 年版,第 380 页。

第六章　大一统文化确立的
政治、经济基础

汉代开创了展示中国第一个封建大一统盛世风貌的辉煌文化,文学、史学与哲学都强烈地体现着封建大一统的特点,这个大一统文化处处体现着创新性,有俯视古今、雄视百代的气魄,有包括宇宙、总览人物的胸怀,有超越前人、昭彰后世的雄心,字里行间,都展示着前所未有的大汉气象,洋溢着汉代人的时代自豪感。这种具有大一统特征的文化,适应了大一统封建王朝的政治需求,这种大一统文化的确立,又是以大一统封建宗法政治制度的健全及封建盛世经济基础的雄厚为前提的。

第一节　大一统专制对文化的特殊需求

大一统是民族兴盛、国家富强的前提,数百年的春秋战国乱世,使人们切身地感到大一统的珍贵,从孔子著《春秋》,到战国后期荀子、韩非子的著述,诸子百家思想各异,但在主张大一统上却异常地一致。在秦始皇即将统一全国的前夕,产生了一部重要的巨著——《吕氏春秋》,由于编撰者有鲜明的大一统思想,所以它能兼容并包各家学说,在宇宙观和人生哲学方面以道家思想为主,在政治观点和伦理道德方面,以儒家思想为主,还杂有墨、名、法诸家思想。《吕氏春秋》的作者非常赞同大一统,因为"天下太平,万物安宁"(《吕氏春秋·大乐》),"故王天下,立为天子,功名蔽天地"。(《吕氏春秋·当染》)否则,"天下大乱,无有安国;一国尽乱,无有安家;一家皆乱,无有安身。"(《吕氏春秋·谕大》)当然,《吕氏春秋》所设想的大一统与秦始皇所要的大一统是不一样的,在《吕氏春秋》中所阐述的大一统,还体现着儒家的民本思想,《吕氏春秋·贵公》篇中说:"天下非一人之天下也,天下之天下也。阴阳之和,不长一类;甘露时雨,不私一物;万民之主,不阿一人。"它要求"圣人南面而立,以爱利民为心,号令未出,而天下皆延颈举踵矣,则精通乎民也。夫贼害于人,人亦然。"(《吕氏春秋·精通》)《吕氏春秋》欲给即将诞生的新社会提供新的大一统文化,只因吕不韦的贬迁自杀,这部很有价值的巨著,对秦帝国的建立并没有发挥什么指导作用。

　　秦始皇能吞并六国,统一中国,实现全国大一统,正是顺应了历史的潮流,顺应了中华大地每个民族的意愿。秦帝国封建大一统社会制度刚刚建立,就采取了一系列的政治、经济、军事、文化等方面的措施来巩固国家的统一。为了防止六国旧贵族图谋复国,将他们徙于咸阳及他地,使他们远离故国,置于秦帝国的监控范围内。并收缴天下兵器,加以销熔,防止成为反秦的武器。又统一车型,修建"驰道"、"直道",加强中央与郡县的联系,利于各地商业贸易的往来。又统一文字、度量衡、货币,制定了一系列税制、役制、兵制、官制,全面推行土地私有制,实行全国户籍制等等,对消除分裂,巩固国家统一,促进民族融合,促进国家建设都有极大的推动力。

　　秦帝国的这些改革都有积极的历史作用,然而唯独它的文化选择却与其大一统相背逆。新产生的生产关系肯定要求新的社会意识形态与之相适应,秦帝国选择新的文化也是很自然的,但是秦始皇称帝后,并没有采纳《吕氏春秋》的思想,仍顽固地固守地方主义及经验主义,只尊重秦国的文化,粗暴地对待他地的文化,更禁绝传统经典的学习与传播,企图割断中华文化的传承。对诸子各学派,采取了任用法家,取缔众家的政策。更有甚者,采取了往日吞并六国的暴力手段,对文化人采取了残酷粗暴的专制政策。《史记·秦始皇本纪》载丞相李斯向秦始皇进言:

　　　　古者天下散乱,莫之能一,是以诸侯并作,语皆道古以害今,饰虚言以乱实,人善其所私学,以非上之所建立。今皇帝并有天下,别黑白而定一尊。私学而相与非法教,人闻令下,则各以其学议之,入则心非,出则巷议,夸主以为名,异取以为高,率群下以造谤。如此弗禁,则主势降乎上,

党与成乎下。禁之便。臣请史官非秦记皆烧之。非博士官所职,天下敢
有藏《诗》、《书》、百家语者,悉诣守、尉杂烧之。有敢偶语诗书者弃市。
以古非今者族。吏见知不举者与同罪。令下三十日不烧,黥为城旦。所
不去者,医药卜筮种树之书。若欲有学法令,以吏为师。

李斯的这些新文化政策的提议,正中秦始皇的下怀,把这些建议当作国策而强
行实施。这与其政治上、经济上的大一统气度很不相似。这一严重摧毁中华
文明的文化政策,自然受到文化人的抵制与批评,秦始皇便以强大的君主专
制,一手制造了震惊古今的"坑儒"事件,实行极端愚蠢而残酷的文化专制,这
就是秦帝国欲寻求适应新的社会关系的意识形态的一种极端错误的尝试,愚
民文化是其暴政的一种表现,愚民文化又给其暴政提供了理论指导。秦帝国
的速亡告诉我们许多历史教训:其中选择新的政治、经济、军事模式,以适应新
的历史发展,固然是十分重要的,但如果选择的文化模式,不能适应新的历史
发展,则这种文化会对新的政治、经济、军事模式起负面的"反作用力",促进
新的政治、经济、军事模式乃至整个大一统专制的消亡。

秦帝国结束了春秋战国混乱的局面,开创了中国历史上一个崭新的时代,
但它仍以消灭六国的暴力方式来治国,巩固政权的指导思想是错误的,因而导
致政权建设走向了失败。顺势而兴起的汉王朝,吸取的是秦灭国的历史教训,
并不是要废除秦帝国的中央集权体制,而是如何强化封建地主阶级中央集权
制,这一重要问题秦帝国没有解决好,解决这一问题的历史重任于是历史地落
在汉帝国的肩上。汉代重新确立、完善封建中央大一统专制,其历史意义不亚
于春秋战国转型期的变革,也不亚于秦帝国开创封建地主专制社会的革命。

给汉代人留下最深刻的历史影响是秦末陈胜领导的农民大起义,秦末农
民大规模起义,使汉代人对中国以往的历史社会变革有了比较透彻的理解:从
朝气蓬勃的诸子百家到风起云涌般的农民群众,历史活跃力量的转移,显示了
下层人民群众的无比力量,也迫使人们去思索这样的历史与现实问题:为什么
中华民族要经历漫长的社会动荡、战乱的苦难呢? 为什么一个地处西陲与犬
戎并处的落后秦国竟日益强盛而最终统一中国呢? 为什么赫奕一时的秦帝
国,在"瓮牖绳枢之子"陈胜、吴广的揭竿振臂下倾刻就土崩瓦解? 为什么群

雄逐鹿而独刘邦得胜？秦帝国速亡、楚军惨败给现实能提供哪些历史教训？汉王朝会不会蹈秦王朝的旧辙呢？汉帝国如何才能长治久安？这些历史的或现实的重大问题，是当时社会成员普遍关注的问题。汉帝国建立后，在继承秦帝国大一统政治、经济、军事模式的基础上，进一步完善其机制，同时，也有个选择什么样的文化来与大一统相适应的问题，只有理清与解决好上述重大问题，才能从思想上、政治上赢得人心，增加对大一统的向心力与凝聚力。

刘邦从即位当皇帝时，便开始思考这一系列问题，《史记·高祖本纪》记述他曾询问其臣子："列侯诸将无敢隐朕，皆言其情。吾所以有天下者何？项氏所以失天下者何？"众臣着眼于领袖个人品质，或有意讨好刘邦，或想从刘邦那里讨些好处，认为刘邦能给与众人以利，得众人之助，故得天下，项羽妒贤嫉能，故失天下。刘邦嘲笑这些臣子知其一而不知其二，他认为自己能取天下，是任用了三杰——张良、萧何与韩信。实际上，刘邦和他的臣子们的认识没有什么不同，也是看重于个人的作用。这些认识都停留在十分浮浅的层面上，刘邦的众臣们也许认识不到更深层次的社会原因，也许是出于私心杂念，言不由衷。而刘邦的浅薄认识，完全由于他出身于小史，没有多少理论修养，过于看重自己善于任用人才所致。而刘邦身边有个政治家陆贾，其认识就远远超于刘邦及其众臣们。《史记·郦生陆贾列传》中说他为了启发刘邦，常在刘邦面前言必称《诗》、《书》，无意中显出刘邦无知没文化，搞得刘邦十分尴尬，一次惹得刘邦生了气，骂道："乃公居马上得之，安事《诗》、《书》？"陆贾马上反驳道："居马上得之，宁可以马上治之乎？"陆贾看到了夺取天下与治理天下的不同，认识到思想意识对巩固政权的重要性。他接着以历史上兴盛与败亡的例子，说明国家治乱兴亡的道理："且汤、武逆取而顺守之，文武并用，长久之术也。昔者吴王夫差、智伯极武而亡，秦任刑法不变，卒灭赵氏。向使秦已并天下，行仁义，法先圣，陛下安得而有之？"陆贾认为商汤、周武王以武力夺取天下，能顺应形势以文治来固守天下，文经武略，才是长治久安的上策。夫差、智伯因穷兵黩武而败亡，秦帝国因严刑酷法而自取灭国。假如秦帝国统一天下后，能施行仁义之道而不是施行暴力，别人怎么会取代它呢？刘邦听了觉得很有道理，于是叫陆贾总结秦亡汉兴的原因，以及古代国家成败的历史经验教训,写出这样的文章来供给自己参考。陆贾于是援引史实,论述国家存亡之道,共写出十二篇文章,深得刘邦及众臣赞赏,把陆贾的书称为《新语》。《新语》以儒家的仁义观为治国的根本,又辅之以黄老"无为而治"的思想,对汉初的大一统政治颇有影响。

汉文帝时的贾山,也是个善于分析古今治乱兴衰的人,他给文帝上《至言》一书,详尽地分析秦王朝灭亡的原因。他认为秦王朝灭国主要有二条原因:一是秦始皇建立帝国后,大兴土木,建造宫室陵园,修长城,筑驰道,为逞一己私欲,要耗尽天下民力,终使民心丧失殆尽,众叛亲离,群起而攻之。二是由于秦王朝以严刑峻法压制不同意见,使天下人莫敢言,也使秦始皇处于灭顶之灾中而不自知,指出了纳谏任贤对于保国存君的重要性。

文帝时期的贾谊更是一位娴熟兴亡之道、具有济世经邦之才的政治家。他的《过秦论》主张执政者施行仁政,反对对老百姓施行严刑苛法,呼吁建立一套完整严密的文治秩序,具有从秦朝一任法律重刑赏武功向礼乐教化文治转化的意义。在这篇脍炙人口的文章中,贾谊指出:"秦以区区之地致万乘之势,序八州而朝同列,百有余年矣。然后以六合为家,崤函为宫。一夫作难而七庙堕,身死人手,为天下笑者,何也? 仁义不施,而攻守之势异也。"在贾谊看来,秦吞并天下时,顺天下人心,处于攻势、顺势,靠暴力取得成功;但夺得天下后,仍以暴力对付百姓,逆天下人心,处于逆势,便顷刻土崩瓦解了。秦朝兴亡引出一条重要的历史教训,人心向背关系着国家的命运,武力只能夺天下而不能守天下,守天下者只有"仁义",施行仁政是巩固封建统治的唯一良策。贾谊的理论直接影响了汉文帝的施政方略,《汉书·贾谊传》引刘向的话说:"贾谊言三代与秦治乱之意,其论甚美,通达国体,虽古之伊、管未能远过也。"

汉初,有识之士已在通过总结历史,企图给新建立的大一统社会寻求一种新的社会意识形态,他们利用历史回顾或理论阐述,发表自己的见解,但都没有找到真正能够全面适应封建大一统的新的文化,社会选择了一种过渡性的指导思想——黄老思想。究其原因,主要在于大一统社会的完备体制还不成熟,各种促进大一统文化体系最终确立的社会条件还不成熟,特别是其贫乏的经济基础。汉代虽然是中国第一个强盛的封建地主阶级中央集权社会,但汉初天下刚刚稳定,百废待举,人民需要休养生息,统治者还须"无为"而"静待",经济恢复阶段所制约的文化复兴与创新,需要一定时间的准备与积累。

至汉武帝时,经过七十多年的休养生息,国家政治上空前巩固统一,经济得到了高速的发展,国家的综合国力十分雄厚,社会发生了巨大的变化,对武帝时的强盛国势,后人经过比较更有体会,《汉书·西域传》说武帝时"遭值文、景玄默,养民五世,天下殷富,财力有余,士马强盛"。当时的汉帝国已成为世界上最强大的封建帝国,成为世界东方政治、经济、文化的中心。司马迁在《太史公自序》中说:"汉兴以来,至明天子,获符瑞,封禅,改正朔,易服色,受命于穆清,泽流罔极。海外殊俗,重译款塞,请来献见者,不可胜道。"杨向奎先生说:"汉武帝时代真正完成了这大一统的事业"。① 经济的繁荣、发展,为商品的生产和交换提供了条件,从而促进了商业的繁荣,商业的繁荣又促进了城市经济的发展,改变了中国以往城市经济不发达的状况,这些大大地促进了大一统政治局面和社会的长期稳定。社会经济基础与上层建筑的巨大变化,引起了社会生活的巨变,从而必然要引起人们心理、思维、意识的变化。

有了坚实的经济实力,汉帝国开始重视疆域的开发,汉帝国疆域之辽阔,是空前的,是夏、商、周王朝所无法比拟的。在北方,击败了强敌匈奴,遏止住严重的边境外族侵扰,安定了边地的局势;在西方,开通了西域,取得了三十六属国,沟通了同欧、亚各国政治、经济、文化的交往;在西南方,恢复了秦时设置的郡县,消除了割据势力,加强了各民族的团结与对中央朝廷的向心力;在东北方,与朝鲜诸族建立关系,设置了玄菟、乐浪、真番、临屯四郡。汉代疆域的空前拓展,为汉民族与中国广大疆域的形成奠定了基础。可以说,汉代是一个蓬勃发展的社会,是一个面向世界的社会,是一个对外交流与开放的社会。强大的国势,使汉代的经济生产、科学技术的发展日新月异,其发展水平在当时居于世界的前列,是名副其实的世界强国。

汉王朝综合国力强盛,中国第一次有人走出国门,与世界其他国家在经

---

① 杨向奎:《〈公羊传〉中的历史学说》,《绎史斋学术文集》,上海人民出版社 1983 年版,第 93 页。

济、文化等方面进行交流,交流中使古老的中华民族见到与听到了前所未有见闻的世界异域的风俗情事,开拓了眼界。汉王朝在世界其他国家中的尊崇地位,更增加了每个汉朝人的民族自豪感,使他们胸襟开阔,思想恢弘,有无限的时代责任感与历史责任感。如何站在整个中华民族的立场上,胸怀辽阔的大汉疆域,以主人翁的态度来总结中国以往的历史,尤其是秦末以来的历史,探索整个民族历史发展的原因和规律,尤其是秦帝国灭亡的历史教训,如何正确认识当今世界,抒发对大一统时代的强烈感受,为巩固当今大一统君主专制社会提供新的世界观,已经历史地摆在汉代人的面前。汉兴百年来,已具备了奠定汉代大一统文化产生的物质基础,于是时代自然要求一个足以与物质文明相适应的以"大汉气象"为标志的大一统文化。以传承中华文化传统为特征,以宣扬大一统为重点,以阐述伦理道德为内容的儒学,自然成为时代的正确选择。"儒学之所以能够在汉武帝时得势,仍须从时代背景中寻求根由。汉初以黄老'无为'思想补法家严苛峻急之弊,取得了经济发展的成绩,但也逐步酿成权力分散、诸侯专擅、威胁中央皇权的严重危机。贾谊、晁错诸人看到了这一层,向皇帝出谋献策,力主'强干弱枝',加强君主集权,削弱群藩。矛盾的发展,终于爆发了七国之乱。这一切都表明'无为而治'的政策已经需要改变。武帝时,汉王朝凭借经济上的雄厚条件,决定改行'有为而治'的政策,重新加强君主集权。继秦始皇之后,中国历史上又一次出现鼓吹极端君主专制的高潮。儒学适应这种变化,取代了黄老的地位,而被'独尊'。"①

大一统时代需求适应其时代的文化,这是历史的必然要求,汉代帝王对寻求适应新时代发展的文化的重视,也客观地促进了对这种文化的选择。从汉高祖刘邦命陆贾探讨秦何以灭汉何以兴及古来国家成败的道理,说明汉代从开国初,就把选择合适的文化当作立国的头等大事。汉武帝即位不久,于元光元年(前134),亲自召集各地贤良方正文学之士到长安,亲自策问,征求适应政治大一统的思想统治政策。至于汉宣帝召集石渠阁会议,东汉章帝召集白虎观会议,并都亲自裁定评判,形成会议重要文件——《石渠议奏》、《白虎通

---

① 丁伟志:《儒学的变迁》,《历史研究》1978 年第 12 期。

义》,作为官方钦定的经典刊布于世,更是汉代的重大政治事件。汉代帝王对文化选择的高度重视,直接促成了大一统文化正统地位的确立。

为汉帝国提供新的大一统思想的代表人物是董仲舒,董仲舒的政治思想的核心就是"大一统",他以阐释《春秋》来表述自己的大一统思想,主张损抑诸侯,一切权力统一于天子,以汉皇为中心,使四海皆成"来臣"。如何实现这一政治一统的目标呢,必须首先用儒术统一人们的头脑,用儒术规范人们的行为,用儒学原则制定法度,然后才能实现政治的统一。董仲舒向武帝建议:

> 《春秋》大一统者,天地之常经,古今之通谊也。今师异道,人异论,百家殊方,指意不同,是以上亡以持一统;法制数变,下不知所守。臣愚以为诸不在六艺之科孔子之术者,皆绝其道,勿使并进。邪辟之说灭息,然后统纪可一而法度可明,民知所从矣。(《汉书·董仲舒传》)

董仲舒主张的"臣愚以为诸不在六艺之科孔子之术者,皆绝其道,勿使并进",与李斯主张的"臣请史官非秦记皆烧之。非博士官所职,天下敢有藏《诗》、《书》、百家语者,悉诣守、尉杂烧之",可谓异曲同工,我们说秦帝国实行的是文化专制,汉王朝同样也实行的是文化专制。不过,这两种文化专制却有着许多不同。最主要的不同是:秦帝国的文化专制,并不适应其大一统政治与经济,而汉代的文化专制却适应了汉代大一统的发展;其次是,秦帝国只采取了法家思想中严刑酷法的理论,真正实现了"以吏为师"。而汉帝国虽"独尊儒术",但董仲舒所谓的"儒术",已不是传统的纯粹儒学,而是以儒学为主体,又糅合了法家、道家、名家、阴阳家等思想,是一种适应时代要求的融合各家的新思想;再其次是,秦代的文化专制,将思想混同于政治,对不同思想的人采取了残酷的迫害与镇压,而汉代虽提倡"罢黜百家",但并没有将思想混同于政治,既没有将持不同意见的人按"异端"来处置,也没有动用国家专政机器来取缔"百家",在文化领域实行的是比较"宽容的专制"。正因如此,儒学才能成为赢得绝大多数人信仰的经学,成为汉代文化的主流,成为以后二千多年中国封建社会的主导思想。然而只要是文化专制,就会把文化引向封闭与僵化,哪怕是这种文化起初适应历史潮流起过积极的作用。正像秦王朝把法家的思想推向它的反面那样,汉代正统的经学在日后的发展中,不断神学化、谶纬化,也走向它的反面,都与文化专制分不开的。

在史学领域中,司马迁尊崇儒学,但并不把它视为"天地之常经",更不因此而"罢黜百家",他融合百家之说,又站在百家之说之上,以时代认识的最高点来"究天人之际,通古今之变,成一家之言",用新的观点对中华民族古今的政治、经济、文化的发展进行全面系统地总结。他已不是简单地回答秦何以灭国、汉何以兴国的问题,他要用总结中国几千年历史的形式,来回答如何巩固新兴的大一统封建国家制度这一整个社会各阶层都关心的问题,为大一统的社会探求千秋万代的治安之策。然而他的先进思想被正统的儒家视为"是非颇缪于圣人,论大道则先黄、老而后六经,序游侠则退处士而进奸雄,述货殖则崇势利而羞贱贫,此其所蔽也"。(《汉书·司马迁传》)因此不为汉代统治者所重视,更不为汉代统治者作为大一统文化来选择。

第二节 大一统文化确立的政治基础

以伦理、政治型为特征的汉代文化,强烈地反映了封建社会大一统的意识,而大一统中央集权的君主专制,又是大一统文化产生的政治基础。封建社会大一统是一个地缘性的概念,就是在辽阔的封建帝国境内,不分民族,不分贵贱,不分老幼,其思想意识与行为规范都统一、服从于中央集权的国家,而中央集权国家的核心又是皇帝,所以实际上全国都统一于皇帝。这种大一统意识是经过历史的长期发展而形成的,地缘性的大一统又是建立在家族血缘关系的基础之上的。

人类社会初期,不论是群居还是发展为氏族、部落,都是以血缘关系为纽带而把这些原始的人类组织联结起来的,氏族的族长,部落的酋长,都代表着血缘关系组成的社会组织。进入父系氏族社会,部落之间形成大联盟,各部落虽有交往,但部落的血缘关系并没有发生什么大的变化,只是原来部落的原始民主制逐渐在削弱,而部落联盟的盟长个人权力逐渐在扩大。夏、商、周建立国家,仍没有淡化血缘关系,只是由血缘关系组成的氏族或方国,其政治地位各有不同罢了。夏的君位继承已为世袭制,其他情况由于缺乏文献,不好妄加评说。商朝主要实行兄终弟继制,后来才实行了父终子继制。商代有分封,所封侯、伯两种,见于甲骨卜辞的有包侯虎、井伯,见于文献的有鬼侯、西伯等。在商的基础上,周建立的宗法制,使血缘关系更加系统化、政治化、法律化。

完善的宗法制,是由周公制定出来的,他的宗法制的核心,就是依据血缘的亲疏关系而确立嫡长子继承法。以嫡长制而区分出统治阶级中的不同阶层,规定出不同阶层的不同政治权力与土地占有形式,形成一个塔式的国家统治结构。所谓"嫡",就是正妻之子,所谓"长子",就是嫡系子弟中的长男。天子的帝位只传于嫡长子,他是天下的"大宗",其余子弟为"小宗",只能封为诸侯。诸侯的王位也只能传于嫡长子,他是侯国的"大宗",其余子弟为"小宗",只能封卿大夫。卿大夫的"家权"只传于嫡长子,他是"家"的"大宗",其余子弟为"小宗",只能封为士。如果正妻无子,则可选封号最高贵的庶妻的子弟,所谓子以母贵,再无长、幼之别,这就是"立嫡以长不以贤,立子以贵不以长"的继承权力的原则。(《春秋公羊传》隐公元年)

这种宗法制就是人们所说的分封制,这是周公在殷商宗法制的基础上建立起来的国家政治制度。天子拥有天下的土地,"溥天之下,莫非王土;率土之滨,莫非王臣"。(《诗经·北山》)周天子把大部分土地连同居民分封于诸侯,目的是"封建亲戚以藩屏周",使诸侯替周天子镇守疆土,捍卫王室。诸侯必须定期朝聘、缴纳贡品、出劳役出兵役,听从周天子调遣。否则,天子可削去其爵位甚至取消其封国。诸侯在封国之内有世袭权,设置官吏,形成相对独立的地方政权,并仿照周天子分封的方式,依次下封,直至最低层的士。诸侯有封国,卿大夫有领地,称为"采"或"邑",士有食田,这就是所谓的"公食贡,大夫食邑,士食田"(《国语·晋语》),他们对生产的基本资料——土地,拥有不同的特权,从而形成不同的名分与权力,形成井然有序的统治环节与阶层:"天子建国,诸侯立家,卿置侧室,大夫有贰宗,士有隶子弟,庶人工商各有分亲,皆有等衰。是以民服事其上,而下无觊觎"。(《左传·桓公二年》)也就是说:天子封立诸侯建国,诸侯封立卿大夫建采邑,卿大夫设置侧室生庶子,除嫡子之外另立旁门,而士有其子弟作隶属,至于一般的工、商庶人,也各有亲疏,都有不同的等级。每个人各有法定的名位,所以下级才肯服事上级,身居下位也不敢有非分的奢望。分封制成了稳定国家等级秩序的法规。周朝分封制所封之人,多数是周天子同一姬姓子弟,《荀子·儒效》载:"周公屏成王而及武王以属天下,……兼制天下,立七十一国,姬姓独居五十三人",其余所封是为数不多的有大功之臣、古国君后裔和归附周朝的小国首领。从总体的性质上看,这就是所谓的"家天下",各级统治者按血缘的亲疏关系,构成政治上的从属关系,宗法制的本质就是家族制的政治化、国家化。

春秋战国时期,周王室衰微,周天子已不起天下大宗的作用,各诸侯国互相兼并,有异姓侯王的崛起,也有姬姓侯王之间的互相残杀,血缘关系松弛,宗法制开始瓦解,最后由嬴姓的秦国统一了中国。秦国非周天子的姬姓,原是一古部落,居于犬丘(今陕西兴平东南),善养马,被周孝王封于秦(今甘肃张家川东),作为附庸。秦传到秦仲,周宣王封其为大夫。秦襄公时,因护送周平王东迁有功,被封为诸侯,从此以异姓诸侯国的身份出现于政治舞台上。秦始皇统一中国后,建立了新的政体——大一统封建中央集权制,其标志就是废除分封制,确立郡县制,统一法令,一切权力归皇帝。

这一新的政体,与周代分封制大不相同,它首先确定皇帝的名位及皇帝的权限。"皇帝",这是从未有人用过的称谓,古代有过三皇,据《史记·秦始皇本纪》称,有天皇、地皇、泰皇。有过五帝,据《史记·五帝本纪》称,有黄帝、颛顼、帝喾、唐尧、虞舜。秦始皇认为自己德兼三皇,功高五帝,天下一统,不更换名号,不足以显示自己的不世之功,于是召集手下的大臣们议定新的帝号:

> 丞相绾、御史大夫劫、廷尉斯等皆曰:"昔者五帝地方千里,其外侯服夷服诸侯或朝或否,天子不能制。今陛下兴义兵,诛残贼,平定天下,海内为郡县,法令由一统,自上古以来未尝有,五帝所不及。臣等谨与博士议曰:'古有天皇,有地皇,有泰皇,泰皇最贵。'臣等昧死上尊号,王为'泰皇'。命为'制',令为'诏',天子自称曰'朕'。"王曰:"去'泰',著'皇',采上古'帝'位号,号曰'皇帝'。他如议。"制曰:"可。"追尊庄襄王为太上皇。制曰:"朕闻太古有号毋谥,中古有号,死而以行为谥。如此,则子议父,臣议君也,甚无谓,朕弗取焉。自今已来,除谥法。朕为始皇帝。"

（《史记·秦始皇本纪》）

这一系列的皇帝名位制,除了谥法后世不废外,其余全部形成定法,一直延续至封建社会终结。除此之外,还对皇帝的亲属、皇帝的衣食住行,都有专门的称谓,他人是不能使用的,甚至连用到皇帝名字的字或音都要避讳,如秦始皇名政,同音的"正月"就得改称"端月",一切都要显示皇帝的神圣和威严。"皇帝"名号的诞生,绝非只是一个称谓的变更,而是一种新的观念更新,说明人们对君王至高无上的地位、新的君主专制政治的认同。

其次是建立保证皇权行施的官僚机构。参与这种官僚机构的成员,是严格按官吏条件选拔出来的,并非以血缘宗法关系为标准,对已选的官吏,还有严格的督察、考核制度,官吏自身还须按时汇报自己的业绩,对不称职的随时罢免,对违法的依法治罪。所有官员都不能世袭,彻底地废除了长期以来世卿世禄的分封制度,而任免县以上官员的权力全归皇帝一人,从根本上保证了皇帝的绝对统治权,保证了君主专制主义的中央集权制的实施。

秦王朝的官僚机构包括两个方面,一是由三公九卿组成中央行政体系,一是由郡、县组成地方政权组织形式。

三公九卿的官僚体制,实际上就是皇帝的办事机构,是适应封建统一国家需要的中央政府机构,因为三公九卿都直接听命于皇帝,中央政权同样集中于皇帝。三公为丞相(汉时也称相国、大司徒、司徒)、太尉(汉时也称大司马、司马)与御史大夫(汉时也称大司空、司空)。丞相是官僚组织中的最高官职,他协助皇帝处理全国政务;太尉协助皇帝掌管全国军队;御史大夫是皇帝的耳目,主要职务为监察百官,执行法律,兼掌重要文书图籍。三公并行宰相职权,互不统属,直接隶属于皇帝。九卿是指奉常(太常)、郎中令(光禄勋)、卫尉、太仆、廷尉、典客(大鸿胪)、宗正、治粟内史(大司农)、少府。奉常(汉时改称太常)负责皇家宗庙礼仪,兼掌选试博士。郎中令(汉时改称光禄勋)负责宫殿门户警卫,掌领宿卫侍从众官。卫尉负责宫门警卫,主持南军。太仆负责皇帝的车马出行。廷尉负责司法刑狱。典客(汉景帝时改称大行令,武帝后改称大鸿胪、)负责接待少数民族事务。宗正多由皇族中的人担任,负责皇族事务。治粟内史(汉景帝时改称大农令,武帝时改称大司农)负责租税钱谷盐铁和国家的财政收支。少府负责山海池泽的税收和皇室手工业制造,为皇帝的私府。九卿各设一行政部门长官,各有属官若干,九卿也可视作中央各行政机关的总称。

秦统一中国后,分全国为三十六郡,后来由于扩疆与郡治调整,又增加到四十多郡。郡是中央政府统辖的地方行政机构,其组织大致与中央行政机构相对应,郡设守、尉、监。郡守为一郡之长,负责全郡政务,直接受中央政府指挥;郡尉协助郡守掌管全郡军事;郡监掌管监察。郡下又设若干县或道,内地设县,少数民族地区设道。有万户以上人口的县设县令,万户以下的设县长。县令(长)之外,还设丞、尉。县令(长)为一县之长,掌管一县政务,包括全县的人事、司法、财政、文教等,以农稼与刑讼为主,所以对县令(长)的考核也以户口、垦田、税收、盗贼等项为主,县是官僚机构中具有相对独立性又非常关键的一级组织,县令(长)直接受郡指挥;县丞协助县令(长)掌管全县司法;县尉协助县令(长)掌管全县军事与治安。道与县的情况类似。郡、县所有官员都由中央政府任免,皇帝决定着至县级官吏的升迁,只有县以下的乡、里和亭,最基层的长吏才由郡县任免。

乡设三老、有秩、啬夫、游徼,三老以年长有威望者担任,掌管教化,但无薪俸,不参与实际行政工作;有秩、啬夫掌管诉讼、税收;游徼掌管治安。乡与里都是行政机构,里是最基层的建制,里设里正或里典,负责全里的与乡职能大体相似的所有行政,还要组织生产。乡里的亭为治安组织,遍布各地,两亭之间相隔十里,设亭长,汉高祖刘邦就曾为秦时一亭长。乡、里是推行、落实政府法令的最终环节。

除了乡里建制外,秦帝国还在全国推行"户籍法",凡是秦帝国统辖的区域,不分民族、不分男女,一出生便载入"名籍",如同现在的户籍档案,变更住地,便要"更籍",死亡之后才可取消"名籍",有了名籍方便管理,便于使每个人承担应负的赋税、徭役、兵役等各种义务。为了加强编户制度,秦帝国仍沿用原来的什伍制,以五家为一伍,选出伍长。以十家为一什,选出什长,这样,把所有编户统一起来,互相监督,互相告发,否则,一家犯法,什伍连坐。户籍的严格管理,使中央的政策与命令很容易地落实到全国每个家庭,实际上皇帝深居宫中,就可有效地控制每个子民。

从三公九卿到平民编户,中央政府编织了一个使皇帝指令畅通无阻的严密的网络。在这一网络内,包括尽所有的国人,平民百姓不用说,就是各级地方官吏甚至中央机构的官吏,都是皇帝的奴仆与工具,皇帝决定着他们的政治命运,也决定着他们的身家性命,他们的升降与生死,就取决于皇帝的一句话,连万人之上一人之下的丞相也不例外。中央机构的运转,实际就是起着上传下达的任务,最后的决定权还在皇帝,皇帝通过听取奏议或观阅奏章,作出批示,下面各级部门即按职能去贯彻落实。皇帝一时不好裁决,便交有关官员商议,即使议出可行方案,也须皇帝首肯,最后以皇帝名义加以颁布,这就是所谓的"兼听独断"。当时就有人批评秦始皇的独裁作法:"博士虽七十人,特备员弗用。丞相诸大臣皆受成事,倚辨于上。……天下之事无小大皆决于上,上至以衡石量书,日夜有呈,不中呈不得休息。贪于权势至如此。"(《史记·秦始皇本纪》)大小巨细,一切取决于皇帝,实现了高度的集权,或称极度的君主专制。

除了组织机构的职能外,秦帝国还靠法律的威力来推行其中央集权的各项制度。秦本靠商鞅的法治思想而兴起,统一全国后,在原有秦法的基础上,参照六国法律,制定出全国统一的新法。从 1975 年 12 月湖北云梦睡虎地出土的秦简来看,秦的法律,除律、令外,还有法律答问、廷行事等形式。律是秦法的主要形式,有《田律》、《厩苑律》、《仓律》、《工律》、《置吏律》、《除吏律》、《军爵律》、《均工律》、《金布律》、《关市律》等二十九种。是成文的国家关于政治、经济、军事、官吏等各方面的基本大法。令是律的重要补充形式,在特殊情况下,有时以令补充甚至纠正律的不足,皇帝的诏令具有最高的权威,郡一级政权可依据中央政府法令,制定适应本郡的地方法令,作为中央政府法令的补充。法律答问是专门负责法律的官吏对法令的详细解释,同样具有法律效应,这就是所说的"以法为教"、"以吏为师"。廷行事是中央司法机关廷尉确认的办案成例,执行法律时可参照成例,弥补法律不足。秦的法律以法网严密、名目繁多、酷烈异常而闻名,死刑有夷三族、灭宗、车裂、磔、腰斩、弃市、戮、定杀、生理、斩首等;肉刑有黥、劓、宫、斩左右趾等;徒刑有劳役徒刑、髡刑、迁刑、谪刑等;财产罚刑有赀、赎、没等,刑罚有时几种合用,最严重的是五刑具加,李斯就是受五刑而死的。秦的法律中有的是极不合理的,如《汉书·楚元王传》载:"陵夷至于暴秦,燔经书,杀儒士,设挟书之法,行是古之罪,道术由是遂灭。"《史记·秦始皇本纪》载:"天下敢有藏《诗》、《书》、百家语者,悉诣守、尉杂烧之。有敢偶语《诗》、《书》者弃市。"再如秦对赘婿、后父歧视,取消其任官的权利,规定他们的子孙三代之后才有为官的资格,据湖北云梦睡虎地秦墓竹简记载,必须在其户籍上注明"故某闾赘婿某叟之乃孙也"。苛暴的法律强化了君主专制,同时也激化了社会矛盾,加速了秦王朝的灭亡。

秦帝国严密而健全的官僚体制,似乎与商、周血缘宗法式的分封制根本不同,但秦帝国君主专制的核心仍是血缘宗法的性质,严密而健全的官僚体制甚至只为皇权的血缘宗法而服务。因为最终统治全国的最高权力——皇权,却是以血缘关系来世袭。所以秦帝国并不反对血缘宗法制,他们清楚:孝是忠的基础,提倡忠君不能忽视"父慈"、"子孝"。他们仍继承周人的观念,把血缘宗法的伦理核心忠孝观视为为吏之道、立国之本。睡虎地十一号墓出土的秦简有《为吏之道》与《封诊式》①,《为吏之道》中写到:

为人君则鬼(怀),为人臣则忠;为人父则兹(慈),为人子则孝;能审行此,无官不治,无志不彻,为人上则明,为人下则圣。君鬼(怀)臣忠,父兹(慈)子孝,政之本殹(也);志彻官治,上明下圣,治之纪殹(也)。

"这同儒家所宣扬的君君、臣臣、父父、子子的纲常伦理有什么两样呢? ……足证《为吏之道》把"父慈"、"子孝"作为"政之本"的思想,确有吸收儒家思想的因素存在。"②秦法对不忠者处刑极重,与谋反同罪,对不孝者也严惩不贷。《封诊式》就是与律、令、法律答问、廷行事一样的具有法律效力的文书。式是一种规则、程式。《说文》解释说:"式,法也",式作为法律文书形式,最早就见于秦的《封诊式》,规定了司法有关的勘验、调查、审讯的程式。秦法规定:父母要求不孝子迁蜀,官府立即照办。殴打祖父母及曾祖父母者,"黥为城旦

① 参见《睡虎地秦墓竹简》,文物出版社1978年版,第261-263页。
② 高敏:《云梦秦简初探》,河南人民出版社1981年版,第241-242页。

春"，即面额上刺上墨字送到长城服劳役。汉人认为秦人刑重法滥，而唯独认为秦人对不孝的惩罚偏轻，汉王朝对类似的不孝行为的惩处，重至处斩，显然是对传统的血亲宗法的进一步维护。① 汉代历代统治者都带头提倡孝道，提倡以孝治国。"自惠帝以下，各皇帝死后的谥号皆加上一个孝字，称作孝惠、孝文等，有些王侯谥号也如此，如齐孝王、梁孝王等，用一个孝字表彰其善承父志，谨遵祖训，成为统治者安身立命的原则。"② 孝几乎能囊括所有的人伦道德的内容。"爱敬尽于事亲，而德教加于百姓，刑于四海。盖天子之孝也。"（《孝经·天子章》）天子行孝，不仅对亲人敬爱，而且以此孝道教化于百姓，规范天下人。"在上不骄，高而不危；制节谨度，满而不溢。……然后能保其社稷，而和其民人。盖诸侯之孝也。"（《孝经·诸侯章》）诸侯行孝，重在戒骄谨慎，保护其社稷与国民。"非先王之法服不敢服，非先王之法言不敢道，非先王之德行不敢行。……三者备矣，然后能守其宗庙。盖卿大夫之孝也。"（《孝经·卿大夫章》）卿大夫行孝，全在于自己的言行符合先王的正道。"以孝事君则忠，以敬事长则顺。忠顺不失，以事其上，然后能保其禄位，而守其祭祀。盖士之孝也。"（《孝经·士章》）士阶层行孝，关键在忠顺二字，对其上级要顺从，对最高统治者君王则要忠诚。"用天之道，分地之利，谨身节用，以养父母，此庶人之孝也。"（《孝经·庶人章》）对庶人的要求则只要遵循时节规律，勤于劳作，节俭省用，供养父母就算达到孝了。提倡孝道，就是对每个人提出不同的道德规范，以礼来约束自己，从而达到等级分明又和谐共处。守本分，去僭越；讲礼让，去争夺；讲纲常，去私欲；讲安定，去动乱。《孝经·孝治章》又说："生则亲安之，祭则鬼享之。是以天下和平，灾害不生，祸乱不作。故明王之以孝治天下也如此。"

《礼记·礼运》篇也说：

何谓人情？喜怒哀惧爱恶欲，七者，弗学而能。何谓人义？父慈，子

---

① 对不孝的严惩，在汉代诉讼法上也体现了这一原则。秦汉的诉讼法，都规定家长对子女及奴妾私自刑处，官方一般不予受理，如果子女奴妾伤害家长，则属公诉案件。秦虽禁止控告尊长，但并不对卑幼告者加罪，然而汉则对告者以"不孝"论罪，不论他的诉讼有无道理。

② 孙玉良：《西汉文景盛世》，河南人民出版社 1998 年版，第 93 页。

孝,兄良,弟悌,夫义,妇听,长惠,幼顺,君仁,臣忠,十者,谓之人义。讲信
修睦,谓之人利。争夺相杀,谓之人患。故圣人所以治人七情,修十义,讲
信修睦,尚辞让,去争夺,舍礼何以治之?

秦人不放弃周代的宗法制,是因为它是巩固君主专制的坚实基础。秦始
皇在活的时候,就说过:"朕为始皇帝。后世以计数,二世三世至于万世,传之
无穷。"当他临终时,"乃为玺书赐公子扶苏曰:'与丧会咸阳而葬。'"(《史记
·秦始皇本纪》)秦始皇不满意扶苏的仁厚性格,但仍然照着周朝的嫡长子继
承法而传国。君主专制,实质还是家族专制,在二千多年的中国封建社会里,
就是一个朝代由一姓家族统治,所谓改朝换代,就是改换成另一姓家族的统治
而已。

汉替代秦后,除了废止一些苛法外,中央集权制度基本上全盘继承下来,
从这个角度看,所以有的学者认为:"讲到各种汉代制度,从经济政治以至文
化学术,必首标汉袭秦制。"①和秦帝国相比,汉王朝一方面进一步完善了中央
集权制,一方面扩大了秦王朝血缘宗法继承法的范围。秦王朝的速亡,给人们
的教训是深切的,但汉王朝在总结历史教训时,有的是具有积极意义的,如秦
因暴政而亡,治国必须对人民施行仁义等,但所总结的教训中也有错误、负面
的成分。最重要的错误是汉王朝鉴于秦亡时孤立无援,各地纷纷自立,便在立
国初大封功臣与同姓宗室为诸侯王,又部分地恢复了周代的分封制,这样,由
秦时的郡县制变为封国与郡县并存的体制,给大一统汉帝国埋伏下巨大的隐
患。

汉刘邦很快发现异姓王对中央集权制的威胁,于是逐步将异姓王一一翦
除,但他并没有意识到同姓王对中央集权的威胁,曾与大臣们杀白马立盟约:
"非刘氏而王者,天下共击之。"(《汉书·张陈王周传》)与秦始皇欲使嬴姓君
主专制传至二世、三世、四世,以至千万世的想法如出一辙,只不过秦始皇只传
国玺,而刘邦欲使自己的后代世袭权扩大到诸侯王。文、景时期,贾谊、晁错等
政治家已看出同姓王照样存在着觊觎中央权力的危险,文帝、景帝也采取了一

---

①　侯外庐、赵纪彬、杜国庠:《中国思想通史》(第2卷),人民出版社1957年版,第3页。

些限制侯国的措施,但最终还是爆发了旨在夺取中央政权的"七国之乱"。七国之乱被平定后,诸侯封国仍未取消,其原因在于他们是皇室成员,与皇帝同姓,与皇帝有血缘关系。雄才大略的汉武帝,对诸侯封国采取"推恩法",使诸侯所有子弟均分其侯国,使封国化大为小,化少为多,取消了封国的嫡长子继承法,使每个封国实力大大削弱。但仍未取消诸侯王,其原因还在于他们是皇室成员,与皇帝同姓,与皇帝有血缘关系。

为了保证皇权的血缘宗法继承,防止胡亥勾结赵高、李斯篡位的教训重演,防止"舍长立幼"、"舍嫡立庶"破坏宗法秩序的现象重新发生,从汉代开始实行储君制,在皇帝健在时就选其一位亲子,封为太子,从法律上确立为君位的继承人,这一做法在一定程度上消除了皇子们对皇权的争夺。

汉代由于扩大血缘关系权力的范围,在同姓王继续存在的情况下,外戚势力也趁势膨胀起来。外戚与皇室不是同姓,但通过婚姻关系,与皇室结成一定的血亲关系。外戚包括后妃系统的亲属与皇家公主的丈夫系统的亲属,汉代外戚一般出身于将相功臣之家,只有这样显赫家族才有与皇室联姻的条件,一旦联姻,其权力与地位更是随之而长。特别是一些皇帝因年幼而太后临朝,或一些皇帝宠幸后妃过度,被皇后干政,而太后或皇后背后又是庞大的外戚家族,他们往往参预朝政,掌控皇权,甚至决定皇帝的废立。皇帝为了自己掌握皇权,摆脱外戚势力的控制,往往利用身边的宦官,来诛灭威胁自己皇权的外戚,实际上是宦官势力取代了外戚势力。旧的外戚势力解除后,在宦官把持朝政时,新的外戚势力又在逐渐形成,东汉长时期就处于外戚与宦官交替专制之中。由于西汉有"七国之乱"的沉痛历史教训,以后各朝对同姓诸侯王势力限制有力,所以后来的同姓王始终没有构成对皇权的威胁,但东汉政权却断送在外戚与宦官两大集团手里,秦及西汉时建立的健全的官僚体系,被这两大集团破坏的支离破碎。

为什么秦汉建立了大一统封建中央集权制,而国家的组织结构中还有浓厚的血缘宗法色彩呢?这还需要从它的历史渊源说起。中国最初的社会组织——氏族、部落、公社,都是以血缘关系纽带联结成的,在部落联盟基础上形成的国家,仍保留着大量的氏族社会残余,血缘宗法制不仅没有解体,反而被国家机体所吸收,形成家长奴隶制。周代大搞分封制,就是姬姓家族对不同层次政权的统治。秦汉以官僚体系建立国家机构,但皇权传承仍实行的是血缘宗法制。皇帝就是超级的"家长",国家权力上层最终还是与皇帝有血缘关系的皇室家族。宗法制为什么在中国如此根深蒂固?甚至于影响国家的组织结构与权力配置,使家国一体,家国同构,国家也体现着血缘宗法的家庭、家族的特点?这主要是因为中国社会形态虽几经变化,氏族、部落由国家代替,土地由氏族、部落公有变为国家(实际上仅指天子)所有,再变为国家大一统之下的私有,但始终没有改变的是小农自然经济占社会经济主导地位的状况,始终没有改变的是家庭作为小农自然经济的最基本的生产单位,以及与这种生产方式相联系的家庭、家族制。家庭、家族式的宗法关系的长期存在,制约着人们的伦理道德观念与行为规范,自然也制约着国家的组织结构。如果把具有血缘关系的家长制家庭视为中国社会的细胞,由家庭而家族,由家族而宗族,由宗族而社会,由社会而国家,国家最终则是由这些细胞而组成的身躯。

由此而我们不难理解,为什么在秦汉大一统中央集权制的国家里,统治者竟然能利用传统的血缘宗法观念,将敬长自然延伸到尊君,将父子、夫妻关系与君臣关系纳入同一体系,用大一统的宗法观念规范每一个社会成员。为什么"汉承秦制",但在文化的选择上却与秦大相径庭,主要选择了儒家的思想,更加重视血缘宗法观念对大一统国家的维护作用。为什么汉代虽提出"罢黜百家,独尊儒术",而实际上,并不采取单一的传统儒学,还需吸纳其他学派思想对传统儒学进行改造,而形成"新儒术"。为什么儒家"亲亲"忠孝道德之礼与法家的"尊尊"君主至上之法,能融合而统一。为什么董仲舒的经学有广泛的社会基础而成为国家的正统思想,等等,原来这里有一种强大的力量——根深蒂固的宗法政治意识及政治制度在驱使,形成了以上所述的种种文化现象。

第三节 大一统文化确立的经济基础

人类社会的历史是人类自身的发展过程,人类在自身发展过程中创造了自己的历史。当我们用理性去审视我们中国历史的演进,去审视我们中国文化的发展,那些活生生的中国历史演进的具体阶段,那些生动的中国文化发展的客观规律,都再一次证实马克思主义关于唯物史观的论述是非常正确与精辟的。恩格斯说:

> 人们首先必须吃、喝、住、穿,然后才能从事政治、科学、艺术、宗教等等;所以,直接的物质的生活资料的生产,因而一个民族或一个时代的一定的经济发展阶段,便构成为基础,人们的国家制度、法的观点、艺术以至宗教观念,就是从这个基础上发展起来的,因而,也必须由这个基础来解释,而不是像过去那样做得相反。①

社会的上层建筑及包括主体文化在内的社会意识形态不仅在"这个基础"上发展起来,并且要与"这个基础"相适应,因为一定的经济发展阶段的生产方式、交换方式紧紧地制约着人们的整个社会生活、政治生活和精神生活。追溯中国历史文化上的变动,尤其是重要文化事件的产生、发展,其伟大的变革动力正是来自中国社会的经济发展,来自生产方式和交换方式的改变,生产方式和交换方式不仅决定了中国一定的社会历史阶段的性质,也决定了这一历史时期中国文化的性质与发展。汉代大一统文化的高度发达,绝不是那几位"天才"人物造成的,归根结底,是新的经济基础成熟与发展的结果。

关于汉代经济基础,涉及的内容很广泛,如生产经济资源丰富,形成了山西、山东、江南和龙门碣石以北四大经济区②,疆域幅员辽阔,各地物产因自然环境与资源不同而有差异,形成互通有无的依赖关系,单一的自然灾害一般不会导致经济的全面衰退。如生产劳动力雄厚,人口因社会稳定而迅速增长,"秦时全中国人口约二千万左右"③,据葛剑雄《西汉人口地理》一书考证推测,西汉人口年平均增长率在千分之六、七。再如农、工、商、交通运输业,都在秦的基础上有大幅度提高。财政、户籍、地租、赋税、徭役等制度得到进一步的

---

① 恩格斯:《卡尔·马克思的葬仪》(1883 年),《马克思恩格斯全集》第 19 卷,人民出版社 1962 版,第 374 - 375 页。

② 参见《史记·货殖列传》。

③ 范文澜:《中国通史》(第二册),人民出版社 1957 年版,第 17 页。

改善,等等。在诸多的经济制度中,土地制度是最基本最重要的,它是我们理解封建社会经济基础的关键。

春秋战国井田制废弃,公田逐渐变为私田,土地也由国有制向私有制转变,这种新的土地制适应了生产力的发展,体现了社会的进步。秦自商鞅变法后,为激励国人耕战,实行以军功爵户赐田制,以授田的方式将土地转为私有。秦始皇统一中国后,实行新的土地制度,"使黔首自实田",即令全国臣民向国家呈报占有的土地实数。正式宣告授田制结束,土地私有制开始。国家承认土地私有,并从法律上保护土地私有制,目的是使全体臣民都依附于国家并按土地占有数量向国家提供赋税。秦时实行皇帝对全国土地拥有最高的所有权,又承认臣民对私有的土地有继承权与支配权,这二级结构的土地占有形式,既有国有因素又有私有因素,最终形成我国封建社会的土地基本制度。除了私田之外,还有一部分土地是由国家机构来直接经营的,这就纯粹是国有制了。秦始皇推行这一土地制度,为中央集权制奠定了坚实的经济基础,还推行统一的货币、度量衡,乃至制定统一的地租、赋税、徭役等,大一统经济制度逐渐健全了。

秦帝国的速亡,并非是其土地制度不适应生产力的发展,恰恰相反,是因为秦帝国本身严重地破坏了自己制定的土地制度,剥夺了广大人民在土地上的生产权,并严重地摧残了这种优越制度下的劳动力。"秦时全中国人口约二千万左右,被征发造宫室坟墓共一百五十万人,守五岭五十万人,蒙恬所率防匈奴兵三十万人,筑长城假定五十万人,再加其他杂役,总数不下三百万人,占总人口百分之十五。使用民力如此巨大急促,实非民力所能胜任。"(同上)秦始皇"内兴功作,外攘夷狄,收泰半之赋,发闾左之戍。男子力耕不足粮饷,女子纺绩不足衣服。竭天下之资财以奉其政,犹未足以澹其欲也。海内愁怨,遂用溃畔。"(《汉书·食货志上》)如此庞大的劳动力离开土地,社会基本生产不能正常进行,国家的经济基础岂能不动摇?加上残酷的刑法、沉重的赋税,全国人民不堪忍受,最终举行起义,使秦帝国尝到了过度摧残生产及生产者必然灭亡的苦果。

汉代是在秦帝国的废墟上建立起来的封建王朝,秦帝国遗留给汉帝国最大的遗产就是新的大一统封建制度,包括其封建制度的核心部分——封建土地制度。与秦帝国的二级结构的土地占有形式相比,汉帝国的土地所有制,有三种并存的形式:国家土地所有制、大土地私有制、小土地私有制。比秦帝国多了一种大土地私有制的形式,零星的大土地拥有者虽在秦帝国也存在,但作为一种有影响的私有制在秦帝国时还未来得及形成,秦帝国便寿终正寝了。赵俪生先生撰文说:"所谓经济结构,就是指当时整个国家经济的有机整体中各个方面之间的质的组合和量的比例。而这三种土地所有制,则无疑是当时经济整体中很主要的内容。两汉的三种土地所有制互相影响,构成两汉经济的整体"。[1]

井田制瓦解,土地可以自由买卖,从事农业生产的劳动者从土地的附属物的地位中解放出来,摆脱了对土地国有制的人身依附,但这并不能说土地国有制就不复存在,也并不能说获得土地支配权的农民真正有了"自由"。汉帝国仍承秦帝国君主专制的体系,不仅保留着土地国有制,而且对全国的私有土地也有强大的干预权力。汉代的国有"公田"数量是非常庞大的,一切未经开垦的荒地甚至无人认耕的荒田,统统归国所有。通过奖励告发隐匿缗钱逃避税款者,没收其私田为惩罚。《史记·酷吏列传》载武帝时"出告缗令。"《正义》曰:"武帝伐四夷,国用不足,故税民田宅、船乘、畜产、奴婢等,皆平作钱数。每千钱一算,出一等,贾人倍之。若隐不税,有告之,半与告人,余半入官。谓缗。出此令,用锄筑豪强兼并富商大贾之家也。一算,百二十文也。""告缗"使一批大土地私有者的豪强破败,其土地被没收变为国有。从汉武帝始,为解决边防用费不足,在军事边塞地带,如今甘肃张掖、酒泉以北的居延、今青海大通河与湟水流域、今乌鲁木齐以南的渠黎、轮台等地,设"屯田",令守兵与刑徒边守卫边耕种。通过开垦边境的屯田,扩大国有土地。

国有土地的经营方式有以下几种:一是由政府派人管理,如屯田,一般由政府委派的军官来管理,被管理者为士卒与赐予平民身份的刑徒,开始带有为军事服务的强制性徭役性质,剥削卒徒们的劳役地租,后来逐渐向租佃性质转

---

[1]　赵俪生:《中国土地制度史》,齐鲁书社1984年版,第57页。

移。一是将"公田"分给平民,文献上称作"受(授)田",农民接受"受田"后,这部分土地就变成了私田,但农民既是私田的主人,又成为国家的编户,根据地力的好坏或国家的需要,必须缴纳"十五税一"或"三十税一"的国税。一是将"公田"租给平民,文献称作"假田",国家与租田的农民是一种契约关系,国家按租佃契约收取租税。假田租率,高于国税,《居延汉简甲乙编》有两条简文,记有边疆地区屯田地租的一些情况,朱绍侯先生推断"居延地区官租的剥削量可能在百分之四十至五十之间"①边疆屯田地租可能与内地假田地租不一样,但不会相差太大,从简文中可以看出屯田逐渐向租佃方向转化的趋势。随着土地私有化的逐步深化,"受田"自然而然向"假田"过渡,赋税逐渐与地租合一。

大土地私有者在战国时已陆续产生,但秦帝国的建立,为防范六国贵族复辟,将六国贵族和富豪十二万户迁徙到咸阳,从根本上抑制了这一私有形式的发展。秦帝国在全国推行土地私有制,保护土地私有权,然而秦帝国实行残暴的赋税、徭役,并没有给新的大土地私有者以发展的条件与时间。两汉之后,大土地私有者逐渐发展起来,这些私有者兼并土地大致有三种类型:一种是靠财力兼并农民土地,一种是依附皇室依靠政治特权取得大量土地,一种是靠显赫军功爵命得到大量土地。这三种类型的大土地私有者中,以靠财力兼并土地的富豪为主体,他们不仅经营土地和发放高利贷,而且还兼营工、商、交通业,甚至还从事冶金、制盐业,他们为了保护自己的经济利益,必须在国家政权机构中寻找保护伞,特别是常与取得大量土地的官僚、外戚、宦官们合伙勾结,甚至利用财富换来某些政治权力,形成既有财富又有权势的新富豪。富豪势力的膨胀,必然导致大批小土地私有者的破产,直接影响着封建国家的财源、役源,动摇着封建帝国的经济基础。

小土地私有者主要是小农,也称小自耕农,其特点就是具有小块土地,以家庭成员为劳动力,进行农业生产,以取得生活资料及缴纳赋税的费用。与井田制时相比,汉代的小土地私有者有了出卖自己土地的自由,正因为土地可以

---

① 朱绍侯:《秦汉土地制度与阶级关系》,中州古籍出版社 1985 年版,第 121 页。

自由买卖,所以大土地私有者才有了兼并小土地私有者土地的提前。小土地私有者微弱的经济地位,经不起国家土地所有制、大土地私有制的冲击,被迫出卖土地,从而破产流亡,是随时可能发生的普遍现象。迫使小土地私有者破产的原因主要有三:一是自然灾害,二是繁重的赋税徭役,三是富豪的巧夺兼并。繁重的赋税徭役使小农难以自足,必须在土地耕作的基础上,辅助以家庭小手工业,主要是妇女的纺织。如果遇上自然灾害,只好以自己的小块土地为抵押向大土地私有者借贷,最后因还不起债而失去土地。失去土地的农民,或去租种"公田"而成为国家的佃农,或去租种大土地私有者的"私田"而成为地主的佃农。有的还卖宅卖爵卖儿女,甚至出卖自己来抵债,成为大土地私有者的奴役。西汉晁错的《论贵粟疏》极精炼地概括了小农在徭役、赋税、水旱之灾下破产的过程:

> 今农夫五口之家,其服役者不下二人,其能耕者不过百亩,百亩之收不过百石。春耕夏耘,秋获冬藏,伐薪樵,治官府,给徭役;春不得避风尘,夏不得避暑热,秋不得避阴雨,冬不得避寒冻,四时之间,亡日休息;又私自送往迎来,吊死问疾,养孤长幼在其中。勤苦如此,尚复被水旱之灾,急政暴赋,赋敛不时,朝令而暮改。当其有者半贾而卖,亡者取倍称之息,于是有卖田宅鬻子孙以尝责者矣。而商贾大者积贮倍息,小者坐列贩卖,操其奇赢,日游都市,乘上之急,所卖必倍。故其男不耕耘,女不蚕织,衣必文采,食必粱肉;亡农夫之苦,有阡陌之得。因其富厚,交通王侯,力过吏势,以利相倾;千里游敖,冠盖相望,乘坚策肥,履丝曳缟。此商人所以兼并农人,农人所以流亡者也。

　　汉帝国的国家土地所有制、大土地私有制、小土地私有制三种土地所有制形式,构成了汉代经济结构的主体,也构成了汉代主要的社会关系。它们互相影响,互相制约,它们各自势力的消长,形成汉代经济基础的多种变态,引起汉代社会关系的各种变化。由于小土地私有制是汉代社会的经济生存基础,所以朝廷要赐小农以公田和爵名①，赐以公田以保证国家赋税的来源，赐以爵名，防止小农沦落为奴，以保证国家征收赋税有较稳定的对象与数量，因为汉制规定："凡有爵者，与七十者，与未齿者，皆不为奴。"（《汉书·刑法志》）但朝廷繁重的赋税与劳役又是迫使小农破产的主要原因，大土地私有者正是趁火打劫者，利用小农的贫困，购买或巧取豪夺小农的土地，直至把破产的农民变为佃农或奴婢。朝廷中的大土地私有者本也参与土地兼并，所以他们就是富豪在政权中的代表，朝廷一方面与大土地私有者有着密切的联系，一方面为了政府与国家的利益，限制大土地私有者的占田数额，打击他们疯狂的土地兼并。汉代自始至终，这三种土地所有制同时并存，三种土地所有制有联系有矛盾，常处于变化之中，国家具有一定的调节能力，但各个时期的情况有所不同。总的来说，三种土地所有制调节的基本平衡，小土地私有制得到相对的保护或发展，就会出现盛世气象，如果遏止不住大土地私有制的扩大与发展，土地兼并达到一定限度，便会出现大批流民，社会生产力遭到破坏，国家陷于动乱之中。这正是汉代各个时期产生不同思想倾向文化的根本原因。

秦始皇建立了中国第一个封建地主阶级大一统的帝国，然而又是他亲自摧毁封建帝国的经济基础，被赋税与劳役、兵役压迫得几乎喘不过气来的广大民众，只有通过起义暴动，来调节失衡的生产关系。秦末农民战争，摧毁了暴秦的统治，但战争中受损失最大的还是广大农民，人口锐减，生存艰难，土地小私有制经济遭到严重破坏。"汉兴，接秦之弊，丈夫从军旅，老弱转粮饷，作业剧而财匮，自天子不能具钧驷，而将相或乘牛车，齐民无藏盖。……物踊腾粜，米至石万钱，马一匹则百金。"（《史记·平准书》）"凋败不堪的经济形势，严重关系到西汉政权能否存在下去，迫使统治者必须采取扭转形势的有力措施。"②汉初的统治者采取的有力措施主要是恢复生产，提高国力。这就关系

---

① 爵，指爵位。《礼记·王制》："王者之制禄爵，公、侯、伯、子、男凡五等。"《注》："禄，所受食；爵，秩次也。"秦时为奖励耕战，创立二十级爵，最低的爵还受至下层的农民与士兵。二十级爵名从低至高是：公士、上造、簪袅、不更、大夫、官大夫、公大夫、公乘、五大夫、左庶长、右庶长、左更、中更、右更、少上造、大上造、驷车庶长、大庶长、关内侯、彻侯。汉代受爵到民，从汉高祖刘邦时就开始："令民除秦社稷，立汉社稷。施恩德，赐民爵。"（《汉书·高帝纪上》）

② 孙玉良：《西汉文景盛世》，河南人民出版社1998年版，第96页。

到一个生产资料——土地与主要生产力——农民的问题,这两个问题归根结底还是一个农民问题。汉初的统治者吸取了秦帝国对农民采取"竭泽而渔"、"杀鸡取卵"的政策,导致被农民推翻其政权的教训,他们要采取扶植农民发展生产的种种政策。刘邦采取的措施是:减轻国人的赋税,《文献通考》卷一《田赋考》载:"汉兴,天下既定,高祖约法省禁,轻田租,十五而税一。"这一税率比秦时"泰半之赋"轻了好几倍,就是比古制"十一税"也轻了许多。刘邦还"募民还乡",使因战乱流落他乡的农民返回家乡,因饥荒而卖身为奴的赦免为庶民,并恢复旧有的爵号,增加农业的劳动力。还削减军队,使大批士兵转向农业,对新垦荒地,免征数年田赋,扩大耕种面积。迁徙豪强,减少土地兼并,抑制工、商,保护农民利益,等等。惠帝、高后继续推行保护小农利益的政策,并从稳固小农经济的基本单位——家庭出发,将孝悌与生产联系起来,惠帝四年时诏令天下:"举民孝弟、力田者复其身。"(《汉书·惠帝纪》)凡由郡、国举为"孝、悌、力田"者,即孝敬父母、顺从兄长、努力耕种的人,免除本人的徭役,为全国的人民树立学习的样板。高后及后来的文帝还将"孝悌力田"定为官名,可见统治者对发展农业生产的重视。儒家学说在汉代的兴起,这是历史发展的必然,因为儒家顺应历史潮流、爱护劳动力的经济思想与关心劳动者的仁义思想正与统治者的需要相吻合。

"汉文帝时,纳晁错之说,使民入粟于官,而授之以爵。晁错之说,在于以农民之穷困为乱国之原因,若授爵于民之献粟于官者而奖励之,则以民之余谷补官用,不纳谷者可依谷物之调节而增富,又足以轻贫民之赋课。如是所收之粟,以之充边境之用;于边食足支五岁后,粟入于郡县;郡县之粟足支一岁以上,民之田租免半。文帝以恭俭,节国用,即位十三年,田租全额免除。其旨趣虽在于劝农,然其所以得实行之者,盖由于天下统一,加之以国库收入激增故耳。免除田租,亘十三年,但至景帝二年(西历纪元前一五七年),再征田租;其税率在原则上,为十五取一之半额,即三十而税一。"[1]历史上著名的文景盛

---

① 吴兆莘:《中国税制史》(上),据商务印书馆 1937 年版复印,上海书店 1984 年版,第 32—33 页。

世辉煌业绩的取得,原因当然有许多,但最重要的原因就是从皇帝到重臣,都确立了重农的思想,把恢复、发展农业生产当作既定的基本国策。贾谊曾对文帝说:"夫积贮者,天下之大命也。苟粟多而财有余,何为而不成?以攻则取,以守则固,以战则胜。怀敌附远,何招而不至?今殴民而归之农,皆著于本,使天下各食其力,末技游食之民转而缘南亩,则畜积足而人乐其所矣。"(《汉书·食货志上》)晁错有《论贵粟疏》,其中道:"粟者,王者大用,政之本务。"文帝甚感他们的主张正确,下诏曰:"夫农,天下之本也,其开籍田,朕亲率耕,以给宗庙粢盛。"皇帝设立籍田,并亲自躬耕以劝百姓,以后历朝皇帝都加以效仿,尽管只是做做样子,走个形式,但表示把农业生产当作国家的头等大事。其次是轻徭薄税,不扰民,与民以休息。在这种思想指导下,统治者自然采取了黄老道家的无为而治,所以此阶段黄老思想占据社会意识形态的主导地位,就很好理解了。

至汉武帝时,经过七十多年的休养生息,国家政治上空前巩固统一,经济得到了高速的发展,国家的综合国力十分雄厚,社会发生了巨大的变化。汉武帝时期的国力达到汉代封建帝国的鼎盛,这有文景之治作基础,也与汉武帝的土地政策基本正确而有关,汉武帝的土地政策主要体现在打击豪强地主对土地的兼并。西汉虽然实行轻徭薄税,但小农经济比较脆弱,官僚利用政治特权兼并小农土地,商人与富豪地主利用财力兼并小农土地,这种土地兼并在不断地进行,至武帝时已形成比较严重的社会现象。因此董仲舒提出:"限民名田,以赡不足,塞并兼之路。"(《汉书·食货志上》)此提议正合汉武帝之意,武帝下诏禁止豪强田宅逾制,派遣政府官员巡行郡国,发现以强凌弱的"兼并之徒",就严厉打击,没收其土地与其他财产,甚至对豪强势力不惜采取血腥镇压的手段。《汉书·酷吏传》载酷吏王温舒"素居广平时,皆知河内豪奸之家。及往,以九月至,令郡具私马五十匹,为驿自河内至长安,部吏如居广平时方略,捕郡中豪猾,相连坐千余家。上书请,大者至族,小者乃死,家尽没入偿臧。奏行不过二日,得可,事论报,至流血十余里。河内皆怪其奏,以为神速。尽十二月,郡中无犬吠之盗。其颇不得,失之旁郡,追求,会春,温舒顿足叹曰:'嗟乎,令冬月益展一月,足吾事矣!'其好杀行威不爱人如此。上闻之,以为能,迁为中尉。"汉武帝为了制止豪强在本地兼并土地,三次徙豪强于茂陵。

对豪强更大的打击莫过于推行算缗告缗法,"元狩四年,初算缗钱。公卿请令诸贾人末作各以其物自占,率缗钱二千而一算(此谓雠缗钱者也,随其用所施,施于利重者,其算益多)。诸作有租及铸(以手力所作而卖之),率缗钱四千一算(手作者得利差轻,故算亦轻)。已上皆算缗钱之法。"(元·马端临《文献通考·征榷考一》)即商贾、手工业者自报资产,按不同标准折合成若干"算"来纳税。告缗则是告发偷税漏税者。自告缗令颁布后,"即治郡国缗钱,得民财物以亿计;奴婢以千万数;田,大县数百顷,小县百余顷;宅亦如之。于是商贾中家以上大抵破。"(《汉书·食货志下》)武帝所实行的统一币制、盐铁官营、平准均输等政策,都是对富商大贾强宗豪族的打击,从而加强了中央政府的财政收入。

武帝一改前朝无为政策,积极有为地干预经济,严酷打击大私有者的土地兼并,目的是巩固中央大一统政权,客观上保护了小农经济,而小农经济正是封建国家租税赋役的主要来源,小农经济的发展,是武帝朝达到鼎盛的前提。只有在鼎盛之世,才会出现全国政治的高度统一,汉民族的正式形成,疆域的稳固及国内各民族的大融合,才会确立儒学的正统地位,才会产生对中华民族的发展进行系统总结的意识,才会产生司马迁、董仲舒、司马相如等文化巨人。汉代的盛衰都与小农经济的盛衰相联系,由于武帝好大喜功,频繁的对外战争使国家财政消耗过大,繁重的赋税、劳役、兵役破坏了小农经济的继续平稳发展,封建鼎盛的局面开始走向衰微,"武帝末年,悔征伐之事,乃封丞相为富民侯。下诏曰:'方今之务,在于力农。'"(《汉书·食货志上》)昭、宣帝时期,继承武帝晚年"力农"的方针,才又出现了中兴的局面。

综观武帝之后的汉代,三种土地所有制的矛盾一直没有停止,矛盾激化,便是土地兼并严重,便是阶级矛盾激化。统治者如果采取抑制土地兼并的措施,矛盾得到缓和,可能出现昭、宣时期式的"中兴",如果没有强有力措施,就只能向土地大私有者妥协,甚至互相勾结,残酷侵害小农的利益,使农民失去土地,形成大量流民,流亡的农民走投无路,就只好为"寇",所谓"春饥草窃之寇"、"穷厄寒冻之寇",到处暴动,实际动摇了大一统国家的经济基础,也动摇了对儒家正统学说的信仰。在这样的情势下,如果还要维护皇权的尊严,就只好乞求于迷信谶纬,所以迷信谶纬的猖獗,总是以小农经济的衰落为条件。而代表封建大一统整体利益的文人士大夫,从儒家民本思想出发,同情老百姓水深火热的悲惨遭遇,也知道民众对统治者的仇恨感情,那时,社会上流行着这样一首歌谣:"小民发如韭,剪复生;头如鸡,割复鸣。吏不必可畏,民不必可轻!"他们清醒地看到由于阶级的严重对立与冲突,国家社稷已经面临崩溃的边缘。他们以手中的笔为武器,展开对社会的批判,批判中又总是以批判迷信谶纬和大私有者贪婪、腐败、疯狂兼并小农土地为重点,批判的矛头甚至直指造成这一危机四伏局面的最高统治者,这种批判思潮,在王符、仲长统的著作中见得最明显。由此可见,土地所有制的变化紧紧制约着封建社会的盛衰,同时也紧紧地制约着观念形态的文化的变化。

第七章 大一统文化形成的自然环境

同一个人的思想意识的生成与发展一样,一个民族、一个国家的文化的生存与发展,也脱离不开它的环境,这个环境主要是指人与人互相结成各种关系的社会环境,如经济基础、生产关系、社会结构等等;其次还有自然环境,如地理、气候等等,自然环境虽不是影响文化生存发展的主导因素,但也应给予一定的关注。由于自然环境的缘故,形成不同地域的风俗习惯,不同的生产、交换和生活方式,在此基础上,形成不同的民族、地方语言及地域文化。不同地域的民族及地域文化的交流、融合的程度与方式,主要由社会制度所决定,但自然环境也起一定的作用。

汉代主体文化最突出的特色就是其统一性与综合性,这种统一与综合不仅表现在文学、史学、哲学的综合、混一,而且表现为对先秦儒、道、墨、法、名、阴阳等各家学说的综合与交融,也表现为全国境内各地域、各民族文化的综合与融合。文化上的综合与融合并逐渐趋于统一,正是封建大一统文化特色的一种鲜明体现。在综合与融合的前提下,形成了以汉族文化为主体以少数民族文化为多元的一体文化,这种文化是远古三代文化的继承与发展,标志着中华文化基本成型,成为二千多年来中国封建社会文化的标准。

第一节 特殊的地理环境

汉代文化具有综合的特色,是封建大一统政治、经济发展的反映,是汉帝国境内各地区各民族文化交流、融合的结果,是占正统地位的封建礼法起了精神推动作用的结果,除了这些原因外,还有一个独特的地域环境的原因,这也是不可忽视的。当然,汉代文化的综合性,也是三代文化甚至更久远的中华文化综合特点的继承、发展,中华文化从"具有文字性质"的陶文算起,就开始了向综合性方向的演化,而这种演化也与地理环境有一定的关系。"地理环境包括两个主要方面:自然地理环境和人文地理环境(又分为经济地理环境和社会文化环境)。一般说来,自然地理环境,如气候、地形、地貌、水文、植被、海陆分布等,发展变化的速度比较缓慢,有时需要相当长的时间才能为人们所觉察。但在某些阶段和某些局部地区,自然地理环境的变化也可能发生得非常迅速、非常剧烈,造成巨大的影响。人文地理环境,如疆域、政区、民族、人口、城市、交通、农业、牧业等方面,发展变化的速度比自然地理因素发展变化的速度要快得多。"①

中国产生"具有文字性质"的陶文,距今有六、七千年,那时恰处于新石器时期。据科学测定,这六、七千年以来,中国的地形地貌有所变化,但没有发生巨大的变化,与现在大致相似。从现在的地图上就可清晰地看到,我国的疆域辽阔,处于欧亚大陆的东部,大部分领土处于北温带,在太平洋的西岸,西南距离印度洋也不远,受太平洋及印度洋季风影响,季风气候十分明显,降雨量随季节变化,大部分地区雨热同季,温度与水分配合较好,是发展农牧业的优越自然条件。从新石器时代以来,这块东亚大陆就供养着最多的人口,成为东亚地区的中心,农业文明程度最高,而世界其他地域,包括中国周边的地区,其文明程度从总体上说还远远地落后于中国。

我国的周边较特殊,西北是大漠荒原,东南是汪洋大海,西南又是高山峻岭,形成一个幅员辽阔却又与世界隔绝的自然封闭状态,在当时社会生产力比较低下的情况下,交通运输很难打破这一封闭式的地理障碍,很难与域外的国家与民族交往,和域外交往晚至汉代才开始的。在这一自然环境中,境内的各民族容易互相交往、融合,国家便于统一。在汉代形成的汉民族本身就是由多

---

① 国家教委高教司组编,张岱年、方克立主编:《中国文化概论》,北京师范大学出版社1994年版,第15页。

民族融合而成的,中华民族大一统观念是经过长时期的民族融合的历史发展过程形成的。多民族融合的标志是多方面的,在这种环境下产生的境内各地域、各民族文化,融合的时间久远,而不受域外文化的影响,所以所融合而形成的中华文化特色特别鲜明、特别单纯,随着社会的发展,我们后来与外界有了交往,从汉代开始,我们接受了印度佛教文化的影响,近代又有所谓"西学东渐",我们接受了西方文化的影响,但不管外界对中华文化有多大的影响,中国文化都表现出一种特别强的兼容性,即能把外来文化吸收、消化而进行再融合,最终使之变成自己文化的一部分,正因为中华文化具有极强的兼容性,它从未被外来文化所同化,始终保持着自己鲜明的民族特色。

"在人类历史上,多次出现过因为异族入侵而导致文化中绝的悲剧,如印度文化因雅利安人入侵而雅利安化、埃及文化因亚历山大大帝占领而希腊化、恺撒占领而罗马化、阿拉伯人移入而伊斯兰化,希腊、罗马文化因日耳曼蛮族入侵而中绝并沉睡千年。但是在中国,此类情形从未发生。文化学界将七个古代文化——埃及文化、苏美尔文化、密诺斯文化、玛雅文化、安第斯文化、哈拉巴文化、中国文化——称为人类原生形态的'母文化'。而在它们之中,唯有中国文化一种,历经数千年,持续至今而未曾中辍,表现出无与伦比的延续力。"[1]中国在漫长的历史发展中,尤其经过夏、商、周三代,已经形成了以中原民族文化为主体的文化。地形封闭式的中国,遭受外国的入侵,那已经是近代的事了。国内各地域的民族战争虽然从古以来接连不断,但对中原文化主体地位都有认同,只有以中原文化为主体的各民族文化的融合,而从未有过取代中原文化主体位置的现象。而各民族文化大融合的结果,就是产生了以中原文化为主体的中华文化。

我国的地势也很特殊,适于耕种的土地不多,适于放牧的草原更少,是一个多山峦的国家,山地、高原和丘陵约占全国总面积的65%。海拔500米以下的地区仅占全国土地面积的25.2%,而海拔3000米以上的地区却占25.9%。

---

① 国家教委高教司组编,张岱年、方克立主编:《中国文化概论》,北京师范大学出版社1994年版,第353-354页。

我国境内地势西高东低,从西面的"世界屋脊"一直向东南延伸于海下,形成地形上的逐渐下降的"三大阶梯"。青藏高原是西面最高的"阶梯",平均海拔在四千至五千米。东北平原、黄河淮海平原、长江中下游平原及江南广大地区,是东面最低的"阶梯",平均海拔低于二百米。夹在最高"阶梯"与最低"阶梯"之间的广大地区则是第二"阶梯",包括有塔里木盆地、准噶尔盆地、吐鲁番盆地、四川盆地、阿拉善高原、鄂尔多斯高原、黄土高原、云贵高原等。

从降雨量、植被及适应这些条件的生产方式看,我国古代从南到北又可划分为不同的三种类型的生产区。大致以 400 毫米等降水线为边际线,这一等降水线差不多和长城的走向相重合,等降水线的西北部,古代大体为草原,人们从事着游牧生产,所以称为北方草原游牧区。长城以南的广大黄河流域与长江流域地区,地势平坦,适宜人们定居从事农耕。因为这一地区居于中国的中部,而黄河流域最早形成中华民族的经济、政治中心区,所以人们又称这一地区为中原农业地区。中原农业区以南,大致为中国的热带、亚热带地域,降雨量丰富,然而多是山地,人们虽从事农耕生产,然居住不固定,常迁徙变动,所以人们称它为南方山地游耕区。各地域的文化深受其生产方式的制约,所以从文化角度讲,中国古代三大生产区亦是三大文化区,即北方草原游牧文化区、中原定居农业文化区和南方山地游耕文化区。

由于地势与降雨量的不同,带来气候、植被、交通、农牧业生产等等自然地理环境与人文地理环境的不同,形成人口、民族、城市、政区等分布的不同,这一切又造成国内各地语言交流、风土人情、生活习惯、生产方式、社会形态以及历史发展进程等等的不同,形成不同的文化区,在中华文化总体特征的前提下,又呈现出各地文化的特殊性与多样化。

由于历史记载的局限与出土文物的有限,我们过去很长时期一直认为中国的文明源于黄河流域。普遍的认识是:我国六、七千年前,正处在新石器时代,其文化类型属于黄河流域仰韶文化,这是因 1921 年首次发现河南渑池县仰韶村文化遗址而得名,因而认为中华文化的源头是中原文化。而建国后发现的西安半坡遗址,更是仰韶文化的典型代表。关于半坡遗址,我们前面有所提及。1953 年发现,1954 年开始发掘,1958 年在遗址上盖有博物馆。遗址有定居村落,有房屋、窖穴,生产工具有石器、骨器,遗址发现粟及蔬菜种子,说明我国是世界上最早培植粟的国家。此时的人们除种粟与蔬菜,还饲养猪、狗等家畜,开始发展制陶、织布、编织等原始手工业。特别是陶器上还刻有原始形态的文字,也就是我们所说的陶文。中国科学院考古所用碳14测定三件木炭标本,其中的一件木炭标本显示的年代为距今6080加减119年。后来我们又陆续发现了黄河中、下游广大地区许多类似的遗址,如黄河上游的马家窑文化遗址,黄河中、下游的大汶口文化遗址等,大量的出土文物与古文献,使我们对传统的观念进一步加深,即认为黄河流域是我们中华文明的发祥地,黄河是我们民族的唯一的母亲河,中原文化是我们中华文化的根。

然而河姆渡遗址的发现,打破了我们原来的传统观念。河姆渡遗址位于今浙江省余姚市文亭区罗江乡的河姆渡村东北的姚江之畔,1973年发现,至1978年,共进行了二次大规模的考古发掘,通过对遗址第四文化层标本的碳14测定,距今为6950加减130年,上限已达七千年,比半坡遗址还要早一些。河姆渡考古发掘中,发现有大量的水稻遗存,经鉴定,属栽培稻的籼亚种中晚稻型的水稻,证明我国是世界上最早栽培水稻的国家之一。出土的农具有骨耜、木耜、木锄、石刀等,表明河姆渡水稻耕作,是当时世界上最为先进的耜耕方式。农业的发达,带动家畜饲养业,猪、狗遗骨到处可见,而水牛遗骨也不少,是现知我国最早驯养水牛的证据。发现的木构建筑遗迹,梁柱已用榫卯接合,说明木作工艺技术达到相当的高度。而以桩木架空居住面基座,上面再构筑屋架,是我国最早发现的木结构干栏式建筑。所发现的木构水井,也是我国最早见到的木构水井遗址。陶器主要是黑陶,夹砂红陶、红灰陶,釜的数量最多,是河姆渡人的主要炊器。生活用具、装饰品有木制、骨制、玉制的,既实用又美观,而漆碗的发现,证明我国的生漆生产历史从七千年前就开始了,我国是使用天然涂料生漆最早的国家。河姆渡遗址的发现,震惊中外。继河姆渡文化之后,上海青浦又发现了包括崧泽文化和良渚文化两个时期的福泉山文化遗址,出土了一般认为在商周才会有的玉带钩、礼器琮等。以铁的事实,显示了长江下游浙沪地区在新石器时代文化达到的水平,证明长江流域也是中国文明的源头之一。

近几十年来的考古成果证明,我国新石器中晚期同步发展的文化区有许多,有人总结有四个文化区:即黄河流域文化区、长江流域(主要指长江中、下游及其邻近地区)文化区、东南沿海、西南文化区和北方(主要指东北、内蒙、新疆等地区)文化区。也有人主张当时中国有六个或八个文化区①,八个文化区是:"中原氏族文化区,黄河下游山东氏族文化区,江汉、三峡氏族文化区,长江下游氏族文化区,华南氏族文化区,甘、青氏族文化,东北氏族和北方草原氏族文化区"②,中国古文化的发源地,绝不仅是中原大地,而是在神州大地广泛地分布,中国文明的起源是多元又一体的特殊格局。

中国众多的文化区,其发展也是很不平衡的,比较起来,对中国文化影响最大的是两大文化区:即黄河流域文化区和长江流域文化区,这是由于这两大流域是中国农耕文明的主要发祥地。尤其是黄河流域,黄土层疏松而适于木、石、骨、青铜等耕具的使用。远古时期,黄河流域还不像现在这样水土流失,肥沃的土壤适宜种植粟、稷等农作物。长江流域大面积开发,晚于黄河流域,至于农耕中心向长江流域扩展与转移,那是很后来的事了。黄河流域农业生产的发达,形成如下重要的历史现象:一是经济上占有优势,农耕文化构成中华民族文化的主体与核心。二是在这一流域上生活着占全国一半以上的人口,构成这一庞大人口的各民族,主要以诸华诸夏即华夏族为主体,随着农耕区的扩大,华夏人口从黄河流域迁往各地,同时也给各地带去黄河农耕文明与华夏文化,在数量上与文明程度上居于首位的华夏族,是融合其他民族的基本条件。三是由于黄河流域农耕文明发达,就成为新石器之后的部落联盟及夏、商、周三代的政治中心地区。四是农耕地区不断扩大,过去从事渔猎、畜牧的地区或民族,在条件允许的提前下,逐渐改为从事农耕或半农半牧或半农半渔猎,黄河流域农耕文化严重地影响了其他文化区的文化。

---

① 考古学家苏秉琦先生认为新石器时期中国有六大文化区:晋、陕、豫邻近地区文化区、山东及邻省部分地区文化区、湖北和邻省地区文化区、长江下游地区文化区、以鄱阳湖——珠江三角洲为中轴的南方地区文化区、以长城地带为重心的北方地区文化区。夏鼐先生在1977年第4期《考古》杂志上发表的《碳十四测定年代和中国考古学》一文中,则划分中国文化区为八个,如上所列。

② 龚若栋:《中国史前社会的文化区系是怎样划分的》,上海古籍出版社编:《中国历史三百题》,上海古籍出版社1989年版,第15页。

　　黄河流域文化影响其他文化区的同时,也吸收了其他文化区的特点,各文化区文化的交融是主要的。当然也有文化的冲突,主要表现为北方草原文化与农耕文化的冲突。农耕文化区域的扩大,必然影响到草原文化区域民族的生存与发展。本来适应草原区域的文化及政治、制度就是落后的,在当时生产力比较落后的情况下,不可能通过内部的改革来解决生存与发展的危机,只能靠武力掠夺农耕区来缓解自己的矛盾与困窘。所以北方游牧民族经常南侵,从文字记载以来就存在着这种现象,而因为草原文化的落后,它最终认同的还是先进的农耕文化,用先进的农耕文化来改造草原文化,这本身就是文化的一种融合。农耕文化区虽然生产力发达,制度先进,但很少像北方游牧民族那样掠夺其他文化区,这并不是农耕文明天生有“善德”,而是农耕文化区很少有北方游牧民族的生存危机感,自给自足的农业经济使他们安土重迁。他们对北方游牧民族的侵扰一般采取自卫反击的态度,并不想占领他们的区域,因为他们的区域并不利于农耕。而多数情况下,对草原文化区基本采取的是和善、安抚的政策,不论军事冲突还是政治或经济上的安抚,都促进了农耕文化和草原文化的融合。

　　从新石器之后到汉之前,中国的历史发生了翻天覆地的变化,从部落组成联盟到国家的建立,中国文化发展的趋势是各地区文化加紧了融合,不但黄河流域的文化加紧了与各地域文化的融合,如地处赣江中游的江西新干县大洋洲乡商代大墓,出土了大量青铜器、玉器。其造型和纹饰与中原殷商文化相近,说明长江流域的青铜器、玉器受中原青铜文化的影响很大,与中原地区有较密切的文化往来。而且除黄河流域以外的其他各地区文化也加紧了融合,如近年来在四川省广汉三星堆出土的文物,其中有青铜人面具,与中原同时期的青铜造型特点不同,很可能与外来的羌族文化有关。1965 至 1966 年湖北省江陵望山沙冢楚墓被发掘,出土文物中有一柄青铜剑,上有“越王勾践,自作用剑”的铭文,经专家鉴定,确系春秋时期越王勾践的宝剑,越王勾践的宝剑“不远万里”从越国来到楚国,由此也可以看出一些楚文化与吴越文化融合的信息。但总体说来,各地文化的多元性特点仍很鲜明,从联盟的各部落到三代的方国、诸侯国,虽然有了统一的“宗主”,但统一还比较松散,文化并未达到统一,各自的文化特点还在鲜明地存在。不过在其部落、方国、侯国内有了很大程度上的统一,新石器时代以自然地域自然形成的文化区,逐渐变为以行政统辖而形成的地域文化区,汉之前形成许多以行政区划分的文化区,这些文化区有:宗周文化、鲁文化、齐文化、楚文化、吴文化、越文化、三晋文化、秦文化等,汉代更广泛更深入的文化大融合、文化大统一就是在这样广阔的各地域文化背景、文化基础上形成的。

夏、商、周的疆域已经不小,黄河流域和长江流域两大农耕区已是它的主要辖区。公元前221年,秦国吞并六国,建立起中国第一个中央集权制的统一国家,当时秦帝国建都于黄河中游的渭河平原上,"地东至海暨朝鲜,西至临洮、羌中,南至北向户,北据河为塞,并阴山至辽东。"(《史记·秦始皇本纪》)也就是疆域东至于东海、南海、渤海的沿海及今朝鲜,西至陇山、川西高原和云贵高原,南至今越南东北和广东大陆,北至河套、阴山山脉和辽河下游流域。"分天下以为三十六郡",刘宋·裴骃《集解》说:"三十六郡者,三川、河东、南阳、南郡、九江、鄣郡、会稽、颍川、砀郡、泗水、薛郡、东郡、琅邪、齐郡、上谷、渔阳、右北平、辽西、辽东、代郡、钜鹿、邯郸、上党、太原、云中、九原、雁门、上郡、陇西、北地、汉中、巴郡、蜀郡、黔中、长沙凡三十五,与内史为三十六郡。"秦帝国统治的区域实际后来增为40余郡,秦帝国统治这一幅员辽阔的国家,虽然时间很短,但它建立了一系列的君主专制主义的中央集权制度,如统一了法律、文字等,加速了全国性的文化融合。汉继秦之后,建立了更强大更完善的君主专制的中央集权制国家,在秦疆土的基础上,最终北疆扩至大漠(蒙古高原),西界已达葱岭(帕米尔高原和昆仑山、喀喇昆仑山脉西部诸山的总称)和巴尔喀什湖(在今哈萨克斯坦东南部)。

汉初,在秦郡县制的基础上,实行郡县与封国并存的体制,分了一些异姓王与同姓王,后来不断削弱侯国力量,虽还保留一些侯王封号,实际封国的性质已同郡县了。西汉武帝时,又推行州郡县三级行政制,除京师周围的司隶外,分天下为豫、冀、兖、徐、青、荆、扬、益、凉、并、幽、朔方、交趾等十三州部,司隶长官为校尉,州部长官为刺史,监察郡县地方官吏和控制豪强势力。汉宣帝时,在西域设立都护府,治所在乌垒城(今新疆轮台东北),这是汉王朝在新疆地区设置行政机构的开始,汉王朝有权对西域诸国册封国王,任命罢免官吏,调动布防军队,征发粮食草料。至此,西域各国与汉王朝的隶属关系已经确立,正式纳入汉王朝版图,巴尔喀什湖、葱岭等地已是汉王朝的西北疆界。西汉平帝时全国已有 103 个郡国,东汉顺帝时达到 105 个郡国。汉王朝成为当时世界上最强大的封建中央集权的国家,它奠定了以后历代中国封建国家疆域的基础。

中国山地多,平原少,山地多不适宜畜牧业发展,而人的食物构成主要是粮食,所以从三代以来,特别是周代,统治者十分重视农业生产。秦帝国日益强大,最后能统一中国,主要靠推行奖励"耕战"政策,大幅度地提高粮食产量,为秦帝国实现政治、军事目标奠定了物质基础。汉代建立后,仍推行"重农抑商"、"重本抑末"的经济政策,贾谊的《陈政事疏》、晁错的《论贵粟疏》等,十分清楚地阐明了这一治国的基本思想。不仅黄河流域与长江流域农业生产继续发展,还使农耕生产区域向四周扩展,北起长城南到岭南,极大地扩大了全国的农耕面积。并大规模地向西北地区徙民屯田,使原来的一些牧区变为农垦区,确立了以农业为主体的国家经济体系,从而也确立了以农耕文化为主导的文化体系。北方的游牧文化与南方的山地游耕文化,都受到了农耕文化的影响,它们经过农耕文化的熏陶,与农耕文化互相交融,也有了农耕文化的色彩。

当然,汉代的农耕文化与远古及三代的农耕文化有很大的区别,这里主要有生产工具上的区别。汉代已经大规模地使用铁器耕具与以牛为主的畜力,而远古及三代的农耕基本上还使用的是石、铜器农具。汉代王朝从国家建设的角度,对农耕技术的提高和农耕设施的建设都给予了极大的重视,如汉代继秦之后[①],继续建设大规模的渠灌工程,常征发数万人开凿漕渠。黄河在瓠子决口后,汉武帝亲临现场,指挥塞河。"自是之后,用事者争言水利。朔方、西

---

① 以国家组织的渠灌工程,在秦国时已经实施。秦王政采纳水工郑国建议开凿水渠,西起中山瓠口(今陕西省泾阳县西北),东至富平、蒲城南(今陕西省渭河平原东北部),引泾水入洛水,全长约三百余里。"渠就,用注填阏之水,溉泽卤之地四万余顷,收皆亩一钟。于是关中为沃野,无凶年,秦以富强,卒并诸侯,因命曰郑国渠。"(《史记·河渠书》)

河、河西、酒泉皆引河及川谷以溉田;而关中辅渠、灵轵引堵水;汝南、九江引淮;东海引巨定;泰山下引汶水:皆穿渠为溉田,各万余顷。佗小渠披山通道者,不可胜言。然其著者在宣房。"(《史记·河渠书》)这与以往农耕中小规模的水利灌溉有很大的区别。但更主要的是基本生产资料——土地的占有形式,有了根本的区别。远古时代,土地属氏族村社所有,夏、商时,仍保留着这种氏族公社的残余,西周时,土地属国家所有,春秋战国时期,"公田"逐渐变为"私田",秦汉从法律上肯定土地私有化,彻底改变了过去那种集体耕作"公田"的传统,实现了以家庭为单位的新的农耕生产模式。汉代确立儒术独尊地位,推行三纲五常伦理道德,就是以家庭为出发点,家庭伦理核心就是孝,孝扩大至国家,就是忠。家长是生产单位——家庭的"至尊",天子是所有生产单位——国家大家庭的"至尊",家父是家之君,国君是国之父,孝敬父母与忠诚天子,是同一个伦理,甚至忠还是孝道的一种升华,"孝始于事亲,中于事君,终于立身。扬名于后世,以显父母,此孝之大者。"(《史记·太史公自序》)由"孝"而"忠",这是由尊顺"家庭大宗"而延伸到尊顺"种族大宗"或"国家大宗",由家庭血缘关系进而上升为政治等级的关系,这种伦理纲常就是建立在新的农耕生产方式的基础上的。黑格尔说:"中国纯粹建筑在这一种道德的结合上,国家的特性便是客观的家庭孝敬。"[①]汉代确立了以孝忠为核心,以伦理道德为特征的正统思想及正统文化,并把孝忠的观念贯彻到自己的政权建设之中,如在帝号前加"孝"字,如孝惠帝、孝文帝、孝景帝、孝武帝等,表明统治者高度重视"孝道",认为百善孝为先,提倡以孝治国。再如在武帝时,令有关地方官吏选举孝廉,所谓"孝廉"即孝子廉吏,不举孝以不敬论,而不敬是当时的重罪,严重的还要灭族。之所以倡导忠孝,就是因为忠孝是巩固君主专制政体的精神支柱,这一伦理学说是建立在以家庭为单位的新的农耕生产经济基础之上的。新的农耕生产方式的形成原因很多,其中特殊的地理环境作为重要原因之一是不应忽视的。由这种新的农耕生产方式建立起来的家族制度,完全能融入大一统的君主专制制度之中,并成为君主专制制度的坚实基

---

① 黑格尔:《历史哲学》,三联书店1956年版,第65页。

础。

第二节　汉代各地域民族文化大融合

汉代文化所具有的统一性,是国内各民族大融合的结果,国内各民族大融合的最显著的特征就是国内各地域、各民族的文化大融合。从汉之前的远古时代以来,国内各民族就在交往中不断地进行着民族融合,但真正在数量上与质量上的大融合,却发生在汉代,并产生了经由长期民族融合而形成的一个新的伟大民族——汉族,这个新民族构成了汉代国内各民族的主体民族,这一民族后来一直是中华民族的主体民族,直到现在仍如此。汉民族在汉代大致是由"汉人"转化而来的,"汉人"开始是指汉王刘邦统辖下的关中地区的所有臣民,《史记·淮阴侯列传》载齐人蒯通劝说韩信,其中说到:"今足下戴震主之威,挟不赏之功,归楚,楚人不信;归汉,汉人震恐:足下欲持是安归乎?"这里的"汉人"相当于一诸侯国内的人。当汉朝建国后,与西域交往,"汉人"的含义又发生变化,《汉书·匈奴传》载:"近西羌保塞,与汉人交通,吏民贪利,侵盗其畜产、妻子,以此怨恨,起而背畔,世世不绝。"这里的"汉人"已相当于当时中央集权制下汉帝国所统辖下的国人了。而实际上,汉人与汉族毕竟还是有所不同的,在汉代,汉族主要是以原诸华诸夏族为主又有汉帝国境内部分其他民族共同融合而成的,构成了汉代多民族国家的主体。汉族主要分布在定居农业区,汉民族的文化代表了汉代文化的主体,而这种文化无疑也是多民族融合型的文化。汉代民族大融合既是汉代大一统的结果,也是中华民族历史上各民族长期融合的继续,大一统加快了民族的融合,最终形成了中华民族的主体民族——汉民族。

旧石器时代的晚期,是我国母系氏族社会开始形成的时期,而至新石器时代,我国母系氏族社会开始由鼎盛走向衰落。所谓的女娲氏、庖牺氏、神农氏、有巢氏、燧人氏,就是这一时期先民在现实生活基础上所想象出来的神人。新石器时代之后,是铜石器并用的时代,我国的社会已进入父系氏族社会,也就是人们常说的炎、黄、尧、舜、禹的"传说时代",也有人依《史记》,将"传说时代"的代表人物说成是黄帝、颛顼、帝喾、唐尧和虞舜。传说时代由众多的氏族部落组成了一个联合体——部落联盟，部落联盟就标志着民族在形成。司马迁著《五帝本纪》，从黄帝写起，就是因为从黄帝起民族形成亦即开始。当然，在部落联盟之前，由氏族酋长领导的各部落群，或因迁移，或与其他部落的交往、婚嫁联姻甚至冲突战争，使其生产、生活区域不断扩展，已经开始了与其他区域氏族部落间的融合，部落联盟的确立，更加快了各地区氏族部落的融合。谢维扬先生撰文说：

> 所有部落事实上都依附和服从一个具有最高权力的部落的统治，这个最高权力部落的首领成为联合体即酋邦的最高首脑——帝或后。这表明，在这些酋邦性质的部落联合体中，个人性质的权力已经存在了。这或许是这些酋邦在传说中总是以一个人名为标志的一个原因。……要之，从中国传说时期的较早时期起，中国境内已经存在着一些分布在不同地域中的酋邦。在它们各自内部发生的为争夺最高权力的斗争，表明它们的组成与结构都还不十分稳定。而在它们相互之间也存在着为扩张势力和争夺更大控制权的斗争，这使得这些酋邦所代表的人群之间发生频繁的接触与交往，乃至相互渗透。这对于各地域集团内部和外部关系的发展与演变将产生很大影响。[①]

民族是由众多氏族部落融合的结果，从夏、商、周以来，国家已经形成，处于王畿及周边地区的原众多氏族部落，也就是原黄河中、下游地域的诸华诸夏氏族部落，以及不断与诸华诸夏相融合的其他氏族部落，组成了这个国家的主体民族，后人常以国号称呼这些民族，即夏民族、商民族、周民族，如同汉代称呼"汉人"一样，大体上是指这个国家的主体民族。在三代，除了华夏这一主体民族之外，还有许多非主体的民族，主要有：生活于今山东及苏、皖北部的东夷族，生活于江汉平原南部的蛮族，生活于今江苏南部及浙江、福建、江西、广东、广西的越族，生活于四川地区的巴族与蜀族，生活于西部的戎族和羌族，生

活于北方的匈奴族、三胡(东胡、林胡、楼烦)族、北狄族、山戎族、肃慎族、秽貊族、朝鲜族等。东夷、南蛮、西戎、北狄,是对这些民族的统称,当然这些民族的名称在不同时期可能还有别的称呼,而居于中央的则是华夏族。这些非主体的"少数民族"之间互相交往互相融合,但受华夏族的影响是主要的,从西周到春秋,在齐、鲁两封国内的东夷族,已经全部接受了周文化,也就是接受了华夏族文化,东夷族基本融为华夏族的成员。"战国时,民族融合以更深的程度、更广的范围、更快的速度继续发展。东北方的燕国使辽河、海河流域各族逐步融合进了华夏民族。自称'蛮夷'的楚族,纵横于汉水、长江流域,成为华夏民族在南方的主要分支。西方秦国经商鞅变法,进一步吸收、继承和发展了华夏文化,后来居上,一跃而成了华夏民族重要的分支。于是原来分散的华夏民族相对集中,分别形成了东以齐,西以秦,南以楚,北以赵、燕为代表的四个分支,朝着民族统一的方向迈进了一大步。"①"秦汉皇朝各种有利于统一的措施,以及秦汉时期所宣扬的大一统思想,都为华夏族向汉族转化提供了物质的和政治的条件,而促进其完成。《礼记·中庸》:'今天下,车同轨,书同文,行同伦。'这说的当是汉代的情况。这是在国家统一、民族统一的条件下,在经济生活、文化生活、社会生活等方面所反映的统一性。由分散到统一,正是由华夏族向汉族转化的重要步骤。"②

在这个多民族组成的国家内,幅员辽阔,人口众多,各地自然条件、风俗习惯和文化渊源都有所不同,各民族的文化也存在着不小的差异。西周与春秋时,中国文化的民族差异,主要体现为占主体地位的黄河流域文化,或曰中原华夏族文化,和江汉流域的蛮族荆楚(荆蛮、楚蛮)文化的差异。中原文化从周时已形成以礼乐为核心的文化,强调封建宗法礼乐对人的个性的规范;而荆楚文化,此时仍保留着大量的巫文化,除对神鬼崇拜外,强调人个性的无拘无束,反对礼乐对人个性的束缚。至春秋战国时期,黄河流域的中原文化中心,已由宗周移到山东的邹鲁,受孔孟儒家思想影响较深,儒家代表人物孔子、孟

---

① 白寿彝总主编:《中国通史》(第4卷),上海人民出版社1995年版,第128页。
② 白寿彝总主编:《中国通史》(第4卷),上海人民出版社1995年版,第129页。

子本人就是鲁、邹人；春秋战国时期的荆楚文化，受老庄道家思想影响较深，而道家代表人物老子、庄子本人就是生在或生活在荆、楚南方。儒、道两大学派就各自鲜明地代表着中原文化与荆楚文化的特点，当然还不能忘掉同时存在的儒、道互补，这是中原文化与荆楚文化交融的结果。在两大文化系列的影响下，文学也呈现出丰富多彩的民族与地域性特点。如先秦时期的诗歌，以《诗经》与《楚辞》为代表，《诗经》是我国第一部诗歌总集，包含《风》、《雅》、《颂》三大类，即十五《国风》、《大雅》、《小雅》、《周颂》、《商颂》、《鲁颂》，其中尤以《国风》最为精粹。《楚辞》是我国第一部诗人的合集，主要收有屈原、宋玉等战国时期荆、楚地作家的作品，其中尤以屈原的《离骚》最为杰出。所以后世常以"风骚"借指这两部伟大的诗集，而这两部诗集又是中国见诸文字的诗歌集的光辉起点，是中国后世诗歌的博大精深的源头。从主体上讲，《诗经》具有华夏族文化特色，《楚辞》具有南方蛮族文化特色。《诗经》辑有十五《国风》，即十五个地区的民间歌谣，除《周南》、《召南》产生于南方的汝水、汉水流域外，其余十三国都属北方地区。而这些北方地区又多属黄河流域。《楚辞》植根于南方，也吸收了北方中原文化的营养，总的看，代表北方中原华夏族文化特色的《诗经》，表现出质朴淳厚的特点，代表南方蛮族文化特色的《楚辞》，表现出浪漫热烈的特点。从此之后，中国的南北地域的诗歌，一直不同程度地保持着这个传统，到了汉代也如此。如汉乐府民歌，其《相和歌辞》中的《白头吟》，《铙歌十八曲》中的《有所思》、《上邪》等，风格或刚健质朴，或温柔敦厚，具有鲜明的北方中原特色；《相和歌辞》中的其他民歌，多为楚地民歌，如《艳歌何尝行》，风格缠绵委婉，想象奇特，艳丽柔和，适宜表现青年女子羞涩缠绵的情态，具有南方蛮族鲜明的特色。主体文化的其他文体也同样存在着地域与民族的特色，只不过比较而言，诗歌的地域与民族的特色更明显罢了。

在分析文化的地域性时，更须注意不同地域文化的融合性与中华文化的统一性。李学勤先生说：

> 商周王朝的统治区域是很辽阔的，在王畿外有诸侯，其周围还附属的大小方国。中原文化经常与周围地区的文化交流融汇，彼此互相影响、互相沟通。所以，古代文化的统一性和地域性，是文化史研究的一项重要课

题。……统一性和地域性是一对矛盾。我国的古代文化是居住在中国广大领土上各个民族共同创造的，不同地区、不同部族的人民，其文化处于不停顿的交融过程之中，所以既有显著的地方特色，又有广泛的统一基础。[①]

最具楚文化鲜明特色的《楚辞》，同时也表现出中原华夏正统文化与荆楚地方巫文化的融合。郭杰先生研究屈原与《楚辞》，强调要着眼于两个方面的关系：一是着眼于屈原与儒家思想为核心的北方中原文化的关系；二是着眼于屈原与巫教风俗为标志的南方荆楚文化的关系。他说："只有从文化的地域性（在社会心理的层次上）和统一性（在意识形态的层面上）相结合的角度，方能真正全面而深刻地认识屈原。而如时下一些学者那样，单纯从荆楚文化之地域特殊性的角度立论，实不足以很好地说明屈原作品的思想内涵和审美特征。屈原在中国文化史上的卓越贡献，不仅在于他通过优美的诗歌作品展现了荆楚文化的独特风貌，而且更在于他对南北文化合流的历史趋势起到了积极的促进作用。"[②]李炳海先生更从宗教崇拜、民风习俗、祭祀特点等角度，考证《楚辞》的《九歌》深受东夷文化的影响[③]，俗话说一滴水能反映太阳的光辉，一部《楚辞》也能反映出战国末期荆楚蛮族受中原华夏族文化影响及与其他民族文化融合的信息。

秦灭六国后，为建立统一的多民族的国家，继续扩大疆域，首先征服分布于我国东南沿海地区的"百越"（包括居住在今浙江境内和江西东部原臣服于楚国的东瓯、福建境内的闽越、广东和广西东部及湖南南部的南越、广西西部、南部和云南东南部的雒越），设立会稽郡、闽中郡。然后又征服今两广地区的南越和西瓯，统一了岭南地区，设置了南海郡、桂林郡、象郡。居住在今贵州、云南和四川我国西部和西南部各少数民族，总称为西南夷，有氐、羌、濮等十几个民族，秦国采取了"经略"的政策，开凿了通往那里的"五尺道"，沟通了与中

---

①　李学勤：《李学勤集》，黑龙江教育出版社1989年版，第36－37页。

②　郭杰：《屈原新论》（增订本），吉林大学出版社2006年版，第6－7页。

③　参见李炳海：《〈楚辞·九歌〉的东夷文化基因》，《中国社会科学》1991年第4期。

原地区的联系,在原属楚国的巴郡、黔中郡、蜀郡设置了行政机构,安置了行政管理的官吏,把云、贵、川与关中连成一片,西南地区的各民族成为多民族统一国家中的成员。在统一岭南时,秦又征伐北方的匈奴族,收复了被匈奴占领的河套地区,重设九原郡,管辖 34 个县。为了防御匈奴的侵扰,增修了原秦、赵、燕三国旧长城,使之连成一体,西起临洮(今甘肃岷县),东至辽东郡(今辽宁辽阳以东),这就是闻名中外的"万里长城"。秦帝国或扩张疆域,或收复失地,使广大地区成为大一统国家不可分割的领土,使众多的民族归于中华民族大家庭中。秦帝国还采取移民实边的政策,迁徙大量中原华夏族到各边地,带去了中原先进的科学技术、生产工具和先进的文化,加速了各民族的融合与边陲地区经济、文化的发展,同时,为汉代以华夏族为主与其他民族融合的汉族的形成奠定了坚实的基础。

代秦而新建的汉王朝,是中国真正的第一个封建盛世,由于"汉承秦制",汉王朝的多民族统一的国家在秦帝国的基础上,进一步发展壮大,形成了当时世界上幅员辽阔、民族众多又高度统一的最强盛的国家。汉王朝建国四百多年,国内各民族的融合也经历了一个复杂的过程,汉王朝对不同的少数民族的融合采取了不同的方式。

秦末农民起义爆发后,各种政治、军事力量忙于"中原逐鹿",欲取代秦王朝的统治权。处于北方的匈奴族乘机收复了河套地区,并把自己的势力范围扩大至东起朝鲜边界,西与氐羌领地相接。汉初,匈奴频频南侵,高祖刘邦亲自率兵出击,结果被困平城附近的白登山(今山西大同市东南),后侥幸逃脱。鉴于汉初还不具备对匈奴大反击的军事实力,从此在一段时期内对匈奴采取了"和亲"的政策。所谓"和亲",就是以皇家宗室女嫁于匈奴单于,实际上,每年还要给匈奴送去大批的丝绸、粮食、茶酒等,汉与匈奴的经济、外交、文化的往来也处于正常,以此来缓和匈奴对边疆地区的侵扰。后来这种"和亲"政策还施予西域的乌孙。"和亲"是具有一定政治目的的联姻,对缓和民族之间的矛盾,安定边疆人民生活和生产有积极的作用,同时,也促进了各民族之间的友好与融合。但是"和亲"不是长久之策,仍解除不了匈奴对汉王朝的骚扰。随着汉王朝国力的增强,汉王朝决定对匈奴采取主动出击,武帝时期,汉朝对匈奴发动了三次大规模的战役,第一次战役发生在元朔二年(前127),汉军夺回了河套地区,解除了匈奴对都城长安的威胁,设立了朔方郡(今内蒙杭锦旗北)和五原郡(今内蒙包头市西北)。第二次战役发生在元狩二年(前121),汉军出陇西,过焉支山(今甘肃山丹县境内),越居延泽(今内蒙额济纳旗东),攻祁连山,深入匈奴境内,沉重打击了匈奴军,匈奴浑邪王率众4万人降汉,汉政府将他们分别安置在陇西、北地、上郡、朔方、云中五郡,俗称五属国。又在匈奴浑邪王、休屠王故地设立武威、张掖、酒泉、敦煌四郡,此四郡恰处在通往西域的河西走廊地带,所以史称"河西四郡"。打通了汉王朝与西域交往的通道,隔绝了匈奴与羌人的军事联系。第三次战役发生在元狩四年(前119),汉军追击匈奴于漠北、瀚海(今蒙古境内),这次战役对匈奴打击最沉重,匈奴主力被摧毁,再也无力大举南侵。

武帝对匈奴三次大规模反击,每次收复失地,则徙民十数万至数十万,加上来降的匈奴人,使北部地区汉族与匈奴族前所未有的大融合。当时的史学家司马迁在他的《史记》中,就把匈奴视为中华民族大家庭的一员,同汉族一样同属五帝的血统。他在《匈奴列传》中说:"匈奴,其先祖夏后氏之苗裔也,曰淳维。""夏后氏之苗裔"即夏朝大禹的后代。《史记》之《索隐》张晏曰"淳维以殷时奔北边"。又《乐产括地谱》云"夏桀无道,汤放之鸣条,三年而死。其子獯粥妻桀之众妾,避居北野,随畜移徙,中国谓之匈奴"。应劭《风俗通》云"殷时曰獯粥,改曰匈奴"。又服虔云"尧时曰荤粥,周曰猃狁,秦曰匈奴"。韦昭云"汉曰匈奴,荤粥其别名"。

匈奴战败后,内部分裂,宣帝时五单于争夺最高统治权,呼韩邪单于在汉朝的帮助下,统一匈奴全境,归顺汉朝,率众南徙阴山附近。元帝时,汉宫女昭君嫁于呼韩邪单于,汉与匈奴关系更为密切。东汉时,匈奴分为南北二部,南匈奴得到汉王朝允许南徙,并逐步由游牧转为定居农耕。匈奴主力被击败后,曾被匈奴冒顿单于击破的乌桓族、鲜卑族也陆续归附于汉,汉始置乌桓校尉,封乌桓、鲜卑首领为侯,匈奴、乌桓、鲜卑等北方少数民族与汉族实现了更广泛更深刻的融合。在汉代,汉族与匈奴族的融合,其意义非常重大,它加强了汉王朝的国家统一,促进了全国各民族的大融合。

西汉初,匈奴冒顿单于征服西域,不仅奴役西域诸国,而且把西域当作侵汉的根据地。为联合西域诸国夹攻匈奴,汉使张骞两次出使西域。所谓西域,主要指阳关、玉门关以西,至葱岭以东,巴尔喀什湖以南的新疆地区。汉时,西域地区有36个大小不等的国家,主要有:分布在塔里木盆地南缘的楼兰、且末、于阗、莎车等;分布在塔里木盆地北缘的疏勒、龟兹、焉耆、车师等;分布在准噶尔盆地东部的姑师、卑陆、蒲类等;还有伊犁河流域的乌孙等。武帝三次大征伐,打败了匈奴,扫清了汉王朝与西域的交往要道,汉王朝开始与西域频繁来往。宣帝时在西域设置西域都护府,统领、管理西域诸国,从此,确定了西域各国与汉的臣属关系。汉政府在西域驻兵屯垦,把汉族先进的农业生产、凿井溉田、冶炼制铁等技术及各种先进生产工具传入西域,西域也把中原没有的农产品、先进畜种及先进的生产技术传入内地。双方文化交流亦如此,特别是西域的音乐、歌舞,给古老的中原文化输入了鲜活的生机,一改雅乐独霸的格局。汉王朝还派使者到安息(今伊朗)、身毒(今印度)、条支(今伊拉克)、奄蔡(今哈萨克斯坦与乌兹别克斯坦之间)等,汉与中亚、西亚的交通也建立起来。从国都长安经河西走廊,到安息,再转到西亚和欧洲的大秦(古代的罗马帝国),这条连接汉与西亚、欧洲的商贸要道,就是著名的"丝绸之路"。汉代不仅促进了国内各民族的融合,也促进了与西方的经济、文化交流。

秦本征服了"百越",统一了岭南,在南方设置了由中央直接管辖的郡县。然而秦末农民起义,天下大乱,南方众越族、荆楚蛮族及西南夷各族纷纷自立,聚兵称王,中断了与中原的联系。汉代秦后,或安抚或征伐,平定了南方。不仅恢复了原来的郡县建制,而且又增设了新的郡县,扩大了西南管辖区域。这样,北至大漠(蒙古高原),西至葱岭(帕米尔高原和昆仑山、喀喇昆仑山脉西部诸山的总称)和巴尔喀什湖(在今哈萨克斯坦东南部),东至朝鲜及渤海、东海,南至南海、交趾(今越南),所有的民族都成为大汉的编户民。

三代以来,真正建立中央集权制下的高度统一的国家政体,应从秦汉算起,而牢固地健全与全面地完善这一大一统国家政体,则又只能从汉代算起,汉代建立健全了多民族统一的国家体制。汉代形成的主体民族——汉族,通过政府的移民,可以说汉族分布在汉王朝统辖的所有地区,大大促进了汉族与其他少数民族的融合。有些少数民族如同以往的东夷族一样,在同汉族的融合中,不断"汉化",逐渐融于汉族之中。当然也有的汉族由于长期杂居于少数民族地区,也出现了"夷化"的现象,甚至融于少数民族之中,但总的来说是汉族的影响在民族的融合中起着重要的作用。而更为普遍的是,各个民族在融合中取长补短,在生产方式、生活方式及风俗习惯上,都因互相融合而发生变化,都打上了汉代大一统的烙印。

国内民族的多元及政治的统一,决定了汉代文化的特色。民族的多元,使汉代文化具有不同民族地域性的特点,文化的地域性特点大大丰富了汉代文化的内容、风格与表现形式,造成大一统整体文化统摄下的多元文化特色,为汉代文化的民族特色又增加了丰富的色彩。同时使各地域各民族的文化,具有了既能输出本地域本民族文化,又能输进他地域他民族文化的机制。而政治的统一,汉族在多民族中的主体地位,使汉族文化,转变为国家的标志性文化,随着大一统政局的持续与巩固,加速了汉族文化对各少数民族文化的影响与渗透,加速了各地域文化的向心力与统一性,从这一意义上讲,至汉代才真正形成了博大精深的中华文化,一种由文、史、哲为主体的多元一体文化。

主要参考文献

1.《马克思恩格斯全集》,第 2 卷、第 3 卷、第 12 卷、第 19 卷、第 20 卷、第 21 卷、第 36 卷,人民出版社出版。

2.《马克思恩格斯选集》,1-4 卷,人民出版社 1995 年版。

3.《毛泽东选集》,人民出版社 1964 年版。

4.《十三经注疏》,中华书局 1979 年影印本。

5. [清]严可均校辑:《全上古三代秦汉三国六朝文》,中华书局 1958 年影印本。

6. 逯钦立校辑:《先秦汉魏晋南北朝诗》,中华书局 1983 年版。

7. [清]王谟编:《增订汉魏丛书》,乾隆五十六年金溪王氏刻本。

8.《四库全书总目提要》,中华书局 1965 年影印本。

9.《太平御览》,中华书局 1960 年影印本。

10. [唐]欧阳询等著:《艺文类聚》,中华书局上海编辑所 1965 年版。

11. 鲁迅著:《鲁迅全集》,人民文学出版社 1982 年版。

12. 侯外庐主编:《中国思想通史》,人民出版社 1959 年版。

13. 白寿彝总主编:《中国通史》,上海人民出版社 1995 年版。

14.《中华文明史》(第三卷),河北教育出版社 1992 年版。

15. 任继愈主编:《中国哲学发展史》(秦汉卷),人民出版社 1985 年版。

16. 金春峰著:《汉代思想史》,中国社会科学出版社 1987 年版。

17. 张岱年著:《张岱年学术论著自选集》,首都师范大学出版社 1993 年版。

18. 冯天瑜、何晓明、周积明著:《中华文化史》,上海人民出版社 1990 年版。

19. 袁行霈、严文明、张传玺、楼宇烈主编:《中华文明史》,北京大学出版社

2006 年版。

20. 葛兆光著:《中国思想史》(第一卷)复旦大学出版社 1998 年版。

21. 李申著:《中国古代哲学和自然科学》,中国社会科学出版社 1993 年版。

22. 梁启超著:《先秦政治思想史》,东方出版社 1996 年版。

23. 王铁著:《汉代学术史》,华东师范大学出版社 1995 年版。

24. 钟肇鹏著:《谶纬论略》,辽宁教育出版社 1991 年版。

25. 余敦康著:《汉宋易学解读》,华夏出版社 2006 年版。

26. 庞朴主编:《中国儒学》,东方出版中心 1997 年版。

27. 丁原明著:《黄老学论纲》,山东大学出版社 1997 年版。

28. 刘厚琴著:《儒学与汉代社会》,齐鲁书社 2002 年版。

29. 方天立著:《中国古代哲学问题发展史》,中华书局 1990 年版。

30. 周桂钿、李祥俊著:《中国学术通史》(秦汉卷),人民出版社 2004 年版。

31. 范文澜著:《中国通史简编》(修订本第一编、第二编),人民出版社 1953 年、1957 年版。

32. 翦伯赞著:《秦汉史》,北京大学出版社 1983 年版。

33. 钱钟书著:《管锥编》,中华书局 1979 年版。

34.《诸子集成》,中华书局 1954 年版。

35. [汉]司马迁著,[刘宋]裴骃集解,[唐]司马贞索隐,[唐]张守节正义:《史记》,中华书局 1982 年校点本。

36. [汉]班固著,[唐]颜师古注:《汉书》,中华书局 1962 年校点本。

37. [刘宋]范晔著,[唐]李贤等注:《后汉书》,中华书局 1965 年校点本。

38. 余明光等人注译:《黄帝四经今注今译》,岳麓出版社 1993 年版。

39. 苏舆著、钟哲点校 :《春秋繁露义证》,新编诸子集成本中华书局 1992 年版。

40. 傅筑夫著:《中国封建社会经济史》,人民出版社 1982 年版。

41. 陈梦家著:《汉简缀述》,中华书局 1980 年版。

42. 高敏著:《秦汉史论集》,中州出版社 1982 年版。

43. [日本]好并隆司著:《秦汉帝国史研究》,未来社 1978 年版。

44. 刘俊文主编,黄金山、孔繁敏等译:《日本学者研究中国史论著选译》(第三卷),中华书局1993年版。

45. [法]丹纳著,傅雷译:《艺术哲学》,人民文学出版社1963年版。

46. 罗根泽著:《中国文学批评史》,古典文学出版社1957年版。

47. 刘泽华主编:《中国古代政治思想史》,南开大学出版社1992年版。

48. 柳诒徵著:《中国文化史》,东方出版中心1983年版。

49. [唐]刘知几著,[清]浦起龙释:《史通通释》,上海古籍出版社1978年版。

50. [清]章学诚著:《文史通义》,中华书局1961年版。

51. [南朝梁],刘勰著,范文澜注:《文心雕龙注》,人民文学出版社1958年版。

52. 杨公骥著:《中国文学》(第一分册),吉林人民出版社1980年版。

53. 公木(张松如)著:《公木文集》(六卷本),吉林大学出版社2001年版。

54. 杨若木选编:《杨公骥文集》,东北师范大学出版社1998年版。

55. 刘大杰著:《中国文学发展史》,上海古籍出版社1982年版。

56. 游国恩等主编:《中国文学史》,人民文学出版社1963年版。

57. 袁行霈主编:《中国文学史》,高等教育出版社1999年版。

58. 褚斌杰、谭家健著:《先秦文学史》,人民文学出版社1998年版。

59. 赵明主编:《先秦大文学史》,吉林大学出版社1993年版。

60. 赵明、杨树增、曲德来主编:《两汉大文学史》,吉林大学出版社1998年版。

61. 赵敏俐、杨树增著:《二十世纪中国古典文学研究史》,陕西人民教育出版社1997年版。

62. [德]黑格尔著,朱光潜译:《美学》,商务印书馆1979年版。

63. 张松如著:《中国诗歌史论》,吉林大学出版社1985年版。

64. 许志刚著:《诗经论略》,辽宁大学出版社2000年版。

65. 许志刚著:《诗经艺术论》,辽海出版社2006年版。

66. 朱光潜著:《西方美学史》,人民出版社1963年版。

67. 赵光贤著:《周代社会辨析》,人民出版社1980年版。

68. 何兹全著:《秦汉史略》,上海人民出版社1955年版。

69. 顾颉刚著:《秦汉的方士与儒生》,上海古籍出版社1998年版。

70. 张传玺著:《秦汉问题研究》,北京大学出版社1995年版。

71. 林剑鸣等著:《秦汉社会文明》,西北大学出版社1985年版。

72. 朱绍侯著:《秦汉土地制度与阶级关系》,中州古籍出版社1985年版。

73. 徐正考著:《汉代铜器铭文研究》,吉林教育出版社1999年版。

74. 李学勤著:《走出疑古时代》,辽宁大学出版社1997年版。

75. 郭沫若著:《中国古代社会研究》,人民出版社1964年版。

76. 茅盾著:《楚辞与中国神话》,上海古籍出版社1999年版。

77. 袁珂著:《中国神话传说》,中国民间文艺出版社1984年版。

78. 李剑国著:《唐前志怪小说史》,南开大学出版社1984年版。

79. 徐复观著:《两汉思想史》,台湾学生书局1985年版。

80. 杨燕起等编:《历代名家评史记》,北京师范大学出版社1986年版。

81. 梁启超著:《中国历史研究法》,上海古籍出版社1987年版。

82. 傅永聚、韩钟文主编:《二十世纪儒学研究大系》,中华书局2003年版。

83. 陈桐生著:《中国史官文化与史记》,汕头大学出版社1993年版。

84. 赵东栓著:《历史、哲学、文化:中国古代文人阶层的文化心态》,中国文联
    出版社2001年版。

85. 王洲明著:《先秦两汉文化与文学》,山东大学出版社1996年版。

86. 傅道彬著:《中国文学的文化批评》,黑龙江人民出版社2000年版。

87. 郑杰文著:《先秦两汉文学与上古文化》,吉林人民出版社2002年版。

88. 张强著:《司马迁学术思想探源》,人民出版社2004年版。

89. 郭杰著:《屈原新论》(修订本),吉林大学出版社2006年版。

90. 姚小鸥主编:《出土文献与中国文学研究》,北京广播学院出版社2000年
    版。

91. 姚小鸥著:《诗经三颂与先秦礼乐文化》,北京广播学院出版社2000年版。

92. 孙绿怡著:《左传与中国古典小说》,北京大学出版社1992年版。

93. 赵敏俐著:《汉代诗歌史论》,吉林教育出版社1995年版。

94. 赵敏俐著:《周汉诗歌综论》,学苑出版社2002年版。

95. 赵敏俐著:《文学传统与中国文化》,东北师范大学出版社1993年版。

96. 李炳海著：《黄钟大吕之音：古代辞赋的文本阐释》，吉林人民出版社 2001 年版。

97. 李炳海著：《汉代文学的情理世界》，东北师范大学出版社 2000 年版。

98. 李炳海著：《道家与道家文学》，东北师范大学出版社 1992 年版。

99. 李炳海著：《部族文化与先秦文学》，高等教育出版社 1995 年版。

100. 李炳海著：《周代文艺思想概观》，东北师范大学出版社 1993 年版。

101. 张稔穰著：《中国古代小说艺术教程》，山东教育出版社 1991 年版。

102. 郭预衡著：《中国散文史》，上海古籍出版社 1986 年版。

103. 韩兆琦、吕伯涛著：《汉代散文史稿》，山西人民出版社 1986 年版。

104. 马积高著：《赋史》，上海古籍出版社 1987 年版。

105. 曲德来著：《汉赋综论》，辽宁人民出版社 1993 年版。

106. 龚克昌著：《汉赋研究》，山东文艺出版社 1984 年版。

107. 祝瑞开主编：《秦汉文化与华夏传统》，学林出版社 1993 年版。

108. 周予同著：《周予同经学史论著选集》，上海人民出版社 1983 年版。

109. 俞伟超著：《先秦两汉考古学论集》，文物出版社 1985 年版。

110. 熊铁基著：《秦汉新道家略论稿》，上海人民出版社 1984 年版。

111. 杨树增主编：《中国文学史话》（秦汉卷），吉林人民出版社 1998 年版。

112. 杨树增著：《先秦诸子散文：诗化的哲理》，广西师范大学出版社 1999 年版。

113. 杨树增、陈桐生、王传飞著：《盛世悲音》，河北大学出版社 2001 年版。

114. 杨树增著：《论语导读》，中华书局 2002 年版。

115. 杨树增著：《中国历史文学》（先秦两汉），远方出版社 2003 年版。

116. 杨树增著：《史记艺术研究》，学苑出版社 2004 年版。

117. 杨树增评注：《史记》，蓝天出版社 2008 年版。

118. 杨树增、陈桐生、王传飞著：《绝代风华》，台湾云龙出版社 2003 年版。

119. 杨树增主编：《图文本·中国文学史话》（秦汉文学），吉林文史出版社 2008 年版。

120. 赵东栓、张庆利、杨树增主编：《文学大教室》（先秦至南北朝卷），南方出版社 2002 年版。

121. 赵敏俐、谭家健主编:《中国古代文学通论》(先秦两汉卷),辽宁人民出版社 2005 年版。

122. 白寿彝著:《中国史学史论集》,中华书局 1999 年版。

123. 冯友兰著:《中国哲学史新编》(中卷),人民出版社 1998 年版。

124. 周桂钿著:《王充哲学思想新探》,河北人民出版社 1984 年版。

125. 刘晓明著:《杂剧形成史》,中华书局 2007 年版。

126. 曾大兴著:《中国历代文学家之地理分布》,湖北教育出版社 1995 年版。

127. 纪德君著:《中国历史小说的艺术流变》,中国社会科学出版社 2002 年版。

128. 吴晟著:《中国意象诗探索》,中山大学出版社 2000 年版。

129. 赵春晨、何大进、冷东主编:《中西文化文流与岭南社会变迁》,中国社会科学出版社 2004 年版。

130. 姚名达著:《中国目录学史》,上海书店出版,1984 年版。

131. 高尚榘著:《古典文献学》,吉林人民出版社 2001 年版。

后 记

　　本书系国家社会科学规划基金项目的结项成果。我在着手进行这一课题的研究过程中，深感此课题内容博大精深而处处皆有很大的研究难度，只好在完成教学工作后，夜以继日地博览群书苦思冥想去努力完成它。然而自己的能力、精力实在有限，所以研究进度比较缓慢。早在 2004 年 5 月 11 日，人民出版社项目组陈寒节编辑就来函询问课题进展，信函中提到："您主持的《汉文化特色及形成》课题很有价值，不知目前进展如何，可否考虑在我社出版？"人民出版社的同志对课题的关注与肯定，促进了我加倍努力，力争尽快完稿。经过近四年的辛劳，终于在 2004 年末拟定初稿，然后送交从事中国古代文学、史学、哲学研究的有关专家征求意见，他们大多数寄来了书面意见，给予了热忱的支持与充分的肯定。此初稿又经国家及省社会科学规划办公室安排，交有关评审鉴定专家认真审阅。他们提出了一系列宝贵的修改意见。在这些专家教授鼓励与批评下，我获得了将课题研究进一步完善的精神动力，找到了努力方向。又经过三年多的呕心沥血的修改，终成现在的规模。

　　在本课题研究过程中，众多学者有关著述中的精辟论断对著者的启发固不必说，广州大学、曲阜师范大学的有关领导，给著者提供了优越的研究条件，并得到他们以及广州市社会科学联合会的出版资助，许志刚、李炳海、赵敏俐等师兄弟们，对该课题的研究多年来一直给予热忱的关注与支持，知名的专家教授与匿名的评审鉴定专家，不辞劳苦，认真审阅项目成果，提出了许多宝贵的改进意见。恩师刘乃昌先生与师兄李炳海先生为本书写了序文,除了对著者鼓励与褒扬外,他们对汉代文化的深刻认识与精辟概括,为我们指出了正确理解汉代文化的途径,也为本书焕然增色。总之,本著述的完成,有赖于诸领导众师长学友及同仁的鼎力相助,在此著者向他们致以深深的谢意!

杨树增

2008 年国庆日

于广州大学城广大榕轩